# 海上保險法

梁承圭·韓昌熙 共著

三 知 院

# 머 리 말

WTO체제, 유럽연합과 같은 다자간의 협정, 자유무역협정을 통한 쌍무적인 협정 등에 의하여 관세 철폐 등 무역자유화는 이제 거역할 수 없는 흐름이 되고 있다. 수출의존적 경제구조를 가지고 있는 우리나라의 국민경제는 국제거래에 크게 의존한다. 전세계의 국제거래는 여전히 선박을 이용한 해상운송에 의함이 대부분이고, 선박에 의하여 영위되는 해상사업은 해상사고 등 각가지 위험에 따르는 것으로 선박에 적하를 싣고 항해 중 해상위험으로 인한 사고가 발생하면 해상운송인, 그 채권자 또는 적하이해관계인은 엄청난 손해를 입게 된다. 이를 극복하기 위한 제도로서 해상보험이 나타난 것이다.

해상보험은 근대보험의 효시로서 오랜 동안 해상사업에 대한 관습과 실무 등을 통하여 이루어지다가 법률적으로 체계화되던 20세기 초에 전세계의 상선대를 장악하고 있던 영국에서 해상보험법이 제정된 이래 전세계의 해상보험실무는 영국의 표준해상보험약관, 판례 등을 통하여 규율되고 있다. 우리나라 법원도 일찍부터 해상보험에 영국의 법률과 관습을 적용한다고 규정하는 해상보험약관상의 영국법준거조항의 효력을 인정하여 여러 쟁점에 관하여 영국의 판례, 관습 등을 적용하여 해결하여 오고 있다.

이 책을 기술함에 있어서는 상법 보험편의 일부를 구성하고 있는 29개 조항의 해상보험에 관한 규정, 보험편의 통칙, 손해보험의 통칙규정과 우리 판례를 가장 우선에 두었다. 다음으로 영국의 해상보험법을 비롯한 표준선박보험약관 특히 1982년 협회적하보험약관과 1983년 협회선박보험약관 그리고 국제보험협회의 2003년 국제선박보험약관을 중심으로 영국의 판례와 관습을 살펴보았다. 그리고 근래 새로운 변화를 보이고 있는 노르웨이, 호주 등의 동향을 함께 설명하고자 하였다.

근래 세계의 법률지도가 혁명적으로 변화하고 있다. 보험법의 분야에서도 유럽연합에서는 대륙법과 영미법을 통합한 일반적인 원칙을 각 쟁점별로 정비해 나가고 있다. 해상보험은 본래가 국제적 성격을 띠고 있고 이미 영국법상의 원칙이 우리나라를 비롯한 전세계에서 통일법으로서의 역할을 하고 있는 점에서 또 다른 의미를 가지고 있다고 생각한다.

이 책이 우리나라의 해상보험법의 발전에 기여하기를 바라면서 마련되었으나 부족한 점이 많다. 앞으로 독자들의 비판을 받아 고쳐나갈 것을 다짐한다. 끝으로 삼지원의 고덕환사장이 이 책의 간행을 위하여 한결같이 북돋아 주시고, 또 편집에 많은 조언을 주셨음을 감사드리면서 관계자 여러분께도 고마움을 표한다.

2007. 6. 20.

공저자 씀

# 차　　례

# 제 1 부　해상보험과 해상보험법

## 제 1 장　해상보험의 일반

## 제 2 장 해상보험법의 일반



## 제 3 장 해상보험법의 발전

# 제 2 부 해상보험계약

## 제 1 장 해상보험계약의 개념

## 제 2 장 해상보험계약의 요소

## 제 3 장 해상보험계약의 체결

# 제 4 장 피보험이익

## 제 5 장 해상보험계약의 조건

# 제 6 장 기간보험과 항해보험

# 제 3 부 해상보험계약의 효과

## 제 1 장 보험계약자의 의무

## 제 2 장 보험자의 의무

# 제 3 장 보험자대위

# 제 4 부 손해보상절차와 보험금산정

## 제 1 장 손해보상절차

## 제 2 장　해상보험상의 보험금산정

## 제 3 장 해상보험의 손해보상형태

# 제 5 부 선주상호보험

## 제 1 장 선주상호보험의 성격

## 제 2 장 선주상호보험의 담보

# 제 1 부
# 해상보험과 해상보험법

# 제 1 장 해상보험의 일반

## 제 1 절 해상보험의 개념

### Ⅰ. 해상보험과 해상사업

해상보험은 바다를 무대로 선박에 의하여 영위되는 해상사업과 관련된 사고로 선박이나 적하의 손해를 담보하기 위하여 마련된 손해보험이다. 바다를 무대로 선박에 의하여 영위되는 해상사업은 해상사고 등 갖가지 위험이 따르는 것으로, 선박에 적하를 싣고 항해 중 해상위험으로 인한 사고가 발생하면 해상운송인이나 적하이해관계인은 엄청난 손해를 입게 된다. 이를 극복하기 위한 제도로서 나타난 것이 해상보험이다.

해상보험제도를 통하여 무역상인은 손해에 대한 경제적인 보장을 받을 수 있게 되었다. 개별적 상인이 지급한 보험료의 합계액은 보험자가 보상하는 기금을 이루고, 이 기금에서 해상사업으로 인하여 우연한 사고가 생긴 때에 보험금을 지급함으로써 해상위험이 위험단체 안에 전가되고 분산되었다. 상인이 지급하는 보험료는 또다시 운임이나 상품 가액의 요소를 구성하는 방식으로 소비자에게 전가된다.

해상보험은 근대보험[1]의 효시로서 12세기말과 13세기초에 북부이탈리아의 상업도시에서 출발하여 전세계상선대를 장악하던 영국에서 확립되었다. 초창기에는 보험거래가 이루어지던 커피하우스에 불과하던 로이즈 오브 런던(Lloyd's of London)이 이제는 세계에서 가장 저명한 보험회사로 성장하여 해상보험시장을 지배하고 있다.

---

1) 근대보험은 중세 지중해연안의 상업도시에서 해상무역의 특수한 사정에서 이용되던 해상모험대차(Bodmerei, Bottomry)에서 그 기원을 찾고 있다. 모험대차는 무역업자가 선박과 적하를 담보로 금융업자로부터 자금을 빌리고, 항해를 무사히 마치면 원금과 높은 이자를 지급하고, 그렇지 못하면 원금과 이자의 지급을 면제받기로 하는 계약이다. 이 제도는 해상위험을 전가시키는 기능을 하게 되어, 이것이 해상보험으로 발전하는 기틀이 된 것이다.

## Ⅱ. 해상보험의 종류

### 1. 피보험이익에 의한 분류

(1) 선박보험

선박보험은 보험의 목적인 선박의 소유자로서의 피보험이익에 관한 보험이다. 해상법상 선박은 상행위 기타 영리를 목적으로 항해에 사용하는 선박을 이르고 있으나(상법 제740조), 선박보험의 대상은 해상법상의 선박으로 한정되는 것은 아니고, 거래통념상 선박으로 인정되는 모든 것을 포함하는 것이다. 또 건조중의 선박은 상법상의 선박에 해당하지 아니하지만 고정시킨 이후에는 선박으로 인정된다(표준약관으로는 1988.6.1.의 협회선박건조자보험약관 등이 있다.). 프로팅 도크(floating dock), 폰툰(pontoon), 기타 해양개발시설 등은 당사자의 합의에 의하여 선박보험의 목적으로 할 수 있다. 선박보험에는 선박 자체 이외에 선박의 속구, 연료, 양식 기타 항해에 필요한 물건은 보험의 목적에 포함된 것으로 한다(상법 제696조 제2항).[2]

(2) 적하보험

적하보험은 해상물건운송의 대상인 운송물을 보험의 목적으로 하여 그 적하에 대한 이익을 피보험이익으로 한 보험이다. 적하보험의 대상인 적하는 해상운송의 객체로서 경제적 가치가 있는 모든 물건이고, 생・동물도 포함된다.

(3) 운임보험

운임은 운송인이 취득하는 목적물의 장소적 이동의 대가이다. 따라서, 운송인은 운송물이 해상위험으로 인하여 멸실한 때에는 그 운임을 청구할 수 없다(상법 제815조, 제134조). 여기서 해상위험으로 인하여 운송인이 받을 수 없는 운임을 피보험이익으로 한 보험이 운임보험이다.

(4) 희망이익보험

희망이익보험은 무역거래에서 매수인이 그 물건을 수입하여 매각함으로써 얻게 될 이익을 피보험이익으로 한 보험이다. 즉, 희망이익은 바로 적하가 목적

2) 대법원 1978.12.26. 선고, 78다2028 판결: 의장품이 선체의 종물이라 할지라도 특히 당사자가 공제계약의 목적물로 삼지 아니하기로 합의한 것이라면 그 법적 운명에 있어서 반드시 선체와 함께 하여야 할 이유는 없다

항에 무사히 도착하면 매수인이 얻으리라고 기대되는 이익을 말하고, 이러한 희망이익에 대한 보험이 희망이익보험이다(상법 제698조). 그러나 이 보험은 선적항의 적하의 가액에 일정율(가령 10%정도)의 가액을 더하여 적하보험과 함께 붙이고 있는 것이 일반적이다.

(5) 선비보험

선비보험은 선박의 의장 기타 선박의 운항에 요하는 모든 비용에 대하여 가지는 피보험이익에 관한 보험이다. 여기서 선비(disbursements)라 함은 식량, 저장품 등 보험목적에 지출된 비용으로 선비보험은 해상위험으로 인하여 비용의 이익이 상실되거나 비용의 목적이 달성될 수 없는 경우 그 손해를 보상하는 것을 내용으로 한다.[3] 선비보험은 보통 선박의 유지와 운행에 드는 비용을 담보받기 위하여 선주가 체결한다. 일반적으로 선비는 운임의 취득에 의하여 회수되는 것이고, 따라서 선비에 대한 보험은 운임보험에서 담보하고 있으나, 선박보험에서 담보되는 경우도 있고,[4] 선비만을 따로 보험에 붙일 수도 있다.[5]

## 2. 보험기간에 의한 분류

(1) 항해보험

항해보험은 보험기간이 일정한 항해를 기준으로 정하여지는 보험으로서 적하보험과 그것에 준하는 보험에서 일반적으로 채용되고 있다. 선박보험은 원칙으로 기간보험으로 부보되지만 경우에 따라서는 항해보험이 되는 것이 있다. 선박을 건조하여 발주자에게 인도하는 항해, 선박의 해체를 위한 최후의 항해, 원유시추선박과 같은 특수선이 다른 작업장소로 이동하는 등의 경우가 그것이다. 항해보험은 가령 선적항에서 출항하여 양륙항에 도착할 때까지의 기간에 생긴 위험을 담보하는 것이지만, 실제로는 적하보험에서의 항해보험은 출하지에서 운송에 착수한 때부터 도착지에서 하물을 인도할 때까지를 보험기간으로 하고 있다(상법 제699조 제2항, 제700조).

3) Arnould, Law of marine insurance and average, 16th ed., London: Sweet & Maxwell, 1981, § 325, pp. 211~212.

4) 1983년 협회선박기간보험약관 제21조; 1983년 협회선박항해보험약관 제19조; 2003년 국제선박보험약관 제24조.

5) 표준약관으로는 1987.5.14.의 해손정산인협회와 런던보험자협회가 공동으로 승인한 해손선비(A),(B)약관이 있다.

⑵ 기간보험

기간보험은 일정한 기간을 표준으로 하여 보험자의 책임이 정하여지는 보험이다. 2007년 ○월 ○일부터 2007년 ○월 ○일까지 또는 2007년 ○월 ○일부터 1년 또는 6개월이라고 기간을 정하는 것이 보통이다. 화물선과 어선의 선박보험, 선비보험, 선주상호보험 등이 이 형태를 취한다.

⑶ 혼합보험

혼합보험은 항해와 기간의 양자를 표준으로 하여 보험기간을 정하는 보험으로서, 선박보험에서 많이 이용된다.

## 3. 예정보험에 의한 분류

(1) 예정보험

(가) 예정보험의 효용과 성질

(a) 예정보험의 뜻과 효용 : 예정보험(floating policy)이라 함은 일반적인 조건만을 확정하고 선박의 이름과 기타 상세한 사항은 추후 확정통지에 의하여 정하는 보험을 말한다(영국해상보험법 제29조 제1항). 이에 대하여 보험계약의 내용이 모두 확정된 보험을 확정보험이라고 한다.

일반적으로 손해보험계약은 피보험자가 보험의 목적에 대하여 피보험이익을 가지는 것을 전제로 그 효력이 인정된다. 이에 따라 보험계약을 맺을 때에는 그 내용을 확정할 필요가 생긴다. 그러나 보험계약의 체결 당시에 그 내용의 전부 또는 일부를 확정할 수 없는 경우가 있다. 가령 해상적하보험에서 화물을 실을 선박 또는 화물의 수량이나 가격이 확정되지 아니한 경우가 그것이다. 이 경우에 보험계약의 내용이 확정되는 것을 기다려 보험계약을 맺는 것은 여러 가지 불편이 따를 수 있다. 여기에서 보험계약자는 앞으로 확정될 피보험이익에 대하여 미리 보험계약을 맺고, 그것이 확정되는 대로 보험보호를 받을 수 있는 예정보험이 요구되고 있다. 특히 계속적인 해외무역에 종사하는 상인들은 화물의 운송마다 개별적으로 보험에 드는 것은 매우 불편하여 화물의 종류, 항로, 조건 등을 미리 정하여 그 범주에 들어가는 모든 적하를 보험에 붙인다는 뜻을 약정하는 장기적하보험계약(long term cargo insurance contract)형식의 포괄예정보험(open policy)을 이용하기도 한다. 우리 상법은 발생사적으로 가장 오랜 선박미확정의 적하보험에 대하여서만 예정보험의 규정을 두고 있다(상법 제704조).

(b) 예정보험의 성질 : 예정보험은 그 불확정한 사항이 확정된 때에 보험자가 당연히 위험을 담보하는 것으로서 보험계약의 예약이 아니고 독립된 보험계약이다. 즉, 이것은 장래 일정한 보험계약을 체결할 것을 약속하는 것이 아니고, 예정보험계약을 체결함으로써 그 미확정부분이 확정됨에 따라 보험계약자의 통지의무를 비롯한 효과를 발생시키는 데서 보험계약의 예약과 다르다.

(나) 예정보험상의 확정통지의 범위 : 예정보험의 상세한 내용의 범위는 당사자 사이의 약정에 따라 결정된다. 보험기간, 보험의 목적, 위험, 보험목적의 평가의 조건이나 방법, 선박이나 장소 단위의 위험에 대한 한도, 보험료 등에 따라 그 내용이 다를 수 있다. 자주 제한되는 것은 기간과 확정통지를 할 수 있는 최고금액이다.

(다) 예정보험상의 확정통지의 방법 : 예정보험상의 확정통지는 보험증권에의 배서나 관습적 방법으로 한다(영국해상보험법 제29조 제2항). 보험증권에 확정통지할 수 있는 선적의 수를 무제한으로 하지 않는 한, 각각의 확정통지는 제공되는 보험담보를 감소하게 한다. 확정통지된 선적물량의 누계가 보험증권의 부보총액에 이르면 보험계약이 효력을 상실하게 되는데 이를 현행 보험증권이 완전히 확정통지되거나(fully declared) 소진(written off)되었다고 한다. 이 경우에 담보의 중단을 방지하기 위하여 현행 보험증권을 승계하는 추가 보험증권을 발행한다는 것을 명시적으로 정하여 확정통지를 계속할 수 있도록 한다.[6]

(라) 예정보험의 효과 : 예정보험의 효과는 보험자가 보험증권의 문언에 해당하는 모든 적하의 손해를 보상할 책임을 진다는 것이다. 영국해상보험법 제29조 제3항은 "보험증권에서 달리 규정하는 경우에는 그에 따르고, 확정통지는 발송 또는 선적하는 순서대로 하여야 한다. 적하의 경우에는 보험증권의 문언에 해당하는 모든 적하를 포함하고, 적하 또는 기타의 재산을 정직하게 신고하여야 한다. 다만 확정통지의 탈루 또는 착오는 선의인 경우에는 손해가 발생한 이후이거나 적하가 도착한 이후에도 정정할 수 있다"고 규정하고 있다.

보험증권상 가능한 한 신속히 모든 선적사항을 통지할 것을 요구하는 경우가 보통인데, 판례는 이를 위반하는 경우에는 그로 인한 손해에 대한 책임을 면하는 효력이 있는 확약적 담보특약으로 본다.[7] 이는 영국해상보험법 제29조 제4항이 "보험증권에서 달리 규정하는 경우에는 그에 따르고, 손해발생 또는 적하도착의 통지가 있는 이후까지 보험가액에 대하여 확정통지가 없으면, 그 보험증권

6) F.D. Rose, Marine Insurance: Law and Practice, London: LLP, 2004. § 6.69, p. 112.
7) Union Ins Soc of Canton Ltd. v. George v. George Wills & Co. [1916] AC 281.

은, 가액의 확정통지의 목적물에 대하여서는 미평가보험으로 취급된다"라고 규정하여 확정통지가 없는 경우 미평가보험으로 보는 것과 다른 결과를 초래한다.

일반적으로 상당한 기간안에 확정통지를 할 의무는 분리가능한 중간적인 조건으로 이해한다.[8] 따라서 피보험자는 연체한 보험료에 대한 이자를 납입하여야 하지만, 그 위반 자체를 이유로 보험자는 손해보상을 거부할 수 없다.[9]

⑵ 포괄예정보험

㈎ 포괄예정보험의 의의 : 포괄예정보험(open covers)은 본질적으로는 예정보험에 속하지만, 표준적인 포괄보험은 12개월의 확정기간부이든 당사자의 통지에 의하여 종료되는 불확정기한부이든 피보험자는 담보되는 조건에 해당하는 모든 적하에 대하여 확정통지하고 보험자가 이 적하에 대하여 보험증권을 발행하는 것이다. 다수의 적하가 선적되는 경우에, 개별적으로 보험계약을 체결하지 아니하고 포괄적으로 보험계약을 체결하는 것이 편리하기 때문에 이용되고 있다.

㈏ 포괄예정보험의 효용 : 계속적 반복적으로 행하여지는 무역거래에서 적하의 취급건수와 취급수량이 많아지고 그것을 사전에 각각 부보하는 것이 곤란한 경우가 발생하고, 대상이 된 적하에 대하여 선적과 동시에 자동적으로 부보되도록 하는 것이 포괄예정보험이다. 취급적하량이 많은 무역에서의 보험사무는 수입, 수출을 묻지 아니하고 번잡하고 경우에 따라서는 보험계약이 탈루되어 보험에 가입할 수 없는 사태가 발생할 수 있기 때문에 포괄예정보험을 이용하는 경우 시간과 노력을 절약할 수 있게 된다. 또한 특정한 조건을 충족하는 경우 장차 보험을 구입할 수 있도록 하고, 개별적인 선적이 행하여지기 전까지 보험료를 지급하지 않아도 되는 점에서 피보험자는 사업상 편의를 얻을 수 있게 된다. 포괄예정보험에서는 특약서에서 정하여진 범위의 적하는 모두 부보되고 보험계약자 또는 피보험자의 고의 또는 중대한 과실이 없는 한 신청이 누락된 적하에 대하여서도 보험자는 책임을 진다. 따라서 보험계약자는 무보험상태에 처하여지는 위험을 제거할 수 있게 된다.

㈐ 포괄예정보험상의 특약서 : 포괄예정보험계약을 체결하는 경우에는 open policy 또는 open contract라 불리는 특약서가 작성된다. 그 특약서에는 대상적하의 범위, 항로와 수송용구, 보험조건(담보위험, 손해보상범위, 보험기간), 보험

8) Alfred McAlpine Plc v. BAI(Run-off) Ltd. [2000] 1 Lloyd's Rep. 437.
9) Glencore International AG v. Ryan(The Beursgracht) [2002] 1 Lloyd's Rep. 574.

요율, 각 선적에서의 보험가액과 보험금액의 결정기준이 정하여진다. 개별적으로 선적된 대상적하의 계약내용이 확정되는 즉시 보험자에게 확정통지가 행하여진다. 그러나 경우에 따라서는 개별적인 선적전에 개략을 통지하는 예정통지(provisional declaration)가 행하여지고 후에 확정통지가 행하여진다. 예정통지에 대하여 보험자는 통상 cover note를 발행하지만 확정통지에 대하여서는 보험증명서(certificate of insurance) 또는 필요에 따라 보험증권이 발행된다. 이 보험증명서 또는 보험증권은 매매계약상 유효한 보험서류로서 매수인에게 제공될 수 있다.

(라) 보험증권의 발행 : 실무상 보험증권은 개별적으로 발행하지 않고 1주, 1월 단위로 발행하여 사무를 간소하게 하고 있다.

(마) 확정통지의 효과 : 실무상 포괄예정보험에서 보험자가 확정통지를 승낙하는 것은 위험을 확정통지할 수 있음을 승낙하는 것에 불과한 것으로 해석한다. 만일 확정통지가 청약의 조건을 충족하지 않는 경우에는 보험계약은 효력을 잃는다.10)

(3) 선박미확정의 적하예정보험

(가) 적하예정보험의 뜻 : 선박미확정의 적하예정보험은 보험계약체결 당시에 하물을 적재할 선박을 지정하지 아니한 보험을 말한다(상법 제704조 제1항). 즉, 이것은 보험의 목적인 하물을 적재하여 운송할 선박을 지정하지 아니하고, 선박 특정 후의 적하에 대한 손해를 보험자가 담보하는 해상보험계약이다.

(나) 적하예정보험계약의 체결 : 선박미확정의 적하예정보험은 보험계약의 체결장소와 선적지가 다르거나 또는 선적시기가 보험계약체결시와 동일하지 않은 경우에도 유효한 계약을 체결하게 함으로써 보험계약자의 무보험상태로 인한 위험을 없애고 또 현대적 상업의 수요에도 적응시키는 제도이다. 그러므로 계약당사자는 이 보험계약을 체결함에 있어서 선박의 종류 가령 목선이냐 기선이냐 또는 선령, 톤수, 해상운송인의 성명 등을 정해두고 특정선박만을 지정하지 아니하거나 처음부터 그 종류까지 정하지 아니하는 것을 제외하고는 일반해상보험과 같다.

(다) 적하예정보험계약의 효과 : 선박미확정의 적하예정보험의 효과도 그 선박의 미확정이라는 점을 제외하고는 일반해상보험과 같으므로 여기서는 다만 선박의 확정에 의한 보험계약자와 피보험자의 통지의무에 따르는 문제만을 다

---

10) Seavision Investments SA v. Evenett(The Tiburon) [1990] 2 Lloyd's Rep. 418.

루기로 한다.

(a) 선박확정의 통지의무 : 선박미확정의 적하예정보험에 있어서는 보험계약자 또는 피보험자가 그 하물이 선적되었음을 안 때에는 지체없이 보험자에 대하여 그 선박의 명칭, 국적과 하물의 종류, 수량과 가액의 통지를 발송하여야 한다(상법 제704조 제1항).

(ㄱ) 통지의무의 근거 : 보험계약은 일종의 사행계약으로서 당사자의 협조를 요하고 특히 해상보험에 있어서의 보험사고는 해상사업과 관련하여 생기는 모든 사고이므로(상법 제693조) 그 범위가 광범하고, 또 운송용구인 선박은 개성에 따라 보험사고 발생의 개연율이 상이하다. 그러므로 적하예정보험계약을 체결함에 있어서 일반적으로 적하를 운송할 선박은 중요한 사항으로서, 보험계약자 또는 피보험자가 그 명칭·수량·성상·톤수 등을 보험자에게 고지하여 보험자의 합리적인 보험경영에 협조할 의무를 진다(상법 제651조). 따라서 선박미확정의 적하예정보험에 있어서는 거래의 편의를 위하여 운송할 선박을 확정하지 아니하고 계약을 체결하는 것이므로 그 선박확정의 통지의무가 보다 강력하게 요구되고 있다.

(ㄴ) 통지의무의 성질 : 선박확정의 통지의무는 보험계약자가 지는 법률상의 진정한 의무가 아니고 간접의무에 지나지 아니한다. 그리고 이 통지의무는 보험계약체결시에 지는 고지의무(상법 제651조)와 구별된다.

(ㄷ) 통지시기 : 선박확정통지의무를 지는 시기는 보험계약자 또는 피보험자가 하물이 선적된 사실을 안 때에 비로소 그 선박의 명칭, 국적 등을 알 수 있으리라고 기대되어 그 선적사실을 안 때를 기준으로 하고 있다. 그러므로 보험계약자 또는 피보험자가 하물의 선적사실을 안 때가 보험사고의 발생전이냐 아니냐를 묻지 아니하고 그 사실을 안 후 지체없이 통지를 발송하면 의무를 다하는 것이다. 여기서 '지체없이'라 함은 거래의 관념에 따라 결정할 문제이다.

(ㄹ) 확정통지의 방법 : 확정통지의 방법에 관하여는 법에 구체적으로 명시한 바가 없으므로 구두이든 서면이든 묻지 않으나, 그 통지의 발송사실에 대한 입증책임은 보험계약자 또는 피보험자가 진다고 풀이한다(영국해상보험법 제28조 제2항은 "확정통지는 보험증권에 배서의 방법 또는 그 밖의 관습에 따라 할 수 있다"고 규정하고 있다.).

(b) 통지의무해태의 효과 : 보험계약자와 피보험자는 하물의 선적사실을 안 때에는 지체없이 선박확정의 통지를 발송할 의무를 지는데, 이 의무를 게을리 한 때에는 보험자는 그 사실을 안 날로부터 1월내에 계약을 해지할 수 있다

(상법 제704조 제2항).[11] 해지는 보험사고의 발생전후를 묻지 않으며 보험사고가 발생하여도 보험자는 보험금의 지급의무를 지지 않을 뿐만 아니라 보험료의 반환의무도 없다고 풀이한다.

## Ⅲ. 국제물품매매의 정형거래조건과 해상적하보험

### 1. 정형거래조건의 의의

무역거래를 함에는 상품의 인도조건, 위험의 이전, 비용의 분담, 관세의 지급 등의 문제를 미리 정하여야 한다. 그런데 이와 같은 조건을 매개계약을 체결할 때마다 새로이 정하여야 한다면 매우 번거로우므로 무역거래의 여러 조건을 미리 약호로 정해두고 계약 체결시에 단순히 인용만 한다면 매우 편리할 것이다.[12] 이에 외국 무역거래에서 FOB, CIF 등의 많은 정형거래조건이 출현하였고, 이에 대하여 각국의 해석이 달랐으므로 무역거래에서 가장 공통적으로 사용되는 정형거래조건의 해석을 위한 통일원칙을 제정하여 그 해석의 불확실성을 제거하거나 상당한 정도 완화할 것이 요청되었다.[13]

정형거래조건의 해석에 관한 통일규칙으로는 ① 국제법협회(International Law Association, ILA)가 제정한 1932년 Warsaw-Oxford Rules, ② 1941년 개정의 미국 외국 무역정의(Revised American Foreign Trade Definition), ③ 미국통일상법전의 규정 등이 있으나, 우리나라를 비롯한 전세계의 무역실무에서는 국제상업회의소(International Chamber of Commerce, ICC)가 제정한 2000년 판 정형거래조건의 해석을 위한 국제규칙(International Rules for the Interpretation of Trade Terms, INCOTERMS)이 널리 사용되고 있다. INCOTERMS 2000에서는 ① Group E(EXW), ② Group F(FCA, FAS, FOB), ③ Group C(CFR, CIF, CPT, CIP), ④ Group D(DAF, DES, DEQ, DDU, DDF) 등의 13개의 조건을 규정하고 있다.

---

11) 대법원 1966. 1. 25. 선고, 64다53 판결은 "선박미확정의 적하해상보험계약에 있어서 화물을 철선에 실을 것을 전제로 하여 이를 기준으로 한 보험료율에 의하여 보험료를 지급한 경우에 그 화물을 목선에 선적한 때에는 그 화물을 목선에 적재할 때에는 선적전에 보험자에게 통고하고 목선에 해당되는 추가보험료를 지급하여야만 그 보험계약이 유효하게 존속되는 것이다"라고 판시하고 있으나 이는 적하예정보험계약의 본질을 그르친 판결이라고 할 것이다.

12) 최준선, 국제거래법, 삼영사, 1997, 114면.

13) 2000년 Incoterms 서론, Incoterms의 목적과 범위 참조.

## 2. 국제물품매매계약과 해상적하보험[14)]

### (1) CIF계약과 해상보험

CIF[Cost, Insurance and Freight(...named port of destination)]계약은 FOB계약과 더불어 국제물품매매계약에서 가장 보편적으로 채용되어 온 정형거래조건이다. CIF계약에서는 계약물품에 대한 위험부담이 선적항의 본선의 현측난간(ship's rail)에서 매도인으로부터 매수인에게 이전되지만, 목적항까지의 해상운송계약과 해상보험계약을 매도인이 체결하여야 하며, CIF매매의 특성상 선적서류에 의한 소유권이전은 매수인의 위험부담시기가 개시된 이후에 이루어지기 때문에 매도인은 매매계약과 일치된 해상보험증권을 취득하여 매수인에게 양도하여야 한다. 이 경우 매도인은 하나의 보험계약에 의하여 화물이 선적항의 본선의 현측난간을 통과하기 전까지는 자기 자신의 이익을 위하여, 그 이후는 매수인의 이익을 위하여 보험계약을 체결하여야 한다.

CIF계약에서 해상보험계약의 체결에 관한 매도인의 의무는 다음과 같다.

① 매도인은 다른 약정이 없는 한 자기의 비용으로 매수인이나 기타 피보험이익을 갖는 자가 보험자에게 직접 손해의 보상을 청구할 수 있는 적하보험증권을 취득하여야 한다.

② 보험계약은 공신력이 있는 보험업자 또는 보험회사와 체결하여야 한다.

③ 보험계약은 다른 약정이 없는 한 협회적하보험약관 가운데 담보범위가 가장 좁은 약관, 즉 협회(분손부담보)적하보험약관, 협회적하보험(C)약관에 따라 체결하여야 한다. 만일 매수인의 요청이 있으면 매수인이 그 추가보험료를 부담하는 조건으로 전쟁, 동맹파업, 폭동 및 소요약관으로 부보하여야 한다.

④ 보험기간은 선적항에서 물품이 본선의 난간을 통과한 때로부터 매수인이 목적항에서 물품을 수령할 때까지로 한다.

⑤ 보험금액은 CIF가격의 110%, 즉 CIF가격에 10%를 희망이익보험으로 가산한 금액으로 정해야 한다.

⑥ 보험계약의 체결에 있어서의 표시통화는 매매계약에서 사용된 통화로 하여야 한다.

### (2) FOB계약과 해상보험

FOB[Free On Board(…named port of shipment)]계약은 CIF계약의 매매계약과 함께 수출항에서 물품의 인도를 조건으로 하는 선적지 매매의 대표적인 정형거래

14) 양승규/이은섭, 국제무역보험론, 신영사, 2000, 391~395면 참조.

조건이다. FOB계약에서 계약물품은 매매계약상의 지정된 선적항에서 매도인에 의하여 선박 내로 반입되어야 한다. 그리고 계약물품의 멸실 · 훼손에 관한 위험은 계약물품이 본선의 현측난간을 통과할 때 매도인으로부터 매수인에게로 이전된다. 따라서 FOB계약에서는 매수인이 자기 자신을 위하여 계약물품의 본선반입완료 이후의 위험에 대하여 해상보험계약을 체결하면 된다.

한편, 1941년의 개정 미국 외국 무역정의에 의하면 FOB Vessel조건에서 위험 및 비용의 부담한계를 화물이 '본선 내로 반입이 완료된 때'(placed on board the vessel)로 명시하고 있어 Incoterms와 약간의 차이를 보이고 있다.

FOB계약의 매수인은 보통 매도인으로부터 선적통지를 받고 비로소 보험계약을 체결하게 되므로 보험계약체결 시에는 화물이 이미 선적되어 본선이 항해중에 있는 경우가 생기게 된다. 이러한 경우에는 소급조항(lost or not lost clause)을 첨부하여 선적시점까지 소급하여 보험에 가입할 수 있다.

### (3) CFR계약과 해상보험

CFR[Cost and Freight(...named port of destination)]계약은 서류인도조건이라는 점에서 CIF계약과 동일하나, 매도인에게 해상보험의 부보의무가 없다는 점에서 CIF계약과 다르다. 따라서 매수인은 FOB계약의 경우와 마찬가지로 계약물품이 본선의 현측난간을 통과할 때부터의 위험에 대하여 해상보험계약을 체결하여야 한다.

### (4) FAS계약과 해상보험

FAS[Free Alongside Ship(...named port of shipment)]계약은 계약물품을 선박의 선측에서 매수인에게 인도하는 현물인도의 매매방식으로서 FOB계약과 같은 종류의 계약형태이다. 따라서 FAS계약의 매수인은 위험부담이 이전되는 본선 선측에서 물품인도가 유효하게 이루어진 순간부터의 위험에 대하여 자기의 비용과 책임으로 해상보험계약을 체결하여야 한다.

### (5) 복합운송조건과 운송보험

현대운송방식이 컨테이너 또는 트레일러나 부선에 의한 roll on/roll off운송 등에서와 같이 운송구간 중 화물의 환적없이 일관운송할 수 있는 협동일관운송(intermodal through transportation)체제로 발달됨에 따라 2000년 Incoterms는 이러한 요구에 부응할 수 있는 복합운송조건을 설정하였다.

이러한 조건으로는 FCA[Free Carrier(...named place)], CPT[Carriage Paid To(...

named place of destination)] 및 CIP[Carriage and Insurance Paid To(...named place of destination)]조건이 있다. 이들 조건은 모두 위험부담의 이전시기에 대하여 계약물품이 최초의 운송인에게 인도된 때에 매수인에게 이전되는 것으로 정하고 있다.

FCA조건이나 CPT조건에서는 계약물품이 최초의 운송인에게 인도된 때로부터의 위험에 대하여 매수인이 자기의 비용과 책임으로 복합운송에 따른 운송보험(해상운송보험 포함)에 부보하여야 한다.

CIP계약에서는 매도인은 다음과 같은 조건으로 보험계약을 체결하여야 한다.

① 매도인은 자기의 비용으로 매수인이나 기타 피보험이익을 갖는 자가 보험자로부터 직접적으로 손해의 보상을 청구할 수 있는 적하보험증권을 취득하여야 한다.

② 보험계약은 공신력이 있는 보험업자 또는 보험회사와 체결하여야 한다.

③ 보험은 해상보험이나 운송보험 중 그 어느 것도 무방하지만, 보험조건은 보험자가 담보하는 위험과 손해의 범위가 최소인 약관에 의한다. 따라서 해상운송의 경우에는 보험조건이 CIF와 마찬가지이지만, 철도운송이나 항공운송 또는 육로운송이나 복합운송의 경우에는 국제적으로 통일된 보험조건이 없으므로 개별적인 보험계약 체결시마다 최소담보조건을 설정하거나 보험자마다 정형화하여 사용하는 운송보험조건 가운데 담보손해의 범위가 가장 좁은 조건을 택하여 보험에 붙이면 될 것이다. 만일 매수인의 요청이 있으면 매수인이 그 추가보험료를 부담하는 조건으로 진쟁, 동맹파업, 폭동 및 소요약관으로 부보하여야 힌다.

④ 보험기간은 선적항에서 물품이 운송인(최초의 운송인)의 보관 하에 인도된 시점부터 지정된 목적지에서 매수인이 물품을 수령하는 때까지로 하여야 한다.

⑤ 보험금액은 CIP가격에 10%를 가산한 금액, 즉 CIP가격의 110%의 금액으로 해야 한다.

⑥ 보험계약의 체결에 있어서의 표시통화는 매매계약에서 정한 통화로 하여야 한다.

한편 해상적하보험은 운송조항(transit clause), 이른바 창고간조항(warehouse to warehouse clause)에 의하여 해상운송뿐만 아니라 육상운송중의 위험도 확장담보하고 있으므로 해상운송계약의 체결시에 위험개시의 장소를 보험자에게 알림으로써 하나의 해상보험증권에 의하여 전체운송중의 위험을 담보받을 수 있다.

## Ⅳ. 해상보험의 법적 규제

### 1. 기업보험성에 의한 규제

해상보험은 선박과 적하에 대한 해상위험을 담보하는 보험으로서 해상기업과 밀접한 관련을 맺고 있다. 즉, 해상기업은 바다를 무대로 선박에 의하여 영위되는 것으로 선박의 운항에는 필연적으로 많은 위험이 따르고 있고, 이러한 해상위험으로 인한 손해보상을 목적으로 하는 것이 해상보험이다. 여기에서 해상보험에 관한 규제를 해상기업과 관련하여 해상법에서 다루는 입법례가 있으나,[15] 우리 상법전은 해상보험을 손해보험의 일종으로 보험편에서 규정하고 있다.[16] 상법상 해상보험에 관한 규정은 다른 손해보험에 비하여 비교적 상세하나 이것만으로 보험계약관계를 완전히 규제한 것이라고 할 수 없다. 그리하여 해상보험에 있어서도 그 계약의 내용은 보통보험약관에 의하여 정하여지고 있다.

### 2. 국제성에 의한 규제

해상보험은 바다를 무대로 국제적인 유대 속에서 이루어지는 해운업자 또는 무역업자들이 이용하는 보험으로서 국제적 성격이 가장 짙다. 그리하여 국제매매에서 해상적하보험의 경우 영국런던보험업자협회의 협회적하보험약관의 조항에 따르도록 하고 있고(2000년 Incoterms A3(b) 참조), 우리 나라 해상보험 거래에서도 영국의 표준약관에 의하여 그 계약이 이루어지고 있다. 이 약관에는 "이 보험은 영국의 법률 및 관습에 따른다"라는 준거법조항을 두고 있는데, 판례는 이 준거법조항의 효력을 인정하고 있다. 여기에서 1906년 영국해상보험법은 해상보험에 관한 중요한 법원의 하나가 되고 있다.

따라서 우리 상법 해상보험에 관한 규정은 최근 그 사용이 점점 늘고 있는 한국법을 준거법으로 정한 국문약관이 이용되는 경우에 적용된다.

---

15) 독일에서는 상법전 제4편 해상 제10장 항해의 위험에 관한 보험(제778조~제900조)에서 규정하고 있으나, 보통독일해상보험약관(Allgemeine Deutsche Seeversicherungsbedingungen)에 의하여 해상보험은 규제되고 있다.

16) 프랑스에서도 해상보험은 상법전에서 규정하였으나, 이를 폐기하고 1976년의 보험법 제7장(171-1조 이하)에서 규정하고 있다.

# 제2절 해상보험의 기능

## Ⅰ. 해상보험의 일반적 기능

해상보험은 수세기에 걸쳐 해상무역의 수행을 원조하여 왔다. 해상보험의 목적은 선주 또는 적하의 매수인·매도인이 각종의 해상위험으로 인하여 재화가 멸실 또는 훼손되는 경우에 입게 되는 커다란 경제적 부담을 제거하여, 우연한 사고에도 불구하고 해상사업을 수행할 수 있도록 하기 위함이다. 오늘날 해운에서는 해상보험이 불가분의 일체(integral part)를 이루고 있고, 해상기업거래에서는 해상보험이 거의 필수적으로 이용되고 있다.

## Ⅱ. 해상보험의 경제적 기능

### 1. 무역증진기능

해상사업은 바다와 같은 잠재적으로 위험한 환경에서는 적하를 운송하는데 발생하는 다양한 위험에 대비하여야 한다. 국제거래에 종사하는 상인은 다양한 해상위험이 도사리고 있는 바다에서 우연한 뜻밖의 사고위험을 자기 재산으로 극복하여야 한다면 사업의욕이 감소될 것이다. 해상보험은 해상위험을 위험단체를 통하여 분산함으로써 운송중의 사고발생의 위험성이 국제무역거래에서 수행의 하나의 장해요소가 되지 아니하도록 하기 위한 경제적 보장의 역할을 수행하고 있다.

### 2. 금융촉진기능

선박, 상품 또는 원유시추시설 등에는 소유자는 다액의 투자를 하고, 은행 등의 채권자로부터 금융을 받고 있는 경우가 많다. 해상보험은 이들에게 충분한 담보를 제공하는 기능을 한다. 이 담보가 없으면 하주, 선주, 선박의 건조자금을 융자한 선박저당권자 또는 물품의 매매에 관하여 화환어음의 할인은행 또는 신용장을 발행한 금융기관 등 각종 국제무역관계자는 사고발생의 경우에 보험의 목적물의 손해와 같은 금액을 보상받을 수 있다는 보장을 받을 수 없을 것이다. 국제무역거래에서 그 대금의 결제와 관련하여 매수인의 거래은행이 발행하는 상업신용장은 그 조건의 하나로 해상보험증권의 첨부를 요구하는 것이 거래의 실정이다. 따라서 무역거래에서는 금융의 편의를 위해서도 해상보험에 들지 않을 수 없다.

### 3. 국제수지기능

해상사업은 선박의 전체 운항비 또는 적하의 운송비에서 해상보험료는 매우 중요한 비율을 차지한다. 따라서 해상보험은 보험료상당액의 외화의 수입, 지출을 수반하기 때문에 국제수지상 큰 영향을 미치게 된다. 특히 개발도상국에서 해상보험이 각국의 국제수지에 미치는 영향은 아무리 강조하더라도 지나치지 않다. 선박과 적하를 보험에 붙일 수 있는 국내의 해상보험시장이 충실하지 않은 경우에는, 외화를 사용하여 해외시장에서 직접 부보하든지, 상당액을 해외시장의 재보험에 들어야 한다. 그러나 국내 해상보험시장이 충실한 경우에는 이와 같은 필요는 없을 뿐더러, 적극적으로 해외시장에서 원수보험 및 재보험을 통하여 외화를 절약하거나 획득할 수 있다. 이것은 보이지 않는 무역, 무역외수지의 문제이고, 한 나라의 국제수지에 기여한다.[17)]

# 제3절 해상보험의 성격

## Ⅰ. 해상보험의 성질

해상보험은 본래 해상운송보험으로서의 성격을 지니고 있다. 육상의 운송수단을 포함하지 아니하고 운송물만을 대상으로 하는 육상운송보험과는 달리, 해상보험은 운송물(적하)과 운송수단(선박)의 쌍방을 대상으로 하고 있다. 육상의 운송수단을 담보하는 보험 중 대표적인 것은 자동차보험이지만, 자동차보험은

17) 龜井利明, 海上保險, 東京: 成山堂, 1992, 5~6면.

자동차 그 자체를 대상으로 하는 것이기 때문에, 자동차에 의하여 운송되는 물건을 포함하지 아니한다. 이와 같이 해상보험은 육상보험과 비교하여 많은 특이성을 가진다.

## Ⅱ. 해상보험의 특성

### 1. 국제성

해상보험의 특색은 국제성이다. 해상에서 운송되는 화물의 보험은 통상 두 국가 사이의 운송에 관한 것이기 때문에 대부분의 화물보험은 본질적으로 국제적 성격을 띠고 있다. 따라서 송하인(매도인)과 수하인(매수인)이 서로 법률과 언어를 달리 하는 경우가 많다. 적하보험자는 송하인 또는 수하인과 같은 국적인 경우도 있지만 운송과 관계없는 제3국에 소재하는 경우도 많다. 선박의 손해가 해외에서 발생할 가능성이 있는 점 그리고 많은 선주가 자기의 선박보험의 전부 또는 일부를 자국 이외의 국가의 시장에서 부보하는 경향이 있으므로 선박보험도 국제적 성격을 지니고 있다. 선박보험의 해외부보경향의 이유의 하나는 개발도상국을 포함하여 자국의 선박에 보험담보를 제공할 충분한 능력을 갖추지 못한 국가의 선주소유선박이 증가하고 있기 때문이고, 그 결과 이러한 나라의 많은 선주는 영국·미국 등의 선진국시장에 그 보험담보를 구하여야 한다.[18] 경우에 따라서는 해상보험은 보험의 목적인 선박과 적하의 값이 아주 비싸서 보험금액이 고액인 관계로 해상보험을 인수한 보험자는 다시 해외 재보험자에게 위험을 전가하고 있다.

〈표 1〉에 따르면 항공보험을 포함한 해상보험은 국내 보험회사의 원수보험료 대비 국경간 거래 비중이 8.9%에서 20.2%에 이르러 국경간 거래가 매우 활발한 것을 나타내고 있고, 〈표 2〉는 해외출재율은 원수보험료의 43.4%에서 49.8%에 이르고 있음을 보이고 있다.

18) UNCTAD(국제연합무역개발회의)사무국보고서(1978.11.20. TD/B/C.4/ISL/27), 해상보험계약에 관한 법률과 보험서류의 문제, n. 31.

<표 1> 해상보험상 국경거래보험료와 그 비율[19] (단위 : 억원)

| 구분 | | 2003년 | 2004년 | 2005년 |
|---|---|---|---|---|
| 해상보험(적하, 선박,항공 포함) | 원수보험료 | 5,350 | 5,246 | 5,526 |
| | 국경간거래보험료 | 1,082 | 467 | 950 |
| | 비율 | 20.2% | 8.9% | 17.2% |

<표 2> 해상보험상 출재보험료와 그 비율[20] (단위 : 억원)

| 구분 | | 2003년 | 2004년 | 2005년 |
|---|---|---|---|---|
| 해상보험(적하, 선박,항공 포함) | 원수보험료 | 5,350 | 5,246 | 5,526 |
| | 출재보험료 | 2,668 | 2,504 | 2,403 |
| | 출재율 | 49.8% | 47.7% | 43.4% |

한편 해상보험의 국제성은 영국보험시장 그리고 동시장의 보험증권 양식, 약관 및 법률이 특히 개발도상국을 포함한 국제적인 해상보험사업에 큰 영향을 미쳤다는 데서 발견된다. 각 국가에서 해상보험에는 각종 보험약관이 사용되고 있지만, 런던보험자협회(Institute of London Underwriters)와 이를 계승한 국제보험자협회(IUA: International Underwriting Association of London)가 선박보험과 화물보험을 인수하기 위하여 작성한 표준보험약관이 널리 국제적으로 사용되고 있고, 이 약관이 사실상 국제적으로 통용되는 보험조건으로 되어 있다.

영국의 표준해상보험약관이 세계해상보험분야를 규율하는 이유로는 첫째, 19세기의 4반세기로부터 20세기 초에 걸쳐 해상보험의 관행과 담보조건이 근대적인 형태로 결정된 당시는 영국의 상선대가 세계의 상선대 중에서 압도적인 우위를 점하고, 또한 영국이 무역·금융의 면에서도 지배권을 장악하였다는 점, 둘째, 1906년 해상보험법을 비롯하여 풍부한 법원의 판례와 관례가 확립되어 있다는 점, 셋째, 고가의 선박보험을 인수한 원수보험자는 재보험자에게 위험을 전가하고 있기 때문에 보험금지급 등과 관련하여 세계적 보편성을 확보할 것이 요망된다는 것이 들어지고 있다.[21] 이에 각국의 해상보험증권에는 영국법준거조항을 삽입하여 국제적 통일을 지향하고 있다.

19) 정영석, 한미FTA체결과 보험시장의 환경변화, 금융법학회(2006.11.25.) 발표논문, 11면.
20) 정영석, 위논문, 13면.
21) 앞의 UNCTAD 사무국보고서 n. 45, 48.

## 2. 기업보험성

해상보험은 무역회사, 해운업자들이 해상기업에 따르는 해상위험을 극복하기 위하여 이용하는 보험이다. 즉, 해상보험은 해상기업을 대상으로 하고, 이들 기업의 해상위험을 담보하는 것이기 때문에 기업보험이다. 해상위험의 관리주체인 해상기업도 해상보험의 전문가인 경우가 보통이기 때문에 가계보험의 경우와 달리 보험자와 보험계약자가 대등한 지위에서 보험계약을 체결할 수 있는 경우가 일반적이다. 따라서 해상보험계약은 어느 정도 사적 자치의 원칙이 요구되고 있으며, 상법은 이를 뒷받침하고 있다(상법 제663조 단서).

## 3. 종합보험성

해상보험은 다양한 유형의 위험을 종합적으로 담보하는 보험이다. 화재보험・도난보험이 원칙적으로 단일위험을 담보하는 보험인 것과 크게 다르다. 육상보험은 그 담보위험이 비교적 단순하지만, 해상보험은 그 담보위험이 복잡다양하다. 해상보험은 그 발전초기부터 강도, 해적, 전쟁 등의 다양한 해상위험을 담보하여 왔지만, 오늘날의 해상보험에는 담보위험이 한정되는 것이 보통이다. 그러나 이 경우에도 각종의 해상위험을 종합적으로 담보하고 있다. 전쟁위험만을 담보하는 전쟁보험도 있지만, 그것도 단일위험의 담보라고 말할 수 없고, 종합적 위험의 담보라고 할 수 있다.[22)]

## 4. 해륙혼합보험성

해상보험은 해상위험, 즉 '항해에 관한 사고'를 담보하는 보험이지만, 선박건조에 수반하는 위험을 담보하거나 두 가지 이상의 운송수단을 이용하여 화물의 운송이 이루어지는 복합운송이 일반화됨에 따라 창고사이약관(from warehouse to warehouse clause) 또는 운송약관(transit clause)에 의하여 항해에 부수하는 내수 또는 육상에서의 위험까지 함께 담보하는 경우가 많다. 이 경우에는 해상보험에 관한 규정은 해상의 위험 이외의 위험에 대해서도 준용되고, 그만큼 해상위험에서 담보하는 위험의 범위는 확장된다.

22) 龜定利明, 전게서, 2면.

# 제 2 장 해상보험법의 일반

## 제 1 절 해상보험법의 개념

### Ⅰ. 해상보험법의 의의

#### 1. 실질적 의의

해상보험법은 실질적인 뜻에서는 영리를 목적으로 하는 해상보험에서의 보험관계를 규율하는 법을 말한다. 해상보험은 해상사업(marine adventure)에 관한 사고로 인하여 생길 손해를 보상할 것을 내용으로 하는 보험이고(상법 제693조; 영국해상보험법 제1조), 보험관계라 함은 해상보험자가 보험계약자로부터 대가를 받고 위험을 인수하고, 우연한 사고가 발생한 때에 보험금을 지급하기로 하는 법률관계를 말한다. 해상보험법은 손해보험에 속하는 해상보험을 규율하는 점에서 사법에 속하나 해상사업의 성격상 선박이 갖추어야 하는 선박의 상태와 선급, 국제안전관리기준(ISMC: International Safety and Management Code)[1]에 대하여 규정하는 국제해상인명안전협약(SOLAS: International Convention for the Safety of Life at Sea 1974),[2] 1973/1978 국제선박해상오염방지협약(MARPOL: International Convention for the Prevention of Marine Pollution from Ship) 등의 국제협약, 선박의 해상에서의 안전 및 원활한 교통을 확보함을 목적으로 하는 해상교통안전법 등의 공법적 요소도 포함하여야 한다. 또한 실질적 의의의 해상보험법에는 선주의 선박운항으로 인하여 발생하는 제3자에 대한 손해배상책임 및 비용을 보상하는 것을 내용으로 하는 보험인 선주상호보험의 건전한 경영을 확보하기 위하여

1) 국제해사기구(IMO)가 1980년대 Exxon Valdez호 사건과 같은 인명과 환경에 대한 대형 해상사고가 주로 음주와 같은 사람의 과실로 인한 것임을 인식하고, 1993년 해운작업에서 사람의 과실을 감소시키고 안전에 대한 자율규제를 구축하기 위하여 제정한 것으로 완전한 명칭은 International Management Code for the Safe Operation of Ships and Pollution Convention이다. 1994년 SOLAS회의에서 SOLAS협약 제9장에 편입되었다.

2) 선박의 안전에 관한 영속적 규칙을 마련할 의도로 런던 SOLAS회의에서 제정된 국제협약으로 제정당시의 8개의 장을 포함하여 9개의 장으로 구성되는데, 2000년 항해의 안전에 관한 제5장이 개정되어 전자해도, 선박자동식별장치, 항해자료기록기 등의 새로운 항해장비의 탑재를 규정하였다.

1999년 제정된 선주상호보험조합법이 포함된다.

### 2. 형식적 의의

형식적 의의의 해상보험법은 상법 제4편 해상보험에 관한 규정을 의미한다. 현재 해상보험실무에서 사용되는 영국법준거조항의 효력이 인정되기 때문에 영국의 1906년 해상보험법(Marine Insurance Act)을 비롯한 Marine Insurance(Gambling Policies) Act 1909, Third Parties(Rights Against Insures) Act, Marine and Aviation Insurance(War Risks) Act 1952 등도 포함된다.

## Ⅱ. 우리나라의 해상보험법의 성격

### 1. 해상보험법의 임의규정성

해상보험법은 상법 제4편 보험편의 일부를 구성하고 있고, 상법 제663조 본문은 "이 편의 규정은 당사자간의 특약으로 보험계약자 또는 피보험자나 보험수익자의 불이익으로 변경하지 못한다"라고 규정하여 이른바 '보험계약자 등의 불이익변경금지의 원칙'을 밝혀 특약에 의해서도 보험계약자 등의 불이익으로 변경하지 못하도록 함으로써 보험계약법의 상대적 강행법성을 선언하고 있다. 이와 같이 보험계약법을 일종의 강행법화하는 것은 보험의 기술적·단체적·사회적인 요청과 거의 모든 보험계약자가 보험에 대하여 잘 알지 못하는 것이 일반적이므로 그들을 보호하기 위한 법적 배려라고 할 수 있다. 일반화재보험, 생명보험 등 가계보험이 이에 해당한다. 그러나 보험계약자가 보험자와 대등한 관계에서 보험계약의 조건을 흥정할 수 있는 기업보험인 해상보험에서는 당사자 사이에 임의로 그 계약내용을 정할 수 있는 이른바 사적자치의 원칙을 인정하지 않을 수 없다. 이에 따라 상법 제663조는 단서를 두어 재보험 및 해상보험 기타 이와 유사한 보험의 경우에는 보험계약법의 규정을 임의법으로 하고 사적 자치의 길을 열어 두고 있다. 이에 따라 해상보험법은 임의법으로서의 성격을 가진다.

### 2. 우리 해싱보험법과 영국 해상보험법의 실무

우리나라의 해상보험거래에서는 최근 한국법을 준거법으로 정한 국문약관의 사용이 늘고 있지만, 여전히 전세계의 보험업계의 중심으로서의 지위가 인정되고 있는 영국의 선박보험약관, 적하보험약관을 보험계약의 내용으로 하고 있다. 이 약관에는 "이 보험은 영국의 법과 관습을 적용한다"라는 영국법준거조항이 들어 있으며, 대법원은 이 조항의 효력을 인정하므로, 영국의 1906년 해상보험법을 비롯한 법률과 판례, 관습은 우리 법에 있어서 중요한 法源으로 된다.

대법원이 영국법준거조항의 효력을 인정하는 근거는 첫째, 영국을 전세계 해상보험업계의 중심으로 존중하고, 둘째, 외국법준거조항을 무효로 하기 위하여서는 당사자의 의사가 보험자의 면책을 기도하여 본래 적용되어야 할 공서법의 적용을 면하는 것을 목적으로 하거나 합리적인 범위를 초과하여 보험계약자에게 불리하게 되는 경우인데, 해상보험계약상의 영국법준거조항은 당사자간의 거래관계를 명확하게 하려는 것으로서 우리나라의 공익규정 또는 공서양속에 반하는 것이라거나 보험계약자의 이익을 부당하게 침해하는 것이라고 볼 수 없다는 것이다.[3)]

구체적으로 대법원은 해상고유의 위험,[4)] 인치마리조항,[5)] 고지의무,[6)] 입증책임,[7)] 감항능력,[8)] 특별어획물약관,[9)] 담보특약,[10)] 적하보험상 보험담보의 종료시점,[11)] 선박의 양도와 보험계약의 종료,[12)] 선박보험상 선장의 악행,[13)] 추정전손,[14)] 선박미확정의 해상적하보험계약에서 영국 협회선급약관의 내용과 보험자

---

3) 대법원 1991.5.14. 선고, 90다카25314 판결. 우리나라와 같이 영국해상보험법을 주요한 법원으로 인정하는 미국에서는 대법원은 해상보험분야에서 영국판례를 존중하는 정책을 명시적으로 선언하고 이를 수행하는데, 그 근거를 영국법원의 장기간의 경험과 미국보험시장과 영국보험시장의 밀접한 관련을 감안하여 통일이 매우 바람직하다는 점을 든다(Gilmore/Black, The Law of Admiralty, 2nd ed., Minola New York: The Foundation Press, Inc, 1975, p. 56.)

4) 대법원 1998.5.15. 선고, 96다27773 판결; 대법원 2001.5.15. 선고, 99다26221 판결.

5) 대법원 2001.5.15. 선고, 99다26221 판결.

6) 대법원 1991.5.14. 선고, 90다카25314 판결; 대법원 1996.3.8. 선고, 95다28779 판결; 대법원 2001.5.15. 선고, 99다26221 판결; 대법원 2005.3.25. 선고, 2004다22711, 22728 판결.

7) 대법원 1991.5.14. 선고, 90다카25314 판결; 대법원 2001.5.15. 선고, 99다26221 판결; 대법원 2005.11.25. 선고, 2002다59258, 59535 판결.

8) 대법원 1996.10.11. 선고, 94다60332 판결; 대법원 1995.9.29. 선고, 93다53078 판결; 대법원 2001.5.15. 선고, 99다26221 판결; 대법원 2002.6.28. 선고, 2000다21062 판결; 대법원 2005.11.10. 선고, 2003다32299 판결.

9) 대법원 1996.10.11. 선고, 94다60332 판결; 대법원 1995.9.29. 선고, 93다53078 판결.

10) 대법원 1996.10.11. 선고, 94다60332 판결; 대법원 1996.10.15. 선고, 94다37318 판결; 대법원 2001.7.27. 선고, 99다55533 판결; 대법원 2002.6.28. 선고, 2000다21062 판결.

11) 대법원 1988.9.27. 선고, 84다카1639, 1640 판결; 대법원 2003.6.13. 선고, 2001다42660 판결.

12) 대법원 2004.11.11. 선고, 2003다30807 판결.

13) 대법원 2005.11.25. 선고, 2002다59258, 59535 판결.

14) 대법원 1977.1.11. 선고, 71다2116 판결; 대법원 1989.9.12. 선고, 87다카3070 판결; 대법원

의 설명의무[15] 등의 사안에서 영국 해상보험법과 영국판례, 그리고 실무를 적용하여 해결하고 있다.

### 3. 독립한 해상보험법의 제정필요성

해상보험에 관하여 우리 상법은 1991년 상법개정시에 영국해상보험법과 영국의 보험약관 등 최근의 국제해상보험실무를 반영하여 대폭 개정되었으나, 조문수가 29개에 불과하고 임의규정으로서 제한적인 역할만이 수행되고 있다.[16] 해상보험의 국제성과 특수성을 감안하여 많은 국가에서처럼 이를 독립하여 단행법으로 제정하는 것이 바람직하다.

## 제 2 절 영국해상보험법의 법원

### Ⅰ. 1906년 해상보험법과 판례

#### 1. 판 례

해상보험에 적용되는 원칙은 계약, 법 그리고 실무의 독특한 합성체이다. 영국은 판례법주의국가이지만, 해상보험에 관하여 특히 도박과 불법적인 항해사업 그리고 사기를 방지하기 위한 약간의 상행법규가 있다. 그러나 당사자는 일반적으로 자유롭게 조건에 대하여 약정할 수 있고, 원칙적으로 임의규정인 법률규정에 우선하므로 1차적인 적용원칙은 당사자 사이의 개별적인 계약이다.

쟁점에 대하여 약관에 특별히 정하여지지 아니하는 경우에는 해상보험계약에는 법원의 판례가 주로 적용된다. 이와 관련하여 판례에는 두 가지 유형이 존재한다.

첫째, 가장 광범위한 유형은 영국의 보통법의 일반적인 지위를 표현하는 판

---

1988.2.9. 선고, 86다카2933, 2934, 2935 판결; 대법원 2001.2.23. 선고, 98다59309 판결; 대법원 2002.6.28. 선고, 2000다21062 판결.

15) 대법원 2001.7.27. 선고, 99다55533 판결.

16) 서동희, 한국해상보험법에서의 영국법 문제에 대한 처리-대법원 1998.7.14. 선고, 96다39707 판결, 판례연구 15집(상)(2001), 서울지방변호사회, 70~75면.

례이다. 이들 판례는 1906년 영국해상보험법으로 법전화되었고, 그 초안은 맥켄지 찰머스(Mackenzie Chalmers)경에 의하여 작성되었다. 이 법은 해상보험법만이 아니라 일반적으로 보험법의 원리와 규칙에 관한 지도적인 법률규정으로 기능하고 있다. 보통법이 법전화되는 경우에는, 법령의 어구가 종국적이고, 이전의 판례법을 적용하지 않는다고 판결되어 왔다. 이러한 해석원칙의 장점은 만일 법전화된 법규가 법이 제정될 당시의 완전한 내용을 의도하는 경우에는 의회가 의식적으로 이전의 부합하지 아니하는 판례법을 생략하거나 무시할 수 있다는 것이다.

그러나 1906년 영국해상보험법의 경우에는 이전의 판례법을 계속하여 참조하여야 할 상당한 이유가 존재한다. 이 법은 일반원칙을 추가로 설명하거나 이 규정에 내재하는 일반적인 원칙에 크게 유념하지 아니하고, 법이 제정될 당시에 법원이 판단한 판례의 내용을 법전화할 특수한 목적으로 기초되었다는 점에 유념하여야 한다. 또한 이 법은 일반보험이나 해상보험에 관한 완전한 법이 아니다. 따라서 이전의 판례를 참조하는 것은 이 법에 의하여 적법한 것으로 된다. 이에 영국해상보험법 제91조 제2항은 "상인법을 포함하는 보통법의 원칙은 이 법의 명시적인 규정과 저촉하지 아니하는 한 해상보험계약에 적용된다"고 규정하고 있다. 따라서 이 법이 제정된 이후 발전된 판례를 참조하는 것은 두말할 나위 없이 적법하고, 이 법이 외견상 보통법의 법전화이고, 의회가 이를 존중하였기 때문에, 이 법이 실제로 그 일부를 이루고 있는 이 법 제정이전의 보통법과 이 법 제정 이후의 보통법을 참조하여 이 법을 해석하는 것이 합리적이다.

둘째, 해상보험실무상 대부분의 보험계약조건은 표준형식에 근거한다. 18세기 중엽에 제정되어 Lloyd's SG policy이라고 불리는 이 보험증권은 1980년 초에 개정될 때까지 약 200년 이상 사용되었고, 1906년 해상보험법에 부록으로 첨부되어 있다. 또한 1888년에 협회선박보험약관, 1912년에 협회적하보험약관이 최초로 제정된 이래 많은 표준해상보험약관이 전세계 해상보험실무에서 널리 사용되고 있다. 따라서 이에 관한 판례는 매우 중요하다.

## 2. 1906년 영국해상보험법

### (1) 이 법의 지위

초기의 해상보험입법[17]은 실체적인 문제에 관한 한 피보험이익에 대하여서

17) 1745년 해상보험법은 선박이나 적하에 이해관계없이 해상보험계약을 체결하는 해상보험

만 영향을 미쳤을 뿐, 해상보험법의 원칙을 발전시키는 역할을 담당한 것은 법원과 보험시장이었다. 이 원칙은 1906년 영국해상보험법에 입법화되고, 이 법의 초안을 담당한 것은 맥켄지 찰머스경이며, 이는 당시의 판례를 변경하고자 한 것이 아니라 200년 간의 약 2,000여 개의 판결을 기초로 입법한 것이다. 이 법은 여러 쟁점에 관하여 해상보험법만이 아니라 비해상보험법을 반영하고 있지만, 영국에서 비해상보험에 관한 법률은 현재까지 입법되지 않고 있다. 이 법은 여전히 시행되고 있지만, 다음 세 가지 점에 유념하여야 한다.[18)]

첫째, 이 법은 당사자 사이에 다른 약정이 없는 경우에 한하여 적용된다는 전제를 두고 있는데, 실무적으로 영국에서 체결된 해상보험계약은 IUA(International Underwriting Association of London)가 작성한 다양한 표준약관에 의하여 규율되는데, 이는 해상보험법의 적용을 배제하기 때문이다.

둘째, 이 법은 1906년 당시 존재하던 실무에 관한 법이고, 이후 실무상 중요한 변경이 있었으며, 이 법상의 여러 개념은 사라진 거래형식에 관한 것이라는 점을 고려하여야 한다. 또한 이 법의 제정 이후 이 법의 문언의 의미를 명확히 하는 중요한 판결이 존재한다.

셋째, 대부분의 중요한 해상보험원칙이 규정되어 있는 것은 사실이라도, 이 법이 충분히 자족적인 것은 아니라는 점이다.

### (2) 다른 나라의 해상보험법에의 계수

영국해상보험법은 성공적이라고 할 수 있는데 이후 뉴질랜드(1908), 호주(1909), 말레이지아(1956), 인도(1963), 홍콩(1964), 캐나다(1993), 싱가포르(1993) 등 각국의 해상보험법의 제정시 기초를 형성하여 왔다. 또한 우리나라와 미국 그리고 일본에서 해상보험의 발전에 큰 영향을 미치고 있다.

---

계약을 가장한 도박의 관행에 종지부를 찍은 최초의 법령이다. 이 법은 해상보험계약에 가입하고자 하는 자에게 보험목적에 대한 이해관계를 요구하여 당시 허용되던 이해관계가 없는 자가 명예보험에 가입하는 것을 금지하여 해상보험이 더 이상 도박수단으로 이용되지 못하도록 하였다. 이 법은 1906년 해상보험법에 편입될 때까지 뒤의 법에 의해 거의 변경되지 않은 채 시행되었다. 1788년 해상보험법은 해상보험계약상의 모든 당사자의 이름을 보험증권에 기재하도록 하였지만, 이 법은 피보험자의 대리인이 보험증권에 기재된 경우에 한하여 적용되었기 때문에 넓게 적용되지 않았고, 해상보험에 관한 한 1906년 해상보험법에 의하여 폐기되었다. 마지막으로 1868년 해상보험증권법은 보통법상 금지된 보험계약의 양도를 허용하는데, 이는 1906년 해상보험법 제50조~제51조에 규정되어 있다.

18) Robert Merkin, Marine Insurance Legislation, London: LLP, 2000, pp. xxxvii~xxxix.

## Ⅱ. 보험증권과 보험약관

실무상 대부분의 보험계약은 표준형식에 근거하기 때문에 이 유형은 매우 중요하다. 1779년에 제정되어 Lloyd's SG policy라고 불리는 보험증권은 1980년 초에 개정될 때까지 약 200년 이상 사용되었고, 1906년 해상보험법에 부록으로 첨부되어 있다.

Lloyd's SG 보험증권은 보험계약의 조건을 상세히 규정하고 있었고, 런던보험자협회(Institute of London Underwriters)가 발전시켜 온 협회약관이라고 불리는 광범위한 표준약관은 이를 개정하고 확대하는 내용이었다. 협회선박보험약관이 최초로 제정된 것은 1888년이고, 협회적하보험약관은 1912년이다. 이 협회가 최근 1998년 LIRMA(London Insurance and Reinsurance Market Association)와 통합되어 국제보험협회(International Underwriting Association)가 출범하였다. 이어서 1960년대와 1970년대에 유엔상거래위원회(UNCTAD)[19]는 해상보험을 규율하는 국제협약을 체결할 목적으로 해상보험에 관한 지배적인 원칙과 실무에 대한 비판작업을 수행하였다. 런던시장은 이에 대응하여 1980년대 초 새로운 간결한 형식의 보험증권을 작성하고 특히 Lloyd's SG 보험증권과 기존의 협회약관 양자로부터 관련 조항들을 개별적인 약관에 포괄하는 새로운 협회약관을 작성하였다. 이에 의하여 유엔상거래위원회의 작업은 결국 중복되게 되었다.

해상위험에 대한 표준담보로서 새로운 기본적인 적하보험약관은 1982년[20]에 그리고 1983년[21]에는 새로운 선박보험약관과 운임보험약관이 공간되었다. 적하, 선박, 운임에 대한 현대화된 전쟁보험약관과 동맹파업보험약관이 동시에 발행되었다. 또한 광범위한 추가약관과 특별약관이 작성되었다. 해상위험, 전쟁위험 그리고 동맹파업에 대하여 개정된 새로운 해상보험약관이 1995년에 작성되었지만, 이 약관들은 기존의 1983년 약관들을 대체할 정도로 충분히 이용되지 아니한 것으로 판명되었다. 또한 최근에는 국제해법회(CMI)[22]에서는 해상보험

19) UNCTAD(The United Nations Conference on Trade and Development)는 Marine Insurance: legal and documentary aspects of the marine insurance contract(TD/B/C.4/ISL/27: 1978); Model Clauses on Marine Hull and Cargo Insurance(UNCTAD/SHIP 608: 1985)를 공간하였다.

20) 1982년 협회적하보험(A), (B), (C)약관.

21) 1983년 협회선박기간보험약관; 1983년 협회선박항해보험약관; 1983년 협회운임기간보험약관; 1983년 협회운임항해보험약관.

22) Comité Maritime International; Thomas Remé, The CMI working group on marine

법과 실무의 개정에 대한 검토작업이 수행되었다. 1970년대 유엔상거래위원회의 작업과 마찬가지로 이 작업은 중대한 외부적인 개혁운동을 일반적으로 저지하던 런던시장에 의한 대응을 촉진하였다.

이것은 2002년에 최초로 발행된 국제선박보험약관(International Hull Clauses)에 의하여 구현되었다. 이는 협회선박기간보험약관의 현대화된 형태로 발행되었다. 런던보험자협회가 국제보험협회로 대체되고 새로운 약관에 '협회'라는 어구가 생략되었다는 사실을 감안하면 엄격히 말하면 새로운 약관을 협회약관이라고 표현하는 것은 적절하지 아니하다. 그러나 현재에도 시장에서 많은 협회약관이 사용되고 있기 때문에 표준약관으로 런던보험자협회와 국제보험협회가 발행한 약관 양자를 함께 참조하는 것이 편리하다.

2002년 약관은 개정중인 약관의 내용을 유지한다는 애매한 목적아래 발행되었다. 이는 약관의 동시대성을 유지하는데는 합리적인 방법이었지만, 약관을 다시 개정할 가능성이 존재하였기 때문에 이 약관을 채택하는데 장애로 작용하였다. 이에 2003년에는 시장의 반응을 고려하여 상당한 기간동안 지속적으로 사용될 것을 예정하여 개정된 국제선박보험약관이 발행되었는데, 이 2003년 약관은 1983년의 협회선박기간보험약관의 계승자로서 보다 확고한 지위를 확립하기 시작하고 있다.

특수한 산업이나 무역의 관련 당사자는 표준형식의 계약이나 약관을 발전시키고 사용하는 것이 보통이다. 그 가운데에서 해상보험은 저명한 표준약관이 특별히 지배하는 산업이다. 따라서 실무상 법률과 판례에 못지 않게 표준적인 약관상의 조건에 의거하게 된다. 또한 국제보험협회, 로이즈 그리고 런던시장보험중개사위원회(London Market Insurance Brokers Committee)가 보다 간결하고 표준적이며 효율적인 계약체결, 운영과 보험금청구과정을 위하여 작성한 런던시장원칙(London Market Principle 2001)에 따를 필요성이 점점 증가하고 있다.

그러나 표준약관의 보편성은 과장되어서는 안된다.[23]

첫째, 당사자가 표준약관을 편입하지 아니하는 한, 표준약관은 특별한 계약에 적용되지 아니한다.

둘째, 비록 표준약관이 채용되더라도, 가장 친숙한 약관이 아닐 수가 있다. 선택할 수 있는 많은 일반적인 약관, 특수한 약관 그리고 개별적인 약관이 존재한

insurance/challengers for the future, Marine Insurance at the turn of the Millenium Vol. 1, Antwerpen: Intersentia, 1999, pp. 399~403.

23) F.D. Rose, Marine Insurance: Law and Practice, London: LLP, 2004. § 1.13, p. 4.

다. 실제로 당사자는 최신의 약관을 자유롭게 선택하는 것이 아니라, 새로운 약관의 불확정성보다는 친숙한 약관의 확실성을 선택하는 것은 당연하다고 할 수 있다. 또한 당사자는 외국시장에서 개발된 약관을 사용할 것을 선택할 수 있다.

셋째, 당사자들은 계약의 내용으로 사용하는 표준약관의 조건을 변경할 수 있다.

넷째, 계약이 사용된 표준약관에서 발견되지 않는 조건을 내용으로 할 수 있음은 당연하다.

이 책은 따라서 개별적인 해상보험계약에 적용될 수 있는 원칙과 규칙을 설정하고자 주로 노력한다. 이를 위하여 현대해상보험계약에서 널리 사용되는 다양한 표준약관과 그 수정판들을 참조할 것이다.

# 제 3 장 해상보험법의 발전

## 제 1 절 영국의 해상보험법의 발전[1)]

### Ⅰ. 개 관

영국에서 해상보험은 로이즈와 런던보험회사로 구성되는 런던시장과 선주상호보험조합에 의해 인수된다. 해상보험시장의 발전을 추적하고 이 구조를 이해하는 데는 17세기의 커피소비에 기인하는 로이즈의 기원과 함께 시작되어야 한다.

### Ⅱ. 로이즈의 발전

#### 1. 로이즈의 성질

로이즈는 개인보험업사업자의 집합체로서 이들이 로이즈보험회사(Corporation of Lloyd's)를 형성하고 있다. 이 회사는 현대적 의미의 주식회사가 아니고, 주식회사제도 확립이전에 무역업자에게서 발견되는 규제회사(regulated company)에 해당하는 기업형태이다. 즉, 로이즈는 각 구성원이 자기의 계산과 위험부담으로 개별적으로 기능하는 개인보험사업자의 총체에 불과하지만, 각 개인보험사업자 전체를 통괄하고, 개인책임의 원칙이 근대적 보험수요원칙에 적합하도록 유지하기 위한 관리단체이다.

로이즈는 일종의 규제조합으로 다른 나라에 그 유례를 찾을 수 없는 독특한 성질을 가지는데, 로이즈는 개인보험사업자의 개인책임의 원칙을 전제로 하고 있다. 즉, 모든 로이즈보험증권에는 "각자 자기가 인수한 부분에 대하여서만 책임을 부담하고 타자가 인수한 부분에 대하여서는 책임을 지지 아니한다"라는

1) Howard N. Bennett, The Law of Marine Insurance, London: Clarendon Press, 1996, pp. 1~9f.

문언이 삽입되어 있고, 로이즈보험업자의 책임은 단체를 구성하고 있는 보험업자 상호간에는 아무 관련이 없는 독립책임제이고, 무한책임제로 되어 있다.

## 2. 로이즈의 초기발전

해상보험은 12세기말과 13세기초에 북부이탈리아에서 발생하여 프란더스, 스페인, 프랑스를 거쳐 영국으로 확장되어 왔다. 1600년대 초엽 1630년 옥스포드대학 총장으로 선임된 윌리엄 로드(William Laud)는 중동의 학문을 선호하였는데, 그 영향으로 크레타사람인 나타니엘 코노피우스(Nathaniel Conopius)라는 학자가 동 대학에 부임하여 커피문화를 대학에 도입하여 이는 대학뿐만 아니라 전체 사회로 확산되어 커피하우스가 번성하였다. 1688년 에드워드 로이드(Edward Lloyd)는 타워 스트리트(Tower Street)에 해상보험사업자와 해운업자를 주된 고객으로 하는 로이즈 커피하우스(Lloyd's Coffee House)를 개설하였는데, 로이즈는 경매나 선박매매의 거점으로 명성을 얻었고, 해상보험자와의 관련은 1720년대에 시작되어 약 20년 동안 명성이 증대되어 런던해상보험시장에서 사실상 독점적인 지위를 누리게 되었다. 이후 로이즈 커피하우스는 쇠퇴하여 1771년 보험자들은 자신을 대표할 회의체를 구성하기로 하여 1774년 후일 로이즈의 아버지로 불리는 죤 쥴리우스 오거스틴(John Julius Augustein)이 로열 익스체인지[Royal Exchange: 1560년대에 토마스 그리셤(Thomas Gresham)이 상인의 회합장소로 건립한 곳으로 1571년 엘리자베스(Elizabeth) 1세가 방문한 이래 이 명칭으로 칭해짐]에 사무실을 임차하여 1795년 로이즈회장으로 취임하였다. 보험자단체로서 로이즈는 1871년 로이드법(Lloyd Act)에 의하여 비로소 법률상의 기구가 되었다.

로이즈는 미국독립전쟁시기에 최대의 시련을 겪는다. 당시에는 적국의 선박에 대한 보험인수가 법률로 금지되지 않았기 때문에 영국이 승리하건 패배하건 로이즈는 큰 손해를 입을 수밖에 없었다. 그러나 최대의 재난은 1780년대 63명의 상인이 승선한 2개의 호송선단선박이 프랑스와 스페인의 연합함대의 공격을 받아 8인의 상인만이 탈출하고 150만 파운드의 손해를 입은 사고로 많은 보험자가 파산했다. 그러나 로이즈는 생존했고 나폴레옹 전쟁시에 최대의 번영을 누렸다. 상품가격의 인상은 해상보험수요의 증대를 낳았고, 보험자가 적정하다고 판단하는 보험료에 따라 보험계약이 체결되는 보험자가 주도하는 시장으로 되었다.

## 3. 해상보험시장에서 로이즈의 부상

세계의 해상보험의 시장중심은 영국이고, 영국의 시장중심이 로이즈이다. 영국시장이 세계의 해상보험의 시장중심으로 군림하여 온 것은, 물론 해운강국으로서 세계의 산업경제를 선도하여 온 실적에 의한 것이지만, 해상보험에 있어서 로이즈가 주도적인 지위를 차지하게 된 것을 설명하기에는 로이즈의 역사만으로 충분하지 않고 부패와 기회 그리고 신속한 상업적 판단이 이유로 들어진다.

18세기초만 하더라도 해상보험의 거점이 없었고, 보험인수는 누구라도 할 수 있는 부업활동이었다. 유동적인 시장에서 사무실을 두고 개인보험사업자를 위해서 또는 스스로 보험을 인수하던 보험중개사가 시장규제가 없는 것을 배경으로 주요한 역할을 담당하게 되었다. 영국왕실의 재정이 악화되어 1720년의 Bubble Act가 제정되어 로열 익스체인지 어슈어런스(Royal Exchange Assurance)와 런던 어슈어런스(London Assurance)가 각각 60만 파운드의 법정 금액을 지급하고 설립되어 1824년 해상보험법에 의하여 독점권이 폐지될 때까지 특권이 부여되었는데, 당시의 상황은 첫째, 개인보험사업자가 보험중개사를 통하여 자유롭게 영업을 하고, 둘째, 두 회사의 경쟁이 도입되었으며, 셋째, 해상보험시장은 개인보험사업자와 두 회사를 제외하고는 철저히 폐쇄되었기 때문에 개인보험사업자는 완전한 독점권을 보유하였는데, 실제로 개인보험사업자들은 서로 협조하여 시장의 90%를 장악하였다.

이와 같이 로이즈가 해상보험시장의 중심이 된 것은 첫째, 애드워드 로이드(Edward Lloyd)가 해상거래의 거점을 제공하고, 1730년대와 1740년대 수출이 비약적으로 증대되어 해상보험의 수요가 동시에 폭증하였고, Bubble Act의 결과 개인보험사업자에게 독점적 지위가 인정된 것, 둘째, 상거래에는 집중이 유리한데 1720년 이래 계속 발간된 로이즈 리스트(Lloyd's List)를 발간하는 등 해운정보센터로서의 역할을 확립·유지하여 온 것을 들 수 있다.

## 4. 1824년 이후의 발전

1824년 두 회사의 독점적 지위가 폐지되고, 회사간의 경쟁체제가 도입되었지만 계속 발전하는 보험시장은 로이즈와 회사 모두 지속적인 발전을 가능하게 하여 오늘날에도 로이즈는 전세계 해상보시장의 중심으로서의 지위가 유지되고 있다.

## Ⅲ. 선주상호보험조합

로이즈의 회원인 개인보험사업자에게 해상보험이 사실상 독점된 것을 모든 선주가 바람직하게 본 것은 아니었고, 불만이 증대되었다. 첫째, 런던이 아닌 지방에 근거한 선주에게는 런던은 너무 멀고 우호적이 아니라고 보았다. 둘째, 로이즈의 보험료는 유효한 경쟁체제가 확보되어 있지 않았다. 셋째, 1780년대 대형호송선단의 손해와 같은 재난에서 보았듯이 개인보험사업자의 파산이 불가능한 것이 아님이 확인되었다. 그 결과 선주들은 상호보험을 제공하는 조합을 결성하기로 하였는데, 초기에는 다수의 선주가 참가하였지만 로이즈와의 경쟁과 1824년이래 시장에 회사보험자가 참가하면서 쇠퇴하였다. 그러나 선주가 다양한 책임을 지게 되고 런던시장의 로이즈와 보험회사가 이를 인수하지 않음에 따라 새로운 선주상호보험조합이 탄생하여 발전하였다. 오늘날 선주상호보험조합은 주로 P & I, 전쟁위험, 방어위험의 세 가지 유형을 담보한다. 즉, 런던시장이 해상물건보험과 충돌손해담보를 제공하고, 다른 해상책임보험은 선주상호보험조합의 영역이다. 전쟁위험에 대해서는 선주상호보험조합이 물건보험과 책임보험을 담보한다.

조합원은 선주와 용선자와 같은 선박관리자이고, 조합의 운영은 조합원에 의하여 선임된 위원회 또는 이사회가 담당한다. 조합과 조합원과의 관계는 규약으로 규율되는데, 이는 조합원의 권리, 의무, 조합의 운영, 제공되는 담보 등을 규정하고 있다.

시장보험과 선주상호보험은 성격을 달리한다. 시장보험은 보험금과 보험료 등에 관한 당사자간의 협상에 근거하고 보험담보도 대수의 법칙에 따라 산출된 보험료를 받은데 대한 반대급부로서 제공되는데 비하여, 선주상호보험조합은 비영리단체이고, 일정기간동안 실제로 발생하는 손해에 따라 정해지는 분담금으로 손해를 공동관리한다. 또한 조합은 보험보상처리, 선박의 운영 등에 관한 다양한 조언을 제공한다.

## Ⅳ. 앞으로의 전망

영국의 전세계해상보험업계의 중심으로서의 지위에 약간의 변화가 나타나고 있다. 우선, 1980년대에 이르러 세계최대의 시장인 미국에서의 책임보험 등 새로운 보험분야의 등장과 급성장으로 인한 해상보험분야의 전체 보험에서의 점유비율의 쇠퇴, 로이즈의 경쟁력의 약화, 그리고 미국, 노르웨이, 독일 등의 새로운 해상보험시장의 등장을 그 하나의 원인으로 들 수 있다. 다음으로는 영국의 해상보험에 관한 법리의 적정성 여부에 관련하여 主要法源인 영국해상보험법도 제정된 지 약 100년에 이르는 관계상 현재의 실무와 동떨어진 규정이 없지 않고, 영국약관의 규정 또한 체계성 없이 복잡하고 난해하며, 담보특약(warranty)원칙, 고지의무 등에 관한 영국법의 원칙이 보험자와 피보험자의 이익교량에 실패한 채 지나치게 보험자 측으로 기울어 해상보험계약의 상당 부분이 영국이 아닌 다른 보험시장으로 넘어가는 상황이 지적되고 있다.[2] 이에 해상보험에서의 영국시장의 지배력은 향후 유지된다고 하더라도 지난 세기의 그것에 미치기 힘들 것이라는 전망이 지배적이다.[3]

## 제 2 절 미국의 해상보험법의 발전

### Ⅰ. 개 관

미국은 연방제국가로 법률도 연방법과 주법으로 나뉘지만 영국과 달리 연방해상보험법은 제정되어 있지 않고, 연방헌법은 해사재판조항(admiralty clause)을 두어 연방법원이 해사관련사건을 관할함을 명시하고 있으며,[4] 법원은 해상보험분야도 해사재판조항에 해당한다고 보아 연밥법원관할로 하고 있다. 해상보험에 관한 미국법원의 입장은 1955년 미국연방대법원의 윌번 보우트(Wilburn Boat)호 사건[5] 전후로 나뉜다. 즉, 이 사건 이전에는 영국법원의 판례가 미국법원에 의하여 선례로 인정되었다. 그러나 담보특약(warranty)원칙의 적용이 문제되어

2) 한창희, 영국해상보험법상 담보특약(warranty)원칙의 현황과 과제, 보험법연구 4, 보험법연구회, 삼지원, 2002, 150면.

3) Mustill, Marine Insurance in Context, The Modern Law of Marine Insurance 2, London: LLP, 2002, p. 1vii-1x.

4) U.S. Constitution article Ⅲ(Judicial Department), § 2: The judicial Power shall extend to all Cases, in Law and Equity, arising under this Constitutions ......: — to all Cases of admiralty and maritime Jurisdiction.

5) Wilburn Boat Co. v. Fireman's Fund Insurance Co. 348 US 310, 1955 A.M.C. 467(1955).

엄격한 영국법의 원칙이 아니라 그 위반과 손해 사이에 인과관계를 요구하는 텍사스주의 법을 적용한 '월번 보우트'호 사건 판결을 계기로 담보특약, 고지의무, 징벌적 손해배상, 피해자의 보험자에 대한 직접청구권 등의 주제에 대하여 영국법의 원칙을 적용하는가 미국의 각 주법을 적용하는가 여부에 관하여 다양한 판결이 나타나 미국의 해상보험법과 영국의 해상보험법 간에 차이가 발생하였다.

## Ⅱ. 영국법의 계수의 역사

미국은 영국 식민지의 유산으로 영국의 법제도를 계수하였는데, 이에 따라 보통법뿐만 아니라 해상법, 영국해사법원(English Admiralty Court)에 의하여 창조된 판례도 이어 받았다. 1700년에 이르러 부해사법원(Vice Admiralty Court)이 설치되어 운영되다가 미국 독립시 헌법에서 해사문제에 대한 연방의 깊은 관심을 반영하여 미국 연방법원의 관할을 '모든 해사사건'에 확대하고 있다. 이는 헌법상 특정주제 전부를 연방법원의 관할로 하는 유일한 경우이다. 해상보험계약이 연방관할에 해당되는 해사계약인가 여부에 대하여 1870년 브래들리(Bradley)판사는 "해상보험법은 보통법에 비하여 특이한 것으로 이는 해상법에 속하고, 고대의 로드인의 법에서 발견되는 공동해손의 원리에서 유래한 것이다"[6]라고 하였다. 해상보험법에 대하여 연방법원의 관할을 인정하는 연방대법원의 입장은 연방의 권위를 존중하여 미국헌법을 넓은 의미로 해석하는 19세기의 연방법원의 경향의 일환이다.[7]

이와 관련하여 Queen Insurance Co. of America v. Globe & Rutgers Fire Insurance Co.사건[8]을 살펴보면 전쟁군수품의 적하에 대한 전쟁위험을 인수한 보험자가 적하를 운송중인 선박이 제1차 세계대전 중 해군의 호위도중 영국의 증기선과 충돌하여 적하가 훼손되는 사고가 발생하여 보험자는 채무부존재확인의 소를 제기하였다. 쟁점은 손해가 전쟁활동으로 인한 것인가 이었고, 연방대법원의 올리버 웬델 홈즈(Oliver Wendell Holmes)판사는 영국의 Britain Steamship Co. v. The King사건[9] 판결에 주로 의거하여 전쟁활동이 아닌 과실항해로 인

6) Insurance Co. v. Dunham, 78 U.S. (11 Wall.) 29(1870).

7) Thomas J. Schoenbaum, Key Differences between English and American Law of Marine Insurance, Centreville, Maryland: Cornell Maritime Press, 1999, p. 28.

8) 263 U.S. 487, 44 S.Ct. 175, 1924 A.M.C. 107(1924).

한 것이라고 하고, "해상보험사업의 거대한 현장인 영국의 해상보험법률과 조화를 유지할 특별한 근거가 있다"고 판시하였다.

## Ⅲ. 전환점: '윌번 보우트'호 사건-통일성의 파괴

보험은 소비자문제와 밀접한 관련이 있어서 19세기에도 연방대법원은 보험사업을 규제하는 주의 권한을 인정하였지만,[10] 해상보험사건에서는 1944년까지 연방대법원은 United States v. South-Eastern Underwriters Ass'n사건[11]에서 각 주는 보험사업에 관한 독점적 권한이 없고, 연방정부가 헌법상의 상사조항(Article 1, § 8)에 의거 보험에 관한 권한을 가진다고 보았다. 이 판결에 반발하여 연방의회는 각 주의 보험사업에 대한 규제는 공익과 관련된 문제로 연방법률 규정이 없다고 하여 각 주가 보험사업을 규제하는 것을 금지하는 것은 아니라는 McCarren Act[12]가 제정되었다. 이에 해상보험사건에 주법을 적용할지 여부에 대한 논의가 다시 검토되어 1954년 연방대법원의 Maryland Co. v. Cushing 사건[13]을 거쳐 1955년 '윌번 보우트'호 사건에 이르러 주법을 적용하는 입장으로 확립된 것이다.

'윌번 보우트'호 사건은 화재로 인하여 소훼된 보우트의 소유자에 의한 보험금청구사건이다. 3명의 윌번(Wilburn) 형제가 텍사스주와 오클라호마주 경계에 있는 소규모 인공호수인 텍소마(Texoma)호수에서 사용하기 위하여 원더러(Wanderer)호라는 소형의 보우트를 구입하였다. 그리고 화재로 인한 손해를 담보하는 해상보험에 들었나. 선박은 원인불명의 화재로 인하여 소실되어 오클라호마주로부터 500야드 떨어진 곳에 방치되었다. 피보험자는 보험금지급을 청구하였지만 보험자는 담보특약 위반을 이유로 보험금지급을 거절하였는데, 약정상 (1) 보험계약은 보험자의 서면에 의한 사전동의 없이 이익이 매각, 이전, 양도, 담보설정되는 경우에는 무효이다. (2) 피보험자는 선박이 오직 사적인 오락적으로만 사용하고 임대 또는 용선하지 않는다고 하였다. 연방1심법원은 보험계약은 항해 가능한 수면에서의 선박에 관한 것이고, 주법이 아닌 일반해상보험

9) [1921] AC 99.
10) Paul v. Virginia, 75 U.S. (8 Wall) 168(1868).
11) 322 U.S. 533, 64 S Ct. 1162(1944).
12) 59 Stat. 33, 15 U.S.C. § 1101 et seq.
13) 347 U.S. 409, 74 S.ct. 608(1954).

법이 적용된다고 하여 보험자승소판결을 내렸는데, 일반해상법상 담보특약위반은 문언 그대로 이행되지 않으면 무효가 되는 문언대로의 이행원칙(literal performance rule)이 적용된다는 것을 근거로 하였다.

연방대법원은 이 사안의 쟁점을 해상보험의 조건을 규제한 주의 권한에 관한 것이라고 보았다. 피보험자는 보험계약이 텍사스에서 체결되고 보험증권이 교부되었으므로 주법상 유치권이나 담보설정을 금지하는 규정은 무효이고, 담보특약위반이 손해를 야기하지 아니하는 경우에는 보험보상을 허용하는 텍사스주의 법령이 적용되어야 한다고 주장하였다. 연방대법원은 확립된 연방해사원칙이 없는 경우에는 주법이 적용되어야 한다는 이유로 연방법이 아닌 주법을 적용하여 보험금청구를 인용하였다. 법원은 영국의 법률과 관례를 따라야 한다는 종래의 판시를 파기하고, 현재 미국해상보험법을 지배하는 새로운 견해를 제시하였다. 즉, 법원은 주요쟁점을 (1) 담보특약을 지배하는 확립된 연방해상법이 존재하는가? (2) 그렇지 않으면 새로운 것을 형성하여야 하는가로 보고, 첫째 쟁점에 관하여 단지 두 순회법원만이 엄격한 이행의 원칙을 고찰하고, 다른 법원은 주법 또는 일반해사법을 적용하였다고 보아 담보특약에 관한 연방해상법은 존재하지 아니하고, 둘째 쟁점에 관하여는 연방법원은 장차 해상보험원칙의 발전의 임무를 종료하고, 연방의회가 해상보험의 규제를 하지 않은 것처럼, 연방법원도 이를 각 주에 위임한다고 판시하였다.

## Ⅳ. '윌번 보우트'호 사건의 영향: 충돌과 혼란

### 1. '윌번 보우트'호 사건 판결의 평가

이 사건에 대하여서는 이후 50여 년이 지난 오늘날 이 판결에 대하여는 비판적인 견해가 지배적이다.[14] 즉, '윌번 보우트'호 사건은 (1) 해상보험의 연방-주 규제의 혼란스런 형태를 야기하였고, (2) 해상보험의 주요 영역에서 국제적인 통일성을 파괴하였으며, (3) 법원에게는 법적용(choice-of-law)문제에 혼란을 야기하였다는 것이 그 주요 내용이다.

14) Gilmore/Black, op. cit., pp. 68~71; Goldstein, The Life and Times of Wilburn Boat: A Critical Guide, 28 J. Mar. L. & Com. 395, 410-17 (1997); 스털리(Sturley)는 지금까지의 법원의 상사판결 어느 것도 이 판결보다 인기가 없는 판결이 없었다고 한다[Michael F. Sturley, Restating the Law of Marine Insurance: A Workable Solution to the Wilburn Boat Problem, 29 J. Mar. L. & Com. 41, 43(1998)].

### 2. 법원판결의 입장

주법과 연방법의 선택에 관하여 '윌번 보우트'호 사건이래 연방대법원의 판례는 없고, 연방하급심법원의 입장은 (1) '윌번 보우트'호 사건 판시에 따라 확립된 연방해상보험원칙이 없는 경우에는 새로운 연방법원칙을 형성하지 않고, 주보험법을 우선 적용하는 입장, (2) 각 주의 법을 우선 적용하는 입장, (3) 연방법령, 법원이 형성한 해상법원칙 또는 해상실무상 통일의 필요성이 없는 경우에 한하여 주법을 적용하는 보다 유연한 입장, (4) 명시적으로 확립된 해상법원칙에 반하는 주법이 있더라도, 해상법이 주법의 적용을 배제하는 입장의 네 가지로 요약된다.[15)]

### 3. 연방해상보험법의 제정노력

'윌번 보우트'호 사건에서 대법원의 권유로 미국의 연방해상보험법의 제정을 위한 노력이 지속되어, 영국해상보험법과 미국법과 비교검토가 이미 완료되었고,[16)] 조속한 입법이 강조되고 있다.[17)]

## 제 3 절 기타 국가의 해상보험법의 발전

### Ⅰ. 호 주

해상보험분야에서 영연방국가인 호주에서는 이미 1909년 해상보험법을 제정・시행하여 많은 판례가 축적되어 있고, 선진적인 보험계약법(Insurance Contract Act, 1984)이 시행되고 있으며, 호주법률개정위원회(Australian Law Reform Committee)가 제안한 1982년 보험계약법에 관한 보고서, 1997년의 법무부의 해상보험의 주요쟁점인 담보특약과 고지의무에 관한 보고서, 2000년 법무부의 1909

15) 한창희, 영국과 미국, 호주의 해상보험법의 비교, 사법연구 제7집, 청헌법률문화재단, 2002, 75면.
16) Marine insurance survey, A Comparison of U.S. law to the Marine Insurance Act of 1906, 20 Tulane University Maritime Lawyer 5-102(1995).
17) Michael F. Sturley, op. cit., pp. 41～58.

년 해상보험법에 관한 검토보고서 등의 활발한 해상보험법의 현대화노력이 계속되고 있다.

## Ⅱ. 노르웨이

선진 해운국가인 노르웨이는 1930년에 보험계약법이 제정되었고, 1989년에는 이 법이 모든 법분야에 적용되는 강행법으로 대폭적으로 개정되었다. 표준선박보험약관의 성질을 가지는 노르웨이해상보험계획이 최초로 발간된 것은 1871년이고, 1996년 계획은 7차개정에 해당한다. 이 계획은 선주상호보험을 포함하는 선박보험에 관한 것으로 선주협회와 해상보험자협회는 해상보험에서 사적자치의 원칙을 유지하기를 원하였고, 해상보험계약분야에 강행법인 보험계약법이 적용된 것에 반대하였다. 이에 직접청구권에 관한 사항을 제외하고는 해상보험분야에 강행법은 적용되지 아니한다.[18)]

18) 한창희, 노르웨이 1996년 해상보험계획에 관한 고찰, 보험법연구 5, 보험법연구회, 삼지원, 2003, 144~166면; Haakon Stating Kuund, Comparative lessons derivable from the Norwegian Marine Insurance Plan 1996, 191(R.D. Thomas, Marine Insurance: The Law in Transition, London: Informa, 2006, pp. 181~191).

# 제 2 부
# 해상보험계약

# 제 1 장 해상보험계약의 개념

## 제 1 절 해상보험계약의 의미

### Ⅰ. 해상보험계약의 정의

해상보험계약은 해상사업(marine adventure)에 관한 사고로 인하여 생길 손해를 보상할 것을 내용으로 하는 손해보험계약이다(상법 제693조; 영국해상보험법 제1조). 달리 말하면 해상보험은 해상사업에 수반하는 각종의 해상위험을 담보하는 보험이다. 영국해상보험법 제1조는 "해상보험계약은 그 계약에 의하여 합의한 방법과 범위 안에서 해상손해, 즉 항해사업에 부수하는 손해를 보험자가 피보험자에게 보상할 것을 인수하는 계약이다"라고 정의하고 있다. 이를 분설하면 다음과 같다.

#### 1. '해상사업'으로 인한 손해를 보상하는 보험

해상사업이라 함은 (1) 선박, 적하 기타 동산이 해상위험으로 인한 위험에 직면하는 경우(선박보험, 적하보험), (2) 이들 재산이 해상위험에 직면하여 운임, 수수료 기타 금전적 이익의 취득이나 선급금, 대여금, 연료·식량과 같은 선비 등과 관련하여 손해가 발생하는 경우(운임보험, 선비보험), (3) 재산의 소유자나 이해관계인이 해상위험으로 인하여 제3자에 대하여 배상책임을 지게 되는 경우(선박충돌 등으로 인한 손해배상책임을 담보하는 것으로 선주의 배상책임 중 선박충돌로 인한 배상책임은 선박보험에서, 그 나머지의 배상책임은 선주상호보험에서 담보하고 있다)를 의미한다(영국해상보험법 제3조 제2항).

#### 2. '해상위험'으로 인한 손해를 보상하는 보험

해상위험이라 함은 해상항해의 결과 또는 그것에 부수하여 발생하는 위험이다(영국해상보험법 제3조 제2항).

(1) 내수면에서의 위험 또는 해상사업에 유사한 사업으로 인한 손해담보

육상운송은 육상 또는 호천, 항만에서의 운송을 뜻하므로(상법 제126조), 호천이나 항만에서의 운송은 육상운송에 해당하지만, 명시적인 특약이나 상관습에 따라 호천, 항만과 같은 내수면에서의 사고도 해상보험에서 담보되고(영국해상보험법 제2조 제1항), 선박의 건조, 시험운항 중에 생기는 사고와 같이 해상사업과 유사한 사업으로 인한 손해를 담보하는 것도 허용된다(영국해상보험법 제2조 제2항).

(2) 복합운송의 문제

해상보험은 해상항해에 부수하는 위험으로 인한 손해도 보상하므로 특약이나 상관습에 따라 육상위험으로 인한 손해도 담보한다. 현대의 물류가 콘테이너의 운송의 발달로 도로, 철도, 선박, 항공기 등 두 가지 이상의 운송수단을 이용하는 복합운송(Multimodal transport)이 일반화되고 있는 운송환경변화와 관련하여 해상적하보험의 경우에는 송하인의 창고로부터 해상항해를 거쳐 수하인의 창고에 반입될 때까지 일어나는 위험을 담보하는 창고사이약관(warehouse to warehouse clause)이 일반화되어 있는바, 이 경우에는 해상항해기간 동안만의 위험만이 아니라 송하인의 창고에서 해상항해를 시작하는 지점까지 그리고 해상항해가 종료된 후 수하인의 창고까지의 육상위험도 담보하게 된다. 다만 복합운송의 경우에도 해상운송이 지배적이고 육상운송은 부수적인 경우에 한하여 해상보험법이 적용되는 점을 유념하여야 한다. 호주의 복합운송사건인 Con Stan Industries of Australia Pty Ltd v. Norwich Winterhur (Australia) Limited사건[1]은 도로, 철도, 해상, 공중, 우편운송위험을 포함하는 다양한 위험으로 인한 물건에 관한 보험사건으로 법원은 보험계약을 전체적으로 판단하여 해상위험에 본질적으로 부수하는 손해를 피보험자에게 보상하는 해상보험계약으로 볼 수 없다고 하고, 복합운송의 경우 해상운송이 지배적이라는 입증이 없는 경우에는 일반 보험계약법이 적용된다고 판시한다.

# Ⅱ. 해상보험계약의 법적 성질

## 1. 낙성계약성

해상보험계약은 본질적으로 보험자와 보험계약자 사이에 이루어지는 인적

1) [1986] 160 CLR 226.

계약으로서 보험의 목적, 보험사고, 보험기간, 보험료와 보험금액 등에 관하여 당사자의 합의가 이루어지면 효력이 생기고(상법 제639조), 또 보험계약의 성립요건으로서 보험증권 등의 작성을 요구하고 있지 아니하므로 불요식의 낙성계약이다. 영국해상보험법 제22조는 "다른 성문법의 규정에 반하지 않는 한, 해상보험계약은 이 법에 따라 해상보험증권에 기재되지 않는 한 증거로서 받아들여질 수 없다"라고 규정하지만, 이는 영국해상보험실무상 계약체결절차의 특수성에 기인하는 것으로 해상보험계약을 요식계약으로 한 것은 아니라고 해석된다. 또 상법은 보험자의 책임개시의 시기를 다른 약정이 없는 한 (가령 소급보험-상법 제643조) 최초의 보험료의 지급을 받은 때(상법 제656조)라고 규정하고 있는데, 이것은 보험계약의 효력발생시기를 의미하는 것이 아니고, 보험자의 책임개시의 요건을 정한 것에 지나지 않는다.

## 2. 유상 · 쌍무계약성

해상보험계약은 보험자와 보험계약자 사이에 이루어지는 채권계약으로서 보험료와 보험금은 대가관계를 이루고 있다. 이 두 채무가 서로 대립되는 관계에 있다는 것이 통설이다. 즉, 보험계약에서 보험료는 보험자가 지급하게 되는 보험금과 대가관계를 이루고 있고, 또한 보험계약자는 보험료의 지급을 약정하고 보험자는 보험사고의 발생을 조건으로 보험금의 지급을 약정하고 있다(상법 제638조)는 점에서 보험계약은 유상 · 쌍무계약이라고 할 수 있다. 그러나 보험계약자의 보험료지급은 보험자의 책임의 전제조건으로서 최초의 보험료의 지급이 없으면 보험자의 책임은 개시되지 아니한다(상법 제656조). 이에 대하여 보험자의 보험금지급은 보험사고의 발생을 조건으로 하기 때문에 보험사고가 생기지 아니하고 보험기간이 경과한 때에는 구체적인 보험금의 지급없이 보험계약관계는 끝나게 된다. 여기에서 보험계약자가 부담하는 채무는 보험료지급채무이나, 보험자의 지급책임의 법적 성질이 문제된다. 이에 관하여는 금액급여설과 위험부담설로 크게 나누어 볼 수 있다. 이른바 금액급여설은 보험자는 보험사고의 발생을 조건으로 대체로 금액으로 지급하는 것을 주채무로 할 것을 약속한 것이라고 하고, 위험부담설은 보험자의 책임은 위험부담을 약속하고 담보하는 것이라는 설이다. 오늘날 어느 설에 의해서도 개별적인 보험계약에 있어서 보험료와 보험금의 대가관계에 의한 유상계약성이나, 보험자와 보험계약자의 채무의 쌍무계약성을 정확하게 설명할 수는 없다고 생각한다. 그리하여 보험계약의 유상

·쌍무계약성은 보험제도의 특성에 따라 보험계약의 단체적 구조와 연관시켜 그 뜻을 찾을 수밖에 없다고 할 것이다. 그리하여 보험계약은 그 계약의 성립과 더불어 효력이 생기므로 조건부계약이 아니고(민법 제147조 참조) 또 편무계약이라 할 수 없다.

## 3. 개별성과 단체성

해상보험계약은 보험자와 보험계약자 사이에서 개별적으로 이루어지고, 보험계약자는 우연한 사고의 발생위험에 대비하기 위하여 보험수리에 의하여 계산된 보험요율에 의한 보험료를 지급하고, 보험자에 대하여 보험사고가 생긴 때에 보험금을 청구할 수 있는 것은 그 개별적으로 체결된 보험계약에 바탕을 두고 있다. 따라서 선주상호보험의 경우가 아닌 영리보험계약관계에서는 보험계약자 상호간의 직접적인 결합관계는 존재하지 않고, 보험계약자는 전혀 개별적으로 보험자에 대하여 권리의무를 가질 뿐이다.

그러나 해상보험제도가 위험단체의 관념에 기초를 두고 있고, 따라서 보험자는 보험기술상 다수의 보험계약자를 대상으로 보험단체 안에서 대수의 법칙에 의한 사고발생의 개연율에 따라 보험료총액과 그 부담비율을 정하여 이를 합리적으로 공정하게 각 보험계약자에게 분담시킴으로써 급여와 반대급여의 균형을 유지하도록 꾀하는 것이라 할 수 있다. 그리하여 개별적인 보험계약에서는 보험료와 보험금의 등가성의 원리가 지배되지 아니하고 또 보험계약자의 보험료채무에 대한 보험자의 반대급부가 무엇이냐는 다툼이 생길 수 있으나, 보험단체 전체의 구조에서 볼 때에는 보험료와 보험금의 등가성이 유지되고, 급여와 반대급여의 균형이 이루어져 비로소 보험계약의 유상·쌍무계약성이 그대로 나타난다고 할 수 있다. 여기에서 개별적인 해상보험계약은 언제나 다수의 보험계약자로 구성되는 보험단체를 전제로 보험계약관계가 성립되어 보험사고가 발생한 때에 지급되는 보험금은 위험단체의 구성원들에 의해서 지급된 보험료로 충당되는 것이다. 그리하여 이러한 보험계약관계를 보험계약의 개별성과 단체성의 상관관계라고 부르기로 한다.

대법원판결(대법원 1966.10.21. 선고, 66다1458 판결)은 재무장관이 보험업법의 규정에 따라 관리중에 있는 보험회사의 보험계약상의 보험금액을 삭감하여 지급하도록 명령한 것은 새산권보장에 관한 헌법조항에 위반하여 무효라고 주장하여, 원고가 보험금 전액의 지급을 청구한 사건에서 "보험계약관계는 동일한 위험

밑에 있는 다수인이 단체를 구성하여 그 중의 한 사람에게 위험이 발생한 경우에 그 손실을 그 구성원이 공동하여 충족시킨다는 이른바 위험단체적 성질을 가지고 있는 것이고, 따라서 보험계약관계는 위험충족의 관계에 있어서는 서로 관련성을 가진다는 전제에서 그 법률적 성격을 관찰하여야 할 것이다"라고 판시하여 보험계약관계의 단체성을 나타내고 있다.

이와 같이 보험계약은 개별적으로 이루어지면서 보험단체를 전제로 하고 있으므로 보험계약의 해석・운영에 있어서도 언제나 보험계약의 단체성을 고려하지 않으면 안되리라 생각한다. 그리고 보험업법은 '보험계약의 포괄적 이전'을 인정하고(보험업법 제140조), 보험모집에 있어서 '보험계약자 또는 피보험자에게 금품, 보험료의 할인・대납, 보험자대위청구권 행사포기 등 특별한 이익을 제공하거나 그 제공을 약속하는 행위'를 금지하고 있는데(보험업법 제98조), 이것도 보험계약의 단체성을 전제로 하고 있는 것이라 할 수 있다.

## 4. 상행위성

해상보험계약은 그 기원이 상업도시의 법률・관행・관습에서 유래하는 상사계약에서 나타났을 뿐만 아니라 상법상 보험인수를 영업으로 하는 때에는 영업적 상행위에 속한다(상법 제46조 제17호). 또 우리 상법전은 보험계약에 관한 규정을 제4편에 둠으로써 보험계약법은 상법전의 불가분의 일체를 이루고 있다. 이에 따라 보험자가 보험을 인수하여 보험계약을 맺는 것은 하나의 상행위에 속한다고 할 수 있다. 그러나 보험제도의 기술성・사회성・단체성으로 말미암아 보험계약의 상행위성을 부인하는 입장이 있고, 따라서 보험계약은 계약자유의 원칙이 그대로 적용되는 것도 아니다. 즉, 보험계약은 감독관청으로부터 보험업의 허가를 받지 아니한 자와는 맺을 수 없고, 이에 위반한 자는 500만원 이하의 과태료의 벌을 받게 된다(보험업법 제3조, 제209조 제3항 제1호). 여기에서 해상보험계약의 상행위성은 일반적인 상사거래를 위한 상행위와는 다른 것이며, 따라서 영업적 상행위에 속하지 않은 상호보험에도 보험계약법의 규정이 준용된다(상법 제664조).

## 5. 사행계약성

해상보험계약은 보험자의 보험금지급책임이 우연한 사고(보험사고)의 발생에 달려 있으므로 사행계약(aleatory contract)에 속한다. 우리 민법은 사행계약에 관하여 아무런 규정을 두고 있지 아니하나, 프랑스 민법 제1964조는 "사행계약이라 함은 이익과 손실에 관한 계약의 효력이 당사자의 전부 또는 그 가운데 1인이나 수인에 대하여 불확정한 사건에 따른다는 합의이다"라고 규정하고, 그 계약의 종류로 보험계약, 모험대차, 도박 및 종신정기금계약을 들고 있다. 보험계약은 한쪽 당사자(보험자)가 불확정한 사고의 위험을 인수하는 것이고, 그 사고의 발생은 장래의 우연한 사건에 달려 있으므로 도박과 마찬가지로 사행계약성이 인정된다고 할 수 있다. 그러나 도박에 있어서는 도자(better)는 선택의 결과 금전적인 이익을 가지지 않는 데 대하여 보험계약에 있어서는 피보험자는 재산상의 손해를 입은 경우에 금전적인 이익을 가지는 점에서 양자의 차이가 있고, 특히 도박은 선량한 사회질서에 어긋나 법률상 허용되지 아니한다. 여기에서 해상보험계약에 있어서는 피보험자는 보험의 목적에 관하여 피보험이익을 가져야 하고, 투기 또는 도박의 목적으로 이용한 해상보험계약은 무효로 돌려야 할 필요가 있다.[2)]

해상보험계약이 개별적으로는 사행계약이면서 그것이 인정되는 바탕은 바로 보험제도의 특성에서 찾을 수 있다. 앞에서 본 바와 같이 보험계약의 개별적 구조에서 보면 피보험자에게 보험사고가 생기느냐 않느냐는 극히 우연한 것이나, 보험단체 전체의 구조에서 통계적인 대량관찰에 의하여 살펴보면 우연한 사고의 발생은 어느 정도 규칙적이라는 사실을 엿볼 수 있다. 여기에서 해상보험계약은 개별적으로는 사행계약이지만 보험단체 전체로는 사행계약이라고 할 수 없을 것이고, 보험제도의 계획적 기초가 존재하는 것이다.

### 6. 선의계약성

해상보험계약은 최대선의에 기초를 둔 계약이라고 한다. 이와 같이 해상보험계약이 당사자의 선의 또는 최대선의에 기초를 둔 인적 선의계약이라고 불리어지고, 또 보험법은 선의성의 원리라고 하는 특수한 원칙을 가진다는 이유도 보험사고의 우연성을 전제로 보험계약의 사행계약성에서 찾을 수 있을 것이다. 영국의 해상보험법 제17조는 "해상보험계약은 최대선의를 기초로 하는 계약이고, 일방당사자가 최대선의를 준수하지 않을 경우 상대방은 그 계약을 취소할 수 있다"라고 규정하여 그 뜻을 밝히고 있다.[3)] 물론 보험계약의 선의성이라든가 신의

2) 영국의 1774년의 Gambling Act 제1조와 영국해상보험법 제4조 제1항은 "사행 또는 도박을 목적으로 하는 일체의 해상보험계약은 무효이다"라고 규정한다.

3) 우리판례(대법원 2005.3.25. 선고, 2004다22711, 22728 판결)는 영국 협회선박기간보험약

성실의 원칙은 보험계약법상의 문제만이 아니라 모든 계약에서 받아들여야 하는 기본원칙이라고 할 수 있으나(민법 제2조), 특히 해상보험계약은 우연한 사고의 발생을 전제로 하는데서 그 선의성은 더욱 강조되지 않을 수 없다. 이에 따라 해상보험계약에서는 보험계약자에게 고지의무(상법 제651조) 등 특수한 의무를 지우고 보험계약자 쪽에서 보험자를 속이려는 사기 또는 고의적 의도가 있을 때에는 보험계약을 무효로 돌리는 것이 일반적이다(상법 제669조 제4항 참조). 그리고 해상보험에 있어서는 피보험이익을 보험계약의 중심요소로 하고 있으며, 인위적으로 사고를 일으킨 경우에는 보험자의 면책사유로 하여(상법 제659조), 도덕적 위험을 방지하려는 것도 모두 보험계약의 선의성과 관련시켜 볼 수 있다.

## 7. 계속계약성

해상보험자는 보험사고가 발생한 경우에 보험금액 등의 급여책임을 지나, 이것은 일정한 기간 안에 생긴 것이어야 한다. 이 기간을 보험기간 또는 위험기간이라고 하는데, 해상보험자의 책임은 이 보험기간 중 계속하여 존재하는 것이고, 또한 해상보험계약관계가 그 기간 안에 생기는 보험사고를 예정하고 있고, 그 기간은 각종 해상보험계약관계에 따라 정도의 차이는 있으나, 일정한 기간 계속하는 계속적 계약의 성질을 가진다. 그리하여 보험료를 모두 지급한 보험계약자도 보험기간동안 통지의무(상법 제652조) 등 일정한 보험계약상의 의무를 지고, 보험계약의 해지의 경우에 있어서도 그 효력은 장래에 대하여서만 영향을 미치는 것(상법 제649조 제2항, 제669조 제4항 참조)은 바로 그것을 뒷받침하여 주는 것이다. 여기에 해상보험계약에서 상호신뢰성이 더욱 요구되는 이유가 있다.

## 8. 독립계약성

해상보험계약은 민법상의 전형계약의 어떤 범주에도 속하지 않는 무명계약, 즉 독특한 계약으로서 독립한 계약이라 한다. 그러므로 위험의 인수는 순수한 부대약관에 의한 것이 아니어야 한다. 따라서 해상운송인이 운송상의 위험을 인

---

관이 적용되는 선박보험계약의 피보험자가 사고발생 이후 사기적인 방법으로 보험금을 청구하는 경우, 보험자가 영국 해상보험법 제17조에 규정된 '최대선의의 의무' 위반을 이유로 보험계약을 취소할 수 있는지 여부가 다투어진 사건으로서 "영국해상보험법 제17조에 규정된 최대선의의 의무는 제18조 및 제20조에 규정된 의무보다 넓은 개념의 것으로서 보험계약이 체결된 이후 또는 사고 발생 이후라 할지라도 적용되는 것이며, 따라서 피보험자가 사고발생 이후 사기적인 방법으로 보험금을 청구하는 경우에 있어서도 보험자는 최대선의의 의무 위반을 이유로 보험계약을 취소할 수 있다"라고 판시한다.

수하는 것은 보험계약이 아니다. 그러나 이것은 어디까지나 법률상 보험계약이 독립성을 가진다는 의미이고, 경제상으로도 그것이 다른 계약과 결합하여 또는 다른 계약에 부수하여 행할 수 없다는 의미는 아니다. 예컨대 선박저당권자는 자신의 위험을 담보하기 위하여 자신을 피보험자로 하는 선박보험계약을 체결한 경우에는 그 보험계약은 독립한 보험계약으로서의 효력을 가진다.

### 9. 부합계약성

보험계약은 위험단체의 관념에 기초를 두어 다수의 보험계약자를 상대로 동일한 내용의 보험계약이 되풀이되어야 하는 다수계약에 속한다. 따라서 보험계약의 조건은 당사자가 서로 흥정하고 양보하여 얻어진 결과가 아니고 보험자가 미리 마련한 정형화된 약관에 따르는 것이고, 이 때문에 보험계약은 부합계약의 성질을 가진다. 여기에서 보험계약에 있어서는 그 계약의 근거로서 보험약관이 요구되고 있다. 이와 같은 보험계약의 부합계약성으로 말미암아 각 보험자를 평등하게 대우하고, 특히 보험계약의 해석상 의문이 있을 때에는 보험자의 불이익으로 하여야 한다는 이른바 작성자불이익의 원칙(contra proferentem)이 지배하게 된다.

그러나 해상보험은 보험계약자가 보험자와 대등한 관계에서 보험계약을 흥정할 수 있는 기업보험으로서 당사자 사이에 임의로 그 계약내용을 정할 수 있는 이른바 사적 자치의 원칙을 인정하지 않을 수 없다. 이에 따라 상법 제663조 단서는 해상보험의 경우에는 보험계약법의 규정을 임의법으로 하고 사적 자치의 길을 열어 두고 있다. 또한 영국해상보험실무상 해상보험계약의 해석에 있어서 해상보험의 기업보험성과 국제성에 기인하는 특수성이 인정되고 있다.[4)]

## 제 2 절 해상보험계약의 해석

해상보험계약의 해석에 있어서 법원의 가장 중요한 목적은 당사자의 의사를

---

4) 이 책 제2부 제1장 제2절 해상보험계약의 해석 Ⅱ. 영국의 해상보험계약의 해석원칙 참조.

발견하는 것이다. 우리의 해상보험계약은 영국의 표준해상보험약관을 보험계약의 내용으로 하는 것이 일반적이고, 우리 대법원이 표준해상보험약관에 삽입되어 있는 영국법준거약관의 효력을 인정하고 있으므로 해상보험계약의 해석에 있어서도 우리의 해상보험약관의 해석의 원칙과 영국실무상의 해상보험계약의 해석의 원칙을 함께 이해하는 것이 필요하다.

## Ⅰ. 우리 해상보험약관의 해석원칙

해상보험계약은 보험자와 보험계약자 사이의 개별적인 의사표시에 의하여 이루어지나, 그 계약의 내용은 보험자가 미리 작성한 보험약관에 정하고 있다. 해상보험약관해석의 기본원칙은 그 용어에 맞추어 쉽고 통상적이고 일반적인 의미로 풀이하여야 하는 것이다.[5)]

보험계약은 보험자가 다수의 보험계약자를 상대로 그 위험을 분산시켜야 하는 보험제도의 성격상 다수계약에 속하고 어느 정도 단체성을 인정하지 않을 수 없다. 그리하여 해상보험약관의 해석에 있어서는 일반적인 법률행위의 해석과 다른 원칙이 인정된다.

### 1. 신의성실의 원칙

우리 민법은 법률행위의 해석에 있어서 신의성실의 원칙을 정하고 있지 아니한다. 그러나 법률행위의 해석에 있어서 여러 표준 내지 기준에 의하여 확정할 수 없는 경우에는 신의성실의 원칙 또는 조리에 의하여야 함은 당연하다. 이에 따라 약관의 규제법에 관한 법률은 약관은 신의성실의 원칙에 따라 공정하게 해석되어야 한다고 규정하고 있다(약관의 규제에 관한 법률 제5조 제1항).

### 2. 객관적 해석의 원칙

해상보험약관은 특정한 상대방과의 1회의 계약의 내용을 정하는 것이 아니고, 집단적 반복적으로 행하여지는 다수의 계약을 처리하기 위한 것이므로 개개의 경우에 있어서 당사자의 의사나 구체적 사정을 고려함이 없이 객관적인 표

---

5) 양승규, 해상적하보험약관의 운송조항에 규정된 최종창고의 범위-대법원 1988.9.27. 선고, 84다카1639, 1640 판결, 보험판례연구, 삼지원, 2000, 262면.

준에 따라서 해석되어야 한다. 약관규제법은 고객에 따라 다르게 해석되어서는 아니된다(약관의 규제에 관한 법률 제5조 제1항 후단)고 규정하고 있다.[6)]

### 3. 작성자 불이익의 원칙

약관의 뜻이 명백하지 아니한 경우에는 고객에게 유리하게 해석되어야 한다는 원칙이다(약관의 규제에 관한 법률 제5조 제2항). 이는 로마법에서부터 내려오는 것으로 명확하게 해석되지 아니하는 조항이 있는 경우에는 불명확한 조항을 작성하는데 원인을 제공한 자가 위험을 부담하여야 한다는 것이다.

## Ⅱ. 영국의 해상보험계약의 해석원칙

### 1. 단어의 통상적인 의미

해상보험계약의 해석에 있어서 법원의 가장 중요한 목적은 당사자의 의사를 발견하는 것이다. 가장 중요한 해석원칙은 해석의 황금률이라 불리는 것으로 단어는 보통사람이 이해하는 대로 평이한 의미로 해석되어야 한다는 것이다. 과거의 해상보험증권과 해상보험약관에서는 매우 고풍스럽고 기술적인 내용으로 이루어져 있었기 때문에 이 원칙은 크게 유용하지 않은 점도 지적되지만,[7)] 현재 이용되는 개정된 표준해상보험약관도 또한 기술적이지만 이 원칙은 그 해석의 기초를 이룬다.

### 2. 문 맥

단어의 의미는 '사전과 문법의 문제'인 것은 당연하지만, 계약에서 합리적인 인간에게 전달하는 의미는 단어의 의미와 동일한 것은 아니다.[8)] 단어는 고립하여서가 아니라 문맥으로 이해되어야 한다. 계약의 해석에 있어서 다음과 같은

---

6) 대법원 1998.10.23. 선고, 98다20752 판결: 보통거래약관의 내용은 개개 계약체결자의 의사나 구체적인 사정을 고려함이 없이 평균적 고객의 이해가능성을 기준으로 하여 객관적, 획일적으로 해석하여야 하고, 고객보호의 측면에서 약관 내용이 명백하지 못하거나 의심스러운 때에는 고객에게 유리하게, 약관작성자에게 불리하게 제한 해석하여야 한다.

7) Arnould, Law of marine insurance and average, 16th ed., London: Sweet & Maxwell, 1981, § 85.

8) MSC Mediterranean Shipping Co. v. Owners of the ship 'Tychy'(No 2) [2001] 2 Lloyd's Rep. 403, at [28].

두 가지 보조원칙이 있다.

(1) 동종유사의 원칙(Eiusdem generis)

특정한 단어가 일반적인 성질을 가지는 경우에 보다 일반적인 뒤의 단어는 동일한 의미로 이해되어야 하는 것이다. 예컨대 '폭풍, 태풍 또는 홍수'에서 홍수는 대규모의 갑작스런 홍수를 의미한다.[9)]

(2) 특정한 사실의 언급(Expressio unius est exclusio alterius)

특정한 사실의 명시적인 언급은 다른 관련사실의 배제를 의미한다. 그 예는 보험조건 A는 전제조건이라고 명시되었지만, 보험조건 B는 명시되어 있지 않은 경우에는 이는 전제조건이 아닌 것으로 추정된다. 또한 계약이 통합된 경우에는, 내적인 일관성은 추정될 수 없다.[10)]

## 3. 단어의 의미가 일관성이 없는 경우

계약의 상이한 부분에서 단어의 통상적인 의미에 일관성이 없는 경우에, 법원은 당사자의 의사를 가장 잘 반영하는 의미를 선호한다.[11)] 따라서 정형화된 인쇄된 조건보다는 실제적인 의사를 반영한 당사자에 의하여 작성된 부칙과 같은 비정형적인 계약부분에 보다 많은 관심을 기울여야 한다. 이 원칙은 스타신(Starsin)호 사건[12)]에서 확인되었다.

## 4. 확립된 용어와 외국에서 적용되는 보험계약

해손(average), 강도와 같은 특수한 상업적인 맥락에서 특별한 의미를 획득한 단어 또는 절은 그와 같은 특별한 의미에서 해석된다. 해상보험실무는 1906년 영국해상보험법 제1부칙의 보험약관의 해석에 관한 규칙을 일반적으로 참조하여 이루어지고 있다.

그러나 영국 외에서 영국보험약관이 적용되는 경우에 보다 넓고 보다 덜 논리적이고 보다 덜 엄격한 해석이 행하여진다.[13)]

---

9) Young v. Sun Alliance & London Ins Ltd. [1976] 2 Lloyd's Rep. 189, 191(CA).

10) Netherlands Ins Co., Ltd. v. Ljungberg & Co. AB [1986] 3 All ER 767, 771(PC-cargo insurance).

11) The Alexion Hope [1988] 1 Lloyd's Rep. 311 CA; Arnould, op. cit., § 92 이하.

12) [2004] 1 AC 75 at [7].

13) Canelhas Comercio v. Wooldridge [2004] Lloyd's Rep. IR 915(CA)사건에서 맨스(Mance)판사의 판시 참조.

## 5. 계약의 목적에 따른 해석

여러 가지 해석원칙을 적용하였음에도 불구하고 단어의 의미가 명확하지 않고 불명료한 경우에는, 계약 자체로부터 명확하지 않은 단어는 계약의 목적에 관한 증거를 참조하여 해석되어야 한다. 오랜 동안 확립된 예는 'accidents'에 대한 보험은 보험계약자의 과실로 인한 손해를 담보하는 것으로 추정되는 것이 그것이다.[14]

## 6. 작성자불이익의 원칙

여러 가지 해석원칙을 적용하였음에도 불구하고 단어의 의미가 명확하지 않고 불명료한 경우에는, 단어는 작성자에게 불리하게,[15] 즉 통상은 계약을 작성한 당자사 또는 계약의 기초로서 특정한 정형계약이 사용되도록 주장한 당사자에게 불리하게 해석된다.[16] 이는 협상력의 불균형이 인정되는 경우에 계약을 작성한 당사자에게 불리하게 상대방이 유리하도록 해석하여야 한다는 것을 의미한다.

보험계약에 대하여 적용되면 이는 일반적으로 보험자에게 불리하게 해석하는 효과를 가진다.

그러나 로이즈시장에서는 조건은 보험계약자나 보험중개사가 제시하는 경우가 있고, 이 때에는 이들에게 불리하게 해석되어야 한다는 가능성이 일반적으로 인정되고 있다.[17] 또한 뉴욕에서는 작성자불이익의 원칙은 보험자 사이에서는 적용되지 않는다. 왜냐하면 이와 같은 당사자는 거의 대등한 협상력을 갖추고 거래하는 시장에 정통한 박식한 기업체이기 때문이다.[18] 그리고 영국과 웨일즈에서는 양 당사자의 이익을 대표하는 단체에 의하여 정형화된 단어가 작성된 경우에는, 이 경우에 법원은 작성자에게 불이익한 해석원칙을 적용하여 계약의 조건이 제시하는 위험의 분담을 저해하는 것을 꺼려한다.[19]

---

14) Cornish v. Accident Ins Co. [1889] 23 QBD 452, 456(CA).

15) Youwell v. BlandWelch & Co., Ltd. [1992] 2 Lloyd's Rep. 127, 134사건(재보험사건)에서 스토튼(Staughton)판사의 판시.

16) 이와 관련하여 수기이거나 특별한 조항은 표준약관에 우선하여 적용되고 또한 보다 엄격하게 해석된다: Arnould, op. cit., § 95.

17) Malcolm Clarke, Trends in the interpretation of marine insurance contracts, Marine insurance: The law in transition, London: informa, 2005, p. 4.

18) United States Fire Ins Co. v. General Re Co., 949 F 2d 569, 574(2 Cir. 1991).

19) Dornoch v. Royal & Sun Alliance [2005] EWCA Civ. 238 [2005] 1 All ER(Comm) 590 사건에서 롱모어(Longmore)판사는 작성자 불이익의 원칙을 적용하지 않고, 자신을 면

이를 해상보험계약에 적용하면 오랜 기간 동안에 걸쳐 해상보험업계의 중심이 되어온 영국의 표준해상보험약관을 작성함에 있어서는 해상보험계약 당사자가 거의 대등한 협상력을 보유하고 있고, 표준해상보험약관의 작성에는 여러 해상보험관계자의 의견을 수렴하여 개정되고 있으며, 국제적으로 통용되어 제도상의 또는 준법령상의 지위를 획득하였다고 보아 마치 법률의 해석에 법률상의 단어의 효력과 법률의 외형상의 목적만을 고찰하는 것과 같이[20] 해석하여야 한다고 볼 수 있다.

## 7. 원칙적용의 결과가 부당한 경우

해석에 관한 원칙의 적용결과 부당함에 이를 정도로 비합리적인 경우에는, 그 해석은 폐기된다.[21] 영국계약법상의 Wickman Machine Tool Sales Ltd v. Schuler AG사건[22]에서, 상원의 레이드(Reid)판사는 조항을 문언대로 적용한 결과가 너무 비합리적이어서 계약의 다른 가능한 의미를 조사하는 것이 필요하다고 판시하였다. 단지 비합리적이어도 적용되어야 하는 경우와 부당할 정도로 비합리적이어서 폐기되어야 하는 경우의 한계를 설정하는 것은 매우 어렵다.

최근의 재보험사건인 Charter Re사건[23]에서 상원의 머스틸(Mustill)판사는 부당함의 원칙이 존재함을 인정하였지만, 이에는 그 한계가 있다고 강조하였다.[24]

## 8. 구두증거배척의 원칙

(1) 구두증거배척의 원칙의 의의

구두증거배척의 원칙(parole evidence rule)은 계약의 해석에 있어서 당사자 사이

---

책으로 하는 조항을 신뢰한 당사자는 그 조항의 단어가 그 조항의 공정한 해석에 기하여 명확한 경우에는 오직 그렇게 면책이다는 확립된 원칙을 적용하였다.

20) Insurance Commission of Western Australia v. Container Handlers Pty [2004] 206 ALR 355(HCA-자동차보험사건).

21) Charter Reinsurance Ltd. v. Fagan [1996] 2 Lloyd's Rep. 113, 118(HL).

22) [1975] AC 235.

23) Charter Reinsurance Ltd. v. Fagan [1996] 2 Lloyd's Rep. 113, 118(HL).

24) 머스틸 판사는 "당사자가 그들이 말한 것에서 당사자의 의도를 발견하는 것이 법원의 임무이고, 단어가 공정하게 함축하지 않는 의미를 단어에 강제하는 것은 실제 행하여진 협상을 법원이 더 잘 행하여졌을 것이라고 믿는 것으로 대체하는 것이다. 이것은 법원으로서는 부적당한 역할이다. 특히 당사자가 행하였음에 틀림없는 것과 행하지 않았다고 주장할 수 있는 것을 알 것이 요구되는 상거래분야에서는, 당사자가 계약조건에 따라 계약을 강제하는데 있어서 법원을 신뢰한다고 당사자가 확신하는 것이 중요하다"라고 판시하였다.

의 형식적인 합의의 내용만을 증거로 인정하고, 그것이 오직 불명료하거나 부당한 경우에만 그 범위밖의 증거를 허용하는 원칙이다.[25] 즉, 거래관습의 증거를 청취하는 것을 별개로 하고, 단어로부터 구절, 다음으로는 문장 등으로 당사자 사이의 형식적인 합의의 범위만을 증거로 삼는 영국법원의 전통적인 원칙을 이른다.[26]

(2) 외국에서의 적용배제

이 원칙은 국제협약의 해석에는 적용되지 않는다. 이 원칙은 계약서의 작성과 해석에 대한 협력관계가 가능한 경우에 의미가 있기 때문이다.[27] 따라서 표준해상보험약관과 같은 문서가 외국에서 해석되는 경우에는 이 원칙은 적절하지 않다.

(3) 호프만경의 견해

영국에서는 1998년의 Investors Compensation Scheme Ltd v. West Bromwich BS사건[28]에서 호프만(Hoffmann) 판사는 '과거의 법률해석의 지적인 성과물은 폐기되었다'고 선언하고, "법원은 이제는 계약 외부의 그 배경을 고찰할 수 있고, 서류의 의미는 관련배경을 감안하여 단어를 사용하는 당사자가 합리적으로 이해하였을 것이다"고 판시하였다. 동판사에 따르면 사실관계의 매트릭스라고 불리는 배경은 "이전의 협상의 증거를 제외하고는, 서류상의 언어가 합리적인 인간에 의하여 이해되고, 합리적인 인간이 적절한 것으로 고찰하였을 방식에 영향을 미쳤을 여하한 모든 사항이다."

(4) 아놀드의 견해

아놀드(Arnould)는 1842년의 Shore v. Wilson사건[29]의 방론에 근거하여 호프만경이 요건으로 하지 않은 불명확성이 존재하는 경우에 단어는 당사자가 관여한 거래의 문맥으로 읽혀야 한다고 하고, 당사자에 의하여 체결된 계약은 무엇인가는 보험자의 보편적인 관행을 참조하여 응답될 수 있다는 1920년의 Marten v. Vestey사건[30]에서의 더네딘(Dunedin) 판사의 판시를 인용하였다.[31]

---

25) Arnould, op. cit., § 62, 84.
26) Malcolm Clarke, op. cit., p. 5.
27) 비엔나협약 제7조 제1항은 문맥에서의 단어의 통상적인 의미는 선의로 그리고 협약의 대상과 목적에 비추어 추구되어야 한다고 규정하고 있다.
28) Investors Compensation Scheme Ltd v. West Bromwich BS [1998] WLR, 891-912-913(HL).
29) [1842] 9 Cl & Fin 355, 324.

(5) 해상적하보험계약 등 보험증권의 양도가 허용되는 경우

보험에 가입한 매도인으로부터 보험서류를 취득하는 CIF 적하양수인의 경우에는 계약체결시의 주변상황을 인식할 수 없다. 따라서 이와 같이 보험증권의 양도가 가능한 경우에는 보험계약의 해석에 있어서 다른 취급이 가능하다.

이와 관련하여 미국에서 "보험증권이 권원서류와 함께 배서에 의하여 양도될 수 있고, 수하인, 금융기관에게 영향을 미치는 경우에, 뉴욕에서 보험계약상 계약문언을 통상적인 의미에 따라 해석하고, 담보의 면책을 엄격히 해석하는 것이 특별히 요구된다"라고 판시되었다.[32]

최근 영국의 Dairy Containers v. Tasman Orient Line사건[33]에서 빙엄(Bingham)판사는 "소지인이 타방에게 양도가능한 인쇄된 형태의 계약에서, 특정한 당사자의 인지 또는 의도에 대하여 추론이 도출될 수 없다. 서류를 전달받는 자가 모든 배경을 합리적으로 이해할 수 있도록 계약의 문언이 해석되어야 한다"라고 판시하였다.

## 제 3 절 해상보험계약의 손해보상계약성

해상보험계약은 해상보험자가 해상사업에 관한 사고로 인하여 생길 피보험자의 재산상의 손해를 보상할 것을 약정함으로써 효력이 생기는 손해보상계약이다(상법 제665조, 제693조).

### Ⅰ. 손해배상과 손해보상

해상보험계약은 보험자가 보험사고로 인한 피보험자의 재산상의 손해를 보

30) [1920] AC 307, 315-316.

31) Arnould, op. cit., § 87; Arnould, Law of marine insurance and average, 16th ed., London: Sweet & Maxwell, 1997, Vol. 3, 2부 § 112.

32) International Multifoods v. Commercial Union, 98 Supp 2d 498, 503-504 (SD NY, 2000-cargo insurance).

33) [2005] 1 WLR 215(PC); [2004] 2 Lloyd's Rep 647.

상할 책임을 지는 점에서 손해보상계약이다. 여기서 '손해'의 개념은 사법상의 손해배상법리에서 쓰이고 있는 손해와 같이 사고발생 전의 이익상태와 사고발생 후의 이익상태의 차이를 의미하고, 손해보상이나 손해배상은 다 같이 손해를 메꾸어 사고 전의 상태로 돌리려는 기능을 가지고 있다. 그러나 해상보험계약에 있어서 보험자의 손해보상은 보험료를 받고 위험을 담보한 대가로서 보험계약의 내용에 따라 보험금액의 한도에서 보험사고로 피보험자가 입은 재산상의 손해만을 보상하는 것이고, 채무불이행이나 불법행위의 경우에는 배상의무자의 행위와 상당인과관계가 있는 모든 손해(민법 제393조, 제763조)를 배상하는 점에서 양자는 차이가 있다.

## Ⅱ. 손해보상의 원칙과 그 한계

### 1. 손해보상의 원칙

해상보험계약에서는 보험자가 보험계약자로부터 위험을 인수하여 보험사고로 생길 피보험자의 재산상의 손해를 보상하는 것을 목적으로 하는 손해보상의 원칙이 지배하고 있다. 여기에서 손해보상계약성이 해상보험계약의 절대적인 요소이냐 아니냐는 문제가 제기되고 있다. 손해보험계약에서 손해보상의 원칙은 피보험자는 보험사고로 입은 손해보다도 더 큰 이익을 얻을 수 없다는 것이고(독일보험계약법 제55조 참조), 이로부터 이득금지의 원칙을 끌어내게 된다. 해상보험계약에서 이득금지의 원칙은 하나의 공리일 뿐 아니라 절대적인 강행법 원리로서, 이것은 한편으로는 위험을 줄이는 데 이바지하고 있다. 이러한 관점에서 보면 해상보험계약의 손해보상계약성은 절대적인 요소라고 할 수 있다.

이와 관련하여 초창기사건으로 부보선박이 미국 민간무장선에 의하여 포획되어 영국의 해군선박에 의하여 탈환된 Brotherston v. Barber사건[34]에서 피보험자는 포획시에 전손보상을 청구하였지만 법원은 선박은 탈환되었으므로 분손보상만이 허용된다고 판시하였다. 애벗(Abbott)판사는 "보험계약의 가장 중요한 원칙은 그것이 손해보상계약이라는 것이다"라고 판시하였다. 유사하게 매도과정에 화재로 훼손된 주택에 대한 Castellain v. Preston사건[35]에서 매도인은 보험보상을 받고 또한 화재에도 불구하고 매수인으로부터 매도금액 진액을 지급받

34) [1816] 5 M&S 418.
35) [1883] 11 QBD 380, CA.

았다. 보험자는 매도인인 피보험자가 아무런 금전적 손해를 입지 않았다는 이유로 지급한 보험금의 반환을 청구하였고 승소하였다. 브렛(Brett)판사는 "보험법에 적용되는 모든 원칙의 토대는 해상보험계약이나 화재보험계약이나 손해보상계약이라는 것이다"라고 판시하였다. 그리고 제2차 세계대전 발발시에 독일선박에 선적된 적하가 포획을 피하기 위하여 선박이 천공되어 멸실한 Rickards v. Forestal Land, Timber and Railways Co., Ltd.사건[36]에서 라이트(Wright)판사는 "해상보험법은 계약법의 특수한 분야, 즉 해상보험계약만을 취급하고 있다. 각종 강행규정이나 금지규정 또는 보통법의 일반원칙이 적용되는 것을 전제로 당사자는 자유롭게 계약을 체결하고 법령상의 조건을 변경하거나 배제할 수 있다. 해상보험법과 법원(法院)의 목적은 보험의 기본원리인 손해보상의 원칙을 실행하고 다양한 사실관계에 적용하는 것이다"라고 판시하였다.

## 2. 손해보상원칙의 한계

해상보험계약도 채권계약의 일종으로 당사자의 사적 자치의 원칙이 적용되기 때문에 손해보상의 원칙은 완전한 것은 아니다. 이는 사기가 아닌 한 협정보험가액이 보험목적의 보험가액으로 확정적인 효력을 인정하는 영국해상보험법 제27조 제3항에 주로 기인하는 것이다. 이에 따라 당사자는 보험목적의 가액을 자유롭게 정할 수 있고, 초과보험이 최대선의준수의무, 고지의무, 도박보험금지와 같은 주요원칙을 위반하지 않는 한, 협정보험가액은 확정적인 효력이 인정된다.[37] 다만, 현저한 초과보험은 사기의 증거로 해석될 수 있다. 해상보험계약이 완전한 손해보상계약이 아니라는 것은 영국의 Irving v. Manning사건[38]에서 확인되었는데, 협정보험가액을 17,500파운드로 보험에 든 제너럴 키드(General Kid)호가 폭풍으로 심하게 훼손되어 추정전손 여부가 문제되었는데, 수리비용은 10,500파운드이고 수리후의 선박가액은 9,000파운드인데도 추정전손이 인정되어 17,500파운드의 보험보상이 허용되었다.

Goole and Hull Steam Towing Co., Ltd. v. Ocean Marine Insurance Co.사건[39]에서 맥킨논(McKinnon)판사는 "이 사건에서 실제 문제는 협상의 합의에 의

36) [1941] 3 All ER 62; 이 사건의 사실관계는 이 책 제3부 제2장 제3절 손해보상의 의무 V. 분쟁(전쟁과파업)위험 5. 협회적하전쟁보험약관과 협회적하파업보험약관 참조.

37) 이 책 제4부 제2장 제2절 보험가액 II. 보험가액의 평가 1. 기평가보험 (4) 협정보험가액의 효과 참조.

38) [1847] 1 HLC 287.

39) [1927] 29 LIL Rep. 242; 구체적인 사실관계는 이 책 제4부 제3장 제3절 분손에 관한 보

하여 피보험자에게 약속한 보상액은 무엇인가이다. … 이는 어느 경우에도 이상적인 금전적인 손해보다 어느 경우에는 적고 어느 경우에는 많을 수 있다"라고 판시하였다.

그러나 손해보상계약이 항상 완전한 것은 아니라는 점은 인정되지만, 해상보험계약이 실제로 입은 금전적 손해에 대한 보상이라는 것은 대전제로 되어 있다. 이는 British and Foreign Insurance Co., Ltd. v. Wilson Shipping Co., Ltd. 사건[40]에서 섬너(Sumner)판사의 "실무상 보험계약이 항상 완전한 보상에 이르는 것은 아니지만, 보상은 계약의 기초이다"라는 판시에서 잘 요약되어 있다.

이와 같이 실무상 지급되는 보험금이 실제로 입은 손해 이상인 경우도 있지만, 실제로 입은 재산상의 손해만을 보상한다는 원칙은 해상보험계약법의 주요 원칙으로 인정된다.

## Ⅲ. 게임계약과 도박계약의 무효

### 1. 서 언

"게임이나 도박을 목적으로 하는 해상보험계약은 무효이다"(영국해상보험법 제4조 제1항). 영국해상보험법은 게임계약이나 도박계약을 체결하는 것을 불법으로 하지 않고 단지 무효라고 규정하지만, 1909년 해상보험(게임보험계약)법은 피보험자가 항해사업에 피보험이익을 가지지 아니하는 보험계약을 체결하는 것을 범죄행위라고 규정한다(동법 제1조 제1항). 게임이나 도박계약으로 보게 되는 보험계약에는 두 가지 유형이 있는데, 하나는 당시 피보험이익이 없거나 장래에도 그 취득가능성이 없는 경우이고, 다른 것은 명예보험계약(honor policy 또는 ppi policy)이다(영국해상보험법 제4조 제2항).

### 2. 피보험이익없는 보험계약

영국해상보험법은 "해상보험계약은 피보험자가 이 법에서 정의된 피보험이익을 가지지 않고, 또한 그러한 피보험이익을 취득할 기대도 하지 않고 보험계

상 Ⅱ. 선박의 분손 3. 훼손이 수리된 경우 (4) 보험금액을 초과할 수 없음 참조.

40) [1921] 1 AC 188, HL: 구체적인 사실관계는 이 책 제4부 제3장 제3절 분손에 관한 보상 Ⅱ. 선박의 분손 4. 훼손이 수리되지 않은 경우 (4) 연속적인 단독해손 손해와 손해의 병합 (나) 손해의 병합 (b) 미수리분손은 이후 전손의 경우 보상되지 않음 참조.

약을 체결한 경우 게임 또는 도박계약으로 본다"라고 규정하고 있다(동법 제4조 제2항 a호).

피보험이익을 정의하고 있는 영국해상보험법 제5조 제2항은 피보험이익을 가지는 자를 "… 부보재산이 안전하게 유지되거나 예정대로 도착함으로써 이익을 얻게 된다든지 또는 부보재산이 멸실 또는 훼손되거나 또는 억류되어 손해를 입게 된다든가 또는 부보재산에 관하여 배상책임을 지게 되는" 자라고 규정하고 있다.

해상보험계약의 본질은 손해보상계약이라는 것이고, 따라서 보험의 목적에 대하여 피보험이익을 가지지 않은 피보험자는 손해를 입었음을 입증할 수 없으므로 게임계약 또는 도박계약으로 무효이다. 다만 이와 같이 보험계약이 무효인 경우에도 피보험자측에 사기나 불법이 없는 한 보험료는 반환된다(영국해상보험법 제84조 제3항; 상법 제648조).

피보험자가 장차 피보험이익을 취득할 가능성이 없이 체결한 보험계약은 도박계약으로 무효이므로 피보험자가 피보험이익을 취득할 가능성이 있는 계약은 도박계약이 아니다. 따라서 피보험자가 피보험이익을 가져야 하는 기준시점은 사고발생시이고, 보험계약체결시에는 피보험이익이 없더라도 상관없다.[41]

## 3. 명예보험

(1) 명예보험의 의의

명예보험이라 함은 피보험이익의 유무를 불문한다는 것과 유사한 조건으로 체결된 보험계약을 말하는 것으로 피보험자가 보험목적에 대하여 피보험이익을 가지고 있는가 여부를 묻지 않고 무효이지만, 피보험자가 피보험이익을 가지고 있음을 입증한 경우에는 보험료의 반환청구권이 인정되는 보험계약이다.

영국해상보험법은 "해상보험계약은 보험증권이 피보험이익의 유무를 불문한다는 것과 유사한 조건으로 작성된 경우에는 게임 또는 도박계약으로 본다. 다만, 구조물을 취득할 가능성이 없는 경우에는 보험자에게 구조물취득의 이익이 없다는 조건으로 보험계약을 체결할 수 있다"라고 규정하고 있다(동법 제4조 제2항 b호).

명예보험계약을 무효로 하는 이유는 피보험이익이 없음에도 불구하고 보험금취득을 기도하거나 손해를 과대계상한 경우 등 보험사기가 용이해지므로 피

41) 다만 소급보험이 체결된 경우에는 예외이다(영국해상보험법 제6조 제1항).

보험이익의 유무를 묻지 않고 보험을 인수하는 보험실무를 금지하기 위함이다.[42] 명예보험이라고 하는 이유는 보험자가 법률상 이에 구속되는 것은 아니지만 자신의 명예에 기초하여 그 보험금을 지급한다는 의미에서 그렇게 부르고 있다.[43]

(2) 명예보험조항의 효력

보험증권에 피보험이익의 유무를 불문한다, 보험증권 자체 이외의 피보험이익을 입증할 필요가 없다, 보험자에게 구조물을 취득할 이익이 없다는 조항이 삽입되어 있는 경우에는 피보험자가 보험의 목적에 대하여 피보험이익을 가지고 있는가 여부를 묻지 않고 이와 같은 문언만으로 보험계약이 무효로 된다. Thomas Cheshire and Co. v. Vaughan Brothers and Co.사건[44]에서 창고소유자인 피보험자가 남미로부터 수입하는 질산소다의 화물의 희망이익에 대하여 보험중개사를 통하여 보험증권 자체 이외의 피보험이익을 입증할 필요가 없다는 조건으로 보험에 들었는데, 당시는 제1차 세계대전 기간 중으로 영국정부는 남미로부터의 질산소다의 선적을 통제하고 있었다. 질산소다가 영국정부에 수용되어 피보험자는 보험금지급을 청구하였지만 법원은 보험계약은 명예보험으로 무효라고 판시하였다.

(3) 명예보험조항의 삭제의 효력

일단 명예보험조항이 삽입된 이상 후일 이를 삭제하여도 그 보험계약은 무효이다. Re London County Commercial Reinsurance Office Ltd.사건[45]에서 쟁점은 보험증권 자체 이외의 피보험이익을 입증할 필요가 없다라는 문언이 슬립에 기재되어 체결된 보험계약에서 후일 슬립이 분리된 경우 유효인가 여부이었는데, 법원은 보험계약이 체결될 때 슬립은 그 일부이므로 분리된 것은 아무 영향이 없으므로 보험계약은 무효라고 보았다.

(4) 보험료반환청구권의 인정

명예보험계약은 불법적인 것은 아니고 단지 무효일 뿐이므로 피보험자나 그 대리인의 사기 또는 불법행위가 없는 한, 피보험자는 보험료반환청구권을 가진

42) Thomas Cheshire and Co. v. Vaughan Brothers and Co. [1920] 3 KB 240, CA사건에서 스크러튼(Scrutton)판사의 판시.
43) 심재두, 해상보험법, 길안사, 1995, 37면.
44) [1920] 3 KB 240, CA.
45) [1922] 2 Ch 67.

다(영국해상보험법 제84조 제1항).[46)]

(5) 보험자에게 구조물을 취득할 이익이 없다는 조항을 둔 경우

보험자에게 구존물을 취득할 이익이 없다는 조건으로 보험계약이 체결되는 경우가 있다. 이는 추정전손이 발생한 경우 보험자에게 보험위부가 인정되지 않는다는 것으로 이는 피보험자가 항해사업에 대하여 피보험이익을 가지지 않는 것으로 해석될 수 있기 때문에 이와 같은 보험계약은 게임계약 또는 도박계약으로 무효이다. 그러나 수수료나 목적항에서 적하의 매도로 얻게 되는 희망이익을 보험에 든 경우에는 보험자에 대한 보험위부가 인정되지 않으므로 이와 같은 조항이 삽입되었더라도 보험계약은 유효하다. 영국해상보험법 제4조 말미에 "… 다만 구조물을 취득할 가능성이 없는 경우에는 보험자에게 구조물취득의 이익이 없다는 조건으로 보험계약을 체결할 수 있다"고 규정한 것은 이를 예상한 것이다.[47)]

46) Re London County Commercial Reinsuance Office Ltd. [1922] 2 Ch 67.

47) Susan Hodges, Cases and Materials on Marine Insurance Law, London: Cavendish Publishing imited, 1999, p. 8.

# 제2장 해상보험계약의 요소

## 제1절 해상보험계약의 관계자

해상보험계약은 손해보험계약의 일종으로 직접적인 당사자는 보험자와 보험계약자이다. 이밖에 보험금청구권자인 피보험자, 그리고 보험계약상의 권리를 양수한 자, 그리고 제3 피해자 등을 들 수 있다. 또한 해상보험계약은 전통적으로 보험중개사를 통하여 체결되어 왔는바, 보험중개사를 비롯한 보험보조자의 권한과 의무 등을 살펴볼 필요가 있다.

### Ⅰ. 보험자와 보험계약자

#### 1. 보험자

해상보험사입의 주체로 해상보험을 인수하는 자이다. 보험계약자와 해상보험계약을 체결하여 보험사고가 발생한 때에 보험금지급의무를 지는 자이다. 해상보험사업을 영위하려면 보험업법상 150억원의 지본금 또는 기금을 납입하고 금융감독위원회로부터 보험사업의 허가를 받아야 한다(보험업법 제4조, 제9조, 동법 시행령 제12조).

영국선박보험실무에서는 2인 이상의 보험자가 보험목적에 대한 위험을 공동으로 인수하는 경우가 일반적이다. 2003년 국제선박보험약관 제42조는 보험증권상 지정된 지도적 보험자[1]가 ① 보험금청구를 야기할 수 있는 문제에 관한 검정인, 전문가, 손해사정사, 변호사의 임명, ② 보증서의 발행을 포함한 보험자가 취할 의무 ③ 보험금청구절차, 보험금청구의 처리와 수리, ④ 임의로 합의하는 것이 아닌 피보험자 또는 제3자에 대한 지급 등이 다른 모든 공동보험자에

---

1) 영국해상보험실무상 보험중개사가 보험계약자를 위하여 보험계약의 체결을 중개하는 경우에 지도적 보험자와 보험료나 담보범위 등에 관하여 합의하고 슬립에 그가 인수할 비율을 확정한 후 다른 보험자에게 인수여부를 타진하게 되는데 이 보험자를 지도적 보험자(Leading Underwriter)라고 한다.

게 구속력이 있음을 규정하고 있다.

### 2. 보험계약자

보험자와 자기의 이름으로 보험계약을 체결한 자이다. 보험계약자는 스스로 보험보호를 받는가 또는 타인을 위하여 그 계약을 체결하였는가는 상관이 없고, 타인을 위한 보험계약의 경우에도 보험계약의 당사자가 된다.

## Ⅱ. 피보험자

보험사고의 발생으로 생긴 재산상의 손해보상을 보험자에게 직접 청구할 수 있는 사람이다. 보험계약자와 피보험자가 같은 때에는 자기를 위한 보험계약이고, 다른 때에는 타인을 위한 보험계약이 된다.

## Ⅲ. 보험계약상의 권리의 양수인과 제3피해자

### 1. 보험목적에 대한 이익의 양도

(1) 서 언

해상보험에 있어서 보험목적에 대한 이익이 잔존하는 경우에 피보험자의 이익이 종료하는 것은 통상적으로 다음 두 가지이다. 첫째, 사망 또는 파산과 같이 법률에 의하여 이전되는 경우, 둘째, 피보험자가 자기의 의사로 보험목적에 대한 이익을 양도하는 경우이다.

영국해상보험법 제15조는 "피보험자가 보험의 목적에 대하여 가지는 자신의 이익을 양도하거나 기타의 방법으로 분할처분하는 경우에, 보험계약상의 피보험자의 권리는, 양수인에게 이를 이전한다는 명시적 또는 묵시적 합의가 없는 한, 이에 의하여 양수인에게 이전하지 않는다"라고 규정하고 있다.

이에 보험의 목적을 양도하면 해상보험계약관계에서 어떠한 변동을 초래하는가가 문제된다.

⑵ 보험목적의 양도와 보험계약상의 권리 · 의무의 이전

해상보험에서는 선박과 적하의 양도의 경우 보험계약상의 권리 · 의무의 이전의 효과를 달리한다.

(가) 선 박 : 선박보험계약에서 선주가 누구인가에 따라 보험사고가 발생할 위험의 정도가 크게 다르므로, 선박기간보험의 경우에는 선박이 양도되는 경우에는 보험이 자동적으로 종료된다.[2] 그러나 피보험자인 선박소유자가 자신의 선박보험증권을 저당권자에게 담보로 양도하는 경우에는 위의 자동종료사유에 해당하지 않는다. 2003년 국제선박보험약관 제23조는 보험증권의 양도를 규정하고 있는데, 이 경우가 선박보험에 있어서 보험증권의 양도의 주된 유형이다.[3]

이에 비하여 우리 상법은 "선박을 보험에 붙인 경우에 선박을 양도한 때에는 보험자의 동의가 없으면 보험계약은 자동종료한다"(상법 제703조의 2)라고 규정하고 있다. 이는 선박의 양도를 보험계약의 종료사유로 하는 표준선박보험약관과 실질적인 내용은 같다.

(나) 적 하 : 표준선박보험약관과 달리 협회적하보험(A), (B), (C)약관은 적하의 양도의 경우 보험계약의 효과에 관한 조항이 없다. 적하는 일단 운송이 시작되고 나면 소유자의 지배와 통제를 벗어나기 때문에 적하보험에 있어서는 당해 적하의 소유자가 누구인가에 따라 보험사고가 발생할 위험이 변경되지 않기 때문이다.[4] 일반적으로 신용장의 조건으로 선하증권과 보험증권을 들고 있는 경우에 보험증권은 선하증권과 함께 매도인이 발행한 환어음에 담보로 제공된다. 따라서 매수인에게 화물이 인도되기 전에는 운송중인 화물은 선하증권의 양도로 거래되고, 이 경우 적하보험증권은 선하증권과 함께 양도된다. 적하보험증권에 양도인이 배서하거나 교부에 의하여 보험계약상의 권리가 양수인에게 이전된다.

## 2. 제3자의 직접청구권

(1) 서 언

해상보험은 종합보험을 특색으로 하고 피보험자가 선박충돌 등으로 인하여

---

2) 1983년 협회선박기간보험약관 제4조 제2항; 1983년 협회운임기간보험약관 제5조 제2항; 2003년 국제선박보험약관 제14조 제1항; 이 책 제2부 제6장 제1절 기간보험 Ⅲ. 종료조항, 선급조항 또는 관리조항 4. 선주 또는 국적의 변경 참조.

3) 심재두, 해상보험법, 길안사, 1995, 63면; 이 책 제3부 제2장 제1절 보험증권교부의무 Ⅴ. 보험증권의 양도 참조.

4) 심재두, 상게서, 63면.

다른 선박에 손해를 입혀 손해배상책임을 지거나 공동위험을 방지하기 위한 비용을 선박소유자가 제3자에게 분담하는 경우 등과 같은 경우에, 제3자피해자에 대한 법률관계가 문제된다. 우리법상으로는 책임보험계약상 제3자의 직접청구권이 인정되기 때문에(상법 제724조) 피보험자에 대하여 위와 같은 손해 또는 비용의 배상청구권을 가지는 제3자는 보험자에 대하여 직접 보상을 청구할 수 있다. 이에 비하여 영국법상의 제3자의 직접청구권은 피보험자가 파산한 경우에 한정되기 때문에 전면적으로 인정되는 우리와 크게 다르다.

(2) 책임관계와 보험관계의 구별

피보험자가 보험계약을 체결하고 제3자에 대하여 불법행위 또는 채무불이행으로 인한 손해배상책임을 지는 경우 복잡한 법률문제가 발생한다. 일반적으로 책임보험계약에 의하여 보험자가 보상책임을 지는 것은 피보험자가 일정한 사고로 피해자인 제3자에게 손해배상책임을 지는 것을 전제로 하고 있으므로, 책임보험은 민사책임 특히 불법행위책임과 결합되어 있다. 여기서 보험계약자 또는 피보험자와의 책임보험계약에 따른 법률관계를 책임보험관계라고 하고, 가해자인 피보험자와 피해자인 제3자 사이에는 불법행위 내지는 채무불이행으로 인한 손해배상책임관계가 성립하는데, 이것을 책임관계라고 한다.

책임보험계약과 피보험자의 피해자에 대한 민사책임은 법리적으로는 분리되어 있다. 따라서 원칙적으로 피해자는 보험자에게 직접 보상을 청구할 수 없고, 피보험자는 피해자에 대한 손해배상을 하기 전에는 보험자에게 보험금을 청구할 수 없다(상법 제724조 제1항 참조). 이에 피보험자가 채권자에 대한 채무를 이행할 자력을 갖추지 못하는 경우에 채권자는 파산재단의 배당에 참여하게 되어 채권의 일부만을 비율에 따라 회수할 수 있을 뿐이다. 이에 따라 제3자가 피보험자에 대한 전액의 배상청구권을 가지는 경우에 피해자의 권리를 보호할 수 있는 장치가 요구된다. 보험자에 대한 제3자의 보험금청구권이 바로 그것이다.

(3) 1930년 제3자법(보험자에 대한 권리)

피보험자의 파산으로 인하여 발생하는 보험계약상 불공정한 지위는 1930년 제3자(보험자에 대한 권리)법의 시행으로 수정되었다.

제3자(보험자에 대한 권리)법상 피보험자가 파산한 경우에는 파산전후를 묻지 않고 부보된 제3자에게 손해를 입힌 때에, 피보험자의 보험자에 대한 권리는 제3자에게 이전하고, 제3자는 직접 보험자에게 보상을 청구할 수 있지만(제3자법 제1조 제3항), 피보험자의 제3자에 대한 손해배상책임의 제한과 피보험자의 보험자의 보상청구권의 제한이 적용된다(동법 제1조 제4항). 그러나 보험계약상 다른 정함이 있거나(제3자법 제1조 제3항) 보험자와 피보험자가 제3자의 손해배상청구권을 부인하기로 합의하는 경우에는(동법 제2조) 그러하지 아니하다. 또한 동법은 제3자가 법령상의 권리를 행사할 수 있도록 제3자에게 정보를 제공할 것을 규정하고 있다(제3자법 제2조).

비록 동법은 파산이후의 제3자에 대한 손해배상책임에도 확장되어 적용되고, 법령상의 효과를 제한하는 약정은 무효로 하지만, 제3자는 피보험자가 보험계약상 가지는 권리 이상을 제3자법에 의하여 취득할 수 없다. 따라서 선주상호보험조합의 조합원의 보상청구를 조합이 승인하지 아니하는 경우에는 제3자는 보험보상을 청구할 수 없다.[5] 또한 선주상호보험조합에서는 조합원의 제3자에 대한 현실적인 지급이 조합에 대한 보상청구의 전제조건이라는 기지급의 원칙이 적용되고 있으므로, 회원이 제3자에게 채무를 이행하지 않으면 조합은 조합원에게 보상을 할 수 없고, 따라서 1930년법상 동조합에 대하여 보상청구권을 행사하는 것이 제한된다.[6]

## Ⅳ. 보험보조자

영국실무상 해상보험계약은 전통적으로 보험중개사를 통하여 체결되어 왔는바, 보험중개사를 비롯한 보험대리점 등의 보험보조자의 권한과 의무 등을 살펴볼 필요가 있다.

### 1. 보험보조자의 유형

(1) 보험대리점

보험대리점은 일정한 보험자를 위하여 상시 영업부류에 속하는 보험계약의 체결을 대리하거나 중개하는 것을 영업으로 하는 독립된 상인으로 체약보험대리점과 중개보험대리점으로 구별된다(상법 제87조). 체약보험대리점은 보험자의 대리인으로서 보험계약의 체결권을 가지므로 고지수령권은 물론 보험료의 수령, 보험계약의 변경·연기·해지 등에 관한 권한은 물론이고, 그 대리점이 안

5) F.D. Rose, Marine insurance: law and practice, London: LLP, 2004, § 7.69, p. 134.
6) Firma G-Trade SA v. Newcastle P & I Assn(The Fanti) (No 2) [1991] 2 AC 1.

사유는 보험자가 안 것과 같은 효력이 있다(상법 제90조). 보험중개대리점은 보험계약의 체결을 중개하는 권한을 가질 뿐 보험계약의 체결에 관한 대리권을 가지지 아니하므로 고지수령권은 물론 보험료수령권을 가지지 아니한다.

(2) 보험중개사

보험중개사는 보험자의 사용인이나 대리인이 아니면서 보험자와 보험계약자 사이의 보험계약의 체결을 중개하는 것을 영업으로 하는 독립한 상인이다(상법 제93조). 보험중개사는 보험계약의 체결을 중개하는 점에서는 보험대리점과 같으나, 특정한 보험자의 위임을 받아 그 보험자를 위하여 중개하는 것이 아닌 점에서 보험중개대리점과는 다르다.

영국에서는 보험자와 피보험자가 직접 해상보험계약을 체결하는 경우는 거의 없고, 대부분 보험중개사를 통하여 체결되고 있고, 보험중개사는 보험계약자 또는 피보험자의 대리인으로 파악되고 있다. 따라서 보험중개사는 보험자를 위한 주의의무는 없고, 보험중개사가 안 사유는 보험자가 안 사유로 볼 수 없다.[7] 우리나라에서는 1997년 4월에 보험중개사제도를 받아들였고, 그 권한과 의무는 영국의 그것과 유사하다.[8]

## 2. 보험보조자의 권한

보험보조자의 권한은 보험자와 보험보조자의 구체적인 수권행위의 내용에 따른다. 해상보험에서는 수권의 문제는 자주 발생하지 않는데, 이는 보험보조자는 명확히 실제로 권한을 부여받아 행위하기 때문이다.

대리권없이 체결된 보험계약은 후일 피보험자가 이를 추인할 수 있다(영국해상보험법 제86조). 추인은 상당한 기간안에 행하여져야 하고 추인할 수 있는 것은 자기를 위하여 보험계약이 체결된 것을 아는 사람뿐이다.[9]

## 3. 보험보조자의 의무

보험보조자는 본인의 지시를 충실히 이행할 의무를 지고, 그가 이를 위반하는 경우 이로 인하여 본인에게 발생한 손해를 배상할 책임을 진다.

---

7) F.D. Rose, op. cit., § 4.37 p. 56.
8) 전우현, 보험중개사의 법적 지위에 관한 연구, 서울대학교 대학원 박사학위논문, 1999.
9) 심재두, 전게서, 79면.

(1) 복대리권의 문제

대리인은 직접 지시사항을 수행하여야 하는 것이고, 위임을 받지 아니하는 한 자신의 의무를 복대리인에게 맡길 수 없고, 허가받지 않고 위임하는 자체가 의무위반이다.[10]

(2) 지시사항의 준수

보험보조자에 대한 피보험자의 지시가 불확실한 경우에는 이를 합리적으로 해석하여 처리하면 그것이 피보험자의 진의와 다른 방향이었더라도 의무를 다한 것이다. James Vale & Co. v. Oppen & Co., Ltd.사건[11]에서 전위험담보조건의 보험계약을 체결하도록 지시받은 보험중개사가 통상적인 전위험담보조건의 보험에 가입하였다면 보험증권이 강도나 절도 그리고 불인도약관에서 담보하는 가능한 모든 위험을 담보하지 않더라도 지시를 수행한 것으로 법원은 판시하였다.

(3) 의무이행의 통지의무

보험중개사가 보험계약을 체결하였음을 통지하여 고객의 걱정을 덜어주고 보험조건을 점검하도록 하는 것이 통상적이지만, 그와 같은 의무를 보통 부담하는 것은 아니다.[12]

(4) 보험목적의 미부보

대리인은 지시의 범위안에서 본인을 위하여 행위하여야 하지만, 본인의 이익을 주도적으로 보호할 의무가 있는 것은 아니다. 운송중인 저하가 포장업자의 수중에 있을 때에는 부보되지 않은 것[13]과 같이 보험목적이 부보된 범위까지 보험중개사가 피보험자에게 확인할 의무가 있는 것은 아니다.

(5) 주의의무

무보수이건 보수를 받건 모든 대리인은 구체적인 상황에 따른 충분한 주의를 다하여 의무를 이행하여야 한다. 따라서 보험중개사는 의무를 이행하는데 있어서 합리적이고 적절한 주의, 기술, 판단을 행하여야 한다.[14]

---

10) De Bussche v. Alt [1878] 8 ChD 286.
11) [1921] 6 LlLR 167.
12) United Mills Agencies Ltd v. RE Harvey, Bray & Co[1951] 2 Ll Rep 631.
13) United Mills Agencies Ltd v. RE Harvey, Bray & Co[1951] 2 Ll Rep 631.
14) Chapman v. Walton[1833] 10 Bing 57.

(6) 보험중개사의 의무의 내용

보험중개사의 전문적인 지식과 기술은 고객의 지시를 이행하고 고객에게 권고하는 것만이 아니다. 보험중개사는 시장의 지식을 이용하고 적절한 기술을 적용하여야 한다. 적당한 지도적 보험자를 찾고, 그와 적절한 보험료와 담보조건을 정하여야 한다. 만일 그러하지 아니하면 위험을 인수하고자 하는 충분한 보험자를 확보하지 못할 것이고, 고객이 요구하는 담보를 고객에게 제공하는데 실패한 것이 된다.[15] 보험중개사는 모든 통상적인 약관이 보험계약에 포함되는가를 확인하여야 하지만, 오늘날에는 표준약관이 사용되고 있기 때문에 이 의무는 쉽게 이행된다. 보험중개사는 보험자가 아닌 피보험자의 대리인이기 때문에 이 의무는 피보험자에게 유익한 조건의 삽입에 한정된다. 보험중개사는 보험계약의 인수를 원활히 하기 위하여 동시에 재보험을 인수하는데 있어서 보험자를 위하여 행위한다. 여기서 재보험자에 대한 의무는 원수보험계약상의 책임을 재보험에 들기 위하여 재보험자와 최상의 계약을 체결하는 것이지, 원수보험계약상의 유리한 조건을 보험자에게 제공하는 것이 아니기 때문에 이익의 충돌은 발생하지 않는다.

피보험자가 잘 알지 못하는 보험증권상의 불리한 조건을 피보험자에게 주의를 환기하도록 하는 것은 보험중개사의 의무이다. 무너커(Moonacre)호 사건[16]에서 요트보험의 청약을 하는 보험중개사는 계류중 상근직 선원을 포함한 어느 누구가 선박을 숙박시설로 사용하는 경우에는 이를 보험자에게 고지할 것을 고객에게 권고하여야 한다고 법원은 판시하였다.

(7) 계산의무

대리인은 대리중 수령한 이익을 본인에게 지급하여야 한다. 보험자로부터 통상적인 할인이나 특별한 할인을 받은 때에는 이를 전액 피보험자에게 지급하여야 한다.

## 4. 보 수

보험중개사는 보수를 피보험자로부터 받지 않고 보험료의 일부를 공제하는 방식으로 지급받고 있고, 우리나라의 경우에는 보험회사에 청구하도록 되어 있

15) The Zephyr [1984] 1 Lloyd's Rep. 58, 67.

16) Sharp v. Sphere Drake Ins Plc(The Moonacre) [1992] 2 Lloyd's Rep. 501; 이 사건의 구체적인 사실관계는 이 책 제2부 제4장 제3절 영국 해상보험법상의 피보험이익 Ⅱ. 영국 해상보험법상 피보험이익의 정의 3. 영국에서의 피보험이익의 개정논의 참조.

다(보험감독규정 제4-28조 제1항).

### 5. 보험금청구

영국에서는 보험자에 대한 보험료지급의무는 보험중개사가 지는 것이 관습이지만(영국해상보험법 제53조 제1항), 보험금은 보험자가 피보험자에게 직접 지급하여야 한다. 피보험자의 대리인으로서 보험중개사는 보험자에 대한 보상의 준비와 취급사무를 담당한다. 사고가 발생하고 피보험자가 손해보상을 원하는 경우에는, 피보험자는 소지하고 있는 보험증권을 보험중개사에게 송부하고 보험중개사에게 이를 위한 지시를 하여야 한다.

### 6. 유치권 등

영국에서 보험중개사는 다른 약정이 없는 한 본인을 위하여 보험자에게 보험료를 선급하거나 지급책임을 지고, 보험증권을 교부받는 것이 관습이다. 따라서 보험중개사는 보험료와 보험계약을 체결함에 있어서 지출한 비용을 변제받기 위하여 보험증권에 대한 유치권이 인정되고 있다.

# 제 2 절 해상보험의 목적

## Ⅰ. 서 언

모든 적법한 해상사업은 해상보험계약상 보험의 목적이 될 수 있다(영국해상보험법 제3조). 따라서 해상보험계약상 선박, 적하, 동산, 운임, 이익, 수수료, 선비, 임금, 회사가 수행하는 사업, 제3자에 대한 배상책임 등은 해상보험의 대상이 될 수 있다.

영국해상보험법은 보험의 목적의 성질에 대하여 "보험의 목적은 해상보험증권상에 상당히 정확히 기재되어야 한다"(영국해상보험법 제26조 제1항)는 것 단 한 가지를 규정하고 있다. 따라서 보험의 목적을 보험증권에 상당히 확실하게 기재하지 않는 경우에는 중요한 사실의 부실고지가 된다(영국해상보험법 제18조 제1항).

이밖에 피보험자가 보험증권상 자신의 이익의 성질과 범위를 적시하는 것은 요구되지 않는다. 따라서 재보험계약에서 그것이 재보험이라는 사실을 명시할 것이 요구되지 않는다. 이것이 다투어진 것은 Mackenzie v. Whitworth사건[17]으로 목화인 적하를 뉴올리언스(New Orleans)에서 에스토니아의 레벨[Rebel: 오늘날 탈린(Tallin)]까지의 항해에 대한 위험을 인수한 미국보험자가 그 계약이 실제로는 재보험이라는 사실을 알리지 아니한 채 재보험에 들었는데, 미국보험자의 재보험금청구에 대하여 재보험자는 그 계약이 재보험임을 알리지 않았다는 이유로 보험금지급을 거부하였는데, 항소법원은 이는 중요한 사실의 묵비에 해당하지 않는다고 판시하였다.

## Ⅱ. 해상보험의 목적

### 1. 선 박

(1) 보험의 목적으로서의 선박

선박은 선체, 선박자재, 의장, 선원의 용품과 식료품을 포함하고, 특수선박의 경우에는 그 사업에 필요한 통상의 의장을 포함하며, 증기선의 경우에는 기계, 보일러와 피보험자 소유의 석탄과 엔진용소모품을 포함한다(보험약관의 해석에 관한 규칙 제15조). 이에 따라 선박보험(policy on ship)은 선체보험 이상을 의미하는 것으로 항해의 수행에 필요한 자재와 용품만이 아니라 엔진실의 소모품, 석탄 등을 포함하지만, 승객의 용품을 제외한다.

선박보험(insurance on ship)은 선체와 기계보험(insurance on hull and machinery)보다 포괄적이라는 것은 Roddick v. Indemnity Mutual Marine Insurance Co Ltd 사건[18]에서 판시되었다. 이 사건에서 증기선인 옥션홀름(Oxenholme)호에 대하여 선박은 10,000파운드로 평가되고, 선체와 기계(hull and machinery)에 대하여 보험금액 5,000파운드로 부보하며, 나머지 5,000파운드는 부보하지 않기로 하는 담보특약(warranty)이 삽입된 기간보험에 들었는데, 원고는 '석탄, 용품, 비용(coals, stores, and expenses)'에 대하여 2,600파운드로 명예보험(ppi policies)에 추가로 들었다. '옥션홀름'호가 멸실하여 원고의 보험금청구에 대하여 보험자는 피보험자가

17) [1875] 1 Ex D. 36, CA.
18) [1895] 2 QB 380, CA.

선비에 대하여 보험에 든 것은 담보특약위반이라고 항변하였다. 법원은 선비에 대한 명예보험은 '선체와 기계에 대한 보험'과 무관하여 담보특약위반이 아니라고 판시하였다.

한편 Hogath v. Walker사건[19]에서 북해에서 곡물을 운송하던 선박에 대하여 '선박과 물품(ship and furniture)'을 보험에 들었는데, 선박이 수하물매트(dunnage mats)와 의류가 선적된 이물부분이 부두와 충돌하여 손해를 입어 보험금이 청구되었는데, 법원은 보험의 목적이 '선박과 물품'이라는 이유로 보상을 명하였다.

(2) 표준보험증권과 표준보험약관

현재의 영국의 표준보험증권으로는 Lloyd's Marine Policy(MAR 91)과 Institute of London Underwriting Companies Marine Policy(MAR 91)이, 표준보험약관으로는 1983년 협회선박기간보험약관, 1983년 협회선박항해보험약관, 2003년 국제선박보험약관 등이 널리 사용되고 있다.

## 2. 적 하

(1) 적하의 의의

적하(goods)란 상품의 성격을 가진 것을 의미하고, 개인소지품이나 선내에서 사용하기 위한 식료품이나 용품(stores)은 제외된다(보험약관의 해석에 관한 규칙 제17조 1문).

(2) 1982년 협회적하보험(A), (B), (C)약관

적하는 협회적하보험(A), (B), (C)약관에 의하여 부보된다. 협회적하보험(B), (C)약관이 열거위험담보주의를 취하는데 비하여, 포괄위험담보주의를 취하는 협회적하보험(A)약관은 보험금청구권자에게 입증책임이 완화되는 잇점이 있다. 즉, 협회적하보험(A)약관에서는 피보험자는 손해가 단지 발생하였음을 입증하기만 하면 되고, 손해가 어떻게 발생하였는가는 요구되지 않는다. 손해가 보험계약이 담보하지 않는 면책위험으로 인한 것임을 입증할 책임은 보험자가 진다.

(3) 갑판적 적하와 동물

보험증권의 해석에 관한 규칙 제17조 2문은 "다른 관습이 없는 한 갑판적 적하(deck cargo)와 동물은 이 사실을 명시하여 부보하여야 하고, 적하의 일반적 명

19) [1899] 2 QB 401.

칭으로 부보해서는 안된다"고 규정하고 있다.

갑판적 적하 운송에는 적하가 통상적으로 운송되는 경우보다 큰 위험에 노출되는 특성과 위험을 감안하여 다른 관습이 없는 한 이를 명확히 알리고 특별히 부보하도록 한 것이다.[20] 그 예는 Hood v. West and Motor Car Packing Co.사건[21]으로 원고는 자동차포장을 전문으로 하는 회사인 피고와 런던에서 시칠리의 메시나(Messina)로 자신의 자동차를 운송하는 계약을 체결하였고, 이 적하에 대하여 보험에 들었다. 자동차는 보험자가 알지 못하는 채로 갑판적으로 운송하던 중 도착지에서 수리할 수 없을 정도로 훼손되는 손해가 발생하였다. 보험자가 보험보상을 거부하자 원고는 피고 운송인에게 손해배상을 청구하였다. 법원은 다른 관습이 없는 경우 갑판적으로 운송되는 적하는 특별히 부보되어야 하고, 피고 운송인이 갑판적으로 운송되는 적하에 대하여 포괄담보조건(all marine risks)으로 부보하지 않았으므로 보험계약상 보험보상은 허용되지 않으며, 피고 운송인이 그 손해를 배상할 책임을 진다고 판시하였다.

(가) 운하운송 또는 하천운송의 경우 적용되지 않음 : 하천운송 또는 운하운송의 경우에도 갑판적 운송에 관한 보험증권해석에 관한 규칙 제17조의 일반원칙이 적용되는가에 대하여는 Appolinaris Co. v. Nord Deutsche Insurance Co.사건[22]에서 월튼(Walton)판사는 이를 부인하였다. 학설도 해상항해에 적하가 갑판적으로 운송되는 경우에 위험이 증가한다는 원칙은 이에 관해서는 적용의 근거가 약하다고 해석하였다.[23] 이 사건에서 런던에서 암스테르담을 거쳐 라인강을 항해하여 노이언아르(Neuenahr)까지 운송하는 수종의 적하에 대하여 포괄담보조건으로 보험에 부보되었고, 암스테르담에 도착하여 운하와 하천운송을 위하여 적하가 환적되어 라인강을 운항하는 증기선박의 갑판 위에 적부되었다. 화재가 발생하여 다량의 적하가 소실되어 손해보상이 청구되었는데, 법원은 라인강을 운항하는 증기선의 적하는 특수하게 부보하지 않는 것이 관습이라는 이유로 보험자의 보험금지급을 명하였다.

(나) 다른 관습의 의미 : 부보된 적하에 대하여 갑판적으로 운송되는 것이 특정한 거래의 일반적 관습인 경우에는 보험자는 그 통지를 받지 않아도 이 관습에 익숙할 것이므로 보험자는 일반 적하보험으로 그 위험을 인수하게 된다.

20) Arnould, Law of marine insurance average, London: Sweet and Maxwell, 1981 § 308. p. 197.
21) [1917] 2 KB 38, CA.
22) [1904] 1KB 522.
23) Arnould, op. cit., § 308, p. 198.

관습이란 용어는 보험상의 관습이 아니라 특정한 거래 보다 일반적으로 말하면 갑판적으로 특정한 성질의 적하를 운송하는데 있어서의 관습을 말한다. 이는 British and Foreign Marine Insurance Co. v. Gaunt사건[24]에서 상원에 의하여 판시되었다. 이 사건에서 칠레로부터 영국 브랫포드(Bradford)까지의 포괄적 담보조건으로 부보된 적하가 훼손되었는데, 이 섬유는 해상항해를 위하여 선박에 적재되기 전에 남부 칠레 펀타 아레나스(Punta Arenas)에서 보험자에게 통지하지 않은 채로 지역의 증기선에 갑판적으로 운송되었음이 밝혀졌다. 법원은 지역의 증기선에 의한 갑판적 운송방법은 거래의 일반적 관습이라는 이유로 보험자의 보상책임을 인정하였다.

(4) 컨테이너와 포장재료

보험증권의 해석에 관한 규칙 제17조는 적하의 정의에서 통상적으로 적하의 안전한 운송에 필수적인 컨테이너와 포장재료가 적하의 일부로 고찰되어 보험계약에 의하여 담보되는가에 대하여 명확히 하고 있지 않다. 종국적으로는 이는 보험계약의 해석문제이다. 적하소유자에 의하여 제공된 컨테이너와 포장재료가 실제로 그것이 적하의 총체적 일부라고 고찰되는가 여부에 따라 결정된다고 해석되고 있다.[25]

(5) 항해사업

항해 또는 항해사업도 적하보험의 목적으로 된다. 즉, 적하가 훼손되지 않고 피보험자의 통제와 점유아래 있다고 하더라도 항해 또는 항해사업의 실패가 부보위험으로 인한 경우에는 적하가 물리적으로는 온전하더라도 손해를 보상할 책임을 진다. 적하에 대하여 항해사업의 상실의 개념은 새로운 것이 아니다.[26] 적하에 대하여 항해사업의 실패로 인한 손해에 대한 개념이 확립된 것은 British and Foreign Marine Insurance Co., Ltd. v. Samuel Sanday and Co.사건[27]이다. 이 사건에서 영국곡물회사가 아마와 밀을 영국기선 세인트 앤드류스(St Andrews)호와 오티아(Orthia)호로 아르헨티나에서 함부르크까지 운송하기로 하고, 군주의 억지를 담보하는 보험에 들었는데, 선박이 함부르크에 도착하기 전

24) [1921] 2 AC 41, HL.

25) Berk v. Style [1955] 2 Lloyd's Rep. 383; Vacuum Oil Co. v. Union Insurance of Canton Society [1925] 24 LlL Rep. 188.

26) 항해의 상실의 개념은 적하 이외에도, 운임보험과 희망이익보험에도 적용되지만, 선박보험에는 적용되지 않는다.

27) [1915] 1 AC 65, HL.

에 영국과 독일 사이에 전쟁이 일어나 두 선박이 영국항구로 항해할 지시가 내려져 피보험자는 적하를 창고에 임치하고 보험자에 대하여 위부의 통지를 하여 보상을 청구하였다. 상원은 부보위험인 전쟁위험에 의한 항해사업의 전손이 발생하였다고 하여 보상을 명하였다.

Sanday사건에서의 상원의 판결에 따라 적하보험계약에서 항해사업이 부보위험인 군주의 억지로 인하여 상실한 경우에도 보험자가 보상의무를 지게 됨에 따라, 1982년 협회전쟁적하보험약관 제3조 제7항에서는 "항해 또는 항해사업의 이행불능으로 인한 손해는 보상하지 아니한다"라는 이행불능면책조항(frustration clause)을 두고 있다.

### 3. 동 산

영국해상보험법 제90조는 "동산이라 함은 선박 이외에 이동가능한 유체재산을 의미하고, 화폐, 유가증권 및 기타 증서를 포함한다"고 규정하고 있다.

해상위험에 처한 동산은 보험의 목적일 수 있다(영국해상보험법 제3조 제2항 a호).

### 4. 운 임

(1) 운임의 정의

운임은 선박소유자가 적하 또는 동산을 운송하는 대가로 제3자로부터 지급받거나 자기의 선박으로 자기의 적하를 운송하는 경우 그로 인하여 얻게 될 이익을 의미하지만, 여객운임은 제외된다(영국해상보험법 제90조, 보험약관의 해석에 관한 규칙 제16조).

운임은 선박이 해상위험으로 인하여 적하의 운송을 완료하지 못하여 취득하지 못하게 되는 경우에 보험의 목적이 될 수 있다(영국해상보험법 제3조 제2항 b호). 즉, 운임은 선박사용의 대가라는 점에서 무형물이기 때문에 운임을 취득하는 재산인 선박이 해상위험에 처하는 경우에 대해서만 부보될 수 있다.

운임에는 ① 용선자로부터 지급받는 운임, ② 송하인으로부터 지급받는 운임, ③ 선주소유적하운임이 있다.[28]

---

28) Flint v. Fleming [1830] 1 B&Ad 45사건에서 텐더든(Tendeden)판사의 판시.

(2) 해상물건운송인의 운임청구권

(가) 우리 상법상의 운임청구권

(a) 원 칙 : 물건운송계약의 법적 성질은 도급이고, 해상운송인은 자기가 인수한 운송을 완료한 때에는 그 보수인 운임을 청구할 수 있다. 운임지급의무자는 용선자 또는 송하인이지만, 운송물수령 후에는 수하인도 운임지급의무를 진다(상법 제807조 제1항). 운송물이 목적지에 도착하지 아니한 때에는 운송인의 운임청구권은 발생하지 않는다. 운송물의 전부 또는 일부가 용선자 또는 송하인의 책임없는 사유로 인하여 멸실한 때에도 운송인은 그 운임을 청구하지 못하고, 이 때 운임의 전부 또는 일부를 받은 때에는 이를 반환하여야 한다(상법 제815조, 상법 제134조 제1항).

(b) 예 외 : 운송인은 예외적인 경우에는 운송물이 목적지에 도착하지 아니한 경우에도 운임청구권을 가진다.

(ㄱ) 송하인 등의 과실 : 운송물의 전부 또는 일부가 그 성질이나 하자 또는 송하인의 과실로 인하여 멸실한 때에는 운송인은 운임의 전액을 청구할 수 있다(상법 제815조, 제134조 제2항).

(ㄴ) 적하의 처분 : 선장이 항해의 계속에 필요한 비용을 지급하기 위하여 운송물을 처분한 경우(상법 제750조 제1항), 또는 운송물에 대하여 공동해손처분을 한 경우에는 해상운송인은 운임의 전액을 청구할 수 있다(상법 제813조). 이들 경우에는 송하인의 선박소유자나 공동해손분담채무자에 대하여 배상을 청구할 수 있으며, 이 배상액 중에 운임도 가산되어 있기 때문이다.[29]

(ㄷ) 선적의 지체 : 용선자가 선적기간내에 운송물의 전부를 선적하지 아니하여 운송인이 임의로 또는 용선자의 청구에 의하여 발항하거나, 송하인이 선적을 해태하여 선장이 발항한 때에는 용선자는 또는 송하인은 운임의 전액을 지급하여야 한다(상법 제792조, 제832조).

(ㄹ) 계약의 해제 : 전부용선자가 발항전에 용선계약을 해제한 때에는 운임의 반액을 지급하여야 하고(상법 제833조 제1항), 왕복항해의 용선계약인 경우에 전부용선자가 그 회항전에 계약을 해지하는 때 및 선박이 타항에서 선적항에 항행하여야 할 경우에 운임의 3분의 2를 지급하여야 한다(상법 제833조 제2항, 제3항). 일부용선자나 송하인이 발항전에 계약을 해제 또는 해지한 때에도 운임의 전액을 지급하여야 한다(상법 제834조 제2항).

(ㅁ) 운송불능 : (ⅰ) 항해 중에 선박이 침몰, 멸실, 수선불능, 포획되

29) 최준선, 보험법·해상법, 삼영사, 2005, 458면.

어 운송계약이 종료되거나, 항해 또는 운송이 법령에 위반하게 되거나 기타 불가항력으로 인하여 계약의 목적을 달할 수 없게 되어 계약을 해제한 때에는 해상운송인은 운송의 비율에 따라 운송물의 가액의 한도에서 운임을 청구할 수 있다(상법 제810조, 제811조).

(ii) 운송물의 일부가 선적 전에 불가항력으로 인하여 멸실하거나, 운송물의 일부에 대하여 항해 또는 운송이 법령에 위반하게 되거나 기타 불가항력으로 인하여 계약의 목적을 달할 수 없게 된 때에는 송하인은 운송인의 책임이 가중되지 아니하는 범위내에서 다른 운송물을 선적할 수도 있다(제812조 제1항). 이 때 송하인은 지체없이 운송물의 양륙 또는 선적을 하여야 하며, 그 양륙 또는 선적을 지체한 때에는 운임의 전액을 지급하여야 한다(상법 제812조 제2항).

(나) 영국법상의 운임청구권

영국해상법이 우리법과 가장 큰 차이는 운임은 운송계약을 완전히 이행하지 못하고 중도에서 훼손된 채 반환되어도 지급된다는 것이다.[30] 다만 적하가 변질되어 상품성을 상실한 상태로 인도된 경우에는 운임지급청구권은 인정되지 않는다.[31]

(3) 운임보험

운임은 보험의 목적이 될 수 있다. 다만 운임의 지급은 해상운송계약의 주요 요소이기 때문에 해상보험과 해상운송계약은 밀접한 관련을 맺는다. 운임보험은 1983년 협회운임기간보험약관, 1983년 협회운임항해보험약관 등을 삽입하여 체결된다.

(가) 포괄예정보험상의 운임 : 포괄예정보험(open policy)에 있어서 부보된 운임의 보험금액을 총운임(gross freight)을 기준으로 할 것인가 순운임(net freight)을 기준으로 할 것인가가 문제되는데, Palmer v. Blackburn사건[32]에서 선박이 동인도에서 런던으로 항해도중 멸실하였는데, 원고는 운임보험계약상 총운임의 지급을 청구하였지만 보험자는 적하로부터 얻을 이익에서 적하가 안전하게 도착하였더라도 원고에게 초래될 비용(선원의 임금, 도선료, 거룻배비용, 적하톤수에 비례하는 세금, 도크사용료)을 공제한 순운임만을 보상하면 된다고 항변하였다. 법원은 관습상 예정보험에서 운임에 대한 손해는 순운임이 아닌 총운임이라고 판시

30) Susan Hodges, Cases and Materials on Marine Insurance Law, London: Cavendish Publishing Ltd., 1996, p. 98.

31) Asfar and Co v. Blundell and Another [1896] 1 QB 123, CA.

32) [1822] 1 Bing 61.

하였고, 이는 최근의 Ikerigi Compania Naviera SA v. Palmer, 'Wondrous'사건[33]에서 확인되고 있다.

(나) 여객운임의 제외 : 여객운임(passage money)은 운임보험으로 담보되지 않고 별도로 부보되어야 한다. 이는 Denoon v. Home and Colonial Assurance Co.사건[34]에 의하여 확립되었다.

(4) 제3자가 지급하는 운임

선박으로 제3자로부터 취득할 수 있는 운임에는 선하증권운임(bill of lading freight)이라고 일컬어지는 통상운임과 용선운임 두 가지 종류로 나뉜다. 영국해상보험법이나 협회운임보험약관도 양자를 구별하지 않지만, 법원은 이 분류가 보험목적은 상당히 확정적으로 기재되어야 한다는 영국해상보험법 제26조 제1항과 상치하는 것은 아니라고 본다.[35]

물론 통상운임이든 용선운임이든 피보험자가 운임을 취득하였을 것이라는 것을 입증하지 않으면 보험금청구권이 인정되지 않는다. 이는 적하가 선적되었다든가 운송계약이 존재한다는 증거에 의하여 입증된다. Forbes v. Aspinall사건[36]에서 외국으로 반출하는 적하와 국내로 반입하는 적하의 구상무역과 관련하여 적하를 선적하기 전에 선박이 멸실되었는데, 법원은 적하에 대하여 운송계약이 체결되거나 선적되지 않았고, 또한 보험기간이 개시되지 않았다는 이유로 운임이 지급될 것이라는 사실이 입증되지 않았다고 판시하였다.

---

33) [1991] 1 Lloyd's Rep 400; Aff'd [1992] 2 Lloyd's Rep 566, CA; 이 사건은 항구비용과 운임세의 불지급을 이유로 이란에 억류된 선박에 대한 사건으로 홉하우스(Hobhouse)판사는 "운임보험은 선박의 소득 또는 잠재적 소득에 관한 것이지 그 소득을 취득하는데 드는 비용에 관한 것이 아니다. 공동해손과 같은 특별한 경우를 제외하고는 운임은 총액개념이지 순액개념이 아니다. 운임보험은 이익보험이 아니라 운임을 취득하는 용구로서 선박의 가액의 일부를 구성한다."라고 판시한다; 이 사건의 구체적인 사실관계는 이 책 제2부 제2장 제2절 해상보험의 목적 Ⅱ. 해상보험의 목적 4. 운임 (4) 제3자가 지급하는 운임, (나)(b)(ㄴ)(iv) 휴항손해의 담보 참조.

34) [1872] LR 7 CP 431. 이 사건에서 선박 샌드링엄(Sandringham)호는 적하를 캘커타(Calcutta)에서 런던으로 운송하기로 하는 용선계약이 실패하여, 선장은 대체적하로서 쌀과 360명의 노무자를 싣고 인도양에 위치한 모리티우스(Mauritius)로 운송하기로 하였다. '샌드링엄'호의 소유자는 운임보험의 조건을 변경하였지만, 쌀에 대한 운임보험만 들겠다는 것과 보험증권은 모리티우스에 도착시 노무자가 지급하는 여객운임은 부보하지 않겠다는 것을 보험자에게 알리지 아니하였다. '샌드링엄'호는 모리티우스에 난파되어 도착하였고, 적하는 전손되어 운임을 지급받을 수 없었다. 원고는 운임의 전손보상을 청구하였지만, 보험자는 노무자가 지급하는 여객운임은 보험증권에서 사용되는 운임이라는 어구에 포함된다는 이유로 분손보상책임만을 주장하였다. 법원은 운임이라는 어구는 여객운임은 포함하지 아니하기 때문에, 보험증권상 전손이 성립한다고 판시하였다.

35) Kulukundis v. Norwich Union Fire Insurance Society [1937] 1 KB 1, CA.

36) [1811] 13 East 326.

(가) 통상운임 : 통상운임(ordinary freight)이라 함은 선박소유자 또는 용선자인 운송인이 제3자가 소유하는 적하의 운송의 대가로 받는 보수로서 용선운임과 구별하기 위하여 선하증권운임이라고도 말하여진다. 운송계약은 운송인과 적하소유자 사이에 체결되고, 이는 선하증권에 의하여 입증되어 진다.

통상운임에 대하여 호주에서 영국으로 운송계약이 체결된 적하에 대한 운임이 보험사고로 인하여 취득할 수 없게 된 Scottish Shire Ltd. v. London and Provincial Marine and Insurance Co., Ltd.사건[37]에서 해밀튼(Hamilton)판사는 "통상운임 또는 선하증권운임은 자기소유의 선박으로 자기의 이행보조자를 사용하여 수행하는 적하운송계약상의 보수이다"라고 한다.

운임은 적하의 반환시에 지급되도록 하는 것이 원칙이지만, 이와 다른 약정도 가능하다. Weir and Co. v. Girvin and Co.사건[38]에서 적하의 선적중 선적된 적하 일부가 화재로 인하여 소실되었는데, 운임이 선급되었지만 법원은 이를 운임에 포함된다고 보았다.

운임은 운송계약을 완전히 이행하지 못하고 중도에서 훼손된 채 반환되어도 지급된다는 것은 영국법상 확립된 원칙이다.[39] 다만 적하가 변질되어 상품성을 상실한 상태로 인도된 경우에는 운임지급청구권은 인정되지 않는다. 이에 관한 리딩케이스는 Asfar and Co. v. Blundell and Another사건[40]이다.

(나) 용선운임 : 용선운임이라 함은 선박의 전부 또는 일부를 임차한 자가 선박소유자에게 지급하는 보수로, 선주의 선장이 용선자의 이익을 위하여 체결한 선하증권에 의한 운송계약상의 보수도 포함하는 것이 보통이다.[41] 부보되는 운임은 이 용선계약상 취득이 기대되는 운임이다. 그러나 용선계약은 항해단위나 기간단위일 수 있으므로 분리하여 고찰된다.

(a) 항해용선운임 : 선박을 용선한 선박소유자는 용선계약상 취득할 용선운임에 대하여 부보할 수 있다. 이 보험계약상 용선계약이 이행되지 않고, 운임의 손해가 부보위험으로 인한 경우에는 선주가 입은 용선운임의 손해에 대하

---

37) [1912] 3 KB 51.

38) [1899] 1 QB 193, CA.

39) Susan Hodges, op. cit., p. 98: 이와 달리 우리상법상은 운송물의 전부 또는 일부가 송하인의 책임없는 사유로 인하여 멸실한 때에는 운송인은 운임을 청구하지 못하여 이미 받은 운임을 반환하여야 한다(상법 제134조 제1항)는 점에서 영국법과 다르다.

40) [1896] 1 QB 123, CA: 이 사건의 구체적인 사실관계는 이 책 제2부 제2장 제2절 해상보험의 목적 Ⅱ. 해상보험의 목적 5. 희망이익 (2) 용선자의 희망이익 참조.

41) Scottish Shire Ltd. v. London and Provincial Marine and Insurance Co., Ltd. [1912] 3 KB 51사건에서 해밀튼(Hamilton)판사의 판시.

여 보상이 인정된다.

항해용선계약은 선적항구까지의 공선상태로 해상항해를 포함하기 때문에 용선계약상 지급운임에 대하여 보험에 든 경우에는 보험기간은 용선계약의 개시 시점으로부터 시작되고, 적하가 선박에 적재되어야만 보험기간에 개시하는 것은 아니다. 이는 Rankin v. Potter사건[42]에서 브랫(Brett)판사에 의하여 확인되었는데, 이 사건에서 용선계약이 체결된 적하를 선적하기 전에 선박이 훼손된 경우 법원은 용선운임의 전손보상이 인정된다고 보았다. 원고는 써 윌리엄 이어(Sir William Eyre)호의 저당권자로 캘커타에서 리버풀 또는 런던까지 적하를 싣고 항해할 용선계약을 체결하고 용선운임에 대하여 보험에 들었는데, 캘커타에 도착한 선박을 검사한 결과 이전에 발생한 좌초로 인하여 수선비용이 수선후 선박가액을 초과함이 발견되어 원고는 운임의 전손이 부보위험으로 인하여 발생하였음을 주장하였는데, 보험자는 용선자의 계약해제는 선주의 파산으로 인한 것이라고 항변하였다. 법원은 운임의 전손은 해상위험으로 인한 것이라고 하여 보험자의 보상책임을 인정하였다.

Carras v. London and Scottish Assurance Corporation Ltd.사건[43]에서 선박이 질산염의 적하를 발파라이소(Valparaiso)에서 선적하기로 하는 용선계약이 체결되었고, 선박이 마젤란해협을 통과하던 중 좌초되어 선박보험자에게 위부되었는데, 선박은 선적항구에 도착하지 않았지만 법원은 용선계약의 이행과 운임의 취득은 부보위험으로 인하여 불가능하게 되었다는 이유로 운임보험자의 보상을 명하였다.

그러나 용선계약상 적하의 목적지에서의 인도를 조건으로 운임을 지급하기로 약정한 경우에는 선주는 지급받지 못하게 되는 운임을 부보할 수 있나. Griffiths and Others v. Bramley-Moore and Other사건[44]에서 선주는 "적하가 해상에서 훼손되어 인도되는 경우에는 운임은 2/3로 한다"라고 규정하고, 선주는 이 1/3의 손해에 대하여 보험에 들었는데, 용선계약의 이행 중 해상에서 훼손이 발생하여 운임의 1/3이 공제되는 손해가 발생하였는데, 법원은 지급되지 않은 1/3의 전손을 인정하였다.

(b) 기간용선운임

(ㄱ) 기간용선운임의 의의 : 기간용선운임이라 함은 일정한 기간동안

42) [1873] LR 6 HL 83.
43) [1936] 1 KB 291, CA.
44) [1878] 4 QB 70, CA.

선박의 사용대가로 용선자가 선주에게 지급하는 보수이다. 주로 정기용선계약의 경우 선주가 취득할 용선료에 대하여 문제된다.

Manchester Liners Ltd v. British and Foreign Marine Insurance Co Ltd사건[45]에서 해군과 정기용선계약을 체결한 선박소유자가 용선료에 대하여 보험에 들었는데, 선박의 고장으로 해군이 정기용선계약을 해제하여 손해를 입은 원고의 보험금청구에 대하여 법원은 보험의 목적은 정기용선계약상 지급받는 용선료인데, 용선료의 손해는 담보위험이 아니라 선박의 결함으로 인한 해군의 용선계약의 해제결정으로 인한 것이라는 이유로 그 청구를 기각하였다.

(ㄴ) 휴항손해

(ⅰ) 휴항조항 : 정기용선계약상 지급되는 용선료는 선박에 적하가 적재되어 있건 아니건 묻지 않고 일정한 기간에 대하여 지급된다. 정기용선계약상 제공되는 서비스를 수행하기에 부적합하여 선박이 입은 시간상의 손해는 선박소유자가 부담하는 것이 일반적이고 통상 이를 '휴항조항(off-hire clause)'이라고 하여 정기용선계약에 삽입된다. 이 경우에 용선자는 선주에게 지급할 용선료에서 이를 공제하게 되는데, 이 금액을 보험자로부터 보상받을 수 있는가 여부는 보험계약의 해석의 문제이다.

(ⅱ) 휴항손해의 보상 : 운임보험약관상 시간상실(loss of time clause)이 도입되기 이전에는 영국 보통법상은 선박이 서비스를 제공하기 불가능하여 용선계약이 해제된 경우 그 불가능이 보험사고로 인한 경우에는 선주가 입은 용선료손해를 운임보험자로부터 보상받을 수 있었다.[46] 이는 알프스(Alps)호 사건[47]에서 조명되었다. 즉, 증기선인 '알프스'호가 월 425파운드로 12월을 보험기간으로 정기용선계약이 체결되었는데, "수선이 행해지지 않아 선박이 24시간 이상 운항불능이 되는 시간상의 손해가 발생하면 용선료지급을 중단한다"라는 조항이 삽입되었다. 보험계약은 통상위험을 담보하지만 시간상실조항을 두고 있지 않았던 바, 뉴욕항에서 선적중 '알프스'호에 화재가 발생하여 13일 동안 휴항되어 용선료를 반환한 피보험자가 운임보험상의 보험금 지급을 청구하였다. 법원은 피보험자가 입은 휴항손해는 담보위험으로 인한 것이고 보험자에게 보험금지급을 명하였다.

(ⅲ) 시간상실조항 : '알프스'호 사건 판시에 따른 보험자의 휴항손해

45) [1901] 7 Com Cas 26.
46) Susan Hodges, op. cit., p. 105.
47) [1893] P 109.

보상책임을 배제하기 위하여 현행 1983년 협회기간운임보험약관 제14조와 1983년 협회항해운임보험약관 제12조는 "이 보험은 해상위험으로 인하든 아니든 시간의 상실로 인한 손해는 보상하지 아니한다"라는 내용의 시간상실조항(loss of time clause)을 두고 있다.

이 조항에 대한 리딩 케이스는 Naviera de Canaris SA v. Nacional Hispanica Aseguradora SA, 'Playa de las Nieves'사건[48]인데, 스페인인인 선주가 스페인보험자와 시간상실조항을 두고 있는 협회운임기간보험약관을 내용으로 자기 소유의 선박들에 대하여 보험계약을 체결하였는데, 정기용선계약에는 휴항조항이 들어 있었다. 플라야 데 라스 니에베스(Playa de las Nieves)호를 인도받은 다음날 기관고장으로 좌초되어 원고는 휴항손해를 입어 그 손해의 보상을 보험자에게 청구하였는데, 원심은 휴항손해는 담보위험인 기관고장이 근인이라는 이유로 보험보상을 명하였지만, 상원은 손해(운임의 손해)와 손해의 근인인 사고(기관고장) 사이에 중간적 사고로 보상책임을 인정하지 않고 있는 시간의 상실이 개재하고 이는 면책이라는 이유로 원심을 파기하여 보험자의 보상책임을 인정하지 않았다.

(iv) 휴항손해의 담보 : 협회운임보험약관에는 시간의 상실손해는 면책으로 되어 있으므로 정기용선계약을 체결한 선주가 이를 보상받기 위해서는 휴항중의 시간손해를 보상한다고 규정하거나 이 조항을 삭제하여야 한다. 다만 휴항손해를 담보하는 보험계약의 경우에도 보험보상은 실제로 선박이 용선되고, 휴항이 담보위험으로 인한 경우에만 허용된다. 따라서 휴항손해를 보상받기로 하는 보험계약을 체결하였더라도 일정한 경우에는 보험보상을 받지 못하는 경우도 있게 된다.

Ikerigi Compania Naviera SA and Others v. Palmer and Others, 'Wondrous'사건[49]에서 원고는 원드러스(Wondrous)호를 이란의 반다르 압바스(Bandar Abbas)항에서부터 북유럽 또는 지중해항구로 당밀 3만톤을 운송하기로 이란회사와 용선계약을 체결하고, 전쟁위험을 담보하는 조건으로 휴항손해를 보상하는 것을 내용으로 보험계약을 체결하였다. 동선박은 반다르 압바스항에 도착하였지만 용선자가 항만세와 운임세를 지급하지 못하여 18개월동안 항해를 하지 못하였다. 결국 덴마크를 향하여 출항하였지만 엔진이 작동불능이어서 수리를 위하여 다른 항구로 예인되는 등 다액의 손해가 발생하였다. 원고의 휴항손해에 대한 보험금

48) [1978] AC, 853, HL.
49) [1991] 1 Lloyd's Rep 400; [1992] 2Lloyd's Rep 566, CA.

청구에 법원은 보상을 허용하지 않았다.

Cepheus Shipping Corporation v. Guardian Royal Exchange Assurance, 'Capricon'사건[50]에서 냉동선 캐프리컨(Capricon)호에 대하여 선박의 용선계약을 체결한 선주는 "사고시 마다 최대 6월까지의 선박의 용선손해 또는 비용"을 보상하는 보험에 들었고, 용선된 선박에 대한 용선계약이 해제된 후 발전기가 보험사고인 선원의 공구사용과실로 인하여 훼손되었음을 발견하여 수선을 받게 되었다. 법원은 원고는 휴항손해를 담보하는 이 보험계약에서 보상을 받을 수 없다고 판시하였다. 보험계약이 휴항손해를 담보하는 목적은 운임을 보험사고로 취득하지 못하게 되는 경우 그 손해를 보상하여 주는 것인데, 이 사건에서는 운임의 손해는 보험사고로 인하여 훼손된 발전기로 인한 것이 아니라 이미 항구에 계류중인 선박에 의해 발생한 것이라는 것이 그 이유이었다.

(다) 선급운임(advance freight) : 통상운임이든 용선운임이든 선급이 행해질 수 있다. 운임의 선급의 경우에는 선박소유자가 아니라 통상운임의 경우에는 적하소유자, 용선운임의 경우에는 용선자가 위험을 부담하므로 적하소유자 또는 용선자가 운임을 보험에 가입할 수 있다. 선급운임에 관한 원칙은 Allison v. Bristol Marine Insurance Co., Ltd.사건[51]에서 확인되었다. 이 사건은 그리녹(Greenock)에서 봄베이(Bombay)까지 용선된 선박에 대하여 1/2의 운임이 선급되었고 나머지는 적하의 목적지에서의 인도와 동시에 받기로 되어 있었는데, 선주는 반환시 지급받기로 하는 1/2의 운임에 대하여 보험에 들었고, 선박이 멸실되어 석탄인 적하의 1/2만이 인도되어 선주는 선급받은 운임을 포함하여 운임의 전손보상을 청구하였다. 상원은 반환시에 지급받을 운임의 1/2의 전손보상만을 허용하였다.

### (5) 선주소유적하운임

선주소유적하운임(owner's trading freight)은 선주가 자기 소유의 적하를 운송함에 의하여 취득한 금액을 말한다. 운임보험에 가입할 수 있는 운임에는 선박소유자가 자기의 적하를 운송하여 취득하는 운임을 포함한다(영국해상보험법 제90조, 보험증권의 해석에 관한 규칙 제17조).

선주소유적하운임상의 피보험이익은 목적항에서 양하되었을 때의 적하의 가

50) [1995] 1 Lloyd's Rep. 622: 이 사건의 피보험이익의 점에 관하여는 이 책 제2부 제4장 제3절 영국 해상보험법상의 피보험이익 Ⅲ. 구체적인 피보험이익 1. 소유권자 (3) 운임의 권리자 참조.

51) [1875] 1 App Cas 209, HL.

액과 선적시의 적하의 가액과의 차액이다. 이는 Flint v. Fremyng사건[52]에 의하여 확인되었다. 이 사건에서 베일리(Bayley)판사는 "자기소유의 적하를 자기 선박으로 운송하는 경우에 운임보험상 손해보상이 허용되는가 여부를 결정한 판결은 없다. 그러나 선주로서는 자기소유의 적하를 운송하건 타인소유의 적하를 운송하건 중요하지 않다. 어느 경우에도 선주는 선박과 양식, 그리고 운임의 비용을 지급하여야 한다. 그는 운송에 의하여 자신의 적하에 부여되는 추가적인 가액에 대하여 운임보험에 들 수 있다"고 판시하였다.

## 5. 희망이익

해상보험법상 선주 또는 용선자가 얻을 것으로 기대되는 희망이익도 해상사업을 인수하는 때에 부보될 수 있다(영국해상보험법 제3조 제1항 b호, 상법 제698조). 유일한 조건은 운임의 경우와 같이 부보재산(선박, 적하, 동산)과 같이 해상위험에 직면하여야 하는 것이고, 그러하지 아니하면 부보할 위험이 존재하지 않는 것이다. 상법상 적하의 도착으로 인하여 얻을 이익 또는 보수의 보험에 있어서는 계약으로 보험가액을 정하지 아니한 때에는 보험금액을 보험가액으로 한 것으로 추정한다(상법 제698조).

(1) 적하의 희망이익

적하의 희망이익에 대한 보험은 적하보험과는 별개이다. M'Swiney v. Corporation of the Royal Exchange Assurance사건[53]에서 원고는 마드라스(Madras)에서 런던까지의 선박으로 운송될 100상자의 쌀의 희망이익에 대하여 보험에 들었다. 원고는 쌀을 cwt당 19c로 구입하여 런던에서 1파운드 6d로 매도하기로 약정하였던 바, '마드라스'에서 적하의 일부가 선적된 선박이 악천후로 인하여 심하게 훼손되어 항해를 개시할 수 없게 되자 원고는 희망이익보험에 기하여 보험금을 청구하였다. 법원은 부보위험으로 인한 손해이고, 적하는 유효한 계약

52) [1830] 1 B&Ad 45: 이 사건에서 선박 호우프(Hope)호의 마드라스(Madras)에서 그리고 부터(at and from) 런던까지의 항해에 대한 운임에 대하여 원고는 피고 보험자와 보험계약을 체결하였다. 이 적하는 선장이 선박의 소유자를 위하여 구입한 25톤의 목재와 선박이 운송계약을 체결한 122톤의 초석 그리고 서면의 운송계약은 체결되지 않고 단지 구두로만 인수한 25톤의 경량(light wood)의 추가적하로 이루어졌다. 적하가 선적되기 이전에 '호우프'호는 부보위험으로 인하여 멸실되어 원고는 보상을 청구하였고 법원에서의 쟁점은 적하보험은 어느 항목의 적하에 대하여 개시되는가이었다. 법원은 목재와 초석에 대한 운임에 대하여서는 운임보험자는 손해보상책임을 지지만 경량의 적하에 대하여서는 운송계약이 입증되는 경우에만 보상책임을 진다고 판시하였다.

53) [1839] 14 QB 633.

에 기하여 선적되는 중이었으며, 적하가 런던에 도착하면 이익을 얻는 것이 법적으로 확실하였다는 이유로 피보험이익도 존재한다고 보아 보상을 명하였다.

(2) 용선자의 희망이익

용선자는 용선한 선박을 이용하거나 제3자에게 다시 임대하기도 한다. 용선자가 기대하는 희망이익은 선박을 선주로부터 용선하는데 지급한 금액과 적하소유자 또는 재용선자로부터 지급받는 금액과의 차액이다. 이 용선이익이 부보된 경우에는 보험의 목적은 운임이 아니라 용선자가 지급한 용선운임과 선하증권 또는 재용선에 기하여 취득이 기대되는 운임과의 차액이다.

Asfar and Co. v. Blundell and Another사건[54]에서 용선이익보험이 주요한 쟁점이었다. 원고는 걸프지역에서 런던으로 항해하기 위하여 3,900파운드에 고비노(Govino)호를 용선하여 선하증권운임으로 지급받을 것이 기대되는 4,690파운드와의 차액 790파운드의 희망이익에 대하여 보험에 들었는데, 대추양자를 포함한 적하의 운송 중에 선박이 다른 선박과 충돌하여 침몰하였다. 선박이 인양되었지만 대추야자는 식용으로 부적합하여 증류되어 술로 만들어졌다. 이미 용선료를 지급한 원고는 대추야자를 인도할 수 없게 되어 희망이익의 손해가 발생하였다고 하여 보상을 청구하였다. 법원은 적하인 대추야자의 전손이 발생하였다고 보고, 원고가 지급한 용선료와 런던에서 인도되었더라면 지급받았을 선하증권운임과 차액 790파운드의 보상을 명하였다.

## 6. 수수료

수수료(commission)란 대리인 등이 업무수행의 대가로 지급받는 금원이다. 선박이 목적항에 안전하게 도착하는 경우 대리인 등이 취득하게 되는 수수료에 대하여도 보험목적이 해상위험에 처해지는 것을 조건으로 부보가능하다(영국해상보험법 제3조 제2항 b호). 반대로 선주가 해상운송계약상 수수료를 지급할 책임을 지는 경우 선주는 수수료지급책임에 대하여 보험에 들 수 있는데, 이는 해상운송사건인 Ward v. Weir사건[55]에서 판시되었다. 이 사건은 피고 앤드류 위어 앤 컴페니(Andrew Weir and Co.)가 소유하는 선박 데이빗 모르건(David Morgan)호를 원고가 용선하였는데, 용선계약에는 선박이 필라델피아에서 즉시 일본으로 항해하여 하역한 다음 브리티시 컬럼비아(British Columbia)로 항해하여 그곳에서

54) [1896] 1 QB 123, CA.
55) [1899] 4 Com Cas 216.

런던으로 항해할 적하를 선적하는 것을 규정하고, "선박이 멸실하거나 선적이 완료되는 경우 용선료의 3.75%의 수수료는 용선자에게 지급하고, 1%는 선주의 보험중개사인 제임스 맥밀런(James McMillan)씨에게 지급한다"는 조항이 들어 있었다. 선박은 필라델피아에서 일본으로 항해하던 중 멸실하였고, 머튜(Matthew)판사는 용선계약상 선주는 수수료를 지급할 책임이 있다고 판시하는 과정에 선주는 수수료에 대하여 보험에 가입할 수 있다는 의견을 제시하였다.

## 7. 선 비

### (1) 선비의 의의

선비(disbursements)라 함은 보험목적에 지출된 비용으로 해상위험으로 인하여 비용의 이익이 상실되거나 비용의 목적이 달성될 수 없는 경우를 말한다.[56] 보통 선비는 선박보험, 적하보험, 운임보험에 의하여 담보되는 보험의 목적에 포함되지 않는다. Roddick v. Indemnity Marine Insurance Co., Ltd.사건[57]에서 선박보험은 연료, 엔진룸, 용품(stores)의 비용을 담보하지 않고 이들은 선비보험에 의하여 담보된다고 판시되었다.

### (2) 선박대리인이 지출한 비용

선비보험은 보통 선박의 유지와 운행에 드는 비용을 담보받기 위하여 선주가 체결한다. 그러나 경우에 따라서는 Buchanan v. Faber사건[58]에서와 같이 선박의 대리인에 의하여 체결되기도 한다. 그러나 통상적인 경우에는 선박대리인은 선박에 대하여 피보험이익이 없으므로 선비보험을 체결할 수 없다고 함이 일반적인 견해이다.[59] Buchanan v. Faber사건에서 승기선 퀸 빅토리아(Queen Victoria)호가 남아프리카 엘리자베스(Elizabeth)항 근처에서 좌초되어 훼손되었다. 보험중개사인 원고는 취득될 것으로 기대되는 수수료와 관리소유자로서의 이익에 대하여 부보하였다. 보험자는 감항능력이 없음을 이유로 보험금지급을 거부하였고, 법원은 원고패소판결을 내리면서 빙엄(Bingham)판사는 피보험이익에 관하여 보험중개사는 선박이 안전한 경우 장차 보험중개로 인하여 얻게 될 수수료이익만으로는 피보험이익이 인정되지 않는다고 판시하였다.

56) Arnould, op. cit., § 325, p. 211.
57) [1895] 1 QB 835.
58) [1899] 4 Com Cas 223.
59) Susan Hodges, op. cit., p. 117.

그러나 Moran, Galloway & Co. v. Uzielli사건[60]에서는 금전을 대여한 선박대리인은 선박에 대하여 대물소송제소권이 인정된다는 이유로 선박에 대한 피보험이익이 인정되었다. 이 사건에서 원고인 피보험자는 1척의 선박을 보유한 외국회사의 영국대리점으로 외국선박인 프린스 루이스(Prince Louis)호에 수년간 다액을 대여한 채권자로서 밴쿠버(Vancouver)에서 카디프(Cardiff)까지 항해하는 '프린스 루이스'호의 전손 또는 추정전손으로 인한 선비에 대해 보험에 들었다. 선박은 카디프에 도착하였지만 항해도중의 악천후로 훼손되어 카디프에서 추정전손으로 보았다. 피보험자는 운임보험상의 손해보상을 청구하였는데, 피보험자에게 피보험이익이 인정되는가 여부가 쟁점이었다. 법원은 피보험자가 안전한 도착으로 인하여 이익을 취득하기 때문이 아니라 영국법상 선박에 대하여 대물소송(action in rem)의 제기권이 인정된다는 이유로 피보험이익을 인정하였다.

(3) 중복보험의 문제

선비보험에 관한 주요한 논점은 중복보험의 적용여하이다. 운임을 취득하는데 소요되는 통상운용경비를 둘 이상의 보험자와 보험가액을 초과하여 보험계약을 체결하는 경우의 문제이다. Thames and Mersey Marine Insurance Co., Ltd. v. 'Gunford' Ship Co., Ltd.사건[61]에서 피보험자는 선박에 대하여 표준약관에 의거 선박보험, 운임보험에 가입하는 외에 보험증권 자체 이외의 피보험이익을 입증할 필요가 없다는 조항을 삽입하여 명예보험으로 선비보험에 가입하였다. 법원은 이 보험금액의 합계액이 보험가액을 초과하여 중복보험이 인정된다고 보고, 선박보험과 운임보험계약 체결시에 명예보험인 선비보험에 가입하였다는 사실을 알리지 않은 것은 보험자에게 위험을 인수하고 보험료를 산정하는데 영향을 미치는 중요한 사실의 고지의무위반이라고 하여 피보험자의 보험금청구를 기각하였다.

(4) 협회선비담보특약조항

Gunford사건에 비추어 선비를 보험에 드는 경우 중복보험인 경우가 자주 초래된다. 따라서 표준선박보험약관[62]은 보험증권에 기재된 금액의 25%를 초과

60) [1905] 2 KB 555.

61) [1911] AC 529, HL.

62) 1983년 협회선박기간보험약관 제21조; 1983년 협회선박항해보험약관 제19조; 1995년 협회선박기간보험약관 제22조; 1995년 협회선박항해보험약관 제20조; 2003년 국제선박보험약관 제24조.

하여 선비를 보험에 들지 못하도록 한다.

(5) 협회선비증액보험약관

선비는 1983년 협회선박선비증액기간보험약관에 의하여 담보되는 경우가 있다. 보통 선비보험은 단독해손부담보조건으로 인수되므로 추정전손이든 현실전손이든 전손인 경우에만 손해보상이 행해진다.

## 8. 선원의 임금

선박의 선장 또는 선원은 자기의 임금에 대하여 피보험이익을 가진다(영국해상보험법 제11조). 선원은 고용된 선박이 해상위험으로 인하여 훼손되어 항해를 수행할 수 없게 되어 입은 임금의 손해에 대하여 보험에 가입할 수 있다. 또한 선원의 임금은 영국해상보험법 제3조 제2항 b호의 금전적 이익에 해당하기 때문에, 부보재산이 해상위험에 처하는 것을 조건으로 보험에 가입하는 것이 허용된다.

## 9. 회사가 수행하는 사업

주식회사의 주주는 회사의 재산에 대하여 피보험이익이 없다. 이에 관한 지도적 판례는 비해상보험사건인 Macaura v. Nothern Assurance Co.사건[63]으로 상원은 목재회사의 단독주주이며 채권자인 피보험자는 화재로 인한 목재의 소실에 대하여 피보험이익이 없다고 판시하였다. 그러나 주주는 회사가 수행하고자 하는 사업이 명확하고 적절히 한정되는 경우 회사의 사업을 보험의 목적으로 인정할 수 있다.[64] Patterson v. Harris사건[65]에서 어틀랜틱 텔레그래프 컴퍼니(Atlantic Telegraph Company)의 대주주가 보험계약을 체결하고 보험목적이 케이블 자체가 아니라 회사의 사업이라고 주장하며 보험금을 청구하였다. 법원은 손해가 담보위험으로 인한 것이 아니라는 이유로 피보험자의 청구를 기각하였지만 주주가 회사의 영업에 대하여 피보험이익을 가진다고 판시한 것으로 해석되고 있다.[66] Wilson v. Jones사건[67]에서는 피보험자가 주주인 어틀렌틱 텔레그래프 컴퍼니는 아일랜드에서 뉴펀들랜드에 이르는 당시로서는 매우 투기적

63) [1925] AC 619.

64) 이 책 제2부 제4장 제2절 각국의 해상보험에 있어서의 피보험이익의 전개 Ⅱ. 피보험이익의 논의 1. 영국 참조.

65) [1861] 1 B&S 336.

66) Susan Hodges, op. cit., p. 69.

67) [1867] LR 2 Exch 139.

인 대서양횡단 해저케이블매설사업을 수행하고 있었고, 주주는 사업이 성공하면 기대되는 자기주식에 대한 증가액 200파운드에 대하여 보험에 들었는데, 법원은 사업의 성공으로 기대되는 이익에 대해 피보험이익을 가진다고 판시하였다.

이와 관련하여 미국법과 캐나다법은 최근의 영국법상의 피보험이익의 발전보다 앞선 선도적인 입장을 취하고 있다. 캐나다의 Constitutional Insurance Co. of Canada v. Kosmopoulos사건[68]은 주식회사의 단독주주겸 이사인 코스모플러스(Kosmopoulos)씨가 회사의 자산에 대하여 자기명의로 보험계약을 체결하였는데, 회사자산이 화재로 손해를 입어 보험금을 청구한 사건에서 대법원은 영국의 주식회사의 단독주주에게 피보험이익이 없다고 판시한 영국의 Macaura사건원칙을 채택하지 않고 법인격무시이론을 적용하여 보험목적과 피보험이익을 인정하기에 충분한 관계가 인정된다고 판시하였다.

### 10. 제3자에 대한 책임

선주는 제3자가 소유한 재산의 훼손에 대하여 손해배상책임을 지는 경우가 있다. 이 손해배상책임을 담보하기 위하여 보험에 가입하는 것이 허용된다(영국해상보험법 제3조 제2항 c호). 그 예가 다른 선박에 대한 충돌손해배상책임을 담보하는 것으로 이는 표준선박보험약관에서는 3/4충돌조항[69]으로 담보되고 있다.

# 제3절 보험사고

## Ⅰ. 보험사고의 뜻

보험사고(risk covered, the event insured against)는 보험계약에서 보험자의 보험금 지급책임을 구체화시키는 우연한 사고를 말한다. 보험은 우연한 사고에 대비

---

68) [1987] 34 D.L.R.(4th) 208.

69) 1983년 협회선박기간보험약관 제8조; 1983년 협회선박항해보험약관 제6조; 1995년 협회선박기간보험약관 제8조; 1995년 협회선박항해보험약관 제6조; 2003년 국제선박보험약관 제6조.

하는 것이므로 보험사고는 보험계약의 필수적인 요소이다. '위험(risk)이 없으면 보험도 없다'는 말과 같이 보험사고를 위험이라고 하기도 한다. 그러나 상법은 위험이란 '보험사고의 발생가능성을 측정하는 상태'(상법 제647조 참조) 또는 '보험사고의 발생가능성'(상법 제652조, 제653조)의 뜻으로 사용하고 있다.

## Ⅱ. 보험사고의 요건

### 1. 우연한 사고

보험사고는 우연한 것이어야 한다. 즉, 보험사고는 불확정한 사고이고, 그 불확정성(uncertainty)은 사고가 생기느냐 않느냐가 우연한 것을 이른다. 1982년 협회적하보험(A)약관 제11조 제2항은 "피보험자는 보험계약이 체결되기 이전에 발생한 손해라고 하더라도, 피보험자가 그 손해를 알고 있었고, 보험자가 모르고 있었던 것이 아닌 한, 이 보험에 의하여 담보되는 기간 동안에 생긴 손해에 관하여서는 보상을 받을 수 있다"고 정하고 있다. 이에 보험사고의 불확정성은 반드시 객관적임을 요하지 아니하고, 계약당사자들이 모두 계약 당시에 이미 발생하였더라도 주관적으로 이를 알지 못한 때에는 보험계약의 성립에는 아무런 영향이 없다.

### 2. 발생가능성이 있는 사고

보험사고는 보험계약당사자가 마음대로 조종할 수 없을 뿐 아니라 발생가능성이 있는 것이어야 한다. 즉, 보험사고는 가령 선박안전관리 등으로 사고발생을 예방하기 위하여 노력함으로써 어느 정도 그 발생률을 줄일 수는 있으나 완전히 배제할 수는 없는 것이 있고, 천재지변과 같이 전혀 사람의 힘으로는 막을 수 없는 것도 있다. 이와 같이 보험사고는 발생가능성이 있는 것이어야 하므로 그 사고가 이미 생겼거나 또는 생길 수 없는 것에 대한 보험계약은 무효로 한다(상법 제664조). 가령 난파선이 되어 운항할 수 없는 선박을 선박보험의 목적으로 하는 것은 무효다.

### 3. 일정한 목적에 따르는 일정한 사고

보험사고는 일정한 목적에 대하여 일어나는 일정한 사고이어야 한다. 즉, 보험사고는 보험계약에서 정해진 보험의 목적에 생긴 것이어야 하고, 그 사고의 범위는 특정되어 있어야 한다. 전쟁위험을 면책으로 한 선박보험계약의 경우에 선박이 어뢰에 피격되어 멸실한 경우에 그것은 보험사고의 발생으로 되는 것이 아니다. 보험계약에서 보험사고의 범위를 넓히거나 제한하는 경우도 있다. 해상보험에서의 보험사고는 해상사업에 관한 사고이나 운송조항에 의하여 수하인의 창고에서 인도될 때까지의 육상에서의 위험을 담보하는 것이 그러한 보기이다.

# 제 4 절 보험료와 보험금액

## Ⅰ. 보험료

### 1. 보험료의 뜻

보험료는 보험계약에서 보험자가 보험금지급책임을 지는 대가로서 보험계약자가 지급하는 금액이다. 즉, 보험계약은 유상계약으로서 보험자가 보험을 인수하여 보험사고가 생기면 보험금을 지급할 책임을 지게 되므로 보험료는 그에 대한 대가로서 보험계약자가 지급하는 금액이다. 보험계약자가 지급하게 되는 보험료는 대수의 법칙에 따라 사고발생개연율에 의하여 산출되는 순보험료와 보험계약의 체결비용, 인건비 그 밖의 사업비로서 부가하는 부가보험료가 포함되는 데, 이를 영업보험료라고 한다.

### 2. 보험료의 산정

보험료의 산정은 보험수리의 원칙에 따라 보험계리사에 의하여 행하여진다. 보험은 대수의 법칙에 의하여 위험단체 안에서의 보험사고의 발생률에 따라 보험료총액과 보험금총액이 균형을 유지하도록 계산되는 것이다. 즉, 보험료의 산정은 통계적인 확률을 이용하여 각 보험계약자가 내는 보험료의 총액이 보험사고로 지급될 보험금의 총액과 균형을 유지하도록 하지 않으면 안 된다. 독일의 경제학자 렉시스(W.Lexis)는 보험료를 p, 확률을 w, 보험금액을 Z라고 하여

$$p = Zw$$

라는 산식으로 나타내었다. 이것은 개개의 보험계약에 있어서 각 보험계약자가 지급할 보험료액은 그가 보험사고발생시에 받을 보험금액의 수로서 기대치와 같게 되지 않으면 안 된다는 중요한 원칙을 보인 것으로서 '급여 · 반대급여균형의 원칙' 또는 '렉시스의 원칙'이라고 부른다. 그리고 렉시스의 원칙 $p = wZ$의 $w$를 $r/n$($r$은 보험금을 받을 자의 수, $n$은 가입자수)로 바꾸면

$$p = \frac{r}{n} Z$$

로 된다.

이를 간단한 수치로 대치하여 보자. 보험가입자가 10,000명이고, 각각 1억원짜리 선박을 가지고 있는데, 1년간 선박사고의 발생률이 1%라고 가정하면

$$p = \frac{100}{10,000} \times 100,000,000$$

∴ 1인당 순보험료는 100만원이 된다.

이와 같이 보험료는 보험단체 안에서의 위험률에 관한 통계적인 기초에 의하여 순보험료를 계산하고, 이에 영업비용 등 부가보험료를 덧붙여 영업보험료로 책정하여 각 보험가입자에게 부담시키게 된다. 이에 따라 적정한 보험요율의 산출은 보험단체는 물론 각 보험가입자의 이익을 위해서도 요구되는 것이다. 그리하여 보험업법은 보험자가 보험사업의 허가를 받을 때에 보험료산출방법서를 금융감독위원회에 제출하도록 하고 있다(보험업법 제5조 3호). 보험요율산출의 원칙은 "객관적이고 합리적인 통계자료를 기초로 대수의 법칙 및 통계신뢰도를 바탕으로 하여야 하며, 그 보험요율이 보험금 및 그밖의 급부에 대하여 지나치게 높지 아니할 것, 보험자의 재무건전성을 크게 해할 정도로 낮지 아니하고, 보험계약자 간에 부당하게 차별적이지 아니할 것"을 들고 있다(보험업법 제129조). 그리고 보험요율산출단체에 의하여 그 보험요율의 산출이 적정한가 확인받을 수 있도록 하고 있다(보험업법 제126조 참조).

## Ⅱ. 보험금액

보험금액(the amount insured)은 보험자가 보험을 인수하여 보험사고가 생긴 때에 지급할 금액이다. 해상보험계약에서 보험자는 해상사업에 관한 사고로 생길 손해를 보상할 책임을 지므로(상법 제693조), 해상보험계약에서 보험금액이란 보험자가 보험계약자와 합의하여 정한 손해보상책임의 최고한도액을 의미하고 현실적으로 보험사고가 발생하여 보험자가 지급하는 손해보상액의 뜻으로 사용하기도 한다(상법 제682조). 보험자가 보험사고발생시에 지급하기로 약정한 금액이 보험금액이다. 이러한 보험금액의 지급은 보험사고의 발생을 조건으로 하는 것이고, 현금으로 지급하는 것이 원칙이나, 현물급여 등의 방법으로 할 수도 있다.

# 제5절 보험기간과 보험료기간

## Ⅰ. 보험기간

보험기간이란 보험자의 책임이 시작되어 끝날 때까지의 기간으로서 이를 책임기간 또는 위험기간이라고도 한다. 이 보험기간은 보험계약이 성립하여 존속하는 기간인 보험계약기간과 반드시 일치하는 것은 아니고 보험계약에 의하여 보험기간을 달리 정할 수도 있다. 보험기간은 다른 약정이 없는 한 최초의 보험료를 받은 때로부터 개시하여(상법 제 656조) 그 종료일까지이다. 그러나 보험계약에서는 보험자의 책임기간을 명백히 하고, 당사자 사이의 분쟁을 막기 위하여 보험기간의 시기와 종기의 시간까지 밝히는 경우가 있다. 가령 선박기간보험증권에서는 보험기간을 첫날 오후 4:00시에 시작하여 마지막 날 오후 4:00시에 끝나는 것으로 한 것이 그것이다. 그리고 가령 항해보험의 경우 보험자의 책임은 적하의 선적에 착수한 때에 개시하여 양륙한 때에 종료하는 것으로 정하여 어떤 일이 시작되면서 끝날 때까지로 정할 수도 있다.

보험계약에서 보험기간이 정해진 이상 비록 보험계약이 성립하여 보험료의 지급이 있었다 하더라도 그 보험기간 전 또는 후에 생긴 보험사고에 대하여는 보험자의 책임은 없다. 다만 보험사고가 보험기간 안에 생긴 이상 그 기간의 경과 후에 손해가 발생하더라도 보험자의 책임은 인정된다.

## Ⅱ. 소급보험

소급보험은 보험계약의 성립 전의 어느 시기부터 보험기간이 시작되는 것으로 정한 보험을 이른다(상법 제643조). 가령 해상적하보험계약에서 이미 선박이 출항한 후 적하의 선적시로부터 보험자의 책임이 개시되는 것으로 하거나, 보험자가 보험계약자의 청약에 대하여 승낙하면서 그 청약시로부터 보험기간이 시작되는 것으로 하는 것이 그것이다. 보험계약에서 보험사고의 불확정성을 객관적인 것으로 요구하면 이미 사고가 발생한 때에는 그 보험계약의 효력을 인정할 수 없으나, 당사자가 그 사고의 발생사실을 알지 못하고 보험계약을 체결하여 주관적으로 불확정한 때에는 그 효력이 인정되므로 소급보험을 인정할 수 있게 된다(상법 제644조 참조).

일반적으로 보험계약에서 보험자는 보험계약이 성립하고 최초의 보험료를 받은 때로부터 생긴 보험사고에 대해서만 보험금지급책임을 지는 것이나(상법 제656조), 소급보험의 경우에는 보험계약성립 전의 어느 시기부터의 위험에 대해서 담보하게 되므로 그 계약성립 전의 사고에 대해서도 책임을 지게 된다. 그러나 소급보험계약의 경우에 보험계약당사자가 이미 그 보험사고가 발생한 것을 알고 보험계약을 체결한 때에는 그 보험계약은 무효이다(상법 제644조). 이 경우에 보험자는 보험계약자가 지급한 보험료를 되돌려 주어야 할 의무도 없다고 풀이한다(상법 제648조 참조).

## Ⅲ. 보험료기간

보험자는 일정한 기간을 단위로 하여 그 기간 안에 생기는 보험사고의 발생률을 통계적으로 측정하여 그 위험률에 따라 보험료를 산정하게 되는데, 그 기간을 보험료기간이라 한다. 즉, 보험료기간은 보험료를 산출하는 단위기간을 의미한다.

보험료기간을 어떻게 정할 것이냐는 보험수리의 원칙에 따라 정할 문제이나,

대체로 1년을 단위로 하여 보험료율을 정하는 것이 일반적이다. 그러므로 보험료기간은 보험기간과는 다른 것이고, 보험계약에 따라서는 보험기간과 보험료기간이 일치하는 경우와 그렇지 못한 경우가 있다. 가령 1년을 보험기간으로 하는 선박기간보험에 있어서는 보험료기간과 보험기간이 일치하나, 선박항해보험에 있어서는 보험기간이 보험료기간보다 짧을 수 있다.

## Ⅳ. 보험료불가분의 원칙

보험료산출의 기준이 되는 보험료기간의 보험료는 관념적으로 하나로 보아야 한다는 원칙이 이른바 보험료불가분의 원칙이다. 즉, 보험료불가분의 원칙은 한 보험료 기간의 보험료를 하나의 단위로 하여 보험자가 보험료기간의 일부에 대하여만 위험을 부담하였다 하더라도 그 보험료의 전액을 취득할 수 있음을 인정하는 원칙이다. 우리 상법은 이에 관하여 명시적인 규정을 두고 있지 아니하나 초과보험의 경우 "보험료의 감액은 장래에 대해서만 효력이 있다"(상법 제669조 제1항 단서)든가 보험료체납의 경우 "보험료의 지급을 받지 아니한 잔액이 있으면 그 지급기일이 도래하지 아니한 때라도 보상할 금액에서 이를 공제할 수 있다"(상법 제677조)는 규정은 보험료불가분의 원칙을 반영한 것이라 할 수 있다. 그러나 이러한 보험료불가분의 원칙은 보험기술상의 요청에 따라 인정되는 것이라 할 수 있으나, 이것은 보험계약상 절대적인 것이 아니고 또 오늘날 보험거래에서는 보험료의 분할지급이 허용될 뿐 아니라 보험계약이 해지된 경우에도 이미 경과한 기간에 대하여 단기요율로 계산한 보험료를 뺀 나머지 또는 일할로 계산한 보험료를 보험계약자에게 돌려주고 있는 것이 실정이다.[70)]

70) 1983년 협회선박기간보험약관 제4조; 2003년 국제선박보험약관 제13조 제2항.

# 제 3 장　해상보험계약의 체결

## 제 1 절　해상보험계약의 체결의 성격

### Ⅰ. 총　설

해상보험계약은 해상사업(marine adventure)에 관한 사고로 인하여 생길 손해를 보상할 것을 내용으로 하는 손해보험계약으로 불요식의 낙성계약이다. 그러므로 해상보험계약은 보험자와 보험계약자 사이에 의사가 합치되면 그 계약은 성립하는 것이고, 보험료의 납입이나 보험증권의 교부는 보험계약의 성립요건은 아니다.

해상보험계약은 개별적으로 볼 때에는 보험자와 보험계약자 사이에 이루어지는 채권계약이지만 다수의 경제주체를 대상으로 위험을 효율적으로 분산시켜야 하는 해상보험제도의 성질상 다수계약에 속한다. 그리하여 해상보험계약의 체결시에 보험계약체결전의 의무로서 보험약관의 교부·설명의무를 지고(상법 제638조의 3), 보험계약자와 피보험자에게는 고지의무를 지우고 있다. 그리고 보험자는 낙부통지의무를 지고, 이를 게을리 한 때에는 승낙한 것으로 보아 보험계약의 성립을 인정하고 있다(상법 제638조의2 제2항). 또한 보험자의 승낙이전에도 보험자가 보험계약자로부터 청약과 함께 보험료상당액을 지급받은 때에는 승낙하기 전에 보험사고가 생긴 경우 그 청약을 거절할 사유가 없는 한 보험자는 보상책임을 진다(상법 제638조의2 제3항). 또한 해상보험계약에는 영국의 협회보험약관 등의 표준약관이 전세계적으로 통용되고 있고, 국내 해상보험 거래계에서는 영국법을 준거법으로 하는 영국의 표준선박보험약관과 협회적하보험약관이 일반적으로 사용되고 있으나, 근래 한국법을 준거법으로 하는 우리의 해상보험약관의 이용도 늘고 있는 실정이다.

영국해상보험실무에서는 보험중개사를 통하여 보험거래가 이루어지고, 보험증권에만 증거력을 인정하는 등의 특유한 절차를 요하고, 보험료의 납입, 보험계약의 성립시기 등에 관하여 특별한 규율이 행하여진다.

## Ⅱ. 영국법상의 해상보험계약체결과정

### 1. 보험계약체결과정

영국의 보험시장에서 해상보험계약이 체결되어 보험증권이 발행되는 과정은 다음과 같다. 다만 2001년 런던시장원칙에 따라 현대화되고 있다.

(1) 피보험자는 보험중개사에게 보험계약의 체결을 위탁하고, 보험중개사는 피보험자가 제시한 조건의 개용을 간략히 기재된 슬립(slip)을 작성한다. 이에는 보험의 목적, 보험기간, 위험과 특별한 조건 등이 기재되고, 슬립에는 보험계약의 내용으로 되는 표준약관이 특정되어야 하지만, 구체적인 조항을 기재할 필요는 없고, 표준약관의 추가 또는 삭제사항은 기재되어야 한다.

(2) 보험자가 공동으로 인수하는 경우에는 보험중개사는 지도적 보험자에게 슬립을 제시하여 청약을 한다. 슬립에 보험계약의 주요한 조건을 기재하는 이유는 보험자가 슬립에 서명함으로써 보험계약은 성립하기 때문이다. "해상보험계약은 피보험자의 청약이 보험자에 의하여 승낙되었을 때 체결된 것으로 보게 되고, 보험증권의 발행여부는 묻지 않는다. 청약의 승낙시점을 입증하기 위하여 슬립이나 보험인수증 기타 관습상의 서류 등을 참조할 수 있다."[1] 보험중개사는 담보하고자 하는 종목의 시장에서 좋은 명성을 가지고 다른 보험자가 그를 따라 인수를 할 지도적 보험자를 확보하는 것이 중요한데, 특히 이후의 보험조건의 변경 등은 주로 지도적 보험자와 보험중개사 사이에 이루어지기 때문이다. 2001년 런던시장원칙의 목적은 지도적 보험자가 당사자 사이에서 관리책임을 지도록 하는 것이다.[2]

100%가 인수되지 않더라도 피보험자는 계약을 취소할 수 없지만, 관습상 보험자는 그 기간 동안의 보험료지급을 조건으로 취소를 허용한다.[3] 100%를 초과하여 인수되는 경우에는 비율적으로 감액된 부분을 보험자가 책임을 진다는 것이 확고한 관습이다.

(3) 위험이 개시된 이후에도 추가 인수가 행하여질 수 있지만, 사고가 발생한 후에는 피보험자 또는 보험중개사가 사고사실을 알게 되는 순간까지만 인수가 행하여진다. 완전히 인수된 경우에 보험중개사는 보통은 슬립의 모든 조건과 인

1) 영국해상보험법 제21조.
2) 이 책 제4부 제1장 제1절 손해보상절차 Ⅲ. 영국법상의 보상절차조항 참조.
3) General Reins Corp v. Forsakringsaktiebolaget Fennia Patria [1983] QB 856.

수한 모든 보험자와 그 비율을 기재한 서명슬립(signing slip)을 작성하여 지도적 보험자에게 제출하여 검토하게 한다. 런던시장원칙의 목적은 이러한 절차를 보다 신속하게 하는 것이다.

가끔은 슬립증권(slip policy)이 작성되기도 하는데 이는 서명슬립보다 약간 상세한 것으로 보험자가 인수하는 비율과 피보험자의 청구가 있는 경우에 공식적인 보험증권을 작성한다는 내용을 기재한다. 런던시장원칙은 지도적 보험자의 중심적 역할에 비추어 지도적 보험자약정조항의 사용을 권고한다.

(4) 위험이 최종적으로 인수된 경우에는 보험중개사는 보험증권을 작성할 의무가 있는데 이에는 수개월이 걸린다. 보험증권은 한통 또는 수통일 수 있고, 각 보험증권은 로이즈증권서명사무국에 제출되어 동 사무국은 슬립과 보험증권 사이에 중대한 변경이 없음과 로이즈위원회가 설정한 규칙을 위반하지 아니하였음을 확인하고, 동 사무국의 관리자가 보험증권에 직인을 찍고 서명함으로써 보험증권의 발행은 종료된다. 보험중개사가 모든 슬립과 보험증권의 복사본을 보관함이 관습이지만, 동 사무국은 주요한 보험증권의 내용(위험, 보험료, 인수비율, 보험중개사의 이름)을 보험자에게 회람한다.

(5) 보험중개사는 또한 결산서류를 작성하는데, 이는 보험자에게 보험료를 지급한 것을 확인하는 회계장부이고, 보험중개사가 서명슬립을 송부하지 않은 경우에는 보험자가 서명하였음을 표시한 최초의 표지일 수 있다. 런던시장원칙은 단일의 전자적 서류의 이용과 중앙집중식 슬립/보험증권의 사용을 촉진하고 이를 지도적 보험자에게 그 책임을 지우고자 한다.

## 2. 재보험체결과정

재보험계약의 체결은 원보험계약의 체결과 같은 절차를 거친다. 즉, 보험계약의 체결을 위탁받은 보험중개사는 누가 원수보험을 인수하는가 여부와 관계없이 재보험을 인수할 재보험자를 수배하고 재보험자는 보험의 목적, 위험의 성질과 가액을 기재한 슬립에 인수비율을 기재한 서명을 함으로써 인수하게 된다.

## 3. 보험증권

보험계약은 보험증권에 기재되어야 하고, 보험계약이 체결되는 때 또는 그 이후에 발행될 수 있다(영국해상보험법 제22조).

## 4. 보험증서, 보험인수증, 보험증명서

보험계약의 성립과 보험증권의 발행 사이에는 상당한 시일이 소요되고, 피보험자는 보험계약이 체결되었는가 그 조건은 무엇인가에 대하여 신속히 알기를 원한다. 그러나 보험계약은 슬립에 의하여 규율되고, 그 슬립은 피보험자의 대리인인 보험중개사가 소지하고 있기 때문에 보험자는 피보험자에게 정보를 제공할 필요를 느끼지 않는다. 보험중개사가 피보험자에게 보험인수증(cover note)이라는 확인서를 송부한다.

적하보험에 든 피보험자는 보험증권의 양수인인 매수인에게 보험증서(letter of insurance)를 텔렉스(telex), 팩시밀리, 또는 이메일(email)로 송부하기도 한다. 그러나 이 보험증서는 보험자에 대하여 계약상 어떠한 효력을 가지지 않고, 단지 송부자가 불법행위 또는 금반언에 따른 책임을 지게 되는 효과가 있을 뿐이다.[4]

또한 하나의 해상적하보험계약이 다수의 적하를 대상으로 하는 경우에 보험서류가 없으면 은행이 관여하는 경우에 도착지에서 수입업자에 의한 하역에 지장을 초래하는 때가 있다. 피보험자 또는 보험중개사가 예정보험(floating policies)이나 포괄예정보험(open covers)의 경우에 선적물품에 대하여 보험자에게 확정통지하여 보험에 가입되어 있음을 증명하는 보험증명서를 발행하는 것이 보통이다. 보험자가 발행한 보험증명서는 보험계약의 서류로서 그리고 보험증권으로서의 효력을 가질 수도 있다. 보험증명서의 성질이 중요한 이유는 cif매매에 있어서 매도인은 매수인에게 해상보험증권을 제공할 의무가 있기 때문이다. 보험인수증, 보험증명서는 cif매매에서 요구되는 보험증권의 제공으로서 효력이 없다.[5] 보험증명서와 같은 서류는 보험증권과 같은 효력을 가지는 것을 의도하는 경우에는 그와 같은 뜻이 기재되지 않아도 보험증권을 대체할 수 있다.[6]

---

4) F.D. Rose, Marine Insurance: Law and Practice, London: LLP, 2004, § 6.61, p. 110.
5) F.D. Rose, op. cit., § 6.64, p. 110.
6) MacLeod Ross & Co., Ltd. v. Cie d'Assurances Generales l'Helvetia [1952] 1 Lloyd's Rep. 12.

# 제 2 절 해상보험약관

## Ⅰ. 해상보험약관의 중요성

해상보험약관은 해상보험자가 동질적인 수많은 보험계약을 체결하기 위하여 미리 작성한 보험계약의 내용을 이루는 정형적인 계약조항으로서 보통거래약관의 일종이다. 해상보험은 저명한 표준약관이 특별히 지배하는 산업이다. 따라서 실무상 법률과 판례에 못지 않게 표준적인 약관상의 조건에 의거하게 된다.[7] 해상보험약관과 관련하여 해상보험의 기업보험의 성격상 보험계약자가 약관의 내용을 잘 알고 보험계약을 체결하는 경우가 많지만, 보험자가 일방적으로 제시하는 데 따라 보험계약자가 그 약관의 내용을 잘 알지 못하고, 또 약관의 조항에 따른다는 의사표시를 하지 아니하고 보험계약을 맺는 경우 그 효력이 문제된다. 또한 해상보험계약의 계약 조항은 보통보험약관에 정해지고 있으므로 보험계약자가 약관의 내용을 알고 보험계약을 맺도록 하는 것은 바람직하며 보험자에게 약관의 교부·명시의무를 지운 것이다.

## Ⅱ. 해상보험약관의 효력

### 1. 해상보험약관의 구속력

해상보험약관은 해상보험계약에 있어서 당사자 사이에 다른 약정이 없는 한 계약당사자가 그에 따라야 하는 보험계약조항이다. 해상보험은 영국을 중심으로 한 전세계적으로 통용되는 영국법을 준거법으로 하는 표준약관을 보험계약의 내용으로 하는 것이 일반적이고, 근래에는 한국법을 준거법으로 정한 국문약관의 사용도 늘고 있는 실정이다. 해상보험의 기업보험의 성격상 보험계약자가 약관의 내용을 잘 알고 보험계약을 체결하는 경우가 많지만, 보험자가 일방적으

7) 해상보험약관에 대하여는 이 책 제1부 제2장 제2절 영국해상보험법의 법원 Ⅱ. 보험증권과 보험약관 참조.

로 제시하는 데 따라 보험계약자가 그 약관의 내용을 잘 알지 못하고 또 약관의 조항에 따른다는 의사표시를 하지 아니하고 보험계약을 맺는 경우에도 그 약관의 내용이 계약조항으로 받아들일 수 없다는 논리는 수긍하기 어렵다. 즉, 보통보험약관은 반대의 의사표시가 없는 한 당사자가 그 약관의 내용을 이해하고, 그 약관에 따를 의사가 있었느냐 없었느냐를 묻지 아니하고, 약관의 내용이 합리적인 한 보험계약의 체결과 동시에 당사자를 구속한다고 풀이하는 것이 옳을 것이다. 이것이 보통보험약관의 구속력이다.

## 2. 학 설

보통보험약관이 당사자를 당연히 구속하게 되는 근거에 관하여는 그 설이 일치하지 않고 있는데, 크게 의사설과 규범설의 둘로 나눌 수 있다.

(1) 의사설

의사설은 전통적인 법률행위이론에 의하여 약관에 의한 계약을 보통의 계약과 같이 보아 당사자가 계약의 개개의 조항을 알고 계약을 체결하였기 때문에 당사자를 구속한다는 견해이다. 즉, 약관의 타당근거를 당사자의 의사에 구하는 주관주의적인 입장이다. 약관의 규제에 관한 법률 제3조 제3항은 "사업자가 약관의 명시·설명의무를 위반하여 계약을 체결한 때에는 그 약관은 계약의 내용으로 주장할 수 없다"라고 규정하여 의사설의 입장을 뒷받침하고 있다.

의사설에 따르면 보험약관은 이론적으로는 법률행위의 내용을 이루는 계약조항에 속하여 약관의 내용을 상대방이 알고 보험계약을 체결하였다는 것이 증명되지 않으면 약관의 구속력을 인정할 수 없게 된다. 그리고 일본의 판례[8]는 "당사자의 쌍방이 특히 보통보험약관에 의하지 않는다는 뜻의 의사를 표시하지 않고 계약을 체결한 때에는 반증이 없는 한 그 약관에 따를 의사로써 계약을 한 것으로 추정한다"고 하여, 이른바 의사추정이론을 내세우고 있다. 이것은 개인주의적·의사주의적 입장에서는 전통적인 법률행위이론을 수정한 것이다. 그러나 이와 같이 당사자의 반대의 의사표시가 없는 한 그 의사를 추정하여 해상보험약관의 구속력을 인정하여 의사설의 입장에 따르는 것은 오늘날 보험거래의 실정에서는 타당하다고 할 수 없다.

8) 일본 大審院判決(大正 4).12.24. 民錄 21-2182.

(2) 규범설

보험계약은 다수계약으로서 보통보험약관에 따라 이루어지고 있는 것이 거래의 실정이므로 법사회학적으로 볼 때에는 보험약관은 객관적인 법과 비슷하고 보험계약상의 법원으로 다루게 되는 것이다. 여기에서 해상보험약관의 구속력의 근거를 보험약관 자체의 규범성에서 찾는 것이 규범설이다. 개정상법 제638조의 3 제2항은 "보험자가 보험계약 체결시에 보험약관의 교부·명시의무를 위반한 때에는 보험계약자는 보험계약이 성립한 날로부터 1월내에 그 계약을 취소할 수 있다"라고 규정하고 있는데, 보험계약자에 의한 보험계약의 취소가 없는 한 보험자의 설명의무의 이행이 없어도 그 약관의 구속력이 인정되어야 할 것이다. 그리하여 보험약관은 일반적인 법규범과 유사한 성질을 지니고 있는 미리 준비된 계약규범 또는 법대행적 기능을 하는 것으로 보아 규범설이 옳다고 본다. 규범설은 전통적인 법률행위이론을 벗어나 약관의 구속력을 보다 강하게 인정하려는 객관주의 내지 단체주의적인 이론구성을 하는 것인데 그 입장에 따라 자치법설, 상관습법설 등 그 주장이 여러 가지로 나뉘고 있다.

자치법설은 '사회있는 곳에 법이 있다'는 법언을 수용하여 보험약관을 그 거래권 안의 자치법으로 보는 것이나, 보험약관은 보험자가 다수의 보험거래의 합리적인 처리를 위하여 작성한 것으로 보험단체의 자치법이라고 볼 수는 없다. 그리고 상관습법설은 보통거래약관이 존재하는 거래에 있어서 특별한 사정이 없는 한 '그 거래는 약관에 의한다'는 사실인 관습 또는 상관습법(백지상관습 또는 백지상관습법)이 존재하는 결과라고 풀이하는 설이다.

(3) 사 견

해상보험은 기업보험으로서 저명한 표준약관을 내용으로 하여 맺어지는 것이 일반적이고 해상보험계약은 해상보험약관에 의한다는 사실인 관습 또는 상관습이 존재한다고 보아 규범설이 타당하다.

## 3. 판 례

일반보험약관의 구속력의 근거에 대하여 대법원[9]은 "보통보험약관이 계약당사자에 대하여 구속력을 가지는 것은 그 자체가 법규범 또는 법규범적 성질을 가진 약관이기 때문이 아니라 보험계약 당사자 사이에서 계약내용에 포함시키기로 합의하였기 때문이라고 볼 것인 바, 일반적으로 보험계약자가 보통보험약

9) 대법원 1989.11.14. 선고, 88다카2917 판결.

관을 계약내용에 포함시킨 보험계약서를 스스로 작성한 이상 그 약관의 내용이 일반적으로 예상되는 방법으로 명시되어 있지 않다든가 또는 중요한 내용이어서 특히 보험업자의 설명을 요하는 것이 아닌 한 보험계약자가 위 약관내용을 자세히 살펴보지 아니하거나 보험업자의 설명을 듣지 아니하여 알지 못한다는 이유로 약관의 구속력에서 벗어날 수 없다"라고 판시하여 의사설의 입장에서 보통보험약관에 따라 보험계약의 청약을 한다는 보험계약청약서를 작성한 이상 특별한 사정이 없는 한 그 약관의 구속력을 인정하고 있다.

그러나 해상보험약관의 구속력의 근거에 대하여 최근 대법원판결(대법원 2004. 11.11. 선고, 2003다30807 판결)은 "보통보험약관을 포함한 이른바 일반거래약관이 계약의 내용으로 되어 계약당사자에게 구속력을 갖게 되는 근거는 그 자체가 법규범 또는 법규범적 성질을 갖기 때문은 아니며 계약당사자가 이를 계약의 내용으로 하기로 하는 명시적 또는 묵시적 합의를 하였기 때문이고, 사건 보험계약의 체결 당시 당사자들 사이에서 협회선박기간보험약관을 이 사건 보험계약에 적용하기로 명시적 또는 묵시적 합의가 있다고 보기 어렵다"고 하여 의사설을 택하고 있다. 그리고 이 사건 판결은 "보험계약은 영국의 런던보험자협회의 1983년 선박기간보험약관을 내용으로 하기로 하는 합의가 있었다고 보아 동 약관 제4조 제2항의 종료조항을 적용한다"는 원심판결을 파기하고, 대법원은 당사자 사이에 협회선박기간보험약관을 보험계약의 내용으로 하기로 하는 명시 또는 묵시의 합의가 없다는 이유로 상법 제703조의2를 적용하고 있다. 그러나 해상보험은 기업보험으로 저명한 표준약관을 보험계약의 내용으로 하는 것이 일반적이고, 보험증권에 적용할 약관을 명시하였음에도 불구하고 전세계에서 통용되는 협회선박기간보험약관을 보험계약의 내용으로 하기로 하는 명시 또는 묵시의 합의가 없다고 하여 배척하고 상법을 적용한 것은 해상보험실무와는 동떨어진 판결이라고 판단된다.

## Ⅲ. 해상보험약관의 교부 · 명시의무

### 1. 보험약관의 교부 · 명시의무의 뜻

보험자는 보험계약을 체결할 때에 보험계약자에게 보험약관을 교부하고 그 약관의 중요한 내용을 알려 주어야 한다(상법 제638조의 3 제1항). 이것이 보험계약의 성립 전에 보험자가 지는 약관교부·명시의무이다. 보험계약은 보험자와 보험계약자의 개별적인 의사의 합치로 이루어지나, 위험단체를 전제로 하는 보험제도의 성질상 보험자는 수많은 보험계약자를 상대로 동일한 내용의 계약을 되풀이하여 맺어야 하는 것이므로 그 계약 조항은 보통보험약관에 정해지고 있다. 그리하여 보험계약자가 약관의 내용을 알고 보험계약을 맺도록 하는 것은 바람직하다. 이에 따라 개정상법은 보험자에게 계약 전 의무로서 약관의 교부·명시의무를 지운 것이다.

## 2. 보험약관의 교부·명시의무의 내용

보통보험약관은 보험자가 일방적으로 작성하여 금융감독위원회의 허가(보험업법 第5조 3호)를 받은 정형적인 보험계약조항으로서 부동문자로 인쇄하여 두고 있다. 그러므로 보험자는 보험계약을 맺을 때에 보험계약자에게 그 보험약관은 교부하여 주고, 계약조항에서 중요한 내용은 이를 밝혀 알려주어야 한다. 여기서 보험약관의 중요한 내용이 무엇이냐는 보험의 종류에 따라 다를 수 있으나, 보험약관의 중요한 요소 가운데 보험료와 그 지급방법, 보험금액, 보험기간 특히 보험자의 책임개시시기를 정한 경우에는 그 시기, 보험사고의 내용 보험계약의 해지사유 또는 보험자의 면책사유 등을 들 수 있을 것이다. 그러므로 보험자는 보험계약자가 그러한 약관의 중요한 내용을 이해할 수 있도록 설명하여 주어야 한다고 풀이한다(약관규제법 제3조 제1항, 제2항 참조).

다만 판례[10)]도 "보험약관에 정하여진 사항이라 하더라도 거래상 일반적이고 공통 된 것이어서 보험계약자가 별도의 설명 없이도 충분히 예상할 수 있었던 사항이거나 이미 법령에 의하여 정하여진 것을 되풀이하거나 부연하는 정도에 불과한 사항이라면 그러한 사항에 대하여는 보험자에게 명시·설명의무가 없다"고 한다. 이에 따르면 보험계약자의 고지의무(상법 第651조)나 통지의무(상법 第652조, 第653조) 등에 관한 사항을 설명하지 아니하더라도 이는 그 의무위반으로 되지 않는다.

보험약관의 교부·명시의무자는 보험자이나, 보험설계사, 보험대리점 또는 보험중개사를 통해서 보험모집이 이루어지는 경우(보험업법 第83조 참조)에는 그들이 보험자를 대신하게 된다. 여기서 보험대리점 가운데 체약 대리점은 직접 보험자를 대리하여 보험계약 체결권을 가지고 있으므로 당연한 것이나, 보험설

10) 대법원 1998.11.27. 선고, 98다32564 판결.

계사, 보험중개대리점 또는 보험중개사는 비록 보험계약 체결권을 가지고 있지 아니하더라도 보험계약자는 바로 그들을 통해서 보험계약을 청약하고 보험료를 지급하고 있는 것이 일반적이기 때문이다.

## 3. 보험약관의 교부 · 명시의무위반의 효과

보험자가 보험계약을 맺을 때에 보험약관의 교부 · 명시의무를 위반한 때에는 보험계약자는 보험계약이 성립한 날부터 1월내에 그 계약을 취소할 수 있다(상법 제638조의 2 제2항). 여기서 1월의 기간은 제척기간이고, 보험계약자가 그 보험계약을 취소한 때에는 처음부터 그 계약은 무효로 되며(민법 제141조), 보험자는 보험계약자가 지급한 보험료를 모두 돌려주어야 한다고 풀이한다(상법 제648조 참조).

약관의 규제에 관한 법률 제3조 제3항은 "사업자가 약관의 명시 · 설명의무를 위반하여 계약을 체결한 때에는 그 약관을 계약의 내용으로 주장할 수 없다"라고 규정하여 약관의 효력을 부인하고 있으나, 보험계약의 경우에는 보험자가 비록 약관의 교부 · 명시의무를 위반한 경우라 하더라도 보험계약자가 계약이 성립한 날로부터 1월내에 그 계약을 취소하지 않는 한 그 약관의 효력은 인정된다고 풀이한다. 왜냐하면 보통보험약관은 개별적인 보험계약의 내용을 정하고 있으나, 그것은 구체적으로 보험에 든 위험의 개별적인 차이를 고려함이 없이 동질적인 위험에 관한 다수의 보험계약을 기초로 하여 작성된 계약조항으로서 보험계약의 단체적 구조에서 보험계약자가 약관에 따를 것에 동의하지 아니하였다 하더라도 일단 보험계약이 체결된 이상 그 보험약관의 구속력을 인정하는 것이 마땅하다고 보기 때문이다.

보험자가 보험계약을 체결할 때에 보험계약자에게 그 약관의 내용을 잘못 설명하여 준 경우에 그 약관의 내용이 변경되느냐는 문제도 제기될 수 있다. 그러나 보험계약이 우연한 사고의 발생에 대비하여 위험단체를 전제로 하는 특수한 계약이라는 점에서 그 계약 조항을 개별적으로 흥정하여 정할 수 있는 것은 아니므로 그 약관의 내용의 변경을 허용할 수도 없다고 보아야 할 것이다.[11)]

요컨대, 보험계약체결시에 보험자가 보험계약자에게 약관의 교부 · 명시의무

11) 대법원 1989.3.28. 선고, 88다8645 판결은 "보험회사를 대리한 보험대리점 내지 보험외판원이 원고에게 피고 회사 보험보통약관과 다른 내용으로 보험계약을 설명하고 이에 따라 계약이 체결되었으므로 그때 설명된 내용이 보험계약의 내용이 되고 그와 배치되는 보통약관의 적용은 배제된다"라고 판시하고 있다.

를 이행하지 아니한 때에는 보험계약자는 보험계약이 성립한 날로부터 1월내에 보험계약을 취소하여 이미 지급한 보험료를 돌려받을 수 있고, 그 보험계약을 취소하지 아니한 때에는 그 약관의 규정에 따라 보험계약관계는 유지된다고 할 것이다.

## 제 3 절 최대선의의무와 고지의무

### Ⅰ. 최대선의의무의 전개

보험자의 손해보상책임은 우연한 사고의 발생에 달려 있으므로 보험계약은 도박, 복권 등과 같은 사행계약에 속하고, 해상보험의 발달초기부터 해상보험을 사기, 도박의 수단으로 악용되는 것을 방지하기 위한 노력이 기울여져 왔다. 이에 1906년 영국해상보험법은 해상보험을 최대선의계약이라고 규정하고(제17조), 제18조는 피보험자의 중요한 사실을 알릴 의무, 제19조는 피보험자의 대리인의 중요한 사실을 알릴 의무를 규정하고, 제20조는 보험계약의 교섭중의 고지(representation)가 진실하여야 함을 규정하며, 이를 위반하는 경우 보험자는 보험계약을 취소할 수 있다고 규정하고 있다. 영국해상보험법 제17조의 최대선의의무와 제18조에서 제20조에서 규정하고 있는 고지의무와의 관계는 제17조는 해상보험계약상 최대선의를 준수할 일반적인 의무에 대한 규정이고, 제18조에서 제20조까지는 최대선의의무의 특수한 측면을 도입한 규정이라 할 수 있다.

근래 새로이 조명되고 있는 원칙은 영국해상보험법 제17조에서 규정하고 있는 최대선의의무이다. 1766년 Carter v. Boehm사건[12)]에서 맨스필드(Mansfield)경이 보험이 사행계약이지만 보험계약자의 보험자에 대해서만이 아닌 양 당사자의 신뢰에 근거한 계약이라고 하여 새로운 법원칙을 제시한 이래 최대선의원칙(principle of utmost good faith)으로 이름지어져 19세기에 판례법상 발전되었다. 1906년 영국해상보험법 제정시에는 고지의무에 관한 규정이 제18조에서 제20조에서 규정되고, 단지 체계성확보를 위하여 맨스필드경이 제시한 원래의 원칙을 제17조에 "해상보험계약은 최대선의에 근거한 계약이고, 일방 당사자가 최대선

12) [1766] 3 Burr 1905.

의를 준수하지 않는 경우에는 타방 당사자는 보험계약을 취소할 수 있다"라고 규정하였다.[13] 이 규정이 주목을 끈 것은 전쟁보험에 관한 리치온 프라이드(Litsion Pride)호 사건[14]이고, 근래의 스타 시(Star Sea)호 사건[15]에 이르기까지 그 법적 성질, 적용범위와 영국해상보험법상의 취소 이외에 손해배상을 허용하는지 여부 등과 관련하여 논의되고 있다.[16]

최근 우리 판례(대법원 2005.3.25. 선고, 2004다22711, 22728 판결)도 영국 협회선박기간보험약관이 적용되는 선박보험계약의 피보험자가 사고발생 이후 사기적인 방법으로 보험금을 청구하는 경우, 보험자가 영국 해상보험법 제17조에 규정된 '최대선의의 의무' 위반을 이유로 보험계약을 취소할 수 있는지 여부가 다투어진 사건에서 "영국해상보험법 제17조에 규정된 최대선의의 의무는 제18조 및 제20조에 규정된 의무보다 넓은 개념의 것으로서 보험계약이 체결된 이후 또는 사고 발생 이후라 할지라도 적용되는 것이며, 따라서 피보험자가 사고발생 이후 사기적인 방법으로 보험금을 청구하는 경우에 있어서도 보험자는 최대선의의 의무 위반을 이유로 보험계약을 취소할 수 있다"라고 판시하여 최근의 영국의 판례와 학설을 반영하고 있다.

## Ⅱ. 고지의무

### 1. 해상보험법상의 고지의무의 전개

해상보험법상의 고지의무법리는 1766년 Carter v. Boem사건[17]에서 맨스필드(Mansfield)경에 의하여 확립되어 보험계약법을 일반 계약법과 구별하는 가장 중요한 특징이 되고 있다. 영국에서는 1990년대에 해상보험분야에 전례를 찾을 수 없을 정도로 고지의무위반의 요건으로서 중요한 사실(material circumstance)에 관하여 논의가 전개되어 Pine Top사건[18]에서 결정적 영향기준(decisive influence

13) Robert Grime, Counterclaims by Marine Insurers, The Modern Law of Marine Insurance 2, London: LLP, 2002, pp. 267~268.
14) Black King Shipping Corporation v. Massie, 'Litsion Pride' [1985] 1 Lloyd's Rep. 437.
15) Manifest Shipping Company Ltd. v. Uni-Polars Shipping Company Ltd. and Others, The Star Sea [2001] 2 UKHL 1; [2003] 1 AC 469.
16) 한창희, 영국 해상보험법상의 고지의무법리의 최근동향, 법조 553호(2002.10), 법조협회, 283~301면.
17) [1766] 3 Burr 1905.
18) Pan Atlantic Insurance Ltd. v. Pine Top Ltd. [1994] 2 Lloyd's Rep 427; [1995] 1 AC

test) 대신 단순영향기준(mere influence test)이 채용되고, 고지의무위반과 보험계약체결 사이에 인과관계가 추정된다는 결론에 이르고 있다.[19] 또한 지금까지는 고지의무는 보험계약성립 전 보험계약자가 중요한 사실을 알릴 의무를 의미하는 것으로 이해되어 왔으나, 보험자가 보험중개사 등의 사기행위 등을 알고서 보험계약자에게 알리지 않은 경우와 같이 보험계약 성립 전 보험자가 이를 위반한 경우에 보험자의 최대선의의무위반의 효과가 발생하는가 여부가 영국해상보험법 제17조에 의거하여 논의되고 있다. 그리고 최근 영국에서도 종래의 고지의무제도에 대하여서는 그 범위가 지나치게 넓을 뿐만 아니라 위반에 대한 제재로서 보험계약의 취소 또는 해지는 지나치게 피보험자에게 가혹하여 형평성을 상실하였다는 비판이 일고 있고,[20] 프랑스, 노르웨이 등에서는 그 엄격성을 완화하는 노력이 행해지고 있다. 해상보험법상으로는 미국판례에서는 고지의무위반의 요건으로서 중요한 사실의 인정기준, 그 위반과 계약체결 사이의 인과관계를 중심으로 영국법과 다른 판시가 나타나고 있고, 호주에서는 그 고지의무위반의 효과로서 보험계약의 취소 이외에 인과관계에 따른 비율적 보상을 인정하여 그 엄격성을 완화하는 입장을 취하고 있는 점이 특색이다.

우리 판례는 대법원 1991.5.14. 선고, 90다카25314 판결에서 "영국법 준거약관이 삽입된 적하보험계약을 체결함에 있어 화물을 적재하고 출항한 선박으로부터 사고의 발생이 예상되는 전문을 수령한 사실을 감춘 경우, 전문 수령사실은 영국해상보험법 제18조 제2항 소정의 고지의무의 대상에 해당하므로 우리 상법 제651조 소정의 제척기간이나 상법 제655조의 인과관계에 관한 규정은 적용될 여지가 없다"고 판시한 이래 여러 판결에서 영국해상보험법상의 고지의무법리를 적용하고 있다.

대법원 1996.3.8. 선고, 95다28779 판결은 영국법준거약관이 삽입된 협회선박보험약관을 보험계약의 내용으로 한 사건으로 법원은 "고지의무 위반을 이유로 한 보험계약의 취소를 규정하고 있는 영국 해상보험법 제18조에는 그 취소권의 행사기간에 관하여 아무런 제한을 두고 있지 않으나, 영국 법원의 판례에 의하면 피보험자의 고지의무 위반 사실을 안 보험자가 기간의 제한 없이 무한정하

---

501, HL.

19) 김재헌, 영국해상보험법상의 고지의무위반에 대한 영국판례의 최근동향, 인권과정의 259호(1998.3), 8~19면; 최종현, 영국 해상보험법상의 고지의무, 보험법연구 3호(1999), 보험법연구회, 193~204면; 박세민, 영국보험법과 고지의무, 2004; 김현, 해상보험에서의 고지의무, 저스티스 33권 3호(2000), 180~193면.

20) Malcolm Clarke, Policies and perceptions of insurance-An introduction to insurance law, London: Clarendon Press, 1997, pp. 99~108.

게 고지의무 위반을 원인으로 보험계약을 취소할 수 있는 것이 아니라, 그 사실을 안 날로부터 보험계약 취소 여부를 결정하는데 필요한 상당한 기간 내에 취소권을 행사하여야 하고, 보험자가 취소권을 행사하지 않을 의사임이 명백할 정도로 오랜 시간이 흐른 경우나 보험자가 취소권을 늦게 행사함으로써 피보험자에게 손해가 발생한 경우 또는 제3자의 권리관계가 개입하게 된 경우라면 보험자가 보험계약을 추인하였다고 볼 수 있다는 것일 뿐이므로, 그 상당한 기간을 일률적으로 우리 상법 제651조 소정의 제척기간에 상응하는 1개월 내라고 단정할 수는 없다"라고 판시한다.

또한 대법원 2001.5.15. 선고, 99다26221 판결은 "영국 해상보험법 및 관습에 의하면 고지의무 불이행과 보험계약 체결 사이에 인과관계가 있는 것만을 중요사항으로 보아 고지의무의 대상으로 하고 있는 것은 아니다"라고 하고, 대법원 2005.3.25. 선고, 2004다22711, 22728 판결은 "1983년 영국 협회선박기간보험약관이 적용되는 선박보험계약의 체결과정에서 피보험자가 선박의 매수가액 등 선박의 실제 가치에 관한 정보를 제대로 고지하지 아니하였을 경우 영국 해상보험법상의 고지의무를 위반하였으므로 보험자는 이를 이유로 보험계약을 취소할 수 있다"고 한다.

## 2. 영국에서의 고지의무

(1) 개 관

해상보험계약은 최대선의에 근거한 계약으로 영국해상보험 제17조는 최대선의를 준수할 일반적인 의무를 규정하고, 제18조에서 제20조까지 최대선의의무의 특수한 측면을 도입하는 규정을 두고 있다. 즉, 제18조는 피보험자의 중요한 사실을 알릴 의무, 제19조는 피보험자의 대리인의 중요한 사실을 알릴 의무를 규정하고, 제20조는 보험계약의 교섭중 고지가 진실하여야 함을 규정하고 있다. 그 효과로서 보험자는 보험계약자의 고지의무위반시 보험계약을 취소할 수 있다. 근래 영국에서는 중요한 사실의 판단에 관하여 많은 논의가 진행되어 비해상보험사건으로 해상보험과 비해상보험 모두에 고지의무와 관련하여 지도적 판례로 인정되는 1994년의 Pan Atlantic Insurance Ltd. v. Pine Top Ltd.사건[21] 판결은 고지의무의 현대적인 해석방향을 제시하고 있다. 이 판결은 이 조항들을 주석하려는 이전의 시도를 승인하지 않고, 법률문언의 자연적이고 통상적인

21) [1994] 2 Lloyd's Rep. 427; [1995] 1 AC 501, HL.

해석을 선호함을 적시하고 있다. 즉, 상원은 결정적 영향기준을 폐기하고, 단순 영향기준과 실제적 유인기준을 채용하였다.

(2) 고지의무제도의 성립

고지의무는 해상보험법과 비해상보험법의 가장 현저한 특징의 하나이다. 현대의 고지의무의 이론은 영국의 상법과 보험법의 기초를 확립한 맨스필드경의 1766년 Carter v. Boem사건에 기원한다. 이 사건은 비해상보험사건으로 부보된 위험은 말보로(Marlborough)성이 보험기간 안에 적군에 의하여 공격받는지 여부이었는데, 성이 프랑스에 의하여 공격을 받자 총독은 보상을 청구하였다. 보험자는 성의 취약함과 공격을 받을 개연성에 대하여 고지되지 않았다는 항변을 제기하였고, 법원은 보험자 스스로 조사할 수 있는 사항은 고지할 의무가 없다는 이유로 보상을 명하였다. 이 사건에서 맨스필드경의 판시는 오늘날에도 '계몽시대로부터 보험법의 고전적 자료'이다.[22] 이 사건에서 동판사의 철학적 기초는 상사거래에 있어서의 일반적인 선의원칙을 제시한 것뿐이고, 보험법의 특수한 원칙으로 삼을 의도가 있었던 것은 아니었다. 그러나 이후 200여 년 동안 보험이론은 보험자와 보험계약자의 정보의 불평등에 근거하여 맨스필드경의 초창기의 서술에 근거하여 독자적인 고지의무원리를 발전시켰고, 이 원칙은 일단의 상세한 원칙으로 확립되었다. 그러나 보험법상의 고지의무에 관한 원칙이 실무상 지나치게 보험자측에 유리하다는 비판은 거의 진부한 일이 되었을 정도이다. 구체적인 근거로는 첫째, 고지의무제도가 원칙적으로는 쌍방적 의무이지만, 거의 모든 판례는 피보험자에게 그 부담을 지우고 있고, 둘째, 고지되어야 하는 중요한 사실의 판단기준이 신중한 보험자를 기초하여 형성되었으며, 셋째, 고지의무위반이 선의로 인한 것인가 착오로 인한 것인가를 묻지 않는 점에서 피보험자에게 가혹하고, 그 위반의 효과도 엄격하여 보험자에게 보험계약을 무효로 하여 일체의 손해보상을 거부하는 전부 또는 전무식의 엄격한 권리를 부여하며, 마지막으로 고지의무위반사실과 사고 사이에 어떠한 관계를 요구하지 아니한다는 점 등이 들어지고 있다.[23]

이에 영국법의 문제점을 검토하여 개정을 건의하는 보고서를 1980년 발간한 법률위원회(Law Commission)는 해상보험분야는 런던이 경쟁적 국제시장에서의 지도적 중심인 점에 비추어 영국해상보험법에 대한 본질적 변화는 영국법의 법

22) Brotherton v. Aseguradora Colseguros [2003] All ER(Comm) 298.
23) F. D. Rose, op. cit., § 5.3, p. 66.

률적인 확정성을 파괴할 수 있다는 점, 해상보험계약은 일반적으로 보험법의 상세한 내용을 알고 있는 전문가 사이에 체결된다는 이유로 개정범위에서 제외하였다.[24] 비해상보험분야에서는 고지의무의 개정안이 의회에서 심의되었지만 영국보험자협회와 정부 사이의 타협으로 자율적 개정으로 귀결되어 1977년 불공정계약조항법에서 보험계약의 적용을 제외하였다.

영국법원은 근래 10여 년간 본질적 기능을 벗어나지 아니하는 한도 안에서 보험계약의 취소의 효과를 제한하고 보험자의 고지의무위반의 항변을 인정하는데 소극적이었다. 최근 법원의 판결은 일부 이전의 엄격하다고 인정된 고지의무원칙을 완화하였지만, 영국해상보험법 제17조부터 제20조까지 적어도 피보험자와 그 대리인의 의무에 대한 중요한 문제에 대하여서는 고지의무원칙을 규정하고 있다는 사실이 고지의무에 관한 급격한 개혁의 장애사유로 들어지고 있다. 현재 영국에서의 고지의무제도의 개혁에 대하여서는 가계보험의 경우에는 각종 감독법규의 제정으로 인하여 개정을 촉구하는 주장은 오히려 감소하고 있는 것으로 보인다.[25] 또한 기업보험의 영역에서는 고지의무법리의 엄격성으로 인한 잠재적인 위협은 보험실무상 보험전문가의 도움을 받아 처리되는 것이 일반적이기 때문에 이들의 역할에 기대를 걸고 있는 것으로 보인다. 근래 영국상원은 영국해상보험법 제17조부터 제20조까지가 해상보험에 대하여서는 고지의무를 효과적으로 규정하고 있음을 확인하였다.

#### (3) 고지의무의 근거

고지의무를 정당화하는 것은 상당한 정보를 가지고 있는 보험자계약과 피보험자가 선택하여 고지하는 것만을 알 수 있는 보험자 사이의 지위의 불균형이다. 보험자는 보험목적에 관한 특별한 사정에 관하여는 잘 알 수 없기 때문에 정보를 제공하는 피보험자에게 의존하는 지위에 있다. 위험에 관한 사실의 정보는 피보험자의 수중에 있고, 피보험자의 의사에 따라 보험자에게 제공되는 것이다.

고지의무제도는 본래 보험청약자에 의하여 지배되고 있는 위험에 관하여 동일한 정보를 보험자도 얻을 수 있도록 하기 위하여 발전된 것이다. 이로 인하여 보험자는 위험의 성질에 관하여 올바른 평가를 내릴 수 있게 되고, 불량위험을

---

24) Law Commission, 1980, para 2.8, p. 14.

25) 자율규제로서는 영국보험자협회의 보험실무규정(Statements of Insurance Practice)과 2000년 금융서비스와 시장법(Financial Services and Market Act)에 근거한 옴부즈만제도가 그것이다.

배제함으로써 도덕적 위험을 방지할 수 있는 기능을 가진다. 여기에서 고지의무를 인정하는 근거는 보험사고발생의 개연율을 측정하기 위하여 위험측정의 자료를 얻고자 하는데 있다는 위험측정설 내지는 기술설이 지배적이다. 그리고 민법 제2조 제2항의 '신의성실의 원칙'에 비추어 볼 때에 계약을 체결하고자 하는 사람은 상대방에 대하여 거짓을 말하지 아니할 의무를 지는 것이 오늘날 문명사회의 법률체제에서 찾아볼 수 있는 것이지만 일찍이 맨스필드경이 제시한 해상보험계약의 최대선의계약성에도 고지의무의 근거가 있다고 할 수 있다.

이와 관련하여 Hoff Trading Co. v. Union Insurance Society Canton Ltd.사건[26]에서 원고는 러시아철도제도에 이해관계를 가진 에스토니아(Estonia)의 무역회사로 1982년 사업상 이유로 철도에 부착하는 다량의 날을 런던으로 운송하기로 하여 런던까지의 항해에 대하여 보험에 들었다. 날이 여행트렁크에 실려 운송중 회사직원이 잠든 사이 절취당하여 손해보상이 청구되었는데, 보험자는 날의 가액이 직접적인 가액이 아니라 원고가 생각하는 가액이라는 것을 고지하지 아니하였다는 이유로 손해보상을 거부하였다. 법원은 위험의 중요한 사실의 묵비가 있었다고 하고, 악의에 근거한 불고지이었는가는 묻지 아니하였다. 스크르튼(Scrutton)판사는 "보험계약이 선의에 기초한 계약일 것이 법률상 요청된다. 보험계약은 모든 것을 알고 있는 피보험자와 아무 것도 모르는 타방 당사자인 보험자 사이의 계약이다. 이와 같은 계약에서 두 당사자는 동등한 조건이어야 하고, 피보험자는 보험자가 알아야 하는 모든 중요한 사실을 고지할 의무가 있다. 만일 보험의 목적에 청약된 가액이 현재의 실제 가액 이상이어서 투기적 성격이 있을 정도라면 가액이 투기적임을 입증할 모든 사실은 보험자에게 알려야 하는 중요한 사실이다"라고 판시하였다.

(4) 고지의무의 법적 성격

(가) 보험계약자의 능동적 의무 : 영국해상보험법 제17조가 쌍방적 의무로 이해되는 것과 달리 제18조의 고지의무는 보험계약이 체결되기 이전에 모든 중요한 사실을 알릴 피보험자의 능동적 의무이다. 이는 보험자가 조사하는 것이 아니라 피보험자가 자발적으로 모든 중요한 사실을 보험자에게 알려야 함을 의미한다. 이 의무의 특징은 의무위반은 보험계약자의 악의 또는 사기의 입증과는 무관하게 인정된다는 점이다. 따라서 보험계약자가 선의로 알리지 못하였다거나 기망할 의도가 없었다는 항변은 허용되지 않는다. 즉, 선의 또는 과실로 고

26) [1929] 45 TLR 466, CA.

지를 하지 않은 경우에도 위반의 효과는 같다. 이와 같이 법이 관심을 가지는 것은 보유된 정보가 중요한가 여부이지 피보험자의 의사는 묻지 않는다.[27)]

(나) 법적 의무 : 계약성립 전의 고지의무의 법적 성격에 대하여서는 계약의 묵시적 조건인가 아니면 법률규정에 기초한 것인가의 논의가 있다. Banque Financière de la Cité v. Westgate Insurance Co., Ltd.사건[28)]에서 항소법원과 스테인(Steyn)판사는 후자의 입장을 취한다. 반면 계약성립 후의 선의의무에 대하여서는 계약의 이행에 있어서 묵시적 조건으로 고찰하는데 아무 장애가 없다고 한다.[29)] 이에 따르면 계약 성립전의 위반의 경우에 계약을 소급하여 취소하는 것이 아니라 종료하는 것과 유사한 결과를 낳는다.

(다) 보험자의 선의의무 인정문제 : 지금까지는 고지의무가 보험계약자의 일방적인 의무로 이해되어 왔지만, 영국해상보험법 제17조가 최대선의의무를 쌍방적 의무로 규정하고 있는 것에 근거하여 보험계약의 성립 이전에 보험자도 중요한 사실을 알릴 의무가 있는가 여부가 논의되고 있다. 일찍이 Carter v. Boehm사건에서 맨스필드경은 보험자가 선박이 이미 도착한 것을 사적으로 이미 알고서도 항해보험계약을 체결한 경우와 같이 사적으로 알고 있는 사실을 숨기고 타방 당사자와 보험계약을 체결한 경우에 선의의무를 위반한 것이라고 예를 든 바 있다.[30)] 근래에는 보험자가 보험중개사 등의 사기행위 등을 알고서 알리지 않은 경우와 같이 보험계약 성립전 보험자가 이를 위반한 경우에 보험자가 보험금의 지급을 거부할 수 없는 효과가 발생하는가 여부가 영국해상보험법 제17조에 의거하여 논의되고 있다. 이는 비해상보험사건인 Banque Financière de la Cité v. Westgate Insurance Co., Ltd.사건[31)]의 1심법원과 항소법원은 은행에 대하여 보험자가 보험중개사의 사기행위를 알리지 않은 최대선의의

27) Susan Hodges, Cases and materials on marine Insurance law, London: Cavendish Publishing Limited, 1999, p. 247; 이 점에서 영국법상 고지의무는 보험계약자 등의 악의 또는 중과실을 요건으로 하는 상법 제651조에 비하여 의무의 범위가 넓다.

28) [1987] 1 Lloyd's Rep. 69; [1988] 2 Lloyd's Rep. 513; [1990] 2 Lloyd' Rep. 377, HL; 구체적인 사실관계는 이 책 제2부 제3장 제3절 최대선의의무와 고지의무 Ⅲ. 최대선의의무 2. 영국에서의 최대선의의무 (2) 최대선의의무의 법적 성질 (가) 쌍방적 의무 참조.

29) Manifest Shipping and Co., Ltd. v. Uni-Polaris Insurance Co., Ltd. and La Réunion Européenne, 'Star Sea' [2001] UKHL 1; [2003] 1 AC 469; 이 사건의 구체적인 사실관계는 이 책 제2부 제3장 제3절 최대선의의무와 고지의무 Ⅱ. 고지의무 2. 영국에서의 고지의무 (5) 고지의무자 (나) 보험계약자의 대리인 참조.

30) Susan Hodges, op. cit., p. 214.

31) [1987] 1 Lloyd's Rep. 69; [1988] 2 Lloyd's Rep. 513; [1990] 2 Lloyd' Rep. 377, HL; 이 사건의 구체적인 사실관계는 이 책 제2부 제3장 제3절 최대선의의무와 고지의무 Ⅲ. 최대선의의무 2. 영국에서의 최대선의의무 (2) 최대선의의무의 법적 성질 (가) 쌍방적 의무 참조.

무위반을 인정하였고, 상원에서도 이 입장은 유지되었다. 이 판결은 최대선의의무의 상호성과 관련하여 보험자가 보험계약의 성립이전에 의무를 위반하는 경우에는 피보험자는 보험계약을 취소하고 지급한 보험료의 반환을 청구할 수 있지만, 손해배상은 받을 수 없는 것으로 판시하고 있다. 이에 최근 보험자의 최대선의의무위반이 보험계약을 취소할 수 있을 정도로 부당한 경우에 보험자의 취소주장을 부인하는 근거가 될 수 있는가의 문제가 영국에서 제기되고 있다.

(5) 고지의무자

(가) 보험계약자와 피보험자 : 해상보험계약상 고지의무자는 보험계약자와 피보험자이다(상법 제651조). 타인을 위한 해상보험계약의 경우에 피보험자는 보험계약의 당사자가 아닐 뿐만 아니라 그 계약의 체결을 알지 못하는 경우에는 실질상 고지의무를 이행할 수 없는 경우가 있다. 그러나 가령 보험계약자와 피보험자가 서로 이해를 달리하는 당사자인 경우에는 보험자는 피보험자로부터 고지를 받아 인수여부를 결정하는 것이 바람직하다. 따라서 해상보험의 피보험자도 고지의무자에 포함된다.

(나) 보험계약자의 대리인 : 해상보험계약이 대리인에 의하여 체결되는 경우에는 그 대리인도 고지의무를 진다(상법 제646조, 민법 제116조). 또한 해운관계법에서 선박이 개인이 아닌 회사의 소유인 경우 회사는 스스로 행위를 할 수 없기 때문에 누구의 행위를 회사의 행위로 인정하는가 여부가 문제된다. 이는 선박의 감항능력과 관련하여 피보험자의 귀책사유의 범위(영국해상보험법 제39조 제5항)에서도 문제된다.[32]

영국해상보험법 제19조는 대리인의 고지의무에 대하여 "고지할 필요가 없는 사항에 관한 세18조의 규성에 반하지 아니하는 한 보험계약이 피보험자를 위한 대리인에 의하여 체결되는 경우에는, 대리인은 (a) 대리인이 알고 있는 모든 중요한 사항(보험을 부보하는 대리인은 그의 통상의 업무수행과정에서 당연히 알고 있어야 하거나 대리인에게 당연히 통지되어야 할 모든 사상을 알고 있는 것으로 본다), (b) 피보험자가 고지하여야 할 의무를 지는 모든 사항(다만, 피보험자가 늦게 알게 되었기 때문에 대리인에게 통지할 수 없었던 사항은 제외된다)을 보험자에게 고지하여야 한다"라고 규정하고 있다.

해상보험은 기업보험으로서 보험계약을 체결하는 데에는 통상 대리인이 고

32) 이 책 제2부 제5장 세3절 특수한 담보특약의 예 Ⅵ. 감항능력 2. 선박의 감항능력의 묵시적 담보특약 (4) 선박의 감항능력담보특약 (라) 기간보험 (b) 감항능력담보특약의 예외적 인정 (ㄴ) 피보험자의 악의 ⓑ 주체 참조.

용되기 때문에 이 영국해상보험법 제19조는 다음과 같은 두 가지 의미를 가진다.[33]

첫째, 영국해상보험법 제19조 b호에 따르면 고지의무의 범위가 매우 광범위하고, 어느 때나 통신이 가능한 현대에는 대리인에게 적시에 통지하지 못하였음을 입증하는 것은 사실상 불가능하다.

둘째, 영국해상보험법 제19조 a호는 대리인의 정보를 고지의무에 추가하고 있고, 대리인이 실제로 알지 못하고 있더라도 법률에 의하여 아는 것으로 보게 되는 사항을 고지하도록 요구하는 효과를 가진다. 따라서 대리인은 피보험자에게 필요한 질문을 하여 보험자에게 고지할 정보를 획득하여야 한다.

PCW Syndicates v. PCW Reinsurers사건[34]에서 PCW Underwriting Agencies Ltd는 관리대리인(managing agent)으로 여러 로이즈 조합원을 위하여 재보험을 수배하는 책임을 지고 있었는데, PCW사의 직원이 조합원으로부터 지급받은 보험료를 횡령하였다. 보험사고가 발생하자 보험자는 중요한 사실인 도덕적 위험인 사기행위가 고지되지 아니하였다는 이유로 보험금지급을 거부하였다. 법원은 피보험자가 대리인의 행위를 알았어야 한다고 볼 수 없다고 하여 보험자패소판결을 내렸다. 쟁점의 하나는 회사가 보험을 체결할 때 고지의무가 있는 피보험자에 해당하는 고용인은 어느 범위까지 인정되는가이었다. 스토튼(Staughton)판사는 "영국해상보험법 제18조의 피보험자를 경영의사를 가진 고위층 고용인에 제한할 이유는 없고, 회사에서 보험을 수배하는 업무를 담당하는 고용인 기타 다른 고용인의 정보도 이에 해당한다고 생각한다. 제18조에 의하여 보험을 수배하는 자는 자기가 알고 있는 사실을 고지하여야 한다. 자연인이면 개인적으로 알고 있는 것을 의미하고, 회사인 경우에는 이사 또는 적절한 직위에 있는 고용인이 알고 있는 것을 뜻한다."라고 판시하였다.

Manifest Shipping and Co., Ltd. v. Uni-Polaris Insurance Co., Ltd. and La Réunion Européenne, 'Star Sea'사건[35]에서 스타 시(Star Sea)호는 선장인 콜라키스(Kollakis)와 두 아들 소유로 동인은 센토러스(Centaurus)호와 캐스토러(Kastora)호도 소유하고 있었던 바, 이 3척의 선박은 이들이 이사인 카파사(Kappa Ltd.)에 의하여 관리되고 있었다. '센토러스'호와 '캐스토러'호는 화재에 의하여 멸실되었는데, '캐스토러'호를 조사한 전문가의 보고서는 '캐스토러'호의

33) F.D. Rose, op. cit., § 5.58, pp. 85~86.
34) [1996] 1 Lloyd's Rep. 241, CA.
35) [2001] UKHL 1; [2003] 1 AC 469.

제동기(dampers)가 작동하지 않아 엔진룸이 정상적으로 밀폐되지 않아 화재방지 시스템이 작동되지 않음으로 인하여 화재가 확대되었다고 되어 있었다. 그 후 '스타 시'호는 화재로 인하여 추정전손이 되었지만 제동기에 하자가 있음이 발견되었다. '캐스토러'호의 보고서는 보험자에게 제출되지 않았지만 재판 때까지 콜라키스의 두 아들들도 확인하지는 못하고 있었다. 피보험자의 보험금청구에 대하여 보험자는 위의 보고서를 알리지 않은 것은 사기로서 최대선의의무 위반이라고 주장하였다. 법원은 피보험자가 선의이고 최대선의의무를 위반한 것은 아니라고 하여 피보험자의 보험금청구를 인용하였다. 쟁점의 하나는 보고서를 본 전문적 지식을 가진 이사(Nicholadis씨)가 사기적으로 보험금을 청구하는 피보험자로 행위하였는가 여부이었는데, 그는 피보험자가 아니라고 판시하였다.

(6) 고지시기

영국해상보험법 제18조는 보험계약이 체결되기 이전에 자신이 알고 있는 중요한 사실을 알려야 함을 명확히 규정하고 있다. 이는 영국해상보험법 제17조의 최대선의의무가 위험이 이미 결정되고 보험료가 확정된 후에 지는 의무인 것과 대조된다. 보험자의 승낙에 의하여 보험계약이 성립한 경우에는 고지의무는 종료한다. 고지의무는 보험계약의 갱신이나 부활의 경우에도 적용된다.

(7) 중요한 사실

(가) 논의의 전개 : 고지의무의 대상은 "신중한 보험자가 보험료를 산정하거나 위험을 인수할지 여부를 결정함에 있어서 그 판단에 영향을 미치는 사항"(영국해상보험법 제18조 제2항, 제20조 제2항)이다. 이 규정의 내용은 매우 불명확하여 근래 영국에서는 중요한 사실의 판단에 관하여 많은 논의가 진행되어 비해상보험사건으로 해상보험과 비해상보험 모두에 고지의무와 관련하여 지도적 판례로 인정되는 Pan Atlantic Insurance Ltd. v. Pine Top Ltd.사건[36]에서 상원은 "보험자가 보험계약을 취소할 수 있는 자격을 가지기 위하여서는 신중한 보험자가 중요한 사실의 불고지 또는 부실고지에 의하여 결정적으로 영향을 받아야 한다"는 결정적 영향기준(decisive influence test)을 폐기하고 "적절하고 실질적으로 정확한 위험의 고지가 되었더라면 신중한 보험자가 적절한 판단을 하였을 것으로 충분하다"는 단순영향기준(simple influence test)과 "모든 중요한 사실이 보험자에게 제공되었더라면 승낙한 조건으로는 체결하지 않았을 보험계약을 실제보험자가 체결하도록 유인되었음을 보험자가 입증하여야 한다"는 실제적

36) [1994] 2 Lloyd's Rep. 427; [1995] 1 A.C. 501, HL.

유인기준(actual inducement test)을 채용하였다. 나아가 중요한 사실이 고지되었으면 보험계약의 체결을 중요한 사실의 불고지가 성립하는 경우 보험자가 별도로 그로 인하여 보험계약을 체결하도록 유인 받았는가를 입증할 것이 요구되는가 여부와 관련하여 St Paul Fire and Marine v. McConnel사건[37]에서는 "불고지로 인하여 인수한 조건으로 보험계약을 체결되도록 유인되었다는 추정을 깨뜨릴 증거가 충분하지 않다"고 판시하였다.

(나) 결정적 영향기준과 단순영향기준

(a) 결정적 영향기준 : 이는 보험자가 보험계약을 취소할 수 있는 자격을 가지기 위하여서는 신중한 보험자가 중요한 사실의 불고지 또는 부실고지에 의하여 결정적으로 영향을 받아야 한다는 것이다. 이 기준은 Container Transport International Inc. and Reliance Group Inc. v. Oceanus Mutual Underwriting Association(Bermuda) Ltd.(CTI사건)사건의 1심법원[38]에서 채용된 기준이다.

이 사건의 사실관계는 컨테이너 리스회사인 피보험자는 컨테이너에 대한 손해를 담보하는 보험에 들었는데, 피보험자가 다른 보험자에 대한 과거 보험금청구기록을 정확히 알리지 않았다는 이유로 보험금청구가 기각된 사건이다. 로이드(Lloyd)판사는 신중한 보험자가 위험인수를 전부 거부하였거나 보다 많은 보험료를 청구하였을 경우에만 보험계약을 취소할 수 있다고 하고, 이 기준은 전부 또는 전무식의 취소의 구제수단의 엄격성이라는 정책적인 요소를 고려한 것이라고 판시하였다.[39]

(b) 단순영향기준 : CTI사건에서 항소법원은 결정적 영향기준을 거부하고 커르(Kerr)판사의 판시와 같이 "보험을 청약할 때 위험에 대하여 실질적으로 정확한 고지가 있었고, 이에 따라 보험자가 적절한 판단을 할 수 있었는가" 여부를 확인하는 것만이 필요하다고 하였다. 이 기준은 이후 반복하여 판례에 의하여 확인되었다.

Pine Top사건에서 팬 어틀랜틱(Pan Atlantic) 보험회사는 1977년~1979년 파인 톱(Pine Top) 보험회사 이외의 보험자와도 초과전보손해에 대하여 재보험에 가입하였고, 파인 톱 보험회사는 1980년에 처음으로 팬 어틀랜틱 보험회사로부터

37) [1993] 2 Lloyd's Rep. 503; [1995] 2 Lloyd's Rep. 116, CA: 이 사건의 사실관계는 이 책 제2부 제3장 제3절 최대선의의무와 고지의무 Ⅱ. 고지의무 2. 영국에서의 고지의무 (7) 중요한 사실 (다) 위험의 증가의 문제 참조.

38) [1982] 1 Lloyd's Rep. 476.

39) F.D. Rose, op. cit., § 5.30, p. 75.

재보험을 인수하였다. 1982년 팬 어틀랜틱 보험회사는 1982년 보험료의 인하를 요구하여 재조정을 위하여 1977년~1979년의 사고기록이 당연히 필요하였는데, 팬 어틀랜틱측이 1977년~1979년의 사고기록을 부실고지(misrepresent)하고 1980년~1982년에 팬 어틀랜틱사가 입은 추가손해를 고지하지 아니하였다. 상원은 중요한 사실을 고지하지 아니하였다는 이유로 보험자승소판결을 내렸고, 중요한 법률쟁점, 즉 결정적 영향기준과 실제적 유인기준에 대하여 검토하였다. 여기서는 전자에 대하여서만 검토하고 후자는 뒤에서 다룬다. 상원의 다수의견은 영국해상보험법 제18조의 자연적이고 통상적인 어구의 해석에 따르면 '결정적'이라는 수식어를 첨가할 여지가 없다고 하고, 머스틸(Mustill)판사에 따르면 "완전하고 정확한 고지가 보험자가 위험을 받아들이고 얼마의 보험료로 인수할 것인가 여부에 대하여 결정하는데 결정적인 영향을 미치지 아니하였어도 중요한 사실이다"라고 판시하였다.

(다) 위험의 증가의 문제 : Pine top 사건의 항소심판결에서 스테인(Steyn)판사는 위험을 감소시키는 사항은 중요한 사실의 범위에서 제외된다고 판시하였지만, 이는 미해결상태이었다가 ST Paul Fire and Marine v. McConnel사건[40]에서 다시 검토되었다. 이 사건에서 마셜 아일랜즈(Marshall Islands)에서 의회건물을 건축하기로 계약한 건설회사인 항소인은 수급인전위험담보조건의 보험계약(Contractors All Risks Policy)을 체결하였다. 보험계약 체결시 보험자에게 제공된 설계서에는 말뚝을 박는 것으로 되어 있었는데, 보험계약의 체결 이전에 토대를 박는 기초에서 평면기초로 변경되었고, 이 사실을 보험자에게 알리지 아니하였다. 건물이 함몰하자 보험자는 말뚝을 박지 않고 건물이 건축된다는 사실을 알리지 않은 불고지와 부실고지를 이유로 보험보상을 거부하였다. 즉, 위험의 증가가 중요한 사실을 결정하는 기준이라는 피고의 주장에 대하여 항소법원의 에반스(Evans)판사는 "위험이 불고지로 인하여 증가하지 않았다면 중요한 사실이 아니라는 주장은 거부한다"고 판시하였다.

(라) 보험계약자가 통상의 업무상 알고 있는 것으로 보게 되는 사항 : 보험계약자는 통상의 업무상 당연히 알고 있어야 할 모든 사정에 대하여 이것을 알고 있는 것으로 본다(영국해상보험법 제18조 제1항). 그러므로 만일 보험계약자가 자기의 부주의로 중요한 사정을 알지 못하거나 또는 확인하지 않았어도 그가 알고 있는 것으로 보며, 따라서 그 사정을 고지하지 아니한다면, 보험자는 그 보험계약을 취소할 수 있다. London General Insurance Co., Ltd. v. General

40) [1993] 2 Lloyd's Rep. 503; [1995] 2 Lloyd's Rep. 116, CA.

Marine Insurance Underwriters' Assocn.사건[41]에 의하면, 기선 비고(Vigo)호의 적하보험을 인수한 원고는, 이 원수보험을 재보험에 붙이고자 그 다음날 오전 10시 보험중개사에 대하여 지시를 하고, 동일 오후 4시경 피고와의 사이에 재보험계약을 체결하였다. 그런데 동 선박의 적재화물이 화재를 입었다는 뜻의 전보가 그날 아침 로이즈의 재해게시판에 게시되고, 이 전보(즉, 재해보고서)의 사본이 여느 때와 같이 로이즈보험인수인에게 배부되었다. 그러나 원고 원수보험회사는 사무번잡으로 인하여 이 보고서를 알아채지 못하였다. 그리고 재보험계약 체결 당시 원고, 그 보험중개사와 피고의 3자는 그 누구도 이 사고에 대하여 사실상 알지 못하였다. 따라서 피고는 원고가 알고 있다고 보게 되는 중요한 사실의 불고지가 있었다는 이유로 책임을 부인하였다. 법원은 당시 배포된 재해보고서에 의거하여 원고는 그 재해에 대하여 아는 것으로 보아야 하고, 원고는 충분한 시간이 있었기 때문에 이 재해에 대하여 보험중개사에게 통지할 수 있었는데도 불구하고 이것을 행하지 않았기 때문에, 보험계약자가 알고 있는 것으로 보게 되는 중요한 사실의 불고지가 존재한 것으로 되고, 이 불고지에 의하여 피고는 그 보상책임을 면한다고 판결하였다.

(마) 중요한 사실에 관한 특수한 문제

(a) 보험인수의 거부사실 : 해상보험과 비해상보험이 다른 점의 하나는 다른 보험자에 의한 보험인수의 거부가 중요한 사실인가 여부이다. 해상보험에서는 이 거부사실은 중요한 사실이 아니므로 고지할 필요가 없다는 것이 오랫동안 확립된 것이다. 그러나 비해상보험에서는 이는 중요한 사실이라는 것이 일관되게 판결되고 있다.[42]

(b) 이전의 범죄행위 : 비해상보험사건에서 피보험자의 이전의 범죄행위는 고지사항이라는 것이 보통법상 확립되어 있다. 최근의 해상보험사건으로는 도라(Dora)호 사건[43]에서 피보험자가 알지 못한 요트의 선장의 이전의 범죄행위는 피보험자가 조사를 하였어야 하고 알고 있는 사실로 추정된다고 하여 고지의무위반으로 판결되었다.

Brotherton v. Aseguradora Colseguros사건[44]은 컬럼비아(Columbia) 국영은행

41) [1920] 3 KB 23; [1921] 1 KB 104.

42) F.D. Rose, op. cit., § 5.38, p. 78; Arnould, Law of marine insurance and average, 16th ed, London: Sweet & Maxwell, 1981, § 675.

43) Inversiones Manria SA v. Sphere Drake Ins Co. Plc(The Dora) [1989] 1 Lloyd's Rep. 69.

44) [2003] All ER(Comm) 298.

의 전문직업인 보상책임과 은행원의 보험계약의 재보험사건으로 은행장이 불법행위가 있었다는 지역언론의 보도가 있었다. 언론보도는 중요한 사실이라고 하여 보험계약을 취소한 보험자에 대하여 맨스(Mance)판사는 "보험을 청약하는 자는 근거없거나 허위의 소문이 아닌 정보를 고지할 의무가 있다는 것은 오랫동안 확립된 판례이다"라고 판시하였다.

(c) 초과보험과 중복보험 : 보험목적의 과대평가는 고지되어야 하는 중요한 사실일 수 있다. 또한 다른 보험자와 체결한 추가보험계약은 그로 인하여 위험의 성격이 거래위험에서 투기위험으로 변경되는 경우에는 중요한 사실의 불고지로 인정된다.[45]

(d) 과거의 보험성적 : 일반적으로 보험자의 질문이 없는 한 보험계약자는 이전의 보험성적에 대하여 고지할 의무는 없다.[46] 그러나 보험자의 질문에 답하거나 자발적으로 정보를 제공하는 경우에는 이러한 정보는 정확하여야 한다.[47]

(8) 유인의 요건

Pine Top사건판결은 중요한 사실만으로는 보험자가 보험계약을 취소할 수 없고, 신중한 보험자기준과는 별개의 기준, 즉 실제적 유인기준(actual inducement test)이 충족되어야한다는 원칙을 확립하였다. 따라서 보험자가 보험계약을 취소할 수 있기 위하여서는 ① 중요한 사실에 관한 가상의 신중한 보험자기준, ② 실제적 유인기준의 두 기준을 충족하여야 한다. 두 번째 기준은 Pine Top사건에서 고프(Goff)판사에 따르면 첫째 요건의 피보험자에 대한 가혹함을 완화하기 위한 것이다.[48]

(가) 실제적 유인기준 : Pine Top사건에서 상원은 중요한 사실에 관한 CTI사건의 판시를 지지하였지만 실제적 보험자가 계약을 체결하도록 유인되었다는 것을 입증하여야 한다고 전원일치로 판시하여 객관적 유인기준을 파기하였다.

---

45) 이에 대하여서는 이 책 제4부 제2장 제3절 보험금액과 보험가액의 관계 Ⅱ. 초과보험 2. 영국해상보험법상의 초과보험 (3) 초과보험과 중요한 사실의 불고지, 그리고 Ⅲ. 중복보험 3. 중복보험의 효과 (2) 영국해상보험법상의 중복보험의 효과 (나) 보험계약자가 사기인 경우 (c) 중복보험과 중요한 사실의 불고지 참조.

46) Dodwell & Co., Ltd. V. British Dominions General Insurance Co., Ltd. [1918] 사건에서 이전에 선적한 원유가 유출되어 대형 보험금청구가 있었기 때문에 그 이후의 적하에 대하여 보험자가 일부를 거부한 사실을 알릴 의무는 없다고 판시되었다.

47) Templeman, Marine Insurance: Law and Practice, 6th ed., London: LLP, 1986, p. 25.

48) [1995] 1 AC 501 at 517.

(나) 실제적 유인기준과 불고지 : 실제적 유인기준은 부실표시의 경우에 적용되어야 함에는 의문이 없지만, 과실있는 불고지의 경우에는 적용되지 않는가 여부가 문제되었다. Pine Top사건판결에서 머스틸(Mustill)판사는 실제적 유인기준은 불고지의 경우에도 적용된다고 판시하였다.

실제적 유인기준은 일찍이 Berger and Light Diffusers Ltd v. Pollock사건[49]에서도 발견된다. 호주에서 선적된 주형(injection mould)이 해수에 의하여 훼손된 채 영국에 도착하였는데, 보험자는 선하증권이 발행되었고 주형은 과대평가되었다는 이유로 보상을 거부하였다. 법원은 고지되지 않은 사실은 중요한 것은 아니라는 이유로 피보험자 승소판결을 내렸다. 커르(Kerr)판사는 "보험자가 불고지를 이유로 보험계약을 취소할 수 있기 위하여서는 신중한 보험자의 판단기준을 적용함에 의하여 보험계약을 체결하기 이전에 불고지된 사실이 제공되었더라면 보험자가 보험료를 확정하거나 보험의 인수여부를 결정함에 있어서 영향을 미쳤는가 여부에 의한 사실판단에 의하여 결정된다"라고 판시하였다. 커르판사는 자신의 판시를 CTI사건의 항소심판결에서 변경하였지만 Berger v. Pollck사건에서의 커르판사의 판시는 Pine Top 사건에서 복원되었다. 머스틸판사는 "Berger v. Pollck사건에서의 커르판사의 통찰은 정확하였고, CTI사건의 항소법원이 취한 반대의 견해는 현재 유지될 수 없다"라고 판시하였다.

ST Paul Fire and Marine v. McConnel사건[50]에서 항소법원은 중요한 사실의 불고지가 있었고, 보험자는 보험계약을 인수하도록 유인되었다고 판시하였다. 에반스(Evans)판사는 "유인과 관련하여 부실표시 또는 불고지가 중요하고, 모든 중요한 사실이 보험자에게 제공되었더라면 승낙한 조건으로는 체결하지 않았을 보험계약을 실제보험자가 체결하도록 유인되었음을 보험자가 입증하여야 함이 공통적인 근거이다"라고 판시하였다.

(다) 유인의 추정 : 보험자가 중요한 사실의 부실표시 또는 묵비를 이유로 보험계약을 취소할 수 있기 위하여서는 중요한 사실의 불고지로 인하여 보험자가 보험계약을 체결하도록 유인되었음을 입증할 책임을 진다고 하면, 다음 쟁점은 중요한 사실의 불고지가 성립하는 경우 보험자가 별도로 그로 인하여 보험계약을 체결하도록 유인 받았는가를 입증할 것이 요구되는가 여부이다.

이것은 Berger and Light Diffusers Ltd. v. Pollock사건에서 커르판사에 의하

49) [1973] 2 Lloyd's Rep. 442.

50) [1993] 2 Lloyd's Rep. 503; [1995] 2 Lloyd's Rep. 116, CA: 이 사건의 사실관계는 이 책 제2부 제3장 제3절 최대선의의무와 고지의무 Ⅱ. 고지의무 2. 영국에서의 고지의무 (7) 중요한 사실 (다) 위험의 증가의 문제 참조.

여 고찰되었는데, 그는 "불고지된 사실의 중요성을 입증할 책임은 보험자가 진다. 불고지의 효과는 명확하기 때문에 법원은 보험자가 손해보상을 거부하는데 입증을 요구하지 않거나 요구하더라도 약간의 증거만 요구한다. 그러나 의심스러운 경우에는 법원은 보험자에게 취소할 수 있는 권리가 있음을 입증할 것을 요구한다"라고 판시한다. Pine Top 사건에서 머스틸판사가 행한 원칙은 유인은 추정된다고 보아 보험자는 중요한 사실임을 입증하기만 하면 된다는 생각을 가졌지만 이 사건에서 이 점을 설시할 필요가 없었으므로 ST Paul Fire and Marine v. McConnel사건과 Marc Rich and Co. AG v. Portman사건[51)]까지 해석에 맡겨져 있었다. 이 두 사건에서 중요한 사실과 별개로 일정한 경우에 보험자는 유인되었음을 입증할 책임을 진다고 판시하였다.

ST Paul Fire and Marine v. McConnel사건에서 에반스판사는 보험자중 3 보험자에 대하여는 유인의 입증이 충분하였지만 나머지 하나의 보험자에 대해서는 증언이 없으나 불고지로 인하여 인수한 조건으로 보험계약을 체결되도록 유인되었다는 추정을 깨뜨릴 증거가 충분하지 않다고 판시하였다. 동 판사는 "판례에 따르면 중요한 사실이 입증되었다고 하여 유인이 추론되는 것은 아니지만, 중요한 사실임이 매우 명백하여 보험자가 실제로 유인되었다고 추론되는 예외적인 경우에도 그 추론은 추정적인 것(prima facie)일 뿐이고 반대의 증거에 의하여 깨어질 수 있다"라고 판시하였다.

그러나 Marc Rich and Co. AG v. Portman사건에서 항소법원의 레겟(Legatt)판사는 1심법원의 롱모어(Longmore)판사가 "불고지가 인수된 조건으로 보험계약이 체결되도록 유인되었음을 보험자가 입증하여야 한다"라고 한 판시를 거부하지 아니하였다.

이 두 판례의 상반된 입장과 관련하여 시간이 경과하여 특정한 거래를 확인하거나 기억할 수 없는 경우에는 유인이 추정된다고 보지만, 이는 중요한 사실임이 명확히 확정되는 경우에만 추정된다고 한다.[52)]

#### (9) 계약교섭중의 고지(representation)

고지의 법리는 또한 최대선의의무의 일부를 구성한다. 불고지에 관한 원칙은 계약교섭중의 고지에도 적용된다. 따라서 중요한 사실의 기준, 취소의 효과도

51) [1996] 1 Lloyd's Rep. 430; 이 사건의 구체적인 사실관계는 이 책 제2부 제3장 제3절 최대선의의무와 고지의무 Ⅱ. 고지의무 2. 영국에서의 고지의무 (10) 고지의무위반의 효과 (나) 취소권의 제한 (a) 위험에 영향을 미치지 않는 사항 참조.

52) F.D. Rose, op. cit., § 5.56, p. 85.

불고지와 같고, 신중한 보험자기준은 고지의 중요성을 정의함에도 적용되며, 파인 톱(Pine Top)사건에서 취소를 위하여 실제적 유인이 있어야 한다고 한 것은 고지의 경우에도 적용된다. 영국해상보험법 제20조 제2항은 제18조 제2항의 규정과 같은 내용을 규정하고 있다.

영국해상보험법 제20조 제1항은 피보험자가 행한 모든 중요한 고지는 진실하여야 하고, 이를 위반하면 취소할 수 있다고 규정하지만 이 조항은 영국해상보험법 제20조 제4항과 결부되어 이해되어야 한다. 제20조 제4항은 "사실문제에 관한 고지는 그것이 실질적으로 정확하면, 즉 고지의 내용과 실제의 내용과의 차이가 신중한 보험자에 의하여 중요하다고 판단되지 않을 정도이면 진실한 것이다"라고 규정하는데, 이 규정상 중요한 사실과는 별개로 고지의 정확성을 정의함에는 신중한 보험자기준이 적용되는 것이 명확하다.

고지에 관한 영국법원의 판례는 대부분 고지와 담보특약(warranty)의 차이에 관한 것이고, 담보특약과 달리 고지는 계약의 조건이 아닌 점이 다르다. 담보특약은 보험계약에 삽입되어 문언 그대로 그리고 엄격히 적용되어야 함에 반하여, 고지는 실질적으로 정확하기만 하면 되는 것이다.[53] 고지와 담보특약이 가장 잘 구별된 것은 Pawson v. Walton사건[54]이다. 이 사건에서 보험계약에서 고찰된 것과 보험자에게 고지한 것과 다른 무기와 선원을 승선시켜 행하여진 항해 후 선박이 나포되었는데, 법원은 담보특약이 아닌 고지에 해당하므로 보험자는 보상책임을 진다고 판시하였다. 맨스필드판사는 "보험계약의 일부를 구성하는 담보특약과 중요한 점에 관한 허위의 경우에는 무효이지만 중요하지 아니한 경우에는 사기적이라고 할 수 없는 고지와의 차이만큼 명확한 것은 없다"라고 판시한다.

(10) 고지의무위반의 효과

(가) 보험자의 취소권 : 고지의무는 간접의무의 성격을 띠고, 그 위반의 경우 보험자는 보험계약을 취소할 수 있으며, 이는 소급하여 보험계약을 무효로 한다. 최대선의의무와 고지의무위반의 경우 손해배상이 인정되지 아니한다는 것은 스타 시(Star Sea)호 사건에서 항소법원의 홉하우스(Hobhouse)판사에 의하여 최종적으로 결론지어지고, Banque Financière사건에서 상원에 의하여 확인되었다.[55]

53) Susan Hodges, op. cit., p. 267.
54) [1786] 1 TR 343.
55) F.D. Rose, op. cit., § 5.65, p. 88.

(나) 취소권의 제한 : 영국해상보험법 제18조 제3항은 "(a) 위험을 감소시키는 모든 사항, (b) 보험자가 알고 있거나 알고 있는 것으로 추정되는 모든 사항(보험자는 주지의 사항 그리고 보험자가 통상의 업무상 당연히 알고 있어야 하는 사항에 대하여서는 이것을 알고 있는 것으로 추정된다), (c) 보험자가 통지를 받을 권리를 포기한 모든 사항, (d) 명시적 또는 묵시적 담보특약이 있기 때문에 고지할 필요가 없는 사항은 질문이 없는 한 고지할 필요가 없다"라고 규정하고 있다. 즉, 보험계약자는 보험자의 질문이 없는 한 ① 위험에 영향을 미치지 않는 사항, ② 보험자가 고지를 면제한 사항, ③ 명시적 또는 묵시적 담보특약은 고지를 요하지 않는다.

(a) 위험에 영향을 미치지 않는 사항 : 위험에 영향을 미치지 않는 사항 또는 위험을 감소시키는 사항에 대하여 보험자에게 고지할 필요는 없다(영국해상보험법 제18조 제3항 a호). 또한 보험자가 그 통상의 업무상 당연히 알고 있는 것으로 추정되는 사항에 대하여도 같다(영국해상보험법 제18조 제3항 b호). 보험자가 알아야 하는 사항에는 번개, 허리케인, 지진과 같은 물리적인 위험과 분쟁이나 평화의 가능성과 같은 정치적인 위험을 포함한다. 보험자는 일반적으로 주지하는 사항에 대하여는 숙지하는 것으로 추정된다. 특히 일반 상관습, 항로, 선적·하역, 적부 및 포장의 방법 등에 대하여 아는 것으로 추정된다. 그러나 통상의 방법을 채용하지 않는 것을 처음부터 의도한다면, 이것은 모두 고지되어야 한다. 보험자가 알고 있는 것으로 추정되는 사항의 예로서 원고가 다수의 어선에 관하여 피고와의 사이에 체결한 화재위험의 재보험계약에 기하여 보험금청구소송을 제기한 사건인 North British Fishing Boat Insurance Co. v. Starr사건[56]이 있다. 이 사건에서 피고는 원고가 부보선박중 특정한 빔주의 어선이 예선부터 화재로 인하여 큰 손해를 입어 온 것을 피고 보험자에게 통지하지 않은 점에서, 중요한 사항의 불고지가 있다고 주장하였다. 그러나 이와 같은 사정은 신중한 보험자라면 통상의 업무상 당연히 알아야 할 사항의 범위에 속한다고 판결되었다.

보험자는 일반적인 성질에 대하여 알고 있다고 추정되지만, 보험자는 그 선박의 재해가 일반에게 주지될 정도인 경우를 제외하고, 모든 특정선박에 관하여 모든 종류의 정보를 아는 것이 기대될 수 없다. 그러나 보험계약자 측은 자기 자신의 업무에 특히 관계하는 사항에 대하여는 아는 것으로 기대된다. 예컨대 London General Insurance Co., Ltd. v. General Marine Undewriters' Assocn.

56) [1922] 13 LlL Rep. 206.

Ltd.사건[57]에서 재보험계약을 체결한 원수보험자는 재보험에 붙이고자 하는 특정선박의 재해에 대하여 알만큼 충분히 유능하여야 하였지만, 재보험자에게는 재해보고서를 철저히 조사할 의무는 없었다.

최근의 Marc Rich and Co. AG v. Portman사건[58]에서 원유무역상으로 수집한 원유의 수송을 위하여 선박을 용선한 피보험자는 적하인 원유의 멸실 또는 훼손에 대하여, 용선자로서 부담할 책임(체선료포함)에 대하여 보험에 들었다. 체선료에 대한 보험금청구에 대하여 보험자는 ① 용선자로서 이전에 선주에게 지급한 체선료에 관한 정보(사고경력), ② 악천후와 높은 조류와 같은 불리한 항구의 특성을 고지하지 않았다는 이유로 보험금지급을 거부하였다. 법원은 피보험자의 체선에 대한 사고기록은 보험자가 아는 것으로 보는 사항이 아니라고 판시하였다. 특정한 기업위험은 특유한 것이고, 보험자는 이를 고지하지 않는 한 알 수 없다고 하였다.

(b) 보험자의 고지면제

(ㄱ) 보험자의 고지면제의 의의 : 보험자가 고지할 것을 면제한 사항에 대하여는 보험계약자는 이것을 고지할 필요가 없다(영국해상보험법 제18조 제3항 c호). '보험자가 고지할 것을 면제한 사항'이라 함은, 질문에 의하여 알 수 있음에도 불구하고, 보험자가 고지할 것을 묵시적으로 면제한 사정 또는 아무 질문을 하지 않음에 의하여 보험자가 고지를 받을 권리를 포기한 사항을 말한다.

이를 면제하는 근거는 Carter v. Boehm사건에서 맨스필드경에 의하여 제시되었다. 성의 방어상태에 대한 불고지에 대하여 지사는 공격의 가능성을 우려하고 있었음이 명백하였고, 추가조사를 하지 아니함으로써 보험자는 성의 하자에 대한 위험을 인수하였고 이는 면제한 것과 같다고 판시되었다.

보험자에 의한 고지면제의 예는 Asfar and Co. v. Blundell and Anothers사건[59]이 있다. 이 사건에서 일괄운임을 지급하고 기선 고비노(Govino)호를 용선한 원고가, 그 '용선이윤에 대하여' 피고 보험자와의 사이에 보험계약을 체결하였다. 그러나 보험자는 동선박이 일괄지급운임으로 용선되었는가 또는 톤당 얼마의 운임으로 용선되었는가에 대하여 아무 통지를 받지 못하였다. '고비노'호는 페르시아만에서 런던을 향하여 다량의 대추야자의 적하를 적재하였지만, 테임즈강에서 충돌로 인하여 침몰하였다. 그 결과 물에 젖은 대추야자는 식용으로

57) [1920] 3 KB 23; [1921] 1 KB 104.
58) [1996] 1 Lloyd's Rep. 430; [1997] 1 Lloyd's Rep. 225, CA.
59) [1896] 1 QB 123, CA.

는 부적합하여 가공용으로 매각되었다. 따라서 대추야자에 관하여 전혀 운임이 지급되지 않았고, '용선운임'은 전손으로 귀착되었다. 이에 원고가 보험금청구의 소를 제기하자, 피고는 중요한 사실의 묵비가 있었다고 주장하였다. 즉, 원고는 동 용선계약은 일괄지급운임이었고, 톤당운임이 아니라는 것을 고지하지 않았다고 항변하였다. 이에 대하여 법원은 원고의 보험금청구를 인용하였다. 그 이유는 "보험계약자가 중요한 사실에 관하여 충분히 고지를 하고, 또한 보험자의 요청이 있다면, 보험자에게 또한 다른 고지를 요청하게 하는 것으로 한다면 그것으로 충분하다. 본건에서 보험계약의 목적은 원고가 선주에게 지급한 용선료와 원고가 하주로부터 획득할 운임과의 차액이기 때문에, 원고는 용선계약과 관련하여 실제 모든 사정이 고지되었다. 왜냐하면 보험계약자가 '우리는 이 용선계약에서 이윤을 획득하고 있다'라고 명확히 서술하였기 때문이다. 보험계약자는 보험자에게 그것만 고지하고, 용선료가 총괄지급인가 톤당 운임요율에 의한 것인가에 대하여는 서술하지 않았다. 용선료가 총괄지급운임인 것은 거의 확실하였지만, 보험자가 이 점에 대하여 질문한다면 바로 알았을 것이다. 만일 보험자가 이것을 알고자 하였다면, 당연히 질문하였어야 했다. 따라서 원고는 중요한 원칙에 대하여 충분히 고지하였다"라는 것이었다.

Marc Rich and Co. AG v. Portman사건[60]에서 원유무역상으로 수집한 원유의 수송을 위하여 선박을 용선한 피보험자는 적하인 원유의 멸실 또는 훼손에 대하여, 용선자로서 부담할 책임(체선료포함)에 대하여 보험에 들었다. 보험중개사는 보험자의 질문이 없는 한 이전에 선주에게 지급한 체선료에 관한 정보(사고경력)를 알리지 아니하기로 결정하였다. 항소법원은 피보험자가 한 고지의 면제주장에 대하여 "보험자는 존재하는 것을 알지 못하는 유형의 정보를 포기할 수 없다"라고 판시하였다. 다른 유형의 보험에서는 불고지약관이 사용되고 있지만, 이것이 해상보험에 어떠한 영향을 미치는 것은 아니다.[61]

(ㄴ) 고지면제와 취소권의 행사기간 : 보험자가 고지되지 아니한 사실을 알아차린 후, 어떠한 행동도 취하지 아니하거나 또는 보험증권에 기하여 행해진 보험금청구에 관하여 다른 조사를 계속하고 있는 경우에, 보험자가 취소권을 포기한 것으로 추정되는가 여부가 문제된다. 만일 보험자가 불고지가 행해졌을지도 모른다고 조사를 시작하였다면, 그가 사실에 대하여 충분히 알 때까지는 권리포기의 문제는 있을 수 없다. 또한 사실에 대하여 충분히 알고 있는 경우에

60) [1996] 1 Lloyd's Rep. 430; [1997] 1 Lloyd's Rep. 225, CA.
61) F.D. Rose, op. cit., § 5.47, p. 81.

도, 그는 결단을 내릴 때까지 상당한 시간이 허용된다.[62] Liberian Insurance Agency Inc. v. Mosse사건[63]에서 법원은 이 점에 대하여 "보험자가 계약의 긍정 또는 부인과 관련하여 어느 행동도 취하지 않은 채 상당한 시간이 경과한 경우에, 충분한 시간의 경과로 인하여 추론에 의하여 얻은 필연적 결과가 긍정이라거나, 또는 지연으로 인하여 보험계약자가 권리를 침해당하거나 또는 제3자의 권리가 침해된 경우에만, 보험자는 계약을 긍정한 것으로 추정된다"라고 서술하였다.

대법원 1996.3.8. 선고, 95다28779 판결은 영국법준거약관이 삽입된 협회선박보험약관을 보험계약의 내용으로 한 사건으로 법원은 "고지의무 위반을 이유로 한 보험계약의 취소를 규정하고 있는 영국 해상보험법 제18조에는 그 취소권의 행사기간에 관하여 아무런 제한을 두고 있지 않으나, 영국 법원의 판례에 의하면 피보험자의 고지의무 위반 사실을 안 보험자가 기간의 제한 없이 무한정하게 고지의무 위반을 원인으로 보험계약을 취소할 수 있는 것이 아니라 그 사실을 안 날로부터 보험계약 취소 여부를 결정하는데 필요한 상당한 기간 내에 취소권을 행사하여야 하고, 보험자가 취소권을 행사하지 않을 의사임이 명백할 정도로 오랜 시간이 흐른 경우나 보험자가 취소권을 늦게 행사함으로써 피보험자에게 손해가 발생한 경우 또는 제3자의 권리관계가 개입하게 된 경우라면 보험자가 보험계약을 추인하였다고 볼 수 있다는 것일 뿐이므로, 그 상당한 기간을 일률적으로 우리 상법 제651조 소정의 제척기간에 상응하는 1개월 내라고 단정할 수는 없다"라고 판시한다.

(c) 명시적 또는 묵시적 담보특약 : 명시적 또는 묵시적 담보특약에 관한 사정은 이것을 고지할 필요는 없다(영국해상보험법 제18조 제3항 d호). 그 이유는 명시적 또는 묵시적 담보특약인가를 묻지 않고, 담보는 엄격히 충족되어야 하고, 그러하지 아니하면 보험자는 책임을 면하기 때문이다.

(11) 보험법상의 고지의무제도에 관한 개정논의

고지의무제도는 담보특약(warranty)과 함께 오랜 동안 주요한 논의의 대상이 되었고, 영국법의 문제점을 검토하여 개정을 건의하는 보고서를 1980년 발간한 법률위원회(Law Commission)는 해상보험분야는 런던이 경쟁적 국제시장에서

62) Templeman, op. cit., p. 27.
63) [1977] 2 Lloyd's Rep. 560: 이 사건의 구체적인 사실관계는 이 책 제2부 제6장 제2절 항해보험 Ⅲ. 적하의 항해보험 5. 운송의 종료와 보험기간의 종료 (2) 미리 종료하는 경우 (다) 항해의 변경조항 참조.

의 지도적 중심인 점에 비추어 영국해상보험법에 대한 본질적 변화는 영국법의 법률적인 확정성을 파괴할 수 있다는 점, 해상보험계약은 일반적으로 보험법의 상세한 내용을 알고 있는 전문가 사이에서 체결된다는 이유로 개정범위에서 제외되었다.[64)]

비해상보험분야에서는 고지의무의 개정안이 의회에서 심의되었지만 영국보험자협회와 정부 사이의 타협으로 자율적 개정으로 귀결되어 1977년 불공정계약조항법에서 보험계약을 제외하는 대신 임의법규인 보험실무규칙(Statement of General Insurance Practice)을 개정하였다.

## 3. 미국에서의 고지의무

미국 해상보험법상 고지의무제도는 연방대법원의 MacLanahan v. Universal Insurance Co.사건[65)]과 1883년의 Sun Mutual Insurance Co. v. Ocean Insurance Co.사건[66)]에서 형성되어 적용되다가 1955년의 윌번 보우트(Wilburn Boat)호 사건[67)] 이래 주마다 영국법과 유사한 연방대법원의 입장을 고수하는 입장과 각주의 보험법을 적용하는 입장으로 나뉘어 있다. 대체로 미국 해상보험법상 고지의무제도는 중요한 사실 등에 대해서는 약간의 다른 점을 제외하고는 대체로 영국법과 동일하다. 고지의무위반의 효과로는 프랑스 보험법 등 대부분의 대륙법계 국가에서 채용하는 고지의위반과 손해 사이의 인과관계를 고려하는 비율적 보험보상제도는 채용하지 않고 있다. 비율적 보상을 인정하는 것은 200년 이상 영국과 미국 보험사업이 고지의무에 기초하여 성공적으로 영업을 수행하고 있는 해상보험사업의 본질을 기본적으로 변경하는 것이고, 현재의 고지의무제도가 정상적으로 작동하고 있음을 근거로 한다.[68)] 또한 미국 해상보험법상은 고지의무위반의 효과로서 보험자의 보험계약의 취소 이외에 손해배상이나 징벌적 손해배상은 채용되지 않는 점도 영국법과 같다.

---

64) Law Commission, 1980, para 2.8, p. 14.
65) 26 U.S. (1 Pet.) 170 (1828).
66) 107 U.S. 485, 1 S.Ct. 582(1883).
67) Wilburn Boat Co. v. Fireman's Fund Insurance Co. 348 US 310, 1955 A.M.C. 467 (1955); 이 책 제1부 제3장 제2절 미국의 해상보험법이 발전 Ⅲ. 전환점 : '윌번 보우트' 호 사건 참조.
68) Thomas J. Schoenbaum, Key differences between English and American law of marine insurance, Centreville, Maryland: Cornell Maritime Press, 1999, pp. 126~127.

(1) 중요한 사실과 신중한 보험자기준

미국법상은 고지의무의 대상인 중요한 사실은 영국에서와 같이 집중적으로 다루어지지 않았다. 초기부터 법원은 결정적 영향기준을 적용하였는데, 고지의무위반이 되려면 최소한 보험료의 인상이 필요할 정도로 위험이 증대되어야 한다고 하였다.[69] 결정적 영향기준은 오늘날 해상보험원칙상 보편적으로 채용되고 있고, 미국법상 중요성이 인정되려면 보험자의 결정을 지배할 무엇이 있어야 한다.[70]

(2) 유인(신뢰와 인과관계)

이 점에 관한 미국법은 영국법과 대체로 같다. 일부 판결은 고지되었더라면 보험계약이 성립하지 않을 것이라는 조건설(but for test of inducement/causation)을 들기도 한다.[71] 실제로 모든 미국법원은 유인을 요구하지만 중요한 사실과 유인의 문제를 구별하지 않기도 한다.[72]

(3) 입증책임과 유인의 추정

이 논점에 관하여 미국법은 영국법과 같다.[73]

## 4. 호주에서의 고지의무

(1) 호주 보험계약법상의 고지의무의 범위와 위반의 효과

1984년 호주 보험계약법은 고지의무위반의 요건으로서의 '알릴 사항'에 보험계약자측의 주관적 요소를 도입하고 있다. 즉, 피보험자는 보험자가 어떠한 조건으로 위험을 인수할지 또는 거부할지를 결정하는데 관련되는 사항으로서 알고 있는 사항, 또는 그 상황에서 합리적인 자가 관련있는 사항으로 알아야 할 것으로 기대되는 사항을 보험자에게 알려야 하는 것으로 규정하고 있다.[74]

또한 고지의무위반의 경우 ① 사기적인 경우에는 보험계약을 취소할 수 있도록 하지만(호주보험계약법 제28조 제2항), ② 보험계약을 취소할 수 없거나 취소할

---

69) MacLanahan v. Universal Insurance Co. 26 U.S. (1 Pet.) 170 [1828] 사건에서 스토리(Story)판사.

70) Albany Ins. Co. v. Horak, 1994 A.M.C. 273(E.D.N.Y. 1993).

71) Albany Ins. Co. v. Wiesniewski, 575 F.Supp. 1004, 1985 A.M.C. 689(D.R.I. 1984).

72) Albany Ins. Co. v. Horak, 1994 A.M.C. 273(E.D.N.Y. 1993); Port Lynch, Inc. v. New England Int'l Assurety of A., Inc., 754 F.Supp. 816, 1992 A.M.C. 225(W.D.Wash. 1991).

73) In re Balfour MacLaine Int'l Ltd., 85F.3d68, 1996 A.M.C. 2266(2d Cir. 1996).

74) 호주보험계약법 제21조 제1항.

수 있는데도 취소하지 않은 경우에는 의무위반이 없었더라면 보험자가 처한 상황에서의 금액을 지급할 보험금액에서 감액할 수 있도록 한다(호주보험계약법 제28조 제3항).

(2) 호주판례의 동향

호주판례는 Pan Atlantic사건에서의 영국상원의 입장이나 CTI사건에서의 항소법원의 입장과 다르다. 지도적 판례는 자동차보험상 이전 교통사고사실의 불고지가 문제된 Mayne Nickless Limited v. Pegler사건[75]으로 새무얼(Samuel)판사는 "신중한 보험자가 어느 조건으로 얼마의 보험료로 보험을 인수할지 여부를 결정하는데 보험자의 마음에 상당하게 영향을 미치는 사실이 중요한 사실이다"라고 한다. 이 입장은 유인을 요구하지 않고, 결정적 영향기준을 채용하지 않으며, 객관적인 기준을 강화하는 견해라고 판단된다.[76]

최근판결인 Akedian Co. Ltd v. Royal Insurance Australia Ltd.사건[77]은 중고품 파이프회전 기계(pipe-rolling machine)의 해상적하보험사건으로 보험자는 ① 구입가격이 보험증권에 기재된 CIF조건 375만 호주 달러가 아니라 FOB 조건 미화 51만여 달러이고, ② 적하의 년수가 기재된대로 5년이 아니라 실제로는 8년이라는 두 가지 중요한 부실고지를 이유로 보험금지급을 거부하였다. 번(Byrne)판사는 상원의 Pan Atlantic사건 이래 중요성의 문제는 두 가지 단계로 고찰된다고 보아, 첫째 요건은 가상의 신중한 보험자의 마음에 대한 부실고지의 영향을 평가하고, 둘째 요건은 불고지가 보험증권을 발행한 보험자에게 실제 유인했는지를 결정하는 것이 필요하다고 보았다. 첫째 요건에 관하여 "불고지된 사실이 고지되었더라면 신중한 보험자가 다른 위험이라고 평가하였으면 중요한 사실이다"라고 판시한 ST Paul Fire and Marine v. McConnel사건에서 에반스(Evans)판사의 판시가 피보험자에게 덜 엄격한 기준으로 보았고, Pan Atlantic 사건이후 뉴질랜드법원이 "당해 정보가 위험을 측정함에 있어서 신중한 보험자의 마음에 영향을 미쳤는가 여부이다"[78]라고 판시한 것에 유념하였다. 둘째 요건에 관해서는 번(Byrne)판사는 이 요건이 첫째 요건의 피보험자에 대한 가혹함

75) [1974] 1 NSWLR 228.

76) Sarah Derrington, Australia: Perspectives and permutations on the law of marine insurance, The Modern Law of Marine Insurance 2, p. 378.

77) [1999] 1 VR 80.

78) Quinsby Enterprises Limited v. General Accident Fire and Life Assurance Plc (1994) 8 ANZ Ins Cas 61~291; Wayne Wilkinson Insurance Ltd. v. Kaiana Douns Ltd. (1995) 8 ANZ Ins Cas 61~248.

을 완화하기 위한 것이라는 고프(Goff)판사의 견해[79]에 대해서는 이 사건과 같이 보험자가 유인되었다고 증언하는 경우 피보험자로서는 곤란하다는 점을 지적하였다. 번판사는 구입가격이 위험을 어떤 조건으로 인수할지 여부를 결정하는 신중한 보험자의 마음에 영향을 미쳤다고 판단하고, 또한 보험자가 실제로 불고지로 인하여 보험계약을 체결하도록 유인되었다고 보아 불고지를 이유로 보험자는 보험금지급책임이 없다고 판시하였다.

번판사의 판시는 다양한 입장의 하나이고 호주법원은 Pan Atlantic사건에서의 영국상원의 다수의견이 강조한 추론과 해석과정을 채용하는 것이 바람직하다는 견해[80]가 있지만 이와 같은 견해가 아직 실현되고 있지 않은 상황이다.

(3) 호주법개정위원회의 개정안

호주의 판례가 고지의무의 대상으로서 중요한 사실에 관하여 다양한 해석을 내리고 있고, 실제보험자가 고지되지 않은 사실에 유인되었는지 여부에 관한 법원의 불명확한 태도와 관련하여, 보험금청구와 관련하여 중요한 사실을 정확히 정의하고 불고지로 보험자가 유인되는 것이 필요한가를 명확히 할 것이 요구되었다. 호주법개정위원회는 Pan Atlantic사건에서 영국상원에 의하여 확립된 개념정의를 호주에서 수용하여야 하는가의 문제에 직면하였고, 동 위원회는 상원의 고지의무의 해석을 채용하는 것을 넘어서 여러 제안을 하고 있다.

호주 보험계약법상의 고지의무의 주관적 요소(보험계약법 제21조 제1항)를 배제하고, 고지의무위반의 효과에 관하여 '전부 또는 전무' 식의 영국과 호주의 해상보험법의 접근방법을 폐기하여,[81] 사기적인 경우와 그러하지 않은 경우로 나눌 것을 제안한다(법 개정위원회 개정안 제25조).

먼저, 보험자가 고지의무위반이 사기적임을 입증하는 경우에는 보험계약을 취소하고, 보험료를 보유한다. 다음으로, 위반이 사기적이 아닌 경우에는 2원적으로 접근한다.

① 보험자가 불고지된 사실이나 부실고지된 사실의 진실성을 알았더라면 보험계약을 체결하지 않았을 것임을 입증한 경우에는 보험계약을 취소할 수 있지만 보험료를 반환하여야 한다.

---

79) [1995] 1 AC 501 at 517.

80) Kirby, Marine Insurance: Is the doctrine of 'Utmost Good Faith' Out of Date? (1995) 13 Australian Bar Review 1 at 9(Sarah Derrington, op. cit., p. 382에서 재인용).

81) 이와 같은 인과관계요소의 도입은 최근의 노르웨이 해상보험법개정계획과 방향을 같이 한다. 그러나 호주보험계약법(제28조)과 프랑스보험법(제113-8조)과 같은 입법례에 존재하는 비율보상의 원칙의 난점을 피하고 있다.

② 보험자가 불고지나 부실고지된 사실의 진실성을 알았더라도 보험계약을 체결하였을 경우에는 보험계약을 취소할 수 없지만 (a) 보험자는 그 위반을 근인으로 손해에 대한 보험금지급책임이 없고, (b) 추가보험료나 보험계약자의 자기부담분을 반영하여 책임을 수정할 수 있으며, (c) 서면에 의하여 3 거래일의 유예를 제공하고 권고안의 새로운 철회조항에 기하여 보험계약을 철회할 수 있도록 한다.

또한 개정안 제26조는 개정보험법보다 과중한 고지의무를 부과할 수 없고, 동법상의 구제수단보다 보험자측에 유리한 구제수단을 규정할 수 없도록 한다. 나아가 모든 지도적 보험자가 보험계약을 체결하도록 유인된 경우에는 추후보험자도 유인된 것으로 보도록 개정할 것을 제안한다(법 개정위원회 개정안 제27조).

## 5. 노르웨이에서의 고지의무

### (1) 노르웨이 계획의 특징

노르웨이에서 최초의 해상보험계획이 발간된 것은 1871년이고, 1996년 계획은 7차개정으로 1964년 계획을 개정한 것이다. 노르웨이의 해상보험계획은 선주협회, 선주상호보험조합, 보험자협회, 선주전쟁상호보험조합, 엔지니어링산업협회 등이 공동으로 작성한 표준약관으로서 선박에 관한 다양한 보험약관을 규율하고 있고, 적하보험에 대해서는 규율하지 않고 있다.

노르웨이 계획상 고지의무는 3장에서 7개 조문으로 규율한다. 그 특징으로는 영미법과 달리 고지의무(duty to disclose)와 부실고지(misrepresentation)를 하지 않을 의무를 구별하지 않는 점을 들 수 있다. 또한 최근의 영국법원의 입장과 달리 쌍방적 의무로 이해하지 않고 단지 피보험자의 의무로 이해하며, 의무위반의 효과를 사기적인 경우와 선의인 경우로 구별하여 전자의 경우에는 구속력이 없지만 후자의 경우에는 유효한 것으로 처리하고(노르웨이 해상보험계획 제3조 제2항), 양자 모두 안 날로부터 14일내에 보험계약을 종료시킬 수 있다(동계획 제3조 제3항).

### (2) 고지의무의 범위

노르웨이 계획상의 고지의무의 범위를 영국, 호주, 프랑스법과 비교하여 검토하면 다음과 같다.[82]

---

82) Sarah C. Derrington, Non-disclosure and misrepresentation in contracts of marine insurance: a comparative overview and some proposals for unification, [2001] LMCLQ,

첫째, 영미법과 달리 고지의무(duty to disclose)와 계약 교섭중 부실고지(misrepresentation)를 하지 않을 의무를 구별하지 않는데, 이는 프랑스와 동일하다.

둘째, 노르웨이에서는 고지의무는 피보험자가 중요한 사실을 알았는가 또는 알았어야 하는가를 묻지 않는 객관적 기준을 채용한다. 이는 피보험자가 통상의 업무수행과정에서 아는 것으로 보게 되는 사항을 고지하여야 한다고 하여(영국 해상보험법 제19조 a항) 어느 정도의 추정적 인지(constructive knowledge)의 개념을 도입하는 영국, 호주와는 구별되고, 프랑스법과 동일하다. 주관적인 요건은 위반의 효과와 관련하여 문제될 뿐이다.

셋째, 중요한 사실의 판단기준으로 신중한 보험자기준이 채용되고 있는 점은 영국, 호주법과 동일하고, 사실에 대한 실제보험자의 반응만을 기준으로 하는 프랑스법과 다르다.

넷째, 영국 해상보험법에서는 고지되지 않거나 부실 고지된 사실이 보험자에게 어느 정도 영향을 미쳤어야 하는가가 최대의 쟁점이었고, 최근 단순영향이론으로 판례가 확립된 데 비하여, 노르웨이법상은 논의가 별로 없었는데, 그 이유는 노르웨이 계획에서는 고지의무위반의 효과를 달리 규율하고 있기 때문이다.

다섯째, 노르웨이에서는 보험자가 알기를 원하였으면 중요한 사실이라고 판단하는 점에서 영국법상의 단순영향이론과 같고, 프랑스법보다는 완화된 원칙을 취한다.

여섯째, 노르웨이법상은 보험계약이 체결되기 이전에 알린 사실이 후일 피보험자의 과실이었음을 알게 된 경우에는 이를 시정할 계속적인 의무가 피보험자에게 인정되는데 반하여(노르웨이 해상보험계획 제3조 제1항), 영국, 호주, 프랑스법상은 이러한 의무가 규정되어 있지 않다.

다만 노르웨이에서는 보험계약체결시 존재하는 선박의 결함 등과 관련하여 고지의무는 중요시되지 않는데, 그 이유로는 다음 두 가지가 들어진다.[83)]

첫째, 노르웨이 계획상 보험자는 선급협회 등에서 정보를 취득할 수 있는 권한이 부여되어 있다. 보험자는 피보험자에 대해 보험기간 이전이든 기간중이든 선박의 상태에 관한 선급협회의 상세한 정보를 요청할 수 있고, 직접 선급협회로부터 취득할 수 있기 때문에 보험자가 고지의무에 근거하지 않고 선박에 관한 정보에 직접 접근하는 것이 가능하다.

---

66, 79; 한창희, 1996년 노르웨이 해상보험계획에 관한 고찰, 보험법연구 5, 보험법연구회, 삼지원, 2003, 144~166면 참조.

83) Trine-Lise Wilhelmsen, The Norwegian Marine Insurance Plan and substandard ships, Marine Insurance at the turn of the Millennium Ⅰ, pp. 126~127.

둘째, 노르웨이해상보험업계는 소규모이기 때문에, 보험자는 보험계약체결시 또는 갱신시 선박과 선주에 관하여 상당한 정보를 가지고 있는 것이 보통이다. 따라서 노르웨이계획상 정보가 제공되었을 당시 보험자가 알았거나 알았어야 하는 사실이 부정확하거나 불충분하다는 것을 주장할 수 없도록 되어 있다(노르웨이 해상보험계획 제3조 제5항).

(3) 고지의무위반의 효과

노르웨이법은 고지되지 않은 사실에 대한 보험자의 태도와 과실의 정도에 따라 그 위반의 효과를 달리한다. 즉, 영국법, 호주법과 달리 과실의 정도에 따른 단계적인 접근방법을 취한다.84)

(가) 사기적 고지의무위반의 경우 : 피보험자가 사기적으로 고지의무를 이행하지 않은 경우에는 보험자는 보험계약에 대해 구속되지 않는다(노르웨이 해상보험계획 제3조 제2항 1문). 다만 이미 발생한 사고에 대해 보험금을 지급하지 않기 위해서는 피보험자가 고지의무를 이행했더라면 보험자가 보험계약을 승낙하지 않았을 것이 요구되고, 다른 조건으로 승낙했을 경우에는 피보험자가 고지의무를 이행했어야 하는 사실과 인과관계 없는 손해만 보상할 책임을 진다(동계획 제3조 제3항). 다만 1996년 계획은 고지의무를 위반한 피보험자와 체결한 다른 보험계약에 대해서도 14일의 유예기간을 주고 취소할 수 있도록 하고 있다(동계획 제3조 제2항 2문).

(나) 선의인 경우 : 선의로 인한 고지의무위반의 경우에는 피보험자는 정확한 정보가 제공된 것과 같이 보상책임을 지지만, 보험자는 14일의 유예기간을 주고 보험계약을 취소할 수 있다(노르웨이 해상보험계획 제3조 제4항). 그러나 이와 달리 영국이나 호주에서는 피보험자가 선의로 고지의무를 위반한 경우에도 보험자는 전적으로 보험금지급책임을 지지 않는다.

## Ⅲ. 최대선의의무

### 1. 최대선의의무의 재해석

1766년 Carter v. Boehm사건에서 맨스필드(Mansfield)경이 보험이 사행계약이지만 보험계약자의 보험자에 대해서만이 아닌 양 당사자의 신뢰에 근거한 계약

84) Sarah C. Derrington, op. cit., pp. 79~80.

이라고 하여 새로운 법원칙을 제시한 이래 최대선의원칙으로 이름지어져 19세기에 판례법상 발전되었다. 1906년 영국해상보험법 제정시에는 고지의무에 관한 규정이 제18조에서 제20조에서 규정되고, 단지 체계성확보를 위하여 맨스필드경이 제시한 원래의 원칙을 제17조에 "해상보험계약은 최대선의에 근거한 계약이고, 일방 당사자가 최대선의를 준수하지 않는 경우에는 타방 당사자는 보험계약을 취소할 수 있다"라고 규정하였다.[85)]

이 규정이 주목을 끈 것은 전쟁보험에 관한 리치온 프라이드(Litsion Pride)호 사건[86)]이고, 근래의 스타 시(Star Sea)호 사건[87)]에 이르기까지 그 법적 성질, 적용범위와 동법상의 취소이외에 손해배상을 허용하는지 여부와 관련하여 논의되고 있다.

영국해상보험법 제17조의 최대선의 의무는 영국해상보험법 제18조~20조에서 규정하는 고지의무와는 독립된 포괄적인 의무이고, 보험계약의 성립 후에도 중요한 사실을 알려야 하는 의무와 사기적인 보험금청구를 하지 않을 의무 등을 포괄하는 계속적 의무이다.

근래 우리판례(대법원 2005.3.25. 선고, 2004다22711, 22728 판결)도 "영국해상보험법 제17조에 규정된 최대선의의 의무는 제18조 및 제20조에 규정된 의무보다 넓은 개념의 것으로서 보험계약이 체결된 이후 또는 사고 발생 이후라 할지라도 적용되는 것이며, 따라서 피보험자가 사고발생 이후 사기적인 방법으로 보험금을 청구하는 경우에 있어서도 보험자는 최대선의의 의무 위반을 이유로 보험계약을 취소할 수 있다"라고 판시하여 최근의 영국의 판례와 학설을 반영하고 있다.

## 2. 영국에서의 최대선의의무

### (1) 논의의 배경

영국해상보험법은 '고지 및 표시'라는 표제아래 보험계약 성립전 피보험자의 중요한 사실을 알릴 의무를 내용으로 하는 고지의무를 규정하는 한편(영국해상보험법 제18조~제20조), 해상보험계약은 최대선의에 기초한 계약으로 그 위반시 보험계약을 취소할 수 있다고 규정하고 있다(영국해상보험법 제17조). 이 최대선의 준수의무의 적용범위에 대해서는 조문의 배치에도 불구하고 보험계약 성립후의

85) Robert Grime, op. cit., pp. 267~268.

86) Black King Shipping Corporation v. Massie, 'Litsion Pride' [1985] 1 Lloyd's Rep. 437.

87) Manifest Shipping Company Ltd. v. Uni-Polars Shipping Company Ltd. and Others, The Star Sea [2001] 2 W.L.R. 170, 186.

정보제공의무의 근거가 되는가에 대하여는 오랜 동안 논의가 있다가 1985년의 리치온 프라이드(Litsion Pride)호 사건에서 허스트(Hirst)판사는 고지의무가 보험계약 성립 후의 정보제공의무를 포함하는 것으로 새롭게 확립하였다.[88)]

(2) 최대선의의무의 법적 성질

최대선의의무는 피보험자만이 아니라 보험자도 부담한다는 의미에서 '쌍방적' 의무이고, 보험계약 성립이전만이 아니라 성립이후에도 부담하는 의무인 점에서 '계속적 의무'이다.

(가) 쌍방적 의무 : 영국해상보험법 제17조는 보험계약의 두 당사자 모두 최대선의의무를 진다고 규정하는데, 이는 Carter v. Boehm사건[89)]에서 맨스필드경이 보험자가 선박이 이미 도착한 것을 사적으로 이미 알고서도 항해보험계약을 체결한 경우와 같이 사적으로 알고 있는 사실을 숨기고 타방 당사자와 보험계약을 체결한 경우에 선의의무를 위반한 것이라고 예를 든 것과 같은 취지이다.[90)] 최대선의의무의 상호성은 비해상보험사건인 Banque Financière de la Cité v. Westgate Insurance Co., Ltd.사건[91)]에서 확인되었다. 이 사건에서 피보험자인 은행은 발레스테로(Ballestero)가 대표하는 4개 회사에 대한 대출에 대하여 보석을 담보로 잡고 대출회수채권을 담보하기 위하여 신용보험계약을 체결하였다. 보석은 가짜임이 드러나고 발레스테로는 도주해버린 이 사건에서 약관조항상의 사기면책조항에 의거 보험금청구권이 인정되지 않자 피보험자인 은행은 보험중개사의 피용인인 리(Lee)의 사기행위를 알고 있던 보험자가 이 사실을 자신에게 알리지 않은 것은 최대선의의무 위반이라는 이유로 손해배상을 구하였다. 이에 1심법원과 항소법원은 은행에 대하여 보험자가 보험중개사의 사기행위를 알리지 않은 최대선의의무위반을 인정하였고, 상원에서도 이 입장은 유지되었다.

최대선의의무는 보험자와 피보험자 사이에만 인정되는 것이므로 보험자는 보험금청구권의 양수인에 대하여 이 의무를 지지 아니한다. Bank of Nova Scotia v. Hellenic Mutual War Risks Association(Bermuda) Ltd. 'Good Luck'사건[92)]의 1심판결에서 저당권자이며 보험증권의 양수인인 은행과 보험자 사이에

88) Susan Hodges, op. cit., p. 213.

89) [1766] 3 Burr 1905.

90) Susan Hodges, op. cit., p. 214.

91) [1987] 1 Lloyd's Rep. 69; [1988] 2 Lloyd's Rep. 513; [1990] 2 Lloyd' Rep. 377, HL.

92) [1991] 2 Lloyd's Rep. 191, HL; 이 책 제2부 제5장 제2절 담보특약 Ⅲ. 담보특약위반의 효과 2. 담보특약위반의 효과 (2) 보험기간중 위반의 효과 (가) '굿럭'호 사건의 내용 참

는 최대선의의무가 인정되지 않는다고 판시하였다.

(나) 최우선적이고 계속적인 의무 : 해상보험에서 최대선의의무를 규정하는 영국해상보험법 제17조가 조명된 것은 1985년의 '리치온 프라이드'호 사건이다. '리치온 프라이드'호는 선박보험에 들었고, 특정한 지역 특히 전쟁 중의 걸프 만의 항구에 입항할 때에는 즉시 통지하고 선박의 그 지역에의 체류기간 동안 보험부보를 위해서는 추가보험료조정이 필요하다는 약정이 있었는데, 8월 2일에 선박은 보험자에 대한 통지나 추가보험료 지급 없이 걸프지역에서 항해하다가 8월 9일 미사일에 피격되어 침몰하였고, 선주는 8월 11일 서류를 조작하여 8월 2일에 걸프지역에 진입한다는 서신을 작성하였지만 부주의로 발송하지 못하였다는 것과 함께 걸프 만에 진입이 필요하다는 텔렉스를 발송하였다. 서류는 2일로 소급하여 작성되었지만 사고발생시까지 도착하지 않았고, 법원은 선주가 8월 2일로 소급한 사기적인 서류로 보험금을 청구하였다는 이유로 보험자 승소판결을 내렸다. 이 판결에서 허스트(Hirst)판사는 최대선의의무는 영국해상보험법 제18조~제20조에서 규정하는 고지의무와는 독립된 종합적이고 중요한 의무이고, 보험계약의 성립 후에도 중요한 사실을 알려야 하는 의무와 사기적인 보험금청구를 하지 않을 의무 등을 포괄하는 포괄적인 의무이며, 영국해상보험법상 고지의무와 같이 사기적인 의도를 요구하지 않는 점을 명확히 하였다.

(a) 독립적 의무 : 영국해상보험법 제18조~제20조에서 규정하는 고지의무는 최대선의의무에서 유래하지만, 최대선의의무는 이 고지의무와는 독립되어 이를 포괄하는 의무이다.

(b) 계속적 의무 : 보험계약은 선의계약이므로 피보험자의 최대선의의무는 보험계약의 성립으로 종료하는 것이 아니고, 보험기간동안 계속하여 지는 의무이다. 따라서 피보험자는 최초의 정보제공 후 취득한 중요한 사실 특히 원래 제공된 정보가 중대하게 변경된 경우에는 이를 보험자에게 알릴 의무가 있다. 이는 '리치온 프라이드'호 사건 이전의 계속담보조항(held covered clause)에 관한 사건인 Overseas Commodities Agency v. Style사건[93]과 Liberian Insurance Agency v. Moss사건[94]에서 판시되었고, 최근의 '굿럭'호 사건에서는 이 의무는 원래의 보험계약 당사자인 보험자와 피보험자 사이에만 인정되지 보험금청구권

---

조.

93) [1958] 1 Lloyd's Rep. 546.

94) [1977] 2 Lloyd's Rep. 560: 이 사건의 구체적인 사실관계는 이 책 제2부 제6장 제2절 항해보험 Ⅲ. 적하의 항해보험 5. 운송의 종료와 보험기간의 종료 (2) 미리 종료하는 경우 (다) 항해의 변경조항 참조.

의 양수인에게는 적용되지 않는다고 보았으며, 최근의 Orakpo v. Barclays Insurance Services 사건[95]도 피보험자의 최대선의무의 계속의무성을 확인하고 있다.

(3) 최대선의의무의 범위

(가) 최대선의의무의 근거와 기준 : 최대선의의무는 상호성이 인정되어 피보험자의 고지의무는 계약성립 전에는 영국해상보험법 제18조, 그 성립 후는 제17조에 의하여 규율되지만, 보험자의 고지의무는 최대선의를 준수할 의무를 규정하는 영국해상보험법 제17조만에 의거한다.

'리치온 프라이드'호 사건에서 허스트(Hirst)판사는 최대선의의무의 기준으로 올바른 정보를 고지할 의무와 사기적 보험금청구를 하지 않을 의무라는 두 가지 기준을 제시하였고, 이 기준이 최대선의의무에 관한 문제의 지표가 되고 있지만, 이 의무는 그 때 그 때마다 내용이 정하여지고, 그 위반여부는 사실판단의 문제이다.[96]

(나) 보험자의 고지의무의 범위 : 보험계약 성립 이전에 보험자가 고지의무를 지는가에 대해서는 보험자가 보험중개사의 피용인의 횡령 사실을 피보험자인 은행에 알릴 의무가 있는가 여부가 쟁점인 Banque Financière de la Cité v. Westgate Insurance Co., Ltd.사건[97]에서 처음으로 고찰되었고, 계약성립 후 고지의무는 굿럭(Good Luck)호 사건[98]에서 인정되었다.

(다) 피보험자의 계약성립 후 최대선의의무의 범위 : 피보험자의 계약성립 후 최대선의의무는 '리치온 프라이드'호 사건에서 인정되었지만, 그 범위는 영국해상보험법 제18조의 고지의무와 비교하면 제한적인데 계약성립 후 중요한 사실을 알린다고 하더라도 이는 보험자에 대하여 보험인수협상을 잘못한 것이라거나 손해가 발생할 개연성이 높다는 징조를 제공하는데 불과할 수 있기 때문이다.[99] 이에 영국판례상 영국해상보험법 제17조의 계약성립후의 최대선의의

95) [1995] LRLR 443, CA: 이 사건의 구체적인 사실관계는 이 책 제2부 제3장 제3절 최대선의의무와 고지의무 Ⅲ. 최대선의의무 2. 영국에서의 최대선의의무 (3) 최대선의의무의 범위 (다) 피보험자의 계약성립후 최대선의의무의 범위 (c) 사기적인 보험금청구를 하지 않을 의무 (ㄴ) '리치온 프라이드'호 사건 이후판례 참조.

96) Susan Hodges, op. cit., pp. 221~222.

97) 구체적인 사실관계는 이 책 제2부 제3장 제3절 최대선의의무와 고지의무 Ⅲ. 최대선의의무 2. 영국에서의 최대선의의무 (2) 최대선의의무의 법적 성질 (가) 쌍방적 의무 참조.

98) [1991] 2 Lloyd's Rep. 191, HL: 이 책 제2부 제5장 제2절 담보특약 Ⅲ. 담보특약위반의 효과 2. 담보특약위반의 효과 (2) 보험기간중 위반의 효과 (가) '굿럭'호 사건의 내용 참조.

99) New Hampshire Insurance Co. v. MGN Ltd. [1997] LRLT, CA.

무는 첫째, ① 보험계약이 갱신 또는 확장되는 경우 ② 담보특약(warranty), 계속담보조항(a held covered clause), 항해의 변경 등과 같은 경우 보험계약상 명시 또는 묵시적으로 고지가 필요한 경우, ③ 피보험자가 추가보험료지역에 진입하고자 하는 사실을 보험자에게 알릴 것이 요구되는 경우, 둘째, 사기적인 보험금청구를 하지 않을 의무와 관련하여 인정된다.[100)]

(a) '적절하고 중요한'(relevant and important) 정보의 고지 : 영국해상보험법 제17조는 제18조와 달리 중요한 사실에 관하여 규정하지 않기 때문에 제공할 정보가 무엇인가에 대하여 '리치온 프라이드'호 사건에서 허스트(Hirst)판사는 적절하고 주요한 정보라고 하지만 적절한 정보가 무엇을 의미하는가에 대하여는 언급하고 있지 않다. 이는 계약성립전의 고지의무에 관하여 영국해상보험법 제18조 제2항에서 규정하는 중요한 사실의 요건이 적용된다고 할 것이고, 이는 기업거래의 상식에 따라 유연하게 판단되어야 한다.[101)] Société Anonyme d'Intermédiaries Luxembourgeois v. Farex Gie사건[102)] 판결은 난해한 중요한 사실요건이 아닌 보다 광범위한 최대선의원칙에 의하여 해결할 것을 시사한다.

(b) 보험자의 결정을 가능하게 하는 정보 : 고지할 사항에 대하여 클라크(Clarke)는 보험계약의 확장이나 갱신에 관한 사항이라고 하고,[103)] '리치온 프라이드'호 사건에서 허스트판사는 알릴 사항은 보험자가 결정을 하는데 필요한 사항이라고 하며, Fraser Shipping Ltd. v. Colton and Others사건[104)]에서 항해의 변경의 배서승인의 경우 부보선박이 새로운 목적항과 관련하여 발생할지 모르는 피보험자가 알고 있는 위험한 상황을 알리지 않은 것은 중요한 사실의 불고지라고 판시되었다.

(c) 사기적인 보험금청구를 하지 않을 의무 : 피보험자의 사기적인 보험금청구시 보험자는 보험계약을 취소할 수 있다. 사기적인 보험금청구의 뜻에 관하여 폴락(Pollock CB)판사는 본질적인 측면에서 사기적으로 허위인 청구라고 한다.[105)] 사기적인 보험금청구에는 의심이 가거나 보험금의 과대청구가 포함된

100) Susan Hodges, op. cit., pp. 229, 234: 클라크(Clarke)는 보험담보가 확장되거나 갱신되는 경우, 그리고 보험금을 청구할 때 인정된다고 하였다[Malcom Clarke, Law of Insurance Contracts, 2nd ed., London: LLP, 1994, p. 708]. 이는 스타 시(Star Sea)호 사건에서 항소법원의 레것(Legatt)판사에 의하여 인용되었다.

101) Susan Hodges, op. cit., p. 225.

102) [1995] LRLR 116, CA.

103) Malcom Clarke, op. cit., p. 708.

104) [1997] 1 Lloyd's Rep. 586.

105) Goulstone v. Royal Insurance Co. [1858] 1 F&F 276, 279.

다. 따라서 허위이더라도 사기라는 증거가 없는 한 보험금의 과대청구사실만으로 보험금청구권을 상실하는 것이 아니다.[106] 이에 관한 영국판례를 '리치온 프라이드'호 사건 전후로 나누어 살펴본다.

(ㄱ) '리치온 프라이드'호 사건 이전판례

① Goulstone v. Royal Insurance Co.사건[107] : 부보재산이 화재로 파괴되었는데, 피보험자는 이전 청산절차에서는 50파운드로 결정되었는데도 200파운드 이상의 보험금을 청구하였다. 법원은 사기적인 보험금청구라는 이유로 보험자승소판결을 내렸다.

② Britton v. Royal Insurance Co.사건[108] : 가구, 직물, 재고품에 대한 화재보험사건으로 부보재산이 화재로 멸실하였지만, 실제보다 다액의 보험금청구라는 이유로 보험자 승소판결이 내려졌다. 윌스(Willes)판사는 "보험계약은 완전한 선의계약이고, 사기적인 보험금청구는 절대로 허용되어서는 안 된다. 사기적인 보험금청구의 경우 피보험자는 보험계약상의 모든 보험금청구권을 상실한다"고 판시하였다.

③ Lek v. Mathews사건[109] : 피보험자는 수집우표가 절취당했다는 이유로 도난보험계약상 보험금을 청구하였다. 조사결과 약간의 우표가 발견되어 보험자는 잔존우표에 대한 분손 보험금지급도 거부하였다. 상원은 우표의 소지와 가액에 대한 허위청구라는 이유로 보험자 승소판결을 내렸다.

(ㄴ) '리치온 프라이드'호 사건 이후판례 : 3개의 판례가 들어지는데 앞의 두 판결은 비해상보험사건이다.

① Orakpo v. Barclays Insurance Services 사건[110] : 가계보험계약에 든 건물이 화재로 소실하여 피보험자가 화재로 인한 수선비용과 임대료의 손실을 이유로 보험금을 청구한 사건이다. 손해의 일부는 보험사고로 인한 것이었지만 임대료에 관한 보험금청구는 허위이고 사기라 할 정도로 현저하게 과대청구되었고, 법원은 피보험자는 보험계약상의 모든 이익을 상실한다고 판시하였다. 호프먼(Hoffman)판사는 "피보험자는 보험자와의 거래에 있어서 최대선의를 준수할 의무가 있으므로 보험금청구는 선의이어야 하고 사기적인 보험금청구시 그는 약관상 그러한 효과를 가지는 조항이 있든 없든 피보험자는 보험금청구권

106) Susan Hodges, op. cit., p. 238.
107) [1858] 1 F & F 276.
108) [1866] 4 F&F 905.
109) [1927] 29 LlL Rep. 141, HL
110) [1995] LRLR 443, CA; [1995] 1 Lloyd's Rep. 651; [1997] 1 Lloyd's Rep. 360, CA.

을 상실한다. 보험금청구에 있어서의 사기는 계약의 기초를 파괴하고 보험자는 면책이다"라고 한다.

② Transthene Packaging Co., Ltd. v. Royal Insurance Ltd.사건[111] : 프라스틱 가방을 제조하여 판매하는 회사인 피보험자는 화재로 인한 손해에 대하여 보험에 들었고, 공장에 화재가 발생하여 손해를 입은 피보험자는 보험금을 청구하였지만 법원은 화재는 신원미상인자에 의하여 시작하였지만, 장비의 손해에 대한 보험금청구는 사기라는 이유로 보험자는 보험금지급책임이 없다고 판시하였다. 커쇼(Kershaw QC)판사는 최대선의의무는 보험사고가 발생한 후 보험금청구단계에서도 적용된다고 보았다.

③ Manifest Shipping and Co., Ltd. v. Uni-Polaris Insurance Co., Ltd. and La Réunion Européenne, 'Star Sea'사건[112] : 이 사건에서 법원은 피보험자가 선의이고 최대선의의무를 위반한 것은 아니라고 하여 피보험자의 보험금청구를 인용하였는데, 이 사건에서 중요한 점은 '리치온 프라이드'호 사건의 한 측면을 파기하여 최대선의의무의 정확한 범위를 표명한 것이다.[113] 레것(Legatt)판사는 "사기적인 보험금청구를 하지 않을 의무에 보험금청구소송를 사기적으로 수행해서는 안될 의무가 포함된다"라고 한다.

(4) 명시적인 약관조항

2003년 국제선박보험약관 제45조 제3항은, "피보험자가 인식하면서 또는 부주의하게 소송절차의 개시 이전의 어느 단계에서 ① 보험자가 허위의 증거에 의거하여 보상이나 화해의 적절한 고찰을 하도록 오도하거나 오도하도록 기도하는 행위, ② 적절한 보상을 고찰하거나 보상청구에 대한 방어에 관한 중요한 사실을 숨기는 행위를 하지 않을 것을 보험자의 손해보상의 사전적 조건으로 한다"라고 규정하고 있다. 이를 위반하는 경우의 효과는 소급하여 취소하는 것이 아니라 특정한 보상청구를 거부하는 것이고,[114] 소송절차 개시이전까지 지는 것에 주의를 요한다.

---

111) [1996] LRLR 32.

112) [1995] 1 Lloyd's Rep. 651; [1997] 1 Lloyd's Rep. 360, CA; 이 사건의 사실관계는 이 책 제2부 제3장 제3절 최대선의의무와 고지의무 Ⅱ. 고지의무 2. 영국에서의 고지의무 (5) 고지의무자 (나) 보험계약자의 대리인 참조.

113) Susan Hodges, op. cit., p. 235.

114) F.D. Rose, op. cit., § 5.76, p. 92.

(5) 계속담보조항

영국판례는 계약성립 후의 최대선의의무는 보험담보를 확장하고자 하거나 또는 계속담보조항을 적용하고자 피보험자가 부담하는 통지의무에 대하여서도 적용된다고 본다.115) 이는 통상적으로는 추가보험료를 지급하는 조건으로 행하여지는 것으로 실제로는 계약의 변경이고,116) 그 위반의 효과에 대하여서는 전제 보험계약을 무효로 한다고 판시하지 않는다.117)

(6) 최대선의의무 위반의 효과

최대선의위반의 효과와 관련하여 소급효를 가지는 취소 이외에 손해배상의 청구도 허용되는가, 하나의 사고에 대한 사기적인 보험금청구가 별개이거나 밀접히 관련된 선의의 보험금청구까지 취소할 수 있게 되는가 여부가 문제된다.

(가) 취 소 : 최대선의의무위반의 경우 고지의무위반의 경우와 같이 타방 당사자는 보험계약을 취소할 수 있다(영국해상보험법 제17조). 따라서 타방 당사자의 최대선의의무 위반의 경우 보험자든 피보험자든 보험계약의 취소만이 허용되고 손해배상청구는 할 수 없게 된다. 다만 사기적인 의무위반이 아닌 경우 피보험자는 보험료를 반환받을 수 있다(영국해상보험법 제84조 제3항).

한편 최대선의위반의 효과로서 취소는 보험계약 전부가 보험계약 성립당시부터 소급하여 효력을 상실하게 되는 가혹한 결과를 수정하기 위하여 손해배상을 허용할지 여부가 논의된다. Banque Financière de la Cité v. Westgate Insurance Co., Ltd.사건118)의 제1심법원 판결은 보험자의 최대선의의무위반의 경우 손해배상을 명하였지만 상원은 이를 파기하여 유일한 구제방법은 보험계약을 취소하고 보험료를 반환받는 것이라고 보았다.

(나) 진실한 보험금청구와 사기적인 보험금청구의 경합 : 사기적 보험금청구와 관련하여 하나의 사고에 대한 사기적 보험금청구로 인하여 같은 보험계약상의 별개이거나 밀접히 관련된 다른 선의의 보험금청구에 영향을 미치는가 여

---

115) Overseas v. Commodities Ltd. v. Style[1958] 1 Lloyd's Rep. 546; Liberian Insurance Agency Inc. v. Mosse [1977] 2 Lloyd's Rep. 560(구체적인 사실관계는 이 책 제2부 제6장 제2절 항해보험 Ⅲ. 적하의 항해보험 5. 운송의 종료와 보험기간의 종료 (2) 미리 종료하는 경우 (다) 항해의 변경조항 참조).

116) F.D. Rose, op. cit., § 5.77, p. 92.

117) K/S Merc-Scandia XXXII v. Certain Lloyd's Underwriters (The Marcadian Continent) [2001] 2 Lloyd's Rep. 563, 571사건에서 롱모어(Longmore)판사의 판시.

118) [1987] 1 Lloyd's Rep. 69; [1988] 2 Lloyd's Rep. 513; [1990] 2 Lloyd' Rep. 377, HL; 이 사건의 구체적인 사실관계는 이 책 제2부 제3장 제3절 최대선의의무와 고지의무 Ⅲ. 최대선의의무 2. 영국 (2) 최대선의의무의 법적 성질 (가) 쌍방적 의무 참조.

부가 다투어지는데, 영국의 최근판결은 최대선의의무위반은 보험계약 전부를 소급하여 취소하는 효력이 있기 때문에 그 위반의 법률효과는 당해 보험금청구만이 아니라 다른 보험금청구도 허용하지 않는다고 판시한다.

Continental Illinois National Bank and Trust Co. of Chicago and Xenofon Maritime SA v. Alliance Assurance Co., Ltd., 'Captain Pangos DP'사건[119]에서 선박이 선주의 방화에 의하여 고의적으로 폐기되었는데, 쟁점은 하나의 사고로 인한 분손보험금청구가 다른 사고에 있어서의 보험금청구상의 사기 또는 선의의 결여로 인하여 기각되는가 여부이었고, 에반스(Evans)판사는 피보험자의 사기로 인하여 다른 사고의 보험금청구도 허용되지 않는다고 판시하였다. 또한 Orakpo v. Barclays Insurance Services사건[120]은 비해상보험사건으로 훼손의 일부는 부보위험으로 인한 것이었지만 임대료손해에 대한 보험금이 현저하게 과대청구된 경우 법원은 피보험자는 자신의 청구의 일부가 선의라도 보험금청구를 할 수 없다고 판시하였다.

## 3. 호주에서의 최대선의의무

호주법상 보험계약은 당사자는 상대방에 대하여 최대선의로 행위할 것이 묵시적 조항이 있는 계약이고(호주 보험계약법 제13조), 보험계약상의 조항을 준수함에 있어서 최대선의에 따라 행위하지 아니한 당사자는 그 조항을 원용할 수 없다(동법 제14조). 호주법상 묵시적인 최대선의의무가 규정된 이래 보험금에 추가하여 손해배상을 허용한 1개의 판례가 있다. Moss & Anor v. Sun Alliance Australia Ltd.사건[121]은 화재로 인한 영업용재산의 파괴에 대한 보험금청구사건인데, 재산을 매수하는데 다액을 차입한 피보험자는 보험금지급이 지연되어 채권자에 대하여 곤란에 처하게 되었다. 보험금은 보험사고 발생후 2개월 후인 1987.7.15.까지는 지급해야 했는데, 1990.2.22.에야 판결이 확정되었다. 볼렌(Bollen)판사는 정상적인 보험금청구에 대하여 즉시 보험금을 지급하지 않고 책임을 인정하는데 지체한 것은 선의로 행위해야 할 묵시적 조건에 위배한 것으로 보

119) [1986] 2 Lloyd's Rep. 470; [1989] 1 Lloyd's Rep. 33, CA.

120) [1995] LRLR 443, CA; [1995] 1 Lloyd's Rep. 651; [1997] 1 Lloyd's Rep. 360, CA; 이 사건의 구체적인 사실관계는 이 책 제2부 제3장 제3절 최대선의의무와 고지의무 Ⅲ. 최대선의의무 2. 영국에서의 최대선의의무 (3) 최대선의의무의 범위 (다) 피보험자의 계약성립후 최대선의의무의 범위 (c) 사기적인 보험금 청구를 하지 않을 의무 (ㄴ) '리치온 프라이드'호 사건 이후 판례 참조.

121) (1990) 6 ANZ Insurance Cases 60-967.

아 보험금지급 외에 손해배상을 명하였다. 보험계약법 제13조의 적용에 관한 법원의 판례의 경향을 분석한 결과에 따르면 법원이 보험법상 적용가능한 다양한 구제수단(취소, 손해배상 등)을 명할 것 같지 않는 보수적인 입장이라고 분석되고 있다.[122]

한편 호주 법개정위원회는 최대선의의무를 해상보험의 묵시적 조건으로 할 것을 제안하는데, 이는 최대선의의무위반의 경우 피보험자와 보험자에게 손해배상청구와 같은 구제수단을 넓힐 수 있게 한다. 또한 동 위원회의 개정안은 최대선의의무의 존속기간을 당사자 사이에 소송의 대상이 된 관계를 제외하고는 해상보험계약에서 약정된 당사자 사이의 관계의 존속기간 전반으로 확장할 것을 제안하는데, 이에 의하면 소송이 개시되면 보험금청구 또는 소송의 대상에 관해서만은 최대선의의무는 종료한다는 것이 된다.[123] 다만 동 위원회는 묵시적 조건위반에 대한 구제수단을 1909년 해상보험법을 개정하여 추가하는 것을 제안하지 않는다.

122) Sarah Derrington, op. cit., p. 376.
123) Ibid.

# 제 4 장 피보험이익

## 제 1 절 서 언

해상보험은 손해보험에 속하므로 피보험자가 보험금청구권을 가지기 위해서는 보험의 목적에 대하여 피보험이익이 있어야 한다. 해상보험계약에서 피보험이익이 본격적으로 논의된 것은 영국의 Lucena v. Crauford사건[1)]인데, 이 사건에서 엘든(Eldon)판사는 피보험자와 보험목적 사이의 법률적 관계를 요구하는 협의의 피보험이익개념을 취한데 반하여, 로렌스(Lawrence)판사는 피보험이익이란 보험목적이 멸실 또는 훼손되지 않았더라면 가졌을 이익이라고 하여 광의의 개념을 취한다. 1906년 영국해상보험법은 전자의 입장을 취하는데, 근래 영국법원은 보험목적과 피보험자 사이에 법률적 관계를 요구하는 종래의 입장을 견지하면서 그 엄격성을 완화하고자 하는 경향을 보인다.

한편 근래 영국해상보험법의 원칙에 대하여 전면적인 재검토를 진행하고 있는 영국 이외의 캐나다, 미국, 호주 등의 해상보험에 관한 판례와 개정위원회의 개정의견은 영국의 입장이 지나치게 법률적이고 기술적인 입장이라고 하여 반대하는 입장을 보이고 있다. 이는 특히 FOB 조건부 매매에서 매수인이 보험에 가입한 경우 적하가 선박에 선적되기 이전의 지위와 관련하여 문제된다.

## 제 2 절 각국의 해상보험에 있어서의 피보험이익의 전개

### Ⅰ. 서 설

근래 영국, 캐나다, 미국, 호주 등에서는 해상보험에 관한 판례와 개정위원회의 개정의견을 통하여 영국법상의 피보험이익의 개념이 지나치게 법률적이고

1) [1806] 2 B&P (NR) 269, HL.

기술적인 입장이라고 하여 이를 수정하는 입장을 보이고 있다. 이 국가들에 있어서의 해상보험상의 피보험이익의 논의전개를 살펴본다.

## Ⅱ. 피보험이익의 논의

### 1. 영 국

피보험이익에 관한 지도적 판례는 Macaura v. Nothern Assurance Co.사건[2]으로 삼림의 소유자가 심어 있는 나무를 자기가 단독주주로 있는 회사에 양도하고, 이를 화재보험에 가입하였다. 나무가 화재로 소실하여 피보험자는 보험금의 지급을 청구하였지만 상원에 의하여 거부되었다. 그 이유는 담보권자가 아닌 채권자 또는 단독주주는 회사의 재산에 법률적 관계가 없기 때문에 피보험이익이 없다는 것이었다. 최근에는 Macaura원칙을 수정하여 피보험이익을 보다 넓게 인정하는 경향이 있다.[3]

### 2. 미 국

해상보험계약상 피보험이익에 관한 미국법은 영국법보다 자유롭다. 지도적 판례인 Hooper v. Robinson사건[4]에서 "피보험이익은 목적물에 대한 권리가 반드시 있어야 하는 것은 아니고, 피보험자에게 발생하는 그 보유이익이나 멸실손해로 충분하다"고 하고, 법원은 FOB매매계약상의 적하의 수하인은 적하가 운송인에게 인도되기 전에도 피보험이익을 가진다고 판시한다.[5]

또한 윌번 보우트(Wilburn Boat)호 사건의 영향으로 피보험이익에 관하여 주법을 적용하는가 여부가 문제되는데 이는 ABB Power T & D Co. v. Gothaer

2) [1925] AC 619.

3) Howard N. Bennett, The Law of Marine Insurance, London: Clarendon Press, 1996, p. 17; Cepheus Shipping Corp. v. Guardian Royal Exch. Assurance(The Capricorn) [1995] 1 Lloyd's Rep. 622, 641 (Q.B)사건에서 법원은 "보험자가 특수한 상황에서 의도적인 조건으로 피보험자를 부보하는 경우 법원이 피보험이익의 흠결의 항변을 인정하는데 주저하는 경향이 있다"고 판시한다.

4) 98 U.S. 528(1878). 이 판결에 따른 판결로 Suggs v. State Farm Fire & Cas. Co. 833 F.2d 833, 887 (10th Cir. 1987); ABB Power T & D Co. v. Gothaer Versicherungsbank VVAG, 1997 AMC 488(S.D.Fla. 1996).

5) Curacao Trading Co. v. Federal Ins. Co., 50 F.Supp. 441, 443; 1943 AMC 1050, 1052 (S.D.N.Y.1942, Aff'd, 137F.2d 911(2d Cir. 1943).

Versicherungsbank VVAG사건[6]에서 직접 다루어졌다. 프로리다주법은 모든 미국주에서 채용한 통일상법전에 따라 "매도인은 적하에 대한 권리 또는 담보권이 잔존하는 한 피보험이익을 가진다"고 규정하고 있었고,[7] 보험자는 이 주법을 들어 피보험자가 피보험이익이 없다고 하여 보험금지급을 거부하였다. 그러나 법원은 주법의 적용을 거부하고 피보험이익을 폭넓게 인정하는 연방법원칙을 적용하였는데, 법원은 '윌번 보우트'호 사건 판결에 따르면 연방해상법이 확립된 경우에는 해상보험계약의 해석에 있어서 우선적으로 적용되는데, 피보험이익은 경제적 이익을 의미한다는 것은 확립된 연방해상법의 원칙으로, 이 사건에 적용된다고 판시하였다.

미국에서는 해상보험법 제정에 있어서 피보험이익에 관하여 법률적 이해관계를 요구하는 영국해상보험법상의 원칙을 폐기하고, 보험목적에 관한 적법한 경제적 이해관계를 포함시키자는 견해가 유력하다.[8]

### 3. 호 주

피보험이익에 관하여 1909년 호주해상보험법은 영국해상보험법과 같은 규정을 두고 있다. 호주법의 다른 점은 영국법상의 피보험이익의 내용을 수정하는 1984년 보험계약법 제16조, 제17조의 규정과 해상보험상의 피보험이익에 관한 호주법개정위원회의 제안이다.

호주 보험계약법 제16조는 "보험계약 체결시 피보험자가 보험목적에 대하여 이익을 가지지 않았다는 이유만으로는 일반보험계약은 무효가 아니다"라고 규정하고, 제17조는 "피보험자가 금전적 또는 경제적 손해를 입은 경우에는 손해발생시에 피보험자의 재산에 대하여 법률상 이익을 가지지 않았다는 이유만으로 보험자는 보상책임을 면하는 것은 아니다"라고 하여 피보험자가 보험계약상 피보험이익을 가지는가 여부의 결정기준으로 경제적 손해기준(economic loss test)을 사용한다.

보험계약법 시행 15년 동안 제16조, 제17조에 관한 3개의 판례가 있는데, Advance (New South Wales) Insurance Agencies Pty Ltd v. Mathes사건[9]에서 남편

---

6) 앞의 각주 4).

7) Fla. Stat. Ann. § 672.501(2) (West 1996).

8) Thomas J. Schoenbaum, Key differences between English and American law of marine insurance, Centreville, Maryland: Cornell Maritime Press, 1999, p. 54.

9) [1988] 12 NSWLR 250.

은 아내의 의복 기타 개인물건에 대하여 경제적 이익을 가지므로 피보험이익이 있다고 판시하였다.

한편 해상보험에서의 피보험이익의 요건에 관한 개정논의를 촉발시킨 판결은 New South Wales Leather Co. Pty Limited v. Vanguard Insurance Co. Limited사건[10]이다. 이 사건은 다수의 브라질공급자로부터 가죽을 FOB조건으로 매수한 피보험자가 가죽의 운송물을 멸실여부불문(lost or not lost)조건으로 보험에 들었는데, 보험계약은 협회적하보험(A)약관 상의 운송조항(창고사이조항)을 포함하고(동약관 제8조) 있었다. 컨테이너에 적입된 적하는 선박에 실리기 전에 도난당하자 피보험자는 보험금의 지급을 청구하였지만, 보험자는 손해발생시에 피보험자가 피보험이익을 가지지 않았다는 이유로 보험금지급을 거절하였다. 표준적인 FOB 계약상 적하에 대한 위험은 컨테이너가 선박의 난간을 통과한 때에 매수인에게 이전된다. 이에 따라 1심법원은 FOB조건의 매수인은 매도인의 창고에서 선박의 난간까지의 운송중인 적하에 대한 피보험이익을 가지지 않는다고 판시하였는데, 캐러더스(Carruthers)판사는 협회적하보험(A)약관의 운송조항에 의하여 피보험이익이 없는 경우 그 이전의 시점까지 보험담보가 확장되지 않는다는 이유로 보험금지급청구를 배척하였다. 이에 대하여 항소법원은 피보험자가 손해발생시에 피보험이익을 가지지 않았으므로 운송조항이 적용되지 않는다는 점은 받아들이되, 운송조항과 결합된 '멸실여부불문조항'에 의거 보상을 명하였다. 항소법원은 피보험자가 적하의 도난시 위험을 부담하지 않았더라도 이전의 적하의 멸실로 인하여 경제적 손해를 입은 것으로 충분하다고 보았고, 매도인에 대한 계약상의 손해배상청구권은 보험금청구권의 행사에 장애가 되지 않는다고 판시하였다.

이와 같이 최근의 호주 항소법원의 판례인 New South Wales Leather사건에 의하면 피보험자가 적하에 대하여 피보험이익을 취득하기 이전에 손해를 입고 후에 피보험이익을 가지는 경우에도 '멸실여부불문조항'과 창고사이조항이 삽입되어 있는 경우에는 피보험자는 보험금청구권을 가진다.

해상보험상의 피보험이익의 요건에 관한 현재의 판례의 입장과 관련하여 호주법개정위원회는 ① 피보험이익의 요건을 폐지하고 보험계약법 제16조와 제17조와 유사한 조항을 둘 것과 ② 영국해상보험법 제4조에서 규정하는 도박보험에 관한 규정을 삭제할 것을 제안하는데, 그 목적은 오직 부보적하의 매수인이 매매계약상 적하에 대한 피보험이익을 취득하기 전에 적하의 매수대금을 지급

10) [1990] 103 FLR 70; [1991] NSWLR 699.

한 경우, 매수인이 그 위험을 담보하기 위하여 보험계약을 체결할 수 있도록 하기 위한 것이다.[11] 이 제안이 실현된다면 운송 이전의 단계나 선박에 선적하기 이전이라도 적하보험을 드는데 장애가 없게 되고, 적하의 매수인은 적하의 멸실 또는 적하의 희망이익에 대하여 적하에 대한 대금이 지급된 후 즉시 보험이 개시되도록 보험에 들 수 있게 되며, 현재 호주의 해상보험실무상 1909년 해상보험법상의 피보험이익요건과 관련하여 이용되고 있는 "FOB 또는 C&F선적전조항(FOB or C&F Pre-shipment clauses)"은 불필요하게 될 것이다.[12]

### 4. 캐나다

Constitutional Insurance Co. of Canada v. Kosmopoulos사건[13]에서 대법원은 영국의 주식회사의 단독주주에게 피보험이익이 없다고 판시한 영국의 Macaura사건원칙을 채택하지 않고 주식회사의 단독주주이며 이사인 피보험자에게 피보험이익을 인정한다.

## Ⅲ. 피보험이익에 관한 전반적인 동향

영국해상보험법 제5조는 피보험이익의 개념을 "피보험자가 해상사업으로 인하여 보험목적에 대하여 손해를 입게 되는 법률적 관계"라고 하여 협의의 개념을 취한다. 이 입장은 FOB 조건부 매매에서 매수인이 보험에 가입한 경우 적하가 선박에 선적되기 이전의 지위에 대하여 피보험이익을 인정하지 않는 등의 문제를 초래하여 이 규정을 개정하고자 하는 노력이 영국, 호주 등의 학자와 호주해상보험법개정위원회 등을 중심으로 시도되고 있고, 근래 각국의 법원도 해상보험에서 피보험이익의 인정범위를 넓히는 입장을 취하고 있다. 그러나 영국법원과 학계의 입장은 여전히 피보험자와 보험목적 사이의 법률적 관계의 존재를 요구하고, 그 결여시에는 구체적인 경우 예외적으로 인정하는 입장을 취하고 있는 것으로 판단된다.

---

11) ALRC 91, para. 11.92.
12) Sarah Derrington, Australia: Perspectives and Permutations on the Law of Marine Insurance, The Modern Law of Marine Insurance 2, London: LLP, 2002, pp. 371~372.
13) [1987] 34 D.L.R.(4th) 208(이 사건의 구체적인 사실관계는 각주 52 참조).

# 제3절 영국 해상보험법상의 피보험이익

## Ⅰ. 서 언

영국해상보험법은 피보험이익에 관하여 12개의 조문을 두고 있는데, 이는 당시에도 지나치게 오래된 판결을 입법화한 것이라는 비판이 있었고, 협회적하보험약관 제11조 제1항은 피보험이익에 관한 일반적인 내용을 규정하고 있을 뿐으로, 영국해상보험법 제5조의 피보험이익에 관한 규정을 법원이 그 개정이 없이도 변경하여 해석하는 것이 가능한가 여부가 문제된다.

## Ⅱ. 영국 해상보험법상 피보험이익의 정의

### 1. 영국 해상보험법 제5조의 피보험이익의 정의

해상보험계약에서 피보험이익이 본격적으로 논의된 것은 영국의 Lucena v. Crauford사건[14]이고, 이것이 영국해상보험법 제5조에 규정되었다. 동조 제1항은 해상사업에 이해관계를 가지고 있는 자에게 피보험이익을 인정하고, 제5조 제2항은 특별히 보험목적에 대하여 법률상 관계(legal relation)가 있는 경우에 피보험이익을 인정하는데, 1906년 영국해상보험법 초안에는 제2항 b호에 현행의 1906년 법 제5조 제2항의 반대내용을 규정하고 있었다.[15] 그러나 입법의 최종단계에서 기대이익에 관하여 피보험이익을 인정한 Wilson v. Jones사건[16]과

14) [1806] 2 B&P (NR) 269, HL.

15) 그 내용은 "법률적 관계가 없는 경우에는 피보험이익은 이익 또는 손해의 예상만에 근거할 수 없다"는 것이다.

16) [1867] LR 2 Ex. 139(이 사건의 구체적인 사실관계는 각주 49 참조): 피보험자가 주주인 어틀랜틱 텔레그래프 컴페니(Atlantic Telegraph Company)는 아일랜드에서 뉴펀들랜드에 이르는 당시로서는 매우 투기적인 대서양횡단 해저케이블매설사업을 수행하고 있었고, 주주는 사업이 성공하면 기대되는 자기주식에 대한 증가액 200파운드에 대하여 보험에 들었는데, 법원은 기대이익에 대해 피보험이익을 가진다고 판시하였다. 이 판결에 대해서는 영국해상보험법제정을 주도한 찰머스(Chalmers)경은 이를 긍정하지만, 아놀드(Arnould)는 의문을 표시한다: Arnould, Law of marine insurance and average, 16th ed., London: Steven & Sons Ltd, 1981, § 328.

Moran, Galloway & Co. v. Uzielli사건[17] 등과 같은 확립된 판례와 일치되지 않는 판결을 그 정의에 담기 위하여 삭제되었다.[18]

피보험이익이 인정되기 위해서는 보험목적에 대하여 법률적 관계가 있어야 한다는 것은 위에 든 Macaura v. Nothern Assurance Co.사건[19]에 의하여 확인되었다. 영국에서는 보험목적에 대하여 법률적 관계가 없는 때에도 경우에 따라서는 피보험이익을 인정할 수 있다는 견해가 유력하다.[20] 그 근거로는 첫째, 1906년 영국해상보험법 제5조 제2항은 예시적인 성격을 가지고, 법률적 '이익'이 아니라 법률적 '관계'에 피보험이익을 인정하고 있는 점, 둘째, Moran, Galloway & Co. v. Uzielli사건[21]에서 월튼(Walton)판사는 선박소유자에게 항해에 필요한 비용을 대여한 채권자가 법원에 대한 제소권을 가진다는 이유로 선비보험에 대한 피보험이익을 인정하였다는 점, 셋째, 영국해상보험법 제8조가 어떠한 성질의 것이든 일부의 이익을 부보할 수 있다고 하기 때문에 위험이 이전된 갑판적화물의 분할할 수 없는 일부의 매수인은 과거에는 영국법은 그 매수인은 확인할 수 없는 적하에 대하여 법률상의 이익이 있음을 인정하기를 거부하였음에도 불구하고 일부의 피보험이익이 인정되는 점, 넷째, Sharp v. Sphere Drake Insurance p.l.c.(The Moonacre)사건[22]에서 요트를 취득한 자가 세금문제로 비상장회사에 귀속시키고 절대적 배타적인 경영과 처분권한을 수여받아 자기의 이름으로 요트를 보험에 들었는데, 법원은 피보험자의 대리권한에 요트의 안전에 대한 피보험이익이 인정된다고 판시하였다는 점[23] 등이 들어진다.

---

17) [1905] 2 KB 555: 피보험자는 1척의 선박을 보유한 외국회사의 영국대리점으로 수년간 프린스 루이스(Prince Louis)호의 항해에 필요한 비용을 대여한 채권자이었다. 피보험자는 '프린스 루이스'호의 멸실로 인한 선비에 대해 밴쿠버(Vancouver)에서 카디프(Cardiff)까지 보험에 들었는데, 선박이 악천후로 인하여 훼손되어 카디프에서 추정전손되었다. 피보험자의 보험금청구에 대하여 법원은 사고발생시에 피보험자가 선박에 대하여 유치권이나 법률상의 담보권(legal security right)을 갖지 않았더라도 사실상의 담보권(de facto security right)이 있다고 하여 피보험이익이 인정되었다. 이 판례에 대해서도 영국에서는 그 타당성을 인정하지 않는 것이 일반적이다: Nicholas Lech-Jones, The elements of insurable interest in marine insurance law, The Modern Law of Marine Insurance 2, p. 155.

18) Nicholas Lech-Jones, op. cit., p. 154.

19) 앞의 각주 2) 참조.

20) Howard N. Bennett, op. cit., pp. 17~18.

21) 앞의 각주 17) 참조.

22) [1992] 2 Lloyd's Rep. 501: 이 사건의 구체적인 사실관계는 각주 29) 참조.

23) 이와 관련하여 베네드(Howard N. Bennett)는 각주 13)에서 든 캐나다의 Constitutional Insurance Co. of Canada v. Kosmopoulos [1987] 34 D.L.R. (4th) 208사건을 예로 든다.

## 2. 해상보험법상의 피보험이익의 효용

해상보험은 손해보험으로 피보험이익에 생긴 손해를 보상할 것을 목적으로 하므로 피보험이익의 관념을 인정하는 효용으로는 다음 몇 가지를 든다.[24]

(1) 도박과의 구별

피보험자가 보험의 목적에 대하여 피보험이익을 가지지 아니하는 경우에 그 보험은 손해가 장래 발생하는가에 대한 도박에 불과한 것이다. 피보험이익의 개념은 보험과 게임 또는 도박보험을 구별하는 기능을 가진다. 도박과 보험계약은 양자가 다 같이 사행성을 가진 점에서 비슷하다. 그러나 노름꾼은 선택의 결과 금전적인 이익을 가지지 않으나, 피보험자는 재산상의 손실의 경우에 금전적인 이익을 가지는 점에서 양자의 차이가 있다. 따라서 해상보험은 피보험이익을 전제로 하고, 또한 이익을 추구하는 수단으로 이용되는 것이 아니기 때문에 도박성을 배제하고(영국해상보험법 제4조), 초과보험, 중복보험을 억제하며 보험제도의 투기성·사행의 폐해를 방지하는 기능을 한다.

(2) 손해보상의 원칙의 충족

해상보험계약은 피보험자가 보험사고로 입은 재산상의 손해를 보상하는 것을 목적으로 하는 손해보상의 원칙의 요건을 충족하는 것이다. 해상보험계약이 손해보상계약으로서 보험사고로 인한 경제적 수요를 충족시켜 주는 것이지 보험사고로 말미암아 피보험자에게 어떤 이득을 주려는 것이 아니라는 손해보상계약성은 피보험이익에 의하여 충족되는 것이다.

(3) 보험자의 책임범위의 결정

해상보험자는 보험사고가 발생한 경우에 이것으로 인하여 피보험자에게 생긴 손해를 보상하여 줄 책임을 지는데, 이 책임은 기평가보험의 경우에는 협정보험가액의 전액, 미평가보험의 경우에는 보험가액의 전액까지 보상할 책임을 진다(영국해상보험법 제67조 제1항). 그러므로 피보험이익은 바로 보험자의 책임범위를 결정하는 표준이 된다.

(4) 인위적 위험초래의 방지

도박은 우연한 사항에 관하여 재물을 걸어 승패를 겨룸으로써 일방당사자만의 이익을 가져오는 것이므로 노름꾼은 타인의 재물을 노리어 그 목적물을 취

24) Nicholas Lech-Jones, op. cit., pp. 158~159.

득하려는 데 열중함으로써 인위적인 조작의 가능성이 있다. 이에 대하여 피보험자는 보험계약상 피보험이익을 가지고, 보험자로부터 그 자신이 보험사고로 입은 손해액 이상으로는 보상을 받을 수 없으므로 인위적인 위험초래를 방지할 수 있게 된다. 다시 말하면 피보험이익이 가지는 법적인 기능은 피보험자 등이 보험사고를 일으키는 것을 억제하는 데 있다고 할 수 있다(영국해상보험법 제55조 제2항 a호, 상법 제659조).

(5) 해상보험계약의 동일성을 구별하는 표준

해상보험계약의 동일성을 구별하는 표준은 보험에 붙인 재화가 아니고, 그 피보험이익이다. 그러므로 동일한 목적물에 대하여도 동일인 또는 다수인이 그 경제적 이해관계가 다름에 따라 각각 독립한 보험계약을 체결할 수 있다. 가령 특정한 선박에 대하여 선박소유자와 저당권자는 각각 별개의 피보험이익을 가지므로 독립하여 보험계약을 체결할 수 있다. 그리하여 보험계약이 동일하다고 하는 것은 동일한 목적물에 관하여 피보험이익과 보험사고가 동일한 경우에 그 당사자가 동일한 것을 말한다. 따라서 가령 다른 요건을 모두 동일하다 하더라도 피보험이익이 다르면 그 보험계약은 별개의 것이 된다.

## 3. 영국에서의 피보험이익의 개정논의

1806년의 Lucena v. Crauford사건에서 로렌스(Lawrence)판사는 보험을 도박과 구별하기 위하여 피보험이익의 개념으로 보험목적이 멸실 또는 훼손되지 않았더라면 피보험자가 이익을 얻었을 것이라는 요건을 제시하였고, 엘든(Eldon)판사는 피보험자와 보험목적 사이에 법률적 관계를 요구하였다. 영국판례는 후자의 입장을 채택하여 1906년 영국해상보험법에 입법화되었다. 피보험이익에 관한 영국판례의 입장은 피보험자와 보험목적 사이의 법률적 관계를 요구하는 1925년의 Macaura사건이 선례로서 인정되고 있지만, 첫째, 해제조건부 이익이 부보될 수 있도록 되어 있고(영국 해상보험법 제7조 제1항), 둘째, Moran, Galloway & Co. v. Uzielli사건[25]에서 판시된 바와 같이 법률적 관계가 없고 사실상의 이익이 인정되는 경우에도 피보험이익이 인정되는 사례의 경우에는, 법률적 관계의 기준으로는 보험목적이 멸실되지 않았더라면 피보험자가 확실히 이익을 얻었을 것이라는 점을 설명하기가 곤란하여 진다.

이와 관련하여 영국에서는 해상보험분야에서는 피보험이익에 관한 현재의

25) [1905] 2 KB 555; 앞의 각주 17) 참조.

입장이 적절히 기능하여 왔다고 보아 해상보험법 제5조 제1항을 개정하는 것보다는 제5조 제1항의 범위에 항해사업상의 피보험이익에 관한 새로운 항목을 인정하자는 입장이 주장된다.[26] 즉, 항해사업이 완료되기 이전에는 피보험자가 법률적 권리가 없더라도, 항해사업의 완수에 대해서만은 피보험자에게 법률상의 재산권 기타 이익이 인정되는 경우에는 피보험이익이 인정된다는 판례의 입장을 수용하여 항해사업이 완료되기 이전에는 보험목적에 대하여 법률적 관계가 없더라도 피보험이익을 인정하자는 것이 그것이다. Wilson v. Jones사건[27]에서의 주주와 Moran, Galloway & Co. v. Uzielli사건[28]에서의 채권자에게도 피보험이익을 인정하는 것이 영국해상보험법 제5조에서 규정하는 피보험이익의 원칙과 합치한다는 것이다.

이와 같은 광의의 피보험이익개념은 영국해상보험법 기초자인 찰머스(Chalmers)경에 의하여 적시된 이래 근래 캐나다, 미국 등에서 채택되고 있다. 최근 영국의 피보험이익에 관한 판례로는 Anthony John Sharp and Roarer Investments Ltd. v. Sphere Drake Insurance Plc, Minister Insurance Co., Ltd. and EC Parker and Co., Ltd. 'Moonacre'사건,[29] National Oilwell(UK) Ltd. v. Davy Offshore Ltd.사건,[30] Stone Vickers Ltd. v. Appledore Ferguson Shipbuilders Ltd.사건[31] 등이 있다.

---

26) Nicholas Lech-Jones, op. cit., pp. 158~160.

27) 앞의 각주 16) 참조.

28) 앞의 각주 17) 참조.

29) [1992] 2 Lloyd's Rep. 501: 보험에 든 동력 요트 무너커(Moonacre)호는 실제소유자는 샤프(Sharp)씨이지만 조세복적으로 지브롤터에서 설립된 로어러 인베스트먼트(Roarer Investments) 소유로 등록되었다. 샤프씨는 등록회사의 선박의 운영과 관리담당자로서 자기의 명의로 보험계약을 체결하였나. 보험기간중 고용된 1명의 선원도 요트에 없는 사이 계류장에서 선박에 화재가 발생하여 추정전손이 되었다. 샤프씨의 보험금청구에 대하여 보험자는 샤프씨가 '무너커'호에 대하여 피보험이익이 없다는 이유로 이를 거부하였으나, 법원은 샤프씨에게 요트에 대한 피보험이익을 인정하였다: 각주 34), 56) 참조.

30) [1993] 2 Lloyd's Rep. 582: 이 사건에서 콜만(Colman)판사는 피보험이익의 개념을 확대해석하였다. 1988년 NOW는 DOL과 북해에서 사용될 석유생산장비를 공급하는 약정을 맺었는데, DOL은 전체 프로젝트에 대하여 NOW가 제공한 장비의 하자로 인한 손해를 보상하는 것을 내용으로 하는 전위험담보건설업자보험계약을 체결하였다. 보험자는 목적물이 DOL에게 인도된 후에는 NOW는 보험목적물에 대하여 피보험이익을 가지지 않는다고 항변하였다. 콜만(Colman)판사는 무너커(Moonacre)호사건에 의거하여 설비의 멸실 또는 훼손에 대하여 잠재적 책임이 있다는 이유로 피보험이익을 가자므로 보험자대위의 대상이 아니라고 판시하였다. 이 사건에 대하여는 이 책 제3부 제3장 제3절 청구권대위 Ⅱ. 청구권대위의 요건 1. 제3자에 의한 보험사고의 발생 (2) 제3자의 행위 (가) 공동피보험자에 대한 보험자대위권 행사 참조.

31) [1991] 2 Lloyd's Rep. 288: 법원은 이 사건 설비건설과 공급공사와 관련한 건축업자위험보험에 관하여 공사수급인은 보험계약상의 이익을 가지는 것을 의도하지 않았다는 이유로 공동피보험자의 지위를 인정하지 않았다.

캐나다와 미국, 호주 등의 판례는 피보험이익을 넓게 인정하는데 반하여, 영국법원은 아직도 주류적인 입장은 무너커(Moonacre)호 사건에서 콜만(Colman)판사가 넓은 의미의 피보험이익을 개념을 채용했음에도 불구하고 Lucena v. Crawfurd사건에서 엘든(Eldon)판사가 취한 협의의 개념을 채용하고 있다.[32]

## Ⅲ. 구체적인 피보험이익

영국해상보험법 제5조 제2항에서 규정하고 있는 항해사업 또는 보험목적에 대해여 법률적 관계를 가지는 자를 결정하는 것이 문제로 된다. 동법은 선박소유자, 저당권자, 원수보험자를 명백한 예로 들고 있다. 이밖에도 판례에 의하여 피보험이익이 인정된 자로는 보험목적의 유지로 인하여 이익이 발생하는 자로서 나포자와 대리인 등이 들어진다.

### 1. 소유권자

(1) 선박소유자

선박소유자는 선박의 전체 가액에 대하여 부보할 수 있다. 이는 손해발생시 제3자가 그 손해를 보상하기로 하는 약정이 있더라도 같다(영국해상보험법 제14조 제3항). 매매에 의하여 소유권이 변경되는 경우 특정 시점에서 선박의 진정한 소유권자가 누구인가 하는 문제가 제기된다. Piper v. Royal Exchange Assurance 사건[33]에서 피보험자는 노르웨이에 있는 요트의 매수인으로 요트는 영국으로 인도될 예정이었고, 도착시까지는 매도인이 위험을 부담하였다. 영국으로 항해 도중 선박이 손해를 입어 피보험자는 보험금지급을 청구하였는데, 법원은 항해기간 중 위험은 매도인이 부담하였으므로 매수인은 피보험이익이 없다는 이유로 보험금지급청구를 기각하였다. '무너커'호 사건[34]에서 조세목적으로 지브롤터소재 회사에 편의치적한 요트에 대한 항해와 권리의 2가지 대리권을 수여받은 실질적인 소유권자에게 피보험이익이 인정되었는데, 콜만판사는 피보험자가 보험목적에 대한 수익권을 가지는가 여부를 기준으로 삼아 항해와 권리의 두

32) Susan Hodges, Cases and Materials on Marine Insurance Law, London: Cavendish Publishing Limited, 1999, p. 72.

33) [1932] 44 LlL Rep. 103.

34) [1992] 2 Lloyd's Rep. 501.

가지의 대리권은 보험목적에 대한 법률적 관계를 인정하는데 충분하다고 보았다.

(2) 적하소유자

적하의 소유자자 적하에 대하여 피보험이익을 가지는 것은 당연하지만, 적하의 소유권이 보험기간중 변경되는 경우 사고발생시에 적하의 소유권자가 누구인가를 확정하는 것은 용이한 것은 아니다. 소유권의 이전시기에 대하여는 구체적인 매매계약의 조건으로 정해지는 경우가 많다. 다만 보험기간의 개시의 점과 적하 소유권 이전의 문제는 별개이다. Fuerst Day Lawson Ltd. v. Orion Insurance Co., Ltd.사건[35)]은 드럼에 든 향수인 적하에 대하여 포괄위험담보조건(all risks)으로 해상적하보험에 소급보험(lost do not lost)이 붙여졌다. 향수가 들어 있던 통이 주로 물로 채워지고 향수는 일부만 들어 있는 드럼으로 대체된 경우, 법원은 향수드럼에 대해서는 보험이 개시되지 않았다 하여 적하 소유권의 이전의 문제는 다루지 않은 채 보상을 허용하지 않았다.

(가) 적하에 대한 해제조건부 이익 또는 정지조건부 이익 : 해제조건부 이익이나 정지조건부 이익도 보험에 부보될 수 있다(영국해상보험법 제7조 제1항). 따라서 적하보험의 경우 보험기간 중 피보험이익은 고정되는 것이 아니라 매도인이나 매수인 누구에게나 경우에 따라 피보험이익이 인정될 수 있다(영국해상보험법 제7주 제2항).

적하에 대한 피보험이익의 인정여부는 매도인과 매수인 사이에 약정한 매매계약과 선적계약의 성질에 따라 달라진다. 이하 메메조건에 따라 영국판례를 분석해 본다.

(a) '에서 그리고 부터'(at and from)조건 : Anderson v. Maurice사건[36)]에서 매수인은 랭군'에서 그리고 부터' 영국까지 쌀의 적하에 대하여 보험을 들었다. 적하 대부분을 싣고 랭군을 향하던 중 선박이 침몰하여 선적된 적하가 멸실된 경우 법원은 쌀의 적하에 대하여 사고발생시에 보험이 개시되지 않았으므로 매수인은 피보험이익이 없다고 판시하였다. 이 판결은 영국해상보험법 제5조 제2항에서 피보험이익의 정의를 매수인에 대하여 광범위하게 인정하므로 선례로 더 이상 인정되지 않는다.[37)]

(b) FOB조건 : 이와 관련하여 최근 호주의 New South Wales Leather

35) [1980] 1 Lloyd's Rep. 656.
36) [1876] 3 ASP MLC 290, HL.
37) Susan Hodges, op. cit., p. 56.

Co. Pty Limited v. Vanguard Insurance Co. Limited사건[38]에서 FOB조건상의 매수인은 매도인의 창고에서 선박의 난간까지의 운송중인 적하에 대한 피보험이익을 가지지 않는다고 판시하였다. 영국법원의 판례인 Inglis v. Stock사건[39]은 FOB 조건으로 매도된 설탕의 적하에 대하여 매수인이 함부르크(Hamburg)에서 브리스톨(Bristol)까지의 해상보험에 든 사안으로 상원은 'FOB Hamburg' 조건상 선적 후에는 매수인이 설탕에 대하여 위험부담을 하므로 피보험이익이 인정된다고 하여 보상을 명하였다.

(c) 기타 조건 : Colonial Insurance Company of New Zealand v. Adelaide Marine Insurance Company사건[40]은 뉴질랜드에서 영국까지 운송될 적하인 밀에 대하여 매수인은 '현재 선박상에 있거나 선적될 적하'를 보험에 붙였다. 선적이 시작되었지만 모든 적하가 선적되기 전에 선박과 적하가 해상위험으로 인하여 멸실되었다. 매수인의 보험금청구에 대하여 보험자는 사고발생시에 피보험이익이 없다고 항변하였다. 법원은 적하의 일부라도 선적된 때 보험기간은 개시되었다고 하여 매수인에게 피보험이익을 인정하였다.

(나) 적하 일부에 대한 이익 : 갑판적 적하의 분할가능한 일부의 소유자는 자기가 소유한 적하에 대하여 피보험이익을 가진다(영국해상보험법 제8조).

(3) 운임의 권리자

운임의 취득이 보험목적에 대한 해상위험으로 인하여 위험에 처해진 경우 피보험이익이 인정된다(영국해상보험법 제3조 제2항 b호). 즉, 피보험이익은 운임의 취득으로 인하여 이익을 얻는 자에게 인정된다. 이에는 세 가지의 유형이 있는데, 통상운임, 용선운임, 선급운임이 그것이다. 선급운임에 대해서는 운임을 선급한 자가 손해발생시 운임이 환급되지 않는 경우 피보험이익을 가진다(영국해상보험법 제12조). 이에 관한 고전적 판결은 Allison v. Bristol Marine Insurance Company사건[41]으로 상원은 운임의 50%를 선급한 경우 용선자는 선급부분에 대한 위험을 부담하기 때문에 피보험이익을 가지고, 선박소유자는 지급받지 않은 50%에 대한 피보험이익이 있다고 판시하였다.

운임의 해제조건부이익 또는 정지조건부이익에 대해서도 피보험이익이 인정된다. Cepheus Shipping Corporation v. Guardian Royal Exchange Assurance,

38) [1990] 103 FLR 70; [1991] NSWLR 699; 이 사건의 구체적인 사실관계는 각주 10) 참조.
39) [1855] App Cas 263, HL.
40) [1886] 12 AC 128, PC.
41) [1875] 1 App Cas 209, HL.

'Capricon'사건[42]에서 냉동선 캐프리컨(Capricon)호에 대하여 선주는 '사고시 마다 최대 60일까지의 선박의 임대손해 또는 비용'에 대하여 보험에 들었는데, 용선된 선박에 대한 용선계약이 해제되었다. 1주일 후 '캐프리컨'호의 발전기가 보험사고인 선원의 공구사용과실로 인하여 훼손되었음을 발견하고, 팰머스(Falmouth)에서 수선을 받게 되었다. 피보험자는 보험증권은 용선계약의 존부 여부와는 관계없이 선박의 운임취득이익을 담보한 것이라 주장하여 60일 동안의 시간의 상실에 대하여 보험금을 청구하였지만, 법원은 피보험자의 피보험이익을 인정하지 않았다. 맨스(Mance)판사는 원고의 이익은 영국해상보험법이 규정하는 피보험이익을 가진 것으로 인정받기에는 성질상 지나치게 미약하고 투기적이라고 보았다.

## 2. 원수보험자

해상보험자는 보험자로서 부담하는 보상책임에 대하여 피보험이익을 가지고, 재보험에 가입할 수 있다(영국해상보험법 제9조). 재보험도 손해보험이므로 보험자가 지급한 보험금이상을 보상받을 수 없다. 이에 관한 판례로는 Uzielli and Co. v. Boston Marine Insurance Company사건[43]과 British Dominions General Insurance Company Ltd. v. Duder and Others사건[44]이 있다.

한편 원수보험은 분손과 전손을 보상하지만, 재보험은 전손이나 추정전손만을 보상하는 내용인 경우에는 원수보험상 분손보상을 한 보험자는 재보험자로부터 손해보상청구권이 인정되지 않는다.[45]

---

42) [1995] 1 Lloyd's Rep. 622: 이 사건에 대하여는 이 책 제2부 제2장 제2절 해상보험의 목적 Ⅱ. 해상보험의 목적 4. 운임 (4) 제3자가 지급하는 운임 (나) 용선운임 (b) 기간용선운임 (ㄴ) 휴항손해 (iv) 휴항손해의 담보 참조.

43) [1884] 15 QBD 11, CA.: 선박소유자가 손해방지비용을 포함하는 조건으로 12개월 간의 보험에 가입하였고, 어지앨리 앤 컴퍼니(Uzielli and Co.)사는 이 위험을 재보험자로서 인수하여 보스턴 마린 인슈런스 컴퍼니(Boston Marine Insurance Company)사에 1,000파운드를 보험금액으로 또 다시 재보험에 들었다. 보험기간 중 선박이 훼손되어 원수보험자에게 보험금을 지급한 어지엘리 앤 컴퍼니사는 보스턴 마린 인슈런스 컴퍼니사로부터 1,000파운드 이상을 보상받을 수 없다고 판결되었다.

44) [1915] 2 KB 394.: 카니타(Kanita)호의 보험을 인수한 원고가 '전손 또는 추정전손만 담보'하는 조건으로 피고와 재보험에 들었는데, '카니타'호가 보험기간중 좌초되어 선주가 위부의 통지를 하였지만 보험자가 위부의 통지의 승낙를 거부하여 소송에 의하여 손해의 66%를 지급하기로 하는 합의가 이루어져, 이를 보상한 원수보험자인 원고가 보상을 청구한 사건으로, 법원은 원수보험자는 66%에 대한 보상청구권만이 인정되고, 재보험자는 나머지 이익을 향유할 권리가 있다고 판시하였다.

45) Western Assurance Company of Toronto v. Poole [1903] 1 KB 376: 에드먼드(Edmund)호에 대하여 분손과 전손을 담보하기로 하는 보험을 인수한 원고는 전손과 추정전손을

### 3. 저당권설정자와 저당권자

보험의 목적에 대하여 저당권이 설정되어 있는 경우에 저당권설정자는 보험목적의 전체 가액에 대하여, 저당권자는 피담보채권의 범위에서 피보험이익을 가진다(영국해상보험법 제14조 제1항). 저당권자는 보험계약상의 피보험자로서 또는 보험계약의 양수인으로서 피보험이익을 가진다. 후자의 경우에는 저당권자의 권리는 양도인의 권리에 종속된다. 즉, 양수인은 양도인 이상의 권리를 취득할 수 없다(영국해상보험법 제50조 제2항).

한편 등록되지 않은 저당권자도 피보험이익을 가진다. 이 원칙은 Samuel v. Dumas사건[46]에 의하여 확립되었다.

### 4. 주 주

회사의 재산은 사원인 주주의 재산과는 별개이므로 주식회사의 주주는 회사의 재산에 대하여 피보험이익이 없다. 이에 관한 지도적 판례는 비해상보험사건인 Macaura v. Nothern Assurance Co.사건[47]으로 상원은 목재회사의 단독주주이며 채권자인 피보험자는 화재로 인한 목재의 소실에 대하여 피보험이익이 없다고 판시하였다.

그러나 영국판례에 따르면 주주는 회사가 수행하고자 하는 사업에 대해서는 피보험이익을 가지는데, 법원은 그 전제조건으로 보험목적인 사업이 명확하고 적절히 한정될 것을 요구한다.[48] Wilson v. Jones사건[49]에서 어틀랜틱 텔레그래프 컴퍼니(Atlantic Telegraph Company)의 주주인 원고는 당시로서는 투기적인 사업인 아일랜드에서 뉴펀들랜드(New Foundland)까지의 대서양횡단 케이블매설

---

보상하기로 하고 "원수보험과 동일한 조건으로 그에 따라 보상한다"는 내용으로 재보험에 들었다. 선박이 좌초하고 훼손되어 수선비용이 협정보험가액을 초과하였지만, 선주는 위부의 통지를 하지 않고 분손보상을 청구하여 일부는 수리비용으로 나머지는 선박을 띄우는 비용으로 선박 가액의 107%를 보상받았다. 원수보험자는 추정전손임을 주장하여 재보험자에게 보상을 청구하였지만, 법원은 선주가 위부의 통지를 하지 않았고, 지급보험금은 분손보상이었으므로 재보험금청구권이 인용될 수 없다고 판시하였다.

46) [1924] 18 LlL Rep 211, HL(이 사건의 상세한 사실관계는 이 책 제3부 제2장 제3절 손해보상의 의무 Ⅲ. 인치마리위험 8. 악행 (6) 선의의 저당권자 참조): 선박이 저당권자와의 공모는 없었지만 선주와 공모하여 천공되어 침몰하였다. 저당권자의 보험금청구에 대하여 저당권이 등록되지 않았는데 저당권자에게 피보험이익이 인정되는가 여부가 다투어져 법원은 등록여부에 관계없이 저당권자는 피보험이익을 가진다고 보았지만, 천공은 당해 보험계약상 담보위험이 아니라는 이유로 보험금지급이 거부되었다.

47) [1925] AC 619: 이 사건의 구체적인 사실관계는 각주 2) 참조.

48) Susan Hodges, op. cit., p. 68.

49) [1867] LR 2 Exch 139: 각주 16) 참조.

작업에서 실패하여 입게 될 손해를 담보하는 보험계약을 체결하였는데, 보험증권에는 "이 보험은 케이블을 매설하는데 따르는 모든 위험을 담보한다"고 규정하고 있었다. 케이블매설작업이 실패하여 원고가 보상을 청구하자, 보험자는 보험의 목적과 피보험자의 피보험이익에 대하여 이의를 제기하였다. 법원은 원고의 피보험이익은 케이블 자체가 아니라 케이블매설에 대한 것이기 때문에 그 사업의 성공으로 인하여 회사의 주주로 얻게 될 200파운드에 대하여 피보험이익을 가진다고 하여 보험자의 보상을 명하였다. 이 사건에 6년 앞선 Patterson v. Harris사건[50]에서 어틀랜틱 텔레그래프 컴페니의 대주주가 보험계약을 체결하고 보험목적이 케이블 자체가 아니라 회사의 사업이라고 주장하며 보험금을 청구하였다. 법원은 손해가 담보위험이 아니라는 이유로 피보험자의 청구를 기각하였지만 주주가 회사의 영업에 대하여 피보험이익을 가진다고 판시한 것으로 해석되고 있다.[51]

이와 관련하여 미국법과 캐나다법이 제시하고 있는 방향을 이해하는 것이 유익하다. 이들 국가의 법은 최근의 영국법상의 피보험이익의 발전보다 앞선 선도적인 입장을 취하고 있다. 캐나다의 Constitutional Insurance Co. of Canada v. Kosmopoulos사건[52]은 주식회사의 단독주주겸 이사인 코스모폴러스(Kosmopoulos)씨가 회사의 자산에 대하여 자기명의로 보험계약을 체결하였다. 회사자산이 화재로 손해를 입어 보험금을 청구한 사건에서 대법원은 영국의 주식회사의 단독주주에게 피보험이익이 없다고 판시한 영국의 Macaura사건원칙을 채택하지 않고 법인격무시이론을 적용하여 보험목적과 피보험이익을 인정하기에 충분한 관계가 인정된다고 판시하였다.

## 5. 기 타

영국해상보험법상 피보험이익이 인정되는 것으로 들고 있는 것은 예시적인 것에 불과하므로 선박의 대리인, 나포당국, 선박모험대차의 대주 등이 보험목적의 보전으로 이익을 취득하는 경우에는 피보험이익을 가진다.

(1) 선박대리인

Moran, Galloway & Co. v. Uzielli사건[53]에서 외국회사의 영국대리인인 원고

50) [1861] 1 B&S 336.
51) Susan Hodges, op. cit., p. 69.
52) [1987] 34 D.L.R.(4th) 208.
53) [1905] 2 KB 555; 이 사건의 구체적인 사실관계는 각주 17) 참조.

는 선박의 항해에 필요한 비용을 대여한 채권자로서 밴쿠버(Vancouver)에서 카디프(Cardiff)까지의 항해에 대하여 보험에 들었고, 선박이 악천후로 인하여 훼손되어 '카디프'에서 추정전손되었는데, 피보험자에게 피보험이익이 인정되는가 여부가 쟁점이었다. 법원은 피보험자가 선박의 안전한 도착으로 인하여 이익을 취득하기 때문이 아니라 영국법상 선박에 대하여 대물소송(action in rem)의 제기권이 인정된다는 이유로 피보험이익을 인정하였다.

(2) 나포당국

Stirling v. Vaugan사건[54]에서 선박 프라이즈 제3(Prize No. 3)호가 스페인에서 원고에 의하여 나포되어 몬테비데오에서 영국까지의 항해에 대하여 보험에 들었는데, 항해중 선박이 해상위험으로 인하여 멸실되어 보상이 청구되었다. 쟁점은 법원에 의하여 선박의 공식적인 몰수판결이 있기 전에도 나포자가 피보험이익을 가지는가 여부이었다. 법원은 나포자가 선박에 대하여 피보험이익을 가진다고 판시하였다.

## Ⅳ. 피보험이익의 존재시점

해상보험상의 주요한 원칙은 피보험자는 사고발생시에 피보험이익이 없으면 손해보상을 받을 수 없다는 것이다(영국해상보험법 제6조 제1항; 1982년 협회적하보험약관 제11조 제1항). 다만 "멸실여부를 불문한다(lost or not lost)"는 조건으로 보험계약이 체결된 경우에는 피보험자가 손해발생시에 피보험이익을 가지지 않아도 손해를 보상받을 수 있다(영국해상보험법 제6조 단서).

### 1. 사고발생시 피보험이익의 존재

Buchanan v. Faber사건[55]에서 보험중개사인 원고는 장차 취득할 것으로 기대되는 수수료와 케이프타운(Cape Town)으로의 영구수리를 위한 단거리항해에 대한 관리책임자로서의 이익에 대하여 선비보험에 가입한 증기선 퀸 빅토리아(Queen Victoria)호가 남아프리카 엘리자베스(Elizabeth)항 근처에서 기상이 악화되어 좌초되어 전손이 되었다. 보험자는 감항능력이 없음을 이유로 보험금지급

54) [1809] 11 East 619.
55) [1899] 4 Com Cas 223.

을 거부하였고, 법원은 원고패소판결을 내렸다. 빙엄(Bingham)판사는 "보험중개사인 원고는 선박이 안전한 경우 장차 보험중개로 인하여 얻게 될 수수료이익만으로는 피보험이익이 인정되지 않고, 보험중개사와 선박소유자와의 관리책임자계약이 보험중개사가 선주의 항구적인 관리책임자로서의 권리를 가진다는 것을 입증하는 것이 아니다. 이는 모든 보험중개사가 가지는 이익과 다름이 없다"고 판시한다. 무너커(Moonacre)호 사건[56]에서 콜만(Colman)판사는 Buchanan v. Faber사건과 관련하여 "원고가 보험목적의 보존으로 인하여 가지는 이익은 적하가 안전한 경우 장차 보험계약을 체결할 가능성뿐이고, 피보험자와 보험목적과의 관계는 선박의 안전에 따라 생기는 장래 밀접한 관계의 취득의 가능성 또는 기대에 불과하다. 그리고 장래의 가능성의 희망만으로는 피보험자를 도박이 아닌 손해보상을 청구할 수 있는 위험으로 되지 않는다"고 한다.

## 2. 소급보험

소급보험이라 함은 "멸실여부를 불문한다(lost or not lost)"는 조건으로 체결된 보험계약을 말하는데, 이 경우 피보험자가 손해발생시에 피보험이익을 가지지 않아도 손해를 보상받을 수 있다. 그러나 보험계약체결당시 피보험자는 손해발생사실을 알고 있었고, 보험자는 이를 모르고 있는 경우에는 그러하지 않다(영국해상보험법 제6조 단서).

과거 통신수단이 열악하던 시기에 적하의 매수인이 해상에서 이미 멸실된 적하를 매수하게 되는 경우가 자주 발생하였고, 사고발생시에 피보험이익이 있어야 한다는 일반원칙을 극복하기 위하여 "멸실여부를 불문한다(lost or not lost)"는 조항을 삽입하였다. 이 조항의 목적은 매수인이 손해발생 후 이익을 취득한 경우에도 보상을 허용하기 위한 것이다. 이는 협회적하보험약관(제11조 제2항), 1906년 영국해상보험법부칙의 보험증권의 해석원칙(제1조)에도 규정되어 있다.

소급보험과 관련하여 최근 집중 조명받은 판결이 호주의 New South Wales Leather Co. Pty Limited v. Vanguard Insurance Co. Limited사건[57]이다. 이 사건에서 항소법원은 피보험자가 손해발생시에 피보험이익을 가지지 않았으므로 운송조항이 적용되지 않지만, 운송조항과 결합된 '멸실여부불문조항'에 의거 보상을 명하였다. 이 호주법원의 판결에 대해서는 영국법원을 구속하지 않고,

56) [1992] Lloyd's Rep. 501: 이 사건의 구체적인 사실관계는 각주 29), 34) 참조.
57) [1990] 103 FLR 70: [1991] NSWLR 699: 이 사건의 구체적인 사실관계는 각주 10) 참조.

Anderson v. Maurice 판결에 의하여 확립된 원칙에 의하면 FOB조건상 선적시까지는 매도인이 위험을 부담하므로 선적 이전에 절취된 경우 매수인은 피보험이익을 가지지 않지만 '멸실여부불문조항'이 삽입된 경우 적하와 매수인의 관계는 투기적인 것이나 기대이익만이 아닌 실제적 기대(factual expectancy)이라는 점에서 보상이 허용될 것이라 한다.[58]

### 3. 보험증권의 양수인

피보험자가 사고발생시에 피보험이익이 있어야 하다는 원칙에 대한 또다른 예외는 보험증권양수인의 경우이다. 보험금청구권은 손해발생 이전이든 이후이든 양도가 가능하다(영국해상보험법 제50조 제1항). 다만 양도인은 양도시에 양도할 이익을 가지고 있어야 하는데, 이는 "누구든지 자기가 소유하는 것 이상을 양도할 수 없다"는 원칙에 근거한다.[59]

---

58) Susan Hodges, op. cit., p. 81.
59) 이 책 제3부 제2장 제1절 해상보험증권교부의무 V. 보험증권의 양도 참조.

# 제 5 장 해상보험계약의 조건

## 제 1 절 해상보험계약의 조건

### Ⅰ. 해상보험계약상 조건의 삽입과 그 해석

해상보험계약에서 당사자사이의 관계는 계약법의 일반적인 원칙과 법률규정, 그리고 보험계약법과 해상보험계약법의 특수한 원칙에 따라 규율된다. 1906년 영국해상보험법은 법률의 추단에 의하여 또는 영국해상보험법이 정하는 권리, 의무 또는 책임은 명시적인 약정 또는 당사자를 구속할 정도의 관습에 의하여 부정되거나 변경될 수 있다고 규정하고 있다(동법 제87조).

해상보험실무상 표준해상보험약관을 보험계약의 내용으로 하는 것이 일반적이다. 계약해석에 있어서 우선적인 원칙은 계약체결 당시의 당사자의 의사를 확정하는 것이다. 그러나 계약조건의 효과에 대하여서는 여러 해석이 있을 수 있다. 따라서 당사자의 의사의 발견을 위하여 해석에 관한 규정과 원칙의 도움이 필요하다. 해상보험계약의 조건의 해석에 관하여서는 로이즈 SG 보험증권과 함께 발전되어 영국해상보험법 부칙에 규정되어 있는 해석규칙이 적용된다. 영국해상보험법 제30조 제2항에 따르면 "이 법의 규정에 반하지 아니하고 보험증권의 문맥상 이와 달리 해석될 것이 요구되지 아니하는 한, 이 법의 1부칙에서 언급된 용어 및 표현은 이 부칙에서 정하여진 범위와 의미를 가지는 것으로 해석된다."

특정한 명시적인 조건은 이를 규정하지 아니하였더라도 적용되었을 묵시적인 담보특약과 같은 묵시적인 조건 또는 보험계약의 내용을 이루는 표준약관조항을 수정하고 우선적인 효력을 가진다. 당사자는 어떠한 표준약관을 보험계약의 내용으로 할지 자유롭게 선택할 수 있고, 일정한 경우에는 가장 최근의 약관을 사용하지 아니하기도 한다. 당사자는 가장 최근의 약관의 전부 또는 일부를 적용하기로 합의하는 경우도 있다.[1)]

---

1) 2003년 국제선박보험약관 제1조 제1항은 제1부, 제2부의 제32조~제26조 그리고 제3부가 이 보험에 적용된다고 규정하고, 제2부와 제3부는 보험개시당시 시행되는 조항이라고

## Ⅱ. 해상보험계약상의 조건의 분류

보험계약관계는 당사자의 합의에 의하여 형성되고, 당사자는 명시적 또는 묵시적 조건으로 정한 보험계약의 내용에 대하여서만 권리의무관계에 선다. 따라서 먼저 당사자의 계약의 내용을 정하는 조건을 결정하여야 하고, 조건이 정하여진 경우 개별적인 조건의 성격과 효과를 분석하는 것이 필요하다.

조건 중에서는 전통적으로 보험계약에 삽입되어 보험계약의 특징을 이루는 담보특약이 중요하지만, 이는 그 엄격함으로 인하여 많은 비판이 행하여지고 있다. 2003년 국제선박보험약관의 도입 이후에는 이 시장의 우려를 받아들여 보험계약의 조건을 담보특약으로 고찰하는 것을 경계하는 동향에 유념하여야 한다.[2)]

해상보험계약에 있어서 담보특약은 일반 계약법과는 다른 의미로 사용되고, 최근 굿 럭(Good Luck)호사건[3)]에서 계약법상의 일반적인 조건의 경우에는 그 위반의 경우에도 해제의 의사표시를 하지 아니하는 한 효력을 유지하는 것과 달리, 그 위반의 경우에 해제의 의사표시와 같은 어떠한 행위를 하지 아니하더라도 당연히 보상책임을 면하는 것으로 하였다. 담보특약의 효과의 가혹함에 대한 비판의 증대에 따라 보험계약법상의 담보특약은 보험법상의 의미로서가 아닌 일반 계약법상의 원칙에 따라 분석하는 것이 요청되고 있다.

당사자는 개별 조건의 성격과 효과에 대하여 명시적으로 약정할 수 있고, 그러한 경우에는 법원은 당사자의 의사를 적용하여야 한다. 그러나 조건을 표현하기 위하여 사용된 단어는 종국적인 것은 아니고, 결국 해석의 문제인 것이다.

---

한다.

2) F.D. Rose, Marine Insurance: Law and Practice, London: LLP, 2004. § 9.7, p. 162; 현대에 있어서 담보특약의 기능의 변화에 대하여서는 한창희, 영국해상보험법상 담보특약(warranty)원칙의 현황과 과제, 보험법연구 4, 보험법연구회, 삼지원, 2002, 130면.

3) Bank of Nova Scotia v. Hellenic Mutual War Risks Association(Bermuda) Ltd. [1991] 2 Lloyd's Rep. 191; 이 사건의 구체적인 사실관계는 이 책 제2부 제5장 제2절 담보특약 Ⅲ. 담보특약위반의 효과 2. 담보특약위반의 효과 (2) 보험기간중 위반의 효과 (가) '굿럭'호 사건의 내용 참조.

# 제 2 절 담보특약

## Ⅰ. 영국 해상보험법상의 담보특약의 정의

### 1. 영미 계약법상의 담보특약의 정의

영미 계약법상의 담보특약은 계약의 부수적인 사항을 정하는 조항으로 이에 위반하는 경우 상대방은 계약을 무효로 할 수 없고, 손해배상만을 청구할 권리만이 인정된다.[4] 따라서 계약이 위반되었음에도 불구하고 상대방은 계약을 이행할 책임을 부담한다.[5] 영미 계약법상의 담보특약은 다양하게 사용되어 조건(condition)위반의 경우 계약을 유지한 채 손해배상만을 청구하는 것을 선택하는 것을 의미하기도 하고, 토지법과 매매법상 매수인위험부담의 원칙을 완화하는 보증(guarantee)의 의미로 사용되기도 한다.[6]

### 2. 해상보험법상의 담보특약의 의의

(1) 해상보험법상 담보특약의 의의와 기능

해상보험법상 담보특약은 피보험자가 어떠한 특정한 일이 행하여지거나 행하여지지 않을 것, 또는 어떠한 조건이 충족될 것을 약속하거나 또는 특정한 사실상태의 존재를 긍정하거나 부정하는 내용을 약속하고, 이 의무가 이행되지 않으면 보험자는 책임을 면하는 것을 의미한다(영국해상보험법 제33조 제1항, 제3항). 영국법준거조항이 삽입된 선박기간보험약관을 내용으로 하고 감항증명서의 발급을 담보한다는 내용의 명시적 담보특약이 행하여진 감항증명서의 발급을 담보한다는 내용의 명시적 담보특약에 관한 판례(대법원 1996.10.11. 선고, 94다60332 판결)는 명시적 담보특약은 위험의 발생과 관련하여 중요한 것이든 아니든 불문

4) 최종현, 영국 해상보험법상 담보특약(warranty) 위반에 대한 권리의 포기-대법원 1996. 10.11. 선고, 94다6033 판결, 보험법연구 2, 보험법연구회, 삼지원, 1998, 49~57면.

5) Baris Soyer, Warranties in marine insurance, London: Cavendish Publishing Limited, 2001, p. 3.

6) Thomas J. Schoenbaum, Key differences between English and American law of marine insurance, Centreville, Maryland: Cornell Maritime Press, 1999, p. 139.

하고 정확하게 충족되어야 하는 조건(condition)이라 정의한다. 계약에 삽입된 담보특약은 위험을 측정하는데 중요한 역할을 한다. 예컨대 특정한 지역을 항해하지 않을 것을 내용으로 하는 담보특약의 경우 보험자는 이에 따라 위험의 범위를 고찰하고, 보험료는 이 사실에 비추어 산정되는 것이다.

(2) 해상보험법상 담보특약의 특징

담보특약은 해상보험 이외에도 모든 유형의 보험계약에서 사용되고 있지만, 담보위험의 성질 또는 보험계약의 관련특성으로 인하여 해상보험과 비해상보험상의 담보특약 사이에는 차이가 있다.[7]

첫째, 감항능력담보특약, 적법성담보특약과 같은 묵시적 담보특약은 해상보험에만 인정된다. 그 이유는 해상사업의 특성으로 인한 것으로 선박이 해상사업에 종사하는 경우 선주이외에도 승무원, 매수인, 운송중인 적하의 매도인 등 많은 이익이 해상위험에 노출된다. 그러나 피보험자나 보험자는 선박이 항해를 수행하는 기간 동안 선박의 상태를 확인할 지위에 있지 않기 때문에 계약당사자의 충돌하는 이익을 조정하고 해상사업의 재난을 최소화하기 위하여 해상보험법상 해상보험계약에 묵시적 담보특약이 부과된 것이다.[8] 따라서 비해상보험사건에서는 명시적 담보특약만이 가능하다.

둘째, 해상보험에서 명시적 담보특약은 보험증권상에 기재되거나 또는 보험증권상의 참조문언에 의하여 첨부되는 서류에 포함되어야 하는데 비하여(영국해상보험법 제35조 제2항), 일반보험의 경우에는 발행된 증권상에 명시되지 않았지만 청약자의 서명이 있는 "이 청약서는 계약의 기초로 삼는다"는 내용은 담보특약으로 인정된다.[9] 이와 같은 일반보험의 태도는 청약서의 복사본을 보험계약자가 소지하지 않은 경우에는 청약서상의 담보특약을 망각할 수 있는 점에서 보험계약자에게 가혹할 수 있는 점이 지적된다.

셋째, 담보특약의 해석에 대한 법원의 경향은 비해상보험의 경우에는 좁게 해석하여 그 범위가 제한되는데 비하여, 해상보험의 경우에는 법원은 피보험자를 위한 해석에 인색하다. 그 이유로는 해상보험은 기업보험으로 선주, 용선자, 화주 등은 법률원칙에 상당히 정통하다는 것이 들어진다.

---

7) Baris Soyer, op. cit., pp. 6~7.
8) Baris Soyer, op. cit., p. 55.
9) Unipac (Scotland) Ltd. v. Aegon Insurance Co. 1996 LST 1197.

(3) 담보특약과 구별되는 개념

Warrant 또는 그 변형된 단어가 담보특약으로 분류되기에 필수적인 것도 아니고, 그 존재가 종국적인 것도 아니다. 담보특약(warranted)이라는 단어는 다음과 같이 사용되는 경우도 있다.

첫째, 보험담보의 범위를 제한하기 위하여 사용된다. Australian Agricultural Co v. Saunder사건[10]에서 화재보험계약은 "부보재산이 이전에 또는 이후에 달리 보험에 든 경우에는 그 보험의 명세서가 회사에 통지되지 아니하는 한 보상을 하지 아니한다"라는 조항을 두고 있었다. 또한 피보험자는 "양모가 수상운송되는 순간부터 부선(craft)의 위험과 뉴 캐슬(New Castle)과 시드니(Sydney)에서의 환적, 양륙 그리고 재선적의 위험을 포함하여 리버 헌터(River Hunter)로부터 시드니까지 선박과 증기선을 통하여 그리고 선박으로 런던까지"를 담보하는 해상보험계약을 체결하였다. 시드니 창고에서 화재가 발생하여 적하는 환적, 양륙, 재선적과정에 있지 아니하다고 판결되었다. 해상보험계약이 적용될 수 없었으므로 그 통지는 보험자의 항변으로 인정되지 아니하였다. 블랙번(Blackburn)판사는 "환적 중 화재보험계약이 담보하는 화재로 인한 손해가 발생할지 모른다는 이유만으로 해상보험의 상세한 내용이 회사에 통지되었어야 한다고 해석하는 것은 합리적이라고 생각하지 않는다. 두 개의 보험계약이 중복될 가능성이 그 목적은 아니었다"라고 판시하였다. 화재보험약관조항은 엄밀히 말하면 담보특약이 아닌 보험자의 책임을 제한하는 조항이었다.[11]

둘째, 포획나포부담보(warranted free from capture and seizure)의 경우와 같이 특정한 경우를 면책으로 하여 책임을 제한하는 경우이다.

## 3. 담보특약의 분류

영국해상보험법상 모든 담보특약은 피보험자의 특정한 문제에 관한 약속을 포함하고 있기 때문에 약속적(promissory) 담보특약이다(영국해상보험법 제33조 제1항). 따라서 해상보험에 있어서는 약속적 담보특약은 통칭하는 개념이다. 담보특약은 다음과 같이 분류될 수 있다.

(1) 약속시점에 따른 분류

담보특약은 ① 보험개시 시점의 사실을 약속하는 것, ② 특정한 사실상태가

10) [1875] LR 10 CP 668(Ex Ch).
11) F.D. Rose, op. cit., § 9.22, p. 166.

보험개시후 일정한 시점에서 충족되거나 회피될 것을 약속하는 것, ③ 특정한 사실상태가 보험개시시점만이 아니라 보험기간 동안 계속하여 유지될 것을 약속하는 것으로 분류된다.

첫째 유형은 선박관리자가 특정한 국적을 가진다고 피보험자가 선언하는 것이 그 예이다.

둘째 유형은 장래사건에 대한 담보특약이라 할 수 있는 것으로, 보험기간동안 특정한 지역을 항해하지 않을 것을 약속하는 것이 그 예이다. 이를 위반하는 경우 영국해상보험법 제33조 제3항에 의거하여 보험자는 보상책임을 면하지만 그 이전에 발생한 책임에 대하여서는 영향을 미치지 아니한다.

셋째 유형은 적법성의 묵시적 담보특약이 그 예이고, 피보험자는 항해사업이 적법할 것과 자신이 통제할 수 있는 한 적법하게 수행할 것을 약속하는 것이 그 예이다. 이 경우에 보험개시시에 담보특약이 된 사실상태가 존재하지 아니하면 보험기간 중 발생한 손해에 대하여서는 책임을 면한다. 그러나 그것이 보험기간 중 특정한 시점에서 존재하지 아니하는 경우에는 보험자는 그 이후에는 보상책임을 지지 아니하나, 그 이전에 발생한 책임에는 영향이 없다.

(2) 약속의 성격에 따른 분류

약속의 성격에 따라 확인적 담보특약과 적극적 또는 소극적 행위에 의하여 충족되는 것이 필요한 것으로 분류된다. 전자는 영국해상보험법 제33조 제1항을 차용하면 특정한 사실상태의 존재를 긍정하거나 부정하는 것으로 부보선박이 항상 한국선적이었음을 약속하는 것이 그 예이다. 후자는 영국해상보험법 제33조 제1항을 차용하면 특정한 일이 행하여지거나 행하여지지 않을 것, 또는 어떤 조건이 충족될 것을 약속하는 것으로 묵시적 감항능력의 담보특약이 그 예이다.

(3) 구조에 따른 분류

담보특약의 구조에 따라 명시적인 것과 묵시적인 것으로 구분된다. 이 분류는 영국해상보험법상 담보특약의 기초를 이루는 분류방법이다.

(가) 명시적 담보특약 : 명시적 담보특약[12]은 사적 자치의 원칙상 그 수와 범위는 피보험자와 보험자 사이의 합의에 따라 정하여진다. 명시적 담보특약은 담보특약을 할 의사가 추측되는 것이라면 어떠한 문구를 사용하더라도 상관없다(영국해상보험법 제35조 제1항). 명시적 담보특약은 보험증권에 포함 혹은 기재되

12) 김현, 해상보험계약상의 명시적 담보, 법조 40권 10호(421호)(1991), 법조협회, 90~107면.

거나 언급에 의하여 보험증권에 첨부된 서류에 포함되어야 한다(동조 제2항). 담보특약은 보험증권의 여백에 또는 그 하단에 기재되거나 이에 첨부되어도 된다. 명시적 담보특약은 묵시적 담보특약이 이에 저촉되지 아니하는 한 후자를 배제하는 것은 아니다(영국해상보험법 제35조 제3항). 영국해상보험법과 표준약관상 ① 중립성의 담보특약,[13] ② 안전의 담보특약,[14] ③ 예인과 구조의 담보특약,[15] ④ 선급담보조항[16] 등과 같은 명시적 담보특약이 규정되어 있다.

우리 판례에 따르면 "로이드 대리점의 검정인이나 한국선급협회의 검정인으로부터 감항증명서를 발급받을 것을 담보한다"(Warranted seaworthiness certificate issued by Lloyd's agent surveyor or KR surveyor)는 내용의 특약을 하여 이를 각 보험증권에 명기한 선박보험사건에서 명시적 담보특약으로 인정하고,[17] 적하보험계약 체결 시 "본사에 일일 어획량을 보고한다"는 내용의 특별어획물약관을 적용하도록 보험증권에 기재된 경우 이는 영국 해상보험법 제35조 소정의 이른바 명시적 담보에 해당하며,[18] 선박보험증권과 약관에 준거법을 영국의 법률과 관습에 따르기로 하는 규정과 아울러 선급(ship's class)을 유지(maintaining)하기로 하는 내용의 명시적 규정을 둔 경우 한국선급의 승인 없이 격벽을 제거한 경우 영국 해상보험법 제33조 소정의 명시적 담보위반으로 보험자가 면책된다고 한다.[19]

---

13) 영국해상보험법 제36조: 이 책 제2부 제5장 제3절 특수한 담보특약의 예 Ⅱ. 중립성 참조.

14) 영국해상보험법 제38조: 이 책 제2부 제5장 제3절 특수한 담보특약의 예 Ⅳ. 지역과 안선함 참소.

15) 1983년 협회선박기간보험약관 제1조 제1항: 1983년 협회선박항해보험약관 제1조 제1항: 1995년 협회선박기간보험약관 제1조 제1항: 1995년 협회선박항해보험약관 제1조 제1항: 2003년 국제선박보험약관 제10조 제2항: 이에 관하여서는 이 책 제2부 제5장 제4절 명시적인 조건 Ⅵ. 항해 1. 항해조항 참조.

16) 1995년 협회선박기간보험약관 제4조 제1항: 1995년 협회선박항해보험약관 제3조 제1항: 2003년 국제선박보험약관 제13조 제1항: 이에 관하여서는 이 책 제2부 제6장 제1절 기간보험 Ⅲ. 종료조항, 선급조항 또는 관리조항 2. 선급 참조.

17) 대법원 1996.10.11. 선고, 94다60332 판결: 이에 관한 평석으로는 서기석, 영국해상보험법상의 담보특약(warranty)위반의 효과와 그 포기, 인권과 정의, 244호(1996), 대한변호사협회, 109면: 최종현, 전게논문, 보험법연구 2, 보험법연구회, 삼지원, 1998, 49~57면: 김현, 해상보험계약상 담보는 엄격하게 해석돼야, 인권과 정의 제259호(1998), 대한변호사협회, 57면.

18) 대법원 1996.3.8. 선고, 95다28779 판결: 이에 관한 평석으로는 김현, 해상보험에서의 고지의무, 저스티스 33권 3호(1998), 한국법학원, 180~194면: 한창희, 영국 해상보험법상의 고지의무·명시적 담보위반의 효과-대법원 1996.3.8. 선고, 95다28779 판결, 보험법연구 2, 보험법연구회, 삼지원, 1998, 176~200면.

19) 대법원 1998.5.15. 선고, 96다27773 판결: 이에 관한 평석으로는 양승규, 영국해상보험법상의 담보위반과 보험자의 책임, 보험판례연구, 삼지원, 2000, 267~270면: 민중기, 영국해상보험법(협회선박기간보험약관/ITCH)에 있어서 해상 고유위험의 의의 및 입증책임과 담보위반의 효과, 대법원판례해설 30호(1998), 238~265면: 박은경, 해상보험계약상 워런티(warranty)위반의 효과, 상사판례연구 10집(1999), 83~102면: 김현, 해상고유위

(나) 묵시적 담보특약 : 묵시적 담보특약은 영국해상보험법에 의하여 특정한 보험계약에만 인정되는 것으로 그 수와 범위는 동법에 의하여 정하여져 있다. 묵시적 담보특약에는 ① 선박의 항구위험감내능력(portworthiness), ② 선박의 감항능력,[20] ③ 적하의 감항능력(cargoworthiness),[21] ④ 적법성[22] 등의 네 가지가 있다. 이 가운데 ①의 경우는 항해보험이 특정한 장소에서 그리고 부터(at and from) 조건인 때, 즉 "선박이 항구내에 있는 동안에 보험이 시작되는 경우에는, 그 선박은 위험이 개시될 당시에, 항구에서 통상 일어날 수 있는 위험을 견디어 낼 수 있을만큼 상당히 적합한 상태에 있어야 한다는 묵시적 담보특약이다(영국해상보험법 제39조 제2항)."

## Ⅱ. 담보특약의 해석과 성격

담보특약으로 인정되는 경우 당사자가 의도한 진정한 의미는 해석의 문제로 결정된다. 또한 명시적 담보특약과 묵시적 담보특약은 여러 측면에서 다르지만 공통적인 특성을 가진다. 그것으로는 엄격충족의 원칙, 중요성 여하나 인과관계를 요하지 않는다는 것, 위반시 치유가 허용되지 않는다는 것 등을 들 수 있다.

### 1. 담보특약의 해석

담보특약의 해석과정에서 담보특약을 한 자의 의무에 관하여 특히 상사실무와 거래관습에 비추어 상당한 관용이 허용된다. 예컨대 분손을 보상하지 않는다는 담보특약에도 불구하고 상인이 분손이 아닌 손해방지비용으로 처리하였을 경우에는 보상이 명하여졌다.[23] 그러나 보험계약이 당사자의 진정한 의도를 파악할 수 있도록 구체적인 사실관계를 고찰하여야 한다고 하더라도, 이것은 그러한 거래가 수행된 거래의 성격, 알려진 경영절차 그리고 형식을 고려한다는 것이지, 거래의 개시시 또는 협상기간 중 발생한 것으로 입증된 특수한 사실을 고

---

험과 담보위반, 법률신문 2867호(1998), 15면.

20) 이에 대하여서는 이 책 제2부 제5장 제3절 특수한 담보특약의 예 Ⅵ. 감항능력 참조.

21) 이에 대하여서는 이 책 제2부 제5장 제3절 특수한 담보특약의 예 Ⅵ. 감항능력 참조.

22) 이에 대하여서는 이 책 제2부 제5장 제3절 특수한 담보특약의 예 Ⅲ. 적법성 참조.

23) Kidston v. Empire Mar Ins. Co. [1866] LR 1 CP 535; Offd [1867] LR 2 CP 357; 이 사건의 구체적인 사실관계는 이 책 제3부 제1장 제2절 손해방지의무 Ⅲ. 손해방지의무의 내용 1. 손해의 방지 또는 경감 (1) 손해의 방지 또는 경감의 의미 참조.

려한다는 것은 아니다.[24]

## 2. 담보특약의 성격

(1) 엄격충족의 원칙

엄격충족의 원칙은 해상보험계약에 있어서 담보특약은 엄격하고 정확하게 충족되어야 한다는 것이다. 이것은 1778년의 Pawson v. Watson,[25] Hore v. Whitmore사건[26]에서 맨스필드(Mansfield)경에 의하여 설정되고 영국해상보험법 제33조 제3항에 입법화되어 최근의 굿 럭(Good Luck)호 사건[27]에서 피보험자가 보험자에게 통지하기 전에는 금지된 지역으로 들어가지 아니하겠다는 담보특약을 이행하지 않았기 때문에 자동적으로 종료하였다는 판결에 이르기까지 일관하여 적용되고 있다.

(2) 중요성 불문·인과관계불요의 원칙

중요성 불문·인과관계 불요의 원칙은 담보위반사실이 부보위험에 영향을 미쳤는지 여부를 묻지 않고 그 위반이 있으면 보험자는 책임을 면한다는 것으로 담보특약위반과 손해 사이의 인과관계는 요구되지 않는다는 원칙이다.

(3) 위반의 치유는 인정되지 않음

담보특약 위반이 있으면 손해발생 전에 그 위반이 교정되어 담보특약이 충족되었다는 항변은 허용되지 않는다(영국해상보험법 제34조 제2항).

# Ⅲ. 담보특약위반의 효과

## 1. 담보특약위반의 의의와 그 입증책임

담보특약위반의 효과는 실제 담보특약을 위반한 경우에만 발생한다. 즉, 항해

---

24) Berns & Koppstein Inc. v. Orion Ins Co., Ltd. [1960] 1 Lloyd's Rep. 276에서 땅콩이 "선적 직전에 검사하는 것을 담보특약한다"는 것은 2주일 이전까지 검사하는 것으로 판결되었다.

25) [1878] 2 Cowp 785.

26) [1878] 2 Cowp 784.

27) Bank of Nova Scotia v. Hellenic Mutual War Risks Association(Bermuda) Ltd. 'Good Luck' [1991] 2 Lloyd's Rep. 191, HL; 이 책 제2부 제5장 제2절 담보특약 Ⅲ. 담보특약위반의 효과 (2) 보험기간중 위반의 효과 (가) '굿 럭'호 사건의 내용 참조.

제한담보특약은 부보된 선박이 금지된 지역을 항해하는 때 위반이 성립하고, 위반하고자 하는 의사만으로는 위반이 아니다.

담보특약위반은 보험자의 중요한 항변사유로서 입증책임은 보험자가 진다.[28] 다만 특정한 사실이 발생하면 위반이고 피보험자가 그러하지 않았음을 입증한다는 것과 같은 입증책임을 전가하는 문언을 보험증권상 삽입할 수 있다.

## 2. 담보특약위반의 효과

담보특약위반의 효과에 관하여는 영국해상보험법은 보험자는 담보특약위반일로부터 보험자는 책임을 지지 않지만 그 이전에 발생한 책임에 대하여서는 영향이 없다(영국해상보험법 제33조 제3항)고만 규정하는데, 이에 관하여는 동법 시행 후 75년이 지나서야 비로소 굿 럭(Good Luck)호 사건[29]에서 고프(Goff)판사에 의하여 명확히 해석되었다.

영국법준거조항이 삽입된 선박기간보험약관을 내용으로 명시적 담보특약에 관한 우리 판례(대법원 1996.10.11. 선고, 94다60332 판결)는 "영국 해상보험법상의 담보특약 위반이 있는 경우 설사 보험사고가 담보특약 위반과 아무런 관계없이 발생하였다고 하더라도 보험자는 보험증권에 명시적 규정이 있는 경우를 제외하고는 자동적으로 그 담보특약 위반일에 소급하여 그 보험계약상의 일체의 책임을 면한다"라고 하여 '굿 럭'호 사건에서의 고프(Goff)판사의 판시를 반영하고 있다.[30]

(1) 보험기간 개시전 위반의 효과

보험기간 개시 이전 사항에 관하여 명시적 담보특약을 한 경우에는 보험기간이 개시되기 이전에도 약속이 이행되어야 하는데, 담보특약을 위반하는 경우 보험자의 책임은 발생하지 않는다. 이 경우 담보특약의 이행은 보험계약의 성립조건(condition precedent)이다.

담보특약위반에 의하여 이 때 지급한 보험료는 대가의 완전한 흠결에 해당하므로 담보특약위반이 사기에 해당하지 않는 한 피보험자에게 반환된다(영국해상

---

28) Bond Air Services v. Hill [1955] 2 QB 417.

29) Bank of Nova Scotia v. Hellenic Mutual War Risks Association(Bermuda) Ltd. 'Good Luck' [1991] 2 Lloyd's Rep. 191, HL; 이 책 제2부 제5장 제2절 담보특약 Ⅲ. 담보특약위반의 효과 2. 담보특약위반의 효과 (2) 보험기간중 위반의 효과 (가) '굿 럭'호 사건의 내용 참조.

30) 최종현, 전게논문, 57면.

보험법 제84조 제1항).31)

⑵ 보험기간중 위반의 효과

보험기간중 피보험자가 담보특약을 위반한 경우 그 효과에 관한 영국법의 입장은 '굿 럭'호 사건에서 고프(Goff)판사에 의하여 명확히 해석되었는데, 그에 따르면 담보특약위반시 보험자는 자동적으로 책임을 면하지만 그 위반으로 인하여 보험계약은 종료하는 것이 아니라 그대로 유지되어 피보험자는 보험료지급의무 등의 법률관계는 잔존한다.32)

(가) '굿 럭'호 사건의 내용 : 이 사건은 이란과 이라크간의 전쟁기간중 생긴 사건으로 '굿 럭'호는 굿 페이스 그룹(Good Faith Group)의 선박으로 선주상호보험조합에 전쟁위험을 담보하는 보험에 들었다. 보험증권에는 선박이 추가보험료지역에 진입하는 경우 즉시 통지할 것을 규정하고 있었고, 그 통지를 결여하는 경우 모든 보험금 청구가 거부됨을 규정하였다. '굿 럭'호는 보험증권을 양수한 원고 은행에 저당권이 설정되고, 선주상호보험조합은 보험담보가 중단되는 경우 그 정보를 제공할 것을 은행에 약정하였다. 선주상호보험조합과 은행은 '굿 럭'호가 이란회사에 용선되었다는 사실을 알고 있었지만 선주상호보험조합은 동 선박이 금지구역에 진입한 것을 알고도 은행에 정보를 제공하지도 소유자에게 만류하지도 않았다. 동 선박이 걸프만에서 이라크 미사일에 맞아 추정전손이 되자 선주상호보험조합은 선박이 추가보험료지역에 진입한 사실을 통지하지 않았음을 이유로 보험금지급을 거부하였다. 원고은행은 동선박이 무보험상태에 있게 되었다는 이유로 선주상호보험조합에 손해배상을 청구하였다. 청구는 ① 선주상호보험조합이 한 약정의 위반, ② 선주상호보험조합이 알고 있던 사실을 은행에 알리지 않은 신의칙위반을 근거로 하였다.

선주상호보험조합이 약정을 위반하였는가를 판단함에 있어 법원은 보험계약이 실제로 종료하였는가를 확인하여야 하였고, 이를 위하여 담보특약위반의 정확한 효과를 확인할 필요가 있었다. 상원은 항소법원의 판결을 파기하면서 선주상호보험조합이 담보특약위반으로 인하여 보험담보가 중단되었다는 사실을 은행에 통지할 의무를 위반하였다고 판시하였다. 고프(Goff)판사는 담보특약의 효과를 명확히 하였다.

(나) 자동면책의 효과 : 영국해상보험법 제33조 제3항은 "담보특약이 정확

31) Baris Soyer, op. cit., p. 166.
32) Baris Soyer, op. cit., p. 176.

히 충족되지 않는 경우 보험자는 담보특약위반일로부터 보험자는 책임을 지지 않지만 그 이전에 발생한 책임에 대하여서는 영향이 없다"고만 규정하는데, '굿 럭'호 사건은 '자동적으로'란 어귀를 책임이전에 삽입하여 해석하게 하였다.

고프판사에 따르면 담보특약위반의 경우 보험계약을 종료한 것으로 처리하고자 하는 보험자의 결정에 의거하는 것이 아니라 보험자는 자동적으로 책임을 면한다. 담보특약위반의 경우 보험계약 자체가 아닌 보험자의 책임만이 종료하는 것이다. 즉, 보험계약은 모든 목적이나 의도와 관련하여 그대로 유지되는 것이다.[33]

'굿 럭'호 사건에 의하여 내려진 자동면책구제는 담보특약위반의 경우 보험자의 권리와 의무에 영향을 미치게 될 것이다. 자동면책원칙상 그 위반 이전에 발생한 보험자의 권리와 의무에는 영향을 미치지 않고, 보험자는 보험기간이 개시된 후에는 보험료가 분할되지 않는 한 보험자는 보험료전액을 취득할 수 있다.[34] 이 점은 JA Chapman & Co., Ltd. v. Kardirga Denitzcilik ve Tigaret사건[35]에서 예시되었는데, 피보험자가 분납보험료가 일정한 날에 지급될 것을 담보특약하였는데 지급이 지체된 경우 단지 한번의 분납보험료의 부지급으로 보험자는 장래의 손해에 대하여 책임을 지지 않지만, 피보험자는 보험료가 불가분한 것으로 분납보험료를 계속하여 납입할 의무를 진다고 판시되었다.

(다) 보험증권의 양수인에 대한 효과 : 자동면책원칙의 채용으로 보험증권의 양수인의 지위에는 별로 변동이 없을 것으로 기대된다. 영국해상보험법상 보험증권의 양도는 허용되지만(영국해상보험법 제50조 제1항), 양수인에 의한 보험금청구에도 보험자는 보험계약상의 모든 항변을 주장할 수 있다(동조 제2항). 따라서 담보특약위반에 책임이 없는 양수인에 의한 보험금청구의 경우에도 보험자는 자동면책을 주장하여 책임을 지지 않게 된다. 양수인에 대한 이와 같은 가혹한 결과를 예방하기 위하여 그 위반사실을 알지 못하고 보험증권을 양수한 저당권에게는 보험자는 그 위반의 항변을 주장할 수 없다는 조항을 삽입할 것이 권고된다.[36]

33) Susan Hodges, Cases and Materials on marine insurance, London: Cavendish Publishing Ltd, 1999, p. 278.

34) Baris Soyer, op. cit., p. 177.

35) [1998] Lloyd's Rep. IR 377.

36) Baris Soyer, op. cit., p. 178; 선박보험약관의 선비(disbursement)담보특약에는 이와 같은 조항이 규정되어 있다(1983년 협회선박기간보험약관 제21조 제2항; 1995년 협회선박기간보험약관 제22조 제2항; 1995년 협회선박항해보험약관 제20조 제2항; 2003년 국제선박보험약관 제24조 제2항).

(라) 담보특약위반의 면제 : 피보험자는 더 이상 담보특약위반이 아니거나 그 위반이 면제되는 경우에는 담보특약위반의 결과가 적용되지 아니한다.

(a) 적용이 중단되는 경우 : 사정의 변경으로 담보특약이 계약에 적용될 수 없게 되는 경우 담보특약의 불충족은 허용된다. 호위를 받지 아니하고 항해하는 것이 이를 필요로 한 것으로 추정되는 적대행위가 종료하는 경우에는 허용된다.[37] 그러나 보험자가 담보특약을 요구한 이유가 명백하지 아니한 경우에는 엄격충족의 원칙, 그 적용의 용이함 그리고 예외에 대한 판례가 없음을 고려한다면 법원은 보험자에게 유리한 판결을 할 것으로 보인다.[38]

(b) 충족이 위법으로 되는 경우 : 담보특약을 충족하는 것이 이후의 법률에 의하여 위법으로 되는 경우에는 이를 충족하지 않는 것이 허용된다(영국해상보험법 제34조 제1항). 2003년 국제선박보험약관 제1조 제4항은 "이 보험의 어느 조항이 무효이거나 실행할 수 없게 되는 경우에도, 이 무효 또는 실행불가능함은 이 보험의 다른 조항에 영향을 미치지 아니하며, 그 조항은 완전히 효력을 가진다"라고 규정하고 있다. 이 조항의 의도는 무효와 실행불가능과 관련하여 계약을 분리하여 무효로 하는 원칙이 보험을 위협하는 경우에 가능한 한 그 효과를 이에 직접적인 조건에만 미치도록 제한하기 위함이다.[39]

(c) 담보특약항변의 포기 : 보험금청구가 없어도 담보특약위반을 발견한 보험자는 자동적으로 면책이지만 피보험자에게 면책으로 고찰하는 자신의 의사를 통지할 필요가 있다. 그러하지 않으면 보험자는 담보특약위반의 포기에 해당하는 명백한 행위를 범할 위험을 부담하게 된다. 이 통지는 피보험자에게 다른 보험을 수배할 충분한 시간을 부여하게 된다.

'굿 럭'호 사건 판결은 침묵의 효과에 관하여 이전과 다른 입장을 보인다. 과거에는 담보특약위반은 보험자에게 보험계약을 무효로 할 권리를 부여하는 것으로 담보특약 위반 후 상당한 기간동안의 침묵은 포기로 보기에 충분하다고 판시되었다.[40] 자동면책원칙에 따르면 담보특약의 위반의 경우 보험자는 자동적으로 면책되어 그가 이 항변을 주장하는 것을 선택하는데 대한 침묵은 주장을 포기하는 의도로 판단되지 않는다.

포기를 주장하기 위하여서는 피보험자는 보험자가 책임을 지지 않는 것을 현

37) Arnould, Law of marine insurance and average, 16th ed., London: Sweet & Maxwell, 1981, § 677.
38) F.D. Rose, op. cit., § 9.36, p. 170.
39) F.D. Rose, op. cit., § 9.37, p. 170.
40) Allen v. Robles [1969] 1 WLR 1193.

존하는 담보특약의 위반을 근거로 하지 않겠다고 명확히 표시하였음을 입증하여야 한다.[41] 그러나 보험금청구와 담보특약위반의 항변이 동시에 행하여지는 경우 보험자는 담보특약의 항변을 포기하고 보상하겠다는 의사로 오인될 가능성을 배제하기 위하여 보상책임을 지지 않는다는 것을 명시적으로 피보험자에게 통지하는 것이 바람직하다.

우리나라 대법원의 판례(대법원 1996.10.11. 선고, 94다60332 판결)[42]는 "영국 해상보험법상의 담보특약 위반이 있는 경우 보험자는 보험증권에 명시적 규정이 있는 경우를 제외하고는 자동적으로 그 위반일에 소급하여 그 보험계약상의 일체의 책임을 면하고, 보험자가 담보특약 위반을 이유로 보험계약을 해지하여야만 비로소 그 보험계약상의 책임을 면하게 되는 것은 아니므로, 보험자가 담보특약 위반을 안 직후 보험계약을 해지하지 않았다고 하여 이로써 그 담보특약 위반에 대한 권리를 포기하였다고 볼 수는 없으며, 또한 담보특약 위반 사실은 보험자를 면책시키는 효과만 있고 보험계약을 소급적으로 무효화시키는 효력이 없을 뿐만 아니라 계약을 종료시키는 효력도 없으므로, 보험료가 담보특약 위반 이전에 가득된 경우(즉, 보험료 수령권이 담보특약 위반 이전에 이미 발생한 경우)에는 보험자가 담보특약 위반 사실을 알면서 그 보험료를 수령하였다고 하여 담보특약 위반에 대한 권리를 포기한 것으로 볼 수도 없고, 보험증권이 보험기간을 1년으로 하는 연간보험으로 되어 있고 연간보험료를 분할 납부하도록 되어 있는 경우에는 전체 보험료는 보험기간이 개시되자마자 가득되는 것이다"라고 하여 '굿 럭'호 사건의 결과를 충실하게 반영하고 있다.

(마) 보험계약의 자동종료와의 차이 : 　　'굿 럭'호 사건에 따르면 담보특약 위반 사실은 보험자를 자동면책으로 하는 효과만 있고, 보험계약을 소급적으로 무효화하거나 계약을 종료시키는 효력도 없으므로 이미 발생한 보험료지급의무 등은 존속하는데 비하여, 표준선박보험약관상의 종료조항[43]의 경우에는 보험계약은 자동적으로 종료한다. 이 점에서 종료조항의 보험계약의 자동종료의 효과가 담보특약위반의 효과보다 더 강력하다.[44]

---

41) Brownville Holdings Ltd. v. Adamjee Ins Co., Ltd.(The Milasan) [2000] 2 Lloyd's Rep. IR 233.

42) 이에 관한 평석으로 서기석, 영국 해상보험법상의 담보특약(warranty)위반의 효과와 그 포기, 인권과 정의 244호(1996), 대한변호사협회, 109면; 최종현, 전게논문, 보험법연구 2, 보험법연구회, 삼지원, 1998, 49~57면; 김현, 해상보험계약상 담보는 엄격하게 해석돼야, 인권과 정의 제259호(1998), 대한변호사협회, 57면.

43) 1983년 협회선박기간보험약관 제4조; 1995년 협회선박기간보험약관 제5조; 2003년 국제선박보험약관 제13조와 제14조.

# 제 3 절 특수한 담보특약의 예

## Ⅰ. 국 적

선박의 국적에 대한 담보특약 또는 선박의 국적이 보험기간동안 변경되어서는 안된다는 묵시적 담보특약은 없다(영국해상보험법 제35조 제1항). 선박의 국적 또는 성격에 대한 담보특약은 자연인이든 법인이든 그 소유자의 국적 또는 성격을 고려하여 결정된다.[45]

## Ⅱ. 중립성

선박이든 적하이든 부보재산이 명시적으로 중립이라고 담보특약된 경우에는 그 재산은 위험의 개시시에 중립성을 띠어야 하고, 피보험자가 사정을 통제할 수 있는 한 위험이 존속하는 동안에도 그 중립성이 유지되어야 하는 묵시적 조건이 있다(영국해상보험법 제36조 제1항). 또한 선박이 명시적으로 중립이라고 담보특약이 된 경우에는 피보험자가 사정을 통제할 수 있는 한 선박이 적정한 서류를 갖추어야 한다는 내용의, 즉 선박의 중립성을 입증하는데 필요한 서류를 비치하고 서류들을 위조하거나 은닉하거나 위조된 서류들을 사용하지 않는다는 묵시적인 조건이 있다고 규정하고 있다(영국해상보험법 제36조 제2항). 또한 동조항은 이 조건위반으로 인하여 손해가 발생하는 경우에 보험자는 보험계약을 취소할 수 있음을 규정하고 있다.

## Ⅲ. 적법성

항해사업은 적법하여야 하고, 피보험자가 사정을 통제할 수 있는 한 항해사

44) 이 책 제2부 제6장 제1절 기간보험 Ⅲ. 종료조항, 선급조항 또는 관리조항 1. 자동종료 참조.
45) Seavision Investment SA v. Evenett (The Tiburon) [1990] Lloyd's Rep. 418.

업을 적법하게 수행하여야 할 묵시적 담보특약이 존재한다(영국해상보험법 제41조).

## Ⅳ. 지역과 안전함

Colby v. Hunter사건[46]에서 기명된 항구에서 그리고 부터 다른 항구에 대한 보험증권에서, 선박이 특정한 일자에 항구에 있다는 담보특약은 선박이 특정한 일자에 어느 항구에나 있으면 되는 것이 아니라 항해가 시작되는 항구에 있어야 충족한다고 판시되었다. 텐터든(Tenterden)판사는 "보험자가 보다 일반적인 담보특약을 예상하였더라면, '10월 19일에 안전함'이라는 통상적인 담보특약이 이를 표현하기 위한 적절한 형식이었을 것이다"라고 판시하였다. 영국해상보험법 제38조는 보험의 목적이 특정일에 무사 혹은 안전하다고 담보특약되는 경우에는 당해날짜의 어떠한 임의적 시점에서 안전하기만 하면 충분하다고 규정하고 있다. 만일 이것이 담보특약의 진정한 해석이 아닌 경우, 두 보험자가 같은 일자에 대하여 동일한 보험계약을 인수한 경우에도 한 보험자는 보상책임을 지고, 다른 보험자는 그러하지 아니할 수도 있기 때문이다.[47]

## Ⅴ. 항해의 시점

보험자는 선박이 특정한 일자까지 항해하거나 하지 아니할 것을 충족할 것을 원하는 경우가 있다. 이는 과거에는 항해가 계절적 요인에 의하여 영향을 받는다는 것을 고려한 것이다. 항해 또는 항해의 일부가 시간상 제한되는가 여부는 해석의 문제이다. 항해준비를 목적으로 하는 단순한 이동은 이 목적을 위한 항해에 해당하지 않는다. 이는 부보항해를 수행할 선의의 목적으로 선박이 개시하는 경우에만 충족된다. 문제는 전적으로 선장의 의도에 달려 있다. 이는 또한 사실판단의 문제이다. 따라서 아무리 합리적이더라도 관용, 형평, 해석, 변명 등에 의하여 영향받지 않는다.

Pittegrew v. Pringle사건[48]에서 보험증권은 선박이 9월 1일 이내에는 항해한

46) [1827] M & M 81.
47) F.D. Rose, op. cit., § 9.43, p. 172.

다는 담보특약을 포함하고 있었다. 선박은 9월 1일 이전에 모래톱을 횡단하기 충분한 저하를 가진채 강에 닻을 내리고 9월 4일까지 나머지 저하를 선적하였다. 리틀데일(Littledale)판사는 "확실히 저하를 적절한 시기에 완료할 수 있도록 하는 것은 원고의 업무이다"라고 하여 담보특약위반을 인정하였다.

담보특약의 조건을 충족할 목적으로만 선박이 이동하는 것으로 충분하지 않지만, 선박이 항해를 수행하기에 보다 유리한 곳에 적어도 일부라도 두어진 경우와 같이 이동의 동기가 복합적이더라도 특약을 충족한 것으로 인정된다.[49]

Boullion v. Lupton사건[50]에서 윌스(Willes)판사는 "선박이 개시하고자 하는 항해를 위한 충분한 의장을 갖추지 아니하는 한 선박은 항해한 것은 아니고, 통상적으로 항해를 진행하기에 적합한 모든 것이 행하여지고 출발항을 선박이 떠날 때까지 선박의 의장은 완전한 것이 아니다"라고 일반적인 원칙을 설시하였다. 동판사는 그 일반적 원칙의 예로 Pittegrew v. Pringle사건[51]과 Riddlesdale v. Newnham사건[52]을 인용하였다. 후자의 사건에서 포르뇌프[Porneuf: 퀘벡(Quebec)에서 세인트 로렌스(St Lawrence)강 상류 36마일]에서 그리고 부터 10월 28일 이전에 항해한다는 담보특약은 선박이 10월 26일에 '포르뇌프'를 출항하였지만, 알려진 관습에 따라 30일에 출항한 퀘벡에 이를 때까지 선원과 세관정산을 취득하거나 완료하지 않은 경우에 충족되지 아니한다고 판시되었다.

Bouillon v. Lupton사건[53]에서는 항해가 단계별로 수행되는 경우에, 비록 이후의 단계를 위하여 추가 조치가 취하여질 필요가 있더라도 선박은 첫째 단계를 위한 충분한 준비를 갖추고 항해를 개시하는 것으로 충분하다는 원칙이 설정되었다. 이 사건에서 리용(Lyons)에서 다뉴브(Danube)까지의 항해를 위하여 8월 15일까지 항해한다는 담보특약은 그날까지 '리용'을 출항한 경우에는 비록 론(Rhone)강의 항해 이후의 해상부분의 항해를 위한 충분한 의장을 8월 15일까지 갖추지 못한 경우에도 담보특약을 충족하였다고 판시되었다. Bouillon v. Lupton사건의 원칙은 합리적이지만 Pittegrew v. Pringle사건에서 설정된 원칙과 조화하기 어렵다. 단계별원칙은 잘못된 판결이라고 하기도 하지만,[54] 항해가

48) [1832] 3 B & Ad 514.
49) Cockane v. Fisher [1834] 2C & M 581. Affd [1835] 1 CM & R 809.
50) [1863] 15 CB(NS) 113. 140.
51) 각주 48) 참조.
52) [1814] 4 Camp 111.
53) [1863] 15 CB(NS) 113: 이 사건의 구체적인 사실관계는 이 책 제2부 제5장 제3절 특수한 담보특약의 예 Ⅵ. 감항능력 2. 선박의 감항능력의 묵시적 담보특약 (다) 항해보험 (b) 단계별원칙 (ㄱ) 물리적 요소 참조.

하나의 항해인가 수 개의 단계인가 여부에 관한 해석의 문제가 될 것이다.[55]

항해가 개시되는 경우에는 호송선박을 만나기 위하여 항로를 약간 변경한 것과 같이 항해의 첫 번째 단계가 보다 나은 항해를 위한 행위를 한 것은 담보특약위반이 아니다.[56] 또한 멀리 항해하지 않았지만, 선박이 악천후로 또는 적을 발견하고 귀항하거나, 금수조치아래 억류되는 경우에는 위반이 아니다.[57]

담보특약이 항해하는 것이 아니라 출발하는 것인 경우에는 항해가 개시되었지만 중단된 경우에는 보험자는 보상책임을 면한다. 왜냐하면 이 경우에는 선박은 항해를 개시하기 위하여 지상을 떠나야 하는 것이 아니라 경계점 밖에 있어야 하기 때문이다.[58] 항해를 하는 것은 항해 중이어야 하는 것이고, 출발하는 것은 특정한 지점에서 출발하는 것이다.[59]

## Ⅵ. 감항능력

### 1. 서 언

선박은 부보된 해상사업에서 발생하는 통상적인 해상위험을 견뎌낼 수 있을 만큼 모든 면에서 상당히 적합한 때 감항능력이 있는 것으로 본다(영국해상보험법 제39조 제4항). 영국해상보험법상 선박의 감항능력의 묵시적 담보특약을 항해보험에만 인정하고, 기간보험에는 인정하지 않는데 반하여, 원칙적으로 적하 기타 동산에 대한 보험에 있어서 적하 또는 동산이 감항능력이 있어야 한다는 묵시적 담보특약은 없다(영국해상보험법 제40조 제1항).

### 2. 선박의 감항능력의 묵시적 담보특약

(1) 선박의 감항능력원칙의 전개

해상보험법상의 담보특약 중에서 가장 중요한 것은 감항능력의 담보특약이다. 피보험자는 보상을 위한 전제조건으로 선박의 감항능력을 충족하지 못하면

54) Arnould, op. cit., § 697.
55) F.D. Rose, op. cit., § 9.48, p. 173.
56) Wright v. Shiffner [1809] 2 Camp 247.
57) Sea Inc Co. v. Blogg [1898] 2 QB 398, 401.
58) Moir v. Royal Exchange Ass Co. [1814] 4 Camp 84.
59) F.D. Rose, op. cit., § 9.50, p. 174.

보험금청구는 기각되므로 감항능력의 묵시적 담보특약은 피보험자에게 엄격한 책임을 부과하는 것이다.

선박의 감항능력의 담보특약은 보험계약의 일부이거나 명시적 담보특약일 수 있다.60)

감항능력담보특약을 이해하는 기초는 부보된 항해의 협상과 성질과 관련이 있다. 위험을 산정하기 위하여 보험자는 선박의 적합성의 특정한 기준을 부과할 권리가 있다.

선박의 감항능력원칙은 BC 500~600년경 해상사업관계자들을 해상사업의 위험으로부터 보호하기 위하여 형성되어 2,500년에 걸쳐 점차적으로 발전하였다. 최초에는 용선계약에서 사용되었는데 선주에게는 의무가 인정되지 않고 적하소유자에게만 항해의 개시시에 선박의 구조에 관하여 점검할 것을 권고하는 것이었다가, 13세기 초에 이르러 해상운송계약에서 적하소유자에게 선장의 과실로 인한 감항능력결여의 경우 손해배상청구권이 인정되었다. 17세기에는 해상운송에서 선주나 선장의 과실을 묻지 않고 선박의 감항능력이 없음을 입증하면 적하소유자는 손해배상을 받을 수 있게 되었으며, 이와 같은 원리가 해상보험에 도입되어 해상보험상 피보험자측에게 매우 엄격한 법적 효과를 가지는 감항능력의 묵시적 담보특약이 성립되었다.

(2) 선박의 감항능력의 의의

선박의 감항능력이라 함은 선박이 부보된 항해의 통상의 해상위험을 견딜 수 있는 능력을 의미하고(영국 해상보험법 제39조 제4항), 이는 다음과 같은 세 가지 특성을 가진다.61)

첫째, 감항능력 있는 선박을 제공할 의무는 비상상황을 제외하고는 파괴되지 않는 완전한 선박인 것이 아니라 통상의 주의깊고 신중한 선주가 항해 개시시에 예견할 수 있는 모든 상황에 요구되는 정도의 적격함을 선박이 갖추는 것으로 충분하다.62)

둘째, 이는 매우 광범위하여 선박의 구조만이 아니라 저장품의 충분함과 도표의 정확성 등의 선상의 사소한 사항까지 포함한다.

셋째, 감항능력의 의미는 절대적이 아니라 그 항해의 통상적 위험을 견딜 수 있는가 여부에 관한 사실판단의 문제라는 점에서 상대적인 개념이다(대법원

60) 대법원 1996.10.11. 선고, 94다60332 판결.
61) Baris Soyer, op. cit., pp. 61~65.
62) Gibson v. Small [1853] 4 HL Cas 353.

1996.10.11. 선고, 94다60332 판결). 이는 ① 해상항해를 위한 선박인가 강에서 항해하는 선박인가와 같은 부보된 선박의 선급에 따라 다르고, ② 문제되는 당시의 지식과 기준에 따라 다르므로 선박건조의 발전에 따른 지식과 기준을 반영하며, 항해에 요구되는 의장과 준비사항이 국가마다 상이할 수 있다.

(3) 선박의 감항능력의 내용

선박의 감항능력은 상대적인 개념이기 때문에 모든 선박이 모든 가능한 항해에 대하여 어느 시기에나 적합하기 위하여 필요한 조건을 열거하는 것은 중요하지 않다. 선박이 감항능력이 있기에 필요한 일반적 측면을 고찰하는 것이 필요한데, 이에 관한 국제협약으로는 SOLAS,[63] 1995년 개정 STCW[64] 등이 있다. 이하에서는 영국판례와 법령상 부과되는 감항능력에 관한 의무를 중심으로 고찰한다.[65]

(가) 구조 기타 기술적 의장

(a) 선 체 : 선체는 항해 중 노출되는 통상의 바람과 파도의 작용을 견딜만큼 튼튼하여야 하는데, 토레니아(Torenia)호 사건[66]에서 선체의 구조가 녹슬어 약화되어 감항능력이 없다고 보았고, 톨레도(Toledo)호 사건[67]에서 건조될 당시 예정된 것보다 훨씬 심한 압력에 노출되어 선박의 내부구조상의 받침대와 구조가 변형된 결과 도금이 훼손된 것은 감함능력이 없다고 판시한다. 느슨한 못, 선체의 판에 생긴 균열, 녹슨 캡 스크루(cap screw)는 감항능력이 없는 경우이다.

(b) 기계장치와 기계적 장비 : 선박의 엔진, 보일러와 발전기가 정상적으로 작동할 것이 요구된다. 보일러에 결함이 있거나 엔진실의 화재방지설비가 제대로 갖추어지지 않는 경우는 감항능력이 없고, 선박의 전선의 절연체의 고장도 같다.

(c) 해치, 파이프, 펌프 : 해치는 물이 들어오지 못하도록 튼튼하여야 하고, 파이프의 열악한 상태, 펌프의 결함은 감항능력이 없게 하기도 한다.

---

63) 이 책 제1부 제2장 제1절 해상보험법의 개념 Ⅰ. 해상보험법의 의의 1. 실질적 의의 참조.

64) International Convention on Standards of Training, Certification and watch keeping for seafarers의 약자로 국제해사기구(IMO)가 1960년대와 1970년대부터 인적 요소의 안전문제의 중요성을 인식하여 1978년 최초로 제정한 것으로 112개 국가에서 비준되었는데, 1995년 국제해사기구의 본부가 있는 런던에서 이 협약의 중요한 개정이 이루어졌다.

65) Baris Soyer, op. cit., pp. 65~82.

66) [1983] 2 Lloyd's Rep. 342.

67) [1995] 1 Lloyd's Rep. 40.

(d) 닻과 조타장치 : 선박은 통상의 해상위험을 견딜만한 닻을 보유하여야 하는데, Wilkie v. Geddes호 사건[68]에서 상원은 닻의 결함은 감항능력이 없게 한다고 판시하고, 전자적 조타장치의 작동불능, 조향장치(steering gear)의 결함, telemor steering apparatus의 누출도 같다.

(e) 임시적 결함 : 항해시 과실로 인한 선박의 구조나 기술적 장비상의 일시적인 결함도 용이하게 수리할 수 없으면 감항능력 결여일 수 있다. Dobell v. Rosemore 사건[69]에서 하역구(porthole)가 잘 닫히지 않았고, 그 과실로 인하여 적하를 치우지 않고는 정상화할 수 없었는데 당시 그것이 불가능하여 감항능력이 없다고 판시되었다.

(나) 설계와 건조 : 선박은 설계와 건조과정에서 법령의 요건과 선급단체의 규칙을 충족하여야 한다. 이 규제는 선박의 튼튼함과 기관과 장비의 신뢰성에 관한 것이다. 마린 설퍼 퀸(Marine Sulphur Queen)호 사건[70]에서 T-2 유조선(T-2 Tanker)에서 유황운송선(molten sulphur carrier)으로 개조된 선박이 횡단격벽(transverse bulkhead)에 관한 미국선박부의 기준을 충족하지 않았다고 하여 감항능력이 없다고 보았고, 미스 제이 제이(Miss Jay Jay)호 사건[71]에서 항해에 매우 부적절한 자재를 사용하도록 잘못된 설계는 감항능력 결여라고 판시되었다.

(다) 숨은 하자[72] : 미국판례[73]에 따르면 숨은 하자는 상당한 주의를 가진 조사로 발견할 수 없는 것으로 점진적인 질의 저하가 아니라 금속 자체의 하자라고 하고, 많은 영국판례는 선체 또는 기관상의 숨은 하자가 선박이 통상의 해상위험을 견디는 능력에 영향을 미치는 경우에는 감항능력이 없다고 판시하였다. 숨은 하자는 통상의 해상위험을 견디는 능력에 영향을 미치는 문제에 관한 것이고, 저하승선장비상의 숨은 하자가 통상의 해상위험을 견디는데 영향을 미치는 경우에는 감항능력이 없게 된다. Mills v. Roebuck사건[74]은 프랑스에서 건조된 선박이 녹이 스는 강철나사로 죄어 있었는데 이는 예고 없이 풀릴 수 있었고, 틈으로 누수되어 선박이 파괴된 사건으로 당사자가 모르는 숨은 하자에 대

68) (1815) 3 Dow 57.

69) [1895] 2 QB 408.

70) [1961] 1 Lloyd's Rep. 243.

71) [1987] 1 Lloyd's Rep. 32(CA) : 이 사건의 사실관계는 이 책 제3부 제2장 제3절 손해보상의 의무 Ⅱ. 해상위험 2. 해상고유의 위험 (2) 해상고유의 위험의 개념 (가) 해상의 우연한 사고 또는 재난 (h) 해상고유의 위험과 불감항 참조.

72) 이 책 제3부 제2장 제3절 손해보상의 의무 Ⅲ. 인치미리위험 5. 선체나 기관의 숨은 하자 참조.

73) Sipowicz v. Wimble and Others (The Green Lion) [1974] 1 Lloyd's Rep. 593.

74) Reported in Hilyard, 1832.

하여 피보험자의 보험금청구권이 인정되는가가 문제되었다. 법원은 감항능력 없음을 이유로 면책으로 하였다. 최근 헬레닉 돌핀(Hellenic Dolphin)호 사건[75]에서 기초적인 강판상의 발견되지 않은 하자를 이유로 감항능력이 없다고 판시되었다.

(라) 항해장비와 보조장비 : 선박은 안전하게 항해할 수 있는 장비를 구비하여야 하는데, 선박은 해상항해의 안전과 효율을 증대시키는 항해에 필수적인 나침판, 라디오, 안개경적 기타 장비를 구비하여야 한다. 해상안전의 고도의 기준을 달성하기 위한 국제협약으로 1974년 SOLAS(해상인명안전협약)이 있고, 이 2000년 개정협약 제5장 제12조에서 요구하는 항해장비를 갖추어야 하며, 또한 안전한 항해를 위하여서는 해도, 등대의 목록, 선원주의사항, 조류지도 기타 의도하는 항해에 필요한 항해자료 등을 갖추어야 한다(동 협약 제5장 제20조). 이 협약상의 기준이 상선법 등 영국 국내법에서 채택되고 있으므로 영국법상 항해를 개시할 때 이 규정을 위반하는 경우 감항능력이 없게 된다.

(마) 선박과 적하의 보호를 위하여 필요한 증명서와 서류 : 선박은 선박과 적하의 보호를 위하여 필요한 모든 증명서를 소지하여야 한다. 1995년 영국상선법 부칙 3은 1966년 만재흘수선(load line) 국제협약의 당사국의 등록 선박은 전함, 어선, 유람선을 제외하고는 영국항구를 출발할 때 만수흘수선을 유지하고 있다는 증명서를 소지하여야 한다고 규정하고, 1988년 선원의 안전작업모범헌장 상선규준은 모든 영국선박은 선원의 안전작업모범기준의 복사본을 소지할 것을 강제하며, 1999년 적하운송상선규칙은 적하의 적부와 안전에 관한 관련 문서를 소지할 것을 요구한다.

위의 규칙이 요구하는 증명서 또는 문서를 소지하지 않고 항해를 개시하면 선박은 감항능력이 없게 된다.[76]

(바) 연료, 의약품, 식량 : 선박은 거래의 관습 또는 법령상 요구되는 항해를 위하여 필수불가결한 충분한 연료, 식량, 의약품을 구비하여야 하고, 그러하지 않으면 감항능력이 없게 된다. 항해에 보통 소비될 것으로 추측되는 연료의 20~25% 이상이면 충분하다고 본 미국판례가 있다.[77] 1996년 영국 상선과 어선 의약품규칙은 선박이 규정된 의약품을 보유할 것을 요구하며, 1989년 상선 식량과 음료수규칙은 적정한 물과 음식을 보유할 것을 요구하고, 이를 위반한 경우

---

75) [1978] 2 Lloyd's Rep. 326.

76) Cheikh Boutros v. Ceylon Shipping Lines (The Madelaine) [1967] 2 Lloyd's Rep. 224에서 항해에 요구되는 서류가 불충분한 경우 선박은 감항능력이 없다고 판시되었다.

77) The Willdomino [1927] A.M.C. 129.

감항능력이 없게 된다.

(사) 선원의 능력(competence) : 감항능력에 항해를 위하여 적절한 수와 능력을 갖춘 선원을 갖추어야 한다는 것은 19세기 초 Wedderburn v. Bell 사건[78]에서 확인되었다. 능력을 갖추지 않은 것과 과실의 구별은 중요하다. 왜냐하면 전자의 경우에는 감항능력이 없게 되고 후자는 단지 선원의 과실이기 때문이다.

먼저 규칙이 정하는 수의 선원을 보유하여야 하고, 선원은 공통의 언어로 의사소통할 수 있어야 한다. 고급선원과 선원 사이에 의사소통을 할 수 없으면 선박의 안전이 매우 위험하므로 이를 결여하면 감항능력이 없게 된다.

선원은 법령이 요구하는 자격증을 보유하여야 하지만, 선원의 증명서 보유만으로 능력이 있는 것으로 인정되지 않는다. 특정한 사항에 관하여 능력, 지식 또는 훈련을 결여하는 경우에는 능력이 없는 것으로 보아 감항능력없음이 인정된다. 최근의 스타 시(Star Sea)호 사건[79]에서 선박의 엔진실 소방시스템은 화재발생시 모든 $CO_2$실린더에 전원을 끄도록 되어 있었는데, 선장은 그러한 사실을 알지 못한 경우 터키(Tuckey)판사는 선장의 오랜 근무생활에도 불구하고 감항능력이 없다고 보았다.

또한 선장 등 선원은 적절한 자격을 보유하고 있더라도 선박 또는 의장의 성격상 선주가 추가 정보를 제공하여야 하는 경우 그를 결여하면 감항능력이 없게 된다. Clam Gordon호 사건[80]에서 동질의 적하를 운송하면 탱크를 비우고, 그렇지 않고 다양한 적하이면 반대인 turret 구조의 선박이 turret 선박에 대한 일반적인 경험과 능력만을 보유한 선장이 이 특수한 위험에 대하여 정보를 제공받지 않은 경우 상원은 감항능력이 없다고 보았다.

선장 또는 선원이 필요한 자격증을 소지하고 있더라도 시간이 경과하면 무자격으로 인정될 수 있다. 선원이 항해의 기술에 대하여 무관심하고 안이한 태도만을 추구하는 경우가 그 예이고, Moore v. Lun사건[81]에서 선박의 항해개시시 선장과 수석엔지니어가 만취상태인 경우 선박은 감항능력이 없다고 보았다.

항해개시시 직무를 수행할 수 없을 정도의 질병 또는 피로와 같은 일시적인 장애도 감항능력이 없게 되지만, 이는 선장의 건강이 완전할 것을 의미하는 것

78) [1807] 1 Camp 1.

79) Manifest Shipping Company Ltd. v. Uni-Polars Shipping Company Ltd. and Others, The Star Sea [1995] 1 Lloyd's Rep. 651; [2001] 2 W.L.R. 170, 186.; 각주 103) 참조; 이 사건의 구체적인 사실관계는 이 책 제2부 제3장 제4절 최대선의의무와 고지의무 II. 고지의무 2. 영국에서의 고지의무 (5) 고지의무자 (나) 보험계약자의 대리인 참조.

80) Standard Oil Co. of New York v. Clan Line Steamers [1924] AC 100.

81) [1923] 39 TLR 526.

은 아니고 상당히 건강하기만 하면 된다.

(아) 적부(stowage)와 적재(loading) : 적하가 잘못 적부되거나 계약한 항해를 수행할 수 없을 정도로 과적한 경우 감항능력 위반이다. 해상운송사건인 Transocean Liners Reederer v. Euxine Shipping Co., Ltd.(The Imbros)사건[82]에서 국제해사기구의 규칙을 위반하여 갑판상에 목재의 적하가 과적된 경우 감항능력결여라고 판시되었다.

(자) 도선사 : 항해의 특정구간에서 도선사가 필요한데도 도선사의 인도를 받지 않은 경우 감항능력결여인가에 대하여 문제가 된다.

먼저 선박의 출항시 도선사가 필요한 경우 이를 결여하면 감항능력이 없게 되고, 발항시 도선사를 강제하는 법령의 규정을 위반하는 경우 영국판례는 적법담보특약위반이 아니라 감항능력담보특약위반으로 본다.[83]

항해의 종료시에 도선사가 필요한데도 이를 결여한 경우 감항능력결여는 아니다.[84] 항해보험에서 선박은 항해개시시에만 감항능력이 있을 것이 요구되고(영국 해상보험법 제39조 제1항), 승무원의 과실 기타의 이유로 여하 단계에서 위반하더라도 감항능력결여는 아니다. 다만 보험자는 특정구간의 항해에 도선사의 중요성을 알지 못한 선장의 무능력을 이유로 감항능력결여를 주장할 수 있지만, 그 입증책임은 보험자에게 있다.

다른 종류 또는 추가적인 준비나 의장이 필요한 경우에는 각 구간마다 감항능력이 요구된다(영국해상보험법 제39조 제3항)는 원칙이 특정구간의 항해에 도선사가 필요한 경우 감항능력담보특약과 관련하여 별개의 항해로 처리되어 감항능력결여인가에 대하여는 견해가 나뉜다.

(a) 긍정설 : Hollingworth v. Brodrck사건[85]에서 패터슨(Patterson)판사의 입장으로 항해의 특정구간에서 도선사가 승선하여야 하는 경우 별개 단계의 항해로 인정된다는 입장이다.

(b) 부정설 : Dixon v. Sadler사건[86]의 입장으로 이 원칙은 다른 종류 또는 추가적인 준비나 의장이 요구되는 경우에 항해의 분할이 가능한 경우에 적용되는 것이고, 도선사가 필요한 경우는 다른 종류 또는 추가적인 준비나 의장이 필요한 경우에 해당하지 않으므로 단계독립의 원칙은 도선사에 적용되지 않

82) [1999] 1 Lloyd's Rep. 848.
83) St John Shipping Corp. v. Joseph Rank Ltd. [1957] 1 QB 267.
84) Phillips v. Headlam [1831] 2 B & Ad 380.
85) [1837] 7 A & E 40.
86) [1839] 5 M & W 405.

는다는 견해이다.

(c) 표준선박보험약관의 입장 : 협회약관은 도선사의 승선 여부를 묻지 않고 항해를 허용하는 조항을 두는데,[87] 이 경우 항해도중 또는 항해의 종료시 필요한 도선사의 승선이 없다는 이유로 감항능력결여를 주장할 수 없게 된다.

(4) 해상보험상의 선박의 감항능력 담보특약

(가) 논의의 전개 : 선박의 감항능력의 담보특약은 해상보험법상 보험자의 가장 중요한 항변수단으로서 중요한 기능을 수행하고 있다. 많은 경우 그 위반시 위반과 손해와 사이에 인과관계가 없더라도 보상받지 못하게 되고, 이 점에서 그 위반은 피보험자에게 치명적이다. 영국해상보험법은 감항능력의 묵시적 담보특약을 항해보험에만 인정하고 기간보험에는 인정하지 않는다. 아래에서는 해상보험에서의 감항능력의 원리의 적용을 검토하고, 실무상 발생하는 법률문제를 영국판례법과 표준약관을 중심으로 고찰한다.

(나) 해상보험상 감항능력의 항변 규제 이유 : 해상보험은 해상사업에 수반하는 손해를 피보험자에게 보상하기 위한 것으로 해상사업은 항해가 개시되면 피보험자는 선박을 통제하는데 제한을 받게 된다. 이와 같은 상황은 당사자 사이의 이익교량에 고려되어야 한다. 영국법은 항해보험에 묵시적 감항능력담보특약을 인정한다.

해상보험계약에서 감항능력담보특약에 관한 규정의 존재이유로는 다음 두 가지가 들어진다.[88]

첫째, 일반 보험계약의 원리의 반영으로 보험사고의 불확정성은 보험계약의 본질의 하나로 보험자는 불가피한 손해를 인수하지 아니하려 한다. 선박이 감항능력이 없는 상태로 출항한 경우 통상의 경우보다 큰 위험에 노출되어 손해발생가능성이 매우 높아지므로 사고발생여부는 피보험자에 의하여 결정될 수 있고 따라서 보험사고의 발생은 불확정적이지 않게 된다.

둘째, 이 원칙은 강행법적 성격을 띠고, 감항능력없는 상태로 선박을 출항시킨 선주의 행위의 결과에 대하여 선의의 운송인과 승무원을 보호하기 위한 것이다.

(다) 항해보험 : 항해보험에 있어서 선박의 감항능력의 담보특약은 ① 선

87) 1983년 협회선박기간보험약관 제1조 제1항; 1983년 협회선박항해보험약관 제1조 제1항과 1995년 협회선박기간보험약관 제1조 제1항; 1995년 협회선박항해보험약관 제1조 제1항; 2003년 국제선박보험약관 제10조 제2항.

88) Baris Soyer, op. cit., pp. 85~87.

박이 항해의 개시시에 감항능력이 있어야 하고, ② 항해의 단계별 분리가 가능한 경우에는 항해단계별로 감항능력이 요구되며, ③ 항해개시시 감항능력이 있으면 되지 항해 전반에 걸쳐 감항능력이 요구되는 것은 아니다.

(a) 선박의 감항능력의 묵시적 담보특약의 범위 : 항해보험에서 선박은 항해를 시작할 때 부보된 해상사업을 수행하기 위하여 감항능력이 있어야 하는 묵시적 담보특약이 존재한다(영국해상보험법 제39조 제1항).

(ㄱ) 보험의 목적을 묻지 않음 : 이 담보특약은 보험의 목적 여하를 묻지 않고, 항해보험에 적용되는 바, 선박보험, 적하보험, 운임보험 등에도 적용된다.

(ㄴ) 항해를 시작할 때 요구됨 : 항해의 개시(at the commencement of the voyage)는 항해(sailing)를 의미한다. 따라서 특정일 이전에 항해를 한다는 담보특약의 사건[89]에서 항구를 출발하지는 않았지만 바다를 향하여 계류지를 떠난 것은 담보특약위반이 아니라고 보았다. 이 사건에서 3월 1일 이후에 항해한다는 담보특약이 있는 사건[90]에서 2월 29일 오후 10시까지 적하의 선적을 완료하고 통관을 마치고 출항하려 하였지만 야간에 출항할 수 없는 규칙 때문에 출항하기에 유리한 부두 밖 500야드에 닻을 내리고 정박하다가 3월 1일 출항한 경우 3월 1일에 출항한 것이라고 판시되었다.

(ㄷ) 선박의 범위 : 영국해상보험법 제39조 제1항은 '선박'의 감항능력이라고 규정하므로 선박에서 하역항까지의 운송을 위한 부선(lighters, craft) 등을 포함하는가가 문제되는데, 선박의 감항능력은 항해를 시작할 때 있으면 되므로 하역항까지의 운송을 위한 목적을 위하여 사용된 부선에는 적용되지 않고, 또한 선박에서 하역항으로의 적하의 운송은 항해의 별개의 단계를 이루지 않는다.[91] 또한 항해를 시작하기 이전에 부선으로 선박에 적하를 운송하는 경우에도 선박으로 고찰되지 않는다.

(b) 단계별원칙 : 이는 항해 단계마다 다른 종류나 추가적인 준비 또는 의장이 필요한 경우 각 단계의 항해를 시작할 때 감항능력이 요구된다는 원칙이다(영국해상보험법 제39조 제3항). 항해는 물리적 요소, 연료에 따라 다른 단계를 구성한다.

(ㄱ) 물리적 요소 : 물리적 요소로 인하여 다른 의장 또는 준비가 필요하여 다른 항해를 구성할 수 있다. Bouillon v. Lupton사건[92]은 강과 해상항해

89) Roelandts v. Harrison [1854] 9 Ex 444.
90) Sea Insurance Co. v. Blogg [1898] 2 QB 398.
91) Lane v. Dixon [1898] 2 QB 398.
92) [1863] 33 LJ CP 37.

에 관하여 별개의 항해가 인정된 사건으로 선박이 리용에서 마르세이유까지(론강), 마르세이유에서 갈라즈(해상)까지의 항해에 대하여 부보되었다. 론강 항해에는 마스트와 삭구없이 항해하였는데 이를 구비하면 항해가 불가능하였기 때문이고, 해상항해에는 의장을 갖추고 항해하였지만 흑해에서 폭풍으로 인하여 멸실한 경우, 법원은 강과 해상에서 위험을 견딜만한 감항능력이 있다고 판시하였다. 항해의 단계별 분리는 해상항해로서 지중해에 있는 항구에서 북대서양에 있는 항구까지의 항해가 부보된 경우 대서양항해에는 추가적인 의장이나 준비가 요구되어 별개 단계의 항해를 구성할 수 있다.

(ㄴ) 연료량에 따른 단계분리 : 항해를 시작할 때 전체 항해에 필요한 연료를 적재하지 않고 다른 항구에서 연료를 적재하는 경우에도 단계가 분리되는지 여하가 문제된다. 선주는 상당성이 인정되는 경우 비록 선박이 전체 항해에 필요한 연료를 적재할 수 있는 경우에도 항해를 여러 단계로 분리하는 것이 허용된다.[93] 이에 관한 최초의 사건은 볼티건(Vortigern)호 사건[94]으로 석탄의 불충분으로 인한 감항능력결여는 항해가 분할가능한지 여부에 따라 결정된다고 한다. Greenock SS Co. v. Maritime Insurance Co., Ltd.사건[95]에서 분리된 항해 단계의 하나인 몬테비데오(Montevideo)에서 세인트 빈센트(ST Vincent)까지의 항해에 엔지니어의 과실로 인하여 충분한 석탄을 적재하지 않아 선박의 의장과 적하일부가 땔감으로 사용된 사건에서 로머(Romer)판사는 필요한 경우 항해는 연료에 따라 구분되지만 피보험자는 그 항해에 연료가 충분함을 확인할 의무가 있다고 보아 선박이 몬테비데오항을 출항할 때 충분한 연료를 적재하지 않음으로 감항능력이 결여되었다고 판시하였다. 이는 1939년의 Timm & Son v. Northumbrian Shipping Co.사건[96]에서 확인되었는데, 밴쿠버(Vancouver)항을 출항하여 파나마해협을 통과하여 세인트 토머스(ST Thomas)로 항해하던 중 선장이 목적지까지의 연료가 충분하지 못함을 인식하여 자마이카로 항로를 변경하여 항해하던 중 전손된 경우 감항능력이 없다고 판시되었다.

(ㄷ) 계속적인 감항능력담보특약은 요구되지 않음 : 선박이 항해 전기간에 걸쳐 감항능력이 있어야 한다는 담보특약은 없다는 원칙은 18세기 맨스필드경에 의하여 당시의 해운실무에 기초하여 확립되었다. 당시 피보험자 또는 관리자는 항해를 시작한 후 선박의 상태를 확인할 수단이 없었고 통제할 수 없는

93) Neomijula SS Co. v. Minister of Food [1951] 1 KB 223.
94) [1899] P 140.
95) [1903] 1 KB 367.
96) [1939] AC 397.

것으로 인한 손해에 대하여 책임을 지우는 것은 가혹하였으며, 피보험자가 피용자의 과실로 인한 감항능력결여에 대하여는 책임을 지지 않는 것이 논리적이었다. 영국해상보험법상 항해개시시에만 감항능력이 요구된다는 명문규정은 없지만, 기간보험의 경우 항해사업의 어떤 단계에서도 감항능력이 있어야 한다는 묵시적 담보특약은 없다고 규정하는 제39조 제5항에 비추어 항해보험상 계속적 담보특약은 요구되지 않는다.[97]

(라) 기간보험 : 영국법상 기간보험에 있어서는 해상사업의 어떤 단계에서든 선박이 감항능력이 있어야 한다는 묵시적 담보특약은 없다. 다만 피보험자가 감항능력 없음을 알면서 항해하게 한 경우에는 그와 인과관계가 인정되는 손해에 대하여는 보험자는 보험금지급책임을 지지 않는다(영국해상보험법 제39조 제5항). 우리 대법원의 판례(대법원 2002.6.28. 선고, 2000다21062 판결)[98]는 일반화물선에 대하여 전손만을 담보하는 협회선박기간보험약관을 그 내용으로 하는 보험계약이 체결되었고, 선박이 항해 중 유빙에 부딪쳐 선체의 외판, 기관실 내부의 기계, 프로펠러와 측계, 방향타와 조타기어 등이 손상을 입어 피보험자의 추정전손으로 인한 보상청구에 대하여, 보험자는 한국선급의 지적사항을 완전하게 수리한 바가 없고 사고 직후 검사한 결과 부식상태가 심한 것 등을 이유로 감항능력의 결여를 이유로 보상을 거부한 사건이다. 법원은 "기간보험의 경우에는 그러한 묵시적 담보가 인정되지 않는 것을 원칙으로 하되, 예외적으로 피보험자가 선박이 감항능력이 없음을 알면서도 항해하게 한 경우에 한하여 보험자가 면책될 수 있으므로, 이 법리에 의하면, 선박 기간보험에서 감항능력 결여로 인하여 보험자가 면책되기 위하여는 손해가 감항능력이 없음으로 인하여 발생한 것이어야 하고, 피보험자가 감항능력이 없음을 알고 있어야 하며, 이러한 감항능력의 결여와 보험사고 사이에 인과관계, 즉 손해의 일부나 전부가 감항능력이 없음으로 인하여 발생한 것이라는 점이 인정되어야 하되, 이러한 요건에 대한 입증책임은 보험자가 부담한다"라고 하고, 보험사고의 원인은 선박의 외판이 유빙과의 충돌로 구멍이 생겨 침수되기 시작한 것으로 추정될 뿐, 선박의 구체적

---

97) Baris Soyer, op. cit., p. 95.

98) 이에 관한 평석으로는 채동헌, 영국해상보험법상 선박기간보험에 있어 감항능력부재로 인한 보험자의 면책 및 추정전손에의 해당여부에 관한 각종 법리-대법원 2002.6.28. 선고, 2000다21062 판결, 인권과 정의 314호(2002), 96~113면; 최종현, 영국해상보험법상 선박의 불감항으로 인한 보험자의 면책 및 추정전손 법리, 보험법연구 5, 보험법연구회, 삼지원, 2003, 61~75면; 대법원 2001.5.15. 선고, 99다26221 판결(이 사건에 대한 평석으로 한창희, 선박기간보험계약에 있어서 선박의 감항능력-대판 2001.5.15. 선고, 99다26221 판결, 보험학회지 60집, 2001, 한국보험학회, 29~50면)도 같은 취지의 판결을 내리고 있다.

감항능력의 부재와 사고 사이에 상당인과관계를 인정하기는 어렵다고 하여 보상을 명하였다.

(a) 기간보험에서의 감항능력의 묵시적 담보특약의 불인정 : 항해보험과 달리 기간보험에서 감항능력의 묵시적 담보특약이 인정되지 않는다는 원칙은 Gibbs v. Small사건판결[99]에 유래한다. 이 사건에서 보험계약이 체결되는 때에 선박이 해상에 있는 경우에는 기간보험계약상 감항능력의 묵시적 담보특약은 없다고 하였지만, 이 원칙은 곧 일반화되어 보험계약이 체결되는 때 선박이 항구에 있는 경우에도 적용되게 되었다. 그 근거로는 기간보험의 경우에는 보험계약을 체결할 때 선박이 항해중인 경우가 많아 피보험자인 선박소유자가 그 선박의 상태를 통제하거나 확인할 수 없기 때문이라고 한다. 이와 관련하여서는 현대의 해상통신수단의 발달로 인하여 19세기 당시에 합당한 이 원칙은 오늘날 그 근거를 상실하였다는 비판이 있다.[100]

기간보험에는 감항능력이 인정되지 않더라도 보험자는 보험자가 실제로 알고 있는 사항을 고지하지 아니하였다거나 사기를 이유로 보험계약을 취소하거나 명시적 담보특약을 삽입하거나 추가보험료를 요구할 수 있다.[101]

(b) 감항능력담보특약의 예외적 인정 : 기간보험의 경우에도 피보험자가 선박이 감항능력이 없음을 알고 항해한 경우에는 보험자는 감항능력결여로 인하여 발생한 손해에 대하여 보상책임을 지지 않는다(영국해상보험법 제39조 제5항).

(ㄱ) 선박의 해상으로 출항시 감항능력 결여 : 선박이 해상으로 출항하는 때 감항능력이 없는 경우에는 피보험자에게 보상청구권이 인정되지 않는다. 따라서 감항능력있는 상태에서 출항한 경우 항해의 추후단계에서 불감항이 되었어도 보험자는 보상책임을 진다.

영국해상보험법 제39조 제5항은 선박은 해상으로 출항한 때(the ship being sent to sea)라고 규정하므로 보험자는 해상으로 출항한 경우에만 감항능력 담보특약이 적용되고, 선박이 통과하기 위하여 항구, 운하 또는 강으로 출항한 경우나 선박이 항구 또는 계류지에서 멸실하거나 훼손된 경우에는 적용되지 않는다.

(ㄴ) 피보험자의 악의 : 피보험자가 알면서도 선박을 감항능력없는 상태에서 해상에 출항한 경우에 영국해상보험법 제39조 제5항이 적용되므로 피보험자의 정신상태가 중요요소가 된다.

---

99) [1858] 4 H.L.C. 353.

100) Baris Soyer, op. cit., pp. 97, 312~314.

101) F.D. Rose, op. cit., § 9.53, p. 175.

(ⅰ) 피보험자의 악의의 의미 : 이는 유리스테네스(Eurysthenes)호 사건[102]에서 처음으로 상세히 고찰되었는데, 법원은 악의(privity)는 안 것(knowledge)과 동의(consent)를 의미하고, 안 것은 적극적인 앎만이 아니라 알고도 못본 체 하는 유형의 앎[추정적 앎(constructive knowledge)]도 포함하며, 진실을 의심하는 자가 못본 체 하고 조사를 회피하는 경우에는 진실을 아는 것으로 인정된다고 한다. 반면 진실을 알지 못하는데 과실이 있는 경우에는 그것을 알고 있는 것으로 인정되지 않는다고 한다. 이에 따르면 신중한 선박소유자가 12명의 승무원이면 충분하다고 인정하여 12명의 선원으로 항해를 하게 하는 경우 후일 법원이 14명이 옳았다고 판단하더라도 감항능력없음을 안 것이 아니고, 그와 같이 판단에 과실이 있다 하더라도 감항능력없음을 안 것은 아니다. 그러나 신중한 선주가 12명의 선원을 승선시키고 출항하였을 것을 10명의 선원밖에 없어서 10명만을 승선시킨 경우 법원이 후일 12명이 옳다고 판단하면 감항능력없음을 알고 있는 것이 된다. 그 이유는 선주가 12명이 승선하여야 함을 알고서도 의식적으로 10명만 승선시킨 것이기 때문이다.

최근 스타 시(Star Sea)호 사건[103]에서 이 문제가 다시 제기되었다. 법원에서 쟁점은 피보험자가 선장이 부적격인가를 의심하고 알고도 못본 체 하였는가 여부이고, 피보험자가 이를 의심하였고 화재방지에 대한 적절한 지식을 제공하지 않았음을 보험자가 입증하지 못하였기 때문에 못본 체 한 것은 아니라고 판시하였다.

우리나라 대법원의 판례(대법원 2002.6.28. 선고, 2000다21062 판결)는 "피보험자의 악의는 영미법상의 개념으로서 피보험자가 선박의 감항능력 결여의 원인이 된 사실뿐 아니라, 그 원인된 사실로 인하여 해당 선박이 통상적인 해상위험을 견디어낼 수 없게 된 사실, 즉 감항능력이 결여된 사실을 알고 있는 것을 의미하는 것으로서, 감항능력이 없다는 것을 적극적으로 아는 것(positive knowledge of unseaworthiness)뿐 아니라, 감항능력이 없을 수도 있다는 것을 알면서도 이를 갖추기 위한 조치를 하지 않고 그대로 내버려두는 것(turning the blind eyes to unseaworthiness)까지 포함하는 개념이다"라고 하였다.

---

102) Compania Maritime San Basilio SA v. Oceanus Mutual Underwriting Association Ltd. [1977] 1 QB 49: 이 사건의 구체적인 사실관계는 이 책 제2부 제6장 제1절 기간보험 Ⅰ. 기간보험의 정의 1. 확장조항을 삽입하는 기간보험 참조.

103) Manifest Shipping Company Ltd. v. Uni-Polars Shipping Company Ltd. and Others, The Star Sea [1995] 1 Lloyd's Rep. 651; [2001] 2 W.L.R. 170, 186; 각주 79) 참조; 이 사건의 구체적인 사실관계는 이 책 제2부 제3장 제4절 최대선의의무와 고지의무 Ⅱ. 고지의무 2. 영국에서의 고지의무 (5) 고지의무자 (나) 보험계약자의 대리인 참조.

(ii) 주 체 : 감항능력없음을 알고 있는 자의 범위가 문제된다. 피보험자가 개인사업자인 경우에는 자신이 알고 있으면 되지만, 회사인 경우에는 Lennard's Carrying Co., Ltd. v. Asiatic Petroleum Co., Ltd.사건[104]에서 홀데인(Viscount Haldaine)판사는 회사의 '경영의사와 의지'(directing mind and will) 기준을 제시하고, 회사의 두뇌와 중추신경(brains and nerve centre), 영혼(soul)이라고 제시되기도 하는데, 회사의 '경영의사와 의지'는 일반적으로 회사의 정책을 통제하는 자로서 이사회, 집행권을 보유하는 이사 개인 등이 들어진다. 현대 회사법상 이사회는 선박을 항해하게 하는 것과 같은 경영권한의 일부를 상위관리자(senior manager)에게 위임하기도 하는 바, 그가 감항능력없이 출항하는 것을 아는 것은 회사가 아는 것으로 인정된다. 또한 특정항해에 대하여 출항하도록 위임받은 하위관리자(junior manager)도 회사가 안 것으로 인정될 수 있다.[105]

또한 선박에 대하여 선박관리계약이 체결된 경우 선박관리회사 내부의 자가 안 것도 피보험자인 회사가 안 것으로 고찰될 수 있는바, '스타 시'호 사건[106]에서 법원은 사실상 경영권을 가지거나 회사업무의 특정한 사항을 통제하는 자도 피보험자인 회사가 안 경우에 해당한다고 보아 선박회사와 선박관리회사의 이사 모두를 포함한 것으로 본다.

(iii) 알고 있어야 하는 것의 범위 : 선박이 해상에 출항하는 때 두 가지의 측면에서 감항능력이 없었는데 피보험자가 하나만 알고 있었던 경우 선박은 알지 못한 사실로 인하여 멸실한 경우 보상이 허용되는가가 문제된다. 피보험자는 사고를 야기한 선박의 감항능력결여 사실을 알지 못한 경우 보상을 받게 된다. Thomas v. Tyne & Wear SS Freight Insurance Association사건[107]에서 피보험자는 선원이 부족함을 알고 있었지만 알지 못하였던 선박과 선체의 상태로 인하여 멸실된 사안에서 액킨(Atkin)판사는 보험자의 책임을 인정하였다. 또한 선박이 두 가지 이상의 감항능력없는 사실이 있고 손해가 복수의 결함이 결합하여 야기되는 경우 제39조 제5항의 적용을 위하여서는 모두의 감항능력결여 사실을 아는 것이 요구된다. '스타 시'호 사건[108]에서 피보험자는 손해를 야기한 선장의 부적격이란 감항능력결여를 알지 못하였다는 이유로 보험자

104) [1915] AC 705.
105) Baris Soyer, op. cit., p. 107.
106) [1995] 1 Lloyd's Rep. 651.
107) [1917] KB 938.
108) Manifest Shipping Company Ltd. v. Uni-Polars Shipping Company Ltd. and Others, The Star Sea [1995] 1 Lloyd's Rep. 651; [2001] 2 W.L.R. 170, 186; 각주 103) 참조.

의 보상책임이 인정되었다.

(ㄷ) 감항능력 결여로 인한 손해와 인과관계 문제 : 감항능력결여가 손해의 근인인 경우에는 선박이 해상에 출항하는 때 피보험자가 특정한 감항능력 없음을 안 경우에는 피보험자는 보험금청구권이 없다. 즉, 선박 기간보험에서 감항능력 결여로 인한 손해에 대하여 보험자가 면책되기 위하여는 피보험자가 감항능력이 없음을 알고 있어야 하며, 이러한 감항능력의 결여와 보험사고 사이에 인과관계, 즉 손해의 일부나 전부가 감항능력이 없음으로 인하여 발생한 것이라는 점이 인정되어야 한다. 이러한 요건에 대한 입증책임은 보험자가 부담한다(대법원 2002.6.28. 선고, 2000다21062 판결). 그러나 손해의 근인인 감항능력결여 사실을 알지 못한 경우에는 보험자는 영국해상보험법 제39조 제5항을 주장할 수 없고, 인과관계의 일반원칙에 따라 보상책임 여하가 결정된다. 예컨대 담보위험인 다른 거의 대등한 근인과 함께 감항능력결여가 손해의 근인인 경우 피보험자가 그 감항능력없음을 알지 못한 경우 보험자는 보험금지급책임을 지는데, 그 이유는 다른 근인이 보험계약상 담보되기 때문이다. 그 예로는 미스 제이 제이(Miss Jay Jay)호 사건[109]을 들 수 있다. 이 사건에서 디자인과 제작상의 결함으로 인하여 항해에 부적당한 쾌속의 비싼 동력요트선이 르 아브르(Le Havre)항으로 귀환도중 악천후로 인하여 손해를 입은 경우 선박이 명백히 감항능력이 없었음에도 보험금지급이 인정되었다.

(ㄹ) 적용배제 : 보험자는 약정에 의하여 영국해상보험법 제39조 제5항의 효과의 전부 또는 일부를 배제할 수 있다(영국해상보험법 제87조).

(c) 적하 또는 동산 : 적하 기타 동산에 대한 보험에 있어서 적하 또는 동산이 감항능력이 있어야 한다는 묵시적 담보특약은 없다(영국해상보험법 제40조 제1항). 보험자는 단지 보험사고로 인한 손해에 대하여서만 보상책임을 지기 때문에 이와 같은 담보특약은 불필요하고, 위험이 적하의 하자로 인하여 작동하는 경우에는 보험자는 고유의 하자의 항변을 제기할 수 있다.

그러나 "적하 또는 동산에 대한 항해보험에 있어서는 항해 시작 당시에 선박이 선박으로서의 감항능력이 있어야 하고 적하 또는 동산을 보험증권에 규정된 목적지까지 운송하기에 적합한 상태이어야 한다는 묵시적 담보특약이 존재한다(영국해상보험법 제40조 제2항)." 이것은 예컨대 냉동육을 운송하는 선박은 필요한 설비를 갖추어야 함을 의미한다. 이 담보특약은 담보특약의 조건에 의하여 제한된다. 따라서 운송하는 '선박'에 담보특약이 적용되는 경우에, 이는 선박에서 해

109) [1987] 1 Lloyd's Rep. 32(CA): 각주 71) 참조.

안으로 적하를 운송하기 위하여 도착항에서 사용된 부선에까지 확장되지 아니한다. 그러나 실무상 협회적하보험-불감항과 부적합면책조항약관(Institute Cargo Clauses Unseaworthiness and Unfitness Exclusion Clause)[110]이 적용되는 경우에는 이 지위가 공통적으로 제한된다. 따라서 선박, 부선 등의 부적합으로 인한 손해는 피보험자나 그 피용인이 선적 당시 악의가 있는 경우에는 면책이다. 이 경우 보험자는 부선 등의 부적당함과 손해의 인과관계의 존재와 부선에의 전재 당시 피보험자의 관여를 입증하여야 한다. 다만 오늘날의 해상운송실무상 적하보험의 피보험자는 적하를 선박에 운송하는 부선의 적합성 여부를 알 수 있는 지위에 있지 아니하므로 이 조항은 거의 의미가 없다.[111]

## 제 4 절 명시적인 조건

### I. 개 관

오늘날 보험증권과 보험약관은 전통적으로 영국보통법과 법률에 규정되던 사항의 전부 또는 일부를 규율하고 나아가 이 조건의 불이행의 효과에 대하여 규정한다. 보험증권과 표준해상보험약관은 보험담보의 통상적인 존속과 종료에 대하여 규정하는 한편, 특정한 경우에 조기 종료에 대하여서 공통적으로 규정하고 있다. 특히 표준약관상의 선급(그리고 ISM)조항,[112] 관리조항[113]은 "이 보험에 있어서 수기로 기재되거나 또는 인쇄되거나 간에 수기의 이에 저촉하는 여하한 조항에도 우선한다"라고 규정하고 있다.[114]

110) 1982년 협회적하보험(A), (B), (C)약관 제5조.

111) Baris Soyer, op. cit., p. 91.

112) 1983년 협회선박기간보험약관 제4조 제1항, 1983년 협회선박항해보험약관 제5조 제1항, 2003년 국제선박보험약관 제13조; 이 책 제2부 제6장 제1절 기간보험 Ⅲ. 종료조항, 선급조항 또는 관리조항 2. 선급 참조.

113) 1983년 협회선박기간보험약관 제4조 제2항, 1983년 협회선박항해보험약관 제5조 제2항, 2003년 국제선박보험약관 제14조; 이 책 제2부 제6장 제1절 기간보험 Ⅲ. 종료조항, 선급조항 또는 관리조항 3. 선주 또는 국적의 변경 등.

114) 1983년 협회선박기간보험약관 제4조, 1983년 협회선박항해보험약관 제5조, 2003년 국제선박보험약관 제13조~제14조.

## Ⅱ. 감항능력

규정이 없었더라면 감항능력의 영역으로 결정되었을 문제가 오늘날에는 선박의 상태, 선급 그리고 1974년 해상에서의 인명의 안전에 대한 국제협약(SOLAS)에 의하여 도입된 ISM Code를 규율하는 조항이 두어지고 있다.

첫째, 2003년 국제선박보험약관 제14조 제4항은 "보험개시시, 그리고 보험기간중과 그 확장기간 중 피보험자, 소유자, 관리자는 ① 선박의 건조, 개조, 상태, 의장, 작동과 관리에 관한 선박의 국적국가의 모든 법령상의 요건을 준수하고, ② 선박의 사고와 결함에 관한 선급협회에 대한 보고에 대한 선박의 선급협회의 모든 요건을 충족할 의무를 진다. 이 의무를 위반하는 경우에는 보험자는 그 위반으로 인한 멸실, 훼손, 책임 또는 비용에 대하여 책임을 지지 아니한다"라고 규정하고 있다.

둘째, 2003년 국제선박보험약관 제13조 제1항은 "이 보험개시시, 그리고 보험기간중과 그 확장기간 중 ① 선박은 보험자가 승인한 선급협회의 선급을 받아야 하고, ② 선급협회의 선급의 변경, 중단, 불계속, 취소, 만료가 되어서는 안되며, ③ 선박의 감항능력 또는 감항능력상태의 유지에 관하여 선급협회가 부과한 권고, 요구 또는 제한이 선급협회가 요구한 일자까지 준수되어야 하고, ④ 소유자로부터 선박의 운영책임을 부여받은 관리자는 1974년 SOLAS 9장에 의하여 요구되는 선박에 관한 유효한 이행서류를 소지하여야 하며, ⑤ 선박은 1974년 SOLAS 9장에 의하여 요구된 안전관리인증을 받아야 한다"라고 규정하고 있다.

2003년 국제선박보험약관상의 이 의무는 협회약관에는 규정되어 있지 아니한 사항도 있고, 그 경우에는 그 불충족은 협회약관의 위반이 아니다. 다만 협회약관은 선박의 선급의 변경에 관한 사항을 규정하고 있고, 이는 2003년 국제선박보험약관에서 수정되어 있다. 보험자가 서면으로 이와 다른 약정을 하지 아니하는 한 협회약관[115]상은 선박의 선급협회의 변경 또는 선급의 변경, 중단, 불계속, 취소, 종료의 경우 보험담보는 그 때부터 자동적으로 종료하고, 2003년 국제선박보험약관상 제13조 제1항의 위반시에 자동적으로 종료한다.[116]

우리 판례(대법원 1998.5.15. 선고, 96다27773 판결)는 선박보험증권과 약관에 준거

115) 1983년 협회선박기간보험약관 제4조 제1항, 1983년 협회선박항해보험약관 제5조 제1항.
116) 2003년 국제선박보험약관 제13조 제2항: 이 책 제2부 제6장 제1절 기간보험 Ⅲ. 종료조항, 선급조항 또는 관리조항 2. 선급 (3) 선급의 변경, 일시정지, 중지, 취소 참조.

법을 영국의 법률과 관습에 따르기로 하는 규정과 아울러 선급을 유지하기로 하는 내용의 명시적 규정은 영국 해상보험법 제33조 소정의 명시적 담보에 관한 규정에 해당한다고 한다.

그러나 협회약관과 2003년 국제선박보험약관상 모두 선박이 해상에 있는 경우에는 자동종료는 다음 항구에 도착할 때까지 연기된다.[117] 또한 선급의 변경, 중단, 불계속, 취소, 종료가 협회선박전쟁과 파업약관을 내용으로 하는 보험이거나 위험조항[118]에 의하여 담보되는 멸실 또는 훼손으로 인한 경우(협회약관의 경우), 또는 그것이 위험조항,[119] 오염위험조항[120] 또는 과실, 부적격 또는 판단의 착오[121]로 인한 선박의 멸실 또는 훼손에 대한 추가 보험담보되는 멸실 또는 훼손으로 인한 경우(2003년 국제선박보험약관)에는 자동종료는 선박이 선급협회의 사전승인 없이 다음 항구에서 출항하는 경우에만 적용된다.

자동종료시 보험료의 반환이 요구된다. 2003년 국제선박보험약관은 계약상 부보된 위험으로 인한 것이든 아닌 위험에 의한 것이든 선박의 전손이 보험기간과 그 확장기간 중에 발생하지 아니하는 경우에 한하여 보험료반환을 허용한다.[122]

## Ⅲ. 운항중단 후 항해

2003년 국제선박보험약관상 선박이 장기간 운항이 중단된 경우, "피보험자가 선박을 검사하기 위하여 선급협회 또는 보험자가 동의한 감정인을 정하고 선급협회 또는 그 검정인이 권고한 수리 또는 요구를 수행하지 아니하는 한, 선박은 180일 이상 운항중단 이후 자체의 동력으로 계류지를 출발하거나 운항하지 아니하는 것을 보험자의 책임에 대한 사전조건으로 한다."[123]

117) 1983년 협회선박기간보험약관 제4조 제1항; 1983년 협회선박항해보험약관 제5조 제1항; 2003년 국제선박보험약관 제13조 제2항 1호.
118) 1983년 협회선박기간보험약관 제6조; 1983년 협회선박항해보험약관 제7조.
119) 2003년 국제선박보험약관 제2조.
120) 2003년 국제선박보험약관 제5조.
121) 2003년 국제선박보험약관 제41조 제1항 3호.
122) 1983년 협회선박기간보험약관 제4조; 1983년 협회선박항해보험약관 제5조; 2003년 국제선박보험약관 제13조 제2항.
123) 2003년 국제선박보험약관 제34조.

## Ⅳ. 관 리

표준선박보험약관[124]과 협회운임보험약관[125]은 "보험자가 서면으로 다른 약정을 하지 아니하는 한 자발적이건 아니건 선박의 국적 또는 소유권의 양도, 선박의 새로운 관리자로의 이전, 선박의 나용선, 또는 선박의 소유권 또는 사용권의 수용시부터 보험은 자동적으로 종료한다. 그러나 선박이 적하를 선적하고 선적항을 이미 발항하였거나 적하를 선적하지 않은 채 항해 중에 있는 때에는 요청이 있는 경우에는 적하를 선적한 경우에는 최종 양륙항까지, 적하를 선적하지 않은 경우에는 최종 목적항까지 이 자동종료는 연기될 수 있다. 그러나 피보험자의 사전 서면동의 없이 소유권 도는 사용권이 수용된 경우에는 선박이 항해 중에 있거나 항구에 있거나 간에 수용된 때로부터 15일 후에 보험은 자동종료한다"라고 규정하고 있다.

이 종료시 보험료의 반환이 요구된다. 2003년 국제선박보험약관은 계약상 부보된 위험으로 인한 것이든 아니면 위험에 의한 것이든 선박의 전손이 보험기간과 그 확장기간 중에 발생하지 아니하는 경우에 한한다.[126]

## Ⅴ. 해체선박

1983년 협회선박기간보험약관 제1조 제3항은 선박이 해체되거나 해체하기 위하여 매도될 의도로 적하를 적재하든 아니든 항해하는 경우에는 "이 항해 이후에 발생된 선박의 멸실 또는 훼손에 대한 보상청구는 멸실 또는 훼손을 입은 시점의 해체선으로서의 선박의 시장가액에 한정된다. 그러나 이는 3/4 충돌책임조항이나 공동해손조항의 보상청구에 영향을 미치지 않는다"라고 규정한다.[127] 2003년 국제선박보험약관 제14조 제2항은 이와 같은 경우에 보험은 자동적으로

---

124) 1983년 협회선박기간보험약관 제4조 제1항; 1995년 협회선박기간보험약관 제5조 제2항; 2003년 국제선박보험약관 제14조 제1항; 이 책 제2부 제6장 제1절 기간보험 Ⅲ. 종료조항, 선급조항 또는 관리조항 4. 선주 또는 국적의 변경 참조.

125) 1983년 협회운임기간보험약관 제5조 제1항.

126) 1983년 협회선박기간보험약관 제4조; 1983년 협회선박항해보험약관 제5조; 2003년 국제선박보험약관 제13조 제2항.

127) 이 책 제2부 제6장 제1절 기간보험 Ⅱ. 항해조항 2. 항해 · 시운전 · 선박의 구조담보 (6) 해체예정선박 참조.

종료하고, 보험료는 자동종료시 보험료의 반환이 요구되지만, 계약상 부보된 위험이든 아닌 위험에 의한 것이든 전손이 보험기간과 그 확장기간 중에 발생하지 아니하는 경우에 한한다라고 규정한다(동약관 제14조 제3항). 2003년 국제선박보험약관조항은 보험자의 서면의 동의가 있는 경우에는 이에 따르지만, 1983년 협회약관상은 "보험자에게 사전에 통지되고 담보조건, 보험가액의 변경, 및 그에 따른 보험료에 대하여 합의가 없는 경우에 한하여" 적용된다.

## Ⅵ. 항 해

### 1. 항해조항

협회선박보험약관 제1조 제1항[128]은 "선박은 보험기간동안 이 보험의 규정에 따라 담보되고, 도선사의 승선 유무와 관계없이 출항 또는 항해하거나, 시운전항해를 하거나 위험에 처한 선박을 도와주거나 예인하더라도 상관없다. 그러나 부보된 선박은 예인되는 것이 관습이거나 구조의 필요상 최초의 안전한 항구 또는 장소까지 예인되는 경우를 제외하고는 예인되어서는 아니되고, 피보험자 및/또는 선박소유자 및/또는 선박관리자 및/또는 용선자에 의하여 사전에 체결된 계약하에서의 예인 또는 구조작업을 하지 않을 것을 담보한다. 다만 이 제1조 제1항은 선적 및 양륙에 관한 관습적인 예인을 배제하는 것은 아니다"라고 규정하여 기본적인 보험담보를 규정하고 있고, 운임보험약관에는 이것이 약간 수정되어 있다.

2003년 국제선박보험약관 제10조는 "제11조에 따라 보험자의 동의가 없거나 동의한 범위 안에서 … (2) 선박은 도선사의 승선 유무와 관계없이 출항 또는 항해하거나, 시운전항해를 하거나 위험에 처한 선박을 도와주거나 예인하더라도 상관없고(그러나 부보된 선박은 예인되는 것이 관습이거나 구조의 필요상 최초의 안전한 항구 또는 장소까지 예인되는 경우를 제외하고는 예인되어서는 아니되고, 피보험자 및/또는 선박소유자 및/또는 선박관리자 및/또는 용선자에 의하여 사전에 체결된 계약하에서의 예인 또는 구조작업을 하여서는 아니된다), (3) 피보험자는 도선사 및/또는 예인선 및/또는 예인보우트 및/또는 그 소유자의 책임을 제한하거나 면제하는 도선사와의

128) 1983년 협회선박기간보험약관 제1조 제1항; 1983년 협회선박항해보험약관 제1조 제1항; 이 책 제2부 제6장 제1절 기간보험 Ⅱ. 항해조항 2. 항해・시운전・선박의 구조담보 참조.

또는 관습적인 예인을 위한 계약을 체결하여서는 안된다(다만 피보험자 또는 그 대리인이 확립된 지역법 또는 관습에 이와 같은 계약을 승낙하거나 승낙할 수밖에 없는 경우는 제외된다)"라고 규정하고 있다.

## 2. 해상에서의 환적

협회선박보험약관[129]은 "선박이 해상에서 다른 선박(항구용 또는 해안용 부선이 아닌)으로부터 또는 다른 선박으로 적하를 선적하거나 또는 양하하는 운송작업에 사용되는 경우에는 양선박이 접근하는 동안 또는 접현하는 동안 또는 이현하는 동안 포함하여 적재 및 양하작업으로 인하여 이 선박에 발생하는 멸실 또는 훼손, 다른 선박에 대한 배상책임을 담보하지 아니한다. 다만 이 선박이 위의 작업에 사용되는 경우 보험자에게 사전통지를 하고 보험자가 요구하는 변경된 담보조건과 추가보험료에 대하여 합의하였을 때에는 그러하지 아니하다"라고 규정한다.

유사하게 명확하게 표현되어 있지 않지만 2003년 국제선박보험약관 제10조 제4항은 "보험자의 동의가 없거나 동의한 범위 안에서 선박은 다른 선박(항구용 또는 해안용 부선이 아닌)으로부터 또는 다른 선박으로 적하를 선적하거나 또는 양하하는 운송작업에 사용되어서는 아니된다"라고 규정한다.

## 3. 항해지역제한

당사자는 1976년 7월 1일자 협회 담보특약약관 등을 삽입하여 다수의 지역의 항해를 제한할 수 있지만, 협회선박보험약관은 항해지역을 제한하는 표준조항을 포함하고 있지 않다. 2003년 국제선박보험약관의 항해제한조항(동약관 제32조)은 위의 협회담보특약약관을 수정한 것이다. 이 조항은 어느 일시에나 또는 특정 일자 사이에 특정한 지역에 선박이 들어가거나 항해하거나 머물러서는 안된다고 규정하고 있다.

## 4. 항해조항의 위반

항해조항 등의 제한의 위반은 담보특약의 위반이다. 그러나 2003년 국제선박

129) 1983년 협회선박기간보험약관 제1조 제2항; 1983년 협회선박항해보험약관 제1조 제2항; 이 책 제2부 제6장 제1절 기간보험 Ⅱ. 항해조항 2. 항해·시운전·선박의 구조담보 (5) 해상에서의 적재와 양하작업 참조.

보험약관은 담보특약의 위반과 손해 사이의 인과관계의 불요구, 자동적인 책임면제, 그리고 피보험자의 위반의 교정불가라는 엄격성에 비판을 고찰하여 항해조항과 항해지역위반의 효과에 대하여 담보특약으로 명시하고 있는 협회약관의 규정을 채용하지 아니하였다. 즉, 동약관 제11조는 "제10조 위반의 경우 보험자는 보험기간중 사고로 인하여 발생하는 멸실, 훼손, 책임 또는 비용에 대하여 보상책임을 지지 아니한다. 그러나 위반의 수령 후 지체없이 보험자에게 통지되고, 담보조건의 변경과 보험자가 요구한 추가보험료가 합의된 경우에는 그러하지 아니하다"라고 규정한다. 또한 항해지역제한위반에 대하여 2003년 국제선박보험약관 제33조는 "제32조(항해지역제한규정)를 위반하여도, 보험자의 사전 동의를 얻어 수정된 담보조건과 보험자가 요구한 추가보험료가 합의된 경우에는 제11조는 적용되지 아니한다"라고 규정하고 있다.

이는 전통적인 약속적 담보특약을 조건으로 변경한 것이다. 따라서 피보험자가 특정한 항해제한구역이나 항해조건을 위반하는 경우에, 보험자는 잔여 보험기간 중 책임이 자동적으로 면제되는 것이 아니다. 오히려 보험자는 위반기간동안 발생하는 멸실 또는 훼손에 대한 책임을 면하는 것이다. 보험담보는 위반기간이 종료하는 순간 다시 개시되는 것이다. 그러나 그 위반과 관련있거나 기인한 것인가 여부와 관계없이 위반기간중의 손해는 보상되지 아니한다.[130]

## 5. 선비담보특약

선박보험계약이 체결되는 경우에 당사자는 선박 이외의 보험목적에 대하여 부보하는 것을 허용하고 또 그 보험금액에 대하여 규정하는 선비담보특약을 삽입하는 것에 전통적으로 합의하였다. 협회선박보험약관[131]에 의하여 허용된 추가보험이 거의 동일하게 2003년 국제선박보험약관 제24조 제1항에 규정되어 있다.

---

130) Chris Zavos, The International Hull 2003, Marine Insurance: The Law in Transition (edited by D.R. Thomas), London: Informa, 2005, p. 165.

131) 1983년 협회선박기간보험약관 제21조 제1항; 1983년 협회선박항해보험약관 제19조 제1항; 1995년 협회선박기간보험약관 제22조 제1항; 1995년 협회선박항해보험약관 제20조 제1항.

# 제6장 기간보험과 항해보험

## 제1절 기간보험

### Ⅰ. 기간보험의 정의

기간보험은 일정한 기간동안 보험목적을 담보하는 보험이다. 이 보험은 보험증권에 보험기간의 개시시기와 종료시기를 정하여 '○월○일○시로부터 ○월○일○시까지'로 기재하고 그 기간동안 보험담보를 한다. 대부분의 경우에는 12개월 동안 담보되지만, 그 기간에 대한 법령상의 제한은 없다.

보험증권상에 개시일자와 종료일자만 기재되어 있고, 각 시간이 기재되어 있지 않은 경우에는 개시일자의 0시부터 종료일자의 24시까지 담보된다. 이는 Scottish Metropolitan Assurance Co. v. Steward사건[1)]에서 확인되었다. 증기선인 얼쇼(Earlshaw)호에 대하여 "1922년 9월 20일부터 1923년 2월 20일 정오까지" 해상손해를 담보하는 재보험계약이 체결되었고, 선박은 1922.9.20 오후 7.30에 멸실되어 후일 북해에서 발견되어 위부되었다. 보험자는 사고발생시에 보험기간이 개시되지 않았다고 주장하였는데, 법원은 개시일자만이 정해지고 그 시간은 정해지지 않은 경우에는 그 일자의 전부에 대하여 담보된다고 판시하였다.

#### 1. 확장조항을 삽입하는 기간보험

특정일로부터 보험담보가 개시된다고 규정하지만 명확한 종료일을 규정하지 아니한 보험계약이 영국해상보험법 제25조상의 기간보험인가 여부가 특히 선주상호보험조합의 경우 문제된다. Compania Maritima San Basilio SA v. Oceanus Mutual Underwriting(Bermuda) Ltd. 'Eurysthenes'사건[2)]에서 규약상 선박소유자는 보험기간은 선주상호보험조합 또는 피보험자의 통지가 있는 경우 종료된다고 규정하고 있기 때문에 실제 종료일을 정한 것은 아니라는 이유로 기간

1) [1923] 15 LlL Rep. 55.
2) [1976] 2 Lloyd's Rep. 171, CA.

보험이 아니라고 주장하였지만, 법원은 이 주장을 인정하지 않았다. 이 사건에서 원고는 1등급위험을 담보하기 위하여 유리스테네스(Eurysthenes)호를 선주상호보험조합에 가입하였는데, 규약에는 "선박은 증명서에 규정된 시간부터 조합에 가입한 것으로 보고, 이 가입은 다른 통지가 없으면 해마다 계속된다(동 규약 제9조)", "조합원은 2월 이상의 기간을 두고 서면으로 통지하여 해지할 수 있고, 조합은 서면으로 7일의 기간을 두고 해지할 수 있다(동 규약 제17조)"고 규정되어 있었다. '유리스테네스'호가 미국에서 필리핀으로의 항해 중 좌초되어 선주상호보험조합은 '유리스테네스'호는 감항능력이 결여되었고, 영국해상보험법 제39조 제5항상 선주가 악의이기 때문에 보상책임이 없다고 항변하였고, 원고는 당해 보험계약은 기간보험이므로 이 규정이 적용되지 않는다고 항변하였다. 법원은 이 보험계약은 기간보험이고, 해상보험의 유형으로는 두 가지 유형, 즉 기간보험과 항해보험, 또는 양자의 혼합인 혼합보험만이 존재한다고 판시하였다.

### 2. 운항구역이 제한된 기간보험

기간보험증권상 운항구역이 제한된 경우에도 혼합보험으로 변경되지 않는다. 비록 기간보험증권상 규정된 운항구역 내에서만의 항해를 담보하는 경우에도 기간보험이다.

호주사건인 Wilson v. Boag사건[3]에서 동력선(launch)에 대하여 스티븐스(Stevens)항 반경 50마일에서 발생하는 손해에 대하여 4개월 동안 보상하는 내용의 보험계약을 체결하였는데, 90마일 떨어진 시드니를 향하여 항해하던 중 사고는 반경 50마일 내에서 발생하였다. 보험자는 이 보험은 항해보험과 기간보험의 혼합보험이고, 보험담보는 약정된 운항구역에서 수행된 항해에 대해서만 보상책임을 진다는 이유로 보험금지급을 거부하였다. 법원은 이 보험은 기간보험이고 사고가 약정된 운항구역 내에서 발생하였다는 이유로 보상을 명하였다.

## Ⅱ. 항해조항

### 1. 개 관

선박보험은 사회통념상 수상항행의 용도에 제공되는 건조물인 선박의 항해

3) [1957] 2 Lloyd's Rep. 564; 이 사건에 대하여는 이 책 제2부 제6장 제3절 혼합보험 참조.

에 관한 사고로 인하여 발생하는 손해의 전보를 목적으로 하는 재산보험이고 손해보험이다. 이 경우 선박이 통상적인 항해가 아닌 특별한 방법으로 사용되는 경우에 보험보호를 부여할 것인지가 문제된다. 표준선박보험약관은 항해조항에서 그 범위를 정하고,[4] 일정한 담보특약 위반의 경우 보험담보의 계속[5]에 관하여 규정하고 있다. 해체예정선박에 대해서는 선박해체항해조항(Scrapping Voyage Clause)이 기간보험약관에만 규정되어 있는 점에 유념할 필요가 있다. 이 항해조항의 목적은 일반적인 해상보험실무 범위외라고 고찰될 수 있는 통상적 항해의 성격이 덜한 해상거래에 대하여 보험담보가 행해지는 것을 명확히 확인하는데 있다.[6]

## 2. 항해 · 시운전 · 선박의 구조 담보

(1) 항해 · 시운전 · 선박의 구조 담보

표준선박보험약관[7]은 "이 보험은 선박이 도선사의 승선여부와 관계없이 항해 중, 시험운행 중, 재산 중인 선박을 예인하고 구조하는 경우에 담보한다"라고 규정하고 있다. 즉, 보험담보가 행해지는 경우는 ① 도선사의 승선 여부와 관계없이 항해하거나, ② 시운전항해, ③ 재난 중인 선박을 구조하는 경우이다. 부보선박이 시험운전 등과 같이 통상 이외의 용법에 제공되는 것은 엄밀히 말하면 보험자의 보상책임에 영향을 미치는 것이지만, 표준선박보험약관은 시험운전 등과 같은 사정에서도 보험계약의 효력이 계속 유지된다는 뜻을 명기한 것이다.

(가) 도선사의 승선 : 영국 판례 중에는 승선시킨 도선사를 너무 일찍 하선시켜 부보선박이 입은 손해에 대하여 선박의 불감항을 이유로 보험자의 보상책임을 부정한 판례[8]가 있으므로 도선사를 승선시키지 않은 상태에서의 손해에

---

4) 1983년 협회선박기간보험약관 제1조; 1983년 협회선박항해보험약관 제1조; 1995년 협회선박기간보험약관 제1조; 1995년 협회선박항해보험약관 제1조; 2003년 국제선박보험약관 제10조.

5) 1983년 협회선박기간보험약관 제3조; 1983년 협회선박항해보험약관 제3조; 1995년 협회선박기간보험약관 제3조; 1995년 협회선박항해보험약관 제3조; 2003년 국제선박보험약관 제12조.

6) Susan Hodges, Cases and Materials on Marine Insurance Law, London: Cavendish Publishing Ltd., 1999, p. 125.

7) 1983년 협회선박기간보험약관 제1조 제1항 1문 1983년 협회선박항해보험약관 제1조 제1항 1문; 1995년 협회선박기간보험약관 제1조 제1항 1문; 1995년 협회선박항해보험약관 제1조 제1항 1문; 2003년 국제선박보험약관 제10조 제2항.

8) Law v. Hollingworth [1797] 2 T.R. 16사건은 스테틴(Stettin)에서 런던까지 부보된 선박

대한 보상책임을 지는가를 확정할 필요가 있다. 따라서 이와 같은 상황도 보험담보하는 것을 명확히 하고 있다.

(나) 시험운전항해 : 부보선박이 시험운전항해시에 그 법정의 승무원 정원을 승선시키지 않은 채 항해하는 중 생긴 손해에 대하여, 위험의 변경 또는 선박의 불감항이라는 이유로 보험자가 보상책임을 면한다고 볼 수도 있다. 따라서 시험운전항해 중 생긴 손해도 보험담보하는 것을 명확히 하고 있다.

(다) 조난중인 선박의 재산구조 : 부보선박이 조난중인 다른 선박을 구조하거나 예인하는 작업에 종사하는 경우가 있다. 물론 부보선박이 인명구조를 위하여 이로하거나 항해를 지연하는 것과 같은 경우는 인도적으로 당연히 허용되기 때문에 문제는 없지만, 인명의 구조가 아니라 단지 재산의 구조만을 목적으로 이로 또는 항해의 지연이 발생하였다면 위험의 변경이 초래되어 보험자는 이후 보상책임을 면한다. 따라서 조난중인 선박의 재산구조중의 손해도 보상하는 것을 명확히 하고 있다.

(2) 예인하지 않을 것과 계약구조하지 않을 담보특약

표준선박보험약관[9]은 ① 예인되는 것이 관습이거나 구조의 필요상 최초의 안전한 항구(가장 가까운 항구가 아님) 또는 장소까지 예인되는 것을 제외하고는 예인하지 않을 것, ② 피보험자 등이 체결한 사전약정에 따른 예인작업이나 구조작업을 하지 않을 것을 담보특약하고 있다. 다만 단서는 적재 및 양하작업과 관련된 관습적인 예인은 허용된다는 것을 규정하고 있다. 이는 영미해상보험법상의 담보특약이다.[10] 이를 위반하는 경우 굿 럭(Good Luck)호 사건[11]의 판점에서 해석되는 영국해상보험법 제33조 제3항에 따라 보험자는 담보특약 위반일로부터 자동적으로 책임을 면한다.

최초의 안전한 항구란 지리적으로 가장 근접한 장소가 아닌, 전체적이고 그리고 실제적인 상황에서 수선과 기타 요구되는 시설에 비추어 선박을 접수하기

의 선장이 너무 일찍 도선사를 하선시켜 선박이 계류지에 이르기 전에 선박이 멸실한 사안으로 법원은 선장의 과실로 사고발생시 선박이 불감항이라는 이유로 보험자는 보상책임이 없다고 판시하였다: Arnould, Law of Marine Insurance and Average, 16th ed., London: Sweet & Maxwell, 1981 § 726 p. 565.

9) 1983년 협회선박기간보험약관 제1조 제1항 2문; 1983년 협회선박항해보험약관 제1조 제1항 2문; 1995년 협회선박기간보험약관 제1조 제1항 2문; 1995년 협회선박항해보험약관 제1조 제1항 2문; 2003년 국제선박보험약관 제10조 제2항.

10) Arnould, Law of Marinc Insurance and Average, 16th ed., 1997 Vol. 3, § 40, p. 42.

11) [1991] 2 Lloyd's Rep. 191, HL.; 대법원 1996.10.11. 선고, 94다60332 판결; 이 사건의 구체적인 사실관계는 이 책 제2부 제5장 제2절 담보특약 Ⅲ. 담보특약 위반의 효과 2. 담보특약위반의 효과 (2) 보험기간중 위반의 효과 (가) '굿 럭'호 사건의 내용 참조.

에 가장 적합한 장소이다.[12] 예인의 경우 보험담보의 기준은 관습적인 예인인가 여부이다.

이 예인, 구조작업에 관한 담보특약위반시 보험자에게 즉시 통지하고 보험자가 요구하는 담보조건의 변경과 추가보험료의 합의가 있으면 보험담보가 계속된다.[13]

(3) 지방관습에 따른 도선사, 예인선 등과의 예인계약체결

2003년 국제선박보험약관 제10조 제2항[14]은 보험계약자 등이 확립된 지방법 또는 관행에 따라 도선사, 예인선 등의 책임을 제한하거나 면제하는 도선사와의 또는 통상적인 예인에 대한 계약을 수락하거나 또는 강요된 경우 보험계약은 계속 유효한 것으로 한다. 즉, 표준선박보험약관은 그 지방의 법률과 관습에 의거하여 도선사, 예인선, 예인선의 소유자의 책임을 면제하거나 제한하는 내용의 도선계약과 예인계약이 체결되는 것을 인정하여 이러한 경우에도 보험담보가 유지되는 것을 규정하고 있다.

(4) 헬리콥터의 사용

1995년 협회선박기간보험약관 제1조 제3항[15]은 헬리콥터를 인원, 보급품과 장비의 운송이라는 제한된 목적을 위하여 사용하는 관행으로 보험계약은 침해받지 않는다고 규정하고 있다. 이는 현대의 해상작업에서 인원, 공급품 또는 장비의 수송에 헬리콥터가 사용되는 것을 반영한 것이다. '인원'에 선박으로의 또는 선박으로부터의 승무원을 제외한 검정인, 엔지니어 그리고 의사의 수송을 포함하는지 여부가 불명확하다.[16] 공급품에는 의료품, 음식물, 식량, 비품 등이 포함된다.

(5) 해상에서의 적재와 양하작업

표준선박기간보험약관[17]은 선박이 해상에서 다른 선박(항내 및 해안용·부선은

12) Hudson, N. G. and Allen, J. C., The Institute Clauses, 2nd ed., London: LLP, 1995, p. 82.

13) 1983년 협회선박기간보험약관 제3조; 1983년 협회선박항해보험약관 제3조; 1995년 협회선박기간보험약관 제3조; 1995년 협회선박항해보험약관 제3조; 2003년 국제선박보험약관 제12조.

14) 1995년 협회선박기간보험약관 제1조 제2항과 1995년 협회선박항해보험약관 제1조 제2항에서 신설되어 2003년 국제선박보험약관에서 유지되고 있다.

15) 1995년 협회선박기간보험약관에서 신설된 조항으로 2003년 국제선박보험약관에서는 이를 규정하고 있지 아니하다.

16) Susan Hodges, Law of Marine Insurance, London: Cavendish Publishing Ltd., 1996, p. 44.

제외)에 또는 다른 선박으로부터 화물을 적재하거나 양하하는 운송작업에 사용되는 경우에는 양 선박이 접근중 또는 접현중 또는 이현중인 경우를 포함하여 적재작업 및 양하작업으로 인하여 이 선박에 발생한 멸실 또는 훼손 또는 다른 선박에 대한 배상책임을 보상하지 않음을 규정하고 있다.

원래 해양에서의 적재작업 또는 양하작업은 두 선박이 나란히 정렬하여야 하고 풍파에 노출되는 작업이기 때문에(항해용 또는 연안용 선박, 거룻배를 제외함) 선박의 일방 또는 쌍방 모두 접촉훼손이나 충돌훼손을 입을 위험이 증대하므로 이로 인하여 생기는 손해에 대하여는 이것을 보험자의 보상책임에서 배제하는 것을 원칙으로 한다. 이 작업의 위험성과 이에 수반하는 위험의 증대 때문에 이 조항은 정렬조항(Ranging Clause)라 불린다. 이 적재작업 또는 양하작업은 일상적이거나 정규적인 작업을 뜻한다. 이것은 다른 선박으로부터 또는 다른 선박으로의 해상에서의 적재작업과 양하작업이 1회성 작업이거나 또는 비상상황에서 수행되는 경우(예컨대 좌초된 선박의 투기 또는 환적)에는 보호된다.[18]

(가) 부보선박의 멸실 또는 훼손 : 보험자는 적재작업 또는 양하작업으로 인하여 부보선박이 입은 멸실 또는 훼손은 보상하지 않는다. 첫째, 적재작업 또는 양하작업으로 인하여 부보선박이 입은 멸실 또는 훼손은 보상되지 않는 것은 명확하다. 둘째, 적재작업 또는 양하작업의 결과 피보험자가 부담하는 공동해손분담금과 구조비에 대한 규정이 없지만, 공동해손분담금과 구조비용은 일반적으로 부보선박의 멸실 또는 훼손으로 인한 보험금청구권의 일부로 고찰되기 때문에 역시 보상에서 제외된다.

(나) 다른 선박에 대한 손해배상책임 : 보험자는 부보선박이 해상에서의 적재작업 또는 양하작업으로 인하여 부담하는 다른 선박에 대한 책임에 대하여는 보상책임을 지지 않는다. 면책되는 다른 선박에 대한 '책임'에는 ① 다른 선박이 입은 훼손, ② 다른 선박상의 재산에 대한 멸실 또는 훼손, ③ 적재작업 또는 양하작업으로 인한 선박상의 인명상실을 포함한다. 다른 선박에 환적중인 적하의 멸실 또는 훼손에 대한 손해도 ②에서 말하는 다른 선박상의 재산에 포함되어 면책인가에 대하여는 이 조항의 문언상 면책의 범위에 포함되어 면책이라고 본다.[19]

또한 보험자가 면책되는 다른 선박에 대한 책임과 관련하여 공동해손분담금

17) 1983년 협회선박항해보험약관 제1조 제2항; 1995년 협회선박기간보험약관 제1조 제4항; 1995년 협회선박항해보험약관 제1조 제2항; 2003년 국제선박보험약관 제10조 제4항.
18) Susan Hodges, Law of Marine Insurance, p. 44.
19) Susan Hodges, Law of Marine Insurance, p. 45(각주 15) 참조.

과 구조비가 포함되어 역시 면책이다. 그러나 부보선박이 다른 선박과 충돌하여 다른 선박에 대하여 손해배상책임을 부담하는 경우 부보선박은 3/4충돌조항에 의거하여 제3자에 대한 배상책임의 3/4을 보험자로부터 보상받게 된다. 이와 같이 3/4충돌조항상은 적재작업이나 양하작업 중이더라도 다른 선박에 대한 손해배상책임을 담보하는데 반하여, 본 조항에 따르면 사전통지와 추가보험료지급이 없는 한 이와 같은 제3자에 대한 손해배상책임을 보상받지 못하게 된다. 이에 항해조항과 3/4충돌조항 모두 최우선조항(paramount clause)으로 규정되어 있지 아니한 경우 어느 조항이 우선적으로 적용되는가가 문제된다. 본 조항은 선적작업 또는 양하작업에 근인한 것으로 규정하지 않고 이들로 '인한(caused by)' 다른 선박에 대한 손해배상책임을 담보하지 않는다고 규정하여 적용범위 자체가 매우 넓으므로 선박충돌조항은 적용되지 않고 선박충돌손해는 면책범위에 포함된다고 해석된다. 만일 이 조항이 없었더라면 3/4충돌조항에 의거하여 그 손해가 보상되었을 것이다.[20]

다만 이 손해에 대하여는 미리 보험자에게 그 뜻을 통지하여 보험자가 담보조건의 변경과 할증보험료에 대하여 승낙한 경우에 한하여 보험담보가 인정된다(제1조 제2항 단서). 이는 환적이 현대 해상거래의 특징이라는 사실을 고려한 것이다.

(6) 해체예정선박

해체를 목적으로 한 선박의 사고에 대하여는 미리 보험자에게 그 뜻을 통지하고 또한 담보조건, 보험가액과 보험료에 대하여 보험자와의 합의가 없는 한 해체시장가액을 한도로 보험금을 지급한다.[21] 이는 선박해체항해조항(Scrapping Voyage Clause)이라고 불리는 것으로 협회선박항해보험약관에는 규정되어 있지 않고, 협회기간보험약관에만 규정되어 있다. 해체를 예정한 선박은 노후선으로 자연적인 마모도 현저하고 보험가액도 선박 자체가 가지는 통상의 보험가액이 아니라 해체가액에 가깝다.

이와 같은 해체를 예정한 선박이 만일 항해도중 훼손을 입었어도 완전한 수선을 행하지 않고, 목적지까지의 항해에 지장 없는 정도의 응급조치가 행해지면 그것으로 충분하다는 사정을 고려하여 담보조건과 보험가액에 대하여도 통상의 선박보험과 달리 취급하고 있다.[22] 다만 이 조항상 '공동해손과 구조'에 관한

20) Susan Hodges, Law of Marine Insurance, p. 45.
21) 1983년 협회선박기간보험약관 제1조 제3항; 1995년 협회선박기간보험약관 제1조 제5항.
22) 松島 惠, 船舶保險約款硏究, 東京: 成文堂, 1995, 183面.

손해에 대해서는, 피보험자가 부당이득을 취득할 우려가 없기 때문에 보험증권에 명기된 보험가액에 기하여 보상된다.

2003년 국제선박보험약관 제14조 제2항은 이 사유를 선박의 국적의 변경 등과 함께 자동종료사유로 규정하고 있다.

### 3. 계속담보조항

표준선박기간보험약관[23]은 다음 두 가지 경우 보험기간의 만료이전에 보험자에게 통지하는 경우에는 보험담보가 계속하는 것으로 규정되어 있다. ① 선박이 해상에서 조난중이거나 행방불명인 때(이 경우에는 선박이 안전하게 다음 항구에 도착할 때까지 보험담보가 계속됨), ② 선박이 항구에서 조난중인 때(이 경우에는 선박이 안전하게 될 때까지 보험담보가 계속됨)가 그것이다.

이와 같은 경우에는 새로운 선주·관리자가 보험에 붙이는 것은 용이하지 않기 때문이다.

그러나 계속담보조항(held-covered clause)에 의하여 보험이 계속하여 담보되어 보험기간이 연장된다고 하여 영국해상보험법 제25조에서 말하는 기간보험이 아니라는 것을 의미하는 것은 아니다.[24]

## Ⅲ. 종료조항, 선급조항 또는 관리조항

### 1. 자동종료

기간보험계약은 통상적인 경우에는 약정일시에 종료하는 것이 원칙이지만, 보험계약의 인수에 중대한 영향을 미치는 사정이 있으면 자동종료된다. 즉, 서면으로 다른 약정을 하지 않는 한, 일정한 사유가 발생하는 경우 선박기간보험계약은 자동적으로 종료한다. 이 조항은 종료조항(termination clause)[25]이라고 하

---

23) 1983년 협회선박기간보험약관 제2조; 1983년 협회선박항해보험약관 제2조; 1995년 협회선박기간보험약관 제2조; 1995년 협회선박항해보험약관 제2조; 2003년 국제선박보험약관 제11조.

24) Compania Maritima San Basilio SA v. Oceanus Mutual Underwriting(Bermuda) Ltd. 'Eurysthenes' 1976] 2 Lloyd's Rep. 171. CA.사건(구체적인 사실관계는 이 책 제2부 제6장 제1절 기간보험 Ⅰ. 기간보험의 정의 1. 확장조항을 삽입하는 기간보험 참조)에서 데닝(Denning)판사.

25) 1983년 협회선박기간보험약관 제4조; 1995년 협회선박기간보험약관 제5조.

였지만, 2003년 국제선박보험약관에서는 '선급과 ISM조항', 관리조항(management clause)으로 명칭이 변경되었다.[26] 이 조항의 중요성은 조항의 처음에서 굵은 활자로 "이 조항은 기재되었건 인쇄되었건 이 보험에 있어 저촉되는 다른 조항보다 우선한다"라고 하여 최우선조항(Paramount Clause)으로 규정하는 점에서 나타난다.

2003년 국제선박보험약관은 1995년 협회선박기간보험약관의 규정을 계승하고 이를 수정하고 있다. 즉, 선급조항과 ISM조항(제13조), 관리조항(제14조)을 두고 있다.[27]

표준선박기간보험약관에서 말하는 자동종료(automatic termination)의 의미에 따르면 확약적 담보특약(promissory warranty)의 위반과 달리 보험자에 의한 포기는 문제가 되지 않고 보험계약은 자동적으로 종료된다.

보험계약의 자동종료의 효과는 책임면제보다 더욱 강력하다. 책임면제의 경우엔 보험계약은 존속하는데 비하여, 자동종료는 보험자의 조치 없이도 보험계약을 종료시킨다. 그러나 굿 럭(Good Luck)호 사건[28]에서 고프(Goff)경의 해석에 따르면 담보특약 위반의 경우 보험자는 어떠한 조치와 관계없이 자동면책으로 해석되므로 실제에 있어서 양자의 효과는 같다.[29] 다만, Good Luck사건 이후에는 담보특약 위반사실은 보험자를 자동적으로 면책시키는 효과만 있고, 보험계약을 소급적으로 무효화하거나 계약을 종료할 수 없으므로 이미 발생한 보험료 지급채무 등은 존속하는데 비하여, 자동종료의 경우에는 그 위반의 결과 보험계약은 자동적으로 종료하게 된다.[30]

표준선박기간보험약관상 종료조항은 3부분 즉, ① 선급, ② SOLAS에서 요구하는 서류소지의무, ③ 소유권 또는 국적의 변경 등의 문제 등으로 나뉘어 있다. 이 중 선급에 관한 사유는 2003년 국제선박보험약관 제13조 제1항과 제2항, 그

26) 2003년 국제선박보험약관은 1983년, 1995년 협회선박기간보험약관의 규정을 계승하고 이를 수정하고 있다. 즉, 선급과 ISM조항(13조), 관리조항(14조)을 두고 있다

27) 선급과 ISM조항은 1995년 협회선박기간보험약관의 제4조(선급조항), 관리조항은 제5조(종료조항)를 수정한 것이고, 1995년 협회선박기간보험약관은 종료조항(제5조)만을 최우선조항으로 하고 있지만, 2003년 국제선박보험약관은 두 조항 모두를 최우선조항으로 하고 있다.

28) [1991] 2 Lloyd's Rep. 191, HL.(대법원 1996.10.11. 선고, 96다60332 판결: 이 사건의 구체적인 사실관계는 이 책 제2부 제5장 제2절 담보특약 Ⅲ. 담보특약 위반의 효과 2. 담보특약위반의 효과 (2) 보험기간중 위반의 효과 (가) '굿 럭'호 사건의 내용 참조.

29) Susan Hodges, Law of Marine Insurance, p. 48.

30) 보험계약의 자동종료와 담보특약위반의 효과와의 차이에 대하여는 이 책 제2부 제5장 제2절 담보특약 Ⅲ. 담보특약위반의 효과 2. 담보특약위반의 효과 (2) 보험기간중 위반의 효과 (마) 보험계약의 자동종료와의 차이 참조.

리고 제14조 제4항 2호를 동시에 고찰한다.

## 2. 선 급

(1) 선급협회에의 보고의무

2003년 국제선박보험약관 제14조 제4항 2호에 따르면 "보험기간 개시시부터 담보기간 그리고 확장기간 동안 피보험자, 선주 그리고 관리자는 선박의 사고와 결함에 관한 선급협회에 대한 보고와 관련된 선급협회의 모든 요건을 준수하여야 한다. 이 의무를 위반하는 경우에는 보험자는 그 위반으로 인한 멸실, 훼손, 책임 또는 비용에 대하여 보상책임을 지지 아니한다"고 규정하고 있다.

(2) 선급유지의무 등

2003년 국제선박보험약관 제13조 제1항은 ① 선박의 선급협회유지의무, ② 선급협회가 감항능력과 관련하여 부과하는 권고, 요건, 그리고 제한의 준수의무를 규정하고, 이 위반의 경우 보험계약은 자동종료하는 것으로 규정하고 있다. 이 조항은 1995년 협회선박보험약관 제4조에서 신설된 것이지만, 1995년 약관이 담보특약으로 규정한 것을 2003년 약관은 자동종료사항으로 변경하고 있다.

(가) 선급의 유지의무 : 선급이란 선박의 등급이란 뜻으로 처음에는 보험목적상 선박의 종류, 항행구역, 적재화물의 조건 등에 따라 선박의 성능이나 상태에 대해 등급을 정하는 것으로 출발하였다. 그러나 현재는 선박의 최초 설계로부터 건조완료시까지 선체구조설비에 대한 도면승인과 건조의 모든 과정 중에 세조검사와 완성검사를 통하여 선박을 등록하고, 또한 운항중인 선박에 대한 정기적 검사로서 해상에서의 선박의 안전을 확보하는 업무를 말한다. 선급은 선박의 감항능력의 존재여부를 가리는 중요한 기준이기 때문에 선박보험의 인수시에 보험자는 부보선박이 속한 선급협회의 선급을 절대적으로 신뢰한다. 선급의 유지에 대하여는 각 선급협회가 각기 다른 기준을 설정하고 있기 때문에, 선박의 안전과 감항성은 선박이 분류되는 선급협회의 지위와 명성에 의존하고 있다. 2003 국제선박보험약관은 선박이 보험자가 동의하는 선급협회에 입급하고, 이 선급을 유지할 의무를 규정하고 있다(동약관 제13조 제1항 1호). 이 규정의 목적은 보험계약자 등이 보험기간의 개시시 그리고 전체 보험기간을 통하여 보험자가 승인한 선급협회에 따른 선급을 받도록 하는 것이다. 따라서 선급협회를 추후 변경하기 위하여는 보험자의 동의가 요구된다.

(나) 선급협회의 선박의 감항능력유지관련 권고사항 준수의무

(a) 약관의 규정 : 선급협회가 행하는 검사는 선박의 물리적 상태에 국한되고, 선장과 선원의 자격과 능력과 같은 인적 요소는 포함되지 않지만, 선박의 감항능력 여하는 선급에 의하여 확인이 가능하다. 이에 2003년 국제선박보험약관 제13조 제1항 3호는 "선박의 감항능력 또는 선박의 감항상태의 유지에 관하여 선급협회가 부과한 어떠한 권고사항, 요구사항 또는 제한 사항은 선급협회가 지정한 날까지 충족되어야 한다"고 규정하고 있다.

(b) 기간보험의 감항능력의 담보특약 도입여부 : 2003년 국제선박보험약관 제13조 제1항 3호의 성격과 관련하여 2003년 국제선박보험약관상의 선급조항은 자동종료조항이지만, 이 조항의 바탕이 된 1995년 협회선박기간보험약관 제4조가 선급에 관한 사항을 담보특약으로 규정하였기 때문에 이 조항이 선박기간보험계약상의 감항능력의 담보특약을 도입한 것으로 볼 것인가에 대하여는 이는 부정되고 있다.[31] 즉, 이 조항은 담보특약에 관한 사항이지만 선박기간보험계약에서 선박의 감항능력 담보특약에 관한 규정이라고 해석되지 않는다는 것이다.

2003년 국제선박보험약관 제13조 제1항 3호의 적용범위는 선박의 감항능력 또는 선박의 감항상태의 유지에 관하여 선급협회가 부과한 어떠한 권고사항, 요구사항 또는 제한사항에 국한되고, 그 권고 등을 준수하지 아니하는 것은 그 위반에 해당한다. 이를 준수하지 아니하여 선박이 실제로 감항능력이 없게 되었는가 여부는 여기에서는 문제삼지 않는다.

(다) 위반의 경우 책임의 자동종료와 항해중인 선박의 담보연장 : 선급유지의무와 감능능력유지관련 권고사항 등의 위반의 경우 보험자는 그 위반시로부터 책임이 자동종료한다. 다만 선박의 의무위반시 선박이 공해상에 있는 경우에는 보험자의 책임의 종료시점은 선박이 다음 항구에 도착할 때까지 연기된다.[32] 항해 중인 선박의 담보연장규정은 선박의 소유권의 변경의 경우 항해 중 보험계약의 자동종료를 연기하는 것으로 규정하고 있는 2003년 국제선박보험약관 제14조 제1항 4호와 같은 취지의 규정으로 이 기간동안 보험에 붙이는 것은 용이하지 않기 때문에 보험담보를 연장하고 있는 것이다.

(라) 피보험자의 선급협회에의 사고 등의 통지의무와 보험자에 대한 권한 위임 : 1995년 협회선박기간보험약관 제4조 제3항은 선박의 선급협회가 피보험자 등이 취할 수리 또는 다른 행위에 관한 권고사항을 부과할 수 있는 사고,

31) Susan Hodges, Cases and Materials on Marine Insurance Law, p. 134.
32) 2003년 국제선박보험약관 제13조 제2항 1호; 1995년 협회선박기간보험약관 제4조 제2항.

조건, 훼손에 대한 신속한 통지의무를 지우고, 동 약관 제4조 제4항은 보험자가 자료 또는 정보를 위해 직접 선급협회에 접촉하기를 원하는 경우 피보험자는 필요한 권한을 위임하도록 규정하고 있다.

2003년 국제선박보험약관은 이 규정을 삭제하고, 위에서 설명한 것과 같이[33] 동약관 제14조 제4항 2호는 선박의 사고와 결함에 관한 선급협회에 대한 보고와 관련된 선급협회의 모든 요건을 준수할 의무에 관하여 규정하고 있다.

(3) 선급의 변경, 일시정지, 중지, 취소

(가) 선급의 변경 등 : 보험계약자 등은 선급협회가 설정한 부보선박의 선급을 유지하여야 하고, 그 변경 등은 보험계약에 중대한 영향을 미친다. 따라서 선급의 변경, 일시정지, 중단, 취소에는 보험계약은 원칙적으로 자동종료한다.[34]

2003년 국제선박보험약관 제13조 제2항 2호[35]는 선급의 변경 등의 원인에 따라 효과를 달리 하고 있다. 즉, 선급의 변경 등이 ① 2003년 국제선박보험약관 제2조 또는 제5조 또는 제41조 제1항 3호나, 협회선박전쟁 및 파업약관에 따라 선박보험에 의하여 부보되는 위험으로 인한 멸실 또는 훼손의 경우와 ② 그러하지 아니한 위험으로 인한 멸실 또는 훼손으로 나뉜다. 전자의 경우에 보험계약자는 선박이 다음 항구에서 출항하기 전에 선급협회의 사전 승인을 받아 자동종료를 방지할 수 있다. 그러나 후자의 경우에는 유예를 인정하지 않고, 선급협회의 사전승인이 있든 없든 선박이 다음 기항항에 도착하는 때 보험계약은 자동종료한다. 그 이유는 이와 같은 부보위험으로 인하지 아니한 선급의 변경 등은 자발적이어서 유예를 허용할 필요가 없기 때문이다.[36] 어느 경우에나 선급협회의 사전 승인 없이 다음 항구를 출항하면 보험담보는 자동적으로 종료된다.

선급의 변경 등은 또한 2003년 국제선박보험약관 제13조 제1항 1호에 의해 규율된다. 동약관 제13조 제1항 1호는 동약관 제13조 제2항 2호와 달리 손해가 담보위험으로 인한 것인가 여부에 따라 그 효과를 달리하지 않는 점에서 제13조 제2항 2호보다 엄격한 책임을 부과한다. 여하한 이유로든 합의한 선급협회에

33) 이 책 제2부 제6장 제1절 기간보험 Ⅲ. 종료조항, 선급조항 또는 관리조항 2. 선급 (1) 선급협회에의 보고의무 참조.

34) 1983년 협회선박기간보험약관 제4조 제1항; 1983년 협회선박항해보험약관 제5조 제1항; 2003년 국제선박보험약관 제13조 제2항 2호.

35) 1995년 협회선박기간보험약관 제5조 제1항.

36) Susan Hodges, Law of Marine Insurance, p. 49.

따른 선급을 유지하지 아니하면 제13조 제1항 1호의 위반이다. 합의된 협회의 선급을 유지하지 못하면 위에서 보험자는 자동적으로 책임을 면한다.[37]

이 경우 2003년 국제선박보험약관 제13조 제1항 1호와 동약관 제13조 제2항 2호중 어느 것이 그러한 위반의 효과를 규제하는가가 문제된다. 두 조항 모두 최우선조항이므로 선택적으로 적용된다고 해석되는바, 동약관 제13조 제2항 2호를 적용하는 경우에는 선급의 변경 등이 2003년 국제선박보험약관 제2조 또는 제5조나 제41조 제1항 3호 또는 협회선박전쟁 및 파업약관에 따라 선박보험에 의하여 부보되는 위험으로 인한 멸실 또는 훼손인가 여부를 조사하는 것이 요구된다.

또한 '선급의 취소 또는 선급을 유지하지 않은 것'(withdrawal of class or a failure to maintain class)의 의미가 무엇인가가 문제된다. 이 쟁점은 Prudent Tankers Ltd. SA v. Dominion Insurance Co., Ltd., 'Caribbean'사건[38]에서 고찰되었다. 유류운반선인 Caribbean호에 대하여 미국 협회선박보험약관을 내용으로 하고 Bureau Veritas를 선급기관으로 하는 보험계약이 체결되었는데, 선박이 파나마운하에서 타코마(Tacoma)까지의 항해중 좌초하였다. 손해와 관련하여 선급의 문제가 제기되었는데, 보험자는 이전의 작은 좌사로 인하여 선박의 선급이 무효가 되었다고 하여 보험금지급을 거부하였다. 법원은 선박의 선급은 선박이 적절히 관리되지 않거나 선급협회의 규정상 요구되는 조사를 받지 않는 경우에 선급협회에 의하여 취소될 수 있을 뿐이라고 하고, 선급증명서의 효력상실(loss of validity of the classification certificate)과 선급의 취소(withdrawal of class)를 구별하여, 좌사로 인하여 선급의 변경, 취소 등이 행해진 것은 아니라고 하여 보험자의 주장을 받아들이지 않았다.

우리 판례(대법원 1998.5.15. 선고, 96다27773 판결)[39]는 1983년 협회기간약관을 내용으로 하고 "한국선급회의 선급을 유지하는 것을 담보로 한다"라는 명시적 담보특약을 하여 이것이 보험증권에 기재된 사안에서, 피보험자가 한국선급회의 승인을 받지 아니하고 임의로 격벽을 철거한 경우 법원은 명시적 담보특약위반(영국 해상보험법 제33조)에 해당하여 보험자가 면책된다고 판시하였다.

---

37) 대법원 1998.5.15. 선고, 96다27773 판결.

38) [1980] 1 Lloyd's Rep. 338: 이 사건의 구체적인 사실관계는 이 책 제3부 제2장 제3절 손해보상의 의무 Ⅲ. 인치마리조항 5. 선체 또는 기관과의 숨은 하자 (4) 숨은 하자의 형태 (가) 설계상의 하자 참조.

39) 양승규, 영국해상보험법상 담보위반과 보험자의 책임-대법원 1998.5.15. 선고, 96다27773 판결, 보험판례연구, 삼지원, 2000, 267~270면.

(나) 선급협회의 동의 없는 정기검사기간의 도과 : 선급협회가 요구하는 정기검사가 준수되지 아니하면 보험계약은 자동종료된다. 이는 1995년 협회선박보험약관에서 새로 추가된 것이다. 정기검사기간의 도과시 보험담보의 자동종료에에 대한 유일한 예외는 선급의 변경, 일시정지, 중지, 취소 또는 만료의 경우와 같이 정기검사기간의 도과가 1995년 협회선박기간보험약관 6조에 의해 담보되거나 현행 협회선박전쟁 및 파업약관에 의하여 담보될 수 있는 멸실 또는 훼손으로 인한 경우이다. 그러나 선급협회의 정기검사기간의 연장의 동의 없이 선박이 다음 항구에서 출항한 경우에는 보험계약은 자동종료된다. 2003년 국제선박보험약관은 이 사유를 삭제하고 있다.

## 3. SOLAS 9장에서 요구하는 유효한 서류 소지의무

소유자 또는 선박의 운행책임자는 1974년 그리고 개정된 SOLAS 9장에서 요구하는 유효한 서류를 소지할 것과 소유자가 SOLAS 9장에서 요구하는 유효한 안전운항증명서를 소지할 것을 규정하고 있다(2003년 국제선박보험약관 제13조 제1항 4호, 5호).

## 4. 선주 또는 국적의 변경 등

(1) 서 언

표준선박보험약관[40]상 ①소유권의 변경, ② 국적의 변경, ③ 새로운 관리자로의 이전, ④ 나용선, ⑤ 선박의 소유권취득을 위한 수용 또는 사용을 위한 수용, ⑥ 선박에체항해의 경우 보험계약은 자동 종료한다.[41] ①과 ②의 경우에는 자발적이든 그러하지 아니든 묻지 아니하다.

이와 같이 선박의 양도 등을 보험계약의 자동종료사유로 규정하는 것은 선박보험계약을 체결함에 있어서 선박의 양도 등의 사유는 보험의 인수 여부의 결정 및 보험료율의 산정에 있어서 매우 중요한 요소이고, 따라서 이들 사유는 보험계약에 있어서 중대한 위험의 변경에 해당하기 때문이라고 할 수 있다(대법원

40) 1983년 협회선박기간보험약관 제4조 제2항; 1995년 협회선박기간보험약관 제5조 제2항; 2003년 국제선박보험약관 제14조 제1항.

41) 이 사유는 2003년 국제선박보험약관에서 자동종료사유로 추가되었다(제14조 제2항). 1983년 협회선박기간보험약관 제1조 제3항과 1995년 협회선박기간보험약관 제1조 제5항은 멸실 또는 훼손시점의 해체선으로서의 선박의 시장가격을 담보하지만, 2003년 국제선박보험약관 제14조 제2항에 따라 보험계약은 자동종료한다.

2004.11.11. 선고, 2003다30807 판결).

한편 우리 상법 제703조의 2는 선박보험의 종료사유로서 선박양도 등의 효과라는 표제아래 ① 선박을 양도할 때, ② 선박의 선급을 변경한 때, ③ 선박을 새로운 관리로 옮긴 때를 들고 있다. 이 조항은 선박의 소유권의 변경을 비롯하여 다섯 가지 종료사유를 규정하고 있는 1983년 협회선박보험약관 4조 2항을 받아들인 것으로 판단되는데, 우리 법은 1970년의 협회선박기간보험약관의 선박의 매매조항과 같이 세 가지 사유만을 규정하여 적절한 규율을 하지 못하고 있는 점에서 그 신속한 개정이 요망된다.

(2) 구체적인 자동종료사유

(가) 선주 또는 관리자의 변경

(a) 선박보험에 있어서 선주 : 일반적으로 영국해상보험법 제18조 제3항 b호에 따르면 보험자의 질문이 없는 한 일반적으로 알려져 있거나 상식에 속하는 사항 및 보험자가 업무의 수행과정 중 당연히 알고 있어야 할 사실에 대해서는 보험계약자와 보험중개사는 이를 알릴 의무가 없다.[42] 선박의 선체와 기관에 대한 보험인수를 위한 청약서상의 위험을 산정함에 있어서 보험자는 선주의 경험에 대하여 특별한 주의를 기울인다. 청약에 대한 승낙과 보험료의 산정은 선주의 과거보험금청구기록에 영향을 받게 된다.

선주의 과거 보험금청구경험은 보험자가 선박보험계약에서 위험을 산정함에 있어서 항상 고려하는 중요한 보험인수요소이다. 불리한 과거의 보험금청구경험은 보험자의 위험의 인수, 승낙의 조건, 부과하는 보험료율의 결정에 영향을 미치는 경우에 중요한 사실이다. 따라서 과거의 보험금청구는 보험자가 이에 관하여 정보를 요구하는가 여부와 관계없이 보험계약을 체결하는 협상과정에서 보험자에게 고지되어야 한다. 이를 알리지 아니하는 경우에는 고지의무위반으로 보험자는 보험계약을 취소할 수 있다(영국해상보험법 제18조 제1항). 다만 피보험자와 보험중개사가 영국해상보험법 제18조 제3항 b호에 기하여 고지를 하지

42) 이전에 선적한 원유가 유출되어 거액의 보험금청구가 있었기 때문에 그 이후의 적하에 대하여 보험자가 인수를 거부한 사실은 보험자의 질문이 없는 한 알릴 의무가 있지 않다고 판시한 Dodwell & Co., Ltd. v. British Dominion General Insurance Co., Ltd. [1918] 사건 판결에 따라 오랜 동안 해상보험실무계에서는 보험자가 질문하지 않으면 보험계약자의 과거 보험금청구사실을 알리지 않아도 된다고 이해되어 왔는데, 이는 오류라고 한다(이 책 제2부 제3장 제3절 최대선의의무와 고지의무 Ⅱ. 고지의무 2. 영국에서의 고지의무 (7) 중요한 사실 (마) 중요한 사실에 관한 특수문제 (d) 과거의 보험성적 참조): Robert H. Brown, Marine Insurance Vol. 3-hull practice, 4th ed., London: Witherby & Co., Ltd., 1993, p. 505.

않아도 되는 것으로 법원에 의하여 인정되는 경우에는 예외이다.

(b) "자의에 의하든 아니든 간에"의 의미 : 이 문언이 없으면 자기의 의사에 의하지 아니하는 새로운 관리자에의 이전이 포함되지 않아 보험이 계속되는 것이 된다. Pyman v. Marten사건[43]에서는 포획심판소에 의한 선박의 몰수는 새로운 관리의 이전은 아니라고 하여 보험료의 반환이 인정되지 아니하였다.[44] 따라서 이 문언은 피보험자가 부보된 선박의 처분에 관하여 선택권이 없는 경우를 고려한 것이다. 예컨대 부보된 선박에 대하여 대출에 대한 담보조로 저당권이 설정되었는데 피보험자가 채무를 이행하지 아니하여 저당권자가 선박을 압류한 경우 이 조항에서 규정하는 소유권의 변경이 자발적이 아닌 경우에 해당한다.[45]

(c) 선박소유권의 변경과 선박보험의 종료

(ㄱ) 서 언 : 보험자가 일정한 기간 동안 선박을 담보할 것을 승낙하는 경우에, 이 승낙은 전체 보험기간 동안 부보된 선박이 동일한 선주에게 소유되는 것을 조건으로 하는 것이다.[46] 따라서 자의에 의하든 아니든 간에 선박의 소유자가 변경되면 보험계약의 기초를 상실하는 것이고 보험계약관계에 중대한 영향을 미치게 된다. 이와 같은 효과를 발생시키기 위하여 선박보험자들은 19세기에 선박의 매매조항을 모든 선박기간보험에 삽입하였다. 이 조항은 선박이나 운임을 담보하는 모든 협회기간보험약관에 규정되었고, 부보된 선박에 대한 권원이 제3자에게 양도되는 즉시 보험자가 소유권의 변경에 대하여 통지받아 승낙하지 아니하는 한 보험계약이 종료된다. 선박의 매매조항은 1983년과 1995년 협회선박기간보험약관에 종료조항, 2003년 국제선박보험약관에서는 관리조항으로 규정되게 되었디.

최근 우리판례(대법원 2004. 11.11. 선고, 2003다30807 판결)는 "상법 제703조의 2는 제1호에서 '선박을 양도할 때'를 자동종료사유의 하나로 규정하고 있는바, 이처럼 선박의 양도를 보험계약의 자동종료사유의 하나로 규정하는 것은 선박보험계약을 체결함에 있어서 선박소유자가 누구인가 하는 점은 인수 여부의 결정 및 보험료율의 산정에 있어서 매우 중요한 요소이고, 따라서 소유자의 변경은 보험계약에 있어서 중대한 위험의 변경에 해당하기 때문이다"고 판시하였다.

---

43) [1907] 13 Com. Cas. 64.
44) Templeman, Marine insurance-its principles and practice, 6th ed., London: Pitman, 1986. p. 67.
45) Robert H. Brown, op. cit., p. 511.
46) R. H. Brown, op. cit., p. 505.

(ㄴ) 영국의 학설과 판례 : 아놀드(Arnould)[47]는 "선박의 소유권의 변경은 좁게 해석되어서는 아니 된다. 선박소유권의 변경과 선박보험의 종료조항의 상업적 목적에 비추어 이 변경은 소유회사의 주식의 이전까지 확대해석될 수 없다. 소유권의 변경은 선박소유회사의 지배권의 변경이 있는 경우에 한정되어야 한다고 생각한다."라고 한다.

Seavision Investment SA v. Evennett(The Tiburon)사건[48]에서 선박이 독일인의 소유인지 여부가 문제된 사건에서 보험증권의 명세서부분과 같은 보험계약상의 담보특약(warranty)상의 소유권이라는 단어는 회사인 소유자나 개인소유자를 의미하는 것이고, 회사의 주주의 국적 또는 주소와는 상관이 없다고 하였다.

또한 Ope Shipping Ltd. v. Allstate Ins. Co.사건[49]에서 전쟁보험상의 면책조항과 관련하여 선박의 국적이나 등록국가는 선박소유회사의 설립준거법이고, 사기가 아닌 한 법원은 실제 소유국가를 확인하기 위하여 법인격을 투시하는 것이 허용되지 아니한다고 판시하였다.

(ㄷ) 우리 판례의 입장

(ⅰ) 서울지방법원 1999.4.14. 선고, 96가합76343 판결[50] : 1983년 협회기간약관이 첨부되어 성립한 선박보험계약으로 선주가 금융을 위하여 선박의 명의와 국적을 변경한 경우 자의에 의하든 아니든 간에 선박의 소유권이나 선적에 있어서 어떠한 변경이 있는 경우에는 보험자가 서면에 의하여 별도로 동의하지 않는 한 보험계약은 자동으로 종료된다고 규정한 제4조 제2항의 적용여하가 문제된 사건에서 법원은 보험기간 중 선박의 소유권과 선적이 수 차례나 변경되고 그 사실이 보험자에게 전혀 통지조차 되지도 아니한 경우 보험계약은 자동종료되어 보험자는 책임을 지지 아니한다고 판시하였다.

(ⅱ) 서울고등법원 1999.8.20. 선고, 98나57107 판결(항소기각, 상고없이 확정)[51] : 원래 대한민국 선적의 선박을 소유하였던 선박소유자가 선박보험계약의 체결 이후에 인도네시아 해역에서의 조업허가를 취득하기 위하여 형식적으로 인도네시아 법인과 사이에 피보험 선박을 매매하는 계약을 체결하고 그 선적도 인도네시아로 바꾸었는데, 이후 보험사고가 발생하여 보험사에 보험금

47) Arnould, Law of marine insurance and average Vol. Ⅲ, 1997, p. 44.
48) [1990] 2 Lloyd's Rep. 418(Ibid).
49) [1983] A.M.C. 22 U.S.C.A., Lloyd's Rep. 418(Ibid).
50) 법원도서관, 하급심판결집1999(Ⅰ), 298~306면; 한창희, 선박보험상의 선적변경의 효과, 보험법률 제36호(2000.12.15.), 25면.
51) 김동진, 선박보험계약의 종료사유로서 '선박의 양도'의 의미-대법원 2004.11.11. 선고, 2003다30807 판결, 2004년 해상보험연구회 발표논문, 각주 15에서 재인용.

의 지급을 청구하자, 보험사는 선박보험계약의 체결 이후에 선박소유권과 선적에 변경이 있어 1983년 협회선박기간보험약관 제4조 제2항에 따라 보험계약이 이미 종료되었으므로 보험금지급의무를 면한다고 주장하였고, 선박소유자는 위 매매계약이 실질적 소유권의 이전을 수반하지 않는 무효의 계약이라고 주장하였다.

이에 대하여 서울고등법원은 "1983년 협회선박기간보험약관 제4조 제2항은 '선박의 소유권에 있어서 자의에 의하든 아니든 간에 어떠한 변경'이 있는 경우를 이 사건 보험계약의 자동종료사유로 규정하고 있어 … 이 사건 보험계약을 체결할 때와 비교하여 소유권에 있어서 다른 상태가 발생하면 그 요건을 충족하는 것이지, 실질적인 소유권의 변경이 있는 경우에 한하여 위 규정에 따른 소유권의 변경이 있다고 할 것은 아닌 것이어서, … (이 사건 선박의 소유권 이전이) 조업의 편의를 위한 것일 뿐이고, 실질적으로는 (선박소유자가) 계속 이 사건 선박을 관리・운영하며 소유하고 있었다고 하더라도 이는 위 조항 소정의 보험계약의 자동종료 사유인 소유권에 있어서 어떠한 변경이 있는 경우에 해당한다 할 것이다"라고 설시하고, 결과적으로 보험자는 보험계약의 종료로 인하여 보험금지급의무를 면한다고 판결하였다.

(iii) 대법원 2004.11.11. 선고, 2003다30807 판결 : 이 사건에서 선박의 소유명의는 캄보디아회사로 되어 있고, 보험계약자는 한국기업인 모닝 유통이며, 보험기간 중 같은 날 필리핀 회사와 이 사건 선박에 대하여 세 개의 계약서, 즉 나용선계약서, 합작어업계약서 그리고 선박매매계약서가 체결되었다. 약 13일 후 선박에 대하여 필리핀항구에서 화재사고로 손해를 입어 보험자에 의하여 보험금지급채무부존재확인의 소가 제기되었다.

원심법원은 당사자 사이에 선박매매계약이 체결된 것으로 보아 1983년 협회선박기간보험약관 제4조 제2항에서 규정하는 보험의 종료사유로서 선박의 소유권의 변경은 보험계약을 체결한 때와 비교하여 소유권에 다른 상태가 있는 경우를 말하는 것으로 실질적으로 유효한 소유권의 변경이 있는 경우에 한하는 것은 아니라고 한다. 이에 대하여 대법원은 앞의 두 개의 계약서에 의한 당사자의 진정한 의도는 피보험자와의 선박대리점계약을 체결하는 것이고, 선박매매계약은 필리핀에서 조업허가를 얻기 위하여 편의상 허위로 작성된 것일 가능성이 높다고 하며, 특별한 사정이 없는 한 조업허가를 얻기 위한 목적으로 허위의 매매계약서를 작성하였다는 점만으로는 보험계약의 종료사유로서 선박의 양도에 해당하는 보험계약상 중대한 위험의 변경이 발생한다고 보기는 어렵다고 하여 피보험자승소판결을 내렸다.

그러나 보험계약의 자동종료사유로서 선박의 양도는 좁게 해석되어서는 아니되는 점에 비추어 선박의 양도가 있으면 보험계약은 자동종료되는 것이지 대법원의 판시와 같이 "특별한 사정이 없는 한 조업허가를 얻기 위한 목적으로 허위의 매매계약서를 작성하였다는 점만으로는 보험계약상 중대한 위험의 변경이 발생한다고 보기는 어렵다는 점에 비추어 그와 같은 경우를 상법 제703조의 2 제1호의 선박을 양도할 때에 해당하지 않는다"고 보는 것은 옳지 않다.[52)]

(d) 부보선박의 관리자의 변경과 보험의 종료 : 보험의 인수에 있어서 선주의 과거 보험금청구기록보다 중요한 것이 바로 선박의 관리자의 보험금청구기록이다. 일반인들은 모든 선박이 선주에 의하여 관리되고 있다고 생각하지만 실무상 진실은 그러하지 아니하다. 많은 선박은 선박관리를 전문으로 하는 회사에 의하여 운행되고 있다. 선박은 관리자의 수중에 있는 것이 그러하지 아니한 경우보다 더욱 안전한 경우가 흔하기 때문에 보험자는 이와 같은 관리자에 의한 운행을 선호하기도 한다.

선주가 스스로 자기 선박을 운항하는 경우에는 선주는 보험조건상 소유자인 동시에 관리자이다. 선주가 자기를 위하여 관리하도록 선박을 관리자에게 위탁하는 경우에 소유권은 변경되지 않지만, 관리가 변경되는 것이다. 이에 표준선박보험약관은 예외없이 선박의 관리의 변경의 경우 보험자로부터 사전 승인을 얻지 아니하면 보험담보는 자동적으로 종료하는 것으로 한다.

(나) 선박의 국적의 변경

(a) 선박의 국적의 의의 : 각 국가마다 선박의 등록에 관한 법은 다르다. 어느 국가는 다른 국가보다 덜 엄격한 기준을 요구하기도 한다. 선박은 등록된 선적이 아닌 선적으로 항해할 권리가 없다. 따라서 선주가 선박의 국적을 변경하고자 하는 경우 선박은 다시 등록하여야 한다. 선박이 특정한 국가의 선적으로 항해한다는 것은 선박이 그 국가의 관할과 법에 따라야 하고, 선박의 보호가 필요한 상황이 발생한다면 선적국가의 보호를 받을 권리가 있다는 것을 의미한다. 영국선적의 선박에 요구되는 높은 기준은 선박보험자에게 잘 알려져 있기 때문에 많은 국가는 영국선박에 적용되는 것과 같은 높은 기준을 유지하고 있고, 이러한 선박은 영국선박과 같은 정도로 보험자에 의하여 선호된다. 그러나 자국선적의 선박에 높은 기준을 요구하지 아니하는 국가도 많고, 이 국적의 선박은 보험자가 꺼리게 된다.

52) 같은 취지의 견해로는 김동진, 위의 논문, 5. 대상판결의 검토 참조.

해운업계에서는 선박의 소유자와 관리자는 피보험자의 사업이 등록되어 있는 국가가 아닌 다른 국가에 등록하는 것이 허용되기 때문에 선박이 피보험자의 국적아래 당연히 운항하고 있다고 보아서는 안된다.[53)]

보험자에게 선박의 국적은 무엇보다도 부보선박을 취급하는 선원의 질에 대한 지침을 제공한다. 이는 보험을 인수하는데 매우 중요한 요소이므로, 선박의 국적에 관한 정보는 위험에 중요한 사실이고 보험계약을 체결하는 과정에서 청약자와 보험중개사에 의하여 보험자에게 고지되어야 한다.

청약자가 청약시에 선박이 항해하는 국적을 고지하였더라도, 청약시에 보험기간 개시 이전에 다른 국적으로 재등록할 의사를 가진 경우에는 그 의사도 고지되어야 한다. 보험의 개시 이전에 선적을 변경할 의사를 고지하지 아니한 경우에는 보험자가 위험을 인수할 때 그 의사를 알고 있지 아니하는 한 고지의무를 위반한 것으로 되어 보험자는 보험계약을 취소할 수 있다.

(b) 선적을 변경하는 이유 : 선주나 선박관리자가 부보선박의 선적을 변경하는 여러 이유가 존재한다.[54)]

첫째, 피보험자가 다른 국적의 선박을 취득하였는데, 국내법이 자국의 등록을 요구하는 경우이다.

둘째, 선박의 나이가 증가함에 따라, 엄격한 당해국가의 기준을 충족하기 어렵게 된다. 따라서 노후한 선박을 취득한 선주는 낮은 기준을 요구하는 국가로 선적을 변경하여야 하는 경우도 있다. 또한 선박 자체는 요구되는 기준을 충족하고 있더라도 낮은 기준을 가진 국가에서만 충족되는 선원을 고용하고 있는 경우 선적의 변경을 원하는 경우도 있다. 이러한 이유로 인한 선적의 변경은 명백히 위험의 증가를 초래하기 때문에 보험자의 호의를 획득할 수 없게 된다.

셋째, 조세상의 이익을 추구하는 선주 또는 관리자는 사업상 이유로 선택한

53) 국제외항해운에 종사하는 선박소유자나 기업은 자신이 소속된 국가 또는 실제로 선박의 운항에 관하여 기업의 중추가 되는 회사가 소속하는 국가와는 별도의 국가인 파나마, 리베리아 등에 해운기업상 편의를 위하여 형식적으로 개인명의 또는 회사를 설립하여 그 명의로 선박의 적을 두고(이른바 편의치적.) 그 나라의 국기를 게양하여 항해하며 실제 소유자는 이와는 별도의 명의로 위 이름뿐인 회사 등과 관리계약을 체결하여 마치 선박관리만을 담당하는 기업인 것처럼 행세함으로써 선박소유자가 자국과 선적국과의 사이에 발생하는 재무·노무·금융 등 각 부문의 수준차를 이용하고 기타 사회제조건의 차이 및 행정상의 법령·규칙·단속감독의 정도차를 이용하여 자유롭게 해운기업을 경영하는 방편으로 이용하는 경우가 많으며 피고 회사들 뿐 아니라 다른 수리조선소나 기타 선박관련 사업자들도 편의치적선의 경우 형식상의 소유자를 따지지 않고 실제의 소유사인 관리회사와 모든 계약을 체결하고 대금을 받는 것이 통례로 되어 있다(대법원 1988.11.22. 선고, 87다카1671 판결).

54) R.H. Brown, op. cit., pp. 514~515.

국가의 국적으로 선박이나 자신의 사업을 재등록하는 것이 편리하다고 판단하는 경우가 있다. 실무상 보험자는 선박과 선원에 관한 기준이 보다 낮은 국가로 변경하지 아니한다면 선적의 변경에 유념하지 않는다.

(c) 선박보험약관상의 선적변경 : 런던보험자협회에 의하여 발행되어 SG 보험증권에 삽입되어 사용된 약관에는 선박매매조항이 들어 있었지만, 이에는 선적의 변경에 관하여 규정하고 있지 않았다. 1983년 협회기간보험약관과 제4조 제2항과, 2003년 국제선박보험약관 제14조 제1항 1호에서는 선적의 변경을 자동종료사유로 규정하고 있다.

(d) 선주의 변경과의 중복 : 선적의 변경이 선주 또는 관리의 변경과 동시에 행해지는 경우에는 보험증권이 새로운 선주나 관리자에게 양도되지 아니하더라도 무방하다. 보험담보는 여하튼 종료하기 때문이다.

그러나 피보험자가 새로운 관리자 또는 선주에게 보험증권을 양도하는 승인을 추구하는 경우에, 선적이 변경되는 것을 고지하여야 한다. 그러하지 아니하면 선주 또는 관리자의 변경을 보험자가 승인하였더라도 선적의 변경에 관한 2003년 국제선박보험약관 제14조 제1항 1호가 적용되어 보험담보가 종료한다.

선적의 변경이 선주 또는 관리의 변경과 동시에 행하여지지 아니하는 경우에는 선적의 변경에 대하여 보험자의 승인을 받아야 하고, 그러하지 아니하는 경우에는 보험담보는 종료한다.

(e) 높은 기준을 요구하는 국가로의 선적변경 : 종료조항은 선적이 변경된 국가가 보다 높은 기준을 요구하는 경우에도 적용된다. 보험자는 선박이 동일하거나 보다 높은 국가로 선적이 변경되는 경우에는 보험담보의 계속을 거부할 가능성은 적다. 그러나 피보험자나 보험중개사가 그와 같을 것이라고 판단하여 선적의 변경을 고지하지 아니하는 것은 현명하지 못하다.[55]

(다) 나용선(bareboat charter ; demise charter)

(a) 용선의 종류 : 해운실무에서 사용되는 용선은 선주가 선박을 다른 당사자에게 임대하여 주는 약정을 체결하는 것으로 후자는 임차인(hirer) 또는 용선자(charterer)라고 불린다. 용선조건이 규정되어 있는 문서를 용선계약(charterparty)이라고 하고 이는 정기용선(time charter)과 항해용선(voyage charter)으로 나뉜다.

(ㄱ) 항해용선계약 : 항해용선계약(voyage charterparty)은 용선자가 통상 특정한 항해에 특정한 적하를 운송하기 위하여 선주로부터 선장과 선원과

55) R.H. Brown, op. cit., pp. 515~516.

함께 선박을 임차하는 것이다. 용선자는 적하의 소유자이거나 다른 사람의 적하를 운송하는 운송인(common carrier)이다. 용선계약은 운임으로 적하에 대하여 톤당 또는 일시금으로 지급할 것을 규정하고 있다.

(ㄴ) 정기용선계약 : 정기용선계약(time charterparty)은 용선자가 타인 소유의 선원부 선박을 일정한 기간동안 임차하는 것이다. 용선료는 매달 선급으로 또는 약정대로 선주에게 지급된다.

(ㄷ) 선박임대차 : 선박임대차(demise charterparty)는 정기용선의 특수한 형태로 나용선(bareboat charters)이라고도 한다. 이는 선박의 소유권은 선주에게 있는 채로 선주는 임대료로서 용선료를 받고, 약정된 용선계약기간동안 선주는 선박에 대한 완전한 통제권을 용선자에게 주며, 용선자는 선박을 관리하고 작동하며 선장과 선원을 스스로 공급한다.

(b) 용선계약과 선박보험에의 영향 : 피보험자가 선박의 통제권을 유지하고 있는 경우에는 보험자는 통상적으로 선박의 일반적 활동에 관심을 두지 않는다. 따라서 청약자가 선박이 용선계약에 기하여 임대될 것이라고 고지하여도 나용선의 경우를 제외하고는 보험조건이나 보험료에 중대하게 영향을 미치지 않는다.[56] 그러나 나용선계약에 따라 선박을 임대하는 것은 선박을 새로운 관리에 맡기는 것과 동일하다. 이에 선박보험자는 기간보험계약상의 보험기간동안 선박이 나용선되는가 여부에 관심을 가지게 된다. 따라서 보험자는 위험을 적절히 평가하기 위하여 나용선자의 경험과 보험금청구기록을 알기를 원하게 된다.

(c) 나용선과 보험담보의 종료 : SG보험증권에 의거하여 선박보험을 인수한 보험자들은 SG보험증권과 함께 사용된 런던보험자협회가 발행한 선박기간보험약관의 선박의 매매조항에는 용선계약을 선박보험의 자동종료사유로 규정하고 있지 아니하였다. 이에 반하여 같은 SG보험증권을 사용한 1977년 제정의 미국선박보험약관상의 소유권변경조항에 나용선계약을 삽입하고 있다. 1983년 협회선박보험약관 제4조 제2항은 나용선계약을 포함시키고, 2003년 국제선박보험약관은 제14조 제1항 3호에서 이를 승계하고 있다.

(라) 부보선박의 수용

(a) 선박의 수용의 의의 : 일반적으로 수용이라 함은 권한을 가진 군당국이나 행정청에 의하여 행하여진 공식적인 명령으로 필요한 경우 특정한 재산의 소유권이나 사용권을 무상 또는 유상으로 군당국 또는 행정청이 취득하는

56) R.H. Brown, op. cit., p. 517.

것을 말한다.[57] 예컨대 전쟁에 개입된 정부가 전쟁물자의 수송을 위한 군함이 부족한 경우에 정부가 비상계엄에 의하여 이 목적을 위하여 민간선박을 수용하는 경우가 그 예이다.

(b) 선박의 수용의 형태

(ㄱ) 자발적 수용 : 비교적 단기간 선박의 사용이 필요한 경우에는 수용은 정부와 선주 사이의 '사용만을 목적으로' 하는 정기용선의 형태일 수 있다. 이것은 '자발적인 수용'으로 취급되어, 선주는 수용기간 중 멸실 또는 훼손이 발생한 경우에 그 멸실 또는 훼손이나 수선하지 아니한 훼손에 대한 보상금과 선박의 사용으로 인한 용선료를 지급받게 된다. 정부와 선주 사이의 약정에 의거하거나 경우에 따라서는 선박은 수용당국의 지휘아래 선주나 선박관리자에 의하여 운항되고, 선주나 관리자가 고용한 선장, 선원에 의하여 운항될 수 있다. 정부가 선박의 수용권을 행사할 것을 결정하는 경우 통상적으로는 선주와 자발적인 약정의 형태를 취한다.

(ㄴ) 강제적 수용 : 강제수용은 사용권부 수용과 소유권취득부 수용으로 나뉘는데, 후자가 보통이다. 소유권취득부 수용의 경우 선주는 1회의 지급으로 선박의 산정가격에 대하여 보상하는 대가로 선박에 대한 모든 장래의 권리를 포기하게 될 것이다. 더 이상 정부가 필요로 하지 아니하는 경우 선박을 원래의 소유자에게 반환한다는 조항이 수용명령에 없는 한, 정부는 더 이상 필요없는 선박을 적절하게 처분할 수 있다.

(c) 선박의 수용과 선박기간보험 : SG보험증권과 함께 사용된 1970년의 런던보험자협회의 선박기간보험약관상의 선박의 매매조항에는 수용이란 용어가 규정되어 있지 아니하지만, 보험자는 어떠한 형태의 수용도 관리의 변경이라고 보았고, 실무상으로도 런던시장에서 사용된 선박의 매매조항은 수용은 관리의 변경에 해당하는 것으로 운영되었다. 1983년 협회선박기간보험약관, 2003년 국제선박보험약관은 수용이 자발적인가 강제적인가에 따라 달리하고 있다.

1983년 선박기간보험약관 제4조 제2항과 2003년 국제선박보험약관 제14조 제1항 4호는 피보험자가 보험자로부터 보험담보가 계속된다는 서면에 의한 동의를 받지 아니하는 경우에는, 보험계약은 다음과 같은 조건으로 종료한다고 규정하고 있다.

(ㄱ) 자발적 수용 : 보험계약은 수용이 행하여진 시점에 선박이 소재하는 것이 어떠하건 선박이 수용되는 때 종료한다. 다만, 그 당시 선박이 항해

57) Ibid.

중인 경우에는 피보험자의 청구가 있는 때에는 적하를 선적중인 경우에는 선박이 최종 양하항에 도착하는 때, 공선인 경우에는 계획된 목적항에 도착하는 때까지 보험담보가 연장될 수 있다.

(ㄴ) 강제적 수용 : 피보험자의 사전의 서면 동의 없이 수용이 행하여진 후 15일이 경과하면 종료한다. 다만 15일 경과시점에 선박의 상태나 위치는 상관하지 아니한다. 이는 수용시 선박이 항구에 있는 경우에 선박의 매매나 관리의 변경의 경우보다 15일 더 장기간 보험계약이 유효함을 의미한다. 이 조항의 반대해석의 결과 피보험자의 사전의 서면 동의가 있으면 15일의 유예기간은 허용되지 않고 동의의 시점부터 보험담보는 종료한다.[58] 한편 이 조항은 15일이 경과한 후 적하를 싣거나 공선상태로 항해를 완수하기 위하여 보험담보를 계속해 줄 것을 피보험자가 요청할 수 있는가에 대하여 아무런 언급을 하지 않고 있다. 만일 그와 같은 요청이 있으면, 15일 이후의 보험담보를 계속하여 줄 것인가 여부의 선택권은 보험자에게 있다 할 것이다.[59] 미국선박보험약관상의 소유권의 변경조항은 수용에 관하여 1983년 협회선박기간보험약관과 유사한 규정을 두고 있다.

(마) 해체 목적의 항해 : 해체를 예정한 선박은 노후선으로 자연적인 마모도 현저하므로 2003년 국제선박보험약관 제14조 제3항은 보험자가 서면으로 동의하지 아니하는 한 보험담보는 자동종료하는 것으로 규정하고 있다. 미리 보험자에게 그 뜻을 통지하고 또한 담보조건, 보험가액과 보험료에 대하여 보험자와의 합의가 없는 한 해체시장가액을 한도로 보험금을 지급한다고 하는 1983년 협회선박기간보험약관 제1조 제3항을 수정한 조항이다.

(3) 보험계약의 자동종료와 보험담보의 계속(held-covered clause)

선주 또는 국적, 관리자의 변경, 나용선의 경우 보험계약은 자동종료한다. 다만 새로운 선주·관리자, 용선자가 보험에 붙이는 것은 용이하지 않기 때문에 보험계약자로부터의 신청이 있으면 선박이 예정된 항해를 계속하는 동안 적하를 적재하고 있는 경우에는 선박이 최종 양륙항에 도착할 때, 공선(空船)의 경우에는 목적항에 도착할 때까지 보험담보가 계속하도록 되어 있다.[60] 다만, 강제적 수용의 경우에는 수용이 행하여진 후 15일이 경과하면 종료한다.[61]

---

58) Susan Hodges, Cases and Materials on Marine Insurance Law, p. 132.
59) R. H. Brown, op. cit., p. 520.
60) 1983년 협회선박기간보험약관 제4조 제2항; 1995년 협회선박기간보험약관 제5조 제2항; 2003년 국제선박보험약관 제14조 제1항 4호.

(4) 보험료의 반환

2003년 국제선박보험약관 제14조 제3항은 자동종료의 경우 보험료가 반환된다는 것을 규정하고 있다. 이에 따르면 선박이 부보위험으로 인하든 아니든 묻지 않고 보험기간이나 그 연장기간 중 전손이 발생한 경우를 제외하고는 일할로 계산한 미경과보험료가 반환된다.

## 제2절 항해보험

### Ⅰ. 항해보험의 의의

항해보험은 보험의 목적을 어느 장소에서 및 로부터(at and from) 또는 어느 장소로부터(from) 다른 하나의 장소 또는 수개의 장소까지 담보하는 보험이다(영국해상보험법 제25조).

선박은 거의 대부분 기간보험으로 부보되지만 실제의 필요에 따라 항해보험으로 인수되는 경우도 있다. 수출선을 인도하는 항해, 폐선의 최후의 항해, 원유시추선과 같은 특수선이 다른 작업장소로 이동하는 등의 경우가 그것이다. 선박의 항해보험계약에는 선박기간보험계약에 적용되지 않는 보험기간의 시기, 종기 등과 같은 오래 전 확립된 많은 제한과 문제가 관련된다. 선박의 항해보험은 하나의 항해를 단위로 인수하는 계약이기 때문에 항해개시시의 선박의 감항성이 특히 문제가 된다.[62)]

적하보험의 경우에는 거의 대부분 항해보험으로 인수된다.

61) 이 책 제2부 제6장 제1절 기간보험 Ⅱ. 항해조항 1. 개관 (1) 어느 장소부터 개시되는 보험 (다) 다른 도착항을 향한 항해 (b) 영국해상보험법상의 도착항의 변경 및 Ⅲ. 종료조항, 선급조항 또는 관리조항 4. 선주 또는 국적의 변경 등 (2) 구체적인 자동종료사유 (라) 부보선박의 수용 (c) 선박의 수용과 선박기간보험 참조.

62) 판례(대법원 2002.6.28. 선고, 2000다21062 판결)는 영국해상보험법상 항해보험의 경우에는 원칙적으로 감항능력 불비로 인한 보험자의 면책을 인정하지만, 기간보험의 경우에는 그러한 묵시적 담보가 인정되지 않는 것을 원칙으로 하되, 예외적으로 피보험자가 선박이 감항능력이 없음을 알면서도 항해하게 한 경우에 한하여 보험자가 면책될 수 있다고 한다.

## Ⅱ. 선박의 항해보험

### 1. 보험기간의 시기(始期)

오랜 동안 항해보험에 관한 주요쟁점은 보험기간의 시기와 종기를 결정하는 것이었다. 영국해상보험법 제25조 제1항은 항해보험을 "어느 장소에서 및 로부터(at and from) 또는 어느 장소로부터(from) 다른 하나의 장소 또는 수 개의 장소까지 담보하는 보험"으로 정의하고 있다. 다른 약정이 없는 한 어느 장소에서 및 로부터(at and from) 또는 어느 장소로부터(from)란 어구는 보험증권의 해석에 관한 규칙 제2조, 제3조가 규정하는 의미를 가진다.

(1) 어느 장소로부터 개시되는 보험

보험증권의 해석에 관한 규칙 제2조는 "보험목적이 특정한 장소로'부터'라는 조건으로 부보된 경우에는 선박이 부보된 항해를 위하여 출발할 때까지는 위험은 개시되지 않는다"라고 규정하고 있다.

(가) 보험기간의 개시시점 : 특정한 항구 또는 장소로'부터'(from)라는 유형의 항해보험의 경우, 보험기간은 부보된 항해를 실제로 시작할 의도로 계류장소(moorings) 또는 해저(ground)를 출발하는 때 개시된다.[63] Sea Insurance Co. v. Brogg사건[64]에서 항해하고자 계류장소에서 정박지(anchorage)로 이동하는 것은 부보항해의 개시로 인정되지 않았다. 이 사건은 선박이 버지니아주의 뉴포트 뉴스(Newport News)로부터 런던까지의 항해에서 멸실한 경우 적하의 재보험에 대한 보험금청구사건이다. 증기선인 마사코이트(Masacoit)호에 대하여 1896년 3월 1일부터 개시하는 보험계약이 체결되었다. 1896년 2월 29일 선박이 뉴포트 뉴스항의 부두에서 선적을 마친 후 제임스(James)강에 있는 정박지로 출항을 위하여 이동하였는데, 증거에 따르면 선장이 선원들이 해안에서 술을 마시지 못하도록 하기 위하여 선박을 이동하였음이 입증되었다. 다음날 아침 3월 1일 선박이 런던을 향하여 항해하던 중 멸실하여 피보험자인 원수보험자의 보험금지급청구에 대하여, 재보험자는 항해가 2월 29일에 개시하였으므로 '3월 1일 이후 위험이 개시된다'는 요건을 충족하지 못하였다고 하여 보상을 거부하였다. 법원은 2월 29일의 선박의 이동은 부보된 항해를 개시하기 위한 의도가 아니었으므로 항해

63) Susan Hodges, Cases and Materials on Marine Insurance Law, p. 135.
64) [1898] 2 QB 398, CA.

는 다음날 아침에야 비로소 개시되었다고 보아 손해보상을 명하였다.

(나) 출항항의 변경 : 선박이 보험증권에 기재된 항구 이외의 항구에서 부보된 항해를 위하여 출항하는 경우에 보험기간은 개시하지 않는다.

(a) 우리상법상 출항항의 변경 : 선박이 보험계약에서 정하여진 발항항이 아닌 다른 항에서 출항한 때에는 보험자는 책임을 지지 아니한다(상법 제701조 제1항).

(b) 영국해상보험법상 출항항의 변경 : 영국해상보험법 제43조에는 "출항장소가 보험증권에 명시된 경우에 선박이 다른 장소에서 출항한 경우에는 위험은 개시되지 않는다"라고 규정되어 있다.

이 규정은 Way v. Modigliani사건[65]에서 설정된 원칙에 근거한다. 선박 폴리(Polly)호에 대하여 뉴펀들런드(Newfoundland)에 있는 항구로부터 팰머스(Falmouth)까지 그리고 1786년 10월 20일부터 개시되는 선박보험에 들었다. 선박이 고기잡이를 위하여 뉴펀들랜드를 떠나 그랜드 뱅크스(Grand Banks)로 가서 잡은 어획물과 함께 그곳에서 10월 17일에 팰머스를 향하여 항해하다가 멸실하였는데, 법원은 일정한 항구에서 다른 항구까지의 항해를 담보하는 보험의 경우 보험자의 책임 개시시에 일정한 항구에 있어야 하는 것은 아니지만 선박은 부보된 항해를 운항하였어야 하므로 이 사건에서 보험기간이 개시되지 않았다고 판시하였다.

이 사건은 Driscoll v. Passmore사건[66]과 비교된다. 이 사건에서의 쟁점은 전체 왕복 항해의 일부구간이 별개로 보험에 가입할 수 있는 항해에 해당하는가 여부이었다. 이 사건의 사실관계를 보면 선박 티만드라(Timandra)호에 대하여 리스본(Lisbon)에서 매드이라(Madeira)까지, 그곳에서 아프리카의 사피(Saffi)까지, 또 사피에서 리스본까지의 왕복항해를 담보하는 세 개의 보험계약을 체결하였는데, 이 사건은 사피에서 리스본까지의 귀항항해를 담보하는 운임보험계약이었다. 선박이 매드이라에 도착하였는데, 선원들은 사피에 무어인들의 선박이 나타난다는 이유로 항해를 거부하여 선장은 선박을 사피를 향해 출항하기 전에 리스본으로 회항하였다. 그리고 선박은 다시 사피로 항해하여 사피로부터 리스본으로 귀항도중 나포되어 보험금의 지급이 청구되었다. 사피로부터 리스본의 항해를 담보한 보험자는 부보된 항해는 매드이라에서 사피까지, 그리고 그곳에

65) [1878] 2 Term Rep. 30; 이 책 제2부 제6장 제2절 항해보험 Ⅱ. 선박의 항해보험 1. 보험기간의 시기 (2) 어느 장소에서 및 로부터 개시되는 보험 (가) 에서의 의미 (c) 선박이 지정된 항구에서 이미 출항한 경우 참조.

66) [1798] 1 B&P 200.

서 리스본으로의 귀항항해이지, 리스본에서 매드이라까지 그리고 그곳에서 리스본까지 항해하였다가 다시 사피로 가서 그곳에서 리스본으로의 귀항항해는 아니며, 후자는 새로운 항해이므로 보험기간은 개시하지 않았다고 주장하여 보험금지급을 거부하였다. 법원은 부보된 항해는 전체 항해로부터 분리되었고, 이 부분의 항해는 본질적으로 수행되었다는 이유로 보상을 명하였다.

(다) 다른 도착항을 향한 항해 : 선박이 보험증권의 기재와 다른 장소를 향하여 항해하는 경우 보험기간은 개시되지 않는다.

(a) 우리상법상의 도착항의 변경 : 선박이 보험계약에서 정하여진 도착항이 아닌 다른 항을 향하여 출항한 때에도 보험자는 책임을 지지 아니한다(상법 제701조 제2항).

(b) 영국해상보험법상의 도착항의 변경 : 영국해상보험법 제44조에 "도착항이 보험증권에 명시된 경우에 선박이 그 장소를 향하여 출항하지 않고 다른 또는 항구 이외의 다른 장소를 향하여 출항한 경우에는 위험은 개시되지 않는다"라고 규정되어 있다. 이 규정은 Wooldridge v. Boydell사건[67]의 판시에 기초한 것이다.

이 사건에서 선박 몰리(Molly)호에 대하여 매리랜드(Maryland)에서부터 카디쯔(Cadiz)까지의 항해를 담보하는 보험계약이 체결되었다. 이 선박은 미국독립전쟁 기간 동안 미국의 군인을 수송하는 것으로 의심을 받고 있었는데, 실제로 보스턴(Boston)을 향하고 있었다. 선박이 서류상으로는 팰머스(Falmouth)를 향하여 항해하다가 체사피크 베이(Chesapeake Bay)에서 나포되었는데, 카디쯔가 아닌 팰머스로 항해가 수정되기 전에 사고가 발생하였다는 사실은 보상을 인정하지 않는 결과에는 아무 영향을 미치지 못하였다. 도착항의 변경으로 보험기간은 개시되지 않았다는 것이 판시이유이었다.

이에 관한 다른 사례인 Simon, Israel and Co. v. Sedgwick사건[68]에서 적하보험계약이 브랫포드(Bradford)에서부터 지브롤터(Giblaltar)쪽의 스페인의 어느 항구를 거쳐 마드리드(Madrid)까지(from Bradford to madrid via any port in Spain this side of Gibraltar)의 항해에 대하여 체결되었는데, 법원은 이 보험계약은 브랫포드에서 마드리드까지의 직항이 아니라 브랫포드에서 지브롤터쪽의 스페인의 어느 항구를 거쳐 마드리드까지 담보하고 있고, 적하가 보험증권에 기재된 'this side

67) [1778] 1 Doug KB 16.
68) [1893] 1 QB 303, CA; 이 책 제2부 제6장 제2절 항해보험 Ⅲ. 적하의 항해보험 5. 운송의 종료와 보험기간의 종료 (2) 미리 종료하는 경우 (다) 항해의 변경조항 참조.

of Gibralter'인 스페인 서쪽을 경유하지 않고 지브롤터의 동쪽으로 브랫포드에서 칼타지나(Cartagena)를 거쳐 마드리드로 운송된 경우 부보항해가 실제로 전혀 수행되지 아니하였기 때문에 보험기간은 개시되지 아니하였다고 하여 보상을 인정하지 않았다.

(2) 어느 장소에서 및 로부터(at and from) 개시되는 보험

선박은 특정한 항구 또는 장소에서 및 로부터(at and from) 개시되는 조건으로 항해보험에 부보될 수 있다. 보험증권의 해석에 관한 규칙 제3조는 "에서 및 로부터"(at and from)의 의미를 다음과 같이 규정하고 있다.

① 선박이 특정한 장소에서 및 로부터(at and from)라는 조건으로 부보된 경우, 그 선박이 보험계약 체결시 안전하게 특정 장소에 있었다면 위험은 즉시 개시한다.

② 선박이 보험계약 체결시 특정 장소에 없었던 경우에는 선박이 안전하게 그 장소에 도착하는 즉시 위험이 개시하고, 보험증권에서 달리 규정하고 있지 않는 한 그 선박이 도착한 후 일정한 기간동안 다른 보험증권에 의하여 담보되고 있더라도 마찬가지이다.

그러나 이 두 가지 외에도 선박이 지정된 항구에서 이미 출항한 경우라는 또 다른 상황이 문제된다. 따라서 보험기간의 개시와 관련하여 보험계약이 체결될 때 야기될 수 있는 상황으로는 ① 선박이 지정된 항구에 이미 있는 경우, ② 선박이 아직 지정된 항구에 있지 않는 경우, ③ 선박이 지정된 항구에서 이미 출항한 경우 등이 있다.

이하에서는 에서(at)의 의미와 안전(good safety)의 의미를 고찰한다.

(가) 에서(at)의 의미

(a) 선박이 지정된 항구에 이미 있는 경우 : 선박이 보험증권에서 지정된 항구에 있더라도 선박이 부보된 항해 이외의 지정된 항구에 있는 경우에는 보험기간은 개시하지 않는다. 그러나 선박이 부보된 항해를 준비하는 것으로 보고, 보험계약상 지정된 항구에 안전하게 있는 경우에는 보험기간이 개시된다. 이는 Lambert v. Liddard사건[69]에서 확인되었다. 이 사건에서 선박 라이언(Lion)호에 대하여 브라질에 있는 퍼남부코(Pernambuco) 또는 기타 항구에서 및 로부터(at and from) 런던까지의 항해에 대하여 부보되었다. 선박이 퍼남부코 근해에 이르자 선원이 해안으로 가 운송할 적하가 있는지 알아보았지만 적재할

69) [1814] 5 Taunt 480.

적하가 없다는 것을 알고 '라이언'호는 다른 적하를 확보하기 위하여 북쪽 600마일에 있는 세인트 살바도르(St Salvador)항을 향하여 항해하다가 멸실하였다. 피보험자의 보험금청구에 대하여 법원은 '라이언'호가 부보된 항해를 준비하기 위하여 퍼남부코항에 도착한 때 보험기간은 개시되었다는 이유로 보험자의 보상책임을 명하였다.

또한 상원의 판결로 카디즈항에서 및 로부터 리버풀항까지의 항해에 보험에 든 선박이 카디즈항에서 뉴펀들란드항으로 직항하려고 적하를 구하고 있으면서 생선을 양륙하던 중 선박이 멸실한 Tasker v. Cunninghame사건[70]에서 상원은 부보된 항해가 일단 포기된 경우 보험계약은 더 이상 효력이 없다는 이유로 보험자는 보상책임이 없다고 판시하였다.

에서 및 로부터(at and from)의 의미는 이 용어가 사용된 문맥에 따라 광의로 또는 협의로 해석가능하다. 예컨대 at and from Korea조건으로 선박이 부보된 때에는 보험계약은 선박이 한국내의 어느 항구에 안전하게 도착한 경우에는 선박이 부보된 항해를 준비하고 있기만 하면 보험기간은 개시된다. 그러나 at and from Pusan조건으로 부보된 때에는 선박이 실제로 부산에 안전하게 도착하고 부보된 항해를 준비하고 있는 경우에만 보험기간이 개시되는 것이다. 이 문제는 Maritime Insurance Co. v. Alianza Insurance Co. of Santander사건[71]의 쟁점이었다. 이 사건은 재보험계약으로 덤프리셔(Dumfriesshire)호는 원수보험자인 원고에게 "at and from a port in New Zealand to Nehoue in New Caledonia and while there and thence to Grangemouth"조건으로 보험계약이 체결되었는데, 원고는 피고 보험자와 원수보험계약의 일부, 즉 "at and from 1 July 1904, until 31 August 1904 ... whilst at port or ports, place or places in New Caledonia"에 대하여 재보험계약을 체결하였다. 선박은 본토에서 약 10마일 떨어진 산호초와 접촉하여 훼손을 입었고, 산호초는 지리학적으로 뉴 칼레도니아

70) [1819] 1 Bligh 87, HL: 이 사건에서 선박 헨리어터(Henrietta)호는 카디즈(Cadiz)에서 및 로부터(at and from) 클라이드(Clyde)까지의 항해에 대하여 부보되었는데 후일 보험자의 동의를 얻어 목적지는 리버풀(Liverpool)로 변경되었다. 항해의 목적은 리버풀로 항해하여 뉴펀들랜드(Newfoundland)에서의 조업을 위하여 소금을 적재하는 것이었다. 그러나 소금이 카디즈에서 입수가능하여 보험자에게 알리지 않은 채 카디즈에서 소금을 선적하여 뉴펀들랜드로 직접 항해하기로 결정되었다. 목적지의 변경 8일 후 선박은 폭풍우를 만나 카디즈항에서 좌초하였고, 후일 프랑스함대가 발포하여 전손되었다. 보험자는 예정된 항해가 포기되었다는 이유로 보험금지급을 거부하였고, 상원은 부보된 항해가 일단 포기된 경우 보험계약은 더 이상 효력이 없다는 이유로 보험자는 보상책임이 없다고 판시하였다.

71) [1907] 13 Com Cas 46.

(New Caledonia)에 속하였다. 원수보험계약상 보험금을 지급한 원고는 재보험계약상 보험금의 지급을 청구하였는데, 법원은 "port or ports, place or places"는 보험기간의 시기를 뉴 칼레도니아의 항구 또는 장소를 말하는 것으로 제한하고, 섬 주위의 산호초는 보험계약상의 'port or place' 에 해당하지 않으므로 보험자의 책임은 개시되지 않았다고 하여 보상을 허용하지 않았다.

(b) 선박이 아직 지정된 항구에 있지 않는 경우 :　보험증권의 해석에 관한 규칙 제3조 b호는 "보험계약 체결시에 선박은 지정된 항구에 있지 않아도 되고, 선박이 안전하게 지정된 항구에 도착하는 즉시 보험기간은 개시된다"라고 규정하고 있다. 또한 영국해상보험법 제42조 제1항은 "보험목적이 특정한 장소에서 및 로부터(at and from) 또는 로부터(from)조건으로 항해보험에 부보된 경우에는 선박은 보험계약 체결시 그 특정 장소에 있어야 하는 것은 아니다"라고 규정하고 있다.

선박이 특정한 항구에 도착하기 이전에 보험계약이 체결된 경우에는 보험계약은 지정된 항구의 지리적인 경계 안에 안전하게 최초로 도착하는 즉시 보험기간이 개시된다. 이는 Houghton v. Empire Marine Insurance Co., Ltd.사건[72]에서 확인되었다. 선박 어전트(Urgent)호는 하바나(Havana)에 도착하여 입항하였지만 다른 선박의 닻과 얽혀 훼손되었다. 보험자는 이전의 항해에 대한 보험계약상 보험기간의 종기는 선박이 도착항에 도착하여 24시간 동안 안전하게 정박하는 때이고, 선박에 대한 손해가 발생한 때 안전하지 않았다는 이유로 보험금지급을 거부하였다. 법원은 선박이 하바나항 안에 지리적으로 도착하는 즉시 보험기간이 개시된다는 이유로 보험금을 지급하도록 명하였다. 법원은 보험자의 책임 개시에 있어서의 안전의 의미는 보험기간 종기에 있어서의 안전과 동일한 개념은 아니고, 또 이전의 보험계약이 유효하더라도 상관없다고 판시하였다.

보험기간의 개시에 관한 원칙은 운임보험의 경우에도 선박보험과 동일하다. 이는 Foley v. United Marine Insurance Co. of Sydney사건[73]에서 선박 에드먼드 그리셤(Edmund Graham)호의 소유자인 원고는 이 선박을 모리티우스(Mauritius)에서 버마(Burma)의 아캅(Akyab)까지 가서 그곳에서 유럽을 향한 쌀의 적하를 선적할 명령을 대기하도록 하는 항해를 위해 선박을 용선하였다. 원고는 용선계약상의 취득운임에 대하여 보험에 가입하였다. 선박이 모리티우스에서 항해를 위해 하역하던 중 허리케인을 만나 좌초되어 운임에 대하여 보상을 청구하였다.

72) [1866] LR 1 Exch 206.
73) [1870] LR 5 CP 155.

보험자는 이전의 항해가 완전히 종료되지 않았으므로 운임에 대하여 부보된 항해가 개시되지 않았다는 이유로 보험금지급을 거부하였다. 법원은 운임보험은 선박이 모리티우스에 도착한 때 개시된다고 보고, 선박이 이전의 항해에 따른 적하를 싣고 있었다는 사실이 다음 항해에 대한 운임보험이 개시되지 않았다는 것을 의미하는 것은 아니라고 판시하여 운임의 손해에 대한 보상을 명하였다.

(c) 선박이 지정된 항구에서 이미 출항한 경우 : 영국해상보험법상 선박이 지정된 항구에서 이미 출항한 후 보험계약이 체결된 경우를 담보하는 조항은 없다. 그러나 선박이 출항한 후 항해의 개시시에 소급하여 보험계약을 체결하는 것이 금지되는 것은 아니다. 항해보험은 보험기간이 보험증권상의 확정일자로부터 개시된다는 조건으로 체결되는 것, 즉 혼합보험으로 체결될 수 있다.

앞에서 고찰된 판례인 Way v. Modigliani사건[74]에서 선박 폴리(Polly)호에 대하여 "at and from 20 October 1786, from any ports in Newfoundland to Falmouth"조건으로 부보되었는데, 선박은 실제로는 19일 앞선 1786년 10월 1일 출항한 후이었다. 법원은 선박이 항구에 있지 않았다고 하여 보험자의 책임이 개시되지 않았다고 볼 수 없다고 보았다. 즉, 이와 같은 조건으로 일정한 항구에서 다른 항구까지 보험계약이 체결된 경우에는 위험이 개시될 때 항구에 있을 필요가 없었다.

(나) 안전함(good safety) : 보험계약상 지정된 항구 또는 장소 '에서 및 로부터'(at and from)조건으로 항해보험계약이 체결된 경우에는 선박은 위험이 개시되기 전에 지정된 항구 또는 장소에 도착한 때 안전한 상태에 있어야 하는 것이 필요하다. 이는 보험증권 해석에 관한 규칙 3조 a호와 b호에서 명시되어 있다.

안전의 의미는 감항능력과 혼동되어서는 안된다. Parameter v. Cousins사건[75]에서 법원은 부보항해의 개시요건으로서 선박의 안전은 선박이 합리적인 안전상태에 있으면 되고, 감항능력이 있을 필요는 없으며, 난파선보다 나아야 한다고 판시하였다. 이 사건에서 원고는 "at and from St Michaels, or all or any of the Westward Islands, to England"의 항해에 대하여 선박보험과 운임보험에 들었다. 선박이 세인트 마이클스(St Michaels)항에 도착할 때 선박은 악천후로 심하게 훼손되어 누수가 매우 심하여 펌프가 계속하여 작동되었고, 적하를 싣기에는 전적으로 부적합하였다. 선박이 세인트 마이클스항에 닻을 내린 후에

---

74) [1878] 2 Term Rep. 30; 이 사건의 구체적인 사실관계는 이 책 제2부 제6장 제2절 항해보험 Ⅱ. 선박의 항해보험 1. 보험기간의 시기 (1) 어느 장소로부터 개시되는 보험 (나) 출항항의 변경 (b) 영국해상보험법상의 출항항의 변경 참조.

75) [1809] 2 Camp 235.

도 악천후가 계속되어 선박은 해상으로 떨어져 나가 좌초되었다. 원고는 선박이 보험증권에서 명시된 항구 또는 지역에(at) 도착하였다는 것을 근거로 보상을 청구하였는데, 법원은 선박은 결코 안전하지 않은 상태로 선박보험과 운임보험은 개시되지 않았다고 판시하였다.

또 다른 중요한 판결인 Bell v. Bell사건[76]에서 에렌버러(Ellenborough)판사는 "부보항해의 개시시의 안전은 부보위험으로부터의 물리적인 안전(good physical safety)을 의미하는 것이고, 정치적인 안전(good political safety)을 의미하지 않는다"고 판시하였다. 이 사건에서 원고는 선박 라이징 선(Rising Sun)호와 취득 운임에 대하여 발틱해의 리가(Riga)에서 및 로부터(at and from) 영국까지의 항해에 대하여 보험에 들었다. 선박은 리가에 안전하게 도착하였지만, 적하를 양하하기 전에 러시아정부에 의하여 압류되었다. 원고의 보험금청구에 대하여 보험자는 선박의 압류는 안전하지 않았다는 것을 의미하므로 보험기간은 개시되지 않았음을 이유로 보험금지급을 거부하였다. 법원은 항해의 개시시의 안전은 물리적 안적으로 충분하다는 것을 이유로 보험기간은 개시되었고 보험자는 보상책임을 진다고 판시하였다. 에렌버러(Ellenborough)판사는 "선박의 위험개시의 요건으로서의 안전은 부보위험으로부터의 물리적 안전이지 정치적 위험으로부터의 안전은 아니다"라고 판시하였다.

(3) 보험기간 개시의 묵시적 조건-상당한 시간내의 항해개시

(가) 서 언 : 항해보험은 기간보험과는 달리 출항항에서 목적항까지의 항해를 단위로 위험이 인수되지만 기간에 제한없이 무한정 담보가 계속되는 것이 아니라 정당한 사유 없이 발항이 지체되는 경우 원래 인수된 위험이 변경되었다고 할 수 있으므로 보험계약의 효력을 그대로 유지할 수 없다. 이에 상법과 영국해상보험법은 발항을 지체하는 이후의 사고에 대하여 보험자는 책임을 지지 않는 것으로 한다. 보험자가 부보항해의 개시를 지연하는데 커다란 이해관계가 있는 이유는 항해의 지연은 계절에 따른 기상의 변화를 초래하여 부보위험을 변경시키기 때문이다.[77]

(나) 우리 상법상의 발항의 지연 : 우리 상법은 발항의 지연과 항해의 지연을 다른 조항에서 규정하고 있는 영국해상보험법과 달리 발항의 지연을 항해의 지연과 함께 규정하고 있다. 즉, 피보험자가 정당한 사유 없이 발항 또는 항해

76) [1810] 2 Camp 475.
77) Susan Hodges, Law of Marine Insurance, p. 146.

를 지체한 때에는 보험자는 발항 또는 항해를 지체한 이후의 사고에 대하여 책임을 지지 아니한다(상법 제702조). 본조는 위험이 보험기간 존속 중에 보험계약자 등의 고의 등에 의하여 변경·증가된 경우 보험계약의 효과를 규정하고 있는 상법 제653조의 특칙이다.

우리 상법의 발항의 지연과 영국해상보험법과의 차이는 우리 법은 정당한 사유가 있는 경우에는 예외를 허용하는데 반하여, 후자의 경우에는 이를 묻지 않고 보험자의 책임을 부인한다는 것이다.

(다) 영국해상보험법상의 발항의 지연

(a) 상당한 시간내에 발항의 묵시적 조건 : 특정한 장소에서 및 로부터(at and from) 또는 특정한 장소로부터(from) 부보된 경우 해상사업은 상당한 시간내에 개시되는 것을 묵시적 조건으로 하고, 만일 항해사업이 이와 같이 개시되지 않는 경우 보험자는 보험계약을 취소할 수 있다(영국해상보험법 제42조 제1항).

영국해상보험법 제42조 제1항은 영국해상보험법 제48조[78]와 구별되는데, 전자는 특별히 부보항해의 개시를 지연하는 것임에 반하여, 후자는 항해 사업 전체과정에서 부보항해를 지연하는 것에 관하여서이다.

이전의 판결[79]에 따르면 지연사유가 필요성 등에 비추어 합리적인 경우에는 묵시적 조건의 위반의 항변이 허용되기도 하였지만, 이 문제에 관한 현행법인 제42조는 보험자의 동의가 없는 한 적법한 사유의 항변주장을 허용하지 않는다.

(b) 적법한 사유의 항변의 불인정 : 이로에 관한 영국해상보험법 제46조와 항해과정 중의 지연에 관한 영국해상보험법 제48조의 경우에는 적법한 이유의 항변이 허용된다. 그러나 영국해상보험법 제42조는 적법한 이유의 항변을 규정하고 있지 않으므로 항해개시의 지연의 경우에 피보험자는 어떠한 항변도 주장할 수 없는 것으로 해석된다.[80] 피보험자가 주장할 수 있는 유일한 항변은 보험자가 보험계약의 체결 이전에 지연사유를 알았다는 것과 묵시적 조건위반을 포기하였다는 것뿐이다(영국해상보험법 제42조 제2항).

이와 같이 지연의 사유는 고려되지 않는다. 또한 이 조항은 지연으로 인하여 위험이 증가하였는가는 무관한데, 위험의 변경을 요건으로 하는 것은 영국해상보험법 제42조 제1항의 효과를 반감시키기 때문이다. 영국해상보험법 제42조에서 적법한 이유의 항변을 제거한 것은 De Wolf v. Archangel Maritime Bank

78) 이 책 제2부 제6장 제2절 항해보험 Ⅱ. 선박의 항해보험 5. 항해의 지연 참조.
79) Smith v. Surridge[1801] 4 Esp 25과 Mount v. Larkins [1831] 8 Bing 108.
80) Susan Hodges, Cases and Materials on Marine Insurance Law, p. 147.

and Insurance Co., Ltd.사건[81]부터이다. 이 사건에서 블랙번(Blackburn)판사는 이전의 사건들 특히 Mount v. Larkins사건[82]에서 항해의 개시를 불합리하게 지연한 것이 필요에 의한 경우에는 보험자는 보상책임을 진다는 틴들(Tindal)판사의 판시에 반대하였다. 블랙번(Blackburn)판사는 항해의 불합리한 지연이 과실 또는 재난으로 인한 것인가는 중요하지 않다고 보았고, 영국해상보험법 제42조는 이 판시를 확인한 것으로 보인다.

De Wolf v. Archangel Maritime Bank and Insurance Co., Ltd.사건에서 1872. 7.13. 선박 프로렌스 챕먼(Florence Chapman)호는 몬트리올(Montreal)로부터(from) 몬테비데오(Montevideo)까지의 항해에 대하여 보험계약이 체결되었다. 1872.8.30. 까지도 몬트리올에 도착하지 않았고, 보험자는 지연으로 인해 항해가 여름항해에서 겨울항해로 부보위험이 증가하였으며, 위험은 개시되지 않았다고 주장하였으며, 법원은 이를 인용하였다.

(다) 묵시적 조건의 배제 : 보험계약이 체결된 후 상당한 기간 안에 항해가 개시되어야 하다는 원칙은 ① 보험계약이 체결되기 이전에 보험자가 알고 있던 사정에 의하여 지연되거나, ② 보험자가 묵시적 조건을 포기하는 경우에는 묵시적 조건은 배제될 수 있다(영국해상보험법 제42조 제2항).

Bah Lias Tobacco and Rubber Estates Ltd. v. Volga Insurance Co., Ltd.사건[83]에서 항해사업의 개시가 상당히 지연되었는데도 보험자가 추가보험료를 받고 묵시적 조건을 묵시적으로 포기한 경우에는 보험자는 보상책임을 진다고 판시되었다.

(라) 묵시적 조건위반의 효과 : 보험계약이 체결된 후 항해사업이 상당한 기간안에 개시되지 않는 경우에는 보험자는 계약을 취소할 수 있다(영국해상보험법 제42조 제1항).

## 2. 중복된 보험계약

하나의 보험계약에 의한 담보가 다른 보험계약과 겹치는 경우가 흔히 발생한

---

81) [1874] LR 9 QB 451.

82) [1831] 8 Bing. 108; 이 사건은 이 점에 관한 지도적 판례로 1824.2.28 싱가포르'에서 및 에서부터' 선박의 귀항항해에 대하여 보험계약이 체결되었는데, 선박은 보험계약 성립당시 호주에 있었고 1825.3까지 싱가포르에 도착하지 아니하였다. 그 이유는 일부는 악천후로 인한 것이었지만 배심은 이 지연은 상당하다 할 수 없다고 보아 보험자의 책임을 부인하였다.

83) [1920] 3 LlL Rep. 155 and 202.

다. 즉, 귀항하는 항해를 담보하는 보험계약이 개시되었지만 출항항해가 종료되지 않은 경우가 그것이다. 이는 Houghton v. Empire Marine Insurance Co.사건[84]에서 확인되었다. "at and from Havana to Greenock"의 귀항항해에 대하여 보험을 인수한 보험자는 지녹(Geenock)에서 하바나(Havana)로의 항해가 종료되지 않았기 때문에 보험기간이 개시되지 않았다는 이유로 보험금지급을 거부하였다. 법원은 보험자가 이와 같은 중복되는 보험을 담보하지 않으려면 보험계약에 이를 규정하여야 한다고 판시하여 보험자의 주장을 배척하였다.

이에 Kynance Sailing Ship Co., Ltd. v. Young사건[85]에서 중복된 보험계약상의 위험을 인식하여 항해보험자는 "이전의 항해의 종료시부터 위험이 개시한다"라는 문언을 삽입하여 최초항해가 종료되지 않은 경우 보상책임을 지지 않았다. 이 사건에서 뉴캐슬(Newcastle)에서 발파라이소(Valparaiso)까지의 석탄의 적하를 운송하기 위하여 용선된 선박 키난스(Kynance)호에 대하여 원고는 피고 보험자와 이 항해에 대하여 "to port or ports, place or places ... in any order or rotation on the west coast of South America and while in 30 days after arrival" 조건의 보험계약을 체결하였다. 또한 이 선박은 유럽을 향하는 질산(nitrate)을 선적하기 위하여 남미의 토코필라(Tocopilla)로 향하는 2차 용선계약이 체결되었는데, 원고는 또 다시 피고와 "at and from Valparaiso and/or port or ports, place or places ... in any order or rotation on the west coast of South America to European ports"의 항해에 대하여 보험에 가입하면서 보험계약에 '이전의 항해의 종료시부터 위험이 개시됨'이라고 규정하였다. 선박이 발파라이소에서 대부분의 적하를 양하한 다음 토코필라를 향하여 남은 800톤의 석탄을 저하(ballast)로 신고서 항해하다가 멸실되었다. 첫번째 보험계약에 기한 보상청구에 대하여 보험자는 위험은 원래의 용선계약상의 대부분의 적하가 양하되었으므로 보험기간이 종료되었다는 이유로 보상을 거부하였다. 법원은 첫번째 보험계약은 발파라이소 뿐만 아니라 남미의 서해안의 항구도 담보한다는 이유로 보상을 명하였지만, '이전의 항해의 종료시부터 위험이 개시됨'이라는 조항상 두번째 보험계약은 보험기간이 개시되지 않았다고 판시하였다.

84) [1866] LR 1 Exch 206.
85) [1911] 22 TLR 306.

## 3. 항해의 변경

(1) 항해변경의 의의

항해보험은 당사자가 합의에 의하여 정하여진 항해에 대하여 위험을 부보하는 것이므로 출발항이나 목적항이 변경되면 위험의 변경을 초래하는 것으로 보험계약의 효력에 영향을 미치게 된다. 영국해상보험법은 항해의 변경(change of voyage)은 위험이 개시된 이후에 선박의 목적항이 보험증권에 정하여진 곳이 아닌 다른 곳으로 자발적으로 변경된 경우로 정의하고(영국해상보험법 제45조 제1항), 그 효과로는 보험증권에 달리 규정하지 않는 한 항해의 변경의사가 명백한 때로부터 보상책임을 면하며, 이는 손해가 발생한 때 선박이 실제로 보험증권상 정하여진 항로를 이탈하지 않았더라도 무관하다고 규정하고 있다(동법 제45조 제2항). 우리 상법은 제701조 제1항에서 "선박이 보험증권에 정하여진 발항항이 아닌 다른 항에서 출항한 때 보험자는 책임을 지지 않는다"고 하여 출항항의 변경을 규정하고, 제2항에서 "선박이 보험증권에 정하여진 도착항이 아닌 다른 항을 향하여 출항한 때 보험자는 책임을 지지 않는다"고 하여 도착항의 변경을 규정하며, 제3항에서 "보험자의 책임이 개시된 후에 보험계약에서 정하여진 도착항이 변경된 경우에는 보험자는 그 항해의 변경이 결정된 때부터 책임을 지지 아니한다"(상법 제701조 제3항)라고 하여 영국해상보험법 제45조와 같은 취지의 규정을 한다. 즉, 세 가지 유형을 함께 규정하지만, 앞의 두 가지 즉, 출항항의 변경과 도착항의 변경은 처음부터 다른 항해가 수행되는 경우로서 보험자의 책임은 개시되지 않는데 비하여, 세번째 유형의 항해의 변경은 보험자의 책임이 개시된 후 도착항이 변경된 경우를 의미하는 것이다.[86]

여기서는 우리 상법 제701조 제3항과 영국해상보험법 제45조에서 규정하는 항해의 변경에 대하여만 살펴본다.

(2) 상법상 도착항의 변경

보험자의 책임이 개시된 후에 보험계약에서 정하여진 도착항이 변경된 경우에는 보험자는 그 항해의 변경이 결정된 때부터 책임을 지지 아니한다(상법 제701조 제3항).

(가) 자발적인 도착항의 변경 : 보험계약자의 귀책사유가 없이 자발적으로 도착항이 변경되어야 한다. 따라서 선박들이 정부의 명령에 따라 중립국항으로 피난하거나 자국으로 귀항하였다면 항해의 변경이 아니다.

---

86) Susan Hodges, Cases and Materials on Marine Insurance Law, p. 151.

(나) 항해변경의 효과 : 보험자는 항해변경이 결정된 때로부터 책임을 지지 아니한다. 항해변경이 결정된 때라 함은 항해를 변경하고자 하는 의사가 명백한 때를 뜻한다(영국해상보험법 제45조 제2항). 따라서 선박이 보험계약에서 정한 항해로부터 실제로 이탈하지 아니하였어도 항해를 변경하고자 하는 의사가 명백히 나타나기만 하면 보험자는 보상책임을 면한다. 이 점에서 이로하고자 하는 의사만으로는 부족하고 실제로 이로가 있어야만 책임을 면하는 이로(상법 제701조의 2. 영국해상보험법 제46조)와는 다르다.

(3) 영국해상보험법상 항해의 변경

(가) 서 언 : 여기서는 영국해상보험법 제45조(우리 상법 제701조 제3항)에서 규정하는 항해의 변경에 대하여만 살펴본다.

위험이 개시된 후 항해가 변경되는 경우 보험자가 보상책임을 지지 않는 근거는 상원의 판결로 카디즈항에서 및 으로부터 리버풀항까지의 항해에 보험에 든 선박이 카디즈항에서 뉴펀들란드항으로 직항하려고 적하를 구하고 있으면서 생선을 양륙하던 중 선박이 멸실한 Tasker v. Cunninghame사건[87]에서 제시되었다. 법원은 "선박이 특정한 항구에서 및 로부터(at and from)조건으로 부보된 경우, 계약당사자의 의사는 그 항구에 선박이 계속하여 체재하는 것으로, 선주 등이 의사를 변경하고, 항해를 변경할 목적으로 그 항구에서 지체하며, 다른 적하를 선적하는 경우, 비록 의사의 변경이 계약에 영향을 미치지 않았더라도 보험자는 추가적인 위험을 부담하는 것이다."라고 보험자의 면책의 근거를 설시하였다.

(나) 항해변경의 요건

(a) 항해보험일 것 : 영국해상보험법 제45조는 보험의 목적에 제한을 두지 않기 때문에 항해보험이면 선박보험, 적하보험, 운임보험 모두에 적용된다.

(b) 항해를 변경할 것 : 보험자는 항해변경이 결정된 때로부터 책임을 지지 아니한다. 항해변경이 결정된 때라 함은 항해를 변경하고자 하는 의사가 명백한 때를 뜻한다(영국해상보험법 제45조 2항). 따라서 선박이 보험계약에서 정한 항해로부터 실제로 이탈하지 아니하였어도 항해를 변경하고자 하는 의사가 명백히 나타나기만 하면 항해변경으로 된다. 이 점에서 이로하고자 의사만으로는 부족하고 실제로 이로가 있어야만 책임을 면하는 이로(상법 제701조의 2. 영국

87) [1819] 1 Bligh 87, HL: 이 사건의 구체적인 사실관계는 이 책 제2부 제6장 제2절 항해보험 Ⅱ. 선박의 항해보험 1. 보험기간의 시기 (2) 어느 장소에서 및 로부터 개시되는 보험 (가) 에서의 의미 (a) 선박이 지정된 항구에 이미 있는 경우 참조.

해상보험법 제46조)와는 다르다.

(c) 자발적인 도착항의 변경일 것 : 보험계약자의 귀책사유가 없이 자발적으로 도착항이 변경되어야 한다(영국해상보험법 제45조 제1항). 따라서 필요에 따라 불가항력으로(through force of necessity) 항해가 변경된 경우에는 보험자는 보상책임을 면하지 못한다.[88] Rickards v. Forestal Land, Timber and Railways Co., Ltd.사건[89]에서 세 척의 독일선박들이 독일정부의 명령에 따라 강제적으로 중립국항으로 피난하거나 독일로 귀항하였다면 항해의 변경이 아니라고 판시하였다.[90] 이 사건에서 선박이 제2차 세계대전 개전시 독일정부의 통제아래 있던 적하를 운송하던 중 독일정부의 지시에 따라 항해를 변경하여 항해하던 중 프랑스군함에 의한 나포를 피하기 위하여 고의로 천공하여 영국상인의 적하가 멸실되었다. 법원은 선장의 항해의 변경은 자발적이 아닌 국민으로서 거부할 수 없는 명령에 따른 것으로 선장의 행위는 자신이나 선주의 통제밖의 상황으로 인한 것으로 영국해상보험법 제45조에 해당하는 항해의 변경이 아니라고 판시하였다.

(d) 위험이 개시된 후일 것 : 항해의 변경은 위험의 개시 이후에만 발생할 수 있다. 구체적으로 위험이 특정한 항구 또는 장소'에서 및 로부터(at and from)' 조건의 보험계약의 경우에는 선박이 특정한 항구 또는 장소에 있거나(at), 선박이 부보항해를 수행하고 있는 후에야 변경이 가능하다. 지정된 항구 또는 장소'부터(from)' 조건의 보험계약의 경우에는 선박이 의도된 도착항을 향하여 지정된 항구 또는 장소를 출항한 후에만 항해의 변경이 가능하다.

(다) 항해변경의 효과

(a) 보험자의 면책 : 보험증권에 달리 규정하지 않는 한 보험자는 항해의 변경의사가 명백한 때로부터 보상책임을 면하고, 이는 손해가 발생한 때 선박이 실제로 보험증권상 정하여진 항로를 이탈하지 않았더라도 무관하다(영국해상보험법 제45조 제2항).

(b) 계속담보 : 영국해상보험법은 "보험증권에 달리 규정하지 않은 경우에는"이라는 문언을 삽입하여 항해의 변경에 관하여 계약당사자에게 자유로운 약정을 허용하고 있다. 이에 협회약관[91]은 항해의 변경의 경우 계속담보조항

88) Susan Hodges, Cases and Materials on Marine Insurance Law, p. 152.

89) [1941] 3 All ER 62, HL: 이 사건의 구체적인 사실관계는 이 책 제2부 제2장 제3절 손해보상의 의무 V. 분쟁(전쟁과 파업)위험 5. 협회적하전쟁보험약관과 협회적하파업보험약관 (2) 이행불능조항 (나) 이행불능조항 참조.

90) Rickards v. Forestal Land, Timber, and Railways Co., Ltd. [1941] 3 All ER 62, HL.

(held-covered clause)이 영국해상보험법 제45조에 우선하여 적용되도록 한다. 즉, 1983년 협회선박항해보험약관 제2조는 "항해변경사실을 알게 된 후 즉시 통지하고, 보험자가 요구하는 담보조건의 변경과 추가보험료에 대하여 합의가 이루어지는 경우에는 항해가 변경된 때에도 계속 담보된다"고 규정하고 있다.

이 계속담보조항에 관한 사례는 근래에야 내려졌다. Fraser Shipping Ltd. v. Calton and Others사건[92]에서 주요쟁점은 ① 손해가 현실전손에 해당하는가, ② 항해의 변경 후 보험자에게 위험의 변경을 초래할지 모르는 모든 중요한 사실을 통지할 의무가 있는가, ③ 보험자의 승낙의 지연의 효과 등이었다. 반잠수선 샤키르Ⅲ(ShakirⅢ)호를 중국회사에 해체를 위해 매각한 원고는 선박예인회사와 제빌 알리(Jebil Ali)에서 워손(상하이)[Woson(Shanghai)] 또는 황푸(Huang Pu)까지의 예인계약을 체결하고, 피고 보험자와 협회선박항해보험약관(전손만의 담보조건)을 내용으로 하는 기평가보험계약을 체결하였다. 보험계약은 "until safe arrival at Shanghai outer anchorage plus seven days, in single tow of approved Tug and for break-up"까지 담보한다고 되어 있었고, 항해변경조항이 들어 있었다. 보험증권에는 황 푸가 기재되어 있지 않았다.

1993.5.19. 예인선이 제빌 알리를 출발하여 5.25. 선박은 샹하이(Shanghai)가 아닌 황 푸로 예인될 것을 지시받았다. 원고는 선박이 6.25. 황 푸에 도착한 후에야 비로소 보험자에게 통지하였고, 그 계류장소는 당시 태풍으로 인하여 위험한 것으로 주지되어 있었다. 원고가 보험자에게 항해의 변경을 통지할 때, 황 푸의 악화된 기상상태를 언급하지 않음은 물론, 선박이 이미 중국상선과 사소한 충돌을 하였다는 사실도 통지하지 않았다. 태풍이 덮쳐 예인선이 절단되었고, 선박은 45마일이나 휩쓸려 섬에 좌초되었다. 원고의 보험금청구에 대하여 보험자는 이를 거부하였다. 법원은 보험자가 승낙을 지연한 것이 영국해상보험법 45조의 권리를 포기한 것으로 볼 수 없고, 통지가 즉시 행해지지 않았기 때문에 피보험자는 항해의 변경조항에 의하여 담보를 계속하여 받을 수 없다고 판시하였다.

## 4. 이 로

(1) 이로의 의의

(가) 이로의 의미 : 이로라 함은 정당한 사유 없이 보험계약에서 정하여진

91) 협회적하보험(A),(B),(C)약관 제10조; 1983년 협회선박항해보험약관 제2조; 1995년 협회선박항해보험약관 제2조.

92) [1997] 1 Lloyd's Rep. 586.

항로를 이탈하는 것이다. 선박의 항로가 해상보험계약에서 구체적으로 지정되어 있는 경우에는 이는 엄격히 준수되어야 하고, 그러하지 아니하는 경우에는 '통상적이고 관습적인' 항로(usual and customary course)를 따라 운항하여야 한다. 따라서 정당한 사유없이 항로를 이탈하는 것은 위험의 변경을 초래하는 것으로 보험계약의 효력에 영향을 미치게 된다.

(나) 항해의 변경 등과의 구별

(a) 다른 도착항을 향한 항해개시와의 구별 : 이로는 도착항이 변경되는 것은 아니므로 처음부터 보험계약에서 정하여진 목적항이 아닌 다른 항을 향하여 출발하는 것과 구별된다(상법 제701조 제2항, 영국해상보험법 제44조).

(b) 항해의 변경과의 구별 : 이로와 항해의 변경을 구별하는 기준은 보험계약에서 정하여진 도착항까지 선박을 운항할 의사의 존재 여부이다.

이로는 정하여진 항로나 통상적이고 관습적인 항로를 이탈하기만 하면 항해를 완료하기 위하여 원래의 항로로 돌아올 의사이더라도 성립한다. 정하여진 도착항에 도착할 의사는 변함이 없다. 즉, 도착항은 변함이 없고, 항해를 수행하는 적절하고 통상적인 항로만이 변경된 것이다. 또한 의도되기만 하였지 실행되지 아니하였으면 이로가 아니다.

그러나 항해의 변경은 보험자의 책임이 개시된 후 보험계약에서 정하여진 도착항이 변경되는 것으로(상법 제701조 제3항, 영국해상보험법 제44조), 항해의 변경은 보험계약에서 정한 항해를 완수할 의도가 없는 것이다.

(2) 우리 상법상의 이로

(가) 상법의 규정 : 선박이 정당한 사유 없이 보험계약에서 정하여진 항로를 이탈한 경우에는 보험자는 그때부터 책임을 지지 아니한다. 선박이 손해발생 전에 원항로로 돌아온 경우에도 같다(상법 제701조의 2). 이로는 선박이 원래의 항로를 이탈하여 보험자가 인수한 위험을 변경시키는 것이다. 따라서 본조는 주관적 위험변경증가의 보험계약의 효과를 규정하고 있는 상법 제653조의 특칙이다. 본조는 영국해상보험법의 입장에 따라(동법 제46조) 이로의 경우에는 그때부터 보험자는 책임을 면하는 것으로 한다.

(나) 이로의 효과 : 보험자는 이로하였을 때로부터 책임을 면한다. 보험계약은 소급하여 무효가 되는 것이 아니므로 이로 이전에 발생한 책임은 영향을 받지 않으며, 보험자는 이로 이전에 발생한 모든 손해에 대하여 보상책임을 진다.

(3) 영국해상보험법상의 이로

영국해상보험법은 선박이 보험계약에서 정하여진 항해를 적법한 이유없이 이로한 경우에 보험자는 이로한 때로부터 보상책임을 면하는 것으로 규정하고 있다(영국해상보험법 제46조 제1항).

(가) 이로의 요건 : 정당한 사유없이 항로가 해상보험계약에서 구체적으로 지정되어 있는 경우에는 이를 이탈하는 것이고, 그러하지 아니하는 경우에는 통상적이고 관습적인 항로를 이탈하여 운항하는 것이다.

(a) 항로 이탈 : 보험계약에서 항로가 구체적으로 지정되어 있는 경우에는 그 항로를 이탈한 경우이고, 그러하지 않은 경우에는 통상적이고 관습적인 항로를 이탈한 경우이다(영국해상보험법 제45조 제2항).

(ㄱ) 항로가 지정된 경우 : 항로가 구체적으로 지정된 경우에는 엄격히 준수되어야 하고, 이로의 경우에는 보험자는 책임을 면한다. 이러한 엄격준수원칙에 관한 지도적 판례는 Elliot v. Wilson사건[93]이다. 이 사건에서 킹스턴(Kingston)호에 선적한 담배의 적하에 대하여 캐런(Carron)에서 헐(Hull)까지의 짧은 구간의 항해에 대하여 레이스(Leith)항에의 정박은 허용되어 있었다. 선박은 레이스에서 6마일 떨어진 모리슨스 헤이븐(Morrison's Haven)에 입항하였고, 선박은 원래의 항로에 귀로하였지만, 노덤버랜드(Northumberland)의 홀리 아일랜드(Holly Island)에서 풍랑을 만나 좌초되었다. 법원은 허락받지 않은 모리슨즈 헤이븐으로의 이로로 인하여 보험자는 보험계약상 책임을 면하고, 선박이 원래의 항구로 귀항하였다는 사실은 위험이 다시 개시된다는 것을 의미하지 않는다고 판시하였다.

(ㄴ) 항로가 지정되지 않은 경우 : 항로가 지정되지 않은 경우에는 통상적이고 관습적인 항로를 따라야 한다. 통상적이고 관습적인 항로는 두 항구 사이의 가장 안전하고, 직접적이며 신속한 항로로서 이는 상관습의 문제이다. 이는 사실문제이고, 선박의 유형, 선박이 수행하는 거래에 따라 다르다.[94] 이는 해상적하운송에 관한 Reardon Smith Line Ltd. v. Black Sea and Baltic General Insurance Co., Ltd.사건[95]에서 판시되었는데 보험에도 그대로 적용된다. 인디언 시티(Indian City)호의 선주가 동 선박을 러시아회사에 흑해에 있는 포티(Poti)에서 미국의 스패로우즈 포인트(Sparrow's Point)까지의 항해에 대하여

93) [1776] 4 Bro Parl Cas 470, PC.
94) Susan Hodges, Law of Marine Insurance, p. 61.
95) [1939] AC 562, HL.

용선하였는데, 용선계약상 동 선박은 항로에 최고 속도로 직접 운항하도록 되어 있었다. 포티에서 적하를 선적한 후 선장은 선주로부터 재급유를 위하여 콘스탄짜(Constanza)로 항해할 것을 지시받아 입항하던 중 좌초되었는데, 임시수선을 한 선박의 상태로 인하여 로테르담(Rotterdam)으로 도착항을 변경하였다. 선주는 그로 인하여 상당한 공동해손비용이 초래되어 용선자에 대하여 분담을 청구하였다. 보험자가 적하에 대한 공동해손분담금을 보상하기로 되어 있었다. 보험자는 동 선박이 약정한 항로를 이탈하였다는 이유로 공공해손분담금의 보상을 거부하였는데, 법원은 보험자의 보상을 명하였다. 그 이유는 콘스탄짜에의 재급유기항은 비록 직항의 항로는 아니어도 거래상 선박이 이용하는 통상적이고 관습적인 항로라는 것이었다.

(ㄷ) 이탈의 정도 : 항로의 이탈의 정도는 묻지 아니하고, 조금이라도 이탈이 있기만 하면 아무리 사소하여도 상관없다. 위험이 증가하지 아니하였다는 것도 고려하지 않는다.

(ㄹ) 수개의 양륙항이 기재되어 있는 경우 : 보험증권에 수 개의 양륙항이 기재되어 있는 경우에는 선박은 그 전부 또는 일부의 항구로 항해할 수 있지만, 반대의 관습이 없는 한 보험증권에 기재된 순서에 따라 항해하여야 한다(영국해상보험법 제47조 제1항). 또 보험증권에 항구의 이름이 기재되지 아니한 채 일정한 지역 내의 '양륙항들'까지라고 기재되어 있는 경우에는 반대의 관습이 없는 한 선박은 지리적 순서에 따라 그 전부 또는 일부 항구로 항해하여야 한다(영국해상보험법 제47조 제2항).

(b) 이탈 의사만으로는 이로가 아님 : 이로의 의사는 중요하지 아니하며 보험자가 책임을 면하기 위하여서는 실제로 이로가 있어야 한다(영국해상보험법 제46조 제3항). 선박이 원래 항로에서 실제 이탈하여야만 보험자는 책임을 면한다. 이로를 고려한 것만으로는 보험계약에 영향을 미치지 않는다. Wooldridge v. Boydell사건[96]에서 맨스필드경은 "부보항해로부터의 이로는 사유 후(after-thought), 고려 후(after-interest), 유인 후(after-temptation)에 발생한다. 약정된 부보된 항해를 실제로 이탈하는 자는 자기가 가입한 보험증권을 포기하는 것을 의미한다. 의도되었지만 실제로 실행되지 않은 경우에는 이로가 아니다"라고 판시하였다. 의도되었지만 실행되지 않은 이탈은 이로가 아니라는 원칙은 Kings-

96) [1778] 1 Doug KB 16: 이 사건의 사실관계는 이 책 제2부 제6장 제2절 항해보험 Ⅱ. 선박의 항해보험 1. 보험기간의 시기 (1) 어느 장소부터 개시되는 보험 (다) 다른 도착항을 향한 항해 (b) 영국해상보험법상의 도착항의 변경 참조.

ton v. Phelps사건[97]에서 집중적으로 조명되어 Middlewood v. Blakes사건[98]에서 인용되었다.

(c) 원래의 항로로 복귀한 경우 : 선박이 항로를 이탈하기만 하면 손해 발생 전에 원래의 항로로 복귀하더라도 보험자는 책임을 면한다(영국해상보험법 제46조 제1항, 상법 제701조의 2 제2문).

(d) 이로에 정당한 사유가 없을 것 : 선박이 항로를 이탈함에 있어서 정당한 사유가 있는 경우에는 이로가 허용된다. 이로가 자발적이 아니라 불가피한 경우에는 보험자는 보상책임을 진다는 것이 일반적 원칙이다. 이는 Delaney v. Stoddart사건[99]에서 판시되었다. 원고는 선박 프랜드십(Friendship)호와 선박이 취득할 운임에 대하여 'at and from St Kitts to London'의 항해에 대하여 호위되어 운항할 것을 조건으로 보험에 가입하였다. 선박이 선적을 위하여 항구로 이동하기 위하여 닻을 올린 순간 역풍을 만나 바다로 떠밀려가 세인트 유스타티아(St Eustatia)로 입항할 수밖에 없었다. 선박이 세인트 키츠(St Kitts)로 회항하려고 시도하였으나 기상으로 방해를 받아 항해하기 전에 세인트 유스타티아에서 선적하고 호송을 받게 되었다. 런던까지의 항해에서 선박은 좌초되어 보험금의 지급이 청구되었다. 법원은 이로는 기상악화로 인하여 불가피하였다는 이유로 보상을 명하였다. 맨스필드경은 "선박이 불가피하게 이로한 경우 떠밀려간 원래의 장소로 회항할 의무는 없다"라고 지적하였다.

영국해상보험법상 항해를 수행함에 있어서 지연 이로가 허용되는 다음과 같은 7가지 사유가 들어진다(영국해상보험법 제49조 제1항). 다만, 이로를 허용하는 사유가 있다고 하더라도 그 사유가 종료한 후에는 선박은 신속하게 원래의 항구로 복귀하여야 한다(동조 제2항).

(ㄱ) 보험계약상 특약이 있는 경우 : 이로의 경우 계속담보하는 것이 해상보험계약상의 표준관습이다.[100] 그러나 피보험자의 이로의 의사가 보험계약성립 이전에 있는 경우에는 이 계속담보조항은 적용되지 않는다.[101] 이 조항은 어떤 항구나 장소에서이든지 '기항, 정박할 수 있다'는 것으로 규정하던 종래

97) [1795] 7 Term Rep. 165.

98) [1797] 7 Term Rep. 162.

99) [1785] 1 Term Rep. 22.

100) 1983년 협회선박항해보험약관상 선박상 피보험자가 이로의 경우 보험자에게 신속히 통지하면 보험료와 보험조건의 변경하는 것을 조건으로 보험담보가 계속되고(동약관 제2조), 협회적하보험(A),(B),(C)약관상 보험계약자가 통제할 수 없는 이로의 경우에는 보험은 종료되지 아니하고 계속된다(동 약관 제8조 제3항).

101) Laing v. Union Marine Insurance Co. [1895] 1 Com. Cas. 11.

의 로이즈 S.G 보험증권(영국해상보험법 부칙 보험증권의 해석에 관한 규칙 제6조)을 대체한 것이다.

(ㄴ) 선장 등의 통제할 수 없는 사유로 인한 경우 : 이는 전시에 적국의 나포를 방지하기 위한 정부의 명령 또는 적국의 잠수함의 공격을 피하기 위한 행위를 포함한다. 폭풍우 등 기상조건, 승무원의 행위를 포함한다.[102] 그러나 일정지역에 대한 지리정보를 선장이 알지 못하여 이로한 것은 이에 해당하지 않는다.[103]

(ㄷ) 명시적 담보특약이나 묵시적 담보특약을 충족하기 위하여 필요한 경우 : 이는 주로 감항능력에 관한 것으로(영국해상보험법 제39조 제3항) 선박이 다음 단계의 항해에 대한 감항능력을 갖추기 위하여 이로한 경우가 그 예이다.[104]

(ㄹ) 선박 또는 보험목적의 안전을 위하여 필요한 경우 : (ㄷ)의 경우와 중복되는 것으로 선박을 수선하거나 장비를 갖추기 위한 경우, 식량을 조달하기 위하여 필요한 경우가 이에 해당한다. 그러나 부보되지 아니한 위험을 피하기 위한 이로는 제외된다.[105]

(ㅁ) 인명을 구하기 위하여 또는 인명이 위험에 처한 선박을 구하기 위한 경우 : 인명을 구하기 위한 경우에만 허용되고 재산을 구조하기 위한 이로는 허용되지 아니한다. 영국판례[106]는 조난선을 구조하기 위한 선박의 이로시 조난선 위의 사람은 쉽게 구조할 수 있었지만 조난선 자체를 구조하다가 좌초한 경우 그 이로는 허용되지 아니하는 이로라고 한다.

(ㅂ) 선박에 있는 사람에 대한 내과·외과적 치료를 위하여 필요한 경우 : 판례[107]는 첫째, 발병한 승무원의 비율이 항해를 할 수 없을 정도일 것, 둘째, 의사를 포함한 항해를 위하여 적절한 의료비품을 갖추고 항해를 하였음을 입증한 경우에 한하여 이로가 허용된다고 하지만, 현재는 단 한 명의 질병치료를 위한 이로도 가능하다고 본다.[108]

---

102) Robert Merkin, Marine Insurance Legislation, London: LLP, 2000, p. 47.

103) Phyn v. Royal Exchange Assurance Co. [1798] 7 Term Rep. 505: 이 사건의 구체적인 사실관계는 이 책 제3부 제2장 제3절 손해보상의 의무 Ⅲ. 인치마리위험 8. 악행 (3) 악행의 인정범위 (가) 단순한 이로 또는 악행이 결부된 이로 참조.

104) Bouillon v. Lupton [1863] 15 CBNS 113.

105) Scott v. Tompson [1805] 1 Bos & PNR 181.

106) Scaramanga v. Stamp [1880] 5 CPD 295.

107) Woolf v. Claggett [1800] 3 Esp 257.

108) Howard N. Bennett, The Law of Marine Insurance, London: Clarendon Press, 1996, p. 279.

(ㅅ) 부보된 위험이 선장 또는 선원의 악행에 의한 경우 : 악행은 피보험자의 지시나 요구를 위반한 선장이나 승무원의 행위를 의미하고 이로 인한 이로는 부보되지만,[109] 선장과 승무원의 과실로 인한 이로는 제외된다.[110]

(나) 이로의 효과 : 보험자는 이로하였을 때로부터 책임을 면한다(영국해상보험법 제46조 제1항). 보험계약은 소급하여 무효가 되는 것이 아니므로 이로 이전에 발생한 책임은 영향을 받지 않으며 보험자는 이로 이전에 발생한 모든 손해에 대하여 보상책임을 진다.

(다) 이로의 경우 계속담보 : 이로의 효과는 계속담보조항과 같은 당사자 사이의 약정에 의하여 배제되는 것이 관습이다. 즉, 적하보험의 경우에는 통제할 수 없는 이로의 경우에 보험계약은 종료되지 아니하고 계속 부보되지만(협회적하보험 (A), (B), (C)약관 제8조 제3항), 선박항해보험의 경우에는 피보험자가 이로 사실을 보험자에게 지체없이 통지하면 보험료를 추가 납입하고 보험조건을 변경하는 것을 조건으로 보험담보가 계속된다.[111] 동 약관조항은 "이로 또는 항해의 변경 또는 예항 및 구조작업에 관한 담보특약위반[112]이 발생한 경우에는 그 사실을 인지한 후 보험자에게 즉시 통지하고 보험자가 요구하는 담보조건의 변경과 추가보험료에 대한 합의가 이루어지는 경우엔 보험담보가 계속된다"라고 규정하고 있다.

선박항해보험에 있어서 계속담보를 위하여 다음의 점을 검토할 필요가 있다.

(a) 피보험자의 즉시 통지 : 모든 계속담보조항은 피보험자가 정보를 수령한 후 일정한 기간안에 계속담보될 이로 기타 불이행의 통지를 할 것을 요구한다. 통지가 지체없이(immediately), 즉시(promptly) 또는 상당한 기간내에(within a reasonable time)에 행해질 것을 요구하거나 피보험자가 상당한 통지(due notice)를 할 것을 요구하기도 한다. 상당한 시기는 각 사안에서의 사실판단의 문제이다.

(ㄱ) 통지시기 : 협회선박항해보험약관은 지체 없이 이로사실을 통지

---

109) 이에 관하여서는 이 책 제3부 제2장 제3절 손해배상의 의무 Ⅲ. 인치마리 위험 8. 악행 (3) 악행의 인정범위 (가) 단순한 이로 또는 악행이 결부된 이로 참조.

110) Mentz, Decker & Co. v. Maritime Insurance Co. [1910] 1 KB 132; 이 사건의 구체적인 사실관계는 이 책 제2부 제6장 제2절 항해보험 Ⅱ. 선박의 항해보험 4. 이로 (3) 영국해상보험법상의 이로 (다) 이로의 경우의 계속담보 (a) 피보험자의 즉시 통지 (ㄴ) 보험사고 발생 후 이로사실을 알게 된 경우 참조.

111) 1983년 협회선박항해보험약관 제2조; 1983년 협회운임항해보험약관 제2조.

112) 묵시적 담보특약위반의 경우는 계속담보가 허용되지 않고, 단지 예인과 구조작업과 관련한 담보특약위반에 대하여서만 계속담보가 허용된다.

할 것을 요구하는바, 그 시기가 문제된다. 계속담보조항에서 통지 기간에 관한 문구가 없었던 사안에서 영국판례[113]는 적절한 통지(reasonable notice)를 하여야 하는 묵시적인 약정이 있는 것으로 보아 피보험자가 원하는 기간이 허용되는 것은 아니고 통지를 위한 상당한 기간이내에 하여야 한다고 보지만, 현행 협회선박항해약관상의 '지체 없이'라는 문구는 적절한 통지 또는 상당한 기간내의 통지보다는 더욱 신속할 것을 의미하므로 피보험자가 이로사실을 아는 즉시 통지할 것을 요한다.[114] Thames and Mersey Maritime Insurance Co. v. Van Laum사건에서 피고는 호주에서 중국으로 가축을 운송하기 위하여 선박을 용선하여 적하에 대하여 두 개의 보험계약을 체결하였는데, 모두 계속담보조항이 삽입되어 있었다. 리버풀에서 발행된 증권에는 이로의 경우 이로사실을 알게 된 후 지체없이 통지하도록 되어 있었지만, 런던에서 발행된 증권에는 상당한 시간내에 통지하도록 되어 있었다. 1900.12.4. 가축매수인인 독일정부가 그 수령을 거부하고 12.16.에는 도착항인 타쿠(Taku)가 얼어서 항해불가능하다고 하여 웨이하이웨이(Wei-hai-wei)항으로 입항하라는 지시를 기다리다가 1.16. 상하이에 도착하였지만 가축은 모두 도살할 수밖에 없었다. 12월 31일에야 비로소 통지를 받은 보험자는 보상을 거부하였다. 상원은 두 개의 보험계약 모두 이 상황에서 상당한 기간 안에 통지가 행하여졌다고 볼 수 없다고 판시하였다.

(ㄴ) 보험사고 발생 후 이로사실을 알게 된 경우 : 영국판례[115]는 보험사고발생 후 이로의 사실을 알게 된 경우 통지에 의한 계속담보가 허용된다고 본다. Mentz, Decker and Co. v. Maritime Insurance Co.사건[116]에서도 같은 취지의 판시가 행하여졌다. 원고는 선박 비두코(Viduco)호의 선주로 선박의 수수료에 대하여 보험에 들었다. 보험증권에는 피보험자가 이로사실을 안 이후 적절한 통지(due notice)에 의한 보험료의 재조정을 조건으로 보험담보가 계속된다라고 규정되어 있었다. 선장에 의한 두 번의 악행으로서의 이로가 있은 후 사고가 발생하였다. 원고는 두번째 이로는 선박이 멸실하였음을 알게 된 후 즉시 통지하였지만, 첫번째 이로는 멸실 당시 알지 못하였고 알게 된 후에도 중요하지 아니하다고 판단하여 사고발생 후 수개월 동안 통지하지 아니하였다. 보험자는

113) Thames and Mersey Maritime Insurance Co. v. Van Laun [1917] 23 Com. Cs. 104 at p. 109, HL; 또한 이 책 제2부 제6장 제2절 항해보험 Ⅱ. 선박의 항해보험 5. 항해의 지연 (2) 영국해상보험법상의 항해의 지연 (가) 항해지연의 의의 참조.

114) Susan Hodges, Law of Marine Insurance, p. 63.

115) Greenock Steamship Co. v. Maritime Insurance Co. [1903] 1 KB 367.

116) [1909] 1 KB 132.

특히 적절한 통지가 없었다는 이유를 들어 보상을 거부하였다. 해밀튼(Hamilton) 판사는 계속담보조항의 의미를 "피보험자가 이로의 사실을 알게 된 후 통지에 의하여 보험담보를 계속 유지할 수 있는 합의이고, 이 사건에서 피보험자가 이로사실을 알게 되어도 실행할 수 있는 것이 아무 것도 없다"라고 하고, 멸실 후 통지는 조건을 충분히 충족시킨다고 하여 보상을 명하였다.

(b) 보험조건의 변경 : 보험자가 이로의 통지를 받은 경우 보험료를 추가납입하고 보험조건을 변경하는 것을 조건으로 보험담보가 계속된다. 이 경우 보험자가 부과할 수 있는 추가보험료는 이로가 행하여진 때 당사자가 그 사실을 발견하였더라면 정하였을 금액이다.[117]

(c) 보험계약체결 이전에 이로의사가 있는 경우 : 피보험자가 보험계약을 체결하기 이전에도 부보항해에서 이탈할 의도가 있는 경우에는 계속담보조항은 적용되지 않는다. Laing v. Union Marine Insurance Co.사건[118]에서 보험자가 인수한 보험계약이 실제로 보험자가 담보하는 위험이 아닌 경우 피보험자는 계속담보조항을 원용할 수 없다고 판시하였다. 법원은 또한 당시에 위험하다고 잘 알려진 홍가이(Hongay)항에 기항할 의사라는 중요한 사항을 고지하지 아니한 의무위반이 있다고 보았다.

## 5. 항해의 지연

### (1) 항해지연의 의의

항해보험은 기간보험과는 달리 출발항에서 목적항까지의 항해를 단위로 위험이 인수되지만 기간에 제한없이 무한정 담보가 계속되는 것이 아니라 정당한 사유 없이 발항이 지체되거나 구조작업 등에 종사하여 항해가 지연되는 경우 원래 인수된 위험이 변경되었다고 할 수 있으므로 보험계약의 효력을 그대로 유지할 수 없다. 그리하여 우리 상법 제702조와 영국해상보험법 제48조는 항해의 지연의 경우 보험자는 지체한 이후의 사고에 대하여 책임이 없다고 규정하고 있다. 다만 발항의 지연에 대하여 우리 상법은 함께 규정하지만, 영국해상보험법은 발항의 지연을 제42조 제1항에서 규정하고, 제48조는 항해사업의 지연에 대하여 규정하고 있다.

117) Greenock Steamship Co. v. Maritime Insurance Co. [1903] 1 KB 367.
118) [1895] 1 Com Cas 11.

(2) 우리 상법상의 항해의 지연

우리 상법 제702조는 "피보험자가 정당한 사유 없이 발항 또는 항해를 지체한 때에는 보험자는 발항 또는 항해를 지체한 이후의 사고에 대하여 책임을 지지 아니한다"라고 규정하여 발항의 지연과 항해의 지연을 상법 제702조에서 함께 규정하고 있다. 이 규정은 위험이 보험기간 중에 보험계약자 등의 고의 등에 의하여 변경·증가된 경우 보험계약의 효과를 규정하고 있는 상법 제653조의 특칙이다.

(3) 영국해상보험법상 항해의 지연

(가) 항해지연의 의의 : 항해보험계약의 경우 부보된 해상사업은 전체과정이 신속하게 수행되어야 하고, 만일 적법한 원인이 없이 그러하지 아니한 경우에는 보험자는 그 지연이 부당한 정도가 되는 때로부터 보상책임을 면한다(영국해상보험법 제48조). 이로와 항해의 지연의 효과는 때때로 구별할 수 없을 정도로 유사한 경우가 많다. 따라서 영국해상보험법상의 이로가 허용되는 사유는 항해의 지연의 경우에도 같이 적용되는 것으로 규정되어 있다(동법 제49조).

양자의 효과의 유사성은 도착항에 얼음이 얼어서 입항할 수 없었기 때문에 가축을 운송하던 선박이 이로하고 항해가 지연되어 가축을 도살하게 된 Thames and Mersey Maritime Insurance Co. v. Van Laun사건[119]에서 판시되었다. 다베이(Davey)판사는 설령 부보된 항해에 대한 이탈이 아니라고 하더라도 수행되었어야 할 항해기간상의 지연이 있었다고 판시하였다.

(나) 항해의 지연의 효과 : 항해의 지연에 대하여서는 표준선박항해보험약관[120]의 항해의 변경조항은 지연이 발생한 경우 보험목적을 계속 담보하는 뜻을 규정하지 않고 있다. 즉, 표준선박항해보험약관의 항해의 변경조항은 지연을 담보하지 않는다. 이에 따라 항해의 지연에 대하여서는 영국해상보험법 제48조와 제49조가 적용된다.

그러나 영국해상보험법 제55조 제2항 b호는 "다른 약정이 없는 경우에는 지연이 부보위험으로 인하여 발생한 경우에도 선박보험자나 적하보험자는 지연으로 근인한 손해를 보상하지 않는다"라고 규정하여 원하는 경우에는 적하와 선박의 피보험자는 지연으로 근인한 손해를 보험에 붙일 수 있도록 하고 있다.[121]

119) [1917] 23 Com. Cas. 104 at p. 109, HL: 이 책 제2부 제6장 제2절 항해보험 Ⅱ. 선박의 항해보험 4. 이로 (3) 영국해상보험법상의 이로 (다) 이로의 경우 계속담보 (a) 피보험자의 즉시통지 (ㄱ) 통지시기 참조.

120) 1983년 협회선박항해보험약관 제2조; 1995년 협회선박항해보험약관 제2조.

## 6. 선급조항

1995년 협회선박항해보험약관 제3조는 1995년 협회선박기간보험약관 제5조[122]와 같은 규정을 신설하고 있다. 이에 선박의 감항능력과 감항능력이 있도록 선박을 유지하는 것에 관한 선급협회가 요구하는 권고, 요건 또는 제한을 준수하지 않고 선급을 유지하지 아니하거나, 선급협회의 변경의 경우에는 보험자는 보상책임을 지지 아니한다. 다만 1995년 협회선박항해보험약관에는 표준선박기간보험약관에 있는 종료조항[123]에 해당하는 규정이 없으므로 보험계약은 자동적으로 종료되지 아니한다. 선급조항은 담보특약에 해당하므로 약속적 담보특약(promissory warranty)의 경우와 같이 보험자는 그 위반 이후에는 보험계약상의 책임이 자동적으로 면한다.[124]

## 7. 보험담보의 종료-안전한 정박

### (1) 보험담보의 종료시 안전한 상태의 요구

앞에서 고찰한 바와 같이[125] 보험계약상 위험이 개시되기 이전에 선박은 안전한 상태이어야 한다(보험약관의 해석에 관한 규칙 제3조). 그러나 위험의 종료에 대하여서는 이에 해당하는 조항이 없다.

현재는 사용되지 않는 구 SG보험증권에서는 선박이 안전하게 24시간 동안 닻을 내리고 정박하는 경우에만 위험이 종료된다고 규정하였다. 이에 보험계약상 위험이 종료하는 시기에 대한 많은 판례가 집적되었다.

협회약관은 이와 같이 규정하지 않으므로 피보험자가 도착항에서 일정한 기간동안 안전한 상태에 있도록 하여야 보험기간이 종료하는 것은 아니나. 그러나 당사자가 안전조항(good safety clause)을 삽입하는 경우에는 그 의미를 해석하는데 종래의 판례를 참조하여야 한다.

### (2) 선박은 물리적이고 정치적으로 안전할 것

안전조항을 삽입하고 있는 항해보험계약에서 보통법의 일반적인 해석은 목

121) 이 책 제3부 제2장 제3절 손해보상의 의무 Ⅵ. 면책위험 3. 지연 (2) 선박보험 참조.
122) 2003년 국제선박보험약관 제13조(선급과 ISM조항).
123) 2003년 국제선박보험약관 제14조(관리조항).
124) 'Good Luck' [1991] 2 Lloyd's Rep. 191, HL사건에서 영국해상보험법 제33조의 면책은 자동적 면책을 의미한다고 판시한다; 이 책 제2부 제5장 제2절 담보특약 Ⅲ. 담보특약위반의 효과 2. 담보특약위반의 효과 참조.
125) 이 책 제2부 제6장 제2절 항해보험 Ⅱ. 선박의 항해보험 1. 보험기간의 시기 (2) 어느 장소에서 및 로부터 개시되는 보험 (나) 안전함 참조.

적항에 도착한 선박은 안전하고 적하를 하역할 수 있도록 24시간 동안 통상적인 지역에 닻을 내리거나 계류되어야 한다고 해석한다. Waples v. Eames사건126)에서 법원은 검역지대에 있던 선박은 안전하게 있었던 경우에 해당하지 않는다고 판시하였다. 이 사건에서 선박 석세스(Success)호는 'at and from Leghorn to the Port of London, and till there moored 24 hours in good safety' 조건으로 부보되었다. 런던에 도착한 후 석세스호는 잠시 계류지에 체류하던 중 검역장소에서 일정한 기간동안 검역을 받을 것을 명령받았다. 이에 선원들은 선박에서 이탈하였고, 선박은 3주 후에야 검역지역으로 항해가 가능하였으며, 검역이 완료되기 이전에 선박은 화재로 멸실되었다. 피보험자의 보험금청구에 대하여 보험자는 선박이 24시간동안 안전하게 계류되었다는 이유로 보상을 거부하였다. 법원은 선박이 검역지역에 있는 것은 선박이 계류되는 통상적인 지역에 있는 것이 아니고, 선박은 적하를 하역할 수 있는 기회를 가지지 않았다는 이유로 보험계약은 종료되지 아니하였다는 이유로 보상을 명하였다.

Minett and Others v. Anderson사건127)에서는 선박은 선박이 안전함에는 물리적으로만이 아니라 정치적으로 안전할 것이 요구된다고 판시되었다. 이 사건에서 선박 허큐러스(Hercules)호에 대하여 빌바오(Bilbao)에서부터 루언(Rouen)까지 선박이 24시간동안 안전하게 계류될 때까지의 항해에 대하여 부보되었다. '허큐러스'호가 루언에 도착하였으나 노획품으로 억류되고 선원들은 전범으로 격리되었다. 법원은 선박은 보험증권상의 의미에서 안전한 상태에 있지 아니하였으므로 보험금지급책임을 진다고 판시하였다.

한편 위험의 종료와 관련하여 24시간 또는 수일의 개시시점을 어느 시기로 볼 것인가가 문제된다. 이에 대하여서는 Cornfoot v. Royal Exchange Assurance Corporation사건128)에서 다루어졌다. 선박 인챕 록(Inchape Rock)호에 대하여 'from Portland Oregon by any route to Algoa Bay, and for 30 days in port after arrival however employed'으로 24시간이란 문구 대신에 30일로 대체되었다. 선박은 1902.8.2. 오전 11:30에 알코어 베이(Algoa Bay)에 안전하게 도착하였는데, 1902.9.1. 오후 4:30에 강풍으로 인하여 좌초되었다. 원고는 30일은 도착한 일자의 자정부터 개시된다고 보아 보상을 청구하였지만, 법원은 선박의 실제도착시점부터 개시된다고 하여 보험계약은 만료되어 보험자는 보상책임이 없다고

126) [1745] 2 Str 1243.
127) [1794] Peake 277.
128) [1903] Com Cas 205: aff'd CA [1904] 9 Com Cas 80.

판시하였다.

안전함의 의미에 관한 지도적 판례는 Lidgett v. Secreta사건[129]으로 이 사건에서 법원은 정치적인 안전이라는 표현 대신에 선박은 안전한 상태로 존재하여야 할 뿐만 아니라 선주의 점유와 통제아래 있어야 한다고 하였다. 선박 샤르마뉴(Chalemagne)호에 대하여 'at and from London to Calcutta, and for 30 days after arrival ... until she hath moored at 24 hours in good safety'조건으로 항해보험에 들었다. 항해 중 '샤르마뉴'호는 산호초와 충돌로 인하여 훼손된 채 물을 펌프로 배출하면서 캘커타(Cacutta)에 1866.10.26. 도착하여 적하를 하역하였다. 후일 드라이 독에 입거하였지만 1866.12.6. 화재로 전소되었다. 쟁점은 선박이 안전하게 실제로 계류되어 있었는가 여부이었다. 법원은 '샤르마뉴'호는 계류된 24 시간 이상의 기간동안 난파선인 것만은 아니었고, 요구된 24시간 이상 안전하게 계류되어 있었다고 보았다. 선박이 24시간 이상 동안 안전하게 계류된 후 30일이 경과한 시점에서 화재로 소훼되었으므로 위험은 종료되었고 보험자는 보상책임이 없다고 판시하였다.

## Ⅲ. 적하의 항해보험

### 1. 개 관

적하에 대하여서는 1982년 협회적하보험(A), (B) 또는 (C)약관을 보험계약의 내용으로 체결되는 것이 보통이다. 또한 운송계약은 둘 이상의 운송수단이 이용되는 복합운송인 경우가 대부분이고, 복합운송을 담보하는 보험계약도 전체 운송의 해상운송과 육상운송 부분 모두를 내용으로 하게 된다.

따라서 적하항해보험계약은 해상항해에 부수적인 것임을 조건으로 육상운송 또는 내륙 수면상의 운송에 대하여서도 보험담보가 확장된다. 영국해상보험법에도 이를 명시하고 있다. 즉, "해상보험계약은 명시적인 특약이나 상관습에 의하여 해상항해에 부수하는 육상위험 또는 내수면에서의 손해로부터 피보험자를 보호하기 위하여 담보구간이 확장될 수 있다(영국해상보험법 제2조 제1항)." 그러나 영국해상보험법 제2조 제1항은 내륙운송과 내수면에서의 운송을 해상보험계약에 포함하기 위한 일반적인 규정에 불과하고, 보험계약의 조건을 정하는 것은

129) [1870] LR 5 CP 190.

해상적하보험약관이며, 1982년 협회적하보험약관이 표준약관으로 널리 이용되고 있다. 협회적하보험약관에는 보험기간(duration)이라는 표제아래 ① 제8조-운송조항(또는 창고사이조항), ② 제9조-운송계약의 종료조항, ③ 제10조-항해의 변경조항이 두어져 있다. 협회적하보험약관 제8조, 제9조, 제10조는 밀접히 연관지워 해석되어야 하는데, 이 세 조항은 모두 보험기간에 관한 것이기 때문이다.130)

## 2. 보험기간의 개시

협회적하보험(A), (B) 또는 (C)약관 제8조 제1항은 "이 보험은 적하가 운송을 개시하기 위하여 이 보험증권에 기재된 장소의 창고 또는 보관지점을 떠나는 때에 개시하고, 통상의 운송과정 중에 계속되며, …"라고 규정하고 있다.

이는 적하가 창고 또는 보관장소를 출발하는 때에만 오직 보험이 개시된다는 것을 강조하고 있다. 이에 적하가 보험증권에 기재된 장소에 실제로 임치되어 있는 동안에는 보험담보가 행하여지지 않는다. 또한 창고 또는 보관장소로부터의 운송이 실제로 개시되기 이전에는 보험자의 보상책임은 인정되지 않는다는 문언을 유념하여 해석하여야 한다.

떠난다는 것은 운송을 하고자 하는 의도를 가지는 물리적인 이동을 의미한다. 구내에 잔존한 채 트럭에 적재하는 것만으로는 충분하지 않다. '운송을 개시하기 위하여 이 보험증권에 기재된 장소'는 피보험자가 명세서에 정확히 그 장소를 확인하고 해상보험증권의 항해 항목에 기재된 경우에는 실내이어도 된다.

적하가 공장을 출발하여 선박에 선적되기 직전 적하보험계약을 체결하면서 적하의 생산공장으로부터 보험자의 책임이 개시되는 것으로 체결하는 것도 무방하다.131)

---

130) N. Geoffrey Hudson, The Institute Clauses, 3rd ed., London: LLP, 1999, p. 26

131) Wunsche Handelsgesellschaft International v. Tai Ping Insurance Co., Ltd. and Another [1998] 2 Lloyd's Rep. 8, CA: 이 사건에서 적하의 공장에서부터의 해상보험계약상 컨테이너에 적입하기 이전의 적하의 손해를 소급하여 보상할 것을 약정할 수 있는가 여부가 다투어졌다. 깡통 버섯과 아스파라거스(asparagus)의 CIF 매수인인 분쉐(Wunsche)사는 중국에서 함부르크까지의 적하를 담보하는 보험금청구권의 양수인이었다. 중국본토에서 깡통에 적입된 적하는 철도 또는 트럭으로 센젠으로 운송되어 그곳에서 컨테이너에 적입될 예정이었다. 이 컨테이너는 바지선 또는 트럭으로 홍콩으로 운송되어 외항선에 선적될 예정이었다. 공장에서 매수인의 창고까지의 운송중 손해를 담보하는 보험계약이 홍콩에서 선박에 선적되기 이전의 날에 소급하여 체결되었다. 선박이 함부르크에 도착한 후 깡통에 적입한 적하가 녹이 슬고, 절취되었음이 발견되었다. 원고는 공장부터의 해상보험계약에 근거하여 보상을 청구하였는데, 보험자는 적하가 센젠에서 컨테이너에 적입할 때 보험이 개시되었다는 것을 이유로 보상을 거부하였다. 항소법원은 보험자에

## 3. 통상의 운송과정중 보험담보의 계속

(1) '통상의 운송과정중 보험담보의 계속' 조항의 의미

적하보험은 통상의 운송과정 중에만 담보가 유지되고,[132] 적하가 통상의 운송과정을 벗어나면 보험담보는 종료한다. 협회적하보험약관은 통상의 운송과정을 벗어난 경우의 보험담보의 종료에 관하여 두 조항에서 규정하고 있다. 즉, "이 보험은 … 통상의 운송과정 중에 계속되고"(협회적하보험약관 제8조), 통상의 운송과정에 포함되는 보관이 아닌 경우에도 보험담보가 종료된다(협회적하보험약관 제8조 제1항 2호 1목).

길모어(Gilmore)와 블랙(Black)에 따르면 "항해보험의 경우 보험자는 통상적인 상업적인 항로에 의한 항해의 신속한 수행에 내재하는 위험만을 담보할 의도가 있는 것으로 본다. 선박이 이유 없이 항로를 이탈하거나 항해를 수행하는 데 있어서 비합리적으로 지체하는 경우에는 보험담보는 배제된다. 보험담보는 이로에 의하여 일단 배제되면 영원히 소멸한다. 본래의 항로에의 귀속이 보험계약을 회복하는 것은 아니다."[133] 이에 약관 8조는 항해보험인 적하보험계약은 통상의 운송과정 중에만 계속된다는 것을 명확히 하고 있다. 이에 따라 적하보험은 통상의 운송과정 동안에만 담보가 유지되는 것을 유념하여야 한다. 따라서 선의의 피보험자에게는 매우 가혹하지만, 화물이 선박, 부선(craft), 또는 운송용구에 적절히 선적된 경우에도 통상의 운송과정이 중단된 경우에는 보험담보가 중단된다.[134]

---

게 깡통에 적입한 적하에 대한 손해의 보상을 명하였는데, 쟁점의 하나는 실제로 절취당한 적하가 보험계약상 보험의 목적에 포함되는가 여부이었다. 법원은 존재하지 않는 적하는 보험계약의 목적으로 될 수 없지만, 약정으로 이전의 시점으로 소급하여 적하에 대하여 보험계약을 체결하지 못할 이유가 없다고 판시하였다.

132) Symington and Co. v. Union Insurance Society of Canton Ltd. [1928] 34 Com Cas 23, CA. [1928] 34 Com Cas 23, CA: 이 사건에서 코르크재배업자인 적하소유자는 내륙의 창고에 임치하고 선적을 위하여 알제시라스(Algeciras)항구로 한번에 소량을 송부하는 관습을 가지고 있었다. 부두에 선적을 위하여 대기하고 있던 소량의 코르크로부터 약간 떨어진 곳에서 화재가 발생하여 당국은 화재확산을 방지하기 위하여 코르크의 일부는 바다에 투기하고 나머지에 대하여서는 물을 끼얹었다. 코르크의 적하를 담보하는 보험증권에는 적하는 "... from the time of leaving the shipper's or manufacturer's warehouse during the ordinary course of transit ... until safely deposited in consignee's or other warehouse at destination ..."라고 규정되어 있었다. 피보험자의 보험금청구에 대하여 법원은 화재는 창고와 창고 사이에서 통상의 운송과정 동안에 발생하였다고 하여 보험자의 보상을 명하였다.

133) Grant Gilmore/Charles L. Black, The Law of Admiralty, 2nd., New York: Foundation Press, 1975, p. 66.

134) N. Geoffrey Hudson, op. cit., p. 26.

'통상적(ordinary)'이라는 말은 화물의 종류, 그러한 화물에 대한 관습적인 운송방법과 목적지까지의 가장 가까운 운송로를 포함한다. '운송 중'에 해당하기 위하여 적하가 계속하여 이동하여야 한다는 것은 아니다. 통상의 운송과정 중 적하운송이 자주 휴식하건 선적항에서 선적을 기다리는 동안 또는 환적항에서 환적하는 동안, 세관절차를 집행하거나 적하운송차량을 기다리는 동안 중간창고에 임치되는 것은 무방하다.[135]

최근 우리 판례(대법원 2003.6.13. 선고, 2001다42660 판결)와 학설[136]은 통상의 운송과정을 벗어나는 경우를 독립한 보험계약의 종료사유로 본다.

이 사건에서 적하가 목적지에 도착하여 보세창고에 보관중 수입상이 대금을 지급하지 아니하자 송하인이 운송을 중단하고 화물을 반송하기로 결정하고 이를 운송인에게 통지하였음에도 불구하고 수입상이 운송인의 인도네시아 선박대리점이 발행한 화물인도지시서로 보세창고에서 적하를 무단반출한 것이 의도적인 운송중단에 의하여 통상의 운송과정에서 벗어나게 되는 것인지 여부가 문제되었다. 법원은 "약관 제8조 제1항에서 보험이 통상의 운송과정 중에 계속된다는 부분의 해석상 제8조 제1항 1호 내지 제8조 제1항 3호에서 정하는 보험종료사유가 발생하기 이전이라도 통상의 운송과정을 벗어나는 경우에는 이로써 보험이 종료하고, 피보험자가 운송을 중단하고 화물을 반송하기로 결정한 경우에는 그러한 의도적인 운송중단에 의하여 통상의 운송과정에서 벗어난 것이어서 결국 보험이 종료한다"라고 하여 보험자 승소판결을 내렸다.

또한 통상의 운송과정을 벗어난 시점과 관련하여 법원은 "'인도나 반송을 위한 출발'과 같은 장소적 이동이 있어야만 보험이 종료하는 것은 아니고, 피보험자(송하인)가 의도적으로 운송중단을 결정한 이상 비록 실질적인 운송중단조치가 취해지지 않았다고 하더라도 이로써 보험계약에서 예정한 통상적인 운송과정을 벗어난 것으로 보아야 한다"고 판시하였다.

(2) 통상의 운송과정을 벗어난 경우의 예

적하보험은 통상의 운송과정 중에만 보험담보하고 이를 벗어나면 보험담보

135) Templeman, op. cit., p. 103.

136) 강대섭, 적하보험종료사유인 통상의 운송과정 중의 의미-대법원 2003.6.13. 선고, 2001다42660 판결, 상사판례연구 제15집, 한국상사판례학회, 2003, 869면; 장상균, 협회적하보험약관(Institute Cargo Clauses A)상 보험담보의 종료시점-대법원 2003.6.13. 선고, 2001다42660 판결, 대법원판례해설 44호, 법원도서관, 2003, 137면; 한창희, 보세창고에의 보관중 송하인의 운송인에 대한 적하의 반송요구와 적하보험의 종료-대법원 2003.6.13. 선고, 2001다42660 판결, 상사판례연구 Ⅳ, 박영사, 2006, 328면.

는 즉시 종료된다. 영국판례 S.C.A. Freight Ltd. v. Gibson사건137)에서 피보험자의 화물을 적재한 트럭이 목적지로의 운송의 진행과 무관한 여행중 전복된 경우 이는 운송의 통상 과정에 있지 않았으므로 보험자는 피보험자가 입은 화물상의 손해를 보상할 책임이 없다고 판시되었다. Safadi v. Western Assurance Co.사건138)에서 법원은 보험계약자가 적하의 대금을 지급하지 못하여 세관에 방치한 경우 위험은 종료한다고 판시하였다.

적하가 선적을 위하여 그 창고를 떠난 후에 송하인이 선적의 취소통지를 받고 다른 새로운 시장을 찾을 수 있을 때까지 선적항의 창고에 보관하게 된 경우에는 그 창고에 하물이 도착한 때에 곧 보험계약은 끝나게 된다. 그것은 이미 통상의 운송과정에 있는 것이 아니기 때문이다.139) 또 피보험자가 그 물건이 시급히 소용되는 것이 아니기 때문에 일정한 기간의 여유를 가지거나 관세의 지급을 연기하기 위하여 관세창고에 보관하는 것도 통상의 운송과정 이외의 방법으로 적하를 보관하는 것이라 할 수 있고, 이러한 경우에는 그 적하를 그 창고에 인도한 때에 보험계약은 종료된다.140) 또한 수하인의 창고공간 부족으로 인하여 일정한 기간동안 적하를 세관에 방치하는 경우 적하가 세관에 도착한 시점에서 보험은 종료한다.141)

또한 적하를 양륙할 목적이 아니라 가능한 때까지 보관할 목적으로 부선에 하역한 경우에는 선박에 있는 적하는 보험담보가 유지되지만, 부선에 적재한 적하에 대한 보험은 종료한다.142)

호주의 판례143)는 보세구역인 컨테이너 야드에 내려진 후 원래 의도된 수하인의 보세창고에 여유공간이 없었기 때문에 계속 보관하던 중 화물이 절취된 사건이었는데, "피보험자(원고)가 화물을 원래 의도된 수하인의 보세창고로 인도하지 않기로 의도적으로 결정하였고, 그렇게 결정한 때로부터 화물은 운송과

---

137) [1974] 2 Lloyd's Rep. 533.

138) [1933] 46 Ll L Rep. 140; 이 사건의 구체적인 사실관계는 이 책 제2부 제6장 제2절 항해보험 Ⅲ. 적하의 항해보험 4. 피보험자가 통제할 수 없는 지연 등의 경우 보험계약이 존속 (1) 피보험자가 통제할 수 없는 지연 (가) 피보험자가 통제할 수 없는 지연의 경우 보험계약의 존속 참조.

139) Templeman, op. cit., p. 102.

140) 양승규, 해상적하보험약관의 운송조항에 규정된 최종창고의 범위-대법원 1988.9.29. 선고, 84다카1639,1640 판결, 보험판례연구, 삼지원, 2000, 261면.

141) Templeman, op. cit., p. 103.

142) Ibid.

143) Verna Trading Pty Ltd. v. New India Assurance Co. Ltd., 1 V.R. 129, 1991(장상균, 앞의논문, 139면에서 재인용)

정을 종료한 것이다."라고 판시하였다.

## 4. 피보험자가 통제할 수 없는 지연 등의 경우 보험계약의 존속

협회적하보험약관 제8조 제3항은 "이 보험은(제8조 제2항의 보험종료에 관한 규정과 제9조의 규정이 적용되고) 피보험자가 통제할 수 없는 지연, 일체의 이로, 부득이한 양륙, 재선적, 환적의 경우 및 해상운송계약상 선박소유자가 용선자에게 부여한 자유재량권의 행사로 인하여 해상사업이 변경된 경우에도 유효하게 존속한다"라고 규정하고 있다.

이에 따라 협회적하보험약관 제8조 제2항의 종료조항과 제9조의 운송계약의 종료조항이 적용되는 한편, 보험자는 ① 피보험자가 통제할 수 없는 지연, ② 일체의 이로, ③ 부득이한 양륙, 재선적, 환적, ④ 해상사업이 변경(해상운송계약상 선박소유자가 용선자에게 부여한 자유재량권의 행사로 인한 경우)의 경우에 보험담보를 유지하는 것에 동의한다. 보험자에 대한 통지 또는 추가보험료에 대한 합의 등의 요건은 필요없다.

(1) 피보험자가 통제할 수 없는 지연

(가) 피보험자가 통제할 수 없는 지연의 경우 보험계약의 존속 : 적하소유자는 적하가 선적된 항해를 통제할 수 있는 일은 거의 없다. 따라서 영국해상보험법 48조가 적법한 사유가 없는 한 지연이 상당하지 않은 때로부터 보험자가 책임을 지지 아니하는 것으로 규정하기 때문에 피보험자가 통제할 수 없는 상황에서부터 피보험자를 보호할 필요가 생긴다. 이에 따라 협회적하보험약관 제8조 제3항에 의거하여 피보험자가 보호되는 경우는 지연이 피보험자가 통제할 수 없는 경우에 한정된다.

그러나 지연이 적하소유자가 통제할 수 있는 상황으로 인한 경우에는 보험담보는 종료한다. 이것은 협회적하보험약관 제18조에서 "피보험자가 자신이 통제할 수 있는 모든 상황에서 신속하게 행동하여야 하는 것이 이 보험의 조건이다"라고 하여 이를 확인하고 있다. 유념할 것은 영국해상보험법 제48조의 경우와 같이 이는 해상운송만이 아니라 육상운송에도 적용된다는 점이다.[144)]

Safadi v. Western Assurance Co.사건[145)]에서 맨체스터에서 다마스커스까지 운송되는 목화의 적하에 대하여 보험에 들었는데, 베이루트의 세관에서 지연

144) Susan Hodges, Cases and Materials on Marine Insurance Law, p. 174.
145) [1933] 46 Ll L Rep. 140.

되던 중 화재로 인하여 소실되었다. 지연이 베이루트와 다마스커스에서의 치안의 불안으로 인한 것이라는 주장이 있었지만 결국 아무도 관세를 지급하지 않아 적하를 수령할 수 없었기 때문인 것으로 판명되었다. 사파디(Safadi)의 보험금청구에 대하여 법원은 보험자의 승소판결을 내렸다. 로시(Roche)판사는 베이루트 세관에서의 지연은 피보험자가 통제할 수 없는 상황으로 인한 것이 아니라 사파디의 사업파트너인 메서 사베(Messr Sabeh)와 칼라헨(Kalahen)이 적하가 상업적으로 유리한 때까지 세관에 방치할 의도적인 의사로 인한 것이라고 보았다. 동 판사는 "보험계약 체결시 피보험자가 통제할 수 없는 원인 또는 상황이 관련자에게 잘 알려진 경우에는 적용하지 않는 것이 판례의 입장으로 전쟁상태와 반란행위에 관한 상황은 보험계약이 체결될 당시와 적하와 적하를 표창하는 서류가 송부될 모든 관련자에게 알려져 있었다는 사실 등에 비추어 보험자 승소판결을 내리기에 충분하다"고 보았다.

(나) 지연으로 인한 손해는 보상않음[146) : 협회적하보험약관 제8조 제3항은 피보험자가 통제할 수 없는 지연이 존재하는 경우에 보험담보가 존속되는 것을 허용하고 있지만, 보험법상 지연으로 인한 손해는 보상하지 않음을 유념하여야 한다. 이는 영국해상보험법 제55조 제2항 b호[147)와 협회적하보험약관 제4조 제5항에서 규정되어 있다. 후자는 "비록 지연이 부보위험으로 인한 것이라도 지연에 근인하여 발생한 멸실 또는 비용(제2조에 기하여 지급하여야 할 비용은 제외함)에 대하여서는 이 보험은 보상하지 아니한다"라고 규정하고 있다.

지연에 근인하여 발생한 손해는 보상하지 아니한다라는 원칙은 Pink v. Fleming사건[148)에서 확인되었다. 법원은 손해의 근인은 충돌이 아니라 지연이라고 하여 보상을 인정하지 않았다. 이 사건은 감귤의 적하에 대한 해상적하보험소송사건으로 보험증권에는 "선박이 좌초하고, 침몰하거나 소훼되지 아니하는 한, 또는 훼손이 다른 선박과의 충돌의 결과가 아닌 한 분손면책임"이라고 되어 있었다. 적하를 운송하던 선박이 다른 선박과 충돌하여 선박을 수선하기 위하여 입항하였다. 수선을 위하여 항구에 정박중 과일은 임시로 하역되었다. 선박이 목적항에 최종적으로 도착하였을 때 적하의 일부가 지연과 추가적인 취

146) 이 책 제3부 제2장 제3절 손해보상의 의무 Ⅵ. 면책위험 3. 지연 (3) 적하보험 참조.

147) 제55조 제2항 b호는 "보험증권에서 달리 약정하지 아니하는 한 선박 또는 적하보험자는 지연이 보험사고로 인한 경우이더라도 지연으로 인한 손해는 보상하지 아니한다"라고 규정하고 있다. 협회적하보험약관 제4조 제5항은 보험증권에서 영국해상보험법과 달리 규정하지 않음을 확인하고 있다.

148) [1890] 25 QBD 396.

급으로 인하여 훼손되었음이 발견되었다. 적하소유자의 보험금청구에 대하여 법원은 과일의 훼손은 충돌의 결과로 인정하기에는 지나치게 멀기(remote)때문에 훼손에 대하여 보상을 인용하지 아니하였다.

(2) 이로, 부득이한 양륙, 재선적, 환적, 항해사업의 변경

선주와 달리 적하소유자는 보통 운송계약상 선주 또는 용선자에게 부여된 재량권을 행사하는 것으로 인한 이로, 부득이한 양륙, 재선적, 환적, 항해사업의 변경 등에 대한 통제력을 가지지 못한다. 따라서 이 보험은 협회적하보험약관 제8조의 보험종료에 관한 규정과 동약관 제9조의 운송계약의 종료의 규정이 적용되면서도, 피보험자가 통제할 수 없는 지연의 경우에는 보험계약은 유효하다.

## 5. 운송의 종료와 보험기간의 종료

협회적하보험약관은 최종장고에 도착하는 경우 등의 통상적인 보험의 종료(동약관 제8조 제1항 1호-제8조 제1항 3호)에 관한 규정과 보험계약상의 위험이 증가하였음을 이유로 보험계약이 미리 종료되는 것을 허용하는 규정(제8조 제2항, 제9조, 제10조)을 두고 있다.

(1) 통상적 종료

(가) 세 가지 종료사유 : 협회적하보험약관 제8조 1항에 따르면 "적하보험은 통상의 운송과정 중에 계속되다가 ① 적하가 보험증권에 기재된 목적지에서 수하인의 최종창고·보관장소에 인도된 때, ② 보험증권에 기재된 목적지 이전에서이든 목적지에서이든 불문하고 피보험자가 통상의 운송과정이 아닌 보관, 구분 또는 분배를 위하여 사용하고자 하는 기타의 창고·보관장소에 적하가 인도된 때, ③ 적하가 최종 양륙항에서 본선으로부터 하역이 완료된 후 60일이 경과된 때의 세 가지 경우 중 어느 것이 먼저 발생하는 때에 보험자의 책임은 종료된다." 따라서 피보험자는 보험계약이 이미 종료하였음을 안 경우에는 보험자에게 통지하여 추가담보를 요구하여야 한다.

본선 하역후의 보험기간은 60일을 한도로 하지만, 적하가 60일 이내에 적하의 구분·배분을 위하여 사용하는 장소로 인도되는 경우에는 보험기간은 그 인도시에 종료된다.

최근 Hibernia Foods plc v. McAuslin and General Accident Fire and Life Assurance Corporation plc, 'Joint Frost'사건[149]에서 종료의 쟁점이 다투어졌는

데, 보험증권에는 하역항에서 최종하역 후 30일이 경과하면 종료한다고 규정되어 있었다. 이 사건에서 원고는 죠인트 프러스트(Joint Frost)호에 선적한 고기의 적하에 대하여 매매대금으로 지급되는 EC의 수출보조금 등을 포함하여 해상위험을 담보하는 보험계약을 체결하였다. 협회냉동육약관(Institute Frozen Meat Clauses)을 보험계약의 내용으로 하고 있었고, 약관에는 "이 보험은 하역항에서 최종하역후 30일이 경과하면 종료한다"라고 규정되어 있었다. '죠인트 프러스트'호는 1993.9. 이집트의 사이드(Said)항에서 냉동창고에 적하를 하역하였는데, 이집트당국은 400톤의 고기에 대하여 통관을 거부하여 1994.7. 아일란드로 반환되어 92톤의 고기는 식용에 적합하지 아니하다고 선언되어 가축사료용으로 매도되었다. 원고의 손해에 대한 보험금청구에 대하여, 보험자는 1994.1. 92톤의 고기가 사이드항의 냉동창고에서 온도를 제대로 유지하지 아니하여 손해가 발생하였고, 따라서 이 손해는 '죠인트 프러스트'호의 적하를 담보하는 보험계약은 하역 후 30일이 도과하여 종료한 후에 발생하였음을 이유로 보상을 거부하였다. 법원은 선박으로부터 하역 후 30일이 도과하여 보험계약은 종료되었다고 하여 보험자의 책임을 인정하지 아니하였다.

(나) 최종창고·보관장소의 의미 : 최종창고 또는 최종보관장소가 무엇을 의미하는가는 각 사건의 사실관계에 따라 구체적으로 결정되어야 한다. 적하가 보험증권 기재의 목적지에 있는 최종창고 또는 보관장소에서 인도된 후 어떠한 행위 또는 절차가 완료된 때 비로소 수하인이 적하를 점유할 수 있는 경우에도, 보험은 그 행위 또는 절차가 완료될 때까지 계속되는 것은 아니고, 적하가 최종의 창고 또는 보관장소에 인도되는 것과 동시에 종료된다. 예컨대 "목적항에서 하역될 때까지, 그리고 목적항 또는 내륙에 있는 최종항까지"라는 소선으로 원목에 대하여 보험에 들었는데, 런던항에서 하역하여 부두에 쌓아 두었지만, 원목을 종류별로 정돈하여 양륙허가증를 발행할 때까지는 수하인이 원목을 인도 받을 수 없었던 경우 보험기간은 런던항에서 하역되었을 때 종료한다.150)

우리 판례(대법원 1988.9.27. 선고, 84다카1639·1640 판결151))에서는 원면의 적하에 대하여 '최종원면창고(final mills warehouse)에 입고될 때까지'를 보험기간의 종기로 하는 적하보험계약에 들었고, 수입원면이 인천항과 부산항을 통하여 천안과

149) [1998] 1 Lloyd's Rep. 310.

150) G. H. Renton & Ltd. v. Black Sea & Baltic General Insurance Co. Ltd.[1941] 1 KB.

151) 이 사건판결에 대한 평석으로 양승규, 해상적하보험약관의 운송조항에 규정된 최종창고의 범위, 보험판례연구, 삼지원, 2000, 254~266면; 서헌제, 보험증권상의 최종창고, 상사판례연구Ⅱ, 박영사, 1996, 175~179면.

예산에 있는 최종창고가 아니라 대전공장 내의 자가보세장치장에 입고되어 있던 중 화재가 발생하여 수입원면중 일부가 소실되었다. 법원은 최종창고에는 자가보세장치장이 포함된다는 이유로 보험자의 보상책임을 인정하지 아니하고, 그 이유로 보험계약자가 관세법의 규정에 따라 설영한 자가보세장치장은 보세구역으로서 세관장의 엄격한 관리감독을 받더라도, 자가보세장치장에 반입된 물품은 화주인 원고의 지배하에 있는 것으로서 그 보관책임은 원고에게 있고 다만 관세확보라는 관세행정목적의 범위내에서 세관장의 감독을 받는 데에 지나지 않는다는 것을 든다.

(2) 미리 종료하는 경우

보험계약은 협회적하보험약관 제8조 제1항 1호에서 3호 이외의 경우에도 종료할 수 있는데, 동약관은 운송 중 보험계약상의 위험이 증가하였음을 이유로 보험담보가 미리 종료되는 사유를 규정하고 있다. 협회적하보험약관상 보험계약이 종료되는 경우는 제8조 제2항-최종목적지의 변경, ② 제9조-운송계약의 종료조항, ③ 제10조-항해의 변경조항 등 세 가지 경우이다.

(가) 최종 목적지의 변경 : 협회적하보험약관 제8조 제2항은 "최종 양륙항에서 외항선으로부터 양륙된 이후에, 그러나 이 보험이 종료하기 이전에 적하가 이 보험에서 부보된 목적지 이외의 목적지로 운송되는 경우에는, 이 보험은 위에 규정한 보험종료에 관한 규정이 여전히 적용되고, 그러한 다른 목적지로 운송이 개시되는 이후에는 효력이 없다"라고 규정하고 있다. 이 규정은 해상운송이 종료되어 최종 양륙항에서 적하가 양륙되고, 적하의 목적지가 변경된 경우에만 적용된다. 이 경우 보험이 담보되지 않는 이유는 목적지가 변경되는 경우에는 원래 부보된 것보다 사고발생의 위험이 증가하였기 때문이다. 이 조항은 피보험자가 적하를 고객에게 재매매하는 경우를 다루기 위한 것으로 보험계약이 원래의 피보험자 또는 고객에 대하여서만 유효함을 명확하게 하고, 원래의 보험계약은 새로운 운송이 개시하는 때에 종료함을 규정하고 있다. 협회적하보험약관 제8조 제2항은 폭넓게 규정되어 있지만 이는 예컨대 다른 배송지로의 화물의 재분배와 같이 최종 목적지가 피보험자에 의하여 변경된 경우를 예정하여 규정한 것은 아니며, 이는 협회적하보험약관 제10조가 적용된다.[152]

152) N. Geoffrey Hudson, The Institute Clauses, 3rd ed., London: LLP, 1999, p. 27: 이에 대하여 조항의 목적이 그와 같다면 이를 명확히 하기 위하여 보다 적극적인 용어가 사용되었으면 좋았을 것이라고 하여 불명료함을 지적하는 견해가 있다(Susan Hodges, Law of Marine Insurance, p. 67).

(나) 운송계약의 종료조항 : 협회적하보험약관 제9조는 "피보험자가 통제할 수 없는 사정에 의하여 운송계약이 그 운송계약에서 약정한 목적지 이외의 항구나 장소에서 종료되었을 경우, 또는 제8조에서 규정된대로 적하가 인도되기 이전에 기타 사정으로 운송이 종료되었을 경우에는 이 보험도 종료한다. 다만 보험자에게 이러한 사정이 지체 없이 통지되고 계속 부보하여 줄 것이 청구된 경우에는 보험자의 요구가 있는 경우 추가보험료의 지급을 조건으로 ① 적하가 위의 항구 또는 장소에서 매각된 후 인도될 때까지, 혹은 다른 합의가 없는 한 부보된 적하가 위의 항구 또는 장소에 도착한 후 60일이 경과할 때까지 중 먼저 발생하는 때까지 또는, ② 적하가 위의 60일의 기간 내에 이 보험증권에 기재된 목적지 또는 기타의 목적지로 보내어질 경우에는 제8조의 규정에 따라 종료할 때까지 보험은 유효하게 존속한다."라고 규정하고 있다.

협회적하보험약관 제9조의 목적은 적대행위이든 원인 여하를 묻지 않고 운송선박이 훼손되어 운송계약이 이행될 수 없지만 다른 대체수단으로 계속 운송될 수 있는 경우에 적하의 피보험자에게 보험담보를 제공하는데 있다.

협회적하보험약관 제9조는 본질적으로 피보험자가 통제할 수 없는 상황으로 인하여 ① 기재된 목적지 이외의 항구 또는 장소에서 운송계약이 종료하거나, ② 적하를 인도하기 이전에 8조의 규정에 의거하여 운송이 종료한 경우에는, 지체없는 통지가 보험자에게 행하여지고, 요구되는 경우에는 추가보험료를 지급할 것을 조건으로 보험담보의 계속이 청구될 수 있게 된다.

이 규정은 이전의 협회적하보험약관에 비교하여 약간 변경되었지만 효과는 동일하나. 이 소항은 항해가 정당한 이유가 있건 없건 선주 또는 운송인에 의하여 포기되었거나 봉쇄로 인하여 선박이 수에즈 운하에 갇힌 경우와 같이 항해가 좌절된 경우를 상정한다.[153] 그러나 이 조항에 의한 보험담보의 계속은 매우 제한적이다. ① 적하가 운송이 종료하는 항구나 장소에서 매각되어 인도되거나 또는 적하가 이 항구 또는 장소에 도착한 후 60일이 경과한 때까지 중 먼저 발생하는 때, 또는 ② 적하가 60일이나 약정한 연장기간 안에 계속 운송되어도 원래의 목적지나 이후 합의된 목적지로 인도되는 때에는 제8조의 규정에 따라 보험담보는 종료하기 때문이다.

이와 같은 상황이 충족되면 보험은 협회적하보험약관 제9조 제1항과 제9조 제2항의 규정에 따라 유효하게 존속한다.

"보험이 유효하게 존속한다"는 어구의 해석에 대하여서는 다툼이 있다. 즉,

153) N. Geoffrey Hudson, op. cit., p. 28.

이 어구는 보험이 유효하게 존속하는 동안 계속담보가 청구되는 경우에만 보험이 계속 존속한다는 것을 시사한다. 즉, 협회적하보험약관 제9조는 소급적으로 적용될 수 없다고 해석할 수 있는 것이다. 이와 같이 엄격히 해석하는 경우 이 조항은 제한적으로 이용되게 된다.[154]

특히 어구상 이 조항은 해상운송만이 아니라 다른 운송수단에 대하여서도 적용되는 것을 유념하여야 한다.

(다) 항해의 변경조항 : 1982년 협회적하보험약관 제10조는 항해의 변경이라는 표제아래 "이 보험의 개시 후 목적지가 피보험자에 의하여 변경된 경우에는 보험자에게 지체없이 통지할 것을 조건으로 추후에 협정되어야 할 보험료 및 보험조건에 의하여 담보가 계속된다"라고 규정하고 있다.

이 조항은 "항해의 변경이나 관련 선박이나 항해의 명세상의 생략이나 착오의 경우 추가 보험료를 지급하여 계속담보를 약정할 수 있다"라고 규정하고 있던 1963.1.1.의 구협회적하보험약관에 비하여 훨씬 제한적이다.

항해의 변경에 관하여서는 영국해상보험법 제45조에서 규정하고 있다. 즉, 항해의 변경은 위험이 개시된 이후에 선박의 목적항이 보험증권에 정하여진 곳이 아닌 다른 곳으로 자발적으로 변경된 경우로 정의하고(동법 제45조 제1항), 그 효과로는 보험증권에 달리 규정하지 않는 한 항해의 변경의사가 명백한 때로부터 보상책임을 면하고, 이는 손해가 발생한 때 선박이 실제로 보험증권상 정하여진 항로를 이탈하지 않았더라도 무관하다고 규정하고 있다(동법 제45조 제2항).[155]

운송선박이 다른 항구로 항해하도록 지시하는 것은 선주 또는 운송인일 것이기 때문에 선의의 피보험자가 운송의 과정에 영향을 미치는 것이 전적으로 불가능할 것이므로, 항해가 변경되어도 보험담보가 유지될 필요가 크다. 이에 협회적하보험약관 제8조 제3항은 항해의 변경과 같은 것은 아니지만 선박의 이로동안 그리고 선주나 용선자가 해상운송계약하에서 수행하는 해상사업의 변경 중에도 담보의 계속을 규정하고 있다.[156]

이 협회적하보험약관 제10조는 오직 목적지가 피보험자에 의하여 변경된 경우에 적용하기 위한 것이다. 따라서 의도적이건 아니건 선주 또는 다른 운송인에 의한 항해변경의 경우 피보험자의 보험담보를 계속할 수 있는 조항은 없다. 이와 같은 상황이 발생하는 경우 선주 또는 용선자에 의한 항해의 변경은 운송

154) Susan Hodges, Cases and Materials on Marine Insurance Law, p. 178.
155) 이 책 제2부 제6장 제2절 항해보험 Ⅱ. 선박의 항해보험 3. 항해의 변경 참조.
156) 이 책 제2부 제6장 제2절 항해보험 Ⅲ. 적하의 항해보험 4. 피보험자가 통제할 수 없는 지연 등의 경우 보험계약의 존속 참조.

계약의 종료나 이로와 같이 전적으로 피보험자의 통제범위 밖의 사고라는 근거로 피보험자가 보험담보를 받도록 하는 것이 형평에 맞다고 주장하여 보험자에게 통지하도록 하여야 한다고 주장된다.[157]

또 하나의 제한은 보험목적의 기재에 있어서 착오나 생략이 있는 경우 보험자에 의하여 피보험자를 계속담보할 수 있다는 내용이 약관상 이제는 존재하지 않는다는 점이다. 1963.1.1.의 협회적하보험약관에서는 보험자에 의한 이러한 계속담보의 허용은 선의의 피보험자에게만 허용되고, 의도적으로 적하를 잘못 기재한 피보험자에게는 적용되지 않았다.[158] 이 1982.1.1.의 협회적하보험약관은 선의든 악의든 적하를 잘못 기재한 경우에는 이 계속담보가 인정되지 않기 때문에 피보험자와 보험중개사는 부보되는 보험의 목적을 더욱 정확하게 기재하는데 주의하여야만 한다.

1982년 협회적하보험약관 제10조는 적하의 목적지가 피보험자에 의하여 변경되는 경우에는 지체 없는 통지가 보험자에 대하여 행하여지고 보험료와 보험조건이 재조정되는 것을 조건으로 보험계약이 존속되는 것을 확인하는 계속담보조항(held covered clause)이다.

제10조는 보험이 개시된 후에만 오직 적용되는 점을 유념하여야 한다. 보험기간이 개시되지 아니한 예로서는 Simon, Israel and Co v. Sedwick사건[159]을 들 수 있다.

1977년 Liberian Insurance Agency Inc v. Mosse사건[160]에서 적하보험계약상의 계속담보조항에 대한 검토가 행하여졌다. 도널드슨(Donaldson)판사는 계속담보조항을 이용하기 위하여 보험자에게 통지되어야 하는 시간과 관련하여 '상당한(reasonable)'과 지체없는(prompt)이 어구의 차이를 깊이 고찰하고, 계속담보조항의 적용범위를 명확히 하였다.

이 사건에서 원고는 제3자의 대리인으로 컵 등의 식기의 적하에 대하여 홍콩에서 몬로비아까지의 항해에 대하여 피고 보험자와 보험계약을 체결하였다. 보험계약은 협회적하보험(A)약관을 내용으로 하였고 동약관 제4조는 "당해 선박 또는 항해의 기재상의 생략 또는 착오 또는 항해의 변경의 경우에 보험료를 재

157) N. Geoffrey Hudson, op. cit., p. 29.
158) Liberian Insurance Agency Inc. v. Mosse [1977] 1 Lloyd's Rep. 500.
159) [1893] 1 QB 303, CA; 이 사건의 구체적인 사실관계는 이 책 제2부 제6장 제2절 항해보험 Ⅱ. 선박의 항해보험 1. 보험기간의 시기 (1) 어느 장소부터 개시되는 보험 (다) 다른 도착항을 향한 항해 (b) 영국해상보험법상의 도착항의 변경 참조.
160) [1977] 2 Lloyd's Rep. 560.

조정하는 조건으로 담보가 계속된다"라고 규정되어 있었다. 또한 "계속담보되는 사고를 인지한 경우에는 보험자에게 지체없이 통지를 하여야 한다"는 것을 요건으로 하고 있었다. 적하가 몬로비아에 도착한 후 일부는 없어지고 대부분은 훼손되었음이 판명되었다. 적하를 검사한 검정인은 보험증권상의 기재와 목적물이 일치하지 않고, 품질이 매우 조악하며 많은 경우 종이상자가 아닌 마분지로 포장하였음을 발견하였다. 쟁점은 계속담보조항이 적하가 기재와 명백히 다른 경우에도 적용되는가 여부이었다.

법원은 계속담보조항은 재조정될 보험료가 상업적으로 상당한 경우에만 적용되고, 보험자가 그 상황에서 상당한 보험료율을 제시할 수 없는 경우에는 적용되지 아니한다고 판시하였다. 동판사는 계속담보조항의 적용에 대하여 "① 이 조항을 이용하고자 하는 피보험자는 이 조항을 원용할 수 있는 사실에 대하여 인지하자마자 계속담보조항의 청구를 보험자에게 지체없이 통지하여야 하고, ② 이 조항이 고지의무위반을 이유로 보험계약을 취소할 수 있는 보험자의 권리를 방해하지 않으며, ③ 선의로 행위하지 아니하는 한 피보험자는 이 조항을 주장할 수 없고, ④ 이 조항은 보험료 이외에 보험조건상의 변경을 의도하는 것은 아니며, ⑤ 이 조항은 재조정된 보험료가 상당한 상업적 요율인 경우에만 적용된다"라고 요약하였다.

## 제3절 혼합보험

영국해상보험법 제25조 제1항은 "동일한 보험증권에 항해보험계약과 기간보험계약이 함께 포함될 수 있다"라고 규정되어 있다. 따라서 보험계약은 특정한 항해동안 보험담보를 규정하고, 이에 추가하여 통상적으로 항해보험계약이 종료하는 기간을 초과하여 보험담보가 확장되는 기간적 요소를 포함시킬 수도 있다. 그 예가 Gambles and Others v. Ocean Marine Insurance Co of Bombay 사건[161]이다. 선박에 대하여 'at and from the port of Pomaron to Newcasle on Tyne, and for 15 days whilst there after arrival' 조건으로 부보되었다. 12.4. 뉴캐슬(Newcastle)에 도착한 후 선박은 적하의 하역을 완료하였고, 석탄을 선적하

161) [1876] 1 Ex D. 141, CA.

는 다른 항해를 위하여 다른 곳으로 이동하였다. 12.16. 선박은 폭풍우로 인하여 훼손되었는데 도착 후 15일이 경과하지 아니하였으므로 보험담보는 유효하다고 하여 보상이 청구되었다. 항소법원은 이 보험계약은 혼합보험계약이지만 기간보험이 항해보험에 추가된 것이라고 하여 보상을 명하였다.

그러나 혼합보험은 기간보험에 항해보험의 제한이 부가된 보험인 경우도 있다. 호주사건인 Wilson v. Boag사건[162]이 그 예이다. 선박(motor launch)에 대하여 4월의 기간으로 보험계약이 체결되고, 스티픈스(Stephens)항의 반경 50마일 이내에서 손해가 발생한 경우에만 보험담보된다고 규정되어 있었다. 50마일 이내에 있었지만 50마일 밖을 향하여 항해하던 중 손해가 발생하였는데, 법원은 선박은 50마일 밖을 향하여 항해하고 있더라도 반경 범위내에서 손해가 발생하였으면 보상이 허용된다고 판시하였다. 이 판결의 중요성은 법원이 보험증권을 해석하는데 있어서 보험계약이 체결될 당시의 당사자의 의사를 확인하기 위하여 노력하였다는 점에 있다.[163]

혼합보험계약에서 그것이 본질적으로 기간보험인가 항해보험인가 여부는 선박의 감항능력이 쟁점이었던 Almojil Establishment v. Malayan Motor and General Underwriters (Private) Ltd. 'Al-Judail Ⅳ'사건[164]에서 강조되었다. 이 판결을 내리는데 싱가포르 항소법원은 Wilson v. Boag사건을 참조하여 보험증권을 해석하는데 있어서 당사자의 의사를 확인하는데 같은 논리를 적용하였다. 이 사건에서 사우디아라비아에서 해안시설의 건축사업에 종사하고 있던 원고는 해상프랫폼(platform)으로의 인원운송에 사용하기 위하여 싱가포르선박회사(SSI)로부터 알 쥬데일 Ⅳ(Al-Judail Ⅳ)호를 구입하였는데, SSI사는 원고에게 선박을 인도하는 약정을 체결하고 원고를 대리하여 '알 쥬데일 Ⅳ'호에 대하여 보험계약을 체결하였다. 보험계약은 기간보험이었지만 12개월의 담보는 선박이 사우디아라비아를 향하여 싱가포르를 출발하는 때 비로소 개시되도록 되어 있었다. 또한 보험자는 '알 쥬데일 Ⅳ'호가 출항하기 전에 상태검사를 받도록 되어 있었다고 주장하였다. 인도양을 횡단하여 항해하던 중 '알 쥬데일 Ⅳ'호가 멸실하여 원고는 보험계약은 항해보험이 아니므로 감항능력의 담보특약은 존재하지 않는다는 이유로 보상을 청구하였다. 이에 보험자는 보험계약은 항해보험으로 ① 선박이 출항할 때 감항능력이 없었고, ② 검사를 받도록 한 담보특약이 공인된 검

162) [1957] 2 Lloyd's Rep. 564: 각주 3) 참조.
163) Susan Hodges, Cases and Materials on Marine Insurance Law, p. 182.
164) [1982] 2 Lloyd's Rep. 637, Singapore CA.

정인에 의하여 수행되지 아니하였다고 주장하여 보험금지급을 거부하였다. 싱가포르 항소법원은 보험자의 보상을 인정하지 않았는데, 보험계약은 혼합보험으로 선박이 싱가포르를 출항할 때 피보험자가 선박을 점유하고 통제하고 있었으므로 보험계약은 항해보험의 모든 성질을 가지고, 선박은 항해를 개시할 때 감항능력이 있어야 한다는 묵시적 담보특약이 존재한다고 판시하였다. 또한 상태검사가 공인된 검정인에 의하여 수행되지 아니하였다고 보았다.

# 제3부
# 해상보험계약의 효과

# 제 1 장　보험계약자의 의무

## 제 1 절　보험료지급의무

### Ⅰ. 보험료지급의무의 정의

보험계약은 유상계약으로서 보험계약이 성립하면 보험계약자는 보험자에게 보험료를 지급할 의무를 진다(상법 제638조). 보험료는 보험자가 보험계약상의 책임을 지는 대가로서 보험계약자가 지급하는 것으로 보험자가 지급할 보험금과 대가관계를 이루는 것이다.

### Ⅱ. 보험료지급책임

보험료지급의무자는 보험계약상의 당사자인 보험계약자이다. 타인을 위한 보험계약의 경우에도 피보험자는 보험계약자가 파산선고를 받거나 보험료의 지급을 지체한 때에는 그 권리를 포기하지 아니하는 한 제2차적으로 그 의무를 진다(상법 제639조 제3항). 영국해상보험법상 보험중개사가 피보험자를 대리하여 보험계약을 체결한 경우에는 피보험자가 아닌 보험중개사가 직접 보험자에 대하여 보험료지급채무를 진다(영국해상보험법 제53조 제1항).

### Ⅲ. 보험증권상의 보험료 수령문구

해상보험계약이 피보험자를 대리하여 보험중개사에 의하여 체결되어 그 보험증권에 보험료를 영수하였다는 내용의 기재가 있는 경우, 사기가 아닌 한, 그 기재는 보험자와 피보험자 사이에서는 확정적인 것이지만, 보험자와 보험중개사 사이에서는 확정적인 것이 아니다(영국해상보험법 제54조).

## Ⅳ. 보험료를 추후 협의하여 결정하는 경우

보험료를 추후 협의하여 결정하는 조건으로 보험계약이 체결되었을 경우, 그 협의가 이루어지지 않았을 때에는 상당한 보험료를 지급하여야 한다(영국해상보험법 제31조 제1항).

일정한 사유가 발생하면 추후 협의하여 결정하는 조건으로 보험계약이 체결되었을 경우, 그 사유가 발생하였으나 협의가 이루어지지 않았을 때에는 상당한 추가보험료를 지급하여야 한다(영국해상보험법 제31조 제2항).

이처럼 보험료를 추후 협의하여 결정할 필요성은 이로, 항해변경, 담보특약 위반 등과 같은 통상의 보험료로는 담보하지 않는 위험을 별도로 담보하고자 하는 경우에도 존재한다.[1]

표준기간보험약관상의 계속조항의 경우 보험료는 선박의 도착항까지의 월할 보험료이다.[2] 또한 담보특약위반조항[3]과 항해변경조항[4]에 따라 합의되는 추가보험료지급을 조건으로 보험담보가 확장된다.

그러나 협회적하보험약관상 보험담보확장을 위한 보험료결정방법은 달리 규정되어 있다. 즉, 운송계약종료조항이 적용되는 경우에, 보험자의 요구가 있을 경우 추가보험료를 지급할 것을 조건으로 보험담보가 확장된다.[5] 유사하게 항해조항의 경우에는 "협의에 의한 … 보험료에 따라" 계속 보험담보된다.

1) 심재두, 해상보험법, 길안사, 1995, 89면.
2) 1983년 협회선박기간보험약관 제3조; 1983년 협회운임기간보험약관 제4조; 2003년 국제선박보험약관 제11조.
3) 1983년 협회선박기간보험약관 제2조, 1983년 협회운임기간보험약관 제3조; 2003년 국제선박보험약관 제12조.
4) 1983년 협회선박기간보험약관 제2조; 1983년 협회선박기간보험약관 제3조.
5) 협회적하보험(A),(B),(C)약관 제9조.

# 제2절 손해방지의무

## Ⅰ. 손해방지의무의 기본구조

### 1. 문제의 소재

선박보험에 든 선박이 해상고유의 위험으로 인하여 훼손되었을 때, 구조를 요청하여 수리하는 것이 충분히 가능하였음에도 불구하고, 판단 잘못으로 선주의 지시에 따라 선장과 선원이 이선하여 훼손이 확대되어 추가손해가 발생한 경우 보험계약자가 2차손해를 방지할 의무를 위반하거나 1차손해의 경감의무를 위반한 것인가 여부가 문제된다. 이에 관하여 우리나라를 포함한 대륙법계 국가의 보험법은 명시적으로 보험계약자 등의 손해방지의무를 인정하고 있다. 그러나 영미법계 국가에서는 영국해상보험법에 보험계약자의 손해의 방지와 경감의무를 인정하고(동법 제78조 제4항), 해상보험표준약관은 손해방지의무와 손해방지를 위한 비용의 보상에 관한 조항을 두고 있다. 이는 보험계약자에게 손해의 방지와 경감에 있어서 중과실 또는 무모하게 한 중대한 위반의 경우에 한하여 인정된다고 하거나, 사고후의 보험계약자의 과실이 인과관계의 고리를 파괴하는 경우와 같이 극히 예외적으로 인정된다고 한다.[6] 그 근거로는 보험은 사고발생 전이나 사고발생 후에도 보험계약자의 과실을 담보하는 것이고, "보험계약자의 대리인은 운송 전반에 대하여 합리적으로 주의하지 않은 경우에 주의결여로 인한 어느 것도 보상받을 수 없다"고 해석할 수는 없다"[7]는 것을 이유로 든다. 이와 같이 영국법상 해상보험의 경우에는 손해방지의무가 일정한 정도 인정되고 있지만, 영국해상보험법 제78조 제4항의 규정은 일반보험에는 적용되지 않는다고 보고, 법원은 보험자는 사고가 발생하는데 있어서의 과실만이 아니라 보험사고발생 후의 과실도 담보하므로 보험계약자는 손해방지의무가 없다고도 할 수

---

6) State of The Netherlands v. Youell and Hayward and Others [1998] 1 Lloyd's Rep. 236, CA; V. 손해방지의무의 위반 2. 영국해상보험법 제55조 제2항 a호와 제78조 제4항의 충돌 참조.

7) British & Foreign Marine ins. Co. v. Gaunt [1921] 2 AC 41. 65사건[이 사건의 사실관계는 이 책 제2부 제2장 제2절 해상보험의 목적 Ⅱ. 해상보험의 목적 2. 적하 (3) 갑판적 적하와 동물 (나) 다른 관습의 의미 참조]에서 섬너(Sumner)판사의 판시.

있지만, 피보험자는 법률상의 원칙에 따른 책임을 지는 것은 아니고 부당이득, 정의의 관념, 일반 계약법상의 당사자의 의사의 해석에 근거하여 손해방지의무를 진다고 한다.[8)]

## 2. 해상보험상의 손해방지조항의 발전[9)]

보험계약자는 보험목적에 대하여 손해가 발생하지 않도록 할 의무를 보험자에게 지는 것은 아니고, 보험계약자 또는 그의 피용인의 과실은 담보위험이기도 하고 과실이 허용되기 때문에,[10)] 그 과실에도 불구하고 손해보상을 받는 것이 일반적으로 허용된다. 이에 보험사고가 일단 발생하였으면 보험계약자가 그 손해를 감소시켰을 것이더라도 보험자는 보상책임을 지게 된다. 이에 따라 보험사고가 개시된 경우에 그로 인한 손해를 방지하거나 경감할 상당한 조치를 취할 의무는 제한적으로 인정되었다. 만일 이를 게을리하는 경우에는 손해는 보험사고에 근인한 것이 아니라 고의적 불법행위로 인한 것이거나, 손해가 담보위험으로 인한 것임을 입증하지 못하였다는 이유로 손해보상을 받지 못하는 경우가 있었다. 이와 같이 보상을 받지 못하는 것은 보험계약자에게 방지의무가 없다는 것과 충돌하였다. 왜냐하면 이 의무가 없다면 손해가 그 해태로 인하여 발생하였다고 주장되어서는 안되기 때문이었다.

손해방지의무가 인정된 것은 선박이 난파한 경우에 선장의 행위에 대한 추밀원의 판결에서이었다.[11)] 이에 따르면 이 의무는 보험계약자나 그 대리인이 명백히 관련한 경우에만 인정되었는데, 특히 보험자가 개입할 수 있는 경우에는 사고의 결과를 방지하거나 감소할 모든 조치로까지 인정되지 아니하였다.[12)]

보험계약자가 손해의 방지와 경감조치를 비용을 들여 취하여 보험자가 개입하지 않았지만 이 조치로 인하여 보험자에게 이익이 제공되었음에도 불구하고 보험계약자가 이 조치를 위하여 들인 비용을 보상받을 수 없다는 것은 불합리하였다.

---

8) Malcolm Clarke, Wisdom after the event: the duty to mitigate insured loss, [2003] LMCLQ 525.

9) F.D. Rose, Marine Insurance: Law and Practice, London: LLP, 2004. § 20.25, pp. 384~385.

10) 영국해상보험법 제55조 제2항 a호 참조.

11) MR Curie & Co. v. Bombay Native Ins Co. [1869] LR 3 PC 72, pp. 82~83.

12) 이는 근래에까지 이어져 최근의 MacMillan Bloedel Ltd. v. Youell [1993] 79 BCLR (2d) 326사건과 같이 경계적 상황이나 재산손해가 아닌 경우에 손해방지의무가 인정되지 않는다는 오류일지도 모르는 판시에 대한 근거라고 할 수 있다.

이에 1906년 영국해상보험법 부칙에 삽입되어 있는 오래된 로이즈보험증권은 "손해나 재해의 경우, 보험계약자 등이 선박, 적하 등의 손해를 방지하는 것은 적법하고, 보험자는 보험금액의 한도내에서 이를 분담한다"라고 규정하여 손해방지를 의무로 규정하지 않고 이 비용에 대하여 보험자로부터 보상받을 권리로 인정하고 있다.

이와 같은 상황아래에서 1906년 영국해상보험법 제정시 "손해를 방지하거나 경감하기 위하여 합리적인 조치를 취하는 것은 모든 경우에 있어서 보험계약자와 그 대리인의 의무이다(동법 제78조 제4항)"고 규정하고, 각종 표준해상보험약관[13]에 이를 삽입하여 오늘에 이르고 있다.

### 3. 손해방지의무의 의의

영국해상보험법 제78조 제4항은 보험계약자와 그 대리인에게 "모든 경우에 손해를 방지하거나 경감할 목적으로 합리적인 조치를 취할" 의무를 지우고, 제78조 제3항은 손해방지를 "… 손해를 방지하거나 경감할 목적으로 지출된 비용"으로 정의하고 있다. 그리고 유사하게 표준선박보험약관[14]은 "손해 또는 재난이 발생하는 경우, 이 보험계약에 기하여 보상되는 손해를 방지하거나 경감하기 위하여 합리적인 조치를 취하는 것은 보험계약자와 그 사용인 및 대리인의 의무이다"라고 규정하고 있다.

또한 손해방지의무는 적하에 대하여서도 적용된다. 협회적하보험(A),(B),(C)약관 제16조는 "이 보험에 의하여 보상하는 손해에 대하여 (1) 손해를 방지하거나 경감하기 위하여 합리적인 조치를 취하는 것, (2) 운송인, 수하인 또는 기타 제3자에 대한 일체의 권리가 적절히 보존되고 행사되도록 하는 것을 이행하는 것은 보험계약자와 그 사용인 및 대리인의 의무이다. 그리고 보험자는 이 보험에 의하여 보상하는 손해에 부가하여, 보험계약자에게 이상의 의무를 이행함에 있어 적절하고 합리적으로 지출된 비용을 보상한다"라고 규정하여 이를 확인하고 있다. 이 중 일반적으로 수하인조항이라고 불리는 제16조 제2항이 매우 중요하다. 이 조항은 적하소유자는 운송인 등과의 운송계약에 따라 운송되는

13) 1983년 협회선박항해보험약관 제13조 제1항; 1983년 협회선박항해보험약관 제1조 제1항; 1995년 협회선박기간보험약관 제11조 제1항; 1995년 협회선박항해보험약관 제9조 제1항; 2003년 국제선박보험약관 제9조 제1항; 협회적하보험(A),(B),(C)약관 제16조.

14) 1983년 협회선박항해보험약관 제13조 제1항; 1983년 협회선박항해보험약관 제11조 제1항; 1995년 협회선박기간보험약관 제11조 제1항; 1995년 협회선박항해보험약관 제9조 제1항; 2003년 국제선박보험약관 9조 제1항.

적하에 대하여 보험에 든 것이기 때문에 보험자의 제3자에 대한 보험자대위권 행사를 위하여 적하소유자가 운송인 등 제3자에 대한 권리를 보전하도록 하기 위하여 두어졌다.

협회운임보험약관에는 손해방지조항이 존재하지 않는다. 이에 따라서 운임의 보험계약자가 이 조항이 없는 경우에 손해방지의무가 있는가 여부와 손해방지행위를 하는 경우에 그와 같이 지출된 비용이 보험자로부터 보상이 되는가 여부의 문제가 손해방지의무의 법적 성격과 관련하여 제기된다.

손해방지비용은 보험목적의 멸실 또는 훼손을 방지하거나 경감할 목적으로 위험시에 지출된 비일상적인 비용이다. 이 비용은 보험목적의 안전 또는 보전을 목적으로 지출되기 때문에, 이는 영국해상보험법 제64조 제2항에서 정의되고 있는 특별비용의 항목으로 보험보상이 청구될 수 있다.

표준선박보험약관[15]은 "… 보험자는 보험계약자, 그 사용인 또는 대리인이 이러한 조치를 취하기 위하여 적절하고도 합리적으로 지출한 비용을 부담한다"라고 규정하고 있다. 2003년 국제선박보험약관은 피보험자가 제3자에 대하여 손해배상을 청구하고 협조할 의무를 지우고 있다.[16]

또한 협회적하보험(A),(B),(C)약관 제16조는 "… 보험자는 이 보험에 의하여 보상하는 손해에 부가하여, 보험계약자에게 이상의 의무를 이행함에 있어 적절하고 합리적으로 지출된 비용을 보상한다"고 규정하고 있다.

이와 같이 영국해상보험법과 약관상의 표제나 그 내용의 상이에도 불구하고, 이들 조항은 유사한 원칙에 의하여 규율되는 것으로 이해되어야 한다. 다만 상세한 사항은 그에 따르는 것으로 한다.[17]

---

15) 1983년 협회선박항해보험약관 제13조 제2항; 1983년 협회선박항해보험약관 제11조 제2항; 1995년 협회선박기간보험약관 제11조 제2항; 1995년 협회선박항해보험약관 제9조 제2항; 2003년 국제선박보험약관 제9조 제2항.

16) 이에 대하여서는 이 책 제3부 제3장 제3절 청구권대위 Ⅲ. 청구권대위의 효과 3. 피보험자의 협조의무 참조.

17) 예컨대 1982년 협회적하보험약관상의 보험계약자의 의무조항(제16조)은 공동해손손해와 그 분담금 그리고 구조료는 손해방지조항의 항목으로 보상되지 않는다고 규정하는 영국해상보험법 제78조 제2항을 제외한 다른 조항을 다시 규정하고, 동약관 제1조와 제2조는 공동해손희생, 공동해손 그리고 구조료에 대한 보상을 규정하고 있다. 따라서 일반적으로는 이들 금액에 대하여 피보험자의 의무조항이 적용되는가 여부를 결정할 필요는 없다. 그러나 동 약관 제1조와 제2조가 배타적인 아닌 한 보험계약자의 의무조항이 손해방지조항이 아니라고 해석되는 경우에는 영국해상보험법 제78조 제2항이 적용되지 않고, 이 금액에 대하여서 보험계약자의 의무조항이 적용될 수 있다.

## 4. 손해방지의무의 근거

보험계약자 등에게 손해방지의무를 인정하는 근거는 보험자가 부담하는 보험사고로 손해가 생긴 경우에는 보험계약자가 보험자에 대하여 그 손해의 보상을 청구할 수 있다 하더라도 보험계약자가 그 손해의 확대를 방지할 수 있음에도 불구하고 이를 방관한 것은 사회경제적으로도 손해를 가져오는 것이고, 보험단체의 이익을 해치는 결과가 되어 보험자에 대한 신의칙에도 어긋나는 것에 있다.[18]

Kidston v. Empire Marine Insurance Co., Ltd.사건[19]에서 윌스(Willes)판사는 "보험자가 담보하는 손해를 방지하기 위하여 필요한 비일상적인 노력과 비용이 행하여지는 상황이 부보위험으로 인하여 발생하고, 이 노력과 비용이 지출되는 경우에는, 보험자는 멸실 또는 손해에 대한 보상으로서가 아니라 적절한 주의를 하지 않았더라면 손해가 발생하였을 경우 이를 방지한데 대하여 그 부담부분에 대하여 분담자로서 보상책임을 지는 것이다. 왜냐하면 행하여진 노력에 의하여 보험자가 보상책임을 지는 멸실 또는 훼손이 방지되었기 때문이다"라고 판시하였다.

## 5. 손해방지의무의 법적 성질

### (1) 우리 상법상의 성질

우리 상법상 손해방지의무는 손해보험계약에서 보험사고가 발생하였을 때에 보험계약자와 피보험자가 손해의 방지와 경감을 위하여 노력하여야 할 의무를 말한다(상법 제680조). 이 의무는 보험계약에 의하여 지워진 의무가 아니라 보험계약의 사행계약적 성질에 비추어 보험의 목적에 대한 관리자이며 보험계약상의 이익을 받는 보험계약자 또는 피보험자에게 법이 특히 인정한 의무라고 풀이한다.

손해방지의무는 고지의무(상법 제651조)나 위험변경증가의 통지의무(상법 제652조)와는 달리 비록 보험자가 보험계약자에게 그 의무이행을 강제할 수는 없다 하더라도 그 의무를 위반함으로써 보험자가 손해를 입은 때에는 배상청구를 하거나 손해보상액에서 공제할 수 있으므로 하나의 법적 의무에 속한다고 풀이

18) 양승규, 보험법, 삼지원, 2004, 230~231면.

19) [1866] LR 1 CP 535: 구체적인 사실관계는 이 책 제3부 제1장 제2절 손해방지의무 Ⅲ. 손해방지의무의 내용 1. 손해의 방지 또는 경감 (1) 손해의 방지 또는 경감의 의미 참조.

한다.[20)]

(2) 영국해상보험법상의 성질

영국해상보험법상 제78조 제4항은 "손해를 방지하거나 경감하기 위하여 합리적인 조치를 취하는 것은 모든 경우에 있어서 보험계약자와 그 대리인의 의무이다"라고 규정하고, 동법 제78조 제1항은 "보험증권에 손해방지약관이 포함되어 있는 경우 … 보험계약자는 이 약관에 따라 정당하게 지출된 비용을 보험자로부터 보상받을 수 있다"고 규정하고 있다.

이에 표준보험약관은 손해방지조항과 손해보상조항을 두고 있지만, 표준운임보험약관과 같이 이 규정을 두고 있지 않은 경우 보험계약자는 보험증권상 담보되는 손해를 방지하거나 경감하기 위하여 지출된 비용을 보상받을 권리가 있는가? 여부와 관련하여 손해방지의무의 법적 성격이 다투어진다.

(가) 판례의 경향 : 손해방지조항 또는 손해보상조항을 두지 아니하는 보험증권상의 보험계약자는 보험증권상 담보되는 손해를 방지하거나 경감하기 위하여 지출된 비용을 보상받을 권리가 있는가의 여부에 대하여 호주사건인 Emperor Goldmining Co., Ltd. v. Switzerland General Insurance Co., Ltd.사건[21)]에서 처음으로 제기되어, 법원은 호주해상보험법 제84조 제4항(영국해상보험법 제78조 제4항에 해당함)은 약관상의 손해방지조항의 존재와 관계없이 적용된다고 판시하였다. 최근 해상보험사건으로 적하보험약관상의 수치인조항에 피보험자의 제

20) 유럽의 많은 국가에서는 이러한 유형의 의무를 인정하고 있다. 예컨대 독일에서는 보험사고가 발생한 경우에 보험계약자는 손해가 방지되거나 경감될 수 있는가를 가능한 한 살펴볼 의무가 있고, 보험자의 지시에 따를 것을 규정한다(독일보험계약법 제62조). 이탈리아도 독일과 같이 보험계약자는 손해를 방지하거나 경감할 것이 요구되고, 손해가 급박한 경우에는 의무가 인정되며(이탈리아민법 제1914조), 네덜란드와 스페인도 같다. 스위스의 경우에는 보험계약자는 시간적 여유가 있는 경우에는 보험자의 지시를 요청할 것이 특별히 요구되고, 손해를 경감하기 위하여 할 수 있는 모든 조치를 행할 의무를 진다(스위스보험계약법 제61조): Malcolm Clarke, Wisdom after the event: the duty to mitigate insured loss, [2003] LMCLQ 525, 530.

21) [1964] 1 Lloyd's Rep. 348, Supreme Court of New South Wales: 이 사건에서 원고는 시드니(Sydney)에서 피지(Fiji)까지의 항해에 대하여 폭발물과 일반물품의 적하에 대하여 보험에 들었는데, 보험증권에는 손해방지조항이 삽입되어 있지 아니하였다. 시드니를 출항한 바로 직후 적하를 운송하던 선박이 심하게 누수가 됨이 발견되어 선박은 귀항하여 도크에 검사를 위하여 입거되었다. 이를 위하여 적하는 하역되고, 창고에 임치되어 결국 다른 선박으로 피지까지 운송되었다. 원고는 손해방지로서 든 비용의 보상을 청구하였지만, 보험자는 보험증권상 이 비용이 명시적으로 보험담보되지 아니한다고 주장하여 이를 거부하였다. 뉴 사우스 웨일즈(New South Wales) 대법원은 원고는 손해방지비용을 보상받을 수 있다고 판시하였다. 매닝(Manning) 판사는 "호주해상보험법 제84조 제4항은 보험계약자에게 손해를 방지하거나 경감하기 위하여 합리적인 조치를 취할 의무를 지우고 있다. 보험증권상 손해방지조항이 삽입되어 있지 아니한 경우에, 이 조항을 보험계약자가 자신의 비용으로 수행할 의무로 해석할 수 없다"라고 판시하였다.

3자에 대한 손해배상청구권을 보존하는 의무만을 규정하고 이를 보험자가 보상한다는 뜻을 규정하지 아니한 경우 보험자의 보상책임을 명한 추밀원의 Netherlands Insurance Co.,(Est 1845) Ltd. v. Karl Ljungberg and Co. A/B사건[22]과 보험계약자가 자신의 비용으로 손해를 방지할 것을 규정한 비해상보험사건으로 손해방지비용을 보험계약자가 부담하기로 정한 조항의 효력을 인정한 1997년 항소법원의 판결인 Yorkshire Water Services Ltd. v. Sun Alliance and London Insurance plc and Others사건[23]에서 논의되었다.

(나) 학 설 : 영국해상보험법 제78조 제4항이 규정하는 손해방지의무는 "부보위험에 근인하여 손해가 발생한 경우, 보험증권에서 달리 규정하고 있지 아니하는 한, 비록 그 손해가 선장이나 선원의 불법행위 또는 과실이 없었더라면 발생하지 않았을 경우라도 보험자는 보상책임을 진다"고 영국해상보험법 제55조 제2항 a호의 규정과 충돌하므로 그 법적 성격이 다투어진다. 양자의 관계에 대하여는 후술하지만,[24] 영국의 학설은 피보험자의 손해방지의무는 극히 예외적으로 인정된다고 한다.[25] 또한 운임보험약관과 같이 손해방지조항이 존재

---

22) [1986] 2 Lloyd's Rep. 19, PB: 피항소인은 항소인과 보험계약을 체결한 합판의 적하의 수하인이었다. 피항소인은 1963년 협회적하보험전위험약관상 손해방지조항과 수치인조항 양자가 삽입된 보험계약상의 양수인이었다. 수치인조항에는 보험계약자에게 제3자에 대한 보험자의 권리를 보전할 의무를 부과하고 있었다. 하역시에 약간의 합판에 행방불명 또는 훼손사실이 발견되었고, 운송계약상의 소멸시효를 보전하여 운송인에 대한 보험자의 권리를 보전하기 위하여 적하의 수하인은 일본에서 소송을 제기하였다. 그리고 적하의 소유자는 수치인조항에 따라 일본에서의 소송비용에 대한 보험보상을 청구하였다. 이 사건에서의 쟁점은 보험자가 보험계약자에게 손해방지에 지출된 비용을 보상한다고 명시적으로 규정하는 반면, 수치인조항에는 이와 같은 조항이 없음에도 보험보상을 받을 수 있는가 이었다. 추밀원은 일본에서의 소송을 개시하는데 지출된 비용에 대하여 보험자는 보상책임을 진다고 판시하였다. 보험자에 의한 묵시적인 보상의무는 손해방지조항과 수치인조항 양자에 모두 적용되었다.

23) [1997] 2 Lloyd's Rep. 21, CA: 이 사건에서 원고는 피고와 공적 책임보험증권(public liabilities policies)상 보험에 들었다. 원고의 하수구공사의 지지벽이 붕괴하여 콜른(Colne)강을 오염시켰고, 원고는 훼손을 경감하기 위하여 400만달러의 비용을 지출하였고, 이에 대하여 보험보상을 청구하였다. 보험증권에는 "보험계약자는 자신의 비용으로 … 여하한 상황을 방지하기 위하여 합리적인 예방조치를 하여야 한다"라는 조항이 삽입되어 있었다. 그러나 원고는 "모든 보험은 보험계약자가 보험자가 부담하는 손해를 방지하거나 경감하기 위하여 합리적인 노력을 할 묵시적인 조건이 있다"고 하고, 따라서 보험보상을 받을 권리가 있다고 하였다. 보험증권상의 명시적인 조건은 훼손을 경감하기 위한 작업은 보험자가 아닌 보험계약자의 비용으로 한다고 규정하고 있음을 확인한다고 판시하였다. 그러나 법원은 타인을 위하여 당사자에게 의무가 부과되었다는 사실만으로 이 의무를 이행하는데 지출된 비용을 보험자가 보상한다는 것을 의미하는 것은 아니라고 판시하였다.: 이 책 제3부 제1장 제2절 손해방지의무 Ⅲ. 손해방지의무의 내용 2. 합리적인 조치일 것 (2) 적하보험의 경우 참조.

24) 이 책 제3부 제1장 제2절 손해방지의무 Ⅵ. 손해방지의무의 위반 2. 영국해상보험법 제55조 제2항 a호와 제78조 제4항의 충돌 참조.

25) 이 책 제3부 제1장 제2절 손해방지의무 Ⅴ. 손해방지의무의 위반 2. 영국해상보험법 제55

하지 아니하는 경우에는, 손해를 방지하거나 경감하는데 지출된 비용은 일반적 원칙으로서 보험증권상 보상되지 않는다고 해석되고 있다.

(다) 소 결 : 손해방지의무가 법령상의 의무인가 아니면 계약상의 의무인가 여부에 대하여서는 영국법상 보험계약자가 손해방지비용으로 지출된 비용을 자동적으로 보상받는다는 원칙은 존재하지 아니라는 것으로 보인다. 지배적인 견해는 보험계약자가 손해를 방지하는데 든 비용에 대하여 보상할 의무를 진다는 원칙이 보험법상 일반적으로 존재하는 것은 아니라고 한다. 따라서 보험계약자가 손해방지에 대하여 보상받는다는 명시적인 조항이 존재하지 아니하는 경우에는, 손해를 방지하거나 경감하는데 지출된 비용은 일반적 원칙으로서 보험증권상 보상되지 아니한다고 보아야 한다.[26] 또한 손해방지의무해태의 효과에 관하여도 손해방지의무조항의 존재에도 불구하고 영국해상보험법 제55조 제2항 a호가 우선적으로 적용되어 보험자의 보험금감액청구는 손해방지의무의 위반이 보험사고로 인한 손해의 인과관계를 깨뜨리거나 위반이 중과실이나 무모하게 행위한 중대한 경우에 한하여 인정된다.

## 6. 공동해손, 단독해손, 구조료와의 관계

공동해손손해와 그 분담금 그리고 구조료는 손해방지조항하에서 보상되지 않는다(영국해상보험법 제78조 제2항).

(1) 손해방지비용과 공동해손

공동해손은 공동의 위험을 면하기 위한 처분으로 인한 비용 또는 손해인데 반하여, 손해방지는 공동의 해상사업의 이익을 위하여 수행되는 것이 아니고, 단일한 보험목적의 이익을 위하여 특별히 수행되는 것이다.

(2) 손해방지비용과 단독해손

손해방지비용은 보험목적 자체가 멸실 또는 훼손되는 것과 같이 보험목적에 직접 발생하는 물적 손해가 아니라 그 멸실 또는 훼손을 방지하기 위하여 지출하는 비용손해인 점에서 단독해손에 포함되지 않는다(영국해상보험법 제64조 제2항).

(3) 손해방지비용과 구조료[27]

---

조 제2항 a호와 제78조 제4항의 충돌 참조.

26) Susan Hodges, Cases and Materials on Marine Insurance Law, London: Cavendish Publishing Limited, 1999, p. 793.

27) 이 책 제3부 제2장 제3절 손해보상의 의무 Ⅳ. 책임손해 5. 구조료 (1) 구조료의 개념

손해방지비용은 보험계약자가 스스로 지출하는 비용이라는 점에서 제3자인 해양사고구조자가 구조계약에 의하지 아니하고 행한 구조행위에 대하여 해상법상 인정되는 보수인 구조료와 구별된다. 그러나 선박소유자가 자기 또는 타인소유의 적하를 싣지 않고 항해하다가 좌초한 때 긴급히 전문적인 선박구조업자에게 연락하여 구조계약을 체결한 후 그 선박을 구조하게 한 경우, 지급된 구조료는 선박의 안전을 위하여 지출한 비용으로 손해방지비용에 해당한다.[28]

손해방지비용은 조치로 인한 손해의 방지 또는 감소의 성공여부와 관계없이 그 비용이 보상되는데 반하여, 구조료는 구조가 주효할 것을 요하는 결과주의를 취하고 있는 점에서 다르다.

## Ⅱ. 손해방지의무자

영국해상보험법 제78조 제4항은 '보험계약자와 그 대리인'이 손해방지의무를 진다고 규정하고 있지만, 협회적하보험약관과 표준선박보험약관은 '사용인'(servants)을 추가하고 있다. 이는 선장과 선원과 같은 사용인이 일반적인 규정에 포함된다는 것에 의문의 여지를 남기지 아니하기 위한 것으로 추정된다.

### 1. 선장과 선원

선장과 선원은 손해방지의무자에 속하는가는 특별히 지시받은 경우에 한정되는가 또는 영국해상보험법 제78조 제4항의 대리인에 해당하여 특별한 지시없이도 의무자인가 여부가 문제된다.

(가) 포함되지 않는다는 판결 : 주장된 천공 후에 침몰하는 선박의 선장과 선원이 구조자의 지원을 거절한 Astrovlanis Compania Naviera SA v. Linard, 'Gold Sky'사건[29]에서 모카타(Mocatta)판사는 1심판결에서 대리인에는 선장과

---

(마) 구조료와 손해방지의 비교 참조.

28) 심재두, 해상보험법, 길안사, 1995, 399~400면.

29) [1972] 2 Lloyd's Rep. 187; 동판사는 동판사는 "영국해상보험법 제78조 제4항은 보험계약자와 그 대리인의 의무라고 규정한다. 선장은 주로 선박의 소유자의 피용인이고, 선장으로서의 권한은 엄격히 제한적이며 그가 필요한 경우에 대리인으로 행위하여야 하는 경우에는 본인을 위한 대리인으로 광범위한 권한을 가진다. 골드 스카이(Gold Sky)호의 선장으로 그가 만일 구조자와 선박의 구조약정을 체결하였다면 원고는 이에 구속되었을 것이다. 그러나 소유자로부터 지시가 없는 경우에는 선박의 선장이 영국해상보험법 제78조 제4항의 보험계약자와 그 대리인에 포함된다고 생각하지 않는다. 따라서 합리적인 조

선원이 포함되지 않는다는 견해이었다.

(나) 포함된다는 판결 : State of The Netherlands v. Youell and Hayward and Others사건[30]에서 필립스(Phillips)판사의 견해로 선장과 선원 등은 보험계약자의 대리인으로서 영국해상보험법 제78조 제4항에 따라 당연히 손해방지의무를 진다고 한다.

(다) 소 결 : 선장과 선원은 손해방지를 하도록 특별히 지시받았는가를 묻지 않고 손해방지의무를 진다는 점에서 영국해상보험법 제78조 제4항의 목적을 위한 대리인이다.

## 2. 선박건조자

선박건조자는 보험계약자의 대리인이 아니므로 손해방지의무자가 아니다.[31]

## 3. 원수보험자

원수보험의 보험계약자는 재보험의 손해방지의무자가 아니다.[32]

---

치를 선장이 취하지 아니하였다고 하여 보험자에 대한 소유자의 청구에 악영향을 미치지 않는다. 손해방지에 대하여 대리인으로부터 무엇을 할 것인가 아닌가에 대하여 명시적인 지시가 없는 경우에는, 영국해상보험법 제78조 제4항의 대리인에는 선장과 선원은 포함되지 않는다"라고 판시하였다.

30) [1998] 1 Lloyd's Rep. 236, CA(이 사건의 사실관계는 선박건조자 참조): 동판사는 영국해상보험법 제78조 제4항의 성질과 효과에 대한 모카타(Mocatta)판사의 분석을 수용하지 아니한다고 하고, "영국해상보험법 제78조 제4항이 선장, 선원 그리고 기타 대리인에게 항해사업을 수행할 대리권을 부여하였기 때문에 항해사업에 대하여 발생하는 의무이다"라고 판시하였다.

31) State of The Netherlands v. Youell and Hayward and Others [1998] 1 Lloyd's Rep. 236, CA사건에서 네덜란드 해군부는 독일 회사인 RDM에서 선조중인 2척의 잠수함의 매수인이었다. 2척의 잠수함은 피고와 2개의 다른 보험계약이 체결되어 있었다. 건조와 해상시운전중 잠수함은 용접과 페인트작업에서 중대한 하자가 있음이 발견되었다. 해군부는 수리비의 보상을 청구하였지만, 보험자는 손해가 부보위험의 결과로 발생한 것이 아니고, 해군부와 건조자가 알면서도 과도한 기초도료의 코팅을 무모하게 하여 고의적 불법행위가 성립한다고 주장하였다. 보험자는 또한 보험계약자의 대리인으로서 선박건조자가 제78조 제4항에 따른 손해의 방지의무를 이행하지 아니하였다고 주장하였다. 항소법원은 영국해상보험법상의 불법행위는 직접적인 손해의 원인과 결합된 심리상태를 의미하기 때문에 불법행위는 성립하지 않았고, 선박건조자는 보험계약자의 대리인이 아니라고 판시하였다.

32) Uzielli v. Boston Marine Insurance Co. [1884] 15 QBD 11, CA(이 사건의 구체적인 사실관계는 이 책 제2부 제4장 피보험이익 제3절 영국해상보험법상의 피보험이익 Ⅲ. 구체적인 피보험이익 2. 원수보험자 참조)사건에서 재보험에 있어서 원수보험의 보험계약자가 손해방지비용을 지출하여 원보험자가 이를 보상하여 주었어도 이는 재보험에 있어서 보험계약자인 원수보험자가 손해의 방지를 위하여 지출한 비용은 아니기 때문에 손해방지비용으로 보상되지 않는다고 판시되었다. 또한 Crouan v. Stanier [1903] 1 KB 87에서

### 4. 해양사고구조자

해양사고구조자가 구조 후에 지급받은 구조료는 손해방지비용이 아니다.[33)]

## Ⅲ. 손해방지의무의 내용

### 1. 손해의 방지 또는 경감

(1) 손해의 방지와 경감의 의미

손해방지의무는 보험계약에 의하여 담보되는 손해의 방지만이 아니라 경감에도 적용된다. 이에는 가축의 폐사를 막기 위한 추가사료구입,[34)] 대체선박의 용선,[35)] 소송행위[36)] 등이 그 예이다. 그러나 전시통제로 인하여 좌초된 선박의

---

선박이 산호초와 충돌하여 선박의 소유자가 추정전손으로 위부하였지만, 재산을 보존하는 노력을 기울이기를 거부하여 원수보험자는 자기의 계산으로 선박을 인양하는데 지출한 상당한 비용을 지출하고 재보험자에 대하여 보험보상을 청구하였다. 법원은 재보험자의 보상을 허용하지 아니하였다.

33) Aichison v. Lohre [1879] 4 App Cas 755, CA사건에서 원고 소유의 선박 크리미아(Crimea)호에 대하여 £1,200으로 보험에 들었다. 보험증권에는 통상적인 손해방지조항이 삽입되어 있었다. '크리미아'호가 어려움에 봉착한 후 증기선 텍사스(Texas)호에 의하여 구조되었고, 동선박은 아일랜드 해사법원에 의하여 £800의 구조료의 지급판결을 받았다. 수리비와 구조료를 포함한 보상의 한도는 협정보험가액 £1,200에서 1/3의 신구교환차익을 공제한 £800이었기 때문에, 소유자는 £800를 손해방지비용으로 보험보상을 청구하였다. 왜냐하면 손해방지는 협정보험가액 이상의 보상이 가능하였기 때문이었다. 상원은 £800는 손해방지비용이 아니라 구조료이고, 따라서 보험자는 선박의 협정보험가액을 한도로 하는 수리비와 구조비용을 보상할 책임만을 진다고 판시하였다. 블랙번(Blackburn)경은 계약과 관계없이 행위하는 구조자는 보험계약자의 '대리인'으로 고찰되지 아니하기 때문에 구조로 인하여 지출된 비용은 손해방지비용으로 보상되지 아니한다고 판시하였다(이 사건에 관하여는 또한 이 책 제3부 제2장 제3절 손해보상의 의무 Ⅳ. 책임손해 5. 구조료 (2) 구조료보상의 요건 (가) 보험사고로 인한 손해를 방지하기 위하여 지출된 비용 (a) 보험사고로 인한 손해를 방지하기 위하여 지출된 비용 참조).

34) The Pomeranian [1895] P 34사건에서 잘 설명되고 있다. 이 사건에서 원고는 뉴욕에서 글래스고우(Glasgow)까지 포머레이니언(Pomeranian)호에 선적되어 운송하는 125마리의 소의 적하에 대하여 보험에 들었다. 보험계약은 사망을 포함하는 전위험담보조건이고, 손해방지조항이 삽입되어 있었다. 뉴욕을 출항한 바로 직후에 '포머레이니언'호는 악천후를 만나 수리를 위하여 노바 스코티아(Nova Scotia)에 있는 핼리팩스(Halifax)에 입항하였다. 이 지연으로 인하여 가축을 위한 추가사료가 구입되었고, 원고는 이 비용에 대하여 손해방지조항에 의거하여 보상을 청구하였다. 보험자는 가축은 비용이 지출된 당시에 위험상태에 있지 아니하다는 이유로 이를 거부하였다. 법원은 만일 추가사료가 구입되지 아니하면 가축이 전부 멸실할 것이라는 현실적인 위험이 존재하였다는 이유를 들어 손해방지비용으로의 보상을 인정하였다.

35) 영국해상보험법 제78조 제1항이 규정되게 된 판례인 Kidston and Others v. Empire Marine Insurance Co., Ltd. [1866] LR 1 CP 535사건에서 적하는 안전하게 목적지로 운송되었고 운임이 취득되었지만, 운임의 보험계약자는 적하를 창고에 보관하고 계속 운

수리허가를 상당한 시간이내에 얻을 수 없는 상황에서 좌초 후 드라이독에 입거하여 검사하지 않은 것은 이에 해당하지 않는다.[37)]

(2) 적하보험-환적과 계속운송

적하의 보험계약자는 보험사고로 인하여 항해가 중단되고 적하가 환적되어 목적지로 계속운송되어야 하는 경우에 손해방지비용으로 보상된다. 그것은 적하보험은 적하 자체만이 아니라 해상사업의 완성, 즉 적하를 목적지까지 운송하

---

송하는 비용을 손해방지조항에 의거하여 보상받을 수 있다고 판시되었다. 이 사건에서 원고는 페루(Peru)에서 영국까지의 항해에 대하여 가노(guano)의 적하를 싣고 운송하기 위하여 용선된 선박 세바스타폴(Sebastapol)호의 소유자이었다. 이어 용선운임에 대하여 £5,000으로 보험에 들었다. 보험계약에는 통상적인 손해방지조항이 삽입되어 있었지만, 단독해손은 면책으로 되어 있었다. 케이프 혼(Cape Horn)을 경유하는 항해 중에 '세바스타폴'호는 악천후에 의하여 심하게 훼손되어 선장은 영국으로 적하를 운송하기 위하여 다른 선박 캐프리스(Caprice)호를 £2,467에 용선하였다. 보험계약자는 적하를 영국으로 운송하기 위하여 대체선박을 용선하는데 들인 비용에 대하여 손해방지조항에 의거하여 보상받았다.

36) 손해를 경감하기 위하여 지출된 법률비용이 손해방지에 포함되는가 여부는 Kuwait Airways v. Kuwait Insurance Co. SAK [1996] 1 Lloyd's Rep. 664사건에서 다투어졌다. 릭스(Rix)판사는 이 비용이 재산을 회복하기 위하여 노력하는 중에 지출된 경우에만 변호사비용이 포함된다고 하였다. 그러나 보험보상을 청구하는데 지출된 비용만은 손해방지비용에 해당하지 아니한다고 판시하였다. 왜냐하면 보험자는 이로 인하여 아무 이익을 얻지 못하기 때문이었다. 이 사건의 구체적인 사실관계는 이 책 제3부 제3장 제3절 청구권대위 Ⅲ. 청구권대위의 효과 5. 대위권행사의 제한 (2) 일부보험의 경우 (다) 영국 해상보험법의 배분방법 (d) Napier v. Hunter사건 이후의 해상보험에서의 배분방법 참조.

또한 Netherlands Insurance Co..(Est 1845) Ltd. v. Karl Ljungberg and Co. A/B [1986] 2 Lloyd's Rep. 19, PC사건(이 사건의 구체적인 사실관계는 이 책 제3부 제1장 제2절 손해방지의무 Ⅰ. 손해방지의무의 기본구조 5. 손해방지의무의 법적 성질 (2) 영국해상보험법상의 성질 (가) 판례의 경향 참조)에서 추밀원은 보험자가 보험계약상 보상책임을 지는 멸실 또는 훼손에 대하여 권리의 보존과 행사에 관한 경우에는 소멸시효의 완성을 방지하기 위하여 제기된 소송에 대한 법률비용에 대하여 보험계약자는 보상을 받을 수 있다고 판시하였다. 이와 관련하여 1982년 협회적하보험약관 제16조 제2항의 수치인조항은 보험계약자는 "보험계약자와 그 대리인은 운송인, 수치인 또는 기타 제3자에 대한 모든 권리가 적절히 보존되고 행사되도록 할" 의무를 진다고 규정하였다.

37) Irvin v. Hine [1950] 1 KB 555사건에서 트롤어선이 바위에 부딪쳐 훼손되어 선주는 보험자에게 위부의 통지를 하였고 보험자는 이를 거부하였고, 트롤어선이 추정전손이라는 선주의 주장은 당시 그곳에서 행하여지던 전시통제로 인하여 선박을 수선하기 위하여 상당한 시간이내에 허가를 받을 수 없었다는 것이었다. 법원은 이 손해는 분손이라고 판시하였는데, 좌초 후에 보험계약자가 검사하기 위하여 선박을 드라이독에 입거하지 않은 것은 손해방지의무의 위반이 아니라고 판시하였다. 데브린(Devlin)판사는 독에 입거하여 검사가 행하여졌다고 하더라도 손해를 방지하거나 경감할 수 없었다고 판시하였다. 동판사는 "영국해상보험법 제78조 제4항은 보험계약자가 손해를 방지하거나 경감하는 합리적인 조치를 취할 것을 요구한다. 보험자는 검사를 하여야 하는 손해방지의 위반이고, 이를 위반하였기 때문에 보상청구가 인용될 수 없다고 주장한다. 이 사건에서 드라이독에서의 검사로 인하여 손해가 방지되거나 경감되지 아니하였을 것이고, 단지 그 범위를 확인할 수 있었을 것이다. 이 비용은 보험계약자가 보상청구권을 입증하기 위한 비용의 일부라고 판단한다"고 판시하였다.

는 것도 부보된 것이기 때문이다.[38]

협회적하보험(A),(B),(C)약관 제12조의 전단은 "이 보험에 의하여 담보되는 위험의 작용의 결과, 부보된 운송이 이 보험에 의하여 보험의 목적물이 담보되는 목적지 이외의 항구 또는 장소에서 종료된 경우, 보험자는 보험목적을 양륙하고 보관하며 이 보험에 의하여 담보된 목적지까지 운송함에 있어서 적절하고도 합리적으로 지출된 비용을 보험계약자에게 보상한다"라고 규정하고 있다.

또한 협회적하보험(A),(B),(C)약관 제8조 제3항은 "이 보험은 … 강제된 하역, 재선적 또는 환적 … 동안에 유효하다"고 이를 확인하고 있다.

영국해상보험법 제59조는 "부보위험으로 인하여 항해가 중간항구나 중간지점에서 중단된 경우, 운송계약상의 특별규정 이외에, 선장이 적하나 기타 동산을 양륙하여 재선적하거나 또는 환적하여 목적지로 운송하는 것이 정당화되는 사정아래에서는, 보험자의 책임은, 양륙이나 환적이 있음에도 불구하고 계속된다"라고  반복하여 규정하고 있다.

⑶ '보험계약에 의하여 담보되는' 손해의 방지 또는 경감

영국해상보험법 제78조 제3항은 손해방지로 인하여 지출된 비용이 보상되는 일반원칙을 "보험증권에 의하여 담보되지 아니하는 손해를 방지하거나 또는 경감하기 위하여 지출된 비용은 손해방지약관에 의하여 보상되지 않는다"라고 규정하고 있다.

1983년 협회선박기간보험약관 제13조 제1항은 동일한 점이 '…이 보험에 의하여 보상되는'이라는 어구로 규정되어 있고, 협회적하보험(A),(B),(C)약관 제16조는 '…이 보험에 의하여 보상되는 손해에 대하여'라고 표현되어 있다.

이와 같이 손해방지비용은 보험계약상 담보되어 있는 위험인 손해를 방지하거나 경감하기 위하여 지출된 경우에만 보상된다.

소의 폐사를 포함하는 전위험담보조건의 적하보험계약에서 선박이 악천후를 만나 수리를 위하여 항구에 입항하여 항해가 지연되어 추사사료구입비용에 대한손해방지비용으로의 보상이 청구된 경우 통상적으로는 영국해상보험법 제55조 제2항에 따라 지연으로 인한 손해는 면책이지만, "… 안전하게 양륙될 때까지 모든 적하의 위험을 포함한다. 여하한 원인으로 인한 폐사와 투기를 포함하는 모든 위험에 대하여 담보한다"는 조항을 적하보험계약의 내용으로 하였기 때문에 보상이 허용된 포머레이니언(Pomeranian)호 사건[39]이 그 예이다.

---

38) 심재두, 앞의 책, 405면.

그러나 방지되거나 경감된 손해가 고유의 하자와 같이 보험증권상 담보되지 아니하는 위험으로 인한 경우에는 보상되지 않는다. 규조토를 자루에 넣는 중에 지출된 비용에 대하여 손해가 보험증권상 담보되지 아니하는 고유의 하자로 인하여 발생하였기 때문에 손해방지비용으로 인한 보상청구는 인용되지 않은 Berk v. Style사건[40]이 그 예이다.

한편 전위험담보조건의 보험증권에서 손해방지조항은 매우 넓게 적용된다. 컨테이너에 대하여 전위험보험에 가입하였던 원고는 항만세와 보관료의 채무를 부담하고 있던 임차인이 파산하여 자기의 컨테이너가 제3자에게 양도될지 모른다고 판단하여 이를 회수하는데 들인 비용에 대하여 손해방지비용으로 보상받을 수 있다고 판시한 Integrated Container Service and Inc v. British Traders and Insurance Co.사건[41]이 그 예이다.

(4) 단독해손을 방지하기 위한 손해방지

손해방지를 위하여 지출된 비용은 보험계약에서 달리 규정되어 있지 아니한 경우에는 방지되거나 경감된 손해가 전손인가 분손인가 여부를 묻지 아니하고 보상이 허용된다.

보험계약은 분손부담보조항을 보험계약의 내용으로 할 수 있고, 이 경우에는 단지 전손만이 담보된다. 이 경우에는 다음 두 가지에 대하여 고찰하여야 한다.

첫째, 오직 전손만을 담보하는 보험계약에서 손해방지를 위하여 지출된 비용은 보험보상이 되는가? 현재는 영국해상보험법 제76조 제1항에서 "보험목적의 전부 또는 일정 비율 미만의 단독해손을 담보하지 아니하는 조건으로 부보된 경우라고 하더라도" 보험자는 "부보된 손해를 방지하기 위하여 손해방지약관에 따라 지출된 비용"에 대하여 보상책임을 진다고 규정에 따라 보상하여야 한다.

---

39) [1895] P 34: 구체적인 사실관계는 이 책 제3부 제1장 제2절 손해방지의무 Ⅲ. 손해방지의무의 내용 1. 손해방지 또는 경감 (1) 손해의 방지와 경감의 의미 참조.

40) [1956] 1 QB 181.

41) [1984] 1 Lloyd's Rep. 154, CA: 이 사건에서 원고는 오야마사(Oyama Ltd.)에 1,016개의 컨테이너를 임대하였는데, 오야마사가 파산하여 거래가 중단되었다. 오야마사는 항만세와 보관료의 채무를 부담하고 있었으므로 원고는 자기 컨테이너가 제3자에게 양도될 지도 모른다고 우려하였다. 따라서 자기의 컨테이너에 대하여 전위험보험에 가입하였던 원고는 상당한 비용을 지출하여 이를 회수하고 보험자에 대하여 손해방지조항에 따라 보험보상을 청구하였다. 보험자는 실제로 훼손되지 아니한 컨테이너를 회수하는데 지출된 비용에 대한 보상에 대하여서는 이는 부보위험으로 인한 것이 아니라는 이유로 이를 거부하였다. 항소법원은 보험계약은 전위험담보조건으로 임차인의 파산으로 인하여 컨테이너가 위험에 처하였기 때문에 이 손해를 방지하거나 경감하기 위한 비용은 손해방지로 보상받을 수 있다고 판시하였다(이 책 제3부 제2장 제3절 손해보상의 의무 Ⅵ. 면책위험 9. 파산 참조).

둘째, 일정비율미만의 단독해손을 담보하지 않는 조건으로 부보된 경우 일정한 비율미만의 단독해손을 피하기 위하여 지출된 비용은 보상되지 않는다. 다만 손해를 방지하기 위하여 비용을 지출함으로써 단독해손이 일정한 비율 미만으로 감소된 경우에는 그 비용은 보상된다.[42]

페루에서 영국으로 가노(guano)의 적하를 운송하기 위하여 선박을 용선한 소유자가 이 운임에 대하여 단독해손부담보조건으로 보험에 들었다. 선박이 악천후로 심하게 훼손되어 리오 데 자네이로(Rio de Janeiro)에서 추정전손되어 선주가 다른 선박을 2,467파운드에 임차하여 운송을 완료하고 손해방지비용으로 그 보상을 청구한 Kidston v. Empire Marine Insurance Co., Ltd.사건[43]에서 법원은 지출된 비용은 전손을 방지하기 위한 것이라는 이유로 보상을 허용하였다. 법원은 단독해손면책으로 인하여 손해방지를 위하여 지출된 비용에 대한 보험보상이 금지되는 것은 아니라고 하였고, 만일 적하가 계속 운송되지 아니하였더라면 리오(Rio)에서 운임의 전손이 발생하였을 것이 때문에 원고는 보험약관상의 손해방지조항에 따라 보상청구를 받을 수 있었고, 이 판결의 취지가 영국해상보험법 제78조 제1항에 규정되게 되었다.

## 2. 합리적인 조치일 것

(1) 합리성의 판단기준

영국해상보험법 제78조 제4항은 "모든 경우에 있어서 손해를 방지하거나 경감하기 위하여 합리적인 조치를 취하는 것은 보험계약자와 그 대리인의 의무이다"라는 것을 확인하고 있다.

보험계약자가 취한 조치가 보험보상을 받을만큼 합리적인가 여부는 사실판단의 문제이고, '그 상황을 보다 냉철하게 판단하는 보다 많은 지식을 가진 사람'이 그 상황을 합리적으로 판단하였는가의 기준이 아니라 '손해방지행위자가 위치한 상황에서 통상적으로 유능한 자'가 합리적으로 행위하였는가라는 객관적인 기준이 적용된다.[44]

요구되는 합리성의 기준은 컨테이너를 임차한 회사가 파산하여 보험계약자

42) 심재두, 앞의 책, 410면.
43) [1866] LR 1 CP 535; 이 사건의 사실관계는 이 책 제3부 제2장 제2절 손해방지의무 Ⅲ. 손해방지의무의 내용 1. 손해의 방지 또는 경감 (1) 손해의 방지 또는 경감의 의미 참조.
44) Stephen AP v. Scottish Mutual Insurance Association. 'Talisman' [1989] 1 Lloyd's Rep. 535, HL.사건.

의 재산을 위험에 놓이게 하였고 이 컨테이너를 회수하는데 지출된 비용은 손해방지조항에 따라 보상받을 수 있다고 판시된 Integrated Container Service and Inc v. British Traders and Insurance Co.사건[45]에서 에브레이(Eveleigh)판사는 "영국해상보험법 제78조의 어구는 자신의 재산을 보존하고자 의도하는 합리적인 사람이 행위하는 상황에서 행위할 의무를 부과하고 있다. 보험계약자가 보상받을 수 있는가 여부는 보험계약자가 취한 상황과 행위의 평가의 합리성에 의거한다. 신중한 보험계약자가 손해를 방지하기 위한 의무에 따라 비일상적인 성질의 비용을 지출하였다는 것을 입증하는 경우에는, 보험계약자는 그가 합리적으로 지출한 모든 비일상적인 비용을 보상받을 수 있다"라고 판시하였다.

미국독립전쟁당시 리버풀에서 멕시코로 항해하는 범선 대싱 웨이브(Dashing Wave)호에 선적된 적하에 대하여 적하보험계약이 체결되고, 동선박이 미국국경근처에서 남부동맹군에 의하여 포획되어 18개월 후 적하가 매도된 Stringer v. English and Scottish Marine Insurance Co., Ltd.사건[46]에서 블랙번(Blackburn)판사는 "이 상황에서 법원에 이 금액을 공탁하는 것과 같은 비용은 합리적이지 아니하였기 때문에, 보험계약자는 손해방지의무를 게을리한 것은 아니라고 판시하였다. 동 판사는 "보험계약자가 적하의 전체 가액을 공탁하여 매도를 방지하여야 하였을 것으로 보이지만, 나는 외국의 법원과 국가에 보험목적의 전체 가액을 공탁하는 것을 요구하는 것은 거의 합리적이지 않는다고 생각한다. 따라서 미국의 통화의 상태를 고찰할 필요도 없이 보험계약자는 이를 선택할 의무는 없다"라고 판시하였다.

또한 최근의 Stephen AP v. Scottish Mutual Insurance Association, 'Talisman'사건[47]에서 어선이 선주상호보험조합에 부보되었는데, 이는 "보상청구를 하는 보험계약자가 선박을 멸실 또는 훼손으로부터 구조하기 위한 합리적인 노력을 기울이지 아니하는 경우에는 조합은 멸실 또는 훼손에 대한 보상책임을 지지 아니한다"라고 규정을 두고 있었다. 선박이 침몰하던 때 선장은 빌지 펌프(bilge pumps)를 작동하는 동안에는 해저판(secock)을 닫을 필요가 없다고 판단하여 이를 닫지 아니하였음이 입증되었다. 케이드(Keith)판사는 선장의 행위의 합

45) [1984] 1 Lloyd's Rep. 154, CA: 이 사건의 구체적인 사실관계는 이 책 제3부 제2장 제2절 손해방지의무 Ⅲ. 손해방지의무의 내용 1. 손해의 방지 또는 경감 (3) 보험계약에 의하여 담보되는 손해의 방지 또는 경감 참조.

46) [1869] LR 4 QB 676: 이 사건의 구체적인 사실관계는 이 책 제4부 제3장 제1절 현실전손에 관한 보상 Ⅰ. 현실전손의 개념 2. 현실전손의 유형 (3) 점유회복불능 (나)피보험자가 적하의 점유를 박탈당하여 회복할 수 없는 경우 참조.

47) [1989] 1 Lloyd's Rep. 535, HL.

리성을 판단하기 위하여 적용될 기준을 고찰하여 보험자패소판결을 내렸다. 동 판사는 '선장이 위치한 상황에서 통상적으로 유능한 선장이' 합리적으로 행위하였는가 라는 객관적인 기준을 적용하고, '그 상황을 보다 냉철하게 판단하는 보다 많은 지식을 가진 사람'이 그 상황을 판단하였는가의 기준을 거부하였다.

(2) 적하보험의 경우

영국해상보험법 제78조 제4항과 협회적하보험(A),(B),(C)약관 제16조 제1항에 따른 적하소유자에게 부과된 의무에 추가하여, 적하소유자는 제16조 제2항(수치인조항)에 따라 "운송인, 수치인 또는 기타 제3자에 대한 모든 권리가 적절히 보존되고 행사되도록 할" 의무를 진다. 제16조 제1항과 제16조 제2항의 손해방지의무에서는 보험자가 "이들 의무를 이행함에 있어서 적절하고 합리적으로 지출된 비용을 보험계약자에게 보상"한다는 것에 주의를 요한다. 제3자와 운송계약을 체결하는 적하소유자는 보험계약에 기하여 손해보상을 받은 경우에 보험자대위에 의한 보험자의 권리가 적절히 보호되도록 일반적으로 보장하여야 한다.

이 쟁점은 협회적하보험약관 제16조에 의하여 부과된 의무의 성질과 범위 그리고 이 의무를 이행하지 아니하는 결과가 고찰된 Netherlands Insurance Co., (Est 1845) Ltd. v. Karl Ljungberg and Co. A/B사건[48]에서 제기되었다. 이 판결에서는 손해방지조항만을 두고 손해보상에 관한 내용을 규정하지 않았음에도 불구하고 해석에 의하여 손해보상이 인정되었는데, 1982년 협회적하보험약관의 개정으로 제16조에 보험자의 보상책임을 명시하여 이 사건에서 다투어진 많은 문제가 해결되었다.

Noble Resources Ltd. v. George Albert Greenwood 'Vasso'사건[49]에서 원고는 벌크선 바소(Vasso)호에 선적된 57,513톤의 자기 소유의 철광석에 대하여 협회적하보험(A)약관을 보험계약의 내용으로 하는 보험계약을 체결하였다. 남 아프리카(South Africa)에서 중국으로 항해 중 '바소'호는 누수가 발생하여 침몰하였고, 선박과 적하는 전부 멸실하였다. 원고는 보상을 청구하였지만, 보험자는 적하소유자인 보험계약자가 선박소유자가 선박보험약관에 기하여 법원으로부터 650만 달러에 상당하는 보험금을 받지 못하도록 미레바 인정션(Mireva injunc-

48) [1986] 2 Lloyd's Rep. 19, PC: 이 사건의 사실관계는 이 책 제3부 제1장 제2절 손해방지의무 Ⅰ. 손해방지의무의 기본구조 5. 손해방지의무의 법적 성질 (2) 영국해상보험법상의 성질 (가) 판례의 경향 참조.

49) [1993] 2 Lloyd's Rep. 309.

tion)을 주장하지 아니하였다는 이유로 보상을 거부하였다. 법원은 원고가 미레바 인정션을 주장하지 아니한 것은 협회적하보험약관 제16조에 의하여 부과된 보험계약자의 의무의 해태에 해당하지 아니한다고 판결하였다. 홉하우스(Hobhouse)판사는 "보험자는 합리적인 보험계약자가 보험약관상의 조항들에 비추어 취하여야 하는 정당한 조치를 취하지 아니하였음을 입증하여야 한다. 손해방지의무위반의 경우 보험자 는 그로 인한 손해배상을 보험계약자에게 청구할 수 있다. 보험계약자의 해태가 보험자가 제3자에 대하여 가지는 보험자대위권을 보존하거나 행사하지 아니하는 것인 경우에는, 보험자의 손해는 제3자에 대한 권리의 상실된 부분이다"라고 판시하였다.

### 3. 손해방지행위의 종료시점

보험자의 보상책임이 인정되는 손해방지비용의 산정시 손해방지행위의 종료시점이 문제된다. 영국법상 이는 제소시점이다.[50] 이에 관하여서는 보험목적이 이미 전손이 된 후의 손해방지비용에 대하여 보상이 허용되는가 여부의 문제가 쿠웨이트 에어웨이스(Kuwait Airways) 소유의 항공기와 예비품이 이라크침략군에 의하여 강탈된 사건인 Kuwait Airways v. Kuwait Insurance Co. SAK사건[51]에서 제기되었다. 법원은 이 보상청구가 거부될 이유가 원칙적으로 없다고 하고 나아가 손해방지를 주장할 수 있는 기준일은 소송을 개시하는 영장의 발행일이라고 판시하였다. 릭스(Rix)판사는 "제소된 후에 보험목적이 회수되더라도 보험계약자가 그 당시에 가지는 전손보상에 영향을 미치지 아니하기 때문에, 영국해상보험법 제78조 제4항에 따른 보험계약자의 권리와 의무가 종료하는 시점은 제소시점이라고 판단한다"라고 판시하였다.

50) 독일법상 손해방지의무의 종료시점은 손해의 확대가 정지되어 더 이상 손해의 방지 또는 경감의 가능성이 존재하지 않게 된 때이다(장덕조, 손해방지비용에 관한 연구, 보험학회지 제76집, 한국보험학회, 2007, 72면).

51) [1996] 1 Lloyd's Rep. 664; 이 사건의 구체적인 사실관계는 이 책 제3부 제3장 제3절 청구권대위 Ⅲ. 청구권대위의 효과 5. 대위권행사의 제한 (2) 일부보험의 경우 (다) 영국해상법상의 배분방법 (d) Napier v. Hunter사건 이후의 해상보험에서의 배분방법 참조.

## Ⅳ. 손해방지비용의 보상

### 1. 보험자의 의무

영국에서 일반보험의 경우에는 일방당사자에게 타방 당사자의 이익을 도모할 의무가 있다는 것만으로는 후자가 이를 이행하는 비용을 지급할 의무가 있다는 조건이 존재하는 것으로 판단하기에는 충분하지 못하다.[52]

그러나 해상보험실무에서는 이와 달리 논의가 전개되어 왔다.

과거의 Loyd's SG 보험증권은 손해방지를 의무로 규정하지 않고 이 비용에 대하여 보험자로부터 보상받을 권리로 인정하여 보험자에게 지출된 손해방지비용을 분담할 것을 명확히 규정하고 있다.[53] 현행 협회선박보험약관상의 손해방지조항의 표제는 피보험자에게 지워진 의무라고 표현하고 강조점에 변화를 주고 있지만, 이 조항은 또한 보험자의 의무를 규정하고 있다.

과거의 협회적하보험약관상의 수치인조항에서 보험계약자가 제3자에 대한 권리를 보존할 의무를 지지만 이에 대하여 보험자가 보상할 의무를 규정하지 않은 경우 추밀원은 보험자의 보상의무는 묵시적인 조건이라고 하여 보상을 명하였다.[54]

한편 영국해상보험법 제78조 제1항은 "보험증권에 손해방지조항이 삽입되어 있는 경우에는, … 보험계약자는 이 조항에 따라 정당하게 지출된 비용을 보험자로부터 보상받을 수 있다"라고 규정하고 있다.

오늘날은 거의 가능성이 많지 않지만 영국해상보험법은 보험약관에 손해방지조항이 포함되어 있지 않은 경우에 보험자가 보상책임을 지는가에 대하여 침묵하고 있다. 호주판결[55]은 보험자는 제78조 제4항에 의거하여 보험자의 보상

52) Yorkshire Water Services Ltd. v. Sun Alliance and London Insurance plc and Others [1997] 2 Lloyd's Rep. 21, CA: 이 사건의 사실관계는 이 책 제3부 제1장 제2절 손해방지의무 Ⅰ. 손해방지의무의 기본구조 5. 손해방지의무의 법적 성질 (2) 영국해상보험법상의 성질 (가) 판례의 경향 참조.

53) 이 책 제3부 제1장 제2절 손해방지의 의무 Ⅰ. 손해방지의무의 의의와 법적 성질 2. 해상보험법상의 손해방지조항의 발전 참조.

54) Netherlands Insurance Co.,(Est 1845) Ltd. v. Karl Ljungberg and Co. A/B [1986] 2 Lloyd's Rep. 19, PB: A: 이 사건의 사실관계는 이 책 제3부 제1장 제2절 손해방지의 의무 Ⅰ. 손해방지의무의 기본구조 5. 손해방지의무의 법적 성질 참조.

55) Emperor Goldmining Co., Ltd. v. Switzerland General Insurance Co., Ltd. [1964] 1 Lloyd's Rep. 348: 이 사건의 사실관계는 이 책 제3부 제1장 제2절 손해방지의 의무 Ⅰ. 손해방지의무의 기본구조 5. 손해방지의무의 법적 성질 (2) 영국해상보험법상의 성질

책임을 명하고, 학설도 손해방지조항이 없는 경우에는 "보험자의 보상책임은 비용이 사고의 직접적이고 자연적인 결과라고 명백히 말할 수 있는 경우에 한정된다"고 하여 제한적인 보험자의 보상책임을 인정하는 견해도 있다.[56] 그러나 일반적으로 영국의 학설은 아놀드(Arnould)의 견해는 보험자의 의무와 '손해를 방지하거나 경감할 상당한 조치를 취할' 보험계약자의 의무의 관계를 왜곡하고, 손해방지조항을 자유롭게 둘 수 있음에도 불구하고 영국해상보험법의 규정을 불필요하게 수정해석할 뿐이라는 이유로 보험계약자는 손해방지비용을 보상받지 못하고 스스로 부담하여야 하는 것으로 본다.[57] 그러나 실무상 표준해상보험약관은 손해방지조항을 두고 있으므로 협회운임보험약관을 제외하고는 이 쟁점의 어려움은 제거되어 있다.

보험자는 손해를 방지할 의무를 지는 것은 아니지만, 이해관계자의 이익을 위하여 보험목적을 구조, 보호하거나 노력할 수가 있다.[58] 이를 위하여 보험자가 지출한 비용은 보험계약자의 손해방지비용에 관한 원칙이 적용되는 책임은 아니지만, 실무상은 보험계약자나 보험자 자신을 위하여 자발적으로 지출된 것으로 보험자기 부담한다.[59]

## 2. 보험자의 손해방지비용의 보상

손해방지비용의 보상은 통상적인 보험담보에 대하여 특별하고 보충적인 것으로서 영국해상보험법 제78조 제1항은 '… 손해방지조항의 합의는 보험계약을 보충하는 것으로 보고 …'라고 규정하여 이를 확인하고 있다. 손해방지비용의 보상은 보험계약에 부가된 보충적인 것으로서 비록 피보험자가 전손으로 보험금액 전액을 지급받았더라도 손해방지비용을 추가로 보상된다. 다만, 표준선박보험약관[60]은 그 보상한도를 보험금액으로 제한하고 있는데 반하여 협회적하보험(A),(B),(C)약관은 이를 제한하고 있지 않다. 상법상은 보험자는 보험금액

(가) 판례의 경향 참조.

56) Arnould, Law of marine insurance and average, 16th ed., London: Sweet & Maxwell, 1997, Vol 3, 제2부 § 914A.

57) F.D. Rose, op. cit., §20.45 p.391.

58) 1983년 협회선박기간보험약관 제13조 제3항; 1983년 협회선박항해보험약관 11조 제3항; 2003년 국제선박보험약관 제9조 제3항.

59) F.D. Rose, op. cit., § 20.46, p. 391.

60) 1983년 협회선박기간보험약관 제13조 제6항; 1983년 협회선박항해보험약관 제11조 제6항; 2003년 국제선박보험약관 제9조 제5항(협회선박보험약관이 보험금액을 한도로 규정하는데 반하여, 국제선박보험약관은 협정보험가액을 한도로 하는 점에서 차이가 있다).

의 한도내에서 보상할 책임을 진다(상법 제694조의 3).

손해방지의 경우에는 전손에 추가하여 보상되는 경우에 대하여 협회선박보험약관[61]은 "이 보험하에서 선박의 전손에 대한 보상청구가 인정되고, 선박과 다른 재산을 구조하거나 구조를 위한 시도를 함에 있어서 합리적인 비용을 지급하였으나 구조된 잔존물이 없거나 또는 비용이 잔존물의 가액을 초과하는 경우, 이 보험은, 잔존물이 없는 경우에는 그 비용 또는 잔존물의 가액이 존재하면 잔존물의 가액을 초과하는 비용에 대하여, 부보선박에 관하여 합리적으로 지급된 것이라고 인정되는 부분을 비례적으로 부담한다. 그러나 이 선박이 비용의 지출을 필요로 하게 된 사건이 발생할 당시의 정품가격보다 낮은 가액으로 부보된 경우, 이 조항에서 보상되는 금액은 일부보험의 비율에 따라 보상된다"라고 규정한다.

그러나 보상액은 합리적인 비용에 한정된다. 선박으로 운송하는 적하에 대하여 취득할 운임에 대하여 보험에 가입하고 선박이 훼손되어 철도로 대체운송하고 그 비용을 손해방지비용으로 보상청구한 경우에 합리적인 비용만의 보상이 허용된 Lee and Another v. Southern Insurance Co.사건[62]과 적하보험에 든 목재의 적하를 선적한 선박이 독일군함에 의하여 회항조치된 후 노르웨이에서 가스튼(Gårston)으로 계속 운송하던 중 지출된 보관비용 등은 합리적인 비용만이 보상된다고 한 Wilson Brothers Bobbin Co., Ltd. v. Green사건[63]이 그 예이다.

61) 1983년 협회선박기간보험약관 제13조 제5항; 1983년 협회선박항해보험약관 제11조 제5항.

62) [1870] LR CP 397: 이 사건에서 보험중개사인 원고는 선박 챨스(Clarles)호의 소유자를 위하여 캐머룬스(Cameroons)에서 리버풀(Liverpool)로 항해하는 운임에 대하여 보험계약을 체결하였다. 보험계약에는 손해방지조항이 삽입되어 있었다. 아이리시 해(Irish Sea)를 항해하던 중 '챨스'호는 악천후를 만나 웰쉬(Welsh) 연안 풀헤리(Pwllheli)에서 좌초하여 야자유(palm oil)의 적하가 양륙되어 £200이상의 비용으로 철도로 리버풀로 계속 운송되었다. '챨스'호는 후일 수리되어 선박이 운송하였더라면 £70으로 야자유을 리버풀로 운송할 수 있었을 것이라고 산정되었다. 보험자는 그 금액은 비합리적이었다는 이유로 철도로 적하를 계속 운송하는 비용의 보상을 거부하였다. 법원은 야자유를 계속 운송하는데 지출된 비용은 비합리적이므로 적하를 해상으로 운송하는데 드는 금액인 £70에 대하여서만 보험자는 보상책임을 진다고 판시하였다.

63) [1917] 1 KB 860: 이 사건에서 적하를 적재한 선박이 독일군함에 의하여 회항조치된 후에, 목재의 적하가 노르웨이에서 가스튼(Garston), 리버풀(Liverpool)로 계속 운송되었는데, 브레이(Bray)판사는 "적하는 그림스타트(Grimstadt)에 있었고, 목적지는 가스튼이었으며, 적하는 그림스타트에서의 보관비용과 계속 운송을 지출하지 아니하고는 가스튼으로 안전하게 도착할 수 없었다. 따라서 이들 비용은 손해를 방지하기 위하여 노력하는데 지출된 비용이다. 보험계약자가 상당한 주의를 기울였더라면 실제로 지급한 것보다 낮은 요금으로 운송을 위하여 적하를 선적할 수 있었을 것이고 보험계약자가 보상받을 수 있는 보관비용과 계속운송비용은 이에 기초하여 산정되어야 한다"라고 판시하였다.

## V. 손해방지의무의 위반

### 1. 손해방지의무해태의 효과

보험계약자 등이 손해방지의무를 게을리한 때에는 방지 또는 경감할 수 있으리라고 인정되는 손해액을 보험자가 지급할 보험금액에서 상계·공제하고 나머지를 손해보상액으로 지급된다.[64]

### 2. 영국해상보험법 제55조 제2항 a호와 제78조 제4항의 충돌

영국해상보험법 제55조 제2항 a호는 부보위험에 근인하여 손해가 발생한 경우, 보험약관에서 달리 규정하고 있지 아니하는 한, 비록 그 손해가 선장이나 선원의 불법행위 또는 과실이 없었더라면 발생하지 않았을 경우라도 보험자는 보상책임을 진다고 규정한다. 즉, 보험계약자 등의 과실로 인하여 손해가 발생하더라도 보험자는 보상책임을 진다. 이 조항과 보험계약자나 그 대리인의 불법행위 또는 과실로 인한 손해방지의무위반의 경우 보험자의 보상책임을 면하도록 하는 동법 제78조 제4항의 충돌을 어떻게 조정할 것인가의 문제가 발생한다.[65]

이에 대하여 British & Foreign Marine ins. Co. v. Gaunt사건[66]에서 섬너(Sumner)판사는 "영국해상보험법 제78조 제4항은 명백히 손해방지에 관한 것이고 피보험자의 대리인이 운송과정 전반에 대하여 합리적으로 주의하지 않으면 주의의 결여로 인한 것은 보상받지 못하는 것으로 해석할 수 없다"고 하여 영국해상보험법 제55조 제2항 a호가 우선하는 것으로 판시하였다. 선박보험자는 선박의 손해를 야기한 선박의 균열을 선장이 찾지 못하였다고 하여 영국해상보험법 제78조 제4항에 근거하여 항변을 한데 대하여 법원이 이를 기각한 Lind v. Mitshell사건[67]에서 스크르튼(Scrutton)판사는 섬너(Sumner)판사의 판시를 지지

64) 최근의 Noble Resources Ltd. v. George Albert Greenwood, 'Vasso' [1993] 2 Lloyd's Rep. 309사건(이 사건의 사실관계에 대하여서는 이 책 제3부 제1장 제2절 손해방지의무 Ⅲ. 손해방지의무의 내용 2. 합리적인 조치일 것 (2) 적하보험의 경우 참조).

65) 이 책 제3부 제1장 제2절 손해방지의무 Ⅰ. 손해방지의무의 기본구조 1. 문제의 소재 참조.

66) [1921] 2 A.C. 41. 65; 이 사건에 대하여는 이 책 제3부 제1장 제2절 손해방지의무 Ⅰ. 손해방지의무의 기본구조 1. 문제의 소재 참조.

67) [1928] 34 Com Cas 81.

하였다. 최근의 State of The Netherlands v. Youell and Hayward and Others사건[68]에서도 인과관계의 문제로 해결하는 입장을 취하고 있다. 이 사건에서 필립스(Phillips)판사는 "영국해상보험법 제78조 제4항은 의무위반이 이전의 부보위험을 대체하여 그 손해의 근인으로 될 정도로 중대한 경우와 같은 예외적인 경우에만 의미를 가진다"고 하고 이 사건의 하급심에서 릭스(Rix)판사는 "손해가 해상고유의 위험에 근인하지만 선장 또는 선원의 과실을 원인(遠因)으로 하거나 단지 기인한 경우에는 보상이 허용된다. 그러나 방지되거나 경감되었을 손해가 선장이 사고에 직면하여 합리적인 조치를 취하지 아니함을 근인으로 하는 경우에는 그 손해는 보상되지 않는다"고 한다.[69]

이와 같이 영국해상보험법 제78조 제4항의 효과는 매우 제한적이고, 단순한 과실은 아니고 중과실 또는 무모하게 한 중대한 위반의 경우에 한정된다.[70]

또한 근래 영국에서 영국해상보험법 제17조에 규정된 최대선의의 원리를 보험자가 적극적으로 주장하고 있고 이로 인한 소송의 홍수사태와 관련하여 합리적인 근거 없이 손해방지를 게을리하는 것은 보험계약자쪽의 악의(bad faith)의 증거로 해석될 수 있다. 보험자는 손해방지의무의 해태가 최대선의의무위반이라는 항변을 제기하여 보험목적에 대한 멸실 또는 훼손에 대한 보험금청구를 거부할 수 있고, 이러한 주장을 입증할 수 있으면 보험자는 보험계약을 취소할 수 있다.[71]

## Ⅵ. 면책약정(no s/c)

보험자가가 명시적으로 보험계약자에게 손해방지비용을 보상하지 않는 것으

68) [1997] 2 Lloyd's Rep. 236 CA.

69) Arnould, Law of marine insurance and average, 16th ed., London: Sweet & Maxwell, 1997, Vol 3, 제2부 § 770, pp. 388~390.

70) Malcolm Clarke, Wisdom after the event: the duty to mitigate insured loss, [2003] LMCLQ 525, 532.: 이것이 영국해상보험법의 올바른 입장이라면 유럽에서 유일한 것이 아니다. 이와 관련하여 노르웨이 해상보험계획 제3-30조는 사고가 발생할 위험이 있거나 발생한 경우에 피보험자는 이를 방지하거나 경감하기 위하여 합리적으로 기대되는 것을 행하여야 한다고 규정하여 섬너(Sumner)판사의 견해와 전혀 일치하지 않지만, 제3-31조는 피보험자가 제3-30조의 의무를 고의 또는 중과실로 인하여 이행하지 않은 경우에, 보험자는 의무가 이행되었더라면 지지 않았을 것 이상 책임이 없다고 규정한다. 또한 2001년 핀란드 선박보험약관 제46조는 본질적으로 동일하다. 즉, 단지 과실에 해당하는 경감의무의 해태는 보험자의 보상청구권을 박탈하지 않는다(Ibid).

71) Susan Hodges, op. cit., p. 788.

로 하는 것도 가능하다. 이는 보험증권에 "이 보험은 구조료에 대하여 보상하지 아니한다"는 조항을 삽입하여 행하여지고, 이 조항은 'no s/c(no salvage charges)'라는 약어로 사용된다.

Western Assurance Company of Toronto v. Poole사건[72]에서 에드먼드(Edmund)호에 대하여 분손과 전손을 담보하기로 하는 보험을 인수한 원고는 전손과 추정전손을 보상하기로 하고 '원수보험과 동일한 조건으로 그에 따라 보상한다'는 내용으로 재보험에 들었다. 수선비용이 협정보험가액을 초과하였지만, 선주는 위부의 통지를 하지 않고 분손보상을 청구하여 선박의 가액의 107%를 보상받았다. 원수보험자는 추정전손임을 주장하여 재보험자에게 보상을 청구하였지만, 법원은 선주가 위부의 통지를 하지 않았고, 지급보험금은 분손보상이었으므로 재보험금청구권이 인용될 수 없다고 판시하였다. 이 사건에서 보험증권에는 통상적인 손해방지에 대하여 보험자가 분담하기로 하는 인쇄된 조항과 'no s/c'이라는 수기의 조항이 충돌하였다. 빙엄(Bingham)판사는 이 충돌을 어떻게 해결할 것인가를 설명하고 그 과정에서 'no s/c'의 의미를 설시하였다. 동 판사는 "원고에게 손해방지조항에 따라 보험보상을 인용한다면 나는 당사자가 결코 체결하려고 의도하지 아니한 계약에 효과를 부여하고 창조하는 것이다. … 그리고 만일 그러하다면 "이 보험은 구조료에 대하여 보상하지 아니한다"는 어구를 삽입하는 것은 무익한 것으로 한다"라고 하여 보험자는 손해보상책임이 없다고 판시하였다.

## Ⅶ. 보험위부와 보험자대위

유효한 위부가 있는 경우에 보험자는 보험목적의 잔존물에 대한 이익과 이에 부수하는 재산권을 승계할 권리를 가진다(영국해상보험법 제63조 제2항). 그러나 위부행위만으로 보험계약자가 보험자에게 자신의 모든 이익을 이전하는 것은 아니고, 위부 이후에도 손해방지비용은 보험자로부터 보상받을 수 있다. 또한 보험계약자는 손해방지와 관련여부와 관계없이 위부 이후에 행해진 조치로 인하여 지급한 금액에 대하여 보험자의 이익을 위하여 그리고 보험자의 동의아래 수행된 서비스라는 근거로 보상받을 수 있다.[73]

72) [1903] 1 KB 376.
73) F.D. Rose, op. cit., § 20.79, p. 402.

또한 보험위부로 인한 권리와 별도로, 보험자가 보상을 한 경우에는, 보험자는 보험목적에 대한 보험계약자의 권리와 구제수단에 대위한다(영국해상보험법 第79조). 따라서 보험자는 그의 잠재적인 보험자대위권이 침해되지 않고, 보험계약자는 이러한 보험자의 권리를 보전하기 위하여 지출된 비용을 보상받는 것이 중요하다. 협회적하보험약관은 이를 위하여 수치인조항을 두고 있다.[74]

---

74) 협회적하보험약관 제16조.

# 제 2 장 보험자의 의무

## 제 1 절 해상보험증권교부의무

### Ⅰ. 해상보험증권의 교부

#### 1. 우리나라의 경우

보험증권이라 함은 보험계약이 성립한 후에 보험계약의 내용을 증명하기 위하여 보험자가 발행하는 증권이다. 우리나라의 해상보험실무에서도 보험증권이 보험계약의 내용을 증명하는 가장 유력한 증거로서 이용되고 있다. 그리하여 상법은 보험자는 보험계약이 성립하고 보험료의 전부 또는 최초의 보험료를 지급한 때에는 지체없이 보험증권을 작성하여 보험계약자에게 교부하도록 하고(상법 제640조 제1항), 기존의 보험계약을 연장하거나 변경한 경우에는 보험자는 이미 발행한 보험증권에 그 사실을 기재함으로써 보험증권의 교부에 갈음할 수 있도록 하고 있다(상법 제640조 제2항).

여기서 보험증권의 교부청구권은 보험계약자에게 속하는 것이고, 타인을 위한 보험계약(상법 제639조)의 경우에 피보험자가 그 권한을 가지는 것은 아니다.

#### 2. 영국의 경우

영국의 보험시장에서 해상보험계약이 체결되어 보험증권이 발행되는 데는 보험계약자는 보험중개사에게 보험계약의 체결을 위탁하고, 보험중개사는 슬립(slip)에 보험계약자가 제시한 조건의 내용을 간략히 기재하여 지도적 보험자와 보험조건과 비율을 정한 후 다른 보험자에게 인수여부를 묻는 과정을 거친다.[1] 보험자가 인수비율을 정하여 서명하면 인수비율의 범위 안에서 보험계약이 체결되는 것이다. 100%를 초과하면 비율에 따라 감액된다. 이와 같이 보험목적

1) 슬립, 커버 노우트 등, 영국해상보험실무상 상세한 해상보험계약체결과정에 대하여서는 이 책 제2부 제3장 제1절 해상보험계약의 체결의 성격 Ⅱ. 영국법상의 해상보험계약 체결과정 1. 보험계약 체결과정 참조.

전체에 대한 인수가 되면 보험중개사는 그 인수에 참가한 보험자에게 이 사실을 통지하고 고객인 보험계약자에게는 보험인수증(cover note)이라는 확인서를 송부한다. 보험중개사는 이후 보험증권의 발행을 보험자에게 요청하고 로이즈 보험증권서명사무국은 보험자를 대리하여 보험증권을 작성하여 발행한다.

## Ⅱ. 해상보험증권의 뜻

보험증권이라 함은 보험계약이 성립한 후에 보험계약의 내용을 증명하기 위하여 해상보험자가 발행하는 일종의 증거증권이다. 보험계약은 요식계약이 아니고 낙성계약이므로(상법 제638조) 보험증권의 발행은 계약당사자의 편의를 위한 것이지 계약의 성립 요건도 아니고, 또 보험자만이 기명날인 또는 서명하는 것이므로 계약서도 아니다.

## Ⅲ. 해상보험증권의 법적 성질

### 1. 요식증권성

해상보험증권에는 일정한 사항을 기재하고 해상보험자가 기명날인 또는 서명하여야 한다(상법 제695조, 제666조). 즉, ① 보험의 목적, ② 보험사고의 성질, ③ 보험금액, ④ 보험료와 지급방법, ⑤ 보험기간을 정한 때에는 그 시기와 종기, ⑥ 무효와 실권의 사유, ⑦ 보험계약자의 주소와 성명 또는 상호, ⑧ 보험계약의 연원일, ⑨ 보험증권의 작성지와 그 작성연원일 등을 기재하고, 선박보험의 경우에는 선박의 명칭, 국적과 종류 및 항해의 범위, 적하보험의 경우에는 선박의 명칭, 국적과 종류, 선적항, 양륙항 및 출하지와 도착지를 정한 때에는 그 지명, 보험가액을 정한 때에는 그 가액을 기재하여야 한다. 그러므로 보험증권은 요식증권이나 그 요식성은 어음·수표에 있어서와 같이 엄격한 것이 아니고, 법정사항의 기재를 결하거나 또는 그 밖의 사항을 기재하여도 보험증권의 효력에는 아무런 영향이 없다. 또 보험증권에는 인지를 첨부하여야 하는데(인지세법 제1조 제1항 12호) 이를 어겼다 하더라도 보험증권의 사법상의 효력에 영향을 미치는 것은 아니다.

한편 영국해상보험법은 특정한 증권형식을 요구하지 않고, 보험계약은 증권에 기재되어야 함을 규정하고(동법 제22조), 보험계약자의 이름(보험계약자를 위하여 보험계약을 체결하는 자의 이름)의 기재를 요구하며(동법 제23조), 1959년의 금융법은 ① 보험의 목적, ② 부보항해 또는 보험기간, ③ 보험금액, ④ 보험자의 이름을 기재하도록 한다. 영국의 런던보험자협회의 회사용해상보험증권(MAR 91)은 보험증권번호, 보험계약자의 성명, 선박, 항해 또는 보험기간, 보험목적, (약정한 경우)협정보험가액, 보험금액, 보험료, '약관, 보증, 특별조건과 담보특약' 등을 기재하도록 하고 있고, '첨부된 약관과 보증은 이 보험증권의 일부이다'는 등 문언이 인쇄되어 있다.

## 2. 증거증권성

### (1) 우리나라의 경우

해상보험증권은 증거증권으로서 보험계약의 성립과 그 내용에 관하여 사실상의 추정력을 가진다. 그러므로 보험증권의 기재내용과 보험계약의 내용이 다른 때에는 그 사실을 입증하여 진실한 계약의 내용에 따라 당사자는 그 권리를 주장할 수 있다고 풀이한다. 그리고 보험계약의 내용에 착오가 있는 경우에도 보험계약자의 진술은 전체로서 고려되어 공정하고 합리적인 해석의 원칙을 받아들여 당사자의 의사가 명백히 발견될 수 있다면 그에 따라 보험계약의 범위 안에서 그 효력을 인정할 수 있다고 풀이하여야 할 것이다. 판례(대법원 1992.10. 27. 선고, 92다32852 판결)는 "보험계약은 당사자 사이의 의사의 합치에 의하여 성립되는 낙성계약이고, 보험계약을 체결할 때에 작성교부되는 보험증권은 하나의 증거증권에 불과한 것이어서 보험계약의 내용은 반드시 위의 증거증권만에 의하여 결정되는 것이 아니라 보험계약체결에 있어서의 당사자의 의사와 계약체결의 전후 경위 등을 종합하여 그 내용을 인정할 수도 있는 것이다"라고 판시하여 이를 뒷받침하고 있다.

보험계약은 부합계약으로서 수많은 계약이 이루어지고 있고 많은 착오도 생길 수 있으므로 그 착오에 대한 정정은 보험자나 보험계약자에게 다 같이 중대한 사항에 속하므로 그 착오를 합리적으로 바로 잡을 수 있도록 하여야 한다.

### (2) 영국의 경우

영국해상보험실무에서는 해상보험계약은 보험증권에 기재되어야만 증거로 허용되고, 영국증거법상 서면계약의 문귀를 수정하는 증거는 허용되지 않는다는 구두증거배척의 원칙(parol evidence rule)[2]에 따라 보험증권의 성질을 증거증권으로 볼 것인가 요식계약으로 볼 것인가의 문제가 있다.

(가) 영국해상보험실무상의 보험증권의 증거력 : 영국해상보험법 제22조는 "법령의 규정에 따르는 것으로 하고, 해상보험계약은 이 법에 따라 해상보험증권에 기재되지 아니하는 한 증거로 인정되지 않는다. 보험증권은 보험계약이 체결되는 때 또는 그 이후에 작성하고 발행될 수 있다"라고 규정하고 있다. 또한 동법 제21조는 "해상보험계약은 보험계약자의 청약이 보험자에 의하여 승낙되었을 때 체결된 것으로 보고, 그 당시 보험증권의 발행여부는 불문한다. 승낙시점을 입증하기 위하여 슬립이나 보험인수증 기타 관습상의 계약각서를 참조할 수 있다"고 규정하고 있다. 이와 같이 영국법상 해상보험증권에 기재되지 않으면, 증거로 인정되지 않지만, 한편 소송절차에서는 슬립이나 커버 노우트를 참조할 수 있다(동법 제89조)는 상반된 규정을 하고 있다.

이에 보험증권의 증거력에 관한 영국판례의 흐름에는 다음 두 가지가 있다. 첫째, 소송절차에서 보험증권의 조건과 슬립에 의하여 입증되는 보험계약의 내용이 불일치하는 경우에 법원은 보험증권의 내용을 슬립에 따라 수정하는 판례가 존재한다.[3] 둘째, 슬립은 당사자 사이의 계약의 해석에 대한 보조자료로 허용되지 않는다. Youell v. Bland Welch & Co.사건[4]에서 재보험자는 슬립을 재보험계약의 해석에서 보조자료로 삽입할 것을 청구하여 승소하였지만, 법원은 서면계약의 문귀를 수정하는 증거는 허용되지 않는다는 구두증거배척의 원칙에 따라 상원은 "원칙상 슬립은 주변사정, 맥락, 발생원인과 목적으로는 허용되고, 보험자가 서명한 슬립은 당사자 사이의 원래의 약정을 기록하고 있지만, 슬립에 보험증권이 발행되는 경우에는 조건은 이후 보험증권에 편입된다는 내용이 들어 있는 경우에는, 당사자 사이의 합의내용을 이루는 것은 슬립이 아니라 보험증권이다"라고 판시하였다. 이 두 흐름 중에 현재의 판례의 입장은 후자이다. Punjab National Bank v. DeBoinville사건[5]에서 법원은 슬립의 증거를 거부하고 "슬립을 보험증권의 해석의 보조자료로 참조하는 것은 보험증권으로 하여금 슬립을 대체하게 한 것에 반한다"라고 판시하였다.

(나) 해상보험계약의 요식계약성 : 이에 따라 영국법상 해상보험계약은 해

2) 이 책 제2부 제1장 제2절 해상보험계약의 해석 Ⅱ. 영국의 해상보험계약의 해석원칙 8. 구두증거배척의 원칙 참조.

3) Symington & Co. v. Union Ins. Soc'y of Canton Ltd. [1928] 34 Com. Cas. 233.

4) [1990] 2 Lloyd's Rep. 431; [1992] 2 Lloyd's Rep. 127(CA).

5) [1992] 1 Lloyd's Rep. 7(CA.).

상보험증권이 발행되어야 그 존재와 효력이 인정된다고 하여 해상보험계약은 요식계약이고, 해상보험증권의 발행이 그 효력발생요건으로 된다는 견해가 있다.[6] 그러나 보험증권에 관한 영국해상보험법의 규정은 해상보험계약의 요식계약성을 규정한 것이라기 보다는 해상보험계약의 체결과정에서 발생하는 슬립, 보험인수증, 보험증권 사이의 증거력에 관한 내용을 정한 것으로 보는 것이 타당할 것이다.

### 3. 면책증권성 · 상환증권성

보험자는 보험금을 지급함에 있어서 제시자의 자격의 유무를 조사할 권리는 있으나 의무가 없으므로 보험증권은 면책증권이다. 즉, 보험자는 보험증권을 제시한 사람에 대하여 악의 또는 중대한 과실없이 보험금을 지급한 때에는 그가 비록 권리자가 아니라 하더라도 그 책임을 면하게 된다. 그리고 보험사고의 발생으로 보험자가 보험금을 지급할 때에는 보험증권과 상환하는 것이 일반적이고, 따라서 보험증권은 상환증권으로서의 성질을 가지고 있다. 그러나 이것은 보험증권과 상환하지 않으면 보험금을 지급할 수 없다는 강한 의미가 아니고 증권을 제출할 수 없을 때에는 다른 방법에 의하여 그 권리를 증명함으로써 보험금을 청구할 수 있다고 풀이한다.

### 4. 해상적하보험증권의 유가증권성

해상보험증권 가운데 지시식 또는 무기명식의 해상적하보험증권은 유가증권이냐에 대하여는 디툼이 있다. 보험증권은 원칙으로 증거증권으로서 유가증권도 유통증권도 아니라는 것이 보통이다. 그러나 보험증권은 기명식에 한하지 않고 지시식 또는 무기명식으로 발행할 것을 법은 금지하지 않고 있으므로 이것을 발행할 수 있고, 또 실제상으로도 해상적하보험증권 등에서 이용되고 있다. 여기에서 지시식 또는 무기명식 보험증권의 유가증권성이 문제로 된다.

일반적으로 신용장의 조건으로 선하증권과 보험증권을 들고 있는 경우에 보험증권은 선하증권과 함께 매도인이 발행한 환어음에 담보로 제공된다. 따라서 매수인에게 화물이 인도되기 전에는 운송중인 화물은 선하증권의 양도로 거래되고 이 경우 적하보험증권은 선하증권과 함께 양도된다. 적하보험증권에 양도인이 배서하거나 교부에 의하여 보험계약상의 권리가 양수인에게 이전된다. 그

6) 심재두, 해상보험법, 길안사, 1995, 50면.

리하여 해상적하보험증권은 보험사고의 발생을 조건으로 하는 보험금청구권을 표창하는 증권으로 그 권리를 이전하거나 행사할 때 증권을 필요로 하는 유가증권이라고 하는 것이 우리나라의 통설이다.7)

## Ⅲ. 보험증권에 관한 이의신청

보험증권은 앞에서 본 바와 같이 증거증권으로서 사실상의 추정력을 가질 뿐이므로 그 증권상의 기재내용이 실제 계약과 다를 때에는 이를 정정하여 당사자 사이의 불필요한 분쟁을 막을 필요가 있다. 이리하여 상법은 보험계약의 당사자는 보험증권의 교부가 있은 날로부터 1월을 내리지 않는 기간 안에 한하여 그 증권 내용의 정부(正否)에 관한 이의를 할 수 있음을 약정할 수 있다(상법 제641조)고 규정하고 있다. 이것을 정한 약관을 이의약관이라고 한다. 이의약관은 명시적으로 정함이 있는 때에만 그 효력이 인정되는 것이고, 이것이 없을 때에는 민법의 일반원칙에 따라 이의를 제기할 수 있는 것이다. 이의약관의 정함이 있을 때에는 보험계약 당사자는 약관이 정한 기간 안에만 그 증권상의 기재내용의 정정을 청구할 수 있으며, 그 기간이 지나면 보험증권은 확정적 효력을 가진다고 풀이하여야 하나, 명백한 착오까지 그 증권의 기재에 따라서만 권리의무를 지는 것이 아니라고 보는 것이 옳다고 할 것이다.

## Ⅳ. 보험증권의 멸실·훼손과 재교부

보험증권은 보험금청구서류에 첨부하는 것이 일반적이나, 보험증권을 멸실 또는 훼손한 경우에도 다른 방법에 의하여 그 권리를 입증하여 보험금을 청구할 수 있다. 그러나 보험증권은 보험계약의 증거방법의 하나로서 발행된 증서이기 때문에 보험계약자는 보험증권을 소지함으로써 일단 보험계약의 내용의 추정을 받아 입증하기가 편리하다. 그리하여 상법은 보험증권을 멸실 또는 현저하게 훼손한 때에는 보험계약자는 자기 비용으로 보험증권의 재교부를 청구할 수 있음을 정하고 있다(상법 제642조). 보험증권의 재교부를 청구하는 자는 증권의

7) 김성태, 보험법강론, 법문사, 2002, 249면; 서돈각·정완용, 상법강의(하), 법문사, 1998, 370면; 최준선, 보험법·해상법, 삼영사, 2005, 80면.

멸실·훼손의 사실만을 들어 그 증권의 재교부를 청구할 수 있으나, 다만 증권이 지시식 또는 무기명식으로 발행되어 유가증권성이 인정되는 보험의 경우에는 공시최고의 절차를 거쳐야 한다고 풀이한다.

## V. 보험증권의 양도

### 1. 해상보험증권의 양도

"해상보험증권은 양도를 금지하는 명시적인 조건을 포함하고 있지 않는 한 양도할 수 있다. 양도는 손해 발생 전이든 후이든 가능하다(영국해상보험법 제50조 제1항)." 그러나 보험증권의 양도는 선박보험과 적하보험과를 구별하여 이해하여야 한다.

(1) 선박보험의 경우

선박보험계약에서 선주가 누구인가에 따라 보험사고가 발생할 위험의 정도가 크게 다르므로 선박기간보험의 경우에는 선박이 양도되는 경우에는 보험이 자동적으로 종료된다(2003년 국제선박보험약관 제14조 제1항).[8] 그러나 보험계약자인 선박소유자가 자신의 선박보험증권을 저당권자에게 담보로 양도하는 경우에는 위의 자동종료사유에 해당하지 않는다. 표준선박보험약관과 표준운임보험약관[9]은 보험증권의 양도를 규정하는데 이 경우가 선박보험에 있어서 보험증권의 양도의 주된 유형이다.[10]

---

8) 1983년 협회선박기간보험약관 제4조 제2항; 1983년 협회선박항해보험약관 제3조; 이 책 제2부 제6장 제1절 기간보험 Ⅲ. 종료조항, 선급조항 또는 관리조항 4. 선주 또는 국적의 변경 등 참조.

9) 1983년 협회선박기간보험약관 제5조; 1983년 협회선박항해보험약관 제3조; 1983년 협회운임기간보험약관 제6조; 2003년 국제선박보험약관 제23조; 동조항은 "이 보험의 양도 또는 이 보험계약상 이익 또는 지급되는 일체의 금전상의 이익의 양도는 보험자를 구속하지 않고 또는 보험자도 이를 승인하는 것도 아니다. 다만 보험계약자가 서명한, 재양도의 경우에는 양도인이 서명한, 일자를 기재한 양도의 통지 또는 이익의 통지는 이 보험증권에 배서되고 이 배서가 된 보험증권이 이 보험계약상의 일체의 보험금 또는 반환보험료의 지급전에 제출되는 경우에는 그러하지 아니하다"고 규정한다.

10) 심재두, 앞의 책, 63면; 이 책 제2부 제2장 제1절 해상보험계약의 관계자 Ⅲ. 보험계약상의 권리의 양수인과 제3피해자 1. 보험목적에 대한 이익의 양도 (2) 보험목적의 양도와 보험계약상의 권리·의무의 이전 (가) 선박 참조.

(2) 적하보험의 경우

표준선박보험약관과 달리 협회적하보험(A),(B),(C)약관은 적하가 양도되는 경우에 보험이 자동종료된다고 규정하는 조항이 없다. 적하는 일단 운송이 시작되고 나면 소유자의 지배와 통제를 벗어나기 때문에 적하보험에 있어서는 당해 적하의 소유자가 누구인가에 따라 보험사고가 발생할 위험이 변경되지 않기 때문이다.[11] 일반적으로 신용장의 조건으로 선하증권과 보험증권을 들고 있는 경우에 보험증권은 선하증권과 함께 매도인이 발행한 환어음에 담보로 제공된다. 따라서 매수인에게 화물이 인도되기 전에는 운송중인 화물은 선하증권의 양도로 거래되고 이 경우 적하보험증권은 선하증권과 함께 양도된다. 적하보험증권에 양도인이 배서하거나 교부에 의하여 보험계약상의 권리가 양수인에게 이전된다.

그러나 보험의 목적인 적하와 별도로 적하보험증권만의 양도로 유효하게 보험계약상의 권리를 양도할 수 있는 것은 아니다. 왜냐하면 피보험자는 보험의 목적에 대한 피보험이익을 가지고 있어야 하므로 양수인이 보험의 목적인 적하에 대한 권리를 취득하지 않으면 보험계약상의 권리도 행사할 수 없기 때문이다.

## 2. 보험목적의 양도와의 관계

해상보험증권의 양도는 보험계약자가 보험의 목적에 대하여 가지고 있는 이익의 양도와는 구별하여야 한다.

(1) 양자의 구별

보험계약자가 보험목적에 대하여 가지고 있는 이익을 양도하였더라도 보험증권을 양도하는 행위는 따로 하여야 한다.

(2) 보험증권의 양도의 시기

보험증권의 양도는 보험계약자가 보험의 목적에 대하여 가지는 이익이 양도되기 이전에 또는 그와 동시에 행하여져야 한다.[12] 왜냐하면 보험계약자가 보

11) 심재두, 위의 책, 63면.

12) 보험계약자가 보험의 목적에 대하여 가지는 자신의 이익을 분할처분하거나 상실하였을 경우, 또는 그 이전에 또는 그 당시에 보험증권을 양도하기로 하는 명시적 또는 묵시적 합의를 하지 아니하였을 때에는 보험증권의 양도는 효력이 없다(영국해상보험법 제51조 본문).

험의 목적을 양도하면 보험계약자는 피보험이익을 상실하게 되고 그가 가지고 있는 이익을 상실하게 되기 때문이다.[13] 다만 손해가 발생한 경우에 보험증권을 양도한 경우에는 보험증권이 표창하는 보험금청구권을 양도하는 것으로 이해하여 유효하다(영국해상보험법 제51조 단서).

### 3. 보험증권의 양도와 보험금청구권의 양도

피보험자가 지명채권으로서의 보험금청구권을 양도할 수 있고, 이는 양수인이 보험자에게 통지하거나 보험자가 승낙하는 것을 대항요건으로 한다(민법 제450조).

### 4. 보험증권의 양도의 방법

보험증권의 양도는 배서 또는 기타 관습적인 방법으로 이루어진다(영국해상보험법 제50조 제3항). 다만 표준선박보험약관[14]은 보험금의 지급 이전에 양도일자가 적힌 양도증서를 보험증권에 배서하여 보험자에게 제출하여야 효력이 있는 것으로 한다.

### 5. 보험증권의 양수인과 보험자

보험증권이 양도되면 양수인은 보험사고가 발생하는 경우에 자기의 이름으로 보험금청구권을 행사할 수 있고, 보험자는 양도인에 대하여 주장할 수 있는 항변을 양수인에게도 주장할 수 있다.[15] 양도인의 고지의무위반이 그것이다. 그러나 보험자가 제기할 수 있는 항변은 보험계약에 관하여 발생한 항변으로 제한된다.

---

13) 심재두, 앞의 책, 65면.

14) 1983년 협회선박기간보험약관 제5조; 1983년 협회선박항해보험약관 제3조; 2003년 국제선박보험약관 제23조.

15) 해상보험증권이 그 증권상의 이익을 이전할 목적으로 양도된 경우에는 보험증권의 양수인은 자기 자신의 명의로 보험증권에 기한 소송을 제기할 수 있고, 피고는 소송이 보험계약을 직접 체결한 자 또는 그 대리인을 통하여 체결한 자의 명의로 제기된 경우 피고가 가진 모든 계약상의 항변을 주장할 수 있다(영국해상보험법 제50조 제2항).

# 제2절 보험료반환의무

## Ⅰ. 보험료반환의 의의와 이유

### 1. 보험료반환의 의의

보험자는 당사자간에 반환약정이 있는 경우, 보험계약이 무효 또는 취소된 경우에는 보험계약자에게 일정한 보험료의 반환의무를 진다. 보험계약에서는 보험자가 위험인수의 대가로서 보험계약자로부터 보험료의 지급을 받아 그 위험을 담보하고 있는데, 보험계약이 무효 또는 취소되는 경우 그 위험을 담보하지 않으므로 보험계약자에게 보험료를 되돌려 주어야 한다. 이것이 보험료반환의무이다. 그러나 보험계약에서는 보험계약이 무효 또는 취소된 경우에 보험단체의 이익과 관련하여 보험수리상 일정한 보험료를 공제하고 나머지만을 보험계약자에게 돌려주도록 하고 있는데, 이것은 보험제도의 성질상 당연하다.

### 2. 우리법상의 보험료 반환의무

보험계약이 취소된 경우, 무효인 경우, 보험사고 발생 전의 보험계약해지의 경우에는 보험자는 보험료를 반환하여야 하고, 소멸시효기간은 2년이다(상법 제662조).

(1) 보험계약이 취소된 경우

보험계약을 맺을 때에 보험자가 보험증권의 교부·명시의무를 이행하지 아니함으로써 보험계약자가 보험계약이 성립한 후 1월 내에 그 계약을 취소하여 그 보험계약이 처음부터 무효로 된 때(상법 제638조, 민법 제141조)에는 보험자는 지급받은 보험료를 모두 보험계약자에게 되돌려 주어야 한다. 왜냐하면 보험자의 의무위반을 이유로 보험계약자가 그 계약을 취소하였기 때문이다.

(2) 보험계약이 무효인 경우

보험계약의 전부 또는 일부가 무효인 경우에 보험계약자와 보험계약자가 선의이며 중대한 과실이 없는 때에는 보험자는 보험료의 전부 또는 일부를 반환할 의무를 진다. 선박이 보험기간 중 국가에 의하여 수용되는 경우 등이 이에 속한다. 따라서 보험계약자 등의 악의로 보험계약이 무효로 된 때에는 보험자는 보험료반환의무를 지지 않는다. 이것은 보험을 악용한 보험계약자에게 그 불이익을 주는 것이라 할 수 있다.

(3) 보험사고 발생 전의 보험계약해지의 경우

보험계약자가 보험사고의 발생 전에 보험계약의 전부 또는 일부를 해지한 때에는 보험자는 다른 약정이 없으면 미경과보험료를 반환하여야 한다(상법 제649조 제1항, 제3항).

## Ⅱ. 영국해상보험법상의 보험료반환의무

### 1. 보험료반환약정과 약인의 흠결

영국해상보험법상은 당사자간에 보험료반환의 약정이 있는 경우와 보험료지급에 대한 약인이 흠결되는 경우에 보험자는 보험료를 반환하여야 한다.

### 2. 약정에 의한 반환

보험증권에 일정한 사유가 발생한 경우에 보험료를 반환한다는 내용의 약정이 있는 경우에 그러한 사유가 발생하는 때 보험료는 반환된다(영국해상보험법 제83조).

예컨대 보험자가 승인하는 항구 또는 휴항구역에서 수리중인 경우를 제외하고 30일 이상 계속하여 휴항하는 경우에는 보험자는 휴항하는 기간에 대하여 당사자가 합의한 순보험료의 비율을 보상한다.[16]

또한 선박의 소유권, 국적 등이 변경된 경우 보험계약이 자동종료되는 경우 그 후의 잔여기간에 대한 보험료는 일할로 계산하여 환급된다.[17]

### 3. 약인의 흠결

(1) 개 관

영국해상보험법상 약인이 흠결되는 경우 보험료는 반환된다. 즉, 보험료 지급

16) 2003년 국제선박보험약관 제39조; 1983년 협회선박기간보험약관 제22조.

17) 2003년 국제선박보험약관 제14조; 1983년 협회선박기간보험약관 제4조.

에 대한 약인이 완전히 흠결된 경우, 보험계약자나 그 대리인의 사기 또는 불법이 없는 한 보험료를 반환하여야 한다(영국해상보험법 제84조 제1항). 그리고 보험료 지급에 대한 약인이 분할할 수 있는 것이고, 약인의 분할된 일정부분이 완전히 흠결된 경우에는, 보험료의 비율부분이 보험계약자의 사기 또는 불법이 없는 한 반환된다(동조 제2항). 이는 기간보험에 가입한 선박이 미국민간무장선에 의하여 포획되어 보험계약이 종료되었다고 하여 남은 10개월분의 보험료의 반환을 청구하여 기각된 Tyrie v. Fletcter사건[18]에서 1777년 맨스필드경에 의하여 확립된 원칙을 규정한 것이다.

보험계약에서 보험료지급에 대한 약인은 보험료가 지급된 보험기간동안 보험계약자에 대한 법적인 의무의 문제로서 보험계약자에게 보상을 할 위험을 보험자가 인수하는 것이다. 따라서 보험료지급에 대한 약인인 보험보상을 할 위험이 흠결되는 경우에는, 보험료지급에 대한 약인이 존재하지 않으므로 보험자는 보험료를 반환하여야 하는 것이다.

(2) 구체적인 경우

영국해상보험법 제84조 제1항은 약인이 흠결되어 보험료가 반환되는 경우와 반환되지 않는 경우를 규정하고 있다.

(가) 보험계약의 무효 또는 취소(영국해상보험법 제84조 제1항 a호) : 보험계약이 무효이거나 보험자에 의하여 취소되어 위험이 개시되면서부터 무효로 된 경우에는 보험계약자의 사기나 불법이 없는 한 보험료는 반환된다. 고지의무위반을 이유로 보험계약이 취소된 경우가 그 예이다. 다만, 그 위험이 분할할

18) [1777] 2 Cowp 666: 이 사건에서 보험료의 반환에 관한 두 가지 원칙을 설정하였다. 이 사건에서 선박 이사벨라(Isabella)호에 대하여 미국인에 의한 포획나포부담보의 조건으로 12개월의 기간보험계약이 체결되었다. '이사벨라'호가 미국 민간무장선에 의하여 보험기간중 2개월이 지나 포획되었다. 원고는 포획이 되는 순간 보험계약은 종료되었다는 이유로 나머지 10개월에 대한 보험료의 반환을 청구하였다. 원고패소판결을 내리면서 법원은 보험료의 반환에 관한 지위를 명확히 하였다. 맨스필드경은 "이 문제에 적용된 두 가지 원칙이 존재한다. 첫째, 위험이 개시되지 아니한 경우에는 개시되지 아니한 것이 피보험자의 과실, 만족, 의도 기타 다른 원인으로 인한 것인가 여부를 묻지 않고 보험료는 반환된다. 왜냐하면 보험계약은 손해보상계약이기 때문이다. 다른 원칙은 위험이 일단 개시되면 분할 또는 이후의 반환은 인정되지 아니한다. 왜냐하면 보험료는 산정되었고 위험은 항해의 성질과 기간에 의거하기 때문에 일단 위험이 개시되면 비록 단지 24시간 또는 그 이하이더라도 위험은 담보되었으며, 보험계약은 전체 위험에 대한 것이고, 대가의 일부라도 반환되지 아니하기 때문이다"라고 판시하였다. 맨스필드경에 의하여 설정된 보험료반환에 관한 원칙은 영국해상보험법 제84조에 규정된 조항의 기초를 제공하고 있다. 영국해상보험법 제84조 제1항은 Tyrie v. Fletcter사건에서 맨스필드경이 판시한 첫째 원칙에 관한 것이고, 영국해상보험법 제84조 제2항은 두 번째 원칙에 관한 것이다. 영국해상보험법 제84조 제3항은 제1항과 제2항이 적용되는 예를 규정하고 있다.

수 없는 성질의 것이고, 또 위험이 개시되었으면 반환되지 않는다.

(나) 소급보험(영국해상보험법 제84조 제1항 b호) : 보험의 목적 또는 그 일부가 위험에 처하지 아니한 경우 보험료 또는 그 비율적 부분이 반환된다. 다만, 보험의 목적이 소급보험으로 부보된 경우에는, 보험자는 보험계약체결 당시에 보험의 목적이 안전하게 도착하였다는 것을 알지 못한 경우에는 보험료는 반환되지 않는다.

(다) 피보험이익의 흠결(영국해상보험법 제84조 제1항 c호) : 보험계약자가 보험기간동안 피보험이익을 갖고 있지 않은 경우에는 보험료는 반환된다. 다만, 게임 또는 도박의 목적으로 체결된 보험계약의 경우에는 반환되지 않는다.

(라) 해제조건부피보험이익의 경우(영국해상보험법 제84조 제1항 d호) : 보험계약자가 해제조건부피보험이익을 갖고 있는 경우 피보험이익이 보험기간 중에 소멸한 경우에는 보험료는 반환되지 않는다.

(마) 초과보험과 중복보험(영국해상보험법 제84조 제1항 e호와 f호) : 미평가보험의 경우 초과보험의 경우에는 보험료의 비율부분이 반환된다. 중복보험의 경우에는 각 보험료의 비율적 부분이 반환된다. 다만, 2개 이상의 보험계약이 다른 시기에 체결되고 이전에 체결된 보험계약이 위험 전부를 담보한 경우, 또는 부보된 보험금액의 전액에 대한 보험금이 어느 하나의 보험계약에 의하여 지급되는 경우에는 그 보험계약에 대한 보험료는 반환되지 않는다. 그리고 보험계약자가 중복보험인 것을 알면서 보험계약을 체결한 경우에도 보험료는 반환되지 않는다.

## 제 3 절 손해보상의 의무

보험자는 실제로 체결된 보험계약의 올바른 해석상 ① 손해가 보험사고의 결과이고, ② 보험사고와 발생한 손해 사이에 충분한 관계가 존재하며, ③ 면책위험으로 인한 손해가 아닌 경우에 피보험자가 입은 손해를 보상한다. 인과관계와 입증책임의 원칙이 적용되는 ②의 쟁점과 ③의 쟁점에 대하여서는 후술하고, ①의 쟁점은 이하에서 서술한다.

# Ⅰ. 담보위험

## 1. 서 언

해상보험계약에 의하여 담보되는 위험은 표준해상보험약관에 따라 여러 유형으로 분류될 수 있다. 과거의 Lloyd's SG 보험증권은 자체에서 담보위험을 상세히 규율하고 표준해상보험약관이 이를 보충하는 역할을 하였지만, 1980년대의 협회약관의 개정이래 보험증권상의 담보위험에 관한 규정은 표준해상보험약관에 의하여 규율되는 것이 일반적이다. 현재의 표준해상보험약관은 담보위험을 해상위험과 분쟁조항(전쟁과 파업조항)에서 담보하는 위험으로 구분한다.

또한 당사자는 별개의 보험에 들거나 추가위험을 담보하는 약관을 추가로 삽입하여 기본적인 해상위험과 분쟁위험(전쟁과 파업) 이외의 위험을 담보할 수 있다. 충돌책임, 오염위험, 공동해손과 구조 등 제3자에 대한 책임과 관련된 네 가지 위험은 따로 서술된다. 여기에서는 협회선박보험약관과 운임보험약관상의 담보위험과 관련하여 네 가지 중요한 쟁점을 고찰하고, 일반적으로 사용되는 표준해상보험약관상의 담보위험을 뒤에서 상세히 고찰하기 전에 분류한다.

## 2. 담보위험에 관한 주요쟁점

(1) 피용인을 겸하는 소유자[19)]

표준선박보험약관과 표준운임보험약관상의 위험조항은 세 가지로 구분되어 규정되어 있다. 즉, 첫째, 해상위험으로 인한 손해조항이고, 둘째는 인치마리조항이며, 셋째 이 두 사항에 대하여 선박소유자의 역할과 그를 위하여 용역을 제공하는 자라는 2중적인 역할을 수행하는 자에게 적용되는 조항이 그것이다.

이 가운데 셋째 조항은 오염위험조항의 마지막에 같은 내용으로 규정되어 있다. 이 셋째 조항은 피용자겸 선박소유자조건(servant-owner term)이라고 할 수 있고, "선장, 고급선원, 보통선원 또는 도선사는 선박에 지분을 가지고 있어도 이 조항에서 말하는 선박소유자로 보지 않는다"라는 내용으로 규정되어 있다.

이 조항은 선장이며 선박의 공동소유자의 과실로 인한 항해로 선박이 암초에

19) 이에 관하여는 이 책 제3부 제2장 제3절 손해보상의 의무 Ⅱ. 해상위험 2. 해상고유의 위험 (2) 해상고유의 위험의 개념 (가) 해상의 우연한 사고 또는 재난 (f) 선박충돌과 선장 등의 과실 (ㄷ) 선장으로 행위하는 피보험자의 과실, 그리고 Ⅲ. 인치마리위험 8. 악행 (5) 선장, 고급선원, 보통선원으로 행위하는 선주 또는 공동선주 참조.

부딪혀 좌초하였는데 선박의 공동소유자이기도 한 선장의 과실이 있더라도 손해를 보상받을 수 있다고 한 Trinder, Anderson and Co. v. Thames and Mersey Marine Insurance Co.사건[20]판결을 유지하고 확장한 것이다.

이 조건의 목적은 특정한 유형중의 하나의 피용인으로 행위하는 피보험자가 그러한 역할을 하지 아니하는 피보험자보다 불리한 지위에 놓여서는 안된다는 것이다. 그러나 이 조항에 의하여 피용인의 지위에서의 과실이 담보위험인 경우 상당한 주의의무를 면제받는다는 혜택을 피용인 겸 소유자가 누리게 되는 것이다.

(2) 인치마리조항

해상위험이 아닌 엔지니어의 과실로 인한 밸브의 폐쇄로 인한 동키 펌프(donkey-pump)의 훼손에 대한 손해보상을 인용하지 않은 Thames and Mersey Marine Insurance v. Hamilton, Fraser and Co. 'Inchmaree'사건[21]에서의 상원의 판결의 결과 이 위험을 담보하기 위하여 표준 Lloyd's SG 보험증권에 부보되지 아니하였던 이 위험을 포함한 다수의 위험에 보험담보를 확장하기 위한 조항이 도입되었다. 이 조항은 인치마리(Inchmaree)호 사건의 이름을 따서 인치마리조항이라고 불리는 것으로 오랜 기간에 거쳐 많이 개정되었다.

이에 따라 표준해상위험조항은 두 부분으로 구분된다. 첫째는 열거된 담보위험중 하나의 위험으로 인한 경우에만 보상이 허용되는 것이고, 둘째는 인치마리조항의 승계조항으로서 상당한 주의조건 등 일정한 제한이 가해지는 조항이다.

(3) 상당한 주의

(가) 약관상의 상당한 주의조건 : 협회선박보험약관과 협회운임보험약관

20) [1898] 2 QB 114, CA: 이 사건의 사실관계는 이 책 제3부 제2장 제3절 손해보상의 의무 Ⅲ. 인치마리조항 6. 선장, 고급선원, 보통선원으로 행위하는 선주 또는 공동선주 (3) 선장 또는 공동선주인 선장의 과실 참조.

21) [1887] 12 App Cas 484, HL: 이 사건의 사실관계는 다음과 같았다. 인치마리(Inchmaree)호는 기간보험에 든 증기선으로 담보위험에는 보험목적에 대하여 손상, 파괴를 야기하는 해상고유의 위험과 '…모든 기타 위험, 멸실 그리고 사고'가 포함되었다. 닻을 내려놓고 지시를 기다리던 중 동키 엔진(donkey engine)에 의하여 주요 보일러를 펌프질하는 것이 필요하였다. 그러나 엔지니어의 과실로 인하여 동키엔진과 보일러중 하나의 파이프라인에 있는 밸브가 막혔음이 인정되었다. 그 결과 동키엔진에 과도하게 압력이 가해져 훼손되었다. 선주는 동키엔진을 교체하는 비용에 대하여 보상을 청구하였다. 상원은 이 위험은 해상고유의 위험이나 모든 기타 위험에 의하여 보험담보되지 아니하고 훼손이 우연히 발생하였는가 여부는 중요하지 아니하다고 판결하였다. 브럼웰(Bramwell)판사는 선박위에서의 동키 엔진에 대한 사고가 해상위험에 해당하는가 여부를 고찰하여 이를 부인하였다. 즉, "동키 엔진의 훼손은 해상이나 선박을 통한 것은 아니다. 동일한 오작동이 있었더라면 보일러와 엔진이 육상에 있었더라도 동일한 일이 발생하였을 것이다. 바다, 파도, 바람은 그것과 아무 관련이 없다"라고 판시하였다.

그리고 2003년 국제선박보험약관은 보험은 인치마리조항과 오염위험조항에서 특정한 조건에 따라 당해 부보위험으로 인한 멸실 또는 훼손을 담보한다고 규정하고 있다. 인치마리조항의 조건은 "다만, 피보험자, 선박소유자 또는 선박관리자가 상당한 주의를 결여한 결과로 위의 멸실 또는 훼손이 생긴 경우에는 그러하지 아니하다"[22]라고 하고, 오염위험조항의 조건은 "다만, 피보험자, 선박소유자 또는 선박관리자가 오염의 위험이나 위협을 방지 또는 완화하는데 상당한 주의를 결여한 결과로 정부당국의 그러한 행위가 발생한 경우에는 그러하지 아니하다"[23]라고 규정하고 있다.

판례(대법원 2001.5.15. 선고, 99다26221 판결)는 1983년 협회선박기간보험약관을 보험계약의 내용으로 한 사건에서 "동약관 제6조 제2항 제3호 소정의 선원 등의 과실이 부보위험에 해당하기 위하여는 거기에 규정된 바와 같이 피보험자, 선박소유자 또는 선박관리자가 이에 관하여 상당한 주의를 결여하고 있지 않아야 한다"고 판시하였다.

(나) 상당한 주의의 의의와 그 입증

(a) 상당한 주의의 의의 : 상당한 주의(due care)가 무엇을 의미하는가, 특히 상당한 주의의 결여가 과실과 다른가 또는 상당한 주의 또는 그 결여를 입증할 책임은 누가 지는가에 대한 약관조항이나 영국법원의 판례[24]는 존재하지 않

---

22) 1983년 협회선박기간보험약관 제6조 제2항; 1983년 협회선박항해보험약관 제4조 제2항; 1983년 협회운임항해보험약관 제4조 제2항; 2003년 국제선박보험약관 제2조 제2항; 1995년 협회선박기간보험약관 제6조 제2항과 1995년 협회선박항해보험약관 제6조 제2항는 '감독자 또는 그들의 육상의 관리자'를 추가하고 있는데 이는 ISM의 정신을 받아들인 것이다(Susan Hodges, Cases and Materials on Marine Insurance Law, London: Cavendish Publishing Limited, 1999, p. 533). 2003년 국제선박보험약관은 1983년 협회선박보험약관의 표현으로 복귀하고 있다.

23) 1983년 협회선박항해보험약관 제7조; 1983년 협회운임항해보험약관 제5조; 2003년 국제선박보험약관 제5조.

24) 이에 관하여서는 캐나다판례인 Coast Ferries Ltd. v. Century Insurance Company of Canada and Others, 'Brentwood'[1973] 2 Lloyd's Rep. 223, CA사건에서 판시되었다. 이 사건에서 브랜트우드(Brentwood)호는 밴쿠버(Vancouver)에서 연안무역에 사용되는 자동차운송선으로 선주는 피고 보험자와 '선장, 피보험자 이외의 용선자, 선원, 엔지니어, 또는 도선사의 … 과실'에 직접 기인한 멸실 또는 훼손에 대하여 담보하는 기간보험계약을 체결하였다. 다만, 이 멸실 또는 훼손이 피보험자, 소유자 또는 선박의 관리자, 또는 그들 중 여하한 자의 상당한 주의의 결여로 인하지 않을 것을 조건으로 하였다. 1969년 10월 23일 이른 아침 해상에서 '브랜트우드'호는 해수가 유입되기 시작하여 훼손되었다. 소유자는 수리비용에 대하여 선장의 과실을 청구의 원인으로 손해보상을 청구하였지만, 보험자는 소유자가 선장의 과실에 대하여 관여하였다고 하여 이를 거부하였다. '브랜트우드'호는 잘못 적재된 상태에서 항해한 것은 명백하였고, 선박의 앞부분이 기울어져 환기통으로 해수가 유입되어 선박은 균형을 잃고 전복되었음이 명백하였다. 1심법원은 불감항이 부정확한 적재로 인한 것이고, 선장은 책임이 있었지만, 선주는 없었다고 하여 선주승소판결을 내렸다. 항소법원은 적재는 선장의 책임이었지만, 선주가 법원에 대하여

는다. 상당한 주의라는 표현은 해상운송법에는 익숙한 개념으로 헤이그 버스비 규칙(Hague-Vosby Rule)에서 "운송인은 항해의 개시이전과 행해기간동안 선박이 적절한 승무원을 고용하고 선박에 의장을 하고 보급품을 공급하며, 선창을 냉동하고, 적하의 수령과 운송 그리고 보존에 적절하도록 방과 선박의 모든 부분을 냉각하는데 상당한 주의를 기울여야 한다"라고 규정하고 있다.[25] 운송인이 보통법상의 주의의무에 상당하는 기준의 주의를 기울였음을 입증할 책임이 비록 과중한 것은 아니라고 하더라도 운송인에게 있다. 이에 비추어 보면 주의의무의 결여는 항해중인 적하를 운송하기에 선박이 감항능력있고 적합하도록 하는데 있어서 과실이 존재하는 것을 말한다.[26]

(b) 입증책임 : 인치마리조항과 오염위험조항의 상당한 주의조건의 문언은 피보험자가 이 조항에 있는 담보위험의 하나에 의한 손해에 대하여 보상을 받기 위해서는 피보험자가 상당한 주의를 입증할 것이 요구된다고 시사한다고 볼 수도 있다. 그러나 헤이그 버스비 규칙의 지위를 유추하여 상당한 주의의 입증은 보험자가 상당한 주의의 결여 사건이라는 추정적 증거를 제시한 경우에 한하여 필요하고, 이 경우에 피보험자는 자신에 대한 추정적 증거를 상쇄하기에 충분한 증거를 제시하는 것으로 충분하다고 본다.[27]

---

선박이 안전하게 운항하기 위한 최소한의 건현(freeboard)과 균형(trim)에 관한 충분한 정보를 제공하였음을 확신시키지 못하였다하여 원심판결을 파기하였다. 데이비(Davey) 판사는 소유자의 상당한 주의의 결여에 대하여 고찰하였다. 동 판사는 "사고의 근인은 부적절한 적재로 인한 선박의 불감항이었고, 부적절한 적재는 선장의 과실이었다. 따라서 보험자는 캐나다해상보험법 제41조 제5항(영국해상보험법 제39조 제5항)에 따라 소유자가 선장의 과실에 대하여 관여하거나 약관 제2조에 따라 멸실 또는 훼손이 소유자에 의한 상당한 주의의 결여로 인한 것이 아닌 한 보상책임을 진다. 1심법원판사는 부적절한 적재는 소유자에 의한 상당한 주의의 결여로 인한 것이 아니라고 판시하였다. 소유자는 유능하고 충분히 자격을 갖춘 선장을 고용하였고, 적재행위 일체를 선장에게 위임하였고, 그 운행에 관한 여하한 책임도 수중에 남기지 않았다고 보았다. 또한 1심법원판사는 소유자는 선장의 과실에 대하여 관여가 없다고 하였다. 그리고 그는 소유자가 상당한 주의의 결여의 책임이 없고, 선장의 과실에 관여하지 않았음에 대한 입증책임이 소유자에게 있다고 보았다. 선박이 적절히 적재되었다고 판단함에 있어서 소유자가 상당한 주의를 결여하였다고 보기 때문에 이에 대한 입증책임을 누가 지는가에 대하여 명시적인 의사를 나타날 필요가 없다고 판단된다. … 그러나 소유자가 선장에게 적재에 관한 모든 책임을 이양할 때, 선장이 기술과 경험에 비추어 적재하는데 충분한 판단을 할 수 있도록 선박의 최소한의 건현(freeboard)과 균형(trim)의 충분한 정보를 제공할 의무가 있다. 소유자는 그렇게 하지 않았다. 이에 상당한 주의의 결여가 존재한다"라고 판시하였다.

25) 1971년 영국 해상물건운송법 Sched. art Ⅲ, r1.

26) F.D. Rose, Marine Insurance: Law and Practice, London: LLP, 2004, § 13.12, p. 259.

27) F.D. Rose, op. cit., § 13.13, p. 259; 멸실 또는 훼손이 피보험자 등의 상당한 주의의 결여로 인한 것이 아니라는 것에 대한 입증책임을 지는가는 영국판례상 명확하지 아니하다는 입장이 유력하다(Susan Hodges, op. cit., p. 534).

(다) 피용인의 과실 : 상당한 주의의 결여는 합리적인 주의의 결여를 의미하고(want of reasonable care), 따라서 선박소유자의 피용자인 선장 등의 과실이 상당한 주의의 결여에 포함되는가 여부가 문제된다. 즉, 선박소유자는 '선장, 고급선원, 보통선원 또는 도선사의 과실'로 인한 손해에 대하여 보상을 받지 못하는가 여부의 문제이다.

이에 대하여서는 이를 포함하지 아니한다고 해석된다. 왜냐하면 이 경우 보상을 받지 못한다고 하면 인치마리조항상의 부보위험은 그 실효성을 대부분 상실할 것이고, 표준해상보험약관상 "선장, 고급선원, 보통선원 또는 도선사는 선박에 지분을 가지고 있어도 이 조항에서 말하는 선박소유자로 보지 아니한다"라는 데서 영국의 보통법상의 입장이 나타나 있다고 보기 때문이다.[28]

표준해상보험약관상의 피용인겸 소유자조건은 "보험증권에 다른 정함에 없는 한 보험자는 부보된 위험에 근인하여 발생한 손해에 대하여, 비록 그 손해가 선장이나 선원의 불법행위 또는 과실이 없었으면 발생하지 않았을 경우에도 보상할 책임을 진다"(영국해상보험법 제55조 제2항 a호)는 문언에서 '보험증권에 다른 정함'을 규정한 것이다. 이 규정이 없으면 피용인이 선박의 공동소유자인 경우에는 영국해상보험법상 피보험자 자신의 과실인 데 비하여, 이 약관규정에 의하여 피용인의 과실로 인정되기 때문이다.

따라서 피보험자, 선박소유자 또는 관리자가 기울여야 하는 상당한 주의와 인치마리조항상 부보위험인 선장, 고급선원, 보통선원, 도선사, 수리업자 또는 용선자의 과실과 구별된다.

(라) 용선자 : 인치마리조항상 피보험자, 선박소유자, 선박관리자가 그들이 개인적으로 업무를 수행하는데 있어서 상당한 주의를 하지 않은 경우를 제외하고, 피보험자는 '선장, 고급선원, 보통선원 또는 도선사의 과실'로 인한 손해에 대하여 그리고 '용선자 또는 수리업자가 이 보험계약에서 피보험자가 아닌 것을 조건으로' '수리업자나 용선자의 과실'로 인한 멸실 또는 훼손에 대하여 보상을 받을 수 있다.[29] 따라서 피보험자인 용선자는 자신의 사적인 합리적인 주의의 결여로 인한 손해에 대하여 보상을 받을 수 없다.

이 조항은 모든 정기용선자, 항해용선자 또는 나용선자를 동일하게 처리하는 것과 관련하여, 선박소유자와 같은 지위에 있는 나용선자 기타 용선자는 달리

---

28) F.D. Rose, op. cit., § 13.16, p. 260.

29) 1983년 협회선박항해보험약관 제6조 제2항 4호; 1983년 협회운임항해보험약관 제4조 제2항 4호; 2003년 국제선박보험약관 제2조 제2항 4호.

취급하는 것이 타당하다고 하고, 약관개정시 이 부분이 명확히 되지 않은 점을 비판하는 견해가 유력하다.[30)]

### 3. 부보위험 자체의 멸실 또는 훼손

인치마리조항에 의하여 부보되는 대부분의 위험은 단지 손해를 야기한 위험이지 위험 자체가 손해가 될 수 있는 것은 아니다. 예컨대 적하의 이동중 사고로 인한 선박의 훼손손해를 보상하는 것이지 적하 자체의 훼손손해를 보상하는 것이 아니다. 그러나 1983년 협회선박보험약관과 1995년 협회선박보험약관에는 '보일러의 파열, 차축의 파손 또는 선체나 선박에 있어서의 숨은 하자'[31)]라는 위험 자체가 손해가 될 수 있는 사항을 포함하는 하나의 위험이 규정되어 있다.

이 경우에도 부보위험 자체의 손해가 아니라 부보위험으로 인한 손해만을 보험자가 보상한다. 만일 체인의 연결부가 파괴되어 드레징 래더(dredging ladder)가 추락하여 선체와 기관에 훼손을 입힌 경우 피보험자는 선체와 기관에 대한 훼손에 대하여 보상을 받을 수 있다. 그러나 차축의 균열과 같이 숨은 하자가 명백하거나 또는 선체나 기관의 어느 부위에 훼손을 야기하지 아니한 차축이 파열되었다는 사실만으로는 피보험자는 이 하자부분을 교체하거나 수리하는 비용을 보상받을 수 없다. 이 부분의 하자를 통한 손해는 부보위험으로 인한 손해가 아니고, 보험자는 결함있는 부분의 안전함을 보증하는 자가 아니기 때문이다. 그러나 인치마리조항은 인치마리사건과 같이 선원 등의 과실로 인한 보일러 등의 손해의 경우 보상이 허용되지 않는 결과를 제거하기 위하여 삽입되었음에도 불구하고 여전히 피보험자는 보상을 받지 못하는 결과를 초래한다는 점에서 부당하다. 이에 2003년 국제선박보험약관은 "이 보험은 파열한 보일러와 파괴된 차축을 수리하거나 교체하는 비용을 보상하지 않는다(동약관 제2조 제2항 1호). 동약관 제2조 제2항 1호에 따라 보상을 하는 경우 이 보험은 또한 파열된 보일러와 파괴된 차축의 수리와 그로 인한 멸실 또는 훼손에 공통되는 비용의 1/2을 보상한다(동약관 제2조 제3항)"고 규정하고 있다.

선원의 과실로 인하여 보일러가 파열하거나 차축이 파열되거나 해수의 유입이 선체의 숨은 하자로 인한 경우에는 다른 담보위험으로 인한 손해이기 때문

---

30) F.D. Rose, op. cit., § 13.20, p. 261.

31) 1983년 협회선박항해보험약관 제6조 제2항 2호; 1983년 협회운임항해보험약관 제4조 제2항 2호; 1995년 협회선박항해보험약관 제6조 제2항 1호; 1995년 협회운임항해보험약관 제4조 제2항 1호.

에 보상이 허용된다. 그러나 이에는 실무상 다음 세 가지의 제한이 있다.[32)]

첫째, 특히 숨은 하자와 같은 위험의 경우에는 다른 부보위험으로 인한 것일 필요가 없다는 것이다.

둘째, 예컨대 보험기간이 아닌 시기에 수리업자에 의한 수리에 숨은 하자가 존재하는 경우에도 손해의 원인으로 인정되어 보상이 허용된다는 것이다. 물론 숨은 하자의 성질상 상당한 시기가 도과할 때까지 드러나지 아니하는 경우가 많으므로 보험계약 체결 이전에 손해가 발생한 것일 개연성이 있는 경우에는 보험기간 중 발생하였다는 것을 피보험자가 입증하지 아니하는 경우에는 보상을 받을 수 없다.

셋째, 영국해상보험법 제55조 제2항 c호는 "보험증권에서 이와 달리 규정하고 있지 아니하는 한, 보험자는 보험목적의 통상적인 자연마모, 통상적인 누손과 파손, 고유의 하자 또는 성질에 대하여 … 해상위험에 근인하여 발생하지 아니한 기계의 훼손"을 보상하지 않는다라고 규정하였다. 인치마리조항은 명시적으로 이 법률상의 면책조항과 배치되는 것은 아니다. 그러나 보험약관에는 법률상의 효과와 다른 내용을 규정할 수 있다. 인치마리조항상 숨은 하자는 고유의 하자보다 우선하지만, 보일러의 파열, 차축의 파손은 이에 우선하지 아니한다. 왜냐하면 숨은 하자는 고유의 하자가 없이도 발생할 수 있기 때문이다. 또한 이와 유사하게 통상적인 자연마모로 인한 손해는 보상되지 않지만, 불가피하게 명백하게 된 숨은 하자는 그 하자가 자연마모로 인하여 드러난 경우에도 보상이 허용된다.

2003년 국제선박보험약관 제2조 제2항은 "이 보험은 ① 보일러의 파열, 차축의 파손(그러나 파열된 보일러나 파손된 차축을 교체하거나 수리하는 비용은 보상하지 아니한다), ② 선체나 선박에 있어서의 숨은 하자(그러나 숨은 하자를 교정하는 비용은 보상하지 아니한다)"라고 규정하고, 동약관 제2조 제3항은 "제2조 제2항 1호에 따른 보상의 경우에, 이 보험은 파열된 보일러나 파손된 차축의 수리에 공통적인 비용과 그로 인한 멸실 또는 훼손에 대한 수리비의 1/2을 또한 보상한다" 라고 규정하며, 동약관 제2조 제4항은 "제2조 제2항 2호에 따른 보상의 경우에, 이 보험은 숨은 하자의 교정에 드는 비용과 숨은 하자로 인한 멸실 또는 훼손에 대한 수리비의 1/2을 보상한다"라고 규정하여 협회선박보험약관과는 다른 내용을 규정하고 있다.

32) F.D. Rose, op. cit., § 13.22~13.24, pp. 262~263.

## 4. 해상위험 목록

(1) 개 관

구체적인 부보위험에 대하여서는 뒤에서 서술하지만, 표준해상보험약관상의 전통적인 부보위험의 목록을 살펴본다.

(2) 선박보험과 운임보험약관

(가) 해상위험 : (a) 모든 선박보험약관과 운임보험약관의 처음부분은 수상위험, 화재와 폭발, 절도, 투하, 해적, 자연력 등의 부보위험을 규정하고 있다.

① 수상위험 : '바다, 강, 호수 또는 기타 항해가능한 수역의 고유의 위험'

② 화재와 폭발 : '화재, 폭발'

③ 절도 : '선박 외부로부터 침입한 자에 의한 폭력을 수반하는 절도'

④ 투하와 파도에 의한 유실 : '투하'

⑤ 해적 : '해적'

⑥ 자연력 : '지진, 화산폭발, 또는 번개'

(b) 모든 선박보험약관과 운임보험약관의 처음부분은 고정물과 이동가능한 물건의 위험을 약간씩 수정하여 규정하고 있다.

① 협회약관 : '항공기 또는 이와 유사한 물체, 또는 그로부터 떨어지는 물체, 육상운송용구, 부두 또는 항만시설이나 장비와의 접촉'

② 국제선박보험약관 : '육상 운송수단, 도크 또는 항만 시설이나 장비와의 접촉' 그리고 '인공위성, 항공기, 헬리콥터 또는 유사한 물체 또는 그로부터 추락하는 물체와의 접촉'

(c) 협회약관은 국제선박보험약관의 위험조항에서 규정하고 있지 아니한 원자핵시설 : '핵장치나 원자로의 파괴 또는 사고' 위험을 부보한다.

(나) 해상위험 또는 인치마리위험

적하취급 위험은 국제선박보험약관은 처음부분에서, 협회약관의 경우에는 인치마리조항에서 규정하고 있다.

① 협회약관 : '적하 또는 연료의 선적, 양륙 또는 이동중의 사고'

② 국제선박보험약관 : '적하, 연료 , 비품, 부품의 선적, 양륙 또는 이동중의 사고'

(다) 인치마리위험

모든 선박보험약관과 운임보험약관의 둘째 부분은 의장과실, 선장 등 피용인의 과실, 수리업자 등의 과실, 선장 등 피용인의 악행의 위험을 포함하는 인치마리조항이다.

(a) 의장과실

① 협회약관 : '보일러의 파열, 차축의 파손 또는 선체나 선박에 있어서의 잠재적 하자'

② 국제선박보험약관 : '보일러의 파열, 차축의 파손. 그러나 파열된 보일러나 파손된 차축을 교체하거나 수리하는 비용은 보상하지 아니한다' 그리고 '선체나 선박에 있어서의 숨은 하자. 그러나 숨은 하자를 교정하는 비용은 보상하지 아니한다'

(b) 선장 등의 과실 : '선장, 고급선원, 보통선원, 도선사의 과실'

(c) 수리업자 등의 과실 : '수리업자 또는 용선자가 피보험자가 아닌 것을 조건으로 수리업자 또는 용선자의 과실'

(d) 선장 등의 악행 : '선장, 고급선원, 보통선원의 악행'

(라) 손해를 방지하거나 회피할 책임

협회약관과 2003년 국제선박보험약관은 또한 이 책에서 별도로 서술되는 ① 충돌책임, ② 오염책임, ③ 공동해손과 구조, ④ 손해방지 등에 관한 손해에 대한 보상을 허용한다.

(3) 적하보험약관

적하보험 약관상의 부보위험은 보험증권에 1982년 협회적하보험(A),(B),(C) 약관을 첨부하는가 여부에 따라 크게 다르다.

(가) 공동으로 담보되는 위험

1982년 협회적하보험(A),(B),(C) 3약관 모두 ① 공동해손과 구조, ② 충돌책임, ③ 손해의 방지와 경감책임을 담보한다.

(나) 포괄위험

협회적하보험(A)약관은 '모든 위험'을 포괄적으로 담보한다.

(다) 열거된 해상적하위험

협회적하보험(B)약관과 협회적하보험(C)약관은 공통으로 또는 각각 위험을 담보하고 있다.

(a) 공통담보위험 : 두 약관은 화재와 폭발, 수상위험, 고정물과 이동물, 적하취급의 위험을 공통으로 담보하고 있다.

① 화재와 폭발 : '화재 또는 폭발'

② 수상위험 : '선박 또는 부선의 좌초, 교사, 침몰 또는 전복'

③ 고정물과 이동물 : 'ㅤ육상운송용구의 전복 또는 탈선' 그리고 '선박, 부선 또는 운송용구와 물 이외의 다른 외부 물체와의 충돌 또는 접촉'

④ 적하취급 : '선박 또는 부선에의 선적 작업도중에 또는 그로부터의 양륙작업 도중에 해수면으로 유실되거나 추락되어 발생된 포장당 전손' 그리고 '조난항에서의 적하의 양륙'

(b) 개별적인 담보위험 : 두 약관은 담보위험을 달리 규정하고 첫째, 투하위험에 대하여 협회적하보험(C)약관은 '투하'위험을, 협회적하보험(B)약관은 '투하와 파도에 의한 유실'위험을 담보한다.

둘째, "선박, 부선, 선창, 운송용구, 콘테이너, 리프트반 또는 보관장소에 바닷물, 호숫물 또는 강물의 유입"의 위험은 오직 협회적하보험(C)약관만이 담보하고 있다.

## Ⅱ. 해상위험[33)]

### 1. 서 언

해상위험은 해상보험계약에서 담보될 수 있는 모든 위험이라고 할 수 있다. 그러나 여기서는 대부분의 통상적인 해상보험계약상 담보되는 부보재산에 대한 물리적인 멸실 또는 훼손과 관련 손해만을 고찰한다.

영국해상보험법 제55조 제2항은 담보위험과 면책위험에 관한 큰 틀을 규정하고 있고, 표준선박보험약관과 협회적하보험약관은 이와 충돌하지 아니하는 범위 안에서 보충하는 성격을 가지고 있다.[34)] 또한 동법에 포함되어 있는 보험약관해석에 관한 규칙은 해상고유의 위험, 해적, 강도와 같은 해상위험에 관하여 몇 가지 정의규정을 두고 있다.

전통적으로 부보가능한 해상위험은 해상고유의 위험, 화재, 강도, 투기, 해적 등이고, 이들 위험은 2003년 국제선박보험약관 제2조 제1항, 1983년 협회선박기간보험약관 제6조 제1항, 1983년 협회선박항해보험약관 제4조 제1항에 규정되어 있다. 그러나 표준선박보험약관은 엄격히는 해상위험은 아니지만 바다나 선박과 관련이 있는 기타 위험에 관한 규정을 두고 있다. 2003년 국제선박보험약

33) 이하에서는 혼동을 피하기 위하여 대법원 1998.5.15. 선고, 96다27773 판결에 따라 marine risks는 해상위험, perils of the seas는 해상고유의 위험으로 표현한다.

34) Susan Hodges, op. cit., p. 363.

관 제2조 제1항, 1983년 협회선박기간보험약관 제6조 제1항, 1983년 협회선박항해보험약관 제4조 제1항은 "육상운송용구, 도크 또는 항구설비 … 지진, 화산폭발 또는 번개 … 적하나 연료를 적재하거나 하역하는 중의 사고"로 인한 멸실 또는 훼손을 담보위험으로 들고 있다.

적하보험약관에 대하여서는 포괄책임주의를 취하고 있는 협회적하보험(A)약관은 부보위험을 열거하지 않고 있다. 그러나 협회적하보험(B),(C)약관 제1조는 담보위험을 열거하고 있다.

포괄책임주의를 취하는 적하보험(A)약관은 모든 해상위험을 담보하지만, 확정적인 사고까지 보상하는 것은 아니다. 보험자는 우연하고 예기하지 않은 손해 또는 사고에 대하여 보상하지만, 예컨대 고유의 하자, 통상의 자연적 소모, 불감항성에 대하여 담보하는 것은 아니다. 그러나 전위험담보보험과 관련하여 특별히 중요한 것은 피보험자는 특정한 사고에 대하여 손해의 원인을 적시하지 아니하여도 되고, 단지 사고가 발생하였으며, 그것은 확정적인 것이 아니라 우연한 것임을 적시하기만 하면 된다는 의미에서 피보험자의 입증책임은 덜 엄격하다는 점이다.

## 2. 해상고유의 위험

### (1) 개 관

해상에서 보험의 목적은 다수의 위험에 노출된다. 이 위험들 중 모든 위험은 아니지만 특정한 위험은 해상고유의 위험에 속한다. 해상고유의 위험은 포괄적으로 정의될 수밖에 없고, 이 위험인가 여부는 사실판단의 문제이기 때문에 보험자는 의도하지 않은 위험에 대하여 보상책임질 가능성이 존재한다. 그러나 실무상 이 가능성은 다음 두 가지 이유로 그리 높지 않다.[35] 첫째, 대부분의 중요한 다양한 유형의 손해가 이전에 발생하여 이에 관한 법원의 판례가 존재하고, 둘째, 협회적하보험(B),(C)약관 등의 경우와 같이 보험담보는 특정한 해상고유의 위험으로 제한되기 때문이다.

해상고유의 위험에 근거하여 보험금을 청구하는 경우에 손해가 개연성의 척도에 기하여 이 위험으로 인한 것이라는 입증책임은 피보험자가 진다.[36]

이 위험에 대하여 2003년 국제선박보험약관 제2조 제1항 1호, 1983년 협회선

35) F.D. Rose, op. cit., § 14.26, p. 271.

36) 대법원 2001.5.15. 선고, 96다2773 판결; 상세한 내용은 이 책 제4부 제1장 제2절 입증책임 Ⅲ. 해상고유의 위험으로 인한 손해의 입증 참조.

박기간보험약관 제6조 제1항 1호, 1983년 협회선박항해보험약관 제4조 제1항 1호는 "이 보험은 해상, 강, 호수 또는 기타 항해 가능한 수면에서의 고유의 위험으로 인한 보험목적에 대한 멸실 또는 훼손을 담보한다"라고 규정하고 있다.

적하보험의 경우에 협회적하보험(B)약관과 (C)약관은 담보위험을 열거하고 있지만 해상고유의 위험은 담보위험으로 특별히 열거되어 있지 않다. 협회적하보험(A)약관은 전위험담보보험이기 때문에 담보위험을 열거할 필요가 없는 것이다.

해상고유의 위험에 관한 우리 판례는 선박이 산호초 지대에서 표류하면서 그 선미의 선저부분이 산호초에 접촉되어 선체 외판에 균열과 같은 미세한 손상이 발생하였고, 그 상태에서 출항하여 항해하는 가운데 기상악화와 기관회전수 증가로 생긴 선체의 요동 또는 진동에 의하여 위 균열 부분이 더욱 심화되어, 그 틈으로 해수가 유입됨으로써 선박이 침몰한 사건,[37] 선박의 레이다장비 고장 등으로 인하여 거리측정 등을 잘못하여 항로착오를 일으켜 수중 산호초에 좌초하여 선장 등은 즉시 위 선박의 이초작업을 시도하였으나 실패하자 선원 전원이 위 선박을 떠나 원주민이 살고 있던 섬으로 대피하자 원주민들이 위 선박에 승선하여 선박내의 장비 등을 일부 약탈 파괴하여 추정전손이 성립한 사건,[38] 해수가 침입하여 침몰한 사건,[39] 삼각파도를 원인으로 하여 불가항력적으로 선박이 침몰한 사건,[40] 화물선이 유빙과 조류에 밀려 좌초되어 중국으로 예인되어 추정전손의 성립여부가 다투어진 사건,[41] 선박이 태풍으로 인하여 암초에 걸려 좌초되는 보험사고가 발생하여 추정전손여부가 다투어진 사건,[42] 선박의 화재로 인한 손해에 관한 사건,[43] 제주도 우도 부근 해상에서 침몰한 223톤급 기선의 침몰 원인불명이고 피보험자가 선박충돌이나 기타 해상고유의 위험으로 인한 손해라는 입증책임을 다하지 아니하였다고 판단한 사건,[44] 모래채취선인 제101 태룡호가 광양만에서 다른 선박과 2회에 걸쳐 충돌하여 좌초한 사건[45] 등 다수 존재한다.

---

37) 대법원 2001.5.15. 선고, 99다26221 판결.
38) 대법원 1989.9.12. 선고, 87다카3070 판결.
39) 대법원 2001.7.27. 선고, 99다55533 판결과 대법원 1996.3.8. 선고, 95다28779 판결.
40) 대법원 1995.9.29. 선고, 93다53078 판결.
41) 대법원 2002.6.28. 선고, 2000다2106 판결.
42) 대법원 2001.2.23. 선고, 98다59309 판결.
43) 대법원 1988.9.27. 선고, 84다카1639, 1640 판결; 대법원 2004.11.11. 선고, 2003다30807 판결; 대법원 2005.3.25. 선고, 2004다22711, 22728 판결.
44) 대법원 1998.5.15. 선고, 96다27773 판결.
45) 대법원 1996.10.11. 선고, 94다60332 판결.

(2) 해상고유의 위험의 개념

해상고유의 위험은 선하증권, 용선계약, 또는 해상보험계약에서 동일한 의미를 가진다. 이에 관한 법령상의 정의는 영국해상보험법 부칙 보험약관의 해석규칙 제7조에서 발견되는데, 동조항은 "해상고유의 위험은 해상의 우연한 사고 또는 재난을 말하고, 바람과 파도의 통상적 작용은 말하지 않는다"라고 규정하고 있다. 그러나 이 용어는 다양하게 해석될 수 있기 때문에 간단한 정의로 압축될 수 없고, 구체적 사건에서 그 의미는 판례가 제공하는 기준과 예로부터 수집되어야 한다.[46] 특정한 경우에 해상고유의 위험으로 인한 손해인가 여부는 사실판단의 문제이다.

해상고유의 위험의 본질은 훼손이 누구의 과실이 없이 해상에서 바다의 작용으로 인하여 발생하였다는 것이고, 이는 해상적 성격이나 기타 선박에 부수하는 성격의 모든 위험, 멸실 또는 사고를 포함한다.[47]

우리 판례(대법원 1998.5.15. 선고, 96다27773 판결)는 "선박보험계약의 내용을 이루는 1983년 협회선박기간보험약관 제6조 제1항에서 말하는 해상 고유의 위험(perils of the seas)이라 함은 해상에서 보험의 목적에 발생하는 모든 사고 또는 재난을 의미하는 것이 아니라, 해상에서만(of the seas) 발생하는 우연한 사고 또는 재난만을 의미하며, 우연성이 없는 사고, 예컨대 통상적인 바람이나 파도에 의한 손상, 자연적인 소모 등은 이에 해당하지 아니한다"라고 그 의미를 정의하고 있다.

해상고유의 위험을 명확히 하기 위하여서 '해상의 우연한 사고 또는 재난'과 '바람과 파도의 통상적인 작용이 아니어야 함'의 두 부분으로 나누어 설명하는 것이 필요하다.

(가) 해상의 우연한 사고 또는 재난

이 조항은 전반부의 우연성의 요소와 '해상고유(of the perils)'라는 단어는 판례법상 많은 논란을 불러 일으켜 왔다.

(a) 선박의 상태와의 구별 : 우연성의 요건은 자연소모, 숨은 하자, 그리고 불감항과 같은 선박의 상태에 관한 문제에 대한 고찰을 필요로 하게 된다.

46) F.D. Rose, op. cit., § 14.9, p. 269.

47) F.D. Rose, op. cit., § 14.21, p. 270; Thames and Mersey Marine Insurance Co., Ltd. v. Hamilton, Fraser and Co., 'Inchmaree' [1877] 12 AC 484, HL.사건(이 사건의 상세한 사실관계는 이 책 제3부 제2장 제3절 손해보상의 의무 Ⅰ. 담보위험 2. 담보위험에 관한 주요쟁점 (2) 인치마리조항 참조)에서 해상고유의 위험에 관하여 브럼웰(Bramwell)판사의 판시.

이와 같은 선박의 상태가 있으면 우연성을 상실하여 해상고유의 위험에 의한 손해의 보상청구는 인정되지 않는다.

(b) 선원 등의 행위와의 구별 : 또한 선원, 선장 그리고 피보험자의 행위(정확히는 불법행위)에 관한 문제와의 구별이 필요하다. 이와 관련하여서는 피보험자의 인식아래 행하여진 천공행위라는 항변이 허용된다. 이 경우 우연성의 요소는 피보험자의 행위의 고의성 때문에 부인되고, 보험금청구는 허용되지 않는다. 또한 영국해상보험법 제55조 제2항은 '피보험자의 고의적 불법행위로 인한 손해에 대한 보상'을 명시적으로 배척하고 있다. 그러나 만일 천공행위가 피보험자의 인식아래 행하여지지 아니한 경우에는 손해는 악행으로 인한 것이지 해상고유의 위험으로 인한 것은 아니다.[48)]

(c) 예견할 수 있어도 가능함 : 해상의 위험 또는 사고가 우연하고 뜻밖의 것(fortuitous and unexpected)이면 그것이 예견할 수 없을 것(unforeseen)이 필요한 것은 아니다. 따라서 해상고유의 위험은 격렬하거나 궂은 날씨의 바다의 위험으로 인한 경우에 국한되는 것은 아니다. 그러하지 아니하면 평온한 날씨에 물속에 잠긴 암석과 충돌하거나 빙하와 충돌하는 것은 제외될 것이기 때문이다.[49)]

(d) 해상고유의 위험의 정의에 관한 판례의 검토 : 우연성의 의미에 관하여서는 법관들은 지연, 고유의 하자, 자연소모, 불감항, 피보험자의 불법행위 등과 같은 명확한 항변사유를 배제하였다.

(ㄱ) 자연소모, 지연, 피보험자의 행위의 결과가 아닌 선박의 항해과정에서 발생하고 보험의 목적에 관하여 손해를 야기하는 모든 우연적인 사고 : Thames and Mersey Marine Insurance Co., Ltd. v. Hamilton, Fraser and Co, 'Inchmaree'사건[50)]에서 해상고유의 위험에 관하여 엘렌버러(Ellenborough)판사는 "자연소모, 지연, 피보험자의 행위의 결과가 아닌 선박의 항해과정에서 발생하고 보험의 목적에 관하여 손해를 야기하는 모든 우연적인 사고"라고 정의한다.

(ㄴ) 감항능력있는 선박에서 어느 누구의 과실에 기인하지 아니하는 바다의 작용으로 인한 적하에 대한 훼손 : 쥐가 파이프에 천공을 하여 그 구멍을 통하여 해수가 유입되어 적하가 훼손된 사건인 Hamilton, Fraser and Co. v. Pandorf and Co.사건[51)]에서 로우프스(Lopes)판사는 "감항능력있는 선박에서 어

48) 이 책 제3부 제2장 제3절 손해보상의 의무 Ⅲ. 인치마리위험 8. 악행 참조.
49) F.D. Rose, op. cit., § 14.22, p. 270.
50) [1887] 12 AC 484, HL: 이 사건의 상세한 사실관계는 이 책 제3부 제2장 제3절 손해보상의 의무 Ⅰ. 담보위험 2. 담보위험에 관한 주요쟁점 (2) 인치마리조항 참조.

느 누구의 과실에 기인하지 아니하는 바다의 작용으로 인한 적하에 대한 훼손"이라고 정의하였다.

(ㄷ) 해상적 성격이나 기타 선박에 부수하는 성격의 모든 위험, 멸실 또는 사고 : Thames and Mersey Marine Insurance Co., Ltd. v. Hamilton, Fraser and Co, 'Inchmaree'사건에서 "해상적 성격이나 기타 선박에 부수하는 성격의 모든 위험, 멸실 또는 사고"로 정의하였다.

(ㄹ) 항해사업에 필연적인 부수사건의 하나로 예견되지 아니한 것과 같은 사고 : 다른 선박과 충돌하여 침몰한 Wilson, Sons and Co. v. Owners of Cargo per 'Xantho'사건[52]에서 허쉘(Herschell)판사의 판시이다.

(ㅁ) 해상에서의 우연한 사고 : 선박수리시에 수리업자가 하자있는 캡스크루를 사용하여 선박이 침몰한 CCR Fishing Ltd and Others v. Tomenson Inc and Others, 'La Pointe'사건[53]에서 맥라쉬린(McLachlin)판사의 판시이다.

---

51) [1887] 12 App Cas 518: 해상운송사건으로 쥐가 선박의 파이프를 갉아서 구멍을 내어 이를 통하여 해수가 유입하여 쌀의 적하가 훼손되었는데, 해상의 고유의 위험과 사고(dangers and accidents of the seas)를 면책으로 하고 있던 선하증권조항이 이에 적용되어 운송인은 면책이라고 판시되었다.

52) [1887] 12 App Cas 503, HL: 이 사건에서 크론스타트(Cronstadtd)에서 헐(Hull)까지의 항해 도중 다른 선박과의 충돌로 침몰하였고, 선박의 선주는 선박이 면책위험인 해상고유의 위험으로 인한 것이라는 이유로 상원에 상고하였고 법원은 충돌은 해상고유의 위험에 해당한다고 판시하였다. 상원의 허쉘(Herschell)판사는 "해상고유의 위험은 해상에서 보험의 목적에 관하여 발생하는 모든 사고를 담보하는 것이 아니다. 그것은 해상'의' 위험이어야 한다. 그것은 자연소모와 같은 것으로 인한 바람과 파도의 자연적이고 불가피한 작용을 보호하는 것은 아니다. 항해사업에 필연적인 부수사건의 하나로 예견되지 아니한 것과 같은 사고가 있어야 한다. 이 조항의 목적은 필연적으로 발생하는 사고가 아니라 발생할 가능성이 있는 사고에 대한 보상을 확보해주는 것이다"라고 판시하였다.

53) [1991] 1 Lloyd's Rep. 89, Supreme Court of Canada: 이 사건에서 대구잡이 어선으로 철선인 라 포앵트(La Pointe)호에 대하여 보험에 들었다. 1981년 '라 포앵트'호에 대하여 검사를 행하여 그해 후반기에 선박을 매도하기 위하여 검사보고서에 지적된 사항을 수리업자에게 수리하게 하였다. 다음해에 선박은 계류지에서 심하게 기울어져 침몰하였다. 선주는 손해는 해상고유의 위험, 즉 밸브의 테두리에 사용된 잘못된 형태의 볼트로 인한 것이라고 하여 보상을 청구하였지만, 보험자는 자연소모로 인한 것이라고 하여 이를 거부하였다. 법원은 손해는 과실로 잘못 장착된 볼트의 고장으로 인한 것이므로 우연한 것이고 해상고유의 위험이라고 판시하였다. 맥라쉬린(McLachlin)판사는 "이 사건에서 손해는 해수의 유입으로 인한 선박의 침몰로 인하여 발생하였다. 이 손해는 육상에서 발생할 수 없으므로 사고가 해상에서의 위험이라는 요건은 충족된다. 이 사건에서 쟁점은 사고의 원인이 우연한 것인가 여부이다. 만일 그것이 고의적이거나 불가피한 것이 아니고, 영국해상보험법 제55조에서 규정한 면책사유에 해당하지 아니하며, 동법상의 고유한 하자에 해당하지 않는 경우에는 사고는 우연한 것이다. (1) 볼트의 고장이 자연마모로 인한 것인가 여부이다. 나의 판단으로는 그렇지 아니하다. 캡 스크루의 고장은 일상적인 것이 아니었다. 그 고장은 이를 설치한 수선업자의 과실로 인한 비일상적인 것이었다. (2) 스크루의 고장이 고유의 하자인가 여부의 문제이다. 해상보험에서 고유의 하자의 개념은 멸실한 물건의 고유한 성질로 인한 손해를 가리킨다. 캡 스크루의 고장은 순전한 선박의 고유한 성질로 인한 것이라고 할 수 없다. 선박에 이들 부품이 설치된 것은 수리업자의

(ㅂ) 1년중 얼음에의 조우가 예견되지 않는 시기에 얼음과 부딪혀 훼손된 경우 포함 : 얼음이 얼지 않는 시기에 선박이 항해중 얼음과 조우하여 선박이 훼손된 Popham and Willet v. St Petersburg Insurance Co.사건[54]에서 월튼(Walton)판사의 판시이다.

(e) 고의행위는 해상고유의 위험이 아님

(ㄱ) 고의적 불법행위 : 영국해상보험법 제55조 제2항 a호는 피보험자의 고의적 불법행위가 있는 경우 보상은 배제된다. 정의상 고의적 성격의 행위는 우연성의 기본적 요건을 제거하는 것은 틀림없다.[55] 피보험자, 선장 또는 선원 등의 고의적 불법행위로 인한 손해사고의 경우 우연성이 결여되어 손해는 해상고유의 위험에 의한 손해로 보상받을 수 없게 된다.

(ㄴ) 악행적 천공행위 : 악행(barratry)과 해상고유의 위험은 상호적으로 배타적이고, 악행적 천공행위는 선주의 동의없이 선장 또는 선원에 의하여 행하여진 고의적 행위이기 때문에, 악행이 보험약관상 담보위험으로 보험담보가 되는 경우에도 악행으로 인한 손해는 해상고유의 위험으로 인한 손해가 아니다.[56]

Samuel v. Dumas사건[57]은 Small v. United Kingdom Maritime Mutual Insurance Association사건[58]의 판결을 파기하여 소유자와 공모한 선박의 천공행위는 해상고유의 위험에 의한 손해로 보상받을 수 있는 손해가 아니라고 판시

---

과실의 결과이고, 그 성질과는 무관한 외래적인 것이다. 이 손해는 선박에 고유한 성질의 불가피한 산물은 아니라는 의미에서 우연한 것이다. 비록 침몰의 근인은 캡 스크루의 고장이지만, 이것이 보험자를 지지하는 것은 아니다. 왜냐하면 고장의 원인은 자연마모나 고유의 하자가 아니라, 수리업자의 우연한 과실이었기 때문이다"라고 판시하였다.

54) [1904] 10 Com Cas 31; 이 사건에서 원고는 낮은 관세로 적하를 수출하기 위하여 5척의 선박을 시베리아(Siberia)로 항해하게 하고, 피고 보험자와 선적한 적하와 운임에 대하여 예정보험에 들었다. 1899년 7월 카라해(Kara Sea)에 진입할 때 다량의 얼음과 조우하여 모든 선박이 훼손되었고, 그 중 하나는 좌초하였다. 선박은 런던으로 귀환하여 적하는 각 소유자에게 반환되었다. 원고소유의 적하중 일부는 매도되고, 나머지는 고율의 관세로 시베리아로 철도로 운송하기 위하여 창고에 임치되었다. 원고는 운임과 적하의 손해와 창고에의 임치로 인한 추가비용, 계속운반비용 그리고 증가된 관세에 대하여 보험금을 청구하였다. 법원은 손해는 1년 중에서 얼음에의 조우가 예상되지 않는 시기에 얼음에 조우하여 발생하였기 때문에 담보위험, 즉 해상고유의 위험으로 인한 손해라고 판시하였다.

55) Susan Hodges, op. cit., p. 369; 이 책 제3부 제2장 제3절 손해보상의 의무 Ⅵ. 면책위험 2. 피보험자의 고의적 불법행위 참조.

56) 이 책 제3부 제2장 제3절 손해보상의 의무 Ⅲ. 인치마리위험 8. 악행 참조.

57) [1924] 18 LIL Rep. 211, HL; 이 사건의 상세한 사실관계는 이 책 제3부 제2장 제3절 손해보상의 의무 Ⅲ. 인치마리위험 8. 악행 (6) 선의의 저당권자 참조.

58) [1897] 2 QB 311, CA; 상세한 사실관계는 이 책 제3부 제2장 제3절 손해보상의 의무 Ⅲ. 인치마리위험 8. 악행 (6) 선의의 저당권자 참조.

하였다. 이 사건에서 선의의 저당권자가 공모의 당사자가 결코 아니더라도 보상이 허용되지 아니하였다.

(ㄷ) 적하소유자의 지위 : 협회적하보험(B),(C)약관상은 적하소유자와 저당권자는 선장 등이 선주와 공모하여 행한 천공행위로 인한 손해에 대하여서는 보상을 받지 못한다. 그러나 포괄책임주의를 취하고 있는 협회적하보험(A)약관에서 이들의 지위는 명확하지 아니하다.

(ⅰ) 협회적하보험(B),(C)약관 : 협회적하보험(B),(C)약관 제4조 제7항은 "어떠한 경우에도 이 보험은 어떠한 자의 불법행위로 인한 것이든 보험목적 또는 그 일부에 대한 고의적인 파괴나 고의적인 훼손을 보상하지 아니한다"라고 규정하고 있다. 운송중인 선박이 선주에 의하여 천공된 경우에 이 조항에 의하여 면책임은 이 조항의 문언에서 살펴보아 명백하다.[59]

(ⅱ) 협회적하보험(A)약관 : 협회적하보험(A)약관상 선주에 의하여 사기적으로 천공되어 입은 적하의 손해에 대하여 적하소유자는 보상을 받을 수 있는가 여부가 문제된다.

이와 관련한 직접적인 판결은 없지만 Samuel v. Dumas사건[60]에서 섬너(Sumner)판사는 "위험을 인수하는 것이 보험자의 영업이고, 선주의 고의적 불법행위와 같은 고찰할 수 없는 위험은 보험료에서 산정될 수 있고 또 과실있는 항해의 위험으로 볼 수 있다"라고 하여 보상을 허용하는 취지의 판시를 한다. 또한 London and Provincial Process Ltd. v. Hudosn사건[61]에서 고다드(Goddard)판사는 전위험담보보험상 보상이 허용되기 위하여서는 우연한 사고가 있어야 한다는 일반적인 전제를 든 후, 이 보험은 우연한 화재나 자연력에 의한 적하의 파괴 이상을 담보한다고 하였다. 즉, 그는 타인의 의도적인 불법행위인 강취(theft)는 전위험담보보험상에서 보상이 허용된다는 입장이었다.

근래의 일반적인 견해는 협회적하보험(A)약관은 악행이나 해상고유의 위험과 같은 특정한 위험을 담보하는 것이 아니라 포괄적 위험을 담보하는 것이고, 손해가 피보험자인 적하소유자에 대한 위험으로 인정되고 면책사유에 해당되지 아니하는 경우에는 보상이 금지될 이유가 없다고 본다.[62]

(f) 선박충돌과 선장 등의 과실

(ㄱ) 지도적 판례 : 선박충돌이 해상고유의 위험이라고 한 것은 Smith

59) Susan Hodges, op. cit., p. 370.
60) [1924] 18 LlL Rep. 211, HL.
61) [1939] 3 All ER 857.
62) Susan Hodges, op. cit., p. 370.

and Others v. Scott사건[63]에서 발견되지만 이를 일반적으로 확립한 것으로 인정되는 판결은 잰소(Xantho)호 사건[64]으로, 허쉘(Herschell)판사는 "선박이 좋은 날씨에 잠겨있는 암반에 부딪혀 침몰하면 이는 해상고유의 위험에 의한 손해이다. 선박이 다른 선박과 충돌하여 침몰한 손해는 충돌이 다른 선박의 과실로 인한 경우에도 같은 유형에 해당한다"라고 하였다.

(ㄴ) 선장과 선원의 과실 : '잰소'호 사건에서 법원은 오직 상대방 선박측의 과실이 있는 충돌에 대하여서만 판시하고 있음을 유념하여야 한다. 영국 해상보험법 제55조 제2항 a호는 "보험증권에서 달리 규정하지 아니하는 한 보험자는 부보위험에 근인하여 발생한 손해에 대하여서는 비록 그 손해가 선장이나 선원의 불법행위 또는 과실이 없었으면 발생하지 아니하였을 경우라고 하더라도 보상할 책임을 진다"라고 규정하고 있다. 이는 피보험자에 대하여 선장 또는 선원의 과실을 원인(遠因)으로 발생하였더라도 담보위험에 근인하여 발생한 손해에 대하여서는 보상을 인정한 것이다.[65]

선장, 고급선원, 보통선원, 도선사의 과실이 손해의 근인인 경우의 보험담보에 대하여서는 1983년 협회선박기간보험약관 제6조 제2항 2호와 협회선박항해보험약관 제4조 제2항 2호 인치마리(Inchmaree)조항만이 적용된다.

Walker v. Maitland사건[66]에서 용선운임에 대하여 보험에 든 선박에 적재할 적하가 선적 중에 적재선박의 선원의 과실로 인하여 훼손된 경우 해상고유의 위험으로 인한 손해임이 인정되었고, 선장과 선원의 과실의 원칙은 Dixon v.

---

63) [1811] 4 Taunt 126: 이 사건에서 누 선박 헬레나(Helena)호와 멀린(Merlin)호의 온두라스(Honduras)'에서 그리고 부터' 영국까지의 항해에 대한 보험사건이다. 영국으로의 항해에서 '헬레나'호는 과실없이 다른 선박인 마가렛(Margaret)호의 선원의 중대한 과실로 인하여 동선박과 충돌하였다. 충돌후 '헬레나'호의 선원이 '마가렛'호에 승선하여 보니 갑판에 단 한 명의 선원이 잠자고 있음을 발견하였다. 원고는 '헬레나'호의 손해는 해상고유의 위험으로 인한 손해라고 주장하고, 보험자는 '마가렛'호 선원의 중대한 과실로 인한 것이고 해상고유의 위험으로 인한 손해가 아니라고 주장하였다. 맨스필드판사는 충돌을 해상고유의 위험이라고 판시하여 원고승소판결을 내렸다.

64) [1887] 12 App Cas 503: 이 사건의 구체적인 사실관계는 각주 52 참조.

65) Susan Hodges, op. cit., p. 372.

66) [1821] 5 B&Ald 171: 서인도(West Indies)의 세인트 키츠(St Kitts)에서 영국까지의 항해를 위하여 브리타니아(Britannia)호가 용선되었다. 거래의 관습에 따라 세인트 키츠에서 선박에의 적재시에 적하는 보우트로 선박에 싣고 적재작업에 대한 보험은 용선자가 아니라 선주가 들었다. 범선 비질런트(Vigilant)호가 해안에서 선박에의 적재시에 사용되었는데 잠자고 있던 범선의 선원의 과실로 인하여 범선이 해안으로 휩쓸려 좌초하였다. 설탕인 적하의 일부가 멸실되고 나머지는 훼손되었다. 보험계약을 체결한 '브리타니아'호의 선주는 해상고유의 위험이라는 근거로 보상을 청구하였다. 법원은 손해는 해상고유의 위험으로 직접적으로 기인한 것이고, 선주와 선원의 과실은 원인(遠因)이라는 이유로 원고승소판결을 내렸다.

Sadler사건[67]에서 확인되었으며, Davidson and Others v. Burnard사건[68]에서 또한 명확하다.

해상운송사건으로 목재를 갑판에 선적하던 중 동 선박이 갑자기 기울어 적하의 일부가 선박 밖으로 휩쓸려 안개 속에서 찾지 못한 스트라나(Stranna)호 사건[69]에서 스코트(Scott)판사는 피보험자의 사용인의 과실이 해상위험으로 보이는 사고의 예상하지 않은 우연적인 성격을 약화하지 않는다고 보았고, 요트가 수리중 수리업자의 과실로 훼손된 Baxendale v. Fane, 'Lapwing'사건[70]에서 인치마리조항에 따른 보상이 인정되었다.

(ㄷ) 선장으로 행위하는 피보험자의 과실[71] : 피보험자가 자신의 선박의 선장으로 두 가지 지위를 겸하는 경우 선장으로서 과실이 있는 경우 그는 또한 선주로서의 지위를 가지므로 보상이 허용되는가 여부가 문제된다. 해상운송사건

---

67) [1939] 5 M&W 405.

68) [1868] LR 4 CP 117; 이 건에서 원고는 자메이카(Jamaica)로부터 뉴욕까지 운송하기 위하여 몬테쥬마(Montezuma)호에 선적된 적하에 대하여 보험에 들었다. 선적 다음날 해수가 선박의 창고에 유입되어 적하가 훼손되었음이 발견되었다. 검사결과 엔진룸에 있는 배수관이 부주의로 열려 있어서 선적시에 흘수가 높아져 해수가 '몬테쥬마'호에 유입하여 적하가 훼손되었음이 확인되었다. 원고의 보험금청구에 대하여 법원은 적하에 대한 훼손은 선원의 과실로 인한 것이지만 해상고유의 위험이므로 보상이 허용된다고 판시하였다.

69) [1938] 1 All ER 458, CA; 이 사건에서 목재를 갑판에 선적하던 중 동 선박이 갑자기 기울어 적하의 일부가 선박 밖으로 휩쓸려 안개 속에서 찾지 못하였다. 쟁점은 그 손해가 해상고유의 위험으로 인한 것인가 여부이었다. 법원은 이는 해상고유의 위험으로 선주는 손해배상책임이 없다고 판시하였고, 이 판시는 해상보험사건에도 적용된다고 하였다.

70) [1940] 66 LlL Rep. 174; 이 사건에서 대형 요트가 드라이 도크에 있던 중 훼손되었는데, 판결은 인치마리(Inchmaree)조항의 과실담보에 집중되었지만, 허드슨(Hudson)판사는 드라이 도크 책임자의 과실은 보험증권상의 해상고유의 위험과 기타 모든 위험의 조건상 보상을 허용하는 우연적 요건을 충족한다고 하였다. 요트 랩윙(Lapwing)호의 선주인 원고는 드라이 도크에 입거하여 청소와 페인트칠을 하는 계약을 지방의 선박수리소와 체결하였다. 요트에 대하여서는 인치마리조항이 삽입된 기간보험계약이 체결되어 있었다. 원고는 보험자에게 드라이 도크에 입거하는 것을 알렸고, 그래도 보험계약은 유지된다고 확인받았다. 드라이 도크에 입거하던 중 수리소의 관리인이 과실로 도크에 물이 배수되게 하여 과부하되어 심하게 물이 세기 시작하였다. '랩윙'호는 드라이도크에 다시 띄워져 수선되었지만 여전히 부적절하게 지탱되었다. 선주는 해상고유의 위험으로 인한 훼손이라 하여 보상을 요구하고 또한 인치마리조항상 선장의 과실이라고 주장하였다. 보험자는 필연적으로 발생하는 사고가 아니라 우연한 사고만을 담보한다고 주장하여 이를 거부하였다. 법원은 두 가지 이유로 보험자의 보상책임을 명하였다. 첫째, 요트는 드라이 도크에 입거하기 위하여 첫 번째 시도하던 중 좌초로 인하여 실제 훼손되었다. 드라이 도킹을 수행하던 자의 과실이 요트가 입은 훼손이 해상고유의 위험으로 인한 손해라고 하기에 충분한 우연한 상황을 제공하였다. 둘째, 1894년 영국상선법상 수리소의 관리인은 선장에 해당하기 때문에, 이 손해는 '선장…의 과실로 인한' 손해를 담보하는 인치마리조항이 적용된다는 것이었다.

71) 이 책 제3부 제2장 제3절 손해보상의 의무 Ⅰ. 담보위험 2. 담보위험에 관한 주요쟁점 (1) 피용인을 겸하는 소유자 참조.

으로. 선박의 공동소유자이기도 한 선장의 과실로 인하여 발생하였지만 선주에게 면책조항을 적용한 Westport Coal v. McPhail사건[72]과 선박의 공동소유자이기도 한 선장의 과실이 있더라도 손해를 보상받을 수 있다고 한 Trinder, Anderson and Co. v. Thames and Mersey Marine Insurance Co.사건[73]은 선장으로서의 피보험자의 의무와 선주로서의 피보험자의 의무를 명확히 구별하였다.

(g) 선박 위에서의 사고 : 해상 고유의 위험은 해상에서만 발생하는 우연한 사고 또는 재난만을 의미한다(대법원 1998.5.15. 선고, 96다27773 판결).

해상위험과 육상위험을 구별하는 영국판례들은 선박이 해상에 있는 동안 발생하는 사고로 입은 멸실 또는 훼손이 해상고유의 위험으로 인한 손해에 해당하는가 여부를 결정하는 것이 쉽지 않음을 보여준다.

엔지니어의 과실로 보일러의 파이프라인의 밸브가 막혀 동키 엔진이 과도한 압력으로 인하여 훼손된 경우 해상고유위험으로 인한 손해가 아니라고 한 Thames and Mersey Marine Insurance v. Hamilton, Fraser and Co. 'Inchmaree'사건,[74] 방파제건설작업 중 프로팅 드라이독(floating drydock)이 기울어져 침수하여 좌초하였지만 해상고유의 위험으로 인한 손해가 아니라고 한 Grant, Smith and Co. v. Seattle Construction and Dry Dock Co.사건[75] 등이 그 예이

72) [1898] LR 2 QB 130, CA: 이 사건에서 선박 게인스버러(Gainsborough)호의 선장이며 공동소유자가 웨스트포트(Westport)에서 샌 프란시스코(San Francisco)까지의 석탄인 적하의 운송을 위하여 선하증권에 서명을 하였다. 동 선박은 선장의 과실있는 항해로 인하여 암초에 부딪혀 좌초하였고 원고인 적하소유자는 선장인 공동소유자의 과실은 선장의 과실을 면책으로 하는 면책조항의 보호를 배제한다는 것을 근거로 선주에게 손해배상을 청구하였다. 항소법원은 선박을 과실로 항해한 선주의 행위는 공동소유자로서의 책임과 별개라는 이유로 면책조항을 적용하여 적하소유자는 선하증권상 그 손해를 배상받을 수 없다고 판시하였다.

73) [1898] 2 QB 114, CA: 이 사건의 구체적인 사실관계는 이 책 제3부 제2장 제3절 손해보상의 의무 Ⅲ. 인치마리조항 6. 선장, 고급선원, 보통선원, 도선사의 위법행위와 과실 (3) 선주 또는 공동선주인 선장의 과실 참조.

74) [1887] 12 App. Cas. 484, HL: 이 사건에서 브럼웰(Bramwell)판사는 선박 위에서의 동키 엔진(donkey engine)에 대한 사고가 해상위험에 해당하는가 여부를 고찰하여 이를 부인하였다. 즉, "동키 엔진의 훼손은 해상이나 선박을 통한 것은 아니다. 보일러와 엔진이 육상에 있었더라도 동일한 오작동이 있었더라면 보일러와 엔진이 육상에 있었더라도 동일한 일이 발생하였을 것이다. 바다, 파도, 바람은 그것과 아무 관련이 없다"라고 하였다. 구체적인 사실관계는 이 책 제3부 제2장 제3절 손해보상의 의무 Ⅰ. 담보위험 2. 담보위험에 관한 주요쟁점 (2) 인치마리조항 참조.

75) [1920] AC, 162, PC: 이 사건에서 피고는 브리티시 컬럼비아(British Columbia)의 빅토리아(Victoria)항구에서 방파제를 건설하는 대형 건설회사이었는데, 건축과정을 신속히 하기 위하여 목재로 된 프로팅 드라이독을 원고로부터 $34,500에 임차하였다. 임대약정에는 임차인인 피고가 드라이 도크를 $75,000달러로 화재와 해상위험에 대비하여 보험에 들도록 되어 있었지만 피고는 보험에 들지 아니하였다. 방파제 근처에서 작업중 드라이 도크는 기울어져 침수가 행해져 결국 좌초하였다. 임대인인 원고는 드라이 도크를 해상위험에 대하여 보험에 들지 않았음을 이유로 건설회사를 상대로 소송을 제기하였다. 추

다. 또한 위 사건보다 4년 전의 판결로 정박 중인 선박에 프로팅 드라이독의 크레인으로 보일러를 싣던 중 보일러가 선박에 떨어져 훼손되었지만 해상고유의 위험으로 인한 손해가 아니라고 한 Stott (Baltic) Steamers Ltd. v. Marten and Others사건,76) 다른 선박의 선장이 어둠속에서 적선으로 오인하여 선박에 발포하여 선박이 침몰한 경우 해상고유의 위험으로 인한 손해가 아니라고 한 Cullen v. Butler사건77) 등을 들 수 있다.

(h) 해상고유의 위험과 불감항 : 불감항은 해상고유의 위험으로 인한 손해에 대한 보험금청구에 대하여 명백한 항변이다. 불감항은 우연성의 요소가 없으므로 해상고유의 위험으로 인한 손해로 보상을 받을 수 없다. Merchants Trading Co. v. Universal Marine Insurance Co.사건78)에서 해상고유의 위험과 자연마모와의 밀접한 관계에 대하여 보빌(Bovil)판사는 "해상고유의 위험은 바람, 물, 벼락, 태풍, 좌초, 암반에의 충돌 등과 같은 요소의 갑작스런 작용으로 인한 사고를 말하는 것으로, 자연마모와 같이 선박 자체에 대한 요소의 고요하고 자연적이고 점진적인 작용과는 구별되고, 보험자가 담보하는 것은 필연적으로 발생하는 사고가 아니라 발생할지 모르는 사고이며, 선박 자체에 대한 요소들의 급격한 작용으로 인하여 발생하는 항해에 수반하는 사고이다. 이 사건에서 카디프(Cardiff)를 떠난 후 잠잠한 수면에서 고요한 날씨에서 선박이 침몰하였다는 사실은 선박이 카디프에서 적하를 완전히 적재하고 운송할 능력이 없다는 강력한 증거이다"라고 한다.

---

밀원은 드라이 도크의 손해는 해상위험으로 인한 것이 아니므로 원고는 들도록 약정되었던 보험금액이 아니라 드라이 도크의 실제가치만을 배상받을 수 있다고 판시하였다.

76) [1916] AC 304, HL: 이 사건의 구체적인 사실관계는 이 책 제3부 제2장 제3절 손해보상의 의무 Ⅱ. 해상위험 6. 선적중의 사고 참조.

77) [1816] 5 M&S 461: 이 사건은 런던에서 카나리 군도(Canary Islands)까지 항해하는 선박 인더스트리(Industry)호에 적재된 적하에 대한 보험금청구사건이다. 카나리 군도로의 항해중 다른 영국선박 미다스(Midas)호의 선장이 어둠 속에서 '인더스트리호'를 적선으로 오인하고 발포하여, 동 선박은 침몰하고 적하는 멸실되었다. 원고는 손해는 해상고유의 위험으로 인한 것임을 이유로 보험보상을 청구하였지만, 보험자는 이 청구를 거부하였다. 법원은 해상고유의 위험의 항목이 아니라 증권상의 '모든 기타 위험, 멸실 …' 등의 다른 조항에 근거하여 보상을 허용하였다.

78) [1870] CP 431, CA: 이 사건은 머시(Mersey)에서 카디프(Cardiff)까지 이어서 알렉산드리아(Alexandria)까지의 항해보험사건이다. 원고소유의 증기선인 골든 프리스(Golden Fleece)호는 머시에서 약간의 석탄을 적재하고, 또 다른 적하를 적재하기 위하여 카디프로 항해하였다. 카디프를 출항할 때 악천후를 피하기 위하여 선장은 배리섬(Barry Island)에 정박하였는데, 이 안전한 정박항에서 해수가 갑자기 스타보드 벙커(starboard bunker)로 유입하여 선박이 약 35분간 침수되었다. 원고인 소유자는 보상을 청구하였지만 보험자는 선박이 항해개시시에 불감항이었으므로 그 손해는 해상고유의 위험으로 인한 손해가 아니라고 주장하였다. 법원은 '골든 프리스'호는 머시를 떠날 때 불감항이었고, 손해는 보험사고로 인하여 발생하지 아니하였다는 이유로 보험자승소판결을 내렸다.

해상고유의 위험과 불감항과의 밀접한 관계는 강에 정박한 노후한 목선에 누수가 발생하여 선적된 아편의 적하가 심하게 훼손되어 노후선의 불감항으로 인한 손해라고 판시된 Sassoon and Co. v. Western Assurance Co.사건,[79] 선주와 공모하여 선박에 천공이 행해져 침몰하여 저당권자인 피보험자는 보상을 받지 못한 Samuel v. Dumas호 사건,[80] 기간보험에 든 요트의 훼손에 대하여 악천후(담보위험)와 설계상의 하자(명시적으로 면책되지 않은 위험)의 두 원인이 손해에 대한 경합적이고 효율적인 원인으로 인정되어 손해보상이 허용된 Lloyd's (JJ) Instruments Ltd. v. Northern Star Insurance Co., Ltd. 'Miss Jay Jay'사건[81] 등 세 판결에서 검토되었다.

(나) 바람과 파도의 통상적인 작용이 아니어야 함

(a) 바람과 파도의 직접적인 작용 : 영국해상보험법 부칙 보험약관의 해

---

79) [1912] AC 561, PC: 강에 정박하던 노후된 목선에 물이 누수되어 저장된 아편이 훼손되었다. 선박의 조악한 상태는 한층의 구리덮개로 숨겨져 있었다. 원고는 아편의 손해가 해상고유의 위험으로 인한 손해라는 이유로 보상을 청구하였지만, 보험자는 노후선의 불감항으로 인한 것이라는 이유로 이를 거부하였다. 법원은 해수로 인하여 적하가 훼손되었지만, 해상고유의 위험이 손해를 근인으로든 遠因으로든 야기하지 아니하였다고 판시하였다.

80) [1924] 18 LlL Rep. 211, HL(이 사건의 상세한 사실관계는 이 책 제3부 제2장 제3절 Ⅲ. 인치마리위험 8. 악행 (6) 선의의 저당권자 참조): 선박이 선주와 공모하였지만 저당권자측의 공모나 개입없이 천공되었다. 선의의 저당권자가 보상을 청구한 사건에서 쟁점은 저당권이 등록되지 아니하였다는 것으로 인하여 저당권자가 피보험이익을 가지는가 여부이었다. 법원은 저당권이 등록되었든 아니든 저당권자는 피보험이익을 가지지만 천공은 해상고유의 위험이 아니므로 그 손해는 보험사고가 아니라는 이유로 보상이 거부되었다. 손해의 원인이 해상고유의 위험이라는 주장에 대한 항변으로 불감항이 주장될 가능성에 대하여 핀레이(Viscount Finlay)판사에 의하여 검토되었다. "선박이 불감항이고 해수가 선박으로 유입되어 선박이 침몰한 경우 손해가 해상고유의 위험으로 인하여 발생하였다고 할 수 없다. 선박은 해수의 유입으로 인하여 침몰하였지만 이 유입은 단지 불감항으로 인한 것이고, 불감항이 손해의 근인이었다. 마찬가지로 천공의 경우에도 같다. 천공은 물의 유입을 위하여 행하여졌다. 해수가 유입하여 선박이 침몰하였다. 손해의 근인은 불감항의 경우와 같이 천공행위이다. 물의 유입은 그것을 발생시킨 행위와 분리될 수 없는 것이다."

81) [1985] 1 Lloyd's Rep. 264; [1987] 1 Lloyd's Rep. 32, CA: 이 사건에서 요트 미스 제이제이(Miss Jay Jay)호는 피고에게 1년간 기간보험에 들었는데, 선체 또는 기관상의 숨은 하자를 담보하였다. 1980년 7월 요트는 햄블(Hamble)에서 프랑스 도빌(Deauville)까지의 왕복항해에서 귀항중 선박이 훼손되었음이 발견되었다. 선박의 프라스틱 표면사이의 접착이 여러 곳 분리되어 있었다. 날씨는 일반적으로 양호하였다. 선주의 보험금청구에 대하여 보험자는 요트는 설계상의 하자로 감항능력이 없었기 때문에 보험자가 아닌 건조자의 책임이라는 이유로 보상을 거부하였다. 항소법원은 훼손은 악천후와 설계의 하자의 결함으로 인한 것이고 두 원인은 손해에 대하여 경합하고 효율적인 것이라고 보았다. 로튼(Lawton)판사는 하나는 손해의 담보위험(악천후), 다른 하나는 증권상 명시적으로 면책되지 않은 위험(불감항)이 근인인 경우 원고의 보험금청구권이 인정된다고 판시하였다: 이 책 제3부 제2장 제3절 손해보상의 의무 Ⅲ. 인치마리위험 5. 선체나 기관의 숨은 하자 (7) 숨은 하자와 불감항 참조.

석에 관한 규칙 제7조 후반부는 해상고유의 위험은 바람과 파도의 통상적인 작용을 포함하지 아니한다고 규정하고 있다. 이 문언의 해석과 관련하여 바람과 파도의 작용은 우연한 것이라고 인정될 정도로 비일상적(extraordinary)이어야 하는 것이 아니다. 왜냐하면 통상적이라는 단어는 바람과 파도를 수식하는 것이 아니라 작용을 수식하고 있기 때문이다.[82]

Skania Insurance Co. v. Skoljarev사건[83]에서 원고는 어선 'Zadar'호에 대하여 기간보험계약을 체결하였는데, 평온한 날씨에 남호주(South Australia)의 링컨항(Port Lincoln)을 출발한 직후 선박이 급속히 해수가 유입하여 침몰하였다. 유입의 원인은 발견되지 아니하였고, 원고는 해상고유의 위험으로 인한 사고라는 이유로 보상을 청구하였는데, 호주고등법원은 해상고유의 위험으로 인한 손해라고 보았다. 메이슨(Mason)판사는 "해수의 우연한 유입으로 인한 손해는 해상고유의 위험으로 인한 것이다. 이 손해는 평온한 날씨에서 다른 선박이나 수면에 있는 암초 기타 장애물과 충돌하여 발생한 손해를 포함한다. 이는 Hamilton, Fraser and Co. v. Pandorf and Co., Ltd.사건과 같이 쥐가 갉은 관을 통하여 물이 유입한 경우, George Cohen, Sons and Co., Ltd. v. National Benefit Assurance Co., Ltd.사건과 같이 과실로 관을 잘라서 잠수함의 표면으로 물이 누수하여 침몰한 경우 등을 포함한다. 이 경우에서 알 수 있는 바와 같이 평온하고 정상적인 날씨이더라도 우연한 사고로 인하여 해수가 선박에 유입하여 선박에 손해가 발생하면 충분한 것이다. 이 결과적인 손해를 바람과 파도의 통상적인 작용으로 인한 것이라고 할 수 없다. 우연한 사고에 해당하기 위하여 비일상적인 바람과 파도의 작용이 요구된다는 과거의 견해[잰소(Xantho)호 사건판결[84]]는 현재는 채용할 수 없다"라고 판시하였다.

Lloyd (JJ) Instruments Ltd. v. Nothern Star Insurance Co., Ltd., 'Miss Jay Jay'사건[85]에서 머스틸(Mustill)판사는 "영국해상보험법 부칙의 보험약관의 해석에 관한 규칙 제7조의 규정은 바람과 파도의 통상적인 작용을 배제한다. 손해가 보통이 아닌 날씨에서 발생하지 아니한 손해를 배제한다는 의미라면 이 해

82) Miss Jay Jay [1985] 1 Lloyd's Rep. 265; [1987] 1 Lloyd's Rep. 32, CA사건에서 머스틸(Mustill)판사의 판시: Susan Hodges, op. cit., p. 382.

83) [1979] 142 CLR 375, High Court of Australia.

84) Wilson Sons and Co. v. Owners of Cargo per 'Xantho' [1887] 12 App Cas 503, HL: 이 사건의 구체적인 사실관계는 각주 52 참조.

85) [1985] 1 Lloyd's Rep. 264; [1987] 1 Lloyd's Rep. 32, CA: 이 사건의 사실관계는 이 책 제3부 제2장 제3절 손해보상의 의무 Ⅱ. 해상위험 2. 해상고유의 위험 (2) 해상고유의 위험의 개념 (가) 해상의 우연한 사고 또는 재난 (h) 해상고유의 위험과 불감항 참조.

석은 착오이다. 통상적이라는 단어는 '바람과 파도'를 수식하는 것이 아니라 '작용'을 수식한다. 사례들은 바람과 파도의 작용이 손해의 직접적인 원인이면 조건이 합리적으로 기대될 수 있었던 경우라고 하더라도 보상이 인정된다는 것을 명백히 하고 있다. Grant, Smith and Co. v. Seattle Construction and Dry Dock Co.사건[86]에서 벅머스터(Buckmaster)판사가 말한 바대로 요구되는 모든 것은 이들 조건이 없었더라면 발생하지 아니하였을 결과를 야기한 어떠한 바다의 상태, 또는 기후 또는 항해사고이다."라고 판시하였다.

(b) 해상고유의 위험과 통상적인 자연마모 : 1906년 영국해상보험법 제55조 제2항 c호는 보험약관에 달리 규정하지 아니하는 한 통상의 자연마모로 인한 멸실 또는 훼손은 보험사고가 아니라고 규정하고 있다. 또한 모든 협회적하보험약관 제4조 제2항은 "통상적인 누손, 중량이나 부피의 통상적인 감소 또는 보험의 목적의 통상적인 자연마모"를 면책사유로 하고 있다. Miss Jay Jay 호사건[87]에서 머스틸(Mustill)판사는 통상의 자연마모를 바다와 파도의 통상적인 작용과 동일한 것으로 보았고, "이 정의의 목적은 자연마모로 인한 손해를 배제하기 위한 것이다"라고 하였다.

Wadsworth Lighterage and Coaling Co. v. Sea Insurance Co.사건[88]에서 머시(Mersey)강에서 50년간 석탄을 운송하던 목조의 증기바지선이 평온한 날씨의 야간에 계류지에서 침몰하였다. 선박은 인양되었는데, 선주는 "이 보험은 충돌 또는 화재, 벼락, 좌초, 침몰로 인한 선박에 대한 손해를 포함하여 전손과 추정적 또는 합의적 손해의 위험을 담보한다"라고 규정되어 있는 조항에 근거하여 보상을 청구하였다. 항소법원은 손해는 통상의 자연마모로 인한 것이고 보험자는 영국해상보험법 제55조 제2항 c호에 기하여 면책이라고 판시하였다. 스크르튼(Scrutton)판사는 "물이 틈을 통하여 유입된 이유는 머시강에서 오랜 동안 사용된 아주 낡은 바지선이 결국 한계가 온 때문이다"고 판시하였다.

(c) 확인할 수 없는 해상고유의 위험 : 손해가 해상고유의 위험으로 인한 것이라고 주장되지만 피보험자가 손해의 정확한 원인을 확인할 수 없는 경우에는 추론에 의하여 손해의 원인을 제출할 책임은 피보험자가 진다. 그는 법원에 대하여 개연성의 척도에 의거하여 손해가 그로 인하여 발생하였음을 입증

86) [1920] AC 162, p. 171
87) [1985] 1 Lloyd's Rep. 264; [1987] 1 Lloyd's Rep. 32, CA. 이 사건의 사실관계는 이 책 제3부 제2장 제3절 손해보상의 의무 II. 해상위험 2. 해상고유의 위험 (2) 해상고유의 위험의 개념 (가) 해상의 우연한 사고 또는 재난 (h) 해상고유의 위험과 불감항 참조.
88) [1929] 15 Com Cas 1, CA.

하여야 한다.[89]

Lamb Head Shipping Co., Ltd. v. Jennings, 'Marel'사건[90]에서 선박이 지중해에서 해수가 엔진룸에 갑자기 유입되어 멸실하였다. 선박이 침몰할 당시 기상조건은 통상적이었고, 법원은 원고는 손해의 원인이 해상고유의 위험으로 인한 것임을 법원에 설득하지 못하였다고 하여 보상을 허용하지 아니하였다.

우리 판례(대법원 1998.5.15. 선고, 96다27773 판결)는 피보험자는 223톤급의 화물선에 대하여 1983년 협회선박기간보험약관을 보험계약의 내용으로 하여 보험에 들었고, 선박이 제주도 우도 부근 해상에서 침몰한 사건에서 법원은 침몰의 원인이 불명이고 피보험자가 선박충돌이나 기타 해상고유의 위험으로 생긴 손해라는 입증책임을 다하지 아니하였다고 판단하였다.

(d) 협회적하보험(B)와 (C)약관

(ㄱ) 개 관 : 1982년 협회적하보험약관은 해상고유의 위험을 담보위험으로 포함하고 있지 아니하다. 반면 협회적하보험(B),(C)약관은 항해에 내재하는 위험과 통상적으로 관련이 있는 해상위험을 담보위험으로 열거하고 있다. 포괄책임주의를 채용하고 있는 협회적하보험(A)약관은 이에 관하여 규정하지 아니한다.

협회적하보험(B),(C)약관은 제1조 제1항 2호에서 선박이나 부선(craft)이 좌초(stranded), 교사(grounded), 침몰(sunk), 전복(capsized)하는 것, 그리고 제1조 제1항 4호에서 선박, 부선 또는 운송용구(conveyance)와 물 이외의 다른 외부물체와의 충돌 또는 접촉에 상당하게 기인하는 보험목적의 멸실 또는 훼손을 담보한다고 규정하고 있다.

(ㄴ) 좌초(stranded) : 영국해상보험법 부칙 보험약관의 해석에 관한 규칙 제14조는 "선박이 좌초한 경우, 보험자는, 그 손해가 좌초로 인한 것이 아니라 하더라도, 면책손해에 대하여 보상책임을 진다. 다만 좌초 당시에 위험이 개시되어 있고, 또 그 보험이 화물에 관한 것인 경우에는, 훼손된 화물이 선적되어 있어야 한다"라고 규정하고 있다. 동해석규칙 제14조는 좌초의 문언적 또는 법률적 정의를 하고자 하는 것이 아니다. 이는 적하를 적재하고 있는 선박이 좌초한 경우에 적하소유자는 좌초와 입은 손해 사이의 인과관계를 입증하지 아니하고도 면책손해에 대하여서도 손해보상을 청구할 수 있다는 보통법상의 지

---

89) 이 책 제4부 제1장 제3절 추정 Ⅲ. 확인할 수 없는 손해 참조.

90) [1992] 1 Lloyd's Rep. 402; aff'd [1994] 1 Lloyd's Rep. 624 CA: 이 사건의 구체적인 사실관계는 이 책 제4부 제1장 제2절 입증책임 Ⅲ. 해상고유의 위험으로 인한 손해의 입증 1. 영국법상의 입증책임 (1) 원고의 입증책임 (가) 원칙 참조.

위를 요약하고 있다. 그러나 협회적하보험(B),(C)약관 제1조 제1항의 '상당하게 기인하는' 이라는 어귀의 삽입으로 인하여 법률적 지위가 변경되어 현재에는 입은 손해 또는 훼손과 보험증권상 담보하는 위험사이에 인과관계가 존재하여야 한다.

또한 교사(grounded)와 반대로 좌초가 발생하기 위하여서는 사고에서 우연성이 존재하여야 한다. 해상보험의 용어로서 좌초는 단지 선박의 정규적인 항해 또는 작동 동안에 발생하는 것을 의미하는 것이 아니다.

M'Dougle v. Royale Exchange Assurance Co.사건[91]은 '반스테이플(Barnstaple)에서 런던까지' 540파운드의 474 1/2 쿼터(quarters)의 귀리'를 "선박이 좌초된 경우 분손시 5%를 초과하는 경우에 보상한다"라는 내용의 적하보험계약에 대한 소송이다. 항해과정에서 적하를 운송하던 선박이 뉴 그림스비(New Grimsby)항구에 입항하여 출항할 때 암반과 충돌하여 옆으로 기울어 약 1분 30초 동안 암초에 붙어 있다가 훼손된 상태로 세인트 이브스(St Ives)로 향하여 그곳에서 훼손된 선박의 겉판자를 통하여 많은 물이 유입하였음이 발견되었다. 적하소유자는 보험금지급을 청구하였다. 쟁점은 약관의 조항상의 좌초가 발생하였는가 여부이었다. 법원은 좌초는 단지 암반을 가격하는 것이 아니라 해안이나 이에 유사한 곳에 쓰러져 있는 것을 의미하기 때문에 이 사고는 좌초가 아니라고 판시하였다.

(ㄷ) 교사 : 아놀드(Arnould)에 따르면 선박이 항해의 과정에서 얕은 곳에 얹히는 경우에는 표준약관상의 좌초(stranding)에 해당하는 것이 아니다. 1982년 협회적하보험약관 제11조 위험조항에서의 교사라는 단어는 이전에 좌초라는 단어의 범위 밖의 특성을 가진 사고를 가리키는 것으로 해석되어야 한다고 한다.[92]

Magnus and Others v. Buttemer사건[93]에서 목재인 적하를 하역하기 위하여 선더랜드(Sunderland)에 입항하였는데, 부두에서의 하역작업이 지연되고 있었기 때문에 선박은 강에서 4, 5일간 계류되었다. 3일 걸려서 하역하기 위하여 부두로 항해한 때 조류의 간만으로 인하여 선박이 부유하다가 교사되었다. 근처의 하상(river bed)은 가파르고 자갈이 많았고, 교사할 때마다 선박은 기울어져서 훼손되었다. 선주는 해상고유의 위험, 즉 좌초로 인한 손해라고 하여 보상을 청구

91) [1816] 4 Camp 283.

92) Arnould, Law of Marine Insurance and Average, 16th ed., London: Sweet & Maxwell, 1997, Vol. 3, 제2부 § 190.

93) [1852] 11 CB 876.

하였다. 쟁점은 통상의 조류의 간만동안의 교사가 좌초에 해당하는가 여부이었다. 법원은 사고에 있어서 우연성이 없었기 때문에 좌초가 아니라고 판시하였다. 저비스(Jervis)판사는 "보험자가 보상책임을 지기 위하여서는 손해가 항해도중 우연한 것이어야 한다. 선박이 선더랜드(Sunderland)에 도착한 후 강을 거슬러 올라갔고, 조류의 간만의 결과 하상에 얹혔으며, 손해를 입었다. 통상적이 아닌 어떠한 일도 없었고, 위험이나 사고가 없었다"라고 판시하였다.

(ㄹ) 침몰하고 전복함 : 이 두 용어를 법률적으로 정의한 판례는 없다. 그러나 Bryant and Mary v. London Assurance Corporation사건[94]에서 갑판에 목재를 운송하던 선박 비시 보이센(BC Boyesen)호는 퀘벡(Quebec)으로부터의 항해 후 그레이브센드(Gravesend)에 도착하였다. 선박은 뉴펀들랜드(Newfoundland)에서 악천후를 만나 테임즈(Thames)강어귀에 들어서면서 바닥에 접촉하였다. 그레이브센드에 도착한 때 선박이 낮게 유지되어 갑판이 쓸려 나갔다. 소유자는 선박이 좌초하거나 침몰하였다는 근거로 보상을 청구하였다. 그러브(Grove)판사는 죤슨(Johnson)과 웹스터(Webster)사전을 인용하였고 배심은 두 가지 점에 대하여 보험자승소판결을 내렸다. 웹스터사전은 전복(capsize)을 '뒤집어진 것', 침몰(sunk)을 '선체의 바닥에 물이 차 있는 것'이라고 정의하고 있다.

(ㅁ) 충돌(collision)과 접촉(contact) : 협회적하보험(B),(C)약관 제1조 제1항 4호는 "선박, 부선, 운송용구가 물 이외의 외부적 물체와 충돌하거나 접촉하는 것에 상당히 기인하는 보험목적의 멸실 또는 훼손을 담보한다"라고 규정하고 있다. 아놀드(Arnould)는 접촉은 충돌보다 광의로 적용될 수 있고, Costain-Blankevoort(UK) Dredging Co., Ltd. v. Davenport, 'Nassau Bay'사건[95]과 같이 기뢰와 같은 폭발물과의 접촉은 선박이 실제로 다른 것과 물리적으로 접촉하지 아니하고도 접촉한 것으로 인정될 수 있음을 긍정하였다.[96]

원고회사의 준설사업 중 2차대전 중 사용된 유도탄을 준설선이 빨아들여 준

---

94) [1866] 2 TLR 591.

95) [1979] 1 Lloyd's Rep 395: 이 사건은 특별감독관(Special Commissioner)이 피고인 조세담당자(HM Inspector of Taxes)에게 유리한 결정에 대하여 원고가 항소한 것이다. 원고는 모리티우스(Mauritius)정부가 고용한 준설회사인데, 작업 중 원고의 준설선의 하나인 나소 베이(Nassau Bay)호가 유도탄을 빨아들여 폭발이 일어나 배수관이 심하게 훼손되어 이를 통하여 물이 유입하여 준설선이 침몰하였다. 화약은 2차 세계대전 말기에 영국공군에 의하여 투하된 것으로 추정되었다. 원고는 준설선의 손해에 대하여 보상을 받았는데, 세무당국은 이에 대하여 세금을 부과하였다. 원고는 전쟁위험으로 인한 손해이므로 조세부과대상에서 배제된다고 주장하였는데 법원은 국가승소판결을 내렸다.

96) Arnould, Law of marine insurance and average, 16th ed., London: Sweet & Maxwell, 1997, Vol. 3, 제2부 § 193, p. 123.

설선이 폭발하여 보상받은 보험금에 대하여 영국조세당국이 세금을 부과하여 원고가 이에 이의를 한 Costain-Blankevoort(UK) Dredging Co., Ltd. v. Davenport, 'Nassau Bay'사건[97]에서 월튼(Walton)판사는 "접촉은 선박이 관련물체와 접촉하는 것을 의미한다. 그러나 어뢰와 같은 유형에서는 선박은 아무 것도 가격하지 않고 어뢰는 전기적으로 또는 음향상으로 폭발한다. 따라서 접촉의 정확한 성질은 약간 어려운 문제이다. 그러나 이 사건에서 접촉이 실제로 행해졌음에는 의문이 없다"라고 판시하였다.

(ㅂ) 투하와 갑판상의 유실 : 협회적하보험(B)약관 제1조 제2항 2호는 투하와 갑판상의 유실로 인한 손해를 담보위험으로 하고 있고, 협회적하보험(C)약관 제1조 제2항 2호는 투하로 인한 손해만을 담보위험으로 한다. 투하는 특수한 해상담보위험으로 보험목적을 고의적으로 선박 밖으로 투하하는 것이 아니라 상당한 이유가 있는 경우 보험목적의 의도적인 선박 밖으로의 투하행위를 의미한다. Butler v. Wildman사건[98]에서 베일리(Baley)판사는 "투하란 보험에서의 진정한 의미는 정당한 근거있는 선박밖으로의 투하행위이다"라고 하였다.

Taylor v. Dunbar사건[99]에서 원고는 레퍼드(Leopard)호에 선적하여 함부르크에서 런던까지 운송하는 26꾸러미의 돼지고기를 보험에 들었다. 보험계약은 해상고유의 위험 외에 '모든 기타 위험, 손해, 재해'를 담보하는 조항을 포함하고 있었다. 악천후로 인하여 엘베(Elbe)강 입구에서 1주일동안 지연되어 돼지고기가 너무 부패하여 투하되었다. 원고의 보험금청구에 대하여 법원은 손해는 해상고유의 위험이나 '모든 기타 위험, 손해, 재해'에 의하여 담보되는 손해가 아니라고 판시하였다. 키팅(Keating)판사는 "이 사건의 사실관계는 고기의 손해의 근인은 항해 수행상의 지연이다. 지연은 폭풍우치는 날씨 때문이었지만 내가 아는 어느 판결도 기대되지 않은 항해의 지연으로 인한 손해에 대하여, 비록 그것이 해상고유의 위험으로 인한 것이어도, 피보험자에게 보험금청구권이 인정된 예가 없다"고 하였다.

Symington and Co. v. Union Insurance Society of Canton Ltd.사건[100]에서 화재가 부두에서 발생하여 화재의 확산을 방지하는 예방조치로 인하여 다량의

97) [1979] 1 Lloyd's Rep. 395.

98) [1821] 3 B&Ald 398.

99) [1869] LR 4 CP 206.

100) [1928] 34 Com Cas 23, CA: 이 책 제3부 제2장 제3절 손해보상의 의무 Ⅱ. 해상위험 3. 화재와 폭발 (2) 화재 (나) 담보되는 손해의 유형 (c) 화재는 화재소방과정에서의 훼손을 포함함 참조.

원고의 코르크 적하가 당국에 의하여 바다에 투하되어 훼손되었다. 해상보험계약은 창고사이약관이 첨부되어 있었기 때문에 당국의 고의적인 행위는 해상위험인 투하에 해당된다고 판시하였다.

(ㅅ) 해수, 호숫물, 강물의 유입 : 이 위험으로 인한 손해에 대한 보상은 전위험담보약관인 협회적하보험(A)약관과 "선박, 부선, 선창, 운송용구, 컨테이너, 리프트반 또는 보관장소에 바닷물, 호숫물, 강물의 유입"에 상당히 기인된 보험목적의 멸실 또는 훼손을 담보하고 있는 협회적하보험(B)약관 제1조 제2항 3호에 의하여 담보된다. 협회적하보험(C)약관에는 이에 관한 조항은 없다.

협회적하보험약관이 도입되기 이전에 내려진 다음 두 판결은 해수의 유입으로 인한 판결이다. 두 사건에서 보상은 보험사고에 근인한 멸실 또는 훼손에 대하여서만 행해진다고 판시한 점을 주의하여야 한다.

첫째, Montoya and Others v. London Assurance Co.사건[101]에서 원고는 뉴욕에서 영국 그라나다(Granada)까지 운송하는 가죽과 담배의 적하에 대하여 2개의 보험을 들었다. 두 보험은 해상고유의 위험으로 인한 멸실 또는 훼손을 담보하고 있었다. 항해 중 악천후로 인하여 다량의 해수가 선박에 들어와 가죽과 약간의 담배가 훼손되었다. 젖은 가죽의 고약한 냄새로 인하여 담배의 품질과 향이 훼손되었다. 원고는 해수로 인한 적하에 대한 직접적인 적하에 대한 훼손이 아니라 그 결과로 인하여 오염된 담배의 손해에 대하여 보상을 법원에 청구하였다. 법원은 이 손해는 해상고유의 위험으로 인한 것이라고 판시하였다.

둘째, Cator v. Great Western Insurance Co. of New York사건[102]에서 1,711상자의 차의 적하에 대하여 뉴욕에서 런던까지의 선박 유리디스(Eurydice)호에 의한 항해를 보험에 들었다. 항해 중 악천후로 인하여 449상자의 차는 해수로 훼손되었다. 해수로 인하여 훼손되지 아니한 나머지 1,262상자의 차는 기대보다 낮은 가격으로 매도되었다. 일반적으로 차는 상자에 표기된 연속된 숫자의 순서에 따라 매도되고, 훼손된 상자가 빠지는 것은 거래당사자에게 적하에 어떠한 훼손이 있을지 모른다는 사실을 경고하여 훼손되지 아니한 차의 품질에 대하여 의문을 야기하였다. 원고는 훼손된 차의 손해만이 아니라 훼손되지 아니한 차의 가격에 대한 손해에 대하여도 보상을 청구하였다. 법원은 보험자는 해수로 직접적으로 입은 손해만을 보험자가 보상하여야 한다고 하고 훼손되지 아니한 차의 가격의 손해에 대한 보상은 허용하지 아니하였다. 보험자는 손해의 의심을 담보

101) [1851] 6 Exch 451.
102) [1873] 8 LR 8 CP 552.

하는 것이 아니라 실제 훼손을 담보한다고 보았다.

(e) 방지행위로 인한 손해 : 해수의 유입으로 인한 손해를 방지하기 위한 행위로 인한 멸실 또는 훼손을 보험사고로 인한 손해로 보상받을 수 있음을 보여준다. 같은 원칙이 화재의 경우에도 적용된다.

Canada Rice Mills Ltd. v. Union Marine and General Insurance Co., Ltd.사건[103]에서 항소인은 Rangoon에서 Vancouver까지의 항해에 대하여 동력선 세건도(Segundo)호에 선적된 쌀의 적하에 대하여 보험에 들었다. 밴쿠버(Vancouver)에 도착한 후, 적하가 과열되었음이 발견되었다. 항소인은 과열은 악천후에 훼손의 가능성이 없도록 적하의 환기창을 자주 닫았기 때문에 발생하였다는 이유로 보상을 청구하였다. 또한 항소인은 악천후는 해상고유의 위험이므로, 환기창의 닫음은 해상고유의 위험의 직접적인 결과라고 주장하였다. 보험자는 적하에 대한 훼손은 고유의 하자로 인한 것임을 이유로 보상을 거부하였다. 추밀원은 쌀에 대한 훼손은 해수의 유입을 방지하기 위하여 행해진 환기통의 봉쇄로 인한 것이므로 이 손해는 해상고유의 위험으로 인한 손해라고 판시하였다.

### 3. 화재와 폭발

(1) 개 관

화재와 폭발은 1983년 협회선박기간보험약관 제6조 제1항 2호와 1983년 협회항해보험약관 제4조 제1항 2호에 규정된 담보위험이다. 또한 협회적하보험(B), (C)약관 제1조 제1항 1호는 이와 유사한 규정을 두고 있고, 협회적하보험(A)약관은 전위험담보이므로 이에 관한 규정이 없다. 화재와 폭발 모두 담보위험이므로 양자를 구별하는 것은 불필요하다. 영국해상보험법 부칙 보험증권의 해석에 관한 해석규칙은 화재나 폭발에 대한 정의규정을 두고 있지 아니하므로 이들 위험의 명확한 의미와 범위는 판례법에 의하여 얻어질 수밖에 없다. 해상고유의 위험과 달리 화재로 인한 보험금청구에 대하여서는 우연성의 요건이 전제되지 않고, 화재로 인한 보험금청구는 화재가 우연히 또는 고의로 발생하였는가 여부와 관계없이 허용된다.

영국의 협회해상보험약관을 보험계약의 내용으로 한 우리 판례중 선박의 화재로 인한 손해보상에 관한 여러 사건[104]이 있다.

---

103) [1941] AC 55, PC.

104) 대법원 1988.9.27. 선고, 84다카1639, 1640 판결; 대법원 2005.3.25. 선고, 2004다22711, 22728 판결; 대법원 2004.11.11. 선고, 2003다30807 판결; 부산고등법원 2002.9.17. 선고,

(2) 화 재

(가) 보험사고로서의 화재 : 화재가 무엇을 뜻하느냐는 일률적으로 설명할 수는 없으나, 일반적으로 화재라 함은 보통의 용법에 의하지 아니하고 독립한 연소력을 가진 연소작용으로 인한 재해 또는 사회통념상 화재로 볼 수 있는 성질과 규모를 가진 화력의 연소작용이라고 풀이하고 있다. 그리고 화재는 화재로 번지지 아니한 열의 작용이나 불 또는 백열물질의 접촉으로 인한 것은 포함되지 아니한다고 풀이한다.[105] 그러므로 난로가 넘어져 불이 번져 일어난 재산상의 손해는 화재로 기인한 것이나, 보험의 목적인 적하를 잘못하여 쓰레기 소각장에 버리고 쓰레기와 함께 불태운 경우라든가 또는 선박의 보일러의 자동급수조절장치가 파손되어 과열로 말미암아 그 기계가 고장이 난 경우에는 그것은 화재로 인한 손해라 할 수는 없다. 따라서 난로불의 복사열로 선박의장이 눌었거나 담배불똥이 떨어져 흠이 생긴 것은 화재가 아니다. 그러나 선박에 화재가 나서 가구가 연기에 그을린 것은 화재로 인한 손해라 할 수 있다.

(나) 담보되는 손해의 유형 : 화재의 담보위험은 화재로 인한 멸실 또는 훼손과 연기나 열이 화재로 인하여 발생한 경우에는 연기와 열로 인한 멸실 또는 훼손을 담보한다.

(a) 열 : 미국 사례인 버케이 스테이트(Buckeye State)사건[106]에서 보는 바와 같이 화재의 담보위험은 열이 화재와 관련이 없는 경우에는 단순히 열로 인한 멸실 또는 훼손을 담보하지 아니한다. 또한 멸실 또는 훼손이 영국해상보험법 제55조 제2항 c호와 모든 협회적하보험약관 제4조 제4항에 의하여 명시적으로 면책된 고유의 하자 또는 성질의 자연적 결과인 경우에는 담보되지 아니한다. 해상물건운송사건이지만 화재의 성격을 설명하는데 유익한 '버케이 스테이트'호 사건에서 원고는 곡물의 적하를 시카고(Chicago)에서 온타리오(Ontario) 호수의 오스웨고(Oswego)로 운송하기 위하여 동력선 '버케이 스테이트'호에 선적하였다. 항해 중 일부 적하에 대하여 가열되어 허론(Huron)항에 입항하여 소방대가 해치를 열어 적하에 물을 끼얹었다. 선원이 적하창고의 전기 등을 부주의로 켜 놓아 이 등불로 인한 열이 적하의 온도를 높였음이 증거로 확인되었다. 원고인 적하소유자는 손해배상을 청구하였지만 운송인은 고유의 하자임을 이유로 배상을 거부하였다. 쟁점은 선주가 배상책임을 지는 사유인 적하의 훼손이

---

2001나1645, 1652 판결(2006년판 법고을에 수록).

105) 김성태, 앞의 책, 512면; 서돈각 · 정완용, 앞의 책, 429면; 최기원, 보험법, 박영사, 1998, 295면.

106) [1941] 39 F. Supp. 344.

전구로 인하여 발생한 열로 인한 것이었다. 훼손이 고유의 하자에 해당하는 화재로 인한 것이었으면 선주는 책임을 지지 아니하는 것이었다. 법원은 손해의 원인은 열이고 따라서 적하소유자에게 배상청구권이 인정되었다. 나이트(Knight)판사는 "일반적인 정의에 따르면 화재는 점화나 연소로 인한 것이고, 가시적인 열이나 빛의 관념을 포함한다. 열의 내부적인 발전은 어느 경우에도 화염이나 백열을 발생할 정도로 급속할 수 없고, 화재가 아니다"라고 화재와 열의 차이를 고찰하였다.

(b) 화재는 연기와 물로 인한 훼손을 포함 : 해상물건운송사건인 다이아몬드(Diamond)사건[107]에서 '다이아몬드'호는 468톤의 소형증기선으로 원고의 밀가루를 카디프(Cardiff)에서 벨파스트(Belfast)로 운송하는 계약을 체결하였다. 항해 중 선원실의 난로가 가열되어 수하물과 근처의 적하에 불이 붙었다. 벨파스트에 도착시 원고의 14,593상자의 적하가 화재와 연기로 훼손되었음이 발견되었다. 만일 선주에게 과실과 공모가 없으면 화재로 인한 적하에 대한 책임이 없었다. 원고는 위험성이 있는 난로로 인하여 '다이아몬드'호는 감항능력이 없었고, 대부분의 적하에 대한 훼손은 화재가 아니라 연기와 화재를 소화하기 위한 물로 인한 것이라고 주장하였다. 법원은 연기와 물로 인한 훼손은 화재로 인한 것이고, 선주의 공모나 과실의 입증이 없으므로 선주는 손해배상책임이 없다고 판시하였다.

(c) 화재는 화재소방과정에서의 훼손을 포함 : 비해상보험사건인 Stanley v. Western Insurance Co.사건[108]에서 원고는 재생섬유에서 기름을 추출하는 사업을 영위하였는데, 화재에 이은 폭발로 공장이 소실되었다. 원고의 화재보험계약은 폭발로 인한 훼손을 명시적으로 면책으로 하고 있었는데, 겔리(Kelly)판사는 "화재를 끄기 위하여 필요한 것으로 추정되고 선의의 노력으로 인한 손해는 그것이 물로 적하를 훼손하게 했든 창문 밖으로 물건을 던졌건, 심지어는 화염의 진전을 막기 위하여 이웃의 집을 폭발하여 파괴시켰든, 달리 말하면 화재에 직접 또는 간접으로 기인하는 모든 손해는 보상의 범위에 해당한다"라고 판시하였다.

Symington and Co. v. Union Insurance Society of Canton Ltd.사건[109]에서 화재가 부두에서 발생하여 화재의 확산을 방지하는 예방조치로 인하여 다량의

---

107) [1906] P 282.
108) [1868] LR 3 Ex 71.
109) [1928] 34 Com Cas 23, CA.

원고의 코르크 적하가 당국에 의하여 바다에 투하되어 훼손되었다. 스크르튼(Scrutton)판사는 "화재와 현존하는 위험이 존재하였고, 화재를 끄거나 확대를 방지하기 위하여 사용된 물로 인한 훼손은 일반적 문언상 보상받을 수 있는 화재가 근인이다"라고 판시하였다.

(d) 방지행위로 인한 훼손 : 나이트 오프 세인트 마이클(Knight of St Michael)호 사건[110]에서 '나이트 오프 세인트 마이클'호는 뉴캐슬(Newcastle)에서 발파라이소(Valparaiso)까지 3,206톤의 석탄을 운송하기 위하여 용선되었다. 항해개시 바로 직후 적하의 일부가 가열되어 1,706톤의 석탄이 시드니(Sydney)에서 하역되고, 일부의 적하만이 발파라이소에서 인도되었다. 선주는 운임보험에 기하여 보상을 청구하였지만 보험자가 이를 거부하였다. 법원은 운임의 손해는 선장의 방지행위로 인한 것이라고 판시하였다. 실제로 어느 적하도 화재의 결과 멸실한 것은 아니지만, 자동연소가 발생하였으면 선박과 적하가 화재로 멸실하였을 것이기 때문이라고 보았다.

(다) 화재는 우연의 요소를 요구하지 않음[111] : 해상고유의 위험과는 달리 우연성은 화재위험의 경우 필수불가결한 요건이 아니다. 알렉시온 호우프(Alexion Hope)호 사건[112]에서 원고는 저당권자이익보험에 든 피보험자이었다. '알렉시온 호우프'호에 큰 화재가 발생하여 선주는 위부의 통지를 하고, 추정전손을 청구하였다. 보험자는 선박의 멸실에 대하여 고의적 불법행위와 공모가 있다고 주장하여 보험금지급을 거부하였다. 항소법원은 원고승소판결을 내렸는데, 우연성의 문제가 다투어졌다. 로이드(Lloyd)판사는 "해상보험에서 화재는 우연적인 사고에 국한되지 않는다는 견해에 동의한다. 영국해상보험법 부칙 보험약관의 해석에 관한 규칙 제7조는 해상고유의 위험은 해상에서의 우연한 사고 또는 재해만을 의미한다고 정의되어 있지만 화재의 경우에는 이와 같은 제한은 없다"라고 판시하였다.

(라) 화재는 우연하거나 고의적이어도 됨 : 선장 등의 고의에 의한 화재로 인한 손해도 보상된다. Gordon v. Rimmington사건[113]에서 선박 리라이언스(Reliance)호는 브리스톨(Bristol)에서 서부 아프리카(West Africa)까지, 그리고 이

110) [1898] P 30: 이 사건의 상세한 사실관계는 이 책 제3부 제2장 제3절 손해보상의 의무 Ⅱ. 해상위험 3. 화재와 폭발 (2) 화재 (바) 면책 참조.

111) 이 책 제4부 제1장 제2절 입증책임 Ⅳ. 화재로 인한 손해의 입증 참조.

112) Schiffshypothekenbank zu Luebeck AG v. Norman Philip Compton, 'Alexion Hope' [1988] 1 Lloyd's Rep 311, CA: 구체적인 사실관계는 이 책 제3부 제2장 제3절 손해보상의 의무 Ⅱ. 해상위험 3. 화재와 폭발 (2) 화재 (마) 선의의 저당권자의 지위 참조.

113) [1807] 1 Camp 123.

어서 서인도(West Indies)까지 항해예정이었다. 감비아(Gambia)강에서 중무장한 프랑스 사모함의 추적을 받아 나포를 피하기 위하여 자기 배에 발포를 하여 선박이 불에 타자 선원은 보우트를 타고 해안으로 이동하였다. '리라이언스'호의 선주이고 선장이었던 원고는 보상을 청구하였다. 쟁점은 손해가 보험약관상의 화재로 인한 손해인가 여부이었다. 법원은 원고승소판결을 내렸다.

(a) 선장 또는 선원의 과실 : 영국해상보험법 제55조 제2항 a호는 다른 담보위험과 같이 화재와 폭발의 위험에도 적용된다. 따라서 화재에 근인한 손해는 선장 또는 선원의 과실이 없었더라면 발생하지 않았을 경우에도 보상된다. '선장, 고급선원, 보통선원, 도선사'의 과실이 근인인 경우에는, 1983년 선박기간보험약관, 선박항해보험약관상의 인치마리(Inchmaree)조항의 과실담보에 의하여 보상된다.

Busk v. Royal Exchange Assurance Co.사건114)에서 암스테르담(Amsterdam)에서 세인트 페테스부르크(ST Petersburg)까지의 항해에 대하여 러시아선박 캐로리나(Carolinia)호에 대하여 보험에 들었는데, 증권조항에는 '선장과 선원의 화재와 악행'을 담보한다는 내용이 들어 있었다. 세인트 페테스부르크 부근에서 '캐로리나'호는 빙산에 갇혀 당시의 관습에 따라 선장은 선원에게 급료를 지급하고 약간의 정산을 하기 위하여 선박을 선원에게 맡기고 세인트 페테스부르크로 출발하였다. 1월 9일 선원이 선실에 불을 켜고 밤을 지내기 위하여 다른 러시아선박에 승선하였다. 다음날 아침 선원이 일어나 보니 '캐로리나'호에 화재가 발생하여 선박이 파괴된 것을 발견하였다. 선주의 보험금청구에서 쟁점은 불을 켜고 선박에 남아 있지 않은 선원의 행위로 인한 손해가 보험담보되는가 여부이었다. 법원은 선원의 과실에도 불구하고 손해는 화재로 인한 것이라고 판시하였다. 베일리(Bailey)판사는 "선주는 자격있는 선원을 채용하여야 하지만 항해 중 그 선원의 행위를 담보할 수 없다"는 이유로 원고승소판결을 내렸다.

미국사건인 Rosa and Others v. Insurance Co. of the State of Pennsylvania, 'Belle of Portugal'사건115)에서 어선이 전기공의 과실로 인한 전기적인 화재로 멸실되었다. 법원은 Busk v. Royal Exchange Assurance Co.사건을 인용하였고, 머릴(Merrill)판사는 "화재가 담보위험으로 명시되어 있다. 영국법상 화재의 원인을 선장, 선원, 선주의 사용인의 과실로 볼 수 있다는 사실이 보상을 배척하는 것은 아니다"라고 판시하였다

---

114) [1818] 2 B&Ald 73.
115) [1970] 2 Lloyd's Rep. 386.

(b) 선장 또는 선원의 고의적 불법행위 : 협회선박보험약관과 협회적하보험(A)약관은 선장 또는 선원의 불법행위가 있는 경우에도 보상을 허용한다. 선장, 선원의 과실행위로 인하여 선주가 손해를 입은 경우에도 악행에 대하여 정의하고 있는 보험증권의 해석에 관한 규칙 제11조의 조건을 충족하는 경우에는 표준선박보험약관에 의하여 보상이 허용된다.

그러나 협회적하보험(B),(C)약관 제1조 제1항에 기하여 화재가 담보위험이지만, 적하소유자에게는 동약관 제4조 제7항에 기하여 '어떠한 자의 불법행위로 인한 것이든 보험목적의 고의적인 훼손 또는 파괴'가 명시적으로 면책됨을 주의하여야 한다.

(c) 피보험자의 과실 : 화재나 폭발의 경우 피보험자의 과실은 다른 담보위험의 경우와 동일하게 적용된다. 영국해상보험법 제55조 제2항 a호는 피보험자의 과실로 인한 손해는 보상을 허용하고 고의적 불법행위로 인한 손해는 면책으로 한다.

선장이며 공동소유자의 과실있는 항해로 인하여 선박이 암초에 부딪혀 좌초였지만 선장의 과실이 있더라도 손해를 보상받을 수 있다고 한 Trinder, Anderson and Co. v. Thames and Mersey Marine Insurance Co.사건[116]에서 피보험자의 과실의 문제가 스미스(Smith)판사에 의하여 고찰되었다. 그는 "손해를 야기한 화재에 대한 피보험자의 과실은 보험자에게 항변사유가 되지 아니한다. 화재로 인한 손해는 담보위험이기 때문이다"라고 하였다.

(d) 피보험자의 고의적 불법행위 : 영국해상보험법 제55조 제2항 a호는 '피보험자의 고의적 불법행위로 인한 손해'에 대하여 보험자의 면책으로 한다. 그러나 피보험자가 손해가 보험사고로 인하여 발생하였음을 입증한 경우에는 손해가 피보험자의 고의적 불법행위로 인한 것임을 입증할 책임은 보험자가 진다. 협회적하보험(A)약관 제4조 제1항과 협회적하보험(B),(C)약관 제4조 제7항은 적하소유자는 자신의 고의적 불법행위로 인한 손해의 보상을 받을 수 없음을 규정하고 있다.

(e) 제3자의 고의적 불법행위 : Slattery v. Mance사건[117]에서 소형선박이 화재로 인하여 파괴되어 보험자는 피보험자의 고의적 불법행위로 인한 것임

116) [1898] 2 QB 114, CA: 이 사건의 구체적인 사실관계는 이 책 제3부 제2장 제3절 손해보상의 의무 Ⅱ. 해상위험 2. 해상고유의 위험 (2) 해상고유의 위험의 개념 (가) 해상의 우연한 사고 또는 재난 (f) 선박충돌과 선장 등의 과실 (ㄷ) 선장으로 행위하는 피보험자의 과실 참조.

117) [1962] 1 All ER 525.

을 주장하였다. 새먼(Salmon)판사는 "담보위험인 화재는 우연한 화재에 국한되는 것은 아니다. 선박이 원고의 관여없이 악의적인 제3자에 의하여 불이 붙여진 경우 원고는 보상을 받을 수 있다"고 판시하였다.

유사하게 알렉시온 호우프(Alexion Hope)호 사건[118]에서 원고는 저당권자이익보험에 든 피보험자이었다. 대형선박인 '알렉시온 호우프'호에 큰 화재가 발생하여 선주는 추정전손으로 위부의 통지를 하고, 보험금을 청구하였다. 보험자는 선박의 멸실에 대하여 고의적 불법행위와 공모가 있다고 주장하여 보험금지급을 거부하였다. 항소법원은 원고승소판결을 내렸다. 로이드(Lloyd)판사는 "해상보험에서 화재는 우연적인 화재에 국한되지 않는다. 그것은 고의적으로 개시된 화재를 포함한다. 해상보험상의 화재는 보험계약상의 제3자에 의하여 고의적으로 개시된 화재를 포함한다"라고 판시하였다.

(마) 선의의 저당권자의 지위 : '알렉시온 호우프'호 사건은 선주 자신의 고의적 불법행위로 인하여 보상을 받지 못하는 경우 저당권자이익보험[119]의 실익을 예시한다.

'알렉시온 호우프'호 사건에서 원고는 '알렉시온 호우프'호의 선주에게 금전을 대여하였다. 원고는 선체보험의 양수인이었고, 또한 보험자와 저당권자이익보험계약을 체결하였다. 1982년 10월 선박이 샤자(Shahjah)에 있을 때 큰 화재가 엔진룸에서 발생하였고, 며칠후 선주는 추정전손을 주장하여 위부하였다. 원고는 먼저 선체보험의 양수인으로 보상을 청구하였지만 선주측의 고의적 불법행위와 공모를 이유로 보험자는 이를 거부하였다. 다시 저당권자이익보험자에 대한 저당권자이익보험금청구에 대하여 보험자는 선주측의 고의적 불법행위를 이유로 이를 거부하였다. 항소법원은 원고승소판결을 내렸다.

그러나 반대로 Samuel v. Dumas사건[120]과 Continental Illinois National Bank and Trust Co. of Chicago and Xenofon Maritimes SA v. Alliance Assurance Co., Ltd., 'Captain Panagos DP'사건[121]에서 보험증권의 양도인인 선주의

118) Schiffshypothekenbank zu Luebeck AG v. Norman Philip Compton, 'Alexion Hope' [1988] 1 Lloyd's Rep. 311, CA: 이 사건의 구체적인 사실관계는 이 책 제3부 제2장 제3절 손해보상의 의무 Ⅱ. 해상위험 3. 화재와 폭발 (2) 화재 (마) 선의의 저당권자의 지위 그리고 (다) 화재는 우연의 요소를 요구하지 않음 참조.

119) 1986.5.30일자 협회선박저당권자이익보험약관.

120) [1924] 18 LlL Rep. 211, HL(이 사건의 상세한 사실관계는 이 책 제3부 제2장 제3절 손해보상의 의무 Ⅲ. 인치마리위험 8. 악행 (6) 선의의 저당권자 참조): 이 사건에서 증기선 그레고리어스(Gregorios)호가 천공되었는데, 선의의 저당권자는 해상고유의 위험 또는 악행위험상 선박보험증권의 양수인으로서 보상이 허용되지 아니하였다. 그 근거는 선주의 고의적 불법행위라는 이유이었다.

고의적 불법행위가 존재하는 경우, 저당권자는 보상을 받지 못하였다.

(바) 면 책 : 비록 화재의 위험은 보험금청구를 위하여 우연성의 요소를 요구하지 아니하지만, 고의적 불법행위 등의 면책사유가 존재한다. 영국해상보험법은 피보험자의 고의적 불법행위로 인한 손해뿐만 아니라 보험목적의 고유한 하자 또는 성질로 인한 손해를 면책으로 한다. 또한 협회적하보험(A),(B),(C)약관 제4조는 피보험자의 고의적 불법행위 등 동법과 충돌하지 아니하는 면책사유를 열거하고 있다. Boyd v. Dubois사건[122]은 보험목적의 고유한 하자로 인하여 화재가 발생하여 훼손된 적하에 관한 초기의 사건이다. 이 사건은 런던에서 데이븐(Daven)까지 죠셉 앤 베치(Joseph and Betsy)호에 선적한 대마의 적하 소유자에 의한 보험금청구소송사건이다. 토베이(Torbay)에 있는 동안 대마의 적하에 불이 나 원고인 적하소유자는 보험금을 청구하였다. 보험자는 대마가 젖은 상태에서 선적되어 자연발화로 점화된 고유의 하자로 인한 것임을 들어 거부하였다. 법원은 보험자가 입증에 실패하였음을 들어 원고승소판결을 내렸다.

나이트 오프 세인트 마이클(Knight of St Michael)호 사건[123]에서 '나이트 오프 세인트 마이클'호는 뉴캐슬(Newcastle)에서 발파라이소(Valparaiso)까지 3,206톤의 석탄을 운송하기 위하여 용선되었다. 항해개시 바로 직후 적하의 일부가 가열되어 1,706톤의 석탄이 시드니에서 하역되고, 일부의 적하만이 발파라이소에서 인도되었다. 선주는 운임보험에 기하여 보상을 청구하였지만 보험자가 이를 거부하였다. 법원은 운임의 손해는 선장의 방지행위로 인한 것이라고 판시하였다. 이 사건에서 석탄의 일부가 자동연소가 발생하는 것을 방지하기 위하여 하역된 경우 석탄인 적하의 고유의 하자라는 것이 보험자의 보상을 인정하지 않는 근거가 되지 못하였다. 이 사건과 같은 특수상황에서 선장이 화재를 방지하기 위하여 행위한 경우 선주의 상실운임의 보상청구는 허용되었다. 그러나 적하소유

---

121) [1986] 2 Lloyd's Rep. 470; [1989] 1 Lloyd's Rep. 33, CA; 이 사건에서 벌크선인 캡틴 파나고스 디피(Captain Panagos DP)호가 홍해 동쪽해안에서 교사하여 수일후 화재가 발생하였다. 적하를 하역하기 위하여 이란(Iran)에 있는 목적항으로 예인한 후 선주는 추정전손으로 인한 보상을 청구하였다. 선박보험자는 선주가 선박을 유기하기로 공모였기 때문에 악의적임을 이유로 보상을 거부하였다. 저당권자는 저당권자이익보험상 보험금을 청구하였지만 보험금액이 선박보험보다 훨씬 적었다. 저당권자는 다시 선주와 함께 보험증권 양수인으로서 선박보험상 전액의 보험금을 청구하였다. 항소법원은 '캡틴 파나고스 디피'호의 선주가 선장이 선박을 유기하는데 공모하는 고의적 불법행위를 범하였고, 저당권자는 처음부터 피보험자가 보험금청구권에 실패한 경우 보상을 받지 못하는데 동의하였다고 판시하였다.

122) [1811] 3 Camp 133.

123) [1898] P 30; 이 책 제3부 제2장 제3절 손헤보상의 의무 Ⅱ. 해상위험 3. 화재와 폭발 (2) 화재 (나) 담보되는 손해의 유형 (d) 방지행위로 인한 훼손 참조.

자는 보상을 받지 못하였을 것이다. 고렐 반스(Gorell Barnes)판사는 "적하소유자가 석탄의 손해에 대하여 보상을 구하는 소송을 제기하였다면, 손해는 고유의 하자로 인한 손해라는 근거로 보상받지 못하였을 것이다. 그러나 운임에 대한 선주의 지위는 다르다. 선박이 시드니에 입항하여 적하를 하역하는 것이 전체 항해의 안전을 위하여 필요하였고, 선박이 직접적인 항해를 고집하였더라면 석탄의 온도가 상승하여 자연발화되어 선박과 적하는 화재로 파괴되었을 것으로 생각한다."고 판시하였다.

(사) 입증책임 : 화재로 인한 보험금청구를 위하여서는 원고는 손해가 실제로 발생하였음을 입증하기만 하면 되고, 우연성의 요소를 입증할 필요는 없다.124)

(3) 폭 발

(가) 화재 또는 폭발 : 2003년 국제선박보험약관 제2조 제1항 2호, 1983년 협회선박기간보험약관 제6조 제1항 2호, 1983년 협회선박항해보험약관 제4조 제1항 2호, 1982년 협회적하보험(B),(C)약관은 담보위험으로 화재와 폭발을 들고 있지만, 항상 그러한 것은 아니다. Boiler Inspection and Insurance Co. of Canada v. Sherwin-Williams Co. of Canada사건125)은 해상보험사건이 아니지만, 보험약관이 화재와 폭발 중 하나만을 담보위험으로 하고 있어 양자를 구별할 필요가 있는 경우에 유용하다.

이 사건에서 피항소인은 표백작업을 하고 있던 중 탱크의 내부압력으로 인하여 탱크가 폭발하여 폭발물질이 흘러니기 빌딩의 많은 부분을 파괴하였다. 피항소인은 화재를 면책으로 하지만 '사고의 직접적인 결과로 인한 손해'를 담보하는 보험에 들어 있었다. 사고는 '갑작스럽고 우연적인 파괴'라고 보험약관에 정의되어 있었다. 쟁점은 손해가 화재 또는 폭발로 인한 것인가 여부이었다. 추밀원은 손해는 화재가 아니라 폭발로 인한 것이라고 판시하였다.

(나) 폭발 또는 급격한 붕괴 : Commonwealth Smelting Ltd. and Another v. Guardian Royal Exchange Assurance Ltd.사건126)에서 브리스톨(Bristol) 근처의 아연공장에서 난방로송풍기가 분해되어 건물에 상당한 손해를 입혔다. 법원은 사고가 보험증권상의 폭발에 해당하는가를 결정하여야 하였다. 스토튼(Staughton)판사는 "1961년판 웹스터(Webster)와 인사이크로피디어 브리태니커

124) 이에 관하여서는 이 책 제4부 제1장 제2절 입증책임 Ⅳ. 화재로 인한 손해의 입증 참조.
125) [1951] AC 319, PC.
126) [1984] 2 Lloyd's Rep. 608.

(Encyclopedia Britannica)에 따르면 폭발은 급격하고 소음이 있으며 급격한 화학적 또는 핵융합적 적용으로 인한 사고 또는 압력이 가해진 가스 또는 증기의 분해를 의미한다. 이 사건에서 훼손과 파괴는 그에 기인하지 아니하였고, 폭발은 지배적인 원인이 아니라 그것은 원심력을 이용한 분해이었다"라고 판시하였다.

### 4. 선박 외부의 자에 의한 강도

(1) 개 관

영국해상보험법 부칙 보험약관의 해석에 관한 규칙 제9조는 "강도(thieves)란 은밀한 도난이나 선원이든 승객이든 불문하고 승선자에 의한 도난을 포함하지 아니한다"라고 정의하고 있다. 이는 "선박 외부의 자에 의한 강도"를 담보위험으로 규정하고 있는 2003년 국제선박보험약관 제2조 제1항 3호, 1983년 협회선박기간보험약관 제6조 제1항 3호, 1983년 협회항해보험약관 제4조 제1항 3호와 충돌하지 아니한다.

적하소유자와 관련하여서는 협회적하보험(B),(C)약관은 이를 담보하고 있지 아니하므로 이를 담보하기 위하여서는 '강도, 절취, 불인도약관(Theft, Pilferage and Non-Delivery Clause)'라는 특별약관을 첨부하여야 한다. 또한 적하소유자는 전위험담보보험약관인 협회적하보험(A)약관을 내용으로 하여 보험계약을 체결하는 방법을 선택할 수 있다.

해상보험계약상 보상을 받기 위하여서는 강도(theft)는 '폭력적이고'(violent), '선박 외부의 자'(persons from outside the vessel)에 의하여 행하여져야 한다.

강취가 행해지기 위하여서는 부정행위(dishonesty)의 요소가 존재하여야 한다. Nishina Trading Co., Ltd. v. Chiyoda Fire and Marine Insurance Co., Ltd., 'Mandarin Star'사건[127]에서 만더린 스타(Mandarin Star)호에 선적된 적하의 소유자는 선박의 소유자와 용선자와의 분쟁 때문에 적하가 고베에서 인도되지 아니하고, 홍콩으로 가져가 창고에 임치되자, 적하소유자는 고베로 계속운송할 것을 요구하고 추가비용의 보상을 청구하였다. 강취의 문제에 관하여 에드먼드 데이비스(Edmund Davies)판사는 "강도는 부정행위를 포함하는 범죄행위이다"라고 하였다.

(2) 폭력적 강도(violent theft)

(가) 강도와 폭력성 : 피보험자가 강도행위로 인한 손해로 보상받기 위하

127) [1969] 2 All ER 776.

여서는 강도는 폭력적 성질이 있어야 한다. 이 폭력은 사람이나 재산에 대한 폭력의 형태를 가져야 한다. 따라서 폭력은 사람을 향하여야 하는 것이 절대적인 것은 아니다.

영국판례는 창고를 파괴하고 들어가 적하를 탈취한 것은 폭력에 의한 강도라고 하여 보상을 명하지만,[128] 선박이 정박 중 지역강도가 승선하여 계류용 로프를 포함한 의장품을 절취하고 무장선원이 도전하자 칼을 들이대고 바다 속으로 뛰어든 경우에는 강도가 아니다.[129]

비해상보험사건인 Dino Services Ltd. v. Prudential Assurance Co., Ltd.사건[130]은 자동차판매점에서의 강도사건인데 커르(Kerr)판사는 폭력에 의한 진입의 문제를 다루었다. "폭력적이란 의미는 비록 약하더라도 자물쇠에 열쇠를 돌리거나 도어핸들의 회전과 같이 진입하기 위하여 강제력을 사용하는 것은 성질상 폭력적이라고 기술할 수 있는 물리적인 행위가 수반하는 것이다. 진입하기 위한 재산에 대한 폭력행위라고 할 수 있는 문을 부수는 것 또는 문을 강제적으로 여는 것이다. 진입을 저지하는 사람을 치는 것과 같은 사람에 대한 폭력도 있을 수 있다"라고 하였다.

(나) 협회적하보험(A)약관 : 협회적하보험(A)약관을 보험계약의 내용으로

---

128) La Fabrique de Produits Chimiques SA v. Large [1923] 1 KB 203: 이 사건에서 원고는 3상자의 화학약품을 런던에서 보르도까지 그리고 스위스까지 창고사이조항으로 개별적으로 해상보험계약을 체결하였다. 보험증권은 강도로 인한 손해는 담보하고 분손은 면책이었다. 적하를 선적에 대기하며 창고에 임치중인 동안 2상자의 적하가 도난당하여 원고는 보상을 청구하였고, 보험자는 첫째 강도는 폭력을 수반하여야 하고, 둘째 분손부담보라는 이유로 보상을 거부하였다. 법원은 창고를 파괴하고 들어가는 것은 폭력행위를 범한 것이고, 폭력은 사람에 대한 것일 필요는 없다고 판시하였다. 또한 분손부담보에 관하여서는 손해는 전체 적하의 분손이 아니라 부보된 적하의 일부(2상자)의 전손이라고 판시하였다. 베일해쉬(Bailhache)판사는 "순수하고 단순한 해상보험증권에서 강도에 의한 손해의 위험은 통상적인 은밀한 강도를 포함하지 아니하고 오직 폭력을 수반하는 강도만을 포함한다는 것은 옳다. 나는 창고사이 보험계약에서 강도라는 단어가 폭력에 의한 강도에 국한되어야 하는가에 대하여서는 확신할 수 없지만, 이 사건에서 강도는 명백히 폭력에 의한 강도이었다. 적하를 취득하기 위하여 쇠지레로 2개의 문을 박살냈고, 이 경우 그들은 폭력에 의한 강도를 범했다고 생각한다. 이 문구에서 사용된 '폭력에 의한'이라는 표현은 공격이 사람에게 범해져야 하는 것을 의미한다고 생각하지 않는다"라고 보았다.

129) Athens Maritime Enterprises Corporation v. Hellenic Mutual War Risks Association (Bermuda) Ltd., 'Andreas Lemos' [1982] 2 Lloyd's Rep. 483: 이 사건에서 선박이 방그라데시 치타공(Chittagong)항에 정박중 지역강도가 승선하여 계류용 로프를 포함한 의장품을 절취하였다. 강도들은 무장선원이 도전한 때 비로소 칼을 들이대고 바다 속으로 뛰어 들었다. 강도에 폭력의 요소가 필요한가에 대하여 스토튼(Staughton)판사는 "실제로 발생한 사실은 절취는 절취범이 발견되기 전 또는 여하튼 강제력이나 강제력의 위협이 행해지기 이전에 종료하였다. 이 사건은 은밀한 절취의 예이고, 강제력이나 강제력의 위협은 도주를 위하여 사용되었다"라고 하여 강도가 아니라고 하였다.

130) [1989] 1 Lloyd's Rep 379, CA.

한 적하소유자는 강도가 폭력으로 행해졌음을 입증할 필요가 없다. 이 보험계약에서는 보험금청구는 위험의 요소에 근거하고 있고, 폭력을 수반하든 아니하든 강도는 담보된다. Schloss Bros v. Stevens사건[131]에서 전위험담보 적하보험계약이 체결되었는데 월튼(Walton)판사는 "전위험담보보험은 어떠한 성격이든 우연적인 원인으로 인한 모든 손해를 담보한다. 그것은 통상적인 형식으로 로이즈 보험증권에서 담보되는 위험으로 인하여 발생하는 모든 손해를 담보한다. 또한 그것은 폭력을 수반하든 아니든 강도, 곤충에 의한 손해 등의 기타 위험도 담보한다"라고 판시하였다.

(다) 선박 외부의 자 : 강도가 성립하기 위하여서는 강도행위를 한 자는 선박 외부에 있는 자이어야 한다. Taylor v. Liverpool and Great Western Steam Co사건[132]은 해상물건운송사건으로 원고는 5 상자의 다이아몬드를 리버풀(Liverpool)에서 뉴욕까지 운송하기 위하여 네바다(Nevada)호에 선적하였다. 뉴욕에 도착한 후 세 상자의 다이아몬드만이 인도되었고, 다른 상자는 항해 중 도난당하였다. 보험계약의 내용에 따라 보험자는 원고에게 그로 인한 손해를 보상하였다. 원고(보험자대위권을 행사하는 보험자)는 선주에 대하여 손해배상을 청구하였다. 선주는 선하증권상 면책손해인 강도에 해당한다고 주장하였다. 법원은 면책조항상의 강도는 해상보험의 경우와 동일하게 해석되어야 한다고 판결하여 강도는 선박의 대외적인(external) 또는 외부(outside)의 자에 의한 것이어야 하기 때문에 선주는 손해배상책임을 진다고 판시하였다. 러쉬(Lush)판사는 "첫번째 쟁점은 선하증권상 면책의 하나인 손해로서의 강도에 선박에 승선한 자를 포함하는가 아니면 해상보험의 경우와 같이 선박 외부에 있고 선박에 속하지 아니한 자로 제한되는가 여부이다. 약관의 문언은 불명료하고 불명료한 경우에는 자기에게 유리하게 면책사유를 규정할 수 있었던 선주에게 불리하게 하주에게 유리하게 해석하여야 한다"라고 판시하였다.

유사하게 해상물건운송사건인 Steinman and Co. v. Angier Line Ltd.사건[133]에서 적하에 대하여 리버풀에서 부에노스 아이레스까지 운송계약이 체결되었지만 적하가 인도되지 아니하였다. 적하는 선적하기 위하여 고용된 하역노동자에 의하여 절취된 것으로 믿어졌다. 선하증권은 특히 '승선하였건 아니건 육상 또는 해상에서의 어떠한 성격이든 해적, 강도범, 절도범에 의한 손해'를 면책으로

131) [1906] 2 KB 665: 이 사건의 사실관계는 이 책 제3부 제2장 제3절 손해보상의 의무 Ⅱ. 해상위험 8. 전위험보험약관 (1) 개관 참조.

132) [1874] LR 9 QB 546.

133) [1891] 1 QB 619, CA.

하고 있었다. 법원은 강도라는 단어는 선박에서 근무하는 자를 포함하지 아니하기 때문에 선주는 면책이 아니라고 판시하였다. 보언(Bowen)판사는 "선하증권에서의 면책조항은 운송인이 자신과 이행보조자의 적부(stowing)와 적하를 운송하는데 있어서 상당한 노력과 주의를 기울이는 의무를 면제하는 것을 의도하는 것은 아니다. '어떠한 성격이든 강도에 의한 손해를 면책으로 한다'라고 규정하는 선하증권의 면책조항은 선주가 선박에서 근무하는 자에 의하여 범해진 강도를 면책으로 하는 것은 아니다"라고 판시하였다.

(3) 협회 강도, 절취, 불인도약관

협회 강도, 절취, 불인도약관(Institute Theft, Pilferage and Non-delivery Clause)은 "추가보험료를 지급하는 경우에 이 보험은 포장 전체의 강도, 절취, 불인도로 인한 보험목적의 멸실, 훼손을 담보하고 항상 이 보험에 포함된 면책조항에 적용되는데 합의한다"라고 규정하고 있다.

이 추가담보약관은 폭력적 강도만이 아니라 은밀한 절도와 포장 전체의 불인도를 담보하는 점을 유념하여야 한다. 컨테이너 안에서부터의 행방불명된 물품은 담보되지 아니한다. 이것은 컨테이너가 하나의 포장이기 때문이다.

Cleveland Twist Drill Co.,(GB) Ltd. v. Union Insurance of Canton사건[134]은 은밀한 절도로 인한 손해인지 불인도로 인한 손해인지 여부를 결정하는 것의 어려움을 보여준다. 항소인은 89상자의 드릴을 베스틸리아(Vestalia)호에 선적하여 런던에서 뉴욕으로 운송하기로 하고, 적하에 대하여 피항소인과 은밀한 절도를 담보하고 창고사이조항이 포함된 해상적하보험계약을 체결하였다. 뉴욕에 도착한 후 83상자만이 발견되었고, 8상자는 비어 있었으며 2상자는 일부가 비어 있었다. 원심법원은 그 손해는 인도의 착오로 인한 것이라고 판결하였고, 적하소유자가 항소하였다. 항소법원은 원심판결을 파기하고 손해는 보험사고인 은밀한 절도로 인한 것이라고 하여 적하소유자 승소판결을 내렸다. 스크르튼(Scrutton)판사는 "해상보험법 부칙의 보험약관의 해석에 관한 규칙 제8조에 따르면 강도를 담보하는 보험은 폭력에 의한 강도만을 담보하고 은밀한 절도를 담보하지 않는다. 그러나 이 보험은 폭력에 의한 강도와 은밀한 절도, 창고와 창고사이 그리고 해상항해를 담보한다. 착오 또는 과실로 인하여 잘못 인도한 것은 담보위험인 절도는 아니다. 이 사건에서 사라진 6상자와 내용이 사라진 8상자 그리고 내용의 일부가 사라진 2상자에 대하여 절취범이 관여하였기 때문

134) [1925] 2 LlL Rep 50, CA.

에 보험자는 보상을 하여야 한다"라고 판시하였다.

제2차 세계대전 동안 '… 강도, 절취, 불인도'에 대하여 담보하는 조항이 삽입된 적하보험에 가입된 적하를 선적하고 운항 중 독일선박이 포획을 피하기 위하여 천공되어 선적된 적하가 멸실한 경우 Forestal Land Timber and Railways Co., Ltd. v. Rickards, 'Minden'사건135)에서 불인도를 이유로 보험금지급이 되었다.

## 5. 해적행위

(1) 개 관

영국해상보험법 부칙 보험약관의 해석에 관한 규칙 제8조는 "해적이란 용어는 폭동을 일으킨 여객이나 육상으로부터 선박을 공격하는 폭도를 포함한다"라고 규정하고 있다.

해적은 정치적 목적이 아니라 사적인 이익을 위하여 무차별적으로 약탈하는 자로서 해적행위는 2003년 국제선박보험약관 제2조 제1항 5호, 1983년 협회선박기간보험약관 제6조 제1항 5호, 1983년 협회선박항해보험약관 제4조 제1항 5호에서 담보하고 있는 담보위험이다. 협회전쟁보험약관은 악행과 함께, 해적행위를 면책사유로 규정하고 있다. 이와 같이 해적행위는 악행과 함께 전쟁위험의 범위에서 배제되어 있기 때문에 전쟁위험이 아니라 해상위험으로 고찰되어야 한다.136)

적하소유자에 대하여서는 협회적하보험(A)약관은 포괄책임주의를 취하고, 전쟁면책조항(동약관 제6조 제2항)은 해적행위를 제외하고 있기 때문에 해적행위는 담보되고 있다. 열거책임주의를 취하는 협회적하보험(B),(C)약관은 해적행위에 대하여 아무런 규정을 두고 있지 아니하기 때문에 해적행위는 담보되지 않는다.

---

135) [1940] 4 All ER 96; 이 사건에서 원고는 독일선박 민덴(Minden)호에 적하를 선적하여 남 아메리카에서 홍콩 또는 상해로 운송하는 적하에 대하여 보험에 들었다. 보험약관에는 "… 강도, 절취, 불인도"에 대하여 담보하는 조항이 삽입되었다. 독일과 영국 사이에 전쟁이 선포되고, 모든 독일 상선을 독일 정부의 통제아래 두고자 하여 '민덴'호는 즉시 독일로 귀환하려 하였지만, 파로섬(Faroe Islands)에서 저지되어 영국전함에 의한 나포를 피하기 위하여 선원들이 선박에 천공을 하였다. 원고는 보험사고인 적하의 불인도를 이유로 보험금지급을 청구하였고, 힐버리(Hilbery)판사는 '낚시(hook), 기름, 강도, 강도, 불인도 …' 등을 담보하는 문언의 해석상 피보험자는 적하의 불인도를 입증하고 강도나 강도 이외의 방법으로 적하가 멸실되지 아니하는 추정적 증거를 제시하는 것으로 충분하다"라고 하여 보험금지급을 명하였다.

136) Susan Hodges, op. cit., p. 411.

⑵ 해안으로부터의 폭도

정박중인 선박에 해안에서 습격하여 탈취하는 행위는 해적행위에 해당한다. Nesbitt v. Lushington사건[137]은 해적행위의 요건을 고찰한 초기의 중요한 판결이다. 이 사건에서 인더스트리(Industry)호에 선적한 밀과 석탄의 적하에 대하여 유갤(Youghall)에서 슬리기오(Sligio)의 항해에 관하여 보험에 들었다. 아일란드 근해를 항해하던 중 선박이 악천후에 조우하여 엘리항(Elly Harbour)에 피항하였다. 그곳에서 승선하여 공격한 알 수 없는 자들은 닻을 올리고 해안으로 돌진하였다. 이들은 선장이 송장의 3/4의 가격으로 옥수수를 매도하는데 동의할 때까지 선박의 출항을 거부하였다. 그 당시 아일랜드에는 옥수수가 매우 부족하였다. '인더스트리'호는 10톤의 옥수수가 선박의 해안 돌진 시 멸실하였지만, 선박은 결국 항해를 수행하여 목적항에서 석탄을 인도하였다. 원고는 '해상에서의 해적, 폭도, 강도, 모든 국왕과 군주, 인민의 억류, 억지'로 인한 손해라는 이유로 보상을 청구였다. 그러나 보험약관의 일부를 이루는 각서(memorandum)에는 "곡물, 생선, 소금, 과일과 씨앗은 공동해손이거나 선박이 좌초한 경우를 제외하고는 분손부담보이다"라고 규정되어 있었다. 보험자는 보험금지급을 거부하였다. 법원은 손해는 해적행위로 인한 것이지만, 보험계약은 분손이 아닌 공동해손만을 담보하고 있고, 전체가 위험에 처해진 것은 아니기 때문에 공동해손은 아니라고 하였다. 법원은 또한 10톤의 옥수수에 대한 보험금청구는 좌초로 인하여 직접 기인된 것이기 때문에 해적행위가 아니라 좌초의 항목에 기하여 보상을 명하였다. 캐녀(Kenyon)판사는 "이 손해는 해적에 의한 포획에 해당한다. 이 보험계약이 분손을 담보하였다면 원고는 해적으로 인한 손해이기 때문에 보상을 받았을 것이다"라고 판시하였다.

⑶ 폭동을 일으키는 승객

승객이 폭동을 일으키는 경우 해적에 해당한다. Palmer and Another v. Naylor and Others사건[138]에서 승객의 폭동행위는 해적행위에 해당한다고 판시되었다. 이 사건은 중국이민자들을 중국에서 페루로 운송하는 데 대하여 선급금과 장비 그리고 식량을 담보하는 보험상의 보험금청구사건이다. 보험계약은 '… 해적, 폭도, 강도 등'에 의한 손해를 담보하였다. 항해 중 이민자들이 선장과 선원 일부를 살해하고, 가장 가까운 육지로 가기 위하여 선박의 점유를 탈취하였으

137) [1792] 4 TR 783.

138) [1854] 10 Ex 382.

며, 그 후 선박은 선원에게 반환되었다. 원고는 '해적행위로서 선장과 선원의 일부를 살해하고 선박을 절취하여 운행한' 이민자들의 행위결과로 인한 비용의 전부손해에 대하여 보상을 요구하였다. 보험자는 이민자들의 행위는 탈출을 기도한 자였을 뿐이라고 하여 이를 거부하였다. 법원은 이민자들의 행위는 해적행위에 해당한다고 판시하였다.

(4) 해적행위는 무차별적이어야 하고 정치적 동기가 없어야 함

해적은 정치적 목적이 아니라 사적인 이익을 위하여 무차별적으로 약탈하는 자이다. 국가를 설립하기 위하거나 정치적, 공적인 목적으로 약탈하는 자는 국제법상으로는 해적행위일 수 있지만, 보험계약상에서는 그러하지 아니하다.

Republic of Bolivia v. Indemnity Mutual Marine Insurance Co., Ltd.사건[139]에서 볼리비아 정부는 래브리(Labrea)호에 선적되어 아마존강 상류로 운송되는 적하에 대하여 해상보험계약에 기하여 보험금지급을 청구하였다. 보험계약은 특히 "해상에서의 해적, 폭도, 강도, 모든 국왕과 군주, 어떠한 국가든 인민의 억류, 억지"로 인한 손해를 담보하였고, 포획, 나포를 면책으로 하였다. 항해의 후반부인 에이커(Acre)강을 항해중 선박이 볼리비아영토 안에서 대부분이 브라질인인 폭도의 통제아래 있던 다른 선박에 의하여 포획되었다. 적하는 멸실되어 볼리비아정부가 보상을 청구하였다. 항소법원은 이것은 해적행위가 아니라고 보았다. 해적은 정치적 목적이 아니라 사적인 이익을 위하여 무차별적으로 약탈하는 자라고 하였다. 버건 윌리암스(Vaughan Williams)판사는 유명한 픽포드(Pickford)판사의 해적행위의 정의를 인용하였다. 즉, 그는 "해적행위의 기준에 관한 판례는 없지만 그 본질은 공적인 목적과 반대로 사적인 목적의 추구에 있다. 제1차적으로 해적은 특정한 국가의 영토를 벗어난 지역에서 강도행위나 살인으로 사적인 이익이나 사적인 복수를 꾀하는 자이다. 공적인 목적으로 행위하는 자는 일정한 범위에서는 해적과 같지만 도덕적 태도는 다르며, 행위자체는 일정한 범위에 한정될 수 있다. 그는 인류의 적이 아니라 단지 특정한 국가의 적일 뿐이다"라고 한 픽포드(Pickford)판사의 판시를 인용하였다. 그는 "해적은 정치적으로 조직된 조직을 위하여 행위하지 않고, 불법적이거나 범죄행위에 해당하더라도 국가를 설립하기 위하거나 공적인 목적으로 특정한 국가의 재산에 대하여서만 행위하는 자가 아니라 사적인 목적으로 무차별적으로 약탈하는 자이다. 전자의 행위는 국제법상으로는 해적행위일 수 있지만, 보험계약상에서는

139) [1909] 1 KB 785, CA.

그러하지 아니하다"라고 판시하였다.

Banque Monteca and Carystuiaki and Another v. Motor Union Insurance Co., Ltd.사건140)에서 그리스 동력선인 필리아(Filia)호에 대하여 전쟁위험을 담보하는 보험에 붙여졌다. 보험계약은 나포는 담보하였지만 해적행위는 면책으로 되어 있었다. 흑해에서 '필리아'호는 터기 민족주의자들에 의하여 포획되어 피보험자는 멸실로 인한 손해의 보상을 청구하였다. 쟁점은 멸실이 해적행위로 인한 것인가 포획으로 인한 것인가 이었다. 법원은 멸실은 해적행위가 아니라 나포로 인한 것이라고 보았다.

(5) 해적행위는 폭력을 요건으로 함

보험사고로서 해적행위는 선주의 피용자가 폭력에 의하여 제압되거나 공포로 인하여 제압되는 것으로 인한 손해를 의미한다. 선박이 정박 중 지역강도가 승선하여 계류용 로프를 포함한 의장품을 절취하고 무장선원이 도전하자 칼을 들이대고 바다 속으로 뛰어든 경우에는 강도가 아니어서 손해보상을 인용하지 않은 Athens Maritime Enterprises Corporation v. Hellenic Mutual War Risks Association(Bermuda) Ltd., 'Andreas Lemos'사건141)에서 스터튼(Staughton)판사는 "힘이나 힘의 위협이 없는 강도는 해상보험상 해적행위는 아니다. 조합이 담보하는 보험사고로서 해적행위는 선주의 피용자가 폭력에 의하여 제압되거나 공포로 인하여 제압되는 것으로 인한 손해이다. 야간경비원이 취침중에 선주가 손해를 입거나 강도가 은밀하게 절취하여 입은 손해를 담보하는 것은 아니다. 해적행위는 은밀한 절도행위와 양립하지 아니한다"라고 하였다.

또한 선주가 선박의 천공에 공모한 경우 적하소유자는 악행으로 인한 보상을 받을 수 없었던 Shell International Petroleum Co., Ltd. v. Caryl Antony Vaugham Gibbs, 'Salem'사건142)에서 대형 유조선이 천공되어 남 아프리카(South Africa)에서 불법적으로 적하가 하역되었다. 항소법원의 데닝(Denning)판사는 강압적인 강도행위가 없었기 때문에 해적이 존재하지 아니하였고, 폭력적인 수단이 존재하지 아니하였으므로 강도가 존재하지 아니하였다"라고 판시하였다.

140) [1923] 14 LlL Rep. 48.
141) [1982] 2 Lloyd's Rep 483.
142) [1982] 1 Lloyd's Rep 369, CA: 이 사건의 사실관계는 이 책 제3부 제2장 제3절 손해보상의 의무 Ⅲ. 인치마리위험 8. 악행 (2) 부정행위의 정의 참조.

## 6. 선적 중 사고

1983년 협회선박기간보험약관 제6조 제2항 1호[143]는 "이 보험은 적하나 연료를 선적, 양륙 또는 이동중의 중의 사고로 인한 보험목적의 멸실 또는 훼손을 담보한다"라고 규정하고 있다. 이 조항은 선박기간보험에 가입한 선박에 보일러를 크레인을 사용하여 싣던 중 보일러가 선박의 창고바닥에 떨어져 훼손되었지만 해상고유의 위험이 아니라고 하여 보상을 받지 못한 Scott(Baltic) Steamers Ltd. v. Marten and Others사건[144]의 결과 두어졌다.

주의할 점은 1983년 협회선박보험약관에는 이 조항이 인치마리(Inchmaree) 조항에 포함되어 있었지만 1995년 협회선박보험약관(제4조 제1항 8호)과 2003년 국제선박보험약관(제2조 제1항 8호)에서는 일반위험조항에 속하게 되었다는 것이다. 따라서 이제는 이 조항은 상당한 주의조건이 적용되지 아니한다.

## 7. 인공위성 등 공중목적물로 인한 손해

1983년 협회선박기간보험약관 제6조 제1항 7호와 1983년 협회선박항해보험약 제4조 제1항 7호는 "항공기 또는 이와 유사한 물체, 또는 그로부터 떨어지는 물체와의 접촉"으로 인한 손해를 규정하지만, 1995년 협회선박기간보험약관 제6조 제2항 5호와 1983년 협회선박항해보험약 제4조 제2항 5호는 "항공기 또는 이와 유사한 물체, 또는 그로부터 떨어지는 물체와의 접촉"을 인치마리조항으로 규정하고 있다. 그러나 2003년 국제선박보험약관은 "인공위성, 항공기, 헬리콥터, 기타 유사한 물체, 또는 그로부터 떨어지는 물체와의 접촉(제2조 제1항 9호)"을 일반해상위험조항으로 환원하고 있다.

---

143) 1983년 협회선박항해보험약관 제4조 제2항 1호; 1995년 협회선박항해보험약관 제4조 제1항 8호; 2003년 국제선박보험약관 제2조 제1항 8호는 적하, 연료에 비품과 부품을 추가하고 있다.

144) [1916] AC 304, HL; 이 사건에서 증기선인 우사(Ussa)호의 소유자인 원고는 피고와 선박기간보험계약을 체결하였는데, 리버풀(Liverpool)에서 해안에 정박중 프로팅 크레인(floating crane)인 아틀라스(Atlas)호를 사용하여 대형 보일러를 선박의 창고의 뚜껑을 통하여 선박에 싣고 있었다. 적재과정에서 보일러가 선박의 뚜껑 테두리판과 접촉하여 적재중량이 갑자기 크레인에 부과되어 크레인의 리프팅 기어(lifting gear)가 붕괴되어 보일러가 선박의 창고바닥에 떨어져 선박이 훼손되었다. 선주는 보상을 청구하였지만, 법원은 그 사고는 바다에 특유한 사고가 아니기 때문에 해상고유의 위험으로 보상받을 수 없다고 보았다. 이 사건에 대하여는 또한 이 책 제3부 제2장 제3절 손해보상의 의무 Ⅱ. 해상위험 2. 해상고유의 위험 (3) 해상고유의 위험의 개념 (가) 해상의 우연한 사고 또는 재난 (g) 선박 위에서의 사고 참조.

## 8. 전위험담보약관: 협회적하보험(A)약관

### (1) 개 관

포괄책임주의를 취하는 협회적하보험(A)약관은 전위험보험약관(all risks policy of insurance)이라고 표현되고, 모든 위험이란 보험증권에서 달리 규정하지 아니하는 경우, 피보험자가 모든 해상위험(all marine perils)에 대하여 담보된다는 것을 의미한다.145)

첫째, 보험자는 제한 없이 모든 손해에 대하여 보상책임을 지는 것은 아니라는 점을 유념하여야 한다. 협회적하보험(B),(C)약관과 같이, 협회적하보험(A)약관 제4조는 통상적인 사고의 과정에 있어서 해상사업과 통상적으로 관련이 없다고 고찰되는 면책사유를 열거하고 있다. 예컨대 동 조항은 피보험자의 고의적 불법행위로 인한 손해를 담보하지 아니하고, 고유의 하자나 자연마모로 인한 손해를 담보하지 아니한다.

둘째, 보험자는 전위험담보보험의 경우에도 보험자(insurer)이지 보증인(guarantor)은 아니다. 모든 위험이라는 표현은 일반보험의 개념에서 유래하는 것으로 보험자가 피보험자에게 보상하는 사항에 대한 제한을 내포한다. Schloss Bros v. Stevens사건146)에서 월튼(Walton)판사는 "모든 위험은 운송동안 발생하는 여하한 성격의 우연한 사고로 인한 모든 손해에 대하여 담보하는 것을 의도한다. … 사고가 있어야 한다"라고 한다.

셋째, 전위험보험의 경우 청구자가 지는 입증책임은 덜 엄격하다. 협회적하보험(B)약관이나 (C)약관과는 달리 보험금청구권자는 손해가 어떻게 발생하였는가를 입증할 필요는 없고, 실제로 발생하였으며, 그것이 사고이었지 확정적인 것은 아니었음을 입증하기만 하면 된다.

이에 관한 영국판례로는 전위험을 담보하는 적하보험에 가입된 적하가 1년 반 이상 걸린 지연된 운송으로 인하여 습기와 해충으로 인하여 훼손된 채 도착하였는데 보상이 명하여진 Schloss Bros v. Stevens사건147)과 칠레로부터 런던

145) Susan Hodges, op. cit., p. 416; F.D. Rose, op. cit., § 14.3, p. 267.

146) [1906] 2 KB 665사건에서 월튼(Walton)판사의 판시.

147) [1906] 2 KB 665: 이 사건에서 산바닐라(Sanvanilla) 그리고/또는 카타지나(Cartagena)에서부터 컬럼비아(Columbia)내의 장소 또는 장소들까지 '육상 또는 수상'의 적하에 대한 전위험담보보험상의 보험금청구소송사건이다. 산바닐라로부터의 운송중 컬럼비아내에 있는 항구인 메델린(Medellin)에서 12[illegible] 적하가 우연히 습기에 젖고 해충에 의한 손상으로 훼손되었다. 특히 훼손은 나쁜 날씨에서 적하를 내륙으로 운송하는데 걸린 1년 반동안의 비정상적인 지연으로 인한 것이었다. 적하의 소유자들은 적하보험금을 청구하였지만 보험자는 훼손이 자연마모로 인한 것이라는 이유로 이를 거부하였다. 법원

까지 운송되는 전위험을 담보하는 적하보험에 가입된 양모가 훼손된 채 런던에 도착하여 보상이 명하여진 British and Foreign Marine Insurance Co. v. Gaunt 사건[148]은 전위험담보 적하보험계약에 가입함으로써 피보험자가 획득할 이점을 알 수 있는 좋은 예이다.

(2) 입증책임

'전위험'보험계약의 경우에도 피보험자는 손해가 우연한 사고로 인한 것임을 입증하여야 한다.

이에 관한 영국판결로는 자카르타에서 영국으로 운송되는 전위험을 담보하는 적하보험에 가입한 향수가 목적지에서 다량의 물이 섞여 있음이 확인되어 우연한 사고임을 입증하지 못하였다고 하여 보험자승소판결이 내려진 Fuerst

---

은 전위험보험은 어떠한 종류든 우연한 원인으로 인한 모든 손해를 담보하고, 보험자는 보상책임을 진다고 판시하였다. 월튼(Walton)판사는 "이 증권은 통상적인 형태의 로이즈보험증권에서 담보되는 위험으로 인한 모든 손해를 담보하고, 이에는 일부는 통상적인 인쇄된 로이즈보험증권에서 담보되지 아니하는 폭력을 수반하든 아니든 강도위험, 해충에 의한 훼손 등을 포함한다. 그러므로 이 증권은 통상적인 위험 이상의 무엇을 담보하는 것을 의도하는 것임이 명백하다. '육상 또는 수상에서의 모든 위험'이라는 문구는 문언 그대로 해석되어야 한다. 이 문언은 운송 도중 발생하는 여하한 성질의 원인으로 인한 우연한 손해를 담보하는 것을 의도하는 것이라고 생각된다. 12 꾸러미의 적하에 대하여 운송에 있어서 우연한 비정상적인 지연이 있었고, 이 지연으로 인하여 적하가 필연적으로 습기에 노출되었다. 그러므로 12꾸러미에 대하여서는 손해는 우연한 것이었고, 보상이 허용된다."라고 판시하였다. 또한 이 책 제3부 제2장 제3절 손해보상의 의무 II. 해상위험 4. 선박 외부의 자에 의한 강도 (2) 폭력적 강도 (나) 협회적하보험(A)약관 참조.

148) [1921] 2 AC 41, HL 피상고인(원고)은 칠레에서 영국으로 FOB조건으로 운송되는 양모의 수입업자이었는데, 보험증권은 "양(sheep)의 등에서부터 … 유럽에 있는 창고에 안전하게 인도될 때까지" 담보하는 전위험보험이었다. 양모가 브랫포드(Bradford)에 도착하여 일부 상자의 양모가 심하게 훼손되었음이 발견되었는데, 이 훼손은 칠레로부터 펀타 아레나스(Punta Arenas)로 운송도중 연안에서 발생하였음이 밝혀졌다. 양모는 지방의 증기선으로 운송되어 유럽행의 선박에 선적되기 전에 펀타 아레나스항구에 있는 창고용 선박에 임치되었었다. 피상고인은 보상을 청구하였는데 상원은 적하소유자의 승소를 명한 항소법원의 판결을 유지하였다. 버켄헤드(Birkenhead)판사는 "'모든 위험'이란 문구는 물론 자연마모와 불가피한 가치하락과 같은 불가피한 훼손을 포함하지 아니한다. 이에 관한 판결은 거의 없지만 Schloss Bros v. Stevens사건에서 월튼(Walton)판사는 '육상 또는 수상에서의 모든 위험이라는 문언은 운송 도중 발생하는 여하한 성질의 원인으로 인한 우연한 손해를 담보하는 것을 의도한다.… 사고가 있었음에 틀림없다'라고 한 판시가 정확한 것을 서술하고 있다. 달리 말하면 이와 같은 보험증권에서 담보되는 훼손은 우연한 사고로 인한 것이면 된다."라고 판시하였다. 섬너(Sumner)판사는 "물론 '모든 위험'에 제한이 존재한다. 이 표현은 고유의 하자나 자연소모 또는 포획을 담보하지 아니한다. 그것은 불확정적인 사고를 담보한다. 적하가 운송되는 상황에서 보험목적의 당연한 행위없이 보험목적에 발생하는 그 무엇이다. 피보험자가 스스로 손해를 야기한 경우도 포함하지 아니한다. 마지막으로 '모든 위험'이 일반법을 변경시키지 않는다. 이는 적법한 위험만을 담보하고, 입증책임은 통상적인 해상보험증권의 경우와 같다"라고 판시하였다.

Day Lawson Ltd. v. Orion Insurance Co., Ltd.사건[149]과 칠레로부터 런던까지 운송되는 전위험을 담보하는 적하보험에 가입된 양모가 훼손된 채 런던에 도착하여 입증책임이 검토된 British and Foreign Marine Insurance Co. v. Gaunt사건,[150] 뉴욕에서 런던까지의 운송하는 전위험을 담보하는 적하보험에 가입한 스폰지가 훼손된 채 런던에 도착하여 입증책임을 다하였다고 하여 보상이 허용된 Theodorou v. Chester사건[151] 등이 있다.

## Ⅲ. 인치마리위험

### 1. 개 관

(1) 인치마리위험 일반

인치마리위험은 표준선박보험약관과 협회운임보험약관상의 위험조항의 두

149) [1980] 1 Lloyd's Rep. 656: 이 사건에서 원고는 자카르트타(Djakarta)에서 영국까지 운송되는 향수에 사용되는 오일의 적하의 수입업자이었다. 보험자와의 보험증권에는 '어느 곳에서' 발생한 모든 손해를 담보한다고 하였다. 495드럼의 오일에 대한 대금이 신용장에 의하여 지급되었다. 영국에 도착하여 드럼에 많은 물이 섞여 있음이 발견되었고, 후일 미국에 운송된 오일도 다량의 물이 섞여 있음이 발견되었다. 원고는 전위험보험증권에 기하여 보상을 청구하였다. 법원은 보험자 승소판결을 내렸다. 원고는 개연성의 우월에 기하여 오일이 처음부터 오일임을 입증하지 못하였다. 드럼에는 처음부터 물이 채워 있었을 가능성이 존재하였다.

150) [1921] 2 AC 41, HL(이 사건의 구체적인 사실관계는 이 책 제3부 제2장 제3절 손해보상의 의무 Ⅲ. 해상위험 8. 전위험담보약관: 협회적하보험(A)약관 (1) 개관 참조): 칠레로부터 런던까지 운송되는 양모에 대하여 브랫포드(Braford)에 도착하여 훼손되었음이 발견되었다. 상원은 결론을 내리는데 입증책임을 고찰하였다. 버켄헤드(Birkenhead)판사는 "원고가 손해가 보험증권상의 담보범위내임을 입증하여야 한다는 원칙이 적용된다. 그러나 전위험보험의 경우에는 손해가 일반적인 표현에 의하여 담보되는 사고로 인한 것임을 입증하는 경우에는 입증책임을 면하고, 실제로 손해를 야기한 사고의 정확한 성질을 입증할 필요는 없다"라고 판시하였다. 섬너(Sumner)판사는 "명세서의 준 보편성(quasi-univerality)이 입증책임에 영향을 미치지 않는다고 생각된다. '전위험'담보보험사건의 경우 피보험자는 손해가 확정적이거나 고유의 하자 또는 자연마모로 인한 것이 아니라 사고로 인한 것임을 입증하기만 하면 된다. 이것은 쉽게 행해질 수 있다. 나는 이 손해가 어떻게 정확히 일어났는가를 입증하기 위하여 다수의 위험 중 하나를 꼭 집어내야 한다고 생각되지 않는다."라고 판시하였다.

151) [1951] 1 Lloyd's Rep. 204: 이 사건에서 뉴욕에서 런던까지의 운송되는 204꾸러미의 아메리칸 머찬트(American Merchant)호에 선적된 스폰지에 대하여 전위험을 담보하는 적하보험계약이 체결되었다. 런던에 도착한 후 스폰지가 습기와 먼지로 훼손되었음이 발견되었다. 피보험자의 보험금청구에 대하여 보험자는 훼손이 통상적 운송위험 이외의 어떠한 다른 원인이 없이 발생하였다는 이유로 이를 거부하였다. 법원은 British and Foreign Marine Insurance Co v. Gaunt [1921] 2 AC 41, HL사건을 인용하여 원고가 훼손이 외부의 우연적인 원인에 의하여 기인하였음을 개연성의 우월에 기하여 입증하였기 때문에 보상을 받을 수 있다고 판시하였다.

번째 부분에서 담보하는 위험이다. 이 위험은 Thames and Mersey Marine Insurance v. Hamilton, Fraser and Co., 'Inchmaree'사건[152]의 직접적인 결과로 담보위험으로 도입되었다.

이 조항의 내용인 '인한'(caused by)이라는 어구에 유념할 필요가 있다. 이 어구는 예컨대 보일러의 파열 또는 샤프트의 파괴로 인한 보험금청구는 그 사고로 인한 손해에 대해서만 인정되지만, 보일러나 샤프트 자체에 대한 훼손으로 인한 손해는 인정되지 않는다는 것을 표현하고 있다. 같은 원칙이 1983년 협회선박기간보험약관 제6조 제2항 1호의 '기관 또는 선체의 숨은 하자'의 어구에 대해서도 적용된다. 예컨대 숨은 하자로 인하여 훼손된 것으로 확인된 특정한 항목의 기관 자체를 교체하는데 초래된 비용에 대한 보험금청구는 허용되지 않는다. 그런데 2003년 국제선박보험약관은 보일러 파열 또는 파손된 샤프트, 또는 선체 또는 기관의 숨은 하자로 인한 보험목적의 훼손의 경우 파열된 보일러와 파손된 샤프트의 교체비용과 수리비용, 숨은 하자의 교정비용에 추가하여, 이들의 공통적인 수리비용 등의 1/2을 보상하는 추가담보조항을 삽입할 수 있도록 하고 있다(동약관 제41조). 숨은 하자로 인한 손해는 보험계약에서 달리 정하지 아니하는 한 '보험자는 … 보험목적의 고유한 성질 또는 하자 … 또는 해상위험에 근인하지 아니한 기관에 대한 훼손을 보상하지 않는다'라고 규정하는 영국해상보험법 제55조 제2항 c호의 면책사유에 해당한다. 그러나 1983년 협회선박기간보험약관 제6조 제2항과 1983년 협회선박항해보험약관 제4조 제2항 등 표준선박보험약관은 이를 담보위험으로 규정하고 있다. 선체나 기관의 숨은 하자의 범위가 통상의 해상고유의 위험을 감내할 수 없을 정도인 경우에는, 그것은 선박을 불감항으로 할 것이다. 이러한 사고가 발생하는 경우 이 조항은 영국해상보험법 제39조가 동시에 적용된다. 항해보험의 경우 동법 제39조 제1항은 부보항해의 개시시에 적용되는 감항능력의 묵시적 담보특약을 명확히 규정하고 있다. 따라서 부보위험인 숨은 하자가 감항능력의 담보특약보다 하위로 인정되어, 보험자는 감항능력의 묵시적 담보특약의 위반시로부터 책임을 면하는가 여부는 앞으로 법원에 의하여 결정되어야 하는 흥미로운 쟁점이다.[153] 그러나 기간보험의 경우에는 묵시적 담보특약은 인정되지 않는다. 영국해상보험법 제39조 제5항은 '피보험자의 관여아래 선박이 불감항인 상태에서 항해를 개시한 경

152) [1887] 12 App. Cas 484, HL.: 이 사건의 상세한 사실관계는 이 책 제3부 제2장 제3절 손해보상의 의무 Ⅰ. 담보위험 2. 담보위험에 관한 쟁점 (2) 인치마리조항 참조.

153) Susan Hodges, op. cit., p. 490.

우에는, 보험자는 불감항에 기인하는 손해에 대하여는 책임을 지지 않는다'라고 규정하고 있다.

또한 피보험자는 2003년 국제선박보험약관 제2조 제2항 3호, 1983년 협회선박보험약관 제6조 제2항 2호, 그리고 1983년 협회항해보험약관 제4조 제2항 2호의 '선장, 고급선원, 보통선원, 도선사의 과실'에 대하여도 보상을 받고, 이는 영국해상보험법 제55조 제2항 a호와 양립한다. 그러나 보상을 받기 위하여서는 이 과실이 손해의 근인이거나 근인들 중 하나임이 입증되어야 한다. 또한 피보험자는 이러한 과실이 최소화될 수 있도록 선박이 적절히 의장되었고, 승무원을 승선시키는 등 상당한 주의[154]를 다하여야 한다.

이 조항은 피보험자 자신의 과실을 담보하지는 않는다. 그러나 표준선박보험약관은 해상사업에 고용되기도 하는 선주에 대한 특별한 정함을 하고 있다. 즉, '선장, 고급선원, 보통선원, 또는 도선사가 선박에 지분을 가지고 있어도 1983년 협회선박기간보험약관 제6조에서 말하는 선주로 보지 않는다'.[155] 이에 의하여 연안무역에서 공통적인 현상인 선장으로 행위하는 선주가 공동소유자인 경우 인치마리조항의 보호를 받게 된다.[156]

수리업자 또는 용선자가 피보험자가 아닌 경우에, 이들의 과실은 2003년 국제선박보험약관 제2조 제2항 4호, 1983년 협회선박기간보험약관 제6조 제2항 3호, 그리고 1983년 협회선박항해보험약관 제4조 제2항 4호에 의하여 보호된다.

'항공기, 헬리콥터 또는 유사한 목적물, 또는 이들로부터 추락하는 목적물과의 접촉'으로 인한 보험목적의 훼손에 대하여 1995년 협회선박기간보험약관 제6조 제2항 5호와 1995년 협회선박항해보험약관 제4조 제2항 3호에 규정되었는데, 2003년 국제선박보험약관은 인치마리위험이 아닌 일반해상위험으로 전환하고 있다(동약관 제2조 제1항 9호).

(2) 우리 판례상의 인치마리위험

'선장, 고급선원, 보통선원의 악행'은 인치마리조항 중 주요주제로 이에 관한 여러 판결이 내려지고 있다. 인도네시아 연안 비악섬 51마일 해상에서 좌초하여

154) 상당한 주의조건에 대하여서는 이 책 제3부 제2장 제3절 손해보상의 의무 Ⅰ. 담보위험 2. 담보위험에 관한 주요쟁점 (3) 상당한 주의 참조.

155) 1983년 협회선박기간보험약관 제6조 제3항; 1983년 협회선박항해보험약관 제4조 제3항; 1983년 협회운임항해보험약관 제4조 제3항; 2003년 국제선박보험약관 제2조 제5항; 1995년 협회선박기간보험약관 제6조 제3항; 1995년 협회선박항해보험약관 제6조 제3항.

156) 이에 대하여서는 이 책 제3부 제2장 제3절 손해보상의 의무 Ⅰ. 담보위험 참조 2. 담보위험에 관한 주요쟁점 (1) 피용인을 겸하는 소유자 참조.

침몰한 야호이호에 대한 전손금청구에 대하여 선주의 공모 또는 묵인이 인정된 야호이호 사건,[157] 선주가 선장 및 선원과 공모하에 이루어진 선주의 악행에 의한 것일 가능성이 보다 우월하다고 판시한 나라이호사건,[158] 선박의 좌초와 선원의 이선으로 인한 원주민의 약탈로 추정전손보상이 청구된 사건,[159] 와이드시 제28(Wide Sea No. 28)호 사건,[160] 선장 등이 고의로 킹스톤밸브 등을 조작하여 원양트롤어선인 동영호를 침몰시키고 마치 화재 등으로 인하여 자연적으로 동영호가 침몰된 것처럼 가장하여 원고에게 보험금을 청구한 사건에서는 선장 등의 고의적인 선박의 침몰행위가 선주의 지시 내지 묵인에 의한 것이어서 선박보험계약상의 부보위험에 해당한다고 볼 수 없다고 한 동영호 사건[161] 등이 그 예이다.

## 2. 보일러의 파열 등 자체 손해가 아닌 그로 인한 손해의 보상

'인한(caused by)'이란 어구는 보일러의 파열 또는 샤프트의 파손 또는 기관이나 선체 자체가 입은 훼손이 아니라 보일러의 파열, 샤프트의 파괴 또는 기관이나 선체의 숨은 하자로 인한 훼손임을 추론하게 한다. 주형과정의 하자로 인한 커다란 균열이 선박의 수리시에 발견되어 폐기된 샤프트의 보상이 허용되지 아니한 Oceanic Steamship Co. v. Faber사건,[162] 주형과정상의 하자로 선미프레임의 교체비용의 보상이 허용되지 않은 Hutchins Brothers v. Royal Exchange Assurance Corporation사건,[163] 그리고 선박을 수리하기 위하여 프로펠러를 교체하던 중 숨

157) 서울지방법원 1998.10.1. 선고, 98가합7857, 40058 판결: 이 사건의 상세한 사실관계는 한창희, 런던보험자협회의 새로운 선박보험약관, 상사법연구 18권 1호(1999), 246~247면 참조.

158) 대법원 1991.5.14. 선고, 90다카25314 판결.

159) 대법원 1989.9.12. 선고, 87다카3070 판결.

160) 한창희, 자연적 마모, 감항능력위반, 보험법률 38호, 보험신보사, 2001, 28~35면.

161) 대법원 2005.11.25. 선고, 2002다59528, 59535 판결.

162) [1907] 13 Com Cas 28, CA: 증기선 질란디아(Zealandia)호는 호놀루루로부터의 항해 후에 샌프란시스코에서 수리를 위하여 드라이 도킹되었다. 선박은 '… 보일러의 파열, 샤프트의 파괴, 기관 또는 선체의 숨은 하자로 인한 선체 또는 기관의 멸실 또는 훼손을 담보'하였다. 프로펠러를 제거할 때 수년 전의 과실있는 주형으로 인한 커다란 균열이 발견되었다. 샤프트가 폐기되었고, 선주는 숨은 하자로 인한 손해라는 이유로 보상을 청구하였다. 항소법원은 잠재적 하자가 존재하는 실제의 기관은 보험담보하지 않고, 단지 숨은 하자의 결과 또는 이로 인하여 입은 손해만을 담보한다고 판시하였다.

163) [1911] 2 KB 398, CA: 사건에서 흑해로의 항해 후에 선박 엘라린(Ellaline)호가 드라이 도킹과 페인트칠을 위하여 영국으로 귀항하였다. 선미프레임의 조사시에 균열이 발견되었는데, 이는 주형과정동안 공정상의 과실로 인한 것이 확인되었다. 선주는 선미프레임의 교체를 위하여 보상을 청구하였다. 선박보험약관에는 인치마리조항이 삽입되어 있었다. 법원은 선미프레임만이 손해를 입었다는 이유로 선미프레임의 교체비용은 보상되지

은 하자로 샤프트가 파괴되어 추락하여 프로펠러와 샤프트가 훼손된 경우 프로펠러만의 보상이 허용된 Scindia Steamship Ltd. v. London Assurance사건[164]의 세 사건은 '인한'이란 어구의 의미에 대한 시사점을 제공한다.

이와 관련하여 2003년 국제선박보험약관상의 인치마리조항은 협회선박기간보험약관과 네 가지 점에서 달리 규정하고 있다.[165]

첫째, 이 조항은 보험담보범위를 각 항목별로 보다 명확히 규정하고 있다.[166]

둘째, 이 조항은 보험사고로 인한 것이 아닌 자체 손해를 원칙적으로 면책으로 한다. 즉, 이 조항[167]은 "이 보험은 ① 보일러의 파열 또는 샤프트의 파손으로 인한 손해를 담보하지만, 파열한 보일러 또는 파손된 샤프트를 수리하거나 교체하는 여하한 비용을 담보하지 않는다. ② 선체나 선박상의 잠재적 하자로 인한 손해를 담보하지만, 숨은 하자를 교정하는 여하한 비용도 담보하지 않는다"라고 규정하고 있다.

그러나 셋째, ① 보일러의 파열, 샤프트의 파손, 또는 숨은 하자로 인한 손해의 보상이 청구되고, ② 파열된 보일러 또는 파손된 샤프트의 손해를 수리하거나 이를 수리하는데, 또는 숨은 하자를 교정하는데 공통적인 비용이 드는 경우에는 ③ 보험자는 이 비용의 1/2을 보상한다.[168]

넷째, 최초의 부보된 손해를 야기한 파열된 보일러 또는 파손된 샤프트를 수리하거나 숨은 하자를 교정하는데 드는 비용과 함께, 위의 셋째 항목에서 보상되지 않는 1/2은 추가위험조항[169]에 의하여 담보될 수 있다. 그러나 이 조항에는 보험자가 명시적으로 서면으로 동의하고 상당한 주의조건[170]과 피용자겸 소

---

않는다고 판시하였다.

164) [1937] 1 KB 636: 이 사건에서 증기선 자라비자야(Jalavijaya)호의 선주인 원고는 봄베이에서 테일 엔드 샤프트(tail end shaft) 주변의 목재 라이닝(lining)을 교체하기 위하여 드라이독에 입거하였다. 선박은 인치마리조항이 삽입된 기간보험계약에 들었다. 프로펠러를 제거하고자 시도하던 중, 숨은 하자로 인하여 샤프트의 끝이 파괴되어 프로펠러와 샤프트의 끝이 드라이독으로 추락하여 프로펠러의 한쪽 면이 파괴되었다. 선주는 프로펠러와 샤프트의 보상을 청구하였다. 법원은 보험자는 샤프트에 대한 훼손은 보상책임이 없고, 단지 프로펠러에 대한 훼손 같은 샤프트의 파괴로 인한 훼손만의 보상책임을 진다고 판시하였다.

165) F.D. Rose, op. cit., § 15.12~15.14, p. 292.

166) 1983년 협회선박보험약관은 보일러의 파열과 샤프트의 파손으로 인한 손해의 위험과 선체나 기관의 숨은 하자를 같은 조항에서 규정하였지만(동약관 제6조 제2항 2호), 2003년 국제선박보험약관은 두 위험을 별개의 조항으로 나누어 규정하고 있다(동약관 제2조 제2항 1호와 제2조 제2항 2호).

167) 2003년 국제선박보험약관 제2조 제2항 1호~제2조 제2항 2호.

168) 2003년 국제선박보험약관 제2조 제3항~제2조 제4항.

169) 2003년 국제선박보험약관 제41조.

170) 이 책 제3부 제2장 제3절 손해보상의 의무 I. 담보위험 2. 담보위험에 관한 주요쟁점

유자조건[171]이 적용된다.

## 3. 적하의 취급

적하의 선적 또는 양륙작업의 결과 또는 그 과정에서 일어난 적하에 대한 훼손은 해상고유의 위험이 아니다. 따라서 Scott(Baltic Steamers) Ltd. v. Marten사건[172]에서 피보험자는 이 근거로 보상을 받지 못하였다. 이에 표준선박보험약관과 협회운임보험약관[173]은 "적하 또는 연료의 선적, 양륙 또는 이동중의 사고"로 인한 보험목적의 멸실 또는 훼손을 보상한다고 규정하고 있다.

2003년 국제선박보험약관의 위험조항은 "적하, 연료, 비품 또는 부품의 선적, 양륙 또는 이동중의 사고"로 인한 손해를 보상한다.[174]

## 4. 보일러 또는 샤프트의 파괴

표준선박보험약관과 협회운임보험약관[175]은 "보일러의 파열 또는 샤프트의 파손으로 인한 보험목적의 멸실 또는 훼손을 담보하지만, 파열된 보일러나 파손된 샤프트를 수리하거나 교체하는 비용을 담보하지 않는다"라고 규정하고 있다.

보일러의 파열의 의미에 관한 영국판례는 존재하지 않는다. 보일러의 파열이 화재 또는 폭발로 인한 경우에는 협회위험조항의 전반부에 의하여 보험담보되고, 이 경우에는 상당한 주의조건이 적용되지 않음을 유념하여야 한다. 보일러의 파열로 실제로 인정될 수 없는 사고를 담보하는 것으로 처리될 수는 없다.

또한 샤프트의 파손에 대한 보험담보는 샤프트가 파손하는 경우에 대하여서만 적용되는 것이고, 샤프트가 파손될지도 모르는 상태에는 적용되지 않는

---

(1) 피용인을 겸하는 소유자 참조

171) 이 책 제3부 제2장 제3절 손해보상의 의무 Ⅰ. 담보위험참조 2. 담보위험에 관한 주요쟁점 (3) 상당한 주의 참조.

172) [1916] AC 304; 상세한 사실관계는 이 책 제3부 제2장 제3절 손해보상의 의무 Ⅱ. 해상위험 (6) 선적중의 사고 참조.

173) 1983년 협회선박기간보험약관 제6조 제2항 1호; 1983년 협회선박항해보험약관 제4조 제2항 1호; 1983년 협회운임기간보험약관 제7조 제2항 1호; 1983년 협회운임항해보험약관 제5조 제2항 1호; 1995년 협회선박기간보험약관 제6조 제1항 8호; 1995년 협회선박항해보험약관 제4조 제1항 8호.

174) 2003년 국제선박보험약관 제2조 제1항 8호.

175) 1983년 협회선박기간보험약관 제6조 제2항 1호; 1983년 협회선박항해보험약관 제4조 제2항 1호; 2003년 국제선박보험약관 제2조 제1항 1호; 1983년 협회선박항해보험약관; 1983년 협회운임기간보험약관 제7조 제2항 2호; 1983년 협회운임항해보험약관 제5조 제2항 2호.

다.[176)]

이에 관하여서는 선박을 수리하기 위하여 프로펠러를 교체하던 중 숨은 하자로 샤프트가 파괴되어 추락하여 프로펠러와 샤프트가 훼손된 경우 프로펠러만의 보상이 허용된 Scindia Steamship Ltd. v. London Assurance사건[177)]에서 잘 설명되고 있다.

보일러와 샤프트의 파괴로 인한 보험목적의 손해의 경우 2003년 국제선박보험약관은 보험자는 파열된 보일러나 파손된 샤프트를 수리하거나 교체하는 비용은 보상하지 않지만(동약관 제2조 제2항 1호), 보일러의 파열이나 샤프트의 파괴로 인하여 보험목적이 멸실 또는 훼손된 경우, 파열된 보일러와 파손된 샤프트로 인한 보험목적의 멸실 또는 훼손에 대한 수리와 파열된 보일러와 파손된 샤프트의 수리에 대한 공통적인 비용의 1/2을 보상한다(동약관 제2조 제2항 3호). 또한 보험자와의 명시적인 서면상의 추가약정이 있는 경우, 멸실 또는 훼손이 피보험자, 소유자 또는 관리자의 상당한 주의의 결여로 인하지 않을 것을 조건으로, 2003년 국제선박보험약관 제2조 제2항 1호에 따라 보일러의 파열과 샤프트의 파손이 보험목적의 멸실 또는 훼손을 야기한 경우에 파열된 보일러와 파손된 샤프트를 수리하거나 교체하는 비용을 보상하고(동약관 제2조 제3항), 동약관 2조 3항에 따라 파열된 보일러와 파손된 샤프트로 인한 보험목적의 멸실 또는 훼손에 대한 수리와 파열된 보일러와 파손된 샤프트의 수리에 대한 공통적인 비용중 보상받지 못한 1/2을 보상하는 추가약정을 할 수 있음을 규정하고 있다(동약관 제41조 제1항 1호).[178)]

## 5. 신세나 기관의 숨은 하자

### (1) 서 언

표준선박보험약관[179)]은 '기관 또는 선체의 숨은 하자'로 인한 멸실 또는 훼손

---

176) Oceanic SS Co. v. Faber [1907] 13 Com Cas 61: 이 사건의 구체적인 사실관계는 이 책 제3부 제2장 제3절 손해보상의 의무 Ⅲ. 인치마리위험 2. 보일러의 파열 등 자체손해가 아닌 그로 인한 손해의 보상 참조.

177) [1937] 1 KB 636: 이 사건의 사실관계는 이 책 제3부 제2장 제3절 손해보상의 의무 Ⅲ. 인치마리위험 2. 보일러의 파열 등 자체 손해가 아닌 그로 인한 손해의 보상 참조.

178) 이 책 제3부 제2장 제3절 손해보상의 의무 Ⅲ. 인치마리위험 2. 보일러의 파열 등 자체손해가 아닌 그로 인한 손해의 보상 그리고 5. 선체나 기관의 숨은 하자 (8) 2003년 국제선박보험약관 참조.

179) 1983년 협회선박기간보험약관 제6조 제2항 2호; 1983년 협회선박항해보험약관 제4조 제2항 2호; 2003년 국제선박보험약관 제2조 제2항 2호.

을 담보한다. 보일러의 파열과 샤프트의 파손과 같이 숨은 하자로 인하여 훼손된 것으로 확인된 특정한 항목의 기관 자체를 교체하는데 초래된 비용에 대한 보험금청구는 다른 약정이 없는 한 허용되지 않는다.

숨은 하자로 인한 손해는 '보험자는 … 보험목적의 고유한 성질 또는 하자 … 또는 해상위험에 근인하지 아니한 기관에 대한 훼손을 보상하지 않는다'라고 규정하는 영국해상보험법 제55조 제2항 c호의 면책사유에 해당한다. 그러나 표준선박보험약관은 동조항의 '보험증권에 다른 정함이 있는 경우를 제외하고'라는 유보에 따라 이 위험을 담보위험으로 전환하고 있는 것이다.

숨은 하자에 대하여서는 그 개념상의 정의가 문제되고, 통상의 자연적 마모와의 구별을 고찰하여야 한다. 또한 선체나 기관의 숨은 하자의 범위가 통상의 해상고유의 위험을 감내할 수 없을 정도인 경우에는, 그것은 선박을 불감항으로 할 것이다. 이러한 사고가 발생하는 경우 이 조항은 영국해상보험법 제39조가 동시에 적용된다. 항해보험의 경우 동법 제39조 제1항은 부보항해의 개시시에 적용되는 감항능력의 묵시적 담보특약을 명확히 규정하고 있다. 따라서 부보위험인 숨은 하자가 감항능력의 담보특약보다 하위로 인정되어, 보험자는 감항능력의 묵시적 담보특약의 위반시로부터 책임을 면하는가 여부가 문제된다.

숨은 하자의 의미에 대하여 두 가지 기준이 영국판례에 의하여 제시되고 있지만, 아직 명확히 설정된 것은 아니다. 숨은 하자에 설계의 하자가 포함되는가에 대하여 최근의 Prudent Tankers Ltd. SA v. Dominion Insurance Ltd., 'Caribbean Sea'사건[180] 이래 영국에서는 이를 긍정하는 것이 일반적이고, 선박의 수리와 교체의 경우도 포함된다고 해석되고 있다.

### (2) 숨은 하자의 의미

숨은 하자란 합리적으로 주의깊은 전문가의 조사로 발견될 수 없는 하자이다.

선체 또는 기관이 의도되고 설계된 것으로 합리적으로 고찰될 수 있는 목적에 사용되지 아니하여 결과적으로 작업을 수행하는데 부적절하여 손해를 야기하는 경우에는 그 손해는 선박 또는 기관의 명백한 하자로 인한 것이라고 하는 것이 합리적이다. 그것이 의도된 목적으로 사용되는 경우에는 자연마모를 입게 되고, 이 하자가 손해를 야기하는 경우에는 보험자는 보상책임을 지지 않는다. 그러나 보험자는 선체 또는 기관의 숨은 하자로 인한 손해에 대하여서는 비록

180) [1980] 1 Lloyd's Rep. 338: 이 사건의 구체적인 사실관계는 이 책 제3부 제2장 제3절 손해보상의 의무 Ⅲ. 인치마리위험 5. 선체나 기관의 숨은 하자 (4) 숨은 하자의 형태 (가) 설계상의 하자 (b) 긍정하는 판례 참조.

그것이 자연마모로 인하여 드러난 경우에도 보험자는 보상책임을 지는 것이다.[181]

선체 또는 기관의 숨은 하자를 이루는 것은 무엇인가에 대하여서는 유조선의 흡입구(suction valve)를 통하여 해수가 유입되어 선박이 침몰하였는데, 흡입구의 하자는 선박설계의 하자와 선박의 통상적인 작동으로 인한 노즐의 피로균열로 인한 것으로 숨은 하자에 해당한다고 하여 보상이 명하여진 최근의 캐리비언 시(Caribbean Sea)호 사건[182]에서 로버트 고프(Robert Goff)판사에 의하여 고찰되었다. 이는 ① 하자가 존재하고, ② 이는 선체나 기관상의 것이며, ③ 이는 명백하지 않아야 한다는 세 가지 요소로 구분할 수 있다. 세 가지 요소 특히 첫째 요소와 둘째 요소는 어느 정도 뒤얽혀 있다. 단지 하자가 있다는 것만으로는 충분하지 않다. 명백한 하자에 대하여서는 보험자는 위험이 부보되지 않았다던가 손해가 우연한 것이 아니라거나 또는 고지의무위반을 이유로 보상책임을 지지 않는다. '캐리비언 시'호 사건[183]에서 고프(Goff)판사는 선체나 기관이 건조된 재료, 건조방법, 시설, 또는 선체나 기관의 설계상의 과실이 존재하여도 잠재적 하자에 해당한다고 판시하였다.

(3) 숨은 하자의 판단기준

하자의 잠재성에 관하여서는 ① 알려지거나 관습적인 조사로는 발견될 수 없는 하자기준, ② 합리적으로 주의깊은 전문가의 조사로 발견될 수 있는 하자기준의 두 가지의 기준이 제기되고 있고, 영국판례의 입장은 후자의 입장을 취한다.

(가) 알려지거나 관습적인 조사로는 발견될 수 없는 하자 : 미국판결인 목재선이 평온한 날씨에 27년이나 사용된 노후한 죄임이 파괴되어 침몰하여 보상이 허용되지 않은 Sipowicz v. Wimble and Others, 'Green Lion'사건[184]에서 제

181) F.D. Rose, op. cit., § 15.7, p. 290.

182) Prudent Tankers Ltd SA v. Dominion Insurance Ltd, 'Caribbean Sea' [1980] 1 Lloyd's Rep. 338: 이 사건의 구체적인 사실관계는 이 책 제3부 제2장 제3절 손해보상의 의무 Ⅲ. 인치마리위험 5. 선체나 기관의 숨은 하자 (4) 숨은 하자의 형태 (가) 설계상의 하자 (b) 긍정하는 판례 참조.

183) Prudent Tankers Ltd. SA v. Dominion Insurance Ltd, 'Caribbean Sea' [1980] 1 Lloyd's Rep. 338: 이 사건의 구체적인 사실관계는 이 책 제3부 제2장 제3절 손해보상의 의무 Ⅲ. 인치마리위험 5. 선체나 기관의 숨은 하자 (4) 숨은 하자의 형태 (가) 설계상의 하자 (b) 긍정하는 판례 참조.

184) [1974] 1 Lloyd's Rep. 593: 이 사건에서 원고는 목재선인 그린 라이언(Green Lion)호에 대하여 인치마리조항이 삽입된 보험계약을 피고와 체결하였다. 이 사건에서 선박은 평온한 날씨에 도크에서 침몰하였고, 용골을 제자리에 있도록 하는 죄임의 심한 부식으로

시된 기준이다. 이 사건에서 연방지방법원의 카네라(Cannella)판사는 숨은 하자의 의미를 "숨은 하자는 알려지거나 관습적인 조사로 발견될 수 없는 결함이고, … 숨겨진 결함이며, 일반적으로 자연마모의 결과와 구별되는 물건이 제조된 자재를 포함한다. 그것은 숨겨진 하자이고, 명백하지 않지만 숨겨있는 것이다. 그린 라이언(Green Lion)호의 하자있고 파손된 금속조임은 위의 정의에 따르면 성질상 숨은 것이 아니다. 그것은 명백하였다. 그것은 관찰 가능하였고 관찰되었다. 그것은 접근 가능하였고, 이에 대한 접근을 원고가 할 수 있었고, 원고는 이를 복구하기 위한 시도를 하였다. 이들은 숨어 있거나 인지되지 않은 것이 아니라 1966년 상태검사보고서에 충분히 나타나 있다. 그것은 금속의 고유한 하자가 아니라 27년 동안 사용된 결과이었다"라고 명확히 하였다.

(나) 합리적으로 주의깊은 전문가의 조사로 발견될 수 없는 하자 : 캐리비언 시(Caribbean Sea)호 사건[185]에서 고프(Goff)판사는 합리적으로 주의깊은 전문가가 조사하여 발견될 수 없는 하자는 숨은 것이라고 보았다. 동판사는 이 견해가 "보다 까다로운 조사를 하였더라면 하자의 존재를 밝혔을 것이라고 하더라도 선박이 주의를 다하여 그리고 적절히 유지되어 그때까지 하자가 발견되지 아니할 가능성을 고려하면 상거래의 관념에 합치한다"라고 한다.

(다) 결 어 : 영국법은 후자의 입장을 취한다고 본다. 또한 이는 피보험자의 관점에서 판단되는가 여부에 관하여서는 영국법상 확립된 것은 아니지만 일반적으로는 긍정하므로 피보험자의 입장에서 합리적으로 주의깊은 전문가가 조사하여 발견할 수 없는 하자이면 숨은 하자에 해당한다.[186] Hutchins Bros v. Royal Exchange Ass Corp.사건[187]에서 선박건조자가 은폐한 주형의 하자는 피

---

인하여 용골이 선체로부터 분리되었음이 뒤에 발견되었다. 원고인 선주는 이 손해가 해상고유의 위험 또는 숨은 하자로 인한 것임을 근거로 보상을 청구하였다. 법원은 두 가지 근거로 원고패소판결을 내렸다. 죄임이 파괴된 상태는 손해를 우연한 것이 아니라 불가피한 것으로 하였으므로 해상고유의 위험이라고 할 수 없다. 또한 숨은 하자는 정의상 상당한 주의를 기울인 검사로 발견될 수 없는 것이므로 그것은 숨은 하자일 수도 없다. 원고는 상태의 검사 후에 행하여진 보고서에 포함된 것과 같이 상당한 기간 동안 조임의 불량한 상태를 인지하고 있었다. 미국판례인 Parente v. Bayville [1975] 1 Lloyd's Rep. 333사건도 같다.

185) Prudent Tankers Ltd SA v. Dominion Insurance Ltd, 'Caribbean Sea' [1980] 1 Lloyd's Rep. 338; 이 사건의 구체적인 사실관계는 이 책 제3부 제2장 제3절 손해배상의 의무 Ⅲ. 인치마리위험 5. 선체나 기관의 숨은 하자 (4) 숨은 하자의 형태 (가) 설계상의 하자 (b) 긍정하는 판례 참조.

186) F.D. Rose, op. cit., § 15.9, p. 291.

187) [1911] 2 KB 398(이 사건의 구체적인 사실관계는 이 책 제3부 제2장 제3절 손해보상의 의무 Ⅲ. 인치마리위험 2. 보일러의 파열 등 자체 손해가 아닌 그로 인한 손해의 보상 참조); W Angliss & Co., (Pty) Ltd. v. P & O SN Co. [1927] 2 KB 456.

보험자와 관련하는 한 숨은 것이라고 판시하여 이와 같은 입장을 취한다.

(4) 숨은 하자의 형태

(가) 설계상의 하자 : 설계상의 하자가 숨은 하자에 해당하는가 여부에 관하여 영국판례는 그 입장이 나뉘어 있지만, 근래에는 설계상의 하자는 숨은 하자에 해당한다고 본다.

(a) 부정하는 판례 : Jackson v. Mumford사건[188]에서 케네디(Kennedy) 판사는 "'기관의 하자'는 … 기관이 지탱할 수 있는 강도의 효과에 대한 설계자의 잘못된 판단, 기관 자체가 과실이 없을 것, 작업이 과실이 없을 것, 설계자가 의도한 건조의 정확함을 담보하지 않는다"라고 하여 부정적인 입장을 취한다.

(b) 긍정하는 판례 : 이에 대하여 유조선의 흡입구를 통하여 해수가 유입되어 선박이 침몰하였는데, 흡입구의 하자는 선박설계의 하자와 선박의 통상적인 작동으로 인한 노즐의 피로균열로 인한 것으로 숨은 하자에 해당한다고 하여 보상이 명하여진 '캐리비언 시'호 사건[189]에서 고프(Goff)판사는 설계상의

188) [1902] 8 Com Cas 61, 69.

189) Prudent Tankers Ltd. SA v. Dominion Insurance Ltd., 'Caribbean Sea' [1980] 1 Lloyd's Rep. 338: 이 사건에서 18,732톤의 유조선인 '캐리비언 시'호의 선주인 원고는 피고 보험자와 인치마리조항이 삽입된 미국협회선박보험약관을 내용으로 하는 보험계약을 체결하였다. 유조선은 베네주엘라(Venezuela)에서 파나마(Panama)운하를 거쳐 미국 타코마(Tacoma)로 원유를 운송하는데 이용되고 있었다. 마라카이보(Maracaibo)를 출항할 때, 유주선이 준설선을 피하던 중 약간 좌사하였고, 파나마운하를 떠나던 중 좋은 날씨에 유조선의 훼손된 주요 해수흡입밸브(sea suction valve)를 통하여 엔진룸에 해수가 유입되기 시작하여 결국 침몰하였다. 선주는 이 손해는 (a) 좌사 (b) 밸브주위의 피로균열 (c) 선장의 항해상의 과실의 결과라고 하여 전손보상을 청구하였다. 보험자는 손해의 원인이 불감항과 통상적인 자연마모라고 항변하여 이를 거부하였다. 법원은 좌사는 사소한 문제이었고, 흡입구의 하자는 숨은 하자에 해당하고, 설계상의 여하한 과실이 보상을 배제하는 것은 아니라고 판시하여 원고승소판결을 내렸다. 로버트 고프(Robert Goff)판사는 "설계의 하자가 선체 또는 기관이 제조된 재질상의 결함(예컨대 균열)을 야기하고 결국 사고를 야기할 수 있다. 또한 설계의 하자가 재료상의 하자로 발전하는 중간과정이 없이 사고를 야기하여 사고의 근인일 수 있다. 또한 선박의 멸실 또는 훼손을 직접 야기한 선체나 기관의 하자가 존재하는가를 고찰함에 있어서 선체나 기관의 실제 상태가 문제되는 것이지 선체나 기관에 대한 과거의 역사가 문제되는 것이 아니다. 선체나 기관의 하자가 존재하고 그 하자가 사고의 근인인 경우, 그로 인한 사고가 보험계약상 면책으로 되어 있지 아니하는 한 조악한 설계, 또한 조악한 건조, 조악한 수리로 인하여 존재하게 되었는가는 문제가 되지 않는다. 어떠한 판례도 이 하자에 대한 역사적인 이유가 설계상의 하자라는 이유만으로는 인치마리조항에 의하여 보험담보되는 선체 또는 기관의 하자를 배제하는 효과를 가지지 않는다고 판단된다. 이 사건에서 사고는 단순히 통상적인 자연마모로 인한 것이라 할 수 없다. 소유자가 주장하는 결함은 V자형의 노즐에의 피로균열로서 이는 선박이 설계된 방법과 이 상황에서 선박의 통상적인 작동의 노즐에 대한 영향이라는 두 가지 요인으로 인한 것이다. 이들 상황이 결합하여 선박이 운명을 다하기 전에 틈이 벌어진 것이다. … 이 사건은 비록 과실로 인한 것은 아니지만 설계의 하자가 선박이 운항할 때 하자로 발전하는 것이 불가피한 효과를 가지고 있었고, 만일 이 하자가 발전하고 균열이 발생하는 결과를 초래하여 선박이 침몰하였고, 선박의 침몰은 통상

하자도 숨은 하자에 포함된다고 한다.

(c) 근래의 통설 : 근래는 설계상의 하자를 다른 하자와 구별하지 않는 견해가 영국에서 채용되고 있다. 그 이유로는 어느 시기에 제3자가 하자를 알았거나 알았어야 한다고 하여 피보험자의 권리를 제한할 명백한 이유가 없고, 보험자는 불감항이나 부적합조항에 의하여 보호되기 때문에 이것이 적용되는 한 이로 인하여 보험자의 권리가 침해되는 것은 아니다는 것이 들어진다. 또한 보험자는 매도인이나 검정인 예컨대 피보험자에 대하여 불법행위나 계약상의 손해배상책임을 지는 자에 대하여 보험자대위권을 행사할 수 있기 때문이다.[190]

(나) 선박의 건조 이후의 하자 : 영국법상 보험자가 선박의 건조 이후의 숨은 하자에 대하여 보상책임을 지는가는 명확히 확립된 것은 아니지만 선박의 일생중 수리와 교체에 대하여도 숨은 하자가 성립할 수 있다고 해석된다.[191]

(5) 숨은 하자로 인한 손해

보상이 되는 손해는 숨은 하자로 인한 손해이지 보험목적의 숨은 하자가 아니다. 숨은 하자, 즉, 용접의 과실로 인하여 용접부위의 위와 아래부분 전체와 다른 장소의 광범위한 뒤틀림을 초래하여 보험목적인 해상숙박시설의 교각의 훼손이 발생한 경우 보상이 허용된다.[192]

---

적인 자연마모로 인한 것이 아니고 영국해상보험법 제55조 제2항 c호에 의하여 면책되지 아니한다. V자형의 노즐상의 피로균열을 구성하는 하자는 숨은 하자이다"라고 판시하였다.

190) F.D. Rose, op. cit., § 15.10, p. 291.

191) Ibid.

192) Promet Engineering(Singapore) Pte Ltd. v. Sturge and Others, 'Nukila'사건 [1997] 2 Lloyd's Rep. 146, CA: 이 사건에서 이 누킬라(Nukila)호는 자바해(Java Sea)에서 사용되는 숙박시설로 정기검사시에 다이버가 3개 교각 모두의 밑에 용접의 과실로 인한 균열을 발견하였다. 하부와 이곳과 접촉하는 교각에 심각한 피로균열이 존재함이 명백하였다. 시설은 건조장소인 싱가포르(Singapore)에 이송하여 90만 싱가포르달러의 비용을 들여 수리되었다. 소유자인 프로멧 엔지니어링(Promet Engineering)은 이 시설에 대하여 인치마리조항이 삽입된 1983년 협회선박기간보험약관을 첨부하여 들었었다. 소유자는 '선체상의 숨은 하자로 인한 보험목적에 대한 훼손'이라는 근거로 수리비용에 대하여 보상을 청구하였다. 보험자는 소유자가 시설의 교각의 숨은 하자를 발견하였을 뿐이라는 이유로 보상을 거부하였다. 항소법원은 용접의 과실이 실제로 보험목적에의 훼손을 야기하였다고 하여 원심법원판결을 파기하였다. 홉하우스(Hobhouse)판사는 "보험은 우연한 사고를 담보하고, 선박의 운항의 통상적인 사고과정에서 발생한 손해는 담보하지 않는다. 유사하게 보험은 선박을 유지하거나 운항하는 비용을 담보하지 않는다. 이 사건에서 균열은 해상 시설의 통상적인 작동과 용접상의 숨은 하자의 결과로 발생하였다. 어떠한 외부적인 사고나 원인이 없었다. 보험은 보험개시시에 이미 존재하는 문제를 담보하지 아니한다. 피보험자가 보상을 받기 위하여서는 보험기간 중에 어떠한 멸실이나 훼손이 발생하였음을 입증하여야 한다. 숨은 하자가 보험개시에 이미 존재하였고, 발생한 것은 피보험자가 숨은 하자가 있다는 것을 발견한 것이 전부라면 보험사고가 존재하지 않는다. 따라서 인치마리조항 기타 유사한 조항에 기하여 보험금청구시에 피보험자는

(6) 숨은 하자와 상당한 주의의무

통상의 자연적 마모와는 달리 숨은 하자는 선주나 그의 관리자의 상당한 주의의 결여가 없는 선체나 기관의 하자이다. 즉, 숨은 하자로 인한 손해보상조항은 인치마리조항이므로 피보험자가 멸실 또는 훼손이 선주나 그 관리자의 상당한 주의의 결여가 없는 경우에 한하여 기관의 숨은 하자로 인한 기관 또는 선체의 훼손을 보상받을 수 있게 한다. 이는 준설선(bucket dredger)에 사용된 체인의 연결상 하자가 문제된 Wills and Sons v. World Marine Insurance Company Ltd., 'Mermaid'사건[193]과 해안숙박시설의 용접상의 과실이 숨은 하자라고 판단된 최근의 Promet Engineering(Singapore) Pte Ltd. v. Sturge and Others, 'Nukila'사건[194]에서 잘 설명되고 있다.

(7) 숨은 하자와 불감항

숨은 하자는 선박이 통상적인 해상고유의 위험을 견뎌낼 수 없도록 하여 선박이 불감항상태로 되게 할 수 있다. 숨은 하자에 대한 담보가 항해보험에서의

---

어떠한 선박의 물리적 상태의 변경을 입증하여야 한다. 그와 같이 할 수 없다면 선박보험상 손해의 존재를 입증하지 못한 것이 된다. … 이 사건에서 시설의 하부와 이곳과 교각의 접촉부분에 숨은 하자가 존재하였고, 또한 용접상의 하자가 존재하여 보험기간중 이들 특성은 하자있는 용접의 위와 아래부분 전체와 다른 장소의 광범위한 뒤틀림을 초래하였다. 이것은 '누킬라'호의 선체 등 보험목적에 대한 훼손이다. 이것은 보험개시시의 '누킬라'호의 상태에 의하여, 즉 숨은 하자로 인하여 야기되었다"라고 판시하였다.

193) [1911] The Times, 14 March(reported as a note in [1980] 1 Lloyd's Rep. 350: 이 사건에서 선박 머메이드(Mermaid)호는 아든(Aden)항에서 선주인 원고에 의하여 운영되는 준설선으로 피고 보험자와 인치마리조항이 삽입된 보험에 들었다. 준설선이 작동중인 때, 준설선(bucket ladder)의 승강을 조절하던 대형 체인이 파괴되어 준설선이 심하게 훼손되었다 체인의 파괴된 고리를 조사해 보니, 용접에 하자가 있음이 발견되었다. 선주는 선체와 기관의 수리비용, 아든항에서의 구조에 든 비용, 이 수리를 위하여 귀항하는데 든 비용의 보상을 청구하였다. 보험자는 구조작업비용은 수용하였지만, 신중한 소유자였더라면 체인을 사용에 적합하지 아니한 것으로 보아 폐기하였을 것이라는 근거아래 수리비용과 귀항항해의 비용에 대한 보상을 거부하였다. 법원은 보험자는 산정된 금액에 대하여 보상책임을 진다고 판시하였다. 선체와 기관에 대한 훼손은 체인의 고리상의 숨은 하자로 인한 것이고 그 사용으로 인한 것이 아니라고 보았다. 스크르튼(Scrutton) 판사는 "인치마리조항에 대하여 살펴보건데, 이는 피보험자가 멸실 또는 훼손이 선주나 그 관리자의 상당한 주의의 결여가 없는 경우, 기관의 숨은 하자로 인한 기관 또는 선체의 훼손을 보상받을 수 있게 한다. 체인에 숨은 하자가 있음이 인정된다. 선체와 기관에 대한 훼손이 숨은 하자로 인한 것이고, 용접이 완전하고 결함이 없었더라면, 고리가 비록 노후되었어도 충격을 지탱하는데 충분하였을 것이라고 판단된다. 나아가 선주나 그 관리자는 체인이 온전하고 통상적인 위험을 견뎌내기에 충분히 강하다고 판단하고, 체인을 점검하는데 상당한 주의를 기울였으므로, 멸실 또는 훼손은 선주나 관리자의 상당한 주의의 결여로 인한 것이 아니다. 이 사건은 인치마리조항이 담보하는 보상이 허용되는 좋은 예라고 판단된다"라고 판시하였다.

194) [1997] 2 Lloyd's Rep. 146, CA: 이 사건의 사실관계는 이 책 제3부 제2장 제3절 손해보상의 의무 Ⅲ. 인치마리위험 5. 선체나 기관의 숨은 하자 (5) 숨은 하자로 인한 손해 참조.

묵시적 감항능력의 담보특약이나 기간보험상의 명시적 담보특약에 우선하는가 여부는 명확하지 아니하다.[195]

기간보험에 든 요트의 훼손에 대하여 악천후(담보위험)와 설계상의 하자(명시적으로 면책되지 않은 위험)의 두 원인이 손해에 대한 경합적이고 효율적인 원인으로 인정되어 손해보상이 명하여진 Lloyd(JJ) Instrument Ltd. v. Northern Star Insurance Co., Ltd., 'Miss Jay Jay'사건[196]에서 로튼(Lawton)판사는 "바다가 예외적이 아니었고 예상된 대로이었다는 사실만으로 손해가 '외부적인 우연한 사고'로 인한 것이 아니라고 결론지을 수 없다. 그것은 통상적인 바다와 파도의 작용으로 인한 것은 아니고(영국해상보험법 부칙 보험약관의 해석에 관한 규칙 제7조 참조), 잘못 설계된 선체가 역풍에 빈번히 그리고 급격하게 충돌하였기 때문이다. …원고는 설계상의 하자에 관여하지 않았고(영국해상보험법 제39조 제5항), 또한 요트는 중요한 순간에 불감항상태에 있지 않았다. 원고는 묵시적으로 감항능력있음을 담보하지 않았고(영국해상보험법 제39조 제5항 참조), 보험계약상 요구되는 대로 요트를 감항능력이 유지되도록 합리적인 조치를 취하였다. 손해는 '무기력(debility)'을 야기할 정도로 자연마모로 인한 것이 아니다. 피고는 불감항이나 설계상의 하자가 손해에 대한 유일한 원인이 아닌 경우를 면책으로 하지 않았기 때문에, 원고는 해상에서 발생한 것이 손해의 근인인 것을 조건으로 보상을 받을 수 있다"라고 판시하였다.

만일 이 사건이 항해보험사건이고 항해의 개시시에 선박을 불감항으로 하는 하자가 존재하였다면 보험자는 묵시적 감항능력의 담보특약의 위반을 항변으로 주장하기만 하면 충분하고, 숨은 하자의 용어를 보험자가 제기하지 않았을 것이다.[197]

#### (8) 2003년 국제선박보험약관

2003년 국제선박보험약관은 선체나 기관의 숨은 하자에 대한 보상을 협회선박보험약관과 달리 규정하고 있다.

선체나 기관의 숨은 하자로 인한 보험목적의 손해의 경우 2003년 국제선박보험약관은 보험자는 선체나 기관의 숨은 하자를 교정하는 비용은 보상하지 않지

195) Susan Hodges, op. cit., p. 500; 이에 대하여 보험자는 감항능력결여의 항변을 주장하여 보상을 면할 수 있다는 견해가 유력하다(F.D. Rose, op. cit., § 15.10, p. 291).

196) [1987] 1 Lloyd's Rep. 32, CA; 이 사건의 사실관계는 이 책 제3부 제2장 제3절 손해보상의 의무 II. 해상위험 2. 해상고유의 위험 (1) 해상의 우연한 사고 또는 재난 (가) 해상의 우연한 사고 또는 재난 (h) 해상고유의 위험과 불감항 참조.

197) Susan Hodges, op. cit., p. 501.

만(동약관 제2조 제2항 2호), 선체나 기관의 숨은 하자로 인하여 보험목적이 멸실 또는 훼손된 경우, 선체나 기관의 숨은 하자로 인한 보험목적의 멸실 또는 훼손에 대한 수리와 선체나 기관의 숨은 하자의 교정에 대한 공통적인 비용의 1/2을 보상한다(동약관 제2조 제3항). 또한 보험자와의 명시적인 서면상의 추가약정이 있는 경우, 멸실 또는 훼손이 피보험자, 소유자 또는 관리자의 상당한 주의의 결여로 인하지 않을 것을 조건으로, 2003년 국제선박보험약관 제2조 제2항 2호에 따라 선체나 기관의 숨은 하자가 보험목적의 멸실 또는 훼손을 야기한 경우에 선체나 기관의 숨은 하자를 교정하는 비용을 보상하고, 동약관 제2조 제4항에 따라 선체나 기관의 숨은 하자로 인한 보험목적의 멸실 또는 훼손에 대한 수리와 선체나 기관의 숨은 하자의 수리에 대한 공통적인 비용중 보상받지 못한 1/2을 보상하는 추가약정을 할 수 있음을 규정하고 있다(동약관 제41조 제1항 2호).[198]

## 6. 선장, 고급선원, 보통선원, 도선사의 위법행위와 과실

(1) 서 언

피보험자는 손해가 부보위험에 근인한 경우에만 보상책임을 진다는 것이 원칙이다. 그러나 영국해상보험법 제55조 제2항 a호는 "보험자는 피보험자의 고의적 위법행위에 기인하는 손해에 대하여서는 책임을 지지 않는다. 그러나 보험계약에서 이와 달리 규정되지 않는 한, 보험자는 부보된 위험으로부터 근인하여 발생한 손해에 대하여서는, 비록 손해가 선장이나 선원의 위법행위 또는 과실이 없었으면 발생하지 않았을 경우라도, 보상할 책임을 진다"라고 규정하여 근인원칙의 특수한 사례로 부보위험 자체가 누군가의 과실로 작동하는 원인이 된 경우에도 보험자의 보상책임을 인정한다.

영국해상보험법은 어느 경우에도 피보험자는 손해가 자신의 고의적 위법행위로 인한 경우에는 보상받지 못함을 명확히 규정하고 있다.[199] 그러나 강도나 해적행위와 같은 제3자의 고의적 위법행위로 인한 손해는 부보위험에 근인한 경우에는 보상이 허용된다.

영국해상보험법 제55조 제2항 a호는 부보위험이 작용하도록 야기한 선장 또는 선원의 과실은 부보위험으로 인한 손해보상청구에 대한 항변으로 인정되지

198) 이 책 제3부 제2장 제3절 손해보상의 의무 Ⅲ. 인치마리위험 2. 보일러의 파열 등 자체손해가 아닌 그로 인한 손해의 보상 그리고 4. 보일러 또는 샤프트의 파괴 참조.

199) 상법 제659조는 보험사고가 보험계약자 또는 피보험자의 고의 또는 중과실로 인하여 생긴 때에는 보험자는 보험금액을 지급할 책임이 없다고 규정하고 있다.

않음을 명확히 규정하고 있다.

이 조항은 선장겸 공동소유자이었던 피보험자가 선장의 과실로 인한 좌초를 이유로 운임을 취득하지 못한 경우에 보상을 받았던 1898년의 Trinder, Anderson and Co. v. Thames and Mersey Marine Insurance Co.사건[200]과 관련하여 피보험자 자신이 선장인 경우 그의 과실로 인한 손해를 보상받는다는 이 사건 판결의 특수한 원칙과 피보험자의 과실의 경우에도 보상이 허용된다는 일반원칙을 명시적으로 수용하여 규정하고 있지 않다. 그러나 피보험자의 고의적 위법행위는 보상이 되지 않지만, 선장 또는 선원의 과실이 없었으면 사고가 발생하지 않았을 경우에도 보상을 허용한다고 규정하여 이 판결의 입장이 부정된 것은 아니다.[201]

이와 같이 피보험자는 자신의 고의적 위법행위로 인한 손해를 보상받을 수 없지만, 보험계약의 당사자는 과실과 관련한 여하한 조항을 둘 수 있다.

표준선박보험약관과 협회운임보험약관은 두 가지 방법으로 과실로 인한 멸실 또는 훼손에 대하여 규정하고 있다.

첫째는 해상위험부분과 3/4충돌책임조항에서 이 위험을 규정하여 과실이 존재하는 경우에도 이 위험으로 인한 손해의 보상을 허용하는 것이다.

둘째는 인치마리조상에서 선장 등의 특정한 과실을 부보위험으로 하는 것이다. 즉, 표준선박보험약관과 협회운임보험약관은 '선장, 고급선원, 보통선원, 도선사의 과실'[202]과 '수리업자와 용선자가 피보험자가 아닐 것을 조건으로 수리업자와 용선자의 과실'[203]로 인한 손해를 담보한다. 물론 인치마리담보는 상당한 주의조건[204]과 피용인 겸 소유자조건[205]이 적용된다.

---

200) [1898] 2 QB 114, CA: 이 사건의 사실관계는 이 책 제3부 제2장 제3절 손해보상의 의무 Ⅲ. 인치마리위험 6. 선장, 고급선원, 보통선원, 도선사의 위법행위와 과실 (3) 선주 또는 공동선주인 선장의 과실 참조.

201) F.D. Rose, op. cit., § 15.20, p. 293.

202) 1983년 협회선박기간보험약관 제6조 제2항 3호; 1983년 협회선박항해보험약관 제4조 제2항 3호; 1983년 협회운임기간보험약관 제3조 제2항 3호; 2003년 국제선박보험약관 제2조 제2항 3호; 1995년 협회선박기간보험약관 제6조 제2항 2호와 1995년 협회선박항해보험약관 제6조 제2항 2호.

203) 1983년 협회선박기간보험약관 제6조 제2항 4호; 1983년 협회선박항해보험약관 제4조 제2항 4호; 1983년 협회운임기간보험약관 제7조 제2항 4호; 2003년 국제선박보험약관 제2조 제2항 4호; 1995년 협회선박기간보험약관 제6조 제2항 3호와 1995년 협회선박항해보험약관 제6조 제2항 3호.

204) 이 책 제3부 제2장 제3절 손해보상의 의무 Ⅰ. 담보위험 2. 담보위험에 관한 주요쟁점 (3) 상당한 주의 참조.

205) 이 책 제3부 제2장 제3절 손해보상의 의무 Ⅰ. 담보위험 2. 담보위험에 관한 주요쟁점 (1) 피용인을 겸하는 소유자 참조.

그 예로는 다음 사건을 들 수 있다. 선장의 과실을 담보하는 조항이 삽입된 협회기간보험약관을 내용으로 하는 보험에 가입된 선박이 악천후를 만나고 빙산에 부딪혀 훼손되어 선장이 선박의 상태가 운항가능함에도 불구하고 기상악화를 우려하여 선박을 포기하고 부유물이 되는 것을 우려하여 소훼시키고 보상을 청구하여 법원이 포기는 합리적이지 않지만 선장의 과실에 해당하여 손해의 보상이 명하여진 Lind v. Mitchell사건[206]을 들 수 있다. 또한 선장의 과실을 담보하는 조항이 삽입된 협회기간보험약관을 내용으로 하는 보험계약이 체결된 요트가 청소 등을 위하여 드라이 도크에 입거하던 중 선박수리소의 관리인의 과실로 인하여 훼손된 요트에 대하여 손해보상을 명한 Baxendale v. Fane, 'Lapwing'사건[207]이다.

---

206) [1928] 45 TLR 54, CA: 이 사건에서 원고는 캐나다 동부지역에서 운항되던 선박의 저당권자이었다. 선박에 대하여 선장, 선원, 엔지니어 또는 도선사의 과실로 인한 선박의 손해를 담보하는 조항이 포함된 협회기간보험약관을 보험계약의 내용으로 하고 있었다. 뉴펀들랜드(Newfoundland)의 부르지오(Burgeo)를 향하여 항해하던 중 선박은 악천후와 빙산을 만나서 선박의 측면에 상당한 훼손을 입어 누수가 시작되었다. 선장은 기상의 악화를 우려하여 상태가 아직 좋음에도 불구하고 선박을 포기하고 선원들은 15마일을 건너 해안으로 상륙하였다. 선박을 포기하기 전에 선장은 부유하는 유기물이 되어 항해를 방해하지 않도록 선박을 소훼시켜 선박은 심하게 훼손된 채 다른 선박에 의하여 발견되었다. 저당권자의 보상청구에 대하여 보험자는 손해에 관련된 의심스러운 상황이 있다는 이유로 보상을 거부하였다. 항소법원은 선장의 포기는 합리적이지 않지만 과실에 해당하고 원고인 저당권자는 보상을 받을 수 있다고 판시하였다.

207) [1940] 66 LIL Rep. 174: 이 사건에서 대형 요트 랩윙(Lapwing)호의 선주인 원고는 드라이 독에 입거하여 청소와 페인트칠을 하는 계약을 지방의 선박수리소와 체결하였다. 요트에 대하여서는 인치마리조항이 삽입된 기간보험계약이 체결되어 있었다. 원고는 보험자에게 드라이독에 입거하는 것을 알렸고, 그래도 보험계약은 유지된다고 확인받았다. 드라이 도크에 입거하던 중 선박수리소의 관리인이 과실로 도크에 물이 배수되게 하여 과부하되어 심하게 물이 세기 시작하여 요트는 훼손을 입었다. 선주는 해상고유의 위험으로 인한 훼손이라 하여 보상을 청구하고, 또한 인치마리조항상 선장의 과실이라고 주장하였다. 보험자는 필연적으로 발생하는 사고가 아니라 우연한 사고만을 담보한다고 주장하여 이를 거부하였다. 법원은 두 가지 이유로 보험자의 보상책임을 명하였다. 요트는 입거를 시도하던 중 좌초로 인하여 실제 훼손되었다. 입거를 수행하던 자의 과실이 요트가 입은 훼손이 해상고유의 위험으로 인한 손해라고 하기에 충분한 우연한 상황을 제공하였다. 또한 1894년 영국상선법상 선박수리소의 관리인은 선장에 해당하기 때문에, 이 손해는 '선장 … 의 과실로 인한' 손해를 담보하는 인치마리조항에 의하여 담보된다고 판시하였다. 허드슨(Hodson)판사는 "선박이 드라이 도크에 입거되어야 한 것은 진실이지만, 부주의하게 바닥에 얹어 놓아 입거하는 것이 허용되는 것은 아니고, 도킹 책임자의 과실의 개입은 보험계약상 원고에게 보상을 허용하는 우연한 사고에 해당된다고 생각한다. … '관리자'는 여러 법령에서 정의되고 있다. 1894년 상선법상 관리자는 선박을 지휘하거나 책임지는 도선사 이외의 모든 자를 포함한다. 입거작업을 한 수리소의 관리인은 동시에 요트를 관리하는 피용인이었다. 그가 원고가 아니라 요트를 관리하는 피용인이고 동시에 수리소의 입거작업의 관리자라는 사실은 결과에 아무런 영향이 없다. 그가 선박을 지탱한 도크의 바닥의 성질을 잘 알 수 있는 지위에 있었기 때문에 실제로 그의 2중적 지위로 인하여 그의 과실이 명백히 인정된다. 따라서 요트의 훼손이 해상위험으로 인한 것이든 아니든 원고는 협회요트보험약관에 기하여 보상청구권을 가진다"라

### (2) 과실과 불감항

과실은 부적격(incompetence)과 혼동되어서는 안된다. 인치마리조항은 '선장, 고급선원, 보통선원 또는 도선사'의 과실로 인한 손해를 담보한다고 규정하지 부적격으로 인한 손해를 담보한다고 하지 않는다.[208]

예인선의 기간보험에 가입된 예인선의 선주가 선장의 임용시에 자격을 확인하지 않은 것은 감항능력의무위반으로 면책인 것으로 인치마리조항이 적용되는 것은 아니다.[209]

### (3) 선주 또는 공동선주인 선장의 과실[210]

Trinder, Anderson and Co. v. Thames and Mersey Marine Insurance Co.사건[211]에서 선장이 선박의 공동소유자인 경우 선장의 과실로 인한 손해에 대한

---

고 판시하였다(이 사건에 관하여는 이 책 제3부 제2장 제3절 손해보상의 의무 Ⅱ. 해상위험 2. 해상고유의 위험 (2) 해상고유의 위험의 개념 (가) 해상의 우연한 사고 또는 재난 (f) 선박충돌과 선장 등의 과실 (ㄴ) 선장과 선원의 과실 참조).

208) Susan Hodges, op. cit., p. 505.

209) Lemar Towing Co. v. Fireman's Fund Insurance Co. [1973] AMC 1843; 이 사건에서 예인선 트러디 B(Truddy B)호는 인치마리조항이 삽입된 기간보험에 들었다. 동선박이 뉴올리언스(New Orleans)의 항구에서 출항하여 내륙수로를 거쳐 웨스트 펄 리버(West Pearl River)의 목적지로 항해하던 중, 좌사하여 누수되기 시작하였다. 선장은 소유자에게 사고를 통지하고 근처에 있는 특정한 선박수리소로 가라고 지시받았다. 선박수리소에 도착하기 전에 예인선은 안개를 만나 길을 잃었다. 안개가 개이자 예인선이 목적지에서 상당히 멀리 있음이 명백하였고, 선장은 지나가던 굴채취선에 방향을 물어보았다. 선장은 지시대로 방향을 잡았지만, 물이 더 유입되어 기울어졌다. 약간 후 악천후가 밀려와서 '트러디 B'호는 전복하여 침몰하였다. 선주는 보상을 청구하였지만, 보험자는 선원의 부적격으로 인한 불감항을 항변으로 제출하여 이를 거부하였다. 법원은 선원이 부적격하여 예인선은 감항능력이 없고, 선주는 두 가지 이유로 보상을 받을 수 없다고 판시하였다. 첫째, 선주는 선장의 부적격으로 인하여 감항능력의 묵시적 담보특약을 위반하였다. 둘째, 선주는 멸실 또는 훼손이 선장을 임용할 때 선장의 자격과 능력을 확인하지 아니한 선주의 주의의 결여로 인한 것이기 때문에, 정당한 주의조건의 요건을 충족시키지 못하였다고 하였다. 보일(Boyle)판사는 "항해의 개시시에 선박이 감항능력이 존재하여야 하는 것은 묵시적 담보특약이다. 보험자는 웨스트 펄로의 항해시에 선박에 배치한 선원이 부적격임이므로 선박이 불감항임을 주장한다. 이 주장으로 책임을 면하기 위하여서는 불감항이 존재하였고 손해의 근인인 경우에는 선주가 불감항상태를 알고 있었음을 입증할 책임을 보험자가 진다. …'트러디 B'호의 선원들 특히 선장이 항해의 개시시에 부적격이어서 선박이 불감항이었고, 이 의도된 항해를 위하여 선박에 배치된 선원의 자격과 능력에 대하여 확인을 하는데 주의의 결여가 불감항의 근인이라고 판단된다. 또한 이 불감항이 '트러디 B'호의 손해의 근인이라고 본다. 그리고 이 불감항이 선장과 선원의 과실이 아니라 선원의 부적격으로 인한 것이기 때문에, 인치마리조항은 적용되지 않는다"라고 판시하였다.

210) 이 책 제3부 제2장 제3절 손해보상의무 Ⅰ. 담보위험 2. 담보위험에 관한 주요쟁점 (1) 피용인을 겸하는 소유자 참조.

211) [1898] 2 QB 114, CA; 이 사건에서 게인스버러(Gainsborough)호의 선주가 시드니(Sydney)에서 뉴 캐슬(New Castle), 뉴 사우스 웨일즈(New South Wales)로 이 곳에서 뉴질랜드(New Zealand)와 샌프란시스코(San Francisco)로의 항해에 대하여 보험계약을

보상청구가 부인되지 않음이 확인되었다. 2003년 국제선박보험약관 제2조 제5항, 1983년 협회선박기간보험약관 제6조 제3항 그리고 협회선박항해보험약관 제4조 제3항은 '선장, 고급선원, 보통선원 또는 도선사가 선박의 지분을 갖고 있는 경우에도 이들이 약관 제2조 제2항의 소유자라고 보지 않는다'라고 규정하고 있는데, 이는 Trinder and Anderson사건판결을 유지하고 확장한 것이다.

인치마리조항의 피용인을 겸하는 소유자조항은 '선장, 고급선원, 보통선원 또는 도선사'가 선박의 지분을 가지고 있는 경우에 이 조항상 선박소유자로 볼 수 없다는 것을 명백히 하고 있다. 이 조항의 목적은 선장(고급선원, 보통선원, 또는 도선사)의 선박 위에서의 의무를 부보선박의 소유자 또는 공동소유자로서의 의무와 책임으로부터 분리하는 것이다.[212] 이와 같이 분리가 되지 않았다면, 선박에 승선한 피용인의 과실 또는 악행으로 인한 손해에 대하여 보험금청구는 어려웠을 것이다.

## 7. 수리업자 또는 용선자의 과실

인치마리조항은 "이 보험은 수리업자 또는 용선자가 피보험자가 아닐 것을 조건으로 수리업자 또는 용선자의 과실로 인한 보험목적에의 멸실 또는 훼손을 담보한다"라고 하여 수리업자 또는 용선자의 과실에 대한 추가담보를 규정하고 있다.[213]

---

체결하였다. 선장은 선박의 공동소유자이었다. 석탄을 싣고 뉴질랜드로부터 샌프란시스코로의 항해 중 선박에 물을 공급받기 위하여 호놀룰루(Honolulu)에 입항하던 중 호놀룰루 근처에서 선박은 항해의 과실로 인하여 좌초하였다. 선박과 적하는 결국 매도되었고, 선주는 과실있는 항해에 기인한 해상고유의 위험으로 인한 손해라는 근거로 미지급 운임에 대하여 보상을 청구하였다. 항소법원은 손해가 선박의 일부 소유자인 선장의 과실에 기인하였다는 사실이 보상을 허용함에 아무 장애가 되지 않는다고 보아 원고승소 판결을 내렸다. 스미스(Smith)판사는 "Dixon v. Sadler사건이래 50년 동안 선박보험의 피보험자는 보험자에 대하여 선장과 선원이 항해중 자신의 의무를 이행한다는 담보특약을 하지 않으며, 만일 손해가 해상고유의 위험으로 직접적으로 기인한 경우에는 손해가 항해의 과실로 인한 경우에는 그들의 과실은 보상청구에 대한 항변사유가 되지 않는다고 판시되어 왔다. … 해상고유의 위험을 담보하는 보험계약에서 보험자가 인수한 위험은 보험목적이 해상고유의 위험으로 인하여 직접적으로 멸실 또는 훼손되는 경우 멸실 또는 훼손이 피보험자의 고의적 위법행위로 인한 것이 아닌 것을 전제로 보험자는 멸실 또는 훼손이 선장, 선원 또는 피보험자 자신의 항해의 과실을 원인(遠因)으로 인한 것인가를 묻지 않고 보상책임을 진다"라고 판시하였다.

212) Susan Hodges, op. cit., p. 507.

213) 1983년 협회선박항해보험약관 제6조 제2항 4호; 1983년 협회선박항해보험약관 제6조 제2항 4호; 2003년 국제선박보험약관 제2조 제2항 4호; 이에 관한 상세한 내용은 이 책 제3부 제2장 제3절 손해보상의 의무 Ⅰ. 담보위험 2. 담보위험에 관한 주요쟁점 (3) 상당한 주의 (라) 용선자 참조.

'수리업자'의 과실의 문제는 최근 판례인 Martin Maritime Ltd. v. Provident Capital Indemnity Fund Ltd., 'Lydia Flag'사건[214]에 의하여 제기되었다. 이 사건에서 쟁점은 감항능력의 명시적 담보특약이 삽입된 선박기간보험계약에서 피보험자가 비록 수리업자의 과실의 결과 선박의 항해의 개시시에 불감항이었음이 입증된 경우에 피보험자가 수리업자의 과실로 인한 손해에 대하여 인치마리조항상 보상을 받을 수 있는가 여부이었다. 무어빅(Moore-Bick)판사는 비록 감항능력의 명시적 담보특약이 위반되었더라도 이 손해에 대하여 보상이 허용된다는데 의문을 가지지 않았다. 동 판사는 "물론 불감항이 선주나 관리자의 정당한 주의의 결여로 인한 것이 아닌 것을 조건으로, 이 사건과 같이 숨은 하자나 수리업자의 과실의 결과로 보험개시시로부터 선박이 불감항인 경우에는 보험담보는 허용된다고 판단한다"라고 판시하였다.

이와 같이 같은 법률적 쟁점이 인치마리조항의 두 가지 항목, 즉 1983년 협회선박기간보험약관 제6조 제2항 1호의 '선체나 기관상의 숨은 하자', 제6조 제2항 2호의 '선장, 고급선원, 보통선원 또는 도선사의 과실'과 관련하여 발생할 수 있음은 명백하다. 두 가지 원인 모두 선박을 불감항으로 하여 항해보험에서의 감항능력의 묵시적 담보특약의 위반이나 기간보험에 있어서의 감항능력의 명시적 담보특약위반으로 될 수 있다.[215]

## 8. 악 행

### (1) 서 언

(가) 표준해상보험약관상의 악행의 담보 : 오늘날 표준선박보험약관과 표준운임보험약관은 '선장, 고급선원, 보통선원의 악행'을 인치마리조항에 포함하여 담보하고,[216] 전쟁위험면책조항상의 포획, 나포, 강류, 억지 또는 억류의 면책위험의 예외로 규정되어 있다.[217]

---

214) [1998] 2 Lloyd's Rep. 682.

215) Susan Hodges, op. cit., p. 508.

216) 1983년 협회선박기간보험약관 제6조 제2항 5호; 1983년 협회선박항해보험약관 제6조 제2항 5호; 1983년 협회운임기간보험약관 제7조 제2항 5호; 1983년 협회운임항해보험약관 제5조 제2항 5호; 2003년 국제선박보험약관 제2조 제2항 5호; 1995년 협회선박기간보험약관 제6조 제2항 4호; 1995년 협회선박항해보험약관 제4조 제2항 4호.

217) 1983년 협회선박기간보험약관 제23조 제2항; 1983년 협회선박항해보험약관 제20조 제2항; 1983년 협회운임기간보험약관 제17조 제2항; 1983년 협회운임항해보험약관 제14조 제2항; 2003년 국제선박보험약관 제29조 제2항; 1995년 협회선박기간보험약관 제24조 제2항; 1995년 협회선박항해보험약관 제21조 제2항.

적하보험의 경우에 1983년 협회적하보험(A)약관은 전위험담보보험이고 일반면책조항인 제4조에 악행이 삽입되어 있지 않기 때문에 담보위험이다. 협회적하보험(B),(C)약관은 악행에 대하여 침묵하고 있고, 제4조 제7항은 '어떠한 자의 위법행위로 인한 것이든 보험목적 또는 그 일부에 대한 고의적인 훼손 또는 고의적인 파괴'를 면책으로 하는데, 악행은 이에 해당하므로 악행은 면책위험이다. 따라서 협회적하보험(B),(C)약관을 보험계약의 내용으로 하는 경우에는 악행으로 인한 손해를 보험담보하기 위하여서는 '협회 강도, 절도, 불인도약관'(Institute Theft, Pilferage and Non-Delivery clause)과 같은 추가담보약관을 구입하는 것이 필요하다.

(나) 선원의 악행으로 인한 손해의 보험담보 : "1983년 협회선박기간보험약관 제6조 제2항 5호에서 부보위험의 하나로 규정하고 있는 '선장 등의 악행(barratry of master officers or crew)'이라 함은 선주나 용선자에게 손해를 끼치는 선장 등에 의하여 고의로 이루어진 모든 부정행위(wrongful act)를 말한다(영국 해상보험법 제1부칙 '보험약관의 해석에 관한 규칙' 제11조)".[218]

선박에 의한 해상항해의 특성상 선박이나 적하의 손해는 선장에 의한 고의적인 위법행위로 인하여 야기되는 경우가 빈번하고 이 위험을 악행이라 하여 오랜 동안 보험담보되어 왔다.[219] "선주가 스스로 선택하여 임면하는 선장의 위법행위로 인한 이러한 유형의 손해가 보험담보되는 것은 극히 이례적이고, 선장과 선원 사이의 은밀한 공모에 의하여 불법적인 항해사업이 성공하는 경우에는 그들만이 이익을 차지하고 그 실패를 보험자에게 전가하는 것을 가능하도록 하는 것은 무분별하다는 점에서 더욱 그러하다."[220]

악행은 선장, 선원 또는 실제로 공동소유자인 선장에 의하여 행하여질 수 있다. 선주 또는 용선자, 공동소유자인 선장의 경우에는 선박의 공동소유자의 이익을 침해하는 것이어야 한다. 따라서 선주 또는 경우에 따라서는 용선자의 동의나 공모아래 선장 또는 선원에 의하여 행하여진 위법행위는 보상이 허용되는 악행에서 제외된다. 용선자에는 나용선자(demise charter) 또는 그 당시에 선박의 소유자로 인정하기에 충분히 선박을 통제하고 있는 것으로 고찰되는 용선자를

218) 대법원 2005.11.25. 선고, 2002다59528, 59535 판결; 이 판결에 대한 평석으로는 우성만, 영국 해상보험에 있어서 근인과 선장 등의 악행의 의미 및 입증책임, 판례연구 제18집, 부산판례연구회, 435~470면.

219) 로즈(Rose)는 대다수의 보고된 판례에서는 악행은 선장에 의하여 행하여지나 오직 한명의 선원이 일단의 스페인전쟁포로와 함께 행한 경우에도 악행이라고 하며 Hucks v. Thorton [1815] Holt 29사건 등을 예시한다; F.D. Rose, op. cit., § 15.26, p. 295.

220) Earle v. Rowcroft [1806] 8 East 126, 134사건에서 에렌버러(Ellenborough)판사의 판시.

포함한다.

악행으로 인정되는 부정행위는 적어도 범죄행위를 구성하여야 한다는 초기의 판례도 있지만, 비범죄적 행위도 고의적인 부정행위 또는 고의적인 도선사의 권고무시 등과 같은 적극적인 의무해태의 경우에도 악행이 성립할 수 있다. 그러나 영국해상보험법 부칙 보험약관의 해석에 관한 규칙 제11조가 규정하는 바와 같이 단순한 무지 또는 과실은 악행으로 인정되지 않는다.[221)]

악행은 이로, 천공, 밀수행위, 선박과 함께 선장 또는 선원이 도주하는 행위를 포함한다. 밀수행위와 관련하여 선박은 세관당국에 의한 포획 또는 나포의 위험에 놓여진다. 이것은 인과관계의 쟁점만이 아니라 멸실 또는 훼손이 해상위험조항 또는 전쟁위험조항 어느 조항이 적용되는가 여부, 즉 손해는 악행(해상위험) 그리고/또는 나포(전쟁위험)로 인한 것인가와 관련하여 문제된다. 악행으로 인한 손해이어도 파업과 관련하거나 정치적 동기를 가진 악행행위는 파업면책조항이 적용될 수 있다.

선장 또는 선원에 의한 부정행위는 선주 또는 용선자중 한명이 당해 보험계약상 피보험자인가 여부와 관계없이 선주 또는 용선자의 이익에 대하여 행해져야 한다. 예컨대 적하소유자나 저당권자(양수인으로 또는 원래의 피보험자로 소송하든)는 그 행위가 선주 또는 경우에 따라서는 용선자의 이익을 침해하는 것을 입증하여야 한다.

손해가 선장 또는 선원중의 1인의 고의적 행위로 인한 것이라는 증거를 제시함에 있어서 원고는 거의 예외 없이 고의적 위법행위의 항변, 즉 그가 손해에 관여하였다는 항변에 직면할 것이다. 이와 같이 악행으로 인한 보험금청구에 성공하는가 실패하는가는 선주, 경우에 따라서는 용선자의 관여 또는 공모가 있었는가를 법원이 확신하는가 여부에 달려 있다. 이에 선주 또는 용선자의 공모 또는 공모의 결여를 입증할 책임이 보험자 또는 피보험자 누구에게 있는가라는 입증책임이 문제된다.[222)]

(다) 우리 판례상의 악행으로 인한 손해의 담보 : '선장, 고급선원, 보통선원의 악행'은 인치마리조항 중 주요주제로 우리나라에서 이에 관한 여러 판결이 내려지고 있다.[223)]

---

221) F.D. Rose, op. cit., § 15.31~15.32, pp. 296~297.
222) 이에 관하여서는 이 책 제4부 제1장 제2절 입증책임 V. 악행으로 인한 손해의 입증 참조.
223) 이에 관한 판례에 대하여서는 이 책 제3부 제2장 제3절 손해보상의 의무 Ⅲ. 인치마리위험 1. 개관 참조.

### (2) 부정행위의 정의

악행은 사기, 의무위반 그리고 범죄행위를 포함하기 때문에 그것은 부정행위이다. Vallejo v. Wheeler사건[224]에서 맨스필드경은 악행의 어원을 밝히고 최초로 '악행은 모든 종류의 사기(fraud), 속임수(knavery) 또는 범죄행위이다'라고 정의하였다.

Vallejo v. Wheeler사건은 선주가 아니라 용선자이며 훼손된 적하의 소유자에 의하여 제기된 것에 주의를 요한다. 선장을 임명할 권한을 가진 용선자인 다윈(Darwin)이 당시에 그를 선주로 인정하기에 충분한 선박에 대한 통제력을 가졌으므로 이와 같은 선장의 행위는 다윈에 대하여 악행이었다.[225]

선장의 행위가 선의이었지만 선주에게 손해를 끼치는 경우에도 그 행위는 또한 악행일 수 있다. 이는 유명한 Earle v. Rowcroft사건[226]에서 다루어졌다.

---

224) [1774] 1 Cowp 143: 이 사건에서 선주 윌스(Willes)는 런던에서 세빌(Seville)까지의 항해에 대하여 선박 토마스 앤 매튜(Thomas and Matthew)호를 다윈(Darwin)에게 용선하였다. 용선자인 동시에 적하의 소유자이기도 하였던 다윈은 브라운(Brown)을 선장으로 임명하였다. 선박은 세빌로 직접 항해하지 아니하고, 술(wine과 brandy)을 선장의 계산으로 선적하기 위하여 건시(Guernsey)로 이로하였다. 건시를 출항한 후 선박은 누수가 발생하여 훼손을 입어 항해를 계속할 수 없게 되고 적하도 광범위하게 훼손되었다. 다윈은 악행으로 인한 적하의 손해에 대하여 보상을 청구하였다. 법원은 선장에 의한 이로는 악행에 해당한다고 판시하였다. 맨스필드경과 애스튼(Aston)판사는 악행에 대하여 거의 최초로 설시하였다. 맨스필드경은 "먼저 고찰하여야 하는 것은 선장에 의한 악행의 의미이다. 이 단어는 현대의 최초의 위대한 무역상이었던 이탈리아인에 의하여 원래 도입된 것이다. 이탈리아사전에서 barratrare는 속이는 것이고, 선장에 의한 속임(cheat), 사기(fraud), 기만(cozening), 또는 트릭(trick)은 악행이다. 이 사건에서 보험자는 선장의 모든 악행을 인수하였다. 다윈은 선장이 런던에서 세빌로 항해하도록 하였고, 선장이 직접 세빌로 항해할 것으로 믿었다. 그런데 선장은 세빌로의 항해와는 전적으로 다른 부정한 계획을 실행하였고, 이것은 다윈에 대한 기망이고 사기이다. …선박이 정당한 과정을 벗어나는 순간 그것은 악행이었다"라고 하였다.

225) Susan Hodges, op. cit., pp. 511~512.

226) [1806] 8 East 126: 이 사건에서 선박 애너벨라(Annabella)호는 서인도(West Indies)로 항해하기 전에 적하와 노예를 교환하기 위하여 리버풀(Liverpool)에서 서아프리카(West Africa)로 항해 중이었다. 서아프리카에 도착하여 화물관리인을 겸하고 있던 선장은 영국인의 조건보다 네덜란드인의 조건이 유리하였으므로 네덜란드인과 거래를 하기로 결정하였다. 네덜란드는 당시 영국과 전쟁중이었으므로 '애너벨라'호는 영국군함에 의하여 억류되어 포획물로서 자메이카(Jamaica)로 이송되었다. 법원은 적과 거래한 선장의 행위가 선주의 이익을 위한 것이었다고 하더라도 악행이고 권한없이 행해진 것이라고 판결하였다. 에렌버러(Ellenborough)판사는 전통적인 악행의 정의를 내리고 명확히 악행을 '사기, 의무위반 그리고 범죄행위의 결합'이라고 적시하였다. 동판사는 "선주에 대하여 선장에 의한 사기적인 의무위반 또는 달리 말하면 범죄의사를 가진 선주에 대한 의무위반은 악행이다. 보험은 선박 또는 적하의 소유자의 이익을 보호하고자 하는 것이고, 소유자가 입은 손해가 소유자의 이익을 위한 동기로 선장이 행한 행위이든 선장이 순수하여야 할 법률을 무시한 것으로 인한 것이든 차이가 없다. 보험자는 선장의 행위가 국가에 대하여서는 범죄행위였지만 선장의 행위는 선주의 이익을 증진시키기 위한 것이었다고 주장한다. 그러나 이에 동의하지 않는다"라고 판시하였다.

그러나 Everth v. Hannam사건[227]에서 법원은 주장된 악행행위가 범죄적 성격을 가지고 있음이 입증되지 않는 경우에는 선장의 악행을 인정하기를 꺼려한다.

최근의 유명한 Shell International Petroleum Co., Ltd. v. Caryl Antony Vaugham Gibbs, 'Salem'사건[228]에서 선주가 선박의 천공에 공모한 경우 적하소유자는 악행으로 인한 손해로 보상을 받을 수 없었다. 머스틸(Mustill)판사는 "중세 이래 해상보험계약상 악행이란 단어는 원래 협잡(trickery)이란 의미를 가졌다. 그러나 이 위험은 보다 제한적인 의미로 이해되어야 함이 오랜 동안 확립되었다. 특히 (1) 보험계약은 단지 '선장과 해원'의 악행만을 담보한다. 운송인 자신이나 제3자에 의한 사기적인 행위는 이 위험에 해당하지 않는다. (2) 선장 또는 선원에 의한 사기적인 행위가 피보험자의 이익에 반하여 행하여졌다는 것을 입증하는 것으로 충분하지 않다. 악행은 소유자가 또는 어느 누구가 소송상의 피보험자이든 소유자의 손해가 있음이 반드시 필요하다. 적하보험이나 운임보험에 있어서도 악행이란 단어는 이 의미를 가진다. Nutt v. Bourdieu사건[229]에서 맨스필드경은 악행은 선박의 소유자 자신이외의 자에 대하여 행하여질 수

227) [1815] 6 Taunt 375: 이 사건에서 선박은 쥬틀랜드(Jutland)에서 레이스(Leith)로의 항해에 대하여 보험에 들었다. 부보선박은 노르웨이연안을 항해하던 중, 스웨덴당국에 의하여 나포되어 선박과 적하가 봉쇄조치를 위반하였다고 결정하였다. 선주인 원고는 손해가 선박을 노르웨이 해안 가까이 항해하게 한 선장의 악행행위로 인한 것이라고 주장하였다. 그러나 법원은 악행으로 인한 보상을 받기 위하여서는 선장의 행위가 본질적으로 범죄적 성격이 존재함을 입증하는 것이 필요하다고 판시하였다. 증거는 범죄의도를 입증하는데 충분하지 않았으므로, 선장의 행위는 악행행위라고 판단될 수 없고, 보험자의 보상책임은 인정되지 않았다. 깁스(Gibbs)판사는 "더 조사할 필요없이 이것은 보상을 허용하는 선장의 악행으로 인정하기에 충분하지 않다고 생각된다. 선장의 범죄행위가 아니면 악행으로 인정될 수 없다"라고 판시하였다.

228) [1982] 1 Lloyd's Rep. 369. CA: 이 사건에서 UN의 남아프리카(South Africa)로의 수입을 금지하는 조치에 위반한 사우스 아프리카 퓨얼 펀드 어소시에이션(South African Fuel Fund Association)로 원유를 판매하기 위하여 적하가 불법적으로 선적된 공모사건이다. 공모자들은 옥스퍼드 쉬핑 컴퍼니사(Oxford Shipping Company Inc.)가 소유한 살렘(Salem)호라고 등록된 대형 유조선을 확보하여 Lloyd's SG 보험증권을 첨부하여 피고 보험자와 보험계약을 체결하였다. 선박은 페르시아 걸프지역에서 유럽과 카리브해에서의 통상적인 하역까지의 항해를 수행하고 있었다. 선박은 펜트오일(Pentoil)사에 의하여 용선되어 20만톤의 원유가 외견상으로는 광고된 항해를 위하여 쿠웨이트(Kuwait)에서 선적되었다. 쿠웨이트를 출항한 바로 직후, 펜트오일사는 원고(Shell Oil사)에 적하를 매도하였다. 더반(Durban)에 도착한 후, 선박의 이름은 레마(Lema)호로 변경되고 약 15,840톤을 남기고 원유를 하역하였다. 선박은 여전히 적하를 선적하고 있는 것같이 보이도록 저하로 해수를 적재하고 있었고, 아프리카의 서해안을 항해하였다. 선박이 적하에 대한 대금을 지급받은 후 선박은 공모자의 지시를 받은 선원에 의하여 천공되었다. 셸(Shell)사는 손해의 원인이 악행이라고 주장하여 보상을 청구하였다. 머스틸(Mustill)판사는 옥스퍼드 쉬핑(Oxford Shipping)사가 여전히 '살렘'호 소유자이고, 소유자의 부정직한 행위에 대한 관여가 있었음을 인정하여 원고의 악행에 근거한 보험금청구를 기각하였다.

229) [1786] 1 Term 323.

없음은 명백하다고 하였다. (3) 선주가 선원의 부정직에 대하여 관여한 경우에 선박보험이나 적하보험이나 보상이 인정되지 않는다는 것이 된다. 선박보험에서 피보험자는 두 가지 이유로 보상을 받지 못한다. (a) 그 행위는 선주의 이익에 반하는 것이 아니기 때문에 악행에 의한 손해는 아니다. (b) 자기 자신의 위법행위 결과로 인하여 보상받을 수 없기 때문이다. 적하보험의 경우에는 악행으로 인한 손해가 존재하지 않는다는 이유 하나만으로 보상이 인정되지 않는다" 라고 판시하여 악행에 대하여 새롭게 정의하였다.

⑶ 악행의 인정범위

영국법원에 의한 악행의 인정범위에 관하여 ① 단순한 이로 또는 악행이 결부된 이로, ② 밀수행위, ③ 반복적 밀수행위, ④ 선주의 관여의 쟁점에 관하여 검토한다.

㈎ 단순한 이로 또는 악행이 결부된 이로 : 단순한 과실로 인한 이로와 악행행위로서의 이로를 구별하는 것이 필요하다. 이로가 선장의 무지 때문에 발생하고 사기적 의사가 존재하지 않는 경우에는 이로는 악행이 아니다. 선장이 자신의 적하를 선적하기 위하여 항로를 이탈한 후 선적 후 항해하다가 선박이 멸실한 경우 악행에 해당하여 보상을 받은 Ross v. Hunter사건[230]과 선박이 해류에 휩쓸리고 항로를 잘못 잡아 스페인 정부에 의하여 포획된 경우 악행이 아닌 단순한 이로이므로 보상을 받지 못한 Phyn v. Royal Exchange Assurance Co.사건[231]은 그 예이다.

230) [1790] Term Rep. 33; 이 사건에서 선박 라이브 오우크(Live Oak)호는 선장인 라티(Rati)에 의하여 자메이카(Jamaica)에서 출항하였다. 원고는 뉴올리언스(New Orleans)에서 인도될 적하를 선적하였다. 뉴올리언스에서 100마일 떨어져있는 곳에 선장은 닻을 내리고 정박하였지만, 선장이 자기 계산으로 승선시킨 노예를 스페인(Spain)정부의 개입으로 인하여 뉴올리언스에서 하역하여 매도하기 어려움을 확인한 후 귀환길에 올라 선장은 하바나(Havana)를 향하여 항해하였다. 선박이 멸실하였다는 근거가 있었고, 원고는 악행으로 인한 적하의 손해에 대한 보상을 청구하였다. 법원은 이로는 단순한 이로가 아니라 악행이었다고 하여 보상을 허용하였다. 소유권의 인정이 가장 판결의 중요한 쟁점이었다. 벌러(Buller)판사는 "선장 자신의 사기적 목적의 이로가 악행이다. 이것이 악행과 이로사이의 차이이다. 다음으로 문제는 이로에 해당할 정도로 선장이 사기적 견해를 가지고 이로하였는가 여부이다. 미시시피강 하구에서 선장이 닻을 내렸을 때 선장의 의사가 무엇이었는가가 중요하다. 만일 사기적 견해를 가지고 있었다면 닻을 내린 행위는 악행행위이다. 선장은 자신 소유의 약간의 흑인들을 싣고 있었고, 이들을 뉴올리언스에서 사적인 이익을 위하여 매도하고자 하였다고 보여 진다. 이것이 불가능함을 확인한 즉시 다른 항구를 향하여 출항하였다. 따라서 증거에 따르면 선장은 절도범과 범죄자로 고찰된다."라고 판시하였다.

231) [1798] 7 Term Rep. 505. 이 사건에서 선장은 소유자로부터 런던에서 자메이카(Jamaica)로 항해하도록 지시받았고, 영국해협을 출발할 때 선박은 강한 해류 등으로 인하여 터너리프(Tenerife) 근처의 지역으로 끌려갔다. 자메이카로 가는 항로는 남서부쪽인데 선장은

(나) 밀수; 악행 그리고/또는 압류 : 악행적 밀수사례를 판단함에 있어서, 법원은 손해가 악행인 밀수행위에 근인한 것인가 또는 그로 인한 당국에 의한 압류로 인한 것인가 여부를 결정하여야 한다. 손해의 근인으로 판단된 악행으로 인한 압류가 담보위험인 악행인가 아니면 2003년 국제선박보험약관 제29조 제2항, 1983년 협회선박기간보험약관 제23조 제2항 그리고 1983년 협회선박항해보험약관 제20조 제2항의 '… 포획, 나포, 강류, 억지 또는 억류(악행 및 해적행위는 제외) 및 그러한 행위의 결과 또는 그러한 행위의 기도'에서 명시적으로 면책된 손해인가 여부가 문제이다.

이 경우 법원이 해결하여야 하는 다른 쟁점은 손해가 보험기간안에 발생하였는가 여부이다. 이 점에 관하여서는 악행으로 인한 실제 압류가 보험기간 안에 발생한 Corry v. Burr사건[232]과 보험기간후에 발생한 Lockyer v. Offley사건[233]

---

북서부로 항해하여 산타크루즈(Santa Cruz)섬에서 닻을 내렸다. 선박은 스페인정부에 의하여 억류되어 영국과 스페인사이의 전쟁발발소식과 함께 포획물로 처리되었다. 적하소유자는 악행과 나포로 인한 손해라고 하여 보상을 청구하였다. 법원은 이로는 사기적 의도로 인한 것이기 보다는 선장의 무지로 인한 것이라고 하여 원고패소판결을 내렸다(이 책 제2부 제6장 제2절 항해보험 Ⅱ. 선박의 항해보험 4. 이로 (3) 영국해상보험법상의 이로 (가) 이로의 요건 (d) 이로에 정당한 사유가 없을 것 (ㄴ) 선장 등의 통제할 수 없는 사유로 인한 경우 참조).

232) [1883] 8 AC 393, HL: 이 사건에서 선박 로시린(Rossylyn)호의 선주는 기간보험에 들었는데, 통상적인 담보위험에는 선장의 악행이 포함되어 있었지만 '포획, 나포, 강류, 억지 또는 억류(악행 및 해적행위는 제외) 및 그러한 행위의 결과 또는 그러한 행위의 기도'가 면책이었다. 지브롤터(Gibraltar)항을 출항할 때, 선장은 스페인으로 밀수하는 8톤의 담배를 선적하는데 대한 대가로 30파운드를 받았다. 선박은 카디츠(Cadiz)에서 스페인당국에 의하여 나포되어 석방하는데 많은 금액을 지급할 수밖에 없었다. 이 비용을 보상받기 위하여 선장의 악행행위를 원인으로 보험금이 청구되었다. 상원은 손해는 포획과 나포로 인한 것이고 선장의 악행으로 인한 것은 아니라 하여 보험자는 보상책임이 없다고 하였다. 블랙번(Blackburn)경은 "Earle v. Rowcroft사건에서의 악행의 정의는 과거의 것이 아니다. 그 사건의 결과는 자신의 목적을 위한 선장의 밀수행위가 선주에게 손해를 입히고 선박이 나포된 경우 악행이라는 것이다. 선장이 스페인연안에 있을 때 밀수를 위하여 담배를 환적할 수 있는 선박을 찾기 위하여 엔진의 시동을 정지하였고, 그 선박을 찾는 동안에 저속으로 항해하였다. 그것은 명백한 악행의 사례이다. … 다음 보험자는 '포획, 나포, 강류, 억지 또는 억류 그러한 행위의 결과 또는 그러한 행위의 기도'를 면책으로 하고 있다. 따라서 보험자가 악행을 면책으로 하는가가 문제된다. 악행은 그 자체 보험계약의 당사자에게 아무 손해를 입히지 않을 수 있다. 자신의 직무를 수행하던 스페인 세무공무원이 담배를 수령하기 위하여 연안에서 배회하던 선박을 나포하였는데, 만일 그러하지 않았더라면 피보험자는 아무 손해를 입지 않았을 것이다. 보험자는 악행의 결과 직접 발생한 손해를 보상할 것을 인수하였다. 이 사건에서 나포는 악행의 직접적인 결과라고 생각된다. 그러나 손해를 야기한 것은 나포이다"라고 하였다. 피즈제럴드(Fitzgerald)판사는 "악행행위로 인한 손해는 없었다. 악행은 상실이나 몰수를 야기하였지만 그 자체는 무해하였다. 그러나 나포는 몰수를 결과한 행위이고, 손해의 직접적인 원인이다. 나포는 선장의 행위가 악행행위이어서가 아니라 스페인세법을 위반하였기 때문이었다"라고 판시하였다.

233) [1786] 1 TR 252: 이 사건에서 선박 호우프(Hope)호가 함부르크(Hamburg)에서 런던까지의 항해 중, 선장은 자기의 계산으로 술(brandy)을 밀수하였다. 선박은 함부르크로

을 비교할 수 있다.

Corry v. Burr사건에서는 선장이 밀수를 위하여 스페인 연안에서 환적할 수 있는 적하를 찾던 중에 나포되어 선박의 석방비용에 대하여 악행이 아니라 전쟁위험인 나포로 인한 것으로 보상을 받지 못하였고, Lockyer v. Offley사건에서는 항해보험에 든 선박의 선장이 자신의 적하를 밀수를 위하여 운송하여 도착지에서 안전하게 계류된 후 나포된 경우 보험기간 종료후의 사고로 보상이 거부되었다.

중국의 국민당정부의 소속 선박의 선원들이 홍콩과 싱가포르로 망명하고 공산당의 국기를 게양한 채 선박을 인도하기를 거부한 경우 악행으로 인한 손해보상을 명한 미국판례인 Republic of China, China Merchants Steam Navigation Company Ltd and U.S.A. v. National Union Fire Insurance Company of Pittsburgh, Pennsylvania, 'Hai Hsuan'사건[234]에서 악행과 나포의 밀접한 관계

---

부터 런던에 도착하여 24시간동안 안전하게 계류될 때까지 부보되었다. 선박은 테임즈(Thames)강의 계류지에 안전하게 도착하였지만, 밀수행위를 범하였다는 이유로 26일후 세관당국에 의하여 나포되었다. 원고는 악행으로 인한 손해라는 이유로 보상을 청구하였다. 법원은 나포는 부보항해동안 범해진 위법행위의 결과이었지만, 보험자는 선박이 항구에서 24시간동안 체류한 후에 나포되어 발생한 손해에 대하여 보상책임을 지지 아니한다고 판결하였다.

234) [1958] 1 Lloyd's Rep. 351, US CA: 이 사건에서 하이 슈아(Hai Hsua)호는 미국정부에서 대만정부로 매도되어 대만에 본사를 둔 차이나 머찬츠 스팀 네비게이션 컴퍼니(China Merchants Steam Navigation Company)가 관리하던 7척의 선박중의 하나로, 영국정부가 대륙의 중국을 승인한 후, 6척의 선박의 고급선원과 보통선원은 홍콩에서 망명하고, 해상에 있던 '하이 슈아'호의 선원들은 선장의 동의없이 싱가포르(Singapore)로 선박을 가져갔다. 모든 선박은 나포와 포획이 면책으로 되어 있었다. 거기서 공산당의 국기를 올리고, 선박을 선주에게 인도하기를 거부하였다. 차이나 머찬츠 스팀 네비게이션 컴퍼니와 미국정부(저당권자)는 7척 모두의 선박에 대하여 악행으로 인한 손해라고 하여 보상을 청구하였고, 보험자는 손해가 나포로 인한 것이라고 하여 이를 거부하였다. 1심법원은 홍콩에 있는 6척의 선박은 악행으로 인한 것이지만 '하이 슈아'호는 나포로 인한 것이라고 하였다. 항소법원은 모든 손해가 악행으로 인한 것이라고 하여 보상을 명하였고, 악행과 나포로 인한 손해의 차이를 흥미있게 고찰하였다. 스코퍼(Scoper)판사는 "악행은 보험자가 담보하는 열거위험중 하나이다. 이것은 다양한 종류와 정도의 다수의 행위를 포함하는 포괄적인 개념이다. 그것은 선장이나 선원의 어떠한 불법적인, 사기적인, 또는 부정직한 행위를 포함하고, 또한 그것은 부보항해중 선박의 소유자에게 손해를 입히는 선주에 대한 선장이나 선원의 의무에 반하는 중대하고 책임있는 과실로 인한 모든 의무위반을 포함한다. 선원의 폭동과 선장과 고급선원에 의한 선박의 강제적인 점유탈취는 악행의 하나일 뿐이다. … 나포에 의한 손해의 면책은 선원의 폭동위험과 선박을 고급선원의 통제에서 강제적으로 탈취하는 것을 포함하지 않는다. 그것은 악행에 의한 손해를 보험담보에서 배제하는 것이 아니다. 포획이라는 단어는 선장의 악행행위에 적용될 수 없음은 확실하다. 선장은 적법하게 선박을 점유하고 통제하고 있는 것이다. 그는 이미 자신이 관리하고 있는 것을 나포할 수 없다. 똑같은 것이 선원에게 어느 정도 적용될 수 있다. 의무를 수행하고 있는 동안에는 선원은 선박을 적법하게 점유한다. 선장의 명령에 따라 선원들은 관리하고 보관하는 것이다. 만일 선원이 의무를 위반하고 선장의 지시를 따르지 않고, 선박의 완전한 통제권을 탈취하는 경우에는 그것은 나포가 아

가 잘 설명되었다.

그러나 최근의 미국판례인 Nautilus Virgin Charters Inc. Hillard L Lubin and Aileen G Lubin v. Edinburgh Insurance Co., Ltd.사건[235]에서 범선이 선주가 모르는 사이에 밀수목적으로 사용되다가 컬럼비아당국에 의하여 강류되어 선박에서 마리화나가 발견된 경우 손해의 근인은 악행이 아니라 컬럼비아당국의 나포라고 하여 손해보상을 받지 못하였다.

(다) 반복적 밀수행위 : 선박의 선원이 밀수행위와 같은 악행 행위를 반복적으로 행한 경우에, 선주가 조금만 주의를 하였더라면 이를 예방할 수 있었던 경우 보상을 받을 수 없다.

세 번이나 나포되어 숨겨진 적하가 발견되었지만 선의임이 인정되어 무사히 귀환하였지만, 또다시 선박이 훼손되어 나포된 경우에 이 선박의 밀수행위를 몰랐다는 항변은 허용되지 않는다고 하여 수리비용의 보상을 허용하지 않은 경우[236]가 그 예이다.

(라) 선주의 공모 : 악행이 선주나 실제적인 소유자(pro hac vice)의 명시적

---

니라 신탁의무위반이다. … 나포는 폭동을 일으킨 선원에 의한 폭력적인 점유탈취를 포함하지 않는다는 것은 해상보험자와 전문가에게는 매우 익숙한 것이다. 보험자는 내란에서 지지하는 편을 바꾸고 선박을 가지고 간 선장과 선원은 악행을 행하였다고 인정될 수 없다고 주장한다. 이에 대한 답변은 악행행위의 성격은 그 행위를 초래한 동기와는 무관하다는 것이다. 악행은 애국심에 의하여 수정될 수 없는 것이다"라고 판시하였다.

235) [1981] AMC 2082: 이 사건에서 범선 테호(Teho)호가 선주와 보험중개사가 알지 못하던 사이에 밀수목적으로 사용되다가 컬럼비아(Columbia)당국에 의하여 강류되어 억지되었고, 다량의 마리화나가 선박에서 발견되었다. 원고가 악행으로 인한 보상을 청구하였고, Cory v. Burr사건이 주요판례로 인용되었으며, 보상청구권이 인정되지 않았다. 알렉산더 하비(Alexander Harvey Ⅱ)판사는 "이 사건에서 Cory v. Burr사건이 적용된다. 따라서 본 법원은 '테호'호의 손해가 매케이(MaKay)의 악행행위가 아니라 컬럼비아 공무원의 나포에 근인한 것이라고 결론짓는다. 나포로 인한 손해는 보험계약상 면책이기 때문에, 원고는 보험금청구권이 없다"라고 판시하였다.

236) Pipon v. Cope [1808] 1 Camp 434: 이 사건에서 선박 제네럴 도일(General Doyle)호는 웨이머스(Weymouth)와 채널 아일런즈(Channel Islands) 사이를 운행하는 우편선박으로 이용되고 있었다. 선주는 '포획과 나포 그리고 그 기도의 결과'를 면책으로 하고 12개월의 기간보험계약을 체결하였다. 웨이머스 당국에 의하여 3번이나 선박이 나포되었을 때 선박에는 다량의 숨겨진 술, 담배, 소금이 발견되었다. 이때마다 선주는 선원의 행위를 알지 못하였다고 주장하여 선박은 귀환되었다. 이 사건에서 선박이 웨이머스에 정박중 다른 선박에 의하여 훼손을 입고 나포된 후 선주는 선박의 회복과 수선을 위하여 들인 비용의 보상을 보험자에게 청구하였다. 법원은 선주는 반복적인 무지를 항변으로 제출하는 것은 허용되지 아니한다는 이유로 보험자승소판결을 내렸다. 에렌버러(Ellenborough)판사는 "면책사유로서 포획은 명백히 적대적인 포획을 의미하고, 나포도 같은 유형의 나포를 의미한다고 이해된다. 그러나 이 사건은 피보험자측의 범죄적인 해태의 사건이다. 선원에 의한 반복적인 밀수행위를 예방하여야 하는 것은 원고의 의무이다. 이를 예방하는데 게을리 하였기 때문에 위험은 매우 현저하게 증가하였고, 보험자는 면책이다"라고 판시하였다.

또는 묵시적 동의아래 행하여지는 경우에는 악행이 아니다. Elfie A Issaias v. Marine Insurance Co., Ltd.사건[237]은 주로 입증책임이 문제되었지만, 주요한 쟁점은 선장 또는 선원의 행위가 선주의 관여나 동의없이 행하여져 선주에게 손해를 끼쳤는가 여부이었다. 워링튼(Warrington)판사는 "보험자는 선장의 위법행위가 선주에게 손해를 입히기 위하여 행하여지지 않았음을 입증하여야 한다. 선주의 동의없이 그의 선박을 침몰시키는 것은 비록 금전적인 효과는 선주의 이익이 되더라도 손해를 끼치는 것이다"라고 판시하였다. 액틴(Atkin)판사는 "이 사건은 고의적으로 그리고 성공적으로 선박을 침몰시키기 위하여 선박에 해수가 유입하도록 한 경우이다. 선주의 관여가 없는 경우에는 악행이다. 이로 인한 손해는 보상이 허용된다"라고 판시하였다.

(4) 선주 또는 용선자

(가) 개 관 : 영국해상보험법 부칙 보험약관의 해석에 관한 해석규칙 제11조에 따르면 비록 위법행위이어도 '소유자, 경우에 따라서는 용선자'에게 손해를 끼치기 위하여 행하여진 경우에만 악행이다. 사람은 자기 자신을 기망할 수 없으므로[238] 선박의 단독소유자인 선장에 의한 악행은 성립하지 않는다. 이 때 피보험자가 선장의 행위가 악행임을 입증하는 추정적 증거를 제시하는 경우에 선장이 선주라는 입증책임은 보험자가 진다.[239] 위법행위가 선박의 실제적 소유자에게 손해를 입히는 경우에도 악행이 성립한다. 용선자에 대하여서는 수식어가 없기 때문에, 통상적인 용선자(정기용선자, 항해용선자)와 선박임차인(demise charter)을 포함하는 용어로 해석될 수 있다. 판례에 따르면 선하증권상의 단순한 송하인(Nutt v. Bourdieu),[240] 통상적인 용선자(Hobbs v. Hznnam사건[241]과 Salem사건[242]), 그리고 저당권자(Small v. United Kingdom Marine Mutual Insurance Association사건[243]과 Samuel v. Dumas사건[244]) 등은 일반적으로 당시의 소유자로 인정되기에는 선박을 충분히 통제할 수 있는 유형의 사람이 아니기 때문에 이에

237) [1923] 15 LIL Rep 186, CA: 이 사건의 구체적인 사실관계는 이 책 제4부 제1장 제2절 입증책임 V. 악행으로 인한 손해의 입증 1. 영국법상 악행으로 인한 손해의 입증 (1) 개관 (가) 이사이아스(Issaias)원칙: 보험자의 입증책임 참조.

238) Jones v. Nicholson [1854] 10 Ex 28, 37, per Pollock CB.

239) F.D. Rose, op. cit., § 15.36, p. 298(Ross v. Hunter [1790] 4 TR 33).

240) [1786] 1 Term Rep. 323.

241) [1811] 3 Camp 93.

242) [1981] 2 Lloyd's Rep. 316.

243) [1897] 2 QB 311, CA.

244) [1924] AC 431, HL.

해당하지 않는다.[245)]

(나) 용선자의 범위 : 영국판례상 악행의 대상으로서의 용선자의 범위에 대하여 검토한다.

(a) 중간적인 용선자 : 선주가 선박의 천공에 공모한 경우 적하소유자는 악행으로 인한 보상을 받을 수 없었던 Shell International Petroleum Co., Ltd. v. Caryl Antony Vaugham Gibbs, 'Salem'사건[246)]에서 이 사건의 1심법원판사인 머스틸(Mustill)판사는 통상적인 용선자와 선박임대차 사이의 제3의 중간적인 유형의 용선자가 존재하고 이들은 보험담보가 된다고 고찰하였다. 그는 각각의 경우에 용선계약은 상업적 의미로 이해되어야 한다고 하였다. 따라서 용선자는 의심할 여지없이 선박을 통제하고 점유하고 있는 선박임차인만이 아니라, 특수한 경우에 선박의 소유자로 인정되기에 충분한 정도로 선박을 통제하고 있는 용선자도 해당된다.[247)]

(b) 실제의 소유자로서의 용선자 : 원고가 선의의 적하소유자인가 또는 선의의 저당권자인가 여부, 양수인 또는 피보험자로 소송을 제기하고 있는지 여부와 관계없이, 위법행위가 선주 또는 경우에 따라서는 역사적인 의미에서 당시의 소유자를 의미하는 것으로 이해되는 표현인 용선자에게 손해를 끼치기 위하여 선장 또는 선원에 의하여 행하여져야 함을 유념하여야 한다.

Soares v. Thornton사건[248)]에서 선박의 용선자가 용선기간동안 실제적인 소

---

245) Susan Hodges, op. cit., p. 525.

246) [1982] 1 Lloyd's Rep. 369, CA: 이 사건의 구체적인 사실관계는 이 책 제3부 제2장 제3절 손해보상의 의무 Ⅲ. 인치마리위험 8. 악행 (2) 부정행위 참조.

247) Susan Hodges, op. cit., p. 525.

248) [1817] 7 Taunt 627: 이 사건에서 원고는 선박 죠스 앤 마리아(Jose and Maria)호의 선장(commander) 겸 단독소유자인 죠즈 드 폰테스(Joze de Fontes)와 용선계약을 체결하였다. 용선 중에 선박은 악천후로 인한 누수를 수선하기 위하여 딜(Deal)항에 입항하였다. 선박이 딜항에 체류하는 동안 폰테스(Fontes)가 승선하여 선박의 관리를 맡았고, 실제 선장과 함께 고의적으로 선박을 해안과 부딪치게 하여 선박은 적하 1/2과 함께 멸실되었다. 원고인 용선자는 손해는 악행으로 인한 것이라고 하여 보상을 청구하였다. 법원은 용선자는 용선기간동안 '실제적인 소유자'(effective owner)이었고, 선장과 실제 소유자인 폰테스의 악행행위에 관여하지 않았으며, 폰테스의 관여는 위법행위가 원고에 대하여 악행이 성립하는데 영향이 없다고 하여 보상을 명하였다. 깁스(Gibbs)판사는 "선박이 원고의 적하를 가득 싣고 다른 적하를 적재할 여유가 없는 상태에서 딜항에 체류하는 동안, 선박의 소유자가 승선하고 선장이 고의적으로 해안에 부딪쳐 원고의 적하가 멸실하였다. 중요한 문제는 이것이 악행인가 여부이고, 보험자가 원고의 보험금청구에 대하여 거부하는 이유는 선박을 해안에 부딪친 것이 선박의 소유자이라는 것이다. 악행은 멸실한 적하의 소유자에 대한 행위 또는 사기가 아니라 선박의 소유자에 대한 사기행위이다. 그러나 보험자에게 보상을 청구하는 적하의 소유자는 선의이었고, 선박의 소유자가 손해를 야기한 행위에 동의하였다면, 악행의 성질을 상실한다. … 운송인은 퍼나우(Pernau)에서 선박에 화물을 가득 선적하였고, 소유자의 기회는 이전되었다. 운송인은 자신이외의 타인의 통제를

유자이었고, 소유자에 의한 행위는 용선자에게 손해를 끼쳤기 때문에, 선박의 소유자에 의한 행위는 악행으로 고찰되었다.

(c) 선주의 대리인인 용선자 : Hobbs v. Hannam사건[249]에서 용선자는 실제로는 소유자의 대리인이었기 때문에, 용선자 또는 용선자의 대리인의 지시를 따른 선장의 행위는 악행으로 인정될 수 없다고 판시되었다.

(d) 선하증권상의 송하인 : Nutt v. Bourdieu사건[250]에서 적하소유자는 악행으로 인한 점에서 손해의 보험금청구에 패소하였는데, 적하소유자가 선하증권상의 단순한 송하인에 불과하다는 것이 이유이었다.

(5) 선장, 고급선원, 보통선원으로 행위하는 선주 또는 공동선주

사람은 자기 자신을 기망할 수 없으므로 선박의 단독소유자인 선장에 의한 악행은 성립하지 않는다. 따라서 선박의 단독소유자인 선장의 악행에 의하여 손해를 입은 적하소유자는 보상을 받을 수 없다. 이 때 피보험자가 선장의 행위가 악행임을 입증하는 추정적 증거를 제시하는 경우에 선장이 선주라는 입증책임은 보험자가 진다.[251]

---

받지 않고 선박이 목적지로 항해하는 것에 대한 권리를 가진다. 따라서 원래소유자와 선장의 행위는 완전한 악행행위이었다. 운송인의 동의가 Vallejo v. Wheeler사건의 원칙의 행위가 되는 것을 막는 유일한 것이다. 비록 이 사건은 약간의 차이가 있지만, 그 원칙을 적용하지 못하도록 하는 것은 아니다."라고 판시하였다.

249) [1811] 3 Camp 93: 이 사건에서 선박 제인(Jane)호의 선주인 원고는 선박을 우드민(Woodman)씨에게 용선하였고, 리오데자네이로(Rio de Janeiro)와 플레이트(Plate) 강의 항구에서 영국까지의 항해에 대하여 보험에 들었다. 용선계약상의 조건은 우드먼씨가 선박이 멸실하는 경우 선주에게 보상한다는 것이었다. 그러나 용선자는 부에노스아이레스(Buenos Aires)에서 선박의 관리를 자신의 동료인 켄덜(Kendal)씨에게 맡겼는데, 그가 '제인'호로 적하를 밀수하였고 그 결과 선박은 당국에 의하여 나포되었다. 원고는 '제인'호의 선장의 악행으로 인한 손해에 대한 보상을 청구하였다. 법원은 선장은 용선자의 지시를 따랐고, 용선자는 선박의 소유자의 대리인이기 때문에, 멸실은 악행으로 인한 것이 아니라고 판시하였다. 에렌버러(Ellenborough)판사는 "이 손해는 원고 자신에게 귀속한다고 생각된다. 선박의 지배권을 용선자에게 제공하고, 그의 행위가 원고인 선주의 행위이다라고 하면, 이 사건에서 용선자의 부에노스아이레스에서의 대리인인 켄덜씨의 지시를 선장이 따랐고, 이를 지시한 켄덜씨는 법적인 관점에서 원고의 대리인이었다. 따라서 손해는 자신의 지시에 의한 것으로 발생하였고, 이를 악행으로 인한 것으로 할 근거가 없다"라고 판시하였다.

250) [1816] 1 Term Rep. 323: 이 사건에서 런던에서 로쉘(Rochelle)까지 항해하는 선박 베로나(Bellona)호에 선적된 적하의 소유자인 헤이그(Hague)씨는 적하를 보험에 들었다. 선박의 소유자인 르 그랑(Le Grands)씨는 선박에 승선하고 선박과 적하를 로쉘이 아닌 보르도(Bordeau)로 항해하도록 하였고, 적하는 르 그랑씨가 교사하여 그의 대리인에 의하여 매도되었다. 적하소유자는 자신의 보험자에 대하여 악행으로 인한 손해에 대한 보상을 청구하였다. 법원은 악행은 오직 선바소유자에 대하여서만 행히여질 수 있기 때문에 적하소유자는 보상청구권이 없다고 판시하였다. 헤이그씨는 용선자가 아니라 선하증권상의 송하인에 불과하기 때문에, 선박의 임시적 소유자로 볼 수 없다고 하였다.

251) F.D. Rose, op. cit., § 15.36, p. 298(Ross v. Hunter [1790] 4 TR 33).

그러나 선박의 공동소유자인 선장은 다른 공동소유자에 대하여 악행을 할 수 있다. 현재는 선장과 선주의 분업화가 명확히 되어 있기 때문에 이와 같은 사례가 발생할 가능성은 많이 줄었다. 표준해상보험약관상의 피용인 겸 소유자조건은 "선장, 고급선원, 보통선원, 도선사는 선박의 지분을 가지고 있어도 위험조항의 해석에 있어서 선박소유자로 보지 않는다"고 규정하고 있다.[252] 그러나 이들 중의 1인이 자기의 고의적 부정행위로 인한 손해의 보상을 보험계약상 보상을 받을 수 있는 것은 아니다(영국해상보험법 제55조 제2항 a호; 상법 제659조 제1항). 악행을 한 선장이 공동소유자인 경우 그는 자신의 지분에 대하여 보상을 청구할 수 없지만, 다른 공동소유자는 보상을 받을 수 있다. 그러나 1982년 협회적하보험(A)약관을 보험계약의 내용으로 하는 적하보험에서 선장의 악행으로 인하여 적하가 멸실한 경우에 적하소유자가 악행에 공모하지 않은 경우에는, 전액을 보상받을 수 있고, 선박의 공동소유자가 공모한 경우에도 보상액은 감액되는 것이 아니다.

Jones v. Nicholson사건[253]에서 단독소유자 또는 공동소유자인 선장은 용선자에 대하여 악행행위가 성립할 수 있음을 보여준다.

선장, 고급선원, 보통선원이 부보선박의 지분소유자라는 사실이 악행 또는 과실로 인한 보상청구에 영향을 미치지 못한다는 것은 선장이 선박에 대하여 지분을 가지는 것이 일반적인 시대에 발전된 원칙으로 선주와 선장 사이에 보다 분명히 구분되는 오늘날에는 적절성이 떨어진다는 비판이 유력하다.[254]

(6) 선의의 저당권자

악행은 개념상 선박을 실제로 점유하거나 통제하고 있는 소유자에 대하여서

252) 1983년 협회선박기간보험약관 제6조 제3항; 1983년 협회선박항해보험약관 제4조 제3항; 1983년 협회운임기간보험약관 제7조 제3항; 2003년 국제선박보험약관 제2조 제5항.

253) [1854] 10 Exch 2; 이 사건에서 Jones v. Nicholson사건에서 피고는 선박 헬레나(Helena)호를 몬테비데오(Montevideo)로부터 발파라이소(Valparaiso)로 적하를 운송하기 위하여 용선하였고, 용선자는 이 운임에 대하여 운임보험에 들었다. 선박의 소유지분은 선장인 데이빗 모팟(David Moffatt)씨는 34/64이고, 죠지 모팟(George Moffatt)씨는 30/64이었다. 발파라이소에 도착하지 아니한 선박은 멸실한 것으로 추정되어 원고인 보험자는 전손으로 처리하였다. 후일 실제로는 선장이 선박을 희망봉으로 선박을 항해하여 선박과 적하를 매도하였음이 확인되어 보험자는 지급한 보험금의 반환을 청구하였다. 법원은 보험자는 반환청구권이 없다고 판시하였는데, 그 이유는 선장이 선박의 공유자이었지만 용선자는 악행으로 인하여 손해를 입었다는 것이었다. 폴락(Pollock)판사는 "선장이 공유자라는 사실로 인하여 다른 소유자가 부보하거나 운송인이 자기의 적하를 부보할 수 없는 것은 아니다. 공유자인 선장이 다른 공유자를 기망하여 선박을 횡령한다면 그것은 악행이다"라고 판시하였다.

254) F.D. Rose, op. cit., § 15.37, p. 298.

만 행하여질 수 있다. 대부분의 경우 저당권자는 악행의 정의상 소유자 또는 당시의 소유자로 고찰되지 않으므로 악행에 근거하여 보상을 청구할 수 없다. 따라서 이 위험을 담보하기 위하여서는 협회선박저당권자이익약관에 의하여 추가담보를 구입하여야 하는데, 동약관 제6조 제1항 2호는 "선박의 소유자 등의 의도적이거나 부주의로 또는 우발적인 것으로 보는 작위 또는 부작위 또는 알고 있거나 관여한 사실로 인하여 보상되지 않는 경우 그러한 선박의 멸실 또는 훼손으로 인하여 결과적으로 피보험자에게 발생하는 손해를 보상한다"고 규정하고 있다.

선박의 공동소유자에게 금전을 대여하고 그 지분에 대하여 저당권자로의 이익을 담보하는 보험계약을 체결한 경우에 공동소유자인 선장의 악행으로 선박이 멸실하여 원고의 저당권자의 피보험이익이 인정되어 보상을 받은 Small v. United Kingdom Marine Mutual Insurance Association사건[255]과 선박이 선장과 선주의 공모아래 좌초하여 선박의 저당권자가 악행으로 인한 손해의 보상을 청구한 경우에 저당권자가 공모하지 않았더라도 악행이 성립하지 않는다고 하여 보상이 인용되지 않은 Samuel v. Dumas사건[256]은 저당권자의 열악한 지위

255) [1897] 2 QB 311, CA, CA: 이 사건에서 스몰(Small)씨는 윌크스(Wilkes)씨에게 금전을 대여하여 윌크스씨는 선박의 공동소유자가 되었고, 선장으로 임명되었다. 대부조건에 따라 윌크스씨는 선박의 지분에 대하여 스몰씨에게 저당권을 설정하였고, 다른 일부소유선박에 대하여 보험에 들었는데, 이 보험은 저당권자로서 스몰씨의 이익이 또한 담보되었다. 보험증권은 해상고유의 위험과 선장과 선원의 악행을 담보하고 있었다. 선박이 멸실하여 저당권자인 스몰씨는 선장이고, 저당권설정자이며 공동소유자인 윌크스씨의 악행이 고의적으로 선박을 침몰하게 하였다고 하여 보상을 청구하였다. 항소법원은 저당권자는 양수인이 아니라 보험계약상의 당사자라고 하여 저당권자는 악행으로 인한 손해에 대하여 보상청구권이 인정된다고 판시하였다. 에셔(Esher MR)판사는 "선박이 선장의 고의적 위법행위가 아니라 폭풍우 속에서 멸실하였다면 스몰씨는 자기의 이익을 위하여 자기의 이름으로 자기의 이익이 부보되었으므로 그 범위 안에서 보상을 받는데 다툼이 없을 것으로 생각된다. … 선박의 공동소유자인 윌크스씨의 저당권자로서 스몰씨는 선박에 대한 담보의 금액만큼 피보험이익을 가진다. 따라서 스몰씨는 저당권자로서 자기의 이익의 범위까지 해상고유의 위험 기타 위험으로 인한 선박의 멸실에 대하여 부보되었다. 저당권자는 저당권설정자를 통하여 자기의 이익의 보상을 청구하는 것이 아니라, 저당권에 기하여 청구하는 것이다"라고 판시하였다. 스몰사건에서 저당권자인 스몰씨는 저당권설정계약에서 윌크스씨를 선장으로 하기로 한 사실이 그의 지위를 단순한 저당권자에서 당시의 소유자로 승격시키기에 충분하다고 판단되었다. 실제적인 소유자이었기 때문에 법원은 선장으로 행위하는 윌크스씨의 위법행위를 수몰씨에 대한 악행행위로 고찰할 수 있었다. 이것은 후일 살렘(Salem)호 사건에서 머스틸(Mustill)판사가 고찰한 중간적인 제3의 용선자이다(Susan Hodges, op. cit., p. 532). 선장인 윌크스씨에 의한 위법행위는 공동선주에 대하여 악행이었기 때문에 '소유자에게 손해를 끼친다'는 요건이 충족되었다고 판시되었다.

256) [1924] 18 LlL Rep. 211, HL: 이 사건에서 증기선 그레고리오스(Gregorios)호의 새로운 소유자는 은행가인 사무엘사(P Samuel and Co.)를 위하여 저당권을 설정하고 금전을 차용하였다. 저당권자인 사무엘(Samuel)은 선주에게 전위험담보보험을 체결할 것을 지

를 명확히 나타내고 있는데, 특히 그가 보험증권의 양수인인 경우에 그러하다.[257)]

## 9. 상당한 주의조항

1983년 협회선박기간보험약관 제6조 제2항과 협회항해보험약관 제4조 제2항에 규정되어 있는 상당한 주의조건은 "멸실 또는 훼손이 '피보험자, 소유자, 관리자의 상당한 주의의 결여로 인하지 않은' 경우에만 보험담보한다"라고 규정하고 있다.

이 조건은 선박소유자의 엄격한 관리의무를 인정한 것으로 어느 당사자가 멸실 또는 훼손이 '피보험자, 소유자, 관리자의 상당한 주의의 결여로 인하지 않았다'는 조건의 요건을 입증할 책임이 누구에게 있는가는 아직 명확하지 아니하다.[258)]

---

시하였고, 선주는 듀마스(Dumas)와 다른 보험자와 보험계약을 체결하였다. 4개월 후 필립빌(Philipeville)에서 타인(Tyne)으로 항해 중에 '그레고리오스'호는 좋은 날씨에 스페인(Spain)해안에서 좌초하였다. 선박은 선장과 몇 명의 선원에 의하여 선주의 공모아래 천공되었음이 밝혀졌다. 저당권자는 공모하지 않았다. 저당권자는 멸실이 악행 또는 해상고유의 위험으로 인한 손해라고 하여 보상을 청구하였다. 상원은 저당권자패소판결을 내렸다. 저당권자는 피보험이익을 가지고 있지만, 선장은 저당권자를 위하여 업무에 종사하지 않았기 때문에 악행으로 인한 보상을 인정될 수 없고, 손해가 우연한 것이어야 하는데 천공은 그러하지 아니하기 때문에 해상고유의 위험으로 인한 손해로 보상받을 수 없다고 보았다. 핀레이(Viscount Finlay)판사는 "소송은 소유자와 저당권자를 위하여 제기되었다. 소유자를 위한 소송은 선박을 천공한 것이 그였기 때문에 말할 나위없다. 선의의 저당권자가 보상을 받기 위하여서는 손해가 해상고유의 위험으로 인한 것인가 여부를 조사함에 의하여 고찰된다. 선박을 파괴한 선장은 선주의 지시를 받아 행위하였고, 선장은 저당권자를 위하여 종사하고 있지 않았기 때문에 멸실은 악행으로 인한 것이 아니다. 보상을 받기 위하여서는 저당권자는 천공으로 인한 해수의 유입으로 인한 선박의 침몰이 해상고유의 위험으로 인한 손해임을 입증하여야 하고, 그러하지 못하면 멸실은 보험증권상 담보되는 위험으로 인한 것이 아니다. … 선박의 천공은 해상에서 발생하였지만 해상고유의 위험으로 인한 것이 아니고, 이는 전적으로 소유자의 사기적 행위로 인한 것이다. 천공은 우연한 것이 아니라 고의적인 것이며, 사고의 어떠한 요건을 갖추고 있지 않다"라고 판시하였다.

257) 보험증권의 양수인으로서 제소한 저당권자의 지위에 대하여서는 Graham Joint Stock Shipping Co., Ltd. v. Merchants' Marine Insurance Co., 'Ioanna' [1923] 17 LlL Rep. 44 and 241, HL.사건에서 고찰되었다. 원고인 상고인은 독립한 피보험자로서가 아니라 보험증권의 양수인으로서 보험금청구소송을 제기한 저당권자이었다. 동력선 이오아나(Ioanna)호는 스페인 연안에서 선주의 동의와 수권아래 고의적으로 좌초되었다. 저당권자는 '이오아나'호와 다른 선박을 담보로 빌려준 금액을 반환을 청구하였다. 상원은 항소법원의 판결을 유지하여 저당권자는 보험증권상 독립한 이익을 가지지 아니하므로 보상을 받을 수 없다고 판시하였다.

258) Susan Hodges, op. cit., pp. 533~534; 상세한 내용은 이 책 제3부 제2장 제3절 손해보상의 의무 Ⅰ. 담보위험 2. 담보위험에 관한 주요쟁점 (3) 상당한 주의 참조.

## Ⅳ. 책임손해

### 1. 서 언

선주는 선박이 야기한 제3자가 소유한 선박이나 선박에 적재된 적하, 제방 또는 교량 등의 재산의 훼손에 대하여 손해배상책임을 지는 경우가 있다. 이 손해배상책임을 담보하기 위하여 보험에 가입하는 것이 허용된다(영국해상보험법 제3조 제2항 c호). 그 예로는 다른 선박과의 충돌로 인한 손해배상책임을 담보하는 것, 항만부두 등 고정물과 접촉하여 지는 손해배생책임을 담보하는 것 등을 들 수 있다. 그밖에도 선박소유자 경우에 따라서는 적하소유자는 선박이나 적하의 공동위험을 면하기 위한 선장의 처분으로 인하여 손해를 입거나 또는 비용을 지급할 책임을 지거나, 해양사고를 당한 선박소유자나 적하소유자는 의무없는 구조에 대한 보수를 지급할 책임을 지는 경우가 있는데, 전자를 공동해손손해 또는 공동해손분담금이라고 하고, 후자를 구조료라고 한다. 표준해상보험약관은 공동해손손해와 공동해손분담금 그리고 구조료를 담보하고 있다.

### 2. 선박충돌책임

(1) 선박충돌책임조항의 의의와 성격

(가) 선박충돌책임조항의 의의 : RDC(Running Down Clause)이라고도 하는 3/4 충동책임조항(Collision Liability Clause)의 목적은 다른 선박과의 충돌의 경우 선박소유자가 지는 제3자에 대한 손해배상색임에 대한 보험담보를 세공하는 것이다.

먼저 충돌의 결과 발생하는 두 가지 유형의 손해를 구별하는 것이 필요하다.

첫째, Wilson, Sons and Co. v. Owners of Cargo per 'Xantho'사건[259]에서 판시한 것과 같이 충돌로 인하여 부보선박 자체가 입은 손해는 1906년 해상보험약관해석규칙 제7조에서 정의하는 해상고유의 위험에 해당한다. 이 손해가 항해중 '선장, 고급선원, 보통선원 또는 도선사의 과실'의 결과 발생하는 경우에는 1983년 협회선박기간보험약관 제6조 제2호 3항에 의거하여 또한 보상받을 수

259) [1887] 12 App Cas 503; 이 사건의 구체적인 사실관계는 이 책 제3부 제2장 제3절 손해보상의 의무 Ⅱ. 해상위험 2. 해상고유의 위험 (2) 해상고유의 위험의 개념 (가) 해상의 우연한 사고 또는 재난 (d) 해상고유의 위험에 관한 판례의 검토 (ㄹ) 항해사업에 필연적인 부수사건의 하나로 예견되지 아니한 것과 같은 사고 참조.

있다.

둘째 유형의 손해는 피보험자가 부담하는 다른 선박의 소유자에 대한 손해배상책임, 즉 제3자에 대한 손해배상책임으로서 이 손해는 해상고유의 위험으로 인한 손해가 아니므로 이 충돌책임조항에 의거하여 보상이 허용된다.

(나) 선박충돌책임조항의 연혁 : 충돌책임조항은 De Vaux v. Salvador사건[260]에서 발전하였다. 원고는 Lloyd's S. G.Form에 근거하여 충돌배상책임으로 인한 보험금의 지급을 청구하였다. 법원은 해상 위험이라는 용어는 충돌에 근인한 부보선박에의 손해를 포함하지만, 충돌의 결과 부보선박이 초래한 제3자에 대한 법적 책임을 담보하는데 확장되지 않는다고 판결하였다. 당시 선박충돌로 인한 선박의 법적 책임은 오늘날과 같이 명백하지 아니하였고, 충돌배상책임을 보험에 의하여 담보하는 것은 해운업자가 충돌을 회피하는데 기울이는 통상적인 주의를 게을리하게 한다고 판단하여 대부분의 보험자는 그 담보를 제공하는 것을 싫어하였다. 결국 제안된 표준충돌책임조항에 대한 타협이 이루어져 위 사건 판결 후 18년이 지난 1854년에야 3/4충돌책임조항이라 불리는 제한된 담보형태로 규정하게 되었다.[261] 1888년에 협회선박기간보험약관이 영국 보험시장에 도입되어 충돌책임조항은 이 약관에 삽입되었고, 인명의 사상을 담보하지 않음을 명확히 하기 위하여 면책사유가 도입된 이래 여러 사유가 추가되었다.

(다) 표준선박보험약관상의 충돌책임조항 : 현재의 표준선박보험약관은 3/4충돌책임조항이라고 하여 거의 동일하게 규정하고 있다.[262] 이에 의하여 보험자는 충돌의 경우 다른 선박에 대하여 입힌 손해의 3/4을 피보험자에게 보상할 것을 약정하고, 나머지 1/4은 피보험자가 부담하게 된다.

또한 피보험자가 자기의 책임에 대하여 다투거나 책임을 제한하는 절차를 취하는데 드는 소송비용의 3/4을 또한 보험자가 보상하는 것을 규정한다.

그리고 충돌책임조항에는 보험자의 면책사유가 규정되어 있고, 또한 1983년 협회 선박기간보험약관 제20조에서 제23조(2003년 국제선박보험약관 제29조에서 제31조)까지의 면책조항이 최우선적으로 적용되므로 이들 위험으로 인한 충돌손해는 보상이 허용되지 않는다.

---

260) [1836] 4 Ad & E 419.

261) R. H. Brown, Marine Insurance Vol. 3-Hull Practice, 3nd ed., London: Witherby & Co., Ltd., 1993, p. 541.

262) 1983년 협회선박기간보험약관 제8조; 1983년 협회선박항해보험약관 제6조; 2003년 국제선박보험약관 제6조; 1995년 협회선박기간보험약관 제8조; 1995년 협회선박항해보험약관 제6조.

1983년 협회선박기간보험약관 제9조(자매선조항)는 충돌이 같은 선박소유자가 소유하는 선박 사이에 발생하는 경우에 이들 선박의 소유자가 다른 경우와 같이 다루도록 하기 위하여 규정되었다. 이 조항이 없으면 누구든지 자기 자신에 대하여 소추할 수 없기 때문에 같은 소유자에게 속한 선박사이의 충돌로 손해를 입은 선박소유자는 그 손해에 대하여 보험자로부터 보상을 받기가 불가능하기 때문이다.

3/4충돌책임조항은 충돌로 인한 손해배상책임의 일부를 스스로 부담하도록 하여 충돌의 방지에 보다 많은 주의를 기울이도록 하기 위한 보험자의 이익이 반영된 것이다. 그러나 선주는 부보되지 아니한 금액을 선주상호보험에 가입하는 것이 일반화되어 있다. 또한 고가선박의 출현과 함께 2003년 국제선박보험약관은 "보험자가 서면으로 명시적으로 동의하는 경우에는, 제6조(3/4충돌책임조항)는 '3/4'이라는 어구가 삭제되는 것으로 수정될 수 있다"라고 규정하여 충돌책임과 고정목적물이나 부유물과의 접촉손해에 대하여 4/4를 보상하는 추가담보를 약정할 수 있음을 규정한다(동약관 제38조). 또한 정액공제를 하는 것도 일반적으로 행하여지고 있다.

(라) 충돌책임조항의 성격

(a) 책임보험 : 충돌책임조항은 다른 선박과의 충돌로 인하여 부보선박 자체가 입은 물적 손해는 보상하지 않고, 부보선박이 상대방 선주 또는 상대방 적하소유자에 대하여 지급할 손해배상금책임이라는 간접 손해를 담보하는 것으로 책임보험의 일종이다.

(b) 충돌손해배상책임의 별개의 추가적 담보 : 충돌 조항은 부보선박이 다른 선박과 충돌하여 법률상이 손해배상책임을 부담하는 경우에 이를 보험자가 보상하는 것을 내용으로 하는 것으로, 충돌책임조항이 제공하는 보상은 보험계약에 추가된 별개의 계약이다. 따라서 손해방지비용과 같이 충돌책임조항상의 보험금청구권은 기본적 보험계약상 지급되는 전손보험금에 추가되어 지급될 수 있다. 따라서 보험자는 동일사고로부터 생기는 전손 또는 분손에 대한 보상과는 별개로, 충돌책임조항에 따른 보상을 하여야 한다.

(2) 선박충돌책임조항상 선박충돌책임의 적용요건

1983년 협회선박기간보험약관 제8조는 "보험자는 부보선박이 다른 선박과 충돌하여 그 결과 피보험자가 법률상 손해배상책임을 지게 됨으로써 다른 사람에게 지급한 금액중 3/4을 피보험자에게 보상할 것을 동의한다"라고 규정하고 있다. 이 내용을 살펴본다.

(가) 다른 '선박'의 의미 : 특정한 대상이 선박인가 여부를 결정하기 위하여 모든 사건에 적용할 수 있는 확정적이거나 신뢰할만한 기준을 설정하는 것은 매우 어렵다. 이는 사실판단의 문제로 목적물의 구조, 사용될 수 있는 목적과 항해의 적합성, 사용되어온 목적, 현재 사용되고 있는 목적과 이 목적으로 사용된 기간, 목적물의 고정의 정도와 이동의 범위 등의 요소를 고려하여 결정된다.[263)]

(a) 판단기준 : 특정한 목적이 선박인가 여부를 결정하기 위하여 영국법원이 사용한 기준의 하나는 Chandler v. Blogg사건[264)]의 '항해가능성의 기준'과 Pelton SS. Co. v. North of England Protecting and Indemnity Association사건[265)]에서의 앳킨슨(Atkinson)판사의 '항해에 사용할 의도의 구조물기준'을 살펴본다.

(ㄱ) 항해가능성기준 : Chandler v. Blogg사건은 원수보험자가 재보험자에 대하여 보상을 청구한 사건으로, 증기선 뉴번(Newburn)호가 테임즈(Thames)강에서 항해 중 침몰한 바지선 리치(Lizzie)호와 충돌하였다. 바지선은 근래 침몰하였다가 구조되어 항해에 다시 사용된 것이었다. 원수보험자는 충돌조항에 근거하여 재보험자에게 보상을 청구하였고, 재보험자는 침몰한 바지선은 선박이 아니라는 근거로 이를 거부하였다. 법원은 침몰한 바지선은 본래부터 항해가능하였다는 근거로 보상을 명하였다. 빙엄(Bingham)판사는 "'리치'호는 선박이 구조되어 다시 띄워질 때까지 수 시간 동안 항해불능이었지만, 보험계약상의 의미에서 항해가능하였고, 따라서 선박에 해당한다"고 판시하였다.

(ㄴ) 항해에 사용할 의도의 구조물 : Pelton SS. Co. v. North of England Protecting and Indemnity Association사건에서 증기선 젤로(Zelo)호가 약 4개월전에 침몰하여 구조과정에 있던 핀란드국적의 증기선 머커(Merkur)호의 난파선을 가격하였다. 충돌상황과 관련하여 선박보험자가 충돌책임조항상의 보상을 거부하자, 선주상호보험조합에 전액의 보상을 청구하였다. 선주상호보험조합은 충돌책임조항에 의거하여서만 보상이 가능하므로 그 책임은 전액의 1/4이라고 주장하였다. 쟁점은 침몰한 선박이 충돌책임조항상의 선박인가 여부이었다. 법원은 난파선은 여전히 선박이므로 조합은 1/4의 보상책임을 진다고

263) F.D. Rose, op. cit., § 16.13, p. 304.
264) [1898] 1 QB 32.
265) [1943] 1 KB 161.

판시하였다. 그리어(Greer)판사는 "의사가 치료하여 회복될 수 있을 것으로 기대하는 사람은 빈사상태라고 하여 사람이 아니라고 할 수 없듯이, 선박이 훼손되어 항해불가능한 상태이더라도 합리적인 정신을 가진 소유자라면 구조작업을 계속하였을 것으로 유인되는 경우에는 여전히 선박이다. 나는 Chandler v. Blogg사건에서의 항해가능성의 기준은 타당하지 않고, 합리적인 정신의 소유자라면 이후 구조작업에 의하여 선박을 완전히 회복하는 것을 기대하여 구조작업을 계속하는가 여부가 기준으로 가장 적합하다고 생각한다"라고 판시하였다. 앳킨슨(Atkinson)판사는 "선박은 항해에 사용될 의도, 즉 해상 또는 기타 수역에서 실제적인 작업을 할 의도를 가지고 일정한 장소에서 다른 장소로 자유롭고 지시받은 이동을 할 수 있는 빈 구조물이다"라고 판시하였다.

(ㄷ) 결 어 : 선박의 정의와 관련하여 "선박인가 여부를 정함에는 ① 항행할 수 있을 것, ② 용도의 두 가지 기준을 적용하여야 하고, 선박은 그 자신의 동력을 가질 필요는 없지만, 명백히 항해할 수 있는 것이어야 하고, 사람 또는 재산을 수상에서 수송하기 위하여 사용하는 것이어야 한다"[266]는 입장이 있다. 근래에는 위의 앳킨슨판사의 견해를 수정하여 "선박은 ① 빈 구조물이고, ② 그 의도된 주요작업은 해상 또는 기타 수역에서의 항해이며, ③ 일정한 장소에서 다른 장소로의 자유롭고 지시받은 이동이 통상적으로 가능한 것으로, 여기서 통상적이라는 어구는 Chandler v. Blogg사건의 판시를 수용하기 위하여 추가된 것이다"는 견해가 유력하다.[267]

(b) 구체적인 영국판례

(ㄱ) 무동력선 : 무동력선(dumb barge), 거룻배(lighter), 부선(craft)은 본 조항에서 말하는 선박이다. 자세적 동력수단이 없어도[268] 자세적 지휘수단을 함께 결여하여도[269] 선박의 자격을 상실하는 것은 아니다.[270]

(ㄴ) 크레인 : 많은 항만에서 대형의 프로팅 크레인(floating crane)이 사용되고 있고, 그 작업이 필요할 때마다 자력으로 또는 예인선의 도움을 받아 이곳 저곳으로 이동한다. 이 크레인은 선박으로 본다. Swan Hunter and Wigham

266) Templeman, Marine Insurance-Its Principles and Practices, 6th ed., London: Pitman, 1986, pp. 399~400.

267) F.D. Rose, op. cit., § 16.15, p. 305.

268) 바지선(hopper barge)인 맥(Mac)호 사건 [1882] 2 P.D. 126; 무동력선인 할로우(Harlow)호 사건 [1922] p. 175.

269) Cook v. Dredging & Construction Co., Ltd. [1958] 1 Lloyd's Rep. 334.

270) Howard N. Bennet, The law of marine insurance, 1996, London: Clarendon Press. 1996, p. 176.

Richardson v. Benward사건[271]에서 프로팅 크레인인 타이탄(Titan)호는 자신의 동력으로 운항할 수 없었지만, 프로팅 크레인이 폰툰(Pontoon) 위에 있고 예인선에 의하여 강에서 이동할 수 있다고 하여 1894년 상선법상의 선박에 해당한다고 판시하였다. 그러나 Merchants Marine Insurance Co., Ltd. v. North of England Protecting and Indemnity Association사건[272]에서 폰툰 크레인은 충돌책임조항상의 선박이 아니라고 판시되었다.

(c) 시추시설 : 해상에서의 석유 시추작업에 사용되는 구조물이 문제된다. 일단 설치되면 석유 시추 프랫폼과 같은 해상에서의 고정된 구조물이 선박이 아님은 명백하다. 그러나 부보선박이 예인 중인 구조물과 충돌하는 경우에는 의문이 발생할 수 있다. 예인 중의 석유 시추구조물(drilling rig, oil drilling platform)은 크레인(floating pontoon crane)과 달리 항해를 위하여 디자인되지 않았고, 그것이 작업을 수행하는 항구적인 장소로 이동하는 경우에만 예인되기 때문에 위의 펀힐(Fernhill)호 사건과 같은 견지에서 선박이 아니다. 한편 석유 시추선(drill ship, drilling barge)은 선박으로 구분할 수 있다. 왜냐하면 이 유형의 부선(craft)은 시추 구조물(drilling platform)과 같은 기능을 수행하지만, 그것은 항해를 위하여 설계되었고, 가끔 스스로 동력장치를 보유하기 때문이다.[273]

(d) 비행선 : Polpen Shipping Co. Ltd.v. Commercial Union Assurance Co., Ltd. 사건[274]에서 앳킨슨(Atkinson)판사는 비행선(flyingboats)의 수상항행 능력은 비행한다는 본래의 기능에 단순히 부수하는 것이기 때문에 부보선박과 비

271) [1922] Ll. L. Rep. 179, 44 T.L.R. 635.

272) [1926] 74 Ll. L Rep 157; 이 사건에서 증기선 펀힐(Fernhill)호는 피고 선주상호보험조합의 회원이었는데 1924년 '펀힐'호는 도선사의 과실로 인하여 프랑스 록폴트(Rochfort)항에서 대형 폰툰 크레인(pontoon crane)과 충돌하였다. 폰툰의 소유자인 프랑스정부는 프랑스법상 선주에게 손해배상을 청구하였고, 보험자와 함께 소유자는 이 청구를 승인하였다. 선주는 이 보험금청구권을 보험자에게 양도하였고, 보험자는 선주상호보험조합에 대하여 이 폰툰은 선박보험계약상의 선박이 아니므로 보상책임은 선주상호보험조합이 전적으로 진다고 하여 동조합에 대하여 보상을 청구하였다. 항소법원은 폰툰은 충돌책임조항상의 선박이 아니라고 판시하였다. 뱅크스(Bankes)판사는 "프로팅 크레인의 구조만이 아니라 사용되거나 사용될 수 있는 목적을 고려하여야 한다고 생각된다. 크레인은 프랫폼에 항구적으로 고정되고 자체 동력이 없지만, 이에 중요성을 부여하지 않고 이것은 부수적이라고 생각된다. 그것은 이동할 수는 있지만, 감항성이 없기 때문에 날씨가 매우 좋은 경우에만 단거리만 이동될 수 있었다. 그것은 매우 거대한 구조물이었다. 이 원칙의 해석목적상 그것은 선박이 아니라 크레인을 위한 떠있는 프랫폼이었다"라고 판시하였다. 또 로쉬(Roche)판사의 판시는 폰툰에 결부된 크레인의 구조상의 본래의 목적은 '떠있고 유지되기 위한'(float and lift) 것이지 '항행하기 위한' 것은 아니며, 이동이 가능하여도, 이것이 이동하는 것은 예외적인 경우에 한정되는 것이라는 사실 인정에 기초를 둔 것이었다.

273) R. H. Brown, op. cit., p. 537.

274) [1943] 74 Ll. L. Rep. 157.

행선과의 충돌은 다른 선박과의 충돌이 아니고, 부보선박의 소유자는 이로 인한 손해배상액을 보험자로부터 보상받을 수 없다고 판시하였다.

(e) 목재, 뗏목 : 미국의 태평양 연안에는 항행등(navigation light)을 부착하고, 통상 다수의 구획에 의하여 조립된 대형의 목재 뗏목(timber raft)이 가끔 예인선으로 예인되어 하천 또는 해상을 이곳 저곳 이동하고 있다. 이 뗏목은 그 자체 빈 구조물이라는 의미에서 선박은 아니지만, 실제의 취급상으로는 충돌 책임조항의 범위에 해당한다고 본다.[275]

(f) 침몰선 : 침몰선과의 추돌이 선박과의 충돌인가 아닌가는 그 때에 존재하는 사정에 의하여 결정된다. 만일 침몰선을 구조하여 수리하고 항행할 수 있기에 상당한 전망이 보인다면, 그 침몰선은 충돌 조항에서 말하는 선박으로 보아야 한다. 그러나 침몰선을 구조하고 수리할 수 있는 상당한 가망이 없는 경우에는 그것은 난파물(wreck)과의 추돌이고, 다른 선박과의 충돌은 아니다.[276]

(g) 닻, 어망 : 다른 선박의 닻과의 접촉은 이 조항이 의미하는 다른 선박과의 충돌이다.[277] 그러나 어망은 선박의 일부가 아니다.[278]

(h) gas float, 건조중의 선박 : Wells v. Owners of Gas Float Whitton No. 2사건[279]에서 강풍으로 인하여 파괴된 보우트와 같은 형태의 개스 프로우트(gas float)에 대한 구조료의 청구에 대하여, 법원은 이는 선박이 아니라 선박의 장비의 일부 또는 적하에 해당한다고 하여 이를 기각하였다. 그러나 세인트 마쳐(St Macher)호 사건[280]에서 미완성의 선박이 발항하여 실제로 그 선박을 예인하고 있지 않던 예인선과 충돌하였는데, 법원은 그 선박은 영국 상선법상의 의미의 선박이라고 판결하였다.

(니) 충 돌 : 영국 해상보험에서는 원래 선박간의 접촉을 충돌(collision)이

---

275) Templeman, op. cit., p. 400.

276) Pelton SS. Co. v. North of England Protecting and Indemnity Association, [1925] 22 Ll. L. Rep. 510.

277) Re Margetts & Ocean Accident Guarantee Corporation사건 [1901] 2 KB 57.

278) Bennett Steamship Co. v. Hull Mutual Steamship Protecting Society [1914] 3 KB 57, CA: 이 사건에서 원고인 선주는 피고인 선주상호보험조합의 회원으로 원고의 선박은 불로뉴(Boulogne)외항에 안개중에 정박하고 있었는데, 후일 어선과 현실적인 접촉이 없이 이 어선의 어망과 충돌하였음이 확인되었다. 선주는 어선의 선주에게 손해를 배상하고 선주상호보험조합에 그 전액의 보상을 청구하였다. 동조합은 충돌은 충돌책임조항상의 다른 선박과의 충돌로서 선박보험자가 3/4을 부담한다는 근거아래 1/4의 손해배상만을 인정하였다. 법원은 어선의 어망은 선박의 일부는 아니므로 충돌책임조항상의 보험자가 보상책임을 지지 않고, 선주상호보험조합이 전액을 보상하여야 한다고 판결하였다.

279) [1897] AC 337.

280) [1939] 65 Ll L Rep 119.

라고 부르는데 반하여, 선박이외의 물체와의 접촉을 접촉(contact)이라고 하여 양자를 구별하고 있다. 따라서 충돌책임조항상 보상이 이루어지기 위하여서는 부보선박과 다른 선박 사이에 현실적인 물리적 접촉이 있어야 한다. 그러나 이에 대한 예외로 부보선박을 예인하던 선박이 다른 선박과 충돌하여 그 선박을 침몰시킨 경우에 보험자는 비록 부보선박이 직접 다른 선박과 충돌한 것은 아니지만 예인선과 부보선박인 피예인선은 일체를 이루기 때문에 그 손해를 보상할 책임을 진다.[281]

(다) 충돌의 결과 : 3/4충돌책임조항에서 보험자가 보상책임을 지는 것은 피보험자가 부보선박의 다른 선박과의 충돌의 결과(in consequence of) 지급한 경우이다. France, Fenwick & Co. v. Merchants Marine Insurance Co., Ltd.사건[282]에서 이 '결과'의 어구의 의미가 고찰되었다.

(라) 불법행위로 인한 손해배상책임 : 3/4충돌책임조항의 대상은 선박과의 충돌의 결과 부담하게 되는 제3자에 대한 손해배상'책임'이다. 구체적으로 피보험자가 지는 손해배상책임은 불법행위로 인한 손해배상책임이다. 법령 또는 계약상의 손해배상책임은 배제된다. 예인선이 계약에 따라 부보선박을 예인하던 중 예인선이 훼손을 입어 부담한 부보선박이 계약에 따른 손해배상책임에는 충돌조항상 보상이 허용되지 않은 Furness Withy & Co. v. Duder사건[283]과 안내선이 부보선박을 안내하던 중 부보선박의 과실없이 안내선박이 훼손되어 과실없이 생긴 안내 선박의 훼손은 본선에게 부담시킬 수 있다는 프랑스법의 규정에 따라 손해를 배상한 경우 법령상의 책임으로 인하여 초래된 비용에 대하여

---

281) M'Cowan v. Baine and Johnson and Others, 'Niobe' [1891] AC 401, HL.

282) [1914] 3 K. B. 827: 이 사건에서 5,000톤의 증기선 콘우드(Cornwood)호의 선주가 협회선박기간보험약관을 내용으로 하는 보험계약을 체결하였다. 센느(Seine)강 상류를 따라 항해하던 중, '콘우드'호는 선박 루언(Rouen)호를 가격하여 '루언'호는 약간의 훼손만을 입고 항로를 이탈하여 다른 선박 갈라티(Galatee)호와 충돌하여 동 선박은 심하게 훼손되었다. '콘우드'호의 선주는 손해배상책임을 인정하고 다른 두 선박에 가한 훼손에 대한 보상을 청구하였다. 보험자는 '콘우드'호와 '갈라티'호 사이에 아무런 물리적인 접촉이 없었다는 근거로 이를 거부하였다. 법원은 '콘우드'호와 '갈라티'호 사이의 충돌은 원래의 미약한 충돌의 '결과'이고, 보험자는 보상책임을 진다고 판시하였다.

283) [1936] 2 KB 461: 이 사건에서 원고는 여객선 모나크 오브 버뮤다(Monarch of Bermuda)호에 대하여 충돌책임조항이 삽입된 해상보험계약을 보험자와 체결하였다. 동 선박이 버뮤다에 접근하던 때, 해군부 소유의 예인선 세인트 브레이지(St Blazey)호가 도크로 선박의 접안을 보조하기 위하여 고용되었다. 도킹작업중에 예인선의 전적인 과실로 인하여 예인선이 훼손을 입었다. 피예인선의 소유자인 원고는 예인계약상의 내용에 따라서 손해배상을 하였고, 보험자에 대하여 보상을 청구하였는데, 보험자는 이를 거부하였다. 법원은 보험자승소판결을 내렸다. 법원은 충돌책임조항은 예인계약과 같은 계약상의 손해배상책임에는 적용되지 않고, 불법행위로 인한 손해배상책임에만 적용된다고 하였다.

서는 보상책임을 지지 않는다고 한 Hall Brothers Steamship Co. v. Young사건[284]이 그 예이다.

그밖에도 가해자에게 법률상의 책임이 존재하지 않음에도 불구하고 피해자와의 사이에 가해피보험자가 임의로 합의한 경우, 또는 도의상의 책임에 대하여는 충돌조항 아래서는 보상되지 않는다.[285]

(마) 피보험자가 지급하였거나 지급하여야 할 것 : 우리 법상으로는 책임보험계약에서 제3자의 직접청구권이 일반적으로 인정되기 때문에(상법 제724조) 충돌책임조항상 보상을 위한 요건으로 피보험자가 타인에게 배상금액을 실제로 지급할 것을 요구되지 않는다. 그러나 영국법상 충돌책임조항은 보험자가 보상책임을 부담하기 위하여서는, 피보험자가 타인에 대하여 배상금액을 실제로 지급할 것을 필요로 하는 기지급원칙(the pay to be paid rule)이 적용된다. 따라서 손해배상의 자력이 충분하지 않고, 현실로 타인에 대하여 배상이 행해지지 않은 경우에는, 책임관계가 명백하게 되어도 이 충돌 조항에 기하여 보험자에 의하여 보상되지 않는 것이 된다. 영국의 관례에 따르면 충돌 조항에 기한 보험금청구를 하기 위하여서는 배상금의 지급증명서(proof of payment)를 소지하는 것이 필요하다. 따라서 피보험자가 지급할 자력이 충분하지 않은 경우에는 제3자에게 직접청구권이 인정되는 경우에 한하여 충돌책임조항이 적용된다. 영국법상은 피해자의 직접청구권은 1930년 제3자법(보험자에 대한 권리)[Third Parties(Rights against Insurers)Act]에 따라 제한적으로만 인정된다. 즉, 불법행위자가 지급불능에 빠진 경우에 한하여 그 불법행위자의 배상책임을 담보하고 있는 보험자에게 직접 청구할 권리를 제3자에게 부여하고 있다.[286]

이에 관하여 표준선박보험약관을 내용으로 하는 선박보험계약상의 선박충돌로 인한 보상의 문제를 영국의 법률과 관례를 적용하는 경우 이와 다른 우리 보험계약법과 어떻게 조화롭게 처리할 것인가는 앞으로의 우리 해상보험법상의

284) [1939] 1 KB 748, CA : 이 사건에 따르면 안내 선박(pilotboat)이 던커크(Dunkirk)항에 있던 부보선박 트리덴트(Trident)호의 선측을 향하여 항행하고 있던 중 동 안내선의 조타기가 파손되어 양선박이 충돌하였다. 부보선박에 아무 과실이 없었지만, 그 선주는 도선사의 중대한 과실 없이 생긴 안내 선박의 훼손은 본선에게 부담시킬 수 있다는 프랑스법의 규정에 의거하여 위 안내 선박의 훼손에 관한 금액을 도선사관리위원회에 지급하여야 하였다. 항소법원은 보험자승소판결을 내렸는데, 보험자는 충돌책임조항상 불법행위로 인한 손해배상책임만을 보험담보하고, 법령상의 책임으로 인하여 초래된 비용에 대하여서는 보상책임을 지지 않는다고 하였다.

285) Templeman, op. cit., p. 395; R. H. Brown, op. cit. p. 646.

286) Susan Hodges, op. cit., pp. 547~549; 상세한 내용은 이 책 제2부 제2장 제1절 해상보험계약의 관계자 Ⅲ. 보험계약상의 권리의 양수인과 제3 피해자 2. 제3자의 직접청구권 (3) 1930년 제3자법(보험자에 대한 권리) 참조.

과제중 하나라고 판단된다.

(바) 담보되는 손해 : 보험자가 보상하는 피보험자가 충돌로 인하여 타인에게 가한 배상책임 손해에 대하여 표준선박보험약관[287]은 다음 세 가지를 규정하고 있다.

(a) 다른 선박 또는 다른 선박에 적재된 재물의 멸실 또는 훼손 : 먼저, 다른 선박에 전손 또는 분손을 가한 경우이다. 분손을 입은 경우에는 통상 다른 선박의 수리비용이 보상의 대상이 된다.

둘째, 다른 선박에 적재된 재물의 전손 또는 훼손이 발생한 경우이다. 다른 선박에 적재된 재물 중에는 충돌의 경우에 다른 선박에 적재된 화물 및 다른 선박에 적재된 재물로 선박의 일부로 보지 않는 물건, 나아가 승객 또는 승무원의 소지품도 포함된다.

(b) 다른 선박 또는 다른 선박에 적재된 재물의 지연 및 사용이익의 상실 : 먼저, 충돌로 인한 지연의 결과, 다른 선박에 생긴 경제적 손해 또는 다른 선박에 적재된 재물의 손해 중 충돌로 인한 지연이 없었으면 발생하지 않았을 경제적 손해가 담보된다. 둘째, 만일 충돌이 없었으면 다른 선박이 취득하였을 운임·용선료의 손실, 또는 충돌의 경우에 다른 선박에 적재된 재물의 사용이익의 상실에 의하여 재물의 소유자가 입은 경제적 손해에 대하여도, 보험담보에 포함되고 있다. 사용이익의 상실이라 함은 충돌의 때로부터 수리가 완료되어 재취항할 때까지의 휴항일수에 대한 체선료(demurrage)를 의미한다. 이 체선료는 만일 충돌이 없었으면, 상술한 휴항기간 중에 당해 선박을 이용하는 것에 의하여, 당연히 취득하였을 이익의 손실로도 이해된다.

(c) 다른 선박 또는 다른 선박에 적재된 재물에 관한 공동해손, 임의구조 또는 계약구조 : 먼저 충돌의 결과, 다른 선박 또는 다른 선박에 적재된 재물이 입은 공동해손, 다음으로 다른 선박 또는 다른 선박상의 재물의 임의구조료, 나아가 다른 선박 또는 다른 선박상의 재물의 계약구조료에 대한 책임손해도 또한 피보험자가 부담할 법률상의 배상책임 중에 포함된다.

(3) 교차책임주의

충돌책임의 산정방법에는 단일책임주의와 교차책임주의가 있고, 표준선박기간보험약관상 일방 또는 쌍방의 선박의 책임이 법률상 제한되지 않는 한, 보상

287) 1983년 협회선박기간보험약관 제8조 제1항; 1983년 협회선박항해보험약관 제6조 제1항; 2003년 국제선박보험약관 제6조 제1항; 1995년 협회선박기간보험약관 제8조 제1항; 1995년 협회선박항해보험약관 제6조 제1항.

액은 교차책임주의에 의하여 산출된다.

'단일책임주의'는 쌍방의 지급책임액을 상계하여 책임부담액이 많은 선주만 그 차액의 배상책임을 부담하는 방법이고, '교차책임주의'는 충돌선박의 쌍방에 과실이 있고 그 과실비율이 산정되는 경우에는 상대방선박의 손해에 대하여 자기의 과실의 비율을 곱하여 배상책임액을 산출하고, 과실비율을 결정할 수 없는 경우에는 각 과실의 비율을 동등한 것으로 인정하여 상계하지 않고 각 배상책임을 결정하는 방식이다.

단일책임주의와 교차책임주의에 기한 구체적인 계산의 예를 소개한다.

(예)

| | 과실비율 | 수리비 |
|---|---|---|
| Ⓐ선박 | 50% | 10,000 |
| Ⓑ선박 | 50% | 6,000(단위 파운드) |

(가) 단일책임주의

(1) 선주간의 배상책임

Ⓐ선박 선주 배상책임액 3,000

Ⓑ선박 선주 배상책임액 5,000

단일책임주의에서는 Ⓐ선박 선주는 Ⓑ선박 선주에 대하여 배상금을 지급할 필요는 없고, Ⓑ선박 선주로부터만 Ⓐ선박 선주에 대하여 2,000의 배상금을 지급하는 것이 된다.

(2) 선박보험(전부보험, Ⓐ선박, Ⓑ선박 모두 3/4충돌책임조항부)

Ⓐ선박 보험자의 지급액

| | |
|---|---|
| Ⓐ선박의 수리비 | 10,000 |
| Ⓑ선박보험자의 대위 취득 | 2,000(－) |
| | 8,000 |

Ⓑ선박 보험자의 지급액

| | |
|---|---|
| Ⓑ선박의 수리비 | 6,000 |
| Ⓐ선박 선주에 대한 배상금에 대한 보상액 | 1,500(＋) |
| | 7,500 |

(나) 교차책임주의

(1) 선주간의 배상책임

| | | |
|---|---|---|
| Ⓐ선박 선주 배상책임액 | 3,000 | |
| Ⓑ선박 선주 배상책임액 | 5,000 | |

(2) 선박보험 (전부보험, Ⓐ선박, Ⓑ선박 모두 3/4)

Ⓐ선박 보험자의 지급액

| | |
|---|---|
| Ⓐ선박의 수리비 | 10,000 |
| Ⓑ선박 선주에 대한 배상금에 대한 보상액 | 2,250( + ) |
| Ⓐ선박보험자의 대위 취득 | 5,000( − ) |
| | 7,250 |

Ⓑ선박보험자의 지급액

| | |
|---|---|
| Ⓑ선박의 수리비 | 6,000 |
| Ⓐ선박 선주에 대한 배상금에 대한 보상액 | 3,750( + ) |
| Ⓑ선박보험자의 대위 취득 | 3,000( − ) |
| | 6,750 |

이상에서부터, 단일책임주의에 따르면 Ⓐ선박 보험자의 지급액이 8,000 Ⓑ선박 보험자의 지급액이 7,500인데 비하여, 교차책임주의에 따르면 Ⓐ선박 보험자의 지급액은 7,250, Ⓑ선박 보험자의 지급액은 6,750이 된다. 보험자로서는 교차책임주의를 취한 편이 부담이 적고, 유리하다라는 것이 된다. 그러나 이 점은 4/4충돌약관의 경우에는 어느 주의에 따르더라도 지급액에 차이가 없는 점을 유념하여야 한다. 그러나 이와 같이 선박의 일방 또는 쌍방에 선박소유자의 책임제한이 행해진 경우에는, 책임 제한액을 교차적으로 양선박의 손해에 할당하는 것이 불가능하기 때문에 단일책임주의에 기하여 정산하여야 한다.[288)]

(4) 소송비용

(가) 개 관 : 표준선박보험약관[289)]은 "보험자는 또한 피보험자가 보험자의 사전의 서면동의를 얻어 배상책임에 대하여 다투거나 배상책임의 제한을 위한 법적 조치를 취하는 경우에 피보험자가 지급하였거나 또는 지급하여야 할 법적 비용의 4분의 3을 보상한다"라고 규정하고 있다.

피보험자는 보험계약상의 보험금청구권을 입증하는데 초래된 비용을 부담하

288) R. H. Brown, op. cit., p. 545; Templeman, op. cit., p. 407; 松島 惠, 船舶保険約款研究, 東京: 成文堂, 1995, 231면.

289) 1983년 협회선박기간보험약관 제8조 제3항; 1983년 협회선박항해보험약관 제6조 제3항; 2003년 국제선박보험약관 제6조 제3항; 1995년 협회선박기간보험약관 제8조 제3항; 1995년 협회선박항해보험약관 제6조 제3항.

는 것이 원칙이지만, 이 비용이 보험자를 위하여 초래된 경우에 이 원칙이 적용되는 것은 기대되지 않는다. 따라서 이 조항은 피보험자가 손해배상청구소송에서 방어하는데 소요된 소송비용을 보험자로부터 보상받을 수 있음을 규정하고 있다. 그러나 피보험자가 제3자에 대하여 손해배상을 청구하는데 소요된 소송비용에 대하여서는 규정하지 않는다. 이 규정은 피보험자가 충돌책임청구에 대하여 성공적으로 방어하였음에도 불구하고 방어비용을 보상받을 수 없다고 판시된 Xenos v. Fox사건[290]의 결과를 시정하기 위하여 도입된 것이다.

(나) 소송비용에 대한 보험자의 책임 : 충돌책임조항상 보상되는 소송비용은 첫째, 피보험자가 충돌 배상책임과 관련하여 제소하거나 응소하기 위한 경우, 둘째, 충돌책임에 대하여 선박 소유자 등의 책임제한 절차를 취하기 위한 비용이다. 다만, 선박의 충돌 사건에서의 소송비용에 대하여는, 일반적으로 고액에 달하는 것이 고려되어 소송절차가 취해지기 이전에 보험자의 서면에 의한 동의를 얻는 것이 조건으로 되어 있다. 이 비용의 3/4을 충돌 손해배상금의 3/4과는 별도로 보험자가 보상한다.

(다) 제소・응소비용 : 피보험자는 상대방 선박 소유자가 제기한 소에 항변하기 위하여, 또는 자기의 선박이 입은 훼손의 수리비, 운임의 상실과 체선료(즉, 충돌의 결과, 선박을 사용할 수 없는 것으로 인한 손실의 보상)를 상대방 선박으로부터 배상받고자 소송비용을 지급하는 경우가 있다. 쌍방 과실이 있는 경우, 구 해사법상의 관행에서는 각 당사자가 각자의 비용을 부담하였다. 1911년 영국의 해사조약법 시행 후에도 소송비용에 대하여는 각자가 부담한다는 이 관행은 변경되지 않았다. 그러나 오늘날에는 소송비용은 양 선박의 과실의 정도를 반영하여 할당된다.[291] 이 충돌의 경우에 소송비용의 할당에 관하여 영국 해손정산인협회실무규정은 원고・피고인가를 불문하고, 이자를 제외한 인용금액에 비례하여 소송비용을 할당하는 것으로 하고 있다(동 규정 A8조). 이 소송비용의 3/4을 보험자가 보상한다.

---

290) [1868] LR 4 CP 665: 이 사건에서 원고는 증기선 스미르나(Smyrna)호에 대하여 피고 보험자와 해상보험계약을 체결하였다. 충돌책임조항이 삽입되었지만 소송비용에 대하여서는 규정하고 있지 아니하였다. '스미르나'호는 다뉴브(Danube)강의 지류를 항해하던 중 증기선 마르스(Mars)호와 충돌하여 동 선박인 심하게 훼손되어 결국 침몰하였다. '마르스'호의 소유자가 '스미르나'호의 소유자에 대하여 소송을 제기하였고, 항소법원은 보험자는 충돌책임조항이나 손해방지조항에 기하여 보상받을 수 없다고 판시하였다. 서면동의는 중요하지 않다고 하고, 보험자는 법률비용에 대하여서는 보상책임이 없고 오직 훼손에 대하여서만 책임을 진다고 판시하였다. 1983년 협회 선박기간보험약관 제13조(피보험자의 손해방지 의무) 제2항은 충돌로 인한 소송비용을 명시적으로 제외하고 있다.

291) The 'Osprey' [1967] 1 Lloyd's Rep. 76.

(라) 담보물의 제공에 소요된 비용 :  충돌이 일어난 경우에는 손해를 입은 당사자는 충돌 선박에 대하여 선박우선특권을 가진다. 이 선박우선특권은 선박을 압류함에 의하여 행사되고, 선박의 압류를 해제하기 위하여서는 선주는 충돌의 책임문제가 결정될 때까지 담보물을 제공하여야 한다. 많은 경우, 담보물 대신 선주의 보증 또는 선주상호보험조합의 보증이 들어가지만, 선주가 담보물을 제공하도록 강제되는 경우에는 담보물을 제공하는데 소요되는 비용(bail fee)은 응소비용의 일부로 보는 것이 관행이다. 이러한 비용은 그 담보물이 충돌책임조항에 기하여 보험자로부터 보상받을 수 있는 손해에 관하여 제공되는 한, 그리고 그 비용이 충돌 조항에 기한 보험자의 최고 책임한도액을 초과하지 않는 한, 그 3/4의 범위에서 보험자가 이것을 보상한다. 다만, 그 지출한 비용은 합리적일 것을 조건으로 한다.[292)]

(5) 충돌책임조항상의 면책사유

표준선박보험약관[293)]은 충돌로 인한 청구와 관련하여 피보험자가 입는 손해에 대한 보험자의 면책사유를 "다만 어떠한 경우에도 ① 장애물, 난파물, 적하 기타의 일체의 물건에 대한 제거 또는 처분, ② 다른 선박 또는 다른 선박에 선적되어 있는 재물 이외의 부동산, 동산, 기타 일체의 물건, ③ 부보선박에 선적된 적하 또는 기타 재물 및 부보선박의 계약상의 채무, ④ 사망, 신체상해 또는 질병, ⑤ 부동산, 동산, 기타 일체의 물건(부보선박과 충돌한 다른 선박 또는 그 선박에 선적된 재물은 제외한다)에 대한 오염 또는 오탁 등을 위하여 또는 이에 관하여 피보험자가 지급하여야 할 일체의 금액을 보상하지 아니한다"라고 규정하고 있다.

2003년 국제선박보험약관 제6조 제4항 5호[294)]는 1989년 국제구조협약과 관련하여 "동산, 동산, 기타 일체의 물건(부보선박과 충돌한 다른 선박 또는 그 선박에 선적된 재물은 제외한다)에 대한 오염 또는 오탁 또는 환경에 대한 훼손 또는 그 위협. 다만 이 면책은 피보험자가 1989년 국제구조협약 제13조 제1항 b호가 규정하는 것과 같이 환경에 대한 훼손을 예방하거나 감소하는데 구조자의 기술과 노력이 고려됨으로써 피보험자가 구조보수로서 지급하여야 하는 금액에 대하여서 확장되지 아니한다"라고 하여 이를 수정하고 있다.

---

292) Templeman, op. cit., p. 409.

293) 1983년 협회선박기간보험약관 제8조 제4항; 1983년 협회선박항해보험약관 제6조 제4항; 2003년 국제선박보험약관 제6조 제4항; 1995년 협회선박기간보험약관 제8조 제4항; 1995년 협회선박항해보험약관 제6조 제4항.

294) 1995년 협회선박기간보험약관 제8조 제4항 5호도 동일하다.

(가) 난파선 등의 제거 : 부보선박이 항만 당국의 관리수역에서 다른 선박과 충돌하여 다른 선박이 침몰 또는 좌초한 결과, 다른 선박 또는 다른 선박상의 재물 또는 적하가 장애물로 된 경우에는, 당국은 이 물건의 인양 · 철거를 명할 수 있다. 이러한 철거책임에 수반하는 비용에 대하여는, 이것을 부보선박의 소유자가 부담하여야 하지만, 본호에서는 이와 같은 장애물뿐만 아니라, 난파물, 적하 기타 일체의 물건의 철거 · 처분에 관한 비용을, 보험담보에서부터 배제한다는 뜻을 정한 것이다.

보험자가 부보선박에 대한 전손 보험금을 지급하고 난파선을 인수할 권리를 행사한 경우에는, 보험자는 난파선의 소유자가 되고, 난파선에 수반하는 제비용을 항만 당국에 배상할 책임을 진다. 이 경우 보험자는 위에서 든 다른 책임유형에 대하여 책임을 또한 진다. 그러나 보험자가 난파선을 인수하지 않은 경우에는, 보험자는 충돌책임조항상 담보되는 것 이외에는 본호에서 드는 선박에 부수하는 책임을 지지 아니한다.[295]

노스 브리튼(North Britain)호 사건[296]과 Tatham, Bromage and Co. v. Burr, 'Engineer'사건[297]은 철거비용에 관한 사례이다.

(나) 다른 선박에의 적재 재물 이외의 다른 재산 : 충돌조항에 기하여 보상되는 것은 부보선박과 다른 선박의 충돌의 결과, 다른 선박 또는 다른 선박상의

---

295) R.H. Brown, op. cit., p. 548.

296) [1894] P 77: 이 사건에서 노스 브리튼(North Britain)호의 선주는 법령의 권한에 의거한 장애물의 제거에 대한 책임을 면책으로 하는 조항이 삽입된 충돌책임조항을 보험계약의 내용으로 하는 선박보험계약을 피고 보험자와 체결하였다. 1891년 2월 '노스 브리튼'호는 쉘트(Scheldt)강에서 영국국적의 증기선 파라과이(Paraguay)호와 충돌하여 '파라과이'호는 침몰하였다. 벨기에 당국은 항해에 장애가 되었기 때문에 법령에 근거하여 난파선을 제거하였다. 두 선박은 다른 선박에 대한 상호간의 책임을 인정하였다. '노스 브리튼'호의 소유자는 이 조항은 충돌시 부보선박에 대하여서만 적용되고 다른 선박에 대하여서는 적용되지 않는다는 근거로 제거비용을 포함한 '파라과이'호에 대한 손해배상책임의 보상을 청구하였고, 보험자는 이를 거부하였다. 법원은 보험자는 난파선의 제거비용에 대하여서는 보상책임이 없다고 판시하였다.

297) [1898] AC 382, HL: 이 사건에서 증기선 엔지니어(Engineer)호의 소유자는 피상고인인 보험자와 충동책임조항이 삽입된 보험계약을 체결하였다. 충돌책임조항은 "이 조항은 어느 경우에도 피보험자가 법령상의 권한에 근거한 장애물의 제거에 대하여 지급할 책임을 지게 되는 금액으로 확장되지 아니한다"라고 규정되어 있었다. 1896년 4월 '엔지니어'호는 티즈(Tees)강에서 증기선 해러튼(Harraton)호와 충돌하여 '엔지니어'호는 훼손되고, '해러튼'호는 추정전손이 되고 침몰하였다. 티즈강 유지관리책임자는 법령상의 권한에 의거하여 침몰난파선을 제거하였고, 그 비용은 2선박의 소유자가 부담하기로 합의하였다. '엔지니어'호의 소유자는 '해러튼'호의 소유자에게 이 비용의 자기몫을 지급하고 보험자에게 보상을 청구하였지만 보험자는 이를 거부하였다. 상원은 이 조항은 법령상의 권한에 의거한 항해장애물의 제거에 대하여 보험자의 보상책임을 배제한다고 하여 보험자승소판결을 내렸다.

재물에 대한 배상책임에 한정된다. 따라서 부보선박이 예컨대, 교각, 부두, 안벽, 도크, 가교, 방파제, 등대, 부표(buoy) 그밖의 구조물 등과의 접촉으로 인한 배상책임에 대하여는 보상되지 아니한다는 것이 본호의 규정이다.

(다) 부보선박상의 재산 : 영국에서는 해상운송에 관하여 1971년 해상물건운송법[Carriage of Goods by Sea Act, 1971]에 의하여 규제되는 바, 동법에 따르면 해상운송인은 이른바 항해 과실에 대하여 면책이다. 동법은 헤이그/비스비규칙으로 알려지고 있는 국제협약에 근거하고 있다. 따라서 대부분의 경우에 충돌이 피보험자의 사용인 측의 항해상의 과실로 인하여 생긴 경우에도, 부보선박상의 재산이 충돌(이것이 해상위험으로)로 멸실 또는 훼손된 때에, 법적책임이 선주에게 부과되지 않는다. 이 상황에서 본호의 면책사유는 엄격히 적용되지 않는다고 주장될 수 있다. 그러나 만일 적하 또는 재산이 영국 해상물건운송법 또는 유사한 법규하에서 운송인에 의하여 향유되는 면책에 의거하지 않고 운송되는 경우에는, 충돌조항은 이 책임을 담보하지 않음을 본호는 피보험자에게 명백히 하고 있다. 이 손해에 대하여 피보험자는 선주상호보험에서 그 손해를 보상받을 수 있다.[298]

(라) 부보선박의 사용이익의 상실 : 본호는 부보선박의 사용이익의 상실, 즉 충돌의 결과 부보선박이 입은 운임 또는 용선료의 상실손해를 보상하지 않음을 명확히 한다. 또한 본호는 충돌시에 부보선박상 운송되는 적하 또는 재산의 사용 이익의 상실에 대하여 피보험자가 지는 법적 책임에 대하여 보상하지 않음을 확인하고 있다.[299]

(마) 사망, 신체상해 또는 질병 : 선박보험증권에 충돌 조항이 추가된 지 몇 년 후, 충돌책임 담보에 인명의 사망 또는 신체상해로 인한 책임을 삽입하고자 하는 노력이 선주에 의하여 강력히 행해졌다. 이것은 보험자에 의하여 강력히 저지되고, 도리어 1861년 충돌 조항의 최초의 면책사유로 규정되었다. 1983년 선박기간보험약관상의 충돌 조항은 질병을 면책사유로 추가한 점을 유념하여야 한다.[300] 본 호의 면책사유는 그 사람이 부보선박에 승선하든 또는 충돌한 다른 선박에 승선하든, 충돌책임조항은 사람이 인명의 상실 등에 관하여 입은 손해에 대한 책임을 담보하지 않는다. 피보험자는 이 손해에 대하여 지급한 금

298) R. H. Brown, op. cit., pp. 549~550.
299) R. H. Brown, op. cit., p. 550.
300) 1983년 협회선박항해보험약관 제6조 제4항 4호; 2003년 국제선박보험약관 제6조 제4항 4호; 1995년 협회선박기간보험약관 제8조 제4항 4호; 1995년 협회선박항해보험약관 제6조 제4항 4호도 동일하다.

액을 선주상호보험조합에서 보상받을 수 있다.

(바) 오염 또는 오탁 : 선박 충돌시 해상의 유류 오염이 수반하는 것이 보통이다. 그러나 이 손해는 선박보험에서 담보하는 것이 거의 불가능하므로 선주상호보험조합과 TOVALOP 등에서 이 손해를 담보하고 있다. 본호는 부보선박이 충돌의 결과, 연료유, 적하의 유출로 인하여 해양과 해안의 오염 · 유류 오염손해 또는 이것을 제거하기 위한 비용에 대하여는 보험담보에서 제외하는 것을 명확히 하고 있다. 그러나 본호는 피보험자는 충돌로 오염된 다른 선박과 선창(船艙)의 청소비용, 그 선박의 적하에 대한 오염손해에 대하여는 보상을 받을 수 있음을 명시하고 있다. 또한 2003년 국제선박보험약관은 1989년 국제구조협약 제13조 제1항 b호에서 규정된 바와 같이 환경에 대한 훼손을 방지하거나 또는 경감하기 위하여 구조자가 행한 기술이나 노력이 고려되어 지는 구조행위에 대한 보상에 대하여 피보험자가 지급하여야 할 금액에 대하여는 이 면책조항은 적용하지 아니한다는 뜻을 정하고 있다. 이 조항은 오염과 환경훼손에 관한 표준선박보험약관상의 오염위험조항[301]과 함께 해석되어야 한다. 외양상 두 조항은 모순되는 것 같지만, 사실상 두 조항은 다른 사항을 담보한다. 오염위험조항은 부보선박이 입은 손해를 담보하는데 비하여, 본호는 부보선박과 충돌한 기타 일체의 물건(부보선박과 충돌한 다른 선박과 그 선박에 적재된 물건은 제외)에 관한 것이다.

(6) 자매선조항

(가) 도입배경 : 2척의 선박이 동일한 선박소유자에게 속하거나, 또는 동일한 선박 관리자의 아래에 있는 경우에 이것을 자매선(Sisterships)이라고 부르고 있다.

동일한 선박소유자에 속하든가, 또는 동일한 관리 아래 있는 2 선박간에 충돌이 있었던 경우에는, 사람은 자신에 대하여 소송을 제기할 수 없다(A person cannot sue himself)라는 법률상의 원칙에 기하면 자매선인 피해선이 가해선에 대하여 손해배상을 청구한다라는 문제는 생기지 않는다. 가령 동일한 선박소유자 갑에 속하는 A선박과 자매선인 B선박이, 각자 별도로 X와 Y보험자와 선박보험계약을 체결한 경우에, 만일 전술한 원칙을 적용한다면 당사자의 이해관계에 대하여 불합리한 사정이 발생한다. 예컨대, A선박의 과실로 A선박과 B선박이 충돌한 그 결과 B선박의 수리를 한 경우 B선박의 보험자 Y는 B선박의 수리비

301) 1983년 협회선박기간보험약관 제7조; 1983년 협회선박항해보험약관 제5조; 2003년 국제선박보험약관 제5조; 이 책 제3부 제2장 제3절 손해보상의 의무 Ⅳ. 책임손해 4. 오염위험 참조.

를 보상하였음에도 불구하고, A선박의 소유자인 갑이 B선박의 손해에 대하여 배상책임을 부담하지 않기 때문에, Y는 갑에 대하여 보험자대위에 의하여 구상을 할 수 없고 따라서 A선박의 보험자인 X에 대하여도 구상할 수 없게 된다.[302] 이와 같은 불합리를 피하기 위하여 자매선조항이 작성되고, 영국에서는 1901년에 협회선박기간보험약관에 삽입된 이래 표준선박보험약관[303]에서 규정되어 있다.

(나) 내 용: 자매선조항에서는 자매선 쌍방의 선박 사이에 충돌이 생긴 경우에는 쌍방의 선박이 마치 별개의 소유자에게 속한 것으로 하고, 또한 법률상의 배상책임도 별개로 생긴 것으로 인정하여, 충돌조항을 적용한다. 또한 자매선 사이의 충돌의 경우에는 책임의 유무, 손해액의 할당 등에 대하여는 1인의 중재인의 결정에 위임된다는 뜻이 동조항 단서에 규정되어 있다.

(7) 적 하

협회적하보험(A),(B),(C)약관 제4조는 "이 보험은 손해보상의 범위를 확장하여 해상운송계약상의 '쌍방과실충돌조항'에 의한 책임액 중에서 이 보험에 의하여 보상받을 수 있는 손해에 관한 부분에 대하여 피보험자에게 보상한다. 위의 조항에 의한 선박소유자의 청구가 있는 경우에 피보험자는 그 사실을 보험자에게 통지하고, 보험자 자신의 비용으로 이 청구에 대하여 피보험자를 방어할 것을 청구할 권리가 있다"고 규정하고 있다.

이 조항은 쌍방과실로 인한 선박충돌의 경우 선박에 적재한 적하의 손해에 대한 배상책임에 관하여 영국을 비롯한 일반실무와 미국의 실무의 차이점 때문에 두어졌다.[304]

영국을 비롯한 1910년 브뤼셀(Brussels) 충돌협약을 비준한 국가는 쌍방과실에 의한 선박충돌의 경우 두 선박에 적재된 적하의 소유자는 충돌로 인한 손해중에서 상대선박, 즉 비적재선의 과실비율에 대하여서만 배상받을 수 있고, 적재선박은 해상운송계약에 의하여 선박의 충돌 등 선장 등의 항해과실로 인한 손해를 면책으로 하므로 적재선박의 적하의 소유자는 적재선의 과실비율에 해당

302) 영국의 1877년의 Simpson v. Thompson[3 App. Cas. 279]사건은 "동일소유자에 속하는 두 선박이 충돌한 경우 과실이 없는 선박의 보험자는 과실이 있는 선박에 대하여 구상권을 가지지 아니한다. 왜냐하면 그 두 선박은 스스로에 대하여 청구권을 행사할 수 없는 피보험자에 속하기 때문이다"라고 판시한다.

303) 1983년 협회선박기간보험약관 제9조; 1983년 협회선박항해보험약관 제7조; 2003년 국제선박보험약관 제7조.

304) F.D. Rose, op. cit., § 16.37, p. 312; 이재복, 적하보험약관론, 보험연수원, 1991, 293~312면.

되는 적하의 손해를 배상받을 수 없다. 그러나 미국의 실무상은 적재 선박의 일방적인 과실로 인한 경우에는 적하소유자에게 배상책임을 지지 않지만, 일부과실의 경우에는 그 과실비율만큼 자기선박에 적재된 적하의 손해를 배상할 책임을 진다. 이 모순을 조정하기 위하여 해상운송계약상 '쌍방과실충돌조항'을 삽입하여 자기 선박에 적재된 적하의 손해액중에서 운송인이 상대 선박에 지급한 자기선박의 과실비율에 해당하는 부분을 자기선박의 적하소유자가 운송인에게 보상할 것을 규정하고 있다.

이 조항에 의하여 적하소유자는 일방과실의 경우 보험자로부터 충돌로 인한 손해의 전액을 보상받을 수 있는 반면에, 쌍방과실의 경우에는 적재선박의 과실비율만큼 적게 보상받는 결과가 되었다. 이를 시정하기 위하여 1936년이래 협회적하보험약관에 쌍방과실충돌약관이 삽입되고 있다.

### 3. 고정물 또는 부유물과의 접촉

충돌책임조항은 선박간의 충돌로 인한 손해만을 보상하는 것이고, 선박이 아닌 피보험자는 선박이 아닌 고정물 또는 부유물과의 접촉으로 인한 손해는 담보하지 아니하는 것이 원칙이다. 영국 해상보험에서 충돌은 선박 사이의 접촉만을 의미하고, 선박이외의 물체와의 접촉을 접촉이라고 하여 양자를 구별한다. 그러나 보험자와의 서면에 의한 명시적인 약정으로 이를 물체와의 접촉으로 인한 손해배상책임을 담보하기 위하여 충돌책임조항과 자매선조항은 수정될 수 있다.[305]

### 4. 오염위험

표준선박보험약관과 표준운임보험약관상의 오염위험조항[306]은 "이 보험은 ① 오염위험 또는 '환경에 대한 훼손' 또는 그 위협을 방지하거나 경감하기 위하여 권한을 위임받은 정부에 의하여(다만 정부의 행위는 피보험자, 선박의 소유자 또는 관리자가 이러한 위험이나 훼손을 방지하거나 경감하는데 상당한 주의의 결여로 인하지

305) 2003년 국제선박보험약관 제37조: 고정 및 유체물과의 충돌에 의한 배상책임을 포함하는 협회충돌 및 자매선 약관[Running down and sister ship clause(including the liabilites for loss of damage to any other object)]을 추가로 삽입하여 담보함.

306) 1983년 협회선박기간보험약관 제7조; 1983년 협회선박항해보험약관 제5조; 1983년 협회운임기간보험약관 제8조; 1983년 협회운임항해보험약관 제5조; 2003년 국제선박보험약관 제5조.

않을 것을 조건으로 한다), 또는 ② [(선박) 보험자가 이 보험에서 보상책임을 지는 선박에 대한 훼손,] [(운임) 이 보험에 의하여 담보되는 위험]에 직접적으로 기인하는, ③ [(선박) 선박의 멸실 또는 훼손][(운임) 보험목적의 손해]를 담보한다. ④ 선장, 고급선원, 보통선원 또는 도선사는 선박에 지분을 가지고 있어도 이 조항의 해석상 선박소유자로 보지 않는다[약간씩 그 내용에 차이가 있기 때문에 선박보험약관과 운임보험약관에 특유한 내용은 (선박), (운임)으로 표현하고, 2003년 국제선박보험약관에 특유한 내용은 ' '로 구별하여 표시하였다]"라고 규정되어 있다.

## 5. 구조료

(1) 구조료의 개념

(가) 구조료의 정의와 보상 : 구조료라 함은 구조자가 '성공없으면 보수없다'는 원칙에 의거하여 자발적으로 그리고 계약과 관계없이 행위하는 경우에 지급되는 보수를 의미한다.[307]

영국해상보험법 제65조 제2항은 "'구조료'라 함은 구조자가 계약과 관계없이 해상법에 따라 취득할 수 있는 보수를 말한다. 구조료에는 피보험자, 그 대리인, 또는 보수를 받고 이들에 의하여 고용된 자가 부보위험을 피하기 위하여 행한, 구조의 성질을 띤 노무의 비용이 포함되지 아니한다. 이러한 비용이 정당하게 지출된 때에는 그 지출된 상황에 따라 특별비용 또는 공동해손손해로서 보상받을 수 있다"라고 정의하고 있다.

해상법상의 구조의 법리는 자발적으로 개입한 구조자에게 보수를 지급하기 위하여 발전하였지만, 오늘날에는 구조작업은 통상 해상법보다는 1989년 국제구조협약과 법률규정에 의하여 규제되는 것이 일반적이다. 특히 피구조자에게 직접 행하여지는 것이 아닌 환경오염방지행위에 대한 지급 등에 대한 특별한 보상규정을 두고 있다. 따라서 해상보험계약상 보상이 이루어지는 피구조자의 구조료지급책임의 정확한 요건을 파악하는 것이 중요하다.[308]

또한 영국해상보험법 제65조 제1항은 "보험약관의 명시적 규정에 따르는 것

307) 상법은 해양사고 구조의 요건에 대하여 "항해선 또는 그 적하 기타의 물건이 어떠한 수면에서 위난에 조우한 경우에도 의무없이 이를 구조한 자는 그 결과에 대하여 상당한 보수를 청구할 수 있다. 항해선과 내수항행선간의 구조도 같다(상법 제884조)"라고 규정하고 있다.

308) F.D. Rose, op. cit., § 16.50, p. 316.

으로 하고, 부보위험으로 인한 손해를 방지하기 위하여 지출된 구조료는 그 부보위험으로 인한 손해로서 보상받을 수 있다"라고 구조료에 대한 보상을 규정하고 있다.

표준선박보험약관[309]은 "이 보험은 구조, 구조료는 선박부담분을, … 일부보험의 경우에는 감액된 비율로 보상한다"라고 규정하고 있다.

적하보험에 관하여서는 유사한 조항이 협회적하보험(A),(B),(C)약관 2조에 두어져 있는데, "이 보험은 제4조, 제5조, 제6조 및 제7조에서 또는 이 보험상의 다른 곳에서 면책되고 있는 사유 이외의 원인으로 인한 손해를 피하기 위하여 또는 피하는 것과 관련하여 발생한 것으로서, 운송계약 및/또는 준거법 및 관습에 따라 정산되거나 결정된 구조료를 담보한다"라고 규정되어 있다.

(나) 구조료의 근거 : 해상에서 운항하는 선박 또는 이에 적재된 적하는 필연적으로 그리고 불가피하게 강풍, 폭풍 그리고 사고가 매시간 야기하는 위험에 노출되고, 선원의 노력으로도 이를 보존할 수 없는 경우가 있다. 멸실될 급박한 위험에 처한 선박 또는 적하를 구조하는 데 구조자의 인명이 위험에 처해지는 경우가 흔하다. 문명국가는 공익적 원칙에 입각하여 이와 같이 위험한 상태에서 헌신적으로 작업한 자를 격려하기 위하여 보수를 지급할 것을 규정한 것이다.[310]

(다) 계약구조와의 비교 : 영국해상보험법 제65조 제2항은 구조료를 '계약과 관계없이 구조자가 해상법에 따라 취득할 수 있는 보수'라고 정의하여 계약에 따른 구조가 아닌 해상법에 기원을 가지는 구조에 따른 보수임을 명시하고 있다.

이와 같이 계약과 관계없이 지출된 구조비용만이 영국해상보험법상의 구조료라는 명목으로 보상이 허용된다. 전형적으로는 '성공없으면 보수없다'는 원칙으로 행하여지는 구조작업이 이에 포함된다. 구조료에는 피보험자가 행한 구조의 성질을 띤 노무의 비용이 포함되지 아니하고, 이는 손해방지비용 또는 공동해손에 해당할 수 있다(영국해상보험법 제65조 제2항).

(라) LOF 구조약정 : 1995년 LOF(Lloyd's Open Form)은 '성공없으면 보수없

309) 1983년 협회선박기간보험약관 제11조 제1항; 1983년 협회선박항해보험약관 제9조 제1항; 2003년 국제선박보험약관 제8조 제1항; 1995년 협회선박기간보험약관 제10조 제1항; 1995년 협회선박항해보험약관 제8조 제1항.

310) 이는 테임즈(Thames)강변에서 묶은 끈이 끊어져 표류중인 목재를 발견한 자가 보수를 청구한 경우 강둑에서 비일상적인 노력을 기울이지 않고 또 최소한도의 위험도 없이, 그리고 조금도 어려움 없이 적하를 점유하게 된 경우 이는 유실물의 습득에 불과하다고 하여 청구를 기각한 Nicholson v. Chapman [1793] 2 H Bl 254사건에서 아이어(Eyre)경의 판시임.

다'라고 하는 해상법상의 원칙에 부합하여 운용되기 때문에, 이 약정은 영국해상보험법에서 규정되는 구조료의 정의가 적용된다고 추정되고 있다.[311)]

LOF에 따른 구조가 구조료로 해석될 수 있다는 것에 대한 간적접인 확인은 로이즈구조약정(Lloyd's Salvage Agreement)에서 규정된 조건과 같은 자발적인 약정을 하고 구조된 경우 계약상의 구조가 아닌 구조료에 해당한다고 판시된 레이스비(Raisby)호 사건[312)]에서 발견된다.

(마) 구조료와 손해방지의 비교[313)] : 영국해상보험법 제65조 제2항은 "구조료에는 피보험자, 그 대리인 또는 보수를 받고 이들에 의하여 고용된 자가 부보위험을 피하기 위하여 행한 구조의 성질을 띤 노무의 비용은 포함되지 않는다. 이러한 비용은 정당하게 지출된 경우에는 그 지출된 상황에 따라 특별비용 또는 공동해손손해로 보상받을 수 있다"라고 규정하여 구조료와 손해방지비용을 구별한다.

구조는 '성공없으면 보수없다'는 원칙에 바탕을 둔 구조자의 자발적인 행위를 의미하는데 반하여, 손해방지는 피보험자 또는 그 대리인에 의하여 손해를 예방하거나 경감하기 위하여 지출된 비일상적인 비용이다. 손해방지행위를 하는 자는 피보험자의 대리인으로 행하는 것이기 때문에 구조와 구별되고, 이는 자발적이라고 할 수 없다.

원래 손해방지는 보험목적의 손해 또는 훼손이 방지되거나 경감되어 보험자의 책임을 경감하도록 행위할 의무를 해상보험계약상 피보험자에게 지우는 것이다. 따라서 손해방지로 인한 보상청구는 보험자의 이익을 위하여 초래된 비용을 의미하고, 이 보상청구는 특별비용의 항목상의 다른 분손과 별개로 독립하여 보상

---

311) Susan Hodges, op. cit., p. 723.

312) [1885] 10 PD 114: 이 사건은 보험사건은 아니지만, 로이즈구조약정(Lloyd's Salvage Agreement)에서 규정된 조건과 같은 자발적인 약정상의 구조에 관한 사건이었다. 이 사건에서 피고 소유의 증기선 레이스비(Raisby)호가 비스케이(Biscay)만에서 항해불능으로 되어 원고의 증기선 지론드(Gironde)호는 구조를 하였고, 2 선박의 선장은 다음과 같은 서류에 서명을 하였다. "나의 요청에 의하여 증기선 '지론드'호의 선장인 카르디프(Cardiff)씨가 나의 증기선 '레이스비'호를 수리를 위하여 가장 가까운 항구인 세인트 나제르(St Nazaire)로 예인할 것이다. 보수를 위한 중재인의 임명은 각 선박의 소유자가 임명한다." 그 후 즉시 '지론드'호는 '레이스비'호를 세인트 나제르로 예인하여 동선박은 수리되었고, 던커크(Dunkirk)로 항해를 계속하여 적하를 인도하였다. 선박과 운임에 대한 구조료청구에 승소한 원고는 적하소유자에 대하여서는 프랑스법원에 대한 소송에서 패소하였다. 이 사건에서 피고인 '레이스비'호의 소유자에 대한 소송은 원고가 구조약정상 적하소유자에 대하여 가지고 있다고 고찰한 미지급된 구조료에 대하여서 이었다. 법원은 이 약정은 구조이지 계약상의 구조가 아니라고 판시하였다.

313) 이 책 제3부 제1장 제2절 손해방지의무 Ⅰ. 손해방지의무의 기본구조 6. 공동해손, 단독해손, 구조료와의 관계 (3) 손해방지비용과 구조료 참조.

이 행하여진다. 손해방지를 위하여 지출된 비용은 멸실 또는 훼손으로 인한 다른 보상청구에 추가하여 보상이 허용되고, 이 때문에 비록 보험증권상의 협정보험가액을 초과하더라도 원래의 보상청구에 추가하여 보상이 행하여질 수 있다.

반면 구조료는 비록 단독해손이지만 단독해손부담보조건이 삽입된 보험계약에서도 보험금액의 범위내에서 보상이 허용된다(영국해상보험법 제76조 제1항).

(바) 구조료와 공동해손과의 비교 : 구조료는 선박소유자와 적하소유자가 지급의무를 부담하는 보수에 대하여 개별적이고 직접적으로 구조자에게 책임을 지게 된다. 이에 반하여 공동해손의 경우에는 '공동의 해상사업'의 위험에 놓인 재산을 보존할 목적으로 행하여지고 항해사업의 모든 당사자가 공동해손에 대한 분담책임을 진다.

레이스비(Raisby)호 사건[314]에서 만일 그것이 공동해손비용에 해당하였더라면 선박소유자는 구조자에게 적하소유자의 공동해손분담금에 대하여 책임을 질 것이지만, 구조이기 때문에 적하소유자는 구조료에 대하여 자기의 부담분을 독립하여 책임을 지고, 선박소유자는 이에 대하여 아무 책임을 지지 않은 것이다.

(2) 구조료보상의 요건

(가) 보험사고로 인한 손해를 방지하기 위하여 지출된 비용

(a) 보험사고로 인한 손해를 방지하기 위하여 지출된 비용 : 다른 유형의 분손과 마찬가지로, 구조료는 영국해상보험법 제65조 제1항의 표현을 인용하면 '부보위험으로 인한 손해를 방지하기 위하여 지출되어야' 한다. 1983년 협회선박기간보험약관 제11조 제4항[315]은 "손해가 부보위험을 방지하기 위하여 또는 방지하는 것과 관련하여 생기지 아니하는 경우에는, 이 제11조에 따라서는 어떠한 보상청구도 허용되지 아니한다"라고 하여 이를 강화하고 있다.

구조료가 부보위험으로 인한 손해를 방지하기 위하여 지출된 경우에 보상이 허용된다는 원칙은 Aitchison v. Lohre사건[316]에서 블랙번(Blackburn)판사에 의

314) [1885] 10 PD 114: 이 사건의 구체적인 사실관계는 이 책 제3부 제2장 제3절 손해보상의 의무 Ⅳ. 책임손해 5. 구조료 (1) 구조료의 개념 (라) LOF 구조약정 참조.

315) 1983년 협회선박항해보험약관 제9조 제4항; 1995년 협회선박기간보험약관 제10조 제4항; 1995년 협회선박항해보험약관 제10조 제4항; 2003년 국제선박보험약관 제8조 제4항.

316) [1879] 4 App Cas 755: 이 사건에서 원고 소유의 선박 크리미아(Crimea)호에 대하여 ₤1,200으로 보험에 들었다. 보험증권에는 통상적인 손해방지조항이 삽입되어 있었다. '크리미아'호가 어려움에 봉착한 후 증기선 텍사스(Texas)호에 의하여 구조되었고, 동선박은 아이랜드 해사법원에 의하여 ₤800의 구조료의 지급판결을 받았다. 수리비용과 구조료를 포함한 보상의 한도는 협정보험가액 ₤1,200에서 1/3의 신구교환차익을 공제한 금액이었기 때문에, 소유자는 손해방지로서 ₤800의 보상을 청구하였다. 왜냐하면 손해방지는 협정보험가액 이상의 보상이 가능하였기 때문이었다. 상원은 ₤800는 손해방지비

하여 "부보위험으로 인한 손해가 존재한다는 입증이 있는 경우에는, 의문의 여지없이 부보위험으로 인하여 발생한 구조료는 항상 보상된다"라고 확인되었다.

따라서 항해 중 연료가 부족하여 선박이 예인된 경우 이는 불감항으로 인한 구조이기 때문에 보험자는 보상책임이 없다.[317] 또한 해상보험사건은 아니지만 수용용선계약상 해군부가 해상위험을 제외한 전쟁위험으로 인한 손해만을 배상하기로 하는 경우에 기뢰부설지역에서 악천후를 만나 선박이 훼손되어 기뢰부설지역을 피하고 추가 손해를 방지하기 위하여 안전한 항구로 예인하는데 초래된 비용 중 해군부는 전쟁위험으로 인한 구조료만을 지급책임을 진다.[318]

(b) 입증책임 : 개연성의 척도에 의하여 ① 구조료지급책임이 부보위험을 방지하거나 보험목적에 대한 손해의 방지를 위하여 초래되었다는 것, ② 사고가 방지되지 않고 발생하였으면 보험목적에 대한 손해가 보험사고에 근인하였을 것에 대한 입증책임은 피보험자가 진다.[319]

(나) 성공적인 구조 : 구조는 '성공없으면 보수없다'는 원칙에 바탕을 둔다. 따라서 구조자에게 지급하는 구조료는 구조된 목적물의 가액을 한도로 하는 것이 원칙이다.

(다) 인명구조 : 해상보험에서 보상이 되는 구조료는 부보위험으로 인한 손해를 방지하기 위하여 지출된 구조료이므로 인명구조에 대한 보수는 담보되

---

용이 아니라 구조료이고, 따라서 보험자는 선박의 협정보험가액을 한도로 하는 수리비와 구조비용을 보상할 책임만을 진다고 판시하였다(이 사건에 관하여는 또한 이 책 제3부 제2장 제3절 손해보상의 의무 Ⅱ. 손해방지의무자 4. 해양사고구조자 참조).

317) Ballantyne v. McKinnon [1896] 2 QB 455, CA: 이 사건에서 증기선 프로그레스(Progress)호의 소유자인 원고는 피고와 시간보험계약을 체결하였다. 함부르크(Hamburg)에서 선더랜드(Sunderland)로 항해중 '프로그레스'호는 석탄이 부족하여, 트롤선에 의하여 항구로 예인되었고, 후일 £350의 구조료가 인정되었다. 원고는 보수를 지급하고 보험자에게 그 보상을 청구하였다. 항소법원은 구조료가 부보위험으로 인하여 지출되지 아니하였다고 하여 보상책임을 인정하지 아니하였다. 알 스미스(AL Smith)판사는 "구조를 야기한 것은 선박의 불감항이었고, 어떠한 해상고의 위험도 구조의 필요를 야기하거나 기여하지 아니하였다. … 보상이 청구된 손해는 오직 보험목적의 고유의 하자로 인하여 발생하지 않았다. 즉, 선박이 항해를 시작할 때 불충분한 연료를 싣고 있었다"고 판시하였다.

318) Pyman Steamship Co v. Lords Commissioners of the Admiralty [1919] 1 KB 49, CA: 이 사건은 보험사건은 아니지만, 구조의 문제가 전쟁기간중 수용용선(requisition charter)과 관련하여 제기되었다. 이 사건에서 문제된 선박이 기뢰부설지역에 근접한 곳에서 악천후를 만나 프로펠라 샤프트(propeller shaft)가 파괴되어 구조가 요구되어 선박은 인접한 기뢰부설지역을 회피하고 해상 고유의 위험으로 인한 추가 손해를 방지하기 위하여 안전항으로 예인되었다. 용선계약상 해군부는 해상위험에 대하여서는 책임을 지지 아니하고 '적대행위 또는 전쟁활동의 결과'에 대하여서는 책임을 지고 있었다. 해군부는 구조료 중 전쟁위험으로 인한 부분만의 지급책임을 부담하였다.

319) Seashore Marine SA v. Phoenix Ass Plc(The Virginia) (No 2) [2001] 2 Lloyd's Rep. 698.

지 아니한다. 따라서 위험에 처한 선박의 선장과 선원이 구조되고, 후일 선박도 다른 선박에 의하여 구조된 경우에 선장과 선원의 구조료는 선박보험자가 보상 책임을 지지 않는다.[320] 그러나 악천후를 만나 침몰위험에 처한 선박과 적하가 구조될 때 선원이 함께 구조하는 과정에서 구조선박이 훼손된 경우 이 비용은 구조료로 보상된다.[321] 한편 인명구조만이 행하여지는 경우에 유사한 광의의 해석을 법원이 채택하지는 않을 것으로 판단된다.[322]

(라) 환경손해를 예방하거나 경감하기 위하여 증가된 손해 : 2003년 국제선박보험약관 제8조 제5호 1항은 환경훼손에 대한 비용이나 책임에 대하여서는 보상하지 않지만, 동약관 제8조 제6항 1호는 "1989년 국제구조협약 제13조 제1항 b호에서 규정된 바와 같이 환경에 대한 훼손을 방지하거나 또는 경감하기 위하여 구조자가 행한 기술과 노력이 고려되어지는 구조행위에 대한 보상에 대하여 피보험자가 구조자에게 지급하여야 할 금액에 대하여는 이 약관 제8조 제5항[323]을 적용하지 아니한다"라고 하여 일부 구조료에 대한 보상을 허용한다.

(마) 면책사유 : 2003년 국제선박보험약관은 또한 제8조 제5항[324]은 보험자는 "① 1989년 국제구조협약 제14조 또는 실질적으로 이와 유사한 법령, 규칙,

---

320) Nourse v. Liverpool Sailing Ship Owners Mutual Protection and Indemnity Association [1879] 4 App Cas 755, CA: 이 사건에서 1895년 3월 선박 앤로(Anro)호가 대서양 중앙에서 중대한 위험에 빠져 선박의 선장과 선원은 노르마니아(Normannia)호에 의하여 구조되었고, 선박도 다른 선박에 의하여 뒤에 구조되었다. 해사법원은 소유자에게 인명구조에 대한 보수청구권을 인정하고, 원고인 '앤로'호의 소유자는 보수를 지급하고 선주상호보험조합에 대하여 지급한 금액의 보상을 청구하였다. 피고 선주상호보험조합은 "… 통상적인 로이즈 보험증권상 부보되는 손해"에 대하여서는 책임을 지지 아니한다고 규정하고 있는 약관조항에 따라과 인명구조는 선박보험자의 책임이라는 이유로 보상을 거부하였다. 항소법원은 로이즈보험증권은 인명구조를 담보하지 아니한다고 판시하였다.

321) Grand Union Shipping Limited v. London SS Owners' Mutual Insurance Association Ltd., 'Bosworth'(No 3) [1962] 1 Lloyd's Rep. 483: 이 사건에서 에딘버러(Edinburgh)에서 노르웨이(Norway)로 항해중에 보스워스(Bosworth)호는 악천후를 만나 침몰위험에 처하였다. 2척의 트롤어선과 한척의 상선이 구조를 위하여 접근하여 선박은 결국 애버딘(Aberdeen)으로 예인되었다. 그러나 한 척의 트롤어선 월버햄튼 원더러스(Wolverhampton Wanderers)호는 전체 선원을 구조하는 동안 훼손되어 선박소유자는 해상법원에 구조료를 청구하여 승소하였다. 이 구조료를 지급한 후에 '보스워스'호의 소유자는 보험자에게 이 비용의 보상을 청구하였고, 보험자는 인명구조에 대한 책임을 거부하고 선박과 적하에 대한 구조료는 3척의 구조선박에 분담되어야 한다고 주장하였다. 법원은 이러한 분할의 주장을 기각하고, '월버햄튼 원더러스'호에 의하여 선박과 적하가 구조되었기 때문에, 로이즈보험증권상 인명구조로 증가된 보수를 보상받을 수 있다고 판시하였다. 법원은 영국해상보험법 제65조 제1항의 어구를 확장해석하여 인명구조는 이 조항의 개념에 포함될 수 있다고 하였다.

322) Susan Hodges, op. cit., p. 726.

323) 이 책 제3부 제2장 제3절 손해보상의 의무 Ⅳ. 책임손해 5. 구조료 (2) 구조료보상의 요건 (마) 면책사유 참조.

324) 1995년 협회선박기간보험약관 제10조 제5항.

법규 또는 계약에서의 다른 규정에 의하여 구조자에게 지급되는 특별한 보상, ② 환경에 대한 훼손, 위협 또는 선박으로부터의 오염물질의 유출 또는 방출 또는 그러한 유출 또는 방출의 위협으로부터 발생하는 비용 또는 배상책임에 대하여 보상하지 않는다"라고 규정하고 있다.

이와 같이 보험계약은 환경훼손에 대한 보험자의 책임을 면책으로 배제하고 있지만, 이 면책은 환경훼손을 방지하거나 경감하기 위하여 행하여지는 구조노력에는 적용되지 아니한다. 이는 국제선박보험약관 제8조 제6항에 의하여 명확히 규정되어 있다.[325)]

(3) 구조료의 보상

영국해상보험법 제65조 제1항은 "보험약관의 명시적 규정에 따르는 것으로 하고, 부보위험으로 인한 손해를 방지하기 위하여 지출된 구조료는 그 부보위험으로 인한 손해로서 보상받을 수 있다"라고 구조료에 대한 보상을 규정하고 있다.

구조료는 비록 단독해손이지만 단독해손부담보조건이 삽입된 보험계약에서도 보험 금액의 범위내에서 보상이 허용된다(영국해상보험법 제76조 제1항).

표준선박보험약관[326)]은 "이 보험은 구조, 구조료는 선박부담분을, … 일부보험의 경우에는 감액된 비율로 보상한다"라고 규정하고 있다.

적하보험에 관하여서는 "이 보험은 제4조, 제5조, 제6조 및 제7조에서 또는 이 보험상의 다른 곳에서 면책되고 있는 사유 이외의 원인으로 인한 손해를 피하기 위하여 또는 피하는 것과 관련하여 발생한 것으로서, 운송계약 및/또는 준거법 및 관습에 따라 정산되거나 결정된 구조료를 담보한다"라는 유사한 조항이 협회적하보험(A),(B),(C)약관 제2조에 두어져 있다.

정산에 관하여서는 뒤의 공동해손에서 상세히 서술한다.[327)]

(4) 자매선조항

동일한 소유자가 관리자에 속한 선박으로부터 구조를 받은 경우 쌍방의 선박이 마치 별개의 소유자에 속한 것으로 구조료를 산정한다.[328)]

---

325) 이 책 제3부 제2장 제3절 손해보상의 의무 Ⅳ. 책임손해 5. 구조료 (2) 구조료보상의 요건 (라) 환경손해를 예방하거나 경감하기 위하여 증가된 손해 참조.

326) 1983년 협회선박기간보험약관 제11조 제1항; 1983년 협회선박항해보험약관 제9조 제1항; 2003년 국제선박보험약관 제8조 제1항; 1995년 협회선박기간보험약관 제10조 제1항; 1995년 협회선박항해보험약관 제8조 제1항.

327) 이 책 제3부 제2장 제3절 손해보상의 의무 Ⅳ. 책임손해 6. 공동해손 (3) 보험자의 보상책임 (라) 준거법 참조.

## 6. 공동해손

(1) 공동해손의 의의와 성질

(가) 의 의 : 영국해상보험법 제66조 제2항은 "공동의 해상사업에 있어서 위험에 놓인 재산을 보존할 목적으로 위험시에 비일상적인 희생이나 비용이, 자발적으로 그리고 합리적으로 이루어지거나 지출된 경우에 공동해손행위가 성립한다"라고 공동해손행위를 정의하고 있다.

이에 따라 공동해손행위가 성립하기 위하여서는 ① 비일상적이고, ② 자발적이며 또 합리적으로 행하여지고, ③ 위험시, ④ '공동의 해상사업'상의 위험에 놓인 재산을 보존할 목적 등의 요건을 충족하여야 한다.

한편 표준선박보험약관[329]과 협회적하보험약관[330]은 정산 등은 2004년 York-Antwerp 규칙에 따르기로 하는 조항을 두고 있다. 동규칙 A조 1항은 "공동의 해상사업에 수반하는 재산을 위험에서 보전할 목적으로 공동의 안전을 위하여 고의적이고 또한 합리적으로 비일상적인 희생이 행하여지거나 비일상적인 비용이 지출되는 경우에는 공동해손행위가 있는 것으로 한다"라고 공동해손을 정의하고 있다.

York-Antwerp 규칙에서는 영국해상보험법에서 사용된 자발적이라는 단어가 고의적(intentionally)이라는 단어로 대체되는 등 표현이 약간 다르지만, 원칙이 충돌하는 것은 아니다.

(나) 공동해손의 원칙과 보상 : 해상사업에서 위험을 방지하기 위하여 비용 또는 희생이 고의적으로 초래된 경우에 이를 공동해손이라고 하고, 초래된 손해는 수익자 사이에 분담되어야 한다. 공동해손은 해상법에만 인정되는 특유한 개념으로 그리스 더 나아가서는 포에니아(Phoenia) 무역상인으로까지 소급할 정도로 오랫동안 발달한 것이다.

해사보통법상의 공동해손에 대한 책임은 영국해상보험법에 의하여 대체되었다. 동법 제66조의 공동해손에서의 책임에 대한 보험담보는 그 책임을 변경하는 것이 아니라 단지 보상만을 제공하는 것이다. 다만 보험증권상의 명시적인 약정에 의하여 이를 배제하거나 수정할 수 있다.[331]

---

328) 이에 대하여서는 이 책 제3부 제2장 제3절 손해보상의무 Ⅳ. 책임손해 2. 선박충돌책임 (6) 자매선조항 참조.

329) 2003년 국제선박보험약관 제8조 제2항; 1983년 협회선박기간보험약관 제11조 제2항; 1983년 협회선박항해보험약관 제11조 제2항; 1995년 협회선박기간보험약관 제10조 제2항; 1995년 협회선박항해보험약관 제8조 제2항.

330) 협회적하보험(A),(B),(C)약관 제2조.

(2) 공동해손의 요건

(가) 공동해손희생과 공동해손비용 : 공동해손손해에는 공동해손희생과 공동해손비용의 2가지 유형이 있다. 영국해상보험법 제66조 제1항은 '공동해손손해는 … 공동해손비용과 공동해손희생을 포함한다'라고 하고, 2004년 York-Antwerp 규칙 A조 제1항은 "비일상적인 희생 또는 비일상적인 비용이 고의적으로 또는 합리적으로 행해지거나 지출된 때에만 공동해손행위가 성립한다"라고 규정하고 있다.

위험시에 적하 또는 선박의 일부를 투기하는 것은 '공동해손희생'이고, 부보위험으로 인한 손해를 피하기 위한 예인과 같은 지원행위는 '공동해손비용'이다. 둘 다 공동해손손해이지만, 초래되는 방식이 다르다.

(나) 인하여 발생하거나 직접적인 결과로서 발생할 것 : 영국해상보험법 제66조 제1항은 공동해손손해를 '공동해손행위로 인하여 발생하거나 또는 그 직접적인 결과로서 발생한 손해'로 지칭하고 있다. 또한 2004년 York-Antwerp 규칙 C조 제1항은 공동해손손해, 훼손 또는 비용은 공동해손행위의 직접적인 결과이어야 한다고 규정하고 있다. '직접적인 결과'라는 어구는 급격한 위험상태에 있던 선박과 좌초한 선박을 예인하던 예인선이 예인 중에 끊어진 로우프가 예인선의 프로펠러를 감싸 예인선이 훼손되어 지출한 구조료에 대하여 보상이 청구되어, 예인계약은 공동해손행위에 해당하고 지출된 비용은 공동해손행위의 직접적인 결과로 보상이 명하여진 Australian Coastal Shipping Commission v. Green and Others사건[332]에서 데닝(Denning MR)판사에 의하여 명확히

---

331) 영국해상보험법 제66조 제3항; Brandeis Goldschmidt and Co. v. Economic Insurance Co., Ltd. [1922] 38 TLR 609사건에서 베일해쉬(Bailhache)판사는 "1906년 영국해상보험법 이전에도 공동해손의 책임은 보통법상 발생하였고 그 이후에는 법률에 의하여 발생하였다. 이는 보험약관에 의하여 발생하는 것은 아니지만, 보험약관은 이를 배제하거나 수정하는 명시적인 조항을 포함할 수 있다"라고 판시하였다.

332) [1971] 1 All ER 353, CA; 유사한 쟁점을 가진 두 개의 사건이 항소법원에 제소되었는데, 2 가지 사건 모두 동일한 보험자에 대한 별개의 보험증권상의 공동해손손해로 인한 보상청구사건이었다.

(1) 벌워러(Bulwarra)호는 뉴 사우스 웨일즈(New South Wales)에 있는 항구에 있던 중 강풍이 들이닥쳐 선박은 급박한 위험상태에 있었다. 예인선이 '벌워러'호를 피난항으로 예인작업을 하던 중 예인 로우프가 끊어져 예인선의 프로펠러를 주위를 둘러쌓았다. 비록 '벌워러'호는 안전하게 도착하였지만, 예인선은 표류하다가 전손이 되었다. 예인선의 소유자는 예인계약에 기하여 '벌워러'호의 소유자에게 손해배상을 청구하였지만, 패소하였고, 소송을 하는데 소송비용이 지출되었다. '벌워러'호의 소유자는 이 소송비용을 공동해손비용으로 보상을 보험자에게 청구하였다.

(2) 원거러(Wangara)호는 맬버른(Melbourne)에서 오클랜드(Aukland)로 항해하던 중 좌초하여 2척의 예인선이 피난항으로 예인하기 위한 작업을 하고 있었다. 작업 중 예인선의 로우프가 끊어져 예인선의 프로펠러에 충돌하여 예인선은 성공적으로 구조되었지만, 예

되었다.

(다) 공동해손분담 : 공동해손행위로부터 이익을 받은 공동의 항해사업의 다른 당사자는 공동해손에 의한 손해를 분담하여야 한다. 이 분담책임은 영국해상보험법 제66조 제3항에 "공동해손행위가 있는 경우에 그 손해를 부담한 자는 해상법에 의하여 정하여진 조건에 따라 다른 이해당사자로부터 비율적인 분담금을 지급받을 권리가 있으며, 이러한 분담금을 공동해손분담금이라고 한다"라고 규정되어 있다.

(라) '비일상적' 희생 또는 비용 : 공동해손이 성립하기 위하여서는 공동의 해상사업의 모든 당사자의 이익을 위하여 행하여진 비일상적(extraordinary)인 희생 또는 비용이 있어야 한다.

(a) 비일상적인 희생 또는 비용 : 비일상적인 희생은 물리적인 행위이고, 비일상적인 비용은 금전적인 경비이지만, 물리적인 희생과는 달리, 비일상적인 비용에 해당하는가 여부를 결정하기 어려운 경우가 자주 존재한다.

적하를 선적한 선박이 수리를 위하여 항구에 입항하여 강풍으로 침몰한 경우 선박과 적하의 파괴를 막기 위하여 인양하는 비용은 비일상적인 비용이다.[333)]

---

인선은 그 지역의 도선사의 선박에 의하여 예인되었고, 구조료가 지급되었다. 예인선의 선주는 예인계약의 조건에 기하여 '원거러'호의 소유자에게 보상을 청구하였다. '원거러'호는 책임이 있다고 판결되어 '원거러'호의 소유자는 공동해손으로 이 손해의 보상을 보험자에게 청구하였다. 항소법원은 이 두 사건에서 손해는 공동해손이라고 판결하였다. 예인계약은 공동해손행위에 해당하고 지출된 비용은 공동해손행위의 직접적인 결과로 인정되었다. 데닝(Denning MR)판사는 "공동해손행위는 원고가 예인선과 행한 계약이었다. 각각의 경우 선박은 위험에 처하여 있었고, 원고는 예인선에 도움을 요청하였다. 다음 문제는 공동해손손해는 무엇인가이다. 만일 예인선이 분리되지 않고 안전하게 임무를 완수하였더라면 임차비용이 공동해손비용이었을 것이다. 그러나 예인선이 분리되이 프로펠러를 둘러쌌았나. 그 결과 멀워러호 사건에서 예인선은 전손으로 되었고, '원거러'호사건의 경우에는 예인선은 구조되었지만, 많은 비용이 들었다. 원고는 보상약정에 따라 예인선의 소유자에게 보상책임을 진다. 그러면 이 비용은 공동해손비용인가? 이는 1924년의 York-Antwerp 규칙에 근거하여야 한다. 직접적인 결과는 그 행위로부터 단절없는 경과로 인한 결과를 의미하고, 간접적인 결과는 경과가 개입원인 또는 외부적인 원인으로 인하여 단절된 경우이다. 만일 선장이 공동해손행위를 하는 때에 이후의 유형의 사고가 발생할지 모른다고 예견하는 경우에는 이후의 사고는 인관관계를 단절하지 아니한다. 손해 또는 훼손은 원래의 공동해손행위의 직접적인 결과이다. 그러나 단지 희박한 가능성이 있는 이후의 사고가 존재하는 경우에는 상황은 다르다. 이 두 사건에서 선장이 예인계약을 체결하였을 때에 예인선의 로우프가 절단되어 프로펠러를 훼손하는 것이 명백히 가능하다고 예견하였을 것으로 생각한다. 따라서 이것이 발생하였다면 인과관계를 단절하지 아니한다"라고 판시하였다.

333) Kemp v. Hallyday [1866] LR 1 QB 520; [1865] 34 LJQB 233사건: 이 사건에서 적하를 선적한 선박이 수리를 위하여 팰머스(Falmouth)항에 입항하였지만, 강풍으로 인하여 후일 침몰하였다. 얼(Erle)판사는 "이 사건에서 침몰한 선박과 적하에 대한 급박한 공통적인 파괴의 위험이 있었다. 선박과 적하를 구조하는 가장 편리한 방법은 선박과 적하를 함께 인양하는 것이었다. 이 인양에 필요한 비용은 양자의 공동의 이익을 위한 비일상적

그러나 증기기관과 바람을 함께 사용하는 선박이 빙산과 충돌하여 증기기관만을 사용하여 항해하였기 때문에 이에 사용된 적하의 비용에 대하여 적하소유자에게 공동해손분담을 청구한 경우에 이는 예비동력을 구비한 선박의 운영의 일부라고 고찰될 수 있는 비용이므로 비일상적인 비용이 아니며,[334] 제1차 세계대전 기간중 적하를 적재한 선박이 목적항의 인근항구에 도착한 후 독일잠수함의 공격을 우려하여 목적지로 항해를 위한 예인선의 임차비용은 '적국잠수함에 의하여 공격받을 위험은 전쟁기간동안 만날 수 있는 비일상적인 위험이 아니라 일상적인 위험'이므로 공동해손비용이 아니다.[335]

(b) 비일상적인 비용 또는 희생은 전체 항해사업에 대한 것이어야 함 :

비일상적인 비용 또는 희생으로 인한 공동해손손해가 있기 위하여서는 그 비용 또는 희생은 한명의 이해관계자의 이익이 아닌 전제 항해사업의 이익을 위한 것이어야 한다.

적하가 선장의 대리인에 의하여 침몰한 난파선으로부터 구조된 사건인 Hingston v. Wendt사건[336]에서 법원은 대리인은 적하에 대한 유치권을 가지지만, 적하만을 구조하는 행위는 공동해손에 유사하기는 하나, 실제로는 공동해손이 아니라고 판시하였다.

---

인 비용이었다. 적하소유자는 그 비용에 대하여 공동해손분담책임을 지고, 선박소유자는 공동해손금의 지급을 확보하기 위하여 적하를 유치할 수 있다"라고 판시하였다: 이 사건에 대하여는 또한 이 책 제4부 제3장 제2절 추정전손에 관한 보상 Ⅱ. 추정전손의 유형 5. 선박의 훼손의 경우 초과비용 (3) 훼손을 수리하는 비용 (마) 그 밖의 산입요소 (c) 구조비용 및 위부통지 이전의 비용 참조.

334) Wilson and Another v. Bank of Victoria [1867] LR QB 203: 이 사건에서 비일상적인 비용이 무엇인가의 쟁점이 다시 제기되었다. 이 사건에서 원고의 로열 스탠더드(Royal Standard)호가 호주에서 영국으로 항해중 남쪽해상에서 빙산과 충돌하여 닻과 장비가 심하게 훼손되어 선박은 증기기관만을 사용하여 리오데자네이로(Rio de Janeiro)로 항해하여야만 하였고 이로 인하여 석탄이 모두 사용되었다. 리오데자네이로에서 영구수리를 위하여 많은 비용이 소요되었기 때문에, 선장은 임시수리만을 하고 증기기관만으로 영국을 향하여 항해를 계속하였다. '로열 스탠더드'호의 소유자는 이 비용의 일부에 대하여 적하소유자에게 공동해손분담을 청구하였다. 법원은 이 석탄비용은 비일상적인 비용이 아니라, 예비동력을 구비한 선박의 운영의 일부로 고찰될 수 있는 비용이라고 판시하였다.

335) Société Nouvelle d'Armement v. Spillers and Bakers Ltd. [1917] 1 KB 865: 이 사건에서 원고는 보리의 적하를 샌프란시스코(San Francisco)에서 브리스톨(Bristol)해협의 샤프니스(Sharpness)로 운송하기 위하여 용선된 프랑스 항해선인 어네스트 레구브(Ernest Legouve)호의 소유자이었다. 아일랜드(Ireland)의 남부해안에 있는 퀸스타운(Queenstown)에 도착한 후 날씨가 좋고 이 지역에 적군의 잠수함의 위험이 항상 있었으며 근래에는 루이스태니아(Luistania)호가 멸실되었기 때문에 선장은 '샤프니스'로의 모든 항해를 위하여 예인선을 임차하였다. '어니스트 레구브'호의 소유자는 적하소유자에 대하여 예인비용의 일부를 공동해손분담금으로 청구하였다. 법원은 이 손해는 공동해손손해가 아니라고 판시하였다.

336) [1876] 1 QBD 367.

(마) 자발적이고 합리적으로 행하여질 것 : 영국해상보험법 제66조 제2항은 '위험시에 비일상적인 비용이 자발적으로 지출되거나 또는 희생이 합리적으로 행하여지는 경우에 공동해손이 성립한다'라고 하고, 2004년 York-Antwerp 규칙 A조는 '비일상적인 희생 또는 비용이 고의적으로 또는 합리적으로 행해지거나 지출된 때에만 공동해손행위가 성립한다'라고 규정하고 있다.

(a) 합리적으로 행하여질 것 : 공동해손희생과 공동해손비용은 '합리적으로 행하여진' 것이어야 한다. 이는 타방당사자가 결국 일부 책임을 지는 희생행위를 하는 경우에 선박의 선장이 합리적으로 행위하여야 하는 것을 의미한다. 유사하게 지출된 비용도 동일한 합리성의 기준이 적용된다. 선주사이에 Yanntz 강에서 운항하는 선박사이에 충돌이 발생하면 구조에 성공하든 실패하든 묻지 않고 구조선박에 ₤2,500를 지급한다는 약정이 있던 경우 좌사한 선박을 지원하기 위하여 예인하는 비용으로 지급하고 적하소유자에 대한 분담청구소송에서 공동해손이지만, 청구된 금액은 비합리적이고 적하소유자에 대하여 감액되어야 한다고 한 Anderson, Tritton and Co. v. Ocean Steamship Co.사건[337]이 그 예이다.

(b) 의도적으로 행하여질 것 : 영국해상보험법과 York-Antwerp 규칙사이에 어구상의 차이는 있지만, 공동해손의 배후의 원리는 기본적으로 차이가 없다. Papayanni and Jeromia v. Grampian Steamship Co., Ltd.사건[338]에서 적하를 선적한 선박의 연료창고에서 화재가 발생하여 선박은 구조할 목적으로 인근

337) [1884] 5 Asp MCL 401, HL: 이 사건에서 안쯔(Yanntz)강에서 운항을 하던 오우션 스팀쉽 컴퍼니(Ocean Steamship Company)와 차이나 네비게이션(China Navigation)의 두 회사 사이에 만일 타방 회사의 선박이 지원을 하면 다른 회사는 ₤2,500을 지급한다는 약정을 체결하였다. 이에 증기선 애취리스(Achilles)호가 강에서 좌사하여 샹하이(Shanghai)호가 지원을 하기 위하여 도착하여 선박을 이전의 합의된 금액으로 예인하였다. '애취리스'호의 소유자인 오우션 스팀 컴퍼니는 적하소유자에게 공동해손을 청구하였지만, 적하소유자는 그 가격은 선장이 아니라 소유자에 의하여 정하여져 그 비용은 불합리하다는 이유로 이를 거부하였다. 상원은 지원은 공동해손이지만, 청구된 금액은 비합리적이고 적하소유자에 대하여 감액되어야 한다고 판시하였다.

338) [1896] 1 Com Cas 448: 이 사건은 해상운송사건으로 해상보험에도 적절하다. 원고는 자기소유의 적하를 피고소유의 선박 버크헐(Birkhall)로 운송하는 계약을 체결하였고, 선하증권에는 York-Antwerp 규칙이 삽입되어 있었으며, Rule Ⅲ에는 "선박화재의 소방에 있어서 선박화재를 소방함에 있어서 물 또는 기타에 의하여 선박과 적하, 또는 그중 하나에 행하여진 훼손은 공동해손으로 전보된다"라고 규정되어 있었다. 항해중에 화재가 '버크헐'호의 연료창고에서 발생하여 선박은 모든 이해관계자의 이익을 위하여 지원을 위하여 근처의 항구에 입항하였다. 그러나 항만책임자가 '버크헐'호의 소유자에게 안전을 위하여 천공할 것을 지시하여 원고가 위탁받은 적하는 결국 파괴되었다. 원고는 피고에 대하여 공동해손분담을 청구하였다. 법원은 비록 천공은 의도적이었지만, 이는 여전히 모든 당사자의 이익을 위하여 자발적이었기 때문에 원고는 공동해손분담청구권을 가진다고 판시하였다.

항구로 피난하였고 항만책임자는 안전을 위하여 천공할 것을 지시하였다. 이에 따라 파괴된 적하에 대하여 공동해손분담이 청구되어 천공은 고의로 행하여졌지만 모든 이해관계자의 이익을 위하여 자발적으로 행하여졌기 때문에 공동해손에 해당하고 이들 손해는 공동해손희생에 해당하며 원고에게 분담청구권이 인정되었다.

(바) 위험시 : 손해를 야기한 공공해손행위는 '위험시'(in time of peril)에 수행되어야 한다.

(a) 위험의 현실적인 존재 : 위험의 존재를 신뢰하는 것만이 아니라 위험이 실제로 존재하여야 한다. 적하보험에 든 수지(rosin)를 적재한 선박의 창고에서 연기가 나는 것으로 착오로 판단하고 불을 끄기 위하여 고압의 증기를 해치(hatch)에 투입하는 과정에서 원고의 수지는 훼손되었지만 공동해손으로 보상을 받지 못한 Joseph Watson and Son Ltd. v. Fireman's Fund Insurance Co. of San Francisco사건[339]이 그 예이다.

(b) 위험은 급박하지 아니하여도 됨 : 부보위험이 급박하거나 직접적이 아닌 경우에도 손해는 공동해손으로 인정될 수 있음이 확립되어 있다.[340] 기후가 좋았지만 해역에 적국의 잠수함의 위험이 있었기 때문에 Ireland에서 Bristol 해협까지의 장거리의 예인이 공동해손인가 여부가 다투어진 소송에서 이를 인정하지 아니한 사건인 Société Nouvelle d'Armement v. Spillers and Bakers Ltd 사건[341]에서 생키(Sankey)판사는 영국해상보험법상의 위험은 제한적이지 아니하기 때문에, 일정한 정도의 위험 또는 필요한 양의 위험으로 정의하는 것은 바람직하지 않고 이는 사실판단의 문제라고 보았다.

그러나 선박보험에 든 선박의 프로펠러에 난파물이 걸려서 수리를 위하여 항구에 입항하였지만 사용할 드라이 도크가 없었으므로 선박의 수리를 위하여 경사지게 하였고, 이를 위하여 일부의 적하가 하역되어 선박의 소유자가 이 모든

---

339) [1922] 2 KB 355: 이 사건에서 원고는 수통의 수지의 적하를 선박 소피 프랭컬(Sophie Frankel)호에 선적하고 보험자에게 보험에 들었다. 보험계약은 공동해손을 보험담보하고 있었다. 항해중 선장은 적하선창에서 연기가 나오는 것을 보았다고 착오로 판단하고 불을 끄기 위하여 고압의 증기를 해치(hatch)에 투입하는 과정에서 원고의 수지는 훼손되어 공동해손으로 보험자에게 보상청구를 하였다. 보험자는 위험이 실제 존재하지 아니하였고 따라서 보상책임이 없다는 근거로 이를 거부하였다. 법원은 현실적인 위험이 없었고, 오직 가상의 위험만이 있었다는 이유로 보험자승소판결을 내렸다.

340) Susan Hodges, op. cit., p. 747.

341) [1917] 1 KB 865: 이 사건의 구체적인 사실관계는 이 책 제3부 제2장 제3절 손해보상의 의무 Ⅳ. 책임손해 6. 공동해손 (2) 공동해손의 요건 (라) '비일상적' 희생 또는 비용 (a) 비일상적인 희생 또는 비용 참조.

비용을 공동해손으로 보상을 청구하여 법원에 의하여 인용된 Vlassopoulos v. British and Foreign Marine Insurance Co.사건[342]에서 로쉬(Roche)판사는 이에 더하여 공동해손이 성립하기 위하여서는 선박이 직접적인 위험 속에 있을 필요는 없다고 하였다.

(사) 공동의 해상사업 : 공동의 해상사업이라는 요건은 공동해손에 특유한 것이다. 항해사업의 모든 당사자에게 이익이 되지 아니하는 어떠한 비일상적인 비용은 특별비용(손해방지비용)에 해당할 수 있지만 공동해손은 아니다.

(a) 일방이 선박과 적하를 소유하는 때 : 선박소유자 또는 용선자가 자기 소유의 적하를 선박에 적재하는 경우와 같이 일방 당사자가 해상사업의 하나 이상의 측면에 금전적인 이해관계를 가지는 것은 흔한 일이다. 이와 같은 경우가 공동해손인가 여부가 문제된다.

이 쟁점을 고찰함에 있어서 순수한 의미의 공동해손과 이에 대한 보험을 분리하는 것이 타당하다. 공동해손이 부보되지 아니하고 공동의 해상사업의 재산이 동일한 소유자에 의하여 소유되는 전자의 경우에는, 분담의 문제는 고찰할 실익이 없다. 왜냐하면 이 손해의 분담을 인정하더라도 분담금이 자신으로부터 자신에게 지급되기 때문이다. 그러나 후자의 경우에는 보험자는 재산을 누가 소유하는가가 아니라, 단지 피보험자에게 보상책임을 지는 것에만 관심을 가진다.[343]

이 원칙이 영국해상보험법 제66조 제7항에서 "선박, 운임 및 적하 또는 이들 이익 중 어느 두 가지가 동일한 피보험자의 소유에 속한 때에는, 공동해손손해 또는 분담금에 관한 보험자의 책임은 이 보험목적들이 서로 다른 소유자에게 속한 경우에 준하여 결정된다."라고 규정되어 있다.

이 규정은 자기 소유의 적하를 선적하고 항해하던 중 조난을 당하여 선박과

342) [1929] 1 KB 187: 이 사건에서 법원에서의 쟁점은 선박이나 선박에 적재한 적하도 직접적인 위험에 있지 아니한 경우에 공동해손으로 고찰될 수 있는가 여부이었다. 항소인은 증기선 메이키스(Makis)호의 소유자이고, 이 선박에는 1924년 York-Antwerp 규칙이 적용되는 공동해손을 담보하는 보험계약이 체결되어 있었다. 보르도(Bordeaux)에서 카디프(Cardiff)까지의 항해중에 선박의 프로펠러에 난파물이 걸려서 수리를 위하여 체르부룩(Cherbourg)에 입항하였다. 사용할 드라이독이 없었으므로 '메이키스'호는 수리를 위하여 경사지게 하였고, 이를 위하여 일부의 적하가 하역되었다. 소유자는 이 모든 비용을 공동해손으로 보상을 청구하였다. 법원에서의 쟁점은 '메이키스'호나 선박에 적재한 적하도 직접적인 위험에 있지 아니한 경우에 공동해손으로 고찰될 수 있는가 여부이었다. 법원은 행하여진 모든 것이 항해사업의 이익을 위하여서 이었기 때문에 공동해손보상이 허용된다고 판시하였다. 선박과 적하가 직접적인 위험이 있지 않은 사실이 보상청구의 효력을 약화시키지 아니하였다.

343) Susan Hodges, op. cit., p. 748.

적하를 구조하기 위하여 선박의 돛대(mainmast)가 바다에 투기되어 적하소유자에게 공동해손보상이 명하여진 Montgomery and Co. v. Indemnity Mutual Marine Insurance Co.사건[344]에서 설정된 원칙을 받아들인 것이다.

(b) 용선되지도 않고 적하를 선적하지 않은 경우 : 선박이 용선되지도 않고 적하를 선적하지 않은 경우에는 항해사업에 대한 이해관계자는 오직 1명, 즉 선박소유자뿐이기 때문에 공동의 항해사업이 존재하지 아니한다. 그러나 표준선박보험약관[345]은 "선박이 용선되지 않고 적하를 선적하지도 않은 채 출항한 때에는, 1974년 York-Antwerp 규칙의 규정들(제20조와 제21조는 제외)이 적용되고, 이를 위하여서는 출항항구나 장소로부터 피난항구나 장소 또는 연료보급만을 위한 기항 항구나 장소 이외에 선박이 최초로 도착하는 항구나 장소까지 항해가 계속되는 것으로 본다. 원래 예정되었던 해상사업이 중간 항구나 장소에서 포기되는 경우에는 항해는 그로써 종료되는 것으로 본다"라고 규정하여 적하를 선적하지 아니하고 행하여지는 항해에 대하여 York-Antwerp 규칙이 편입된 해상운송계약에 따라 항해가 수행되는 것과 같이 처리되도록 한다.

이 조항의 효과는 비록 적하를 선적하지 아니한 선박의 경우에 공동의 해상사업이 없음에도 불구하고, 손해가 공동해손행위로 인하여 초래된 손해에 대하여 보상을 허용하는 항해를 가상화하는 것이다.[346]

(c) 용선되고 적하를 선적한 경우 : 선박이 용선되는 경우에 선박소유자와 용선자 사이에는 공동의 해상사업이 즉시 형성되어지고, 그 용선계약이 선적항에서 적하를 선적하기 이전에 항해하는 것을 포함하는 경우에는 적하가 선적되기 이전에도 공동의 해상사업이 존재한다.

이것은 기간보험에 든 선박에 대하여 프리트우드(Fleetwood)에서 리버풀 등의 항구까지의 왕복항해에 대하여 용선계약이 체결되었는데, 선박이 공선인 채로 출항항해중 중간항구인 사바나(Savannah)에 도착한 때 좌초하여 엔진 등에 대한

---

344) [1902] 1 KB 734: 이 사건에서 원고는 항해선 에어라이(Airlie)호와 선적한 질산염(nitrate)의 적하 양자의 소유자이었다. 적하는 피고에게 부보되어 있었다. 남아프리카(South America)의 서부해안으로부터 영국으로의 항해 중에 '에어라이'호가 어려움을 만나 선박과 적하를 구조하기 위하여 돛대(mainmast)가 투기되었다. 원고는 선박에 대하여 책임을 지는 공동해손분담금의 비용의 보험담보를 보험자에게 청구하였다. 법원에서의 쟁점은 피보험자가 선박과 적하 양자를 소유자인 경우에 보험계약과 관련하여 공동해손이 성립하는가 여부이었다. 항소법원은 이 경우에 공동해손이 성립한다고 판결하였다.

345) 1983년 협회선박기간보험약관 제11조 제3항; 2003년 국제선박보험약관 제8조 제3항; 1995년 협회선박기간보험약관 제10조 제3항.

346) Susan Hodges, op. cit., p. 750.

수리가 행하여진 경우, 이 손해는 선박소유자와 수리 후 항해를 완료하여 귀항운임을 취득한 용선자의 공동사업상의 위험을 방지하기 위한 손해이므로 공동해손이고 따라서 용선운임에 대하여 분담분이 공제되어야 한다고 판시된 Carsibrook SS Co., Ltd. v. London and Provincial Marine and General Insurance Co., Ltd.사건347)에서 설명되었다. Carsibrook사건은 델라웨어에서 리버풀로 귀항하는 항해에 대하여서만 용선계약이 체결되었고, 리버풀에서 델라웨어로 출항하던 선박이 적하를 선적하지 않은 채 항해하던 중 훼손되어 수리하기 위하여 홀리헤드(Holyhead)에 입항하였고, 이 비용에 대하여 선박과 운임이 공동으로 분담한다고 하여 보상을 청구한 경우 "선박은 적하를 선적하지 않은 상태이었고 용선운임은 오직 귀항항해를 위한 것이었기 때문에 선박소유자의 단독사업이었다"는 이유로 거부된 브리겔라(Brigella)호 사건348)과 비교된다.

(아) 부보된 위험의 방지 : 공동해손희생 또는 비용이 부보위험을 방지하기 위하여 행하여진 경우에 해상보험에서 보험자는 공동해손에 대하여 보상책임을 진다.

영국해상보험법 제66조 제6항은 이에 대하여 "명시의 특약이 없는 경우에는, 공동해손손해가 부보위험을 방지하거나 방지하는 것과 관련하여 발생한 것이 아닌 경우에는, 보험자는 공동해손손해 또는 분담금에 대하여 보상책임을 지지 아니한다."라고 규정하고 있다.

또한 표준선박보험약관349)는 "손해가 부보위험을 피하기 위하여 또는 피하

347) [1901] 6 Com Cas 291: 이 사건에서 원고는 자기 소유의 선박 예스터(Yestor)호에 대하여 기간보험에 들었다. 용선계약에 따르면 '예스터'호는 프리트우드(Fleetwood)에서 사바나(Savannah)까지 그리고 그곳에서 리버풀(Liverpool), 맨체스터(Manchester) 또는 브레멘(Bremen)까지 항해하는 것이 허용되었다. 사바나에 도착한 때 좌초하여 선박은 심하게 훼손되어 프로펠러와 엔진을 수리하였다. 원고는 해상고유의 위험으로 인한 단독해손으로 인한 보상을 청구하였지만, 보험자는 이 손해는 공동해손이고 용선운임에 대한 분담금이 보상액으로부터 감액되어야 한다고 주장하였다. 법원은 이 손해는 공동해손이고 따라서 용선운임에 대하여 분담이 되어야 한다고 판시하였다. 비록 선박은 저하상태이었지만 용선계약은 왕복항해이었다.

348) [1893] P 189: 이 사건에서 브리겔라(Brigella)호의 선주는 용선된 귀항운임에 대하여 보험계약을 체결하였다. 리버풀(Liverpool)로부터 델라웨어(Delaware)까지의 출항 항해에서 적하를 선적하지 아니한 '브리겔라'호는 훼손을 수리하기 위하여 홀리헤드(Holyhead)에 입항하였고, 이 수리비용은 공동해손으로 선박과 운임에 대하여 부과되었다. 선박소유자는 보험자에 대하여 운임부분의 분담금에 대한 보상을 청구하였다. 법원은 소유자는 보상청구권을 가지지 아니한다고 판시하였다. 선박은 적하를 선적하지 않은 상태이었고 용선운임은 오직 귀항항해를 위한 것이었기 때문에 공동의 해상사업이 아닌 선주의 이익만을 위한 홀리헤드에서 지출된 비용에 대하여서는 공동해손으로 고찰되지 아니하였다.

349) 1983년 협회선박기간보험약관 제11조 제4항; 1983년 협회선박항해보험약관 제9조 제4항; 2003년 국제선박보험약관 제8조 제4항; 1995년 협회선박기간보험약관 제10조 제4항; 1995년 협회선박항해보험약관 제8조 제2항.

는 것과 관련하여 발생하지 아니한 경우에는, 이 제11조 하에서는 어떠한 보상청구도 허용되지 아니한다"라고 규정하고 있다.

이와 관련하여 Joseph Watson and So Ltd. v. Firemen's Fund Insurance Co. of San Francisco사건[350]에서 원고인 적하의 소유자는 영국해상보험법 제66조 제6항을 위험이 존재하는 것으로 추정되거나 위험이 존재하는 것으로 오인한 경우에도 적용된다고 이해하여 광의의 해석을 추구하였다. 그러나 법원은 이 조항의 엄격하고 협의의 해석을 적용하여 영국해상보험법 제66조 제6항은 부보위험에만 적용되고 위험은 현존하여야 한다고 판시하였다. 로럿(Rowlatt)판사는 "영국해상보험법 제66조 제6항의 효과는 부보위험을 방지하기 위한 주된 과정에서 수반하는 손해를 포함하고, 존재하지 않은 위험을 착오로 방지하기 위한 시도로 인한 손해는 적용하지 않는다"라고 판시하였다.

협회적하보험(A),(B),(C)약관 제2조는 "이 보험은 제4조, 제5조, 제6조 및 제7조에서 또는 이 보험상의 다른 곳에서 면책되고 있는 사유들 이외의 원인으로 인한 손해를 방지하기 위하여 또는 방지하는 것과 관련하여 발생하는 것으로서 … 공동해손을 담보한다"라고 규정하고 있다.

협회적하보험약관상의 공동해손에 대한 보상은 부보위험만에 대하여서가 아닌, 여하한 원인으로 인한 손해의 방지에 대한 것이다. 따라서 공동해손과 관련하여 제공되는 보험담보는 면책사유인 제4조, 제5조, 제6조 및 제7조에 의하여 특별히 면책되는 사유 이외의 '모든 위험(all risks)'에 대하여서 이다.

(자) 성공적인 공동해손행위 : 공동해손희생 또는 비용이 행하여지더라도 해상사업상의 재산이 구조되지 아니하는 경우에는 누구도 공동해손으로부터 이익을 얻지 아니하였기 때문에 분담은 행하여지지 아니한다. 어느 정도의 성공이 존재하지 아니하는 한 분담의 가액이 정하여질 남은 재산이 있을 수 없다. 그러나 선박과 적하를 구조하기 위하여 공동해손비용이 지출된 후에도 그중 하나 또는 둘 다 전부 멸실할 수 있다. 자신의 선박이 전손을 입고 선박과 적하를 구조하기 위하여 공동해손비용을 지출한 선박소유자는 아무 것도 구조되지 아니하거나 또는 비용이 구조된 재산의 잔존가를 초과하는 경우에는 손해를 보게 될 수 있을 것이다. 손해방지와 달리 공동해손분담은 전손에 추가하여 보상되지 아니한다. 따라서 선박소유자의 위험을 경감하기 위하여 협회선박보험약관[351]

---

350) [1922] 2 KB 355; 이 사건의 구체적인 사실관계는 이 책 제3부 제2장 제3절 손해보상의 의무 Ⅳ. 책임손해 6. 공동해손 (2) 공동해손의 요건 (바) 위험시 (a) 위험의 현실적인 존재 참조.

351) 1983년 협회선박기간보험약관 제13조 제5항; 1983년 협회선박항해보험약관 제11조 제5

은 부보된 재산이 이어서 전손이 되는 경우에도 공동해손에 의한 보상을 "이 보험에서 선박의 전손에 대한 보상청구가 인정되고, 선박과 다른 재산을 구조하거나 구조를 위한 시도를 함에 있어서 합리적인 비용을 지급하였으나 구조된 잔존물이 없거나 또는 비용이 잔존물의 가액을 초과하는 경우, 이 보험은 잔존물이 없는 경우에는 그 비용 또는 잔존물의 가액이 존재하면 잔존물의 가액을 초과하는 비용에 대하여, 부보선박에 관하여 합리적으로 지급된 것이라고 인정되는 부분을 비례적으로 부담한다. 그러나 이 선박이 비용의 지출을 필요로 하게 된 사건이 발생할 당시의 정품가격보다 낮은 가액으로 부보된 경우, 이 조항에서 보상되는 금액은 일부보험의 비율에 따라 보상된다"라고 정하고 있다.

이 조항은 손해방지에 대한 사항을 규정하는 조항중에 위치하고 있지만, '선박과 다른 재산'이라는 어구는 공동의 항해사업이 위험에 처한 경우인 공동해손을 의미하는 것을 시사하기 때문에 공동해손에도 적용된다고 해석한다.[352] 또한 이 조항은 "선박의 전손에 대한 보상청구가 인정되는 경우 …"라고 시작하고 있기 때문에 보험자가 전손보상책임을 지는 경우에 한하여 적용되며, "잔존물이 없거나 또는 비용이 잔존물의 가액을 초과"하는 경우에 보험자가 공동해손으로 초래된 비용에 대하여 보상책임을 지는가가 문제된다. 선박의 협정보험가액이 실제의 가액보다 낮은 경우에는 일부보험의 법리를 적용한다.

2003년 국제선박보험약관 제9조 제4항[353]은 "이 보험에서 선박의 전손에 대한 보상청구가 인정되고, 선박과 다른 재산을 구조하거나 구조를 위한 시도를 함에 있어서 합리적인 비용을 지급하였으나 구조된 잔존가가 없거나 또는 비용이 잔존물의 가액을 초과하는 경우, 이 보험은 그 비용 중, 또는 사안에 따라서는 잔존물의 가액을 초과하는 비용 중, '제8조 제5항[354]에서 규정된 모든 특별한 보상과 비용을 제외한'(추가된 부분임) 선박에 관하여 합리적으로 지급된 것이라고 인정되는 만큼의 비례적인 부분을 부담한다"라고 하여 협회약관을 약간 수정하고 있고 일부보험에 대하여서는 규정하지 아니한다.

(3) 보험자의 보상책임

(가) 공동해손희생과 공동해손비용의 구별 : 공동해손비용에 대한 보험자

---

항.

352) Susan Hodges, op. cit., p. 754.

353) 1995년 협회선박기간보험약관 제11조 제5항; 1995년 협회선박항해보험약관 제9조 제5항. 1995년 약관은 2003년 국제선박보험약관과 달리 일부보험에 대하여 규정하고 있다.

354) 이 책 제3부 제2장 제3절 손해보상의 의무 Ⅳ. 책임손해 5. 구조료 (1) 구조료의 개념 (2) 구조료보상의 요건 (마) 면책사유 참조.

의 책임과 공동해손희생에 대한 보험자의 책임은 다르다. 손해가 희생인 경우에는 보험자는 피보험자에게 직접적으로 희생손해 전액의 보상책임을 지는데 반하여, 비용인 경우에는 보험자의 책임은 공동해손기금에 대한 분담부분이다. 영국해상보험법 제66조 제4항은 "보험증권상의 명시적 규정에 따르는 것으로 하고, 피보험자가 공동해손비용을 지출하였을 때에는 피보험자는 자기가 부담하여야 할 부분에 관하여 보험자로부터 보상을 받을 수 있고, 공동해손희생의 경우에는, 피보험자는 분담의무를 진 다른 당사자에 대하여 분담청구권을 행사하지 아니하고 보험자로부터 희생손해의 전액을 보상받을 수 있다"라고 하여 양자의 차이를 규정하고 있다.

또한 표준선박보험약관[355]은 "이 보험은 구조, 구조료 및/또는 공동해손의 선박분담금을, 일부보험의 경우에는 감액된 비율로 담보한다. 그러나 선박의 공동해손희생의 경우에는 먼저 다른 당사자들에 대하여 공동해손분담청구권을 행사하지 아니하고 전체 손해에 대하여 보상받을 수 있다"라고 규정하고 있다.

'일부보험의 경우에는 감액된 비율로 담보한다'는 어구는 상당한 중요성을 가지는데, 이는 선박 밸모럴(Balmoral)호가 악천후로 인하여 테일 샤프트(tail schaft)가 부러져 다른 선박의 구조를 받고 또한 예인선박으로 예인되었는데, 구조료와 예인비용은 공동해손으로 인정되어 '밸모럴'호의 선주는 선박의 실제가액을 기준으로 공동해손을 부담하였고, '밸모럴'호의 실제가액은 4만파운드이고 협정보험가액은 33,00파운드로 공동해손분담금의 33/40의 보험금의 지급이 명하여진 Steamship 'Balmoral' Co., Ltd. v. Marten사건[356]에서 설명되었다.

보험자가 보험목적의 전손에 대한 보상책임을 지는 경우에 선박과 다른 재산을 구조함에 있어서 합리적인 비용을 지급하였으나 구조된 잔존물이 없거나 또는 비용이 잔존물의 가액을 초과하면 보상책임은 잔존물을 초과하는 비용중 상당하게 발생한 것이라고 인정되는 비례적인 부분을 보상하고, 일부보험의 법

355) 1983년 협회선박기간보험약관 제11조 제1항; 1983년 협회선박항해보험약관 제9조 제1항; 2003년 국제선박보험약관 제8조 제1항.

356) [1902] AC 511, HL; 이 사건에서 증기선 밸모럴(Balmoral)호에 대하여 항소인은 보험자와 기간보험계약을 체결하였다. 필라델피아(Philadelphia)에서 런던으로 항해중에 '밸모럴'호는 심한 강풍 속에서 테일 샤프트(tail shaft)가 파괴되어 앰로스 캐슬(Amroth Castle)호의 구조를 받았다. 후일 2척의 예인선이 선박의 런던으로의 예인작업에 고용되었다. '앰로스 캐슬'호의 소유자들은 구조료를 받았고, 2척의 예인비용은 공동해손비용으로 고찰되었다. 선박이 지급한 구조료와 예인비용에 대한 분담금은 선박의 진정한 가액에 근거하였다. '밸모럴'호의 소유자가 이 비용에 대한 보상을 청구하자, 보험자는 보상청구의 금액에 대하여 다투었다. 상원은 보험증권상의 가액이 진정한 가액에 대한 비율만큼의 손해에 대하여 보험자의 책임은 인정된다고 하고, 선박의 진정한 가액에 대한 선박의 보험금액은 33/40이므로 보상금액은 전체 손해의 33/40이라고 판시하였다.

리가 적용된다.[357)]

(나) 공동해손희생 : 공동해손희생은 물리적이고 유형적인 손해이고, 따라서 비교적 용이하게 식별되어 측정할 수 있다. 보험자의 보상책임은 피보험자가 직접적으로 입은 희생손해이고, 피보험자에 대하여 다른 당사자가 부담하는 분담금은 보험자대위에 의하여 보험자가 취득한다. 이 원칙은 적하보험에 가입된 차를 적재하고 운항하던 선박이 산호초에 부딪혀 선박을 가볍게 하기 위하여 싣고 있던 차를 바다에 투기하여 항해가 완료되어 투기된 차의 적하에 대한 공동해손보상이 청구된 1868년 Dickinson v. Jardine사건[358)]에 의하여 확립되었다.

(다) 공동해손비용 : 공동해손희생과 달리, 공동해손비용은 보험목적의 전부 또는 일부의 물리적인 손해를 초래하지 않는다. 단지 모든 공동의 해상사업의 당사자의 이익을 위하여 위험시에 행하여진 비일상적인 비용만이 이에 해당한다.

영국해상보험법 제66조 제4항은 "보험약관상의 명시적 규정에 따르는 것으로 하고, 피보험자가 공동해손비용을 지출하였을 때에는 피보험자는 자기가 부담하여야 할 부분에 관하여 보험자로부터 보상을 받을 수 있고 …"라고 규정하고 있다. 여기에서 보험자의 보상의무는 피보험자가 부담하는 분담금액에 대하여서만 적용되는가 아니면 광의로 해석하여 보험자의 책임은 문구 그대로 피보험자가 입은 모든 손해에 대하여서인가? 만일 선박소유자가 일상적인 비용을 지출한 후에 여하한 이유로 분담금을 보상받을 수 없는 경우에, 다른 적하소유자로부터 지급받지 못한 분담금에 대하여 보상받을 수 있는가?에 대하여 다툼의 여지가 있다.

영국해상보험법 제정 이전의 사건인 매어리(Mary)호 사건[359)]에서 선박소유

357) 1983년 협회선박기간보험약관 제13조 제5항; 1983년 협회선박항해보험약관 제11조 제5항; 2003년 국제선박보험약관 제9조 제4항; 상세한 내용은 이 책 제3부 제2장 제3절 손해보상의 의무 Ⅳ. 책임손해 6. 공동해손 (2) 공동해손의 요건 (자) 성공적인 공동해손행위 참조.

358) [1868] LR 3 CP 639; 이 사건에서 원고는 641상자의 차를 푸초우(Foochow)에서 런던까지 항해하는 선박 캐누트(Canute)호에 선적하고 보험자와 기평가보험에 가입하였다. 항해중에 '캐누트'호는 산호초와 충돌하여 선박을 가볍게 하여 산호초에서 벗어나기 위하여 607상자의 차가 투기되었다. 선박은 산호초에서 벗어나 런던까지 항해를 계속하여 남은 적하를 인도하였다. 원고는 희생손해 전액에 대하여 공동해손손해로서 보상을 청구하였다. 그러나 보험자는 투기된 적하의 전액을 지급하지 아니하고, 원고가 다른 분담의무자로부터 그 손해의 일부를 구상할 수 있다는 근거아래 전체 공동해손손해의 원고의 분담금의 비율만금만을 지급하였다. 원고는 보험자는 투기로 입은 손해 전액에 대한 보상책임을 진다고 주장하였다. 법원은 원고가 공동해손희생으로 인하여 입은 손해 전액에 대하여 보험자는 직접 보상책임을 진다고 판시하였다. 그리고 보험자는 보험자대위에 의하여 피보험자가 다른 당사자에 대하여 가지는 분담청구권을 대위하였다.

자는 적하소유자로부터 미지급된 분담을 보상받을 수 없다고 판시되었지만, 이것은 보험증권상의 명시적 규정때문이었다.

그러나 영국해상보험법 제정 이후의 판결인 Green Star Shipping Co., Ltd. v. London Assurance Others사건[360]에서는 보험증권상 명시적 조항이 없었고, 로쉬(Roche)판사는 영국해상보험법 제66조 제4항에서의 '손해의 부분'은 적하의 이해관계자가 지급하지 아니하는 경우를 포함하여 피보험자가 부담하는 모든 공동해손손해를 의미하는 것으로 광의로 해석하여야 한다고 판시하였다.

(라) 준거법

(a) 공동해손정산의 준거법에 관한 원칙 : 영국 보통법상 공동해손정산은 목적항 또는 적하가 인도되는 장소에서 행하여진다는 것이 인정되고 있다. 이 원칙은 선박에 의한 공동해손희생 후에 목적항이 세인트 페테스부르크(St Petersburg)이었으므로 적하소유자에 대한 정산이 러시아법에 의하여 행하여져야 한다고 한 Simonds v. White사건[361]에서 명확히 설명되었다. 애버트(Abott)판사는 "공동해손으로 고찰되는 손해에 대하여 각국의 법률과 관례는 많은 차이가

359) [1894] P 108, CA: 이 사건에서 원고는 피고와 두 개의 보험계약을 체결하였는데, 하나는 매어리 토마스(Mary Thomas)호의 선체와 기관에 대하여, 다른 하나는 운임에 대하여서 이었다. 선박보험은 "해상운송계약에 부합하는 경우에는 외국의 규정 또는 York-Antwerp 규칙에 따라 지급되는 공동해손과 구조료"를 담보하는 조항이 삽입되어 있었다. 로테르담(Rotterdam)으로 가는 길에 말타(Malta)를 통과하던 중 '매어리 토마스'호는 산호초에 좌초하였다. 산호초에서 탈출하기 위하여 적하의 일부는 제거되고 나머지는 수리를 위하여 발레타(Valetta)에서 하역되었다. 선박이 수리되어 '메어리 토마스'호는 적하를 선적하고 로테르담으로 안전하게 항해하였다. 네덜란드법에 따라 해공동해손명세서가 작성되어 있었고, 피고는 선박과 운임의 부분을 지급하였다. 화란의 법원에서 공동해손분담금을 적하의 수하인으로부터 받는데 패소한 원고는 피고 보험자에게 선박보험상 공동해손분담금의 보상을 청구하였다. 항소법원은 보험자는 선박과 운임이 부담하는 비용의 부분만의 보상책임을 진다고 판시하였다. 선박보험상의 명시적 조항은 화란에서 해손결정은 확정적이라고 규정하고 있었기 때문에, 보험자는 적하소유자가 지급하지 아니하는 부분에 대하여서는 보상책임을 지지 아니하였다.

360) [1933] 1 KB 378: 사건에서 원고의 선박 앤드리(Andree)호는 York-Antwerp 규칙을 삽입한 해상운송계약상 뉴욕에서 적하를 선적하던 중 화재가 발생하여 적하를 하역하여야만 하였고, 이로 인하여 공동해손비용이 지출되었다. 수리된 후에 '앤드리'호는 적하를 재선적하고 항해를 시작하였지만, 다른 선박과 충돌로 인하여 심하게 훼손되어 침몰하였다. 다시 적하는 하역되어 다시 공동해손비용이 지출되었다. 적하의 이해관계자는 공동해손분담으로 적하의 구조된 가액만을 지급하였고, 따라서 분담금이 부족하게 되었다. '앤드리'호는 협회선박기간보험약관을 보험계약의 내용으로 하는 두 개의 보험계약과 보상되지 아니하는 공동해손의 적하의 부분을 구성원에게 담보하는 선주상호보험에 들어있었다. 법원에서의 쟁점은 보험계약상 적하분담금의 부족부분에 대한 보상이 허용되는가 여부이었다. 법원은 선주상호보험이 아니라 선박보험자가 미지급된 적하분담금에 대한 보상책임을 진다고 판시하였다(이 사건에 대하여는 또한 이 책 제3부 제2장 제3절 손해보상의 의무 Ⅳ. 책임손해 6. 공동해손 (3) 보험자의 보상책임 (라) 준거법 (b) 표준약관의 외국정산조항의 효력 참조).

361) [1824] 2 B&C 805.

있다. 그러나 한 가지 점은 일치하는데, 즉 공동해손이 정산되는 장소는 선박의 목적지 또는 적하의 인도장소라는 것이다. … 적하의 송하인은 비록 명시적이 아니지만 암묵적으로 항해의 사고에 따라 자신에게 유리하거나 불리할지도 모르는 해상의 관례로 알려진 공동해손에 동의한다. 그리고 공동해손에 동의함에 의하여 통상적이고 적절한 장소에서의 정산에 동의하는 것으로 이해되어야 한다"라고 판시하였다.

그러나 Simonds v. White사건에서 인용된 Power v. Whitmore사건[362]에서 조차 에렌버러(Ellenborough)판사는 외국의 정산은 특정한 경우에는 구속되지 아니한다고 보았다. 이 사건에서 법원은 포르투갈에서의 공동해손정산방법은 지나치게 상인에게 유리하여 보험자를 구속하는 것은 비합리적이라고 판단하였다.

그러나 Harris v. Scaramanga사건[363]에서 법원은 외국의 공동해손정산은 구속력이 있다고 결정하였다. 그러나 공동해손정산이 선의로 행하여지는 경우에만 보험자는 외국의 정산에 구속된다고 하여 Power v. Whitmore사건과 완전히 불일치하는 것은 아니었다.[364]

(b) 표준약관의 외국정산조항의 효력 : 표준선박보험약관과 표준운임보험약관[365]은 "해상운송계약에 정산에 관한 특약이 없는 경우에 준하여, 공동손

362) [1815] 4 M&S 141: 이 사건에서 원고는 포르투갈 상인으로 런던에서 리스본(Lisbon)으로 운송되는 적하에 대하여 보험자와 보험에 들었다. 항해중 적하를 운송중인 선박이 훼손을 입어 코우스(Cowes)에 수리를 위하여 입항하였다. 리스본에 도착한 후, 공동해손명세서가 작성되었는데, 이에는 공동해손으로서 코우스에서의 수리비용과 지연동안의 선원의 임금과 식량을 포함하였다. 원고가 분담비용의 보상을 보험자에게 청구하자 보험자는 공동해손정산방법이 법률상 잘못이라는 근거로 이를 거부하였다. 법원은 보험자 승소판결을 내렸다. 외국의 정산은 영국의 법이나 일반적인 상인의 관례가 아니라는 이유로 구속력이 없다고 보았다.

363) [1872] LR 7 CP 481: 이 사건에서 원고는 흑해에 있는 탕간록(Tanganrog)에서 브레멘(Bremen)까지 항해하는 호밀(rye)의 적하에 대하여 피고 보험자에게 보험에 들었다. 보험증권에는 외국공동해손정산규정이 삽입되었다. 항해중에 적하를 운송하던 선박은 기후훼손을 입어 수리를 위하여 2번 피난항에 입항하여야 하였다. 브레멘에 도착한 후 공동해손명세서가 작성되었지만, 선장은 선박과 운임에 대하여 지는 분담금을 지급할 수 없었다. 따라서 선박은 매도되었지만, 그 금액이 분담금을 충족하지 못하였다. 따라서 손해사정인은 적하에 대하여 미지급금액을 추가하였고, 원고는 이에 대하여 보상을 청구하였다. 보험자는 추가적인 금액의 보상의 지급을 거부하였다. 법원은 보험자는 작성된 해손명세서에 구속되고 따라서 원고는 보상을 받을 수 있었다. 브랫(Brett)판사는 "Power v. Whitmore사건에 불구하고 보험자는 외국의 정산이 정당하게 행하여진 것으로 절대적으로 수용하여야 하고, 선의로 행하여진 경우에는 달리 반대로 입증될 때까지 보험자는 선의로 행하여진 것으로 고찰하여야 한다고 생각된다. 보험법의 일반적인 원칙은 외국항구에서 공동해손이 공정하게 행하여지는 경우에는 비록 그것이 모국항구에서 행하여지는 것과 달리 해결되었더라고 피보험자자는 자기의 부분에 대한 책임을 지고 피보험자는 그 금액을 보상을 받을 수 있다는 것이다"라고 판시하였다.

364) Susan Hodges, op. cit., p. 761.

365) 2003년 국제선박보험약관 제8조 제2항; 1983년 협회선박기간보험약관 제11조 제2항;

은 해상사업이 종료하는 곳의 법률과 관습에 따라 정산된다. 다만 해상운송계약에 요크-안트워프규칙에 의한다고 규정되어 있는 경우에는, 그에 의하여 정산한다"라고 규정하고 있다.

또한 1982년 협회적하보험약관 제2조는 '이 보험은 … 운송계약 및/또는 준거법 및 관습법에 따라 정산되거나 결정된 공동해손과 구조료를 보상한다'라고 규정하고 있다.

이전의 외국정산조항은 전형적으로 '만일 외국의 명세서가 작성된 경우에는 이에 따라 공동해손을 지급함'이라고 규정되어 있었다. 이 조항이 구속력이 있다는 것은 De Hart v. Compania Anonima de Seguros, 'Aurora'사건[366]에서 확인되었다. 그러나 로머(Romer)판사는 해상운송계약의 내용인 특별조건을 알지 못하는 선박보험자의 책임에 영향을 미친다는 것에 우려를 표현하였다. 동판사는 또한 협회정산조항의 어구로 인하여 이 조항은 반드시 구속력이 있는 것은 아니고 상황에 따라 다시 산정될 수 있다는 견해이었다.

현재의 표준약관상의 외국정산조항이 당사자를 구속하는가에 대하여 Green Star Shipping Co., Ltd. v. London Assurance Others사건[367]에서 로쉬(Roche)판사는 협회외국정산조항은 또한 엄격히 구속력이 있는 것은 아니라고 판시하였

1983년 협회선박항해보험약관 제11조 제2항; 1983년 협회운임기간보험약관 제9조 제2항; 1995년 협회선박기간보험약관 제10조 제2항; 1995년 협회선박항해보험약관 제8조 제2항.

366) [1903] 2 KB 503: 이 사건에서 원고는 자신의 선박에 대하여 피고 보험자와 협회선박기간보험약관과 공동해손에 관한 외국정산조항을 내용으로 하는 기간보험계약을 체결하였다. 선박은 앤트워프(Antwerp)로 목재의 적하를 운송하기 위하여 제3자에게 용선되어 있었고, 용선계약에는 "해손의 경우 … 공동의 안전을 위한 갑판적 적하의 투기는 공동해손으로 허용된다"고 규정하고 있는 조항을 내용으로 하고 있었다. 항해중에 모두의 공동의 안전을 위하여 목재의 갑판적 적하의 일부가 투기되었고, 앤트워프에 도착하여 공동해손명세서가 작성되었다. 비록 벨기에법은 통상은 갑판적 적하의 투기를 공동해손으로 고찰하는 것을 허용하지 아니하지만, 용선계약의 조건을 인정하여 멸실한 갑판적 적하를 공동해손에 포함시켰다. 보험자는 원고의 이 분담금에 대한 보상을 거부하였다. 법원은 만일 해손명세서가 선의로 작성되고 성격상 특별하거나 비정상적인 아닌 경우에는 보험자는 해손명세서에 구속된다고 판시하였다.

367) [1933] 1 KB 378: 이 사건에서 원고의 선박 앤드리(Andree)호는 해상운송계약상 공동해손의 경우 York-Antwerp 규칙을 적용하기로 하였고, 1983년 협회선박기간보험약관 제11조 제2항에 해당하는 외국정산조항이 삽입되어 있었다. 뉴욕에서 적하를 선적하던 중 화재가 발생하여 적하를 하역하여야만 하였고, 따라서 공동해손비용이 지출되었다. 수리된 후에 '앤드리'호는 적하를 재선적하고 항해를 시작하였지만, 다른 선박과 충돌로 인하여 심하게 훼손되어 침몰하였다. 다시 적하는 하역되어 다시 공동해손비용이 지출되었다. 이 사건에서 '앤드리'호는 협회선박기간보험약관을 보험계약의 내용으로 하는 두 개의 보험계약과 보상되지 아니하는 공동해손의 적하의 부분을 구성원에게 담보하는 선주상호보험에 들어 있었다. 법원의 쟁점의 하나는 뉴욕에서의 해손정산이 구속력이 있는가 여부이었다(이 사건에 대하여는 또한 이 책 제3부 제2장 제3절 손해보상의 의무 Ⅳ. 책임손해 6. 공동해손 (3) 보험자의 보상책임 (다) 공동해손비용 참조).

다.

(c) 소 결 : 표준해상보험약관상의 공공해손에 관한 외국정산조항은 영국보통법상의 공동해손정산에 관한 원칙에 따라 공동해손정산은 특약이 없는 한 해상사업이 종료하는 곳의 법률과 관습에 따라 행하여지는 것으로 하고 있지만, 외국법에 따른 정산이 어느 경우에나 구속력이 있는 것은 아니고, 상당하지 않은 경우에는 구속력을 상실한다.

(마) 공동해손의 보상한도설정 : 2003년 국제선박보험약관 제40조는 보험자의 서면에 의한 동의로 공동해손과 구조료에 관한 조항(동 약관 제8조)의 적용에 있어서 공동해손보상한도를 설정할 수 있도록 한다. 이 조항에 따라 피보험자는 선박위에 있는 피보험자가 소유하지 않는 적하, 운임, 연료, 기타 재산에 대한 손해에 대하여 공동해손과 구조료 그리고 손해방지비용의 보상을 청구하는 대신 공동해손과 구조료 그리고 손해방지비용의 전체 보상액을 보험자와 명시적으로 서면에 의한 약정액까지 보상받을 것을 선택할 수 있다.

## Ⅴ. 분쟁(전쟁과 파업)위험

### 1. 개 관

(1) 분쟁위험담보의 특징

분쟁위험은 전쟁보험약관, 전쟁과 파업보험약관, 파업보험약관 등을 삽입하여 담보되고, 통상은 이 약관에 의하여 담보되는 위험은 전쟁과 파업위험이라고 하는 것이 일반적이다. 이 약관이 담보하는 위험은 나포・강류・억지, 어뢰와의 접촉, 조세당국에 의한 몰수 등 전쟁 또는 파업과 관련 없는 평시위험도 포함하는데도, 전쟁과 파업위험이라는 용어는 통상적인 의미에서 전쟁과 파업위험만을 담보하는 것으로 오해를 야기한다고 하여 근래 분쟁위험이라는 용어로 통칭하기도 한다.[368]

근대의 전쟁은 오늘날에 비하여서는 위험성이 크지 않았기 때문에 전쟁위험은 해적의 위험과 함께 항해에 수반하는 통상의 위험으로 고찰되었다. 그러나 나폴레옹전쟁(1797년~1815년) 이후, 무기의 발달로 인하여 전쟁 자체에 의한 손

368) F.D. Rose, op. cit., § 17.1, p. 319; 이하에서는 분쟁위험(discord risks)이라는 용어와 '전쟁과 파업위험'이라는 용어를 함께 사용한다.

해가 거대화하고 광범위하게 되었다. 따라서 보험자는 전쟁위험을 예외적 현상으로 파악하여 통상의 담보범위에서부터 배제하게 되었다.

전쟁위험이 해상위험과 별개로 보험담보될 것을 결정한 것은 1898년의 로이즈의 총회에서이다. 이에 따라 전쟁위험은 표준약관에서는 면책으로 되고, 별개의 보험증권으로 일반보험시장과 선주상호보험조합에 의하여 담보되게 되었다.

전쟁위험보험이 담보되는 경우에도 다음과 같은 점을 유념하여야 한다.[369)]

첫째, 협회적하전쟁보험약관은 운송조항을 두고 있지만, 육상에서의 적하에 대한 전쟁위험은 담보하지 않으므로 창고사이조항이 적용되는 일반해상적하보험의 경우보다 제한적으로 담보되고, 영국에서는 부족부분은 1952년 해상 및 항공보험(전쟁)법에 의하여 수권받은 국무부가 담보하도록 되어 있다.

둘째, 무역과 국가적인 차원에서는 전쟁위험에 대한 담보가 바람직하지만 오늘날 전쟁위험은 현실적으로 또는 개연성에서 매우 높기 때문에 보험자가 인수를 하지 않기로 결정하거나 인수하더라도 높은 보험료의 지급조건으로만 인수하는 것을 막을 수는 없다.

셋째, 영국 등과의 전쟁이 개시되는 등의 특정한 사건이 발생한 경우에는 보험계약이 자동적으로 종료하고,[370)] 급격한 현저한 위험의 증가가 있는 경우에는 피보험자와 보험자는 7일 전에 예고하고 보험계약을 취소할 수 있다.[371)] 물론 이론상으로는 어느 경우에나 새로 보험계약을 체결할 수 있고, 이 취소조항은 보험계약의 부활에 관하여 규정하고 있다. 피보험자에게도 취소권이 인정되고 있지만 이 종료조항은 일반적으로 또는 특정한 지역에서 위험의 현저한 급격한 증가가 있는 경우 또는 보험증권상의 일반적인 항해제한지역에서의 특별히 위험한 지역을 항해하는 경우에 취소권을 인정하기 때문에 보험자의 이익을 위한 것이다. 그러나 한편 이 조항의 조건에 따라 보험담보가 종료할 때까지는 전쟁위험에 대하여 피보험자가 담보를 받는 점에서 피보험자를 위한 규정이기도 하다. 이와 같은 경우에 현실적으로 보험담보를 구입할 수 없을 것이므로 영국에서는 1952년 해상 및 항공보험(전쟁)법에 따라 국무부가 보험담보를 제공한다.

전쟁위험과 파업위험은 해상보험계약에 의하여 담보될 수 있다는 것은 1906년 영국해상보험법 제2조는 "해상위험은 해상항해의 결과로 또는 그에 수반하여 발생하는 위험, 즉 해상고유의 위험, 화재, 전쟁위험, 강도, 포획, 나포, 왕후 및 인민

369) F.D. Rose, op. cit., § 17.3~17.4, p. 320.
370) 1983년 '협회선박기간전쟁과 파업보험약관' 제5조 제2항.
371) 1983년 '협회선박기간전쟁과 파업보험약관' 제5조 제1항.

의 강류, 억지, 투하, 선원의 악행, 그리고 이와 같은 종류의 위험 또는 보험증권에 기재되는 기타 일체의 위험을 말한다"라고 하여 이를 확인하고 있다.

Panamanian Oriental Steamship Corporation v. Wright사건[372]에서 머카타(Mocatta)판사의 표현처럼 "통상적인 해상위험과 전쟁위험을 보험담보하는 전통적인 방법을 철저히 검토하여야 한다는 것은 오히려 늦었다고 할 수 있다. 전쟁위험보험에 관한 한 현재의 방법은 확실히 뒤틀려 있고 복잡하다." 왜냐하면 해상보험증권에서 면책으로 되는 전쟁위험을 이 보험증권의 조건을 참조하여 부보하는 것이 일반적이기 때문이다.

특별약관으로는 선박의 전쟁과 파업위험에 대하여서는 1983년 '협회선박기간전쟁과 파업보험약관', 1983년 '협회선박항해전쟁과 파업보험약관'으로 담보되고, 운임에 대하여서는 1983년 '협회운임기간전쟁과 파업보험약관', 1982년 '협회운임항해전쟁과 파업보험약관'으로 담보되는데 반하여, 적하에 대하여서는 1982년 '협회적하전쟁보험약관', 1982년 '협회적하파업보험약관' 등이 있다.

(2) 포획나포부담조항

예전에는 전쟁위험을 배제하기 위하여 표준약관에 포획나포부담보조항(free from capture and seizure)이 삽입되었다. 이 조항은 전쟁위험과 파업위험을 해상위험보험자가 면책으로 하기 위하여 삽입한 조항이다. 이 조항은 만족스럽지 못하다는 1978년 UNCTAD의 비판 이후 런던시장은 약관을 내폭적으로 개정하였고, 이것이 표준해상보험약관상의 분쟁면책조항[373]이다.

(3) 최우선면책조항

Attorney General G v. Adelaide Steamship Co., Ltd. 'Warilda'사건[374]에서 해군부에 수용용선된 병원선 워릴다(Warilda)호에 대하여 해상위험을 담보하는 보험에 가입되고, 해군부는 용선계약상 전쟁위험에 근인한 손해를 배상할 책임을 부담하고 있었는데, 부상병을 싣고 영국해협을 최고속도로 소등한 채 항해하

372) [1970] 2 Lloyd's Rep. 365; [1971] 1 Lloyd's Rep. 487; 이 사건의 구체적인 사실관계는 이 책 제3부 제2장 제3절 손해보상의 의무 V. 분쟁(전쟁과 파업)위험 2. 전쟁위험 (2) 구체적인 담보위험 (나) 포획, 나포, 강류, 억지 또는 억류 및 이러한 행위의 결과 또는 이러한 행위를 하려고 기도한 결과 (b) 강류, 억지, 억류 (ㅅ) 정치적 또는 행정적 행위 참조.

373) 1983년 협회선박기간보험약관 제23조~제26조; 1983년 협회선박항해보험약관 제20조~제23조; 2003년 국제선박보험약관 제29조~제31조; 1983년 협회기간운임보험약관 제17조~제18조; 1983년 협회항해운임보험약관 제14조~15조; 1982년 협회적하보험(A),(B),(C)보험약관 제6조~제7조.

374) [1923] AC 292, HL.

던 중 선박의 단독의 과실로 다른 선박 페닝고더(Peningauder)호와 충돌하여, 상원은 충돌시 '워릴다'호는 전쟁활동에 종사하고 있었고, 해상보험증권상의 포획나포부담보조항은 전쟁위험을 면책으로 하였다는 이유로 전쟁보험자의 지위에 있던 해군부가 손해배상책임을 진다고 판시되었다. 그러나 그 후 다른 선박 '페닝고더'호가 입은 손해에 대한 소송에서 전쟁보험자로서 해군부가 '페닝고더'호의 손해를 보상하여야 하는가가 문제되었는데, 충돌책임은 당시에는 포획나포부담보조항에서 면책으로 되어 있지 않았고, 이 책임은 전쟁활동으로 인한 것이 아니라는 이유로 상원은 해상보험자가 보상책임을 부담한다고 판시하였다.

이에 따라 '워릴다'호 판결이 반복되지 않도록 선박보험약관과 적하보험약관상의 전쟁위험면책은 충돌조항을 포함하여 이 약관에 삽입되어 이와 저촉하는 일체의 조항보다 우선한다고 규정함으로써 명시적인 반대의사가 없는 경우에는 인쇄되거나 부착된 약관 또는 보험증권이나 약관에 기입된 것에 우선하도록 되었다.[375]

1983년 협회선박기간보험약관과 협회선박항해보험약관은 네 가지 면책조항 즉, 전쟁면책조항, 파업면책조항, 악의적 행위면책조항, 방사능오염면책조항을 두고, 이를 최우선조항으로 하고 있다. 최우선조항은 면책조항이 '이 보험에 포함된 것으로서 이에 저촉되는 일체의 규정보다 우선한다'라고 선언하고 있다. 이와 같이 최우선조항은 면책조항과 내용이 다른 명시적 담보특약이나 보험계약에 부가된 약정에 우선하는 기능을 가진다.

따라서 1983년 협회선박기간보험약관과 협회선박항해보험약관을 보험계약의 내용으로 하는 해상보험계약상 전쟁위험과 파업위험이 면책인 경우에, 이들 위험을 담보하는 별개의 보험계약을 들지 아니하면 이 위험에 대하여 보험담보를 받을 수 없다. 그러나 전쟁면책조항인 협회적하보험(A),(B),(C)약관 제6조에는 최우선조항이라는 문구가 없기 때문에 최우선적인 지위가 인정되지 않는다.

1983년 협회선박기간보험약관과 협회선박항해보험약관상의 최우선조항은 면책위험으로 인하여 생긴 멸실 또는 훼손으로 인한 책임뿐만 아니라, 이 위험으로 인하여 생기는 비용도 또한 면책으로 한다. 이 비용에 대하여서는 선박, 운임, 적하에 대한 전쟁보험약관과 파업보험약관 어느 것도 보험담보를 제공하지 아니한다. 따라서 특별약관으로 전쟁과 파업위험을 담보하는 경우에도 그 담보범위는 좁다.

---

375) O'May, Marine Insurance-law and policy, London: Sweet and Maxwell, 1993, p. 759.

(4) 중복적인 손해원인-해상위험과 전쟁위험

전쟁기간동안 해상위험으로 인한 손해와 전쟁위험으로 인한 손해를 구별하는 것은 용이하지 않다. 선박에 대하여 해상위험과 전쟁위험 모두 보험에 가입되어 있는 경우는 더욱 그러하다. 즉, 충돌이나 좌초사고의 경우에, 충돌이나 좌초가 해상위험보험에 의하여 담보되는 항해상의 과오로 인한 것인가 아니면 전쟁위험보험에 의하여 담보되는 전쟁활동의 위험으로 인하여 발생하였는가 여부를 판단하는 것이 어려운 경우가 자주 있다.

영국법원은 1906년 영국해상보험법 제55조에서 규정되어 있는 근인의 원칙을 이용하여 이 쟁점을 해결하려고 하였다. Yorkshire Dale Steamship Co. v. Minister of War Transport, 'Coxwold'사건[376]에서 영국정부에 수용용선된 선박이 호송중에 좌초하였는데, 상원은 손해의 근인은 전쟁활동이고, 선박을 수용용선한 전쟁운송부장관은 전쟁활동에 근인한 손해를 배상하기로 한 수용용선계약에 따라 배상책임을 진다고 판시하였다.

모잠비크인민공화국에 의하여 불법어로를 이유로 강류되고 억지된 선박의 소유자가 벌금을 납부하지 못하여 몰수된 경우 법원은 손해의 근인은 강류 또는 억류가 아니라 피보험자가 벌금을 지급하지 못한 것이라는 이유로 보험자는 보상책임을 지지 않는다고 판시한 최근의 남아프리카공화국의 항소법원 판결인 Incorporated General Insurances Ltd. v. AR Shooter's Fisheries, 'Morning Star' 사건[377]도 영국법원과 같은 입장을 취한다.

## 2. 전쟁위험

(1) 개 관

1983년 '협회선박기간전쟁과 파업보험약관'이 담보하는 특정한 전쟁위험은

376) [1942] 73 Ll L Rep. 1, HL: 이 사건의 구체적인 사실관계는 이 책 제3부 제2장 제3절 손해보상의무 Ⅶ. 인과관계 2. 근인원칙 (2) 효율적이거나 지배적인 원인 (나) 이후의 판례 참조.

377) [1987] 1 Lloyd's Rep. 401, SA, CA: 이 사건에서 어선 모닝 스타(Morning Star)호가 모잠비크인민공화국에 의하여 불법어로를 이유로 강류되어 억지되었다. 소유자가 그로 인한 벌금을 지급할 수 없게 되었기 때문에, '모닝 스타'호는 몰수되었다. '모닝 스타'호의 선주는 손해가 보험사고인 "모든 국왕의 강류, 억지, 그리고 억류"로 인한 것이라는 근거로 전쟁위험보험약관이 삽입된 보험계약에 근거하여 보상을 청구하였다. 법원은 손해의 근인은 강류 또는 억류가 아니라 피보험자가 벌금을 지급하지 못한 것이라는 이유로 보험자는 보상책임을 지지 않는다고 판시하였다. 갤갓(Galgut)판사는 "모잠비크법원이 벌금을 부과하였고, 벌금이 지급되었더라면 손해가 발생하기 않았을 것이다. 몰수는 트롤선의 강류로 인한 것이 아니고, 벌금을 납부하지 않음으로 인한 것이다. 따라서 벌금의 불납부가 트롤선의 몰수의 근인이다"라고 판시하였다.

제1조 제1항, 제1조 제2항, 제1조 제3항에 열거되어 있다. 같은 위험이 1982년 협회전쟁적하보험약관 제1조 제1항, 제1조 제2항, 제1조 제3항에 의하여 담보되고 있고, 이 위험은 협회적하보험(A),(B),(C)약관에 규정된 전쟁위험면책조항을 반영하고 있다.

이 약관에서 담보하는 위험은 반드시 전쟁위험만으로 국한되지 않고, 포획·나포·강류·억지(제1조 제2항), 어뢰와의 접촉(제1조 제3항) 등의 평시위험도 이 약관상 담보된다. 다만 선원의 악행과 해적행위는 1983년 협회선박기간보험약관 제6조 제2항 5호와 제6조 제1항 5호에 의하여 담보위험으로 된다.

(2) 구체적 담보위험

(가) 전쟁, 내란, 모반, 반란 또는 이로 인하여 발생하는 국내투쟁 또는 적대국에 의하거나 적대국에 대한 적대행위(제1조 제1항) : 1983년 '협회선박기간전쟁과 파업보험약관'과 1982년 협회적하전쟁보험약관의 제1조 제1항은 ① 전쟁, ② 내란(civil war), 혁명(revolution), 모반(rebellion), 반란(insurrection), ③ 이로 인하여 발생하는 국내투쟁(civil strife), ④ 적대국(belligerent power)에 의하거나 적대국에 대한 적대행위(any hostile act by or against a belligerent power) 등 중대한 사유부터 담보위험을 순서대로 규정하고 있다.

(a) 전 쟁 : 원래 국제법상의 전쟁은 국가간 또는 교전단체간의 병력으로써 하는 전투행위이지만, 해상보험에서의 전쟁위험은 이러한 국제법상의 전쟁에 한정되지 않고, 거래관념상 전쟁으로 인정되는 광의의 전쟁을 의미한다.

웹스터(Webster) 사전에 따르면 전쟁은 '무력과 무기를 보유하여 수행되는 국가 사이의 다툼'이다. 따라서 일반적으로 전쟁은 적대국 사이의 적대행위를 포함하지만, 공식적인 선전포고가 반드시 필요한 것은 아니다. 반대로 공식적인 선전포고가 전쟁상태가 존재한다는 결정적인 증거가 되는 것도 아니다. 특정시점에서 전쟁상태가 실제로 존재하는가 여부는 사실판단의 문제이다.[378)]

(b) 내란, 혁명, 모반, 반란 : 이 사고들은 한 국가내에서 발생하는 투쟁 또는 내부적인 충돌에 관한 것이다. 웹스터 사전에 따르면 맨 처음의 '내란'은 조직화된 단체사이의 공개적인 무장투쟁을 의미하고, 마지막의 '반란'은 확립된

378) Susan Hodges, op. cit., p. 562: Kawasaki Kisen Kabushiki Kaisha of Kobe v. Bantham Steamship Co., Ltd. [1939] 2 KB 544 CA사건에서 윌프러드 그린(Wilfred Greene)판사는 전쟁에 대한 기술적인 정의가 존재하지 않는다고 판시하였다. 이 사건에서 일본이 개입하는 전쟁이 발생하면 용선계약을 해제할 수 있다는 조항이 포함된 용선계약이 체결되었다. 항소법원은 전쟁을 정의하고자 시도하지 않고 전쟁상태는 전쟁의 선전포고 없이도 존재가 가능하다고 판시하였다.

정부에 대한 조직적인 저항이라고 할 수 있다. 혁명은 옥스포드(Oxford) 사전에 따르면 과거의 피지배자에 의한 국가의 확립된 정부의 완전한 전복, 또는 새로운 지배자 또는 새로운 정부로의 강제적인 교체를 의미하고, 옥스포드사전에 따르면 모반은 '한 국가의 지배자 또는 정부에 대한 조직적인 저항'이다.

전쟁과 파업보험약관에 포함되어 있는 내란, 반란, 모반의 정의에 관한 선도적 판결은 해상보험사건이 아닌 Spinney's(1948) Ltd. v. Royal Insurance Co.사건[379]에서 머스틸(Mustill)판사의 판시이고, 협회파업보험약관만이 첨부되어 해

379) [1980] 1 Lloyd's Rep 406: 이 사건에서 원고는 "이 보험은 (a) 내란 (b) 대중적 봉기(popular rising)에 이르는 소요(civil commotion), 반란(insurrection), 모반(rebellion), 혁명과 같은 상황의 직접 또는 간접적인 결과로 발생하는 멸실 또는 훼손을 담보하지 않는다"는 특별약관이 포함된 보험계약을 자기 소유의 재산에 대하여 보험에 가입하였다. 1976년 1월 원고소유의 상점과 창고가 집단의 사람들에 의하여 약탈당하고 훼손되어 원고는 보험계약상의 보상을 청구하였다. 법원은 손해는 특별약관상의 사고에 해당하기 때문에 보험자는 면책이라고 판단하였다. 베이루트의 사정은 내란에 이르지는 않았지만 소란(disturbances)은 대중적 봉기의 성격을 띤다고 판시하였다. 이 결론을 내리면서 머스틸(Mustill)판사는 특별약관상의 면책사유의 의미를 분석하였다.

"내란(civil war): 내부적인 성격을 가지는 전쟁을 의미하는 내란을 성립하도록 하는 무장충돌의 성격은 무엇인가? 이는 일반적으로 다음 세 가지 문제와 관련이 있다. ① 대립하는 당사자사이의 충돌이라고 할 수 있는가? ② 당사자의 목적은 무엇이고 당사자들은 목적을 어떻게 추구하였는가? ③ 충돌의 범위와 공공질서와 주민의 생명에 대한 충돌의 영향은 무엇인가?

첫째 요소와 관련하여 투쟁하는 사람들이 당사자들은 자기편 당사자 또는 상대방에게 충성을 하고 있다고 할 수 있고, 공동체의 목적, 지도력 그리고 관리와 관련하여 각자의 당사자를 확인할 수 있어야 한다. 일방 당사자의 참가자들의 목적이 동일할 것을 필요로 하지 않는다. 그들 사이에 상당한 정도의 불일치 심지어 반목이 존재할 수 있다. 그러나 참가자들이 무기의 사용에 의하여 연합하여 증진시킬 어떠한 중대한 공동의 목적이 존재하여야 하는 것은 아니다. 오직 두 당사자만이 항상 존재하는 것이 요구되지 않는다. 그러나 수많은 당사자가 존재하면 투쟁은 전쟁의 특징을 이루는 명백한 전투자의 윤곽이 존재하지 않는 난투일 뿐이다.

두 번째 고려할 문제는 당사자의 투쟁 목적의 성격이다. 국제법 법률가의 전통적인 견해는 당사자는 현존하는 정부이거나 국가의 전부 또는 일부의 완전한 통제력을 장악하고자 시도하는 하나의 집단이거나, 또는 현존하는 지배자와 함께 권력을 장악하고자 노력하는 두 집단이어야 한다고 본다. 그러나 통상적인 어법에서 국가의 지배력을 장악하거나 보유하는 것을 원하는 것은 가담자를 내란상태에 참가하도록 하는 동기일 뿐이라고 생각된다. 위의 요건이 충족되면, 목적이 완전한 정치적 통제력을 장악하는 것이 아니고, 현존하는 정치적 구조를 근본적으로 변경하지 아니하고 통제력이 행사되는 방법을 강제적으로 변경하는 것이더라도 내란이라고 믿는다.

마지막으로 충돌이 공공질서와 주민의 생명에 대한 영향의 범위의 성격의 문제로서 다음과 같은 사항이 포함된다. 가담자의 수, 사고, 군인, 일반인의 수, 무기가 사용되는 양과 성격, 대립하는 당사자들에 의하여 점거된 지역의 상대적 범위, 가담자의 전주민에 대한 비율 등이 그것이다.

모반, 반란: 옥스포드사전에 따르면 모반은 '국가의 지배자 또는 정부에 대한 조직적인 저항'이다. 이에 추가하여 저항의 목적이 현존하는 지배자를 교체하거나 적어도 그들의 영토의 일부에 지배력을 박탈하고자 하는 것이어야 한다고 생각된다. 사전은 반란을 모반과 유사하게 정의하고 있지만, 반란은 초기의 또는 제한적인 모반이다. 이 면책사유에서 사용되는 모반과 반란의 용어에서 후자는 조직력의 약함에 의하여 전자와 구별된다. 그러

상위험보험계약이 체결된 시설이 모잠비크국민저항에 의하여 파괴된 경우 보험계약이 특히 반란을 면책으로 하고 있었기 때문에 보상이 허용되지 않는다고 판시한 최근의 National Oil Co. of Zimbabwe (Private) Ltd. v. Sturge사건[380] 에서 Spinney's사건에서의 머스틸(Mustill)판사의 정의가 언급되었다. 새빌(Saville)판사는 내란, 모반, 반란은 기술적인 의미(technical meaning)보다는 거래상의 의미(business meaning)로 이해되어야 한다고 하였다. 동 판사는 "이 보험계약과 같은 상사계약에서 내란, 반란, 모반의 표현은 통상적인 거래상의 의미를 함유한다. 즉, 내란은 외부적이기 보다는 국내적이고(civil) 내부적인 특성을 가진다. 모반과 반란은 약간 유사한 의미를 가지는데, 주요목적이 각각 그 국가의 정부를 전복하거나 대체하고자 시도하는 목적을 가진 한 국가에서의 조직화되고 강력한 내부적인 봉기를 의미한다. 다만 반란은 모반보다 조직과 규모의 정도가 약하다"라고 판시하였다.

반면 혁명의 정의에 관한 판례는 거의 없다. 혁명은 모반과 비슷한 의미를 가지지만, 모반이 보다 국지적인 것에 반하여 혁명은 보다 광범위한 봉기를 의미한다.[381]

(c) 이로 인하여 발생하는 국내투쟁 : 국내투쟁의 의미에 관하여서는 옥스포드사전에 따르면 '국내'(civil)는 '시민이나 공동체에서 생활하는 자들로 이루어지는 것'을 의미하고, '투쟁'은 '반대하여 싸우는 행위', '적대감, 증오, 불일치의 상태'를 의미하며, 국내투쟁은 Spinney's사건에 따르면 '적어도 내란에 이를 정도로 중대한 상태'이어야 한다.[382]

약관에서 담보하는 위험은 전쟁, 내란, 혁명, 모반, 반란으로 인하여 발생하는 국내투쟁이다. 따라서 '전쟁, 내란, 혁명, 모반, 반란'으로 인하여 발생하는 국내투쟁만이 담보된다. 이 문구에 의하여 비록 국내투쟁은 전쟁 등의 주된 행위와는 명백히 구별되지만, 이들 행위로 인한 국내투쟁만을 담보하고 있다고 이해하기에 충분하다.[383]

(d) 적대국에 의하거나 적대국에 대한 적대행위 : 이 조항은 '적대행위와 전쟁활동의 결과(consequences of hostilities and warlike operations)를 면책으로 한다'는 포획나포부담보조항에 포함되어 있던 위험중의 하나인 적대행위를 담보한

---

나 각 면책사유는 정부를 교체하고자 하는 행위가 존재하여야 한다."

380) [1991] 2 Lloyd's Rep. 281.

381) Susan Hodges, op. cit., p. 565.

382) Michael D. Miller, Marine War Risks, London: LLP, 1990, p. 66.

383) O'May, op. cit., p. 262.

다. 1983년 협회선박기간보험약관 제23조 제1항은 '이 보험은 적대국에 의하거나 적대국에 대한 적대행위로 인한 멸실, 훼손책임 또는 비용을 보상하지 않는다'라고 규정하고 있다. 따라서 1983년 '협회선박기간전쟁과 파업보험약관'과 1982년 협회적하전쟁보험약관 제1조 제1항은 해상보험에서 면책으로 되어 있는 전쟁위험을 담보한다. 포획나포부담보조항은 현재 사용되고 있지 않지만 이 측면의 이해를 위하여 그 범위와 영향의 정도에 관한 역사적인 고찰이 필요하다.

(ㄱ) 포획나포부담보조항-적대행위와 전쟁활동의 결과 : 최우선 전쟁위험면책조항이 도입되기 이전에는, 해상보험자는 해상위험담보에서 전쟁위험을 면책으로 하기 위하여 포획나포부담보조항을 사용하였다. 이 조항에 포함되어 있던 면책사유 가운데 가장 중요한 것은 '… 적대행위와 전쟁활동의 결과를 면책으로 한다'는 것이다.

이전에는 포획나포부담보조항 그리고 근래에는 1983년 협회선박기간보험약관 제23조 제1항에 의하여 면책인 적대행위의 결과로 입은 멸실 또는 훼손은 1983년 '협회선박기간전쟁과 파업보험약관' 제1조 제1항에 의하여 보험담보된다. 포획나포부담보조항에서 적대행위의 정의에 대한 해설을 한 판례들은 현재의 적대적 행위(any hostile act)로 인한 손해에 대한 보험담보에 대하여서도 유효하다. 그러나 전쟁활동으로 인한 멸실 또는 훼손은 1983년 '협회선박기간전쟁과 파업보험약관'에서는 담보위험이 아니기 때문에, 전쟁활동에 대한 판례들은 똑같이 말할 수 없다. 따라서 포획나포부담보조항에서 전쟁활동의 의미를 판시한 과거의 판례들은 현행제도에 직접적으로 적용되지 않는다.[384]

이와 같이 현행 표준선박보험약관에서 전쟁활동의 결과를 전쟁면책조항에서 제외한 것은 전쟁활동의 개념은 지나치게 넓어 해상보험자는 거의 보상책임을 지지 않는 결과가 된다는 비판으로 인한 것이다.

(ㄴ) 적대행위 : 적대행위의 의미를 명확히 하는 현대의 판결은 거의 없지만, 포획나포부담보조항에서 사용된 적대행위(hostile act)와 관련하여 과거의 판례에서 약간의 지침을 얻을 수 있다.

적대적 행위(hostile act)가 적대행위(hostilities)와 같은 의미를 가진다는 것은 거의 의문이 없다. Britain Steamship Co., Ltd. v. King, 'Petersham' and 'Matiana'사건[385]에서 포획나포부담보조항에서 사용된 적대행위의 단어가 고찰되었다. 이 사건에서 두 선박이 2차 세계대전 동안 전쟁활동(warlike operations) 중

384) Susan Hodges, op. cit., p. 567.
385) [1921] 1 AC 99, HL.

멸실되었는데, 상원은 적대행위(hostilities)의 단어는 적대적 행위(act of hostilities)로 해석될 수 있고, 따라서 전쟁상태의 존재를 필요로 하지 않는다고 판단하였다. 렘버리(Wrembury)판사는 "적대행위의 단어는 '전쟁상태의 존재'를 의미하지 않고, 적대적 행위 또는 적대적 활동(operations of hostility)을 의미한다"라고 판시하였다.

(ㄷ) 적대국 : 어느 정도의 조직이 적대국으로 인정되는가와 적대행위를 행하는 경우에 적대국의 행위로 인정되는 자는 누구인가의 문제가 제기된다. Atlantic Mutual Insurance Co. v. King사건[386]에서 법원은 적대행위는 주권이나 그 정도의 조직화되고 상당한 군대의 관리로서 행위하는 자에 의한 적대행위를 의미하는 것으로 보았다. 교전이라는 단어가 실제로 사용되지는 않았지만, 적대행위가 성립하기 위하여서는 주권국가와 반란군 양자가 상대방에 대하여 교전중일 것이 필요하다고 하였다.

(나) 포획, 나포, 강류, 억지 또는 억류 및 이러한 행위의 결과 또는 이러한 행위를 하려고 기도한 결과(제1조 제2항) : 1983년 '협회선박전쟁과 파업보험약관' 제1조 제2항은 "이 보험은 포획, 나포, 강류, 억지 또는 억류 및 이러한 행위의 결과 또는 이러한 행위를 하려고 기도한 결과로 인한 선박에 대한 멸실 또는 훼손을 담보한다"라고 규정하고 있다.

1982년 협회적하전쟁보험약관 제1조 제2항과 협회적하파업보험약관 제1조 제2항은 같은 위험을 보험담보하고 있지만, 멸실 또는 손해가 '전쟁, 내란, 모반, 반란 또는 이로 인하여 발생하는 국내투쟁 또는 적대국에 의하거나 적대국에 대한 적대행위(제1조 제1항)'로 인한 경우에만 보험담보되는 점에 차이가 있다.

(a) 포획(capture), 나포(seizure)

(ㄱ) 정 의 : 포획과 나포는 지금은 사라진 포획나포부담보조항에서 유래한다. 포획은 적대국 또는 적에 의한 포획으로 제한되지만, 나포는 적법한 관청 또는 기타에 의한 강제적인 점유행위를 포함하는 점에서 보다 넓은 의미

---

386) [1918] 1 KB 307: 이 사건에서 바히아(Bahia)에서 뉴욕으로 항해하던 적하를 실은 테니슨(Tennyson)호에 대하여 원고는 피고 재보험자와 해상위험에 대하여 재보험에 들었다. 보험계약은 "선전포고 이전이든 이후이든 적대행위(hostilities) 또는 전쟁활동(warlike operations)의 모든 결과를 면책으로 한다"라는 포획나포부담보조항을 포함하고 있었다. 바히아를 출항한 5일 후 '테니슨'호의 선창에서 폭발이 발생하여 재보험의 목적인 적하가 소훼되었다. 폭발은 바히아에 거주하는 독일인인 니베르스(Niewerth)가 한 공범과 함께 선박에 장착한 폭발물로 인한 것임이 드러났다. 쟁점은 독일인에 의한 적대행위가 주권국가에 의한 적대행위에 해당하는가 여부이었다. 법원은 정부의 정책에 복종한 국민에 의한 행위는 포획나포부담보조항의 적대행위에 해당한다고 하여 해상위험을 담보하는 재보험자는 보상책임을 지지 아니한다고 판시하였다.

를 가진다. Cory v. Burr사건[387]에서 선박이 담배 밀수에 이용되었다는 이유로 스페인 당국에 의하여 포획되었는데, 상원의 피츠제럴드(Fitzgerald)판사는 "포획과 나포는 같은 것을 의미하지 않는다. 포획은 적 또는 적대국에 의한 탈취행위를 의미한다. 나포는 포획보다 넓은 용어인 듯 하고, 적법한 관청 또는 압도적인 권력에 의한 모든 강제적인 탈취행위를 포함하는 것으로 해석되는 것이 합리적이다"라고 판시하였다.

포획과 나포의 쟁점은 Robinson Gold Mining Co. and Others v. Alliance Insurance Co.사건[388]에서 다시 제기되어 필리모어(Phillimore)판사는 "나포는 무역법규 또는 보안상의 문제를 위하여 규정된 규칙의 위반을 이유로 하는 정부 또는 기타 공적 기관의 행위에 의한 선박의 탈취를 의미한다. 포획은 소유자로부터 적하를 탈취하기 위한 전쟁 중의 포획물로서 적에 의한 탈취이다"라고 판시하였다.

(ㄴ) 포획 또는 나포의 두려움 : 포획 또는 나포가 행하여질 것이라는 두려움만으로는 충분하지 않다. 그러나 그 기도는 담보된다. 실제로 행하여지기 시작한 포획의 결과 그리고 이를 방지하기 위하여 취하여진 행위는 포획으로 인한 손해이지만, 항해불능에 반대되는 것으로서 포획으로 인한 손해이기 위하여서는 적의 수중에 들어가는 것을 방지하기 위하여 적에 의한 포획과정에서 선박에 적재한 적하를 투기한 것과 같이 포획에 상당하는 그 무엇이 발생하여야 한다.[389]

(ㄷ) 강제력과 권한의 과시 : 강제력과 권한의 과시와 같은 강제력의 사용위협으로 충분하고, 피보험자가 참석하지도 않고 저지하지 않았다는 사실만으로는 그 행위가 포획이나 나포의 성격을 잃는 것은 아니나.[390]

---

387) [1883] 8 App Cas 393, HL: 이 사건의 상세한 사실관계는 이 책 제3부 제2장 제3절 손해보상의 의무 Ⅲ. 인치마리위험 8. 악행 (3) 악행의 인정범위 (나) 밀수: 악행 그리고/또는 압류 참조.

388) [1901] 2 KB 919: 이 사건에서 원고는 남아프리카(South Africa)에서 영국 또는 프랑스를 향하여 항해하는 선박에 선적된 금의 적하를 보험에 들었는데, 보험계약에는 '모든 국왕, 공자와 인민의 강류, 억지, 유치(detention)'의 위험을 담보하는 증권을 내용으로 하였다. 그러나 보험계약은 또한 "포획, 나포, 억류 및 그 결과를 면책으로 한다"는 포획나포부담보조항을 포함하고 있었다. 금이 수용되어 1899년 보어(Boer)전쟁의 발발을 우려한 남아프리카의 정부의 군인에 의하여 합법적으로 나포되었다. 원고는 금의 멸실에 대하여 보상을 청구하였지만, 보험자는 나포로 인한 손해는 면책이라는 근거로 이를 거부하였다. 법원은 보험자의 면책으로 판시하였는데, 비록 수용은 담보위험인 공자의 억지에 해당하지만, 정부의 공무원에 의한 합법적인 나포는 포획나포부담보조항상의 나포에 해당한다는 것이 그 근거이었다.

389) F.D. Rose, op. cit., § 17.47, p. 332.

390) F.D. Rose, op. cit., § 17.48, p. 332.

(ㄹ) 악행으로 인한 나포와 해적행위로 인한 나포 : 포획과 나포 모두에 필수적인 것은 강제적인 점유탈취행위이다. 그러나 나포는 폭넓은 개념이고, 외부적인 강제적인 점유가 필요 없다. Kleinwort v. Shepard사건[391]에서 실제로는 해적행위인 이주민에 의한 선박의 탈취는 나포에 해당한다고 판시되었다. 그러나 Republic of China, China Merchants Steam Navigation Company Ltd and U.S.A. v. National Union Fire Insurance Company of Pittsburgh, Pennsylvania, 'Hai Hsuan'사건[392]에서 중국공산당의 선원들이 국민정부의 선박의 통제권을 장악한 경우 법원은 선원의 행위는 포획나포부담보조항상의 나포에 해당하지는 않고, 악행이 성립한다고 판시하였다.

1983년 협회선박기간보험약관과 협회선박항해보험약관 제23조 제2항의 최우선전쟁면책조항은 "어느 경우에도 이 보험은 포획, 나포, 강류, 억지 또는 억류(악행과 해적행위 제외) 및 이러한 행위의 결과 또는 이러한 행위를 하려고 기도한 결과로 인한 멸실, 훼손, 책임 또는 비용을 보상하지 아니한다"라고 규정하여 악행과 해적행위가 특별히 제외됨을 규정하고 있다.

괄호 안의 어구는 악행과 해적행위가 1983년 협회선박기간보험약관상 담보되는 해상위험임을 명백히 하고 있다. 해상위험보험계약상의 보상은 악행 또는 해적행위가 손해의 근인인 경우에만 가능하다. 그러나 밀수행위와 같은 악행으로 인하여 선박이 나포되고, 악행이 근인이 아니라 당국에 의한 뒤이은 나포가 손해의 근인이라고 판단되는 경우 해상위험보험계약상의 보상이 허용되는가 여부가 문제된다.[393]

'악행과 해적행위 제외함'이라고 규정되어 있는 괄호 안의 제외는 '악행적 또는 해적행위적 나포 제외'라고 하지 않음이 주목되고 있다. 이 문언 그대로 엄격히 해석한다면 악행에 근인한 손해만이 전쟁면책조항에서 제외되고, 비록 나포가 악행 또는 해적행위로 인하여 발생하였어도 나포에 근인한 손해는 전쟁위험면책조항에서 제외되지 않는다고 할 것이다.[394]

밀수행위와 같은 악행에 근인한 손해는 1983년 '협회선박기간전쟁과 파업보험약관'상 보상이 허용되지 않는다. 왜냐하면 1983년 '협회선박기간전쟁과 파업

391) [1859] E&E 447.
392) [1958] 1 Lloyd's Rep. 351, US CA: 이 사건의 상세한 사실관계는 이 책 제3부 제2장 제3절 손해보상의 의무 Ⅲ. 인치마리위험 8. 악행 (3) 악행의 인정범위 (나) 밀수: 악행 그리고/또는 압류 참조.
393) 이 책 제3부 제2장 제3절 손해보상의 의무 Ⅲ. 인치마리위험 8. 악행 (3) 악행의 인정범위 참조.
394) Susan Hodges, op. cit., p. 572.

보험약관' 제4조 제1항 5호는 '검역규정에 따른 세관이나 무역규정 위반을 이유로 한 강류, 억지, 억류, 몰수 또는 압수'를 면책으로 하고 있기 때문이다. 또한 이와 같은 악행으로 인한 나포는 전쟁위험보험계약에 의하여 담보되는 적대적인 나포에도 해당하지 않는다고 할 수 있다.[395]

악행과 나포(경우에 따라서는 해적행위와 나포) 두 가지 모두가 손해의 근인이라고 법원이 판단할 수 있다. 악행은 1983년 협회선박기간보험약관 제6조 제2항 5호[396]에 따른 담보위험이고, 나포는 1983년 협회선박기간보험약관 제23조 제2항[397]에서 특별히 면책으로 되어 있다. 이와 같이 손해의 하나의 근인은 담보위험이고 다른 손해의 근인은 면책위험인 경우에 보험자는 면책이라는 것이 영국 판례의 입장이다.[398]

(ㅁ) 협회적하보험약관 : 적하에 대하여서는 협회적하보험(B),(C)약관상 악행과 해적행위는 담보위험이 아니므로, 전쟁면책조항을 두어 면책으로 할 필요는 없다. 그러나 악행과 해적행위는 포괄책임주의를 취하는 협회적하보험(A)약관상 담보되지만, 동약관 제6조 제2항 전쟁면책조항은 해적행위만을 면책에서 제외하는데 그 이유는 명확하지 아니하다.[399]

(ㅂ) 면책사유 : 포획과 나포의 위험담보의 범위는 면책조항에 의하여 제한된다.[400]

(b) 강류(arrest), 억지(restraint), 억류(detainment)

(ㄱ) 억지조항 : 구Lloyd's SG 보험증권의 위험약관은 "그 국적 또는 상황 또는 성질의 여하를 묻지 아니하고 국왕, 왕자, 인민의 강류, 억지, 억류"를 부보위험으로 규정하고 있었지만, 영국해상보험법 부칙 보험약관의 해석에 관한 규칙 제10조는 군주의 억지(restraints of princes)라는 제목아래 "국왕, 왕사 및 인민의 강류 등이라는 말은 정치적 또는 행정적 행위를 가리키고, 폭동이나 통상적인 사법절차에 의한 손해를 포함하지 않는다"라고 규정하여 그 범위를 축

395) Ibid.
396) 2003년 국제선박보험약관 제2조 제2항 5호.
397) 2003년 국제선박보험약관 제29조 제2항.
398) Wayne Tank and Pump Co., Ltd. v. Employers Liability Insurance Co., Ltd. [1973] QB 57, CA; Lloyd's Instruments Ltd. v. Nothern Star Insurance Co., Ltd., 'Miss Jay Jay' [1987] 1 Lloyd's Rep. 32, CA(이 책 제3부 제2장 제3절 손해보상의 의무 Ⅶ. 인과관계 4. 둘 이상의 근인이 존재하는 경우 (2) 2개 이상의 근인이 있고 하나는 약관상의 명시적인 면책원인인 경우 참조).
399) Susan Hodges, op. cit., p.572.
400) 1983년 '협회선박기간전쟁과 파업보험약관' 제4조 제1항; 이 책 제3부 제2장 제3절 손해보상의 의무 Ⅴ. 분쟁(전쟁과 파업)위험 4. 면책위험 참조.

소하고 있다.

이들 위험은 일반적으로 군주의 억지라고 한다. '그 국적 또는 상황 또는 성질의 여하를 묻지 아니하고 국왕, 왕자, 인민'이라고 한 이유는 군주국, 공화국 등 모든 형태의 정부를 포함한다는 것을 명확히 하기 위한 것이다. 현재약관에서는 정부형태에 대한 상세한 기술이 불필요하기 때문에 이 표현이 생략되어 있지만 현행 약관에서 그 범위가 변경된 것은 아니라고 해석된다.[401)]

강류 등의 구체적인 정의는 일반적으로 내리지 않고, 함께 열거하여 사용되는데, 이중에서 억지는 부보된 선주가 적절히 개시한 일련의 행위와 함께 운송을 하지 못하도록 하는 어느 정도의 힘을 의미한다.[402)]

현행 나포와 억지조항의 억지부분은 (제1조 제1항에 의하여 담보되는 위험으로 인한) 강류, 억지, 억류로 인한 손해를 담보한다고 규정하고 있다(괄호안은 1982년 협회적하전쟁보험약관과 협회적하파업보험약관의 경우임). 따라서 선박보험이나 운임보험보다 적하보험의 경우 담보범위가 더 좁다. 또한 1982년 '협회선박기간전쟁과 파업보험약관'과 1982년 '협회운임전쟁과 파업보험약관'의 담보범위는 면책조항에 의하여 좁혀져 있다. 즉, 면책조항은 "수용, 우선매수, 선박 자국정부의 집행행위, 검역규제와 관세규제에 따른 강류, 그리고 사법절차상의 행위와 재정상의 원인"을 면책으로 한다.[403)]

(ㄴ) 자국정부 또는 외국정부 불문 : 외국정부[404)] 또는 자국정부[405)]에 의하여 행사되었는가를 묻지 않고 억지로 인한 손해에 대하여는 보상된다.

(ㄷ) 국가의 통치력 : 국가의 통치력이 어떻게 성립하였건 이를 대리행사하는 자가 권한을 부여받았든, 이 목적을 위한 강류, 억지, 억류에 해당하는 행위는 국가의 통치력에 의하거나 대리행사되어야 한다. 선장이 자국정부의 명령을 준수할 때 운송계약과 불일치하는 경우가 이에 해당할 수 있다.[406)] 이 행

---

401) F.D. Rose, op. cit., § 17.55, p. 334.

402) Michael D. Miller, op. cit., p. 123.

403) 1983년 '협회선박기간전쟁과 파업보험약관' 제4조 제1항 3호~제4조 제1항 6호; 1983년 '협회운임기간전쟁과 파업보험약관' 제4조 제1항 3호~제4조 제1항 6호; 이 책 제3부 제2장 제3절 손해보상의 의무 V. 분쟁(전쟁과 파업)위험 4. 면책위험 참조.

404) Rickards v. Forestal Land, Timber and Railways Co., Ltd. 'Minden' [1941] 3 All ER 62, HL; 이 사건의 사실관계는 이 책 제3부 제2장 제3절 손해보상의 의무 V. 분쟁(전쟁과 파업)위험 5. 협회적하전쟁보험약관과 협회적하파업보험약관 (2) 이행불능조항 (나) 이행불능조항 참조.

405) British and Foreign Marine Insurance Co., Ltd. v. Samuel Sanday and Co. [1915] 1 AC 65, HL; 다만 1983년 '협회선박기간전쟁과 파업보험약관' 제4조 제1항 4호는 선박소유자가 속한 국가의 정부의 명령에 따른 포획 등은 면책으로 하고 있다.

406) Rickards v. Forestal Land, Timber and Railways Co., Ltd. 'Minden' [1941] 3 All ER

위는 적법이거나 불법이어도 상관없고, 행위할 때 권한이 없더라도 후일 정부에 의하여 추인되면 충분하다.[407]

이 추인이 민간인의 행위에 대한 사후 정당성을 승인한다고 하더라도 폭동행위자 또는 해적의 행위에 억지조항을 적용할 수 있는 것은 아니다. 1906년 영국해상보험법 부칙 보험약관의 해석에 관한 규칙 제10조의 폭동을 엄격히 해석하여야 하는 것은 아니지만, 행위당시에 정부의 이익에 반한 행위가 이후의 적법화에 따라 변경되는 것은 아니다.[408] 물론 해적행위나 폭동행위는 해상보험상 따로 부보될 수 있지만 이는 별개의 문제이다.

(ㄹ) 강제력(force)은 요건이 아님 : 살아있는 가축의 적하가 병에 걸렸다는 이유로 목적항에서 정부가 반입을 거부하여, 다른 국가의 항구로 운송하고 매각하여 손해를 입은 Miller v. Law Accident Insurance Co.사건[409]에서 강제력이 억류의 항목에 기한 보험금청구의 전제는 아니라고 확인되었다.

수년 후 상원은 1916년에 억지의 의미를 고찰하였다. 영국곡물회사가 아마와 밀을 영국기선 세인트 앤드류스(St Andrews)호와 오시아(Orthia)호로 아르헨티나에서 함부르크까지 운송하기로 하고, 군주의 억지를 담보하는 보험에 들었다. 선박이 함부르크에 도착하기 전에 영국과 독일사이에 전쟁이 일어나 두 선박이 영국항구로 항해할 지시가 내려져 피보험자는 적하를 창고에 임치하고 보험자에 대하여 위부의 통지를 하여 보상을 청구하였다. 상원은 부보위험인 전쟁위험에 의한 항해사업의 전손이 발생하였다고 하여 보상을 명한 British and

62. HL: British and Foreign Marine Insurance Co., Ltd. v. Samuel Sanday and Co. [1915] 1 AC 65, HL: 이 사건의 사실관계는 이 책 제3부 제2장 제3절 손해보상의 의무 V. 분쟁(전쟁과 파업)위험 5. 협회적하전쟁보험약관과 협회적하파업보험약관 (2) 이행불능조항 (나) 이행불능조항 참조.

407) Société Belge de Bestons SA v. London & Lancs Ins Co., Ltd. [1938] 2 All ER 305.

408) F.D. Rose, op. cit., § 17.57, p. 335.

409) [1903] 1 KB 712, CA: 원고는 리버풀(Liverpool)에서 부에노스아이레스(Buenos Aires)로 향하는 증기선 벨뷔(Bellevue)호에 살아있는 가축을 선적하였다. 가축에 대하여서는 "어떠한 국가, 조건 또는 자격의 모든 국왕, 공자, 인민의 강류, 억류, 억지"에 대하여 담보하는 보험계약이 체결되었다. '포획, 나포, 또는 유치(detention)'를 면책으로 하는 포획나포부담보조항을 보험계약의 내용으로 하였다. '벨뷔'호가 부에노스아이레스로 도착한 때, 정부당국은 가축이 병에 걸렸다는 이유로 국가내로 반입하는 것을 거부하였다. 따라서 가축은 몬테비데오(Montevideo)로 향하는 다른 선박에 선적되어 그곳에서 매각되어 많은 손해를 입었다. 원고의 보상청구에 대하여 보험자는 (1) '강류, 억류, 억지'의 담보위험은 강제력을 요구하는데, 강제력이 사용되지 아니하였고, (2) 원고가 '강류, 억류, 억지'의 담보위험에 의한 보상을 청구하는 경우, 포획나포부담보조항상의 유치(detention)의 사용에 의하여 면책이라고 주장하여 이를 거부하였다. 항소법원은 포획나포부담보조항에 의거하여 보험자는 보상책임을 면한다고 판시하였다. 항소법원은 또한 강제력은 '강류, 억류, 억지'의 전제요건은 아니고, 유치(detention)는 억류(detainment)와 같은 의미이라고 판시하였다.

Foreign Marine Insurance Co. v. Samuel Sanday and Co., Ltd.사건410)에서 렌버리(Wrenbury)판사는 "모든 국가는 궁극적으로 법에의 복종을 강제력에 의하여 집행한다. 유보된 강제력으로 인하여 복종이 행하여진 경우에 억지는 또한 인정된다. 적하 자체에 대하여 특수한 행위가 있어야 할 필요는 없다. 선전포고의 직접적인 결과로 불법행위가 되었다는 사실로 인하여 선장은 억지되었고, 항해는 억지되었다. 이 사건에서 '군주, 왕자, 인민의 억지'라는 어귀에 해당하는 억지가 존재한다"라고 판시하였다.

억지는 강제력의 적용 또는 불복종의 경우 법적 제재의 부과로 인하여 행해질 수 있다. 독일선박이 영국군함에 의한 포획을 피하기 위하여 필요하면 선박을 천공할 의도로 독일 정부의 지시에 따라 모항으로 항해하다가 패로섬(Faroe Islands) 연안에서 선장과 선원에 의하여 천공되었고, 법원은 적하소유자에게 전손보상을 명하였던 Rickards v. Forestal Land, Timber and Railways Co., Ltd. 사건411)에서 법원은 "억지는 강제력의 행사없이 행하여질 수 있다. … 선장에 대한 억지는 선장이 복종하여야 하는 독일정부의 불가피한 강제력이었다. 어느 의미에서는 그것은 비물리적인 강제력이지만, 다른 의미에서는 오히려 명령에 불복종하는 경우 당장은 아니더라도 적어도 그 이후에 제재할 수단을 가지고 있다는 것을 알고 있다고 보기 때문이었다"라고 판시하였다.

억류의 의미에 관한 쟁점은 전쟁위험을 담보하는 조건으로 휴항손해를 보상하는 것을 내용으로 보험계약을 체결된 선박이 항만세를 지급하지 않아 18개월 동안 항해하지 못한 것이 관세법을 위반한 것으로 전쟁보험자는 면책이라고 판시된 최근 Ikerigi Compania Naviera SA and Others v. Palmer and Others, 'Wondrous'사건412)에서 다투어져 홉하우스(Hobhouse)판사는 "관세법의 위반으

---

410) [1916] P 650. HL: 이 사건의 구체적인 사실관계는 이 책 제3부 제2장 제3절 손해보상의 의무 V. 분쟁(전쟁과 파업)위험 2. 전쟁위험 (2) 구체적 담보위험 (나) 포획, 나포, 강류, 억지 또는 억류 및 이러한 행위의 결과 또는 이러한 행위를 하려고 기도한 결과 (b) 강류, 억지, 억류 (ㅅ) 정치적 또는 행정적 행위 참조.

411) [1941] 3 All ER 62, HL: 이 사건의 사실관계는 이 책 제3부 제2장 제3절 손해보상의 의무 V. 분쟁(전쟁과 파업)위험 5. 협회적하전쟁보험약관과 협회적하파업보험약관 (2) 이행불능조항 (나) 이행불능조항 참조.

412) [1991] 1 Lloyd's Rep. 400; [1992] 2 Lloyd's Rep 566, CA : 원고는 원드러스(Wondrous)호를 이란의 반다르 압바스(Bandar Abbas)항에서부터 북유럽 또는 지중해항구로 당밀 3만톤을 운송하기로 이란회사와 용선계약을 체결하고, 전쟁위험을 담보하는 조건으로 휴항손해를 보상하는 것을 내용으로 보험계약을 체결하였는데, 반다르 압바스항에 도착하였지만 용선자가 항만세와 운임세를 지급하지 못하여 18개월 동안 항해를 하지 못하였다. '원드러스'호는 적하를 싣고 덴마크를 출항하였지만 엔진이 작동불능이어 수리를 위하여 다른 항구로 예인되는 등 다액의 손해가 발생하였다. 보험계약은 관세법의 위반으로 인한 억류는 면책으로 하고 있었다(1983년 '협회선박기간전쟁과 파업보험약관' 제4조 제1항 5

로 인한 억류를 면책으로 하는 조항이 이 사건에서 적용된다. 억지와 억류는 상업적으로 넓게 해석되어야 하지만 면책사유도 이와 같이 해석되어야 한다. 상업적인 의미에서 선박은 관세법의 위반으로 인하여 억류된 것이다. 선박은 출항하고자 하는 경우에는 관세법위반으로 인하여 강제적으로 출항이 금지된다는 의미에서만 억류가 존재한다. 따라서 선박의 억류의 이유는 관세법의 위반이다"라고 판시하였다. 이에 반하여 맥카원(McCowan)판사는 "가택에 억류된 사람은 비록 집에서는 자유롭지만 떠나려고 시도하는 경우에는 즉시 체포된다는 의미에서 이 사건 선박은 억류된 것이다. 관세법의 '위반'으로 억류되었다는 홉하우스(Hobhouse)판사의 결론에 찬성할 수 없다"라고 판시하였다.

그러나 자발적인 억지는 비록 상업적인 압력에 의한 것이라도 충분하지 않다.[413]

(ㅁ) 억지의 두려움 : 억지가 발생할지 모른다는 두려움만으로는 충분하지 않다.[414] 유사하게 선박이 도착항에서 포획될 것을 두려워하여 국왕에 의하여 일시적으로 억류된 결과 출항이 지연되어 성공적으로 수행되었을 항해를 포기한 경우, 국왕의 선박에 의한 유치가 없었기 때문에 공자의 억지로 인한 손해로서 보상을 받지 못하였다.[415]

(ㅂ) 정부행위의 성격 : 명시적으로 면책되지 아니한 모든 정부의 행위가 보험담보되는 것은 아니고, 오직 정부의 권한내의 행위만이 담보된다. 따라서 정부의 행위라도 정부의 다른 권한에 의거하는 영리사업을 목적으로 하는 행위는 면책이다.[416] 정부의 권한내에서 행하여진 행위의 경우에도 선박과 운

---

호 참조). 주요쟁점은 이 사건에서 전쟁위험인 억류가 발생하였는가 여부이었다. 항소법원은 항만세와 운임세를 지급하지 않은 것은 '협회선박기간전쟁과 파업보험약관'상의 억류에 해당하지 아니한다고 하여 보험자의 면책으로 하였다. 1심에서 홉하우스(Hobhouse)판사는 손해의 근인인 억류는 관세법의 위반으로 인하여 야기되었기 때문에 전쟁보험자는 면책이라고 하였다.

413) Becker, Gray and Co. v. London Assurance Corporation [1918] AC 101, HL: 이 사건에서 캘커타의 영국상인이 소유하는 회사인 원고는 아마인 적하를 독일선박 케텐텀(Kattentum)호로 캘커타에서 함부르크로 운송하기로 하였다. 아마는 전쟁위험면책조항은 추가보험료를 지급하고 삭제되었다. 담보위험에는 '국왕의 강류, 억지, 억류'가 포함되었다. '케텐텀'호가 말타(Malta)에 도착하자 독일과 서방국가 사이에 전쟁이 발발하여 영국 또는 프랑스 군함을 피하기 위하여 중립국가인 시칠리로 피항하였다. 항해는 종료되었고, 원고는 적하에 대하여 위부를 하고 보험금을 청구하였다. 상원은 손해는 담보위험으로 인한 것이 아니라 포획위험을 피하기 위하여 피난항으로 선박을 대피시킨 선장의 자발적 행위로 인한 것이라고 하여 보상을 허용하지 아니하였다.

414) 이 책 제3부 제2장 제3절 손해보상의 의무 V. 분쟁(전쟁과 파업)위험 2. 전쟁위험 (2) 구체적인 담보위험 (나) 포획, 나포, 강류, 억지 또는 억류 및 이러한 행위의 결과 또는 이러한 행위를 하려고 기도한 결과 (a) 포획과 나포 (ㄴ) 포획 또는 나포의 두려움 참조.

415) Forster v. Christie [1809] 11 East 205.

임의 '전쟁과 파업보험약관'상의 담보범위는 수용, 우선매수 등을 면책으로 하는 조항에 의하여 축소된다.[417]

(ㅅ) 정치적 또는 행정적 행위 : 영국해상보험법 부칙 보험약관의 해석에 관한 규칙 제10조는 '국왕, 왕자 및 인민의 강류 등이라는 말은 정치적 또는 행정적 행위를 가리키고 …'라고 규정하고 있다. 정부의 권한은 입법과 행정 그리고 사법으로 크게 나뉘어 있고, 사법행위는 명백히 면책으로 되어 있기 때문에 행정행위 중에서 정치적인 행위가 억지조항의 담보대상인가의 문제가 있다. 해석규칙은 정치적 또는 행정적인 행위라고 하고 있지만, 순수하게 행정적인 행위는 억지조항의 범위 밖이라고 보아 정치적이고 행정적인 행위라고 해석하는 견해가 유력하다.[418] 정치적 행위의 가장 명백한 예는 전쟁선포이고, British and Foreign Marine Insurance Co., Ltd. v. Samuel Sanday and Co.사건[419]에서 선전포고는 정치적 행위라고 판시되었다.

또한 입법기능은 어느 범위까지 억지조항에 해당하는가 여부가 문제된다. 대부분의 경우 입법의 동기는 정치적인 것이지만 이것이 손해를 야기하는 입법행위가 억지조항상의 정치적 행위로서 보상이 허용된다는 것은 아니다.[420] 예컨대 피보험자로부터 부보재산의 소유권을 박탈하는 것을 목적으로 하는 입법행위가 존재하면 전쟁보험자의 보상은 허용된다. 왜냐하면 보험목적이 정부를 위하여 행위하는 자에 의하여 물리적으로 박탈된다는 행정행위로 인한 손해라고 판결될 것이기 때문이다.

죽은 동물의 수입을 금지하는 명령과 같은 정부공무원에 의한 2차적인 입법행위도 정치적 행위로 보상이 허용된다.[421]

협회선박기간전쟁과 파업보험약관을 내용으로 한 보험에 가입된 선박이 베트남전쟁 중 사이공(Saigon)에 도착하여 다량의 금수물품이 발견되어 선박이 관세법위반으로 몰수되어 선주의 보험금청구에 대하여 보험자는 관세와 무역법규

---

416) F.D. Rose, op. cit., § 17.61, p. 336.

417) 이 책 제3부 제2장 제3절 손해보상의 의무 V. 분쟁(전쟁과 파업)위험 4. 면책위험 참조.

418) F.D. Rose, op. cit., § 17.65, p. 337.

419) [1915] 1 AC 65, HL: 이 사건에서 영국곡물회사가 아마와 밀을 함부르크를 향하는 영국기선 St Andrews호와 Orthia호에 선적하고, 군주의 억지를 담보하는 보험에 들었다. 선박이 함부르크에 도착하기 전에 영국과 독일사이에 전쟁이 일어나 두 선박이 영국항구로 항해할 지시가 내려져 피보험자는 적하를 창고에 임치하고 보험자에 대하여 위부의 통지를 하여 보상을 청구하였는데, 상원은 부보위험인 군주의 억지에 의한 항해사업이 이행불능으로 되었다고 하여 보상을 명하였다.

420) F.D. Rose, op. cit., § 17.69, p. 338.

421) Miller v. Law Accident Ins Co. [1903] 1 KB 712.

에 위반되는 경우 '강류, 억지, 억류'에 대하여 면책으로 하는 조항에 의거하여 면책이라고 판시된 Panamanian Oriental Steamship Corporation v. Wright, 'Anita'사건[422]에서 선박의 '강류, 억지, 억류'를 야기한 것은 관세법위반이었다. 이 사건에서 선박을 몰수한 특별법원의 결정이 선의이었는가 여부이었다. 데닝(Denning)판사는 "법원이 선의가 아니라는 입증책임은 선주인 피보험자가 진다"고 하였다. 관세 또는 무역법규위반에 관하여 앳킨슨(Fenton Atkinson)판사는 선의의 법원에 반대되는 괴뢰법원에 의한 '강류, 억지, 억류'를 구별하는 것이 왜 중요한가를 적시하는데 노력하였다. 괴뢰법원에 의한 '강류, 억지, 억류'는 정치적인 행위로서, 전쟁위험증권에 의하여 담보되지만, '강류, 억지, 억류'가 선의의 법원에 의하여 내려진 경우에는 전쟁보험자는 1983년 협회 전쟁과 파업보험약관 제4조 제1항 5호에 해당하는 조항에 의거하여 면책이라고 보았다.[423]

(ㅇ) '폭동 또는 통상적인 사법절차'로 인한 손해 : 영국해상보험법 부칙 보험약관의 해석에 관한 규칙 제10조는 폭동 또는 통상적인 사법절차로 인한 손해는 보상되지 않는다고 규정하고 있다. 폭동은 면책으로 하는 의미가 거의 없다. 왜냐하면 폭동으로 인한 손해는 동맹파업자, 폐쇄된 직장의 근로자, 노동분쟁, 폭동, 소요 등에 가담한 자에 의한 선박의 멸실 또는 훼손을 담보하는 1983년 '협회선박기간전쟁과 파업보험약관' 제1조 제4항과 1982년 협회적하파업보험약관 제1조 제1항에 기하여 담보될 수 있기 때문이다.[424]

그러나 1983년 '협회선박기간전쟁과 파업보험약관' 제4조 제1항 6호는 "통상적인 사법절차의 시행, 그리고 지급보증, 과태료, 벌금의 불이행, 또는 재정적인 원인을 보상하지 않는다"라고 규정하기 때문에 통상적인 사법절차의 의미를 명확히 할 필요가 있다.

---

422) [1971] 2 All ER 1028, CA: 이 사건에서 증기선 애니타(Anita)호의 소유자인 원고는 피고와 기간보험계약을 체결하였다. 보험계약은 포획나포부담보조항이 삭제되고 협회선박기간전쟁과 파업보험약관에 삽입되었다. 1966년 3월 베트남전쟁 중 '애니타'호는 사이공(Saigon)에 도착하여 관세당국의 조사를 받고 다량의 금수물품이 선박에서 발견되었다. 사이공에 있는 특별법원은 선장의 밀수행위를 무죄로 하였지만, 선원 중 일부는 벌금에 처하거나 구금되고 '애니타'호는 몰수되었다. 선박은 추정전손되었지만, 원고의 전쟁보험계약상의 보상청구에 대하여 보험자는 선박이 관세법을 위반하였기 때문에(1983년 '협회선박기간전쟁과 파업보험약관' 제4조 제1항 5호 참조) 면책이라고 하여 이를 거부하였다. 항소법원은 '애니타'호의 몰수는 '강류, 억지, 억류'에 해당한다고 보았지만, 원고는 특별법원이 관할권 없이 재판했다는 것을 입증하지 못하였다고 하여 보험자는 관세와 무역법규가 위반되는 경우 '강류, 억지, 억류'에 대하여 면책으로 하는 조항에 의거하여 면책이라고 판시하였다.

423) 영국해상보험법 부칙 보험약관의 해석에 관한 규칙 제10조는 강류 등은 정치적 또는 행정적 행위를 의미한다고 규정하고 있다.

424) Susan Hodges, op. cit., p. 578.

이 면책사유는 주로 재정적인 원인이 문제로 되지만, 예컨대 채권자를 위하여 해군부가 선박을 강류하고 평가하여 매도한 경우와 같이 소송으로 인한 책임에서 보험자를 면책으로 하여 보호하기 위함이다.

이러한 논리는 Panamanian Oriental Steamship Corporation v. Wright, 'Anita'사건[425]의 1심법원에서 모카타(Mocatta)판사에 의하여 "영국해상보험법 부칙 보험약관의 해석에 관한 규칙 제10조에서의 통상적인 사법절차는 민사소송을 의미한다. 이 경우에 국가는 법원을 통하여 자신의 목적을 위하여 강제력을 행사하는 것은 아니고, 소송당사자에게 서비스를 제공하는 것에 불과하다"라고 표현되었다.

따라서 사법절차는 해사소송에서 익숙한 강류를 포함하지만, 세관공무원에 의하여 나포된 선박의 비상군사법원에 의한 몰수에 적용되지 않는다.[426]

(다) 강류, 억지, 억류의 결과 또는 이러한 행위를 하려고 기도한 결과 :

"이러한 행위를 하려고 기도한 결과"(any attempts thereat)의 어구와 관련하여 이 어구를 추가한 이유는 손해가 보험목적을 포획, 나포, 강류, 억지, 억류하기 위한 기도의 결과 발생하는 경우, 보험자는 보상한다는 것을 확인하기 위한 것이다. 이들을 방지하기 위하여 초래된 멸실 또는 훼손은 또한 전쟁보험자에 의하여 담보된다.[427]

오래 전의 Ionides v. Universal Marine Insurance Co.사건[428]에서 '의 결과'라는 어구는 1906년 영국해상보험법 제55조의 근인의 원칙을 수정하지 않는다는 것이 확립되었다.[429]

(라) 억류(detainment)조항 : 1983년 '협회선박기간전쟁과 파업보험약관' 제3조는 "선박이 포획, 나포, 강류, 억지, 억류, 몰수 또는 압수되어 그 결과 피보

425) [1971] 2 All ER 1028, CA: 이 사건의 구체적인 사실관계는 이 책 제3부 제2장 제3절 손해보상의 의무 V. 분쟁(전쟁과 파업)위험 2. 전쟁위험 (2) 구체적인 담보위험 (나) 포획, 나포, 강류, 억지 또는 억류 및 이러한 행위의 결과 또는 이러한 행위를 하려고 기도한 결과 (b) 강류, 억지, 억류 (ㅅ) 정치적 또는 행정적 행위 참조.

426) F.D. Rose, op. cit., § 17.63, p. 336.

427) Susan Hodges, op. cit., p. 579.

428) [1863] 14 CB(NS) 259: 이 사건에서 미국 남북전쟁중 연방국측 선박인 린우드(Linwood)호는 남부동맹의 통제지역인 노스 캐롤라이나(North Carolina)해안에서 좌사하였다. 악천후와 남부동맹의 군인들이라는 두 가지 사유로 인하여 선박은 커피의 적하와 함께 멸실하였다. 커피에 대하여서는 '모든 적대행위의 결과'를 보험담보 하는 포획나포부담보조항이 보험계약의 내용으로 되어 있었다. 주요한 쟁점은 '의 결과'라는 어구가 적대행위에 관한 담보의 범위를 확대하는가 여부이었다. 윌스(Willes)판사는 "근인의 원칙의 적용에 있어서 '모든'이란 어구는 아무 차이가 없다"고 판시하였다.

429) 이 책 제3부 제2장 제3절 손해보상의 의무 Ⅶ. 인과관계 9. 약관상의 규정 (3) 결과 참조.

험자가 연속된 12개월 이상 선박의 자유로운 사용권 및 처분권을 상실하게 된 때에는 선박의 추정전손 여부를 확정함에 있어서 피보험자는 선박을 회복할 가능성이 전혀 없이 소유권을 박탈당한 것으로 본다"라고 규정하고 있다. 이 조항을 억류조항이라고 한다.

이 조항은 추정전손을 정의하고 있는 영국해상보험법 제60조 제2항 (ⅰ)호와 함께 적용되어야 한다. 추정전손이 성립하기 위하여서는 피보험자는 피보험자가 회복할 수 없는 점유상실임을 입증하여야 하는데 이를 입증하기는 매우 어렵고, 선박이 나포된 경우에 선박은 이후 회복될 가능성이 여전히 존재한다. 강류, 억지, 억류는 주변상황에 따라 성격상 일시적이고 지속기간은 단기간이다. 몰수와 압수의 경우에도 몰수명령이 취소될지도 모른다는 믿음에 대한 근거가 존재한다. 이에 일정한 기간 점유가 상실된 경우 추정전손이 성립한다고 하면 피보험자의 입증책임을 경감시키는 것이 된다. 이 조항의 목적은 선박에 대하여 추정전손이 성립하기 위하여 억류되는 기간을 결정하기 위한 것이다. 억류조항은 '포획, 나포, 강류, 억지, 억류, 몰수 또는 압수'로 인하여 점유를 탈취당한 경우에만 적용되는 것이다.

밤부리(Bamburi)호 사건[430]에서 선박이 이란과 이라크사이의 전쟁개시 후 억류되어 추정전손으로 본 경우에, 법원은 회복할 수 없는 손해를 정하기 위하여 억류에 대한 상당한 기간은 위부의 통지일 후 12개월이라고 판단하였다.

이 조항에서 '회복의 가능성이 전혀 없이'의 의미가 문제된다.[431]

독일선박이 영국군함에 의한 포획을 피하기 위하여 필요하면 선박을 천공할 의도로 독일 정부의 지시에 따라 모항으로 항해하다가 Faroe Islands 연안에서 선장과 선원에 의하여 천공되었고, 법원은 적하소유자에게 선손보상을 명하였던 Rickards v. Forestal Land, Timber and Railways Co., Ltd., 'Minden'사건[432]에서 Wright판사는 불확실함(uncertain)과 가능성없음(unlikely)의 의미를 고찰하였다. 비록 이 논점은 추정전손과 관련하여 제기되었지만, 동 판사의 다음 판시는 억류조항에 대하여서도 적용된다. 동 판사는 "장래의 사고가 불확실하다는 것과 가능성이 없다는 것은 논리적으로 차이가 있다. 전자의 경우에는 척

430) [1982] 1 Lloyd's Rep. 312.
431) 이 책 제4부 제3장 제2절 추정전손에 관한 보상 Ⅱ. 추정전손의 유형 3. 선박 또는 적하의 점유박탈 (1) 회복할 수 있을 것 같지 않음의 의미 (나) 가능성이 없음의 의미 참조.
432) [1941] 3 All ER 62, HL; 이 사건의 사실관계는 이 책 제3부 제2장 제3절 손해보상의 의무 Ⅴ. 분쟁(전쟁과 파업)위험 5. 협회적하전쟁보험약관과 협회적하파업보험약관 (2) 이행불능조항 (나) 이행불능조항 참조.

도는 수평이다. 이것저것이라고 말할 수 없다. 후자의 경우에는 척도는 사고가 발생하지 않는다는 것으로 기운다. 불확실성의 기준에서는 척도는 수평이고, 가능성없음의 경우에는 비록 약간이라도 기운다. 척도가 확실히 기울 필요는 없다"라고 판시하였다.

(마) 유기한 기뢰, 어뢰, 폭탄 또는 기타의 유기된 전쟁무기(제1조 제3항) :

유기된 무기조항은 손해가 전쟁활동과 관련없는 경우에도 기뢰 등 유기된 전쟁무기로 인한 손해를 보상함을 규정하고 있다. 이 조항은 손해발생시에 이러한 물질이 존재하기만 하면 이 물질이 사용된 전쟁이 존재하는지 여부와 관계없이 적용된다.

이들 중 어느 것에 근인하지 아니한 폭발은 해상위험보험계약에 의하여 보험담보된다.

이와 관련하여 원고회사의 준설사업 중 2차대전 중 사용된 유도탄을 준설선이 빨아들여 준설선이 폭발하여 보상받은 보험금에 대하여 영국조세당국이 세금을 부과하여 원고는 전쟁위험으로 인한 손해이므로 조세부과대상에서 배제된다고 주장하였다. 법원은 전쟁위험이라고 고찰하지 않고, 준설선은 전쟁활동의 결과로 멸실되지 않았다고 판결하여 국가승소판결을 내린 Costain-Blankevoort (UK) Dredging Co., Ltd. v. Davenport, 'Nassau Bay'사건[433]을 살펴볼 필요가 있다. 이 결과는 본 조항이 적용되었더라면 그 결과는 달랐을 것이다. 왜냐하면 본 조항은 이 조항은 손해발생시에 이러한 물질이 존재하기만 하면 이 물질이 사용된 전쟁이 존재하는지 여부와 관계없이 적용되기 때문이다.

### 3. 파업위험

1983년 '협회선박기간전쟁과 파업보험약관' 제1조 제4항은 "이 보험은 … ① 동맹파업자(strikers), 폐쇄된 직장의 근로자(clock-out workmen) 또는 노동분쟁(labour disturbances), 폭동(riots), 소요(civil commotions)에 가담한 자, ② 테러리스트 또는 악의적으로 행동하거나 정치적인 동기에서 행동하는 자, ③ 몰수 또는 압수로 인한 선박에 대한 멸실 또는 훼손을 담보한다"라고 규정하여 파업위험을 담보하고 있다.

전쟁위험과 같이 파업위험은 표준선박보험약관의 파업면책조항[434]에 의하여

433) [1979] 1 Lloyd's Rep. 395: 이 사건의 사실관계는 이 책 제3부 제2장 제3절 손해보상의 의무 Ⅱ. 해상위험 2. 해상고유의 위험 (2) 해상고유의 위험의 개념 (나) 바람과 파도의 통상적인 작용이 아니어야 함 (d) 협회적하보험(B)와 (C)약관 (ㅁ) 충돌과 접촉 참조.

면책되는 위험을 반영하고 있다.

또한 협회적하보험(A),(B),(C)약관 제7조의 파업면책조항의 주목을 요한다. 동약관 제7조 제2항은 "이 보험은 어느 경우에도 파업, 직장폐쇄, 노동분쟁, 폭동 또는 소요의 결과로 인한 멸실, 훼손 또는 비용을 담보하지 아니한다"라고 규정한다. 1982년 협회적하파업보험약관 제1조 제1항은 "동맹파업자, 폐쇄된 직장의 근로자 또는 노동분쟁, 폭동, 소요에 가담한 자에 의한 보험목적의 멸실 또는 훼손을 담보한다"라고 규정하고 있는데, 이는 협회적하보험(A),(B),(C)약관 제7조(파업면책조항)에서 제1항에 해당하는 위험을 담보하고, 제7조 제2항에 해당하는 위험은 담보하지 않는다.

(1) 동맹파업자, 폐쇄된 직장의 근로자 또는 노동분쟁, 폭동, 소요에 가담한 자(제1조 제4항)

이 조항은 소동(distubances)조항이라고도 하는데, 이 조항이 담보하는 위험은 해상보험사건에서 특별히 주목받지 못하였다. 아마도 그 이유는 해상밖에서 일어나는 이와 같은 소동은 대부분 다른 담보위험보다 손해를 일으킬 가능성이 적기 때문이다.[435]

(가) 파 업

(a) 파 업 : 파업은 임금이나 조건을 개선하거나 불만을 폭발시키거나 또는 무엇에 대하여 항의하거나 또는 다른 노동자와 함께 특정한 노력에 찬성할 의도로 행하여진 사람들에 의한 공동의 작업중단이다.

해상운송사건으로 용선계약상 파업으로 인한 인도의 지연이 면책으로 되어 있었는데, 독일정부가 중립국선박을 침몰시키겠다고 위협하여 승무원이 항해를 거부한 경우 파업으로 인한 지연으로 면책이라고 한 Williams Brothers (Hull) Ltd. v. Namlooze Vennootschap WH Berghuys Kolenhandel사건[436]에서 생키(Sankey)판사는 "파업은 임금의 문제에 관한 것만은 아니다. 동시에 근로자가 단순한 두려움으로 인하여 특정한 일을 하지 못하거나 특정한 계약을 수행하지 못하도록 하는 것은 파업을 필연적으로 성립시키는 것은 아니다. 파업의 진정한

434) 1983년 협회선박기간보험약관 제23조; 1983년 협회선박항해보험약관 제20조; 2003년 국제선박보험약관 제29조 제4항과 제30조.

435) F.D. Rose, op. cit., § 17.76, p. 339.

436) [1915] 21 Com Cas 253; 이 사건에서 헐(Hull)에서 루언(Rouen)까지 석탄을 운송하기 위하여 '동맹파업, 선원의 직장폐쇄로 인한 지연에 대하여 책임을 지지 않는다'라는 조항이 삽입되어 용선계약이 체결된 두 선박과 관련하여 독일정부가 북해에서 모든 중립국선박을 침몰시키겠다고 위협한 후에 승무원이 항해를 거부하였는데, 선박소유자는 용선계약상 인도의 지연에 대하여 파업으로 인한 것이므로 책임이 없다고 판결되었다.

정의는 불만의 주장의 결과 근로자가 일치하여 작업하기를 거부하는 것이다"라고 판시하였다.

이 정의는 해상운송계약사건으로, 용선계약상 파업을 이유로 하는 지연은 초과정박으로 고려되지 않는다는 조항이 삽입되어 있었고, 하역과정에서 크레인 운전자가 작업을 거부하여 하역이 지연되어 초과정박이 행하여졌는데, 이 근로자의 행위는 파업에 해당하여 용선자는 초과정박에 대하여 책임이 없다고 판시한 Tramp Shipping Corporation v. Greenwich Marine Inc. 'New Horizon'사건437)에서 항소법원에 의하여 승인되었다. 항소법원의 데닝(Denning)판사는 "생키(Sankey)판사에 의한 파업의 정의를 약간 부연하여 설명한다면, 파업은 임금이나 조건을 개선하거나 불만을 폭발시키거나 또는 무엇에 대하여 항의하거나 또는 다른 노동자와 함께 특정한 노력에 찬성할 의도로 행하여진 사람들에 의한 공동의 작업중단이다. 파업은 폭탄공포나 위험의 염려와 같은 외부적 사고로 야기된 중단과 구별된다"고 하고, 스티픈슨(Stephenson)판사는 "파업은 일종의 중단이다. 다수의 근로자에 의한 작업중단의 합의에 따른 중단없이 파업은 성립할 수 없다. 문제는 어떠한 유형의 중단이 있어야 하는가 이다. 데닝(Denning)판사에 따르면 임금상승, 조건의 개선, 정치적인 변화의 지지, 공감 또는 항의의 표시와 같은 주의를 끌만한 무엇을 성취하는 것을 의도하는 중단이 존재하여야 한다. 나의 생각으로는 일치된 중단이 수 시간 동안 지속되면, 그것이 종료한 후에는 작업이 재개되는 경우에는 파업이 성립할 수 있다"고 판시하였다.

(b) 직장폐쇄 : 직장폐쇄는 "고용장소의 폐쇄, 작업의 중단, 사용자에 의한 다수의 근로자의 계속고용의 거부를 포함한다. 파업은 근로자가 집단적으로 결합하여 작업을 거부하는 것, 일치하여 작업의 계속을 거부하는 것을 포함한다. 파업과 직장폐쇄 모두 이 행위는 분쟁의 결과이어야 하고, 각각의 경우 그 행위의 목적은 경우에 따라서는 근로조건을 수용하거나 거부하도록 근로자나 사용자를 압력을 가하는 것이어야 한다."438)

(c) 노동분쟁 : 노동분쟁을 정의하는 영국판결은 없다. 그러나 노동분쟁

437) [1975] ICR 261, CA: 이 사건은 사용자와 근로조건에 관하여 분쟁이 있던 프랑스인 크레인 운전자가 야간이동을 하는 작업을 거부하고 작업을 모두 중단하였기 때문에 선박이 콩(soya beans)의 적하를 하역하는데 지체되어 발생한 초과정박에 대하여 선주와 용선자 사이의 분쟁이었다. 용선계약상의 조항에는 파업을 이유로 하는 지연은 초과정박으로 고려되지 않는다고 규정되어 있었고, 쟁점은 노동의 중단이 파업에 해당하는가 여부이었다.

438) Smith and Wood, Industrial law, 4th ed., London: Butterworths, 1989, p. 185(Susan Hodges, op. cit., p. 583).

은 파업이나 직장폐쇄보다 광의인 것은 물론이다. 파업 또는 직장폐쇄는 급여와 조건에 관한 사용자와 근로자 사이의 조직화된 기업분쟁이지만, 노동분쟁은 작업장의 외부에 있는 자로서 그들의 목적이 급여와 조건과 관련이 없거나 거의 없는 경우에도 성립한다. 노동분쟁은 불만을 표출하기 위한 장소를 확보하는 것을 꾀하는 정치적 영향을 받은 행동주의자에 의하더라도 성립한다.439)

(나) 폭 동 : 폭동이란 단어는 영국법상 형법상에서 확정적인 의미를 가지고, 다수의 젊은이들이 런던에서 소동을 야기하여 벽을 파괴한 행위는 폭동으로 인한 것이 아니라고 한 영국항소법원의 Field v. The Receiver of Metropolitan Police사건440)에서 확인되었다. 필리모어(Phillimore)판사는 소동이 폭동에 이르기 위한 다섯 가지 요건을 제시하였다. 즉, "폭동이라 함은 특정한 기도를 실행함에 있어서 적어도 3인 이상의 사람에 의하여 그들에게 반대하는 자를 상대로 서로를 돕고자 하는 의도를 가지고 급격하고 소란스런 방법으로 시민을 놀라게 하는 특정한 기도를 실제로 행하는 평화의 교란이다. 폭동이 성립하기 위하여는 다섯 가지 요건을 충족하여야 한다. ① 적어도 3명의 인원, ② 공동의 목적, ③ 공동목적의 집행 또는 발단, ④ 공동목적의 실행에 있어서 그들에 반대하는 자들을 상대로 필요한 경우에는 강제력에 의하여 서로를 돕고자 하는 의도, ⑤ 강제력이나 폭력이 파괴하는데 뿐만 아니라 적어도 1명에게 경고하기 위하여 과시될 것이 그것이다."

'포획, 나포 능과, 전쟁, 침략, 내란 등 그리고 파업과 폭동, 소요 등'을 면책으로 하는 전위험담보보험계약에 가입한 항공기가 팔레스타인 인민해상전선의 소속원에 의하여 공중납치되어 폭파되어, 손해가 면책인 전쟁위험으로 인한 것이 아니라고 하여 보험자의 보상을 명하였던 사건인 Pan American World Airways Inc v. The Aetna Casualty and Surety Co.사건441)에서 법원은 면책조항에 폭동으로 인한 멸실 또는 훼손이 포함되어 있었기 때문에 부보된 보잉(Boeing) 747의 항공기납치가 보험계약상 면책인가 여부를 판단하여야 하였다. 폭동이란 단어를 고찰함에 있어서 미국연방지방법원은 영국형법에서 적용되는 기술적인 해석방법을 취하지 않고 일반적 의미로 이해하였다. 프랭클(Frankel)판사는 폭동은 폭도에 의한 국지적 소란이라고 판시하였다.

그러나 1982년 영국법원은 폭동의 쟁점을 다시 판시하게 되었다. 선박에 대하

439) Susan Hodges, op. cit., p. 583.
440) [1907] 2 KB 853.
441) [1974] 1 Lloyd's Rep 207, SDNY; [1975] 1 Lloyd's Rep 77.

여 해상위험보험계약과 전쟁위험보험계약이 함께 체결된 경우, 선박이 정박 중 지역강도가 승선하여 계류용 로프를 포함한 의장품을 절취하고 무장선원이 도전하자 칼을 들이대고 바다 속으로 뛰어든 경우에는 폭동, 강취, 해적으로 인한 손해가 아니라고 한 Athens Maritime Enterprises Corporation v. Hellenic Mutual War Risks Association(Bermuda) Ltd., 'Andreas Lemos'사건[442]에서 스토튼(Staughton)판사와 무장한 강도에 관한 비해상보험사건인 Bolands Ltd v. London and Lancashire Fire Insurance Co., Ltd.사건[443]에서 앳킨슨(Atkinson)판사는 폭동의 정의에 관한 영국법원과 Pan American World Airways Inc v. The Aetna Casualty and Surety Co.사건에서의 미국법원의 프랭클(Frankel)판사의 판결을 비교하고 이전의 영국판결의 입장을 채용하였다.

(다) 소요 : 소요(civil commotion)는 약간의 혼란의 요소를 수반하는 폭동과 내란 사이의 단계이다.[444]

비해상보험사건으로 소요 등을 면책으로 한 보험에 가입된 상품이 팔레스타인에서 창고에 임치되어 있던 중 화재가 발생하여 훼손된 경우 화재가 발생할 당시 소요가 존재하지 않았다고 하여 보상이 명하여진 Levy v. Assicurazioni Generali사건[445]에서 럭스모어(Luxmore)판사는 "소요는 폭동과 내란(civil war) 사이의 단계를 적시하기 위하여 사용된다. 이는 모반(rebellion)에 이르지는 아니하지만 일반적 목적을 위한 사람들의 반란(insurrection)을 의미하는 것으로 정의되어 왔지만, 아마 정확한 정의는 가능하지 않을 것 같다. 혼란(turbulence) 또는 소동(tumult)의 요소는 필수적이다. 범죄행위 후에 혼란 또는 소동이 없는 경우에는 범죄행위를 범하고자 하는 조직적인 공모가 있어도 소요가 성립하지 않는다. 그러나 행위를 선동한 외부조직의 존재를 입증하는 것이 필요하다"라고 판시하였다.

그러나 위의 사건에서 소요라는 어구는 1983년 '협회선박기간전쟁과 파업보험약관' 제1조 제4항과 1982년 협회적하파업보험약관 제1조 제1항과 같은 파업

---

442) [1982] 2 Lloyd's Rep. 483: 이 사건의 사실관계는 이 책 제3부 제2장 제3절 손해보상의 의무 Ⅱ. 해상위험 4. 선박 외부의 자에 의한 강도 (2) 폭력적 강도 (가) 강도와 폭력성 참조.

443) [1924] 19 Ll L. Rep. 1, HL.

444) F.D. Rose, op. cit., § 17.78, p. 341.

445) [1940] 3 All ER 427, PC: 당시 유대인과 Palestine인 사이에 불안과 적대감이 많았다. 보험자는 "이 보험은 반항(mutiny), 폭동(riot), 소요(civil commotion), 반란(insurrection), 모반(rebellion), 혁명(revolution)…에 근접하거나 먼 원인으로 인하여 발생한 멸실 또는 훼손을 담보하지 아니한다"라는 면책조항에 해당한다는 이유로 보상을 거부하였다. 법원은 화재가 발생할 당시에 소요가 존재하지 아니하였고 하여 보상을 명하였다.

보험약관이 아니라 전쟁면책조항과 직접 관련되어 있었다는 것을 유념하여야 한다. 따라서 파업보험약관에서 소요라 함은 모반(rebellion)에 이르지 않는 반란이 아닌 일정한 유형의 공적 무질서를 의미한다.[446)]

우리 판례(대법원 1991.11.26. 선고, 91다18682 판결)[447)]는 소요라 함은 "폭동에는 이르지 아니하나 한 지방에서의 공공의 평화 내지 평온을 해할 정도로 다수의 군중이 집합하여 폭행, 협박 또는 손괴 등 폭력을 행사하는 상태이다"고 하고, 폭력사태가 그 일어나게 된 경위와 장소 및 사고발생당시에 있어서의 폭력행사의 정도 등에 비추어 소요인가 여부를 판단한다.

Spinney's(1948) Ltd. v. Royal Insurance Co.사건[448)]에서 머스틸(Mustill)판사는 '소요는 지도자없는 단순한 폭도(mob)보다 상당히 중대한 것'이라고 판시하였다.

(2) 테러리스트 또는 악의적으로 행동하거나 정치적인 동기에서 행동하는 자(제1조 제5항)

이 조항은 악의에 의한 행동과 정치적 동기의 행동 두 가지 개념을 포함하고 있다. 현대세계에서 테러리스트는 점증하는 공통적인 특징이 되어 보험계약에서 특수한 취급을 하는 것이 요청되었고, 테러리스트는 이 두 가지 개념을 포함한다고 보아 이와 같이 규정하고 있다.[449)] 1982년 '협회선박기간전쟁과 파업보험약관' 제1조 제5항은 1982년 협회선박기간보험약관 제24조 제2항[450)]에서 면책인 것을 규정하고 있다. 그러나 비록 악의적으로 행동하는 자에 의한 멸실 또

446) Susan Hodges, op. cit., p. 586.

447) 법원은 "전쟁, 혁명, 내란, 사변, 폭동, 소요 기타 이들과 유사한 사태를 보험자의 면책사유로 규정한 취지는 위와 같은 시대 하에서는 보험사고 발생의 빈도나 그 손해정도를 통계적으로 예측하는 것이 거의 불가능하여 타당한 보험료를 산정하기 어려울 뿐 아니라 사고발생시에는 사고의 대형화와 손해액의 누적적인 증대로 보험자의 인수능력을 초과할 우려가 있다는 데에 있는바, 본래 보험제도 자체가 쉽게 예측하기 어려운 장래의 우연적, 돌발적 사고로 인한 손해를 담보하기 위한 것이므로 위와 같은 사고발생의 예측곤란과 피해극대화를 이유로 한 면책사유의 요건은 이를 엄격하게 해석하여야 한다"고 본다.

448) [1980] 1 Lloyd's Rep. 406; 이 사건의 구체적인 사실관계는 이 책 제3부 제2장 제3절 손해보상의 의무 V. 분쟁(전쟁과 파업)위험 2. 전쟁위험 (2) 구체적 담보위험 (가) 전쟁, 내란, 모반, 반란 또는 이로 인하여 발생하는 국내투쟁 또는 적대국에 의하거나 적대국에 대한 적대행위 (b) 내란, 혁명, 모반, 반란 참조.

449) F.D. Rose, op. cit., § 17.80, p. 341.

450) 2003년 국제선박보험약관 제30조(테러리스트, 정치적 동기 그리고 악의적 행위면책)는 1982년 협회선박보험약관 악의행위면책조항(동약관 제26조)을 수정하여 ① 테러리스트, ② 정치적 동기로 행위하는 자, ③ 악의적으로 또는 정치적 동기로 행위하는 자에 의한 무기의 사용 또는 폭발물의 폭발로 인한 훼손, 책임 또는 비용 면책으로 하는 것으로 규정하여 9.11 테러 사고 이후의 테러리스트의 선박공격위험에 대하여 특히 유념하고 있다.

는 훼손 위험은 실제로 1983년 협회적하보험(B),(C)약관 제4조 제7항에 의하여 적하에 대한 해상위험보험계약상 면책임에도 불구하고, 1982년 협회 적하파업보험약관은 악의적으로 행동하는 자에 의한 멸실 또는 훼손을 담보하는 규정을 두지 않고 있음을 유념하여야 한다. 따라서 악의적 훼손에 대한 보험담보를 원하는 경우 1983년 협회적하보험(B),(C)약관을 보험계약의 내용으로 하는 적하보험계약을 체결하는 것으로는 부족하고 추가보험료를 지급하고 협회악의훼손약관(Institute Malicious Damage Clause)을 삽입하여야 한다.

(3) 몰수 또는 압수(제1조 제6항)

(가) 몰수 또는 압수의 담보 : 1983년 '협회선박기간전쟁과 파업보험약관' 제1조 제6항은 "이 보험은 몰수(confiscation) 또는 압수(expropriation)로 인한 선박에 대한 멸실 또는 훼손을 담보한다"라고 규정하고 있다. 몰수와 압수는 1983년 '협회선박기간전쟁과 파업보험약관'상 담보위험이지만, 동약관 제4조 제1항 4호와 제4조 제1항 5호의 면책조항[451]이 적용된다.

웹스터(Webster)사전에 따르면 몰수는 '통상은 형벌로서 공적 사용 또는 국고에 흡수되는 것으로 충당되는 것'이고, 압수는 '수용권한에 의하여 공적 사용을 위한 재산의 취득행위'라고 정의하고 있다. 따라서 몰수와 압수는 주권국가가 그 이익을 위하여 자신의 영토 안에서 재산을 획득할 권리라는 엄격히 제한된 의미를 가진다는 점에서 나포와 구별된다.

항구 또는 하역항에서의 몰수를 면책으로 하는 적하보험계약이 체결된 적하를 운송하는 선박이 프러시아의 항구에 도착한 때 프러시아의 군인과 프랑스의 민간무장선의 승무원이 승선하여 선박과 적하를 프랑스의 포획물로 처리하도록 한 경우, 프러시아정부는 단지 목적물을 프랑스가 가지고 도주하도록 허용하였을 뿐이지 자국의 이익을 위하여 적하를 취득한 것은 아니라는 이유로 몰수가 성립하지 않으므로 보험자는 보상책임을 진다고 판시한 Levin v. Allnut사건[452]

---

451) 이 책 제3부 제2장 제3절 손해보상의 의무 V. 분쟁(전쟁과 파업)위험 4. 면책위험 참조.

452) [1812] 15 East 267; 이 사건에서 나폴레옹(Napoleon)전쟁 기간동안 테세우스(Theseus)호에 선적된 적하에 대하여 런던에서 발틱해의 항구까지의 항해에 대하여 보험에 들었다. 보험계약은 '선박의 항구 또는 하역항에서 정부에 의한 몰수'를 면책으로 하였다. '테세우스'호가 프러시아의 필라우(Pilau)항에 도착한 때, 프러시아 군인과 프랑스 사략선의 승무원이 승선하여 선박과 적하는 결국 프랑스의 포획물로 선언되었다. 보험자는 이 손해는 하역항에서의 몰수의 면책조항에 해당한다는 이유로 보상을 거부하였다. 법원은 보험자는 보상책임을 진다고 판결하였다. 몰수가 성립하였더라면 프러시아정부는 자신의 이익을 위하여 적하를 취득할 수 있었어야 한다. 프러시아정부는 단지 목적물을 프랑스가 가지고 도주하도록 허용하였을 뿐이었다는 것이 그 이유이었다.

에서 에렌버러(Ellenborough)판사는 "몰수가 성립하려면 몰수가 행해진 정부측에 대하여 국고에 귀속되지는 아니하더라도 어떠한 방법으로 이익이 존재하여야 하므로, 이 사건에서는 몰수가 성립하지 아니하였다. 프러시아정부는 재산을 가지고 도주하도록 허용하였을 뿐이다. 보험자가 이와 같은 위험을 일반적으로 담보하지 않기를 원하였다면, 보다 제한적인 의미를 가지는 몰수를 면책이라고 하지 않고, 일반 실무에 따라 하역항에서의 나포면책조항을 삽입하였을 것이다"라고 하여 몰수와 나포의 차이를 확인하였다.

(나) 억류조항의 몰수 또는 압수에의 적용 : 포획, 나포, 강류, 억지, 억류와 함께 몰수 또는 압수에 대하여서도 억류조항[453]이 적용된다. 따라서 선박이 몰수 또는 압수되어 그 결과 피보험자가 연속된 12개월 이상 선박의 자유로운 사용권 및 처분권을 상실하게 된 때에는 선박의 추정전손 여부를 확정함에 있어서 피보험자는 선박을 회복할 가능성이 전혀 없이 소유권을 박탈당한 것으로 본다.

### 4. 면책위험

1983년 '협회선박기간전쟁과 파업보험약관' 제4조 제1항의 면책조항 중, ③ 수용, 우선매수, ④ 선박이 몰수 또는 등록된 국가의 정부, 공공기관, 지방당국에 의하거나 또는 그들이 명령에 따른 포획, 나포, 강류, 억지, 억류, 몰수 또는 압수, ⑤ 검역규정, 세관규정, 무역규정 위반을 이유로 한 강류, 억지, 억류, 몰수 또는 압수, ⑥ 통상적인 사법절차의 시행 또는 지급보증, 과태료, 벌금의 불이행 또는 재정적인 원인 등의 네 조항이 중요하다.

이 조항 중 ⑤호[454]와 ⑥호[455]는 이미 상세히 기술되었기 때문에 ③호와 ④호에 대하여서만 설명한다.

(1) 수용(requisition)과 우선매수(preemption)(제4조 제1항 3호)

1983년 '협회선박기간전쟁과 파업보험약관' 제4조 제1항 3호는 "이 보험은 …

453) 이 책 제3부 제2장 제3절 손해보상의 의무 V. 분쟁(전쟁과 파업)위험 2. 전쟁위험 (2) 구체적인 담보위험 (라) 억류조항 참조

454) 이 책 제3부 제2장 제3절 손해보상의 의무 V. 분쟁(전쟁과 파업)위험 2. 전쟁위험 (2) 구체적인 담보위험 (나) 포획, 나포, 강류, 억지 또는 억류 및 이러한 행위의 결과 이러한 행위를 하려고 기도한 결과 (b) 강류, 억지, 억류 (ㅅ) 정치적 또는 행정적 행위 참조.

455) 이 책 제3부 제2장 제3절 손해보상의 의무 V. 분쟁(전쟁과 파업)위험 2. 전쟁위험 (2) 구체적인 담보위험 (나) 포획, 나포, 강류, 억지 또는 억류 및 이러한 행위의 결과 이러한 행위를 하려고 기도한 결과 (b) 강류, 억지, 억류 (ㅇ) '폭동 또는 통상적인 사법절차'로 인한 손해 참조.

(권원 또는 사용을 위한) 수용 또는 우선매수(괄호 안은 1995년 약관 제5조 제1항 2호에 추가된 내용임)를 면책으로 한다"라고 규정하고 있다.

(가) 수 용

(a) 수용의 면책 : 통상 전쟁 또는 적대행위의 시기에 비상사태 또는 국가적 필요에 의한 선박의 수용의 결과 그 소유자가 입은 손해는 전쟁보험자로부터는 보상받을 수 없다. 본호는 이를 규정하고, 만일 이 면책조항이 없으면 수용당한 선박의 소유자가 입은 손해는 나포(seizure)의 담보위험에 의거하여 보상을 받을 수 있을 것이다.

(b) 수용의 의의 : 일반적으로 수용이라 함은 '권한을 가진 군당국이나 행정청에 의하여 행하여진 공식적인 명령으로 필요한 경우 특정한 재산의 소유권이나 사용권을 무상 또는 유상으로 군당국 또는 행정청이 취득하는 것'을 말한다.[456] 예컨대 전쟁에 개입된 정부가 전쟁물자의 운송을 위한 군함이 부족한 경우에 정부가 비상계엄에 의하여 이 목적을 위하여 민간선박을 수용하는 경우가 그 예이다.

이 용어는 프랑스에서부터 유래하고, 원래는 정부 또는 유사한 단체에게 군사적 목적으로 제공될 것을 요건으로 하였다.[457] 대부분의 영국판례는 두 번의 세계대전 동안 대규모의 상선의 수용권한을 부여한 전시비상규제의 해석에 대한 것이다. 이들 판례는 특수한 전시통제 아래라는 상황을 고려하고 해석되어야 하고, France Fenwick and Co. v. The King사건,[458] 스테오아 로마나(Steaua Romana)호 사건[459]에서 수집되어 재검토되었다. 이 의미에서 수용은 정부가 선

456) Robert H. Brown, op. cit., p. 517.

457) Donald O'May, op. cit., pp. 272~273.

458) [1927] 1 KB 458: 이 사건에서 부보선박이 석탄파업기간중에 런던에 도착하여 1920년의 비상권한법(Emergency Powers Act)에 의거하여 정부에 수용되었다. 라이트(Wright)판사는 선박에 대한 다른 항구로의 항해하도록 지시하는 것은 수용에 해당하지 않음을 확인함과 동시에 수용의 배경을 검토하였다. 선박에 대한 수용이 성립하기 위하여서는 법령에 근거한 확정적인 명령에 의하여 시행된 효과적이고 적극적인 지배 또는 통제가 존재하여야 한다. 라이트(Wright)판사는 "옥스포드사전에서 수용이란 단어는 어떠한 것에 대하여 군사적 목적으로 제공될 것을 요구하는 것이다. 브로드메인(Broadmayne)호 사건[(1916) P 64, CA]에서 픽포드(Picford)판사는 정부가 자기소유 적하를 선박에 선적하여 자유롭게 운항할 수 있는 경우에는 수용으로 보지만, 선박이 특정한 항구로 진행하도록 지시하는 것은 비록 명령이 적법하더라고 수용에 해당하지 않는다고 하였을 것이다. 이 사건에서 정부가 선박을 다른 장소로의 이동할 것을 지시하는 것 또는 허가없이 하역할 수 없도록 하는 경우와 같이 단순한 소극적인 지시는 수용에 해당하지 않는다고 생각된다"라고 판시하였다.

459) [1944] P 43: 이 사건에서 메리먼(Merriman)판사는 수용이 실무상 어떠한 의미를 가지는가를 고찰하였다. 동판사는 "비록 임대차의 제안을 승낙할지 여부에 대한 선택권이 없거나 모든 수용된 선박이 실제로는 재산이 취득되었건 아니건 '장관소유'라고 기술된다

박을 다른 장소로 이동할 것을 지시하는 것 또는 허가없이 하역할 수 없도록 하는 경우와 같이 단순한 소극적인 지시는 수용에 해당하지 않는다. 그러나 특정한 장소로 항해하고 그곳에서 정부를 위하여 적하를 하역하고 선적하는 것은 전시통제아래에서 수용에 해당한다.

일반적인 수용의 개념은 전시통제 아래에서의 해석보다 넓다. 예컨대 항구의 입구를 봉쇄하는 것과 같은 특수한 목적으로 선박은 수용될 수 있다. 또한 확정적인 기간 동안 수용되어야 하는 것도 아니다. 선박이 수용되었다가 몇 시간 또는 수 일 후 소유자에게 반환되어도 무방하다. 수용은 공식적인 명령 또는 지시에 의할 필요는 없지만, 그 지시는 정부 또는 유사한 관청이 발부하여야 한다. 관청이 선박이나 적하의 수출을 거부하는 것은 일반적으로 수용이 아니다. 미국판례[460]는 해상위험보험계약에서 수용은 공식적인 행위를 가리키는 것이고 퇴각기간동안 선박의 일시적인 점유는 제외된다고 한다.

(c) 소유권취득부 수용과 사용권취득부 수용 : 수용은 사용권부 수용과 소유권취득부 수용으로 나뉘는데, 후자가 보통이다. 소유권취득부수용의 경우 선주는 1회의 지급으로 선박의 산정가격에 대하여 보상하는 대신에 선박에 대한 모든 장래의 권리를 포기하게 될 것이다. 더 이상 정부가 필요하지 아니하는 경우 선박을 원래의 소유자에게 반환한다는 조항이 수용명령에 없는 한, 정부는 더 이상 필요 없는 선박을 적절하게 처분할 수 있다.

표준선박기간보험약관[461]과 1983년 '협회선박기간전쟁과 파업보험약관' 제5조 제2항 3호의 자동종료조항은 소유권부 수용 또는 사용권부 수용이라고 표현하고 있고, 단순히 수용이라 함은 양자를 포함한다.

(나) 우선매수 : 웹스터사전에 따르면 우선매수는 '다른 사람에 우선하여 매수할 권리 또는 행위'를 의미한다. 1983년 '협회선박기간과 전쟁보험약관' 제4조 제1항 3호에 의거하여 보험자는 이 우선권의 행사에 의하여 야기되는 멸실 또는 비용에 대한 책임을 지지 않는다.

우선매수는 원래 미국협회보험약관에서 사용된 용어로서 미국에서는 통상적

---

고 하여도 이 수용은 선주로부터 선박에 대한 재산을 탈취하지 않는 단순한 선박의 임대차에 불과하다"라고 판시하였다.

460) Flota Mercante Dominicana v. American Manufacturers Mutual Insurance Co. 272 F. Supp. 540, 1968 AMC 250(S.D.N.Y.)

461) 1983년 협회선박기간보험약관 제4조 제2항; 1995년 협회선박기간보험약관 제5조 제2항; 2003년 국제선박보험약관 제14조 제1항 4호; 이 책 제2부 제6장 제2절 기간보험 Ⅲ. 종료조항, 선급조항 또는 관리조항 4. 선주 또는 국적의 변경 등 (2) 구체적인 자동종료사유 (라) 부보선박의 수용 참조.

으로 정부보조금에 대한 대가로 국가비상사태시기에 소유자가 선박을 정부에게 인계할 것을 허락하는 경우를 가리킨다. 이것은 소유와 사용을 위한 사전의 계약상의 권리를 상정하고 있고, 수용이 이를 포용할 수도 있을 것이다. 이러한 위험을 면책으로 함을 명확히 하기 위하여 수용과 우선매수라는 두 용어가 협회보험약관과 미국협회보험약관에 의하여 사용된 것이다.[462]

현재에도 적절할 수도 있고 그렇지 않을 수도 있는 다른 정의가 자모라(Zamora)호 사건[463]에서 내려졌다. 이 사건에서 중립국인 스웨덴 선박 '자모라'호가 영국순양함에 의하여 붙잡혀 선박과 적하가 포획물로 나포되었는데, 법원은 우선매수의 역사적 배경을 고찰하였다. 파커(Parker of Weddington)판사는 "우선매수의 권리는 다음과 같이 성립한 것 같다. 영국 국제법에 따르면 해군의 물자는 절대적인 금수품으로 만일 적국을 향하는 중립국선박에서 발견되는 경우 적법한 포획물이 된다. 다른 국가에서는 이러한 물자는 만일 적국정부의 사용을 위한 경우에만 금제품이라고 주장될 수 있다. 이와 같은 상황에서 영국정부는 엄격성을 완화하여 절충하였다. 그러한 물자를 포획물로 몰수하지 않고 중립국선박의 소유자로부터 우선매수하였다. 그러므로 우선매수의 권리는 이익을 침해하지 아니하고 행사되고, 선박이나 적하는 포획물로서 몰수되는가 여부의 문제에 결론을 내리거나 영향을 미치지 아니하는 점에서 중립국의 선박이나 적하를 수용하는 권리와 크게 다르다"라고 판시하였다.

(2) 선박이 소유되거나 등록된 국가의 정부의 명령에 의한 … 포획, 나포, 강류(제4조 제1항 4호)

1983년 '협회선박기간전쟁과 파업보험약관' 제4조 제1항 4호는 "이 보험은 … 선박이 소유되거나 등록된 국가의 정부 또는 공공관청 또는 지방관청에 의하거나 그들의 지시에 의거한 포획, 나포, 강류, 억류, 몰수 또는 압수를 면책으로 한다"라고 면책사유를 규정하고 있다.

1983년 '협회선박기간전쟁과 파업보험약관' 제1조 제2항이 "포획, 나포, 강류, 억지 또는 억류…"로 인한 손해를 담보하고 있지만, 동약관 제4조 제1항 4호에 의하여 그것이 "선박이 소유되거나 등록된 국가의 정부 또는 공공관청 또는 지방관청에 의하거나 그들의 지시에 의거하여" 발생한 경우에는 보험담보되지 아니함을 유념하여야 한다.

---

462) O'May, op. cit., p. 273.
463) [1916] 2 AC 77, PC.

이를 면책으로 한 것은 어느 전쟁보험자도 전쟁이나 적대행위의 결과가 아니라 선박이 소유되거나 등록된 국가와 피보험자의 내부적인 문제로 인한 나포 등으로 인한 선박의 손해에 대하여 책임을 지지 않고자 할 것이기 때문이다.[464] 그 예로는 선박이 소유된 국가가 정한 고용선원의 기준 등에 관한 법령을 준수하지 아니한 선박을 나포하거나 억류하는 경우를 들 수 있다.[465]

1983년 '협회선박기간전쟁과 파업보험약관' 제1조 제2항과 동 약관 제4조 제1항 4호가 적용되는 상황은 다르다. 전자의 경우 적대행위 또는 전쟁의 요소가 현존하여야 하지만, 후자의 경우에는 피보험자가 입은 손해는 외국의 행위의 결과로 인하지 아니하고, '선박이 소유되거나 등록된 국가의 정부 또는 공공관청 또는 지방관청'에 의하여 행하여진 지시의 결과로 인하여 발생하여야 한다.

이 면책사유는 선박의 소유자의 국가와 등록국가가 일치하지 아니할 수 있다는 사실을 고려하고 있다.

## 5. 협회적하전쟁보험약관과 협회적하파업보험약관

(1) 개 관

1982년의 협회적하전쟁보험약관과 1982년 협회적하파업보험약관에 의하여 부보된 전쟁위험과 파업위험은 1983년 '협회선박기간전쟁과 파업보험약관'에서 발견되는 것과 동일하다. 따라서 여기에서는 1982년의 협회적하전쟁보험약관과 1982년 협회적하파업보험약관에서만 적용되는 항해이행불능(frustration)조항에 대하여서만 논의한다.

(2) 이행불능조항

(가) 이행불능조항의 내용 : 1982년의 협회적하전쟁보험약관 제3조 제7항은 '어떠한 경우에도 이 보험은 … 항해 또는 항해사업의 상실 또는 중단에 근거한 청구에 대하여 보상하지 아니한다'라고 규정하고 있다.

이행불능조항의 기원은 영국곡물회사가 아마와 밀을 영국기선 세인트 앤드류스(St Andrews호)와 오티아(Orthia)호로 아르헨티나에서 함부르크까지 운송하기로 하고, 군주의 억지를 담보하는 보험에 들었다. 선박이 함부르크에 도착하기 전에 영국과 독일 사이에 전쟁이 일어나 두 선박이 영국항구로 항해할 지시가 내려져 피보험자는 적하를 창고에 입치하고 보험자에 대하여 위부의 통지를

464) Susan Hodges, op. cit., p. 593.
465) Ibid.

하여 보상을 청구하였는데, 상원은 부보위험인 전쟁위험에 의한 항해사업의 전손이 발생하였다고 하여 보상을 명한 기념비적인 British and Foreign Marine Insurance Co., Ltd. v. Samuel Sanday and Co.사건[466]이다.

Sanday사건에서의 상원의 판결에 따라 적하보험계약에서 항해사업이 부보위험인 군주의 억지로 인하여 이행불능으로 된 경우에도 보험자가 보상의무를 지게 됨에 따라, 1982년 협회적하전쟁보험약관과 1982년 협회적하파업보험약관 제3조 제7항에 이행불능조항이 삽입되어 Sanday사건이 적용되지 않도록 하고 있다.

(나) 이행불능조항의 배경 : 1982년의 협회적하전쟁보험약관과 1982년 협회적하파업보험약관의 이행불능조항은 수식어가 없이 매우 간단한 것에 주의하여야 하는데, 항상 그러하였던 것은 아니다.

원래의 이행불능조항은 항해 또는 항해사업의 이행불능이 국왕, 군주 또는 인민의 강류, 억지 또는 억류로 인한 경우에 이행불능으로 인한 손해에 대하여서만 보험자를 면책으로 하는 점에서 그 범위가 좁았었다. 현재와 같이 그 적용범위를 확장함에 따라 보험자는 보험사고로 인한 여하한 원인으로 인한 항해 또는 항해사업의 이행불능에 근거한 손해에 대하여는 면책으로 된다.

그러나 이행불능조항은 '항해 또는 항해사업의 상실 또는 중단에 근거한' 손해에 대하여서만 적용되는 것에 주의하여야 한다. 이행불능조항이 문제가 되는 경우, 보험의 목적은 항해 또는 항해사업이고, 이 조항은 적하 자체에 대한 멸실 또는 훼손에 대하여 피보험자가 행한 청구에 대하여서는 적용되지 않는다.

독일선박이 영국군함에 의한 포획을 피하기 위하여 필요하면 선박을 천공할 의도로 독일 정부의 지시에 따라 모항으로 항해하다가 파로섬(Faroe Islands) 연안에서 선장과 선원에 의하여 천공되었고, 법원은 적하소유자에게 전손보상을 명하였던 Rickards v. Forestal Land, Timber and Railways Co., Ltd. 'Minden'; Robertson v. Middows Ltd.; Kann v. WH Howard Bros and Co., Ltd.사건[467]

466) [1915] 1 AC 65, HL: 이 사건에 대하여는 이 책 제3부 제2장 제3절 손해보상의 의무 V. 분쟁(전쟁과 파업)위험 2. 전쟁위험 (2) 구체적 담보위험 (나) 포획, 나포, 강류, 억지 또는 억류 및 이러한 행위의 결과 이러한 행위를 하려고 기도한 결과 (b) 강류, 억지, 억류 (ㅅ) 정치적 또는 행정적 행위 참조.

467) [1941] 3 All ER 62, HL: 독일선박 민덴(Minden)호, 왕고니(Wangoni)호 그리고 헬리(Halle)호에 적재된 적하가 제2차 세계대전 개전초기에 각각 멸실되었다. '민덴'호는 영국전함에 의한 포획을 피하기 위하여 파로섬 연안에서 천공되었고, '왕고니'호는 선박에 적하를 적재한 채 독일로 귀환하였으며, '헬리'호는 프랑스전함에 의한 포획을 회피하기 위하여 아프리카 연안에서 천공되었다. 세 사건에서 보험계약은 이행불능조항을 포함하고 있었고, 보험자는 실제로 전쟁이 선포되어 독일정부가 모든 상선의 적하에 대한 통제

에서 이행불능조항은 적하가 소유자에 대하여 멸실되지 않은 경우에는 항해 또는 항해사업에 대하여서만 적용되기 때문에 이행불능조항이 적용되어 면책되는 것은 아니라고 판시하였다. 적하가 전부 또는 일부가 멸실된 경우에는 그 보상청구는 적하 자체에 대한 물리적인 멸실 또는 훼손에 근거한 것이지 항해사업의 상실로 인한 것은 아니기 때문에 이행불능조항은 적용되지 않는다.

사이먼(Viscount Simon)판사는 "전쟁위험에 의한 적하의 손해에 대한 모든 보상청구가 이행불능조항의 삽입에 의하여 불가능하게 된다면, 이 보험계약은 전쟁위험으로 인한 손해에 관한 한 완전히 무익한 것이다. 이행불능조항의 적절한 해석은 부보항해의 상실에 근거하는 사실과 관련된 모든 보상청구를 면책으로 하는 것이 아니다. 그 적절한 의미는 보상청구가 부보항해의 이행불능에 근거한 것일 수밖에 없기 때문이라는 사실에 근거한 보상청구에 대하여 면책이라는 것이다"라고 판시하였다.

인한(caused by)이라는 어구가 사용되지 아니하고 근거한(based on)이란 어구가 사용된 점에 주목을 요한다. 근거한 이란 어구는 손해의 근인은 부보위험으로 인한 항해 또는 항해사업의 이행불능으로 인한 것이라기보다는 부보위험일 가능성이 있기 때문에, 이행불능조항은 근인의 원칙에 의하여 제한되지 않는 넓은 의미를 부여하기 위하여 주의깊게 선택된 것이다.[468]

Atlantic Maritime Co. Inc. v. Gibbon사건[469]에서 선박이 일정한 기간동안 취득할 운임의 손해에 대하여 이행불능조항이 삽입된 '협회전쟁과 파업보험약관'을 삽입하여 보험계약이 체결되었다. 중국공산당과의 내란 중에 중국국민당에 의하여 선박이 타구 바(Taku Bar)로부터 벗어나도록 지시받은 이 사건에서, 보험자 승소판결이 내려졌다. 비록 손해의 근인은 담보위험인 군주의 억지로 인한 것이었지만, 손해는 이행불능조항에 해당하였기 때문에, 즉 항해의 이행불능은 "권력을 강탈하고자 시도하는 군주, 왕자, 인민 또는 사람의 강류, 억지 또는 억류"로 인한 것이기 때문에 보험자는 면책이었다. 레이먼드 에버쉐드(Raymond Evershed MR)판사는 '손해의 진정한, 효과적인 원인은 군주의 억지이었지만, 그것은 이행불능면책조항이 적용된다고 생각한다'라고 지적하였다.

---

력을 인수한 순간 항해는 이행불능으로 되었다는 이유로 보상을 거부하였다. 상원은 이 세 가지 사건에서 독일정부의 행위에 의하여 야기된 적하의 추정전손이 존재하였고 보험자는 보상책임을 진다고 판시하였다.

468) Susan Hodges, op. cit., p. 596.

469) [1953] 2 Lloyd's Rep. 294.

## Ⅵ. 면책위험

### 1. 서 언

1906년 영국해상보험법이나 표준해상보험약관은 보험기간 안에 보험사고가 생긴 경우에도 보험자의 보험금지급책임을 면제하는 위험을 정하고 있는데, 이를 면책위험이라고 한다. 보험제도가 보험단체 안에서 위험을 효율적으로 분산시켜 위험에 대비하는 제도라는 점에서 보험계약자 등에 의한 도덕적 위험을 방지하고, 나아가서는 보험사업의 합리적인 관리를 위하여 법은 면책위험을 인정하고 있다. 면책위험은 법률상으로 인정되는 것과 약관상으로 인정되는 것이 있다. 면책의 효과는 해석의 문제이고, 부보위험과 면책위험이 충돌하는 경우에는 면책위험이 우선한다.[470)]

(1) 해상보험법상의 면책위험

영국해상보험법 제55조는 (1) 부보위험에 근인하지 아니한 손해, (2) ① 피보험자의 고의적 위법행위에 기인하는 손해, ② 지연이 부보위험으로 인한 경우에도 지연에 근인한 손해, ③ ⓐ 통상의 자연마모, ⓑ 통상적인 누손과 파손, ⓒ 보험목적의 고유한 하자 또는 성질, ⓓ 쥐나 해충에 근인한 손해, ⓔ 해상위험에 근인하지 않은 기계의 훼손 등의 면책위험을 규정하고 있다.

보험계약자 등이 고의로 사고를 일으키는 경우에 해상보험자의 면책으로 하는 이유는 보험계약자 등이 인위적으로 보험사고를 일으킨 것은 보험사고의 불확정성에 어긋나는 것이고, 또한 주관적인 위험을 배제하며, 보험사고를 방지하여 인위적인 사고로 인한 도덕적 위험을 막고자 하는 것이다. 한편 항해가 지연되는 것은 원래의 인수된 위험이 변경되었다고 할 수 있으므로 보험자는 지연한 이후의 사고에 대하여서는 보상책임을 지지 않는다. 또한 통상의 자연마모, 통상적인 누손과 파손, 보험목적의 고유한 하자 또는 성질을 면책으로 하는 이유는 이러한 손해는 필연적인 현상으로 생겨나는 것으로 해상고유의 위험으로 인한 손해가 아니기 때문이다. 한편 쥐나 해충에 근인한 손해, 해상위험에 근인하지 않은 기계의 훼손을 면책으로 하는 것은 모두가 해상고유의 위험에 근인하지 않은 손해이기 때문이다.

보험의 목적의 성질로 인한 손해라 함은 과일이나 생선 또는 육류의 부패, 주

470) F.D. Rose, op. cit., § 18.1, p. 343.

정의 증발 등이고, 보험의 목적의 하자로 인한 손해는 포장의 흠결로 생긴 운송물의 파손이나 보험목적 자체의 흠으로 생긴 손해이다. 그리고 보험의 목적의 자연소모로 인한 손해는 그 용도에 따라 사용함으로써 자연히 생기는 손해로서 가령 기계가 낡아서 쓸 수 없게 된 것이 그 예이다. 이와 같은 손해는 보험의 목적의 자연적 또는 특수한 상황에서 외부적인 작용 없이도 생겨날 수 있는 것이므로 보험보호의 대상에서 제외하는 것은 당연하고, 손해보험 가운데 물건보험에만 적용되고, 책임보험에는 적용이 없다.

(2) 표준해상보험약관상의 면책위험

면책조항은 일반해상보험약관이든 전쟁보험약관, 파업보험약관이든 모든 주요한 표준해상보험약관에 규정되어 있다.

(가) 선박보험약관과 운임보험약관 : 일반적인 선박보험약관과 선비보험약관상의 면책조항은 선적·양하작업 중 손해의 면책조항,[471] 선박의 해체를 위한 항해중 손해의 면책조항,[472] 3/4 충돌책임조항의 면책조항, 전쟁면책조항, 파업면책조항, 악의적 행위면책조항, 원자핵위험면책조항을 규정하고 있다.

또한 표준선박보험약관[473]은 일반적으로 선저처리(bottom treatment), 임금과 유지비용, 대리수수료의 3가지의 비용에 대한 전부 또는 일정한 부분의 면책을 규정하고 있다.

(나) 적하보험약관 : 1982년 협회적하보험(A),(B),(C)약관 제4조는 일반적 면책조항으로 ① 피보험자의 고의적 위법행위, ② 누손, 중량 또는 용적의 손실, 자연마모, ③ 부적절한 포장, ④ 고유의 하자, ⑤ 지연, ⑥ 지급불능 또는 재정상의 채무불이행, ⑦ 원자핵무기, ⑧ 고의적인 훼손 등의 위험을 어느 경우에도 담보하지 아니한다고 규정하고 있다. ①에서 ⑦까지는 세 약관 모두에 규정되어 있고, ⑧은 협회적하보험약관(B),(C)약관에만 규정되어 있다.

이와 같은 일반적인 면책조항에 이어 불감항면책,[474] 전쟁위험면책,[475] 파업

471) 1983년 협회선박기간보험약관 제1조 제2항; 1983년 협회선박항해보험약관 제1조 제2항; 1995년 협회선박기간보험약관 제1조 제4항; 1995년 협회선박항해보험약관 제1조 제4항; 2003년 국제선박보험약관 제10조 제4항.

472) 1983년 협회선박기간보험약관 제1조 제3항; 1995년 협회선박기간보험약관 제1조 제5항; 2003년 국제선박보험약관 제10조 제4항.

473) 1983년 협회선박기간보험약관 제5조, 제21조; 1983년 협회선박항해보험약관 제13조, 제19조; 1995년 협회선박기간보험약관 제15조, 제22조; 1995년 협회선박항해보험약관 제15조, 제22조; 2003년 국제선박보험약관 제17조, 제24조.

474) 협회적하보험약관 제5조.

475) 협회적하보험약관 제6조.

위험면책[476] 등 세 가지의 면책사유가 규정되어 있다.

## 2. 피보험자의 고의적 위법행위

### (1) 개 관

1906년 영국해상보험법 제55조 제2항 a호는 "보험자는 피보험자의 고의적 위법행위로 인한 손해에 대하여서는 책임이 없다"라고 규정하고, 이 면책조항은 모든 협회적하보험약관에 반복하여 규정되어 있다. 이 면책사유는 제55조 제2항 b호와 c호와 달리 "보험증권에서 달리 규정되어 있지 아니하는 한"이라는 어귀가 첨부되어 있지 않음을 주의하여야 한다.

고의적 위법행위로 인한 사고에 보상을 허용하는 것은 우연한 사고에 대하여 보상하는 "보험법의 원칙과 당사자의 명백한 의사"에 반하고,[477] 보험자에 대한 사기이며,[478] 공서양속에 반하거나 적극적으로 금지되는 행위에 해당한다는 점[479]에서 영국해상보험법 제41조상의 적법성의 묵시적 담보특약의 위반이다. 고의적 위법행위는 범죄행위일 수도 있지만 반드시 이것이 요구되는 것은 아니다. 예컨대 피보험자가 자신의 물건을 파괴하는 것은 범죄행위는 아니지만 그로 인한 보험금청구는 허용되지 않는다.

### (2) 인위적인 보험사고의 면책

(가) 우리 해상보험상법상 인위적인 보험사고의 면책 : 우리 법상 피보험자의 귀책사유에는 단순과실, 중과실, 고의가 있고, 우리의 상법 제659조는 '보험사고가 보험계약자 또는 피보험자의 고의 또는 중대한 과실로 인하여 생긴 때에는 보험자는 보험금액을 지급할 책임이 없다'고 하여 보험계약자 등이 인위적으로 사고를 일으킨 경우에 보험자의 면책사유로 하고 있다.

보험계약자 등의 고의라 함은 일정한 결과의 발생을 인식하면서 그것을 감히 행위하는 것으로, 피보험자의 선박천공, 방화, 적하의 해상에의 투기 등이 그것이다. 여기서 보험계약자 등의 고의는 원인행위에 존재하면 되는 것이지 그 결

476) 협회적하보험약관 제7조.
477) Trinder, Anderson and Co. v. Thames and Mersey Marine Insurance Co. [1898] 2 QB 114, CA.
478) Samuel v. Dumas [1924] 18 LlL Rep. 211, HL.
479) 피보험자의 자기 재산의 파괴행위는 영국 현행법상 반드시 범죄행위는 아니지만, 그 행위에 기초하여 보험자에 대하여 보상청구를 하는 것은 예컨대 1968년 강도법(Theft Act) 제15조(사기에 의한 재산취득)를 구성할 수 있다(F.D. Rose, op. cit., § 18.19, p. 348 각주 31).

과의 발생에 대해서까지 인식하여야 하는 것도 아니고, 또한 그 사고의 결과 보험금을 취득하는데 대한 고의를 요하는 것은 아니다. 그리고 고의는 미필적 고의만 있으면 된다. 중대한 과실이란 현저하게 주의를 다하지 못한 경우를 말한다. 선박에 인화성물질이 있는데 가까운 곳에서 난로불을 다루는 행위가 이에 해당한다. 다만, 보험자의 면책사유로서의 중대한 과실은 보험제도의 성질상 도덕적으로나 사회적으로 비난할 수 있는 상황에서 일어난 경우로 한정하여야 할 것이고,[480] 따라서 보험계약자 등의 가벼운 과실로 보험사고가 생긴 때에는 보험자는 보험금지급책임을 지게 된다. 이것은 보험이 보험계약자에게 우연한 사고의 발생에 대비하여 안심을 주려는 제도라는 점에서 그들의 주의의무를 완화한 것이며, 민법상의 과실책임이론과는 다른 것이다.

(나) 영국 해상보험상법상 인위적인 보험사고의 면책 : 영미법상 귀책사유로는 단순과실, 중과실, 고의의 단계가 존재하고, 무모함(recklessness) 또는 무모한 무시(reckless disregard)는 중과실과 고의 사이의 중간단계이다.[481] 영국해상보험법은 피보험자의 고의적 위법행위(wilful misconduct)로 인한 손해에 대해서만 보험자는 보상책임이 없음을 규정한다(동법 제55조 제2항 a호).

(3) 영국 해상보험법상의 고의적 위법행위의 의미

(가) 고의적 위법행위의 개념 : 보험계약자 등의 고의적 위법행위라 함은 일정한 결과의 발생을 인식하면서 그것을 감히 행위하는 것으로서, 보상을 위하여 선박을 천공하거나 이에 공모하는 것이 명확한 예이다. 그러나 고의적 위법행위에 무시 또는 무관심에서와 같은 피보험자의 부작위를 포함하는가 여부가 문제되는데 이를 긍정하는 것이 영국의 판례의 입장이다.

우리 판례(대법원 2005.11.25.선고 2002다59528,59535판결)는 선장 등이 고의로 킹스톤밸브 등을 조작하여 원양트롤어선인 동영호를 침몰시키고 마치 화재 등으로 인하여 자연적으로 동영호가 침몰된 것처럼 가장하여 원고에게 보험금을 청구한 사건에서 "1983년 협회선박기간보험약관 제6조 제2항 5호에서 부보위험의 하나로 규정하고 있는 '선장 등의 악행(barratry of master officers or crew)'이라 함

480) 대법원 1991.7.12. 선고, 91다6351 판결: 선박소유자가 수산업협동조합중앙회와 체결한 어선보통공제계약의 약관에 "공제계약자, 피공제자의 고의 또는 중대한 과실로 인하여 발생한 사고에 대하여는 공제금을 지급하지 아니한다"고 규정하고 있는 경우, 여기서 '중대한 과실'이라 함은 통상인에게 요구되는 정도의 상당한 주의를 하지 않더라도 약간의 주의를 한다면 손쉽게 위법, 유해한 결과를 예견할 수 있는 경우인데도 불구하고, 만연히 이를 간과함과 같은 거의 고의에 가까운 현저히 주의를 결여한 상태를 말한다.

481) Malcolm Clarke, Wisdom after the event: the duty to mitigate insured loss, [2003] LMCLQ 525, 526.

은 선주나 용선자에게 손해를 끼치는 선장 등에 의하여 고의로 이루어진 모든 부정행위(wrongful act)를 말하는 것인 바(영국 해상보험법 제1부칙 '보험약관의 해석에 관한 규칙' 제11조), 보험계약자가 선장 등의 고의에 의한 부정행위에 해당하는 사실을 입증하면 일응 선장 등의 악행은 추정된다 할 것이나, 이 경우 선주 등의 지시 또는 묵인이 있었다는 사실을 보험자가 입증하면 이는 보험자의 면책사유인 피보험자의 고의적 불법행위(wilful misconduct)에 해당하여 결국 보험자는 보험금 지급의무를 면한다"라고 한다.

부정행위(improper act)에는 단순 과실(mere negligence), 중과실(gross or culpable negligence), 무관심(indifference), 무모한 무시(reckless disregard)에서부터 고의적 위법행위(wilful misconduct)까지 폭넓게 존재하는데, 고의적 위법행위에 이르기 위한 특정한 행위의 요건을 확인하는 것이 필요하다. 부정행위와 관련하여 고의적 위법행위의 특징이 논의된 Papadimitriou v. Henderson사건[482]과 해상보험사건은 아니지만 무모한 무관심의 개념이 논의된 National Oilwell(UK) Ltd. v. Davy Offshore Ltd.사건,[483] 그리고 선박의 닻의 케이블이 심하게 녹슬어 감항능력이 없는 것을 알고서도 출항하여 항해하다가 좌초한 Thompson v. Hopper 사건,[484] 기간보험에 든 어선이 해상고유의 위험을 감당할 상태에 있지 않음을 알고 있었고, 이 위험을 극복할지 모른다는데 무관심한 채 항해하다가 좌초한 호주사건인 Wood v. Associated National Insurance Co., Ltd.사건[485]은 이들 부정행위 사이의 경계를 획정하기 위한 노력의 산물이다.

1938년 스페인내란 중 그리스국적의 선박에 대하여 파업담보조항이 삽입된 보험계약이 체결되었고, 전쟁의 존재를 알고 있었던 선주가 스페인정부의 적하를 싣고 지중해로 운항하다가 스페인반군의 전함에 의하여 선박과 적하가 몰수된 Papadimitriou v. Henderson사건[486]에서 고다드(Goddard)판사는 "특정한 지

482) [1939] 64 LlL Rep. 345.
483) [1993] 2 Lloyd's Rep. 582.
484) [1856] 6 E&B 937; [1858] E&B 1038.
485) [1985] 1 Qd R 297.
486) [1939] 64 LlL Rep. 345; 이 사건에서 원고는 그리스국적의 에리니코 부노(Ellinico Vouno)호에 대하여 운임과 선체에 대하여 기간보험계약을 피고 보험자와 체결하였다. 이 보험계약에는 통상적으로 f c and s조항으로 면책으로 되어 있는 전쟁위험을 담보하는 전쟁과 파업담보조항(war and strikes clause)이 삽입되어 있었다. 1938년 5월 스페인내란 중 '에리니코 부노'호는 스페인정부 소유의 트럭과 부속품을 싣고 오데사(Odessa)로부터 북 아프리카의 오란(Oran)을 향하여 항해하였다. 선박소유자는 지중해에서의 전쟁의 존재를 알고 있었고, 말타(Malta)에 가서 명령을 기다리라고 하였다. 그리스와 시칠리사이를 통과하던 중 선박은 스페인 반군 전함의 방해를 받아 마죠르카(Majorca)로 호송되어 선박과 적하는 몰수되고 선장과 선원은 그리스로 돌려보내어 졌다. 원고는 현

점에서 봉쇄가 행해졌거나 특정한 지점에서 선박이 대기하고 있다는 경고를 받은 선주가 고의로 봉쇄지점을 돌파하여 선박을 항해하도록 한 경우 특정한 경우에는 그가 항해를 완수하기 위하여 노력하지 않았고, 선박이 포획되도록 하였다고 추정될 수가 있고, 이는 고의적 위법행위라고 할 수 있다. 그러나 최근 전쟁에서 영국해협이나 근처에 잠수함이 있다고 경고받은 선주가 항해를 계속하도록 하여 선박이 나포되어 침몰한 경우 그것이 영국선박이든 중립국선박이든 선주가 고의적 위법행위를 범하였다고 하는 것은 영국으로서는 심각한 일이다. 완전히 적법한 항해를 하도록 선박을 급파한 선주가 항해를 계속하도록 하고 항해를 완수하기 위하여 최선을 다하였다는 이유로 고의적 위법행위를 범하였다고 할 수 없다"라고 판시하였다.

AG v. Adelaide SS Co., Ltd., 'Warilda'사건[487]에서 쟁점은 충돌의 경우 선장의 과실있는 항해가 전쟁활동에 참가하고 있는 선박의 성질이나 지위를 박탈하는가 여부이었다. 렌버리(Wrenbury)판사는 고의적 위법행위의 효과에 대하여 고찰하였다. 즉, 그는 "보험자는 발생할 가능성이 있는 해상위험을 담보한다. 만일 손해가 피보험자의 고의적 과실이나 고의적 행위로 인하여 발생하는 경우는 다르다. 이 경우 손해는 발생할 가능성이 있는 것이 아니라(the loss does not happen), 손해는 피보험자 자신에 의하여 기인한 것이고 따라서 그는 보상받을 수 없다"라고 판시하였다.

(나) 무모한 무시 또는 무모한 무관심 : 웹스터사전에 따르면 무모함(reckless)은 어리석게도 위험에 주의하지 아니함(foolishly heedless of danger) 또는 위험에 무관심함(indifferent to that danger)이다. 고의적 위법행위에 무시 또는 무관심에서와 같은 피보험자의 부작위를 포함하는가 여부와 무모한 무시와 영국해상보험법 제39조 제5항의 악의와의 관계가 문제된다.

(a) 무모한 무시와 고의적 위법행위 : 비록 무모한 무시 또는 무모한 무관심이 고의적 위법행위와 같은 고의(intent)를 의미하지 아니하지만, 호주항소법원판결인 Wood사건은 무모한 무관심이 고의적 위법행위에 해당될 수 있다고 보아 양자를 동일시하였다. 최근의 NOW v. DOL사건은 같은 취지의 판결이다.

---

실전손 또는 추정전손으로 인한 보험금을 청구하였지만, 보험자는 선박의 포획이 항상 목전에 있던 곳으로 선박을 항해하도록 한 것은 피보험자의 고의적 위법행위라는 근거로 보험금지급을 거부하였다. 법원은 원고인 선주가 완전히 적법한 항해를 수행하기 위하여 노력하였다는 이유로 보상을 명하였다.

487) [1923] AC 292, HL: 이 사건의 사실관계는 이 책 제3부 제2장 제3절 손해보상의 의무 V. 분쟁(전쟁과 파업)위험 1. 개관 (3) 최우선면책조항 참조.

기간보험에 든 어선이 해상고유의 위험을 감당할 상태에 있지 않음을 알고 있었고, 이 위험을 극복할지 모른다는데 무관심한 채 항해하다가 좌초한 Wood v. Associated National Insurance Co., Ltd.사건[488]에서 맥퍼슨(McPerson)판사는 "선박은 해상고유의 위험에 노출되었고, 선주는 이 위험을 감내할 상태에 있지 않음을 알고 있었으며 이들 위험을 극복하지 아니할지도 모르는 위험에 무관심하였다. … 따라서 선박에 관하여 고의적 위법행위가 존재하였다"고 판시하였다.

National Oilwell(UK) Ltd. v. Davy Offshore Ltd.사건[489]에서 콜먼(Colman)

---

488) [1985] 1 Qd R 297; 이 사건에서 아버지와 2명의 자인 원고소유의 디젤동력의 어선인 이소셀(Isothel)호에 대하여 피고보험자와 기간보험계약이 체결되었다. 1981년 5월 17일 일요일에 '이소셀'호는 선장인 1명의 자와 3명의 선원이 승선하여 타운스빌(Townsville)을 향하여 브리스베인(Brisbane)을 출항하였다. 그날 늦게 배밑의 펌프가 작동하지 아니하였기 때문에 다음날 아침 항해를 계속할 의도로 더블 아일런드 포인트(Double Island Point)에 닻을 내렸다. 이 계류지는 일반적으로 북동풍이 불 때는 안전하지 않다고 생각되었다. 다음날 아침 월요일에 주엔진이 작동하지 아니하여 아들이 아버지에게 구조를 요청하였다. 숙련된 기사인 아버지는 그날 늦게 도착하여 주엔진과 배밑 펌프를 수리하였다. 그 후 아버지와 선장인 아들이 3명의 젊은 선원을 승선시키고 브리스베인항을 향하여 출항하였다. 브리스베인에 있는 동안 화요일에 아버지는 보험금액을 선박의 수리금액을 반영하여 2만 달러로 인상하였다. 2일 후 북동풍의 강풍이 불어 선박은 좌초하고 선원은 가까스로 해안으로 헤엄쳐 목숨을 구하였다. 항소법원은 원고는 고의적 위법행위에 해당하는 무모한 무시를 하였기 때문에 보험자는 보상책임을 지지 아니한다고 판시하였다. 맥퍼슨(McPerson)판사는 "선박은 1981년 5월 18일 월요일 이후에 해상고유의 위험에 노출되었고, 선주는 이 위험을 감내할 상태가 아님을 알고 있었으며 이들 위험을 극복하지 아니할지도 모르는 위험에 무관심하였다. … 따라서 선박에 관하여 고의적 위법행위가 존재하였다. 남은 문제는 '이소셀'호의 손해가 호주해상보험법 제51조 제2항 a호(영국해상보험법 제55조 제2항 a호)의 고의적 위법행위에 기인하는가(attributable to) 여부이다. 피보험자는 손해가 보험사고에 근인하였음을 입증할 책임을 진다. '이소셀'호의 선주가 보험에 들지 아니하였더라면 항해하지 아니하였을 것이라는 결론을 피하기 어렵다. 고의적 위법행위가 손해의 작용하는 원인임을 알 수 있다. 무능한 선원으로 인하여 선박은 해상고유의 위험을 감당할 수 없었다. 이는 위험이 시간이 경과함에 따라서 가능성에서 예견가능한 확률로 변화되었음을 의미한다. 피보험자가 손해가 해상고유의 위험으로 인한 것임을 입증할 책임을 지기 때문에, 원고가 승소하기 위하여서는 손해가 우연한 사고에 기인한 것임을 개연성의 우월에 기하여 입증하여야 한다. '이소셀'호가 해상고유의 위험을 감당할 수 없음이 알려진 경우에 선박을 해상고유의 위험에 노출시킨 것은 바로 원고의 고의적 위법행위 그 자체이었다. 일단 개연성의 문제로서 선박이 해상고유의 위험을 감당할 수 없는 상태임을 예견할 수 있게 된 때, 가능성이나 우연의 요소는 소멸되었고, 선박의 손해는 보험사고가 아니라 선주의 고의적 위법행위에 기인한 것이 되었다. 해상고유의 위험은 해상의 우연한 사고 또는 재난을 의미한다(영국해상보험법 부칙 보험증권의 해석에 관한 규칙 제7조). '이소셀'호의 손해는 해상의 우연한 사고 또는 재난에 기인한 것이 아니라 원고의 고의적 위법행위의 개연성있고 예견가능한 결과인 사고에 기인하였다"라고 판시하였다.

489) [1993] 2 Lloyd's Rep. 582; 이 사건에서 원고인 National Oilwell(UK) Ltd.(하수급인)는 피고 데이비 오프쇼어사(Davy Offshore Ltd.)(수급인)와 해저水源시설을 공급하기로 하는 내용의 하도급계약을 체결하였다. 시설을 인도한 후에 원고는 피고에 대하여 대금지급을 청구하는 소를 제기하고, 피고는 인도가 지연된 시설의 하자로 인한 손해배상을 반소로 청구하였다. 실제로는 피고의 반소는 하자있는 부품에 대하여 피고의 보험금청구에 대하여 보험금을 지급한 보험자가 보험자대위의 방법으로 피고를 대신하여 원고에

판사는 고의적 위법행위가 무모한 부주의(reckless carelessness)와 동일하다는 이전의 판결을 언급하면서 무모한 무관심(reckless indifference)의 의미를 고찰하였다. 콜먼판사는 고의적 위법행위와 무모한 무관심에 대하여 고찰하기 전에 Forder v. Great Western Railway Co.사건[490]에서의 앨버스톤(Alverstone)판사의 정의를 비롯하여 여러 이전의 판결을 언급하였다. 즉, "재산보험에서 위법행위는 명백히 보험의 목적에 대한 것이어야 하고, 또한 보험계약상 피보험자의 의무에 관한 것이어야 한다. 보험금을 청구할 목적으로 고의로 부보선박을 침몰시키는 경우 이는 명백히 선박보험상 위법행위이다. 그러나 선주가 선박을 작동할 수 없거나 계선하거나 폐선야적장으로 예인할 수 없어서 부보선박을 침몰하게 하는 경우 보험자에 대한 보험금청구의사가 없는 경우에는 보험계약상 고의적 위법행위는 명백히 아니다. 그러나 이 선박의 손해에 대하여 보험금이 청구되는 경우에는 그 행위는 위법행위가 되는 것이다"라고 판시하였다.

Compania Maritime San Basilio SA v. Oceanus Mutual Underwriting Association (Bermuda) Ltd., 'Eurysthenes'사건[491]은 악의와 관련한 사건이었는데, 데닝(Denning)판사는 무모함과 고의적 불법행위에 대하여 간단히 언급하였다. 즉, "선주가 고의로 또는 무모하게 선박이 적합하지 않음을 알면서도 선박을 해상으로 항해하게 하였다는 의미에서 고의적 위법행위를 범한 경우에는 선주는 오직 보험금청구권이 박탈된다"라고 판시하였다.

(b) 무모한 무시와 영국해상보험법 제39조 제5항의 악의 : 이는 주로 기간보험에 있어서 감항능력 없는 선박을 출항하게 한 선주가 고의적 위법행위를 범한 것인가 여부가 문제된다. 이는 영국해상보험법 제39조 제5항의 악의(privity)의 문제이다. 즉, 만일 손해가 피보험자가 알고 있는 특정한 불삼항으로 기인한 경우에는 선주의 악의 또는 인지만 있으면 보험자가 책임을 면하게 되는 것이다.[492] 영국해상보험법 제39조 제5항의 피보험자가 알고 있는 불감항의 항변과 동법 제55조 제2항 a호의 고의적 위법행위의 항변 사이의 상관관계가 필연적으로 고찰되어야 한다. 또한 영국해상보험법 제39조 제5항의 피보험자의 악의는 영국

---

대하여 청구한 것이다. 무엇보다도 원고에 대하여서는 하자가 있는 부품임을 알고서도 이를 공급하였기 때문에 고의적 위법행위를 행하였다고 주장되었다.

490) [1905] 2 KB 532.

491) [1976] 2 Lloyd's Rep. 171 CA: 이 사건의 구체적인 사실관계는 이 책 제2부 제6장 제1절 기간보험 I. 기간보험의 정의 1. 확장조항을 삽입하는 기간보험 참조.

492) 이 책 제2부 제5장 제3절 특수한 담보특약의 예 VI. 감항능력 2. 선박의 감항능력의 묵시적 담보특약 (4) 해상보험상의 선박의 감항능력 담보특약 (라) 기간보험 (b) 감항능력 담보특약의 예외적 인정 참조.

해상보험법 제55조 제2항 a호의 고의적 위법행위에 이르게 되는가를 고찰하여야 한다. 두 조문 모두 인과관계를 기인하는(attributable to)이라는 어구로 표현하고 있음을 유념하여야 한다.[493] 이에 피보험자가 알고 있는 불감항에 기인하는 손해 또는 피보험자의 고의적 위법행위로 인한 손해는 보상이 인정되지 아니한다.

기간보험에 든 선박의 닻의 케이블이 심하게 녹슬어 감항능력이 없는 것을 알고서도 출항하여 항해하다가 좌초한 Thompson v. Hopper사건[494]에서 쟁점은 무모한 무시 또는 무모한 무관심이 고의적 위법행위에 해당하는가 여부이었다. 즉, 고의적 위법행위의 개념이 고의적 적극적 위법행위만이 아니라 위법행위에 대한 무시 또는 무관심에서 보여지는 피보험자의 부작위를 포함하는가 여부이었다. 법원은 이를 적극적으로 보았다.

Thompson v. Hopper사건은 기간보험에 있어서 감항능력에 관한 원칙이 확립되지 아니한 시점의 판결임을 유념하여야 한다. 현행 영국해상보험법 제39조 제5항은 손해의 원인이 되는 특별한 불감항에 대한 피보험자의 악의만으로 보험자는 책임을 면한다. 고의적 위법행위에 비하여, 악의는 명백히 낮은 형태의 비난 또는 위법행위이고, 그만큼 입증하기 용이하다. 이와 같은 경우 손해가 불감항에 기인하였음이 입증되지 아니하는 경우를 제외하고는 보험자는 고의적 위법행위를 근거로 들 필요가 없다.[495]

Wood사건과 같은 사실관계에서 영국해상보험법 제39조 제5항의 피보험자가 알고 있는 불감항의 항변의 적용과 제55조 제2항 a호의 고의적 위법행위의 항변과는 구별할 필요가 있다. 전자는 손해가 피보험자가 알고 있는 불감항에 기인한(attributable to) 경우에만 보험자가 주장할 수 있는데 반하여, 후자의 경우에는 손해가 피보험자의 고의적 위법행위에 기인한 경우에 적용된다. 이 항변은

493) 이 책 제3부 제2장 제3절 손해보상의 의무 Ⅶ. 인과관계 8. 영국해상보험법상의 근인원칙의 수정조항 (1) 동법 제39조 제5항-불감항으로 인한 손해 참조.

494) [1856] 6 E&B 937; [1858] E&B 1038: 이 사건에서 원고는 선박 메어리 그래험(Mary Graham)호에 대하여 기간보험계약을 체결하였다. 선더랜드(Sunderland)에서 석탄을 가득 싣고 모래톱에서 조류를 극복하기 위하여 닻을 느슨하게 한 채 항구를 출항하였다. 밤에 강풍이 불어 선박이 해안으로 휩쓸려 좌초하였다. 유일한 생존자는 닻케이블이 녹슬어 있었기 때문에 선원이 케이블을 풀려고 하는 노력이 실패하여 선박이 작동불능이었고 법원에 증언하였다. 사고발생시에 지나치게 빨리 닻을 느슨하게 한 것으로 추정되었다. 쟁점은 '메어리 그래험'호의 선주인 원고가 '알고서도, 고의적으로, 불법적으로(knowingly, wilfully and wrongfully)' 감항능력이 없는 선박을 출항하게 하였고 이 행위가 손해의 근인이가 여부이었다. 항소법원은 기간보험에는 감항능력의 묵시적 담보특약이 존재하지 아니하지만 선박이 감항능력이 없는 상태에서 알고서도 항해하도록 한 경우에는 원고는 보상을 받지 못한다고 판시하였다.

495) Susan Hodges, op. cit., p. 425.

상호 배타적이지만, 어느 경우에도 이들 항변이 허용되는가를 고찰하는 것이 필요하고 그 손해의 근인은 보험사고이어야 한다.[496]

불감항이나 피보험자의 고의적 위법행위가 근인인 경우, 이들 원인의 어느 것도 보험사고라고 인정되지 아니하기 때문에 피보험자는 보상을 받지 못한다. 따라서 보험자는 이 두 가지 항변을 동시에 주장하는 것이 바람직하다. 왜냐하면 불감항이 손해의 원인으로 인정되지 아니하는 경우에도 보험자는 호주판례인 Wood사건의 판시, 유리스테네스(Eurysthenes)호 사건[497]의 항소법원의 데닝(Denning)판사의 방론, NOW v. DOL사건에서 행해진 판시와 같이 무모한 무시 또는 무모한 무관심으로 감항능력없는 선박을 항해하도록 한 것은 영국해상보험법 제55조 제2항 a호의 고의적 위법행위에 해당한다고 주장할 수 있기 때문이다.[498]

영국해상보험법 제39조 제5항의 악의의 항변이든 제55조 제2항 a호의 고의적 위법행위의 항변이든 법원은 이 항변의 유효성을 결정함에 있어서 근인의 원칙이 아닌 기인함(attribution)의 기준만을 고려하면 된다. 따라서 손해가 비록 보험사고에 근인한 경우에도 불감항에 대한 피보험자의 악의에 기인하는 손해 또는 피보험자의 고의적 위법행위에 기인하는 손해에 대하여 보험자는 책임을 면한다.

(다) 선원의 악행 : 보험사고가 보험계약자 등이 민사적 배상책임을 지는 가족이나 피용인의 고의적 위법행위로 인하여 발생한 때에 보험자의 책임을 인정할 것인가 여부가 문제되고, 이는 보험법상 대표자책임이론으로 논하여 진다.[499] 선장, 선원 등의 고의적 위법행위는 선원의 악행이고, 피보험자의 공모가 없는 한 보험사는 피용인의 고의적 위법행위라는 이유로 보상을 거부할 수 없다.[500]

(라) 선의의 저당권자 : 손해가 양도인의 고의적 위법행위에 기인하는 경우에는, 선박보험의 양수인으로서 선의의 저당권자의 지위가 문제된다. 이 경우 저당권자가 고의적 위법행위를 하지 아니하였다고 하더라도 양수인으로서 보험금청구는 양도인인 선주의 고의적 위법행위를 이유로 허용되지 아니한다.

---

496) Susan Hodges, op. cit., p. 429.

497) 이 사건의 구체적인 사실관계는 제2부 제6장 제1절 기간보험 Ⅰ. 기간보험의 정의 1. 확정조항을 삽입하는 기간보험 참조.

498) Susan Hodges, op. cit., p. 430.

499) 양승규, 보험법, 삼지원, 2000, 143~144면.

500) 이 책 제3부 제2장 제3절 손해보상의무 Ⅳ. 인치마리위험 6. 악행 참조.

부보된 선박이 선주의 동의 아래 고의적으로 좌초한 경우 보험증권의 양수인으로 선박을 담보로 대여한 금액의 반환을 청구한 저당권자는 독립한 피보험이익을 가지지 않으므로 보상받을 수 없다고 한 Graham Joint Stock Shipping Co., Ltd. v. Merchants' Marine Insurance Co., 'Ioanna'사건[501]과 천공된 경우 선의의 저당권자는 보험증권의 양도인인 선주의 고의적 위법행위 때문에 보상을 받을 수 없다고 한 Samuel v. Dumas사건[502]에서 보험증권의 양수인으로 저당권자의 지위가 고찰되어 선박이 천공된 경우 선의의 저당권자는 양도인인 선주의 고의적 불법행위 때문에 보상을 받을 수 없다고 판시되었다. 이는 최근의 Continental Illinois National Bank and Trust Co. of Chicago and Xenophon Maritimes SA v. Alliance Assurance Co., Ltd., 'Captain Panagos DP'사건[503]에서 확인되었는데, 선의의 저당권자는 양도인인 선주의 고의적 위법행위 때문에 보상을 받을 수 없었다.

이와 같이 저당권자가 고의적 위법행위에 대하여 아무 책임이 없음에도 불구하고, 선주의 위법행위로 인하여 보상을 받지 못하기 때문에 이 경우에 대비하여 협회선박저당권자이익보험약관(Institute Mortgagees Interest Clauses-Hulls)을 보험계약의 내용으로 하는 것이 바람직하다. 알렉시온 호우프(Alexion Hope)호 사건[504]에서는 보험계약에는 저당권자이익보험약관이 첨부되어 있었고, 저당권자와 저당권이익보험자 사이에 독립한 보험계약이 체결되어 있었다. 선박은 선주와 공모아래 고의로 방화되었으나 법원은 저당권자는 보상을 받을 수 있다고 판시하였다.

(마) 적하소유자의 지위 : 적하소유자의 지위와 관련하여 영국해상보험법 제55조 제2항 a호와 협회적하보험(A),(B),(C)약관 제4조 제1항의 피보험자의

---

501) [1923] 17 LlL Rep. 44 and 241, HL: 이 사건에서 원고인 상고인은 독립한 피보험자로서가 아니라 보험증권의 양수인으로서 보험금청구소송을 제기한 저당권자이었다. 동력선 이오애나(Ioanna)호는 스페인 연안에서 선주의 동의와 수권아래 고의적으로 좌초되었다. 저당권자는 '이오애나'호와 다른 선박을 담보로 빌려준 금액을 반환을 청구하였다. 상원은 저당권자는 보험증권상 독립한 이익을 가지지 아니하므로 보상을 받을 수 없다고 판시하였다.

502) [1924] 18 Ll L Rep. 211, HL: 이 사건의 구체적인 사실관계는 이 책 제3부 제2장 제3절 손해보상의무 Ⅲ. 해상위험 3. 화재와 폭발 (2) 화재 (마) 선의의 저당권자의 지위 참조.

503) [1989] 1 Lloyd's Rep. 33, CA: 이 사건의 구체적인 사실관계는 이 책 제3부 제2장 제3절 손해보상의 의무 Ⅲ. 해상위험 3. 화재와 폭발 (2) 화재 (마) 선의의 저당권자의 지위 참조.

504) [1988] 1 Lloyd's Rep. 331, CA: 이 사건의 구체적인 사실관계는 이 책 제3부 제2장 제3절 손해보상의 의무 Ⅲ. 해상위험 3. 화재와 폭발 (2) 화재 (마) 선의의 저당권자의 지위 참조.

고의적 위법행위의 항변은 선주가 아니라 피보험자인 적하소유자의 행위에 관한 것임을 유념하여야 한다. 따라서 이 조항들은 피보험자인 적하소유자 자신의 고의적 위법행위가 없는 경우에는 적용되지 아니한다. 선주 기타의 자의 고의적 위법행위의 결과 멸실 또는 훼손된 경우 적하소유자의 지위는 협회적하보험(B),(C)약관이 첨부된 보험계약의 경우는 일반면책조항에 관한 제4조 제7항에 의하여 규율된다. 그러나 포괄책임주의를 취하는 협회적하보험(A)약관은 악행이나 해상고유의 위험과 같은 특정한 위험을 담보하는 것이 아니라 포괄적 위험을 담보하는 것이고, 손해가 적하소유자에 대한 위험으로 인정되고 면책사유에 해당되지 아니하는 경우에는 비록 선주의 고의적 위법행위로 적하가 손해를 입은 경우에도 보상이 금지될 이유가 없다.[505]

(바) 선박의 서류의 지시 : 범선이 일반적이고 통신이 열악하였던 과거에는 보험자는 손해에 대한 적절한 정보를 갖추지 못하여 항변을 제출하는 것이 매우 어려웠기 때문에 법원은 피보험자에게 선박에 관한 서류를 갖추도록 명령하고 이에 관한 모든 정보가 보험자에게 제공될 때까지 소송을 중단하는 것이 일반적이었다. 그러나 보험자가 선박이 선주에 의하여 천공되었다고 항변하기 위한 다량의 정보를 보유하고 있는 경우에 법원은 그 준비를 위한 선박의 서류제출명령과 소송절차의 중단을 허용하지 않는다.[506]

(4) 입증책임

피보험자의 고의로 인하여 보험사고가 발생하였다는 것을 입증할 책임을 지는 것은 보험자이지만, 이 경우 추정적 증거로 충분하다.[507] 손해가 보험사고로 인한 것임을 입증할 책임은 항상 피보험자가 지기 때문에 보험자는 피보험자가 고의로 사고를 일으켰을 개연성을 항변으로 제출한 경우에는 피보험자는 그 손해가 자신의 귀책사유로 발생하지 않았음을 입증하여야 한다.[508]

---

505) Susan Hodges, op. cit., p. 370: 이 책 제3부 제2장 제3절 손해보상의 의무 Ⅲ. 해상위험 2. 해상고유의 위험 (2) 해상고유의 위험의 개념 (가) 해상의 우연한 사고 또는 재난 (e) 천공행위는 해상고유의 위험이 아님 (ㄷ) 적하소유자의 지위 참조.

506) Probatina Shipping Co., Ltd. v. Sun Insurance Office Ltd. 'Sageorge' [1974] 1 Lloyd's Rep. 369, CA: 이 사건에서 새죠지(Sageorge)호의 선주는 피고 보험자와 75,000파운드를 보험금액으로 하는 보험계약을 체결하였다. 1972년 4월 '새죠지'호는 전손이 되었고, 선주는 해상고유의 위험으로 인한 손해에 대하여 보험금을 청구하기 전에 모든 관련서류와 지도를 보험자에게 제출하였다. 보험자는 보험금지급을 거부하였는데, 항변을 제출하지는 아니하고 선박이 천공되었다는 항변을 준비하기 위한 선박의 서류제출의 명령을 구하고 소송절차의 중단을 신청하였다. 항소법원은 보험자는 이미 다량의 정보를 보유하고 있기 때문에 소송중단은 부당하다고 판시하였다.

507) 양승규, 앞의 책, 143면.

## 3. 지 연

### (1) 개 관

영국보통법상 "보험약관에서 달리 규정하는 경우에는 이에 따르는 것으로 하고, 선박 또는 적하의 보험자는 지연에 근인하여 발생한 손해에 대하여서는, 비록 지연이 보험사고로 인한 것이라고 하더라도 책임을 지지 아니한다." 그러나 운임이 계약상의 조건이나 이행불능조항에 따라 지급되지 아니하는 경우에, 운임보험자는 보상책임을 진다는 원칙이 확립되었다. 1906년 영국해상보험법 제정시에 선박보험과 적하보험에 대하여서는 명시적으로 확인되었으나(동법 제55조 제2항 c호), 운임보험에 관한 원칙은 무시되었고, 그 지위는 변함이 없다. 선박보험과 적하보험에 대하여 동법 제55조 제2항 c호는 보험증권에 다른 약정을 하는 것이 허용하고 있지만, 이 재량권은 일반적으로 행사되지 않고, 1982년 협회적하보험(B),(C)약관 제4조 제5항은 "그 지연이 부보위험으로 인한 것이라고 하더라도 지연에 근인하여 발생한 멸실, 훼손, 또는 비용(공동해손비용은 제외함)은 명시적으로 면책으로 하고 있다." 협회운임기간보험약관과 협회운임항해보험약관[509]도 시간의 상실(Loss of Time)이라는 제목아래 '해상고유의 위험 기타로 인한 시간의 상실에 결과하는(consequent on) 보험금청구'를 면책으로 함을 규정하고 있다.

### (2) 선박보험

선박보험의 경우에 그 선박이 좌초나 충돌로 훼손을 입어 그 훼손을 수리하는 동안 항해가 지연되어 그 기간동안 선원들에게 임금이나 선박용품을 지급하였다면 그 임금이나 선박용품의 지급은 지연으로 인한 것으로 보험자는 보상책임을 지지 않는다.[510]

선박항해보험에서 항해의 지연의 경우에는, 원래의 인수된 위험이 변경되었다고 할 수 있으므로 보험자는 지연된 이후의 사고에 대하여서는 보상책임을 지지 않는다(영국해상보험법 제68조, 상법 제702조).[511]

영국해상보험법 제55조 제2항 b호는 "다른 약정이 없는 경우에는 지연이 부보위험으로 인하여 발생한 경우에도 선박보험자나 적하보험자는 지연으로 근인한 손해를 보상하지 않는다"라고 규정하여 원하는 경우에는 선박의 피보험자는

508) McGillivray, Insurance Law, 9th ed., London: Sweet & Maxwell, 1997, § 19.8, p. 455.
509) 1983년 협회운임기간보험약관 제14조; 1983년 협회운임항해보험약관 제12조.
510) 심재두, 앞의 책, 241면.
511) 이 책 제2부 제6장 제2절 항해보험 5. 항해의 지연 참조.

지연으로 근인한 손해를 보험에 붙일 수 있도록 하고 있다. 그러나 표준선박항해보험약관[512]은 항해의 지연이 발생한 경우 보험목적을 계속담보하는 뜻을 규정하지 않고 있다.

(3) 적하보험

(가) 지연으로 적하의 손해의 면책 : 좌초나 선박충돌로 인한 손해의 경우를 제외하고는 분손이 면책인 조건으로 부보된 과일의 적하가 적하를 운송하던 선박이 다른 선박과 충돌하여 훼손을 입어 이를 수리하기 위하여 적하가 임시로 하역되는 등의 이유로 적하가 지연하여 훼손된 채 최종목적항에 도착하였지만 보상이 인용되지 않은 Pink v. Fleming사건[513]과 적하보험에 가입된 해상운송되는 돈육의 적하가 항해가 1주일 이상 지연되어 돈육이 부패하여 해상에 투기된 경우 보상이 허용되지 않은 Taylor v. Dunbar사건[514]이 보험자가 면책된 예이다.

그러나 '육상 또는 수상에서의 모든 위험'을 담보하는 조항이 삽입된 돈육의 적하보험계약에서 악천후로 1주일 이상 항해가 지연되어 돈육이 부패하여 투하된 Schloss Bros v. Stevens사건[515]에서 지연이 과도하거나 비정상적이고 포괄

---

512) 1983년 협회선박항해보험약관 제2조; 1995년 협회선박항해보험약관 제2조.

513) [1890] 25 QBD 396; 지연에 근인한 손해의 결과에 대하여 집중적으로 조명하고 있다. 이 사건의 구체적인 사실관계는 이 책 제2부 제6장 제2절 항해보험 Ⅲ. 적하의 항해보험 4. 피보험자가 통제할 수 없는 지연 등의 경우 보험계약의 존속 (1) 피보험자가 통제할 수 없는 지연 (나) 지연으로 인한 손해는 보상 않음 참조.

514) [1869] LR 4 CP 206; 이 사건에서 원고는 래퍼드(Leopard)호에 선적하여 함부르크(Hamburg)에서 런던까지 운송하는 26꾸러미의 돈육을 보험에 들었다. 보험계약은 해상고유의 위험외에 '모든 기타 위험, 손해, 재해'를 담보하는 조항을 포함하고 있었다. 악천후로 인하여 엘베(Elbe)강 입구에서 1주일동안 지연되어 돈육이 너무 부패하여 투하되었다. 원고의 보험금청구에 대하여 법원은 손해는 지연에 근인한 것이지 해상고유의 위험에 근인한 것은 아니므로 보상을 허용하지 아니하였다. 키팅(Keating)판사는 "이 사건의 사실관계는 고기의 손해의 근인은 항해의 수행상의 지연이다. 지연은 폭풍우가 치는 날씨 때문이었지만 내가 아는 어느 판결도 기대되지 않은 항해의 지연으로 인한 손해에 대하여, 비록 그것이 해상고유의 위험으로 인한 것이어도, 피보험자에게 보험금청구권이 인정된 예가 없다"고 판시하였다.

515) [1906] 2 KB 665; 이 사건은 산바닐라(Sanvanilla) 그리고/또는 캐터지나(Cartagena)에서부터 컬럼비아(Columbia)내의 장소 또는 장소들까지 '육상 또는 수상'의 적하에 대한 전위험담보보험상의 보험금청구사건이다. 산바닐라로부터의 운송중 컬럼비아내에 있는 항구인 메델린(Medellin)에서 12꾸러미의 적하가 우연히 습기에 젖고 해충에 의한 손상으로 훼손되었다. 특히 훼손은 나쁜 날씨에서 적하를 내륙으로 운송하는데 걸린 1년 반 동안의 비정상적인 지연으로 인한 것이었다. 법원은 전위험보험은 어떠한 종류든 우연한 원인으로 인한 모든 손해를 담보하고, 보험사는 보상책임을 진다고 판시하였다. 월튼(Walton)판사는 "'육상 또는 수상에서의 모든 위험'이라는 문구는 문언 그대로 해석되어야 한다. 이 문언은 운송 도중 발생하는 여하한 성질의 원인으로 인한 우연한 손해를 담보하는 것을 의도하는 것이라고 생각된다"라고 판시하였다. 이 사건에서 피보험자는

책임주의를 취한 보험이었다는 이유로 보상이 명하여졌다.

(나) 통상적인 지연과 비정상적인 지연 : 비정상적인 지연으로 인한 손해에 대하여서도 보험자가 면책인가 여부가 문제된다. 영국해상보험법 제55조 제2항 c호의 면책사유로서 자연소모(wear and tear)와 누손(leakage)에는 '통상의'(ordinary)라는 수식어가 붙어 있음에 비하여 동항 b호와 모든 협회적하보험약관 제4조 제5항의 지연에는 그러하지 아니하다. 따라서 제55조 제2항 b호와 모든 협회적하보험약관 제4조 제5항이 통상적인 지연 또는 비정상적인 지연 또는 두 가지 모두를 면책으로 하는가를 고찰할 필요가 있다.

이에 관하여서는 포괄책임주의를 취하는 협회적하보험(A)약관과 열거책임주의를 취하는 협회적하보험(B),(C)약관 각각에 대하여 보험약관의 정신과 담보의 관점에서 달리 고찰하여야 한다는 견해가 유력하다.[516] 즉, 협회적하보험(B),(C)약관의 경우에는 열거책임주의를 취하고 있기 때문에 면책사유는 넓게 해석하여 통상적이든 비정상적이든 두 가지 모두를 근인으로 하여 발생하는 지연에 대하여서는 면책이다. 그러나 협회적하보험(A)약관의 경우에는 약관이 전위험담보라는 취지와 동일하게 해석하여 손해가 우연한 것인 경우에는 보상을 허용하여야 한다고 본다. 즉, 지연이 기대되고 통상적인 경우에는 통상적인 자연마모의 경우와 같이 그것을 담보위험이라고 하기 어려울 것이다. 따라서 협회적하보험(A)약관의 틀을 고려하면 완화하여 해석하여 협회적하보험(A)약관 제4조 제5항의 해석상 통상적인 지연만이 면책이라고 봄이 타당하다. 이 해석은 지연이 과도하거나 비정상적이고 포괄책임주의를 취한 보험이었다는 이유로 보상이 명하여진 위의 Schloss Bros v. Stevens사건 판결과도 합치된다.

(4) 운임보험

협회운임기간보험약관과 협회운임항해보험약관은 "해상고유의 위험 기타로 인한 시간의 상실에 결과하는 보험금청구"를 면책으로 한다. 이 조항은 ① 부보된 위험의 사고일 것, ② 시간의 상실로 인할 것, ③ 피보험자가 선박의 사용 또는 임대로부터 얻었을 운임의 손해를 입었을 것이라는 연속적인 사고를 요건으

다음 세 가지 사유로 보상을 받을 수 있었다. 첫째, 보험증권은 모든 위험을 담보하고 있었고, 법원은 이를 폭넓게 해석하여 여하한 모든 위험을 담보한다고 보았다. 둘째, 현행 모든 협회적하보험약관과 달리 당해 보험증권은 지연에 근인한 손해를 면책으로 하는 제4조 제5항과 같은 조항을 삽입하고 있지 않았다. 셋째, 이 사건에는 지연이 과도하거나 비정상적인 성격을 가지고 있었기 때문에 위험담보범위내로 인정하는데 무리가 없었다.

516) Susan Hodges, op. cit., p. 435.

로 하고 있다.[517]

## 4. 자연마모

(1) 자연마모로 인한 손해의 면책

보험은 우연한 사고에 대비하는 것이므로(영국해상보험법 부칙 보험약관의 해석에 관한 규칙 제7조), 보험자는 목적물의 용도에 따라 사용함으로써 닳아서 자연히 생기는 손해인 통상적인 자연마모로 인한 손해에 대하여는 보험약관에 달리 규정하고 있지 아니하는 한 보험자는 책임을 지지 아니한다(영국해상보험법 제55조 제2항 c호)라고 규정하고 있다. 이 면책사유는 협회적하보험(A),(B),(C)약관 제4조 제2항에서 '보험자는 어느 경우에도 통상적인 자연마모에 대하여 보상하지 않는다'라고 규정하여 보다 광범위하게 면책으로 하고 있다.

Miss Jay Jay호 사건[518]에서 머스틸(Mustill)판사는 바람과 파도의 통상적인 작용의 결과 초래된 훼손은 통상의 자연마모에 해당함을 명확히 하였다. 선박의 경우 선박의 외판이 녹이 슬어 부식하거나 선박이 일반적인 쇠약으로 인하여 침몰하는 경우, 기관의 부품이 사용으로 인하여 단지 낡거나 파괴되어 훼손을 야기하는 경우 등이 이에 해당한다.[519]

이에 관한 판례로는 50년동안 석탄을 운송하던 목조의 증기바지선이 평온한 날씨에 일반적인 노후로 인하여 침몰하여 보험자면책이라고 판시된 Wadsworth Lighterage and Coaling Co. v. Sea Insurance Co.사건[520]이 그 예이다.

---

517) F.D. Rose, op. cit., § 18.40, p. 354.

518) Lloyd's Instrument Ltd. v. Nothern Star Insurance Co., Ltd. [1985] 1 Lloyd's Rep. 264; [1987] 1 Lloyd's Rep. 32, CA; 이 사건의 사실관계는 이 책 제3부 제2장 제3절 손해보상의 의무 Ⅲ. 해상위험 2. 해상고유의 위험 (2) 해상고유의 위험의 개념 (가) 해상의 우연한 사고 또는 재난 (h) 해상고유의 위험과 불감항 참조.

519) F.D. Rose, op. cit., § 18.25, p. 549.

520) [1929] 35 Com Cas 1; 이 사건에서 머시(Mersey)강에서 50년간 석탄을 운송하던 목조의 증기바지선이 평온한 날씨의 야간에 계류지에서 침몰하였다. 선박은 인양되었는데, 선주는 "이 보험은 충돌 또는 화재, 벼락, 좌초, 침몰로 인한 선박에 대한 손해를 포함하여 전손과 추정적 또는 합의적 손해의 위험을 담보한다"라고 규정되어 있는 조항에 근거하여 보상을 청구하였다. 항소법원은 손해는 통상의 자연마모로 인한 것이고 보험자는 제55조 제2항 c호에 기하여 면책이라고 판시하였다. 스크르튼(Scrutton)판사는 "바지선의 침몰은 그 자체의 고유한 결함으로 인한 것이라 본 원심법원판사는 비록 해수의 유입으로 인하여 선박이 실제로 침몰하였더라도 해상고유의 위험으로 인한 전손은 아니라고 보았다. 이 판시가 선박에의 해수의 효과가 그 자체로 해상고유의 위험이 아니라고 본 Samuel v. Dumas사건의 판시와 '보험증권에 달리 규정하고 있지 아니하는 한 통상의 자연마모는 면책이다'라고 한 영국해상보험법 제55조 제2항 c호의 규정에 합치한다고 본다"라고 판시하였다.

그러나 최근의 Soya GmbH Mainz Kommanditgesellschft v. White사건[521]에서 '열, 습기, 자동발화'로 인한 멸실 또는 훼손을 담보하는 적하보험에 가입된 콩의 적하가 훼손된 상태로 도착하였는데 선박에서 조악하고 가열되어 있는 상태이었던 경우에는 보험자의 보상책임이 명하여졌다.

유조선이 좋은 날씨에 흡입밸브(suction valve)를 통하여 해수가 유입되어 침몰하였는데, 손해가 담보위험인 숨은 하자로서 인치마리조항에 의하여 보상되는가 아니면 단순한 통상의 자연마모로 인한 것인가 여부가 쟁점이었다. 흡입밸브상의 하자는 선박설계의 하자와 선박의 통상적인 작동으로 인한 노즐의 피로균열로 인한 것으로 숨은 하자에 해당한다고 하여 보상이 명하여진 Prudent Tankers Ltd. SA v. Dominion Insurance Ltd., 'Caribbean Sea'사건[522]에서 고프(Goff)판사는 '개연성의 우월에 기하여 하자가 통상의 자연마모로 인한 경우에는 인치마리조항에 기하여 보상이 허용되지 아니한다'라고 판시하였다.

---

521) [1982] Lloyd's Rep 136, CA; 1 Lloyd's Rep 122, HL; 원고는 3 꾸러미의 콩을 인도네시아로부터 CIF조건으로 매수하였다. 적하는 피고보험자와 포괄예정보험계약(open policy)을 체결하였는데, 첫 번째 적하가 트레비옷방크(Treviotbank)호에 선적되어 앤트워프(Antwerp)에 도착하였는데, 적하가 훼손되었음이 발견되었다. 이에 인도네시아로부터 선적되는 다른 두 개의 콩의 적하에 대하여는 '열, 습기, 자동발화'로 인한 멸실 또는 훼손을 담보하는 추가조항이 삽입되었다. 다른 두 개의 적하가 도착하였는데, 이 적하가 선박에서 가열되어 있고 조악한 상태에 두어져 있었음이 확인되었다. 원고는 보상을 청구하고, 보험자는 '트레비옷방크'호에 선적된 적하의 상태에 관한 모든 중요한 사실이 고지되지 아니하였음을 이유로 그리고 적하의 통상의 자연마모를 이유로 보험금지급을 거부하였다. 상원은 "열, 습기, 자동발화"에 따라 보험자는 보험금을 지급할 책임을 진다고 판시하였다. 도날드슨(Donaldson)판사는 Anould on Manrine Insurance(1857)의 2판 285항의 기술을 인용하여 다음과 같이 판시하였다. 즉, "아무리 좋은 상황에 있더라도 선박은 장기간 항해함에 있어서 통상적인 자연마모의 범주에 들어가는 어느 정도 부패와 가치하락을 피할 수 없다. 손해가 단지 항해의 통상적인 사고의 일상적인 작용으로 인한 경우에는, 보험자는 보상책임을 지지 아니한다. 보험자는 훼손이 이와 같은 범주를 벗어나고 부보위험의 직접적이고 급격한 작용으로 인한 경우에만 보상책임을 진다."

522) [1980]1 Lloyd's Rep. 338; 이 사건에서 18,732톤의 유조선인 캐리비안 시(Caribbean Sea)호의 선주인 원고는 피고 보험자와 인치마리조항이 삽입된 미국협회선박보험약관(American Institute Hull Clauses)을 내용으로 하는 보험계약을 체결하였다. 유조선은 베네주엘라(Venezuela)에서 파나마운하를 거쳐 미국 타코마(Tacoma)로 원유를 운송하는데 이용되고 있었다. 마라카이보(Maracaibo)를 출항할 때, 유조선이 준설선을 피하던 중 약간 좌사하여 훼손되었다. 동 선박은 파나마운하를 떠나던 중 좋은 날씨에 유조선의 훼손된 주요 해수흡입밸브(sea suction valve)를 통하여 엔진룸에 해수가 유입되기 시작하여 결국 침몰하였다. 선주는 이 손해는 (a) 좌사 (b) 밸브주위의 피로균열 (c) 선장의 항해상의 과실의 결과라고 하여 전손보상을 청구하였다. 보험자는 손해의 원인이 불감항과 통상적인 자연마모라고 항변하여 이를 거부하였다. 법원은 원고승소판결을 내렸다. 좌사는 사소한 문제이었지만, 흡입밸브상의 하자는 숨은 하자에 해당하고, 설계상의 여하한 과실이 보상을 배제하는 것은 아니라고 판시하였다; 상세한 내용은 이 책 제3부 제2장 제3절 손해보상의 의무 Ⅲ. 인치마리위험 5. 선체나 기관의 숨은 하자 (4) 숨은 하자의 형태 (가) 설계상의 하자 (b) 긍정하는 판례 참조.

(2) 적용배제

이 면책사유는 명시적 또는 묵시적인 조항에 의하여 배제될 수 있으나, 그 내용은 명확하여야 한다. 그러나 자연마모를 담보하는 일반적인 실무는 존재하지 않고, 자연마모를 담보한 영국판례도 보고되어 있지 않다.[523)]

## 5. 통상적 누손과 파손

영국해상보험법 제55조 제2항 c호는 '보험약관에 달리 규정되어 있지 아니하는 한, 보험자는 … 통상적인 누손과 파손(ordinary leakage and breakage)에 대하여 책임이 없다'라고 규정하고 있다. '누손'은 식별할 수 있는 작은 구멍을 통하거나 통(cask)을 구성하고 있는 재료의 미세한 구멍을 통한 은밀한 이탈을 의미한다.[524)] '통상적인'이라는 수식어는 면책사유에서 예외적이 아니거나 우연하지 아니한 누손이나 파손을 제한하고 있다. 따라서 보험사고로 인한 비일상적인 누손이나 파손이 면책인 것은 아니다.[525)] 또한 1982년 협회적하보험(A),(B),(C) 약관 제4조 제2항은 이 면책규정을 반복하여 규정하고 있는데, 다른 점은 파손은 들고 있지 않고 단지 누손만을 규정하고 있다는 것이다.

1% 이상의 누손을 담보하는 것과 같이 보험약관상의 이와 다른 정함으로 이 면책은 배제될 수 있다. 관통력이 강한 테레반유의 적하에 대하여 여하한 원인이 1% 이상의 누손을 담보하는 적하보험계약이 체결되고, 하역시 4,992갤런 중 115갤런이 흔적도 없이 부족함이 발견된 경우 누손으로 인한 보상이 인정된 De Monchy v. Phoenix Insurance Co. of Hartford and Another사건[526)]과 '여하한

523) F.D. Rose, op. cit., § 18.26, p. 349.

524) De Monchy v. Phoenix Insurance Co. of Hartford and Another [1929] 34 LlL Rep. 201, HL사건에서 더네딘(Viscount Dunedin)판사의 판시.

525) Crofs v. Marshall[1836] 7 C & P 597; Re Traders and General Insurance Association Ltd [1921] 38 TLR 94.

526) [1929] 34 LlL Rep. 201, HL; 이 사건은 '1%를 초과하는 어떠한 원인으로 인한 누손'을 담보위험으로 하여 '보험증권에서 달리 규정하고 있지 아니하는 한'이라는 55조 2항 c호의 문언이 문제가 되었다. 상고인은 케이프 타운 마루(Cape Town Maru)호에 100배럴의 테레빈유를 프로리다의 잭슨빌(Jacksonville)에서 로테르담(Rotterdam)까지 피상고인이 발행한 적하보험증권하에서 운송하기 위하여 선적하였다. 로테르담에서 테레빈유의 하역시에 4,992갤런의 테레빈유는 잭슨빌에서 선적된 양보다 115갤런이 모자란 것이 발견되었다. 상고인은 보험증권상 부족부분의 보상을 청구하였다. 약관상의 근거조항은 "1%를 초과하는 여하한 원인의 누손을 보상한다. 송장에서의 미국 갤런의 kg으로서의 환산은 1갤런당 3.25kg으로 한다"라는 것이었다. 보험자는 손해가 누손으로 인한 것임을 입증하지 아니하였고, 손해는 잭슨빌과 로테르담 사이의 상당한 기온차를 일부 원인으로 한다라고 주장하여 보상을 거부하였다. 상원은 선적되고 하역된 테레빈유의 양의 차이는 물리적인 손해이고 원고는 보상을 받을 권리가 있다고 판시하였다. 더네딘

원인으로 인한 것이든 누손위험을 담보한다'라는 조항이 삽입된 적하보험계약이 체결된 오일의 적하가 해상운송 중 12%가 누손되었지만 해상운송이 없을 경우에도 발생하였을 누손비율인 5%를 공제한 부분만의 보상이 명하여진 Dodwell and Co., Ltd. v. British Dominions General Insurance Co., Ltd.사건[527])이 그 예이다.

2% 이상의 누손손해를 보상하는 조건의 적하보험계약이 체결된 콩(soya bean)의 적하를 선적하고 운송 중인 선박이 악천후를 만나 도착시 누손이 확인된 경우, 중고제품인 배럴통이 항해를 감당하기에 충분하지 않았지만 악천후가 배럴통에 대한 훼손을 일으키게 하였다는 이유로 해상고유의 위험으로 인한 누손으로 보아 보상이 명하여진 Re Traders and General Insurance Association Ltd.사건[528])에서는 보험사고인 누손이 모든 형태의 누손을 담보하는가 또는 보

(Viscount Dunedin)판사는 "보험자는 배럴통에 여하한 누출의 흔적도 없기 때문에 여하한 누손도 있을 수 없다고 주장한다. 이는 누손의 의미가 무엇인가의 문제를 제기한다. 누손은 식별할 수 있는 작은 구멍을 통하거나 통을 구성하고 있는 재료의 미세한 구멍을 통한 은밀한 이탈을 의미한다. 테레빈유는 관통력이 매우 강하여 금속용기를 관통하기도 하지만, 그 경우에도 급속히 증발하여 아무 흔적도 남지지 않는다. 따라서 보험자의 견해가 옳다면 통에 실제 구멍이 있는 경우를 제외하고는 누손이 없다는 것이 된다. 당사자가 의도한 이 약관조항의 바른 해석은 고의적인 훼손 이외의 원인으로 용기로부터의 테레빈유의 이탈에 대하여 보험자는 보상책임을 진다는 것이라고 생각된다"라고 판시하였다.

527) [1955] 2 LlL Rep 391: 이 사건에서 원고는 피고 보험자와 행코우(Hankow)에서부터 영국까지 운송되는 오일통의 적하에 대하여 2개의 해상보험계약을 체결하였다. 적하의 일부는 그랜스트리(Glenstrae)호에 다른 적하는 프로테시로스(Protesilaus)호에 선적되었다. 영국에 도착시 '그랜스트리'호에는 12%, '프로테시로스'호의 경우에는 60%의 오일의 누손이 발생하였음이 확인되었다. 원고의 보상에 대하여 보험자는 불고지를 이유로 거부하였다. 법원은 원고승소판결을 내렸는데, 베일해쉬(Bailhache)판사는 "'그랜스트리'호에 대한 적하보험계약의 경우에는 fpa조항과 관련없이 누손위험을 담보하고 있었으므로 해상운송이 없는 경우에도 발생하였을 누손을 공제하여야 한다. '프로테시로스'호의 적하보험계약의 경우에는 '여하한 원인으로 인한 것이든 누손위험을 담보한다'라는 조항이 보험자가 스스로 작성하여 삽입되어 있었고, 보험자가 스스로 선택한 것이므로 이 조항은 모든 누손을 담보한다. 따라서 '그랜스트리'호의 경우에는 12%에서 5%를 공제한 부분에 대하여 보상책임을 진다"라고 판시하였다.

528) [1921] 38 TLR 94: 이 사건은 재보험사건으로 289배럴의 소야유가 제노아(Genoa)로 운송을 위하여 선적되었다. 보험증권은 해상고유의 위험을 담보하고, '2%를 초과하는 누손손해를 보상한다'는 조항이 삽입되어 있었다. 항해중 소야유를 운송하던 선박이 악천후를 만나 제노아에 도착시 소야(soya)유가 누손되었음이 확인되었다. 로이즈손해사정사는 베럴통이 너무 오래되고 중고제품으로 운송을 감당하기에 충분하지 아니하였기 때문에 누손이 발생하였다고 보고하였다. 원고는 새 통은 오일을 흡수하기 때문에 이 경우에는 오래된 통을 사용하는 것이 바람직하다는 이유로 이 보고서를 거부하였다. 법원은 원고승소판결을 내렸는데 손해가 해상고유의 위험으로 인한 것이라는 충분한 근거가 증거에 의하여 제시되었다고 하였다. 베일해쉬(Bailhache)판사는 "증거에 의하면 누손은 보험사고인 해상고유의 위험으로 인한 것이다. 비록 제노아에서의 취급으로 인하여 손해가 증가되었지만, 악천후가 배럴 통에 대한 훼손을 시작하게 하였으므로 피고는 보상책임을 진다"고 판시하였다.

험사고인 누손만을 담보하는가 여부가 쟁점이었고 법원은 후자의 입장을 취하였다.

## 6. 보험목적의 고유의 하자 또는 성질

(1) 보험목적의 고유한 하자

영국해상보험법 제55조 제2항 c호는 '보험약관에 다른 정함이 없는 한 보험자는 보험목적의 … 고유한 성질 또는 하자에 대하여 보상책임을 지지 않는다'라고 규정하고 있다. 여기서 말하는 고유한 하자는 손해가 이 위험에 근인하여 발생하는 경우 그 위험을 말하는 것이지 손해 자체를 설명하는 것은 아니다.

고유의 하자란 보험목적이 여하한 우연한 외부적인 사건이나 재해의 개입없이 의도된 항해의 통상적인 과정에서 자연적 작용의 결과 저하(deterioration)되는 위험을 의미한다.[529]

누손 또는 파손의 경우와 같이 고유의 하자로 인한 멸실 또는 훼손을 부보하는 것이 가능하다. 선박과 선체보험에서는 이 면책사유를 표현하기 위하여서 '숨은 하자'라는 용어가 일반적으로 사용되고 있다.

선박보험의 경우에는 핵장치나 원자로의 고장 또는 사고로 인한 멸실 또는 훼손[530]에 대하여 담보하고, 보일러의 파열, 차축의 파손 또는 기계나 선체의 숨은 하자로 인한 멸실 또는 훼손[531]을 담보한다고 규정하지만, 숨은 하자 자체는 부보하지 아니한다.[532]

또한 1982년 협회적하보험약관은 이 위험을 담보하는 규정을 두고 있지 않고, 동 약관 제4조 제4항은 '보험목적의 고유한 하자 또는 성질로 인한 멸실, 훼손

529) Soya GmbH Mainz Kommanditgesellschft v. White [1982] Lloyd's Rep. 136, CA; 1 Lloyd's Rep. 122, HL(이 사건의 사실관계는 이 책 제3부 제2장 제3절 손해보상의 의무 Ⅵ. 면책위험 6. 보험목적의 고유한 하자 또는 성질 (3) 보험약관에서 달리 규정되어 있는 경우 참조) 사건에서 디플록(Diplock)판사의 판시; Noten BV v. Paul Charles Harding [1990] 2 Lloyd's Rep. 283, CA사건에서 빙엄(Bingham)판사의 판시.

530) 1983년 협회선박기간보험약관 제6조 제1항 6호; 1983년 협회선박항해보험약관 제4조 제1항 6호; 1983년 협회운임기간보험약관 제7조 제1항 6호; 1983년 협회운임항해보험약관 제5조 제1항 6호.

531) 1983년 협회선박기간보험약관 제6조 제2항 2호; 1983년 협회선박항해보험약관 제4조 제2항 2호; 1995년 협회선박기간보험약관 제6조 제2항 1호; 1995년 협회선박항해보험약관 제4조 제2항 1호; 2003년 국제선박보험약관 제2조 제2항 1호; Prudent Tankers Ltd SA v. Dominion Insurance Ltd, 'Caribbean Sea' [1980] 1 Lloyd's Rep 338사건에서 "고유의 하자의 면책은 인치마리조항상의 보험담보와 명백히 충돌하고, 따라서 인치마리조항을 포함하고 있는 경우에는 적용되지 아니한다"고 판시한다.

532) 이 책 제3부 제2장 제3절 손해보상의 의무 Ⅲ. 인치마리위험 5. 선체나 기관의 숨은 하자 (5) 숨은 하자로 인한 손해 참조.

또는 비용을 보상하지 않는다'고 하여 이를 반복하여 규정하고 있다.

몬순기간 동안 무덥고 습기가 찬 컬커타에서 선적되어 로테르담으로 운송되는 장갑에 대한 적하보험계약이 체결된 적하가 도착시에 습기가 차고 얼룩졌으며 곰팡이가 서린 것이 확인된 경우 장갑이 선적시 습기에 차 있었기 때문에 고유의 하자로 인한 손해라고 한 것[533]이 그 예이다.

⑵ 고유한 하자는 불충분한 포장을 포함함

협회적하보험(A),(B),(C)약관 제4조 제3항은 "보험목적의 포장 또는 준비의 불충분함 또는 부족함으로 인한 멸실, 훼손 또는 비용(이 제4조 제3항에서의 '포장'이라 함은 컨테이너 또는 리프트밴에 적부하는 것을 포함함. 다만 그러한 적부는 이 보험이 개시하기 이전에 이루어지거나 피험자나 그 사용인에 의하여 이루어진 경우에 한함)"으로 인한 손해를 담보하지 않는다라고 규정하고 있다. 포장의 불충분함은 적하의 포장과 준비의 부적합함을 포함하고, 또한 컨테이너나 리프트밴에의 불량한 적부를 포함한다. 그러나 불량한 적부로서 면책되는 훼손이기 위하여서는 적부는 보험기간의 개시이전에 피보험자나 그의 사용인에 의하여 이루어져야 한다.

'여하한 원인으로 인한 멸실 또는 훼손의 모든 위험'을 담보하는 적하보험에 가입된 규조토의 적하가 목적지에 도착하여 바지선으로 운송중 포장의 불충분함으로 인하여 규조토가 든 상자가 열려 규조토를 다시 포장하는데 든 비용은 고유한 하자로 인한 비용으로 면책이라고 한 것[534]과 주전자의 적하가 도착시

533) Noten BV v. Paul Charles Harding [1990] 2 Lloyd's Rep. 283, CA: 이 사건에서 원고는 상업용 장갑을 포함하는 상품의 독일인 수입업자이었다. 1992년에 세 번, 1993년에 한번 도합 네 번의 가죽장갑이 캘커타에서 로테르담까지 운송을 위하여 선적되었다. 이 적하는 보험목적의 고유한 성질 또는 하자를 면책으로 하는 조항이 삽입되어 있는 전위험담보조건의 보험에 들어 있었다. 로테르담에 도착시 장갑은 습기가 차고, 얼룩지며, 곰팡이가 서리고, 색이 바래있음이 확인되었다. 원고의 보험금청구에 대하여 보험자는 이를 거부하였다. 항소법원은 적하인 장갑은 선적시에 과도한 습기를 가지고 있었기 때문에 적하가 훼손되었고, 이는 면책위험인 고유의 하자에 해당한다고 하여 보험자승소판결을 내렸다. 빙엄(Bingham)판사는 "적하는 여하한 우연한 외부적인 사건이나 재해의 개입 없이 의도된 항해의 통상적인 과정에서 자연적 작용의 결과 조악해졌다. 훼손은 적하가 선적시 습기가 차 있었기 때문이었다. 적입된 컨테이너의 상태가 비정상적이라는 여하한 시사도 없다. 증거에 기하여 여하한 우연한 사고가 결합되지 아니하였고, 피고는 원고에게 몬순기간동안 캘커타의 무덥고 습기가 찬 날씨에 대한 위험을 인수한 것은 아니다"라고 판시하였다.

534) Berk and Co. v. Style [1955] 1 QB 180: 이 사건에서 원고는 아프리카에서 런던까지 FOB조건으로 수입하는 규조토의 적하에 대하여 "여하한 원인으로 인한 멸실 또는 훼손의 모든 위험"을 담보하는 보험에 들었다. 런던에 도착하여 바지선에 이송하던 중 상자가 갑자기 열려 규조토를 다시 포장하는데 상당한 비용이 초래되었다. 원고의 보험금청구에 대하여 법원은 원래의 포장이 불충분하였고, 따라서 손해는 보험목적의 고유한 하자로 인한 것이라는 이유로 규조토를 재포장하는데 드는 비용은 보상을 받을 수 없다고 판시하였다. 셀러스(Sellers)판사는 "물론 '모든 위험'에 제한이 있다. 이는 보험사고를

에 움푹 패이고 물에 얼룩이 졌음이 확인된 경우 움푹 패인 것은 불충분한 포장으로 인한 것이고 물에 얼룩진 것은 고습한 나무섬유 포장재료로 인한 것이기 때문이라고 하여 면책이라고 한 것[535]이 그 예이다.

(3) 보험약관에 달리 규정되어 있는 경우

보험약관에 보험목적의 고유한 하자 또는 성질로 인한 손해를 보상한다는 규정을 둘 수 있다(영국해상보험법 제55조 제2항 c호). Berk and Co. v. Style사건[536]에서 셀러스(Sellers)판사는 "만일 원고가 고유한 하자를 담보하기를 원하였다면 추가보험료를 납입하고 그와 같은 효과를 가지는 특별한 문구를 사용하였어야 할 것이다"라고 한다. 선박과 선체보험에서는 이를 표현하기 위하여서 '숨은 하자'라는 용어가 사용되어 1983년 협회선박기간보험약관 제6조 제2항 2호와 협회선박항해보험약관 제4조 제2항 2호는 숨은 하자로 인한 보험목적의 멸실 또는 훼손만을 부보하고, 숨은 하자 자체는 부보하지 아니한다.[537]

열과 습기 그리고 자동발화로 인한 멸실 또는 훼손을 담보하는 담보하는 조항(HSSC조항)이 삽입된 적하보험에 든 콩(soya bean)의 적하가 가열되고 훼손된 채로 도착하여 손해보상이 청구된 경우 이 HSSC조항은 고유한 성질 또는 하자를 면책으로 하는 영국해상보험법 제55조 제2항 c호의 원칙을 배척하기 위한 보험약관상의 다른 조항에 해당한다고 하여 보상이 명하여진 Soya GmbH Mainz Kommanditgesellschaft v. White사건[538]이 그 예이다.

---

담보한다. 따라서 이 표현은 고유한 하자나 단순한 자연마모를 담보하지 아니한다. 이는 불확정적인 위험을 담보한다"고 판시하였다.

535) Gee and Garnham Ltd. v. Whittall [1955] 2 Ll L Rep. 562: 이 사건에서 함부르크에서 영국까지 운송된 주전자의 적하가 도착시에 움푹 패고 물에 얼룩졌음이 확인되었다. 법원은 패임은 불충분한 포장으로 인한 것이고 물에 얼룩진 것은 고습한 나무섬유포장내용으로 인한 것이라고 판시하였다. 원고는 훼손이 고유한 하자로 인한 것이므로 보상받을 수 없었다.

536) [1955] 1 QB 180: 이 사건의 구체적인 사실관계는 이 책 제3부 제2장 제3절 손해보상의 의무 Ⅵ. 면책위험 6. 보험목적의 고유의 하자 또는 성질 (2) 고유한 하자는 불충분한 포장을 포함함 참조.

537) 이 책 제3부 제2장 제3절 손해보상의 의무 Ⅲ. 인치마리위험 5. 선체나 기관의 숨은 하자 참조.

538) [1982] 1 Lloyd's Rep. 136, CA: [1983] 1 Lloyd's Rep. 122 HL: 이 사건에서 1973년 6월 인도네시아에서 앤트워프(Antwerp)까지 CIF조건으로 매수되어 운송되는 3꾸러미의 소야 콩의 적하에 대하여 피고 보험자와 예정보험(open cover)에 들었다. 트레비옷방크(Treviotbank)호에 선적된 첫 번째 적하가 앤트워프에 도착한 후 적하가 훼손되었음이 확인되었다. 이에 두 개의 적하에 대하여 송하인은 열과 습기 그리고 자동발화(heat, sweat and spontaneous combustion: HSSC)로 인한 멸실 또는 훼손을 추가담보하는 보험에 들었다. 이 적하가 도착하였지만 가열되고 훼손되었음이 확인되었다. 보험자는 '트레비옷방크'호에 선적된 적하의 상태에 관하여 모든 중요한 사실이 제공되지 아니한 고지의

## 7. 쥐와 해충

영국해상보험법 제55조 제2항 c호는 "보험약관에서 달리 규정하고 있지 아니하는 한, 보험자는 쥐와 해충에 근인한 손해에 대하여 보상책임이 없다"라고 규정하고 있다.

협회적하보험(A),(B),(C)약관은 이 면책사유에 관하여 규정하고 있지 않다. 포괄책임주의를 택하는 협회적하보험(A)약관은 이 위험을 명시적으로 면책사유로 하고 있으므로 동 약관 제1조에서 쥐와 해충의 위험을 담보한다고 해석된다.

해충이 선박의 밑바닥을 갉아먹는 것과 같이 쥐나 해충에 의한 훼손은 해상항해에 특유한 것이 아니고, 해상고유의 위험에 속하지 않으므로 보상되지 않는다. 그러나 선박의 파이프를 쥐가 갉아서 그 구멍을 통하여 해수가 유입되는 것은 해상고유의 위험에 해당하여 보험자는 보상책임을 면하는 것은 아니다.[539]

'신, 군주와 여왕의 적의 행위, 화재 그리고 모든 해상, 강, 여하한 성질의 증기기관의 항해의 모든 위험과 사고'를 면책으로 하는 조항이 삽입된 해상적하운송사건으로 쥐가 욕실과 바다를 연결하는 파이프를 갉아서 구멍이 난 파이프를 통하여 해수가 유입되어 쌀이 훼손된 경우 선주는 면책이라고 한 Hamilton,

무위반을 이유로 이를 거부 하였다. 상원은 무엇보다도 HSSC조항의 삽입으로 인하여 보상이 허용된다고 판시하였다. 디플록(Diplock)판사는 고유의 하자, HSSC조항 그리고 '보험증권에 다른 정함이 없는 경우'의 쟁점을 상세히 고찰하였다. 디플록판사는 "HSSC조항의 해석의 문제를 결정하기 위하여 사실관계를 요약하면 항해 중 소야콩의 훼손으로 인한 손해는 보험목적의 고유한 성질 또는 하자(이하 고유한 하자로 함)에 근인한 것이다. 고유한 하자는 여하한 우연적인 외래의 사건이나 사고의 개입없이 의도된 항해의 통상적인 과정에서 자연적인 행위의 결과로서 선적된 적하의 저하(deterioration)의 위험을 의미한다. 명시적 또는 묵시적으로 보험증권에서 달리 정하지 아니하는 한 이 위험은 면책으로 추정되고 이 사건에서 판사들의 쟁점은 표준 HSSC조항이 달리 정한 것에 해당하는가 여부이다. 열은 만일 단독위험으로 규정되었으면 외래적인 원인으로 인한 보험목적의 가열과 적하 자체에서 발생하는 내부적인 화학적, 생물학적, 박테리아의 과정의 결과 가열되는 것을 말한다. 그러나 열은 단독으로 규정되어 있지 아니하다. 따라서 이는 다른 두 가지, 즉 습기와 자연적 연소와 관련된다. 습기는 적하 내부에서 발생하는 어떠한 것의 결과로 적하의 외부를 구성하는 것으로부터 습기의 분비물을 의미한다. 한편 자연발화는 적하 자체 내부에서 발생하여 백열광을 발하거나 화염으로 화하는 결과를 초래하는 화학적인 반응을 의미한다. 이 두 가지 표현이 적하 내부에서 발생하는 그 무엇을 가리키는 것이므로 통상적이고 자연적인 의미에서 이 표현은 특정한 유형의 고유의 하자를 명백히 서술하고자 의도하고 있다고 생각된다. 이 두 가지 표현과 직접적으로 관련되는 것으로 보이는 열은 적하 자체의 내부에서 발생하는 어떠한 내부적인 작용의 결과로서 적하의 가열을 의미한다. 따라서 표준 HSSC조항은 보험자는 보험목적의 고유한 성질이나 하자에 대하여 책임이 없음을 규정하는 제55조 제2항 c호에서 설정된 추정적인 해석원칙을 배척하는 '다른 정함'에 해당한다"라고 판시하였다.

539) F.D. Rose, op. cit., § 18.35, p. 352.

Fraser and Co. v. Pandorf and Co.사건[540]에서 왓슨(Watson)판사는 "쌀의 적하가 쥐 또는 선박의 선원에 의하여 직접적으로 훼손된 경우에는 바다는 손해를 야기하는데 전혀 관련이 없으며, 이 경우에는 바다에 특유하지 않은 위험으로 인한 것이고 해안에 있건 항해중인 선박 위에 있건 그러한 유형의 적하의 관리에 부수적인 것이다. 그러나 쥐가 구멍을 만들고 이를 통하여 해수가 유입하여 적하를 훼손한 경우에는 바다가 사고의 직접적인 원인이고, 피보험자의 보험금 청구에 대하여 해충을 제거하기 위하여 통상적인 주의가 행하여졌더라면 해수가 유입되는 것을 막았고 결과적인 훼손이 발생하지 않았을 것이라는 항변은 허용되지 않는다"라고 하여 해상보험계약과 관련하여 '쥐와 해충에 근인한 손해'의 의미를 상세히 고찰하였다

## 8. 해상위험에 근인하지 않은 기계의 훼손

영국해상보험법상 다른 약정이 없는 한 보험자는 해상위험에 근인하지 않은 기계의 훼손에 대하여 보상책임이 없다(동법 제55조 제2항 b호). 이는 밸브의 폐쇄로 인하여 파손된 동키엔진의 손해는 해상 고유의 위험이나 이에 유사한 사유로 인한 것으로 보상되지 않는다고 한 상원의 인치마리사건[541]의 판결을 일반적인 형태로 성문화한 것이다.[542] 영국해상보험법상의 면책과 달리, 협회선박기간보험약관과 협회선박항해보험약관[543]은 보일러의 파열 또는 샤프트의 파손, 선체 또는 기관의 숨은 하자로 인한 멸실 또는 훼손을 특별히 담보하는 인치마리조항을 포함하고 있다. 또한 이들 표준해상보험약관상의 위험조항의 처음부분은 핵장치나 원자로의 고장 또는 사고를 담보하고 있다. 이들 조항은 보험사고로 인한 손해를 담보하지만, 보일러의 파열로 인한 자체손해를 담보하는 것은

540) [1887] 12 App Cas 518: 이 사건은 해상적하운송사건으로 쥐가 욕실과 바다를 연결하는 파이프를 갉아서 구멍이 난 파이프를 통하여 해수가 유입되어 쌀이 훼손되었다. 쟁점은 용선계약과 선하증권에 삽입된 면책조항으로 선주가 보호되는가 여부이었다. 선하증권상의 면책조항은 '신, 군주와 여왕의 적의 행위, 화재 그리고 모든 해상, 강, 여하한 성질의 증기기관의 항해의 모든 위험과 사고'를 면책으로 하였다. 상원은 이 손해는 면책조항의 범위내에 해당된다고 보아 선주는 면책이라고 하였다.

541) Thames & Mersey Mar Ins Co., Ltd. v. Hamilton, Fraser & Co. (Inchmaree) [1887] 12 App Cas 484: 이 사건의 사실관계는 이 책 제3부 제2장 제3절 손해보상의 의무 I. 담보위험 2. 담보위험에 관한 주요쟁점 (2) 인치마리조항 참조.

542) F.D. Rose, op. cit., § 18.36, p. 353.

543) 1983년 협회선박기간보험약관 제6조 제1항 6호; 1983년 협회선박항해보험약관 제4조 제1항 6호. 그러나 1995년 협회선박기간보험약관과 1995년 협회선박항해보험약관, 그리고 2003년 국제선박보험약관은 이 위험을 삭제하고 있다.

아니다.[544] 그러나 이 손해를 확장하여 담보하는 것도 가능하다.[545]

## 9. 파 산

1982년 협회적하보험(A),(B),(C)약관 제4조 제6항은 보험자는 "소유자, 관리자, 용선자 또는 운항자의 지급불능 또는 재정상의 채무불이행으로 인한 멸실, 훼손 또는 비용에 대하여" 책임을 지지 않음을 규정하고 있다. 이것은 이전의 협회적하보험약관에는 없었던 새로운 면책사유이다. 제3자의 파산으로 인한 보험목적의 압류나 매도는 과거의 전위험담보약관에서는 담보위험이었지만, 이 조항은 전위험보험약관에서 담보하고 있던 파산으로 인한 손해의 유형을 면책하는 효과를 가진다.[546]

이 면책조항이 도입되기 이전의 사건으로 '원인이 어떠하든 모든 위험'을 담보하는 적하보험에 가입된 다량의 가죽의 적하가 가공을 맡았던 수급인이 도급인의 파산으로 인하여 대금을 받지 못하였다고 하여 인도를 거부하여 보상이 명하여진 London and Provincial Leather Process Ltd. v. Hudson사건[547]과 '원인이 어떠하든 모든 위험'을 담보하는 적하보험계약이 체결되었고 임대한 컨테이너의 임차인이 파산하여 이를 회수하는 비용을 들인 경우 손해방지비용으로 보상이 명하여진 Integrated Container Service Inc v. British Traders Insurance Co., Ltd.사건[548]은 더 이상 적절하지 아니하지만 파산의 위험을 설명하고 있다.

---

544) 이 책 제3부 제2장 제3절 손해보상의 의무 Ⅲ. 인치마리위험 4. 보일러 또는 샤프트의 파괴 참조.

545) 이 책 제3부 제2장 제3절 손해보상의 의무 Ⅲ. 인치마리위험 5. 선체나 기관의 숨은 하자 (8) 2003년 국제선박보험약관 참조.

546) Arnould, Law of Marine Insurance and Average, 16th ed., 1987 London: Sweet & Maxwell, 제2부 Vol 3, § 227.

547) [1939] 3 All ER 857: 이 사건에서 원고는 다량의 양가죽을 가공하기 위하여 독일로 보냈다. 이 가죽에는 운송기간동안 로이즈의 전위험담보보험에 독일에서는 '원인이 여하하든 모든 위험'을 보험담보하였다. 가죽을 가공하는 독일회사인 포퍼(Popper)사가 파산하였고, 가죽적하의 일부가 관리인에게 인도되어 매각되었다. 수급인의 수중에 있던 다른 적하에 대하여 수급인은 포퍼사로부터 작업대금을 받지 못하였다는 이유로 인도하기를 거부하였다. 원고의 보험금청구에 대하여 보험자는 보험계약상의 실제 손해가 없다고 하여 이를 거부하였다. 법원은 독일회사의 파산은 사고성이 있고 우연적 성격이 있다는 이유로 보상을 허용하였다. 고달드(Goddard)판사는 "원고는 적하에 대하여 절도와 유사하지 아니지만 그러나 절도와 같이 예상하지 못한 사고로 인하여 손해를 입었다. 이 손해가 우연적인 사고, 우발적인 사고, 사고의 개념안에 포함된다고 판단된다"라고 판시하였다.

548) [1984] 1 Lloyd's Rep. 154, CA: 이 사건은 파산과 관련한 손해방지의무에 대한 판결이다. 원고는 오야마 쉬핑사(Oyama Shipping Co., Ltd.)와 극동에서 사용할 컨테이너 1,016개를 임대하기로 하는 약정을 체결하였다. 약정상 컨테이너에 대한 보험은 오야마

## 10. 고의적 훼손

1982년 협회적하보험(B),(C)약관 제4조 제7항은 '어떠한 자의 위법행위로 인한 것이든지 보험목적 또는 그 일부에 대한 고의적인 훼손 또는 파괴'를 면책으로 한다. 이 면책조항은 방화로 인한 멸실 또는 훼손을 면책으로 하는 점에서 매우 중요하다. 통상적으로 화재가 고의적으로 개시되었더라도 보험법상 화재로 인한 멸실 또는 훼손에 대한 보상은 허용된다. 즉, 화재위험은 우연성의 요건을 요구하지 아니한다.[549] 나아가 '어떠한 자'에는 운송인, 선주, 선장과 선원을 포함하는 것으로 해석될 수 있도록 넓게 규정되어 있다.

적하소유자는 협회적하보험(B),(C)약관상 고의적인 훼손에 대하여서는 보상을 받을 수 없다. 보상을 원하는 경우에는 협회적하보험(A)약관을 첨부하거나 협회고의적인 훼손약관(Institute malicious Damage Clause)을 추가구입하여야 한다. 이 조항은 "추가보험료를 지급받고, '어떠한 자의 위법행위로 인한 것이든지 보험목적 또는 그 일부에 대한 고의적인 훼손 또는 파괴'라는 면책조항은 삭제되고, 나아가 고의적인 행위, 약탈 또는 태업으로 인한 보험목적에 대한 멸실 또는 훼손을 담보할 것을 약정한다. 그러나 이 보험에 삽입된 다른 면책조항은 항상 적용된다"라고 규정하고 있다.

---

(Oyama)사가 들기로 하였다 1975년 오야마사의 파산으로 거래가 중단되었다. 원고는 컨테이너를 회수하는데 상당한 비용을 들였고, 전위험보험계약에 근거하여 보상을 청구하였다. 원고의 보험자는 실제로 훼손하거나 멸실된 컨테이너에 대하여서는 보상하였지만, 다른 컨테이너의 회수비용은 파산한 임차인으로부터 물건을 회수하는데 드는 비용이라는 이유로 보상을 거부하였다. 법원은 이 비용은 보험사고로 인한 손해를 피하기 위하여 정당히 초래되었기 때문에 손해방지비용으로 보상이 허용된다고 판시하였다. 에브레이(Eveleigh)판사는 "원고는 컨테이너를 임대하였고, 임차회사는 컨테이너를 관리하는데 필요한 조직을 운영하고 수치인으로서 자신에게 부과된 의무를 수행하는 지위에 선다. 임차인이 파산한 경우 임차인은 물건을 관리할 수 있는 수치인이 더 이상 아니다. 컨테이너는 파산관리인에 의하여 실제로 포기되었다. 컨테이너는 이런 저런 이유로 멸실 또는 훼손의 위험에 계속적으로 노출되었다. 이 보험은 전위험담보보험이다. 따라서 원고가 멸실 또는 훼손의 위협의 존재를 입증한 경우에는 이 위협이 임차인의 파산으로 인한 것이어도 다양한 이유로 발생할지 모르는 손해를 방지하기 위하여 들인 돈을 보상받을 수 있다"라고 판시하였다(이 책 제3부 제1장 제2절 손해방지의 의무 Ⅲ. 손해방지의무의 내용 1. 손해의 방지 또는 경감 (3) 보험계약에 의하여 담보되는 손해의 방지 또는 경감 참조).

549) 이 책 제3부 제2장 제3절 손해보상의무 Ⅱ. 해상위험 3. 화재와 폭발 (2) 화재 (나) 화재는 우연의 요소를 요구하지 않음 참조.

## Ⅶ. 인과관계

### 1. 서 언

사고와 그 결과에 기여한 많은 원인이 존재한다. 해상보험계약에서 보험자는 보험사고로 입은 해상손해, 즉 해상사업에 수반되는 손해를 보상할 책임을 진다(영국해상보험법 제1조). 영국해상보험법 제55조 제1항은 손해의 원인에 관한 분쟁을 해결할 목적으로 적용되는 인과관계에 관한 일반원칙을 "이 법률의 규정에 따르는 것으로 하고 또한 보험증권에 다른 정함이 없는 한 보험자는 담보위험에 근인한 손해를 보상할 책임을 지지만, 담보위험에 근인하지 아니하는 손해에 대하여서는 책임을 지지 아니한다"라고 요약하고 있다.

이는 보험자의 책임이 담보위험에 근인한 손해인가 여부에 따라 결정된다는 원칙을 규정하고 있다. 원인이 아닌 근인을 고려한다(causa proxima, non remota, spectatur)는 일반원칙은 보험법상 확립된 것이고, 이를 충족하지 아니하는 경우에는 보험자는 아무 책임을 지지 않게 된다.

보험사고에 근인한 손해라는 것은 개연성의 척도에 근거하여 피보험자가 입증하여야 하고, 이를 입증하지 못하는 경우에는 보험자가 그 손해에 대한 설명을 할 수 있는가 여부와 그 범위에 상관없이 피보험자는 보상을 받을 수 없다.[550)]

우리 판례(대법원 2005.11.25. 선고, 2002다59528, 59535 판결)는 "영국 해상보험법 제55조 제1항에 의하면 손해가 담보위험을 근인(proximate cause)으로 하는지 여부가 보험자의 책임 유무를 결정하는 기준이 되는바, 여기서 근인이라 함은 손해와 가장 시간적으로 근접하는 원인(proximate in time)을 말하는 것이 아니라 손해의 발생에 있어서 가장 효과적인 원인(proximate in efficiency)을 말한다"고 판시한다.

원인(遠因)이 아닌 근인을 고려한다는 원칙을 규정하는 영국 해상보험법 제55조 제1항에서 다음 세 가지 요소를 추출할 수 있다.[551)] 첫째, 일반적인 원칙은 보험자는 보험사고에 근인한 손해에 대하여서만 보상책임을 진다는 것이다. 둘째, 일반원칙은 이에 대한 예외를 허용한다. 즉, "이 법률의 규정에 따르는 것으

---

550) Rhesa Shipping Co. SA v. Edmunds(The Popi M) [1985] 2 Lloyd's Rep. 1(HL); 대법원 2001.5.15. 선고, 96다2773 판결; 상세한 내용은 이 책 제4부 제1장 제2절 입증책임 참조.

551) F.D. Rose, op. cit., § 19.3, p. 366.

로 하고"라는 문언은 영국해상보험법의 규정에 의하여 이 원칙에서 이탈할 수 있음을 나타내는데, 영국 해상보험법 제39조 제5항과 동법 제55조 제2항이 그 예이다. 셋째, 일반원칙은 보험약관상의 다른 규정에 의하여 수정될 수 있다. 즉, '보험약관에 다른 정함이 없는 한'이라는 표현은 명백히 계약당사자가 원하는 경우에는 적절한 용어를 사용하여 인과관계에 관한 나름대로의 원칙을 정할 수 있음을 허용한다. 과거와 현재의 약관은 다양한 표현이 사용되고 있음을 나타낸다. 현행 선박보험약관, 적하보험약관, 운임보험약관은 인한(caused by), 결과한(resulted from), 기인한(attributable to), 상당하게 기인한(reasonably attributable to), 결과로 인한(in consequences thereof), 결과(consequent on), 에서 발생한(arising from) 등의 용어를 사용하고 있다. 각 경우 문제의 핵심은 이 용어가 근인원칙을 명백히 대체하였는가 여부이다.

## 2. 근인원칙

(1) 근인(proximate cause)의 의의

근접함(proximate)이란 단어의 사전적 의미는 직접적임(immediate)인데, 영국보험법상 근인은 새롭고 독립한 원인으로부터 능동적으로 작용하거나 출발된 어떤 힘의 개입없이 결과를 일으킨 일련의 사고를 작동시키는 능동적 효과적인 원인이라고 정의되고 있다.[552] 해상보험에 있어서 근인의 원칙은 1918년의 Leyland Shipping Co., Ltd. v. Norwich Union Fire Insurance Society Ltd.사건[553]에서 확립되었다.

(2) 효율적이거나 지배적인 원인

근인원칙에 관한 현재의 원칙에 대한 고전적인 지위를 가진 사건은 Leyland 사건인데, 상원은 Reischer v. Borwick사건[554]의 판시를 승인하였고, 쇼(Shaw)판사는 '진정한 근인은 효과에 있어서 근인이다'라고 판시하였다.

(가) Leyland사건의 입장 : 근인의 원칙은 1918년의 Leyland사건에서 Reischer v. Borwick사건의 판시를 승인하는 형태로 확립되었다. Leyland사건에서 결론을 내리기 이전에는 두 가지의 방법으로 이해되었다. 그 하나는 Pink v. Fleming사건[555]의 판시로 손해의 최후의 원인을 근인으로 보는 입장이고, 다른

552) Pawsey & Co. v. Scottish Union & National Insurance Co. [1908] The times, 10. 17.
553) [1918] AC 350, HL.
554) [1894] 2 QB 548 CA.
555) [1890] 25 QBD 386.

하나는 근인이라 함은 효율적이거나 지배적인 원인을 뜻한다는 견해로 현재의 근인의 원칙에 대한 관념의 시원이라 할 수 있는 Reischer v. Borwick사건에서 채용되었다.

충돌로 인한 손해를 담보하였지만, 해상위험으로 인한 손해는 담보하지 않는 해상보험에 가입된 예인선이 부유하던 나뭇가지에 충돌하여 콘덴서의 뚜껑에 구멍이 나는 훼손을 입고 콘덴서의 파이프를 막아 임시수리를 하여 다른 예인선으로 예인하던 중 콘덴서의 마개가 떨어져 나가 물이 유입되어 전손된 Reischer v. Borwick사건[556]에서 로우푸스(Lopes)판사는 "해상보험의 확립된 법원칙은 다수의 원인 없이는 손해가 발생할 수 없었더라도 근인인 원인만이 고찰되고 다른 원인은 거부된다는 것이다"라고 하고 충돌이 손해의 효과적이고 지배적인 원인이라고 판시하였다.

해상위험으로 인한 손해는 담보하지만 전쟁위험으로 인한 손해는 면책으로 하는 해상보험에 든 선박이 제1차 세계대전 기간 중 르 아브르(Le Havre) 외항에서 도선사를 기다리던 중 어뢰를 맞아 해수가 유입되어 침몰하여 선박을 항구외곽으로 이동하도록 명한 항만당국의 지지에 따라 그곳에서 닻을 내리고 있던 중 악천후와 어뢰공격으로 인한 손해로 선박이 침몰한 Leyland사건[557]에서

556) 이 사건에서 예인선인 로사(Rosa)호에 대하여 피고 보험자에게 해상보험에 들었는데, 이 보험은 충돌로 인한 손해를 담보하였지만, 해상위험으로 인한 손해는 담보하지 않았다. 다뉴브(Danube)강을 따라 항해하던 중 '로사'호는 부유하던 나뭇가지에 충돌하였는데 이 나뭇가지는 배의 좌측 바퀴와 얽혀 예인선의 기관에 상당한 손해를 초래하였다. 이 훼손으로 콘덴서의 덮개에 구멍이 뚫려 물이 예인선에 침입하였다. 선장은 구조를 요청하기 전에 예인선에 닻을 내리고 콘덴서의 파이프를 막아 임시수선을 하였다. 다른 예인선이 도착하여 가장 가까운 도크로 예인을 시작하였지만, 좌측 콘덴서의 마개가 떨어져 나가 이를 통해 유입하는 물을 선원들이 막을 수가 없었다. 원고는 예인선의 전손에 대하여 보상을 청구하였지만, 보험자는 충돌로 인한 직접적 손해만을 보상하고 그 이후의 손해는 보상할 수 없다고 항변하였다. 법원은 원고승소판결을 내렸는데, 충돌이 '로사'호의 손해의 효과적이고 지배적인 원인이라고 판시하였다.

557) 이 사건에서 증기선 이카리아(Ikaria)호의 선주인 원고는 해상위험으로 인한 손해는 담보하지만 전쟁 이전이든 이후든 적대행위 또는 전쟁활동의 모든 결과를 면책으로 하는 조항(f c and s clause)을 가진 보험증권으로 피고와 해상보험계약을 체결하였다. 남 아프리카에서 귀항하여 르 아브르(Le Havre)외항에서 도선사를 기다리던 중 '이카리아'호는 어뢰를 맞아 1번 해치(hatch)에 물이 가득 찼다. 승무원들은 심하게 훼손된 '이카리아'호를 르 아브르항으로 끌어 왔고 만일 항구에 체류하는 것이 허용되었더라면 선박은 구조되었을 것이었지만, 폭풍우가 몰아쳐 '이카리아'호는 선창까지 밀려가 침몰하여 선창을 가로막을 것을 우려한 항만당국은 선박을 방파제 근처의 항구외곽으로 이동하여 닻을 내리도록 명하였다. 그곳에서 닻을 내리고 있던 중 악천후와 어뢰공격으로 인한 손해로 선박은 점점 침몰하다가 결국 침몰하였다. 선주는 손해가 해상위험으로 인한 손해임을 주장하여 보상을 청구하였지만 선주는 이를 거부하였다. 상원은 손해는 해상위험으로 인한 것이 아니고, 선박이 방파제근처에 닻을 내린 이후 침몰한 것은 새로운 개입원인은 아니라고 하였다. 손해의 근인은 어뢰로 인한 훼손이고, 보험자는 적대행위로 인한 손해를 면책으로 하였기 때문에 보상책임이 없다고 판시되었다.

법원은 손해의 근인은 어뢰로 인한 훼손이고, 보험자는 적대행위로 인한 손해를 면책으로 하였기 때문에 보상책임이 없다고 판시하고, 근인은 지배적이거나 효율적인 원인이라는 것이 확립되었다.

(나) Leyland사건 이후의 판례 : 근인은 지배적이거나 효율적인 원인이라는 Leyland사건에서 확립된 원칙은 많은 판례에서 적용되었다.

항만청에 수용용선된 선박에 대하여 전쟁위험으로 인한 손해를 선주에게 배상한다는 조건이 삽입되었는데 6주 전에 1차세계대전이 종전되었던 때 선박이 미국기뢰부설함과 충돌하여 훼손된 경우 손해의 근인은 전쟁행위의 결과이었다는 이유로 배상이 명하여진 Board of Trade v. Hain SS Co., Ltd.사건,[558] 영국정부에 수용용선된 선박이 호송중에 좌초하였는데, 상원은 손해의 근인은 전쟁활동이고, 해상위험보험자가 아니라 선박을 수용용선한 전쟁운송부장관이 전쟁활동에 근인한 손해를 보상하기로 한 수용용선계약에 따라 보상책임을 진다고 한 Yorkshire Dale SS Co., Ltd. v. Minister of War Transport, 'Coxwold'사건,[559] 기간보험에 든 선박이 엔진결함 등의 감항능력을 상실하여 수리를 위하여 바닷가에 끌어올렸는데 심한 폭풍이 들이닥쳐 좌초하여 추정전손된 경우 감항능력이 없었던 첫째 원인이 지배적인 원인이라고 한 Ashworth v. General Accident Fire and Life Assurance Corporation사건[560]을 들 수 있다.

---

558) [1929] AC 534, HL: 해상사건으로 증기선 트레버니언(Trevanian)호는 항만청에 수용용선되었는데, 용선계약상의 조건은 선전포고 이전이든 이후든 항만청이 적대행위 또는 전쟁행위로 인한 모든 손해를 보상하는 것이었다. 1918년 12월 뉴욕에서 포틀랜드(Portland)로 항해도중 '트레버니언'호가 미국기뢰부설함 로어노크(Roanoke)호와 충돌하여 심하게 훼손되었다. 충돌은 두 선박의 공동과실로 인한 것이고 과실비율은 동등하였다. 6주전에 제1차 세계대전의 종료가 선언되었지만, 전쟁은 중단되었을 뿐 적대행위가 재발할 가능성이 여전하였다. 쟁점은 '트레버니언'호의 손해가 적대행위의 결과인지 여부이었다. 상원은 항소법원의 판결을 유지하여 충돌은 두 선박의 항해상의 과실로 인한 것이지만 이것이 '로오노크'호는 전쟁활동을 수행 중이었다는 사실을 변경하지 않으며, 따라서 충돌은 손해의 근인인 적대행위 또는 전쟁행위의 결과이었다. 따라서 선주는 손해배상을 받을 수 있었다.

559) [1942] 73 LlL Rep. 1, HL: 이 사건에서는 손해의 '진정한 또는 효율적' 원인이라는 어구의 확인을 위하여 상식(common sense)을 기준으로 하였다. 이 사건에서 콕스월드(Coxwold)호는 1940년 노르웨이전쟁 중 전시운송청에 수용용선된 순톤수 1,124톤의 소형 동력선박이었다. 그리녹(Greenock)에서 나르빅(Narvik)으로의 항해 중 '콕스월드'호는 밤에 불을 밝히지 않고 열악한 가시환경 속에서 호송을 받아 항해하였다. 열악한 가시거리 때문에 '콕스월드'호는 앞선 선박과의 통신이 불가능하여 악천후 중 아일 오브 스카이(Isle of Sky)에서 좌초하였다. 좌초시간대에 부근의 등대는 감소된 전력으로 작동하여 식별할 수 없었고, '콕스월드'호에 가장 가까운 선박도 좌초하였다. 선주는 수용용선조건상 분손보상을 청구하였지만, 용선자인 전시운송청은 '콕스월드'호는 좌초시에 전쟁활동에 종사하고 있었음은 승인하였지만 손해는 전쟁활동에 근인한 것이 아니라 승무원의 항해상의 과실로 인한 것임을 이유로 보상을 거부하였다. 상원은 좌초의 효과적이고 지배적인 원인은 선박이 종사하던 전쟁활동이었다고 판시하였다.

## 3. 손해의 근인이 하나인 경우

손해의 근인이 오직 하나인 경우 법원의 역할은 상대적으로 간단하다. 즉, 특정한 손해의 원인이 당해 보험계약상의 담보위험인가 여부이다.

해상보험에 든 선박이 충분하지 못한 연료를 싣고 항해하던 중 목적지 41마일 근처에서 예인되어 구조료의 보상이 청구된 경우 고유의 하자에 해당하는 연료의 부족으로 인한 것이라고 하여 보상청구를 기각한 Ballantyne v. MacKinnon사건[561]이 그 예이다.

## 4. 둘 이상의 근인이 존재하는 경우

동등한 효과를 가지는 2개 이상의 근인이 존재할 수 있다.

해상운송사건으로 하나는 최초의 계약위반, 다른 하나는 타방당사자에 의한 개입행위라는 두개 이상의 근인이 존재하는 경우에 손해배상을 명한 Heskell v. Continental Express and Another사건[562]은 동일한 효력을 2개 이상의 근인(하

560) [1955] IR 268, Supreme Court of Ireland: 이 사건에서 동력선 마운틴 애쉬(Mountain Ash)호는 선장 애쉬워스(Ashworth)소유로 기간보험에 들었는데, 아일랜드 해안을 따라 많은 항구에 기항하면서 항해 중 엔진결함과 좌초와 같은 일련의 사고를 당하여 훼손을 입었다. 아크로우(Arklow)항에서 선박의 선창을 소방대를 통하여 물을 퍼낸 다음 이 항구를 출발한 후 선박은 엔진결함이 초래되고 선장은 더 이상 물을 배출할 수 없었으므로 수리를 위하여 바닷가에 선박을 끌어 올렸다. 그러던 중 심한 폭풍이 들이닥쳐 선박은 좌초하여 추정전손되어 위부되었다. 선주는 해상위험으로 인한 손해라 하여 보상을 청구하였다. 아이랜드대법원은 선박은 선주의 관여아래 불감항상태 아래서 출항하였다고 판시하였다. 법원은 어느 원인이 손해의 지배적 또는 근접한 원인인가를 결정하는 문제에 직면하였는데, 블랙(Black)판사는 다음과 같이 판시하였다. "첫째 원인인 불감항능력이 선박을 바닷가에 끌어 올리도록 하였고, 이로 인하여 선박은 파도에 휩쓸리는 계속적인 위험에 놓여졌고, 그로 인하여 추정전손이 되었다. 첫 번째 원인은 통제력을 상실하지 않았고, 둘째 원인의 작용은 예방할 수 없었다. 따라서 첫 번째 원인인 불감항능력이 레이랜드(Leyland)사건에서 말하는 지배적인 원인이다."

561) [1896] 2 QB 455, CA: 이 사건에서 원고는 증기선 프로그레스(Progress)호에 대하여 피고 보험자에 대하여 보험에 들었는데, '프로그레스'호는 충분하지 못한 연료를 싣고 선더랜드(Sunderland)를 향하여 함부르크(Hamburg)를 출발하였다. 목적지 41마일 근처에서 선박의 증기압이 감소하여 선장은 증기선 트롤선에 구원을 요청하였고 선박은 선더랜드로 예인되었다. 증기선의 선주는 해상법원에서 구조료지급을 청구하여 승소하였고, 원고는 피고 보험자에 대하여 같은 금액의 보상을 청구하였다. 항소법원은 손해는 담보위험으로 인한 것이 아니고 고유의 하자(inherent vice)에 해당하는 연료의 부족으로 인한 것이라고 판시하여 보상청구를 기각하였다.

562) [1950] 1 All ER 1033: 이 사건에서 수출상인인 원고는 옷감을 페르시아 수입상에게 매도하였고, 공동피고인 컨티넨탈 익스프레스(Continental Express)에게 옷감을 맨체스터 항구의 9번 도크에서 선박 마운트 옥스퍼드 파크(Mount Oxford Park)호까지 운송할 것을 요청하였다. 컨티넨탈 익스프레스는 과실로 운송하지 아니하였는데도 선박을 용선한 스트릭 라인사(Strick Line Ltd.)는 과실로 실제로는 수령하지 아니한 옷감에 대하여 선하증권을 발행하였다. 선박은 적하없이 페르시아만에 도착하였고 적하는 창고에서 발송

나는 최초의 계약위반, 다른 하나는 타방당사자에 의한 개입행위)이 존재할 수 있음이 나타낸다.

(1) 보험증권상 명시적인 면책원인을 포함하지 않는 두 개 이상의 근인

부보위험을 포함한 두 위험이 근인이고 명시적으로 면책된 원인이 없으면 보상이 허용된다.

기간보험에 든 요트의 훼손에 대하여 악천후(담보위험)와 설계상의 하자(명시적으로 면책되지 않은 위험)의 두 원인이 손해에 대한 경합적이고 효율적인 원인으로 인정되어 손해보상이 허용된 미스 제이 제이(Miss Jay Jay)호 사건[563]에서 설계결함으로 인한 불감항과 악천후가 결합하지 아니하면 손해가 발생하지 않았을 경우 두 손해가 근인이고 설계의 결함이 명시적으로 면책으로 되지 않은 경우에 피보험자에게 보상을 허용하였다.

(2) 두 개 이상의 근인이 있고 하나는 약관상 명시적인 면책원인인 경우

두 개의 근인이 있고 하나는 보험약관상 면책위험인 경우 면책위험이 우선하므로 보험자는 보상을 면한다.[564] 비해상보험사건으로 공장설비의 작동으로 인한 손해배상책임을 담보하는 책임보험에 가입된 공장설비를 시험가동하던 중 명시적인 면책위험인 피보험자가 설치한 공장설비의 하자와 면책위험으로 되어 있지 않던 무인상태로 시험가동한 것의 두 가지 위험이 효율적으로 작용하여 화재가 발생하여 공장이 전소되어 보상이 청구된 경우 보험자는 보상책임을 지지 않는다고 한 Wayne Tank and Pump Co., Ltd. v. Employers Liability Insurance Corporation Ltd.사건[565]이 그 예이고, 위의 미스 제이 제이(Miss Jay

조차 되지 않았음이 발견되었다. 페르시아수입상에게 적하를 재매매하였으면 얻었을 이익에 대하여 손해배상을 한 원고는 두 피고, 컨티넨탈 익스프레스와 스트릭 라인사에 대하여 손해배상을 청구하였다. 법원은 원고의 스트릭 라인사에 대한 청구를 기각하였는데, 계약관계가 존재하지 않았고 선하증권의 발행은 단지 과실로 인한 것일 뿐임을 이유로 하였다. 그러나 컨티넨탈 익스프레스에 대한 청구는 인용하였는데 그 금액은 적하가 임치된 기간동안의 사장가격의 하락분에 대하여서 이었다. 법원은 근인문제와 관련하여 최초의 컨티넨탈 익스프레스의 과실과 선하증권 발행에 있어서의 개입행위가 손해의 동등하게 작용한 원인인가의 문제에 직면하였고, 두 가지 원인은 동등한 효력을 가지는 원인이고 계약위반이 그중 하나의 원인인 경우 손해배상이 인정된다고 판시하였다.

563) Lloyd's Instrument Ltd. v. Nothern Star Insurance Co., Ltd. [1987] 1 Lloyd's Rep. 32 CA: 이 사건의 구체적인 사실관계는 이 책 제3부 제2장 제3절 손해보상의무 Ⅲ. 인치마리위험 5. 선체나 기관의 숨은 하자 (7) 숨은 하자와 불감항 참조.

564) F.D. Rose, op. cit., § 19.21, p. 369.

565) [1973] QB 57, CA: 사건에서 원고는 점토를 만드는 공장에서 액체 왁스를 저장・운반하는 설비를 설계하여 설치하였고, 피고 보험자와 '사고로 인한 재산상의 손해'를 담보하는 책임보험계약을 체결하였다. 보험증권은 '피보험자를 위하거나 또는 그에 의하여 매각

Jay)호 사건에서 슬레이드(Slade)판사는 "상식의 관점에서 사실을 판단하면 두 원인이 손해를 야기하는 효과에 있어서 동등하거나 적어도 거의 동등하였다. 이 경우 보험약관이 손해의 불감항으로 인한 손해에 관한 명시적인 조항을 포함하고 있다면 원고는 승소하지 못했을 것이다."라고 판시하였다.

## 5. 위험의 확인과의 구별

인과관계를 입증하는 절차와 피보험자가 보상청구를 하는 위험을 확인하는 작업과 구별되어야 한다.[566] 1982년 협회적하전쟁보험약관의 제11조 위험조항은 "이 보험은 (1) 전쟁 내란 혁명 모반 반란 또는 이로 인하여 발생하는 국내투쟁, (2) (1)에서 담보하는 위험으로 인한 포획, 나포, 강류, 억지 또는 억류 그리고 그러한 행위의 결과 또는 그러한 행위의 기도로 인한 보험목적의 멸실 또는 훼손을 담보한다"라고 규정하고 있다.

피보험자가 이 조항에서 담보하고 있는 손해로 보상을 받기 위하여서는 이 위험조항에서 담보하고 있는 위험 예컨대 전쟁으로 인한 억지가 존재하고, 손해가 이로 인하여 발생하였음을 입증하여야 한다. 즉, 위험을 확인하는 것과 인과관계를 적용하는 것은 구별된다. 이 조항은 수많은 다양한 사고에 적용하는 것을 명확히 하기 위한 것이고, 실무상 다수의 위험을 제시하여 정확한 용어의 입증이 어렵더라도 담보범위내에 해당하는 것으로 인정받을 수 있도록 한다.

## 6. 예상 손해

보험사고로 인한 손해가 발생할지도 모른다거나 발생할 것이 확실하다는 두려움만으로 인한 손해는 피보험자는 보상받을 수 없다. 즉, 위험의 두려움이 존재하고 이를 회피하기 위하여 행위가 취하여진 경우, 그 위험은 손해의 원인이

되거나 운송된 물품의 성질이나 상태로 인한 손해'를 면책으로 하였다. 설비를 시험하기 전에 스위치를 넣어 밤새 무인상태로 방치한 결과 화재가 발생하여 공장이 전소하였다. 150,000달러를 배상한 피보험자는 이의 보상을 보험자에게 청구하였다. 항소법원은 손해의 지배적인 원인은 면책위험인 설비의 위험한 결함상태로 인한 것으로 보험자는 보상책임이 없다고 판시하였다. 데닝(Denning)판사는 "사고에는 두 원인이 있었는데, 하나는 면책위험인 설비의 위험한 상태이고, 둘째 원인은 면책위험으로 되어 있지 않은 가열탱크에 스위치를 넣어 밤새 무인상태로 방치한 자의 행위이다. 손해를 야기함에 있어 효과상 거의 동등한 두 가지 원인이 있고, 하나는 보험자의 보상책임을 인정한 일반적인 문구에 의거하고, 다른 원인은 보험자가 보상책임을 면하는 특별한 문구에 의거하는 경우에는, 일반적 문구는 특별한 조항에 우선권을 양보하여야 한다"라고 이유를 설시하였다.

566) F.D. Rose, op. cit., § 19.22, p. 369.

아니기 때문에 그 결과 손해가 발생하였어도 피보험자는 그 항목으로 보상을 받을 수 없음은 보험법상 확립된 원칙이다.[567)]

전쟁위험을 담보하는 적하보험에 가입된 쇠고기의 적하가 러일전쟁이 발발하여 목적지인 블라디보스톡으로 운송되면 고의로 보험사고를 일으킨 것이 된다는 보험자의 통지에 따라 상하이에서 매도하여 손해를 입은 경우 리딩(Reading) 판사는 "적하는 압류의 위험을 회피하기 위하여 하역을 하기로 결정되었기 때문에 적하는 위험에 처하지 않았고, 위험은 결코 작용하지 않았으므로 보험금청구권은 인정될 수 없다"고 한 Kacianoff v. China Traders Insurance Co., Ltd.사건,[568)] 전쟁위험을 담보하는 보험에 가입된 선박이 이란과 이라크의 전쟁이 개시되어 항구에 억류되었다가 결국 위부하여 보험금을 청구하여 스토튼(Staughton)판사가 Kacianoff사건과 Becker, Gray and Co. v. London Assurance Corporation사건[569)]을 들어 전쟁위험의 두려움으로 인한 손해는 전쟁위험으로 인한 손해에 해당하지 않는다고 한 뱀버리(Bamburi)호 사건[570)] 등이 그 예이다.

## 7. 추정전손에 관한 단일사고규정과 근인의 원칙과의 관계

추정전손 여부를 판단함에 있어서는 단일한 사고에 관련된 비용 또는 동일한 사고로부터 발생된 연속된 훼손에 관련된 비용만이 고려된다.[571)] 이는 보험목적물에 대한 전손만의 보험에 가입한 자가 어떤 보험사고로 손상을 입고도 이를 수리하지 아니하고 있다가 후의 보험사고로 입은 손해와 합하여 추정전손을 주장하지 못하도록 하기 위한 데에서 발단된 것이다. 근인의 원칙은 어떤 특정 보험사고(담보위험)와 손해 사이의 인과관계에 관한 문제로서 수 개의 보험사고를 한데 묶어 단일사고로 볼 수 있느냐의 문제와는 반드시 같다고 할 수 없고 오히려 단일사고의 문제는 각 손해와 보험사고 사이의 근인의 존재를 전제로 한 다음 단계의 문제이다(대법원 1989.9.12. 선고, 87다카3070 판결).[572)]

567) F.D. Rose, op. cit., § 19.25, p. 370; Susan Hodges, op. cit., p. 347.

568) [1914] 3 KB 1121, CA.

569) [1918] AC 101, HL.

570) [1982] 1 Lloyd's Rep. 312.

571) 1983년 협회선박기간보험약관 제19조 제2항; 1983년 협회선박항해보험약관 제17조 제2항; 1995년 협회선박기간보험약관 제19조 제2항; 1995년 협회선박항해보험약관 제19조 제2항; 2003년 국제선박보험약관 제21조 제2항.

572) 이 책 제4부 제3장 제2절 추정전손에 관한 보상 Ⅱ. 추정전손의 유형 1. 선박의 훼손의 경우 초과비용 (3) 훼손을 수리하는 비용 (바) 연속손해 (b) 동일사고에서의 일련의 손해와 추정전손 (ㄷ) 관련사례분석 (iii) 대법원 1989.9.12.87. 선고, 87다카3070 판결 참조.

## 8. 영국해상보험법상의 근인원칙의 수정조항

영국해상보험법 제55조 제1항은 동법의 규정으로 이 원칙에 대한 예외를 정할 수 있음을 규정하고 있다. 동법에서는 그 예외로서 두 조항을 규정하고 있는데, 영국해상보험법 제39조 제5항은 피보험자가 알고 있는 불감항의 항변에 관하여 '기인한'(attributable to)이라고 하고, 동법 제55조 제2항은 피보험자의 고의적 불법행위에 관하여 '기인한'(attributable to)이라고 규정하고 있다.

(1) 영국해상보험법 제39조 5항-불감항으로 인한 손해

영국해상보험법 제39조 제5항에 따르면 선박기간보험의 경우에 피보험자가 불감항에 대하여 알고 있으면 보험자는 손해를 보상할 책임이 없다.[573] 인과관계와 관련하여 동법 제39조 제5항이 보험자가 불감항에 근인한(proximately caused by) 손해에 대하여 보상책임이 없다고 규정하지 않고 피보험자가 알고 있는 불감항에 기인한(attributable to) 손해를 보상할 책임이 없다고 규정하고 있음을 주목하여야 한다. 동법 제39조 제5항의 기인하는(attributable to)의 사전적 의미는 근접한(proximate)의 의미에 비하여 덜 엄격하고 덜 특정적이다.[574] 피보험자가 알고 있는 불감항이 손해를 야기한(attribute) 경우, 보험자는 보상을 면한다. 다만 이 문제는 손해가 보험사고에 근인하였다는 사실을 이유로 보험계약상 보상이 청구된 경우에 고려된다.

영국해상보험법 제39조 제5항이 적용되기 위하여 하나의 손해의 근인이 존재할 필요는 없다. 기간보험에 든 선박이 엔진결함 등의 감항능력을 상실하여 수리를 위하여 바닷가에 끌어올렸는데 심한 폭풍이 들이닥쳐 좌초하여 추정전손된 경우 감항능력이 없었던 첫째 원인이 지배적인 원인이라고 한 Ashworth사건[575]과 같이 불감항이 손해의 유일한 근인인 경우에는 법원은 피보험자가 손해의 원인을 알고 있었는가를 조사할 필요가 없다. 왜냐하면 이 경우에는 보험자의 항변은 악의와 상관없이 불감항이 담보위험이 아니라는 사실만으로 손해에 대하여서는 보상책임이 없기 때문이다.

573) 이 책 제2부 제5장 제3절 특수한 담보특약의 예 Ⅵ. 감항능력 2. 선박의 감항능력의 묵시적 담보특약 (4) 해상보험상의 선박의 감항능력 담보특약 (라) 기간보험 (b) 감항능력 담보특약의 예외적 인정 참조.

574) Susan Hodges, op. cit., p. 354.

575) Asworth v. General Accident and Fire and Life Assurance Corporation [1955] IR 268, Supreme Court of Ireland; 이 사건의 구체적인 사실관계는 이 책 제3부 제2장 제3절 손해보상의 의무 Ⅶ. 인과관계 2. 근인원칙 (2) 효율적이거나 지배적인 원인 (나) Leyland 사건 이후의 판례 참조.

영국해상보험법 제39조 제5항은 기간보험에서 손해의 유일한 근인 또는 여러 근인중 하나가 담보위험인 경우에만 적용하는데 의의가 있다.[576] 먼저 보험증권상 보험금청구권을 주장하는 것이 필요하다. 그러면 다음 단계로 불감항에 피보험자가 알고 있고 손해의 먼 원인(remote cause)이든 근인이든 불감항을 이유로 피보험자가 보험금청구권을 상실하는가 여부를 결정한다. Ashworth사건과 달리 미스 제이 제이(Miss Jay Jay)호 사건[577]에서 법원은 손해의 근인들 중 하나인 해상위험이 담보위험이고, 다른 하나의 근인은 명시적으로 면책으로 하지 않고 피보험자가 알지 아니한 불감항이었기 때문에 악의의 문제를 쟁점으로 취급하였다.

기간보험에 든 선박이 좌초하였지만 불감항의 원인인 선박의 의장불충분에 피보험자가 알지 못한 경우 보상책임이 인정되고,[578] 군함을 퇴역하여 해체하기 위하여 예인선에 의하여 예인되던 중 기상악화로 인하여 로우프가 절단되어 좌초한 경우, 폐선이 해체를 위하여 예인되는 것이 통상의 관습이고 보험자가 불감항을 알고 있었던 경우에도 영국해상보험법 제39조 제5항의 항변이 적용되지 않고 보상이 허용된다.[579]

---

576) Susan Hodges, op. cit., p. 354.

577) Lloyd's Instruments Ltd. v. Nothern Star Insurance Co., Ltd., [1987] 1 Lloyd's Rep. 32 CA: 이 사건의 구체적인 사실관계는 이 책 제3부 제2장 제3절 손해보상의 의무 Ⅲ. 인치마리위험 5. 선체나 기관의 숨은 하자 (7) 숨은 하자와 불감항 참조.

578) Thomas v. Tyne and Wear Steamship Insurance Association Ltd. [1925] 21 LlL Rep. 30: 이 사건에서 원고는 피고와 기간보험계약을 체결한 증기선 던스레이(Dunsley)호의 관리소유자이었다. 탤봇(Talbot)항에서 낭뜨(Nantes)까지의 항해중 '던스레이'호는 로아르(Loire)강에서 좌초하였지만 5일후 다시 진수되었다. 로이즈사정인의 손해사정의 결과 모항에서 가능한 한 빨리 드라이도킹하면 감항능력이 있었다. 낭뜨항에서 로테르담(Rotterdam)을 향하여 다시 적하를 적재한 후 항해하였다. 로테르담에 도착 후 '던스레이'호를 애플도어(Appledore)에서 드라이도킹 할 예정이었지만 드라이도킹은 하지 않고 불충분한 선장과 7명의 선원과 함께 버켄헤드(Birkenhead)로 항해하게 하였다. 선박은 누수되어 결국 침몰하였다. 법원은 손해가 피보험자가 관여하지 않은 의장의 불충분으로 인한 불감항으로 인한 것이라고 보았다. 다른 불감항의 원인인 선원의 불충분함에는 원고가 관여하였지만 손해의 원인이 아니라고 보았다. 영국해상보험법 제39조 제5항의 항변을 보험자에게 인정하지 아니하고 보험자의 보상책임을 인정하였다.

579) George Cohen, Sons and Co. v. Standard Marine Insurance Co. [1925] 21 Ll L Rep. 30: 이 사건에서 원고는 폐선군함인 프린스 죠지(Prince George)호에 대하여 해체하기 위하여 독일의 췌섬(Chatham)에서 브레이크(Brake)까지 예인하는 조항을 포함한 기간보험계약을 피고 보험자와 체결하였다. 예인작업중 야머스(Yarmouth) 30~40마일 부근에서 기상이 악화되어 예인선의 로프가 절단되어 군함을 방치하였고, 통제력을 상실한 몇 명 되지 않는 선원은 닻을 내렸지만 전함은 독일 해안에 좌초하였다. 원고는 구조비용이 선박가액을 초과한다는 근거아래 추정전손 또는 현실전손을 주장하였지만, 보험자는 손해가 해상위험이 아니라 불감항으로 인한 것이라고 하여 보상을 거부하였다. 법원은 손해는 전함을 위험한 상태로 방치한 예인선의 행위로 인한 것이고 전함은 추정전손되었다고 판시하였다. 이는 해상위험에 해당하였고, 불감항에 대하여 폐선이 해체를 위하여 예인되는 것은 통상의 관습이고, 보험자는 이를 잘 알고 있다고 보았다.

(2) 영국해상보험법 제55조 제2항 a호-고의적 위법행위로 인한 손해

근인원칙은 피보험자의 고의적 위법행위의 항변이 제출된 경우에는 적용되지 아니한다.[580] 영국해상보험법 제55조 제2항은 "보험자는 피보험자의 고의적 위법행위로 기인한 손해를 보상하지 아니한다"라고 규정하고 있다. 피보험자의 고의로 인하여 보험사고가 발생하였다는 것을 입증할 책임을 지는 것은 보험자이지만, 이 경우 추정적 증거로 충분하다.[581]

손해가 보험사고로 인한 것임을 입증할 책임은 항상 피보험자가 지기 때문에 보험자는 피보험자가 고의로 사고를 일으켰을 개연성을 항변으로 제출한 경우에는 피보험자는 그 손해가 자신의 귀책사유로 발생하지 않았음을 입증하여야 한다.[582]

따라서 감항능력이 없는 상태인 것을 인지하고, 고의로, 위법하고 부적절하게 선박이 항해하도록 한 경우에 고의적 위법행위가 성립하여 보험자는 보상책임을 지지 않는다.[583]

## 9. 약관상의 규정

영국해상보험법 제55조 제1항은 보험약관상의 약정으로 근인원칙에 대한 예외를 정할 수 있음을 규정하고 있다. 보험약관상 인과관계를 의미하는 다양한 표현이 사용되고 있고, 각 용어와 근인원칙과의 관련이 문제된다.

(1) 기인하고 생긴(caused by and arising from)

영국해상보험법 제55조는 담보위험과 면책위험으로 인한(caused by)이라는 표현을 사용하고 있고, 생긴(arising from)이란 용어가 또한 협회약관에서 사용되고 있는데, 두 가지 모두 보험법상 근인을 의미하는 것으로 이해된다.[584]

Coxe v. Employers' Liability Assurance Corporation Ltd.사건[585]에서 군인을 피보험자로 하여 우연한 사고에 대하여 보험에 들었고, "전쟁으로 직접 또는 간접적으로 기인한(directly or indirectly caused by, arising from, or traceable … to war)"

580) Susan Hodges, op. cit., p. 354.
581) 양승규, 앞의 책, 143면.
582) McGillivray, op. cit., § 19.8, p. 455.
583) Thompson v. Hooper [1856] 6 E&B 937; [1858] EB&E 1038; 이 사건의 사실관계는 이 책 제3부 제2장 제3절 손해보상의 의무 Ⅵ. 면책위험 2. 피보험자의 고의적 위법행위 (3) 영국해상보험법상의 고의적 위법행위의 의미 (나) 무모한 무시 또는 무모한 무관심 (b) 무모한 무시와 영국해상보험법 제39조 제5항의 악의 참조.
584) Susan Hodges, op. cit., p. 357.
585) [1916] 2 KB 629.

사망으로 인한 책임은 면책으로 하였다. 제1차 세계대전 중 피보험자가 사우스 이스턴 레일웨이(South Eastern Railway)에 수비근무 중 기차에 치여 사망하였다. 사고 당시 철로의 전조등이 전시통제에 따라 흐릿하였다. 법원은 사망은 직접 또는 간접적으로 전쟁으로 인한 것이고, 보험자는 보험금지급책임이 없다고 판시하였다.

(2) 기인하거나 상당히 기인한(attributable or reasonably attributable)

영국해상보험법 제35조 제5항과 동법 제55조 제2항 a호에서 사용된 기인한(attributable to)의 법적 의미에 대하여는 앞서 다루어졌다.[586] 이 표현은 많은 협회약관에서 사용되고 있는데, 예컨대 협회적하보험(A),(B),(C)약관, 협회적하전쟁보험약관상 피보험자의 고의적 위법행위의 면책조항이 그것이다.

협회적하보험(B),(C)약관은 기인한(attributable to)이라는 문구 앞에 상당한(reasonably)이란 표현이 삽입되어 있는데,[587] 이것이 어떠한 의미를 추가하는지는 명확하지 아니하다.[588]

(3) 결과(consequences thereof)

결과(consequences thereof)라는 용어는 인한(caused by)이란 용어보다 넓은 의미이지만 근인원칙이 이 용어로 인해 적용되지 않는다는 판례는 없다.[589]

586) 이 책 제3부 제2장 제3절 손해보상의 의무 Ⅶ. 인과관계 8. 영국해상보험법상의 근인원칙의 수정조항 참조.

587) 1982년 협회적하보험(B),(C)약관 제1조 제1항 참조.

588) Susan Hodges, op. cit., p. 358.

589) Britain SS Co. v. Kong, 'Petersham': Green v. British India Steam Navigation Co., Ltd., 'Matiana' [1921] 1 AC 99, HL사건에서 (1) 피터샴(Petersham)호는 해운청에 수용용선되었고, 용선계약에는 해운청은 해상위험에는 책임을 지지 아니하지만 "적대행위 또는 전쟁활동의 결과(all consequences of hostilities or warlike operations)"에 대하여서는 책임을 진다고 하는 조항을 담고 있었다. 1918년 5월 '피터샴'호는 야간에 다른 선박과 충돌하여 멸실되었다. 해운당국의 규제에 따라 두 선박은 모두 사고발생시에 항해등을 켜고 있지 않았다. (b) 매티어너(Matiana)호는 호위를 받아 튀니지아(Tunisia) 북쪽을 항해하던 중 산호초에 받쳐 전손되었다. 좌초시에 날씨는 어둡고 호송선박은 해군장교의 지시를 받아 지그재그로 항해하고 있었다. 11시간후 '매티어너'호는 산호초에 받쳐 이미 훼손되었는데 다시 어뢰에 명중되었다. 보험증권은 통상적인 f c and s 조항을 담고 있었고, 국왕의 적에 의한 적대행위 또는 전쟁활동의 모든 결과(all consequences of hostilities or warlike operations by or against the King's enemies)를 담보하는 전쟁위험보험증권이 삽입되어 있었다. 상원은 '피터샴'호 사건의 경우 충돌은 통상적인 해상위험이었고, 소등은 그 위험을 증가시켰을 뿐이었기 때문에 손해는 전쟁활동으로 인한 것이 아니라고 보았다. '매티어너'호 사건의 경우는 손해는 전쟁활동의 근접한 결과로 인한 것이 아니라고 보았다. '매티어너'호는 전쟁활동의 결과가 아니라 선박이 위치를 파악하지 못하였기 때문에 좌초하였다고 보았다. 법원은 결과(consequences of)의 의미를 고찰하였는데, 섬너(Sumner)판사는 "결과라는 용어는 적대행위로부터 생기는 유형의 손해를 표시하기 위하여 도입된 것이라고 하였다: Liverpool and London War Risks Association Ltd. v. Ocean

(4) 수반하는(consequent on)

1983년 협회운임기간보험약관 제14조 시간의 상실조항[590]은 "이 보험은 해상위험 기타로 인한 시간의 상실에 수반하는 어떠한 보험금청구도 보상하지 아니한다"라고 규정하고 있는데, '수반하는'이란 용어는 인과관계를 말하는 것이 아니라 수반하는 손해(consequential losses)를 의미한다.[591]

'해상위험 기타로 인한 시간의 상실에 수반하는 어떠한 보험금청구도 면책으로 한다'는 조항이 삽입된 운임보험에 든 선박의 샤프트(main shaft)가 부러져 선적항구로 귀항하여 용선계약이 해지되어 운임의 보상이 청구된 경우 허쉘(Hershell)판사는 "보험자가 시간의 상실에 수반하는 책임을 지지 않는다는 것은 무엇을 의미하는가? 이는 보험의 목적이 멸실되고 그것이 보험사고로 인하여 멸실된 경우라고 하더라도, 보험금청구가 항해가 의도된 기간 안에 행하여질 수 없을 정도로 항해의 수행에 있어서 시간의 상실로 인한 경우에는, 보험자는 면책이다라는 의미이다"고 한다.[592]

---

SS Co., Ltd., 'Priam'호 [1947] AC 243, HL사건에서 10,029톤의 동력선인 프리엄(Priam)호는 국방부에 의하여 수용되어 '적대행위와 전쟁활동의 결과'(consequences of hostilities or warlike operations)를 담보하는 전쟁보험에 가입하였다. 희망봉을 경유하여 리버풀에서 알렉산드리아로 긴급히 필요한 전쟁물자중 일부를 갑판에 싣고 항해 중 Priam호는 악천후를 만나 갑판 앞에 싣고 있던 항공기 등이 느슨해져서 제2해치 뚜껑(No 2 hatch cover)를 강타하여 제2해치(No 2 hatch)가 물에 넘쳤다. '프리엄'호는 약 2,200톤의 물이 유입되어 선박의 앞이 기울여졌음에도 잠수함의 위험을 피하기 위하여 선장은 가능한 한 최대의 속도를 유지하고 지그재그 항해를 계속하여 추가손해가 발생하였다. 선주는 보험금을 청구하였는데, 쟁점은 어느 손해가 적대행위와 전쟁활동의 결과이고 해상위험에 근인한 손해는 무엇인가이었다. 상원은 갑판상의 전쟁물자의 운송은 특별한 전쟁위험에 해당하므로 제2해치에 입은 손해는 보상되지만, 그 밖의 손해는 악천후로 인한 것으로 전쟁위험으로 담보되지 않는다"고 판시하였다. 포터(Potter)판사는 "적대행위 또는 전쟁활동에 대한 보험 또는 적대국가에 의한 포획, 나포, 강류, 억류 또는 그 결과 대한 보험(the insurance of the consequences of hostilities or warlike operations or, for that matter, of capture seizure arrest detainment by the King's enemies and the consequences thereof)은 보험자는 보험사고에 근인하지 아니하는 손해에 보상책임을 지지 않는다는 영국해상보험법 제55조의 효과를 배제하거나 완화하고, 또는 그 보험담보를 확대한다"라고 하였다.

590) 이에 관하여서는 이 책 제2부 제2장 제2절 해상보험의 목적 Ⅱ. 해상보험의 목적 4. 운임 (4) 제3자가 지급하는 운임 (나) 용선운임 (b) 기간용선운임 (ㄴ) 휴항손해 참조.

591) Susan Hodges, op. cit., p. 360.

592) Bensaude and Others v. Thames and Mersey Marine Insurance Co., Ltd. [1897] AC 609, HL: 이 사건에서 증기선인 페닌슐러(Peninsular)호는 리스본에서 서 아프리카까지 도착지에서 운임을 지급하기로 하고 밀에 대하여 운송계약을 체결하였다. '페닌슐러'호의 선주는 지급받을 운임에 대하여 피고 보험자와 기간보험계약을 체결하였고, 이 계약은 해상위험 기타로 인한 시간의 상실의 결과로 인한 어떠한 보험금청구도 면책으로 하는 조항이 포함되어 있었다. 출항 직후 '페닌슐러'호의 샤프트(main shaft)가 부러져 선적항구로 귀항하였다. 지연으로 인하여 용선계약이 해지되고 운임에 대하여 손해를 입었다. 선주의 보험금청구에 대하여 상원은 운임의 손해는 면책조항의 문구범위에 포함된다고 판시하였다.

# 제 3 장 보험자대위

## 제 1 절 보험자대위의 의의와 근거

### Ⅰ. 보험자대위의 의의

해상보험계약은 손해보상계약의 일종으로서 이득금지의 원칙이 작용하여 보험자가 보험사고로 말미암은 손해를 피보험자에게 보상하여 주면 피보험자가 보험의 목적이나 제3자에 대하여 가지는 권리를 이중으로 행사하지 못하고, 그 권리를 보험자에게 이전하도록 하는 이른바 보험자대위제도가 발전하여 보험계약법의 원리가 되고 있다. 여기서 보험자대위(subrogation)라 함은 보험자가 보험사고로 인한 손실을 피보험자에게 보상하여 주고, 그 피보험자 또는 보험계약자가 보험의 목적이나 제3자에 대하여 가지는 권리를 취득하는 것을 말한다(영국해상보험법 제79조, 상법 제681조, 제682조).

영국해상보험법과 상법은 보험자대위를 보험의 목적에 관한 것과 제3자에 관한 것의 두 가지를 규정하고 있는데, 후자가 그 중심을 이루고 있다.

### Ⅱ. 보험자대위의 근거

보험사고로 말미암아 피보험자가 보험자로부터 손해보상을 받은 다음 제3자에 대한 청구권을 행사하도록 하는 것은 이득을 허용하는 것이고, 그렇다고 해서 제3자의 배상책임을 면제시키는 것도 불합리하다. 여기에서 손해보험계약의 발달초기에서부터 손해보험계약의 기본원리의 하나인 이득금지의 원칙과 형평의 관념에 따라 보험자대위제도가 발전하고 있는데, 그 법적 근거에 대하여는 손해보험계약의 성질에서 찾는 입장과 정책적인 견지에서 찾는 입장으로 나눌 수 있다.

### 1. 손해보상계약성에서 찾는 입장

보험자대위의 근거를 손해보상계약성에서 찾는 것은, 손해보험계약이 일종의 손해보상계약으로서 보험사고로 인하여 피보험자에게 어떤 이득을 주려는 것이 아니라 단순히 손해의 보상만을 목적으로 한다는 점에서 당연히 보험자대위가 인정된다는 입장이다. 다시 말하면 보험자대위는 손해보험계약의 성질상 보험사고로 피보험자에게 이중의 이득을 주지 않으려는 데 그 근거를 두고 있다는 입장으로 우리나라에서는 지배적이다.

### 2. 정책적인 견지에서 찾는 입장

보험자대위의 근거를 정책적인 견지에서 찾는 것은, 피보험자로 하여금 이득을 얻도록 하여서는 안된다는 원칙을 손해보험계약의 법적 성질에서 오는 논리적인 요청이 아니고, 보험계약이 피보험자에 의한 보험사고의 유발이나 도박 등의 부정행위에 이용될 위험을 방지하기 위한 수단으로서 인정된 것이라고 보는 입장이다.

### 3. 사 견

보험자대위제도는 연혁적으로 볼 때에는 해상보험의 발전과 더불어 손해보험계약의 손해보상성, 이득금지의 원칙과 관련하여 생겨난 것으로서 손해보험계약의 성질에서 피보험자가 이중이득을 얻지 못하게 함으로써 보험의 악용을 방지하기 위하여 나타난 것이지만, 오늘날 보험거래의 실정과 연관시켜 볼 때에는 보험정책적인 이유도 깃들어 있다고 보아야 할 것이다

## Ⅲ. 영국해상보험법과 상법상의 보험자대위

영국해상보험법 제79조와 우리 상법 제681조와 제682조는 보험자대위에 대하여 규정하고 있다. 양자는 잔존물대위와 청구권대위로 나누고 있는 점, 잔존물대위의 경우에는 보험목적의 전부멸실과 보험금액의 전액지급을 요건으로 하는데 반하여, 청구권대위의 경우에는 지급한 보험금액의 한도 안에서 피보험자가 제3자에 대하여 가지는 권리를 취득하는 점에서 동일하다.

## 1. 영국해상보험법상의 보험자대위

영국해상보험법 제79조 제1항은 "보험자가 보험의 목적의 전부 또는 적하의 경우에는 보험목적의 분할가능한 부분의 전손에 대하여 보험금을 지급한 경우에는, 보험자는 보험금이 지급된 보험의 목적의 잔존한 부분에 대하여 피보험자가 가진 이익을 승계할 권리를 가진다. 또한 손해를 야기한 사고발생시부터 보험목적 자체에 대하여 그리고 보험의 목적에 관하여 피보험자가 가지는 모든 권리와 구제수단을 대위한다"라고 하고, 동조 제2항은 "전항의 규정에 반하지 않는 한, 보험자가 분손보험금을 지급한 때에는, 보험목적이나 그 잔존물에 대한 소유권을 취득하지 못한다. 그러나, 그 손해에 대한 지급으로, 이 법에 따라 피보험자가 보상받은 한도에서, 손해를 야기한 사고가 발생한 때로부터 보험목적에 대한 그리고 그와 관련된 피보험자의 모든 권리와 구제수단을 대위한다"라고 규정하여, ① 전손 보험금이 지급된 보험목적의 잔존한 부분에 대하여 피보험자가 가진 이익을 승계할 권리, ② 보험목적 자체에 대하여 그리고 보험의 목적에 관하여 피보험자가 가지는 모든 권리와 구제수단에 대한 대위권을 구별하고 있다. 전자의 경우 보험자는 잔존물에 대한 피보험자의 이익을 승계할 권리를 취득하는데 반하여, 후자의 경우에는 보험사고발생시로부터 피보험자의 3자에 대한 권리를 대위하는 점에서 차이가 있다.[1)]

## 2. 우리 상법상의 보험자대위

우리 상법상은 보험목적의 전부가 멸실한 경우에 보험금액의 전부를 지급한 보험자는 그 목적에 대한 피보험자의 권리를 취득하고(상법 제681조 본문), 손해가 제3자의 행위로 인하여 생긴 경우에 보험금액을 지급한 보험자는 그 지급한 금액의 한도에서 그 제3자에 대한 보험계약자 또는 피보험자의 권리를 취득한다(상법 제682조).

보험자대위의 내용인 보험의 목적에 관한 권리 또는 제3자에 대한 권리 이전은, 보험자가 피보험자에게 보험금액을 지급함으로써 법률상 당연히 발생하여 당사자 사이의 의사표시를 요하지 않으므로 양도행위가 아니고, 이른바 민법상의 손해배상자의 대위(민법 제399조)와 같은 성질의 것으로 풀이한다.

이에 따라 보험자대위에 따르는 잔존물에 관한 권리의 이전의 경우에는 인도

1) Yorkshire Insurance Co. v. Nisbet Shipping Co., Ltd.사건 [1961] 1 Lloyd's Rep. 479사건에서 Diplock 판사의 판시: 이 사건의 사실관계는 각주 27 참조.

또는 등기를 요하는 물권변동(민법 제186조, 제188조)의 절차를 밟지 않고도 보험자는 당연히 제3자에게 그 권리를 주장할 수 있고, 또 제3자에 대한 권리의 이전의 경우에도 지명채권양도의 대항요건(민법 제450조)의 절차를 거치지 아니하고 채무자 그 밖의 제3자에게 대항할 수 있다. 다만 제3자에 대한 보험자대위에 있어서는 보험자가 보험금의 일부를 지급한 경우에도 일부대위가 인정되는 점에서 보험의 목적에 대한 대위와 다르고, 또 보험자의 대위권은 피보험자가 제3자에 대하여 가지는 권리를 전제로 하므로 그 피보험자의 권리에 의하여 제한을 받게 된다.

## 제2절 보험의 목적에 대한 보험자대위

### Ⅰ. 보험의 목적에 대한 보험자대위의 뜻

보험의 목적의 전부가 멸실한 경우에 보험금액의 전부를 지급한 보험자는 그 목적에 대한 피보험자의 권리를 취득한다(영국해상보험법 제79조 제1항, 상법 제681조 본문). 해상보험에 있어서 선박이 훼손되어 그 본래의 기능을 전부 잃은 경우에 그 잔존물의 가액을 평가하지 않고 전손으로 취급한 경우에 보험금액의 전액을 지급한 경우에 그 난파선에 피보험자의 권리를 보험자에게 이전시키는 제도가 바로 보험의 목적에 대한 보험자대위인데, 이를 잔존물대위라고도 한다.

영국해상보험법은 제79조 제1항은 잔존물대위에 관하여 "보험자가 보험의 목적의 전부 또는 적하의 경우에는 보험목적의 분할가능한 부분의 전손에 대하여 보험금을 지급한 경우에는, 보험자는 보험금이 지급된 보험의 목적의 잔존한 부부분에 대하여 피보험자가 가진 이익을 승계할 권리를 가진다"라고 규정하고 있다.

### Ⅱ. 잔존물대위와 보험위부의 비교

보험위부는 그 기원에서 보험자대위와 관련되어 있고, 피보험자가 손해액 이상을 보상받아 이익을 취하는 것을 막고자 하는 점에서, 양자는 기본적으로 그 목적을 같이 한다. 보험위부는 일반원칙인 보험자대위의 보충적인 원칙(subrule)이다.[2)]

그러나 보험자대위는 보험의 목적에 현실전손이 있는 경우에 피보험자의 손해를 보상하여 준 보험자에게 법률상 잔존물에 대한 권리를 이전시키는 제도인데, 보험위부는 보험의 목적이 전부 멸실된 것과 동일시되는 추정전손이 있는 경우에 위부의 통지라는 피보험자의 특별한 의사표시에 의하여 보험금을 청구하는 제도인 점에서 양자는 성질을 달리 한다. 그리고 보험위부의 경우에는 위부된 목적물이 피보험자에게 지급한 보험금액보다 큰 것이 입증되어도 보험자는 여전히 그 전부에 대한 권리를 가질 수 있다. 그러나 보험자대위의 경우에는 이와 반대로 보험자는 피보험자에게 지급한 보험금액 이상으로 회복할 수 없는 점에서 양자는 구별된다.[3)]

## Ⅲ. 보험자대위의 요건

### 1. 보험목적의 전부 멸실

보험사고로 보험의 목적의 전부가 멸실되어야 한다(영국해상보험법 제79조 제2항 본문). 여기서 전부 멸실이라 함은 보험계약 체결 당시의 보험의 목적이 가진 경제적 가치가 전부 멸실한 것으로 전손과 같은 의미이고, 영국해상보험법상은 현실전손을 의미한다. 적하의 경우에는 보험목적의 분할가능한 부분의 전손을 포함한다(영국해상보험법 제79조 제1항 참조).

### 2. 보험금액의 전부 지급

보험자가 보험금액의 전부를 피보험자에게 지급하여야 한다. 여기서 보험금액의 전부 지급이라 함은 보험의 목적에 입은 손해뿐 아니라 보험자가 부담하는 손해방지비용(상법 제680조, 영국해상보험법 제78조)까지 지급한 것을 이른다. 보

2) R.M. Merkin, Colinvaux' Law of Insurance, Kluwer Publishing, 1992, C.4.2-01.

3) Arnould, The Law of Marine Insurance and Average, 16th ed., London: Sweet & Maxwell, 1981, § 1302; Attorney-General v. Glen Line Ltd and Liverpool & London War Risks Association Ltd. [1930] 37 LlL Rep. 55 at p. 61; [1930] 36 Com Cas 1 at p. 13사건에서 액틴(Atkin)판사의 판시(이 사건의 사실관계는 각주 28 참조).

험사고로 인하여 보험의 목적이 전손된 경우에 피보험자는 보험자에게 그 보험금액의 전부를 청구할 수 있으므로, 보험사고로 인한 피보험자의 경제적 수요를 충족시켜 준 다음에야 보험자가 그 권리를 대위할 수 있음은 당연하다. 그러므로 보험자가 보험금액의 일부만을 지급한 때에는 그 지급부분에 대해서도 권리가 이전하는 것은 아니다. 따라서 보험금액의 일부를 지급하고 나머지의 지급을 하지 않고 있는 동안에 보험의 목적이 가령 구조되었다면 보험자는 그 목적에 대한 권리를 취득할 수 없고, 동시에 피보험자는 구조된 물건의 가액을 공제하지 않으면 안된다.

영국해상보험법 제79조 제1항과 제2항은 전손 또는 분손에 대한 지급을 보험자대위의 요건으로 하므로 기평가보험의 경우 협정보험가액이 실제의 가액보다 낮은 경우 보험금을 지급한 때 보험자대위권이 인정되는가 여부가 문제된다. 영국법상 협정보험가액은 사기가 없는 한 확정적 효력이 인정되어(영국해상보험법 제27조 제2항) 당사자는 이를 다툴 수 없으므로 피보험자의 실제손해가 협정보험가액을 초과하더라도 보험자대위권은 긍정된다.[4]

## Ⅳ. 보험자대위의 효과

### 1. 보험의 목적에 대한 권리의 취득

(1) 상법상의 효과

(가) 당연한 권리의 이전 : 보험의 목적의 전부가 멸실한 경우에 보험금액의 전부를 지급한 보험자는 보험의 목적에 대한 피보험자의 권리를 취득하게 된다(상법 제681조 본문). 보험의 목적에 대한 피보험자의 권리의 이전은 법률의 규정에 의하여 당연히 이루어지는 것이므로, 보험자가 보험금액을 전부 지급하면 그 목적물에 대한 물권변동의 절차(민법 제186조, 제188조)를 밟지 아니하고도 보험의 목적에 대한 피보험자의 권리가 보험자에게 이전하게 된다. 따라서 보험자는 피보험자 또는 제3자에 대하여 그 권리를 주장할 수 있다. 이에 따라 피보험자는 그 목적물에 대하여는 특약이 없는 한 아무런 권리를 가지지 못하고, 또한 임의로 그것을 처분할 수 없다.

---

4) Arnould, op. cit., § 1322, n. 88; F.D. Rose, Marine Insurance: Law and Practice, London: LLP, 2004, § 27.21, p. 521.

(나) 이전되는 권리의 범위 : 상법은 '그 목적에 대한 피보험자의 권리'라고 정하고 있으므로(상법 제681조 본문), 보험자대위에 의하여 보험자에게 이전하는 권리는 피보험자가 보험의 목적에 대하여 가지는 피보험이익에 관한 모든 권리라고 할 수 있다. 이에는 보험의 목적에 대한 소유권에 한정되지 않고, 경제적 이익이 있는 이상 그 목적물에 대한 모든 권리가 보험자에게 이전된다고 해석한다. 따라서 선박저당보험의 경우에 보험의 목적이 전부 멸실되어 저당권자인 피보험자에게 보험금 전부를 지급한 때에는 저당권자가 그의 채무자에 대하여 가지는 채권도 포함된다.

(다) 권리이전의 시기 : 보험자대위권은 보험금 전액의 지급을 전제로 하고 있으므로 보험자는 보험사고 발생시가 아니고 보험금을 전부지급한 때로부터 그 권리를 취득한다. 그러므로 피보험자가 보험금을 지급받기 전에 그 목적물을 임의로 처분하였으면 보험금에서 그 대가를 공제할 수 있고 보험금을 지급받은 후에 이를 처분한 때에는 보험자는 피보험자에 대하여 그로 인한 손해배상을 청구할 수 있다고 풀이한다.

(2) 영국해상보험법상의 효과

영국해상보험법상 제79조 제1항은 보험자가 보험목적의 전손의 경우에 보험금액을 전부 지급하여도 보험의 목적에 대한 이익을 승계할 권리를 취득할 뿐이다. 따라서 난파선이 항구에서 다른 선박의 항해에 지장을 주는 경우에 이를 제거할 비용을 지급할 의무는 보험자가 잔존물을 승계하지 아니하는 한 선주가 지게 된다.

영국법상 전손보험금을 지급한 보험자가 명시적 또는 묵시적으로 잔존물에 대한 권리를 포기하는 경우, 잔존물의 소유자가 누구인가에 대해서는 다음 3가지 해결책이 있다. 첫째, 영국해상보험법 제정 이전의 판례의 입장으로 보험자에게 자동적으로 이전한다는 견해,[5] 둘째, 무주물이 된다는 견해,[6] 셋째, 피보험자의 소유로 남는다는 견해[7]가 그것인데 최근의 지배적인 입장은 세번째 견해, 즉 잔존물의 소유권은 피보험자에게 있다는 것이다.[8]

5) North of England Steamship Insurance Association v. Amstrong [1870] LR 5 QB 244; Simpson v. Thompson [1877] 3 App Cas 279, HL.

6) Mayor and Corporation of Boston v. France, Fenwick and Co., Ltd. [1923] 15 Ll L Rep. 85.

7) Oceanic Steam Navigation Co. v. Evans [1934] 50 Ll L Rep. 1, CA; Blane Steamships Ltd. v. Minister of Transport [1951] 2 Lloyd's Rep. 155, CA.

8) Susan Hodges, Cases and Materials on Marine Insurance Law, London: Cavendish Publishing Limited, 1999, p. 22.

## 2. 일부보험의 경우

일부보험은 보험가액의 일부를 보험에 붙인 경우로서 보험자는 보험금액의 보험가액에 대한 비율에 따라 보상할 책임을 지므로(상법 제674조, 영국해상보험법 제81조) 보험자가 보험금액의 전부를 지급하면 보험금액의 보험가액에 대한 비율에 따라 피보험자가 보험의 목적에 대하여 가지는 권리를 취득하게 된다(상법 제681조 단서). 왜냐하면 이 경우에는 보험자가 보험금액의 전부를 지급하였다고 하더라도 보험가액의 일부, 다시 말해서 피보험자가 손해의 일부를 보상하게 되는 것이고, 피보험자가 나머지 부분에 대해서 스스로 담보하고 있기 때문이다. 이에 따라 일부보험의 경우에는 잔존물에 대한 권리가 그 비율에 따른 부분만이 보험자에게 귀속하게 되므로 보험자와 피보험자는 그 목적물에 대하여 지분적 공유를 하게 된다. 가령 보험가액이 5억원인 선박을 보험금액 4억원의 보험에 붙인 경우에는 피보험자는 1억원에 대하여 자가보험자가 되어 구조물의 5분의 1에 대한 권리를 가지게 되고, 보험자는 5분의 4에 대한 권리만을 취득하게 된다.

## 3. 피보험자의 협조의무

우리 상법상 보험자가 보험금지급에 의하여 비록 법률상으로 그 보험의 목적에 대한 잔존물의 권리를 취득하였다고 하더라도 그 권리를 행사하기 위하여는 무엇보다도 피보험자의 협조를 얻지 않으면 안된다. 영국해상보험법상은 보험금액을 지급한 때에는 보험의 목적을 승계할 권리를 취득하므로 피보험자의 협조가 필요하게 된다.

보험의 목적에 대하여는 피보험자가 점유하고 있는 것이 일반적이고 또한 그 내용을 잘 알고 있는 위치에 있기 때문에 보험자의 권리행사에 협조하여야 하는 것은 신의칙으로도 요구되는 것이기 때문이다.

## 4. 목적물에 대한 보험자부담과 보험자대위권의 포기

보험자는 대위권에 의하여 보험의 목적에 대한 소유권을 취득함으로써 그 목적물에 부수하는 의무를 부담하지 않으면 안되는 경우가 많다. 개항질서법 제26조 제1항은 "지방해양수산청장은 개항의 항계안 또는 항계의 부근에서 선박의 항행을 방해하거나 항행에 위험을 미칠 우려가 있는 표류물 · 침몰물 등의 물건을 발견한 때에는 그 물건의 소유자 또는 점유자에 대하여 그 제거를 명할 수 있다"라고 규정하여 항로를 방해하는 침몰선, 난파물 등의 제거의무를 그 목적물의 소유자에게 지우고 있다.

보험자가 피보험자의 모든 손해를 보상하여 주고 그 선박에 대한 권리를 취득하게 되면, 보험자는 보험사고 후에 선박소유자로부터 난파선을 산 매수인과 마찬가지로 그 선박의 소유자로서 그것의 제거의무를 지게 되어 오히려 대위권의 행사로 불이익을 받게 되는 결과를 가져 올 수 있다. 여기서 보험자는 그 대위권을 포기하고 보험의 목적에 따른 공법상 또는 사법상의 부담을 피보험자에게 귀속시킬 수 있다고 풀이한다.[9)]

반면 영국해상보험법상은 보험자대위의 경우에 보험금액을 전부 지급하여도 보험의 목적에 대한 이익을 승계할 권리를 취득할 뿐이므로 이를 승계하기 이전에는 제거의무 등은 피보험자가 지게 된다.[10)]

영국법상 전손보험금을 지급한 보험자가 명시적 또는 묵시적으로 잔존물에 대한 권리를 포기하는 경우, 잔존물의 소유자가 누구인가에 대해서는 최근의 지배적인 입장은 잔존물의 소유권은 피보험자에게 있다는 것이다.[11)]

# 제3절 청구권대위

## Ⅰ. 청구권대위의 의의

손해가 제3자의 행위로 인하여 생긴 경우에 보험금액을 지급한 보험자는 그 지급한 금액의 한도에서 그 제3자에 대한 보험계약자 또는 피보험자의 권리를 취득한다(상법 제682조 본문, 영국해상보험법 제79조 제1항). 이것이 이른바 청구권대

9) 우리나라의 선박보험약보통관(1993.1.1.시행) 제21조는 보험위부의 경우에 "위부된 선박에 존재하는 우선특권, 질권, 저당권 그 밖의 물권 및 임차권을 소멸시키기 위한 금액 및 그 보험의 목적에 따르는 공법상의 또는 사법상의 채무를 이행하기 위한 금액은 보험수익자의 부담으로 한다"라고 규정한다.

10) 상세한 내용은 이 책 제3부 제3장 제2절 보험목적에 대한 보험자대위 Ⅳ. 보험자대위의 효과 1. 보험의 목적에 대한 권리의 취득 (2) 영국해상보험법상의 효과 참조.

11) 이 책 제3부 제3장 제2절 보험의 목적에 대한 보험자대위 Ⅳ. 보험자대위의 효과 1. 보험목적에 대한 권리의 취득 (2) 영국 해상보험법상의 효과 참조.

위이다.

보험사고의 발생이 가령 제3자의 불법행위로 말미암은 때에는 피보험자는 불법행위를 원인으로 하여 그 불법행위자에게 손해배상을 청구할 수 있고 또 보험계약에 따라 보험자에게 보험금액을 청구할 수 있다. 물론 이 경우 그 불법행위에 대한 제1차적인 책임은 불법행위를 한 자에게 있다고 할 수 있으나, 보험계약의 효과로서 보험자는 피보험자에 대한 손해보상의 의무를 지게 된다. 이 경우에 피보험자에게 보험자와 제3자에 대하여 그 청구권을 중첩적으로 행사하게 되면 보험사고의 발생으로 이중의 이득을 취하게 되어 보험을 악용할 염려가 있고, 또 보험자의 보험금지급으로 제3자의 채무를 면하게 하는 것은 형평의 관념상 부당하다. 그리하여 법은 보험금을 지급하여 준 보험자에게 제3자에 대한 피보험자의 권리를 대신 행사할 수 있도록 허용하고 있다. 가령 적하보험의 경우 화물의 손실이 해상운송인의 귀책사유로 생긴 때에 피보험자에게 그 손해를 보상하여 준 보험자가 해상운송인에 대한 피보험자의 손해배상청구권을 대위하여 취득하는 것이 그것이다.

영국해상보험험법 제79조 제2항은 "그 손해에 대한 지급으로, 이 법에 따라 피보험자가 보상받은 한도에서, 손해를 야기한 사고가 발생한 때로부터 보험목적에 대한 그리고 그에 관련된 피보험자의 모든 권리와 구제수단을 대위한다"라고 청구권대위에 대하여 규정하고 있다.

## Ⅱ. 청구권대위의 요건

보험자가 제3자에 대한 피보험자의 권리를 취득하기 위하여는 첫째로 제3자의 행위로 인하여 보험사고가 발생하여 피보험자가 손해를 입어야 하고, 둘째로 보험자가 피보험자에게 손해보상, 즉 보험금액을 지급하여야 하며, 셋째로 피보험자가 그 제3자에 대하여 권리를 가지고 있을 것이 요구된다.

### 1. 제3자에 의한 보험사고의 발생

제3자에 대한 보험자대위를 인정하기 위하여는 보험사고로 인한 피보험자의 손해가 제3자의 행위로 말미암은 것이어야 한다.

(1) 제3자의 행위의 뜻

'제3자의 행위'라 함은 보험계약의 목적 즉, 피보험이익에 대하여 손해를 일으키는 행위로서 선박충돌시 가해선박의 과실과 같은 불법행위뿐만 아니라 선박건조자의 선박건조상의 하자 등을 이유로 한 채무불이행은 물론 선장의 공동해손처분으로 인한 경우(상법 제832조)와 같은 적법행위도 포함한다.

(2) 제3자의 행위

'제3자'라 함은 일반적으로 보험계약자 또는 피보험자 이외의 사람을 말하는데 그 제3자가 1인이든 수인이든 상관없고, 손해를 일으킨 자와 채무를 부담하는 자가 반드시 같은 사람이어야 하는 것도 아니다. 가령 선장의 공동해손처분행위로 생겨난 손해에 대하여 그 위험을 면한 선박 또는 적하이해관계인이 분담하는 것이 그것이다(상법 제833조). 그러나 제3자의 범위에 대하여는 여러 가지 문제가 제기되고 있다.

(가) 공동피보험자에 대한 보험자대위권 행사 : 도급인과 수급인 양자가 동일한 보험계약상 피보험자인 경우 그중 일방에게 보험금을 지급한 보험자는 피보험자가 다른 피보험자에 대하여 가지는 청구권에 보험자대위권을 행사할 수 없다는 것이 일반적인 원칙이다. 다만 다른 피보험자가 고의적 불법행위를 하거나 다른 피보험자가 보상이 행해진 보험계약상 담보되지 않는 경우에는 그러하지 아니하다.[12] 이는 해저수원(水源)시설을 공급하기로 하는 내용의 하도급계약을 체결되고 하자로 인한 손해를 보상하는 것을 내용으로 하는 전위험담보조건의 보험계약이 체결된 경우 시설의 하자로 인한 손해를 보상하여 주고 수급인에게 도급인이 가진 손해배상청구권에 대하여 보험자대위의 청구가 인정되지 않은 최근의 National Oilwell(NOW) v. Davy Offshore LTD(DOL)사건[13]에서 보험자대위의 대상이 된 보험계약의 목적물에 대한 손해에 대하여 피보험이익을 가지는 피보험자와 같은 보험목적에 대한 다른 공동피보험자에 대하여 보험자대위권이 인정되지 않는다고 판시하고, 콜먼(Colman)판사는 그 근거로 이를

12) Susan Hodges, op. cit., p. 31.

13) [1993] 2 Lloyd's Rep. 582; 이 사건에서 1988년 NOW는 DOL과 북해에서 사용될 석유생산장비를 공급하는 약정을 맺었는데, DOL은 전체 프로젝트에 대하여 NOW가 제공한 장비의 하자로 인한 손해를 보상하는 것을 내용으로 하는 전위험담보조건의 보험계약을 체결하였는데 NOW도 보험계약상의 당사자이었다. 시설을 인도한 후에 원고는 피고에 대하여 대금지급을 청구하는 소를 제기하고, 피고는 인도가 지연된 시설의 하자로 인한 손해배상을 반소로 청구하였다. 실제로는 피고의 반소는 하자있는 부품에 대하여 피고의 보험금청구에 대하여 보험금을 지급한 보험자가 보험자대위의 방법으로 피고를 대신하여 원고에 대하여 청구한 것이다. 법원은 이 보험자대위의 청구를 기각하였다.

인정하는 것은 보험계약의 묵시적 조건위반이고, 이를 인정하면 순환법칙에 빠지기 때문이라 한다.

공동피보험자인지 여부의 판단기준은 보험계약상의 당사자의 이해관계가 공동피보험자로 인정할만큼 분리할 수 없을 정도로 결부되어 있는가 여부이다.[14) 이에 관한 영국판례로는 공동피보험자가 선주와 적하소유자인 Yasin호사건,[15) 도급인과 수급인인 Petrofina(UK) Ltd. and Others v. Magnaload Ltd. and Others사건[16)과 Stone Vickers Ltd. v. Appledore Feguson Shipbuilders Ltd.사건,[17) 선주와 저당권자인 Samuel v. Dumas사건[18)이 있다.

(나) 같은 소유자의 2 선박의 충돌의 경우 : 같은 소유자에 속하는 선박 A와 B가 쌍방 과실로 충돌한 경우 A에 대해서만 보험에 붙이고, B는 무보험인 경우 보험자는 그 피보험자에 대하여 어떠한 권리를 가지는가가 문제된다. 표준선박보험약관의 자매선조항[19)에서는 자매선 쌍방의 선박 사이에 충돌이 생긴 경우에는 쌍방의 선박이 마치 별개의 소유자에 속한 것으로 하고, 또한 법률상의 배상책임도 별개로 생긴 것으로 인정하여, 충돌조항을 적용한다. 따라서 위의 예에서는 선박 A의 소유자인 피보험자와 B의 소유자가 같은 사람이라고 하더라도 보험계약은 선박 A를 목적으로 하고 있으므로, 보험자는 A에 대해서는 보험금을 지급하여 주고, B의 소유자에 대하여는 그 과실의 정도에 따라 구상할 수 있다고 풀이하여야 할 것이다.[20)

(다) 적하의 소유자와 운송인의 지위가 중복되는 경우 : 정유산업에서는 원유운송에 스스로 또는 자회사가 소유하는 유조선으로 운송하는 경우가 일반적이다. 이 경우 해상에서 손해가 발생하여 적하소유자에 대하여 보험금을 지급한 보험자에게 보험자대위권이 인정된다면 동일한 회사가 손해를 부담하는 것

---

14) Susan Hodges, op. cit., p. 33.

15) [1979] 2 Lloyd's Rep. 45: 이 사건에서 선주는 적하와 공동피보험자라는 사실을 입증하지 못하여 이 쟁점이 다루어지지 않았다.

16) [1983] 2 Lloyd's Rep. 91: 이 사건에서는 건축공사에 대한 공동사업임이 인정되어 보험자대위권행사가 부인되었다.

17) [1992] 2 Lloyd's Rep. 45: 이 사건에서 선박건조계약상의 도급인과 수급인은 공동피고인이 아니라고 판시되었다.

18) [1928] 18 LIL Rep. 211, HL: 이 사건에서 저당권자와 선주는 공동으로 부보되고, 양자의 이익은 분리할 수 없을 정도로 밀접하여 한 피보험자의 불법행위는 전체 보험계약에 영향을 미친다고 하였다. 이 사건의 사실관계는 이 책 제3부 제2장 제3절 손해보상의무 Ⅲ. 인치마리위험 8. 악행 (6) 선의의 저당권자 참조.

19) 1983년 협회선박기간보험약관 제9조; 1983년 협회선박항해보험약관 제7조; 2003년 국제선박보험약관 제7조.

20) 이에 대하여서는 이 책 제3부 제2장 제3절 손해보상의무 Ⅳ. 책임손해 2. 선박충돌책임 (6) 자매선조항 참조.

이 된다. 이것은 적하의 매도인과 운송인이 동일하고, 매매조건이 CIF인 경우에도 같은 문제가 발생한다. 즉, 원유는 CIF조건으로 매도되는 경우가 많고, 위험은 선적시에 매수인에게 이전하지만 매수인은 주문에 따른 적하가 아닌 경우 그 수령을 거부할 수 있고, 적하에 대해 여하한 사유로 손해가 발생한 경우 매도인이 손해를 입게 된다. 이 때 매도인이 입은 손해에 대해 보상을 한 보험자는 운송인에 대해 보험자대위권을 행사하는 것이 된다.

이와 같이 어느 단계에서 적하의 소유자와 운송인의 지위가 중복되는 경우에는 적하보험계약체결시에 보험자대위권 포기조항을 두는 경우가 일반적이다.

최근의 Surf City호 사건[21]은 보험자대위권 포기조항은 원래의 피보험자(CIF 매도인) 뿐만 아니라 보험금청구권의 양수인(CIF 매수인)에게도 미친다고 판시한다.

## 2. 보험금지급

비록 피보험자의 손해가 제3자의 행위로 말미암아 발생하였다고 하더라도 보험자는 보험계약에 따라 피보험자에게 그 손해를 보상하여야 한다. 따라서 보험자대위의 요건으로 보험자는 제3자의 행위로 인한 피보험자의 손해를 보험계약의 조건에 따라 보상하여야 한다. 상법상 보험자는 피보험자에게 보험금액을 지급함으로써 법률상 당연히 그 제3자에 대한 권리를 취득하게 되므로, 보험자대위권의 발생시기는 보험금액을 지급한 때이다. 영국법상 보험자가 제3자에 대한 청구권에 대하여 대위권을 행사하는 소송을 제기하기 전에 반드시 보험금을 지급하여야 하고, 후일 지급하여도 그 하자가 치유되는 것은 아니다.[22]

또 보험금의 지급은 보험계약상의 의무로서 지급하는 것으로 반드시 보험계

21) Enimont Supply SA v. Chesapeake Shipping Inc. 'Surf City' [1995] 2 Lloyd's Rep 242: 이 사건에서 1990년 2월 나프타 개스 오일(gas oil)의 적하를 실은 유조선 서프 시티(Surf City)호가 폭발하여 화재가 발생하여 걸프 인슈어런스(Gulf Insurance)사는 적하인 나프타의 CIF조건하의 매수인인 에니먼트(Enimont)사에 보상을 하고 '서프 시티'호의 소유자인 췌사피크 쉽핑(Chesapeake Shipping)사에 대하여 보험자대위권을 행사하고자 하였다. 유조선소유자인 췌사피크 쉽핑사는 적하인 나프타소유자와 기업집단의 같은 계열회사이었다. 걸프 인슈어런스사가 체결한 보험계약은 벌크원유보험약관(1962.1의 Bulk Oil Clauses)을 내용으로 하고 있었는데, 동 약관 제6조에는 "부보된 적하가 자회사나 계열회사가 소유하는 선박으로 운송되는 경우에는 보험자대위권이 인정되지 않는다"고 규정되어 있었다. 걸프 인슈어런스사는 제6조는 원래 피보험자인 CIF매도인에게는 적용되지만 보험금청구권의 양수인인 CIF매수인에게는 적용이 없다고 주장하였다. 법원은 제6조는 보험금청구권의 양수인인 CIF매수인에게도 적용된다고 보아 보험자대위권행사를 인정하지 않았다.

22) Page v. Scottish Ins Corp. [1929] 33 LlLR(CA)(자동차보험사건).

약에서 정한 한도의 모든 금액을 지급하여야 하는 것은 아니고, 일부를 지급하여도 그 지급한 범위 안에서 그 대위권을 행사할 수 있다(상법 제682조 단서, 영국해상보험법 제79조 제2항 참조). 이 점은 보험의 목적에 대한 보험자대위의 경우와 다르다(상법 제681조, 영국해상보험법 제79조 제1항 참조).

보험자가 피보험자에게 지급한 보험금액은 보험계약에 따라 정당하게 보상하여야 할 손해에 대한 것이어야 한다. 그러므로 보험자가 보험계약에 따라 면책되거나 또는 담보하고 있지 아니한 손해에 대하여는 보험자는 피보험자에게 보상할 의무가 없음은 물론 또 이를 지급하였다고 하더라도 그것은 단순히 임의로 한 지급에 지나지 않는다. 따라서 보험자는 이에 대한 구상권을 행사할 수 없다.

(1) 명예보험의 경우

비록 명예보험은 보험자에 의하여 통상 유효한 것으로 인정되지만 이는 법률상 무효이기 때문에, 이에 대하여서는 보험자대위권이 인정되지 아니한다. Edwards and Co., Ltd. v. Motor Union Insurance Co.사건[23]에서 원고소유의 선박의 용선운임에 대하여 피고 보험자와 명예보험계약이 체결되었다. 선박이 다른 선박과 충돌하여 침몰하였고, 보험계약을 유효한 것으로 인정하여 보상을 한 보험자는 충돌한 다른 선박이 법원에 예치한 금액에 대하여 피보험자의 이름으로 보험자대위를 주장하였지만, 법원은 이를 기각하였다.

(2) 무상공여

선물이나 무상공여는 보험자대위권의 대상이 아니다. 예컨대 미국 독립전쟁기간 중 적하보험에 가입한 적하가 남부군 군함에 의하여 파괴되어 사적으로 보상금을 지급한 후 미국정부가 적하소유자에게 보상금을 지급한 경우에는 보험자가 지급한 금액은 보험사고로 인하여 피보험자가 입은 손해에 대한 보상이 아니므로 보험자대위권이 인정되지 않은 경우[24]가 그 예이다.

---

23) [1922] 2 KB 249.

24) Burnard v. Rodocanachi [1885] 7 App Cas 333, HL: 이 사건에서 미국 독립전쟁기간 중 부보된 적하가 남부군 군함에 의해 파괴되어 보험금을 지급한 보험자가 미국정부가 적하소유자에게 지급한 보상금에 대하여 보험자대위권을 주장한 것으로 상원은 이는 피보험자가 실제로 입은 손해에 대하여 사적으로 보상한 것이라는 이유로 보험자대위권을 인정하지 않았다.

## 3. 제3자에 대한 피보험자의 권리의 존재

(1) 상법상의 입장

보험자의 대위권은 보험금을 지급함으로써 당연히 발생하는 것으로 피보험자의 동의에 기초를 두는 것은 아니나, 피보험자의 권리에서 나오는 것이므로 보험자는 피보험자가 불법행위 또는 그밖의 사유로 손해를 일으킨 제3자에 대하여 가지는 것과 같은 권리를 대위하여 취득하게 된다.[25]

이와 같이 보험자는 보험사고가 발생한 때에 피보험자의 권리를 전제로 손해보상책임을 이행한 때에 그 대위권을 취득하게 된다. 그러므로 제3자의 행위에 의하여 보험사고가 발생한 때에 피보험자는 그 제3자에 대한 권리를 가지고 있고, 또한 보험자는 보험금액을 지급할 때까지는 비록 보험자가 대위권을 취득하지 못한다고 하더라도 보험금의 지급을 조건으로 하는 조건적 권리를 취득하게 된다. 이에 따라 피보험자가 보험금을 받기 전에 제3자에 대한 권리를 행사하거나 처분한 때에는 피보험자는 그 한도에서 보험자에 대한 청구권을 잃게 되고, 보험자의 대위권도 존재하지 않는다.[26]

(2) 영국해상보험법의 입장

영국해상보험험법은 "그 손해에 대한 지급으로, 이 법에 따라 피보험자가 보상받은 한도에서, 손해를 일으킨 사고가 발생한 때로부터 보험목적에 대한 그리고 그에 관련된 피보험자의 모든 권리와 구제수단을 대위한다(동법 제79조 제2항)"라고 규정하고 있다. 우리 상법과 다른 점은 사고발생시로부터 청구권을 대위한다는 것이다.

선박이 다른 국가의 선박과 충돌하여 멸실되어 전손보상을 받은 후 선주가 다른 국가로부터 보상받은 금액은 포함하지만,[27] 영국선박이 제1차 세계대전

---

25) 대법원 1988.12.13. 선고, 87다카3166 판결: 상법 제682조의 보험자대위에 의하여 보험자가 취득하는 권리는 당해 사고의 발생자체로 인하여 피보험자가 제3자에 대하여 가지는 불법행위로 인한 손해배상청구권이나 채무불이행으로 인한 손해배상청구권에 한한다.

26) 대법원 1981.7.7. 선고, 80다1643 판결에서 '상법 제682조에 의하여 손해가 제3자의 행위로 인하여 생긴 경우에 보험금액을 지급한 보험자는 그 지급한 금액의 한도에서 그 제3자에 대한 보험계약자 또는 피보험자의 권리를 취득하나, 보험자가 보험금액을 지급하여 위 대위의 효과가 발생하기 전에 피보험자 등이 제3자에 대한 권리를 행사하거나 처분한 경우에는 그 부분에 대하여는 보험자가 이를 대위할 수 없다"라고 판시하고 있다.

27) Yorkshire Insurance Co. v. Nisbet Shipping Co., Ltd. [1961] 1 Lloyd's Rep. 479: 이 사건에서 영국선박이 캐나다선박과 충돌하여 전부 멸실되어 선주는 보험자로부터 전손보상을 받았는데, 수년 후 선주는 보험자의 동의아래 캐나다 정부로부터 상당한 금액을 보상받는데 성공하였는데, 이는 환율이 유리하게 변경되어 보험자로부터 보험금으로 지급받은 것보다 많은 금액이었다. 보험자는 보험자대위를 주장하여 전액에 대한 권리를 주

중 독일정부에 의하여 억류되어 전손보상이 된 후 선주가 독일 정부로부터 억류기간동안의 수익에 대한 손해배상을 받은 경우 그 배상금은 사적인 것이라는 이유로 대위권에 포함되지 않았다.[28]

### 4. 피보험자의 이름으로 행사하는지 여부

영국법에서는 보험자가 피보험자가 가진 구제수단을 대위하는 소송은 보험자의 이름으로가 아니라 피보험자의 이름으로 행하여져야 한다.[29]

## Ⅲ. 청구권대위의 효과

### 1. 피보험자의 권리의 이전

(1) 상법의 입장

제3자의 책임있는 사유로 보험사고가 발생한 때에는 보험자의 보험금지급에 의하여 보험계약자 또는 피보험자가 가지는 제3자에 대한 권리는 당연히 보험자에게 이전한다(상법 제682조). 이러한 보험자대위권은 보험자가 피보험자에게 손해보상을 함으로써 법률상 당연히 생기는 것이므로 그 권리이전의 통지 또는 승낙을 필요로 하지 아니함은 물론, 양 당사자 또는 어느 한 쪽이 권리의 이전을 인식하였는가와 상관없다. 따라서 보험자대위에 있어서는 피보험자의 제3자에 대한 권리가 그대로 보험자에게 이전하는 것이므로 그 제3자는 피보험자에 대한 항변으로써 보험자에게 대항할 수 있음은 물론, 그 채권의 소멸시효기간도 그 권리의 이전과 함께 새로이 개시되는 것이 아니고 그대로 진행한다.

---

장하였지만 법원은 원래 지급한 보험금에 대한 권리만을 인정하였다.

28) Attorney-General v. Glen Line Ltd. and Liverpool & London War Risks Association Ltd[1930] 37 LlL Rep. 55 at p. 61; [1930] 36 Com Cas 1 at p. 13; 이 사건에서 영국선박인 그레너른(Glenearn)호가 제1차 세계대전 발발시 함부르크항구에 정박 중 억류되어 전쟁기간 내내 지속되었는데, 전쟁위험을 인수한 보험자는 80%를 영국정부에 재보험에 가입하였고, 전쟁보험자는 전손보상으로 처리하였다. 전쟁종료 후 '그레너른'호의 선주가 독일정부로부터 손해보상을 받자 영국정부가 보험자대위권을 행사하여 전쟁보험자와의 80:20의 비율의 분배를 청구하였는데, 법원은 그것은 억류기간동안 수익의 손해에 대한 보상으로 사적인 것이기 때문에 두 보험자 모두에게 아무 권리가 없다고 판시하였다.

29) F.D. Rose, op. cit., § 27.30, p. 525; Arnould, op. cit., § 1322, pp. 1099~1020; Templeman, Marine insurance: Its principles and practice, 6th ed., London: Pitman, 1986, p. 459; 피보험자가 그 권리를 보험자에게 양도한 후에는 보험자가 자기의 이름으로 제소하는 것은 가능하다[King v. Victoria Insurance Co. [1896] AC 250(PC)].

⑵ 영국해상보험법의 입장

영국해상보험법상은 청구권대위의 경우 보험금 지급에 의하여 보험사고발생시로부터 피보험자의 권리를 대위한다고 규정하고, 그 내용은 우리 법의 해석과 동일하다고 해석된다.

## 2. 대위권행사의 범위

⑴ 피보험자의 권리에 의한 제한

제3자에 대한 보험자대위권의 행사는 바로 피보험자가 보험사고로 말미암아 제3자에 대하여 가지고 있던 권리를 행사하는 것이므로 피보험자의 권리에 의하여 제한된다. 다시 말하면 보험자는 피보험자가 제3자에 대하여 가지는 권리보다 더 큰 권리를 가질 수 없다. 그러므로 가령 선박보험에서 다른 선박과의 충돌에서 피보험자에게도 과실이 있는 때에는 그 상대방은 보험금을 지급한 보험자에 대하여도 과실상계(민법 제753조)를 주장할 수 있게 되어 그 범위 안에서 보험자의 청구권도 감소된다.

또 수인이 공동의 불법행위로 피보험자에게 손해를 가한 때에는 이들이 연대하여 손해배상책임을 지게 되므로(민법 제760조) 보험자는 1인 또는 전부에 대하여 구상권을 행사할 수 있음은 물론이나, 이 제3자 가운데 보험자대위를 배제하지 않으면 안될 자(예컨대 가령 가족 등)가 포함되어 있을 때에는 그 분담부분을 공제한 액을 한도로 하여야 한다. 왜냐하면 공동불법행위자의 한 사람이 전부의 배상을 한 경우에는 그 배상자는 다른 자에 대하여 본래 분담하였을 책임의 비율에 따라서 구상권을 가지게 되므로, 그것을 인정하지 않으면 결국 피보험자의 부담으로 되기 때문이다.

⑵ 지급한 보험금액의 한도로 제한

보험자는 그가 지급한 보험금액의 한도에서 제3자에 대한 대위권을 행사할 수 있으므로 그 권리는 지급한 보험금액의 한도를 초과할 수 없다. 그러므로 만일 보험자가 그 대위권을 행사함으로써 피보험자에게 지급한 보험금액 이상을 회복한 경우에는 보험금액을 공제한 나머지 금액에 대하여는 피보험자에게 돌려주지 않으면 안 된다.

영국 판례는 이를 확인하고 있다. 보험자가 선박충돌로 인한 전손보상금으로 6,000파운드를 지급한 경우 피보험자는 선박의 실제가액이 9,000파운드라고 하여 피보험자가 가해선박으로부터 지급받은 5,000파운드에 대하여 일부의 보험자대위만을 인정할 것을 주장한데 대하여 5,000파운드 전액에 대한 대위권을 인정한 North of England Steamship Insurance Association v. Amstrong사건,[30] 피보험자가 불법행위자로부터 받은 배상액 전체에 대하여 보험자대위권이 인정된 Thames and Mersey Marine Insurance Co. v. British and Chilean Steamship Co.사건[31]은 지급보험금을 초과한 금액이 직접적으로 문제된 것은 아니다. 이것이 직접적으로 문제된 것은 선박이 다른 국가의 선박과 충돌하여 멸실되어 전손보상을 받은 후 선주가 다른 국가로부터 보상받은 금액에 지급한 보험금액의 한도에서 대위권이 인정된 Yorkshire Insurance Co. v. Nisbet Shipping Co., Ltd.사건[32]으로 디플록(Diplock)판사는 영국해상보험법 제79조 제1항 2문의 해석상 지급보험금을 초과한 금액을 피보험자로부터 회수받을 수 없다고 보았다. 최근의 상원판결은 대리인의 잘못으로 재보험계약을 체결하지 않은 채 석면으로 인한 손해를 인수한 개인보험사업자들이 대형손해가 발생하여 이를 보상하여 주고, 한편으로는 보상을 다른 한편으로는 대리인에 대한 손해배상을 청구한 경우 상원은 디플록판사의 판시를 발전시켜 보험자에게 보험자대위권의 원리에 근거하여 피보험자가 가해자에 대하여 가지는 불법행위로 인한 손해배상청구권에 대하여 지급한 보험금액을 한도로 유치권(equitable proprietary lien)을 인정하였고,[33] 수출보험의 경우에는 일반보험과 달리 보험금을 지급한 수출보험공사가 미지급한 금액을 회수한 경우 전액에 대한 권리를 가진다고 판시하고 있다.[34]

---

30) 1870] LR 5 QB 244: 이 사건에서 부보선박이 다른 선박과 충돌하여 전손을 입어 보험자는 전손보상금으로 6,000파운드를 지급하고 피보험자가 배상받은 5,000파운드에 대하여 보험자대위권을 주장하였는데, 피보험자는 선박의 실제가격은 9,000파운드라고 하여 일부에 대한 권리를 기각하였다. 법원은 협정보험가액의 종국적 성격과 전손보험금지급시 보험자대위의 원리를 들어 보험자의 보험자대위권행사를 인용하였다.

31) [1916] KB 30, CA.

32) [1961] 1 Lloyd's Rep. 479: 이 사건의 구체적인 사실관계는 각주 27 참조.

33) Napier and Ettrick v. Hunter and Others [1993] 1 All ER 385, HL: 이 사건의 구체적인 사실관계는 이 책 제3부 제3장 제3절 청구권대위 Ⅲ. 청구권대위의 효과 5. 대위권행사의 제한 (2) 일부보험의 경우 (다) 영국 해상보험법상의 배분방법 (c) Napier v. Hunter사건의 입장 참조.

34) Lonrho Exports Ltd v. Export Credits Guarantee Department [1996] 4 All ER 673: 이 사건에서 잠비아에 화물을 수출한 론호(Lonrho)사가 잠비아의 외환규제와 악화된 경제상황으로 인하여 대금을 지급받지 못하였는데, 론호사는 수출보험공사에 대금미회수금의 95 %를 보상받는 것을 내용으로 하는 수출신용약정을 체결하고 있었다. 미회수대금을 지급한 수출보험공사는 잠비아정부로부터 대금을 회수하였고, 론호사는 대금의 5%에 대한 유치권을 주장하였는데, 라이트먼(Lightman)판사는 일반보험의 경우에는 보험자대위권행사로 지급한 보험금액을 초과하여 수령한 금액에 대해서는 피보험자의 유치권 행사가 인정되지만, 수출보험공사가 수령한 금액은 국가의 절대적 소유이기 때문에 신용보증약정상 론호사에게 유치권이 인정되지 않는다고 판시하였다.

(3) 운임에 대한 보험자대위

보험자의 대위권행사 후 피보험자가 취득하는 운임도 보험자가 취득한다(영국해상보험법 제63조 제2항). 그러나 표준선박보험약관에서는 보험자는 전손보상의 경우 운임에 대한 권리를 포기하고 있다.[35)]

## 3. 피보험자의 협조의무

보험자가 비록 보험금지급에 의하여 제3자에 대한 피보험자의 권리를 취득한다고 하더라도 그 제3자와의 사이에 계약관계 또는 당사자관계가 있는 보험계약자 또는 피보험자의 협조가 없으면, 그 대위권행사는 도저히 불가능하다. 그러므로 그 제3자에 대한 권리의 내용, 보전방법 등에 관하여 가장 잘 알고 있는 피보험자는 보험금을 지급받은 후에는 적어도 보험자로 하여금 그 권리를 행사할 수 있도록 협조할 의무가 인정된다. 즉, 피보험자는 그 손해배상청구권을 행사하는데 필요한 정보를 보험자에게 제공하여 주고, 그 권리의 증거가 되는 서류를 제출할 의무를 진다고 풀이한다. 그리하여 만일 피보험자가 정당한 이유없이 보험자의 권리행사에 협조하지 아니함으로써 보험자가 그 대위권행사로 얻을 수 있는 금액 가운데에서 취득하지 못한 금액이 있으면 피보험자는 그에 대한 손해배상책임을 지게 된다.

한편 이와 관련하여 해상보험에 있어서는 약관상의 규정 등에서 다음과 같은 점이 또한 문제된다.

(1) 보상액을 초과하는 부분의 제3자에 대한 피보험자의 권리행사의 협조의무

보험자는 비록 보험금지급에 의하여 제3자에 대한 피보험자의 권리를 취득한다고 하더라도 전손보상의 경우이든 분손보상의 경우이든 피보험자는 피보험자가 보상받은 금액을 초과한 부분에 대하여서는 여전히 권리를 보유하기 때문에 보험자는 제3자에 대한 청구권을 확보할 필요가 있다.[36)]

(가) 약관상 규정이 없는 경우 : 약관상 이에 관한 아무 규정을 두지 않은 경우에는 보험자는 피보험자가 제3자에 대한 손해배상을 함에 있어서 보험자에 대한 보상을 함께 하지 아니하는 한, 피보험자의 제3자에 대한 소송을 금지할 수 있다. 즉, 피보험자의 소송행위는 보험자의 대위권을 침해하여서는 안된다는

35) 1983년 협회선박기간보험약관 제20조; 1983년 협회선박항해보험약관 제18조, 1995년 협회선박기간보험약관 제20조; 1995년 협회선박항해보험약관 제18조; 2003년 국제선박보험약관 제22조.

36) F.D. Rose, op. cit., § 27.21, p. 522.

제한을 받는다.

(나) 약관상 규정을 두는 경우 : 보험자가 소송절차를 통제할 권한을 확보하기 위하여 약관에 명시적인 규정을 두는 경우가 있다. 2003년 국제선박보험약관 제49조 제1조 4호는 "피보험자는 제3자에 대한 손해배상청구를 함에 있어서 요구되는 상당한 조치를 취하는데 있어서 지도적 보험자에게 협조하여야 한다"라고 규정한다. 보험자가 손해보상을 하였는가를 묻지 않고 이 조항이 없었으면 인정되었을 것이지만 피보험자는 제3자에 대한 소송행위를 통제할 권한을 이 조항이 대체한다고 판단된다. 이 의무는 보험자가 이미 보상을 하였건 보상하기로 약정하였건 또는 보험자가 잠재적인 보상책임을 지건 묻지 않고 적용된다.

(2) 피보험자의 일반적인 협조의무

(가) 피보험자의 소송수행의무 인정 여부 : 명시적인 규정이 없는 경우 피보험자는 소송을 개시하거나 예컨대 소멸시효가 완성하지 않도록 소송을 제기하는 것과 같이 그의 부작위에 의하여 보험자의 대위권이 침해되지 않도록 할 의무가 있는 것은 아니다.[37]

(나) 표준해상보험약관상의 소송절차에 관한 의무조항 : 피보험자가 제3자에 대한 소송상의 손해배상청구권을 보존할 적극적인 의무를 지는 것을 보험계약의 내용으로 할 수 있다. 표준해상보험약관은 이러한 조항을 삽입하는 경우가 있다.

(a) 표준적하보험약관 : 1982년 협회적하보험약관 제16조 제2항은 피보험자, 사용인, 대리인에게 '운송인, 수치인 또는 기타의 제3자에 대한 일체의 권리가 적절히 보존되고 행사되도록 할' 의무를 지우고 있다. 보험자는 이에 상응하여 이 의무를 이행함에 있어 적절하고도 상당하게 발생한 비용을 보상할 의무가 있다.[38] 이 의무위반의 효과로서 보험자가 보상책임을 면하는 것이 아니라, 이로 인한 손해가 보험자가 보상할 보험금에서 공제된다. 손해배상액은 피보험자의 의무를 이행하였더라면 보험자가 취득하였을 구상금액이다.

(b) 표준선박보험약관 : 2003년 국제선박보험약관 제49조는 손해배상청구에 대한 피보험자의 의무를 상세히 규정하고 있다. 즉, 보험자가 보험금을 지급하였건 또는 보험계약상의 보험금이나 잠재적 보험금을 지급하기로 합의하였건, 피보험자는 "① 이 보험계약상의 보상 또는 잠재적인 보상을 야기하는 사항

37) F.D. Rose, op. cit., § 27.33, p. 526.
38) 이에 관하여는 이 책 제3부 제1장 제2절 손해방지의무 Ⅲ. 손해방지의무의 내용 2. 합리적인 조치일 것 (2) 적하보험의 경우 참조.

에 관하여 제3자에 대한 청구권이 존재하는가를 검토하고, ② 소송절차를 개시하거나 제3자에 대한 청구권에 대한 담보를 획득하기 위한 적절한 조치를 취하여 제3자에 대한 청구권을 보전하며, ③ 지도적 보험자와 지명된 손해사정사에게 제3자에 대한 청구권의 가능성에 대하여 정보를 제공하고, ④ 제3자에 대한 청구권의 실행에 필요한 상당한 조치를 취함에 있어서 지도적 보험자에게 협조"를 할 의무가 있다.

나아가 2003년 국제선박보험약관 제49조 제3항에 따르면 보험자는 이로 인하여 피보험자에게 상당히 초래된 비용 중 일정한 비율[39]을 보상한다. 또한 동약관 제49조 제3항에 따르면 비록 보상이 허용되지 않은 경우에도 보험자의 서면에 의한 동의를 미리 피보험자가 얻은 경우에는 이 보험계약상 보험금청구나 잠재적인 보험금청구를 야기할 수 있는 사고에 대하여 동약관 제49조 제1조 제2항에 따라 피보험자가 지출한 상당한 비용을 보상한다는 뜻을 규정하고 있다.

## 4. 피보험자에 의한 권리의 처분

보험금지급에 의하여 보험자대위의 효과가 발생하면 보험계약자 또는 피보험자는 보험금의 지급을 받은 한도에서 그 권리를 잃게 되므로 임의로 그 제3자에 대한 권리를 행사하거나 처분할 수 없고, 보험자만이 그 권한을 갖는다. 그러나 가령 피보험자가 보험자로부터 보험금을 지급받은 후에 제3자로부터 또다시 변제를 받거나 또는 그 권리를 처분한 때에는 어떠한 법적인 문제가 제기될 것인가? 이에 대하여는 제3자에 대한 것과 피보험자에 대한 것으로 나누어 볼 수 있다.

### (1) 제3자에 대한 관계

보험자대위의 효과가 생긴 후에 제3자가 피보험자에게 손해배상채무를 이행하였을 때에는 권한이 없는 자에 대한 변제로서 보험자는 그에 대한 이익을 가지지 않는 한 무효라 하지 않을 수 없다(민법 제472조). 그러나 피보험자는 보험금지급 전에는 그 보험사고의 발생과 관련하여, 그 제3자에 대한 채권자의 지위를 가지고 있었으므로 그 제3자에 대해서는 외관상 채권자로 보이는 것은 당연하여 선의로 변제한 제3자를 보호하는 방법이 강구되지 않으면 안된다. 그러므로 그 제3자가 보험자의 권리를 알지 못하고 선의이고 과실없이 피보험자에게 채무를 이행한 때에는 '채권의 준점유자에 대한 변제'에 관한 민법 제470조의

39) 구체적인 산정방법은 2003년 국제선박보험약관 제49조 제2항, 제49조 제4항 2호 참조.

규정을 유추적용하여 그것은 유효하고, 다만 제3자가 피보험자에게 변제, 승인, 화해를 한 때에 보험자의 권리를 알고 있었으면 보험자의 권리는 그로 인하여 영향을 받지 아니한다고 풀이한다.

(2) 피보험자에 대한 관계

피보험자에 대한 관계에서는 피보험자는 보험금의 지급을 받은 한도에서 불법행위자 그 밖의 제3자에 대한 권리를 잃게 된다. 그러므로 피보험자가 스스로 그 권리를 행사하거나 처분함으로써 보험자의 대위권을 침해한 때에는 보험자의 채권을 침해하는 불법행위가 성립한다. 따라서 보험자는 피보험자에 대하여 그로 인한 손해의 배상을 청구할 수 있다. 다시 말하면 보험자가 보험금액을 지급하면 그 한도 안에서는 보험자만이 채권자이고, 피보험자는 채권자가 아니므로 피보험자가 제3자로부터 다시 변제를 받은 때에는 그것은 부당이득이 되어 그것을 보험자에게 반환하지 않으면 안되고, 또 그 권리를 포기 또는 제3자에게 양도한 때에는 그로 인한 손해배상책임을 지게 된다.

## 5. 보험자대위권행사의 제한

(1) 보험금일부를 지급한 경우

상법 제682조 단서는 "보험자가 보상할 보험금액의 일부를 지급한 때에는 피보험자의 권리를 해치지 않는 범위내에서만 그 권리를 행사할 수 있다"라고 규정하고 있다. 이것은 가령 보험가액 500만원의 목적물이 제3자의 과실로 인하여 전부 소실된 경우에 보험자가 300만원을 지급한 때에는 피보험자는 제3자에 대하여 200만원에 상당하는 손해배상청구권을 그대로 보유하고 있다. 그러므로 이 경우에는 보험자와 피보험자가 함께 제3자에 대한 채권을 행사하여야 하는데, 이 때에는 피보험자의 권리를 우선적으로 보호하여야 한다는 것을 뜻한다.

이와 같이 상법은 보험자대위에 관하여 보험자대위권의 제한에 관하여 보험금액의 일부만을 지급한 경우를 전제로 하고 있다. 그러나 제3자의 행위로 인하여 손해가 발생한 때에는 피보험자가 보험자로부터 보험금액의 전액을 지급받아도 그 손해가 남는 경우가 있다. 가령 선박보험에 가입한 경우 선박이 멸실할 때 선박에 적재한 선주소유의 적하가 함께 멸실한 경우가 그것이다. 이러한 경우에는 피보험자가 선박의 손해에 대하여 보험자로부터 보상을 받아도 그 적하에 대하여 입은 손해에 관하여는 여전히 그 제3자에 대한 배상청구를 할 수 있으므로 보험자는 그 대위권행사에 의하여 그 권리를 방해하지 않도록 하여야

한다.[40]

영국해상보험법 제79조 제2항 단서는 보상한 보험금의 한도로 청구권대위를 행사할 수 있음을 규정하고 있다.

⑵ 일부보험의 경우

㈎ 문제의 소재 : 상법 제682조와 영국해상보험법 제79조는 제3자에 대한 보험자대위에 있어서 일부보험에 관하여 아무런 정함을 두고 있지 아니하다(상법 제681조 단서 참조). 일부보험의 경우에 보험자의 책임은 보험금액의 보험가액에 대한 비율에 의하는 것(상법 제674조 본문, 영국해상보험법 제81조)이 원칙이므로 보험자가 지급한 보험금액의 범위 안에서 그 권리가 보험자에게 이전하여, 보험자와 피보험자는 보통 그 손해배상청구권을 분할하게 되고, 그 행사에 있어서도 경합하게 된다. 그러나 피보험자가 제3자로부터 완전한 손해배상을 받을 수 없는 경우에 보험자대위권에 의하여 취득하는 금액에 대하여 보험자와 피보험자 사이에 그것을 어떻게 분배할 것인가는 약간의 논의의 여지가 있다. 여기서는 하나의 예를 들어 설명하기로 한다.

보험계약자 A는 시가 4천만원의 선박을 500만원은 자기부담으로 하고 나머지 3,500만원에 대하여 보험자 갑과 선박보험계약을 체결하였다. 그 후 A의 선박은 B의 선박과 충돌하여 전손되었는데, 그 사고 발생시 A, B의 과실은 반반이었다. 갑은 보험금 3,500만원 전액을 A에게 지급하였다. 이 경우 B의 손해배상액은 2,000만원이므로 보험자와 피보험자 사이에 이 금액을 어떻게 분배할 것인가?

위의 예에서는 결국 보험자가 대위권에 의하여 취득하는 금액이 얼마냐 하는 것이 문제가 되는데, 이에 대하여는 우리 상법상으로도 여러 방법이 주장되고 있고, 영국법상 커먼웰스(Commonwealth)호 사건[41]에서부터 최근 상원의 Napier v. Hunter사건[42]에 이르기까지 다양한 논의가 진행되고 있다.

㈏ 우리 법상의 배분방법 : 이에 대하여도 이론적으로 세 가지 방법이 주장되고 있다.

첫째로 보험자는 보험금액의 지급한도에서 먼저 우선적으로 배정받고 나머

40) 이와 관련하여 피보험자의 보험자에 대한 협조의무에 대하여서는 이 책 제3부 제3장 제3절 청구권대위 Ⅲ. 청구권대위의 효과 3. 피보험자의 협조의무 (1) 보상액을 초과하는 부분의 제3자에 대한 피보험자의 권리행사의 협조의무 참조.

41) [1907] P 216, CA.

42) [1993] 1 All ER 356; HL.

지가 있을 때에는 피보험자에게 돌려주는 방법이다. 이것은 보험자에게 배정우선권을 주는 것이므로 위의 예에서는 보험자가 2,000만원 전액을 차지하게 되고, 피보험자는 한 푼도 받을 수 없게 된다. 이것을 절대설이라고 한다.

둘째로 보험자와 피보험자가 그 손해액과 손해보상액의 차액에서 비율에 따라 분배하는 방법이다. 이에 의하면 위의 예에서 1,750만원에 대한 청구권은 보험자에게 이전하고, 250만원에 대한 권리는 피보험자에게 남게 된다. 이것을 상대설이라고 한다.

마지막으로 보험자는 피보험자의 손해액을 충당한 나머지의 손해배상액 즉, 그 차액에 대해서만 청구권을 행사할 수 있는 방법이다. 이것은 피보험자에게 배정우선권을 주는 것으로 위의 예에서 500만원이 우선적으로 피보험자에게 넘어가고, 1,500만원에 대해서만 보험자는 대위할 수 있게 된다. 이것을 차액원칙이라고 한다. 이것은 독일과 오스트리아에서 일반적으로 지지를 받고 있는 설이다.

이와 같은 세 가지 방법 가운데 절대설은 피보험자에게 가혹하므로 찬성할 바가 못된다. 상대설은 보험자가 보험금액의 보험가액에 대한 비율에 따라 보상책임을 지는 일부보험의 이론에 비추어 보면 타당한 이론이라고 할 수 있다. 그러나 보험자대위권은 앞에서 본 바와 같이 보험사고로 인한 피보험자의 이중이득을 방지하기 위하여 정책적으로 인정되는 것이고, 또 보험계약에서 보험자는 피보험자의 가벼운 과실로 인한 손해에 대하여 담보하고 있으며, 더구나 보험자는 어느 정도의 구상권을 취득할 것이냐를 고려함이 없이 보험료의 대가로서 보험금액을 지급하는 것이므로, 원수보험에서는 반대의 약정이 없는 한 차액원칙이 옳다고 생각한다.[43]

(다) 영국 해상보험법상의 배분방법

(a) 개 관 : 영국에서는 Napier v. Hunter사건[44] 이전에는 보험자가 피보험자에게 보험계약상 지급할 보험금액을 전부 지급한 경우에도 피보험자가 실제로 입은 손해를 전부 충당하기 전에는 보험자는 피보험자가 제3자에 대하여 가지는 권리를 대위할 수 없다는 차액원칙이 일반적으로 채용되었다.[45] 피보험자가 실제 손해에 대하여 충분히 전보받기 전에는 보험자가 피보험자가 제3자에 대하여 가지는 청구권을 대위할 수 없다는 원칙은 2가지 근거를 가진다.

43) 최기원, 보험법, 박영사, 1998, 279면; 김성태, 보험법강론, 법문사, 2001, 481면.

44) [1993] AC 713 (HL); Napier v. Kershaw Ltd. [1993] 1 Lloyd's Rep. 10사건의 1심법원의 새빌(Saville)판사의 견해.

45) F.D. Rose, op. cit., § 27.104, p. 552.

첫째, 법률이 관심을 가지는 것은 동일한 손해에 대하여 중복 보상으로 인하여 보험자를 희생시켜 피보험자가 부당이득을 얻는 것을 방지하는 것이고, 보상받은 총액이 피보험자의 실제손해를 초과하지 아니하는 한 부당이득이나 2중보상이라 할 수 없다는 것이다.[46]

둘째, 법은 피보험자가 충분한 보상을 받도록 관심을 가져야 한다는 것을 전제로 한다.

그러나 해상물건보험에서는 차액원칙은 일반적으로 채용되지 않고 부보손해와 미부보손해를 보험자와 피보험자 사이에 비율적으로 분배하는 상대설이 일반적으로 채용되었다.

이는 커먼웰스(Commonwealth)호 사건[47]에서 확인되었고, 근래 일반보험사건인 상원의 Napier v. Hunter사건 이후에는 해상보험에서의 일부보험의 경우 제3자로부터 취득한 구상금의 분배방법에 대하여 이 사건에서 확립한 원칙의 적용여부가 논의되고 있다.

(b) '커먼웰스'호 사건의 입장 : '커먼웰스'호 사건에서 스쿠너선박인 웰쉬 걸(Welsh Girl)호에 대해 보험가액이 1,350파운드, 보험금액은 1,000파운드로 하는 일부보험계약이 체결되었다. 선박이 전부 멸실되어 보험금 1,000파운드를 지급한 보험자는 가해선박인 '커먼웰스'호의 선주에 대해 피보험자가 가지는 손해배상청구권에 대한 보험자대위권을 행사하였다. 법원은 보험자대위권은 1,000/1,350에 미치고, 350/1,350은 선주에게 귀속된다고 판시하였다.

(c) Napier and Ettrick v. Hunter and Others사건[48]의 입장 : 이 사건에서 로이즈개인보험사업자들은 보험시장에서 25,000파운드 이상의 손해를 입는 경우 100,000파운드까지 그 손해를 보상받는 것을 내용으로 하는 보험계약(stop-loss insurance)을 체결하였다. 대리인의 잘못으로 재보험계약을 체결하지 않은 채석면으로 인한 손해를 인수한 개인보험사업자들이 16만파운드의 손해가 발생하여 (stop-loss)보험자는 개인보험사업자에게 100,000파운드를 보상하여 주고, 다른 한편으로는 개인보험사업자가 대리인에 대하여 가지는 손해배상금으로 합의한 13만파운드에 대한 보험자대위권을 행사하였다. 피보험자의 손해배상금에 대한 보험자대위권의 범위가 문제되었다.

1심에서 새빌(Saville)판사는 차액원칙에 따라 보험자에 우선하여 피보험자는

46) Napier v. Hunter [1993] AC 713, 715; Bennett, The Law of Marine Insurance, London: Clarendon Press, 1996, p. 415.

47) [1907] P 216, CA.

48) [1993] 1 All ER 385, HL.

미부보손해 전액을 취득할 수 있다고 보았다. 즉, 이 사건에서 피보험자는 16만파운드의 손해를 입었고, 보험자로부터의 보험금 10만파운드와 불법행위자로부터 받은 배상금 13만파운드를 합한 23만파운드를 지급받았는데, 이중에서 손해액을 초과한 7만파운드를 보험자에게 지급하여야 한다고 보았다.

항소법원은 이를 파기하고, 피보험자는 10만파운드를 초과하는 금액을 취득할 수 있지만, 정액공제액인 25,000파운드는 부담하여야 한다는 방식인 '수정된 차액원칙'(top down approach)을 채용하여 95,000파운드의 반환을 명하였고, 상원은 이 점에 관하여 항소법원의 판결을 승인하였다.

(d) Napier v. Hunter사건 이후의 해상보험에서의 분배방법

(ㄱ) 개 관 : Napier v. Hunter사건에서 채용된 방식은 일부보험의 경우 피보험자가 제3자로부터 취득한 금액에 대하여 보험자와 피보험자 사이에 비율적으로 분배하는 해상보험상의 전통적인 분배방법인 상대설과 다르다. 즉, 구상금 중에서 보험계약상의 보상한도를 초과하는 미부보손해에 대하여 분배되고, 다음으로는 보험계약상 부보되는 감액에 대하여 그리고, 마지막으로 정액공제액 이하의 미부보손해에 대하여 분배된다.

Napier v. Hunter사건에서 해상보험과 일반보험간에 다른지가 판시되지는 않았지만, Kuwait Airways Corporation v. Kuwait Insurance Co. SAK사건49)사건에서 Napier v. Hunter 사건의 '수정된 차액원칙'이 채용되었다. 이 사건에서 KAC가 소유하는 15대의 항공기와 부품이 쿠웨이트를 공격한 이라크에 의하여 나포되어, KAC는 보험자로부터 3억 달러를 보상받았다. 후일 다수의 항공기와 부품을 회복하여 이 구상금에 대하여 KAC는 보험계약상 보상한도가 있고 KAC는 상당한 미부보손해를 입었다는 가정아래 보험자와 피보험자 사이에 분배방법이 문제되었다. 릭스(Rix)판사는 미부보손해와 부보손해 사이에 비율적으로 분배하는 이른바 상대설이 아니라 '수정된 차액원칙'을 취하는 것이 적절하다고 보았고, Napier v. Hunter사건에서 템플만판사가 일부보험의 경우 차액방식을 취한 것으로 보아 보험자대위는 일반보험과 해상보험에 동일하다고 하지만, 분배방법에 대하여는 당연히 다르다고 하였다. 즉, "'수정된 차액원칙'은 보험자대위의 원리에 가장 부합하기 때문에 적용되어야 하지만, 해상보험의 경우에는 '수정된 차액원칙'이 변경될 수 있다"고 판시하였다.

(ㄴ) 보험금액을 초과하는 미부보손해 : 선박, 적하 또는 운임의 일부보험의 경우에 차액방식을 채용하는 것은 해상보험에서 보험자대위의 경우 구

49) [1996] 1 Lloyd' Rep. 664.

상금의 분배에 관한 확립된 유일한 판례로 이른바 상대설을 취한 '커먼웰스'호 사건의 원칙을 변경한 것인가 여부가 문제된다. 이에 대하여는 해상보험계약에서는 일부보험의 경우에 보험자와 피보험자 사이의 분담의 원칙은 일부보험의 호과를 규정하는 영국해상보험법 제81조에 따라 정하고, 부보되지 않은 잔액에 대하여서는 피보험자가 자가보험자로 취급되어 보험자와 피보험자는 부보금액과 미부보금액에 비례하여 손해를 분배하며, 구상금의 분배는 '커먼웰스'호에 의하여 채용된 비례분담방법이 적용되지만, 이와 다른 분담방법을 적용하기로 약정한 경우에는 그 방법이 적용된다고 본다.[50] 한편 아놀드(Arnould)[51]는 상원이 채용한 '수정된 차액원칙'은 해상보험상 일부보험과 분손에 대하여 적용되는 오랜 동안 확립되었고, 영국해상보험법 제81조에 반영되어 있는 상대설을 변경할 의도는 아니며, 따라서 이 원칙은 피보험자가 취득한 구상금만이 아니라 손해와 비용에 대한 정산금에도 적용된다고 본다. 다만 아놀드는 상원의 Napier v. Hunt사건에서 채용된 원칙이 완전히 해상보험의 경우 배제되는 것이 아니라, '커먼웰스'호 사건의 원칙은 해상물건보험상의 일부보험과 분손의 경우에 미치고, 일정한 한도액을 초과하지 않는 책임을 담보하는 해상책임보험계약이나 전형적인 일부보험이 아닌 제1차 위험보험형식의 해상물건보험계약에는 '수정된 차액원칙'이 채용된다고 한다.

(ㄷ) 보험금액 미만의 미부보손해 : 일정한 금액을 초과하는 손해를 보상하는 보험계약의 경우에 일정한 금액 미만의 손해는 피보험자가 부담하여 보험자는 차액방식을 적용하여 보험자대위에 의하여 취득할 수 있는가 여부가 문제된다. 표준선박보험약관[52]은 정액공제(deductible)조항을 공통적으로 두고 있고, 이 경우에 정액공제조항이 초과전보조항과 유사하나고 명시적 약정을 하지 않은 경우에는 Napier v. Hunter사건에서의 초과전보조항을 유추하여 피보험자가 취득하는 구상금에서 정액공제금액에 대하여는 보험자가 우선하여 취득한다고 본다. 이는 정액공제조항의 삽입이 영국해상보험법 제81조의 비율적 분담원칙을 대체한 것으로 볼 것인가 여부에 따른다고 한다. 이전의 협회선박보험약관[53]은 Napier v. Hunt사건에서 제시된 차액원칙을 채택하고 있지만, 2003년

50) F.D. Rose, op. cit., § 27.127, p. 560.

51) Arnould, Law of marine insurance and average, 16th ed., London: Sweet & Maxwell, 1997, Vol 3 제2부 § 1299.

52) 1983년 협회선박기간보험약관 제12조; 1995년 협회선박기간보험약관 제12조; 1995년 협회선박항해보험약관 제10조; 2003년 국제선박보험약관 제15조.

53) 1983년 협회선박기간보험약관 제12조 제3항; 1995년 협회선박기간보험약관 제12조 제3항; 1995년 협회선박항해보험약관 제10조 제3항[이 책 제3부 제3장 제3절 청구권대위 5.

국제선박보험약관[54]은 비율적 분담원칙을 채용하여 아놀드가[55] 제시하듯이 미국과 영국의 실무와 부합하고 있다.

(e) 표준선박보험약관의 규정 : 보험계약의 당사자는 보험자와 피보험자 사이의 분배방법에 대한 사항을 규정하여 그 규정이 없었으면 적용되었을 '분배원칙'을 대체할 수 있다.

(ㄱ) 협회선박보험약관상의 정액공제조항의 '수정된 차액원칙' : 1983년 협회선박기간보험약관 제12조 제3항[56]은 "정액공제금액의 적용을 받는 보상청구에 대하여 (제3자로부터) 구상금액은 그에 포함된 이자를 공제하고 그 구상금액에 대하여 감액되지 않은 총액이 이 정액공제부분을 초과하는 범위 안에서 전액 보험자에게 귀속한다"라고 규정하고 있다. 이는 Napier v. Hunter에서 채용된 '수정된 차액원칙'과 부합된다.[57]

(ㄴ) 국제선박보험약관의 비율적분담원칙 : 2003년 국제선박보험약관 제49조 제4항은 "이 보험에서 전부 또는 일부의 보험금이 지급된 경우 제3자로부터 받은 구상금에 대하여는 보험자와 피보험자 사이에서 ① 제3자로부터 구상금을 취득함에 있어서 들인 합리적인 비용은 먼저 공제되어 지급한 당사자에게 반환하고, ② 부보손해와 미부보손해는 전체 부보손해와 미부보손해에 대하여 차지하는 비율에 따라 잔존금액은 보험자와 피보험자 사이에 분배한다"라고 규정하고 있다.

이는 해상보험계약에 있어서 일부보험의 경우에 '커먼웰스'호 사건에 의하여 확립된 비율적 분담원칙을 적용한 것이다. 이 조항은 모든 미부보손해는 보험계약상의 보험금액을 초과하든 미만이든 묻지 않고 동일하게 적용되어, 일반보험에 있어서 기준인 Napier v. Hunter사건의 '수정된 차액원칙'과 다른 분배원칙을 취한 것이다.[58]

---

보험자대위권 행사의 제한 (2) 일부보험의 경우 (다) 영국 해상보험법상의 배분방법 (e) 표준선박보험약관의 규정 참조].

54) 2003년 국제선박보험약관 제49조 제2항, 제3항[이 책 제3부 제3장 청구권대위 5. 보험자대위권 행사의 제한 (2) 일부보험의 경우 (다) 영국 해상보험법상의 배분방법 (e) 표준선박보험약관의 규정 참조].

55) Arnould, Law of marine insurance and average, 16th ed., London: Sweet & Maxwell, 1997, Vol 3 제2부 § 1299.

56) 1995년 협회선박기간보험약관 제12조 제3항; 1995년 협회선박항해보험약관 제10조 제3항.

57) F.D. Rose, op. cit., § 27.131, p. 561.

58) F.D. Rose, op. cit., § 27.133, p. 562.

# 제 4 부
# 손해보상절차와 보험금산정

# 제 1 장　손해보상절차

## 제 1 절　손해보상절차

### Ⅰ. 서　설

해상보험은 일종의 손해보상계약으로서 보험자는 보험사고로 인하여 생긴 피보험자의 재산상의 손해를 보상할 책임을 진다(상법 제665조).

해상보험계약상 손해보상을 청구하는 소송에서 피보험자는 일부는 중복되기도 하지만 다음 두 가지 조건을 충족시켜야 한다.

첫째, 실체법상의 것으로 보험사고가 존재하여야 한다는 것이다. 보험자의 피보험자에 대한 보상책임은 보험계약이 체결되어 보험자의 책임이 개시된 후 발생하고, 보험계약의 해석상 부보위험으로 인하여 피보험자의 피보험이익에 대한 손해가 발생하는 때 구체화된다. 보상청구를 위한 실체적인 요소에는 피보험이익과 부보위험 그리고 인과관계 등의 요건이 충족되었는가 등을 들 수 있다.[1)]

둘째, 피보험자는 보상청구의 절차적 요건을 충족하여야 한다. 이에는 보험사고의 통지, 입증책임 등이 문제된다.

아래에서는 보험사고발생의 통지의무를 고찰하고 손해보상절차에 관한 2001년 런던시장원칙과 2003년 국제선박보험약관의 내용을 고찰한다.

### Ⅱ. 보험사고발생의 통지

#### 1. 우리 상법상 보험사고발생의 통지의무

보험계약자 또는 피보험자는 보험사고의 발생을 안 때에는 지체없이 보험자

1) 1982년 협회적하보험(A), (B), (C)약관은 보상청구라는 표제아래 제11조에서 ① 피보험자는 손해발생시에 보험의 목적에 대하여 피보험이익을 가져야 하고, ② 피보험자가 손해를 알고 있었고, 보험자가 모르고 있었던 것이 아닌 한 보험자는 보험계약 체결이전에 발생한 손해에 대하여 보상책임을 진다라고 규정하고 있다.

에게 그 통지를 발송하여야 한다(상법 제657조 제1항). 이것이 보험계약자 등의 보험사고발생의 통지의무로서, 사고의 발생을 보험자에게 신속하게 통지하여 보험자로 하여금 원인조사, 손해의 범위, 정도 등을 조사하고 그에 대한 적절한 조처를 취할 수 있도록 하는데 의미가 있다. 그러므로 이 통지의무에는 보험계약자 등이 보험사고의 상황 등에 대하여 설명하고 또 보험자의 보험사고발생의 원인 등을 조사하는 데 협조하여야 할 의무를 포함한다. 보험계약자 등이 보험사고발생의 통지의무를 게을리하여 손해가 증가된 때에는 보험자는 증가된 손해를 보상할 책임이 없다(상법 제657조 제2항).

## 2. 영국법상 보험사고발생의 통지의무

(1) 일반원칙

보험자는 보험사고가 발생한 순간부터 피보험자에게 손해보상책임을 지지만 실무상 보험자는 사고발생의 통지를 받을 필요가 있다. 영국보통법상 피보험자가 보험자에 대하여 즉시 통지할 의무가 있다는 명확히 확립된 원칙은 존재하지 않는다. 이는 당사자는 명시적으로 그와 같은 의무를 자유롭게 약정할 수 있고, 대부분의 비해상보험의 경우에는 피보험자의 통지의무를 지우고 있다.[2]

그러나 최근 보험계약상의 최대선의원칙과 협조의무에 대한 재해석은 상당한 기간 안에 피보험자가 보험사고발생의 통지의무를 진다는 법원의 판단에 영향을 미치고 있다. 그 근거는 보험자가 필요하다고 판단하는 조치를 취할 수 있도록 하기 위함이다. 영국해상보험법은 제78조 제4항과 표준해상보험약관의 피보험자의 손해방지의무조항은 피보험자가 손해를 경감하거나 감소하기 위하여 필요한 조치를 취할 것을 요구하고 있고, 이에는 보험사고발생의 통지의무를 포함한다. 해상보험계약에 통지의무에 관한 조항을 두지 않고 있었던 것은 이 때문이다. 보험목적을 보험자에게 위부하고 추정전손보상을 청구하기 위하여서는 위부의 통지를 하여야 하고(영국해상보험법 제61조), 그러하지 아니하면 손해는 분손으로 처리된다(영국해상보험법 제62조). 또한 보험계약에는 피보험자가 보험사고발생의 통지의무를 진다고 규정할 수 있다. 이러한 경우에 이 규정을 의무불이행으로 인한 손해의 배상책임을 피보험자에게 인정하는 조건으로 볼 것인가 아니면 보상의 전제조건으로 볼 것인가는 해석의 문제이다.[3]

---

2) F.D. Rose, Marine Insurance: Law and Practice, London: LLP, 2004, § 26.3, p. 500.
3) F.D. Rose, op. cit., § 26.5, p. 500.

(2) 2003년 국제선박보험약관상의 통지의무

(가) 약관의 규정 : 2003년 국제선박보험약관은 멸실, 훼손, 책임 또는 비용을 초래하는 사고가 발생하는 경우 피보험자, 선주 또는 관리자가 사고발생을 아는 때부터 가능한 한 신속히 지도적 보험자에게 통지하여 그가 원하는 검정인을 임명할 수 있도록 하여야 한다고 규정하고 있다(동약관 제43조 제1항). 피보험자가 알게 된 날로부터 180일 이내[4]에 지도적 보험자에게 통지되지 아니하는 경우에는, 지도적 보험자가 다른 약정을 하지 않는 한 보상을 받을 수 없다(동약관 제43조 제2항).

(나) 통지의무위반행위의 성격 : 즉시 통지가 행하여지지 아니한 경우 "… 새로운 약관에 근거한 통지의 결여 그 자체가 최대선의의무의 위반에 해당한다고 할 수는 없지만, 피보험자가 이와 관련하여 부정직하게 행위한다면 보험기간 중에도 계속하여 선의로 행위할 의무위반에 해당한다."[5]

(다) 자동적인 면책 : 피보험자, 선주 또는 관리자가 멸실, 훼손, 책임 또는 비용에 대하여 피보험자가 알게 된 날로부터 180일 안에 보험자에게 통지하지 아니한 경우에 보험자는 자동적으로 책임을 면한다. 그러나 기한내에 통지해태로 인하여 보험자가 책임을 면하는 것은 특정한 사건이나 사고로 인한 멸실, 훼손, 책임 또는 비용뿐임을 주의하여야 한다. 유사한 어구를 사용하는 담보특약(warranty)과 달리 기한내의 통지를 하지 않는 것은 보험계약상의 다른 책임을 면제하는 것은 아니다. 보험계약은 그대로 존재하고, 문제로 되어 있는 특정한 멸실 등으로 인한 책임만이 소멸된 것이다. 따라서 보험자가 원하는 경우 자유롭게 위반의 효과를 포기할 수 있음은 당연하지만, 이 포기는 서면으로 확인되어야 한다.

보험자가 다른 정보원으로부터 필요한 정보를 보유하게 된 경우에는 피보험자로부터의 통지의 결여를 책임면책으로 취급할 권리가 없다.[6]

---

4) 1995년 협회선박기간보험약관 제13조와 1995년 협회선박항해보험약관 제11조의 12개월의 기간을 설정하고 있지만 2003년 국제선박보험약관은 이를 180일로 단축한다.

5) Arnould, Law of marine insurance and average, 16th ed., London: Sweet & Maxwell, 1997, Vol. 3 § 128; 이 책 제2부 제3장 제3절 최대선의의무와 고지의무 Ⅲ. 최대선의의무 참조.

6) Susan Hodges, Cases and Materials on Marine Insurance Law, London: Cavendish Publishing Limited, 1999, p. 600.

### 3. 손해의 세부사항

피보험자가 보험자에게 보험금청구를 위한 세부사항을 제출하여야 한다는 법적 원칙은 존재하지 아니한다. 그러나 보험계약의 내용으로 이를 요구할 수 있고, 이 제출의무는 그 위반으로 인하여 보험자에게 손해가 발생한 경우에 피보험자에게 손해배상을 청구할 수 있는 조건 또는 보험자의 보상책임의 전제조건으로서의 성격을 가질 수 있다. 그러나 보험실무상으로는 보험계약의 내용으로 보험금청구를 위한 세부사항을 규정하였는가를 묻지 않고, 피보험자는 보험사고로 인한 손해임을 입증하여야 하기 때문에 이를 제출하여야 한다.

## Ⅲ. 영국법상의 보상절차조항

### 1. 2001년 런던시장원칙

2001년 런던시장원칙(London Market Principles)은 피보험자의 정보이용가능성을 쉽게 하고 추가정보의 필요성을 감소하기 위하여 보상절차를 단순화하고 보험인수시장의 성질로 인한 복잡함에서 고객을 보호하는 등 가능한 한 보험금청구절차를 간소화하는 것을 목적으로 제정되었다.

특별히 피보험자와 보험중개사가 오직 지도적 보험자와 접촉하면 충분한 것으로 하는 원스톱쇼핑을 가능하게 하도록 한다. 지도적 보험자에게 책임을 지우는 목적은 다른 보험자에 대하여 보험금청구에 대하여 통지하고 추가적인 변동사항을 알리며, 보상원칙에 따라 보험금청구를 조정하고, 적절하게 피보험자와 보험중개사와 협의하도록 하는 것이다.[7)]

### 2. 2003년 국제선박보험약관

런던보험시장원칙은 2003년의 국제선박보험약관의 보상청구조항에 영향을 미쳤다. 보상청구조항은 동약관 제3부(제42조~제50조)에 규정되어 있다. 동약관 제1조 제1항은 제2부와 제3부는 보험개시시점에서 시행되는 것이어야 한다고 규정하고 있다.

7) F.D. Rose, op. cit., § 26.28~26.29, p. 510.

(1) 지도적 보험자

영국선박보험실무에서는 2인 이상의 보험자가 보험목적에 대한 위험을 공동으로 인수하는 경우가 일반적이다. 2003년 국제선박보험약관 제42조는 보험증권상 지정된 지도적 보험자[8]가 ① 보상을 야기할 수 있는 문제에 관한 검정인, 전문가, 손해사정사, 변호사의 지명, ② 보증서의 발행을 포함한 보험자가 취할 의무, ③ 보상절차, 보상의 처리와 수리, ④ 임의로 합의하는 것이 아닌 피보험자 또는 제3자에 대한 지급 등이 다른 모든 공동보험자에게 구속력이 있음을 규정하고 있다. 또한 공동보험자는 이들 사항에 초래된 지출된 책임, 비용에 대하여 지도적 보험자에게 인수비율대로 보상할 책임을 진다(2003년 국제선박보험약관 제42조 제2항).

(2) 입찰조항

지도적 보험자는 선박이 도킹이나 수리를 할 항구를 결정할 권리를 가지고 수리장소나 수리회사에 관한 거부권을 가진다(2003년 국제선박보험약관 제44조 제1항). 보험자는 또한 선박의 수리에 대한 입찰을 행할 것을 요구할 수 있다(동약관 제44조 제2항). 피보험자가 이 입찰조항을 준수하지 않는 경우에는, 결정된 순보험금의 15%를 공제할 수 있다(2003년 국제선박보험약관 제44조 제5항).

(3) 피보험자의 의무

피보험자는 청구가 있는 경우 그리고 자신의 비용으로 보험금청구에 필요하다고 판단되는 모든 적절한 서류와 정보를 지도적 보험자에게 제출하여야 한다(2003년 국제선박보험약관 제45조 제1항). 또한 피보험자는 보상청구의 조사시에 지도적 보험자와 그 대리인에게 전직 또는 현직 피용인 또는 대리인의 면접조사, 지도적 보험자가 알고자 하는 사항에 대한 제3자의 면접조사, 보험목적의 검정, 선박의 선급기록의 조사 등에 협조하여야 한다(2003년 국제선박보험약관 제45조 제2항).

보상을 청구함에 있어서 사기적인 방법을 사용하거나 사기적인 보상을 청구하는 피보험자에 대하여서는 최대선의의무위반 등을 이유로 제재가 행하여진다.[9]

2003년 국제선박보험약관은 피보험자가 소송절차 개시 이전의 어느 단계에서

8) 영국해상보험실무상 보험중개사가 보험계약자를 위하여 보험계약의의 체결을 중개하는 경우에 지도적 보험자와 보험료나 담보범위 등에 관하여 합의하고 슬립에 그가 인수할 비율을 확정한 후 다른 보험자에게 인수여부를 타진하게 되는데 이 보험자를 지도적 보험자(Leading Underwriter)라고 한다.

9) 이 책 제2부 제3장 제3절 최대선의의무와 고지의무 Ⅲ. 최대선의의무 참조.

도 고의 또는 무모하게 허위의 증거에 의거하여 보험금청구 또는 화해에 대하여 보험자를 오도하거나 이를 시도하지 아니하고, 보험금청구에 고려되거나 그 청구에 항변이 되는 보험자에게 중요한 사실을 묵비하지 않을 것을 보험자의 책임을 위한 전제조건으로 한다(2003년 국제선박보험약관 제45조 제3항).

(4) 보증조항

피보험자가 보험계약상 담보되는 것으로 주장되는 보험금청구권이 발생하는 사고로 인한 선박의 압류를 방지하거나 압류를 해제하기 위하여 보증을 제공할 의무가 있는 경우에, 보험자는 지도적 보험자에 의하여 결정되는 형식으로 피보험자를 위하여 보증 또는 역보증(counter-security)을 제공하는데 협조하여야 한다(2003년 국제선박보험약관 제47조).[10]

(5) 보상과 관련한 보험자의 의무

이 보험계약상 보험금청구를 위한 멸실, 훼손, 책임, 또는 비용의 통지를 받은 후, 지도적 보험자는 훼손의 원인과 범위, 필요한 수리와 그 합리적이고 공정한 비용 그리고 검정인에 대하여 지도적 보험자 또는 검정인이 적절하다고 판단하는 사항에 관하여 보고할 것을 지시할 수 있고, 보험금청구를 준비함에 있어서 피보험자를 지원할 독립된 손해사정사의 지명을 확인할 수 있다(2003년 국제선박보험약관 제46조 제1항). 이 지명은 사고가 이 보험에서 담보된다는 것을 보험자가 승인하는 것도 아니고, 보험자가 이 보험에서 또는 법률상 가지는 권리나 항변을 포기하는 것도 아니다(2003년 국제선박보험약관 제46조 제3항). 지도적 보험자와 이익의 충돌이 없는 경우에는, 손해사정사의 보고서는 지체없이 피보험자에게 송부되어야 한다(동약관 제46조 제4항). 지도적 보험자는 지명된 손해사정사에세 어느 단계에서든 현황보고서를 제출할 것을 요구할 수 있다(2003년 국제선박보험약관 제46조 제5항).

런던시장원칙은 보험자가 가급적 신속히 보상을 하도록 하는 것이었고, 이에 부응하여 2003년 국제선박보험약관은 지명손해사정사의 권고에 기하여, 또는 손해사정사가 지명되지 않은 경우에는 적절한 서류로 입증되는 피보험자의 청구에 기하여 지도적 보험자가 보험금을 지급할 것을 지체 없이 고려할 것을 요구한다(2003년 국제선박보험약관 제46조 제6항). 여하한 경우에도 지도적 보험자는 손해사정사의 최종결정 후 또는 손해사정사가 지명되지 않은 경우에는 보험자

10) 이 책 제5부 제1장 제2절 선주상호보험조합의 운영 Ⅱ. 선주상호보험조합의 기능 3. 보증서 참조.

의 보상책임을 결정할 수 있기에 충분한 서류에 기한 보상청구시점으로부터 28일 이내에 보상청구에 관한 결정을 하여야 한다(2003년 국제선박보험약관 제46조 제7항). 지도적 보험자가 결정을 위한 추가정보제공을 요청한 경우에는 그 수령 후 또는 제출할 수 없는 충분한 설명 후 상당한 기간 내에 결정을 하여야 한다(2003년 국제선박보험약관 제46조 제7항).

(6) 보험금의 지급

런던시장원칙에 따르면 보험금은 직접 지급되어야 한다. 2003년 국제선박보험약관에 따르면 양도의 조건에 따르는 것으로 하고, 보험금은 피보험자 또는 그가 서면으로 지시하는 자에게 지급되어야 한다(2003년 국제선박보험약관 제48조).

(7) 구 상

2003년 국제선박보험약관은 이 보험계약상 보험금을 지급하거나 지급 약속을 하거나 또는 잠재적으로 보상하여야 하는 것을 묻지 않고, 피보험자는 ① 이 보험계약상의 보상 또는 잠재적인 보상을 야기하는 사항에 관하여 제3자에 대한 청구권이 존재하는가를 검토하고, ② 소송절차를 개시하거나 제3자에 대한 청구권에 대한 담보를 획득하기 위한 적절한 조치를 취하여 제3자에 대한 청구권을 보전하며, ③ 지도적 보험자와 지명된 손해사정사에게 제3자에 대한 청구권의 가능성에 대하여 정보를 제공하고, ④ 제3자에 대한 청구권의 실행에 필요한 상당한 조치를 취함에 있어서 지도적 보험자와 협조하여야 한다(2003년 국제선박보험약관 제49조 제1항).

이 의무를 이행하는데 소요된 합리적인 비용은 부보손해와 피보험자가 부담하는 손해 사이에 비율적으로 할당된다(2003년 국제선박보험약관 제49조 제2항). 다만 구상에 대한 보험자의 서면의 약정이 있는 경우에는, 제3자에 대한 청구권을 보전하기 위하여 위의 ②에 기하여 지출된 합리적인 비용은 이 보험계약상 보상이 되지 아니하는 경우에도 합의된 금액까지 그 비용을 보상한다(2003년 국제선박보험약관 제49조 제3항).

이 보험계약상 전부 또는 일부가 지급된 보험금에 대하여 제3자로부터 배상청구를 받은 경우에, ① 제3자로부터 배상청구를 하는데 소요된 비용이 먼저 공제되고, ② 그 잔액이 부보손해와 부보되지 않은 손해가 전제 부보손해와 부보되지 않은 손해에 대한 비율에 따라, 보험자와 피보험자 사이에 할당된다(2003년 국제선박보험약관 제49조 제4항).

# 제 2 절 입증책임

## I. 개 관

입증책임은 소송당사자가 법원에 대하여 다툼 있는 권리를 지지하는 사실을 입증할 책임을 말한다. 먼저 원고는 제소한 권리를 지지하는 증거를 제출할 의무를 진다. 다음으로 법원에 대하여 다툼있는 사실을 설득할 책임이 있다.[11]

영국법상 해상보험계약에서의 입증책임은 일반적인 입증책임의 원칙과 다르지 않다. 그러나 구체적으로는 해상고유의 위험, 악행, 화재 등 위험의 고유한 특성에 따라 다른 점이 발견된다.

먼저, 손해의 근인으로서 해상고유의 위험에 근거한 보험금청구에 있어서 우연성의 요소는 손해가 사고이어야 할 것을 원고가 입증할 것을 요구한다(영국해상보험법 부칙 보험약관의 해석에 관한 규칙 제7조). 그러나 화재의 경우에는 우연성이나 공모는 본질적인 요건이 아니다. 즉, 원고는 화재가 우연히 발생하였다거나 공모의 결여를 입증할 필요가 없음을 의미한다. 한편 악행은 우연적인 것이 아니고, 공모의 요소를 내포하고 있다. 즉, 피보험자 자신이 공모하거나 악행에 대하여 동의하지 않기만 하면 되는 것이다.

다음으로는 위험의 성격에 따른 입증의 정도가 문제된다.

해상고유의 위험이 손해의 근인이라고 주장되는 경우, 개연성의 척도에 근거하여 이를 입증할 책임은 내내 피보험자가 지고, 그리고 고의적 위법행위라는 항변을 제출하는 경우에도, 보험자는 손해가 그로 인하여 발생하였다는 확정적인 증거를 제출할 필요는 없고, 또한 개연성의 척도에 근거하여 증거를 제출할 필요도 없으며, 최종결정시에 법원이 손해의 원인에 의문을 가지거나 확신하지 아니하면, 원고가 패소하는 것이다. 화재로 인한 보험금청구시에 원고의 입증책임은 상당히 가볍고, 화재로 인한 손해라는 증거만으로 입증된 것으로 되고, 우연성이나 공모없음을 입증할 것이 요구되지 아니하기 때문에, 고의적 위법행위라는 항변의 입증책임은 상대방인 보험자가 진다.

선장 등의 악행을 원인으로 한 보험금청구에 대응하여 선주가 공모하였다고

11) Susan Hodges, op. cit., p. 449.

보험자가 항변하는 경우에는 입증책임과 입증의 정도에 관한 법적 원칙이 문제된다. 악행이 개념상 공모의 결여를 수반하기 때문에 많은 문제가 제기된다.

첫째, 공모의 결여를 피보험자 또는 보험자중 누가 입증하여야 하는가에 대하여서는 원고가 입증하여야 하는가 아니면 공모를 보험자가 입증하여야 하는가에 대하여서는 영국법상 아직 명확하지는 않고 상원의 판결을 기대하는 입장이다.

둘째, 피보험자의 공모를 인정하기 위한 입증의 기준에 대하여서는 형사상의 고도의 입증이 요구된다는 입장도 있으나 일반적으로는 개연성의 척도의 기준이 일반으로 승인되고 있다.

우리 판례는 "보험의 목적에 생긴 손해가 그 부보위험인 해상 고유의 위험으로 인하여 발생한 것이라는 점에 관한 입증책임은 피보험자가 부담한다고 할 것이고, 그 증명의 정도는 이른바 '증거의 우월'(preponderance of evidence)에 의한 증명으로 충분하다"[12]고 하며, 선장 등이 선박의 화재를 기화로 선박소유 회사의 수산부장의 지시에 따라 킹스톤밸브 등을 조작하여 원양트롤어선인 동영호를 침몰시키고 마치 화재 등으로 인하여 자연적으로 동영호가 침몰된 것처럼 가장하여 보험회사에게 보험금을 청구한 사건에서 대법원은 보험계약자가 선장 등의 고의에 의한 부정행위에 해당하는 사실을 입증하면 일응 선장 등의 악행은 추정된다 할 것이나, 이 경우 선주 등의 지시 또는 묵인이 있었다는 사실을 보험자가 입증하면 보험자는 보험금지급의무를 면한다고 하여 보험자 승소판결을 내리면서 "'선장 등의 악행'이라 함은 선주나 용선자에게 손해를 끼치는 선장 등에 의하여 고의로 이루어진 모든 부정행위(wrongful act)를 말하는 것인 바(영국 해상보험법 제1부칙 '보험약관의 해석에 관한 규칙' 제11조), 보험계약자가 선장 등의 고의에 의한 부정행위에 해당하는 사실을 입증하면 일응 선장 등의 악행은 추정된다 할 것이나, 이 경우 선주 등의 지시 또는 묵인이 있었다는 사실을 보험자가 입증하면 이는 보험자의 면책사유인 피보험자의 고의적 위법행위(wilful misconduct)에 해당하여 결국 보험자는 보험금 지급의무를 면한다"라고 하고, 입증의 기준으로 "보험사고가 부보위험에 의하여 일어났을 개연성이 그렇지 않을 개연성보다 우월할 정도로 입증되어야 하고, 만일 부보위험과 미부보위험 또는 부보위험에서 제외되는 위험이 동등한 정도로 보험사고에 영향을 주었다고 인정되는 경우에는 피보험자의 입증은 실패하게 된다"라고 판시한다.[13]

---

12) 대법원 2001.5.15. 선고, 99다26221 판결; 대법원 1998.5.15. 선고, 96다27773 판결.

13) 대법원 2005.11.25. 선고, 2002다59528, 59536 판결.

## Ⅱ. 해상보험에 있어서 입증책임 일반

### 1. 영국해상보험법의 입장

(1) 피보험자의 입증책임

해상보험계약상 보험사고가 발생하였다는 것을 개연성의 척도에 기하여 입증할 책임은 피보험자가 진다. 만일 입증이 충분하지 아니하거나 분명하지 않은 경우에는 보상청구권이 인정되지 아니한다. 손해가 부보위험으로 인한 것임을 입증하기 위하여 필요한 경우를 제외하고는, 원고는 보상청구에 대한 가능한 항변을 극복하기 위하여 증거를 제시하거나 다른 원인으로 인한 것이 아님을 입증할 필요는 없다. 그러나 보상이 제한적이거나 조건이 붙어 있는 경우에는 그와 같은 조건 등이 충족되어야만 승소할 수 있다.[14]

(2) 보험자의 입증책임

보험자는 미담보된 손해의 원인을 자유롭게 제시할 수 있지만, 그와 같은 의무가 존재하는 것은 아니다.[15] 보험자는 단지 청구를 부인하여 원고가 입증하도록 하거나, 청구를 반박하거나 항변을 입증하기 위하여 증거를 제시할 수도 있다. 단지 부인만을 하는 경우에는 손해의 원인을 적극적으로 설명할 필요가 없다. 그러나 원고가 입증책임을 추정적으로 이행한 경우에는, 피고는 원고의 증거를 반박하는 증거를 제시하거나 상황이 불명확하다는 것을 제시하여 개연성의 척도에 기하여 원고의 주장을 무위로 할 수 있다. 또한 피고는 원고가 주장할 수 있는 추정을 깨뜨리는 것도 가능하다. 피고가 특정한 항변을 주장하는 경우에는 이를 적극적으로 입증할 책임을 진다. 따라서 면책사유를 주장함에 있어서는 통상적으로는 개연성의 척도에 기하여 이를 입증할 책임을 진다.[16] 그러나 보험사고로 인한 손해일 개연성과 면책사유로 인한 손해일 개연성이 우월하지 못하고 서로 비슷한 정도인 경우에는 피보험자는 입증책임을 다하지 못하여 패소하게 된다.[17] 입증책임과 증거의 기준에 관한 원칙은 해상고유의 위험,

14) F.D. Rose, op. cit., § 26.12, pp. 502~503.
15) The Popi [1985] 1 WLR 948(HL), 951: 이 사건의 사실관계는 이 책 제4부 제1장 제2절 입증책임 Ⅲ. 해상고유의 위험으로 인한 손해의 입증 1. 영국법상의 입증책임 (1) 원고의 입증책임 (가) 원칙 참조.
16) F.D. Rose, op. cit., § 26.10, p. 502.
17) F.D. Rose, op. cit., § 19.21, p. 369: 이 책 제3부 제2장 제3절 손해보상의 의무 Ⅶ. 인과관계 4. 둘 이상의 근인이 존재하는 경우 참조: 심재두, 해상보험법, 길안사, 1995, 298면.

악행, 화재 등 위험의 고유한 특성에 따라 다르다.[18)]

## 2. 우리나라의 학설과 판례의 동향

해상보험상의 입증책임은 선박의 항해중 사고로 인한 손해의 입증의 곤란이라는 특성을 감안하여 입증책임의 전환과 증거판단에 있어서 입증의 경감을 통하여 대처하고 있다.[19)] 그러나 해상보험의 경우에도 선주 등에 의한 도덕적 위험이 여전히 존재하고 영국법의 해석상 대체로 일반적인 입증책임의 원칙이 적용된다.

해상보험에 있어서 입증책임에 관한 우리 학설은 위에서 설명한 영국법의 입장과 크게 다르지 않다.[20)]

우리 판례[21)]는 열거책임주의가 적용되는 분손부담보조건의 적하보험계약에 관한 영국 해상보험법과 판례의 입장을 "피보험자가 보험자로부터 손해를 전보받기 위하여는 손해가 보험증권상에 열거된 부보위험으로 인하여 발생하였다는 적극적인 사실을 입증하여야 함이 일반적인 원칙이기는 하나, 화물이 선박과 함께 행방불명이 된 경우에는 현실전손으로 추정되고(영국해상보험법 제58조), 그 현실전손은 일응 부보위험인 해상위험으로 인한 것이라고 추정되어 보험자는 보상책임을 면할 수 없는 것이며, 부보위험으로 인한 손해라는 추정은 보험자가 부보위험이 아닌 다른 위험 내지 면책위험으로 인한 것일 가능성이 있음을 주장하고 그 가능성이 보다 우월하거나 동일함을 입증하는 경우에 한하여 깨어지는 것이다"라고 판시하였다.

또한 "영국해상보험법 및 영국 법원의 판례에 의하면, 피보험자가 보험금의 지급을 청구하기 위하여는 피보험자는 보험사고가 발생한 사실, 그 보험사고가 부보위험으로 인한 것이라는 사실, 즉 특정한 부보위험이 손해발생의 근인이라는 사실에 관한 입증책임이 있고, 위와 같은 요증사실은 사고원인에 관한 가설의 개연성을 형량하였을 때, 보험사고가 부보위험에 의하여 일어났을 개연성이 그렇지 않을 개연성보다 우월할 정도로 입증되어야 하고, 만일 부보위험과 미부

18) Susan Hodges, op. cit., p. 450.

19) 주광희, 보험법에 있어서 일응의 추정의 법리, 해상, 보험법에 관한 제문제(하), 재판자료 53집(1991), 586면.

20) 민중기, 영국해상보험법(협회선박기간보험약관)에 있어서 해상 고유위험의 의의 및 입증책임과 담보위반의 효과, 대법원판례해설 30호(1998), 법원도서관, 251~252면; 최종현, 선박보험에 있어서 원인불명침몰에 관한 사례연구, 보험법연구 1, 보험법연구회, 삼지원, 1995, 213면.

21) 대법원 1991.5.14. 선고, 90다카25314 판결.

보위험 또는 부보위험에서 제외되는 위험이 동등한 정도로 보험사고에 영향을 주었다고 인정되는 경우에는 피보험자의 입증은 실패하게 된다"[22]라고 판시하고 있다.

## Ⅲ. 해상고유의 위험으로 인한 손해의 입증

### 1. 영국법상의 입증책임

(1) 원고의 입증책임

(가) 원 칙 : 해상고유의 위험에 근거하여 보험금을 청구하는 경우에는 손해가 개연성의 척도에 기하여 이 위험으로 인한 것이라는 입증책임은 피보험자가 진다.[23]

이에 관한 판례로는 선박이 5시간에 걸쳐 좋은 날씨에 침몰하여 선주는 미상의 물체와 선박의 흘수선 아래에서 접촉하여 훼손을 입었다는 이유로 보상을 청구한데 대하여 선주의 공모에 의한 천공에 의한 손해라고 하여 보험자면책을 명한 Compania Naviera Santi SA v. Indemnity Marine Insurance Co., Ltd., 'Tropaioforus'사건,[24] 선박이 수에즈만의 얕은 곳에서 교사하여 추정전손되는 손해를 입어 해상고유의 위험으로 인한 손해라고 판시된 Michalos (N) and Sons Maritime SA v. Prudential Assurance Co., Ltd., 'Zinovia'사건,[25] 상원사

22) 대법원 2005.11.25. 선고, 2002다59528, 59536 판결과 이 판결의 원심판결인 서울고등법원 1990.7.11. 선고, 90나17356 판결; 이 판결에 대한 평석으로는 우성만, 영국해상보험에 있어서 근인과 선상 등의 악행의 의미 및 입증책임, 판례연구 제18집, 부산판례연구회, 2007, 435면~469면.

23) 대법원 2001.5.15. 선고, 99다26221 판결은 증명의 정도를 증거의 우월(preponderance of evidence)이라고 하지만, 이는 개연성의 척도(the balance of the probabilities)와 같은 개념이다.

24) [1960] 2 Lloyd's Rep. 469; 이 사건에서 1957.12.1에 증기선 트로페이어포러스(Tropaioforus)호가 뱅갈만에서 좋은 날씨에서 5시간에 걸쳐 침몰하였다. 선주인 원고는 '트로페이어포러스'호가 미상의 물 속의 물체와 부딪혀 흘수선 밑이 훼손되어 해수의 유입으로 선박이 침몰하였다는 점에서 손해는 해상고유의 위험으로 인한 것이라는 이유로 보상을 청구하였다. 보험자는 '트로페이어포러스'호가 선주의 동의아래 천공되어 침몰하였다는 근거로 이를 거부하였다. 법원은 '트로페이어포러스'호의 선주가 해상고유의 위험으로 인한 우연적인 손해가 있었음을 입증하지 못하였다고 판시하였다. 피보험자의 천공에 의한 손해라는 보험자의 주장을 받아들였다. 피어슨(Pearson)판사는 "개연성의 척도에 기하여 해상고유의 위험에 기한 우연한 사고인 것을 입증할 책임은 원고가 진다"라고 판시하였다.

25) [1984] 2 Lloyd's Rep. 264; 이 사건에서 선박 지노비아(Zinovia)호는 수에즈만의 얕은 곳에서 교사하여 추정전손되는 손해를 입었다. 선주는 해상고유의 위험으로 인한 손해

건으로 선박기간보험에 가입된 선박이 좋은 날씨에 알제리(Algeria)해안에서 엔진룸부근의 선박의 외피가 찢겨나가 다량의 해수가 유입되어 침몰한 경우 선주가 해상고유의 위험으로 인한 손해라는 입증을 하지 못하였다고 하여 보험금청구가 기각된 Rhesa Shipping Co. v. SA v. Edmunds, 'Popi M'사건,[26] 선박기간보험에 가입된 벌크선이 스페인 남동부를 항해하던 중 확인할 수 없는 물체와 충돌하여 갑자기 해수가 유입되어 침몰한 경우, 해상고유의 위험으로 인한 손해라고 추정되지 않아 피보험자가 입증책임을 다하지 못하였다고 하여 보상청구가 기각된 Lamb Head Shipping Co., Ltd. and Others v. Jennings, 'Marel'사건[27] 등이 있다.

---

라는 이유로 보상을 청구하였지만, 보험자는 선박은 선주의 동의아래 천공되었다는 이유로 거부하였다. 법원은 선주가 '지노비아'호의 손해가 해상고유의 위험으로 인한 손해임을 입증하였다는 이유로 원고승소판결을 내렸다. 보험자와 적하소유자는 선박이 고의적으로 침몰되었다는 것을 요구되는 높은 입증의 정도로 법원을 충족시키지 못하였다.

26) [1985] 2 Lloyd's Rep. 1, HL: 이 사건에서 상원은 해상고유의 위험으로 인한 손해에 대한 보험금청구의 경우 입증책임은 전체에 걸쳐서 피보험자가 진다고 확인하였다. 즉, 손해가 해상고유의 위험으로 인한 것이라는 추정적 증가가 제시된 경우 이후에도, 보험자에 의하여 이에 반하는 증거가 제출되었는가 여부와 관계없이 이를 입증할 책임은 계속하여 피보험자에게 있다는 것이다. 포피 M(Popi M)호에 대하여 피고 등 여러 보험자와 기간보험계약이 체결되었고, 루언(Rouen)에서 예멘(Yemen)으로 지중해를 통하여 항해하던 중 좋은 날씨에 알제리(Algeria)해안에서 엔진룸부근의 선박 외피가 찢겨나가 다량의 해수가 유입되었다. 선원은 선박을 포기하였고, 다음날 침몰하였다. 선주는 해상고유의 위험, 또는 선원의 과실로 인한 손해라는 이유로 보상을 청구하였고, 보험자는 손해가 자연마모로 인한 것이라 하여 거부하였다. 하급심법원은 손해의 근인이 해상고유의 위험이라고 하였지만, 상원은 '포피 M'호의 손해의 원인은 여전히 의문이 남아 있고, 따라서 원고는 입증책임을 이행하지 못하였다고 하였다. 브랜든(Brandon)판사는 "이 사건에서 두 가지 쟁점이 존재한다. 첫째, 개연성의 척도에 기하여 선박이 해상고유의 위험으로 인한 것임을 입증할 책임은 내내 선주가 진다. 보험자는 부보되지 아니한 손해의 원인을 입증하고자 노력하는 경우에도, 보험자는 이 의무가 없다. 또한 보험자가 그와 같은 선택을 하는 경우에도, 개연성의 척도에 근거하여 그 사실의 진실성을 입증할 책임은 없다. 둘째, 이 사건과 같이 다량의 전문적인 증거의 조사 후에 선박의 손해의 근인에 대하여 개연성의 척도에 근거하여 의문이 존재하는 경우에 선주가 부담한 입증책임을 이행하지 못하였다고 법원은 항상 결정할 수 있다는 것이다"라고 판시하였다.

27) [1992] 1 Lloyd's Rep. 403: 이 사건에서 벌크선인 마렐(Marel)호는 곡물의 적하를 선적하고 벨기에의 겐트(Ghent)에서 그리스의 사로니카(Salonika)로 항해중이었고, 선박에 대하여 피고 보험자와 기간보험계약이 체결되어 있었다. 선박의 유지관리는 양호하였고, 근래 선급검사와 선박의 외부에 대한 초음파검사를 행한바 있었다. 스페인 남동부를 항해하던 중 이른 아침에 선원들이 충돌을 느끼는 사이 해수가 갑자기 선박의 엔진룸에 유입되었다. 기상조건은 예외적이 아니었고, 선원들은 뒷부분이 침몰하기 전에 선박을 포기하였다. 선주는 해상고유의 위험으로 인한 손해에 대한 보상을 청구하였다. 선주는 선박이 유기된 컨테이너와 충돌하였거나 또는 어떠한 특별하고 우연적이지만 확인할 수 없는 사고로 멸실하였다고 두 가지를 주장하였다. 보험자는 선주가 입증책임을 이행하지 못하였다고 하여 거부하였다. 법원은 개연성의 척도에 기하여 원고가 멸실이 해상고유의 위험으로 인한 것임을 입증하는데 실패하였다 하여 원고패소판결을 내렸다. 1심법원에서 다이아먼드(Diamond)판사는 포피 M(Popi M)호 사건을 비롯한 여러 판결을 인용하여 다음과 같이 판시하였다. "첫째, 개연성의 척도에 근거하여 선박이 해상고유의

(나) 제3의 선택 : Rhesa Shipping Co. v. SA v. Edmunds, 'Popi M'사건[28]에서 원고는 개연성의 척도에 근거하여 손해가 해상고유의 위험으로 인한 것임을 법원에게 설득하는데 실패하였다. 손해의 원인에 관하여 법원이 의문을 가지고 있는 경우에, 피보험자에게 유리한 판결을 내릴 수 없음은 명백하다. 법원이 제출된 사실관계에 근거하여 직접적으로 어느 당사자의 승소판결을 내릴 수 없는 경우에 제3의 선택이론이라는 원칙을 사용하여 원고의 청구를 기각할 수밖에 없다.[29]

'포피 M'호 사건에서 하급심법원은 손해가 해상고유의 위험으로 인한 것이라고 하였지만, 상원은 '포피 M'호의 손해의 원인은 여전히 의문이 남아 있고, 따라서 원고는 입증책임을 이행하지 못하였다고 판시하였다.

(다) 확인할 수 없는 해상위험으로 인한 손해의 추정 : 선박의 행방불명의 경우 또는 손해를 설명할 수 없는 경우와 같이 피보험자가 손해의 원인의 진정한 성격을 입증하는 증거를 제시하기 불가능한 경우에, 법원은 특정한 조건, 즉 선박이 항해를 개시할 때 감항능력이 있었고, 부보되지 않은 위험이 손해를 야기하지 않았을 것이라는 조건이 충족될 것을 조건으로 해상고유의 위험으로 인한 손해라고 추정한다.[30]

(라) 행방불명의 경우 현실전손의 추정 : 영국해상보험법 제58조는 "해상사업에 종사하는 선박이 행방불명이 되고, 상당한 기간동안 그 소식을 모를 경우에는 현실전손으로 추정할 수 있다"라고 규정하고 있다. 선박이 현실전손인 것으로 추정된다고 하여 선박이 계약상의 항해를 하고 있었다거나[31] 손해가 보

---

위험으로 인하여 멸실되었다는 입증책임은 내내 선주가 진다. 보험자가 다른 손해의 원인을 입증하고자 노력하든 아니든, 모든 증거를 조사하여 보니 손해의 원인이 무엇인가에 대하여 법원이 여전히 의문을 가지게 되는 경우에는, 피보험자는 입증책임을 이행하는데 실패한 것이다. 둘째, 해수가 부보선박에 유입하였다는 것만을 입증한 것으로는 부담하는 입증책임을 이행하는데 충분하지 않다. 해수의 유입은 그 자체가 해상고유의 위험은 아니기 때문이다. 그 유입이 사고이거나 우연한 것임을 입증하여야 한다"; 이 사건에 대하여는 또한 이 책 제4부 제1장 제3절 추정 Ⅲ. 확인할 수 없는 손해 3. 보험계약상 담보되지 않은 모든 기타 위험의 배제 참조.

28) [1985] 2 Lloyd's Rep. 1, HL: 이 사건의 사실관계는 이 책 제4부 제1장 제2절 입증책임 Ⅲ. 해상고유의 위험으로 인한 손해의 입증 1. 영국법상의 입증책임 (1) 원고의 입증책임 (가) 원칙 참조.

29) Susan Hodges, op. cit., p. 454.

30) 상세한 내용은 이 책 제4부 제1장 제3절 추정 Ⅲ. 확인할 수 없는 손해의 추정 참조.

31) 19세기의 초창기에는 목적항에서 증인을 소환하는 등에 의하여 선박이 항해를 완료하지 못하였다는 적극적인 증거를 제시하는 것이 필요 없었지만, 피보험자는 관련정보를 용이하게 제출할 수 있기 때문에 이에 관한 증거를 제시할 것이 요구된다(F.D. Rose, op. cit., § 26.24, p. 508).

험기간 중 발생하는 것[32]과 같이 손해가 보험사고로 인한 것임을 입증할 것이 필요없게 되는 것은 아니다.[33] 이에 대하여 우리판례[34]는 "화물이 선박과 함께 행방불명이 된 경우에는 현실전손으로 추정되고(영국해상보험법 제58조), 그 현실전손은 일응 부보위험인 해상위험으로 인한 것이라고 추정되어 보험자는 보상책임을 면할 수 없는 것이며, 부보위험으로 인한 손해라는 추정은 보험자가 부보위험이 아닌 다른 위험 내지 면책위험으로 인한 것일 가능성이 있음을 주장하고 그 가능성이 보다 우월하거나 동일함을 입증하는 경우에 한하여 깨어지는 것이다"라고 하지만 영국법의 해석은 이와 약간 다르다.[35]

(마) 원고의 입증의 정도 : 멸실이 해상고유의 위험으로 인한 것임을 원고에게 입증을 요구하는 기준은 개연성의 척도이다.[36] Rhesa Shipping Co. v. SA v. Edmunds, 'Popi M'사건[37]에서 상원의 브랜든(Brandon)판사는 "개연성의 척도에 근거한 입증의 법률적 개념은 상식과 함께 적용되어야 한다. 일련의 적절한 근거에 의하여 법관이 사고의 발생이 극히 개연성이 없다고 결론짓는 경우, 그럼에도 불구하고 발생하지 않았다고 하지 않고 발생하였을 것이다라고 하는 것은 상식에 부합하지 않는다"라고 하여 입증의 문제에 관하여 상식의 기준을 적용하였다.

Compania Naviera Santi SA v. Indemnity Marine Insurance Co., Ltd., 'Tropaioforus'사건[38]에서 피어슨(Pearson)판사는 "원고는 해상고유의 위험으로 인한 우연한 손해가 있다는 입증책임을 지는데, 그 정도는 해상고유의 위험으로 인한 우연한 손해가 개연성의 척도에 기하여 유리함을 입증하기만 하면 된다"라고

32) 기간보험에서 손해가 보험기간 안에 발생하였다는 입증책임은 피보험자가 지지만, 통상은 손해가 발생하였다고 생각되는 일자는 합리적인 추정에 기초하여 결정할 문제이다. 즉, 기간보험이 종료일 직전에 자기의 선박에 대하여 정보가 결여되어 새로운 보험에 가입하지 못하였어도 피보험자가 계속담보조항에 기하여 담보를 연장 받은 경우에는 이 문제는 생기지 않는다(Templeman, Marine Insurance: Law and Practice, 6th ed., Londin: Pitman, 1986, p. 204).

33) F.D. Rose, op. cit., § 26.27, p. 509.

34) 대법원 1991.5.14. 선고, 90다카25314 판결.

35) 피보험자는 선박이 보험계약상의 항해 중이었음을 입증하여야 하고, 선박이 보험사고로 인하여 멸실하였음을 입증할 책임을 여전히 진다: 상세한 내용은 이 책 제4부 제1장 제3절 추정 Ⅲ. 행방불명인 선박 참조.

36) 대법원 2001.5.15. 선고, 99다26221 판결.

37) [1985] 2 Lloyd's Rep. 1, HL: 이 사건의 사실관계는 이 책 제4부 제1장 제2절 입증책임 Ⅲ. 해상고유의 위험으로 인한 손해의 입증 1. 영국법상의 입증책임 (1) 원고의 입증책임 (가) 원칙 참조.

38) [1960] 2 Lloyd's Rep. 469: 이 사건의 사실관계는 이 책 제4부 제1장 제2절 입증책임 Ⅲ. 해상고유의 위험으로 인한 손해의 입증 1. 영국법상의 입증책임 (1) 원고의 입증책임 (가) 원칙 참조.

판시하였다.

기간보험에 든 선박이 시에라리온(Sierra Leone) 근처 해안에서 얕은 곳에서 좌초하여 해상고유의 위험, 화재, 악행의 이유로 추전전손보상이 청구되어 선주에 의하여 허락된 천공이라 하여 기각된 National Justice Compania Naviera SA v. Prudential Assurance Co., Ltd., 'Ikarian Reefer'사건[39]에서 스튜어트-스미스(Stuart-Smith)판사는 "선주가 승소하기 위하여, 교사가 우연적이었다는 것을 입증하여야 한다. 원고는 개연성의 척도에 기하여 입증하기만 하면 되기 때문에, 고의적이었을지도 모른다는 개연성이 잔존하는 경우에도 입증하였다는 결론이 유지될 수 있다"라고 판시하였다.

해상고유의 위험으로 인한 보험금청구시에 원고는 손해가 그와 같이 발생하였음을 입증할 책임을 진다. 원고가 이를 행할 수 없으면, 보험자는 답변할 필요조차 없다. 피고가 항변할 것이 요구되는 경우는 추정적 증거가 제시된 경우에 한한다. 보험자는 다음 두 가지 중에 한 가지를 할 수 있다. 첫째, 보험자는 손해의 원인으로 불감항 또는 자연마모를 제시하여 손해가 우연한 사고로 인한 것이 아니라는 증거를 제시하여 원고의 주장을 깨뜨릴 수 있다. 둘째, 보험자는 손해가 피보험자의 고의적 위법행위로 인한 것임을 주장할 수 있다.

어느 경우에도 항변의 성격과 무관하게 개연성의 척도에 근거하여 손해가 보험사고에 근인한 것임을 입증할 책임은 피보험자가 진다는 것을 유념하여야 한다. 기간보험에 든 선박에 화재가 발생하여 결국 침몰하여 보상이 청구된 Palamisto General Enterprises SA v. Ocean Marine Insurance Co., Ltd., 'Dias'사건[40]에서 케어스(Cairs)판사는 "해상고유의 위험으로 인한 손해의 보험금청구가 있고, 보험자가 선주의 부탁으로 천공되었다고 의심하는 경우, 보험자가 신

39) [1993] 2 Lloyd's Rep. 68; [1995] 1 Lloyd's Rep. 455 CA: 이 사건에서 원고는 자신 소유의 선박 '이카리언 리퍼'(Ikarian Reefer)호에 대하여 해상고유의 위험과 화재, 그리고 악행을 담보하는 선박보험계약을 300만 달러를 보험금액으로 하여 보험자와 들었다. 키일(Kiel)로부터 아빗잼(Abidjam)까지의 공선으로 항해중 동 선박은 시에라리온(Sierra Leone) 근처 해안에서 얕은 곳에서 좌초하였다. 잠시 후 엔진룸에서 화재가 발생하여 숙박시설로 확대되었다. 원고는 해상고유의 위험, 화재, 악행을 이유로 추정전손을 주장하였다. 보험자는 피보험자에 의한 고의적인 위법행위를 제기하여 보험금지급을 거부하였다. 항소법원은 선박의 멸실은 선주에 의하여 허락된 천공으로 인한 것이라고 판결하였다.

40) [1972] 2 Lloyd's Rep. 60, CA: 이 사건에서 증기선 디아스(Dias)호의 선주인 원고는 피고 보험자와 기간보험계약을 체결하였다. 1967년 3월 '디아스'호의 보일러실에 화재가 발생하여 선박의 다른 부분으로 확대되어 결국 침몰하였다. 원고의 보험금청구에 대하여 보험자는 선박의 멸실과 유기하는데 공모한 피보험자의 고의적 위법행위로 인한 것이라고 주장하여 이를 거부하였다. 피보험자의 항소이유는 보험자가 제기한 주장은 과거 50년간의 상사법원의 실무와 일치하지 아니한다는 것이었다. 항소법원은 2대1의 다수의견으로 항소의 일부승소판결을 내렸고, 상사법원의 실무가 잘못이라고 판결하였다.

택할 수 있는 두 가지 절차가 있다. 먼저, 주장을 단순히 부인하는 것이고, 다음은 천공이라고 주장하는 것이다. 전자를 선택하는 경우 교차심문을 하고 선박이 우연한 사고로 인하여 멸실되지 않았음을 입증할 증거를 제시할 것을 요구할 수 있지만, 선박이 선주의 동의아래 유기되었다는 적극적인 판단을 할 수 없다.[41] 후자의 경우, 즉 보험자가 선박이 천공되었음을 적극적으로 주장하는 경우, 입증책임을 이행하여야 한다. 입증책임을 이행하였는가 여부를 고찰함에 있어서 법원은 어느 주장이 사기인가를 교량에 의하여 판단하여야 한다. 해상고유의 위험으로 인한 손해라는 원고의 주장과 피고의 천공이라는 주장이 있고, 법원이 최종적으로 어느 주장도 개연성이 있음을 충족하지 않으면 원고가 패소한다"[42]라고 판시하였다.

(2) 피고의 입증책임

(가) 원 칙 : 해상고유의 위험으로 인한 손해의 보상청구시에 원고는 손해가 그와 같이 발생하였음을 입증할 책임을 진다. 원고가 이를 행할 수 없으면, 보험자는 답변할 필요조차 없다. 피고가 항변할 것이 요구되는 경우는 추정적 증거가 제시된 경우에 한한다. 보험자는 다음 두 가지 중에 한 가지를 할 수 있다. 첫째, 보험자는 손해의 원인으로 불감항 또는 자연마모를 제시하여 손해가 우연한 사고로 인한 것이 아니라는 증거를 제시하여 원고의 주장을 깨뜨릴 수 있다. 둘째, 보험자는 손해가 피보험자의 고의적 불법행위로 인한 것임을 주장할 수 있다.

어느 경우에도 항변의 성격과 무관하게 개연성의 척도에 근거하여 손해가 보험사고에 근인한 것임을 입증할 책임은 피보험자가 진다.

(나) 고의적 위법행위의 항변 : 피보험자의 고의적 위법행위의 항변은 해상고유의 위험으로 인한 보험금청구에 대하여 보험자가 가장 통상적으로 이용하는 항변이다. 피보험자가 일단 추정적 증거를 입증하면, 손해의 원인을 다툴 책임은 보험자가 진다.

피보험자의 보험금청구를 거부하기 위하여 보험자는 법관의 마음에 손해의 원인에 충분한 의심을 제기하기만 하면 되고, 적극적인 항변의 주장을 할 필요까지도 없다. 피보험자와 공모하여 행한 천공이 동등한 정도로 손해의 개연성있는 원인임을 보험자가 입증하는 경우에는, 원고는 패소한다.[43] Rhesa Shipping

41) Roselodge Ltd. v. Castle [1966] 2 Lloyd's Rep. 113, per McNair J, p. 119.
42) Martiartu v. Royal Exchange[1923] 1 KB 650; Tropaioforos [1960] 2 Lloyd's Rep. 469; Gloria [1936] 54 Ll L Rep. 35.

Co. v. SA v. Edmunds, 'Popi M'사건[44]에서 브랜든(Brandon) 판사에 의하여 주장된 제3의 선택이론이 여기서 다시 적용될 수 있다. 궁극적으로 입증책임은 피보험자가 짐을 유념하여야 한다.

단순한 부인이든 고의적 위법행위의 주장이든 최종적으로 개연성의 척도에 근거하여 손해가 우연한 것임을 입증할 책임은 원고가 진다는 것은 차이가 없다. 피고가 하여야 하는 모든 것은 법관의 마음에 손해의 진정한 원인에 대한 의문을 제기하거나 손해의 그럴듯한 설명에 대한 증거를 제공하여 원고가 제기한 추정적 증거를 대체하는 것이다. 이 점이 기간보험에 든 선박이 잔잔한 날씨에 침몰하여 피보험자가 부유하던 커다란 난파선에 부딪혀 침몰하였다고 하여 보상을 청구한 경우에 보험자가 그로 인한 것이 아니라 선주의 공모아래 천공된 것이라는 항변을 체출하여 원고가 패소한 La Compania Naviera Martiartu v. Royal Exchange Assurance Corporation, 'Arnus'사건,[45] 포르투갈연안에서 바위에 부딪혀 멸실한 선박에 대하여 선주가 입증책임을 다하지 못하여 보상청구에서 패소한 Pateras and Others v. Royal Exchange Assurance Corporation, 'Sappho'사건,[46] Compania Naviera Vascongada v. British and Foreign Marine Insurance Co., Ltd., 'Gloria'사건,[47] Palamisto General Enterprises SA v. Ocean

43) Susan Hodges, op. cit., p. 469.

44) [1985] 2 Lloyd's Rep. 1, HL: 이 사건의 사실관계는 이 책 제4부 제1장 제2절 입증책임 Ⅲ. 해상고유의 위험으로 인한 손해의 입증 1. 영국법상의 입증책임 (1) 원고의 입증책임 (가) 원칙 참조.

45) [1922] 13 LlL Rep. 298, p. 304, col. 2; [1923] 1 K.B. 650, CA; aff'd [1924] AC 850, HL: 이 사건에서 증기선 아너스(Arnus)호의 선주인 원고는 기간보험계약을 피고 보험자와 체결하였다. 광석을 적재하고 북부 스페인에서 로테르담까지의 항해에서 선박은 잔잔한 날씨에서 침몰하였는데, 부유하던 커다란 잔해에 부딪혔기 때문이라고 주장되었다. 보험자는 '아너스'호가 선주의 공모아래 고의적으로 침몰되었다고 주장하여 거부하였다. 상원은 '아너스'호는 회사의 책임관리자의 공모아래 고의적으로 침몰되었다고 판결하였다. 스크르튼(Scrutton)판사는 "보험사고 이외의 다른 원인이 선박에의 해수의 유입의 지배적이거나 효과적인 원인임을 제시하는 상황이 존재하고, 모든 증거와 개연성을 조사하여 손해의 원인에 대하여 법원이 의문을 갖게 되는 경우에, 피보험자는 입증책임을 실패한 것이다"라고 판시하였다.

46) [1934] 49 Ll L Rep. 400; 이 사건에서 사포(Sappho)호는 알제리(Algeria)에서 스테틴(Stettin)으로 항해중 포르투갈 연안에서 바위에 부딪혀 멸실되었다. 원고는 보상을 청구하였지만, 보험자는 선박이 선주와 공모아래 고의적으로 유기되었다고 주장하여 보상을 거부하였다. 법원은 원고패소판결을 내렸다. 로쉬(Roche)판사는 "나는 선박의 멸실이 보험사고로 인한 것임 그것이 우연한 것임을 내가 만족하도록 원고가 입증하였다고 하기 어렵다"고 판시하였다.

47) [1934] 54 LlL Rep. 35; 이 사건에서 원고는 그로리아(Gloria)호에 대하여 기간보험계약을 체결하였는데, 라른(Larne)에서 탤봇(Talbot)항까지의 항해에서 '그로리아'호에 틈이 생겨서 침몰하였다. 원고는 '그로리아'호가 라른을 출발하는 동안 훼손되어 항해 중의 악천후와 겹쳐서 손해가 발생하였다는 이유로 보상을 청구하였다. 보험자는 불감항이 손해

Marine Insurance Co., Ltd., 'Dias'사건,[48] 선박의 선체표면이 엔진실 근처에서 균열되어 멸실된 Astrovlanis Compania Naviera SA v. Linard, 'Gold Sky'사건,[49] Michalos (N) and Sons Maritime SA v. Prudential Assurance Co., Ltd., 'Zinovia'사건[50] 등에서 논의되었지만 Rhesa Shipping Co. v. SA v. Edmunds, 'Popi M'사건[51]에서 브랜든(Brandon)판사는 "이 사건에서 두 가지 쟁점이 존재한다. 첫째, 개연성의 척도에 기하여 선박이 해상고유의 위험으로 인한 것임을 입증할 책임은 내내 선주가 진다. 보험자는 부보되지 아니한 손해의 원인을 입증하고자 노력하는 경우에도, 보험자는 이 의무가 없다. 또한 보험자가 그와 같은 선택을 하는 경우에도, 개연성의 척도에 근거하여 그 사실의 진실성을 입증할 책임은 없다. 둘째, 이 사건과 같이 다량의 전문적인 증거의 조사후에 선박의 손해의 근인에 대하여 개연성의 척도에 근거하여 의문이 존재하는 경우에 선주가 부담한 입증책임을 이행하지 못하였다고 법원은 항상 결정할 수 있다는 것이다"라고 판시하였다.

이에 관한 미국판결로는 선박보험에 든 선박의 엔진실에 폭발이 발생한 후 1시간이 안되어 침몰하여 보험사고라는 입증을 하지 못하였다는 이유로 피보험자가 패소한 North Western Mutual Life Insurance Co. v. Linard, 'Vainqueur'사건[52]과 디트로이트에서 시카고까지 오대호에서 자동차를 선적하고 운송하던

---

의 원인이라는 이유로 거부하였다. 법원은 선주가 손해가 우연한 것임을 입증하였다고 판시하였다. 브랜든(Brandon)판사는 "손해가 우연한 것임을 입증할 책임은 원고에게 있지만, 이것이 그 증거가 선박이 천공되었을 모든 가능성을 배척하지 못하면 패소한다는 것을 의미하지는 않는다. 그 가능성을 고찰하기 전에, 이를 지지하는 증거가 준비되어야 한다. 천공행위는 범죄이고, 범죄의 증거에 요구되는 정도의 확실성을 가지고 입증되지 아니하는 한, 법원은 천공행위가 행해졌다고 보지 않을 것이다. 그러나 증거가 법원으로 하여금 선박이 천공되었다는 것에 충족하지 않지만, 손해가 우연한 것이라는 개연성과 동일한 정도인 경우에는, 원고는 패소한다. 그러나 불감항의 경우에는 선박이 마지막 항구인 라른항을 출발하였을 때 감항능력이 있고, 또한 원고가 선박이 불감항인 사실을 알고 있었음을 입증할 책임은 보험자가 진다"라고 하여 천공행위와 불감항을 구별하였다.

48) [1972] 2 Lloyd's Rep. 60, CA: 이 사건의 사실관계는 이 책 제4부 제1장 제2절 입증책임 Ⅲ. 해상고유의 위험으로 인한 손해의 입증 1. 영국법상의 입증책임 (2) 피고의 입증책임 (가) 원칙 참조.

49) [1972] 2 Lloyd's Rep. 187: 이 사건에서 선체표면이 엔진실 근처에서 균열되어 멸실되었다. 입증책임에 관하여 1심법원에서 머카타(Mocatta)판사는 그로리아(Gloria)호 사건 판결과 디아스(Dias)호 사건 판결을 긍정하였다.

50) [1984] 2 Lloyd's Rep. 264: 이 사건의 사실관계는 이 책 제4부 제1장 제2절 입증책임 Ⅲ. 해상고유의 위험으로 인한 손해의 입증 1. 영국법상의 입증책임 (1) 원고의 입증책임 (가) 원칙 참조.

51) [1985] 2 Lloyd's Rep. 1, HL.

52) [1973] 2 Lloyd's Rep. 275: 이 사건에서 지방법원판사인 워드(Ward)판사는 입증책임에 관하여 사고과정을 명확히 유형화하였다. 뱅꾀르(Vainqueur)호 사건에서 뱅꾀르주식회사가 소유한 선박 '뱅꾀르'호에 대하여 피고 보험자와 선체와 기관에 대하여 보험계약이

선박이 시카고를 출항하던 중 방파제와 충돌하여 좌사하였다가 악천후를 만나 침몰한 경우 보험자가 선주가 공모한 악행으로 인한 손해라고 하여 이를 거부하여 원고승소판결을 내린 원심판결이 파기된 항소법원의 레이크랜드(Lakeland)호 사건[53]이 있다.

## 2. 우리나라의 학설과 판례의 입장

우리나라 학설은 해상고유의 위험으로 인한 손해의 입증에 관하여 해상에서 만나는 위험이라고 하여 모두 해상 고유의 위험이라고 할 수는 없으며, ① '우연한 사고'로서, ② 해상에서만 만날 수 있는, 즉 해상고유의 위험만이 이에 해

---

체결되었다. 선박은 베라크루즈(Veracruz)와 뉴올리언스(New Orleans) 사이의 설탕의 벌크용선에 이용되던 중 엔진실에 폭발이 발생하여 1시간이 채 안되어 침몰하였다. 원고의 보상청구에 대하여 보험자는 피보험자가 폭발장치를 사용하여 고의적으로 침몰되었다고 주장하여 거부하였다. 법원은 손해가 보험사로로 인한 것임을 입증하는데 실패하였으므로 보상을 받을 수 없다고 판시하였다. 워드(Ward)판사는 "① 뱅꾀르주식회사는 폭발이 보험사고인지 여부에 관하여 이 소송 전반에 입증책임을 진다. ② 뱅꾀르주식회사는 또한 먼저 증거를 제출할 책임을 진다. 뱅꾀르주식회사가 이 책임을 이행하면(추정적 증거를 제출하면) 입증책임은 보험자에게 이전한다. ③ 보험자가 천공에 관하여 어떠한 증거도 제시하지 못하면, 뱅꾀르주식회사는 보상청구권이 인정될 것이다. ④ 보험자가 입증책임을 이행하기에 충분한 천공의 증거를 제시하였다. 이 점에 관하여 책임은 없다. ⑤ 보험자는 천공의 증거는 손해가 보험사고로 인한 것이라는 추정을 번복하기에 충분한 증거를 제시하였다. 보험자는 손해가 해상고유의 위험이나 담보위험인 폭발에 의하지 아니하고 천공으로 인한 것이라는 충분한 증거를 제시하였다. ⑥ '뱅꾀르'호가 천공되었음을 법원이 확인하기에 충분한 증거가 없지만, 뱅꾀르주식회사 손해가 보험사고로 인한 것임을 설득할 책임을 지고 동회사가 이를 이행하지 못하였기 때문에, 보험자에 대한 청구는 기각되어야 한다"라고 판시하였다.

53) [1927] 28 Ll L Rep. 293; 이 사건은 보험자가 고의적 위법행위라는 주장도 하지 아니하고 손해의 부인이외의 다른 항변을 제출하지 아니한 사건이다. 천공이 손해의 택일적 원인일 가능성이 있음을 제시하면서 보험사고로 인한 손해라는 원고의 청구에 의문을 던지기 위하여 항변에 의하여 증거가 제시되었다. 이 사건은 5대호에서 디트로이트에서 시카고까지 자동차를 운송하던 증기선 레이크랜드(Lakeland)호에 대한 미국의 연방항소법원판결이다. 원고는 선장이 증언한 것대로 '레이크랜드'호가 시카고를 출항하는 동안에 방파제와 충돌하여 좌사하여 뒤에 악천후를 만나 침몰하여 입은 손해의 보상을 청구하였다. 보험자는 증거를 제시하지 않고, 선주와 공모하여 천공되었다고 주장하였다. 보험자는 '레이크랜드'호가 부보된 위험으로 인하여 멸실되었다는 것을 부인하고 입증책임은 피보험자가 진다고 주장하였다. 원심법원은 원고승소판결을 내렸지만, 항소법원은 입증책임에 관한 원심의 배심원에 대한 지시는 오류이라 하여 파기환송하였다. 맥(Mack)판사는 "원고는 손해가 보험사고로 인한 것임을 주장한다. 피고는 적극적인 항변을 하지 아니하고 단지 원고의 주장을 부인한다. 보험자의 부인에 의하여 입증책임은 변경이 없다. 원고가 손해가 하나 또는 기타의 부보위험으로 인한 것임을 증거의 우월에 기하여 입증할 책임을 진다. 원고는 해수콕을 여는데 있어서 악행 또는 과실 이외의 자신의 주장을 지지하는 중요한 증거를 제출하였고, 피고는 난파선을 조사한 결과 해수콕이 열려 있었음을 확인하였고, 선주와 천공을 공모한 것을 지지하는 듯한 증거를 제출하여 책임이 없음을 주장한다. 피고에 의하여 제시된 천공의 증거로 인하여 궁극적인 입증책임이 변경되지 아니한다"라고 판시하였다.

당하는 점에 비추어 선박의 침몰이 우연한 사고(악천후, 충돌, 비정상적인 침수)로 인한 것일 때에만 해상고유의 위험에 해당한다고 본다.[54] 또한 원인불명의 사고에 대하여 어떤 선박이 원인불명의 상황하에서 침몰한 경우 사고 당시 악천후였다면 그 사고는 해상고유의 위험으로 인한 것으로 추정되고, 또한 기상상태가 불량하였다면 비록 선박의 감항성이 없어서 그러한 기상에 견디지 못하였다고 하더라도 그 사고는 해상고유의 위험으로 인한 것으로 인정될 수 있고, 반면에 양호한 날씨 하에서 선박이 원인 모르게 침몰된 경우에는 선박의 불감항으로 인한 것이라는 추정을 받고, 따라서 이러한 경우에 피보험자는 보험사고가 부보위험으로 인하여 발생하였다는 점을 입증하여야 할 부담과 아울러 위와 같은 불감항의 추정을 번복하여야 할 부담까지도 지게 된다고 해석한다.[55]

우리 판례[56]는 "선박보험계약의 내용을 이루는 1983년 협회선박기간보험약관 제6조 제1항에서 말하는 해상고유의 위험이라 함은 해상에서 보험의 목적에 발생하는 모든 사고 또는 재난을 의미하는 것이 아니라, 해상에서만 발생하는 우연한 사고 또는 재난만을 의미하며, 우연성이 없는 사고, 예컨대 통상적인 바람이나 파도에 의한 손상, 자연적인 소모 등은 이에 해당하지 아니하고, 보험의 목적에 생긴 손해가 이러한 해상고유의 위험으로 인하여 발생한 것이라는 점에 관한 입증책임은 피보험자가 부담한다"고 판시한다.

## Ⅳ. 화재로 인한 손해의 입증

### 1. 원 칙

해상고유의 위험과는 달리, 화재로 인하여 발생한 손해에 대한 보험금청구시에 우연성은 본질적인 요소가 아니다. 따라서 피보험자는 추정적 증거를 입증하기 위하여 우연하게 시작되었건 고의로 시작되었건 화재로 인한 손해임을 입증하기만 하면 되고, 피보험자측의 공모가 있었음을 입증할 책임은 보험자에게 있다.

화재로 인한 보험금청구의 경우 피보험자가 우연성의 요건을 입증할 필요가 없다는 것은 홍해에서 대형화재가 발생하여 선박이 좌초하였는데, 선주의 공모 아래 야기된 고의적 위법행위로 인한 것이고 선의의 저당권자는 양도인인 선주

54) 민중기, 앞의 논문, 245면.
55) 최종현, 앞의 논문, 215면.
56) 대법원 2001.5.15. 선고, 99다26221 판결.

의 고의적 위법행위 때문에 보상을 받을 수 없었던 Continental Illinois National Bank and Trust Co. of Chicago and Xenophon Maritimes SA v. Alliance Assurance Co., Ltd., 'Captain Panagos DP'사건[57]에서 확인되었다. 에번스(Evans)판사는 "해상고유의 위험과 달리, 화재는 우연성을 포함하지 않는다. 원고가 화재로 인한 손해임을 입증한다면 소유자의 공모의 항변이 있어야만 손해보상청구가 거부된다"라고 판시하였다.

피보험자는 화재로 인한 손해라는 추정적 증거를 입증하기만 하면 보험자는 원고의 공모가 있다는 입증책임을 진다는 것은 Slattery v. Mance사건[58]에서 판시되었다.

National Justice Compania Naviera SA v. Prudential Assurance Co., Ltd., 'Ikarian Reefer'사건[59]에서 원심법원의 크레스웰(Cresswell)판사는 해상고유의 위험 또는 화재로 인한 보험금청구시에 입증책임의 관한 법률원칙을 명확히 판시하였다. 즉, 그는 "이에 관한 법률원칙은 ① 해상고유의 위험으로 인한 손해 : 선박이 해상고유의 위험으로 인한 손해라는 것을 개연성의 척도에 기하여 입증할 책임은 계속하여 선주가 진다. 보험자는 자유롭게 선박이 부보되지 않은 손해의 원인을 제시하고 입증할 수 있지만, 그와 같은 의무가 보험자에게 없다. 또한 보험자가 그와 같은 선택을 하는 경우에도, 그는 개연성의 척도에 기하여 다른 증거의 진실성을 입증할 의무는 없다.[60] ② 화재의 경우 해상보험에 있어서의 화재는 해석상 보험과 무관한 자에 의하여 고의로 개시된 화재를 포함한다. ③ 선주가 화재로 인한 손해임을 입증한 경우에, 고의의 화재임과 공모를 입증할 책임은 보험자가 진다. 증거상 법원이 의문을 가지는 경우에는, 피보험자가 승소한다. 따라서 화재로 인한 보험금청구의 경우 피보험자는 우연성을 입증하여야 하는 해상고유의 위험으로 인한 보상을 청구하는 경우보다 낮은 정도의 입증책임을 진다는 것이다. 이는 악행으로 인한 보상청구의 경우와 같다.[61]

57) [1989] 1 Lloyd's Rep. 33, CA: 이 사건의 사실관계는 이 책 제3부 제2장 제3절 손해보상의 의무 II. 해상위험 3. 화재와 폭발 (2) 화재 (마) 선의의 저당권자의 지위.

58) [1962] 1 All ER 525: 이 사건에서 트레워럴 라이트(Treworal Light)호의 선주인 원고는 선박의 화재로 인한 손해로 총 4,500파운드의 보험금을 청구하였고, 보험자는 원고가 고의적으로 또는 공모하여 선박을 파손시켰다고 주장하여 이를 거부하였다. 법원은 원고가 고의적으로 '트레워럴 라이트'호를 고의로 파손시켰다는 것을 개연성의 척도에 기하여 입증할 책임은 보통법의 원칙상 보험자에게 있다고 판결하였다.

59) [1993] 2 Lloyd's Rep. 68; [1995] 1 Lloyd's Rep. 455 CA: 이 사건의 사실관계는 이 책 제4부 제1장 제2절 입증책임 III. 해상고유의 위험으로 인한 손해의 입증 1. 영국법상의 입증책임 (1) 원고의 입증책임 (라) 원고의 입증의 정도 참조.

60) Edmunds, 'Popi M' [1985] 2 Lloyd's Rep. 1, p. 2. 사건에서 브랜든(Brandon)판사.

61) SA v. Alliance Assurance Co., Ltd., 'Captain Panagos DP' [1986] 2 Lloyd's Rep. 470.

④ 피보험자는 보험사고(화재)로 인한 손해를 입증하여야 하고, 보험자는 고의적인 화재와 피보험자의 공모를 입증하여야 하며, 고의적인 것보다 우연한 화재로 인한 손해인 것으로 판단되면 피보험자가 승소한다. 피보험자의 공모아래 고의적인 화재이고 화재와 피보험자의 공모가 증거에 의하여 입증되면 영국해상보험법 제55조 제2항 c호에 기하여 보상을 거부할 수 있다. 화재가 선장과 선원에 의하여 고의로 야기되었음이 증거에 의하여 입증되면 이는 화재로 인한 손해로 보험담보되고 피보험자가 자신이 공모하지 않았음을 입증할 필요가 없다[62]라고 판시하였다.

## 2. 피보험자의 고의적 위법행위의 항변의 증거의 기준

보험자가 화재로 인한 손해에 대한 보상을 거부하고 피보험자의 공모와 고의적 위법행위의 항변을 제기하는 경우에, 주장하는 자가 입증하여야 한다는 보통법의 원칙에 의거하여 입증책임은 보험자가 진다.

악행의 경우와 달리 공모는 화재로 인한 보험금청구의 필수적인 특징이 아님을 유념하여야 하고, 따라서 원고가 공모없음을 입증하여야 하는 것이 아니라 보험자가 공모를 입증하여야 한다. 악행이나 해상고유의 위험으로 인한 보험금청구와 비교하여 원고는 화재가 손해의 원인으로 다투어지는 경우 입증에 있어서 유리한 지위에 선다. 이는 일단 원고가 법원에 대하여 화재가 손해를 야기하였음을 입증하기만 하면 개연성의 척도에 기하여 입증한 것이라는 것이 된다. 따라서 피고가 유효한 항변을 주장하려면 높은 정도로 하여야 한다. 이는 보험자가 원고의 주장에 의문을 제기하는 정도 이상이어야 함을 의미한다. 해상고유의 위험의 경우와 달리, 법원에 의문을 야기하는 것으로 충분하지 않고, 법원에 대하여 개연성의 척도에 기하여 손해가 피보험자의 고의적 위법행위로 인한 것임을 충족시켜야 하며, 그러하지 않으면 개연성의 척도에 기하여 입증을 한 원고가 승소한다.[63]

보험자의 입증의 정도에 관한 영국의 판례는 ① 개연성의 척도라는 입장,[64] ② 보다 높은 정도의 입증이 요구된다는 입장[65]으로 나뉘지만 근래는 후자의

---

p. 510사건에서 에번스(Evans)판사.

62) 'Captain Panagos DP' [1986] 2 Lloyd's Rep. 470, pp. 510~511사건에서 에반스(Evans)판사.

63) Susan Hodges, op. cit., p. 476.

64) Slattery v. Mance [1962] 1 All ER 525사건에서 샐먼(Salmon)판사의 견해: 이 사건의 사실관계는 이 책 제4부 제1장 제2절 입증책임 Ⅳ. 화재로 인한 손해의 입증 1. 원칙 참조.

입장이 다수이다.

## V. 악행으로 인한 손해의 입증

### 1. 영국법상 악행으로 인한 손해의 입증

(1) 개 관

선장 등의 악행(barratry of master officers or crew)이라 함은 선주나 용선자에게 손해를 끼치는 선장 등에 의하여 고의로 이루어진 모든 부정행위를 말하는 것인 바(영국 해상보험법 제1부칙 '보험증권의 해석에 관한 규칙' 제11조), 피보험자가 선장 등의 악행으로 인한 손해로 보상을 받기 위하여서는 공모의 결여가 필요하기 때문에 많은 문제가 제기된다. 첫째, 공모의 결여를 피보험자 또는 보험자 중 누가 입증하여야 하는가에 대하여서는 보험자가 입증하여야 한다는 이사이아스(Issaias)원칙과 피보험자가 입증하여야 한다는 마티어투-마이클(Martiartu-Michael)원칙 두 가지가 주장되고 있다. 근래에는 후자의 입장을 취한 판결이 많지만, 이 점은 상원에 의하여 앞으로 명확히 되어야 한다고 한다.[66] 둘째, 보험자의 입증의 정도는 원고의 청구의 진실성을 전복할 정도로 범죄행위와 같이 고도이어야 하는가이다.

(2) 입증책임의 소재

부보위험으로서 악행으로 인한 손해는 지연, 이로, 고의적인 금수조치위반, 화재, 천공 등의 형태를 띨 수 있는데, 이 모든 경우에 악행의 개념 자체가 선주 또는 용선자에 대하여 손해를 입혀야 하기 때문에 선주 또는 용선자의 악의가 없어야 한다(영국해상보험법 보험약관의 해석에 관한 해석규칙 제11조).

---

65) 'Ikarian Reefer'[1993] 2 Lloyd's Rep. 68; [1995] 1 Lloyd's Rep 455 CA사건(이 사건의 사실관계는 이 책 제4부 제1장 제2절 입증책임 Ⅲ. 해상고유의 위험으로 인한 손해의 입증 1. 영국법상의 입증책임 (1) 원고의 입증책임 (라) 원고의 입증의 정도 참조)의 항소심판결과 'Captain Panagos DP' [1989] 1 Lloyd's Rep. 33, CA사건(이 사건의 사실관계는 이 책 제3부 제2장 제3절 손해보상의무 Ⅱ. 해상위험 3. 화재와 폭발 (2) 화재 (마) 선의의 저당권자의 지위 참조)에서 이에 대한 근거를 확인할 수 있다. 후자의 판결에서 닐(Neill)판사는 "(a) 선주의 관여의 입증책임은 보험자가 지고, (b) 입증의 정도는 비록 형사적 범죄에 요구되는 정도는 아니라고 하여도 그 사건의 중요도에 비례하여 무거운 입증책임을 진다: Bater v. Bater [1951] P 35; Hornal v. Neuberger Products Ltd. [1957] 1 QB 247"라고 판시하였다.

66) F.D. Rose, op. cit., § 26.18, p. 505.

선주가 악행으로 인한 손해라고 주장하는 경우에, 보험자가 가장 명백하고 효과적으로 주장할 수 있는 항변은 손해가 피보험자의 인지와 동의아래 발생하였다는 것이다. 이 경우 선주의 공모의 입증이 매우 중요하지만, 과연 선주가 공모가 없음을 입증하여야 하는가 아니면 보험자가 입증하여야 하는가가 문제된다. 주장하는 자가 입증하여야 한다는 영미의 보통법상의 원칙에 따르면 보험자가 악의적 위법행위를 입증하여야 할 것이다. 그러나 원고가 청구권의 기본적인 요건을 입증하여야 한다는 다른 증거법칙에 따르면, 먼저 원고가 손해가 발생하였음을 입증하는 추정적 증거를 제시하여야 하고, 그러하기 위하여 공모가 없음이 입증되어야 한다고 주장될 수 있다.

이에 관한 영국판례의 입장에 대하여서는 손해의 원인이 다투어지는 경우에는 피보험자가 악행과 선주의 공모의 결여를 입증하여야 하지만, 손해가 선장과 선원의 사기행위 또는 범죄행위로 인한 것이고 유일한 쟁점은 선주의 공모여부인 경우에는 보험자가 입증책임을 진다. 전자의 예가 La Compania Naviera Martiartu v. Royal Exchange Assurance Corporation, 'Arnus'사건,[67] 후자의 예가 Michalos (N) and Sons Maritime SA v. Prudential Assurance Co., Ltd., 'Zinovia'사건[68]이라는 견해도 있지만,[69] 일반적으로 다음과 같이 나뉜다.[70]

(가) 이사이어스(Issaias)원칙: 보험자의 입증책임 : 공모를 보험자가 입증하여야 하는가에 대하여서는 선원의 악행의 경우에 피보험자는 무죄가 추정되고 보험자가 선주의 공모를 입증하여야 한다는 견해이다. 이는 목선이며 증기선인 선박의 엔진의 중대한 결함으로 인하여 대서양 한가운데서 표류하던 중 발견되어 예인과정에서 침몰하여 선주의 공모아래 선장과 기관원에 의하여 천공되었다고 판시된 Elfie A Issaias v. Marine Insurance Co., Ltd.사건[71]과 우리

67) [1922] 13 LlL Rep. 298, p. 304, col. 2; [1923] 1 K.B. 650, CA; aff'd [1924] AC 850; 이 사건의 사실관계는 이 책 제4부 제1장 제2절 입증책임 Ⅲ. 해상고유의 위험으로 인한 손해의 입증 1. 영국법상의 입증책임 (2) 피고의 입증책임 (나) 고의적 위법행위의 항변 참조.

68) [1984] 2 Lloyd's Rep. 264; 이 사건의 사실관계는 이 책 제4부 제1장 제2절 입증책임 Ⅲ. 해상고유의 위험으로 인한 손해의 입증 1. 영국법상의 입증책임 (1) 원고의 입증책임 (가) 원칙 참조.

69) Howard N. Bennett, The Law of Marine Insurance, London: Clarenen Press, 1996, pp. 170~171.

70) Susan Hodges, op. cit., pp. 477~485.

71) [1923] 15 LlL Rep. 186, CA; 이 사건에서는 선박이 선장과 기관사에 의하여 고의로 침몰되었다는 점에 대하여서는 다툼이 없었고, 선주의 천공행위에 대한 공모여부가 다투어졌다. 이 사건에서 목선이며 증기선인 엘리아스 이사이어스(Elias Issaias)호가 볼티모어(Baltimore)에서 피라에우스(Piraeus)까지 항해 중 엔진의 중대한 결함으로 인하여 중부 대서양 가운데에서 표류중임이 영국선박에 의하여 발견되었다. 예인과정에서 기울

**판례**(대법원 2005.11.25. 선고, 2002다59528, 59535 판결)**의 입장이다.**

(나) 마티어투-마이클 원칙: 피보험자의 입증책임 : 피보험자가 선원의 악행과 공모의 결여를 함께 입증하여야 한다는 견해이다. 이 입장을 취한 판결로는 기간보험에 든 선박이 잔잔한 날씨에 침몰하여 피보험자가 부유하던 커다란 난파선에 부딪혀 침몰하였다고 하여 보상을 청구한 경우에 보험자가 그로 인한 것이 아니라 선주의 공모아래 천공된 것이라는 항변을 제출하여 원고가 패소한 La Compania Naviera Martiartu v. Royal Exchange Assurance Corporation, 'Arnus'사건,[72] 악행을 담보하는 기간보험에 가입된 선박이 악천후를 만나 일련의 엔진고장을 일으켜 표류하던 중 구조선에 의한 예인중 예인밧줄이 끊어져 선박이 멸실하여, 선주의 공모없는 기관사에 의한 악행으로 인한 침몰이라고 하여 보상이 명하여진 Piermay Shippng Co. SA and Brandt's v. Chester, 'Michael'사건[73]에 의하여 확립되었다고 하여 마티어투-마이클(Martiartu-Michael)

---

던 '엘리아스 이사이어스'호는 후일 침몰하였다. 선주는 해상고유의 위험으로 인한 전손임을 주장하여 보상을 청구하였지만, 보험자는 선박이 선주의 명령으로 고의로 침몰되었다는 근거로 이를 거부하였다. 선주의 재정상태가 악화되었다는 증거가 제출되었다. 항소법원은 선박이 선주의 공모아래 선장과 기관원에 의하여 천공되었다고 하여 원고패소판결을 내렸다. 선주측의 공모와 고의적 위법행위를 주장함에 있어서 입증책임은 주장자인 보험자가 진다는 데 3명의 법관이 일치하였다.

72) [1922] 13 LIL Rep. 298, p. 304, col. 2; [1923] 1 KB 650; aff'd [1924] AC 850; 이 사건의 사실관계는 이 책 제4부 제1장 제2절 입증책임 Ⅲ. 해상고유의 위험으로 인한 손해의 입증 1. 영국법상의 입증책임 (2) 피고의 입증책임(나) 고의적 위법행위의 항변 참조. 이 사건판결에서 스크르튼(Scrutton)판사는 "보험사고 이외의 원인이 해수의 선박에의 유입의 지배적인 또는 효과적인 원인임을 제시하는 증거가 존재하고 모든 증거와 개연성을 조사한 법원이 손해의 진정한 원인이 무엇인가에 대하여 의심을 가지는 경우에는, 피보험자가 입증책임을 이행하지 못한 것이다. 선박이 침몰하였음을 명백하지만, 효과적인 원인이 담보위험인가 아닌가에 대하여 법원이 의문을 가질 정도로 해수의 유입의 원인에 관하여 각 당사자에게 증거가 존재하는 경우에, 피보험자는 보험사고로 인한 손해임을 입증하지 못하였기 때문에 패소하게 된다"라고 판시하였다.

73) [1979] 1 Lloyd's Rep. 55; [1979] 2 Lloyd's Rep. 1, CA에서는 Martiartu사건에서 스크르튼(Scrutton)판사에 의하여 제시된 입증책임에 관한 것과 같은 접근방법이 채택되었다. 마이클(Michael)호는 악행으로 인한 손해를 담보하는 기간보험계약을 체결하였는데, 1973년 1월 소다(soda)의 적하를 싣고 베이튼 루즈(Baton Rouge)에서 베네수엘라(Venezuela)로 항해 중 악천후를 만나 일련의 엔진고장을 당하였다. 선장이 엔진을 수선하는 노력이 실패하여 표류하던 중 구조신호를 보내어 예인선이 도착하여 예인밧줄을 연결하는데 성공하였지만, 몇 시간 후 엔진룸에 물이 넘치기 시작하여 지시없이 예인밧줄이 풀어졌다. 선원은 선박을 포기하여 '마이클'호는 멸실되었다. 선주는 악행으로 인한 보상을 청구하였지만, 기관사가 선박을 천공한 것이 일반적으로 알려져 있었고, 보험자는 선주가 멸실에 동의하였다고 하여 보상을 거부하였다. 항소법원은 멸실은 악행으로 인한 것이고 '마이클'호는 선주의 공모나 사전의 인지없이 고의적으로 침몰되었다고 하여 보상을 명하였다. 1심법원에서 공모의 입증의 문제가 제기되어 커르(Kerr)판사는 '이사이어스'호 사건판결보다 스패서리(Spathari)호 사건판결의 추론방법에 동의하였다. 그러나 항소법원은 커르판사의 견해에 동의하지 아니하였다. 원심법원의 커르판사는 "선주가 부보위험인 악행으로 인한 손해임을 입증하여야 하고, 이는 고의적인 침몰과 선주의 동의

원칙이라고도 한다. 선박이 포르투갈연안에서 좋은 날씨에 좌초하여 선주가 공모하고 1등기관사가 고의로 침몰시켜 발생한 사고라고 하고 보험자승소판결이 내려진 Demetriades and Co. v. Nothern Assurance Co., 'Spathari'사건,[74] Michalos (N) and Sons Maritime SA v. Prudential Assurance Co., Ltd., 'Zinovia'사건,[75] 홍해에서 대형화재가 발생하여 선박이 좌초하였는데, 선주의 공모아래 야기된 고의적 위법행위로 인한 것이고 선의의 저당권자는 양도인인 선주의 고의적 위법행위 때문에 보상을 받을 수 없었던 Continental Illinois National Bank and Trust Co. of Chicago and Xenophon Maritimes SA v. Alliance Assurance Co., Ltd., 'Captain Panagos DP'사건,[76] Compania Naviera

---

의 결여 양자를 포함한다. 마지막까지 법원이 선주가 동의하였는가에 의심이 들면 보험금청구는 인용되지 않을 것이다. Demetriades and Co. v. Nothern Assurance Co., 'Spathari'사건. 그러나 이에 반하여, 원고는 Elfie A Issaias v. Marine Insurance Co., Ltd.사건의 판시를 근거로 들지만, 이는 보험자에게 지나치게 가혹한 결과를 초래하는 것으로 예외적인 판결이다"라고 하였다. 항소법원의 로스킬(Roskill)판사는 "'이사이어스'호 사건에서 항소법원이 Martiartu사건이 적절하지 않다고 판시한 사실에 주목한다. Martiartu사건에서 원고는 우연한 손해임을 입증하는데 실패하였다. 그러나 '이사이어스'호 사건에서는 이 사건과 같이 침몰이 우연한 것이 아니라 고의적이었다고 판결되었다. 잔존하는 문제는 피보험자의 악의이다. '이사이어스'호 사건에서 액틴(Aktin)판사는 이와 같은 경우 입증책임은 보험자에게 있고, 피보험자는 선의의 추정을 누린다고 한다. 그러나 이 사건과 같이 고의적인 침몰임이 인정되고 오직 피보험자의 악의만이 문제로 되는 경우에는 '이사이어스'호 사건판시를 따를 필요가 없다"라고 판시하였다.

74) [1923] 17 LlL Rep. 65, 327; aff'd [1924] 21 Ll L Rep. 265HL; 이 사건은 또한 이사이어스(Issaias)호 사건과 반대된다. 레이스(Leith)로부터 새머스(Samos)로 항해 중 스패서리(Spathari)호가 포르투갈연안에서 평온한 날씨에 좌초하여 드메트리아드(Demetriades)회사가 보험금을 청구하였지만, 보험자는 위 회사가 제3자인 보오스위크(Borthwick)에게 선박을 매도하고 영국선적으로 선박을 등록하여 사기적인 계획을 짜고 선박에 적하를 선적하고 선박과 적하에 대하여 초과보험에 들었다고 주장하였다. 1등기관사가 선박을 실제로 천공하였다는 데는 의문이 거의 없었지만, 쟁점은 선주가 천공에 공모하였는가 여부이었다. 항소법원은 선주 측의 공모가 존재하였으므로 피보험자는 보상을 받을 수 없다고 판시하였다. 공모의 입증책임의 문제가 제기되었는데 크러크(Clerk)판사는 "선박이 천공되었다는 것이 입증되고 선주가 모의의 당사자인지 여부에 대하여 의문이 남는 경우에는, 피보험자는 패소하여야 한다. La Compania Naviera Martiartu v. Royal Exchange Assurance Corporation, 'Arnus'사건. 그러나 이 판결은 Elfie A Issaias v. Marine Insurance Co., Ltd.사건판결과 조화하지 않는다. 이 판결들이 양립할 수 없다면, 전자를 선택한다."라고 하였다.

75) [1984] 2 Lloyd's Rep. 264(이 사건의 사실관계는 이 책 제4부 제1장 제2절 입증책임 Ⅲ. 해상고유의 위험으로 인한 손해의 입증 1. 영국법상의 입증책임 (1) 원고의 입증책임 (가) 원칙 참조). 이 사건판결에서 빙엄(Bingham)판사는 공모의 입증책임이 보험자에게 있는 판례로서 '이사이어스'호 사건 판결을 인용하였지만, 이 판결을 많이 선호하지는 않았던 것 같다(Susan Hodges, op. cit., p. 482.). 또한 결론에서 동 판사는 공모의 입증책임이 원고에게 있건 피고에게 있건 같은 취지의 판결이 내려졌을 것이라는 판단을 하였음이 중요하다. 빙엄(Bingham)판사는 "선주가 선장이나 선원의 고의적 행위로 인하여 침몰되었음을 입증하는 경우에는 민사상 사기에 대하여 요구되는 고의 정도의 기준에 근거하여 선주가 침몰에 동의하거나 공모하였음을 입증할 책임은 보험자가 진다"라고 판시하였다.

Santi SA v. Indemnity Marine Insurance Co., Ltd., 'Tropaioforus'사건,[77] 선박이 마지막 관찰된 장소에서 12마일 떨어진 곳에서 발견된 좌초한 선박이 선주와 공모아래 천공으로 인하여 멸실된 것이라고 판시된 Anghelatos v. Northern Assurance Co., 'Olympia'사건,[78] 미국판례인 디트로이트에서 시카고까지 오대호에서 자동차를 선적하고 운송하던 선박이 시카고를 출항하던 중 방파제와 충돌하여 좌사하였다가 악천후를 만나 침몰한 경우 선주가 공모한 악행으로 인한 손해라고 판시된 항소법원의 레이크랜드(Lakeland)호 사건[79] 등이 있다.

---

76) [1989] 1 Lloyd's Rep. 33, CA(이 사건의 사실관계는 이 책 제3부 제2장 제3절 손해보상의 의무 II. 해상위험 3. 화재와 폭발 (2) 화재 (마) 선의의 저당권자의 지위 참조). 이 사건에서 선박이 홍해를 항해하던 중 대형화재가 발생하여 좌초하였는데, 선주의 공모아래 야기된 고의적 불법행위로 인한 것이라고 판결되었고, 선의의 저당권자는 양도인인 선주의 고의적 불법행위 때문에 보상을 받을 수 없었다. 닐(Neil)판사는 "고의적 불법행위는 선주에게 손해를 끼치기 위하여 행해질 것이 개념상 필요하다. 따라서 선주의 제1차적인 주장이 멸실이 악행으로 인한 것이라면, 에번스(Evans)판사는 "해상고유의 위험과 달리, 화재는 우연성을 포함하지 않는다. 공모의 가능성이 반증을 들어 입증되어야 한다는 근거가 어떠한 법률에도 없다"라고 판시하였다.

77) [1960] 2 Lloyd's Rep. 469(이 사건의 사실관계는 이 책 제4부 제1장 제2절 입증책임 III. 해상고유의 위험으로 인한 손해의 입증 1. 영국법상의 입증책임 (1) 원고의 입증책임 (가) 원칙 참조). 피어슨(Pearson)판사는 입증책임이 원고에게 있다는 다른 근거를 제시하였다. "개연성의 척도를 평가함에 있어서 선박을 천공하는 것이 사기적인 것이고 범죄행위라는 것에 큰 비중을 두어야 한다. 이와 같은 경우에 입증책임이 선주에게 있는 하나의 근거는 선주가 관련정보를 거의 전부를 보유하고 있고 보험자는 실제로 처음에는 아무 정보를 가지고 있지 아니하다는 것이다. 보험자가 천공의 증거를 얻기 위하거나 선박이 천공되었다는 믿게 된 중요한 근거를 제시하기 위하여 서류를 발견하거나 원고가 신청한 증인을 교차 신문하여 획득하는 정보에 의지할 수밖에 없다"라고 하였다.

78) [1924] 19 Ll L Rep. 255, HL: 이 사건에서 버큰헤드(Birkenhead)판사와 섬너(Sumner)판사는 이 쟁점에 관하여 문제가 있으며 상원의 판결을 기대한다는데 일치하였다. 또한 섬너(Sumner)판사는 논리적 설명과 가능한 해답을 제시하였다. 그는 해상고유의 위험과 같이 보험사고로 인한 손해이라는 추정이 확립된 사안에 불법행위의 항변을 주장하는 것과 악행과 같이 피보험자측의 공모의 결여가 전제조건인 사고에 대하여 불법행위를 항변으로 주장하는 것과는 명백한 차이가 있다고 하였다. 올림피아(Olympia)호 사건은 그리스선박인 증기선 '올림피아'호에 대한 선주와 저당권자의 상고사건이다. 6,000톤의 석탄의 적하를 싣고 뉴포트 뉴스(Newport News)에서 하이파(Haifa)로의 항해 중 '올림피아'호는 애조레스(Azores) 근처에서 좌초하여 전손되었다. 좌초시에 '올림피아'호는 마지막으로 관찰된 장소에서 12마일 떨어져 있었다. 선박의 사고경력이 있던 선주는 보상을 청구하였지만, 보험자는 '올림피아'호는 선주와 공모하여 천공되었다고 주장하여 보상을 거부하였다. 상원은 멸실이 선주의 공모아래 천공으로 인한 것이라고 판시하였다. 섬너(Sumner)판사는 "피보험자에 의한 불법행위로 인한 손해는 좌초로 인한 손해에 대하여 일반적으로 책임을 지는 것으로 추정된다는데 대한 예외로서 보험자가 그 입증책임을 진다. 그러나 우연한 좌초만을 담보하고 고의적인 좌초를 담보하지 아니하는 경우에는 피보험자가 보험사고로 인한 손해임을 입증할 책임을 진다. 따라서 장차 판결에서 이 점이 명백하여야 한다고 생각된다"라고 판시하였다.

79) [1927] 28 Ll L Rep. 293: 이 사건은 5대호에서 디트로이트에서 시카고까지 자동차를 운송하던 증기선 레이크랜드(Lakeland)호에 대한 미국의 연방항소법원판결이다. 원고는 선장이 증언한 것대로 '레이크랜드'호가 시카고를 출항하는 동안에 방파제와 충돌하여 좌사하여 뒤에 악천후를 만나 침몰하여 입은 손해의 보상을 청구하였다. 원심법원은 원

(다) 소 결 : 악행의 경우 입증책임에 관한 영국법원의 판결의 입장은 명확하지 않지만,[80] 피보험자가 공모의 결여를 입증하지 못하면 패소한다는 것이 근래의 다수의 판결의 입장인 것으로 판단된다. 앞으로 상원의 판결이 기대되는 쟁점이다.

(3) 공모의 입증의 정도

(가) 개 관 : 다음으로 선주의 공모를 입증하기 위한 기준이 문제된다. 선주의 공모는 고의적 위법행위만이 아니라, 범죄행위인 점에서 민사상의 입증의 기준이 적용되는가 아니면 형사상의 기준이 적용되는가 여부가 문제된다.

(나) 영국판례상의 기준

(a) 상당한 의문을 초과하는 증거 : 천공이나 고의적 위법행위와 같이 중대한 위법행위를 이유로 보상을 거부하기 위하여서는 형법상 무죄추정의 원칙에 따라 비록 범죄행위에 요구되는 정도까지는 아니더라도 사기행위나 범죄행위에서의 위법행위의 정도에 따른 입증의 정도가 요구된다.[81] '이사이어스'호 사건[82]에서 액틴(Atkin)판사는 "많은 판례와 학설은 '민사사건이건 형사사건이건 범죄가 직접적으로 절차상의 쟁점인 경우에는, 상당한 의문을 초과하는 정도로 입증되어야 한다'는 것이 확립되어 있다. 이 원칙은 영국법원의 기준이다. 따라서 선주가 선장의 고의적인 천공행위에 관여하였는가를 보험자가 상당한 의문을 초과하는 정도로 입증하였는가 여부가 문제이다"라고 판시하였다.

---

고승소판결을 내렸지만, 항소법원은 입증책임에 관한 원심의 배심원에 대한 지시는 오류라 하여 파기환송하였다. 보험자는 선주의 고의적 불법행위로 인한 것이라고 직접적으로 주장하지 아니하고, 손해의 원인을 부인하기만 하였고, 다른 원인인 불법행위가 존재한다고 신뢰할 수 있는 증거를 제시하였다. 어느 단계에서도 보험자는 적극적인 주장을 하지 아니하였다. 이 사건은 피보험자의 불법행위라는 입증책임을 이행하기 위한 보험자의 고도의 기준을 설명한다. 맥(Mack)판사는 "입증책임은 보험자가 제시한 천공의 증거에 의하여 이동하지 아니한다. 이 사건에서는 항변을 지지하는 증거가 제출되지 아니하였고, 침몰이 실제 보험사고로 인한 것인가에 대한 배심원의 마음에 문제를 제기하기 위하여 제출되었다. 입증책임은 원고에게 있고, 원고는 증거의 척도에 기하여 손해가 담보위험 중 하나로 인하여 발생하였다는 것을 적극적으로 또는 추정적으로 입증하는 것이 필수적이다"라고 판시하였다.: 이 사건에 대하여는 또한 이 책 제4부 제1장 제2절 입증책임 Ⅲ. 해상고유의 위험으로 인한 손해의 입증 1. 영국법상의 입증책임 (2) 피고의 입증책임 (나) 고의적 위법행위의 항변 참조.

80) 소유자는 피용인의 행위의 악행적 성격만을 제시하면 되고, 피용자의 행위에 소유자가 공모하였음을 입증할 책임을 지는 것은 보험자라는 것으로 합의가 이루어졌다고 보는 입장도 있다.: F.D. Rose, op. cit., § 26.18, p. 505.

81) F.D. Rose, op. cit., § 26.17, pp. 504~505.

82) [1923] 15 Ll L Rep 186, CA: 이 사건의 사실관계는 이 책 제4부 제1장 제2절 입증책임 Ⅴ. 악행으로 인한 손해의 입증 1. 영국법상 악행으로 인한 손해의 입증 (2) 입증책임의 소재 (가) 이사이어스원칙: 보험자의 입증책임 참조.

(b) 개연성의 척도에 근거한 증거 : 최근의 항소법원의 판결은 증거의 기준은 민사상의 개연성의 척도라고 판시하였다. National Justice Compania Naviera SA v. Prudential Assurance Co., Ltd., 'Ikarian Reefer'사건[83]에서 스튜어트-스미스(Stuart-Smith)판사는 개연성의 척도에 근거하여 손해가 어떻게 발생하였는가를 입증함에 있어서 피보험자에게 요구되는 낮은 정도의 입증에 대하여 판시하였다. 그는 "선박의 고의적인 좌사의 주장에 관하여, 입증책임은 명백히 보험자에게 있고, 법이 요구하는 증거의 정도 또는 기준은 선주가 지는 것보다 무겁다. 동일한 개연성의 척도의 기준이 적용되는 경우에도, 요구되는 입증의 정도는 주장의 중요도에 비례한다. 승무원의 생명과 복지를 책임지는 선장에 대한 주장은 중대하다 할 수 있다"라고 판시하였다.

(c) 절대적인 증거기준을 인정않는 입장 : 요구되는 입증의 정도가 상이할 수 있다는 것은 비해상보험사건인 다음 사례에서 논의되었고, 해상사건이 아니라고 하여 중요도가 감소되는 것은 아니다. Hornal v. Neuberger Products Ltd. 사건[84]에서 데닝(Denning)판사는 형사상의 기준이 지나치게 높다는 점을 주장하기 위하여 입증의 기준의 다양성을 고찰하고, 보험사기와 '이사이어스'호 사건을 언급하였다.

잔혹함을 근거로 아내에 의하여 제기된 이혼청구사건인 Bater v. Bater사건[85] 1심법원판사는 그녀가 상당한 의문을 초과하는 정도로 입증하여야 한다고 판시하였다. 데닝(Denning)판사는 "민사사건보다 형사사건에서 보다 높은 입증의 기준이 요구된다는 것은 우리법상 진실이다. 그러나 어느 경우에나 절대적인 기준이 없다는 것이 인정되어야 한다. 형사사건의 경우 주장은 상당한 의문을 초과하는 정도이어야 하지만, 이 기준에도 입증의 단계가 존재한다. 또한 민사

83) [1993] 2 Lloyd's Rep. 68; [1995] 1 Lloyd's Rep. 455 CA: 이 사건의 사실관계는 이 책 제4부 제1장 제2절 입증책임 Ⅲ. 해상고유의 위험으로 인한 손해의 입증 1. 영국법상의 입증책임 (1) 원고의 입증책임 (라) 원고의 입증의 정도 참조.

84) [1957] 1 QB 247, CA: 사건에서 원고는 명성있는 공구회사가 수선한 선반이라고 주장하는 피고로부터 중고선반을 구입하였다. 쟁점은 요구되는 증거의 기준이 민사상의 개연성의 척도인가여부이었다. 항소법원은 원심판결을 파기하였지만, 판사가 정확한 입증기준을 적용하였다고 판시하였다. 데닝(Denning)판사는 "원심법원판사가 증거의 기준은 쟁점의 성질에 의존한다고 한 것은 옳다. 주장이 중대하면 할수록 높은 정도의 개연성이 요구된다. 그러나 민사사건에서는 형사사건에서 요구되는 높은 기준이 요구되지 않는다. Thurtell v. Bater사건과 Elfie A Issaias v. Marine Insurance Co Ltd사건에서 판사들은 방화의 범죄와 악의적 위법행위에는 형사사건과 같이 충분하게 입증되어야 한다고 본다. 그러나 Lek v. Mathew사건과 같은 최근의 상원판결은 이것이 보험자에게 지나치게 높은 입증책임을 지우는 것이라고 판시한다"라고 한다.

85) [1951] P 35.

사건에서도 개연성의 우월에 기하여 입증되어야 하지만, 이 기준에는 개연성의 단계가 존재한다. 단계는 주제에 따라 다르다. 사기의 주장을 고찰할 때, 민사법원은 과실이 입증되는가 여부가 문제되는 경우보다 높은 단계의 개연성을 요구한다. 비록 범죄적인 성질의 주장을 고찰할 때에도 형사법원과 같은 높은 단계의 입증을 요구하지 않고, 경우에 비례하여 개연성의 정도를 요구한다"라고 판시하였다.

(d) 소 결 : 근래 악행에 대한 선주의 공모여부에 대하여 요구되는 입증은 민사법에서와 같이 개연성의 척도라는 것이 일반적으로 승인되고 있다.[86] 또한 요구되는 주장의 중요성에 따라 입증의 정도도 다르다는 것이 일반적으로 인정되고 있다. 법원은 보험목적이 부정직하게 멸실되었다는 입증을 위하여 여러 요인을 종합적으로 고려하여 비록 개별적인 원인은 결정적이 아니더라도 여러 원인을 누적한다. 그 요인으로는 보험목적에 대한 과도한 보험금액, 기후상태, 주장된 천공자의 성격, 경력 그리고 유동성, 고의적인 유기행위에 대한 긍정적이거나 부정적인 주장된 동기, 선장과 선원의 능력과 기록, 선박의 유기와 재산의 보존의 용이함, 구조조업에 협조한 선원의 정도, 선박 서류의 구조(선장은 자신의 명성을 위하여 이를 보존하는 이익을 가짐), (특히 무자력인 선주에 의한) 사고 후 선장과 선원에 대한 다액의 금전의 지급 등이 들어진다.[87]

## 2. 우리나라의 학설과 판례의 동향

해상보험에 있어서 악행에 대하여 우리나라의 해운실무에서도 선장에 의한 고의적인 선박침몰사고가 자주 보고되고 있고, 이에 관한 보험소송도 자주 행하여지고 있다.[88] 악행으로 인한 입증책임에 대하여 '이사이어스'호 사건과 '마이클'호 사건을 살펴본 후 보험자가 공모와 묵인이 있었다는 점을 입증하여야 한다는 견해가 유력하지만,[89] 아직 영국상원에 의하여 확립된 것은 아니다.

또한 해상보험에 있어서 입증의 정도에 관하여 보험자의 면책사유의 하나로서 피보험자의 고의적 위법행위에 대한 보험금청구는 형사범죄에 해당하기 때문에 보험자가 이를 입증함에 있어서는 합리적인 의문이 없을 정도가 요구된다

86) F.D. Rose, op. cit., § 15.34, p. 297; Susan Hodges, op. cit., p. 485.
87) F.D. Rose, op. cit., § 26.20, p. 506.
88) 이 책 제3부 제2장 제3절 손해보상의 의무 Ⅲ. 인치마리위험 1. 개관 (2) 우리 판례상의 인치마리위험 참조.
89) 심재두, 앞의 책, 304면.

는 견해가 유력하다.[90] 그러나 해상보험에서의 입증의 정도는 위에서 검토한 것과 같이 개연성의 척도라는 것이 근래의 일반적인 영국법원의 입장이라고 판단된다.

선장 등이 선박의 화재를 기화로 선박소유 회사의 수산부장의 지시에 따라 킹스톤밸브 등을 조작하여 원양트롤어선인 동영호를 침몰시키고 마치 화재 등으로 인하여 자연적으로 동영호가 침몰된 것처럼 가장하여 보험자에게 보험금을 청구한 사건에서 대법원[91]은 "보험계약자가 선장 등의 고의에 의한 부정행위에 해당하는 사실을 입증하면 일응 선장 등의 악행은 추정된다 할 것이나, 이 경우 선주 등의 지시 또는 묵인이 있었다는 사실을 보험자가 입증하면 이는 보험자의 면책사유인 피보험자의 고의적 위법행위 해당하여 결국 보험자는 보험금 지급의무를 면한다"라고 하여 보험자에게 공모의 입증책임을 지운다. 또한 입증의 기준으로 "보험사고가 부보위험에 의하여 일어났을 개연성이 그렇지 않을 개연성보다 우월할 정도로 입증되어야 하고, 만일 부보위험과 미부보위험 또는 부보위험에서 제외되는 위험이 동등한 정도로 보험사고에 영향을 주었다고 인정되는 경우에는 피보험자의 입증은 실패하게 된다"라고 판시한다.

## 제3절 추 정

### Ⅰ. 해상보험에서의 추정의 문제

사실에 관하여 증거가 제시되는 경우에 더 이상 설명하거나 반증이 없이도 일정한 사실이 추정되는 것을 사실의 추정이라고 한다. 법원은 이에 구속되는 것은 아닌 점에서 법률상의 추정과 다르다. 실무상 이러한 사실의 추정은 반증이 없는 한 허용되지만, 전복이 가능하고 상대방은 반증사실을 입증할 책임을 진다.

그러나 추정에는 다음과 같은 제한이 있다.[92]

90) 심재두, 상게서, 297면.

91) 대법원 2005.11.25. 선고, 2002다59528, 59536 판결; 이 판결에 대한 평석으로는 우성만, 앞의 논문, 435~469면.

92) F.D. Rose, op. cit., § 26.23, p. 507.

첫째, 추정은 다른 증거가 없거나 불명확한 경우에도 적용될 수 있지만, 이 추정은 증거의 제출에 의하여 깨어질 수 있다. 예컨대 설명할 수 없는 손해의 경우에 해상고유의 위험으로 인한 손해라는 추정은 전쟁위험으로 인한 손해라는 동등하거나 더 강력한 증거에 의하여 깨어질 수 있다.

둘째, 추정의 효과는 보상의 요건을 결정하는데 도움을 주지만, 다른 요건까지 결정하는 것은 아니다. 예컨대 선박이 해상고유의 위험으로 인하여 멸실하거나 또는 전손으로 추정된다고 하여, 손해가 선박이 항해보험계약상의 항해를 하였다는 것과 같은 보험사고로 인하여 발생하였다거나 보험기간 안에 발생하였다는 사실의 입증까지 필요 없게 하는 것은 아니다.

우리 판례는 "화물이 선박과 함께 행방불명된 경우에는 현실전손으로 추정되고(영국해상보험법 제58조), 그 현실전손은 일응 부보위험인 해상위험으로 인한 것으로 추정되어 보험자는 보상책임을 면할 수 없는 것이며, 부보위험으로 인한 손해라는 추정은 보험자가 부보위험이 아닌 다른 위험 내지 면책위험으로 인한 것일 가능성이 있음을 주장하고 그 가능성이 보다 우월하거나 동일함을 입증하는 경우에 한하여 깨어지는 것이다"[93]라고 한다.

## Ⅱ. 행방불명인 선박

영국해상보험법 제58조는 "해상사업에 종사하는 선박이 행방불명이 되고, 상당한 기간동안 그 소식을 모를 경우에는 현실전손으로 추정할 수 있다"라고 하고, 우리 상법 제711조는 "선박의 존부가 2월간 분명하지 아니한 때에는 그 선박의 행방이 불명한 것으로 하고, 이 경우에는 전손으로 추정한다"라고 규정하고 있다.

영국법상 상당한 기간은 사실판단의 문제이다.[94] 선박이 행방불명이면 그 내용이 로이즈정보부서에 통지되어 조사가 행하여진다. 이 부서는 3개월 후까지 조사하여도 아무 결과가 없는 경우에는 선박을 행방불명으로 공시한다.

행방불명이면 현실전손으로 추정되기 때문에 보험위부와 같은 위부의 통지

93) 대법원 1991.5.14. 선고, 90다카25314 판결.

94) 일본의 선박보험협약관과 적하보험약관은 60일동안 소식이 없으면 추정전손이 성립한다고 하고, 프랑스 보험법 제173-13조 4호는 3달 동안 소식이 없으면 위부가 성립한다고 하며, 1984년 개정의 독일 DTV 선박보험약관은 2개월 동안 소식이 없으면 현실전손이 성립하는 것으로 한다.

가 없이도 선박에 대한 보상을 받을 수 있고, 그 후 결국 선박이 출현한 경우에도 문제가 되지 않는다. 그러나 피보험자는 선박이 보험계약상의 항해 중이었음을 입증하여야 하고,[95] 선박이 보험사고로 인하여 멸실하였음을 입증할 책임을 여전히 진다.[96]

이 원칙은 포획과 나포로 인한 손해를 면책으로 하는 선박보험에 가입된 선박이 항해개시 후 소식이 전혀 없어 해상에서 침몰하였다고 판시하여 "소식이 전혀 없는 선박은 해상에서 침몰한 것으로 추정한다"라는 어귀가 처음 출현한 Green v. Brown사건[97]과 적하보험사건으로 적하를 선적하고 항해하다가 멸실한 것으로 추정될 수 없다고 한 Koster v. Innes사건[98]은 그 근거에 대한 배경을 제공한다. 또한 이에 관한 적하보험사건으로 적하소유자가 선주가 아니었고 선박이 적하를 싣고 항해하던 중 해상에서 멸실하였다는 증거가 없었지만 해상에서 멸실한 것으로 추정한다고 판시한 Koster v. Reed사건[99]과 영국해상보험

95) 19세기 초엽에는 선박이 항해를 완료하지 못하였음을 목적항에서 증인 등을 소환하는 등의 적극적인 증거를 제시하는 것이 요구되지 않았지만, 현대에는 용이하게 관련증거를 제출할 수 있게 되었으므로 이것이 요구된다[Pacific Dredging Co. Inc. v. Hutley (1965) AMC 836].

96) F.D. Rose, op. cit., § 26.24, p. 508.

97) [1743] 2 Str 1199: 이 사건은 선박보험사건으로 챠밍 페기(Charming Peggy)호에 대하여 1739년 노스캐롤리나(North Carolina)에서 런던까지 포획과 나포를 면책으로 하는 보험계약이 체결되었다. '챠밍 페기'호는 항해를 개시하여 이후 소식이 전혀 없었다. 원고는 이 경우 선박이 해상에서 침몰하였다고 추정된다고 주장하였지만, 보험자는 나포와 압류는 면책이므로 피보험자가 멸실이 담보위험으로 인한 것임을 입증할 책임을 진다고 주장하였다. 배심원은 '챠밍 페기'호가 해상에서 침몰하였다고 평결하였다.

98) [1825] Ry & Mood 334: 이 사건은 선박 라버진드라솔리튀딘(La Virgine de la Solitudine)호에 선적되어 렉혼(Leghorn)에서 런던으로 운송되는 적하에 대한 적하보험사건이나, 비난 등으로 이루어진 적하가 선박으로 인노되어 선장에게 인계되었다. 선원은 선적된 적하에 대한 영수증을 교부받았다고 주장하였지만, 그 영수증은 법원에 제출되지 않았다. 선원에게 적하를 인계하여 준 다른 증인은 선박이 항해하는 것을 보았고 며칠 후 선박은 멸실되었다는 소식을 들었다고 하였다. 선장과 선원은 구조되었지만 더 이상 볼 수 없었다. 법원은 선박이 적하를 싣고 렉혼에서 부보된 항해를 하였다는 증거인 선하증권조차 없다고 판시하였다. 따라서 보험사고로 인하여 선박이 침몰하였다는 추정은 성립할 수 없었다.

99) [1826] 6 B&C 19: 이 사건은 적하보험사건으로 Koster v. Innes사건에서 패소한 원고는 라버진드라솔리튀딘(La Virgine de la Solitudine)호가 렉혼(Leghorn)에서 런던까지의 항해개시 직후 침몰한 선박에 선적한 적하의 보상을 청구하였다. 이 사건에서 법원은 선박이 실제로 항해하였고, 멸실이 해상고유의 위험으로 인한 것이라고 증거에 의하여 믿었다. 베이리(Bayley)판사는 이 사건에서 원고가 적하소유자이지 선주가 아닌 것이 결과에 영향을 미친다고 판단한 것 같다. 베이리판사는 "이 사건에서 원고는 적하소유자이고, 선주는 아니었으며, 보험자는 원고와 같이 선원에 대하여 정보를 획득할 수 있는 수단을 갖고 있었다. 원고의 주장을 부정하기 위하여 선박에 대한 정보를 획득하기 위하여 선원들을 초청하는 것이 합리적이지 않았는가? 이러한 증거가 없으므로 선박이 해상에서 멸실되었다고 추정하는 것이 옳다"라고 판시하였다.

법 시행 이후의 판결로 La Compania Naviera Martiartu v. Royal Exchange Assurance Corporation, 'Arnus'사건[100]을 들 수 있다.

## Ⅲ. 확인할 수 없는 손해

### 1. 개 관

선박의 행방불명의 경우 또는 손해를 설명할 수 없는 경우와 같이 피보험자가 손해의 원인의 진정한 성격을 입증하는 증거를 제시하기 불가능한 경우에, 피보험자는 법원에 대하여 확인불가능한 해상고유의 위험에 의한 손해라는 추정을 자신에게 유리하게 해달라는 것을 요구할 수 있다. 이 요청이 받아들여지면, 그 손해의 원인 또는 근거를 표시하기 위하여 추론의 방법으로 증거를 제시할 수 있게 된다. 그러나 확인할 수 없는 해상고유의 위험으로 인한 손해의 추정이 허용되려면, 법원은 특정한 조건, 즉 선박이 항해를 개시할 때 감항능력이 있었고, 부보되지 않은 위험이 손해를 야기하지 않았을 것이라는 조건이 충족될 것을 요구한다. 이 목적은 해상보험계약에 의하여 담보되지 아니하는 불감항을 포함한 손해의 원인을 조사하는 데에서 제외하고자 하는 것이다. 이를 통하여 법원은 부보되지 않는 손해의 원인이 무시되지 않기 때문에, 손해가 확인할 수 없는 해상고유의 위험으로 인한 것임에 틀림없다는 귀납을 할 수 있게 된다.[101]

기간보험에 든 선박이 잔잔한 날씨에 침몰하여 피보험자가 부유하던 커다란 난파선에 부딪혀 침몰하였다고 하여 보상을 청구한 경우에 보험자가 그로 인한 것이 아니라 선주의 공모아래 천공된 것이라는 항변을 체출하여 원고가 패소한 La Compania Naviera Martiartu v. Royal Exchange Assurance Corporation, 'Arnus'사건,[102] 기간보험에 가입한 어선이 잔잔한 날씨에 우연한 사고라는 확

100) [1922] 13 LlL Rep. 298, p. 304, col. 2; [1923] 1 K.B. 650, CA; aff'd [1924] AC 850, HL; 이 사건의 사실관계는 이 책 제4부 제1장 제2절 입증책임 Ⅲ. 해상고유의 위험으로 인한 손해의 입증 1. 영국법상의 입증책임 (2) 피고의 입증책임 (나) 고의적 위법행위의 항변 참조.

101) Susan Hodges, op. cit., p. 455.

102) [1922] 13 LlL Rep. 298, p. 304, col. 2; [1923] 1 KB 650; aff'd [1924] AC 850, HL; 이 사건에서 뱅크스(Bankes)판사는 "만일 피보험자가 이 사건에서 추정적 증거를 제시하더라도 보험자가 손해에 대하여 합리적인 설명을 제시한 경우에는 추정이 근거하는 기초인 추정적 증거가 깨어진다"라고 판시하였다. 이 사건의 사실관계는 이 책 제4부 제1장 제2절 입증책임 Ⅲ. 해상고유의 위험으로 인한 손해의 입증 1. 영국법상의 입증책임 (2) 피고의 입증책임 (나) 고의적 위법행위의 항변 참조.

실한 증거가 없이 엔진룸에 해수가 갑자기 유입되어 침몰한 경우에 피보험자가 가 선박이 항해개시시에 감항능력이 존재하는 것을 입증하는 경우에는 우연하고 확인불가능한 해상위험이라고 판단한 Skandia Insurance Co., Ltd. v. Skoljarev사건[103]이 그 예이다.

## 2. 피보험자의 손해의 원인으로서 불감항성의 배제

일반적으로 감항능력이 없음이 해상고유의 위험으로 인한 손해라는 주장에 대한 항변으로 제기된 경우, 손해가 그로 인한 것이라는 입증책임은 보험자에게 있다. 그러나 이 일반원칙은 특정한 상황에서는 인정되지 않을 수 있다. 예컨대 선박이 좋은 기후에서 또는 항해시작 바로 직후 멸실하고 피보험자가 손해가 보험사고로 인한 것임을 입증할 수 없는 경우에는, 선박이 불감항 상태에서 항해하였다는 추정이 제기될 수 있다. 이 경우 입증책임이 피보험자에게 이전되고, 그는 이에 반하는 증거를 제출하여 이 불감항의 추정을 전복하여야 한다.[104]

불감항성의 추정을 번복할 책임이 원고에게 있는 상황이 다음 사례에서 깊이 고찰되었다. 이 판례들은 상황상 불감항의 추정이 정당하지 못하다거나 항해를 개시할 때 선박이 감항능력이 있었음을 입증하는 증거를 제시하여 추정을 전복

103) [1979] 142 CLR 375, High Court of Australia(이 사건의 구체적 사실관계는 이 책 제3부 제2장 제3절 손해보상의 의무 Ⅱ. 해상위험 2. 해상고유의 위험 (2) 해상고유의 위험의 개념 (나) 바람과 파도의 통상적인 작용이 아니어야 함 (a) 바람과 파도의 직접적인 작용 참조). 이 사건에서 어선이 잔잔한 날씨에 엔진룸에 해수가 갑자기 유입하여 멸실되었다. 해수의 갑작스런 유입의 원인이 무엇이든 해상에서의 우연한 사고로 인정되어야 하는 추론이 성립하는가가 문제되었다. 호주고등법원은 멸실은 해상고유의 위험으로 인한 것이라고 판결하였다. 메이슨(Mason)판사는 "판례상 피보험자가 해상고유의 위험으로 인한 손해임을 입증할 책임을 진다. 침몰이 우연한 사고의 결과라는 증거를 제공하면 이 입증책임은 이행한 것이다. 이에 추가하여 만일 불감항의 증거가 또한 존재한다면, 무엇이 손해를 야기하였는가의 문제는 사실관계에 따라 결정되어야 한다. 이에 따라 불감항인 선박의 멸실이 해상고유의 위험으로 인한 것일 수 있다. 감항능력의 입증책임이 피보험자에게 있지는 않다. 그러나 많은 판례는 피보험자가 승소하기 위하여서는 감항능력을 확립할 것을 필요로 한다. 우연한 사고라는 직접적인 증거가 없는 피보험자가 확인불가능한 해상고유의 위험으로 인한 손해인 사건임을 확증하고자 하는 이 사건에서도 같다. 추론을 정당화하기 위하여 피보험자는 선박의 상태에 관한 증거를 제출함에 의하여 불감항으로 인한 손해임을 배제하고자 노력하고 있다. 이 경우 감항능력이 있음이 입증되면 인과관계의 문제는 사실관계에 따라 결정되어야 한다. … 이 추론은 멸실의 직접적인 원인이 선박의 침수라는 사실에서 나오고, 멸실이 항해의 개시시에 선박의 불감항으로 인한 것이 아닌 경우에는, 침수가 우연하고 확인불가능한 해상의 사고 또는 잠재적 하자 이외의 것으로 인하여 발생할 수 있었다고 이해하는 것은 어렵다. 광의의 해상고유의 위험의 개념은 추정의 존재에서 중요한 요소이다"라고 판시하였다.

104) Susan Hodges, op. cit., p. 457.

한다라는 전제에 서 있다.

랑군에서 영국까지 운송하는 쌀의 적하에 대한 운임보험에 가입한 선박이 랑군을 출항한 후 악천후를 만나 11일만에 회항하여 감항능력이 없음이 확인된 경우 악천후가 누수를 야기하였는가 또는 불감항상태에서 항해하였는가에 대하여 법원은 선박이 출항한 직후 침수하고 악천후가 없었던 경우에는 감항능력이 없음이 추정되어 원고가 그 존재를 입증하여야 하는데 이에 실패하였다고 하여 보상을 명한 Pickup v. Thames and Mersey Marine Insurance Co., Ltd.사건,[105] 런던으로 운송할 쌀의 적하를 선적하던 중 선박에 해수가 갑자기 유입되어 이미 선적한 적하가 침수하여 손해를 입은 경우 "선박이 좋은 날씨에서 보험개시 직후 침몰한 경우에는, 불감항성이 추정되고 입증책임이 전가되지만 최근의 주의 깊은 검사를 하고 손해발생 직전까지 선박이 최상의 상태에 있었다는 사실이 존재하는 경우에는 비록 선박의 멸실의 원인을 확인할 수 없는 경우에도 손해가 보험사고로 인한 것이라고 판단할 수 있다"고 한 Anderson v. Morice사건,[106] 적하보험에 가입된 설탕의 적하를 선적한 선박이 항해개시 후

105) [1878] 3 QBD 594, CA: 이 사건은 디아뎀(Diadem)호에 선적되어 랑군에서 영국까지의 항해하는 쌀의 적하에 대한 항해보험계약상 운임의 보상이 청구된 사건이다. 랑군을 출항한 후 11일후에 '디아뎀'호는 악천후를 만나 선장은 랑군으로 회항하기로 결정하였다. 랑군강을 거슬러 오던 중 '디아뎀'호는 좌사하였지만 직후 다시 항해하였다. 랑군에 회항한 후 선박은 감항능력이 없음이 선언되었다. 항소법원에서 쟁점은 악천후가 선박의 누수를 야기하였는가 또는 최초부터 선박이 불감항상태에서 항해하였는가 이었다. 항소법원은 원심법원에서 랑군에서 출항하여 귀항하는 데 걸린 시간이 불감항의 추정을 하여 입증책임을 원고에게 전가하기에 충분할 만큼 단기간이었다 라는 배심원에 대한 지시가 잘못이었다고 하여 보험자의 보상을 명하였다. 원심법원의 배심원에 대한 지시는 기후상태 또한 손해의 원인인 경우에 보험자는 불감항을 입증하는 것이 면제된다는 인상을 배심원에게 주었다는 점에서 착오이었다. 불감항의 추정은 다음 두 가지, 즉 기후가 손해를 설명할 수 없고, 그 기간이 단기인 경우에만 부여될 수 있다. 브랫(Brett)판사는 "해상보험계약에 관한 소송에서 불감항에 대한 입증책임은 보험자에게 있다. 그러나 선박이 항구에서 출항 개시 직후 선박의 밑바닥까지 침수하고, 그러한 사고를 설명할 악천후가 없었던 경우에는, 출항하였을 때 불감항이었다는 추정이 성립한다고 하는 것이 합리적이다"라고 판시하였다.

106) [1874] LR 10 CP 58; [1876] 1 App Cas 713, HL: 이 사건에서 민사법원(Court of Common Pleas)의 브랫(Brett)판사는 선박이 명백한 원인 없이 그리고 반대의 증거가 없이 평온한 수면에서 침몰한 경우 불감항의 추정이 제기된다고 주장하였다. 이 사건에서 런던상인인 원고는 랑군쌀의 적하의 매수약정을 체결하고, 매도인의 대리인은 적하를 운송할 선박 선빔(Sunbeam)호를 용선하였다. 이어 원고는 적하에 대하여 피고보험자와 랑군'에서 그리고부터' 영국 또는 대륙까지의 여하한 항구까지의 운송에 대하여 항해보험계약을 체결하였다. 랑군강에 도착하여 닻을 내린 '선빔'호는 옆에 계류중인 부선으로부터 쌀을 선적하기 시작하였다. 8,878꾸러미의 쌀이 선적되고, 400꾸러미가 부선에 잔존하던 중, '선빔'호에 해수가 갑자기 유입하여 선박이 침몰하였고, 선박에 적재된 모든 적하가 멸실되었다. 원고는 해상고유의 위험으로 인한 손해임을 주장하여 보상을 청구하였지만, 보험자는 불감항과 피보험이익의 결여를 이유로 이를 거부하였다. 상원은 불감항의 문제에 대하여 손해는 해상고유의 위험으로 인한 것이라고 하여 보상을 명하

24시간도 채 안되어 폭풍도 없는 상황에서 침몰하였지만 개연성의 척도에 의하여 감항능력없음의 추정이 번복되었다고 하여 보상을 명한 Ajum Goolam Hossen and Co. v. Union Marine Insurance Co.사건,[107] 기간보험에 가입한 어선이 잔잔한 날씨에 우연한 사고라는 직접적인 증거가 없이 출항한 직후 엔진룸에 해수가 갑자기 유입되어 선박이 침몰하여 해상고유의 위험으로 인한 손해라고 판시된 Skandia Insurance Co., Ltd. v. Skoljarev사건[108] 등이 그 예이다.

### 3. 보험계약상 담보되지 않은 모든 기타 위험의 배제

보험금청구의 취지가 확인할 수 없는 해상고유의 위험인 경우, 법원은 멸실

---

였다. '선빔'호는 잘 유지관리되었고 따라서 감항능력이 있었다는 상당한 증거가 존재하였다. 민사법원의 브랫판사는 손해의 모습상 불감항의 추정의 문제가 성립한다고 보았다. "선박이 좋은 날씨에서 보험개시 직후 침몰한 경우에는, 감항능력이 없음이 추정되고 입증책임의 전가된다고 할 수 있다. 그러나 최근의 주의 깊은 검사를 하고 손해발생 직전까지 선박이 최상의 상태에 있었다는 사실이 존재하는 경우에는 비록 배심원이 선박의 멸실의 원인을 확인할 수 없는 경우에도 배심원은 손해가 보험사고로 인한 것이라고 판단할 수 있다"라고 하였다.

107) [1901] AC 362, PC: 이 사건에서 부보된 적하는 모리티우스(Mauritius)의 루이스(Louis) 항구에서 증기선 테이프(Taif)호에 선적되어 봄베이(Bombay)를 향하는 7,059상자의 설탕이었다. '테이프'호는 약 21,000상자의 설탕을 가득히 선적하였는데, 도선사는 항해개시 이전에 선미가 해수보다 낮아 위험이 있고 선박이 기울고 있다는 사실을 제기하였다. 선장은 선미를 높이기 위하여 저하탱크의 물을 퍼내도록 지시하였다. 항해개시 후 도선사의 도움을 받지 않고 저하탱크가 선박이 수평이 되도록 다시 채워졌다 밤중에 경사가 증가되어, 선박의 항로가 변경되었으며, 저하탱크도 다시 퍼내어졌다. 2시간 후에 경사가 심해져 선박은 뒤집혀 멸실되었다. 추밀원은 원고가 제출한 증거는 불감항의 추정을 번복하였다고 하여 선박이 항해시에 감항능력이 결여되었다는 보험자의 항변을 인용하지 않았다. 멸실은 항해개시 이전의 불감항으로 인한 것이 아니라, 항해개시 후 선박의 잘못된 관리에 기인하였다. 린드리(Lindley)판사는 "보험자는 선박이 항해개시 후 24시간도 채 안되어 사고를 설명하는데 충분한 원인으로서 여하한 폭풍노 반나지 않은 채 전복하여 침몰하였다는 매우 유리한 사실을 이용하였다. 알려진 게 아무것도 없으면 보험자가 승소할 것이다. 알려진 게 아무 것도 없으면 항해개시시에 불감항이 추정된다. 그러나 선박의 감항능력에 관한 다른 중요한 사실이 입증되는 경우에는, 이것 또한 고려되어야 한다. 이것은 항해개시 직후 선박의 설명할 수 없는 멸실과 관련하여 고찰되어야 하고, 선박이 항해시시에 불감항이었다는 것이 증거의 척도에 의하여 입증되지 아니하는 한, 불감항은 입증된 것으로 처리될 수 없고 이에 근거한 항변은 인용되지 않는다. Pickup v. Thames and Mersey Marine Insurance Co., Ltd.사건과 Anderson v. Morice사건에서 이 원칙이 설정되었다. 이 사건에서 법원은 피보험자가 멸실을 입증할 수 없는 초기 멸실의 경우에 불감항의 추정이 위험하고 착오일 수 있음을 지적하였다. 또한 법원은 충분한 증거의 우위에 의하여 뒷받침되지 않는 한 이 문제에 관한 모든 증거를 고찰한 후에 전복될 수 있음을 유념하여야 한다고 지적하였다. 이 사건에서 멸실의 진정한 원인이 불명이고 소송에서 제출한 증거에 확인할 수 없다. 그러나 보험자는 확인할 수 없는 손해의 위험을 담보한다. 모든 증거를 교량하고 보험자가 주장한 불감항이 추정에 유념한 후에, 법원은 항해개시시에 불감항이 입증되지 않았다는 결론에 이르렀다"라고 판시하였다.

108) [1979] 142 CLR 375, High Court of Australia.Ⅱ: 이 책 제4부 제1장 제3절 추정 Ⅲ. 확인할 수 없는 손해 1. 개관 참조.

이 확인할 수 없는 해상고유의 위험으로 인한 것이라는 추정을 인정하기 위한 전제조건으로 불감항을 포함하여 기타 가능한 부보되지 않은 모든 위험을 배제하기를 원한다.

기간보험에 가입된 벌크선이 스페인남동부를 항해하던 중 확인할 수 없는 물체와 부딪쳐 갑자기 해수가 유입되어 침몰한 경우 선주가 출항시에 선박이 감항능력이 있음을 입증하지 못하여 해상고유의 위험으로 인한 손해로 추정되지 않아 보험계약자가 입증책임을 다하지 못하였다고 하여 패소한 Lamb Head Shipping Co., Ltd. and Others v. Jennings, 'Marel'사건[109]이 그 예이다.

109) [1992] 1 Lloyd's Rep. 403: 이 사건에서 모든 부보되지 않는 가능한 멸실의 원인을 배제하였음에도 불구하고, 원고는 최종항해를 위한 출항시에 선박이 감항능력에 있었음을 입증하는데 실패하였다. 따라서 증거의 결여로 인하여 법원은 확인할 수 없는 해상고유의 위험으로 인한 손해라는 추정을 허용하지 아니하였다. 이 사건에서 벌크선인 마렐(Marel)호는 곡물의 적하를 선적하고 벨기에의 겐트(Ghent)에서 그리스의 사로니카(Salonika)로 항해 중이었고, 선박에 대하여 피고 보험자과 기간보험계약이 체결되어 있었다. 선박의 유지관리는 양호하였고, 근래 선급검사와 선박의 외부에 대한 초음파검사를 행한바 있었다. 스페인 남동부를 항해하던 중 이른 아침에 선원들이 충돌을 느끼는 사이 해수가 갑자기 선박의 엔진룸에 유입되었다. 기상조건은 예외적이 아니었고, 선원들은 뒷부분이 침몰하기 전에 선박을 포기하였다. 선주는 해상고유의 위험으로 인한 손해에 대한 보상을 청구하였다. 선주는 선박이 유기된 컨테이너와 충돌하였거나 또는 어떠한 특별하고 우연적이지만 확인할 수 없는 사고로 멸실하였다고 두 가지를 주장하였다. 보험자는 선주가 입증책임을 이행하지 못하였다고 하여 거부하였다. 법원은 개연성의 척도에 기하여 원고가 멸실이 해상고유의 위험으로 인한 것임을 입증하는데 실패하였다고 하여 패소판결을 내렸다. 항소법원에서 디론(Dillon)판사는 "추정은 실제로 개연성의 척도에 근거한다. 선박이 출항할 때 감항능력이 있고, 선박과 선원에 대하여 더 이상 소식이 없으면 개연성의 척도에 근거하여 선박은 해상고유의 위험으로 인하여 침몰하였음이 추정된다. 유일한 예외는 선박이 천공되는 것이지만 선원 누구도 통상적으로 자살을 의도하지 않을 것이고, 구조되기를 기대하는 것이다. 그러나 선박이 출항할 때 감항능력이 있음이 입증되지 않는 경우에 개연성의 척도에 기하여 침몰이 해상고유의 위험으로 인한 것으로 판결되지 않기 때문에 선박의 침몰이 해상고유의 위험으로 인한 것이라는 추정은 성립하지 않는다. 이 사건에서 알고자 하는 것은 우리는 '마렐'호의 침몰 상황이 다수의 가능한 해상고유의 원인을 제거하는가 이다. 확인할 수 없는 물체와 충돌하여 침몰하였을 가능성에 대하여, 주장된 대로 유기된 컨테이너와 충돌하여 침몰하였을 개연성이 거의 없다고 생각된다. 따라서 추정의 여지가 없고, 입증책임은 원고가 진다"라고 판시하였다: 이 사건에 대하여는 또한 이 책 제4부 제1장 제2절 입증책임 Ⅲ. 해상고유의 위험으로 인한 손해의 입증 1. 영국법상의 입증책임 (1) 원고의 입증책임 (가) 원칙 참조.

# 제 2 장 해상보험상의 보험금산정

## 제 1 절 손해의 의의와 분류

### Ⅰ. 손해의 의의

손해는 사법상의 손해배상법리에서 쓰이고 있는 손해와 같이 사고발생전의 이익상태와 사고발생후의 이익상태의 차이를 의미한다.[1]

### Ⅱ. 손해의 분류

#### 1. 전손과 분손

분손은 전손 이외의 손해이고, 전손은 현실전손과 추정전손일 수 있다.

영국해상보험법 제56조는 "① 손해는 전손 또는 분손일 수 있고, 전손 이외의 모든 손해는 분손이다. ② 전손은 현실전손 또는 추정전손일 수 있다. ③ 보험증권의 문언으로부터 다른 의사가 명백하지 않는 한, 전손을 담보하는 보험은 현실전손과 추정전손을 포함한다"라고 손해를 분류하고 있다.

손해가 발생하였는가 여부는 사실판단의 문제이지만, 해상보험에 있어서 발생한 손해가 분손, 추정전손 또는 현실전손으로 분류되는가 여부는 사실판단의 문제나 언어의 문제가 아니라 법률의 문제이다.[2]

극단적으로 말하면 진정한 전손은 존재하더라도 극히 드물다 할 수 있다. 왜냐하면 물질은 더 이상 존재하지 않는 것이 아니라 외형적으로는 파괴되었더라도 이를 복원할 수 있을 것이고 현대의 복원기술의 발달에 따라 그 가능성은 점증하고 있기 때문이다. 실제로는 대부분의 손해는 분손이지만, 실무적 필요성 때문에 전손으로 처리된다. 예컨대 전손이 불가피하거나 수리비용이 수리 후의

1) 이 책 제2부 제1장 제2절 해상보험계약의 손해보상계약성 참조.

2) F.D. Rose, Marine Insurance: Law and Practice, London : LLP, 2004, § 21.2, p. 407; 이균성, 타협전손과 선박저당권자의 지위, 민사판례연구 24호(2002), 662면.

선박의 가액을 초과하는 경우에는 손해를 전손으로 처리하는 것이 실용적이므로 이 손해는 추정전손으로 취급한다. 이 경우에 피보험자는 전손보상을 받고 보험자는 잔존물에 대하여 필요하다고 판단하는 여하한 조치라고 취할 수 있도록 하는 것이 실무상 필요하기 때문에 이 손해를 전손으로 처리하는 것이다. 그러나 보험목적이 더 이상 존재하지 않는 경우 또는 점유를 박탈당하여 회복할 가능성이 없는 경우에는 이와 같은 실무적 고찰은 필요하여도 그리 강하지 않으므로 이를 현실전손으로 취급한다.[3)]

분손은 보험목적이 부보위험으로 인하여 훼손되고, 그 손해를 입은 자에게 직접적으로 가해지는 손해로서, 전손이 아닌 것, 부보위험으로 인한 손해를 방지하기 위하여 지출된 구조료(영국해상보험법 제64조 제2항), 공동의 해상사업에 있어서 위험에 처한 재산을 보존할 목적으로 행하여진 공동해손행위로 인한 희생 또는 비용을 포함한다(동조 제2항).

## 2. 전 손

(1) 현실전손과 추정전손

전손은 현실전손과 추정전손으로 구분된다.

(가) 현실전손 : 현실전손은 영국해상보험법 제57조 제1항에 따라 파괴, 성질의 상실, 그리고 점유회복불능의 세 가지 경우에 성립한다. 이밖에도 비상시 일정한 조건아래서 선장이 매도하는 경우에 성립한다.

(나) 추정전손

(a) 추정전손의 인정이유 : 영국해상보험법 제60조는 추정전손에 관하여 제1항에서 일반적으로 정의하고, 제2항에서는 세 가지의 추정전손의 예를 들고 있다. 이 중에는 분손보상청구를 전손보상으로 전환할 수 있는 경제적 촉매제로서 분손을 수리하는 비용이 수리후의 보험목적의 가액을 초과하는 경우가 있다. 이를 경제적 수선불능 또는 초과비용(superexpense)이라 한다.[4)] 추정전손을 인정하는 이유는 위부의 통지가 필요한가 여부를 확정하고, 둘째, 제소시에 피보험자가 전손보상청구권을 가지는가 여부를 결정하기 위함이다.[5)]

(b) 추정전손의 기준일자 : 영국법의 원칙에 따르면 추정전손으로 인정되기 위한 기준시점은 위부의 통지시의 사실관계가 아니라 제소시에 존재하는

3) F.D. Rose, op. cit., § 21.4, p. 408.
4) F.D. Rose, op. cit., § 23.10, p. 440.
5) F.D. Rose, op. cit., § 23.1, p. 437.

사실관계에 의하여 판단된다.[6] 어느 시점에 외견상의 또는 실제적인 전손이 성립하였지만 소송절차가 현실적으로 또는 관념적으로 개시되는 일자에 더 이상 그러하지 아니하는 경우에는 피보험자는 전손보상을 받을 수 없다.[7] 위부의 통지시의 사실상태는 그 통지를 정당화할 정도이더라도, 제소시에 피보험자가 원하는 경우에는 점유를 취득할 수 있고 그것이 상당하게 기대되는 경우에는 전손보상청구권이 인정되지 아니한다. 그러나 영국실무상 위부의 통지를 받을 때에는 보험자는 소송개시영장이 위부의 통지가 행하여진 날에 발행된 것으로 본다.[8] 따라서 손해가 전손인가 여부는 소송절차가 개시되는 명목적 일자 또는 보는 일자이다.[9]

(2) 합의전손

손해가 법령의 정의상 현실전손이든 추정전손이든 피보험자는 계약상의 권리로서 보상을 청구할 수 있는 경우가 있다. 이를 합의전손(agreed total loss)이라고 한다. 이는 보험자가 위부의 통지를 받는 경우 정직하게 행하여진 것으로 보고 진정한 사실관계가 여하하든 위부의 청약을 승낙하는 보험자가 전손보상책임을 지는 경우이다.[10]

합의전손은 또한 보험계약체결시에 통상적인 상황이 여하하든 피보험자가 보상을 받는다는 내용으로 합의하는 경우에 성립한다. Fowler v. English & Scottish Mar Ons Co., Ltd.사건[11]에서 보험약관에는 "포획 또는 출항금지의 공식적인 소식이 수령된 후 30일 이후에 포획확인판결이 없어도 전손을 보상한다"라는 내용이 들어 있었다. 덴마크와 프러시아 사이에 전쟁이 발발하여 부보된 프러시아국적의 선박이 2월 3일에 출항금지되었다. 2월 4일에 출항금지의 소식이 로이즈 Loss-Book에 게재되었고 다음날 위부의 통지가 행하여졌다. 로이

6) 대법원 2002.6.28. 선고, 2000다21062 판결.

7) F.D. Rose, op. cit., § 21.36, p. 418.

8) Susan Hodges, Cases and Materials on Marine Insurance Law, London: Cavendish Publishing Limited, 1999, p. 670; 독일상법은 위부의 통지시점의 사실관계를 기준을 한다(동법 제867조).

9) 관념상의(notional) 일자라는 용어는 Marstrand Fishing Co., Ltd. v. Beer, 'Girl Pat' [1937] 1 All ER 158사건(구체적인 사실관계는 이 책 제4부 제3장 제1절 현실전손에 관한 보상 Ⅰ. 현실전손의 개념 2. 현실전손의 유형 (3) 점유회복불능 (가) 피보험자가 선박의 점유를 박탈당하여 회복할 수 없는 경우 참조)에서 사용되었고, 보는(deemed) 일자는 Pesquerias y Secaderos de Bacalao de Espana SA v. Beer사건 [1946] 79 Ll L Rep. 417사건(이 사건에 대하여는 이 책 제4부 제3장 제2절 추정전손에 관한 보상 Ⅲ. 추정전손의 효과 4. 위부의 통지의 승낙 참조)에서 사용되었다.

10) F.D. Rose, op. cit., § 21.14, p. 410.

11) [1865] 18 CB(NS) 818.

즈 Loss-Book에의 게재는 출항금지의 공식적인 소식에 해당하고, 선박이 출항금지를 당하는 동안 계속하여 선장과 선원의 점유아래 있었으며, 출항금지가 해제되어 제소되기 이전에 3월 13일에 피보험자에게 반환되었지만 피보험자는 보상을 받을 수 있다고 판결되었다.

(3) 타협전손

피보험자와 보험자가 타협하여 보험의 목적인 선박을 위부하지 않고 추정전손에 준한 보험처리를 하는 경우 처리대상인 손해를 말한다.[12] 선박이 보험사고로 인하여 훼손되어 보험자가 선박의 위부를 거절하고 보험금액의 85%를 보험금으로 지급한 후 난파선의 매각대금을 수령한 경우가 그것이다.[13] 그 법적 성격에 대하여서 견해가 나뉜다.

(가) 전손이라는 견해 : 타협전손 처리가 보험계약관계의 종료 내지 소멸을 가져오는 손해보상인 이상, 전손의 경우의 법률관계와 같이 취급하여야 한다고 본다. 이 견해는 타협전손 처리는 위부를 요건으로 하는 추정전손 처리의 대용적 처리라고 보아 보험금이 보험금액 내지 보험가액에 미달하더라도 추정전손보험금에 준하는 것으로 보아야 한다는 것을 근거로 든다.[14] 이에 해당하는 영국판례로는 British Dominions General Insurance Company Ltd. v. Duder and Others사건[15]을 들 수 있다.

(나) 분손이라는 견해 : 타협전손의 경우 피보험자에게 지급되는 보험금이 보험금액의 전부가 지급되지 않기 때문에 현실전손 또는 추정전손과 다르다는 입장이다. 우리 판례의 입장이다.[16]

12) 이균성, 앞의 논문, 661면.
13) 대법원 2001.2.23. 선고, 98다59309 판결.
14) 이균성, 앞의 논문, 662~663면.
15) [1915] 2 KB 394: 카니타(Kanita)호의 보험을 인수한 원고가 '전손 또는 추정전손만 담보'하는 조건으로 피고와 재보험에 들었는데, '카니타'호가 보험기간 중 좌초되어 선주가 위부의 통지를 하였지만 보험자가 이를 거부하여 소송에 의하여 손해의 66%를 지급하기로 하는 합의가 이루어져, 이를 보상한 원수보험자인 원고가 보상을 청구한 사건으로, 법원은 원수보험자는 66%에 대한 보상청구권만이 인정되고, 재보험자는 나머지 이익을 향유할 권리가 있다고 판시하였다.
16) 대법원 2001.2.23. 선고, 98다59309 판결: 근저당권설정계약에서 선박이 전손이어서 지급받는 보험금은 저당권자인 산업은행의 변제금에 충당한다고 한 경우, 선박이 보험사고로 인하여 훼손되어 보험자가 선박의 위부를 거절하고 보험금액의 85%를 보험금으로 지급한 보험자가 난파선의 매각대금을 수령하였으며, 저당권자는 설정자의 근저당권말소청구에 응하여 주었는데, 근저당권자인 산업은행에 대한 업무감사를 한 감사원이 근저당권의 목적물인 선박의 보험사고는 추정전손사고로 그로 인한 보험금을 반환받도록 하는 시정조치를 하였고 이에 따라 산업은행은 선박매각대금을 회수하였으며 이에 선박의 소유자인 원고가 피고인 산업은행이 보관하고 있는 선박매각대금의 반환을 청구하였

(다) 사 견 : 영국해상보험법상 전손은 현실전손과 추정전손으로 이루어지고, 타협전손은 전손이 아닌 경우에 분쟁을 피하기 위한 실무상의 편의에 근거한 제도이므로 분손으로 보는 것이 옳다.

## 제 2 절 보험가액

### Ⅰ. 보험가액의 뜻

보험가액(insured value)이라 함은 피보험이익의 평가액, 즉 피보험이익을 금전으로 평가한 가액을 말한다. 이러한 보험가액은 원칙적으로 보험의 목적인 물건의 가액으로서 언제나 일정한 것은 아니고, 경기의 변동에 따라 수시로 변동한다.

해상보험은 보험사고로 인한 피보험이익상의 손해를 보상하는 것을 본질적인 내용으로 하고 적극적으로 피보험자에게 어떤 이익을 주려는 것은 아니다. 따라서 보험가액은 해상보험자가 보상할 손해액의 최대한도를 이루어 보험자의 보상책임의 법률상의 최고한도를 나타내는 것이다. 그리하여 보험가액은 손해액 산정의 기초가 되는 동시에 보험자의 구체적인 보상액을 결정하는 데도 필요한 개념이다.

### Ⅱ. 보험가액의 평가

해상보험에서 보험가액은 피보험이익의 평가액으로서, 그것은 언제나 일정불변의 성질을 갖는 것은 아니고, 보험기간 중 때때로 변동하는 가액이므로 그 가액의 평가와 관련하여 당사자 사이에 다툼의 소지가 있다. 피보험이익은 피보험자가 보험의 목적에 대하여 가지는 이익이라는 의미에서는 주관적인 것이나, 보

고, 법원은 "타협전손은 전손이 아니라 분손이라는 것을 전제로 선박보험금청구권의 양수인 또는 질권자가 보험자에 대하여 직접 청구하여 이를 변제에 충당할 수 있는 보험금은 전손보험금이어야 하기 때문에, 타협전손보험금은 근저당권자인 채권자, 즉 피고에게 귀속되지 않는다"라고 판시하였다.

험의 도박화를 방지하는 기능을 가지고 있으므로 보험가액은 주관적인 것을 객관적인 입장, 즉 평균적인 입장에서 피보험이익을 평가한 것이라 할 수 있다. 상법과 영국해상보험법은 보험가액에 관하여 기평가보험과 미평가보험으로 나누어 규정하고 있다. 실무상 미평가보험이 여전히 자주 이용되고 있지만, 현대에는 기평가보험이 선호되고 있다. 미평가보험에서의 보험가액(insurable value)과 기평가보험에서의 협정보험가액(agreed value)을 통칭하여 보험가액(insured value)이라고도 한다.

## 1. 기평가보험

(1) 기평가보험의 뜻

기평가보험이라 함은 보험계약을 체결함에 있어서 당사자 사이에 미리 피보험이익의 가액에 대하여 합의가 이루어진 보험을 말한다(상법 제670조, 영국해상보험법 제27조 제2항). 보험금액을 확정한 것뿐이거나[17] 보험료나 보험금액을 정할 목적으로 보험가액을 정한 것만으로 기평가보험이라 할 수 없다.[18]

(2) 기평가보험의 목적

협정보험가액을 약정하는 경우 피보험이익의 정확한 산정과 손해보상의 한도를 결정하는 것을 용이하게 한다. 즉, 기평가보험을 이용하는 이점은 보험금 청구시에 보험가액을 확정하는 절차를 제거하여 당사자와 공익에 반하는 다수의 소송을 방지하는 것이다. 영국해상보험법상으로도 이론상으로는 협정보험가액은 보험목적의 가액을 제외하고는 확정적인 효력이 인정되지 않지만,[19] 보험담보의 범위에 대한 불확정성과 여지에 대한 분쟁을 회피하게 한다. 실무상은 기평가보험이 도박이나 사행의 수단으로 악용되는 폐해가 발생하지만, 기평가보험의 이와 같은 이점은 발휘되고 있다.[20]

(3) 보험증권에의 기재

기평가보험에 있어서 보험가액에 대한 합의는 명시적이어야 하고, 이는 보험

17) Kyzuna Investments Ltd. v. Ocean Marine Mutual Ins Assn(Europe) [2000] 1 Lloyd's Rep. 505.

18) Continental Illinois National Bank & Trust Co. of Chicago v. Bathurst(The Captain Panagos DP) [1985] 1 Lloyd's Rep. 625.

19) 이 책 제4부 제2장 제2절 보험가액 Ⅱ. 보험가액의 평가 1. 기평가보험 (4) 협정보험가액의 효과 (나) 영국해상보험법상의 효과 (c) 협정보험가액의 확정성의 예외 참조.

20) F.D. Rose, op. cit., § 25.12, p. 490.

증권에 기재되어야 한다. 이러한 협정보험가액의 기재가 있는 보험증권을 기평가보험증권이라고 하고, 그렇지 않은 것을 미평가보험증권이라고 한다. 그러나 보험증권은 엄격한 요식증권은 아니므로 이것이 탈락되었다고 하더라도 이를 입증할 수 있으면 무방하지만(대법원 2003.4.25.선고, 2002다64520 판결), 영국해상보험법상은 보험증권에 기재되지 않으면 증거로서 효력이 인정되지 않는다(동법 제22조).21)

(4) 협정보험가액의 효과

(가) 우리 상법상의 효과 : 보험가액에 대하여 당사자 사이에 합의를 하였을 때에는 보험사고발생시의 가액으로 정한 것으로 추정하여(상법 제670조 본문) 보험자는 보험사고가 발생하면 그 약정한 보험가액에 따라 산정한 손해를 보상할 책임을 진다. 그러나 당사자 사이에 약정한 보험가액이 사고발생시의 가액을 현저하게 초과할 때에는 사고발생시의 보험가액으로 한다(상법 제670조 단서). 여기서 '현저하게'라 함은 객관적인 표준에 의한 거래의 통념에 따라 결정할 문제이고, 그 '현저한 초과'에 대한 입증책임은 보험자에게 있다. 이 경우 피보험자에게 사기의 목적이 있을 때에는 그 계약 전체가 무효로 된다고 풀이한다(상법 제669조 제4항 참조).

이와 같이 상법은 기평가보험의 경우 보험사고발생시의 가액을 현저하게 초과할 때에 보험가액의 감소를 인정하고 있으나, 입법론으로는 그 보험가액의 평가가 공정하게 이루어진 한 확정적 효력을 인정하고 사기 등의 방법으로 이루어진 때에는 보험계약을 무효로 하는 것이 옳다고 본다(영국해상보험법 제27조 참조). 왜냐하면 기평가보험은 '손해배상액의 예정'의 경우와 같이 보험사고가 발생한 때의 보험가액의 평가기준을 마련하기 위하여 둔 것이므로, 보험사고발생시의 기준에 따라 보험자가 이를 다툴 수 있도록 하는 것은 바람직하지 않기 때문이다.

(나) 영국해상보험법상의 효과

(a) 협정보험가액의 확정성 : 일반적인 원칙은 "보험증권에 의하여 정하여진 가액은 보험자와 피보험자 사이에는 손해가 전손이든 분손이든 불문하고 부보하려고 의도한 보험목적의 가액으로서 확정적이다(영국해상보험법 제27조 제3항)." 이에 해상보험계약은 완전한 손해보상계약은 아니고, 당사자가 미리 피보험이익의 가액에 대하여 합의하는 것을 인정한다는 점에서 제한을 받는다.

21) 이 책 제3부 제2장 제1절 해상보험증권 교부의무 참조.

19세기 초에 기평가보험이 도박보험을 체결하기 위한 수단으로 악용되는 데 대한 우려가 있었는데, 기평가보험에 있어서 협정보험가액이 확정적이라는 것은 선박보험사건인 Irving v. Manning사건[22]에서 정리되었다.

따라서 영국해상보험법상 책임개시시에 보상한도는 확정되고, 보험목적의 진정한 가액이 증가하거나 감소되더라도 영향이 없다. 따라서 일반적인 전제는 협정보험가액이 선의로 결정되었고, 이에 반하는 입증이 없으며 달리 처리할 정당한 사유가 없는 한, 법원은 협정보험가액의 효력을 인정한다. 따라서 진정한 가액은 실무상 변동하는 것이 통상적이지만, 협정보험가액이 진정한 가액보다 높거나 낮더라도 통상적으로는 보험계약은 효력이 부인되지 않는다.[23]

(b) "부보된 것으로 의도한"의 의미 : "부보된 것으로 의도한"(intended to be insured to)이라는 어구는 보험계약의 체결시점과 보험기간의 개시시점이 상이하여 보험목적의 가액이 이 시점에서 매우 다른 결과가 있을 수 있음을 인정한 것이다.[24] 이는 Barker v. Janson사건[25]에서 언급되었다. 선박 써 윌리엄 에이어(Sir William Eyre)호에 대하여 6,000파운드의 협정보험가액으로 기간보험계약이 체결되었는데, 보험계약이 체결될 때 피보험자는 알지 못하고 있었지만 선박은 이미 사고를 당하였음에도 불구하고 협정보험가액은 확정적이라고 판시되었다.

(c) 협정보험가액의 확정성의 예외 : 영국해상보험법에 다른 규정이 있는 경우와 사기로 인한 경우, 그리고 추정전손여부를 결정함(보험약관에서 달리 규정하는 경우 제외)에 있어서는 협정보험가액의 구속력이 인정되지 않는다(영국해상보험법 제27조 제3항). 이 중 사기로 인한 경우는 초과보험의 문제로 항을 달리하여 설명한다.

다음의 경우에는 협정보험가액의 구속력이 인정되지 않는다.

(ㄱ) 영국해상보험법상의 예외 : 영국해상보험법 제27조 제3항은 보험자와 피보험자 사이의 협정보험가액의 확정성은 동법에 다른 규정이 있는 경우

---

22) [1847] 1 HL. Cas 287; 이 사건에서 선박 제너럴 킷(General Kydd)호에 대하여 17,500파운드의 평가보험에 부보되었는데, 중국에서 마드라스(Madras)로의 항해 중 악천후로 인하여 심하게 훼손되어 법원은 추정전손인가여부와 보상의 범위가 쟁점으로 되었다. 상원은 협정보험가액은 보상액을 결정하는데 확정적이라고 판시하였다.; 이 사건의 구체적인 사실관계는 이 책 제4부 제3장 제2절 추정전손에 관한 보상 Ⅱ. 추정전손의 유형 5. 선박의 훼손의 경우 초과비용 (2) 수리 후의 선박의 가액 (나) 선박의 시장가액 참조.

23) F.D. Rose, op. cit., § 22.24~22.25, p. 493.

24) Susan Hodges, op. cit., p. 187.

25) [1868] LR 3 CP 303.

에는 인정되지 않음을 규정하고 있다. Loders and Nucoline Ltd. v. Bank of New Zealand사건[26]에서 라이트(Wright)판사는 영국해상보험법 제27조 제3항의 다른 규정은 제29조 제4항과 제75조 제2항이라고 하였다.

① 예정보험 : 영국해상보험법 제29조 제4항은 예정보험(floating policy)에 관하여 규정하고 있다.[27] 사고의 통지 또는 선박의 도착시까지 보험가액을 확정통지하지 아니하는 경우에는 미평가보험계약으로 처리된다.

② 보험목적의 전부 또는 일부가 담보되지 않은 경우 : 영국해상보험법 제75조 제2항은 "보상의 한도에 관한 이 법의 제 규정은 중복보험에 관한 원칙에 영향을 미치지 않고, 또한 보험자가 피보험이익의 전부 또는 일부를 부인하거나 손해발생시 보험계약상 담보된 위험이 아니라는 사실을 증명하는 것을 금하지 아니한다."라고 한다.

이 조항의 전반부(…부인하거나까지)는 이 법은 중복보험에 관한 규정에 영향을 미치거나 보험자가 피보험이익이 없음을 부인하는 것을 금하지 않음을 규정하고, 후반부는 보험목적의 전부 또는 일부가 실제로 담보된 경우에 적용되는 보상의 범위에 관하여 규정하고 있다.

기평가보험에서 보험목적의 일부만이 실제로 위험에 놓여진 경우 보상의 범위의 문제는 Forbes v. Aspinall사건[28]에서 제기되었다. 원고는 선박 취스윅(Chiswick)호가 하이티(Haiti)에서 리버풀(Liverpool)까지의 항해로부터 취득할 희망운임에 대하여 6,500파운드로 보험에 들었는데, 선박은 55상자의 목화만을 선적하고 운항하다가 보험사고로 멸실되었다. 원고는 보험계약은 기평가보험임을 이유로 약정한 보험가액 전액의 보상을 청구하였지만, 보험자는 선박에 선적된 55상자의 목화의 보상만을 주장하였는데, 법원은 보험계약상의 협정보험가액중 선적된 55상자의 목화만의 보상만이 허용된다고 판시하였다.

운임보험계약상 보상의 범위를 정하는데 있어서 사고발생시 운임의 일부만이 담보된 경우엔 더욱 어렵다. 이는 메인(Main)호 사건[29]에서 예를 들 수 있다. 원고는 선박 '메인'호가 뉴올리언스(New Orleans)에서 리버풀(Liverpool)까지의 항해에서 취득할 총액 5,500파운드의 운임중 1,500파운드에 대하여 피고 보험자와 보험계약을 체결하였다. 선박은 사고로 지연되어 항해하였는데 적하의 일부만

26) [1929] 33 Ll L Rep. 70.
27) 이에 관하여서는 이 책 제1부 제1장 제1절 해상보험의 개념 Ⅲ. 해상보험의 종류 3. 예정보험에 의한 분류 참조.
28) [1811] 13 East 323.
29) [1894] P 320.

이 적재되었고 운임은 3,250파운드이었고 그 중 952파운드는 이미 선급되었다. 선박이 항해중 멸실되어 사고시 미지급 운임은 2,298파운드이었다. 원고는 보험자가 인수한 1,500파운드 전액의 보상을 청구하였지만, 보험자는 담보된 운임은 원래 인수된 것과 동일한 가액은 아니라고 주장하였다. 법원은 보험증권상의 협정보험가액은 구속력이 있지만, 실제 위험에 놓여진 운임은 부보된 것보다 적었으므로 보험자는 운임의 비율에 따라 1,500파운드가 아닌 639파운드의 보상을 명하였다.

(ㄴ) 다른 목적을 위한 협정보험가액 : 보험료의 산출이나 구상의 한도 등의 다른 목적을 위한 협정보험가액은 그 목적을 위하여서만 확정적 효력이 인정되고 손해보상의 한도에는 미치지 않는다.[30]

(ㄷ) 당사자 사이의 다른 약정 : 협정보험가액의 효과는 당사자의 약정에 기한 것으로 협정보험가액에 대하여 다른 약정을 하는 경우에는 그 효력이 인정된다(영국해상보험법 제27조 제3항).

(ㄹ) 손해의 존재와 범위 : 협정보험가액은 손해가 전손인가 분손인가, 그리고 분손인 경우 손해의 범위를 결정하는데 있어서는 적용되지 않는다(영국해상보험법 제69조, 제70조, 제71조).

(ㅁ) 추정전손 : "보험약관에 달리 규정하고 있지 않는 한, 협정보험가액은 추정전손인가 여부를 결정함에 있어서 확정적인 것은 아니다(영국해상보험법 제37조 제4항)." 이러한 경우 현실전손을 피하기 위하여 보험목적을 보존하는 비용이 비용을 지출한 후의 그 가액을 초과하는 경우와 같이 추정전손인가 여부를 결정하는 문제는 진정한 사실관계에 따라 결정된다. 그러나 실무상은 "선박이 추정전손인가 여부를 판단함에 있어서는 선박의 협정보험가액을 수리후의 선박가액으로 본다"라고 하여 보험약관상 달리 규정하고 있는 것이 보통이다.[31]

(ㅂ) 보험자대위 : 협정보험가액은 보험자대위에 관하여서는 일반적으로 적용되지 않는다.[32]

---

30) Continental Illinois National Bank & Trust Co. of Chicago v. Bathurst(The Captain Panagos DP) [1985] 1 Lloyd's Rep. 625.

31) 1983년 협회선박기간보험약관 제19조 제1항; 1983년 협회선박항해보험약관 제17조 제1항; 2003년 국제선박보험약관 제20조 제1항은 협정보험가액의 80%를 수리후의 가액으로 본다. 이 책 제4부 제3장 제3절 추정전손에 관한 보상 참조.

32) North of England v. Amstrong [1870] LR 5 QB 150사건에서 보험자가 선박충돌로 인한 전손보상금으로 6,000파운드를 지급한 경우 피보험자는 선박의 실제가액이 9,000파운드라고 하여 피보험자가 가해선박으로부터 지급받은 5,000파운드에 대하여 일부의 보험자대위만을 인정할 것을 주장한데 대하여 5,000파운드 전액에 대한 대위권을 인정하였다.

(ㅅ) 해체예정선박 : 선박기간보험계약의 경우에 부보선박이 해체를 위하여 또는 해체용으로 매각되기 위하여 항해하는 경우 멸실 또는 훼손의 경우 해체선의 가액을 선박의 가액으로 본다. 이 원칙은 항해에 대하여 사전에 보험자에게 통지되고, 담보조건, 보험가액, 그리고 보험료가 변경되지 아니하는 경우에 한하여 적용된다.[33]

## 2. 미평가보험

(1) 미평가보험의 의의

미평가보험(unvalued policy)은 포괄예정보험(open policy)이라고도 하고, 보험계약의 체결 당시 당사자 사이에 피보험이익의 가액에 대하여 아무런 평가를 하지 아니한 보험을 말한다. 이러한 미평가보험에 있어서는 당사자 사이에 보험가액에 대한 아무런 협정이 이루어지지 아니하였기 때문에 피보험이익의 평가의 때와 장소뿐 아니라 그 평가기준을 피보험자의 주관적인 가액으로 정할 것이야 아니면 객관적인 가액에 따를 것이냐의 문제가 생긴다.

(2) 우리 상법상의 미평가보험

(가) 보험가액산정의 일반원칙 : 상법은 당사자 사이에 보험가액을 정하지 아니한 때에는 사고발생시의 가액을 보험가액으로 한다(상법 제671조)고 정하여 보험가액의 산정은 보험사고발생시의 가액을 기준으로 하도록 하고 있다.

상법은 미평가보험의 경우 보험가액의 산정시점만을 정하고 있어, 그 평가의 장소 등이 문제될 수 있으나, 이는 보험사고발생시의 장소에 있어서 사회통념에 따른 객관적인 가액을 표준으로 한다고 풀이한다.

(나) 해상보험상의 미평가보험의 보험가액산정에 관한 특칙 : 해상보험에 있어서의 선박보험·적하보험 및 희망이익보험상의 미평가보험의 보험가액에 대하여서는 일정한 시점에서의 보험가액을 표준으로 이를 전보험기간을 통하는 보험가액으로 하고 있다. 이것을 보험가액불변경주의라고 한다.

(a) 선박보험 : 선박보험에 있어서는 보험자의 책임이 개시될 때의 선박가액을 보험가액으로 하고, 선박의 속구, 연료, 양식 기타 항해에 필요한 모든 물건은 보험의 목적에 포함된 것으로 한다(상법 제696조).

33) 1983년 협회선박기간보험약관 제1조 제3항; 1995년 협회선박기간보험약관 제1조 제5항; 이 책 제2부 제6장 제1절 기간보험 Ⅱ. 항해조항 2. 항해·시운전·선박의 구조담보 (6) 해체예정선박.

(b) 적하보험 : 적하보험에 있어서는 선적한 때와 곳의 적하의 가액과 선적 및 보험에 관한 비용을 보험가액으로 한다(상법 제697조).

(c) 희망이익보험 : 적하의 도착으로 인하여 얻을 이익 또는 보수의 보험에 있어서는 계약으로 보험가액을 정하지 아니한 때에는 보험금액을 보험가액으로 한 것으로 추정한다(상법 제698조).

(3) 영국해상보험법상의 미평가보험

영국해상보험법 제28조는 "미평가보험계약은 보험목적의 가액을 명시하지 않고, 보험금액을 한도로 이 법의 전조에서 규정한 방법에 따라 후일 보험가액을 산정하는 보험계약을 말한다"라고 규정하고 있다.

기평가보험과 달리 미평가보험은 보험목적의 보험가액은 영국해상보험법 제16조의 규정을 참조하여야만 확정할 수 있다. 영국해상보험법 제16조는 ① 선박, ② 운임, ③ 적하 또는 상품, ④ 기타의 보험목적에 대한 보험가액의 산정방법을 규정하고 있다.

(가) 선 박 : 영국해상보험법 제16조는 "선박에 관한 보험에 있어서 그 보험가액은 의장, 선원의 식료품, 선원임금의 선급금과 선박을 보험계약에서 정한 항해 또는 항해사업에 적합하도록 지급한 비용을 포함한 위험개시 당시의 선박의 가액에 위의 전체에 대한 보험비용을 가산한 금액이다. 증기선의 경우에는 그 보험가액은 기계, 기관과 피보험자소유의 석탄과 기관용소모품을 포함하고, 특수사업에 종사하는 선박의 경우에는 그 사업에 필요한 통상의 의장을 포함한다"라고 규정하고 있다. 선박의 구성요소는 영국해상보험법 부칙 보험약관의 해석에 관한 규칙 제16조를 참조하여 이해하여야 한다. 선체보험(insurance upon hull and machinery)은 선박보험(insurance upon ship)과 같은 포괄적 담보가 아님을 유념하여야 한다.[34)]

영국해상보험법 제16조 제1항은 선박의 보험가액은 위험의 개시 당시의 선박의 가액을 기초로 한다는 것을 강조하고 있다. 따라서 항해보험의 경우에는 실제로 위험이 개시하는 시기에 대하여서는 보험약관의 해석에 관한 규칙 제2조와 제3조를 참조하여야 한다.

(나) 운 임 : 영국해상보험법 제16조 제2항은 "선급운임이든 묻지 않고 운임보험의 보험가액은 피보험자가 위험을 부담하는 운임의 총액에 보험비용을

34) Susan Hodges, op. cit., p. 206: 이 책 제2부 제2장 제2절 해상보험의 목적 II. 해상보험의 목적 1. 선박 (1) 보험의 목적으로서의 선박 참조.

더한 금액이다"라고 규정하고 있다. 부보된 운임은 순운임(net freight)이 아닌 총운임(gross freight)임은 Palmer v. Blackburn사건[35]에서 확립되었는데, 선박의 전손 후에 보험자가 보상책임을 지는 운임에는 "선원의 임금, 거룻배비용(light dues), 톤세지급의무(tonnage duty), 그리고 도크비용을 포함한다"고 판시되었다. 운임보험을 운임총액으로 하는 실무상의 의미는 선박보험에 가입할 때 협정보험가액이 실제의 선박가액을 현저하게 초과하였으며 다른 명예보험인 선비보험에 가입되어 있었음을 고지하지 않은 경우에는 고지의무위반으로 보험자승소판결이 내려진 Thames and Mersey Marine Insurance Co., Ltd. v. 'Gunford' Ship Co., Ltd.사건[36]에서 롭슨(Robson)판사에 의하여 "순운임이 아닌 총운임이라는 것은 우리법상 명백히 인정되고 있고, 이는 비용을 조사하는데 있어서 분쟁여지가 많고, 불확정적이며, 소송을 유발하는 것을 회피하도록 하는 실무상의 큰 편리함이 있다"라고 요약되었다.

(다) 적하 또는 상품 : 적하나 상품에 관한 보험에서 그 보험가액은 부보재산의 원가에다 선적비용 및 이 전체에 대한 보험비용을 포함한다(영국해상보험법 제16조 제3항).

(a) 원 가 : 원가(prime cost)는 ① 선적시점 또는 이에 근접한 시점, 또는 ② 적하가 최초로 위험에 놓여진 시점에서의 송장의 가격 또는 시장가격이다. 이는 협정보험가액을 8,000파운드로 정하고 포괄보험에 가입한 적하를 선적한 선박이 적하와 함께 화재로 전손을 입은 Williams v. Atlantic Assurance Co., Ltd.사건[37]에서 제시되었다. 쟁점의 하나는 적하의 미평가보험에서 적하의 원가는 무엇인가이었는데, 법원은 적하의 원가는 ① 선적시점 또는 이에 근접한 시점, 또는 ② 적하가 최초로 위험에 놓여진 시점에서의 송장의 가격 또는 시장가격이라고 판시하였다. 즉, Williams사건에서는 원래의 가격(original cost) 또는 송장가격이 항상 적하의 진정한 가격을 표시하는 것이 아니므로 법원은 원가를 정하는데 있어서 두 가지 방법, 즉 선적 시점 또는 적하가 최초로 위험에 놓여진 시점의 시장가격이라고 하였다.

---

35) [1822] 1 Bing 61.

36) [1911] AC 529, HL: 이 사건의 구체적인 사실관계는 이 책 제2부 제2장 제2절 해상보험의 목적 Ⅱ. 해상보험의 목적 7. 선비 (3) 중복보험의 문제 참조.

37) [1932] 1 KB 81, CA: 이 사건에서 선박 파시안(Parthian)호에 선적된 적하에 대하여 알렉산드리아(Alexandria)로부터 리버풀(Liverpool)까지의 항해에 포괄예정보험계약(opcn policy)이 체결되었는데, 적하는 8,000파운드 상당이라고 하였지만 그 가액에 대한 약정이 없었다. 선박과 적하가 알제리의 오런(Oran)항에서의 의심스러운 상황에서 화재가 발생하여 화재를 진화하던 중 항만당국은 선박을 침몰시켰다.

이 쟁점은 Berger and Light Diffusers Pty v. Pollock사건[38]에서 커르(Kerr)판사가 언급하였다. 호주에서 선적된 주형이 해수에 의하여 훼손된 채 영국에 도착하였는데, 미평가보험임이 판명되었다. 커르판사는 원가를 산정하는 것이 불가능한 경우에는 이에 대한 입증책임은 원고가 진다고 판시하였다.

분손의 경우 미평가보험으로 부보된 적하의 보험가액을 결정하는 데에도 동일한 원칙이 적용된다. 다만 미평가적하보험에 가입된 적하가 멸실되어 보상의 범위가 문제된 Usher v. Noble사건[39]에서 에렌버러(Ellenborough)판사는 선적항에서의 적하의 송장가격만을 참조하였지만, 분손의 경우에도 Williams v. Atlantic Assurance Co., Ltd.사건에서 확립된 원칙에 따라 원가를 확정하는 방법은 ① 선적당시 또는 이에 근접한 시점, 또는 ② 적하가 최초로 위험에 놓여지는 시점에서의 송장가격 또는 시장가격이라고 본다.[40] Usher v. Noble사건에서 법원은 미평가보험의 보험가액은 선적항에서의 송장가격에 보험과 수수료를 더한 것이라고 하였다. 이 때 적하의 분손의 보상액은 기평가보험과 같은 방식이 채용되어 훼손되지 않은 적하의 매도가격과 목적항에서의 훼손된 적하의 매도가격의 비율을 선적항에서 정하여진 보험가액에 곱하여 산정된다고 판시되었다.

(b) 적하에 대한 예정보험 : 예정보험[41](floating policy)은 적하를 항해보험에 붙일 때 적하를 운송할 선박, 기타 명세가 보험계약이 체결될 당시에는 알려져 있지 아니한 경우에 이용된다. 영국해상보험법 제29조 제1항은 "예정보험은 일반적 문언으로 보험계약을 표시하고, 선박의 이름과 기타 명세는 추후 확정통지에 의하여 확정되는 보험계약이다"라고 규정하고 있다.

예정보험은 평가보험이거나 미평가보험 모두 가능하다. 다만 손해발생 또는 화물도착의 통지가 있는 때까지 보험가액의 명시가 없는 경우에는 미평가보험으로 본다. 즉, "보험계약상 다른 정함이 없는 한, 손해발생 또는 화물도착의 통지가 있는 때까지 보험가액의 명시가 없는 경우에는 확정통지가 있은 보험목적에 관하여는 미평가보험으로 본다(영국해상보험법 제29조 제4항)."

다만 영국해상보험법 제29조 제4항은 '보험계약상 다른 정함이 없는 한'이라는 조건을 붙이고 있다. "이익이 관련되는 선박의 항해 후 가능한 한 신속하게

38) [1973] 2 Lloyd's Rep. 442: 이 구체적인 사실관계는 이 책 제4부 제2장 제3절 보험금액과 보험가액의 관계 Ⅱ. 초과보험 1. 우리 상법상의 초과보험 (3) 초과보험과 중요한 사실의 불고지 (라) 다른 추가보험계약의 불고지 참조.

39) [1810] 12 East 639.

40) Susan Hodges, op. cit., p. 210.

41) 이 책 제1부 제1장 제1절 해상보험의 개념 Ⅱ. 해상보험의 종류 3. 예정보험에 의한 분류 참조.

이익의 확정통지가 런던이나 퍼스(Perth)의 회사대리인에게 행하여야 한다"라는 조건을 붙인 예정적하보험에 가입된 적하가 선박과 함께 화재로 전부 멸실하여 보상이 청구되었지만 이익의 확정통지가 선박과 적하의 멸실 후에 행하여진 것은 담보특약위반이라고 하여 보험자면책이라고 판시된 Union Insurance Society of Canton Ltd. v. George Wills and Co.사건[42]은 보험계약에서 다른 규정을 두고 있었던 예이다. 법원은 영국해상보험법 제29조 제3항의 후반부 "확정통지를 하지 않거나 잘못 한 경우라도 선의로 그렇게 된 경우에는 손해가 발생한 이후이거나 적하가 도착한 이후이더라도 그 통지를 정정할 수 있다"는 규정은 보험계약에서 정한 것과 달리 아무런 확정통지가 없는 경우에는 적용되지 않는다고 판시하였다.

(라) 기 타 : 영국해상보험법 제16조 제1항, 제2항, 제3항의 내용에 포함되지 않는 보험목적에 대하여서는 '기타 보험목적'의 보험가액의 산정을 위한 방식이 "기타 보험의 목적에 관한 보험에 있어서 그 보험가액은 보험계약의 효력발생 당시 피보험자가 부담하는 위험의 가액에 보험비용을 가산한 금액이다(동법 제16조 제4항)"라고 두어져 있다.

## 제 3 절 보험금액과 보험가액의 관계

### Ⅰ. 보험금액과 보험가액의 구별

보험가액은 보험금액과 구별된다. 보험금액이라 함은 보험계약의 당사자가

42) [1915] AC 281, PC: 이 사건에서 피항소인인 죠지 윌스 앤 컴퍼니(George Wills and Co.)는 런던과 호주에서 영업을 하는 상인이었는데, 1911년 2월 항소인과 1912년 2월까지 선적하는 모든 적하에 대하여 예정해상보험계약을 체결하였다. 보험계약에는 "이익이 관련되는 선박의 항해 후 가능한 한 신속하게 이익의 확정통지가 런던이나 퍼스(Perth)의 회사대리인에게 행하여야 한다"라고 규정되어 있었다. 적하가 영국에서 선박 파파누이(Papanui)호에 선적되었지만 선박과 모든 적하가 세인트 헬레나(St Helena) 근해에서 화재로 멸실하였다. 적하에 대한 보험에 관한 이익의 확정통지가 선박과 적하의 멸실 후에야 보험자에게 행하여졌고, 피항소인의 5,225파운드의 보상청구에 대하여 보험자는 항소인이 약속적 담보특약(promissory warranty)을 위반하였다고 하여 지급을 거부하였다. 법원은 선박의 항해 후 가능한 한 신속히 이익의 확정통지를 하지 않은 것은 약속적 담보특약위반으로 보험자는 보상책임을 지지 않는다고 판시하였다.

약정에 의하여 정한 보험자의 급여의무의 최고한도액을 말하고, 보험가액은 피보험이익의 가액, 즉 피보험이익을 금전으로 평가한 가액을 말한다. 해상보험은 일종의 손해보상계약으로서 보험사고로 인하여 적극적으로 피보험자에게 어떤 이득을 주려는 것은 아니므로 보험가액 이상으로 보험자는 손해보상을 하는 것은 아니다. 그러므로 보험사고로 피보험자가 입은 손해액은 보험가액에 의하여 최고의 한도가 정해지고, 보험자의 손해보상액은 보험금액에 의하여 그 범위가 제한된다. 다시 말하면, 보험자의 보상책임은 법률상의 최고한도와 계약상의 최고한도가 있는데, 보험가액은 전자에 속하고 보험금액은 후자에 속한다. 따라서 보험금액과 보험가액은 일반적으로 일치하는 것이 기대되지만(전부보험), 양자가 일치하지 않는 경우가 생긴다. 이른바 초과보험·중복보험·일부보험의 문제이다. 해상보험의 희망이익보험에 있어서는 다른 약정이 없으면 보험금액을 보험가액으로 한 것으로 추정하여 양자를 동일시하고 있다(상법 제669조 제1항).

## Ⅱ. 초과보험

초과보험이라 함은 물건보험에서 당사자가 정한 보험금액이 피보험이익의 평가액, 즉 보험가액을 현저하게 초과하는 보험을 말한다. 이것은 계약체결당시부터 존재하는 경우뿐 아니라 경기의 변동으로 피보험이익의 가치가 떨어진 경우에도 생긴다.

### 1. 우리 상법상의 초과보험

(1) 상법상의 초과보험

상법은 보험금액이 보험계약의 목적의 가액을 현저히 초과하는 경우를 초과보험으로 한다(상법 제669조 제1항). 이것은 계약체결 당시부터 초과하는 경우뿐 아니라 경기의 변동으로 피보험이익의 가치가 떨어진 경우에도 생긴다. 이러한 초과보험은 당사자의 의도와는 관계없이 생겨나는 단순한 초과보험과 보험계약자의 사기에 의해서 이루어지는 사기적 초과보험으로 나뉘고, 그 효력에도 차이가 있다.

(2) 초과보험의 요건

(가) 보험금액이 보험가액을 현저하게 초과하여야 한다(상법 제669조 제1항).

여기서 현저하게 초과하였느냐의 여부는 거래의 관념에 따라 결정하여야 할 사실문제이다. 가령 보험가액 1억원으로 평가되는 선박에 대하여 1억 1천만원의 보험금액으로 선박보험계약을 체결하였다면 그것은 현저한 초과라고 볼 것은 아니나 1억 5천만원의 보험금액으로 보험에 붙였을 때에는 보험금액이 보험가액을 현저하게 초과하는 것이라 할 것이다.

(나) 보험가액의 산정기준은 보험계약 당시의 가액에 의한다(상법 제669조 제2항). 그러나 경기의 변동으로 보험가액이 보험기간 중에 현저하게 감소된 때에는 그 때의 가액을 기준으로 하여야 한다(상법 제669조 제3항). 다시 말하면 보험가액의 산정은 보험가액이 수시로 변동하는 가액이 되므로 그 보험이 초과보험이냐 아니냐를 다투는 시기에 있어서의 가액을 기준으로 할 것이고, 보험금액이 보험가액을 현저하게 초과하였다는 사실을 그것을 주장하는 쪽에서 입증하여야 한다.

(3) 초과보험의 효력

(가) 입법주의 : 초과보험을 그래도 인정하면 보험자는 보험사고의 발생으로 이득을 얻을 수 있게 되므로 보험을 투기의 목적으로 이용하거나 인위적으로 사고를 일으킬 우려도 있게 된다. 그리하여 각 나라는 초과보험에 과한 규제를 하고 있는데, 이것은 주관주의와 객관주의로 크게 나누어 볼 수 있다.

(a) 주관주의입법은 보험금액이 보험가액을 초과하는 경우에 그것이 단순한 것이냐 또는 사기적인 것이냐에 따라 그 효력을 달리하는 것으로 전자의 경우에는 당사자에게 보험금액과 보험료의 감액청구권을 인정하고, 후자의 경우에는 보험계약 자체를 무효로 하는 것이다. 독일, 프랑스, 스위스의 보험법 등이 이에 속하고(독일 보험계약법 제51조, 프랑스 보험법 121-3조, 스위스 보험계약법 제51조 참조), 우리 상법도 이에 따르고 있다.

(b) 객관주의입법은 초과보험의 경우에 그 초과부분을 당연히 무효로 하는 것으로 일본 상법이 이에 속한다(일본상법 제631조).

(나) 단순한 초과보험의 경우 : 보험금액이 보험가액을 현저하게 초과할 때에 당사자가 선의인 경우에는 계약당사자는 보험료와 보험금액의 감액을 청구할 수 있다(상법 제669조 제1항 본문). 여기서 보험료 등의 감액청구기간에 대한 제한은 없으나 보험기간이 경과한 후에는 실질적으로 감액청구는 의미가 없다. 현저하게 초과하였다는 사실은 그것을 주장하는 쪽에서 입증하여야 하고 그것이 입증되면 상대방은 당연히 그 청구에 따라야 한다고 풀이한다. 그러므로 보

험금액 또는 보험료의 감액청구권은 일종의 형성권에 속한다. 그리고 이 경우 보험료의 감액은 보험료불가분의 원칙에 따라 장래에 대해서만 그 효력이 있다(상법 제669조 제1항 단서). 그러므로 가령 보험자가 그 보험계약이 초과보험이란 사실을 보험사고의 발생 후에 손해산정과정에서 비로소 알게 된 경우에 그 보험계약이 보험계약 체결시부터 초과보험이라 하더라도 보험약관에 반대의 약정이 없는 한 그 초과부분에 대한 보험료를 소급하여 반환할 의무는 없으며, 그 보험료기간에 대한 보험료는 그대로 청구할 수 있다. 이것은 보험가액이 보험기간중에 현저하게 감소하여 초과보험이 된 경우에도 마찬가지이다(상법 제669조 제3항).

(다) 사기에 의한 초과보험의 경우 : 보험계약자의 사기로 말미암아 초과보험계약이 체결된 때에는 그 계약은 무효로 한다(상법 제669조 제4항 본문). 여기서 사기라 함은 보험계약을 체결할 때에 보험계약의 목적의 가액을 부당하게 평가하여 재산상의 이익을 얻을 목적으로 한 경우가 이에 해당한다고 할 수 있다(독일 보험계약법 제51조 제1항 참조). 그러므로 보험계약자가 불법으로 재산상의 이익을 얻을 목적으로 하지 않고, 그 목적물에 대한 거래의 시세가 실제의 보험가액보다 높은 것으로 판단하여 그 보험금액을 정한 때에는 여기에서 말하는 사기는 아니다. 보험계약자가 보험가액을 높게 하기 위하여 헌 기계를 새 기계로 고지하여 그 가액을 산정하여 보험계약을 체결한 것은 사기에 해당한다 할 것이고, 이러한 보험계약자의 사기에 대하여는 보험자가 입증하여야 한다.

보험계약자의 사기에 의하여 초과보험이 된 경우에는 그 보험계약은 초과부분뿐 아니라 계약 전체가 무효로 되고, 보험사고가 발생하더라도 보험자는 전혀 보험계약상의 책임을 지지 않는 것이나, 보험계약자는 보험자가 그 사실을 안 때까지의 보험료를 지급하여야 한다(상법 제699조 제4항 단서). 이것은 보험계약의 선의성, 윤리성에 따라 악의의 보험계약자를 제재하려는 데 그 목적이 있는 것으로 사기에 의한 의사표시를 취소할 수 있도록 한 민법의 일반원칙(민법 제110조 참조)에 대한 예외라고 할 수 있다.

## 2. 영국해상보험법상의 초과보험

### (1) 원 칙

영국법상 협정보험가액이 보험가액을 초과하는 경우에도 협정보험가액에 확정적 효력을 인정하고 사기로 인한 경우에만 이를 배제한다(영국해상보험법 제27

조 제3항). 우리 상법상은 협정보험가액이 사고발생시의 가액을 현저하게 초과할 때에는 사고발생시의 가액을 보험가액으로 하므로(상법 제670조 단서), 초과보험이 성립하는 경우가 적지 않지만, 영국법상은 사기가 없는 단순한 초과보험은 성립할 여지가 없고, 사기로 인한 초과보험은 무효가 된다. 다만 미평가보험의 경우에는 초과보험이 성립하고 이 경우에는 보험료의 반환이 인정된다(영국해상보험법 제84조 제3항 e호).[43] 이에 사기로 인한 초과보험의 무효의 법리와 사기에 의한 초과보험임을 알리지 않은 것이 고지의무위반인가 여부가 주요 쟁점이다.

(2) 사기적 초과보험

(가) 원 칙 : 영국법상 사기적 초과보험은 무효이지만, 현저한 초과보험이 항상 도박이나 사기를 의미하는 것은 아니다. 왜냐하면 통상적인 건전한 상업적 이유로 선박의 가액보다 높게 협정보험가액을 정하는 경우도 있기 때문이다. 따라서 선의의 초과보험과 사기적인 초과보험을 구별하는 것은 법원의 역할이다.

(나) 사기적인 초과보험과 건전한 상업적 이유로 인한 초과보험 : 사기적 초과보험에 관한 원칙은 파산상태에 있던 적하소유자가 실제가액이 1,400파운드인 적하를 5,000파운드의 협정보험가액으로 적하보험에 가입되고 선박에 승선한 보험계약자의 동료가 선박과 함께 도주하여 적하가 멸실되어 보상이 청구되었지만 보험계약자가 처음부터 보험자를 기망하기 위한 의도이었다고 하여 보험계약이 무효라고 판시된 Haigh v. de la Cour사건[44]에서 맨스필드경에 의하여 확립되었다. 선박보험에 가입할 때 협정보험가액이 실제의 선박가액을 현저하게 초과하였으며 다른 명예보험인 선비보험에 가입되어 있었음을 고지하지 않은 경우에는 고지의무위반으로 보험자승소판결이 내려진 Thames and Mersey Marine Insurance Co., Ltd. v. 'Gunford' Ship Co., Ltd.사건[45]에서 법원은 사기의 효과

43) 이 책 제3부 제2장 제2절 보험료반환의무 참조.

44) [1812] 3 Camp 319: 이 사건에서 London에서 브라질의 퍼나버코(Pernabucco)까지 항해하는 마리아(Maria)호에 선적된 적하에 대하여 5,000파운드의 협정보험가액으로 적하보험에 붙여졌다. 실제로는 보험계약자는 파산상태이었고, 적하는 1,400파운드의 가치밖에 없었다. 송장은 위조되었고, 선하증권도 변조되었으며, 보험계약자는 동료를 선박에 승선시켰는데, 그는 선박과 함께 도주하여 서인도(West Indies)에서 적하를 매도하였다. 보험증권의 양수인의 보험금청구에 대하여 법원은 파산자인 보험계약자가 처음부터 보험자를 기망하기 위한 의도이었으므로 보험계약은 무효로서 양수인은 보험금청구권을 가지지 아니한다고 판시하였다.

45) [1911] AC 529, HL: 이 사건에서 보험자는 사기에 의한 보험금청구라는 주장을 하지 아니하였지만 다른 보험계약을 체결하였다는 사실을 알리지 아니한 중요한 사실의 불고지를 주장하여 승소하였다(이 사건의 구체적인 사실관계는 이 책 제2부 제2장 제2절 해상보험의 목적 Ⅱ. 해상보험의 목적 7. 선비 (3) 중복보험의 문제 참조).

에 대하여 고찰하였는데, 쇼(Shaw of Dunfermline)판사는 사기로 인한 현저한 초과보험이 행하여진 경우 보험계약은 무효라고 하였다. 그러나 범죄행위인 사기는 입증이 용이하지 아니하다.

(다) 건전한 상업적 이유로 인한 초과보험 : 선주에 의한 선박의 초과보험은 실제가액외에 담보설정비용과 교체비용을 반영하는 경우가 있다. 이와 같은 상업적 필요에 의하여 초과보험이 행하여지는 경우에는 유효하다.

선박보험에 가입할 때 협정보험가액이 실제의 선박가액을 현저하게 초과하였으며 다른 명예보험인 선비보험에 가입되어 있었음을 고지하지 않은 경우에는 고지의무위반으로 보험자승소판결이 내려진 Thames and Mersey Marine Insurance Co., Ltd. v. 'Gunford' Ship Co., Ltd.사건[46]에서 현저한 초과보험이 쟁점의 하나이었다. 롭슨(Robson)판사는 "협정보험가액과 매도가액과의 차이에 정당한 상업상의 이유가 있는 경우가 자주 있다. 피보험자로서는 보상만이 아니라 재구입을 바라고, 보험자는 손해의 유발이 없는 한 보험가액이 고액일 것을 원하는데, 이로 인하여 3%이하의 분손의 경우에는 면책인 경우 소액손해에 대한 보상분쟁이 방지되고, 추정전손으로 인한 보험금청구에 있어서 협정보험가액이 높으면 높을수록 수리비용이 수리후의 선박가액을 초과한다는 입증이 어렵게 된다. 따라서 보험자는 피보험자의 특성과 선박의 소유자와 관리자는 선박을 수입의 원천으로 극진하게 관리하는 이익을 가진다고 보아 초과보험을 기꺼이 인수하고자 한다"라고 판시하였다.

상업적 이유로 인한 초과보험이 유효하다고 한 최근의 사례로는 선박저당권설정계약상 선박의 피담보채권의 130%를 초과하는 가액을 협정보험가액으로 하기로 하는 조항이 있었는데, 선박관리자가 이에 200만달러에 미달하는 가액을 협정보험가액으로 맺어 선박이 보험사고로 멸실하여 보험자로부터 전액보상을 받았지만 받지 못한 200만 달러에 대한 선주의 선박관리자에 대한 손해배상청구를 인용한 상원의 Glafki Shipping Co. SA v. Pinos Shipping Co. No 1, 'Maris'(No 2)사건[47]을 들 수 있다.

---

46) [1911] AC 529, HL.

47) [1986] 2 Lloyd's Rep. 12, HL: 이 사건에서 피고인 피노스 쉽핑 사(Pinos Shipping Co.)는 1977년 일본에서 건조된 마리아(Maria)호의 소유자로 선박대금을 위하여 두 개의 선박저당권이 설정되었는데, 저당권설정계약에는 피담보채권의 130%에 해당하는 보험에 들도록 하는 조항이 들어 있었다. 선박관리자인 원고는 실제가액이 4,875,000달러인데 10,000,000달러로 보험에 가입하였다. 보험계약이 체결된 후 10일이 지나 선박은 호주근해에서 폭발하여 침몰하였는데, 보험자는 전액 보상을 하였다. 그러나 피고인 선주는 피담보채권의 130%인 12,000,000달러로 보험에 들었어야 한다고 주장하였다. 상원은 선박관리자인 원고가 관리계약상 약정한 금액을 보험에 들지 않았으므로 차액인 2,000,000달

(라) 최대선의의무위반 : 영국해상보험법 제17조에 규정되어 있는 최대선의원칙은 모든 보험계약의 기초를 이루는 윤리적인 원칙이다. 이에 법원은 사기로 인한 초과보험의 경우 보험계약을 취소할 수 있다고 본다.[48]

(3) 초과보험과 중요한 사실의 불고지

(가) 초과보험과 고지의무위반 : 해상보험에서 있어서 보험계약자가 보험계약을 체결함에 있어서 초과보험이거나 중복보험임을 알리지 아니하는 경우에는 중요한 사실의 고지의무위반이라는 것이 판례상 확립되어 있다.

양모의 적하소유자가 실제가액보다 높은 가액으로 적하보험에 든 것이 처음부터 사기를 목적으로 체결되었고 이를 고지하지 않았다고 하여 보험자 승소판결을 내린 영국해상보험법의 제정 이후의 사건인 Gooding v. White사건[49]이 그 예이다.

그러나 실제의 가액을 초과한 가액을 협정보험가액으로 하여 보험에 든 요트가 화재로 훼손되어 보상이 청구되었지만, 사기적이기 않아 전액의 보상이 명하여진 Harring v. Jason and Others사건[50]에서 머튜(Mathew)판사는 "협정보험가액이 피보험자가 선박과 의장에 대하여 가지는 가능한 이익 이상을 표시함에 의하여 도박을 위한 수단으로 이용되었다거나 초과보험이 보험자를 기망하기 위하여 사기적이었다는 것을 입증할 증거가 없는 경우에는 보험자는 약정금액을 보상하여야 한다. 초과보험이 배심원이 정당하고 완전한 보상 이상을 취득하기 위함임을 만족할만큼 입증되는 경우에만 보험계약은 무효가 된다"라고 판시하였다.

(나) 고지할 필요가 없는 사항 : 보험자는 일반적으로 알려져 있거나 상식에 관한 사항은 알고 있는 것으로 추정된다. 영국해상보험법 제18조 제3항 b호는 "보험자가 알고 있거나 알고 있으리라고 추정되는 일체의 사항. 보험자는 일반적으로 알려져 있거나 상식에 속하는 사항 및 보험자가 통상의 업무수행과정

---

러의 손해배상책임을 진다고 판시하였다.

48) Susan Hodges, op. cit., p. 194.

49) [1913] 29 TLR 312: 이 사건에서 바지선인 호라스 앤 윌리(Horace and Willie)호에 실린 양모의 적하가 하위치(Harwich)에서 런던까지 운송되던 중 바지선에 해수가 세어 적하의 일부는 투기되고, 나머지는 하위치로 반송되어 하역되어 건조되었다. 적하소유자는 보상을 청구하였지만 보험자는 적하가 초과보험으로 처음부터 모든 것이 사기였다고 주장하여 이를 거부하였다. 픽포드(Pickford) 판사는 중요한 사실을 고지하지 않았다고 하여 보험자승소판결을 내렸다.

50) [1895] 1 Com Cas 177: 5,000파운드로 부보된 요트가 화재로 소실되었는데, 법원은 선박이 초과보험에 들었지만, 실제의 가액을 고지하지 않았다는 보험자의 항변에 대하여 사기적 초과보험이 아니라고 판시하였다.

중 당연히 알고 있어야만 할 사항에 대하여서는 알고 있는 것으로 추정된다. 그 사항은 질문이 없는 경우에는 고지할 필요가 없다"라고 규정하고 있다.

따라서 해상보험에서 보험자가 보험목적의 진정한 가액을 파악하는 것은 보험자의 업무에 속하므로 고지의무가 면제되는가 여부가 문제된다.

1,000파운드에 구입한 요트를 매도가격이 2,500파운드라고 판단하여 합계 2,500파운드를 보험가액으로 하는 보험을 들고 요트가 훼손된 경우 보험계약은 유효이지만, 훼손이 되어 협정보험가액의 절반밖에 되지 않은 상태에서 든 보험은 요트의 훼손과 가액의 하락사실을 알리지 않은 것은 고지의무위반이고,[51] 시장가액이 1,400파운드인 선박에 대하여 협정보험가액을 5,000파운드로 하는 기간보험에 가입할 당시 이 초과보험이라는 사실과 명예보험에 가입되어 있었다는 사실을 알리지 않은 경우 "현저한 초과보험이 있었지만 사기에 해당하지 않았고, 보험자는 선박의 실제 가액을 알 수 있었음에 틀림없으며, 선박은 초과보험되었지만 선박의 실제시장가액보다 선주에게는 더 가치가 있었다"는 이유로 보험자의 손해보상책임을 인정하고 있다.[52]

그러나 적하보험의 경우에는 영국해상보험법 제18조 제3항 b호는 적하의 소유자에게 적용될 가능성이 적다. 왜냐하면 보험자가 적하의 가액에 대한 필요한

51) Piper v. Royal Exchange Assurance [1932] 44 Ll L Rep. 103: 이 사건에서 쟁점중 하나인 초과보험에 대하여 피보험자는 영국해상보험법 제18조 제2항 b호에 기하여 보험목적의 진정한 가액을 아는 것은 보험자의 업무라고 주장하였다. 원고는 노르웨이인으로부터 요트 아틀란타 Ⅱ(Atlanta Ⅱ)호를 1,000파운드에 구입하여 합계 2,500파운드의 세 개의 보험계약을 체결하였는데, 요트가 노르웨이에서 영국으로 항해중 사소한 손해를 입어 그 손해를 보험자로부터 보상받았다. 그러나 후일 버냄온코취(Burnham-on-Coach) 연안의 벅시 샌즈(Buxey Sands)에서 좌초하여 보다 큰 손해를 입었지만 보험자는 이번에는 손해 870파운드의 자기 부담금의 지급을 거부하였다. 약 1년후 요트는 2건의 화재가 발생하여 2,284파운드의 손해를 입었다. 보험자는 화재가 고의로 발생하고 요트는 초과보험이라는 이유로 보상을 거부하였다. 법원은 보험자는 좌초로 인한 손해는 보상하여야 하지만 화재로 인한 손해는 보상책임이 없다고 판시하였다. 좌초의 경우 그 보험계약은 선박을 2,000파운드에 매도할 의도로 보험에 들었기 때문에 초과보험이 아니고, 무효가 아니지만, 화재로 인한 손해보상이 문제가 된 보험을 들 당시에는 요트는 훼손되어 되어 협정보험가액의 절반의 가액밖에 나가지 않았고, 보험자는 훼손과 가액의 하락을 고지받지 못하였다는 이유로 보험자는 손해보상책임이 없다고 판시하였다.

52) General Shipping and Forwarding Co. and Another v. British General Co., Ltd., 'Borre' [1923] 15 LlL Rep 175: 이 사건에서 선박 보러(Borre)호에 대하여 원고는 1개월의 기평가기간보험계약을 체결하였는데, '보러'호의 협정보험가액은 5,000파운드이고, 피고는 그 일부인 200파운드를 인수하였고, 후일 선박의 시장가액은 1,400파운드로 평가되었다. 리버풀(Liverpool)에서 아일랜드의 밴트리(Bantry)로의 항해 중 '보러'호가 누수되어 앵글세이(Anglesey) 근처에서 침몰하였고, 원고의 보험금청구에 대하여 피고는 초과보험과 명예보험(ppi policies)의 존재라는 중요한 사실의 불고지를 이유로 보상을 거부하였다. 법원은 현저한 초과보험이 있었지만 사기에 해당하지 않았고, 보험자는 선박의 실제가액을 알 수 있었음에 틀림없으며, 선박은 초과보험되었지만 선박의 실제시장가액보다 선주에게는 더 가치가 있었다는 것을 이유로 보험자는 손해를 보상할 것을 명하였다.

정보를 잘 알 수 있는 지위에 있지 않고, 적하의 가액에 대한 사기가 항해지기는 더욱 용이하기 때문이다.[53]

(다) 중요한 사실의 입증책임 : 초과보험이 피보험자가 고지하여야만 하는 중요한 사실이라는 점에 대한 입증책임은 보험자가 진다.[54]

## Ⅲ. 중복보험

### 1. 중복보험의 의의

중복보험(double insurance)이라 함은 보험계약자가 다수의 보험자와 동일한 피보험이익에 대하여 보험계약을 체결하고, 그 보험금액의 총액이 보험가액을 초과하는 보험을 말한다(영국해상보험법 제32조 제1항; 상법 제672조).

중복보험은 선박보험에는 거의 발생하지 않지만, 적하보험의 경우에는 고의인 경우는 드물고 부주의로 성립하는 경우가 있다.[55] 다만 적하보험약관상 일반적으로 인정되는 증액보험(Increased Value Policies)으로 체결된 경우[협회적하보험(A),(B),(C)약관 제14조]에는 중복보험의 문제가 생기지 않는데, 이 보험계약에서 보험가액은 증액된 것으로 보기 때문이다.

### 2. 중복보험의 요건

(1) 동일한 피보험이익

피보험이익이 동일하여야 한다. 그러므로 동일한 보험의 목적에 대하여 수개

---

53) General Shipping and Forwarding Co. and Another v. British General Insurance Co., Ltd., 'Borre' [1923] 15 LIL Rep. 175사건 판결에서 베일해쉬(Bailhache)판사의 판시.

54) Berger and Light Diffusers Pty Ltd. v. Pollock [1973] 2 Lloyd's Rep. 442; 이 사건에서 원고의 대리인은 대형강철주형을 호주에서 영국으로 운송을 위하여 선박 파파라오(Paparao)호에 선적하였는데, 주형은 20,000파운드에 평가되었지만, 후일 기평가보험이 아님이 판명되었다. 런던에 도착후 심하게 부식되었음이 발견되어 그 원인은 주형이 적재된 선창에서 누수되는 파이프임이 발견되었다. 원고의 전손보상청구에 대하여 보험자는 주형이 초과보험임을 이유로 보상을 거부하였다. 법원은 보험계약은 기평가보험이 아니라 실제로는 미평가보험이고, 보험의 목적을 나타내는 것이 보험증권상 아무 것도 없었으므로 원고는 호주로부터 선적된 주형의 실제가액에 운임과 보험료를 추가한 5,316파운드의 보상만을 받을 수 있다고 판시하였다. 초과보험임이 고지되지 않은 것은 중요한 사항에 대한 불고지라는 데 대한 입증책임이 쟁점이었다.

55) Susan Hodges, Law of Marine Insurance, London: Cavendish Publishing Limited, 1996, p. 5.

의 보험계약을 체결하였어도 보험계약의 목적, 즉 피보험이익이 다르면 중복보험으로 되지 아니한다. 선박에 대하여 소유자와 용선자가 소유이익이나 임차이익에 대하여 각각 보험계약을 체결한 경우, 선박소유자와 선박저당권자가 각각 소유이익이나 담보채권을 피보험이익으로 하여 보험계약을 체결한 경우가 그것이다. 곡물소유자와 창고업자가 각각 보험에 든 곡물을 임치한 창고에 화재가 발생하여 창고소유자에게 보험금을 지급한 보험자는 곡물소유자의 보험자에게 중복보험임을 주장하여 분담을 청구할 수 없다. 왜냐하면 보험의 목적은 두 보험자에 대하여 동일하지만 각각의 피보험이익이 상이하기 때문이다.[56)]

⑵ 동일한 위험의 담보

다수의 보험계약은 모두 사고를 초래한 동일한 위험을 담보하여야 한다.

⑶ 보험기간의 중복

보험기간이 동일 또는 중복되어 있어야 한다. 보험자는 보험기간 중에 일어난 사고에 대해서만 책임을 지므로 보험기간이 동일하거나 적어도 부분적으로나마 중복되어 있어야 한다.

⑷ 2인 이상의 보험자와 보험계약의 체결

수개의 보험계약을 2인 이상의 보험자와 체결하고, 그 보험금액의 총액이 보험가액을 초과하여야 한다.

⑸ 약정에 의한 중복보험의 배제

중복보험상의 분담청구권은 법령상의 권리이지만 당사자간의 약정으로 배제하거나 변경할 수 있다. 그러나 보험계약상 '보험금청구시 동일한 손해를 담보하는 다른 보험계약이 가입되어 있는 경우에는 분담하는 보험금을 지급하지 않는다'는 조항은 효력이 없다.

⑹ 명예보험과 중복보험

피보험자는 표준선박보험약관, 적하보험약관 또는 운임보험약관에 의거한 것 외에도 명예보험증권에 가입하여 중복보험의 문제가 발생할 수 있다. Thames and Mersey Marine Insurance Co. v. Gunford Ship Co.사건[57)]에서 피보험자는 선박에 대하여 표준약관에 의거 선박보험, 운임보험에 가입하는 외에 보험증권

56) North British and Mercantile Insurance Co. v. London, Liverpool, and Globe Insurance Co. [1877] 5 Ch D 569, CA.

57) [1911] AC, 529, HL.

자체 이외의 피보험이익을 입증할 필요가 없다는 조항을 삽입하여 명예보험으로 선비보험에 가입하였는데, 법원은 이 보험금액의 합계액이 보험가액을 초과하여 중복보험을 인정하였지만, 선박보험과 운임보험계약 체결시에 명예보험인 선비보험에 가입하였다는 사실을 알리지 않은 것은 중요한 사실을 알릴 고지의무위반이라고 하여 피보험자의 보험금청구를 기각하였다.

### 3. 중복보험의 효과

(1) 우리 상법상의 중복보험의 효과

중복보험도 초과보험과 마찬가지로 피보험자에게 부당한 이익을 주어 인위적인 사고를 일으킬 우려가 있으므로 이를 제한할 필요가 있다. 그러나 중복보험은 보험계약자가 고가물에 대한 보험에 있어 하나의 보험자로서는 지급자력이 충분하지 못하다고 생각하여 여러 보험자와 보험계약을 체결함으로써 생겨나는 경우가 있으므로 그것이 사기적 의사로 한 경우에는 모든 보험계약을 무효로 하고(상법 제672조 제3항), 그렇지 아니한 경우에는 각 보험계약의 효력을 인정하고 있다. 이와 같이 중복보험계약의 효력은 보험계약자의 사기가 있느냐 없느냐에 따라 차이가 있다.

(가) 입법주의 : 해상보험은 손해보험으로 손해액 이상을 보상하는 것이 아니므로 중복보험의 경우 보험자의 손해보상방법에 관하여 정할 필요가 있고, 그 입법주의로는 다음 세 가지가 있다.

(a) 우선책임주의 : 각 보험계약이 동시에 이루어졌느냐 아니냐를 구별하여 동시중복보험의 경우에는 각 보험자의 부담은 각 보험금액의 총보험금액에 대한 비율에 따르고, 이시중복보험의 경우에는 먼저 보험계약을 맺은 보험자가 우선적으로 보상하고, 뒤에 체결한 보험자는 부족부분에 대하여만 부담하기로 하는 것이다.

(b) 비례보상주의 : 각 보험자는 동시·이시중복보험을 묻지 아니하고 그 보험금액의 비율에 따라 피보험자에 대한 손해보상책임을 지기로 하는 것이다(스위스보험법 제71조, 프랑스보험법 제121-4조).

(c) 연대책임주의 : 각 보험자는 각자의 보험금액의 한도에서 피보험자의 손해에 대하여 연대책임을 지기로 하는 것이다(독일보험법 제59조).

(나) 보험계약시기 선의인 경우

(a) 보험자의 보상책임 : 우리상법은 중복보험의 경우 동시·이시를 묻

지 않고 각 보험자는 각자의 보험금액의 한도에서 연대책임을 지고, 각자의 보험금액의 비율에 따라 보상책임을 지도록 함으로써(상법 제672조 제1항) 연대비례보상책임주의를 인정하고 있다. 물건보험계약에서 보험자는 보험가액과 보험금액을 한도로 피보험자가 보험사고로 입은 재산상의 손해를 보상하게 되므로 각 보험자는 보험가액에 대한 각자의 보험금액의 비율에 따라 피보험자의 손해를 보상할 책임을 지게 된다. 그리고 각 보험자는 다른 보험계약이 존재하지 않는 것을 전제로 부담할 손해보상액을 한도로 연대책임을 진다. 이것을 실제의 예를 들어 보면 가령 보험가액 5,000만원의 선박에 대하여 보험자A, B와 각각 보험금액 4,000만원, 3,000만원으로 한 선박보험계약을 체결한 경우에 그 보험의 목적이 전부 멸실된 때에는 A는 2,857만원, B는 2,143만원을 보상하게 되나, 한 보험자가 보상책임을 이행하지 아니하는 때에는 A는 4,000만원, B는 3,000만원을 한도로 연대책임을 지게 된다. 또 실제의 손해가 2,500만원인 경우에는 A는 1,429만원, B는 1,072만원을 보담하나 A는 2,000만원, B는 1,500만원의 한도에서 연대책임을 지는 것이다.

(b) 보험자 1인에 대한 권리의 포기 : 중복보험의 경우에 보험자 1인에 대한 권리의 포기는 다른 보험자의 권리 · 의무에 영향을 미치지 않는다. 이것은 피보험자가 한 보험자와 통모하여 다른 보험자를 해치는 것을 방지하기 위한 것이라 할 수 있다. 따라서 중복보험에 있어서 각 보험자는 보험금액의 비율에 따라 보상책임을 지게 되므로(상법 제672조 제1항) 보험사고가 발생한 때에는 각 보험자의 부담부분이 정해지고, 따라서 피보험자가 어느 보험자에 대한 권리를 포기하였을 때에는 그 부분에 대한 다른 보험자에게도 주장할 수 없음은 당연하다. 그러므로 중복보험의 경우 피보험자가 어떤 보험자 1인에 대하여 보험금청구권을 포기하였을 때에는 그 보험자의 부담부분에 대하여는 다른 보험자도 책임을 면하고(민법 제419조 참조), 이미 다른 보험자가 피보험자에게 보상하였을 때에는 그 보험자의 부담부분에 대한 구상권을 행사할 수 있다(민법 제425조 참조).

(c) 보험계약자의 통지의무 : 보험계약자가 동일한 보험계약의 목적과 사고에 관하여 수개의 보험계약을 체결하는 경우에는 각 보험자에 대하여 각 보험계약의 내용을 통지하여야 한다(상법 제672조 제2항). 통지의 방법에는 제한이 없으므로 구두로 하든 서면으로 하든 상관이 없으나, 각 보험자의 명칭, 보험금액을 밝혀야 한다. 개정상법은 보험계약자의 통지의무를 중복보험계약이 이루어진 경우 뿐 아니라 수 개의 보험계약이 각각 일부보험으로서 보험금액의 총액이 보험가액을 초과하지 않는 병존보험의 경우에도 각 보험자에 대하여 다

른 보험계약의 내용을 통지하도록 하고 있다. 왜냐하면 보험계약에서 피보험자가 동일한 피보험이익에 대하여 동일한 위험을 담보하는 다른 보험에 붙였느냐 아니냐는 중요한 사항으로서 보험계약 체결시에는 고지할 사항일 뿐만 아니라, 보험사고 발생시 각 보험자의 손해보상액의 합계가 실제의 손해액을 초과하는 경우도 있을 수 있기 때문이다.

상법은 통지의무위반의 효과에 대하여 규정하고 있지 않다. 보험계약자가 다른 보험계약을 숨기기 위하여 그 통지를 하지 아니한 때에는 사기로 인한 보험계약으로 보아 모든 보험계약이 무효라고 풀이하고(상법 제672조 제3항, 제669조 제4항), 정당한 사유 없이 그 통지의무를 게을리한 때에는 사기의 추정을 받는다.

(d) 보험금액과 보험료의 감액청구 : 중복보험에 의하여 보험금액의 총액이 보험가액을 현저하게 초과하는 때에는 보험계약자는 그 사실을 안 때에는 보험금액과 보험료의 감액을 청구할 수 있고, 보험료의 감액은 장래에 대해서만 그 효력이 생기는 것은 초과보험의 경우와 같다고 풀이한다(상법 제669조 제1항 참조). 이에 관하여는 상법상 아무 규정이 없기 때문에 각 보험자의 보험금액의 비율에 따라 그 감액을 청구하여야 하는가, 아니면 한 보험자에 대해서만 보험금액의 감액을 청구하여 병존보험으로 할 수 있느냐는 의문이 있다. 그러나 보험사고의 발생 전에는 보험계약자는 언제든지 보험계약의 전부 또는 일부를 해지할 수 있으므로(상법 제649조 제1항) 어떠한 방법에 다르든 상관이 없다고 할 것이다. 다만 수 개의 보험계약이 동시에 또는 보험자의 협의에 따라 체결되었다면 보험계약자는 보험금액과 보험료의 비율에 따른 감액을 청구할 수 있다고 풀이한다.

(다) 보험계약자가 사기인 경우 : 중복보험계약이 보험계약자의 사기로 인한 경우에는 그 계약은 모두 무효이고, 보험계약자는 각 보험자가 그 사실을 안 때까지의 보험료를 지급하여야 한다(상법 제672조 제3항, 제669조 제4항). 여기서 사기라 함은 초과보험의 경우와 마찬가지로 보험계약자가 위법하게 재산적 이익을 얻을 목적으로 그 사실을 숨기고 각 보험계약을 체결한 것을 이른다. 그러므로 보험계약자가 동일한 피보험이익에 대하여 수 개의 보험계약을 체결하면서 각 보험자에 대하여 다른 보험자와 체결한 보험계약에 대한 고지 또는 통지를 하지 아니한 때에는 사기의 뜻이 있는 것으로 추정할 수 있다고 풀이한다.

(라) 수개의 보험과 초과전보조항

(a) 초과전보조항의 뜻과 효용 : 피보험자의 손해가 둘 이상의 보험계약에 의하여 보상되는 경우, 보험약관에 "보험자는 다른 보험계약에 의하여 보상

받을 수 있는 손해액을 초과하는 손해에 대해서만 보상한다"는 뜻을 정한 조항이 이른바 초과전보조항(Excess Coverage clause, Other insurance provisions)이다. 이 조항을 마련하는 이유는 보험자가 2중의 보상을 피하기 위함이다.

(b) 초과전보조항의 효력 : 물건보험에서 보험계약자는 수인의 보험자와 보험계약을 체결하여 중복보험 또는 병존보험으로 될 수도 있으나, 가령 일부보험에서 한 보험자에게 제1차위험보험(상법 제674조)을 들고, 다른 보험자와는 그것을 초과하는 손해만을 담보하는 일부보험계약을 체결하여 보험료를 절감할 수도 있을 것이다. 상법은 중복보험의 경우에 보험자는 보험금액의 보험가액에 대한 비율에 따라 보상책임을 지도록 하고(상법 제672조 제1항), 수 개의 책임보험의 경우에도 이에 준하도록 하고 있다(상법 제725조의 2).

이처럼 상법은 중복보험의 경우 보험자는 각각의 보험금액의 비율에 따른 책임을 지도록 하고 있으나, 보험자와 보험계약자 사이에 다른 보험에서 담보하는 손해를 초과하는 경우에는 그 손해를 보상하도록 하는 약정을 한 때에는 그 초과전보조항은 유효하다고 풀이한다.[58] 다만 수 개의 보험계약에서 각 보험약관이 다른 보험조항을 두어 초과손해만을 담보하기로 하여 충돌하는 경우에는 이를 무시하고 각 보험을 1차보험으로 다루어 각 보험자는 보험금액의 비율에 따른 보상책임을 진다고 풀이한다.

(2) 영국해상보험법상의 중복보험의 효과

(가) 보험계약자가 선의인 경우

(a) 손해의 비율적 보상 : 영국해상보험법 제32조 제2항은 중복보험에 있어서 보험사고가 발생하여 보험목적에 손해를 입은 피보험자에 대한 보상의 방법과 순서에 대하여 "① 보험약관에서 이와 달리 규정되어 있지 않는 한, 피보험자는 자기가 적당하다고 생각하는 순서에 따라 보험자에게 보험금의 지급을 청구할 수 있다. ② 피보험자가 보상청구를 하는 보험계약이 기평가보험일 경우, 피보험자는, 다른 보험계약에 기하여 수령한 금액을, 보험목적의 실제가액이 얼마이든지 간에, 그 평가액에서 공제하여야 한다. ③ 피보험자가 보상청구를 하는 보험계약이 미평가보험일 경우, 피보험자는 다른 보험계약에 기하여 수령한 금액을 총 보험가액에서 공제하여야 한다"라고 규정하고 있다. 이와 같이 피보험자는 자신이 원하는 순서대로 보상청구를 할 수 있으나, 다른 보험계약에서 보상청구시 이미 받은 액수를 공제하여야 하기 때문에 어느 방법을 택

58) 대법원 2002.5.17. 선고, 2000다30127 판결.

하느냐에 따라 차이가 생길 수 있다.[59)]

영국해상보험법 제80조는 제2항은 "어떤 보험자가 자신의 분담비율을 초과하여 보상하는 경우, 이 보험자는 다른 보험자에 대하여 분담의무의 이행을 청구하는 소송을 제기할 수 있고, 또 자신의 분담비율을 초과하여 채무를 지급한 보증인과 같은 구제수단을 가진다"라고 규정하고 있다. 이와 같이 중복보험의 경우에 자기의 분담부분을 초과하여 보상한 보험자가 다른 보험자의 분담의무의 이행을 청구할 수 있는 권리가 분담청구권이다.

그런데 각 보험자의 분담부분을 어떻게 산정할 것인가에 대하여는 영국해상보험법 제80조 제1항은 "각 보험자는 자신의 보험계약상 보상책임을 지는 금액의 비율에 따라 자신과 다른 보험자들 사이에서 비례적으로 손해를 분담할 의무가 있다"라고 규정할 뿐 구체적인 산정방법을 정하고 있지 않아, '자신의 보험계약상 보상책임을 지는 금액의 비율에 따른 비례적 분담'의 내용을 둘러싸고 견해가 나뉜다.

(ㄱ) 세 가지 비율적 보상의 산정방법 : 학설과 판례는 보험금액기준(maximum liability method), 개별적인 책임기준(independent liability method), 공동책임기준(common liability method)의 세 가지 방법으로 나뉘어 있다. 선박의 가액이 500만 파운드, A보험자에게 400만 파운드, B보험자에게 200만 파운드를 보험금액으로 하는 중복보험이 체결되고, 선박이 300만 파운드의 분손을 입은 경우 각 보험계약상 보상할 보험금을 이들 기준으로 산정하면 다음과 같다.

① 보험금액기준[60)] : 각 보험자가 보험계약상 보험금액을 기준으로 비율적으로 분담하는 방식으로 두 보험자가 300만 파운드의 손해에 대하여 4/6(200만 파운드), 2/6(100만 파운드)의 비율로 분담한다. 우리 상법과 같은 방식이다.

② 개별적인 책임기준[61)] : 각 보험자가 중복보험이 아니었으면 제1차 위험보험의 경우 개별적으로 보상책임을 지는 금액을 기준으로 하는 것으로 두 보험자는 300만파운드의 손해에 대하여 3/5(180만파운드), 2/5(120만파운드)의 비율로 분담한다.

③ 공동책임기준 : 보험자는 최저보상금액에 대하여 반반씩 분담하고

59) 심재두, 해상보험법, 길안사, 1995, 441면.

60) Commercial Union Assurnce Co., Ltd. v. Hayden [1977] QB 804(CA)사건의 1심판결.

61) Arnould, Law of marine insurance and average, 16th ed., London: Sweet & Maxwell, 1997, Vol. 3 제2부 § 438; O'May, Marine insurance-law and policy, London: Sweet & Maxwell, 1993, pp. 500~502; F.D. Rose, op. cit., § 23.73, p. 596; Commercial Union Assurance Co., Ltd. v. Hayden [1977] QB 804(CA)사건의 2심판결; The Martin P [2003] EWHC 3470 (Comm); [2004] 1 Lloyd's Rep. 389.

나머지는 고액을 인수한 보험자가 부담하는 방법으로 200만 파운드는 반분되고 나머지 100만 파운드는 400만 파운드를 보험금액으로 인수한 보험자가 분담한다. 위에서 각 보험자는 200만 파운드(200만 파운드의 1/2+100만 파운드), 100만 파운드(200만 파운드의 1/2)씩을 분담한다.

(ㄴ) 판례의 입장 : Commercial Union Assurance Co., Ltd. v. Hayden 사건[62]과 The Martin P사건[63]은 개별적인 책임기준을 취한다.

(b) 보험료의 반환 : 보험자는 인수한 위험 이상을 책임지지 않는 것과 마찬가지로 중복보험의 경우 피보험자는 다수의 보험자에게 지급한 보험료를 비율에 따라 반환받을 수 있다(영국해상보험법 제84조 제1항). 다만 다음 세 가지 경우에는 보험료반환청구권이 인정되지 않는다(동법 제84조 제3항 f호). 첫째, 다수의 보험계약이 서로 다른 시기에 체결되고 먼저 체결된 보험계약이 일정한 시점에서 위험 전체를 담보한 적이 있는 경우 그 보험계약, 둘째, 부보된 보험금액 전액에 대하여 보험금이 지급된 경우, 셋째, 피보험자가 중복보험인 줄 알면서 보험계약을 체결한 경우가 그것이다.[64]

(나) 보험계약자가 사기인 경우

(a) 사기적 중복보험의 무효 : 영국법상 사기적 중복보험은 무효이지만, 중복보험이 항상 도박이나 사기를 의미하는 것은 아니다. 왜냐하면 통상적인 건전한 상업적 이유로 다수의 보험자에게 가입한 보험금액의 합계액이 보험가액을 초과하는 경우도 있기 때문이다. 따라서 선의의 중복보험과 사기적 중복보험을 구별하는 것은 법원의 역할이다. 그러나 범죄행위인 사기는 입증이 용이하지 아니하다.

(b) 최대선의의무위반 : 영국해상보험법 제17조에서 규정되어 있는 최대선의원칙은 모든 보험계약의 기초를 이루는 윤리적인 원칙이다. 이에 법원은 사기로 인한 중복보험의 경우 보험계약을 취소할 수 있다고 본다.

---

62) [1977] QB 804(CA): 이 사건은 해상보험이 아닌 책임보험사건으로 피보험자의 손해배상책임을 담보하는 책임보험이 A보험자와는 배상책임한도를 10만 파운드, B보험자와는 1만 파운드로 하였고, 피보험자에게 4,425.45파운드의 손해가 인정되어 A보험자가 전액을 보상하여 주고 B보험자에게 분담을 청구하였는데 1심법원은 보험금액기준으로 4,425.45파운드의 11분의 1의 보상을 명하였지만, 항소법원은 개별적인 책임기준에 따라 4,425.45파운드의 1/2이라고 판시하였다.

63) [2003] EWHC 3470(COMM); [2004] 1 Lloyd's Rep. 389, [254]-[265]: 이 사건에서 선박에 대하여 500만 파운드와 250만 파운드를 보험금액으로 하여 중복보험이 체결되고 추정전손으로 500만원의 전액을 보상한 후 분담이 청구되어, 법원은 500만 파운드의 1/3인 167만 파운드의 지급을 명하였다.

64) 이 책 제3부 제2장 제2절 보험료반환의무 참조.

ⓒ 중복보험과 중요한 사실의 불고지 : 해상보험에서 있어서 보험계약자가 보험계약을 체결함에 있어서 중복보험임을 알리지 아니하는 경우에는 중요한 사실의 고지의무위반이라는 것이 판례상 확립되어 있다. 즉, 피보험자가 동일한 보험목적을 담보하는 다른 보험계약의 존재를 보험자에게 알리지 아니하고 수 개의 기평가보험계약을 체결하여 보험금액의 합계액이 보험가액을 현저하게 초과하여 현저한 중복보험이 되는 경우에 법원은 피보험자는 주요한 사실을 고지하지 아니한 것으로 판단하게 된다. 이는 중요한 사실로서 신중한 보험자가 보험료를 산정하고 보험계약을 인수하는데 영향을 미칠 수 있다.

선박의 용선자가 용선운임을 담보하는 보험계약과 적하보험계약, 수수료 등에 대한 수 개의 보험계약을 체결하여 사고가 발생하면 손해보다 많은 금액을 지급받게 되어 있었던 경우 중복보험이 있었다는 사실을 고지하지 아니하였다는 것을 이유로 블랙번(Blackburn)판사에 의하여 원고패소판결이 내려진 Ionides v. Pender사건[65]이 그 예이다. 선박보험에 가입할 때 협정보험가액이 실제의 선박가액을 현저하게 초과하였으며 다른 명예보험인 선비보험에 가입되어 있었음을 고지하지 않은 경우에는 고지의무위반으로 보험자승소판결이 내려진 Thames and Mersey Marine Insurance Co., Ltd. v. 'Gunford' Ship Co., Ltd.사건[66]에서 선박의 소유자는 선박, 운임, 선비에 대하여 수 개의 보험계약을 체결하였는데, 상원은 각각의 보험자에게 모든 보험계약의 존재를 알리지 않은 효과를 고찰하여 보험자의 보상책임을 인정하지 않았다.

건포드(Gunford)호 사건은 선적한 석탄의 적하에 대하여 적하보험에 가입할 때 다른 보험계약의 존재를 고지하지 않았지만 보상이 명하여진 Mathie v. Argonaut Marine Insurance Co., Ltd.사건[67]과 구별되는데, 전자에서는 보험은

---

65) [1874] LR 7 QB 531, CA: 이 사건에서 1심법원은 중복보험인가 그리고 중복보험이 보험자에게 중요하였는가 여부의 판단에 관한 단순하고 효과적인 원칙을 설정하였는데, 블랙번(Blackburn)판사는 이를 수용하고 나아가 중복보험에 수반하는 관련 문제를 고찰하였다. 선박 다 카포(Da Capo)호는 블라디보스토크의 항해에 대하여 용선되었고, 함부르크에서 수개의 기평가보험계약이 체결되었는데, 이익을 포함하여 14,000파운드로 적하보험에 들었고, 수수료 1,500파운드, 안전한 항해를 담보하는 1,500파운드의 다른 보험계약이 체결되었다. 결국 원고는 사고가 발생하면 손해보다 많은 금액을 지급받게 되어 있었다. 선박이 실제로 의심스러운 상황에서 멸실되어 원고의 보험금청구에 대하여 보험자는 ① 선박의 손해는 부보위험으로 인한 손해가 아니고, ② 원고는 보험계약의 인수에 중요한 사실, 즉 수 개의 보험계약상의 중복보험에 대하여 고지하지 않았다는 것을 이유로 보험금의 지급을 거부하였다. 블랙번판사는 중복보험이 있었다는 사실을 고지하지 아니하였다는 것을 이유로 원고패소판결을 내렸다.

66) [1911] AC 529, HL: 이 사건의 구체적인 사실관계는 이 책 제2부 제2장 제2절 해상보험의 목적 Ⅱ. 해상보험의 목적 7. 선비 (3) 중복보험의 문제 참조.

67) Mathie v. Argonaut Marine Insurance Co., Ltd. [1925] 21 Ll L Rep. 145, HL: 이 사건

투기적 위험에 해당하였지만 후자의 경우에는 위험은 기업위험을 벗어나지 아니하였다.[68]

(다) 다른 보험조항

(a) 서 언 : 보험자와 보험계약자 사이에서 동일한 피보험이익에 대하여 다른 보험에 가입하는 경우에 손해보상을 않거나 제한하는 내용의 조항을 두는 경우가 많다. 이 조항을 일반적으로 다른 보험조항(other insurance clauses)이라고 한다.

(b) 다른 보험조항의 유형 : 피보험자가 다른 보험계약에서 받을 수 있는 보험금만큼 면책으로 하는 방법(탈출조항), 피보험자는 비율에 따른 손해보상을 받도록 하는 방법(비례보상조항), 다른 보험계약에서 지급받거나 받을 수 있는 금액을 공제하는 방법(초과전보조항), 추가보험에 가입하는 경우 통지하여 승인을 받지 않은 한 보험계약을 취소할 수 있도록 하는 방법(탈출조항) 등이 있다.

해상보험표준약관에는 여러 유형의 다른 보험조항이 규정되고 있다. 초과전보조항의 형태는 존재하지 않지만, 표준운임보험약관[69]은 비례보상조항으로 규정하고, 표준적하보험약관[70]은 적하보험에 가입한 동일한 적하에 대하여 증액보험이 부보된 경우의 비례적 보상을 규정하며, 표준선박보험약관[71]은 피보험

---

에서 선박 세렌(Selene)호의 소유자인 상고인은 데라고아 만(Delagoa Bay)에서 석탄을 선적하고 모리티우스(Mauritius)로 항해하기 위하여 선박을 데라고아 만으로 항해하게 하였고, 운임에 대하여 6,000파운드, 선비에 대하여 4,000파운드의 보험계약이 체결되었다. 데라고아 만에 도착할 즈음 석탄의 가격이 폭락하여 '세렌'호의 소유자는 석탄을 직접 구입하여 선박에 선적하여 봄베이(Bombay)로 운송하게 하였다. 운임보험과 선박보험에 대하여 추가보험료가 지급되었고, 선주는 다른 보험자와 적하에 대하여 추가로 보험계약을 체결하였는데, 피상고인인 보험자는 그중 1,500파운드를 인수하였다. 적하가 봄베이로 항해 중 멸실하였는데, 보험자는 피보험자가 다른 보험계약의 존재를 고지하지 아니하였다고 하여 보상을 거부하였다. 상원은 손해를 보상할 것을 명하였는데, 벅머스터(Buckmaster)판사는 다른 보험계약의 존재를 고지할 의무가 인정되는 경우는 보험가액과 실제보험가액의 차이가 위험의 성격을 기업위험에서 투기위험으로 변화시키는 때뿐이라는 근거를 들었다.

68) 이 책 제4부 제2장 제3절 보험금액과 보험가액의 관계 Ⅱ. 초과보험 2. 영국해상보험법상의 초과보험 (2) 사기적 초과보험 (다) 건전한 상업적 이유로 인한 초과보험 참조.

69) 1983년 협회운임기간보험약관 제13조 제2항; 1983년 협회운임항해보험약관 제13조 제2항; 1995년 협회운임기간보험약관 제14조 제2항; 1983년 협회운임기간보험약관 제10조 제2항: 손해 발생시에 이 보험 이외의 운임에 곤한 다른 보험에 부보되어 있는 경우에는 그러한 모든 보험은 이 보험에서의 책임액산정에 있어서 고려되어야 하고, 이 보험에서 보상할 금액은 이 보험 또는 다른 보험에 일정가액이 설정되어 있음에도 불구하고 총 운임손해의 해당비율을 초과하지 아니한다.

70) 1982년 협회적하보험약관 제14조: 이 보험에서 부보된 적하에 관하여 피보험자가 증액보험에 든 경우, 이 적하의 협정보험가액은 이 보험 및 모든 증액보험에 있어서의 총보험금액으로 증가된 것으로 간주되고, 이 보험에 있어서의 보상책임은 이 보험에 있어서의 보험금액이 총 보험금액에서 차지하는 비율에 의한다.

자가 보험기간동안 '피보험자, 소유자, 관리자, 저당권자'에 의하여 또는 이들을 위하여 특수한 추가보험에 가입하는 것을 담보특약위반으로 한다.

(c) 다른 보험조항의 피보험자의 보험자의 권리에 대한 효과 : 다른 보험조항이 유효한 경우 피보험자에게 중요한 결과를 초래한다. 이 조항은 보험자에 대한 직접적인 보상책임을 배제하거나 제한한다. 이와 같이 피보험자의 권리가 축소될 가능성이 있기 때문에 법원은 이 조항을 제한적으로 해석하는 경향이 있다. 특히 다른 보험조항이 존재함을 입증할 책임을 보험자가 지는 것으로 한다. 법원은 다른 보험계약상 피보험자가 보상받을 수 있는 경우가 아닌 한, 피보험자의 권리가 다른 보험조항에 의하여 배제되거나 제한되는 것을 꺼려한다.

탈출조항 또는 초과전보조항과 관련하여 법원은 다른 보험이 유효하지 않거나 다른 보험조항을 내용을 하는 보험계약이 효력이 생기기 전에 취소되거나 보험계약이 중복되는 것이 우연하거나 사소한 경우 또는 두 보험계약 모두가 면책조항을 삽입하고 있는 경우에 다른 보험조항이 존재한다는 것을 인정하기를 꺼려하고 있다.[72]

두 보험계약이 모두 탈출조항을 두는 경우 그 효력을 모두 인정하면 피보험자는 보상을 받지 못하는 부당한 결과가 되기 때문에 법원은 두 조항을 무효로 하기도 한다. 이에 따르면 각 보험자가 개별적으로 보상책임을 지고 중복보험이 성립하는 것으로 된다. 이는 두 보험계약이 모두 초과전보조항을 삽입하고 있는 경우에도 같다.

비례보상조항이 삽입되어 있는 경우 보상을 받지 못할 위험이 보험자로부터 피보험자에게 전가된다. 따라서 법원은 피보험자가 다른 보험계약상 면책으로 된 부분을 보상받을 수 없는 경우에는 가능한 한 비례보상조항을 적용하지 않는다.

(d) 다른 보험조항의 보험자의 권리에 대한 효과 : 다른 보험조항은 보험자가 다른 보험자에 대하여 가지는 분담청구권에 영향을 미친다. 두 보험계약 모두가 탈출조항 또는 초과전보조항을 삽입하고 있는 경우에는, 두 조항 모두

71) 1983년 협회선박기간보험약관 제21조 제2항; 1995년 협회선박기간보험약관 제22조 제2항; 1995년 협회선박항해보험약관 제10조 제2항; 2003년 국제선박보험약관 제24조 제2항; 선비보험조항에서 열거한 모든 이익의 보험으로서 각호에서 인정되는 금액을 초과하는 보험과 선박의 전손에 포함한 '보험증권 자체가 피보험이익의 존재를 증명함' '모든 피보험이익을 승인함' 또는 이와 동종류의 구질의 조건으로 부보하는 일체의 보험이 피보험자, 소유자, 관리자 또는 저당권자에 의해 또는 이들을 위해 이 보험의 보험기간 중에 효력이 있도록 부보되지 않을 것과 장래에도 부보되지 않을 것을 담보한다.

72) F.D. Rose, op. cit., § 28.80, p. 599.

무효이기 때문에 중복보험의 원리가 그대로 적용되고, 분담청구권에는 영향이 없다.

그러나 두 보험계약 중 하나만이 탈출조항 또는 초과전보조항을 둔 경우에는, 그 조항은 유효하며 분담청구권은 인정되지 않는다.

두 보험계약 모두 비율보상조항을 삽입하고 있는 경우에 이 조항의 목적이 보험자에게 다른 보험자에 대한 분담청구권을 인정하지 않는 취지도 있기 때문에 분담청구권은 일반적으로 발생하지 않는다고 새긴다.[73] 이 조항에 의하여 보험자와 피보험자 사이에 비율적 보상책임이 발생하는데, 그 전제는 각 보험자는 피보험자에 대하여 자신의 비례부분만을 책임을 지는 것이고, 보험자는 다른 보험자가 피보험자에게 책임을 지는 부분에 대하여서는 보상의무가 없다는 것이다. 이 경우에는 분담청구권이 문제되는 공동책임은 존재하지 않는 것이다.

## Ⅳ. 일부보험

### 1. 일부보험의 뜻

일부보험이라 함은 보험금액이 보험가액에 미달한 경우, 즉 보험가액의 일부를 보험에 붙인 물건보험을 말하고, 보험금액과 보험가액이 일치하는 전부보험에 대한 개념이다. 일부보험은 보험계약체결 당시부터 보험료를 절약하기 위하여 의식적으로 하는 경우(의식적 일부보험)도 있고, 또 보험계약성립 후 물가가 오름으로써 자연적으로 발생하는 경우(자연적 일부보험)도 있다. 일부보험에 있어서 보험에 들지 아니한 부분은 보험계약자가 스스로 부담하게 된다.

보험계약자는 자기의 부담부분에 대하여 다른 보험에 드느냐 아니냐는 자유로 정할 수 있으나, 계약에 의하여 자기의 부담부분을 가지도록 합의한 계약상의 자기부담이 있을 때에는 그 부분에 대하여는 다른 보험에 붙일 수 없고, 인위적인 사고를 방지할 수 있는 이점이 있기 때문에 의식적으로 일부보험계약을 체결하여 보험계약자의 자가 보험을 인정하는 것이 합리적이라 할 수 있기 때문이다.

73) F.D. Rose, op. cit., § 28.86, p. 600.

## 2. 일부보험의 요건

일부보험은 보험가액의 일부를 보험에 붙여야 한다. 즉, 보험금액이 보험가액보다 적은 것을 그 요건으로 하는데, 이 경우 보험가액의 산정은 당사자 사이에 이에 관한 협정이 있으면 원칙으로 그에 따른다(상법 제670조). 그러나 보험가액에 대한 협정이 없으면 의식적인 일부보험의 경우에는 보험계약 당시의 가액을 기준으로 하고, 보험가액이 증가하여 자연적으로 일부보험으로 된 때에는 그것을 판정하는 때를 기준으로 보험가액을 산정하여야 한다. 그러므로 보험사고가 발생하여 손해액을 산정하는 과정에서 일부보험의 문제가 제기되면 사고 발생 시의 가액을 기준으로 평가하여야 한다(상법 제671조, 제676조 참조).

## 3. 일부보험의 효력

(1) 비례부담의 원칙

일부보험의 경우에는 보험자는 보험금액의 보험가액에 대한 비율에 따라 보상할 책임이 있다(상법 제674조 본문).[74] 이것을 비례부담의 원칙이라고 한다. 그리하여 일부보험의 경우에는 보험사고로 보험의 목적이 전손으로 된 때에는 보험금액의 전액을 지급하여야 하나, 분손이 된 때에는 보험가액에 대한 보험금액이 비율에 따라 손해액의 일부분이 보험자의 보상액으로 되고, 그 나머지는 피보험자의 자기부담으로 된다. 이것을 수식화하면 다음과 같다.

$$\text{손해액} \times \frac{\text{보험금액}}{\text{보험가액}} = \text{보상액}$$

이와 같이 일부보험의 경우에 비례 부담의 원칙에 따라 보험자의 보상액을 정하는 것은 당사자가 처음부터 의식적으로 일부보험계약을 맺은 때에는 당연한 것이나, 보험계약자가 전부보험을 예정한 경우 물가의 상승으로 일부보험이 된 때에는 당사자 사이에 분쟁의 소지가 있다. 그리하여 전부보험이 물가의 변동으로 말미암아 일부보험으로 된 때에는 비례부담의 원칙에 예외를 인정하거

74) 영국해상보험법 제81조는 "피보험자가, 보험가액보다 적은 금액에 대하여, 또는 기평가보험의 경우에는 보험증권상의 평가액보다 적은 금액에 대하여, 부보된 경우, 피보험자는 부보되지 않은 잔액에 대하여는 자가보험자로 본다"라고 규정하고 있다. 동법은 일부보험의 경우 보상액의 산정방식은 규정하지 않고 있다. 표준선박보험약관과 운임보험약관(1983년 협회선박기간보험약관 제11조 제1항; 1983년 협회선박항해보험약관 제9조 제1항; 2003년 국제선박보험약관 제8조 제1항; 1983년 협회운임기간보험약관 제9조 제1항)은 일부보험의 경우 비례부담의 원칙을 규정하고 있다.

나 물가변동에 대응하여 보험금액 또는 보험료의 자동적 변동과 그 경우의 절차를 정해 두는 것 등이 요구된다 할 것이다.

(2) 제일차위험보험

일부보험의 경우에 당사자 사이에 특약으로 보험자는 보험금액의 범위 안에서 손해액의 전액을 지급할 것을 정할 수 있다. 개정상법 제674조 단서는 "당사자 사이에 다른 약정이 있는 때에는 보험자는 보험금액의 한도 내에서 그 손해를 보상할 책임을 진다"라고 규정하여 이를 밝히고 있다. 이러한 일부보험을 제일차위험보험 또는 실손보상계약이라고 한다. 보험가액 10,000원의 물건에 대하여 5,000원의 보험금액으로 한 일부보험에 있어서 보험사고로 그 물건의 50%인 5,000원의 손해가 생겼을 경우에는 비례부담의 원칙에 따르면 보험자는 피보험자에게 $5,000 \times \frac{5,000}{10,000} = 2,500$. 즉 2,500원을 보험금으로 지급하게 되나, 제1차 위험보험의 특약이 있는 경우는 보험금액 5,000원을 손해보상액으로 지급하여야 하는 것이다.

(3) 비율보험

비율보험은 보험자의 손해보상한도를 보험가액의 일정한 비율로 정하는 보험이다. 이것은 보험가액이 100,000원이고 70%의 비율보험이 이루어진 경우에는 70,000원까지 완전히 보상받을 수 있게 된다. 비율보험은 全價保險(Vollwert-versicherung)이라는 점에서 일부보험과는 다르다. 즉, 비율보험에서는 보험가액 전체를 보험에 붙이나 보험자는 그 가액 가운데 일정률의 손해를 담보하고, 나머지는 피보험자 스스로 부담하게 되는 점에서 일부보험과는 다르다.

# 제 3 장 해상보험의 손해보상형태

## 제 1 절 현실전손에 관한 보상

### Ⅰ. 현실전손의 개념

#### 1. 현실전손의 정의

영국해상보험법 제57조 제1항은 "보험의 목적이 파괴되거나 더 이상 부보된 종류의 물건이라고 할 수 없을 정도로 심하게 훼손된 경우, 또는 피보험자가 보험의 목적의 점유를 박탈당하여 회복할 수 없는 경우에는 현실전손이 존재한다"라고 규정하고 있다.

이 정의에 따르면 현실전손은 보험목적의 파괴, 성질의 상실, 그리고 점유회복불능의 3가지 경우에 성립한다. 이밖에도 영국판례에 따르면 비상시 일정한 조건아래서 선장이 매도하는 경우에 성립한다.

#### 2. 현실전손의 유형

(1) 파 괴

가장 명확한 현실전손의 유형은 '보험의 목적이 파괴된 경우'이다. 오늘날 기술의 발전으로 인하여 과거에는 파괴된 것으로 고찰되었던 많은 경우가 재현되거나 수리될 수 있게 되었다. 보험과 관련하여서는 보험목적이 보험사고로 인하여 파괴되어 복구되지 아니하는 경우에는 피보험자는 보상받을 수 있다는 것이다.[1)]

전손보상청구의 경우에, 보험의 목적의 상태가 현실전손으로 보상받을 수 있도록 전부 파괴된 것으로 고찰되기 위하여서는 얼마나 심하게 훼손되어야 하는가가 문제로 된다.

선박이 돌풍을 만나 침몰한 경우 보험자가 자신의 비용을 들여 선박을 인양하더라도 보험자는 전손보상책임을 지는 것이지 분손보상책임으로 변경되는 것은 아니다.[2)] 그러나 좌초한 예인선을 보험자가 인양하여 보험가액 미만의 비용

1) F.D. Rose, Marine Insurance: Law and Practice, London: LLP, 2004, § 23.22, p. 443.

을 들여 수리된 경우 현실전손이 성립하지 않는다.[3)]

또한 선박이 뉴질랜드에 도착하여 해안에 부딪쳐 심하게 훼손되었지만 뉴질랜드에 선박수리시설이 없어 캘커타로 항해하여 그곳에 정박 중 사고사실을 알지 못한 채 다른 보험계약이 체결되고 그 정박중인 항구에서 폭풍을 만나 전부 멸실된 경우 전손보상이 명하여진 Baker v. Janson사건[4)]에서 보험계약이 개시될 때 선박이 아니었다는 주장에 대하여 윌스(Willes)판사는 "선박이 심하게 훼손되어 수리없이 항해할 수 없고 필요한 수리가 행하여질 수 있는 항구로 이동할 수 없다면 선박의 목적으로 사용될 수 없기 때문에 현실전손이 존재한다. 그러나 비록 그 가액을 초과하는 비용이 들더라도 항구로 이동하여 수리될 수 있으면 더 이상 선박이 아니라고 할 수 없고, 위부의 통지가 없는 한 추정전손조

2) Sailing Ship Blairmore Co., Ltd. v. Macredie [1898] AC 593, HL: 이 사건에서 선박 블레어모어(Blairmore)호가 샌프란시스코(San Francisco)만에서 용선을 대기하던 중 돌풍을 만나 침몰하였다. 선주는 보험자에게 위부의 통지를 하고 선박의 수리후의 가격이 선박을 구조하는 비용보다 적다는 근거로 추정전손으로 인한 보상을 청구하였다. 보험자는 자신의 비용을 들여 선박을 구조하였는데 그 비용은 추정전손을 결정하는데 있어서 산입될 필요가 없다고 주장하였다. 법원에서의 쟁점은 보험자가 전손을 분손으로 변경할 수 있는가 여부이었는데, 상원은 보험자가 전손보상책임을 분손보상책임으로 변경할 수 없다고 판시하였다. 핼스베리(Earl of Halsbury)판사는 "비록 현대적인 기술로 인양할 수 있다고 하더라도 선박이 바다 밑으로 침몰하였을 때 선박은 전손이 된 것이다"라고 판시하였다.

3) Captain JA Cates Tug and Wharfage Co., Ltd. v. Franklin Insurance Co. [1927] AC 698, PC: 이 사건에서는 블레어모어(Blairmore)호 사건에서 핼스베리(Halsbury)판사에 의하여 제기된 "선박이 바다 밑으로 침몰하였을 때 선박은 전손이 된 것이다"라는 쟁점이 명확히 되었다. 이 사건에서 피고 보험자가 인수한 예인선 래디어스(Radius)호가 밴쿠버(Vancouver)에서 충돌후에 침몰하였는데, 선주가 위부의 통지를 하였지만 보험자는 승낙하지 아니하였다. 보험자는 구조업자를 고용하여 통상적인 비용으로 구조하였다. 수리를 위한 견적비용은 예인선의 보험가액 미만이었다. 다른 쟁점은 구조업자가 보험자로부터 예인선을 구입하겠다는 청약을 하였고, 이것은 보험자의 위부승낙에 해당하는가 여부이었다. 추밀원은 현실전손 또는 추정전손이 성립하지 아니한다고 하고 보험자가 위부의 승낙을 거부하였다는 주장을 인용하였다. 섬너(Sumner)판사는 "침몰한 선박을 인양할 물리적 가능성은 선박이 위치, 선박의 규모, 훼손, 구조작업을 위한 시설뿐만 아니라, Macredie사건이 발생한 1896년 이래로 상당한 진보가 이루어진 구조기술에도 의거한다. 핼스베리(Halsbury)판사의 언급은 선박이 수중에 있는 경우 또는 구조업자에게 어려움을 제공할 정도로 침몰한 경우라고 하여 언제나 현실전손이라는 의미로 해석될 수 없다"라고 판시하였다.

4) [1868] LR 3 CP 303: 이 사건에서 선박 써 윌리엄 에이어(Sir William Eyre)호의 소유자인 원고는 영국에서 뉴질랜드까지의 항해에 대하여 보험에 들었지만, 뉴질랜드에 도착 후 선박은 해안이 부딪쳐 심하게 훼손되었다. 뉴질랜드에는 선박을 수리할 설비가 없었기 때문에, 선박은 캘커타(Calcutta)로 항해하여 검사후에 보험자는 분손으로 화해하였다. 그러나 사고사실을 알기 이전에 원고는 동선박에 대하여 다른 보험계약을 체결하고 기간보험인 두 번째의 보험기간중에 선박은 캘커타에 정박 중 사이크론으로 인하여 완전히 파괴되었다. 원고는 두 번째의 보험계약상 보상을 청구하였지만, 보험자는 새로운 보험증권이 발행되던 때에 '써 윌리엄 에이어'호는 더 이상 선박이 아니었다는 이유로 이를 거부하였다. 법원은 두 번째 보험자의 보상을 명하였다.

차 아니다"라고 판시하였다.

(2) 성질의 상실

보험의 목적이 더 이상 부보된 종류의 물건이라고 할 수 없을 정도로 심하게 훼손된 경우에는 현실전손이다. 선박이 선박으로서의 성질을 더 이상 보유하지 않고, 난파선이 된 경우가 그 예이다.

(가) 성질의 상실은 사실문제 : 선박이 그 성질을 더 이상 보유하지 않으면 난파선이 된다. 이는 사실판단의 문제이다.

좌사하여 심하게 훼손된 선박을 매수하여 수리한 선주가 선장 등의 반대에도 불구하고 항해하다가 멸실된 Cambridge v. Anderton사건[5]에서 선박이었는지의 기준은 "선박이 타격을 받은 후에 극도로 무용지물이었고, 선박에 상응하는 비용을 들이지 않고는 사용될 수 없었는가"이었다. 애벗(Abbott)판사는 현재에도 타당한 분손과 전손의 구별기준에 대하여 "보험목적이 여전히 선박이면 전손이 아니지만, 그것이 판자조각으로 되었다면 난파선에 불과하고, 이에 적용하는 명칭은 사물의 성질을 변경시키지 않는다"라고 판시하였다.

(나) 원래의 성질의 상실 : 보험목적이 성질을 상실하였는가 여부는 보험목적의 원래의 성질에 의거하여 판단된다. 전손만의 담보조건으로 항해보험에 가입되었고, 해체를 위하여 매각된 반잠수선이 태풍으로 인하여 좌사하여 좌초한 경우 이 선박이 해체를 위하여 매수된 것이라는 성질을 감안하여 현실전손이 아니라고 한 Fraser Shipping Ltd. v. Colton and Others사건[6]이 그 예이다.

(다) 적하의 상업적 성질의 상실 : 보험사고로 인하여 계약에 적시된 적하로서 상업성이 없는 경우에는 현실전손이 성립한다.

대추야자의 적하를 적재하고 운송중인 선박이 다른 선박과 충돌하여 침수되어 더 이상 식용으로 부적합하게 되어 증류될 수밖에 없었으므로 운임을 지급받지 못하여 용선료의 손해를 입은 피보험자인 용선자의 손해보상청구에 대하

5) [1824] 2 B&C 691.

6) [1997] 1 Lloyd's Rep. 586: 이 사건에서 원고는 중국회사에 해체를 위해 매각한 반잠수선(semi-submersible heavy lift vessel)인 쉐커 Ⅲ(Shakir Ⅲ)호에 대하여 제빌 알리(Jebil Ali)에서 샹하이(Shanghai) 또는 황푸(Huang Pu)까지의 예인중의 항해에 대하여 협회선박항해보험약관(전손만의 담보조건)을 내용으로 하는 기평가보험계약을 체결하였다. 사고시에 선박은 황푸로 예인되었고, 그곳에서 태풍으로 인하여 동선박은 좌사하여 좌초되었다. 선박의 소유자인 원고는 선박이 난파선이 되었고 영국해상보험법 제57조 제1항의 '더 이상 부보된 종류의 물건이라고 할 수 없다'는 근거로 보상을 청구하였다. 보험자는 '쉐커 Ⅲ'호는 실제로 현실전손이 아니었다고 주장하여 이를 거부하였다. 법원은 현실전손이 아니라고 하여 원고패소판결을 내렸다.

여 법원은 대추야자의 전손이 성립한다고 판시된 Asfar and Co. v. Blundell and Another사건[7]은 물건이 상업적인 성격을 상실한 후에도 계속하여 존재할 수 있다는 개념에 대한 선도적 판례이다. 에셔(Esher MR)판사는 "해상고유의 위험으로 인하여 그 성질상 비상업적인 물건이 되어 누구도 매수하지 아니하고 정직한 매도인이라면 이를 매도할 수 없을 경우에는 전손이 성립한다"라고 판시하였다.

유사하게 분손면책인 적하보험에 가입된 가죽의 적하를 선적한 선박이 악천후를 만나 해수가 유입되어 가죽이 부패하여 가액의 1/4로 매도된 경우 전손이지만,[8] 분손부담보조건의 적하보험에 가입된 쌀의 적하를 선적한 선박이 다른 선박과 충돌하여 적하가 침수되어 건조되어 정상적인 가격의 1/3로 매도된 경우 위의 Asfar사건과 달리 분손으로 면책이다.[9]

---

7) [1896] 1 QB 123, CA(이 사건의 구체적인 사실관계는 이 책 제2부 제2장 제2절 해상보험의 목적 Ⅱ. 해상보험의 목적 4. 운임 (4) 제3자가 지급하는 운임 (가) 통상운임 참조). 에셔(Esher MR)판사는 "이 사건과 같은 경우에 적용되는 것으로 오랜 동안 확립된 기준은 거래상의 문제로서 물건의 성질에 변경되었는가 여부이다. 물건 자체가 훼손되어 물건이 변경될 필요는 반드시 없다. 즉, 쌀이나 밀이 훼손되었어도 거래상 밀이나 쌀로 취급될 수 있도록 잔존할 수 있다. 그러나 물건의 성질이 변경되고 기업가에게 다른 무엇으로 되어 본래의 물건으로 그들에 의하여 취급되지 아니하는 경우에는 부보된 물건이 전손이 되었는가를 결정하여야 한다. 해상고유의 위험으로 인하여 그 성질상 비상업적인 물건이 되어 누구도 매수하지 아니하고 정직한 매도인이라면 이를 매도할 수 없을 경우에는, 전손이 성립한다."

8) Roux v. Salvador [1836] 3 Bing NC 266: 이 사건에서 원고는 1,000개의 소금에 절인 가죽을 로자레인(Roxalane)호에 발파라이소(Valparaiso)에서 보르도(Bordeaux)까지 운송하기 위하여 선적하였다. 가죽은 항해보험계약에 가입하였는데, 이 보험계약은 통상의 위험을 담보하고 선박이 좌초되지 아니하는 한 분손은 면책으로 하였다. 발파라이소로부터 케이프 혼(Cape Horn)을 경유한 항해중 '로자레인'호는 악천후를 만나 수리를 위하여 리오데자네이로(Rio de Janeiro)에 입항하였다. 모든 적하가 양륙되었고, 가죽은 해수로 인하여 심하게 훼손되었기 때문에 보르도로 향할 수 없었는데, 그러하면 부패가 진행되어 가죽으로서의 성질을 상실할 것이기 때문이었다. 따라서 리오데자네이로에서 진정한 가액의 1/4로 매각되었다. 원고는 훼손과 리오데자네이로에서의 매각으로 인한 전손보상을 청구하였다. 법원은 적하는 부패가능한 것이었고, 피보험자가 통제할 수 없었다는 2가지를 들어서 전손보상을 보험자에게 명하였다. 어빙어(Abinger)판사는 "적하의 손해가 성질상 적하를 회복할 수 있는 수단을 가지지 못한 자에 대하여서는 그 불가능이 적하의 파괴 또는 극복할 수 없는 장애로 인한 것이든 전손이다"라고 판시하였다.

9) Francis v. Boulton [1895] 1 Com Cas 217: 이 사건에서 원고의 부선(lighter)은 여러 상자의 쌀을 선적하고 이 적하에 대하여서는 "선박이나 부선(craft)이 화재 또는 충돌 등으로 인하여 좌초하여 침몰하지 아니하는 한 분손은 부담보한다"는 보험계약을 체결하였다. 테임즈(Thames)강 상류로 항해하던 중 부선은 증기선 얼레스워터(Ulleswater)호와 충돌하여 침몰하였다. 부선은 구조협회의 권고에 기하여 재부양되었고, 원고는 적하를 건조하여 매도하였지만 상당한 손해를 입었다. '얼레스워터'호에 대한 소송에는 패소하였고, 원고와 보험자는 전손인 성립하였는가 여부에 관한 다툼을 해결하기 위하여 소송을 제기하였다. 법원은 쌀이 검사되어 건조되었기 때문에 여전히 상업성이 있었으므로 분손이라고 판시하였다. 머튜(Mathew)판사는 "이 사건에서 쌀의 전손이 아니라 분손만이 성립한다. Asfar v. Blundell사건과 다른 것은 이 사건은 쌀이 검사되어 건조되었

(라) 표지의 소거 : 적하소유자는 상업적인 상태로 수령하였지만 표지가 소거되었기 때문에 식별하지 못하여 손해를 입을 수 있다. 영국해상보험법 제56조 제5항은 "적하가 본래의 종류의 물건으로 목적지에 도착하였으나 기호가 지워졌다든지 기타의 이유로 동일성을 식별할 수 없는 경우에는 그 손해는, 만일 있다면 분손이지 전손은 아니다"라고 규정하여 이 경우에는 분손만이 성립함을 명확히 한다.

적하보험에 가입된 43꾸러미의 목화의 적하를 선적한 선박이 암초에 부딪쳐 적하가 양륙되었는데, 2꾸러미를 제외한 41꾸러미의 적하의 식별표지가 소거되어 전손보상의 청구에 대하여 분손이 성립하였다고 판시된 Spence and Another v. Union Marine Insurance Co., Ltd.사건[10)]이 그 예이다.

(3) 점유회복불능

영국해상보험법 제55조 제1항은 피보험자가 보험의 목적의 점유를 박탈당하여 회복할 수 없는 경우에 현실전손이 성립한다고 규정하고 있다. 피보험자가 제3자 또는 선원의 악행에 의한 나포 또는 횡령으로 인하여 자신의 과실없이 보험목적의 점유를 박탈당한 경우 비록 보험목적은 그 종류로 존속하고 있더라도 피보험자에게 보상을 허용한다.

(가) 보험자가 선박의 점유를 박탈당하여 회복할 수 없는 경우 : 피보험자가 선박의 점유를 박탈당하여 회복할 수 없는 경우에는 현실전손이 성립하고 (영국해상보험법 제60조 제2항 1호), 추정전손이 성립하는 보험목적이 점유를 박탈당하여 이를 회복할 가능성이 없는 경우와 구별되어야 한다.

선박의 회복할 수 없는 점유박탈의 성립의 쟁점은 선박보험에 가입된 선박을 예인하던 예인선이 악천후로 인하여 예인을 중단하여 구조작업에 비용이 들고 독일정부가 구조를 금할 것이어서 선박의 점유를 박탈당하였으므로 현실전손이라는 주장에 대하여 선박은 물리적으로 훼손되지 않았고 독일정부의 명령은 최

---

고 정상적인 가격을 1/3로 매도되었다는 점이다."

10) [1868] LR 3 CP 427: 이 사건에서 43꾸러미의 목화를 모빌(Mobile)에서 리버풀(Liverpool)을 향하는 선박 캐롤라인 내스미스(Caroline Nasmyth)호에 선적한 적하소유자인 보험에 가입하였다. 원고의 목화는 하나의 선하증권에 표창되어 선적된 532꾸러미 중의 일부이었다. 플로리다 키스(Florida Keys) 부근에서 '캐롤라인 내스미스'호는 암초에 부딪쳐 난파선이 되었지만, 적하의 대부분은 키 웨스트(Key West)에서 양륙되었는데 이는 훼손을 입었는데 식별표지의 상당수가 소거되었다. 후일 대다수의 적하는 리버풀로 계속 운송되었지만, 원고가 소유한 43꾸러미의 목화 중 2꾸러미만이 식별할 수 있었다. 원고는 41꾸러미에 대하여 위부의 통지를 하고 전손보상을 청구하였지만 보험자는 분손이라고 주장하였다. 법원은 전손이 아닌 분손이 성립하였다고 판시하였다.

종적이지 않았다는 이유로 기각된 George Cohen, Sons and Co. v. Standard Marine Insurance Co., Ltd.사건,[11] 선박보험에 가입한 어선의 선장이 어장으로 항해하지 않고 도주하기 위하여 항구에 입항하고, 그 곳에서 강류된 경우 선장의 악행은 회복할 수 없는 점유상실에 해당하지 않는다고 판시한 Marstrand Fishing Co., Ltd. v. Beer, 'Girl Pat'사건[12]에서 제기되었다.

(나) 피보험자가 적하의 점유를 박탈당하여 회복할 수 없는 경우 : 적하보험에 가입된 적하를 선적한 선박이 미국독립전쟁당시 남부동맹군에 의하여 적하와 함께 포획되어 18개월 후에 훼손된 적하가 매도된 경우 적하의 현실전손이 성립한다.[13]

---

11) [1925] 21 LlL Rep. 30: 이 사건에서 프린스 도이취(Prince Deuch)호를 예인하던 예인선이 악천후중 피난항을 찾던 중에 '프린스 도이취'호를 풀어놓아 독일연안에서 좌초하였다. 법원은 해상고유의 위험으로 인한 추정전손임을 판결하였지만, 구조작업에 드는 높은 비용과 독일정부가 그 행위를 허용하지 아니할 것이기 때문에 소유자는 전함의 점유를 박탈당하였다는 주장이 제기되었다. 선박의 점유를 박탈당하여 회복할 수 없는 경우의 쟁점에 대하여 법원은 전함은 여전히 물리적으로 손상이 없었고 독일정부의 명령은 최종적이 아니었다는 이유로 이를 인정하지 아니하였다. 걸 팻(Girl Pat)호 사건에서 선원의 악행에 의한 선박의 점유박탈은 그 자체로는 현실전손의 성립을 인정할 수 있는 회복할 수 없는 점유상실의 충분한 증거에 해당하지 않는다고 판시되었다. 포터(Potter) 판사는 이전의 판결이 현실전손과 추정전손의 차이를 나타내는데 실패하였다고 하고 포획 또는 나포는 통상 추정전손이지 현실전손은 아니라고 보았다.

12) [1937] 1 All ER 158: 이 사건에서 어선 걸 팻(Girl Pat)호의 선장은 북해에서 어장으로 항해하지 않고 도주하기로 결심하고 식량을 적재하기 위하여 도버(Dover)항에 입항하였다. 6주동안 아무 소식에 없었기 때문에, 소유자는 위부의 통지를 하고 보험자는 위부로서가 아니라 영장에 해당하는 것으로 보아 이를 승인하였다. 선박은 스페인과 서부 아프리카(West Africa)를 경유하여 브리티시 기아나(British Guiana)에 있는 죠지타운(Georgetown)으로 항해하기 전에 샤넬 아일랜드(Channel Islands)에 입항하고 그곳에서 강류된 것을 알게 되었다. 소유자는 악행에 의한 현실전손 또는 추정전손으로 보상을 청구하였지만, 보험자는 이의를 제기하였다. 법원은 선장의 행위는 악행이지만, 악행은 현실전손이 성립하기 위한 회복할 수 없는 점유상실의 충분한 증거가 되지 못한다고 판시하였다. 또한 법원은 '걸 팻'호가 회복할 수 있는가 여부에 대하여 확신할 수 없었기 때문에 추정전손이 성립하지 아니한다고 보았다: 이 책 제4부 제3장 제2절 추정전손에 관한 보상 Ⅱ. 추정전손의 유형 3. 선박 또는 적하의 점유박탈 (1) 회복할 수 있을 것 같지 않음의 의미 (나) 가능성이 없음의 의미 참조.

13) Stringer and Others v. English and Scottish Marine Insurance Co., Ltd. [1869] LR 4 QB 676: 이 사건에서 포획된 선박에 선적된 적하가 포획물로 매도되었는데 이는 현실전손으로 판시되었다. 이 사건에서 비록 포획으로 이한 보상청구는 최초에는 분손으로 주장되었으나, 적하의 매도는 현실전손으로 주장을 변경할 정도로 상황을 변화시켰다. 법원은 손해의 상황이 변화되지 아니하는 한 분손주장에서 전손주장으로 변경하는 것은 허용되지 아니한다고 판시하였다. 이 사건에서 미국 독립전쟁당시 원고는 리버풀(Liverpool)에서 멕시코로 항해하는 범선 대싱 웨이브(Dashing Wave)호에 적하를 선적하고 보험자와 보험계약을 체결하였다. '대싱 웨이브'호가 미국국경 근처의 목적지에 도착한 때 동선박은 당시 남부동맹군의 항구를 봉쇄하던 영국해군(Union Navy)에 의하여 포획되었다. '대싱 웨이브호는 포획물로 뉴올리언스(New Orleans)로 이송되었고 원고는 위부의 통지를 하고 분손보상을 청구하였다. 포획 된 지 18개월 후에, 선박과 적하의 파괴상태로 인하여, 선박은 매도되어 원고는 분손주장을 전손주장으로 변경하였다. 법원은

(다) 피보험자가 항해 또는 항해사업을 박탈당하여 회복할 수 없는 경우 :

부보적하에 대한 항해 또는 항해사업의 이행불능이 존재하는 것이 입증되는 경우 적하의 피보험자가 이 항목의 현실전손으로 보상받을 수 있다는 것은, 군주의 억지를 담보하는 적하보험에 가입된 아마와 밀의 적하를 영국에서 함부르크로 운송하던 선박이 함부르크에 도착하기 전 영국과 독일사이에 전쟁이 일어나 영국으로 회항하라는 지시가 내려져 피보험자가 적하를 임치하고 보상을 청구한 경우 법원은 전쟁의 개시로 항해가 이행불능이 되어 항해사업이 박탈당하여 현실전손이 성립한다고 판시한 British and Foreign Marine Insurance Co., Ltd. v. Samuel Sanday and Co.사건[14]이 있다. 이 사건에서 얼(Earl of Loreburn) 판사는 "영국해상보험법 제57조 제1항은 '피보험자가 보험목적을 박탈당한 경우' 현실전손이 성립한다고 규정하고 있다. 1906년 영국해상보험법상 보험의 목적은 적하만이 아니라 항해사업도 포함하기 때문에 독일로의 안전한 항해의 전망이 전쟁의 개시에 의하여 이행불능으로 된 경우에는 피보험자는 이를 박탈당한 것이다. 따라서 현실전손이 성립한다"라고 판시하였다. 이 사건판결을 계기로 1982년 협회적하전쟁보험약관 제3조 제7항과 1982년 협회적하파업보험약관 제3조 제8항은 '항해 또는 항해사업의 이행불능으로 인한 손해를 면책으로 한다'라고 규정하고 있다.

(4) 정당한 매도

(가) 판례의 입장 : 보험목적이 심하게 훼손되었지만 여전히 동일성이 유지되는 경우에는, 현실전손이기보다는 추정전손일 가능성이 높다. 그러나 영국의 과거판례는 일정한 조건아래 선장이 정당한 매매를 실행하는 경우에는 피보험자는 현실전손으로 인한 보상을 받을 수 있다고 본다.[15]

(나) 정당한 매도의 요건 : 판례법상 비상시에 정당한 매도가 허용되기 위한 일반적인 조건은 다음과 같다.

첫째, 보험목적은 추정전손이어야 한다. 특히 보험목적이 심하게 훼손되어 목

---

적하의 매도로 인하여 손해의 상황이 분손에서 전손으로 변화되었으므로 원고는 보상을 받을 수 있다고 판시하였다.

14) [1915] 1 AC 65, HL: 이 사건에서 영국곡물회사가 아마와 밀을 함부르크를 향하는 영국기선 세인트 앤드류스(St Andrews)호와 오시아(Orthia)호에 선적하고, 군주의 억지를 담보하는 보험에 들었다. 선박이 함부르크에 도착하기 전에 영국과 독일 사이에 전쟁이 일어나 두 선박이 영국항구로 항해할 지시가 내려져 피보험자는 적하를 창고에 임치하고 보험자에 대하여 위부의 통지를 하여 보상을 청구하였다. 상원은 적하소유자는 항해사업의 현실전손으로 인하여 야기된 적하의 추정전손을 입었다고 판시하였다.

15) F.D. Rose, op. cit., § 23.18, p. 442.

적지로 이송할 수 없거나 수리비용이 수리 후의 가격을 초과하여야 한다.

둘째, 매도를 실행하는 자는 정당한 권한이 있는 자이어야 하고, 실무상은 선장일 것이지만, 경우에 따라서는 피보험자 자신이 보험자의 이익을 위하여 이러한 조치를 취할 수 있다.

셋째, 행위하는 자가 선주 또는 피보험자로부터 지시를 받을 수 없어야 한다.

넷째, 매도와 그 조건은 피보험자와 보험자대위권을 행사하는 보험자와 같은 관련당사자의 이익을 위하여 선의이고 합리적이어야 한다.

(다) 정당한 매도의 효과 : 이 조건이 충족되는 경우에 보험사고로 인하여 손해가 발생하는 때 판례에 따르면 추정전손이 현실전손으로 변경되어 피보험자는 위부의 통지없이 전손보상을 받을 수 있다. 그러나 실무상 통신이 발달한 현대에는 이들 조건이 충족될 가능성은 적다. 그러나 극히 드물지만 가격이 급락하여 추정전손으로 인한 잔존물의 이익을 극대화하기 위하여 상대적으로 높은 가격으로 정당하게 매도하는 것은 적절하고 권장된다.[16]

## Ⅱ. 행방불명인 선박

### 1. 선박의 행방불명

선박이 항해 중이라는 것은 알려져 있고 추가 소식이 없는 경우에, 상당한 기간이 경과한 후에는 선박은 해상고유의 위험으로 인하여 멸실한 것으로 추정되어 소유자는 영국해상보험법 제58조에 의거하여 현실전손으로 인한 보상을 청구할 수 있다. 동법 제88조에 의하면 상당한 기간은 사실판단의 문제이다. 우리 상법 제711조는 선박의 존부가 2월간 분명하지 아니한 때에는 그 선박의 행방이 불명한 것으로 하고, 이 경우에는 전손으로 추정한다라고 하여 그 기간을 2월로 확정하고 있다.[17]

해상고유의 위험으로 인한 멸실의 추정은 런던을 향하여 노스 캐롤라이나(North Carolina)를 출항하는 것이 관찰되었다는 증거 외에는 아무 소식이 없는 경우에는 "선박 위의 모든 사람이 익사한 것으로 추정되기 때문에, 그 손해에 대한 증거를 기대하는 것은 상당하지 않다"라고 판시된 Green v. Brown사건[18]

16) F.D. Rose, op. cit., § 23.20, p. 442.
17) 추정의 문제에 관하여는 이 책 제4부 제1장 제3절 추정 Ⅱ. 행방불명인 선박 참조.
18) [1743] 2 Str 1199.

에서 제기되었다. 선박이 하바나(Havannah)항을 출항한 후 9개월 동안 소식이 없는 경우 선박은 멸실된 것으로 추정된다고 한 Houstman v. Thornton사건[19]에서 깁스(Gibbs)판사는 "만일 선박이 후일 발견되는 경우에는 보험자에게 귀속한다"라고 판시하였다.

### 2. 행방불명인 적하

멸실 또는 행방불명된 적하에 대하여서는 적하를 운송하는 선박이 멸실된 것으로 추정되는 경우에만 추정이 성립한다. 따라서 적하는 멸실하였지만 적하를 운송하는 선박이 현존하는 경우에는 적하를 투기하고 현실전손으로 보상을 청구하는 경우가 많을 것이므로 법원은 행방불명된 적하는 부보위험으로 인하여 파괴되었는가 여부를 명백한 증거에 기하여 확인하려고 할 것이다. 이와 같이 법원은 행방불명인 적하에 대하여 의심을 가지고 판단한다.[20] 전위험담보조건의 적하보험에 가입된 소형판자의 적하를 선적한 선박이 기울고 있다는 전문만을 수 차례 보내고 목적항인 부산항에 도착하지 않고 행방불명된 경우 부보위험인 해상위험으로 인한 손해로 추정된다.[21]

## Ⅲ. 운임의 현실전손

### 1. 개 관

운임은 선급 또는 후급으로 지급될 수 있고, 우리법과 달리 영국법상으로는 후급인 경우에는 적하의 부족 또는 훼손이 있더라도 도착시에 전액이 지급된

---

19) [1816] Holt NP 242: 이 사건은 하바나(Havannah)'에서 그리고 부터'(at and from) 홀란드(Holland) 또는 프랑드르(Flandres)까지 선박과 적하에 대한 보험금청구소송이다. 증거에 따르면 부보선박은 1815년 8월 중순 하바나를 출항하였지만 그 후에 소식이 전혀 없었다. 법원에서의 쟁점은 항해 이후 어느 정도의 시간이 경과하면 선박이 멸실된 것으로 추정될 수 있는가 여부이었다. 법원은 선박이 후일 발견되는 경우 보험자의 이익으로 귀속한다는 조건아래 멸실이 추정된다고 판시하였다.

20) Susan Hodges, Cases and materials on marine insurance, London: Cavendish Publishing Limited, 1999, p. 607.

21) 대법원 1991.5.14. 선고, 90다카25314 판결[한창희, 해상적하보험계약에 있어서 영국법 준거조항의 효력, 고지의무, 입증책임, 판례월보 258호(1992년), 47~54면; 김성대, 보험계약에 있어서 영국법준거약관과 불이익변경금지원칙, 보험법연구(1), 삼지원, 1995, 50~56면 참조]: 상세한 내용은 이 책 제4부 제1장 제3절 추정 Ⅰ. 해상보험에서의 추정의 문제 참조.

다.[22] 이와 같은 적하의 부족 또는 훼손에 대한 보험금청구는 운임보험과는 별개이다. 용선운임을 포함하여 운임이 선급인 경우에는 그 운임은 이미 운임을 지급한 자에 의하여 보험에 가입될 수 있다.

## 2. 선박 · 적하의 현실전손 또는 추정전손으로 인한 운임의 현실전손

석탄의 적하를 카디프(Cardiff)에서 브리티시 컬럼비아(British Columbia)까지 운송하기 위하여 선박이 용선되었고, 선주가 이 용선운임에 대하여 보험에 들었는데, 항해 중 선박에 적재된 석탄이 가열되어 부에노스아이레스(Buenos Aires)에 입항하여 매도된 경우 운임의 전손이 성립한다.[23]

선박 자체가 보험사고로 인하여 전부 멸실된 경우에 운임은 현실전손으로 보상받을 수 있다. 예를 들어 캘커타에서 런던 또는 리버풀까지 적하를 운송하기 위하여 용선된 선박의 선주가 이 운임에 대하여 보험에 들었는데, 캘커타에 도착한 선박을 검사한 결과 이전에 좌초로 발생한 선박의 훼손으로 인하여 추정전손임이 확인된 경우 운임의 현실전손이 성립한다.[24]

적하가 비상업적인 상태로 인도되는 경우에는 운임이 지급될 필요가 없다. 따라서 적하의 추정전손은 운임의 현실전손을 초래할 수 있다. 대추야자의 적하를 적재하고 운송중인 선박이 다른 선박과 충돌하여 침수되어 더 이상 식용으

---

22) 영국법과 우리법의 차이에 대하여는 이 책 제2부 제3장 제2절 해상보험의 목적 Ⅱ. 해상보험의 목적 4. 운임 (2) 해상물건운송인의 운임청구권 참조.

23) Iredal and Another v. China Traders Insurance Co. [1900] 2 QB 519, CA: 이 사건에서 적하가 과열되어 양륙되고 매도된 경우에 적하의 현실전손이 성립하므로 운임에 보상이 허용된다고 판시하였다. 보험자는 전손이 아닌 공동해손으로 인한 손해라고 주장하였다. 이 사건에서 선박 로도러(Lodore)호는 카디프(Cardiff)에서 브리티시 컬럼비아(British Columbia)까지 석탄의 적하를 운송하기 위하여 용선되었고, 용선운임에 대하여 선주가 보험에 들었다. 항해과정중에 적하가 과열하기 시작하여 '로도러'호는 부에노스아이레스에 입항하여, 그곳에서 적하는 안전하지 못한 것으로 결정되어 매도되었다. 항해는 포기되고 선주는 용선운임의 현실전손보상을 청구하였지만, 보험자는 적하의 매도는 적하소유자가 행한 공동해손희생에 해당하기 때문에 선주는 공동해손의 분담책임을 진다고 주장하여 지급을 거부하였다. 항소법원은 매도로 인한 손해는 공동해손희생이 아니고 전손이므로 운임은 또한 전손으로 보험계약상 보상받을 수 있다고 판시하였다.

24) Rankin v. Potter [1873] LR 6 HL 83: 이 사건에서 원고는 캘커타에서 리버풀 또는 런던까지 적하를 싣고 항해하기 위하여 용선된 선박 써 윌리엄 에이어(Sir William Eyre)호의 저당권자이었다. 선주는 피고 보험자와 용선운임에 대하여 보험에 들었는데, 캘커타에 도착한 선박을 검사한 결과 이전에 발생한 좌초로 인하여 수리비용이 수리 후 선박가액을 초과함이 발견되어 원고는 운임의 전손이 부보위험으로 인하여 발생하였음을 주장하였는데, 보험자는 용선자의 계약해제는 선주의 파산으로 인한 것이라는 이유로 보상을 거부하였다. 법원은 운임의 전손은 해상위험으로 인한 것이라고 하여 보험자의 보상책임을 인정하였다. 법원은 선박의 추정전손이 성립하는 경우에는 운임의 전손에 대하여 위부의 통지가 필요없다고 판시하였다.

로 부적합하게 되어 증류될 수밖에 없었으므로 운임을 지급받지 못한 경우 용선자의 운임의 전손보상청구가 허용된다.[25)]

### 3. 항해 · 항해사업의 이행불능으로 인한 운임의 현실전손

운임이 도착시 지급하는 조건인 때에는, 연착 또는 항해불능으로 인한 항해의 이행불능의 경우 운임의 현실전손이 성립한다. 적하의 운송을 위하여 선박을 용선하여 준 선주가 도착지에서 취득할 운임에 대하여 운임보험에 들었는데, 선박이 항해 도중 암초에 얹혀 4개월 동안 항해하지 못하고 대체선박으로 운송하게 되어 선주가 적하의 연착으로 인하여 지급받지 못한 운임에 대한 현실전손보상이 명하여진 경우가 그 예이다.[26)]

오늘날은 보험자는 운임보험계약상 시간상실조항을 삽입함으로써 Jakson사건의 결과를 피하고 있다. 1983년 협회기간운임보험약관 제14조, 협회항해운임보험약관 제12조는 '이 보험은 해상고유의 위험 기타로 인하여 발생하는 시간의 상실로 인한 청구를 보상하지 아니한다'라고 규정하고 있다.

## Ⅳ. 분손보상

영국해상보험법 제56조 제4항은 "피보험자가 전손보상청구소송을 제기하였으나, 증거상 분손만이 입증된 경우에는 보험계약상 달리 규정되어 있지 아니하는 한 피보험자는 분손보상을 받을 수 있다"라고 규정하고 있다.

따라서 전손보상을 청구하는데 실패한 피보험자는 예컨대 분손을 면책하는 것과 같이 보험계약상 달리 규정하는 경우를 제외하고는 분손보상을 받을 수 있다. 프라이(Prai)에서 브루나이(Brunei)까지 예인되는 바지선으로 운송되는 668

25) Asfar v. Blundell [1896] 1 QB 123, CQ; 이 사건의 사실관계는 이 책 제4부 제3장 제1절 현실전손에 관한 보상 Ⅰ. 현실전손의 개념 2. 현실전손의 유형 (2) 성질의 상실 (다) 적하의 상업적 성질의 상실 참조.

26) Jackson v. Union Marine Insurance Co., Ltd. [1873] 2 Asp M C 435; 이 사건에서 이 점이 예시되었다. 이 사건에서 선박 스피릿 오프 더 돈(Spirit of the Dawn)호는 양륙항인 뉴포트(Newport)에 도착하기 이전에 암초에 얹혀 항해할 수 없었다. 선박은 4개월 후 암초를 벗어났지만, 용선자는 대체선박으로 적하를 운송하였나. 피보험자인 선주는 연착은 용선계약이 상업적인 의미에서는 종료할 정도로 중대하였기 때문에 운임의 현실전손이 성립한다고 주장하였다. 법원은 선주는 운임보험계약상 운임의 현실전손보상을 받을 수 있다고 판시하였다.

개의 대형강관에 대하여 분손면책의 적하보험에 가입되고, 이 중 12개를 제외한 나머지가 멸실된 경우 12개는 소량손해무시의 원칙이 적용되지 않고 면책이다.[27]

# 제 2 절 추정전손에 관한 보상

## Ⅰ. 추정전손의 성질

### 1. 추정전손의 개념

(1) 추정전손의 의미

추정전손은 보험목적이 실제로는 전손은 아니지만 그 회복이 현실적이 아니거나 수리비용이 지나치게 많이 들어 수리후의 선박의 가액을 초과하므로 전손으로 처리하는 것이 바람직한 경우에 피보험자에게 전손보상청구권이 인정되는 손해를 말한다.[28] 보험의 목적이 피보험자에게는 현실적으로 파괴되지는 않았지만 효과에 있어서는 멸실한 것을 의미하는 추정전손의 개념은 해상보험에 특유한 것이다. 영국해상보험법 제60조 제1항은 추전전손을 "보험계약상 명시적 규정이 있는 경우에는 이에 따르기로 하고, 보험목적의 현실전손이 불가피한 것으로 보여지기 때문에 또는 비용이 지출된 후의 보험목적의 가액을 초과하는

27) Boon and Cheah v. Asia Insurance Co., Ltd. [1975] 1 Lloyd's Rep 452, Malaysian High Court: 이 사건에서는 보험계약이 분손을 면책으로 하고 있었기 때문에 원고는 소액손해무시원칙(de minimis 원칙)을 주장하여 전손보상을 청구하였다. 이 사건에서 원고는 프라이(Prai)에서 브루나이(Brunei)까지 예인되는 바지선에 668개의 대형강관을 선적하였다. 이 파이프는 938,702달러로 보험에 들었고 분손이 면책이었다. 항해도중 훼손된 12개를 제외한 강관이 멸실되었다. 분손은 면책이었기 때문에 원고는 현실전손 또는 추정전손을 주장하였다. 말레이시아 고등법원은 소액손해무시원칙은 적용되지 않기 때문에 손해는 현실전손이 아니라고 판시하였다. 라자 아즈란 샤(Raja Azlan Shah)판사는 "360피트, 무게는 36톤, 가격은 14,400달러에 이르는 12개의 파이프는 전체 적하 668재 중 너무 많은 비율에 해당하여 소액손해무시원칙을 적용할 수 없다. 전체 적하 중 하나 또는 2개인 경우에는 이 원칙이 적용될 수 있지만, 12개가 무시할 정도로 사소하다고 판단할 수 없다. 그러므로 12개가 멸실되지 않는 경우에 668개의 적하는 전부 멸실된 것은 아니다"라고 판시하였다.

28) Arnould, Law of marine insurance and average, 16th ed., London: Sweet & Maxwell, 1981, § 1168, p. 954.

비용을 지출하지 아니하면 현실전손을 면할 수 없기 때문에 보험목적을 위부하는 것이 상당한 경우에는 추정전손이 있는 것으로 한다"라고 정의하고 있다.

⑵ 추정전손원칙의 발전

추정전손의 정의에 따른 추정전손의 원리는 처음에는 선박이 포획된 경우에 피보험자가 보험금을 청구하기 위하여 그 선박의 점유가 회복될 때까지 기다려야 하는 어려움을 덜어주기 위하여 생겨난 것인데, 이 원리는 곧 포획 이외의 다른 경우의 손해에까지 점차 확대되었다.[29)]

⑶ 영국해상보험법 제60조 제1항과 제2항의 누적성

영국해상보험법 제60조 제2항은 제60조 제1항에서 설정하는 일반적인 조항을 구체적으로 설명하고 있는 것으로 보이지만, 2개의 조항은 누적적 성질을 가지고 서로 다른 사실관계에 적용된다.[30)]

⑷ 항해 또는 항해사업의 상실

㈎ 영국해상보험법 제60조와 항해 또는 항해사업의 상실로 인한 추정전손 :

선박과 달리 적하는 물리적인 멸실만이 아니라 적대상태의 존재만에 의하여 항해 또는 항해사업이 미리 종료하여 손해를 입을 수 있다는 것이 상인법에 의하여 오랜 동안 확립되었다. 영국해상보험법은 항해 또는 항해사업의 종료로 인하여 멸실 또는 훼손되는 유형의 손해에 대하여 규정하고 있지 않지만, 선도적 판례인 British and Foreign Marine Insurance Co., Ltd. v. Samuel Sanday and

29) 추정전손의 원칙은 원래 포획과 나포의 효과에 직접 기초한 것이라는 것은 Moore v. Evans [1918] AC 185, HL사건에서 설명된다. 앳킨슨(Atkinson)판사는 마샬(Marshall)의 저작을 인용하면서 추정전손의 배경을 다음과 같이 설명하였다. "해상보험은 해상무역과 상업의 필요성에서 성장하였다. 그것은 보수를 받고 선박으로 적하를 운송하는 해상사업의 위험한 성격과 관련된다. 그것을 취급하는 법은 해상법의 영역인 동시에 상인법의 영역이다. 그것은 오랫동안 그 원칙의 해설자이었던 상인의 실무에 근거하고 그 원칙은 모든 국가에서 상호간의 상인의 거래를 규율하기 위하여 확립되었다. 해상보험이 도박보험이 아닌 손해보상으로 고찰되게 되자마자 위부의 통지에 근거한 추정전손의 법리는 약 18세기 중엽에 맨스필드경의 판결에 의하여 형성되었다. 이 원리는 포획의 사례에 그 기원을 두고 있다. Goss v. Withers [1758]사건과 Hamilton v. Mendes [1761]사건은 포획과 석방에 관한 사건이고, 이들은 피보험자는 자신의 선박이 석방되었는가 여부를 명확히 확인할 때까지 기다릴 필요가 없으며, 만일 소송을 제기할 때에 석방에 대하여 알지 못하는 경우에는 포획시에 보험자로부터 선박의 가액을 위부의 통지를 한 후에 보상받을 수 있다는 원칙에 근거하는 것이다"라고 판시하였다; 양승규, 추정전손으로서의 선박의 수리비용, 보험법의 법리, 삼지원, 2000, 350면.

30) Robertson v. Petros M. Nomicos [1939] AC 371, HL사건에서 라이트(Wright)판사의 판시; 상세한 내용은 이 책 제4부 제3장 제2절 추정전손에 관한 보상 Ⅱ. 추정전손의 유형 참조.

Co.사건[31]에서 상원은 만장일치로 이러한 유형의 추정전손은 영국해상보험법의 조항과 충돌하지 아니하고 동법 제91조 제2항에 의거하여 또한 허용되므로 유효하다고 판시한 이래 이제는 항해 또는 항해사업이 이행불능으로 되는 경우 적하의 추정전손이 성립할 수 있다는 것은 확고하게 확립되어 있다.[32]

항해 또는 항해사업의 상실에 근거한 보상청구에 있어서 피보험자는 영국해상보험법 제60조 제2항 (a)호에서 규정하는 법률적 의미에서 적하의 통제 또는 점유를 박탈당하지 아니한 점이 특색이다. 또한 Sanday사건에서 설정된 항해의 상실의 원칙은 선박에 대하여서는 적용되지 아니하고 적하에 대하여서만 적용된다.

(나) 이행불능약관-협회적하보험약관과 협회적하파업보험약관 : Sanday사건의 판시에 따라 "어느 경우에도 이 보험은 항해 또는 항해사업의 상실 또는 이행불능으로 인한 청구를 담보하지 아니한다"라는 1982년 협회적하전쟁보험약관 제3조 제7항과 협회적하파업보험약관 제3조 제8항의 이행불능조항이 도입되었다.

이행불능조항은 협회적하보험(A),(B),(C)약관에는 규정되지 아니하므로, 계획된 항해가 예컨대 선박이 항해를 계속할 수 없어서 항해사업을 계속할 수 있는 다른 방법이 없는 경우와 같은 통상적인 거래상황 아래에서는 Sanday사건에서 설정된 원칙은 여전히 적용된다.[33]

(5) 우리 상법상의 추정전손

우리 상법은 추전전손의 개념을 인정하지 아니한 채 보험위부의 원인으로서 추정전손의 정의에 관한 영국해상보험법 제60조에 상응하는 규정을 두고(상법 제710조), 보험위부의 절차와 효과에 관한 규정(상법 제711조-제818조)을 두고 있다. 대체로 영국해상보험법의 규정과 같은 효력이 인정되고 있지만 추정전손의 개념의 인정과 함께 종합적인 정비가 필요하다고 생각된다.

---

31) [1915] 1 AC 65, HL: 이 사건에서 영국곡물회사가 아마와 밀을 함부르크를 향하는 영국기선 세인트 앤드류스(St Andrews)호와 오시아(Orthia)호에 선적하고, 포획나포부담보조항을 삭제하고 보험에 들었다. 선박이 함부르크에 도착하기 전에 영국과 독일사이에 전쟁이 일어나 두 선박이 영국항구로 항해할 지시가 내려져 피보험자는 적하를 창고에 임치하고 보험자에 대하여 위부의 통지를 하여 보상을 청구하여 상원은 적하소유자는 항해사업의 현실전손으로 인하여 야기된 적하의 추정전손을 입었다고 판시하였다.

32) Susan Hodges, op. cit., p. 627.

33) Susan Hodges, op. cit., p. 629; 이 책 제3부 제2장 제3절 손해보상의 의무 V. 분쟁(전쟁과 파업)위험 5. 협회적하전쟁보험약관과 협회적하파업보험약관 (2) 이행불능조항 (가) 이행불능조항의 내용 참조.

이에 관한 판례로는 선박의 좌초와 선원의 이선으로 인한 원주민의 약탈로 생긴 선박의 훼손의 경우 보험가액을 수리후의 선박가액으로 보고 그 선박의 가액을 초과하는가를 산정하기 위하여 두 사고를 단일한 사고로 인정하여 추정전손의 성립을 긍정한 판례(대법원 1989.9.12.선고, 87다카3070 판결),[34] 사고발생일로부터 약 22년 전에 건조된 기간보험에 가입된 화물선이 중국연안에서 유빙과 조류에 밀려 좌초하여 보상이 청구되어, 감항능력이 없음과 피보험자의 악의는 인정되었지만, 기간보험상 감항능력과 사고의 인과관계를 인정할 수 없다고 하고, 추정전손이 인정되기 위한 수리비의 판단근거와 그 기준시점 그리고 추정전손의 요건충족에 대한 입증책임의 문제를 다른 판례(대법원 2002.6.28. 선고, 2000다21062 판결),[35] 선박의 추정전손의 판단기준으로 수리비의 내용, 보험자와 피보험자 사이의 합의내용인 선박의 타협전손의 법적 성격 등이 다투어진 판례(대법원 2001.2.23. 선고, 98다59309 판결)[36] 등이 있다.

## 2. 추정전손과 다른 개념과의 관계

### (1) 추정전손과 현실전손

현실전손의 개념은 비교적 명백한 반면 추정전손은 현실전손이 불가피하게 보이거나 훨씬 많은 비용을 들여야만 현실전손이 방지될 수 있는 경우와 같이 현실전손과 분손 사이의 중간적 상황을 가리키기 때문에 그 의미가 명확하지 않다. 현실전손은 법률상 그리고 사실상 전손인데 비하여, 추정전손은 법률상은 전손이지만 사실상은 전손이 아니기 때문에 피보험자에게 보험자에 대한 전손보상청구권을 부여하기 위하여서는 적절한 위부의 통지에 의하여 사실상의 전손으로 전환시켜야 한다.

### (2) 추정전손과 보험위부

영국해상보험법 제61조에 따르면 "추정전손이 성립하는 경우 피보험자는 그

34) 양승규, 동일사고에서 생기는 일련의 손해와 추정전손, 보험판례연구, 삼지원, 2000, 284면.

35) 채동헌, 영국해상보험법상 선박기간보험에 있어 감항능력부재로 인한 보험자의 면책 및 추정전손에의 해당여부에 관한 각종 법리, 인권과 정의 314호(2002), 96~113면; 최종현, 영국해상보험법상 선박의 불감항으로 인한 보험자의 면책 및 추정전손 법리, 보험법연구 5, 삼지원, 2003, 61~75면.

36) 이균성, 타협전손과 선박저당권자의 지위, 민사판례연구 24권(2002), 648~665면; 정경영, 선박보험에서 추정전손과 근저당권자의 지위, 성균관법학 15권 1호(2003), 15~32면; 한창희, 선박보험계약상의 추정전손, 저스티스 34권 3호(2001), 243~260면; 상세한 사실관계는 이 책 제4부 제2장 제1절 손해의 의의와 분류 Ⅱ. 손해의 분류 2. 전손 (3) 타협전손 (나) 분손이라는 견해 참조.

손해를 분손으로 취급할 수도 있고, 또는 보험목적을 보험자에게 위부하고 그 손해를 현실전손인 것처럼 취급할 수도 있다." 따라서 피보험자는 수리비용이 보험가액의 100%에 이른다고 하더라도 선박을 유지하고 분손보상을 청구할 수 있지만, 이 과정을 선택하는 경우에는 분손의 보상만을 받을 수 있다."[37]

보험위부는 추정전손이 성립하는 경우 분손보상을 선택하지 않고 피보험자가 손해를 전손으로 처리하고자 하는 경우에, 보험자에게 보험목적을 이전하는 것이다.

(3) 추정전손과 위부의 통지

보험위부의 개념과는 달리 위부의 통지는 피보험자가 추정전손이 성립하는 경우 상황이 변경하는가를 지켜보기 위하여 자기의 의사를 비밀로 하지 않고 손해를 전손으로 처리하겠다는 의사를 보험자에게 통지하는 것이다.[38]

## Ⅱ. 추정전손의 유형

### 1. 추정전손과 표준해상보험약관의 규정

(1) 추정전손의 유형

영국해상보험법 제60조는 2개의 항으로 추정전손의 의미와 추정전손이 발생하는 유형을 정의하고 있다. 두 조항은 별개로서 영국해상보험법 제60조 제2항은 동법 제60조 제1항을 제한하는 것은 아니다. 영국해상보험법 제60조 제1항은 보험목적이 선박이든 적하 또는 운임이든 일반적으로 추정전손의 성립요건을 규정하고 있는 반면에, 동법 제60조 제2항은 보다 구체적이다. 영국해상보험법 제60조 제2항 1호는 선박 또는 적하에 대하여서만 적용되는데 반하여, 동법 제60조 제2항 2호는 선박의 훼손에 관한 것이며, 동법 제60조 제2항 3호는 적하의 훼손만을 규율한다. 이에 따르면 추정전손의 유형에는 ① 보험목적의 상당한 위부, ② 선박 또는 적하의 점유박탈, ③ 선박의 훼손의 경우 초과비용 등이 있다.

(2) 표준해상보험약관의 규정

37) Western Assurance Company of Toronto v. Poole [1903] 1 KB 376사건에서 빙엄(Bingham)판사의 판시.

38) Western Assurance Company of Toronto v. Poole [1903] 1 KB 376사건에서 빙엄(Bingham)판사의 판시.

실무상 표준약관은 추정전손이 성립하고 추정전손보상을 청구할 수 있는 경우를 규정하고 있다.

첫째, 추정전손의 산정기준으로 '협정보험가액을 수리후의 가격'으로 확정하고 있다. 즉, 협회선박보험약관은 '선박이 추정전손인가 여부를 결정하기 위하여 보험가액이 수리 후의 가격으로 본다'라고 하고,[39] 협회운임보험약관은 '선박이 추정전손인가 여부를 결정하기 위하여 선체와 기관의 협정보험가액이 수리후의 가격으로 본다'라고 규정하고 있다.[40] 2003년 국제선박보험약관은 이와 달리 "선박이 추정전손인가 여부를 결정하기 위하여 선박의 협정보험가액의 80%가 수리후의 가격으로 본다"라고 규정하고 있다. 또한 모든 표준선박약관과 협회운임보험약관은 '선박의 훼손가액 또는 난파선의 가액은 고려되지 않는다'고 규정하고 있다.

둘째, 표준선박보험약관[41]은 "선박의 회복 그리고/또는 수리의 비용에 기초한 추정전손의 청구는 그 비용이 선박의 '협정보험가액(2003년 국제선박보험약관상은 이 가액의 80%)'을 초과하지 아니하면 보상하지 않는다. 이 판단을 함에 있어서는, 단일한 사고와 관련된 비용 또는 동일한 사고로부터 발생된 연속적인 훼손에 관한 비용만이 고려된다"고 규정하여 추정전손보상을 결정하기 위하여 수리 또는 회복비용이 협정보험가액을 초과할 것을 요구하고 있다.

(3) 초과비용

영국해상보험법 제60조는 분손보상을 전손보상으로 변경할 경제적인 기준을 규정하는데, 분손을 수리하는 비용이 지출된 후의 보험목적의 가액을 초과하는 경우가 바로 그것이다. 이를 경제적 수리불능이라고도 하지만 이하에서는 초과비용이라고 축약하여 서술한다. 위에서 서술한 바와 같이,[42] 영국해상보험법과 표준약관상 이를 산정하는 기준이 다르다. 영국해상보험법은 손해를 수리하는데 필요한 초과비용으로 인하여 분손이 전손으로 변경되는 한 가지의 일반적인 경우와 세 가지 특수한 경우를 규정하고 있다.

첫째, 일반적인 사례로서 영국해상보험법 제60조 제1항은 "보험약관의 명시

39) 1983년 협회선박기간보험약관 제19조 제1항; 1983년 협회선박항해보험약관 제17조 제1항.

40) 1983년 협회운임기간보험약관 제15조 제2항; 1983년 협회운임항해보험약관 제13조 제2항.

41) 1983년 협회선박기간보험약관 제19조 제2항; 1983년 협회선박항해보험약관 제17조 제2항; 국제선박보험약관 제21조 제2항.

42) 이 책 제4부 제3장 제3절 추정전손에 관한 보상 Ⅱ. 추정전손의 유형 1. 추정전손과 표준해상보험약관의 규정 (2) 표준해상보험약관의 규정 참조.

적인 규정에 따르는 것으로 하고, 비용이 지출되고 난 이후의 보험목적의 가액을 초과하는 정도의 비용을 지출하지 않고는 현실전손을 면할 수 없기 때문에 보험목적이 상당하게 위부되는 경우에는 추정전손이 성립한다"라고 규정하고 있다.

둘째, "피보험자가 부보위험으로 인하여 선박이나 적하의 점유를 박탈당하고 선박이나 적하를 회복하는데 소요되는 비용이 회복되었을 때의 선박이나 적하의 가액을 초과하리라 예상되는 경우"로 영국해상보험법 제60조 제2항 1호 b목에서 규정하고 있다.

셋째, "선박이 부보위험으로 인하여 심하게 훼손되어 훼손을 수리하는 비용이 수리 후의 선박가액을 초과하리라 예상되는 경우"로 영국해상보험법 제60조 제2항 2호에서 규정하고 있다.

넷째, "적하가 심하게 훼손되어 훼손을 수리하는 비용이 수리 후의 적하가액을 초과하리라 예상되는 경우"로 영국해상보험법 제60조 제2항 3호에서 규정하고 있다.

## 2. 보험목적의 상당한 위부

(1) 개 관

영국해상보험법 제60조 제1항은 ① 보험목적의 현실전손이 불가피한 것으로 보이는 경우와, ② 현실전손을 면하기 위한 비용이 보험목적의 가액을 초과하는 경우 두 가지 경우를 규정하고, 상당한 위부를 공통적인 요건으로 하고 있다. 전자가 재산을 폐기하는 물리적인 행위라면, 후자는 경제학과 기업편의에 근거한 결정이라고 할 수 있다.[43)]

적하에 대하여서는 1982년 협회적하보험약관 제13조에서 "추정전손의 청구는 보험목적의 현실전손이 불가피하다고 보여지거나 또는 보험목적을 회복하여 수리한 후 부보한 목적지까지 운송하는데 소요되는 비용이 목적지에 도착하였을 때의 보험목적의 가액을 초과하기 때문에 보험목적이 상당하게 위부되지 아니하는 한 허용되지 아니한다"라고 거의 그대로 반복되어 규정되어 있다.

적하보험의 경우에 적하를 적재한 선박의 경제적 수선불능인 경우 선박이 추

43) Court Line Ltd. v. R. 'Lavington Court' [1945] 78 LlL Lep 390, CA사건에서 스코트(Scott)판사는 위부후에 잔존하는 것이 일방이 보우트라고 하면 타방은 서류로 표현될 수 있다고 한다: 구체적인 사실관계는 이 책 제4부 제3장 제2절 추정전손에 관한 보상 Ⅱ. 추정전손의 유형 2. 보험목적의 상당한 위부 (3) 현실전손이 불가피한 것으로 보이는 것 참조.

정전손이라고 하여 그 적하까지 추정전손이 성립하는 것은 아니고, 적재한 적하를 회수하여 다른 선박에 환적하여 목적지까지 계속 운송할 수 있는 경우에는 적하에 대하여 위부할 수 없다. 상법 제712조는 이러한 뜻을 규정하고 있다.[44)]

(2) 위부의 의미

영국해상보험법 제60조 제1항의 위부의 의미에 대하여서는 Sourt Line Ltd. v. R. 'Lavington Court'사건에서 스콧(Scott)판사와 뒤 파크(Du Parcq)판사의 판시로 나뉘는데, 두 판사는 길은 다르지만 동일한 해결에 도달하였다.[45)]

스콧(Scott)판사는 선박이 불가피하게 보이는 현실전손으로 인하여 위부되었다고 하는 경우, 위부는 해양사고 구조법에서 선박이 선장과 선원에 의하여 유기물로 처리할 정도일 때 사용되는 것과 같은 의미이고, 지출된 후의 가액을 초과하는 비용을 들이지 아니하고는 전손으로부터 보존될 수 없는 경우는 기업판단과과 재량에 따른 것으로 이에 기한 위부는 서류로 표현되는 것으로 소유자의 단순한 정신적 판단이다라고 한다.

한편 뒤 파크판사는 위부에 두 가지 다른 의미를 부여하는 것에 찬성하지 않고, 위부의 진정한 의미는 멸실한 것으로 포기하는 것이라고 보았다.

선박의 위부이건 적하의 위부이건, 영국해상보험법 제60조 제1항과 협회적하보험(A),(B),(C)약관 제13조가 적용되는 경우에는, 피보험자는 보험목적의 통제니 점유를 박탈당하지 아니하여야 하고, 점유의 박탈의 경우에는 영국해상보험법 제60조 제2항 1호가 적용된다.

(3) 현실전손이 불가피한 것으로 보이는 것

현실전손이 불가피한(unavoidable) 것으로 보이기 때문에 보험목적을 위부하는 것이 상당한 때에는 추정전손이 성립한다. 전시 용선계약사건으로 영국정부에 용선된 선박이 1942년 7월 18일 대서양에서 어뢰에 피격되어 바로 위부되었으나 10월 1일에야 침몰하여 영국군함에 의하여 예인되었는데, 법원은 위부시점에서 추정전손이 성립하지 않았다고 판단한 Court Line Ltd. v. R. 'Lavington Court'사건[46)]에서 스테이블(Stable)판사는 "불가피한이란 단어는 의문의 여지없

44) 손주찬/장경환/정호열/한창희/정찬형/손수일, 주석상법(Ⅶ) 보험, 한국사법행정학회, 2001, 517~519면.

45) Susan Hodges, op. cit., p. 631.

46) [1945] 78 LlL Lep 390, CA: 이 사건에서 항소인인 원고가 소유한 동력선 래빙튼 코드(Lavington Court)호가 전쟁운송부장관에게 용선되었는데, 선박은 호송 중에 항해하던 중 대서양에서 어뢰에 피격되었다. 선장과 선원은 1942년 7월 18일 선박이 피격된 날 선박을 위부하였지만 선박은 10월 1일에야 침몰하였고, 2주 후 선박은 해군선박에 의하여

이 강력한 단어이고 실제로 발생할 때까지는 불가피한 것은 아무 것도 없다고 할 수 있다. 이 단어에 자연의 과정에서 발생하여야 한다는 의미에서 필연적인(inevitable) 것과 같은 절대적인 의미를 부여할 수 없다. 이 단어가 예기된 사고를 회피하는 데 상당한 가능성을 제공하는 이해관계자의 행위, 의도 또는 계획의 과정이 존재하지 않는 추가적인 요소를 구비하는 높은 정도의 개연성을 의미한다"라고 판시하였다.

(4) 초과비용

(가) 선박의 위부 : 보험목적이 선박의 가액을 초과하는 비용을 들이지 아니하면 현실전손으로부터 보존될 수 없기 때문에 위부하는 것이 상당하면 추정전손이 성립한다. 이 사유로 인한 선박의 위부는 근래 이루어진 통신기술의 발달과 함께 선장이 아닌 선주의 권한이고, 위부는 경제적 편의에 기초한 것이다.

선박이 심하게 훼손되어 그 훼손을 수리하는 비용이 수리 후의 선박가액을 초과하는 경우 선주는 영국해상보험법 제60조 제2항 2호 뿐만 아니라 동법 제60조 제1항(제61조와 함께 적용)에 근거하여 보상을 청구할 수 있게 된다. Court Line Ltd v. R, 'Lavington Court'사건에서 스콧(Scott)판사는 이를 서류로 행하여진 위부라고 표현하였다.

(나) 적하의 위부

(a) 개 관 : 영국해상보험법 제60조 제1항과 모든 협회적하보험약관 제13조에 근거하여 비록 부보된 적하가 실제로는 전손이 아니더라도 적하를 회복하여 수리한 후 부보한 목적지까지 운송하는데 소요되는 비용이 비경제적으로 되는 경우에 피보험자는 적하를 위부할 수 있다.

(b) 회복하여 수리한 후 운송하는 것의 상업적 실행가능성 : 적하에 대하여 영국해상보험법 제60조 제1항 후단은 1982년 협회적하보험약관 13조와 함께 적하가 보험사고로 인하여 의도된 목적지에 도착할 수 없게 되고 그 인도를 보장하는 비용이 과다하게 드는 경우에 적용된다. 달리 말하면 적하를 본래의 목적지로 회복하고 수리하여 운송하는 것이 경제적으로 실행가능하지 않은 것이다.

영국해상보험법 제정이전의 판결로 적하보험에 든 적하를 수송하던 선박이

예인되었다. 국왕은 선박이 실제 침몰한 날인 10월 1일이 아니라 위부가 행하여진 7월 18일에 용선계약이 종료하였다고 주장하였다. 항소법원은 전손이 불가피하였다는 것을 입증할 것이 아무 것도 없었기 때문에 위부시에 추정전손이 성립하지 아니하였다고 판단하였다.

악천후와 빙산을 만나 해안에 부딪쳐 적하는 경매로 매도되고 회복비용이 회복 후의 적하의 가액을 초과하지 않아 추정전손청구가 기각된 Farnworth v. Hyde 사건[47]에서 법원은 "회복비용에는 해상위험의 결과 초래되는 모든 추가비용을 포함한다. 즉, 적하를 양륙, 건조, 임치하고 재선적하는 모든 비용이 포함된다. 그러나 적하가 원래의 선박 또는 원래의 선박소유자에 의하여 대체된 선박으로 계속운송되는 경우에는 그 운임을 적하소유자가 목적지에서 지급하여야 하는 경우에는 그 운임은 포함되지 않는다"고 판시하였다. 그 이후 판결로 적하보험에 가입한 원유의 적하를 통에 넣어 운송하던 선박이 해안에 부딪쳐 멸실하여 많은 원유통이 구조되었지만 오염된 것이 판명되어 원유가 오염된 상태와 새로운 통에 적입하여 목적지로 운송하는 비용을 판단하여 추정전손이 성립하였다고 판시한 Vacuum Oil Co. v. Union Insurance Society of Canton사건[48]은 결정적인 요소가 경제적 실행가능성인 경우에 추정전손으로 인한 보상을 결정하는데 포함되는 비용의 예를 제시하고 있다.

### 3. 선박 또는 적하의 점유박탈

영국해상보험법 제60조 제2항 1호는 선박과 적하에 대하여 적용되는 사유로서 "피보험자가 보험사고로 인하여 자기의 선박이나 적하의 점유를 박탈당하고, ① 선박이나 적하를 회복할 수 있을 것 같지 않거나, ② 선박이나 적하를 회복하는 비용이 회복 후의 가액을 초과하는 경우에는 특히 추정전손이 성립한다"라고 규정하고 있다.

47) [1866] LR 2 CP 204: 이 사건에서 선박 에이번(Avon)호는 부보적하를 퀘벡(Quebec)에서 리버풀(Liverpool)로 운송하던 중 세인트 로렌스(St Lawrence)에서 악천후와 빙산을 만나 해안에 부딪쳤다. 선박과 적하는 다음 봄까지 그곳에서 묶여 있다가 경매로 매도되었다. 적하의 추정전손보상을 청구하기 위하여서는 적하의 회복비용이 회복시의 가액을 초과함을 입증하여야 하였다. 쟁점은 회복비용을 산정함에 있어서 산입되는 비용은 무엇인가 이었고, 법원은 추정전손이 성립하지 아니한다고 판시하였다.

48) [1926] 25 Ll L Rep. 546, CA: 이 사건에서 항해선인 에이져스 죠지어스(Agios Georgios)호는 알렉산드리아(Alexandria)에서 사이프러스(Cyprus)로 원유인 적하를 운송하던 중에 해안에 부딪쳐 멸실하였다. 원유통이 부유하다가 많은 통은 구조되었지만 많은 수가 그 내용이 오염되어 있었다. 쟁점은 손해가 전손인가 분손인가 여부이었다. 항소법원은 전손이 성립하였지만 위부를 하지 아니하였기 때문에 보상을 받을 수 없다고 판시하였다. 앳킨(Atkin)판사는 "다수의 새로운 통을 제조하고 이를 트리폴리(Tripoli)로 운송하는 전체 비용이 1,200파운드이고 거기서 선박을 다시 용선하여 적하를 목적지로 운송하는 비용이 들며, 원유가 해수와 물이 유입되었을 가능성도 고려하여야 한다. 이 사건에서 추정전손의 요건을 충족하지만, 이를 위하여서는 위부의 통지를 하였어야만 한다"라고 판시하였다.

(1) 회복할 수 있을 것 같지 않음의 의미

(가) 회복불능여부에 대한 객관적인 심사 : 영국해상보험법 제60조 제2항 1호는 주로 적대국가나 기타 적대적 행위에 의한 선박 또는 적하의 포획 또는 나포의 경우에 관한 것임이 일반적으로 인정되어 있다. 피보험자가 점유의 박탈로 인하여 선박 또는 적하를 더 이상 통제하지 못하고 회복될 것 같지 않거나 그 회복비용이 회복후의 가액을 초과하는 경우 추정전손이 성립한다. 예컨대 선박이 법령위반으로 인하여 몰수되거나 선원의 악행으로 인하여 탈취되는 경우도 있을 수 있지만 일반적으로는 영국해상보험법 제60조 제2항 1호의 효과를 예시하는 사건은 적대행위나 정치적인 투쟁으로 인하여 초래된 포획과 나포에 관한 것이다.

추정전손의 원칙은 원래 포획과 나포의 효과에 직접 기초한 것이라는 해상사건이 아닌 Moore v. Evans사건[49]에 의하여 명확히 예시된다.

포획 등을 담보하는 선박보험에 가입한 중립국선박이 그리스와 터키의 전쟁기간 중 콘스탄티노플 근처에서 그리스전함에 의하여 포획되고 6주 동안 억류되어 추정전손보상이 기각된 Polurrian Steamship Co., Ltd. v. Young사건[50]에서 법원은 Polurrian호는 회복이 불확실하였지만 가능성이 없었던 것은 아니라고 하여 추정전손보상을 인정하지 아니하였는데, 포획과 이 유형의 추정전손의 관계가 고찰되었고, 점유의 박탈은 포획으로 인한 추정전손에 관한 것임을 확인하였다.

그러나 선박보험에 가입한 선박이 이란과 이라크의 전쟁발발로 인하여 이라크에 무기한 억류되어 선박에 선원이 여전히 승선하고 있음에도 불구하고 추정전손이 인정된 뱀버리(Bamburi)호 사건[51]에서 스토튼(Staughton)판사는 '점유의 박탈'의 의미를 해석함에 있어서, "이 사건에서 점유의 법률적 의미를 좁게 해석하면 원고는 점유를 박탈당하지 않은 것이다. 선박에 4명의 선원이 여전히 승선하고 있고 그들은 여전히 원고의 권리를 행사하고 있었다. 어느 이라크인도

49) [1918] AC 185, HL: 이 책 제4부 제3장 제2절 추정전손에 관한 보상 Ⅰ. 추정전손의 성질 1. 추정전손의 개념 (2) 추정전손원칙의 발전 참조.

50) [1915] 1 KB 922: 이 사건에서 원고소유인 중립국선박인 포룰리언(Polurrian)호에 대하여 '포획, 나포 그리고 유치의 위험'을 담보하는 보험에 가입하였다. 그리스와 터키사이의 전쟁기간인 1912년 '포룰리언'호는 콘스탄티노플을 향하여 석탄의 적하를 싣고 항해하던 중 목적지 근처에서 금수품을 운송하고 있다는 이유로 그리스전함에 의하여 포획되어 억류되었다. 원고는 추정전손보상을 청구하였지만 보험자는 억류는 인정하였지만 포획이라는 사실은 거부하였고, 법원은 청구를 기각하였다.

51) [1982] 1 Lloyd's Rep. 312.

선박에 승선하고 있지 않고, 이라크정부나 이란정부도 선박에 대한 이익이나 권리를 주장하고 있지 않다. 그러나 소유자는 선박의 자유로운 사용권과 처분권을 전적으로 박탈당하였다고 주장한다. 선박의 모든 행동은 금지되어 있다"라고 판시하였다.

(나) 가능성이 없음(unlikely)의 의미 : 중립국선박이 그리스와 터키의 전쟁과정에서 6주 동안 억류되어 소유자가 추정전손을 청구하였지만 기각한 Polurrian Steamship Co., Ltd. v. Young사건[52]에서 법원은 해상보험법 제정시에 이전에 사용되었던 회복의 불확실함(uncertainty of recovery)이 회복할 가능성이 없음(unlikelihood of recovery)이라는 어구로 대체된 사실을 고찰하였다. 워링턴(Warrington)판사는 현행 해상보험법상의 가능성이 없음은 불확실함보다 엄격하기 때문에 피보험자에게 불리한 것이라고 판단하였다. 동 판사는 "이 규정은 기존의 법을 피보험자에게 불리하게 수정한 것이다. 포루리런(Polurrian)호의 선주에 의한 회복은 불확실하였지만, 개연성의 척도에 기하여 회복이 가능성이 없다고 입증되었다고 판단할 수 없다. 원고는 입증에 실패하였으므로 항소는 기각한다"라고 판시하였다.

Court Line Ltd. v. R. 'Lavington Court'사건[53]에서 항소법원은 전손이 불가피하였다는 것을 입증할 것이 아무 것도 없었기 때문에 위부시에 추정전손이 성립하지 아니하였다고 판단하였다. 판시과정에서 회복의 가능성이 없음의 쟁점이 제기되었고, 스테이블(Stable)판사는 가능성이 없음(unlikelihood)은 불확실함(uncertainty)과 불가피함(inevitability)의 중간개념이라고 하면서 포루리언(Polurrian)호 사건을 적시하였다. 동 판사는 '사용된 단어는 불확실함이 아니라 가능성이 없음이고 이는 개연성의 정도를 의미하며, 불확실한과 불가피함의 사이의 개념이다'라고 판시하였다.

선박의 회복이 가능한가 여부는 선박보험에 가입한 어선의 선장이 어장으로 항해하지 않고 도주하기 위하여 항구에 입항하고, 그곳에서 강류된 Marstrand Fishing Co., Ltd. v. Beer, 'Girl Pat'사건[54]에서 법률적 관점에서 고찰되었다.

52) [1915] 1 KB 922: 이 사건의 사실관계는 이 책 제4부 제3장 제2절 추정전손에 관한 보상 Ⅱ. 추정전손의 유형 3. 선박 또는 적하의 점유박탈 (1) 회복할 수 있을 것 같지 않음의 의미 (가) 회복불능 여부에 대한 객관적인 심사 참조.

53) [1945] 78 Ll L Rep. 390 CA: 이 사건의 사실관계는 이 책 제4부 제2절 추정전손에 관한 보상 Ⅱ. 추정전손의 유형 2. 보험목적의 상당한 위부 (3) 현실전손이 불가피한 것으로 보이는 것 참조.

54) [1937] 1 All ER 158: 구체적인 사실관계는 이 책 제4부 제3장 제1절 현실전손에 관한 보상 Ⅰ. 현실전손의 개념 2. 현실전손의 유형 (3) 점유회복불능 (가) 피보험자가 선박

포터(Potter)판사는 "만일 나에게 걸 팻(Girl Pat)호가 회복되는 것보다 멸실할 가능성이 있는가?라고 묻는다면 나는 모르겠다고 대답할 수밖에 없다. 선박이 회복될 가능성이 있는가 여부에 대하여 완전한 암흑에 있고, 추정전손이 성립하지 않으면, 선주는 보상받을 수 없다"라고 판시하였다.

제2차 세계대전 기간에 적하보험에 든 적하를 선적한 독일선박이 영국군함에 의한 포획을 피하기 위하여 항해 중 선장 등에 의하여 천공되어 멸실하여 보상이 청구되었는데, 법원은 독일정부의 지시에 따라 모항으로 항해하는 경우 영국의 봉쇄를 피하는 것이 불가능하다고 하여 추정전손의 성립을 인정한 Rickards v. Forestal Land, Timber and Railways Co., Ltd.사건[55]에서 동일한 논리적이고 법률적인 접근이 행하여졌고 라이트(Wright)판사는 "장래의 사고가 불확실하다(uncertain)는 것과 가능성이 없다(unlikely)는 것은 다르다. 전자의 경우에 척도는 수평이다. 아무도 이것 또는 저것이라고 할 수 없다. 후자의 경우에는 사고가 발생하지 않을 것이라는 쪽으로 약간 기운다. 법에 어느 정도의 가능성이 없음이 요구되는가에 대하여 언급이 없음은 진실이다. 불확실성의 기준에서는 척도가 수평이라면 어느 정도의 가능성 없음의 경우에는 약간이라도 척도를 움직이게 할 것이다. 척도가 뛰어오를 것까지 요구되지 않는다. 이 사건에서 적하는 회복될 가능성이 없는 것으로 보인다. 결론은 아닌 쪽이다. 민덴(Minden)호가 독일정부의 명령에 따라 리오데자네이로(Rio de Janeiro)로부터 항해하였을 때 영국의 봉쇄를 피하는 것이 불확실하였을 뿐만이 아니라 나의 판단으로는 가능성이 없었다"라고 판시하였다.

(다) 객관적인 회복의 가능성 없음의 심사 : 선박 또는 적하가 회복할 가능성이 없는가 여부의 기준은 합리적인 인간의 관점에 근거한 객관적인 심사이지 피보험자의 심사가 아니다. 이 쟁점은 Marstrand Fishing Co., Ltd. v. Beer, 'Girl Pat'사건[56]에서 상세히 논의되었는데, 이 사건에서 객관적인 심사가 해하여져야 하는 일자는 위부를 실행하기 위한 영장이 발행된 일자임이 확인되었다. 포터(Potter)판사는 "손해가 추정전손인가 여부를 결정함에 있어서 두 가지 점이 결정되어야 한다. ① 어느 일자에서 판단이 실행되어야 하는가? ② 판단의

의 점유를 박탈당하여 회복할 수 없는 경우 참조.

55) [1941] 3 All ER 62, HL: 구체적인 사실관계는 이 책 제2부 제6장 제2절 항해보험 Ⅱ. 선박의 항해보험 3. 항해의 변경 (3) 영국해상보험법상 항해의 변경 (나) 항해변경의 요건 (c) 자발적인 도착항의 변경일 것 참조.

56) [1937] 1 All ER 158: 이 사건의 구체적인 사실관계는 이 책 제4부 제3장 제3절 현실전손에 관한 보상 Ⅰ. 현실전손의 개념 2. 현실전손의 위험 (3) 점유회복불능 (가) 보험자가 선박의 점유를 박탈당하여 회복할 수 없는 경우 참조.

정확성은 특정인이 판단하는 시점에 알고 있는 사실에 의거하여야 하는가? 또는 그 시점에 존재하는 진정한 사실에 의거하여 판단되어야 하는가? 나는 후자가 옳다고 생각한다"라고 판시하였다.

이라크에 의한 쿠웨이트의 침공 후에 쿠웨이트 에어웨이스(Kuwait Airways)사가 소유하는 항공기와 예비품이 침공군에 의하여 약탈되어 동항공사가 전쟁보험자에게 즉시 보상청구를 한 Kuwait Airways Corporation v. Kuwait Insurance Co. SAK사건[57]에서 법원은 이 보상청구가 거부될 이유가 원칙적으로 없다고 하고, 릭스(Rix)판사는 해상보험에 있어서 추정전손의 객관적인 심사기준에 대하여 "추정전손이 발생하였는가 여부를 결정하기 위하여 상황을 분석하는 경우에 있어서, 피보험자의 지위에 있는 정보를 갖춘 관찰자의 관점에서 관찰하여 그 당시에 그러하였으리라는 사실에만 기초하여서는 안되고, 그 당시의 진정한 사실에 기초하여 결정되어야 한다"라고 판시하였다.

(라) 억류(detainment)조항[58] : 1983년 '협회선박기간전쟁과 파업보험약관' 제3조는 "선박이 포획, 나포, 강류, 억지, 억류, 몰수 또는 압수되어 그 결과 피보험자가 연속된 12개월 이상 선박의 자유로운 사용권 및 처분권을 상실하게 된 때에는 선박의 추정전손 여부를 확정함에 있어서 피보험자는 선박을 회복할 가능성이 전혀 없이 소유권을 박탈당한 것으로 본다"라고 규정하고 있다. 이 조항을 억류조항이라고 한다. 이 조항은 추정전손을 정의하고 있는 영국해상보험법 제60조 제2항 1호와 함께 적용되어야 한다. 추정전손이 성립하기 위하여서는 피보험자는 피보험자가 회복할 수 없는 점유상실임을 입증하여야 하는데 이를 입증하기는 매우 어렵고, 선박이 나포된 경우에 선박은 이후 회복될 가능성이 여전히 존재한다. 이에 연속된 12개월 동안 점유가 상실된 경우 추정전손이 성립한다고 하면 피보험자의 입증책임을 경감시키는 것이 된다.

(2) 점유박탈의 기간

보험약관상 다른 명시적인 조항이 있는 경우에는 그에 따르고,[59] 피보험자가

57) [1996] 1 Lloyd's Rep. 664: 이 사건의 구체적인 사실관계는 이 책 제3부 제3장 제3절 청구권대위 Ⅲ. 청구권대위의 효과 5. 대위권행사의 제한 (2) 일부보험의 경우 (다) 영국해상보험법상의 배분방법 (d) Napier v. Hunter사건 이후의 해상보험에서의 분배방법 (ㄱ) 개관 참조.

58) 상세한 내용은 이 책 제3부 제2장 제3절 손해보상의 의무 Ⅴ. 분쟁(전쟁과 파업)위험 2. 전쟁위험 (2) 구체적 담보위험 (라) 억류조항 참조.

59) 1983년 '협회선박기간전쟁과 파업보험약관' 제3조와 1983년 '협회선박항해전쟁과 파업보험약관' 제3조의 억류조항은 "선박의 추정전손 여부를 확정함에 있어서 피보험자가 12개월 이상 선박의 자유로운 사용권을 상실한 경우에는 선박을 회복할 가능성이 없이 점유

회복할 가능성이 없는 것으로 보기 위하여 요구되는 시간은 항구적일 필요는 없고 상당하면 된다.[60] 그 기간의 상당성은 구체적인 사실판단의 문제이다.[61] 그 개시시점이 사고일인가 아니면 위부의 통지일(또는 영장의 발행일)인가 여부가 다투어진다.

(가) 사고발생시부터라는 입장 : 사고발생시부터 상당한 기간동안 회복의 가능성이 없으면 추정전손이 성립한다는 입장이다. 선박보험에 든 트롤어선이 바위에 부딪쳐 훼손되어 수리되어야 하였지만 전시통제로 인하여 수리허가를 상당한 시기 내에 얻을 수 없어서 위부의 통지를 하였지만 추전전손청구가 기각되고 분손보상이 명하여진 Irvin v. Hine사건[62]에서 택한 입장이다.

(나) 위부의 통지시부터라는 입장 : 위부의 통지시, 즉 소송이 개시된 때부터 상당한 기간동안 회복의 가능성이 없는 경우에 추정전손이 성립한다는 입장이다. 중립국선박이 그리스와 터키의 전쟁과정에서 6주 동안 억류되어 소유자가 추정전손을 청구하였는데 포루리언(Polurrian)호의 석방은 불확실하였지만 가능성이 없었던 것은 아니라고 하여 기각한 Polurrian Steamship Co., Ltd. v. Young사건에서 워링튼(Warrington)판사가 택한 입장이다. 동 판사는 "소유자가 위부의 통지를 실행하기 위하여 소송을 개시하는 일자에 적법하든 불법이든 소유자로부터의 점유의 박탈은 여전히 계속되는 탈취이고, 선박의 전적인 사용권과 점유권의 상실은 그 일자에 항구적인 것이며 여하튼 불확정한 기간동안 계속하는 것이다. 정당하게 위부의 통지를 한 소유자는 영국법상 추정전손으로 인한 보상청구권을 가진다"라고 판시하였다. 또한 선박보험에 가입한 선박이 이란과 이라크의 전쟁발발로 인하여 이라크에 무기한 억류되어 선박에 선원이 여전히 승선하고 있음에도 불구하고 추정전손이 인정된 최근의 뱀버리(Bamburi)

---

권을 박탈당한 것으로 본다"라고 규정하고 있다.

60) Susan Hodges, op. cit., p. 642.

61) 영국해상보험법 제88조.

62) [1949] 1 KB 555: 이 사건에서 트롤어선이 바위에 부딪쳐 훼손되어 선주는 보험자에게 위부의 통지를 하였고 보험자는 이를 거부하였다. 트롤어선이 추정전손이라는 선주의 주장은 당시 그곳에서 행하여지던 전시통제로 인하여 선박을 수리하기 위하여 허가를 상당한 시간이내에 받을 수 없었다는 것이었다. 선주는 이 청구는 제60조의 어떠한 항목에 기하여서도 유지할 수 없음을 인정하였지만, 이 청구는 보통법상 정당화되며, 제60조와 불일치하는 것이 아니고 또한 제91조 제2항이 보통법의 원칙이 영국해상보험법의 명시적 규정과 저촉되지 아니하는 한 해상보험계약에 적용된다고 규정하고 있기 때문에 유효하다고 주장하였다. 법원은 이 손해는 분손이라고 판시함에 있어서 제60조는 완전한 정의규정이라고 해석하였다. 데브린(Devlin)판사는 "상당한 기간은 사고발생시로부터 소급하여 판단되고 불확정적인 지연은 상당한 기간이내에 귀환할 가능성을 부정하는 것이다"라고 판시하였다.: 이 사건에 관하여서는 이 책 제3부 제1장 제2절 손해방지의무 Ⅳ. 손해방지비용의 보상 1. 보험자의 의무 (1) 손해의 방지와 경감의 의미 참조.

호 사건[63]에서 스트튼(Staughton)판사도 이 입장을 취한다.

(다) 현재 영국판례의 입장 : 이에 관한 영국법원의 판례의 입장을 명확히 정할 수 없다. 1983년 '협회선박기간전쟁과 파업보험약관' 제3조와 1983년 '협회선박항해전쟁과 파업보험약관' 제3조의 억류조항은 12개월의 기간이 개시하는 시점을 규정하고 있지 않으며, 후일 판례에 의하여 확정될 것이 기대되는 쟁점이다.[64]

## 4. 선박 또는 적하의 회복비용

영국해상보험법 제60조 제2항 1호 b목은 "(1) 피보험자가 보험사고로 인하여 선박 또는 적하의 점유를 박탈당하고 … (b) 경우에 따라서는 선박 또는 적하를 회복하는 비용이 회복후의 가액을 초과하는 경우에는 추정전손이 성립한다"라고 규정하고 있다.

이 조항에서는 보험목적이 제3자의 수중에 있고 재산을 회복하기 위하여 초래된 비용이 경제적인 고려대상이다.

적하가 포획되어 이를 회복하려면 적하의 추정전손에 관하여 이 논점에 관한 판례는 피보험자는 적하의 가액보다 150% 내지 180%이상을 포획물법원(Prize Court)에 지급하여야 하였던 경우에 추정전손이 성립하는 것[65]이 그 예이다.

## 5. 선박의 훼손의 경우 초과비용

(1) 개 관

영국해상보험법 제60조 제2항 2호는 일반원칙으로 "선박이 훼손된 경우에는 선박이 부보위험으로 인하여 심하게 훼손되어 그 훼손을 수리하는데 드는 비용이 수리되었을 때의 선박의 가액을 초과하리라고 예상되는 경우 추정전손이 성립한다"라고 규정하고 있다.

영국해상보험법 제60조 제2항 2호는 동법 제60조 제2항 1호와 달리, 피보험자는 선박을 여전히 통제·점유하고 있고, 추정전손보상청구는 경제적인 결정에

63) [1982] 1 Lloyd's Rep. 312.
64) Susan Hodges, op. cit., p. 642.
65) Stringer v. English and Scottish Marine Insurance Co.사건 [1869] LR 4 QB 699; [1870] LR 5 QB 599: 이 사건의 구체적인 사실관계는 이 책 제4부 제3장 제1절 현실전손에 관한 보상 Ⅰ. 현실전손의 개념 2. 현실전손의 유형 (3) 점유회복불능 (나) 피보험자가 적하의 점유를 박탈당하여 회복할 수 없는 경우 참조.

근거하고 있다. 이 결정은 통신이 제한적이었던 과거에는 선장이나 선주의 기타 대리인에 의하여 행하여졌지만, 오늘날은 통상은 선주에 의하여 행하여진다.

초기사건인 Roux v. Salvador사건[66]에서 어빙어(Abinger)판사는 "위험으로 인하여 선박이 상당한 수리의 희망이 없이 항해할 수 없게 되거나 적하가 일부 멸실되거나 심하게 훼손되어 수리할 비용을 들이거나 목적지로 운송할 가치가 없는 경우가 존재한다. 이 경우나 유사한 경우에, 보험에 가입하지 아니한 신중한 사람이 항해를 계속하는데 더 이상의 비용을 들이는 것을 거부하고 항해를 성공적으로 완수할 수 없는 경우에, 피보험자는 자기의 이익을 위하여서나 보험자의 이익을 위하여서 전손으로 처리하고 보험금액 전액의 보상을 청구할 수 있다"라고 판시하였다.

(2) 수리 후의 선박가액

(가) 의 의 : 경제적 근거에 기하여 선박이 추정전손인가 여부를 결정하는 중요한 요소는 선박의 수리 후의 가액이다. 따라서 수리 후의 선박가액은 피보험자가 훼손된 선박을 수리하지 않고 추정전손보상을 청구하는 결정을 할 때 그리고 후일 이 문제에 관하여 법원이 결정을 내리는데 중요한 의미를 가진다.

(나) 선박의 시장가액 : 영국 보통법상 기평가보험이든 미평가보험이든 추정전손 여부를 결정함에 있어서 선박의 보험가액이 아닌 진정한 가액 또는 시장가액이 수리 후의 선박가액으로 고찰된다. 이 원칙은 영국해상법에서도 계속 적용되는데, 동법 제27조 제4항에서 보험가액은 추정전손인가 여부를 결정함에 있어서 확정적인 것이 아님을 확인하고 있다. 그러나 영국해상보험법 제27조 제4항은 맨앞에서 '보험약관에서 달리 규정하고 있지 아니하는 한'이라고 규정하고 있기 때문에 당사자는 선박의 수리 후의 가액으로 고찰될 수 있는 숫자나 가액을 정할 수 있고, 표준선박보험약관에서는 협정보험가액 또는 협정보험가액의 80%를 수리 후의 가액으로 본다.

그러나 영국해상보험법 제정 이전의 판결인 Irving v. Manning사건[67]에서는

66) [1836] 3 Bing NC 266: 이 사건의 사실관계는 이 책 제4부 제3장 제1절 현실전손에 관한 보상 I. 현실전손의 개념 2. 현실전손의 유형 (2) 성질의 상실 (다) 적하의 상업적 성질의 상실 참조.

67) [1847] 1 HL Cas 287, HL: 이 사건에서 선박 제너럴 키드(General Kydd)호가 중국'에서 그리고 부터'(at and from) 마드라스(Madras)까지의 왕복항해에 대하여 기평가보험으로 보험에 가입되었다. 선박은 폭풍으로 인하여 훼손되어 검사 후에 추정전손보상을 청구한 선주에 의하여 위부되었다. 피보험자는 수리비용이 선박의 시장가액을 초과한다는 이유로 보상을 청구하였고, 보험자는 이를 거부하였는데, 상원은 수리비용과 시장가액과 비교하여 추정전손이 성립한다고 판시하였다.

기평가항해보험에 가입한 선박이 폭풍우로 인하여 훼손되어 추정전손보상이 청구되고 법원은 기평가보험이든 미평가보험이든 수리 후의 선박의 가액은 선박의 시장가액으로 보고 초과비용이 성립한다고 하여 추정전손으로 인한 보상을 명하였다.

(다) 협정보험가액 : 영국해상보험법 제27조 제4항의 '보험약관에서 달리 규정하고 있지 아니하는 한'이란 어구를 표준선박보험약관[68]은 "선박이 추정전손인가를 결정함에 있어서는 협정보험가액이 수리 후의 가액으로 간주되고, 선박의 훼손가액이나 해체된 가액은 고려하지 않는다"라고 규정하고 있다.

이와 관련하여 "추정전손 여부를 결정함에 있어서 수리비용이 수리 후의 선박의 보험가액의 80%를 초과하여야 한다"는 조항이 삽입된 기간보험에 가입된 선박이 악천후로 인하여 심하게 훼손되어 수리비용이 협정보험가액의 80%인 1만파운드를 초과하였지만 수리 후의 선박의 진정한 가액인 1만 2천 파운드에 이르지 못하였다 하여 추정전손의 보상청구가 기각된 Sailing Ship Holt Hill Co. v. United Kingdom Marine Association사건[69]에서 로럿(Rowlatt)판사는 "보험자는 1906년 영국해상보험법상의 일반원칙, 즉 수리비용이 수리후의 선박의 가액을 초과하여 추정전손이 성립하면 보상한다. 다만 과대평가를 막기 위하여 수리비용이 전위험보험증권상의 가액의 80%에 이르는 것을 조건으로 한다. 실제로 이것이 당사자의 의도이었다. 만일 당사자가 수리 후의 가액을 10,000파운드로 대체하기를 원하였다면 잘 알려진 협회약관상의 평이한 어구를 사용하였을 것이다. 이 조항에서 10,000파운드가 수리 후의 가액을 대체하는 것은 아니다"라고 판시하였다.

(라) 수리 후의 선박가액에 취득될 운임의 포함여부 : 추정전손보상을 고

---

68) 1983년 협회선박기간보험약관 제19조 제1항; 1983년 협회선박항해보험약관 제17조 제1항; 2003년 국제선박보험약관 제21조 제1항은 수리 후의 선박의 가격으로 간주되는 기준을 협정보험가액의 80%로 하향조정하고 있다.

69) [1919] 2 KB 789: 이 사건에서 추정전손여부를 결정함에 있어서 수리비용이 수리후의 선박의 보험가액의 80%를 초과하여야 한다고 증권상의 조항은 규정하고 있었다. 그러나 법원은 이 조항은 선박의 수리후의 가액에 영향을 미치지 않는다고 판시하였다. 이 사건에서 원고는 선박 홀트 힐(Holt Hill)호에 대하여 전손과 추정전손을 담보하는 보험계약을 체결하였는데 "보험사고로 인한 훼손을 수리하는 비용이 통상적인 전위험선박보험증권상의 가액, 즉 12,500파운드의 80%에 이르지 아니하는 한 이 회사에 보험에 든 선박은 추정전손으로 간주되지 아니한다"라는 조항이 보험계약의 내용으로 되어 있었다. '홀트 힐'호는 악천후로 심하게 훼손되어 선장과 선원에 의하여 위부되었다. 원고는 보험자에 대하여 위부하고 추정전손보상을 청구하였다. 선박은 구조되고, 수리비용이 12,500파운드의 80%를 초과하였지만, 진정한 수리 후의 가액에는 이르지 못하는 것으로 산정되었다. 법원은 선박의 추정전손이 성립하지 아니한다고 판단하였다.

찰하는 경우 시장가액이 선박의 수리 후의 가액으로 보는 때에, 이 가액에는 위부를 결정하는데 영향을 미치는 모든 시장요소를 포함하는 것이 합리적이다. 따라서 수리하거나 위부를 선택함에 있어서 보험에 들지 않은 신중한 보험자는 관련된 모든 상업적인 요소들을 고찰하여야 하고, 이들 요소 중의 하나가 취득할 할 운임이다. 따라서 '수리 후의 선박가액'을 결정함에 있어서 사고 당시에 취득할 운임을 산입할 것인지가 문제로 된다.

(a) 긍정설 : 이를 긍정하는 견해는 선박가액을 평가하는 시점에 선주가 보유하고 있는 선가를 현저하게 상승시키는 요소, 예컨대, 장기간에 걸친 용선계약과 같은 운임의 가액을 무시하는 것은 보험에 들지 아니한 신중한 소유자(prudent uninsurd owner)의 원칙에 반한다고 주장한다. 적하를 선적한 선박이 수리를 위하여 Falmouth항에 입항하였지만, 강풍으로 인하여 후일 침몰하여 수리비용이 수리 후의 선박가액에 미치지 못한다고 하여 추정전손보상청구가 기각된 Kemp v. Halliday사건[70]에서 블랙번(Blackburn)판사는 "침몰한 선박과 적하를 인양하는 비용은 수리되지 않은 선박만을 고려하였다면 과도하였을 것이지만, 공동으로 절약된 선박과 적하와 운임의 가액을 고려하여야 하였을 것이다"라고 하여 이 입장을 취하고, 또한 선박이 심하게 훼손되어 추정전손으로 위부된 MacBeth and Co., Ltd. v. Maritime Insurance Co., Ltd.사건[71]에서 상원은 이 입장을 택하였다.

(b) 부정설 : 영국해상보험법 제60조 제2항 2호에서는 명확히 '선박'의 가액만을 언급하고 있고, 선박의 가액을 산정함에 있어서 운임은 고려되었을 것이라는 것을 이유로 이를 부정하는 견해가 있다.[72]

(c) 소 결 : 표준선박보험약관은 협정보험가액을 수리 후의 선박가액으로 보므로 이러한 논의의 실익은 이제는 없어졌고, 선박은 보통 운임취득기구로서 가치가 있고 그 가격에는 지배적인 시장요율보다 높거나 낮은 가격으로 운송계약을 체결할 가능성을 고려하였을 것이며, 실제로 당시의 운임은 통상은 포함되었을 것이므로 두 번 평가될 수 없다.

---

70) [1866] 6 B&S 623: 이 사건의 구체적인 사실관계는 이 책 제3부 제2장 제3절 손해보상의 의무 Ⅳ. 책임손해 6. 공동해손 (2) 공동해손의 요건 (라) 비일상적인 희생 또는 비용 그리고 제4부 제3장 제2절 추정전손에 의한 보상 Ⅱ. 추정전손의 유형 5. 선박의 훼손의 경우 초과비용 (3) 훼손을 수리하는 비용 (마) 그 밖의 산입요소 (c) 구조비용 및 위부통지 이전의 비용 참조.

71) [1908] AC 144, HL.

72) Arnould, Law of marine insurance and average, 16th ed., London: Sweet & Maxwell, 1981, § 1214, p. 998.

(3) 훼손을 수리하는 비용

(가) 의 의 : 추정전손이 성립하려면 수리비용이 시장가액 또는 협정보험가액을 초과하여야 한다. 수리비용과 관련하여서는 선박이 추정전손인가 여부를 산정을 위한 수리의 범위, 난파선의 가액의 포함여부, 그밖에 영국해상보험법 제60조 제2항 2호에서 제시하고 있는 기준을 검토한다.

(나) 완전한 수리의 의미와 수리비의 내용

(a) 영국해상보험법상 완전한 수리의 의미와 수리비의 내용

(ㄱ) 원래의 선박과 같은 선급으로 수리 : 수리라 함은 원재료를 회복시키는 작업으로[73] 훼손된 선박에 필요한 수리의 범위에 관한 영국판례의 입장은 '가능한 한 선박으로 평가되던 당시의 선박과 같은 선급의 선박에 가까운 선박이 되도록 수리가 시행되어야 한다는 것을 의미한다.'[74] 선박이 의도된 항해를 완료할 수 있는 정도의 기준이나 재건조 또는 선박이 감항능력이 있도록 수리되어야 하는 것이다. 그 근거는 선박이 부보되었지 항해가 부보된 것이 아니라는 것이다.[75]

이를 달리 표현하면 동일한 적하를 운송하는데 필요한 충분한 수리가 아니라 실제로 공선 상태로 또는 어떠한 적하를 싣고 원래의 목적항으로 항해하거나 진행할 수 있는 선박으로 수리하는 것이다.[76]

대서양을 항해하던 선박이 누수되어 귀항할 수 없었기 때문에 서인도(West Indies)에서 선장이 추정전손이 성립하였다고 판단하여 매도한 경우 추정전손의 성립을 인정하지 않은 Reid v. Darby사건[77]에서 에렌버러(Ellenborough)판사는 "선박은 잔존하고 있고 항해의 목적으로 사용될 수 있으며 실제로 그와 같이 사용되고 있었기 때문에 Lord Livcrpool Act에 기하여 등록의 대상이 된다"라고 판시하였다.

---

73) 김성태, 상법총칙·상행위법강론, 법문사, 2003, 413면.

74) Susan Hodges, op. cit., p. 650.

75) Ibid.

76) Sailing Ship Blairmore Co., Ltd. v. Macredie [1898] AC at p. 612[이 사건의 사실관계는 이 책 제4부 제3장 제1절 현실전손에 관한 보상 Ⅰ. 현실전손의 개념 2. 현실전손의 유형 참조]에서 샌드(Shand)경은 선박은 사고이전과 같이 본질적으로 양호하여야 한다고 하였고, The Wild Rose SS. Co. v. Jupe [1903] 19 T.R.L. 289 at Riverpool Assizes사건에서 월튼(Walton)판사는 평가조항이 있는 경우에 수리는 선박을 가액이 협정된 때와 같은 상태에 있도록 되어야 한다고 판시하였다.

77) [1808] 10 East 143; 선장은 매도의 이익을 소유자에게 인도하지 아니하였고, 원래의 소유자는 매도인에 대하여 선박의 매각대금의 지급을 청구하는 소송을 제기하였다. 법원은 선박은 여전히 잔존하였고 따라서 등록될 수 있기 때문에 선장은 추정전손으로 선박을 매도할 권한이 없다고 판시하였다.

동일한 원칙이 선박보험에 가입한 선박이 부에노스아이레스(Buenos Aires)에서 해저에 버려진 닻과 충돌하여 선박이 침몰하여 당해 운송계약을 이행하기에 부적당하여 후일 매도되어 연안항해에 사용된 경우 추정전손보상청구가 기각되고 분손보상이 명하여진 Doyle v. Dallas사건[78]에서 적용되었다. 텐더든(Tenderden)판사는 "항해의 상실은 선박의 추정전손을 성립하게 하지 않는다. 부보된 물건이 그 종류의 물건으로 잔존하는 경우에는 전손이 아니다"라고 판시하였다.

(ㄴ) 수리비의 내용 : 수리비는 훼손된 선박을 원상으로 회복시키는데 소요되는 비용으로, 이에는 선박의 인양과 예인비용, 검사비용, 수리비용 등이 포함된다.

영국법상 수리비는 사고가 발생한 때와 곳의 선박에 수반하는 모든 상황을 고려하여 산정되어야 한다. 즉, 문제는 선박이 존재하는 곳에서 수리하는 비용이 얼마인가라는 것이다. 재료를 구하는데 큰 어려움이 있었던 장소에서 그리고 수리가 특히 불편한 계절에 선박이 매도된 경우에 텐더든판사는 추산되는 수리비가 매도를 정당화할 정도인지를 산정함에 있어서 이 두 상황을 고려하도록 배심원에게 지시하였다.[79]

따라서 굿윈(Goodwin)에서 좌초하여 런던항으로 예인된 네덜란드 선박이 외국선박이기 때문에 수리비 이상의 가격으로 매도될 가능성이 적다거나 네덜란드에서는 좌초된 선박을 다시 사용하지 아니하는 관행이 있기 때문에 수리비보다 매도가격이 낮다는 사실을 배심원에 제시하는 것은 정당하다고 판시되었다.[80]

선박이 항해하기 위하여 사고장소 또는 피난항에서 완전한 수리가 불가능하여 현장에서 임시수리가 필요한 경우에는 임시수리비와 본수리비를 합산하여 그 총계가 수리 후의 선박의 가격을 초과하는 경우에는 위부의 통지를 할 권리가 있다.

---

78) [1831] 1 M&Rob 48: 원고는 선박 트리톤(Triton)호의 소유자 겸 선장으로 동 선박은 부에노스아이레스(Buenos Aires)에서 해저에 버려진 닻과 충돌하여 이것이 배를 관통하여 침몰하였다. '트리톤호'는 영국으로 적하를 환송하기로 하는 계약을 체결하였지만 동 선박은 원고에 의하여 매도되어 매수인이 후일 인양하였지만, 선박은 운송계약을 위하여 부적당하였고 후일 수리되어 연안항해에 사용되었다. 원고는 항해의 상실을 근거로 추정전손보상을 청구하였다. 보험자는 분손보상책임만을 진다고 주장하였다. 선박이 부보된 해상항해를 수행하기에 더 이상 적합하지 못하다는 사실은 중요하지 아니하였다. 선박이 보험에 든 것이지 항해가 보험에 든 것이 아니기 때문이었다.

79) Thompson v. Colvin [1830] L1. & Wels. 140.

80) Young v. Turing [1841] 2 M.&Gr. 593.

선박이 항해할 수 있도록 하기 위한 수리뿐만 아니라 예비단계로서 선박을 암초에서 떼어내어 평가하기 위하여 비용이 초래된 경우에는 그 산정비용은 추정전손인가를 확인함에 있어서 산정수리비에 합산된다.

선박이 해상에서 다시 항해하기에 적합하도록 처리하는 전체 산정비용은 보험에 들지 아니한 신중한 소유자가 매도 또는 수리여부를 결정함에 있어서 고려하는 것을 의미한다.

(b) 우리 판례상 완전한 수리의 의미

(ㄱ) 수리기준과 수리비의 산정기준 : 우리 판례(대법원 2002.6.28. 선고, 2000다21062 판결)는 "추정전손인지 여부의 판단을 위한 영국 해상보험법 및 협회선박기간보험약관상의 수리의 정도는 동일한 적하를 운송하는 데 필요한 수리가 아니라, 공선(空船) 상태로 또는 어떠한 적하 상태에서 원래의 목적항으로 항해할 수 있는 선박으로 수리하는 것으로서, 영국법상 수리비는 사고발생 장소와 시간상 그 선박에 수반하는 모든 상황을 고려하여 산정하되, 문제는 선박이 존재하는 곳에서의 수리비가 얼마인가이다"라고 본다.

(ㄴ) 수리비의 내용 : 우리 판례(대법원 2002.6.28. 선고, 2000다21062 판결)는 "추정전손인지 여부의 판단을 위한 영국 해상보험법 및 협회선박기간보험약관상의 선박수리비는 훼손된 선박을 원상으로 회복하는 데 소요되는 비용으로서, 이에는 선박의 손상 부위와 정도를 감정하기 위한 비용 · 선박을 수선항으로 예인하기 위한 비용·선급검사인의 검사료 · 예선증명서의 발급비용 · 수선감독자의 감독비용 기타 수선에 부수하는 비용도 포함한다"[81]고 한다.

(다) 난파선의 가액의 포함여부 : 수리비용의 산정에 난파선 가격의 포함여부가 문제된다. 예컨대, 훼손된 상태에서의 선박의 가격이 2,000파운드, 선박의 수리비용이 10,000파운드이고 수리된 후의 선박의 가격이 11,000파운드라고 가정하면, 이 11,000파운드는 10,000파운드와 비교되어야 하는가 아니면 12,000파운드인가의 문제이다. 영국해상보험법 시행 이전의 사건에서 상원은 선주는 수리비용에 난파선의 가격을 합산할 수 있다고 보았다.[82] 동법 시행 이후에는 입장이 나뉜다.

(a) 부정설 : 영국해상보험법 제60조 제2항 2호는 '훼손을 수리하는 비용'이라고 하고 난파선의 가액은 비용이 아니므로 수리비용에 포함시킬 수 없다

81) 같은 취지의 판결로 대법원 2001.2.23. 선고, 98다59309 판결 참조.

82) MacBeth and Co., Ltd. v. Maritime Insurance Co., Ltd. [1908] AC 144: 이 사건은 영국해상보험법 시행 이전에 발생하였으므로 영국해상보험법 도입 후 소송으로 다투어졌지만 동법이 적용되지 아니하였다.

고 한다. Hall v. Hayman사건[83]에서 법원은 추정전손이 성립하지 아니하고 난파선의 가액은 수리비용에 합산되지 아니한다고 판시하였다. 허쉘(Hershell)판사는 법이 분명하지 아니한 경우에는 법의 시행 당시의 판례의 입장에 따라야 한다고 주장하여 영국해상보험법 시행 이전의 판결로서 부정하는 입장을 취한 Angel v. Merchants' Mar. Ins. Co.사건[84]을 들고, 의회가 이 판결에 법률상의 효력을 부여할 의도였다고 주장하고 Hall v. Hayman사건에서 브레이(Bray)판사도 같은 견해를 취하였다.

(b) 긍정설 : '훼손을 수리하는 비용'에는 난파선의 가격을 포함할 수 있다고 한다. 선박은 그 자체가 수리된 선박의 형성에 필요한 한 요소라는 근거 아래, 난파선의 가격은 수리비용의 한 요소라는 것이다.

(c) 소 결 : 현재는 표준선박보험약관[85]은 "선박 또는 난판선의 훼손된 가액 또는 해체된 가액은 고려하지 않는다"라고 규정하여 이 문제를 해결하고 있다.

(라) 노후선박의 경우(New for Old) : 표준선박보험약관에 따라 수리비를 평가할 경우에 선박의 나이, 노후 등으로 인하여 증가된 수리비는 공제하지 않는다. 왜냐하면 손해를 일으킨 사고가 없었더라면 선박이 노후하여 부식되었더라도 항해하기에 충분하게 강하였을 것이기 때문이다. 이러한 뜻을 규정한 것이 표준선박보험약관상의 신구교환차익불공제조항이다.[86] 그러나 피보험자는 보험사고가 발생하지 아니하였으면 수리가 필요하지 아니하였음을 입증하여야 하고, 선박이 수리 후의 가격보다 적은 비용으로 항해할 수 있도록 수리가능한 경우에는 그는 선박의 노후상태로 인하여 완전한 수리를 위한 비용이 수리 후의 선박가격보다 많다는 이유로 위부를 선택할 수 없다.[87]

---

83) [1912] 2 KB 5; 원고는 선박 킹 애드워드(King Edward)호에 대하여 전손만을 담보하는 기간보험계약을 재보험자와 맺었다. '킹 애드워드'호는 세인트 로렌스(St. Lawrence)에서 강풍으로 인하여 심하게 훼손되어 선주에 의하여 매도되었는데 매수인은 이를 후일 수리하였다. 원보험계약상 추정전손으로 화해를 한 원고는 재보험자에 대하여 미수리된 난파선을 포함한 수리비용이 수리후의 가액을 초과한다는 근거로 보상을 청구하였다. 법원은 추정전손이 성립하지 아니하고 난파선의 가액은 수리비용에 합산되지 아니한다고 판시하였다.

84) [1903] 1 K.B. 811.

85) 1983년 협회선박기간보험약관 제19조 제1항; 1983년 협회선박항해보험약관 제17조 제2항; 2003년 국제선박보험약관 제21조 제1항; 1983년 협회운임기간보험약관 제15조 제2항: 선박 또는 난파선의 훼손가액 또는 해체가격은 이를 고려하지 아니한다.

86) 1983년 협회선박기간보험약관 제14조; 1983년 협회선박항해보험약관 제12조; 2003년 국제선박보험약관 제16조: 보상청구는 신구교환차익을 공제하지 않고 지급된다.

87) 같은 취지의 판결로 대법원 2001.2.23. 선고, 98다59309 판결 참조.

(마) 그 밖의 산입요소(영국해상보험법 제60조 제2항 2호)

(a) 서 언 : 영국해상보험법 제60조 제2항 2호는 수리비용에 산입되거나 산입되지 아니하는 사항에 관한 몇 가지 지침을 규정하고 있다. 동조항은 선박이 추정전손인가 아닌가를 산정함에 있어서 고려되어야 할 세 가지 항목의 비용을 일반적 용어로 "수리비용을 산정함에 있어서 이 수리에 대하여 다른 이해관계인이 지급하는 공동해손분담금은 공제되지 아니하나, 장래의 구조작업에 드는 비용과 선박이 수리될 경우 선박이 부담하게 될 장래의 공동해손분담금은 가산되어야 한다"라고 규정하고 있다. 즉, ① 이 수리에 대하여 다른 이해관계인이 지급하는 공동해손분담금, ② 장래의 구조작업에 드는 비용, 그리고 ③ 선박이 수리될 경우 선박이 부담하게 될 장래의 공동해손분담금이 그것이다.

(b) 제3자의 공동해손분담금 : '공동해손분담금'이라는 용어는 '공동의 해상사업에서 위험에 처한 재산을 보존하기 위하여 위험시에 상당하게 이루어지거나 초래된 비상한 희생 또는 비용'을 포함한다(영국해상보험법 제66조). 이는 긴급한 위험으로부터 공동의 해상사업을 구조할 목적으로 초래된 구조비용을 포함한다. 비용으로부터 혜택을 입은 이해관계자는 영국해상보험법 제66조 제3항에 의거하여 손해를 입은 자에 대하여 분담할 것이 요구된다. 동법 제60조 제2항 2호에 따라 "수리비용을 산정함에 있어서 이 수리에 대하여 다른 이해관계인이 지급하는 공동해손분담금은 공제되지 아니한다." 따라서 수리비용 또는 검사비용을 공동해손으로 기타 분담이익의 소유자로부터 구상할 수 있다는 사실은 추정전손의 문제와 무관하다. 예컨대, 선박의 수리비용이 10,000파운드이고, 선박의 수리 후의 가격은 단지 9,000파운드인 경우에는 수리비용의 1/2은 결국 적하소유자로부터 구상할 수 있는 사실에도 불구하고 추정전손이다. 마찬가지로 그 비용을 불법행위자로부터 배상받을 수 있는 경우에도 공제하지 아니한다. 다른 선박의 소유자의 과실있는 항해로 인하여 충돌이 발생하여 선박의 수리비용을 그로부터 손해배상의 형태로 받는다는 이유로 충돌로 인하여 훼손된 선박이 추정전손이 아니라고 주장될 수 없다.[88)]

(c) 구조비용 및 위부통지 이전의 비용 : 영국해상보험법은 제3자가 분담하는 공동해손분담금과 달리 선박의 구조비용과 선박이 부담하는 공동해손분담금은 장래의 것에 한하여 이를 가산한다고 규정하고 있다. 여기서 장래라 함은 위부의 통지시를 의미하므로 사고발생시로부터 위부의 통지시점까지 발생한

---

88) Arnould, Law of marine insurance and average, 16th ed., London: Sweet & Maxwell, 1981, § 1200 p. 985.

구조비용과 선박의 공동해손분담금은 가산되지 않는가 여부가 문제된다. 또한 구조비용 중에서 제3자의 분담금에 대하여서는 공동해손분담금과 달리 규정하고 있지 않기 때문에 그 처리가 문제된다.

(ㄱ) 구조비용 : 원칙적으로 구조행위에 든 비용에 관하여서는 수리비용에 관한 것과 상황이 동일하다. 구조가 로이드(Lloyd)구조약정 등과 같은 계약에 의하여 행하여지는 경우에는 전체 비용 중 자신의 이익과 관련된 부분만 분담하기 때문에 문제가 생기지 않는다.[89] 그러나 구조가 공동해손비용에 해당하는 경우에는 적하소유자가 분담하는 비용은 수리비에서 공제하여야 하는가 여부가 문제된다. 먼저, 영국해상보험법 제60조 제2항 2호는 공동해손분담금은 수리비용에서 공제하지 아니한다고 명백히 규정하지만, 구조비용에 관하여서는 이와 같은 규정이 없다. 이는 구조비용에서 공동해손비용을 공제함을 시사한다. 그러나 적하를 선적한 선박이 수리를 위하여 팰머스(Falmouth)항에 입항하였지만, 강풍으로 인하여 후일 침몰하여 수리비용이 수리 후의 선박가격에 미치지 못한다고 하여 추정전손보상청구가 기각된 Kemp v. Halliday사건[90]에서 공동해손분담금은 공제하여야 한다고 판시되었다. 블랙번(Blackburn)판사는 구조행위는 선박과 적하의 공동이익을 위하여 행하여졌기 때문에 보험에 들지 아니한 신중한 선주는 선박의 회복비용을 산정함에 있어서 적하로부터 수령하는 분담금을 산입할 것을 이유로 들었다. Kemp v. Halliday사건은 상원에 이르지 아니한 판결이고 영국해상보험법 시행 40년 전의 판결에 불과하며 동법에 의하여 폐기되었기 때문에 이를 공제하여서는 안된다고 볼 수도 있지만 대체로 제3자의 분담금은 추정전손 여부를 결정함에 있어서 구조비용에서 공제되어야 한다고 본다.[91]

(ㄴ) 위부의 통지 이전의 비용 : 영국해상보험법 제60조 제2항 2호는 제3자가 분담하는 공동해손분담금과 달리 선박의 구조비용과 선박이 부담하는 공동해손분담금은 장래의 것에 한하여 이를 가산한다고 규정하고 있다. 여기서 장래라 함은 위부의 통지시를 의미하므로 사고발생시로부터 위부의 통지시점까지 발생한 구조비용과 선박의 공동해손분담금은 가산되지 않는가 여부가 문제된다. 수리비용이 선박을 추정전손으로 할 정도인지 여부를 결정함에 있어서 사

89) Arnould, op. cit., § 1201, p. 986.

90) [1866] 6 B&S 623; 이 사건의 구체적인 사실관계는 이 책 제3부 제2장 제3절 손해보상의 의무 Ⅳ. 책임손해 6. 공동해손 (2) 공동해손의 요건 (라) 비일상적인 희생 또는 비용 참조.

91) Arnould, op. cit., § 1202, pp. 989~990.

고 후 위부의 통지 이전에 초래된 비용이 고려되는가에 관하여 명백히 판시한 영국판결은 없다.[92] 영국실무는 이 비용을 추정전손의 산정에 포함시키고,[93] 미국법원은 영국법과 달리 이를 고려하지 아니한다.[94] 원칙적으로 피보험자가 위부를 정당화하는 사실관계인지 의견을 가지기 위하여 위부의 통지 이전에 들인 필수적인 비용을 제외하여서는 안되고, 위부 여부를 결정함에 있어서 지금까지 초래된 비용만이 아니라 전체 수리비용을 고려할 권리가 있다.[95] 이에 따르면 영국해상보험법 제60조 제2항 2호에서 '장래의'라는 어구는 불필요한 것으로 해석된다.[96]

(바) 연속손해

(a) 문제의 소재 : 해상사고는 해상사업의 특성상 예컨대, 어뢰에 의한 타격에 뒤이은 폭풍우 또는 좌초에 뒤이은 원주민의 약탈[97]과 같이 연속된 사고로 인한 경우가 많은데, 이와 같은 연속손해의 경우에는 주로 선박보험과 관련하여 근인의 판단과 현실전손의 인정여부에 많은 문제점을 제기하고, 추정전손과 관련하여서 동일한 일련의 사고인지 여부, 근인의 문제,[98] 미수리인 채 발생한 여러 분손의 합계를 인정하는 기준 등의 논점이 제기된다.

(b) 동일사고에서의 일련의 손해와 추정전손

(ㄱ) 선박보험약관상의 규정 : 표준선박보험약관[99]은 "선박의 회복 그리고/또는 수리에 필요한 비용에 기한 추정전손의 청구는 이 비용이 협정보험가액을 초과하지 아니하면 이를 보상하지 아니한다. 이 결정에는 단일사고 또는 동일사고에서 생기는 일련의 훼손에 관한 비용만을 고려한다"라고 규정하고

92) 이 점에 관한 많은 함축을 담고 있는 유일한 판결은 Carras v. London & Scottish Assurance Corpn. Ltd. [1935] 40 Com. Cas. 288; 52 Ll L R34사건인데, 포터(Porter)판사는 사고 후 즉시 행하여진 위부의 통지가 너무 성급하였다는 주장에도 불구하고 추정전손을 결정함에 있어 사고 후에 초래된 모든 비용을 포함한 듯 하다[Arnould, op. cit., § 1203, p. 988].

93) 1983년 협회선박기간보험약관 제13조 제4항은 통지이전의 비용이 추정전손에 합산될 수 있다고 가정하는 듯 하다[Ibid].

94) Northern Barge v. Royal Insurance, 492 F.2d 1248(8th Cir.), 1974 AMC 136.

95) Arnould, op. cit., § 1203, p. 989.

96) Arnould, op. cit., § 1203, p. 990.

97) 대법원 1989.9.12.선고, 87다카3070 판결.

98) 대법원은 근인의 원칙은 어떤 특정 보험사고(담보위험)와 손해사이의 인과관계에 관한 문제로서 수 개의 보험사고를 한대 묶어 단일한 사고로 볼 수 있느냐의 문제와는 반드시 같다고 할 수 없고 오히려 단일한 사고의 문제는 각 손해와 보험사고 사이의 근인의 존재를 전제로 한 다음 단계의 문제라고 한다(대법원 1989.9.12. 선고, 87다카3070 판결).

99) 1983년 협회선박기간보험약관 제19조 제1항; 1983년 협회선박항해보험약관 제17조 제1항; 2003년 국제선박보험약관 제21조 제1항은 수리후의 선박의 가격의 80%로 추정전손의 성립기준을 하향조정하고 있다.

있다.

또한 표준선박보험약관은 정액공제[100]에 관하여 "① 이 보험계약에 있어서는 각각 독립된 사고 또는 사건에서 발생한 모든 청구의 합계액이 …를 초과하지 아니하는 한 지급하지 아니한다. ② 어떤 항구에서 다음 항구까지의 단일 구간 항해 중에 악천후로 인하여 손해가 발생한 경우에 그 손해에 대한 청구는 단일한 사고로 인하여 발생한 것으로 취급한다"라고 규정하고 있다.

(ㄴ) 1983년 협회선박기간보험약관 제19조 제2항 2문의 제정경위 : 피보험자가 여러 차례에 거쳐 발생한 분손을 합하여 추정전손을 주장할 수 있는가라는 문제가 오랫동안 논의되어 왔으나 문제가 제기된 시초에도 일치된 의견은 연속된 손해는 특히 별개의 항해 중에 발생한 경우에는 이를 합하여 추정전손을 주장할 수 없다는 것이었다. 이 조항은 메디나 프린세스(Medina Princess)호 사건[101]에서 여러 개의 분손을 합하여 추정전손을 구성하기 위하여 별개의 분손을 합치지 못하게 하기 위하여 보험자가 미리 보험약관에 적당한 규정을 만들어 피보험자가 그러한 행위를 할 권한이 없음을 명백히 할 필요가 있다는 로스킬(Roskill)대법관의 권고에 따라 1970년 미국선박보험약관에 이에 관한 규정을 도입한 것을 1983년 협회선박기간보험약관 제19조 제2항 2문에 삽입한 것이다.[102]

(ㄷ) 관련사례분석

( i ) '메디나 프린세스'호 사건 : 이 사건에서 '메디나 프린세스'호는 원고인 소유자에 의하여 협회선박보험약관을 보험계약의 내용으로 하는 선박보험계약을 체결하였다. 협정보험가액은 350,000파운드이었다. 브레멘(Bremen)으로부터 중국으로 밀가루의 적하를 싣고 항해 중에 '메디나 프린세스'호는 중대한 엔진의 결함으로 인하여 걸프 오브 에이든(Gulf of Aden)에 있는 지부티(Djibouti)에 입항하였다. 정박 중 훼손을 입어 이들 문제를 치유하기 위하여 적절한 시설을 갖춘 카라치(Karachi)로 예인되어야 하였다. 피보험자는 보일러 및 기관손상과 2회에 걸친 좌초로 인한 선체훼손 등 각 분손을 합한 금액이 협정보험가액을 초과한다는 이유로 추정전손 또는 택일적으로 분손보상을 청구하였다. 법원은 기관의 훼손은 고급선원과 보통선원의 과실과 오작동으로 인한 것이라고 판시하였지만, 산정된 수리비용이 선박의 협정보험가액 미만이었기 때문

100) 1983년 협회선박기간보험약관 제12조 제1항; 1983년 협회선박항해보험약관 제10조 제1항; 2003년 국제선박보험약관 제21조 제2항.

101) Helmville Ltd. v. Yorkshire Insurance Co. [1965] Ll L Rep. 361.

102) 대법원 1989.9.12. 선고, 87다카3070 판결.

에 원고는 분손보상만을 받을 수 있다고 판시하였다. 이를 합한 금액은 167,273 파운드로 협정보험가액 350,000파운드에는 미치지 아니하였지만 선박의 실제가격 65,000파운드를 초과하였는데, 로스킬(Roskill)대법관은 분손을 모두 합하여도 보험가액에 미치지 못하므로 분손을 합쳐 추정전손을 주장할 수 있는가의 문제를 더 이상 판단할 필요가 없다고 한 다음 부수적 의견으로 장차 피보험자가 추정전손을 구성하기 위하여 별개의 분손을 합치지 못하게 하려면 보험자는 미리 보험약관에 적당한 규정을 만들어 이러한 결과를 어렵지 않게 방지할 수 있다고 하였다.[103)]

(ii) Lenfest v. Coldwell사건[104)] : 이 사건은 정기용선자 및 그 채권자가 선박의 훼손으로 기대하였던 수익을 올리지 못하였음을 이유로 일실수익의 보상을 청구한 사건으로 제1심법원은 원고가 일실수익보상의 전제 조건인 선박의 전손을 입증하지 못하였다고 하여 원고패소판결을 내렸다. 그러나 연방 제2항소법원은 그 전제조건인 선박의 추정전손이 있었는가 여부를 판단하기 위하여 비용 및 선박수리와의 관계 등을 입증하기 위하여 좀더 자세한 사실판단을 할 필요가 있다는 이유로 원심판결을 파기환송하였다.

이 사건의 개요는 팬오션(Panocean)호가 스페인의 세빌(Seville)항에서 중정석(baryteore)을 싣고 미국의 뉴올리언스(New Orleans)로 향해하던 중 중간기착지인 런던에서 적하를 하역하다가 약간의 훼손을 입었다. 이 선박은 다시 영국의 이밍엄(Immingham)에서 미국 동부의 볼티모어(Baltimore)항으로 수송될 철강코일을 선적한 후 항해 중에 악천후로 인하여 선체 및 기관에 훼손을 입어 볼티모어에서 약 2개월간의 수리를 받고 동항을 떠나 항해를 계속하였다. 그러나 항해 개시 2시간도 되기 전에 주타장치에 고장이 발생하여 이를 수리하기 위하여 일시 정박하였다가 동 선박은 이전의 고장이나 훼손과는 무관한 새로운 보일러 문제 때문에 연안에 정박할 수밖에 없었다. 그곳에 정박해 있는 동안 동 선박은 좌초되어 플로리다(Florida)에 있는 에버그레이즈(Everglades)에서 수리를 하였고 또 다시 뉴올리언스에서도 수리를 하였다.

볼티모어에서 수리된 훼손이 담보위험, 즉 악천후와 선원들의 과실에 의하여 발생되었음에는 다툼이 없었다. 본 항소심에서 주된 문제는 제1심법원이 볼티모어에서의 비용 중 허용액수를 계산한 것이 정확한가와 또한 볼티모어에서의

103) 이 책 제4부 제3장 제3절 분손에 관한 보상 Ⅱ. 선박의 분손 4. 훼손이 수리되지 않은 경우 (2) 훼손이 수리되지 않고 선박이 매도되지 않은 경우 (라) 합리적인 가격하락분의 산정 (a) 기평가보험 참조.

104) 525 F.2d 717 [1975]: 1975 AMC 2489.

수리 이후 초래된 비용 중 일부를 제외하여야 하는가이었다. 법원은 동 선박이 볼티모어 도착 이전까지 그 훼손을 적절하고도 영구적으로 수리할 수 있었다는 기록상 아무런 흔적을 찾을 수 없으므로 그 손해가 각각 세 가지의 다른 위험에 의하여 발생하였다는 사실은 아무런 의미를 갖지 아니한다고 하였다. 동 주석 마지막 부분에서 1831년의 미국해상보험사건이었던 Patapsco Insurance Co. v. Southgate사건[105]에서의 추정전손 여부의 판단은 수리를 할 수 있는 가장 첫번째이며 현실적으로 가능한 지점에서 이루어져야한다는 판시를 인용하였다. 항소인, 즉 피보험자의 선박이 볼티모어를 떠난 후 생긴 수리비 등까지도 볼티모어에서 이미 수리했거나 연기된 손해와 함께 합쳐져야 한다는 주장에 대하여 '메디나 프린세스'호 사건에서 해결되지 아니한 채 남아 있었지만 일단 선박이 수리된 후 별개의 재난으로 초래된 손해는 합쳐질 수 없다고 한다. 그리고 일단 선박이 수리되어 다시 항해할 수 있는 상태로 회복된 경우 동 선박은 감항능력 있는 선박이 된다. 따라서 새로운 별개의 원인으로 말미암아 초래된 수리비용이 그와 같이 일단 수리되어 회복된 선박에 초래된 수리비용과 합쳐져야 한다는 것은 거의 상상할 수 없는 일이고, 추정전손을 위하여 합쳐질 수 있는 여러 분손의 분기점은 적절하고도 영구적인 수리를 현실적으로 가장 빨리 할 수 있는 어느 단일 지점이라고 하였다.

(iii) 대법원 1989.9.12. 선고, 87다카3070 판결 : 보험계약자인 피고는 1984년 10월 29일 원고 보험사와의 사이에 자기 소유의 참치잡이 원양어선에 관하여 보험기간 1984년 10월 29일 12:00~1985년 10월 29일 12:00, 보험목적 선체 및 기관 등, 보험가액 및 보험금액 미화 385,000달러로 하고 전손만을 담보하는 조건으로 보험계약을 체결하고 제2회 보험료까지 지급하였다.

이 선박은 남태평양에서 참치잡이 조업을 하다가 1985년 3월 14일 00:35 선박의 레이다 장비 고장 등으로 인하여 거리측정 등을 잘못하여 항로착오를 일으켜 산호초에 좌초되었고, 선원이 캐롤라인군도 이팔릭섬으로 대피하자 원주민들이 위 선박에 승선하여 선박내의 장비 등을 약탈, 파괴하였고 선박의 훼손된 틈을 통하여 기관실에 해수가 유입되는 바람에 손해가 확대되었다. 이에 따라 피고인 피보험자는 1985년 3월 15일 보험계약에 따라 원고인 보험자에 대하여 보험사고의 발생사실을 통지함과 동시에 선체 및 선원구조에 필요한 조치를 취하여 줄 것을 요구하였고 이에 원고는 해난구조 회사와 계약을 체결하고 선박을 이초시켜 3월 24일 12:00경 괌도에 입항시켰다.

105) 30 U.S. 604 (1831).

피고인 피보험자는 선박이 좌초와 약탈 등으로 인하여 추정전손이 되었다고 주장하여 보험금의 지급을 청구하였으나 원고인 보험자는 이 사건 수리비는 좌초와 선원들의 파괴 및 이선이라는 악행과 원주민들의 약탈이라는 각기 다른 보험사고로부터 생긴 것으로 이들은 서로 아무 관련이 없으므로 위 사고들을 합하여 단일사고(Single Accident)에 해당한다고 볼 수 없고 각 사고로 인한 수리비만으로는 어느 것이나 보험가액에 미달하여 추정전손이 성립하지 아니한다는 이유로 보험금지급을 거절하였다. 따라서 피고는 원고를 상대로 보험금청구의 소를 제기하였으나 원고는 선박의 이초작업과 예인으로 소요된 비용의 지급을 구하는 반소를 제기하였다.

원심[106]은 좌초와 선원의 악행 그리고 원주민의 약탈 등으로 인한 손해는 우연의 일치가 있을 뿐 필연적 관련성이 없고 별개의 보험사고를 구성하며 이 사건 수리비 중 좌초로 생긴 비용은 미화 295,000달러로 협정보험가액 385,000달러에 미달한다 하여 추정전손청구를 배척하였으나, 대법원은 단일사고 규정이 도입된 경위에 비추어 원주민의 약탈은 단일사고 특히 그 후단의 동일한 사고로부터 생기는 일련의 손해(Sequence of damages arising from the same accident)에 해당한다고 보아 원심판결을 파기환송하였다.

대법원은 1983년 협회선박기간보험 제19조 제2항의 제정과정을 고찰하여 Lenfest v. Coldwel 사건은 별개의 담보위험에 기인한 사고에 의하여 발생한 손해라도 적절하고도 영구적인 수리를 현실적으로 가장 빨리 할 수 있는 어느 난일 지점에서 다 함께 존재하고 있던 손해라면 추정전손의 목적을 위하여 모두 합쳐질 수 있음을 시사하였음을 지적하고, 추정전손에 관한 단일사고규정은 보험목적물에 대한 전손만의 보험에 가입한 자가 어떤 보험사고로 손상을 입고도 이를 수리하지 아니하고 있다가 후의 보험사고로 입은 손해와 합하여 추정전손을 주장하지 못하도록 하기 위한 데서 발단한 것으로 보았다.

(ㄹ) 동일사고에서 생기는 일련의 손해의 의미 : "추정전손의 결정에는 단일사고 또는 동일사고에서 생기는 일련의 훼손에 관한 비용만을 고려한다"라는 조항의 제정 경위에 비추어 '동일사고에서 생기는 일련의 손해'란 그 사고에서 생긴 부수적인 비용이나 손해만을 의미하는 것이 아니라 비록 그 사고와는 별개의 보험사고라고 하더라도, 그 사고를 원인으로 하거나 서로 연결을 지울 수 있는 것이면 거기에서 생긴 모든 손해를 포함한다.[107] 그 기준시점으로

106) 서울고등법원 1987.11.5. 선고, 86나3732 판결.
107) 양승규, 동일사고에서 생기는 일련의 손해와 추정전손, 보험판례연구, 삼지원, 2000, 284

는 분손을 입고도 추정전손으로 인한 보험금 전액을 청구하기 위하여 수리하지 아니하고 방치하여 손해가 확대되는 것을 방지하기 위하여 적절하고 영구적인 수리가 가능한 시점을 기준으로 인정하여야 한다고 본다. 따라서 이전의 사고와 관련되지 아니한 새로운 개입원인의 결과이거나 적절하거나 영구적인 수리가 가능한 시점 이후의 손해는 합산할 수 없다.

## 6. 적하의 훼손

적하와 관련하여 영국해상보험법 제60조 제1항은 추정전손의 일반적인 개념에 대하여, 그리고 동법 제60조 제2항 1호는 점유의 박탈에 대하여 규정하고 있고, 동법 제60조 제2항 3호는 특별히 적하에 대한 물리적인 훼손에 대하여 "… 적하가 훼손된 경우에 그 훼손을 수리하여 적하를 목적지까지 운송하는데 드는 비용이 도착하였을 때의 적하의 가액을 초과하리라고 예상되는 경우"에 추정전손이 성립한다고 규정하고 있다.

1982년 협회적하보험(A),(B),(C)약관 제13조는 이를 어구만을 변경하여 반복하여 규정하고 있다.

적하의 훼손의 경우에는 적하를 목적지로 계속 운송하는데 초래되는 비용은 전액 산입되는가 아니면 계속운송에 추가되는 비용만이 담보되는가는 명확하지 아니하다. 영국해상보험법 제정 이전의 판결로 적하보험에 든 적하를 수송하던 중 악천후와 빙산을 만나 해안에 부딪쳐 적하는 경매로 매도되고 회복비용이 회복 후의 적하의 가액을 초과하지 않아 추정전손청구가 기각된 Farnworth v. Hyde사건[108]에서는 적하가 원래의 선박 또는 원래의 선박소유자에 의하여 대체된 선박으로 계속 운송되는 경우에는 그 운임을 적하소유자가 목적지에서 지급하여야 하는 경우에는 그 운임은 산입되지 않는다고 본다. 영국해상보험법의 시행 이후 이 지위가 변경되었는가 여부는 확정되어 있지 않다.[109]

보험사고로 훼손된 적하를 점유하는 피보험자는 영국해상보험법 제60조 제1항 2문, 또는 동법 제60조 제2항 3호, 또는 1982년 협회적하보험약관 제13조와 추정전손으로 인한 보상을 청구할 수 있다. 만일 적하를 점유하고 있지 아니하

면.

108) [1866] LR 2 CP 204: 이 사건의 사실관계는 이 책 제4부 제3장 제2절 추정전손에 관한 보상 Ⅱ. 추정전손의 유형 2. 보험목적의 상당한 위부 (4) 초과비용 (나) 적하의 위부 (b) 회복하여 수리한 후 운송하는 것의 상업적 실행가능성 참조.

109) Susan Hodges, op. cit., p. 657.

는 경우에는 영국해상보험법 제60조 제2항 b호를 보상의 근거로 하여 보험금을 청구할 수 있다.

## Ⅲ. 추정전손의 효과

### 1. 추정전손의 효과와 보험목적의 위부

(1) 영국해상보험법의 규정

추정전손이 성립하는 경우 위부의 일반적인 개념을 영국해상보험법 61조는 "추정전손이 성립하는 경우 피보험자는 그 손해를 분손으로 취급할 수도 있고, 또는 보험목적을 보험자에게 위부하고 그 손해를 현실전손인 것처럼 취급할 수도 있다"라고 규정하고 있다.

동법 제62조 제1항은 나아가 "본조의 여러 규정에 따르는 것으로 하고, 피보험자가 보험목적을 보험자에게 위부하기로 선택하였으면 피보험자는 위부의 통지를 하여야 한다. 그러하지 아니하면 그 손해는 분손으로 처리될 수 있을 뿐이다"라고 규정하고 있다.

위부의 통지없는 추정전손이 존재할 수 없지만, 일반적으로는 위부의 통지는 추정전손으로 인한 보험금청구를 위한 전제조건이다. 위부의 통지가 행하여지지 아니하면 피보험자는 분손보상만을 청구할 수 있다.

선박의 전손과 분손을 담보하기로 원수보험자가 '원수보험과 동일한 조건으로 그에 따라 보상한다'는 내용으로 재보험에 들었고, 선박이 훼손되어 수리비용이 협정보험가액을 초과하였지만 선주가 위부의 통지를 하지 않고 분손보상으로 선박가액의 107%를 보상받은 후, 원수보험자는 추정전손임을 주장하여 재보험자에게 보상을 청구하였지만 법원은 이를 기각한 Western Assurance Company of Toronto v. Poole사건[110]에서 빙엄(Binngham)판사는 "물론 소유자는 위부의 통지를 하는 것이 강제되지 않는다. 피보험자가 선박에 대한 재산을 포기

110) [1903] 1 KB 376: 이 사건에서 에드먼드(Edmund)호에 대하여 분손과 전손을 담보하기로 하는 보험을 인수한 원고는 전손과 추정전손을 보상하기로 하고 "원수보험과 동일한 조건으로 그에 따라 보상한다"는 내용으로 재보험에 들었다. 수리비용이 협정보험가액을 초과하였지만, 선주는 위부의 통지를 하지 않고 분손보상을 청구하여 선박의 가액의 107%를 보상받았다. 원수보험자는 추정전손임을 주장하여 재보험자에게 보상을 청구하였지만, 법원은 선주가 위부의 통지를 하지 않았고, 지급보험금은 분손보상이었으므로 재보험금청구권이 인용될 수 없다고 판시하였다. 법원은 소유자는 위부의 통지를 하는 것을 선택하지 않고 대신 분손보상을 청구할 수 있다고 판시하였다.

하도록 강제하는 것은 아무 것도 없고, 이것은 훼손의 정도가 여하하든 적용이 된다. 피보험자는 수리비용이 보험가액의 100%에 이른다고 하더라도 언제라도 선박을 유지하고 분손보상을 청구할 수 있다. 그러나 그가 이 과정을 선택하는 경우에는 보상청구는 분손의 청구만이 허용된다"라고 판시하였다.

(2) 보험위부의 의미

위부는 일반적으로 포기를 의미하는 용어로 영국해상보험법상의 위부는 추정전손이 성립하는 경우에 보험금액 전부를 보상받기 위한 전제조건으로서, 피보험자가 보험의 목적에 잔존하는 자기의 일체의 이익을 보험자에게 일방적으로 이전하는 것을 말한다. 위부와 달리 위부의 통지는 피보험자가 추정전손이 성립하는 경우 상황이 변경하는가를 지켜보기 위하여 자기의 의사를 비밀로 하지 않고 손해를 전손으로 처리하겠다는 의사를 보험자에게 통지하는 것이다.

캘커타에서 런던 또는 리버풀까지 적하를 운송하기 위하여 용선된 선박의 선주가 이 운임에 대하여 보험에 들었는데, 캘커타에 도착한 선박을 검사한 결과 이전에 좌초로 발생한 선박의 훼손으로 인하여 추정전손임이 확인된 경우 운임의 현실전손이 성립한 Rankin v. Potter사건[111]에서 이와 같은 위부가 다투어졌다. 블랙번(Blackburn)판사는 "해상보험에 있어서 피보험자가 보험자에게 완전한 보상을 청구한다는 것을 보험자가 인식하도록 하는 것은 위부의 통지에 의하여서이다. 위부의 통지는 위부 또는 양도 자체와는 다른 것이다. 피보험자가 선택권을 보유하는 위부의 통지는 보험자에 대하여 전손보상을 청구하기로 결정한 것으로 종국적인 효력이 있다"라고 판시하였다.

선박보험에 가입한 선박이 사이공(Saigon)에서 홍콩으로 항해중 모래톱에 부딪쳐 심하게 훼손되어 사이공으로 귀항하여 조사 후에 수리비용이 수리 후의 선박의 가액을 초과함이 확인되어 추정전손이 성립하였지만 위부의 통지없는 사이 매도되어 다시 취항하였는데, 추정전손으로 인한 보상청구에 대하여 기각판결이 내려진 Kaltenbach v. MacKenzie사건[112]에서 사이공에서 선박이 추정전손으로 위부되었지만, 위부의 통지가 행하여지지 아니하였는데, 법원은 위부의 의미와 중요성에 대하여 고찰하였다. 코튼(Cotton)판사는 "이 사건에서와 같이 피보험자가 손해를 전손으로 처리하고자 선택하는 경우에는 보험자에게 보

111) [1873] LR 6 HL 83: 이 사건의 사실관계는 이 책 제4부 제3장 제1절 현실전손에 관한 보상 Ⅲ. 운임의 현실전손 1. 개관 참조.

112) [1878] 3 CPD 467: 이 사건의 사실관계는 이 책 제4부 제3장 제2절 추정전손에 관한 보상 Ⅲ. 추정전손의 효과 2. 위부의 통지 (1) 위부의 통지의 인정근거 참조.

험목적을 이전하여야 한다. 일반적인 원칙은 선택을 가능하도록 하는 정보를 가지는 즉시 보험자에게 그와 같은 선택을 한다는 것을 통지하여야 한다는 것이다. 이 원칙은 두 가지 근거에 기초하고 있다. 피보험자가 일단 손해를 전손으로 처리하는 선택을 한 경우에는 보험자가 보험목적으로 인하여 발생하는 이익을 행사할 수 있도록 하여야 한다. 따라서 위부와는 완전히 다른 것인 위부의 통지는 보험자에게 그가 행한 것과 함께 상황이 변경하는가를 지켜보기 위하여 자기의 의사를 비밀로 하지 않겠다는 것을 통지하는 것이다"라고 판시하였다.

## 2. 위부의 통지

(1) 위부의 통지의 인정근거

위부의 통지의 개념은 해상보험에 특유한 것으로 이는 피보험자가 보험목적에 대한 자신의 권리를 포기한다는 것을 보험자에게 알리는 수단이다. 손해는 현실전손 또는 분손으로 추정된다. 추정전손은 피보험자에게 분손보상청구를 전손보상청구로 변경할 기회를 부여하는 개념이다. 피보험자는 분손보상청구를 하거나 또는 잔존물에 대한 이익을 보험자에게 이전하고 전손보상청구를 선택할 수 있지만, 재산이 회복하거나 자신에게 이익이 되는 상황을 기대하여 적절한 시기까지 위부의 통지를 하지 않으면 전손보상청구를 할 수 없게 되는 것이다.

Kaltenbach v. MacKenzie사건[113]에서 이 과정이 필요성이 브랫(Brett)판사에 의하여 설명되었다. 브랫(Brett)판사는 "위부의 통지는 해상보험계약을 제외한 다른 손해보상계약에는 존재하지 아니한다. 일부 법관은 위부된 목적물의 파괴로부터 보존을 위하여 최선이라고 생각하는 단계를 취할 수 있도록 필요한 선택권이라고 한다. 그러나 그것이 위부의 통지를 요건으로 한 이유라는 주장에 대하여 의문이 있다. 보험자와 선주에 의하여 그것이 도입된 이유는 해상보험의 특이성 때문이었다. 손해는 세계 어느 곳에서도 발생할 수 있다. 보험자는 피보험자로부터 수령하는 정보가 정확한가 여부를 결정할 수 있는 기회가 없는 상

113) [1878] 3 CPD 467: 이 판결은 원고에 의한 항소심판결로 선박 에미럴 프로텟(Amiral Protet)호의 소유자인 원고는 취리히(Zurich)에 거주하는 상인으로 피고에게 이 선박에 대하여 보험에 가입하였다. 사이공(Saigon)에서 홍콩으로 항해 중에 '에미럴 프로텟'호는 모래톱에 부딪쳐 심하게 훼손을 입어 사이공으로 귀항하였지만, 조사 후에 수리비용이 수리후의 선박의 가액을 초과한다는 이유로 추정전손이 선언되었다. 후일 선박은 매도되어 다시 취항하였다. 원고는 추정전손으로 인한 보상을 청구하였지만, 보험자는 위부의 통지가 없었다는 이유로 이를 거부하였다. 법원은 원심을 파기하여 보험자승소판결을 내렸다.

황이 발생할 수 없다. 현장에 있지 않더라도 피보험자는 선박의 대리인, 선장으로부터 사고의 통지를 수령하게 된다. 일반적으로 보험자는 피보험자로부터가 아니면 사고의 통지를 수령할 수 없고, 따라서 피보험자가 추정전손으로 인한 추정전손보상을 청구할지 여부를 위하여 시간을 가질 커다란 위험이 존재한다. 즉, 피보험자가가 시장의 상태 또는 기타 많은 경우를 고려할 시간을 가지고 시장이 불리한 경우에는 보험자에게 전가하고 유리한 경우에는 이익을 취하게 된다"라고 판시하였다.

(2) 위부의 통지의 조건

(가) 추정전손의 성립 : 분손을 입은 피보험자가 전손보상을 받기 위하여서는 분손이 추정전손에 해당하여야 한다. 따라서 추정전손이 성립하지 않는 경우에는 위부의 통지는 효력이 없다. 사고가 발생하지 않았거나 분손이 추정전손으로 되지 않는 경우에 미리 위부를 통지하여도 효력이 없고, 이 통지가 후일 추정전손이 성립하여도 그 전제조건으로 효력이 인정되지 않는다.[114] 위부의 통지는 선박 또는 적하의 추정전손으로 인한 보상청구를 위한 전제조건임이 강조된다. 위부의 통지가 추정전손 자체의 필수적인 요소는 아니다. Kaltenbach v. MacKenzie사건[115]에서 위부의 통지는 추정전손보상을 위한 전제조건이라고 판시되었다. 브랫(Brett)판사는 "위부의 상징은 그 통지이다. 이 통지는 특정한 시간 이내에 행하여져야 한다. 적정한 시간 안의 위부의 통지는 제외사유가 없는 한 선행조건이다"라고 판시하였다.

위부의 통지의 역할에 대하여 운임보험에 관한 Robertson v. Petros M. Nomicos사건[116]에서 라이트(Wright)판사는 "위부의 통지는 추정전손의 필수적 요소는 아니다. 상고인의 주장은 추정전손과 추정전손으로 인한 보상청구권을 혼동하고 있는 점에서 두 가지 다른 개념을 혼동하고 있다. 보상청구는 특정한

114) F.D. Rose, op. cit., § 24.9, p. 460.

115) [1878] 3 CPD 467, CA: 이 사건의 사실관계는 이 책 제4부 제3장 제2절 추정전손에 관한 보상 Ⅲ. 추정전손의 효과 2. 위부의 통지 (1) 위부의 통지의 인정근거 참조.

116) [1939] A.C.371, HL: 선박보험에 가입한 유조선의 선주는 다른 한편 캐리비언(Caribbean)에서 로테르담까지 원유를 운송하도록 용선하고 취득할 운임에 대하여 운임보험에 들었는데 선박이 선적항으로 항해하기 전에 로테르담에서 보일러수리 중에 화재와 폭발을 겪어 선박보험계약에서 규정하는 조건으로 인하여 소유자는 추정전손을 주장하지 못하여 분손보상을 청구하고 위부를 하지 아니하였다. 그리고 용선운임을 담보하는 보험계약상 전손보상을 청구하였지만, 상원은 선박은 추정전손이고 선박보험과 관련하여 위부의 통지는 추정전손이 성립함을 입증하기 위한 것이 아니라 피보험자가 그러한 주장을 할 의도가 있다는 것을 입증하기 위한 것이고 운임의 추정전손에는 위부의 통지가 필요하지 않기 때문에 보험자는 용선운임의 보상을 받을 수 있다고 판시되었다.

경우를 제외하고는 영국해상보험법 제62조의 정당한 위부의 통지에 달려 있다. 동법 제61조는 '추정전손이 성립하는 경우 피보험자는 그 손해를 분손으로 취급할 수도 있고, 또는 보험목적을 보험자에게 위부하고 그 손해를 현실전손인 것처럼 취급할 수도 있다'라고 하여 이 구별을 명확히 하고 있다. 이 조항은 위부할 권리는 추정전손이 성립하는 경우에만 발생함을 명확히 한다. 이 조항의 틀은 위부의 권리와 추정전손을 동일하게 처리하는 것을 불가능하게 한다. 위부의 권리는 추정전손이 존재하는 경우 부가적인 선택권이다. 추정전손이 성립하는 경우에도 피보험자는 여전히 분손으로 취급할 수 있기 때문에 위부의 권리는 추정전손의 필요적 요소가 아니다"라고 판시하였다.

(나) 선박 또는 적하가 매도의 필요성이 있는 경우 위부의 통지 : 오늘날은 통신의 발달로 인하여 선장은 소유자와 통신을 하지 아니하고는 선박과 적하를 매도할 가능성이 없지만, 과거에는 그러한 사례가 자주 있었다. 따라서 긴급한 대리인으로서 선장이 모든 보험관계자에게 이익이라고 판단하여 선박과 적하를 정당하게 매도하는 경우 추정전손이 성립하는 것이 가능하였다. 이 경우 위부의 통지는 추정전손으로 인한 보상을 위한 선행조건이지만, 매도가 정당하지 않음이 입증된 경우에는 위부의 통지는 무익하였다. Kaltenbach v. MacKenzie사건[117]에서 사이공(Saigon)에서 선박이 검사 후에 매도되었는데 브랫(Brett)판사는 매도 또는 위부의 통지가 실행되기 이전에 추정전손이 성립하여야 한다는 견해이었다. 동판사는 "매도가 상황에 따라 정당하고 전손보상을 청구하는데 정당하지 아니하면 위부의 통지로 피보험자가 전손보상을 받을 수 없다. 달리 말하면 위부의 통지가 실행되기 이전에 추정전손이 성립하여야 한다"라고 판시하였다.

(다) 위부의 절대성·무조건성 : 피보험자가 보험의 목적에 대한 이익을 보험자에게 위부하는 의사를 가지고 있고, 이 의사가 무조건인 것이 유효한 위부의 통지와 위부 자체의 전제조건이다(상법 제714조 제1항, 영국해상보험법 제62조 제2항).

(라) 위부의 통지의 형식과 내용 : 위부의 통지는, 서면, 구두 또는 일부를 서면 일부를 구두로 할 수 있고 또 보험의 목적물상의 피보험자의 피보험이익을 보험자에게 무조건 위부한다는 피보험자의 의사를 표시함으로써도 할 수 있다(영국해상보험법 제62조 제2항).

117) [1878] 3 CPD 467: 이 사건의 구체적인 사실관계는 이 책 제4부 제3장 제2절 추정전손에 관한 보상 Ⅲ. 추정전손의 효과 2. 위부의 통지 (1) 위부의 통지의 인정근거 참조.

오래된 사건으로 운임보험에 가입한 선박이 적하를 선적하고 운송하다가 포획되고 후일 석방되어 매도되었는데 위부의 통지가 없는 경우에는 보험금전액을 보상받을 수 없다고 판시된 Parmeter v. Todhunter사건[118]에서 에렌버러(Ellenborough)판사는 "구두 위부를 금지하는 것은 정당하지만, 허용된다면 그것은 명시적이어야 한다. 묵시적인 구두위부는 너무 불확정적어서 지지될 수 없다. 위부는 명시적이고 직접적이어야 하고, 위부라는 단어는 효과적이 되도록 사용되어야 한다"라고 판시하였다.

(마) 위부의 통지의 시기 : 피보험자는 정보수령후 상당한 주의를 가지고 위부의 통지를 하여야 하지만, 추정전손이 성립하는지 여부에 관한 정보를 조사하기 위하여 상당한 기간이 허용된다(상법 제713조, 영국해상보험법 제62조 제3항).

적법한 위부통지의 효과는 보험자에게 위부된 재산에 대한 권리를 부여하는 것으로 피보험자가 위부를 선택하는 경우에는 보험자가 자기 수중에 든 재산을 가장 잘 활용하기 위한 조치를 즉시 취할 수 있도록 피보험자는 손해의 정보를 수령한 후 상당한 시기에 위부하여 소유권을 부여할 의사를 보험자에게 통지하여야 한다.

Kaltenbach v. MacKenzie사건[119]에서 브랫(Brett)판사는 피보험자가 위부의 통지를 하여야 하는 기간을 상세히 고찰하였다. 동 판사는 "위부의 통지가 행하여져야 하는 기간이 문제된다. 첫번째 통지가 행하여져야 하는 시기는 문제는 피보험자가 손해에 대하여 소식을 듣는 최초의 순간인가 아니면 그 이후의 시기인가 여부이다. … 설정된 원칙은 보험의 목적이 전손이 될 급박한 위험과 같은 보험목적의 훼손에 대한 신뢰할만한 정보를 가지는 순간에 이에 반하는 근거가 없는 한 위부의 통지를 하여야 한다는 것이다. 그러나 첫번째 획득한 정보가 급박한 위험이 존재하는가 여부에 관하여 충분히 답하기 어려운 경우에는 선박에 행하여진 훼손의 상태와 성질에 대하여 충분한 정보를 획득하기 위하여 충분한 시간이 부여되어야 한다"라고 판시하였다.

그러나 제2차 세계대전 기간에 적하보험에 든 적하를 선적한 독일선박이 영국군함에 의한 포획을 피하기 위하여 항해중 선장 등에 의하여 천공되어 멸실

118) [1808] 1 Camp 540: 이 사건에서 선박과 적하가 포획되어 탈환된 후에 매도되어 피보험자는 추정전손보상을 청구하는 때에 명백한 위부의 통지를 하지 않았다. 운임보험계약이었지만 적하는 잔존하였고, 법원은 위부의 통지가 없는 경우에는 추정전손이 아니라고 판시하였다.

119) [1878] 3 CPD 467: 이 사건의 사실관계는 이 책 제4부 제3장 제2절 추정전손에 관한 보상 Ⅲ. 추정전손의 효과 2. 위부의 통지 (1) 위부의 통지의 인정근거 참조.

하여 보상이 청구되었다. 법원은 독일정부의 지시에 따라 모항으로 항해하는 경우 영국의 봉쇄를 피하는 것이 불가능하다고 하여 추정전손의 성립을 인정한 Rickards v. Forestal Land, Timber and Railways Co., Ltd.사건[120)]에서 라이트(Wright)판사는 무엇이 피보험자의 이익에 가장 적합한가를 결정하기 위하여 피보험자에게 주어진 기간은 상당한 기간에 포함되지 아니한다고 판시하였다. 동 판사는 "피보험자가 추정전손의 선택을 하는 경우에 그는 충분한 정보의 수령 후 상당한 기간이내에 위부의 통지를 하여야 한다. 그에게는 가장 자신의 이익에 가장 적합한 것이 무엇인가를 결정하거나 어떠한 일이 드러나는가를 결정하기 위하여 어떠한 사고를 기다리는 것이 허용되지 아니한다. 피보험자가 정당한 근거에 기초하여 위부를 선택하는 경우에 위험은 종료하고, 피보험자는 전손보상을 받을 수 있기 때문에 구조물은 보험자에게 귀속한다"라고 판시하였다

### 3. 위부의 통지의 면제

재보험의 경우와 위부의 통지가 보험자에게 무익한 경우에는, 보험자는 위부통지 없이 전손보험금을 지급받을 수 있다.

(1) 재보험의 경우

영국해상보험법은 원수보험자가 자기의 이익을 재보험에 든 경우에는 보험자에게 위부를 통지할 필요가 없다고 하지만(동법 제62조 제9항), 독일상법은 이 경우에도 위부의 통지를 요구한다.[121)]

(2) 위부의 통지가 보험자에게 무익한 경우

피보험자가 손해의 정보를 수령한 때에 보험자에게 위부의 통지를 하여도 보험자에게 이익을 줄 가능성이 전혀 없는 경우에는 위부의 통지는 필요 없다(영국해상보험법 제62조 제7항). 이는 그 당시에 존재하던 보통법의 원칙을 조문화한 것이지만, '보험자에게 이익이 될 가능성이 없음'이란 어귀를 삽입하여 그 적용범위를 효과적으로 넓히고 있다. 선박이나 적하가 보험자에게 아무 이익이 없는 경우에는 위부의 통지없이 선박 또는 적하의 추정전손으로 인한 보상청구가 이제는 가능하다.

---

120) [1941] 3 All ER 62, HL: 이 사건의 구체적인 사실관계는 이 책 제2부 제6장 제2절 항해보험 II. 선박의 항해보험 3. 항해의 변경 (3) 영국해상보험법상 항해의 변경 (나) 항해변경의 요건 (c) 자발적인 도착항의 변경일 것 참조.

121) 독일상법 제864조 제3항.

Kaltenbach v. MacKenzie사건[122]에서 사이공(Saigon)에서 선박이 검사 후에 매도되었는데 원고는 후일 위부할 것이 아무 것도 없었기 때문에 위부의 통지가 불필요하다고 주장하였다. 브랫(Brett)판사는 이 사건에서 매도의 수익이 실제로 위부할 수 있는 것으로 잔존하였다고 지적하였다. 동 판사는 "Rankin v. Potter사건에서 피보험자가 다른 경우에는 위부의 통지를 할 의무가 있는 정보를 수령하였고 동시에 보험목적이 매도된다는 소식을 들은 경우에는 위부할 보험의 목적이 아무 것도 없기 때문에 위부의 통지는 불필요하다. 그 이유는 이 상황에서 위부의 통지는 단순한 불필요한 의식에 불과하고 사용할 수 없기 때문이다. 그러한 상황에서는 위부의 통지는 위부할 것이 아무 것도 없기 때문에 불필요하다고 판결된다. 그러나 적하가 매도된 경우에는 보험이 처리되었을 때에 매도의 대금이 위부할 무엇으로 남아 있음이 명백하다. 그러나 위부할 선박이나 적하의 보험목적이 아무 것도 없는 경우에는 위부의 통지는 무익하다"라고 판시하였다.

그러나 영국해상보험법 시행 후, 적하보험에 가입한 원유의 적하를 통에 담아 운송하던 선박이 해안에 부딪쳐 멸실하여 많은 원유통이 구조되었지만 오염된 것이 판명되어, 원유가 오염된 상태와 새로운 통에 적입하여 목적지로 운송하는 비용을 판단하여 추정전손이 성립하였다고 판시한 Vacuum Oil Co. v. Union Insurance Society of Canton사건[123]에서 항소법원은 전손이 성립하였지만 위부의 통지를 하지 아니하였기 때문에 보상을 받을 수 없다고 판시하였다. 쟁점은 영국해상보험법 제62조 제7항의 '보험자에게 이익이 될 가능성이 없음'이라는 어구이었다. 뱅크스(Bankes)판사는 "이 사건에서 적하는 종류의 물건으로 잔존하였고 이익을 위한 매도를 목적으로 수리하던 중이었으며, 만일 상당한 시간 안에 위부의 통지가 있었더라면 적하가 존재하였고 보험자가 원하는 것을 행할 수 있었기 때문에 동 조항상의 보험자에게 이익이 될 가능성이 존재하였다"라고 판시하였다.

최근의 Black King Shipping Corporation v. Massie, 'Litsion Pride'사건[124]에

---

122) [1878] 3 CPD 467: 이 사건의 사실관계는 이 책 제4부 제3장 제2절 추정전손에 관한 보상 Ⅲ. 추정전손의 효과 2. 위부의 통지 (1) 위부의 통지의 인정근거 참조.

123) [1926] 25 Ll L Rep 546, CA: 이 사건의 사실관계는 이 책 제4부 제3장 제2절 추정전손에 관한 보상 Ⅱ. 추정전손의 유형 2. 보험목적의 상당한 위부 (4) 초과비용 (나) 적하의 위부 (b) 회복하여 수리한 후 운송하는 것의 상업적 실행가능성 참조.

124) [1985] 1 Lloyd's Rep. 437: 구체적 사실관계는 이 책 제2부 제4장 제3절 최대선의의무와 고지의무 Ⅲ. 최대선의의무 2. 영국 (2) 최대선의의무의 법적 성질 (나) 최우선적이고 계속적인 의무 참조.

서 보험자의 항변의 하나는 위부의 통지가 행하여지지 아니하였다는 것이었고, 허스트(Hirst)판사는 위부의 통지는 필요없다는 의견이었다. 여전히 존재하던 적대행위로 인하여 난파선을 구조할 수 없었기 때문에 보험자에게 이익이 될 가능성이 없다고 보았다. 동 판사는 "전쟁상황으로 인하여 선박이 침몰된 곳에서 어떠한 개념의 구조도 절대적으로 실행할 수 없었기 때문에 위부의 통지가 행하여지더라도 보험자에게 이익이 될 가능성이 없었다"라고 판시하였다.

⑶ 보험자가 위부의 통지를 면제한 경우

계약법상의 일반원칙에 따르면, 자기 이익을 위한 요건 또는 조건을 포기할 수 있으므로, 보험자는 피보험자가 위부의 통지를 하여야 한다는 요건을 포기할 수 있고(영국해상보험법 제62조 제7항), 이 경우에는 피보험자는 통지를 하지 아니하고 추정전손 보험금을 청구할 수 있다. 위부를 통지할 권리의 포기는 명백한 증거에 의하여 입증되어야 하지만, 피보험자로부터의 선박을 위부하고자 하는 의사에 대하여 알게 된 보험자가 피보험자로 하여금 위부하지 말도록 권유한 경우에는, 이것은 위부의 통지에 대한 권리의 포기에 해당한다.

## 4. 위부의 통지의 승낙

피보험자의 위부의 통지에 대한 보험자의 위부승낙은 보험자의 보상책임과 그 통지의 충분함을 확인하는 것이다(영국해상보험법 제62조 제6항). 위부의 승낙은 명시적으로 이루어질 수 있고, 보험자의 행위에 의하여 묵시적으로 인정될 수도 있다. 보험자가 위부의 통지를 받은 후에 단순히 침묵한 것은 위부의 승낙이 아니다(동법 제62조 제5항).

위부의 통지는 피보험자에 의한 청약이고, 보험자는 이에 승낙, 거부 또는 응답할 의무가 있는 것은 아니다.[125] 그러나 피보험자의 위부의 통지가 정당한 경우에는 보험자가 그 승낙을 거부하더라도 피보험자의 지위에 영향을 미치는 것은 아니므로, 피보험자는 추정전손이 성립하였다는 사유를 입증하여 전손보험금의 지급을 청구할 수 있는 것이다(상법 제717조).

위부의 통지의 승낙은 손해에 대한 책임 및 그 통지의 충분함을 확정적으로 인정하는 것이고, 보험자는 일단 승낙한 이상 철회할 수 없으며, 승낙에 의하여 구속되지만(영국해상보험법 제60조 제7항), 피보험자는 추정전손의 주장을 철회하고 분손보상을 청구할 수도 있다(동법 제61조). 실무상 다양한 이유로 위부의 통

125) F.D. Rose, op. cit., § 24.34, p. 468.

지는 첫번째 행하여졌을 때 보험자에 의하여 승낙되는 경우는 극히 드물고, 보험자는 통지의 수령만을 인정하고 피보험자가 영장이 발행된 것과 같은 지위에 놓여진다는 것을 피보험자에게 알리는 것이 일반적이다.[126]

Pesquerias y Secaderos de Bacalao de Espana SA v. Beer사건[127]에서 스페인 트롤어선이 스페인 내란의 발발시에 나포되어 추정전손으로 위부되었다. 앳킨슨(Atkinson)판사는 1심에서 보험자의 승낙을 기다리는 피보험자의 지위를 "위부의 통지가 승낙될 때까지 피보험자는 이전의 상황으로 전부 또는 일부 복귀할 개입사건이 있는가를 조사할 권리가 있고, 분손보상청구가 적합한 경우에는 자신의 청구를 제한할 수 있다"라고 설명하였다.

그러나 표준선박보험약관[128]은 피보험자와 보험자는 이와 같은 지위를 변경시키지 아니하고 훼손을 경감시키는 조치를 취할 수 있음을 "보험목적을 구조, 보호 또는 회복하기 위하여 피보험자 또는 보험자가 취한 조치는 위부의 포기나 승낙으로 보지 않으며, 또한 기타 어떤 형태로든지 각 당사자의 권리를 침해하지 않는다"라고 규정하고 있다.

## 5. 보험위부의 효과

### (1) 개 관

영국해상보험법 제63조 제1항은 '유효한 위부가 있는 때에는, 보험자는 보험목적의 잔존물에 대한 피보험자의 이익과 이에 부수하는 재산권을 승계할 권리를 갖는다'라고 규정하고 있다.

보험위부는 피보험자의 보험금보상청구권과 보험자에의 보험의 목적물에 대한 권리 이전이라는 두 가지 효과를 발생한다. 보험의 목적에 관한 권리의 이전, 특히 위부의 소유권 이전의 효과에 관련하여 추정전손이 성립한 경우에도 난파선제거의무나 유류오염손해배상책임을 승계하지 않으려는 의도로 보험자는 보험의 목적을 취득하지 않으려고 하기 때문에 난파선제거의무 등에 대한 책임의 귀속이 문제가 된다.

### (2) 피보험자의 권리와 의무

(가) 피보험자의 보험금청구권 : 피보험자는 보험의 목적을 위부한 때에는

126) Susan Hodges, op. cit., p. 668.
127) [1946] 79 Ll L Rep 417.
128) 1983년 협회선박기간보험약관 제13조 제3항; 1983년 협회선박항해보험약관 제11조 제3항; 2003년 국제선박보험약관 제9조 제3항.

보험금 전액의 지급을 청구할 수 있다(상법 제710조). 추정전손이 성립하면 구체적으로 손해액에 대한 입증이 없어도 보험자는 보험금의 전액을 지급할 책임을 진다. 위부의 통지가 정당하게 행하여진 경우에는 피보험자의 권리는 보험자가 위부의 승낙을 거부하였다는 사실에 의하여 침해받지 아니한다(영국해상보험법 제62조 제4항)

(나) 피보험자의 의무 : 피보험자의 위부의 통지와 보험자의 위부의 승인에 의하여 보험의 목적물의 소유권이 보험자에게 이전하므로, 피보험자는 보험의 목적에 관한 서류 등을 제공하여 보험자의 권리행사를 용이하게 하도록 협조할 의무를 진다(상법 제718조). 목적물이 선하증권에 의하여 표창되는 경우에는, 보험자가 물건의 소유권을 취득할 수 있도록 보험자에게 선하증권에 배서·교부하여야 한다. 또 피보험자는 위부할 권리가 있는 사고의 발생시에 전손방지의무 등 보험자의 부담을 경감하도록 최선을 다하여야 할 의무가 있다.

(3) 보험자의 피보험자의 재산권 승계 권리

(가) 보험자의 자동승계 여부 : 피보험자가 추정전손이 성립하여 위부의 통지를 하여 전손보상청구권을 가지는 경우에 보험자는 보험목적에 대한 재산권을 자동적으로 취득하는 것이 아니라 보험목적에 대한 승계권만을 가질 뿐이고, 이를 승계하거나 이를 거부하는 데 있어서 자유롭다. 보험자가 난파선의 제거책임과 같은 소유자로서의 책임을 피하고자 하는 경우에는 이익을 거부한다는 것을 명확히 할 것이 권고된다.[129]

즉, 난파선이 재산적 가치를 가진 경우에는 보험자는 이를 승계하고자 하고, 무가치하거나 부담이 오히려 더 큰 경우에는 이를 거부할 것이다. 선박소유자의 과실로 인한 책임이 보험자가 난파선의 소유권을 취득하였다고 이전되는 것은 아니다. 다만 영국보통법상 표지를 붙이지 않은 난파선과 충돌하는 경우와 같이 자기 소유의 재산으로 타인이 손해를 입지 않도록 할 주의의무위반으로 인한 책임은 당시의 소유자에게 부담된다. 따라서 위부의 통지를 승낙하는 보험자가 당시의 소유자에게 부과되는 법령상의 난파선 제거비용을 지게 될 가능성이 존재한다. 따라서 보험자는 이 책임을 지지 않기 위하여 소유권을 취득하기를 거부하게 되고 피보험자가 여전히 그 책임을 지게 된다. 이와 같이 위부의 결과는 타인에게 소유권을 이전하는 것이 아니고, 피보험자는 소유권과 이에 부수하는 책임을 여전히 지고, 이 위험을 담보하는 다른 보험을 들어 이를 전가할 수 있

129) F.D. Rose, op. cit., § 24.52, p. 474.

다. 실무상으로는 표준선박보험약관은 이 위험을 담보하지 않고 선주가 선주상호보험에 가입하여 담보하고 있다.

(나) 보험위부와 보험자대위[130) : 보험위부는 그 기원에서 보험자대위와 관련되어 있고, 피보험자가 손해액 이상을 보상받아 이익을 취하는 것을 막고자 하는 점에서, 양자는 기본적으로 그 목적을 같이 한다. 보험위부는 일반원칙인 보험자대위의 보충적인 원칙이다.

그러나 보험자대위는 보험의 목적에 현실전손이 있는 경우에 피보험자의 손해를 보상하여 준 보험자에게 법률상 잔존물에 대한 권리를 이전시키는 제도인데 반하여, 보험위부는 보험의 목적이 전부 멸실되는 것과 동일시되는 추정전손이 있는 경우에 보험위부의 통지라는 피보험자의 특별한 의사표시에 의하여 보험금을 청구하는 제도인 점에서 양자는 성질을 달리 한다. 그리고 보험위부의 경우에는 위부된 목적물이 피보험자에게 지급한 보험금액보다 큰 것이 입증되어도 보험자는 여전히 그 전부에 대한 권리를 가질 수 있다. 그러나 보험자대위의 경우에는 이와 반대로 보험자는 피보험자에게 지급한 보험금액 이상으로 회복할 수 없는 점에서 양자는 구별된다.

(다) 운임의 귀속 : 항해 중에 선박이 위부되었지만 항해를 이행하여 운임을 취득한 경우에는, 이 운임은 선박보험자에게 귀속하며, 선주 또는 운임보험자에게 귀속되지 아니한다는 것이 Case v. Davidson사건[131) 이래 확립되어 영국해상보험법 제62조 제2항에 "선박의 위부가 있는 경우에는 선박보험자는 취득한 운임과 손해가 야기된 재해 후에 선박이 취득한 일체의 운임에서, 그 운임을 취득하기 위하여 재해 후에 지출한 비용을 공제한 것을 취득할 권리가 있다. 선박이 그 소유자의 적하를 운송하고 있는 경우에는 보험자는 손해를 야기한 재해 후에 그 적하의 운송에 대하여 타당한 보수를 수령할 권리가 있다"라고 규정하고 있다

그러나 보험실무상으로 선박보험자가 운임을 포기한다는 규정을 두어 해결하고 있다.[132) 선박보험자와 운임보험자 사이의 지위와 관계없이 선박소유자와 운임보험자 사이에서는 취득운임은 후자에게 귀속하고, 운임보험자는 운임의

130) 이 책 제3부 제3장 제2절 보험의 목적에 대한 보험자대위 Ⅱ. 잔존물대위와 보험위부의 비교 참조.

131) [1816] 5 M&S. 79; 이 사건에서 선박과 운임에 대하여 별개의 보험자에게 보험에 들었고, 선박이 포획되어 보험자에게 위부되었다. 선박이 석방되어 선주는 항해를 완료하고 운임을 취득하였다. 법원은 운임을 선박보험자에게 지급할 것을 명하였다.

132) 1983년 협회선박기간보험약관 제18조; 2003년 국제선박보험약관 제22조.

양수인으로서 미지급운임의 지급을 의무자에게 청구할 권리가 있다.[133]

(라) 재산권에 부수하는 권리 : 보험위부의 경우에 보험자는 보험목적물의 잔존부분에 대한 피보험자의 이익과 보험목적물에 부수하는 재산권을 승계할 권리를 취득하지만(영국해상보험법 제63조 제1항), 그러하지 않은 권리를 취득하는 것은 아니다.

선박보험과 운임보험에 가입한 선박이 충돌로 인하여 훼손되어 목적지에 도착할 수 없게 되어, 선주는 선박 자체의 손해에 대하여 과실있는 선박으로부터 충돌로 인한 손해를 배상받았을 뿐만 아니라, 이후의 항해에서 취득할 것이 기대된 운임의 손해에 대하여 배상받고, 위부하여 전손보상금을 지급받은 경우, 선박보험자는 선주가 받은 배상금에서 선박의 가액에 대하여서만 권리가 인정되었고, 운임에 대하여서는 거부되었다. 그 이유는 운임을 취득하는 약정은 선박의 소유권에 부수하는 것이 아니므로 보험자에게 잔존물로 이전하지 않는다는 것이었으며, 이 손해배상금은 운임보험자에게 권리가 인정되었다.[134]

이것은 제1차 세계대전 후 베르사이유조약의 규정상으로 야기된 사건으로 영국의 선박이 함부르크항에 정박 중 전쟁기간동안 억류되어 전손보상 후에, 종전 후 선주가 독일정부로부터 받은 보상금은 사적인 것이기 때문에 보험자의 권리가 인정되지 아니한 Attorney-General v. Glen Line Ltd. and Liverpool & London War Risks Association Ltd.사건[135]에서 확인되었다.

## 6. 추정전손의 판단시점과 손해의 회복

(1) 문제의 소재

영국법의 원칙에 따르면 추정전손으로 인한 보험금청구권은 위부의 통지시의 사실관계가 아니라 제소시에 존재하는 사실관계에 의하여 판단된다. 위부의 통지시의 사실상태는 그 통지를 정당화할 정도이더라도 제소시에 피보험자가

133) F.D. Rose, op. cit., § 24.79, p. 481.

134) Sea Insurance Co. v. Hadden [1884] 13 Q.B.D. 706(CA) : 이 사건에서 영국선박인 그래너른(Glenearn)호가 제1차 세계대전 발발시 함부르크항구에 정박 중 억류되어 전쟁기간 내내 지속되었는데, 전쟁위험을 인수한 보험자는 80%를 영국정부에 재보험에 가입하였고, 전쟁보험자는 전손보상으로 처리하였다. 전쟁종료 후 '그래너른'호의 선주가 독일정부로부터 손해보상을 받자 영국정부가 보험자대위권을 행사하여 전쟁보험자와의 80:20의 비율의 분배를 청구하였는데, 법원은 그것은 억류기간동안 수익의 손해에 대한 보상으로 사적인 것이기 때문에 두 보험자 모두에게 아무 권리가 없다고 판시하였다.

135) [1930] 37 Ll L Rep 55 at p. 61 ; [1930] 36 Com Cas 1 at p. 13 : 이 사건의 사실관계는 이 책 제3부 제3장 제3절 청구권대위 Ⅲ. 청구권대위의 효과 2. 대위권행사의 범위 (1) 피보험자의 권리에 의한 제한 참조.

원하는 경우에는 점유를 취득할 수 있고 그것이 상당하게 기대되는 경우에는 전손보상청구권이 인정되지 아니한다. 그러나 영국실무상 위부의 통지를 받은 때에는 보험자는 소송개시영장이 위부의 통지가 행하여진 날에 발행된 것으로 본다.[136]

(2) 선박의 회복과 추정전손의 배제여부

보험금청구소송이 개시되기 이전에 보험의 목적이 회복된 경우에 손해의 회복이 성립하고 이에 의하여 청구의 기초가 변경된다. 그 예로는 나포가 행하여졌지만, 보험목적이 피보험자에게 귀환된 경우에 추정전손으로 인한 보상청구는 배제되는 것을 들 수 있다. 그러나 일단 소송이 개시되면 추정전손이 성립하고 회복되더라도 보험금청구권은 상황의 변화와 관계없이 존속하는 것이다.

이 쟁점은 이탈리아와 아비시니아(Abyssinia)와의 전쟁 중에 전쟁보험에 가입한 선박이 아비시니아를 위한 무기를 싣고 선박을 항해하다가 이탈리아순양함에 의하여 포획되어 위부의 통지를 한 후 일주일만에 원고는 영장을 발행함에 의하여 소송을 제기하였지만, 바로 직후 전쟁이 종료한 Ruys v. Royal Exchange Assurance Corporation사건[137]에서 제기되었다. 콜린스(Collins)판사는 소송이 개시된 경우에 회복을 위한 기준일은 영장을 발행한 날이라고 판시하였다.

1년 후 Sailing Ship Blairmore Co., Ltd. v. Macredie사건[138]에서 허쉘(Herschell)판사는 회복의 기준일은 소송이 개시된 때라고 하였지만, 그 날이 영장을 발행한 날이라는 것을 확인하지는 않았다. 동 판사는 "영국법상 일반적인 원칙은 위부의 통지와 소송절차가 개시되는 시간 사이에 간격이 있어서 전손에서 분손으로 상황이 변경하였다면, 즉 소송의 개시시에 위부의 통지가 정당화될 수 없는 경우에는 피보험자는 오직 분손보상만을 청구할 수 있다"라고 판시하였다.

---

136) 이 책 제4부 제2장 제1절 손해의 의의와 분류 Ⅱ. 손해의 분류 2. 전손 (1) 현실전손과 추정전손 (나) 추정전손 (b)추정전손의 기준일자 참조.

137) [1897] 2 QB 135: 이 사건에서 이탈리아와 아비시니아(Abyssinia)와의 전쟁중에 원고는 선박 도엘윅(Doelwyk)호에 대하여 피고 보험자와 전쟁위험보험계약을 체결하였고, 아비시니아를 위한 무기를 싣고 선박은 항해하다가 '도엘윅'호는 이탈리아순양함에 의하여 포획되어 원고는 위부의 통지를 하였다. 그 통지 일주일 후에 원고는 영장을 발행함에 의하여 소송을 제기하였지만, 바로 직후 전쟁이 종료하였으므로 '도엘윅'호는 보험자에게 안전하게 귀환하였다. 법원에서의 쟁점은 영장의 발행일과 소송의 개시일 사이에 당사자의 권리가 부보선박의 귀환에 의하여 변경되는가 여부이었다. 법원은 소송의 개시 후에 선박의 귀환으로 인하여 피보험자의 보상청구권은 소멸하지 아니한다고 판시하였다.

138) [1898] AC 593, HL: 이 사건의 사실관계는 이 책 제4부 제3장 제1절 현실전손에 관한 보상 Ⅰ. 현실전손의 개념 2. 현실전손의 유형 (1) 파괴 참조.

Rickards v. Forestal Land, Timber and Railways Co., Ltd.사건[139]에서 상원은 추정전손을 실행하기 위하여 원고에 의한 영장의 발행은 소송이 개시되었다고 말할 수 있는 일자이다라고 판시하였다. 라이트(Wright)판사는 "영국 보통법상 위부의 통지일이 결정적인 일자로 취급되지 아니하고, 결정적인 일자는 소송에서 영장을 발행한 것으로 취급되는 일자이다"라고 판시하였다.

(3) 포기조항

표준선박보험약관[140]은 일방당사자가 보험의 목적의 지위를 변경하고자 노력하는 것을 선택하는지 여부와 관계없이 당사자의 지위는 동일하게 유지되는 것을 규정하고 있다.

표준선박보험약관상의 이와 같은 지위는 보험자가 선주의 동의없이 자신의 계산으로 구조작업을 수행함에 의하여 전손을 분손으로 변경하고자 시도한 경우에 보상청구에 아무 영향을 미치지 아니한다고 판시한 Sailing Ship Blairmore Co., Ltd. v. Macredie사건의 판시와 부합한다.[141]

# 제 3 절 분손에 관한 보상

## Ⅰ. 분손의 성질

### 1. 분손의 의미

분손은 전손 이외의 손해이고, 이에 대하여 영국해상보험법 제56조 제1항은 "손해는 전손 또는 분손일 수 있고, 전손 이외의 손해는 분손이다"라고 규정하고 있다.

분손은 단독해손, 공동해손 그리고 특별비용을 포함하는 넓은 개념이다. 즉,

139) [1941] 3 All ER 62, HL: 이 사건의 구체적인 사실관계는 이 책 제2부 제6장 제2절 항해보험 Ⅱ. 선박의 항해보험 3. 항해의 변경 (3) 영국해상보험법상 항해의 변경 (나) 항해변경의 요건 (c) 자발적인 도착항의 변경일 것 참조.

140) 1983년 협회선박기간보험약관 제13조 제3항; 1983년 협회선박항해보험약관 제11조 제3항; 국제선박보험약관 제9조 제3항.

141) Susan Hodges, op. cit., p. 671.

분손에는 ① 보험목적이 부보위험으로 인하여 훼손되고 그 손해를 입은 사람에게 직접적으로 가해지는 손해인 단독해손손해, ② 공동해손손해, 구조료 그리고 특별비용(손해방지비용)을 초래하는 사고로 인하여 발생하는 비일상적인 비용(extraordinary expenses)의 두 가지 유형이 존재한다.

이와 같이 분손은 이 중에서 어느 것일 수 있지만, 전형적인 분손은 단독해손손해이다.

## 2. 단독해손손해의 의미

단독해손손해는 그 손해를 입은 사람에게 직접적으로 가해지는 손해이다. 한편 공동해손손해는 최초에는 손해를 초래한 당사자에게 가해진 손해이지만, 궁극적으로는 공동해손비용이나 공동해손희생으로 인하여 혜택을 입은 항해사업의 이해당사자에게 비율적으로 분담되는 손해이다. 혜택을 입은 자는 공동해손분담이라 일컬어지는 분담금을 지급하여야 한다.

## 3. 단독해손은 특별비용을 포함하지 않음

영국해상보험법 제64조 제2항은 특별비용을 "보험목적의 안전이나 보존을 위하여 피보험자에 의하여 또는 그를 대리하여 지출된 비용으로써 공동해손비용이나 구조비용이 아닌 것을 특별비용이라고 한다. 특별비용은 단독해손에 포함되지 아니한다"고 정의하고 있다.

특별비용은 보험목적이 입은 훼손 또는 손해를 최소화하기 위하여 들인 비용이다. 단독해손은 부보위험으로 인하여 초래된 손해 또는 훼손인데 반하여, 특별비용은 그 손해 또는 훼손을 감소하는데 초래된 비용이다. 공동해손비용은 다른 이해관계자가 분담을 하기 때문에, 특별비용은 공동해손비용을 포함하지 아니한다. 또한 구조료는 단독해손손해의 일부로 보상되기 때문에, 특별비용은 구조료를 포함하지 아니한다. 담보위험으로 인한 손해로서 직접 보상되는 단독해손손해와는 달리, 그 손해의 결과 초래되는 특별비용은 손해방지비용(영국해상보험법 제78조)으로 보상된다.

## 4. 단독해손은 계약에 따른 구조료를 포함함

성질상 계약에 의하지 않은 구조비용은 '성공없으면 보수없다'는 원칙이 적용되고, 단독해손손해에 포함된다. 이것은 구조의 권리가 구조자는 자발적으로 서비스를 제공하고, 지급받기 위하여서는 성공하여야 한다는 상인법의 일부로서 계약법과 관련없이 발전하여 온 것에 기인한다. 이 비용은 부보위험으로 인한 손해를 방지하기 위하여 초래된 비용으로 구조료로 보상된다(영국해상보험법 제65조 제1항). 그러나 계약에 따른 구조비용은 단독해손으로 보상되지 아니하고, 손해방지비용에 해당하는 특별비용 또는 경우에 따라서는 공동해손으로 보상된다.

### 5. 분손보상의 범위

보험법상 분손의 보상범위는 적하와 선박을 달리 고찰하여야 한다.[142]

먼저 적하의 경우에는 피보험자의 목적은 적하가 훼손되지 않고 목적지에 도착하여 판매되어 이익을 얻는 것이다. 적하의 동일성에는 관심이 없고, 적하는 단지 금전으로 표시된다. 따라서 적하의 훼손의 경우 가격의 하락분이 보상의 한도가 된다.

반면 선박은 계속적인 해상운송계약에 의하여 결정되는 요금을 받고 적하를 운송하는 용구로서 선주에 의하여 상업적으로 사용되는 것이다. 따라서 분손의 결과는 매도불능 또는 매도의 감소로 인한 손해가 아니라 운임취득용구로서의 선박의 사용 또는 완전한 사용불능으로 인한 영업상의 불이익이다. 이 불이익은 다른 선박을 매수하거나 훼손선박을 매도함에 의하여 치유되는 것이 아니다. 피보험자가 보상받고자 하고 보험자가 담보하고자 하는 것은 선박의 매도가액의 감액이 아니라 수리비용, 달리 말하면 치유비용인 것이다.

## Ⅱ. 선박의 분손

### 1. 개 관

선박이 훼손된 경우, 선박소유자가 입은 손해는 전손(현실전손 또는 추정전손) 또는 분손이다. 선박이 심하게 훼손되어 수리비용이 수리 후의 선박의 가액 이하인 경우에는, 분손보상청구권이 인정된다. 그러나 수리비용이 수리후의 선박의 가액을 초과하는 경우에는. 선박은 추정전손이 성립한다. 그러나 그러한 경

142) F.D. Rose, op. cit., § 22.2~22.3, p. 423.

우에 선박소유자는 원하는 경우에는 전손보상을 청구하지 않고 분손보상청구를 선택할 수 있다(영국해상보험법 제61조).

비록 분손이 발생하는 경우에도, 보험계약상 단독해손면책인가 여부와 상관없이 보험자는 구조료, 손해방지조항에 기하여 적절히 지출되는 기타 비용에 대한 보상책임을 진다. 이 점에 관하여 영국해상보험법 제76조 제2항은 "보험목적이 전적으로 또는 일정비율 미만의 단독해손을 면책으로 부보되어 있는 경우에도, 보험자는 구조료와 특별비용, 그리고 부보된 손해를 피하기 위하여 손해방지조항에 따라 적절히 지출된 기타 비용을 보상할 책임을 진다"라고 규정하고 있다.

## 2. 보상의 한도

(1) 보상의 한도

분손보상청구에 관하여 영국해상보험법상 피보험자에게 다수의 선택권이 존재하고, 선택된 조건에 따라 보험계약상 보상청구되는 금액이 보상의 한도를 나타낸다.

기간보험에 가입한 선박이 훼손되어 추정전손이 성립하였다고 하여 보험자에 대하여 위부의 통지를 하였으나 승낙이 거부되어 미수리상태로 매도된 사건인 Pitman v. Universal Marine Insurance Co.사건[143]에서 분손의 경우에 피보험자의 이용가능한 선택권과 적용되는 보상의 한도가 논의되었다. 코트먼(Cottman)판사는 "일반적인 원칙으로서 부보위험으로 인한 선박의 훼손의 결과 분손이 존재하는 경우에, 피보험자는 적절히 수리하는데 초래된 비용에 대한 보상청구를 할 수 있고, 또는 수리작업이 행하져지지 아니하는 경우에는 수리에 필요한 추정비용에 대한 보상청구가 허용된다"라고 판시하였다.

영국해상보험법 제69조는 분손의 보상한도의 산정방법으로 ① 선박이 전부 수리된 경우, ② 선박이 일부만 수리된 경우, ③ 선박이 수리되지도 아니하고

143) [1882] 9 QBD192: 이 사건에서 선박 스레시언(Thracian)호에 대하여 피고 보험자와 £3,700에 기간보험에 들었다. 싱가포르에서 버마(Burma)에 있는 물메인(Moulmein)으로 티크(teak)의 적하를 싣고 항해중에 '스레시언'호는 좌초하여 심하게 훼손되었다. 선박은 물메인으로 예인되어 그곳에서 원고는 위부하기로 결정하고 보험자에게 위부의 통지를 하였다. 보험자는 위부의 통지의 승낙을 거부하고 선박을 수리할 것을 요구하였다. 원고는 위부의 통지를 더 이상 고집하지는 않았지만 수리를 하지 않고 미수상태로 선박을 £3,897으로 매도하였다. 분손보상액의 산정방법이 문제되어 항소법원은 가격하락분은 정상가격과 매도가격과의 차액이고 보험자의 보상책임은 보험증권상의 협정보험가액에 이 비율을 곱한 금액이라고 보았다.

훼손된 상태로 매도되지도 않은 경우의 세 가지를 인정한다.

이에 추가하여 위의 Pitman사건에서 고찰된 선박이 수리되지 않은 상태에서 보험기간 중 매도된 경우를 들 수 있다. 아래에서는 선박이 수리된 경우와 수리되지 않은 경우로 나누어 고찰한다.

(2) 정액공제

표준선박보험약관의 공제조항(Deductible Clause)[144]은 "이 보험에서는 부보위험으로 인한 어떠한 보상청구도, 각 독립된 별개의 사고 또는 사건으로부터 발생한 모든 보상청구의 총액이 —을 초과하지 아니하는 한 보상되지 아니하고, 초과하는 경우에는 그 금액을 공제하여 보상한다. 다만, 좌초후의 선저 검사비용은 특히 그 목적을 위하여 상당히 지출된 때에는 손해가 발견되지 않더라도 지급된다. …"라고 규정하고 있다.

공제조항의 의도는 보험계약에서 특정한 가액 미만의 소액의 보상청구를 제외하기 위함이다. 이는 실제로 피보험자는 보험료를 절약하는 대신에 약정한 가액까지 자가부담하는 것을 의미한다. 공제조항에 따라 보험자는 증권상의 설정한도를 초과하지 아니하는 경우에는 보상책임을 지지 아니한다. 공제조항은 제3자에 대한 손해배상책임(3/4 충돌책임), 공동해손, 이와 같은 손해와 관련이 되는 구조료와 손해방지비용을 포함하여 모든 유형의 분손에 적용된다.[145]

## 3. 훼손이 수리된 경우

(1) 서 언

부보선박이 훼손되어 전부 또는 일부를 수리하는 방법을 선택하는 경우, 피보험자는 전부수리의 경우에는 합리적인 수리비, 일부수리의 경우에는 수리비 외에도 미수리부분의 합리적인 가격하락분을 보험자로부터 보상받을 수 있다.

(가) 영국해상보험법상의 규정 : 부보선박이 훼손된 경우, 입은 훼손의 전부 또는 일부만을 수리할 수 있다. 훼손의 전부를 수리하기로 결정하는 경우에는 적용되는 보상의 한도에 대하여 영국해상보험법 제69조 제1항에 "선박이 훼손되었으나 전손이 아닌 경우, 보상한도는 보험약관에 명시적 규정이 있는 경우에는 이에 따르기로 하고, 선박이 수리되었을 경우 피보험자는 관습적인 공제를

144) 1983년 협회선박기간보험약관 12조 1항; 1983년 협회선박항해보험약관 10조 1항; 2003년 국제선박보험약관 15조 1항.

145) Susan Hodges, op. cit., p. 677.

차감한 합리적인 수리비를 보상받을 수 있으나, 이 수리비는 1회의 사고에 있어서 보험금액을 초과할 수 없다"라고 규정하고 있다.

또한 소유자가 입은 훼손의 일부만을 수리하기로 결정하는 경우 그 보상의 한도에 대하여 동법 제69조 제2항은 "선박이 일부만 수리되었을 경우, 피보험자는, 1항에서와 같은 방식으로 계산된 합리적인 수리비와, 미수리훼손으로 인하여 가격하락이 있는 경우에는 그 합리적인 가격하락분까지 보상받을 수 있으나, 그 총액은, 위에서와 같은 방식으로 계산된 전부 수리되었을 경우의 합리적인 수리비를 초과할 수 없다"라고 규정하고 있다.

따라서 수리된 훼손에 대한 보상의 한도는 선박이 전부 수리되었건 일부 수리되었건 관계없이 동일한 방식으로 산정된다.

(나) 우리 상법의 규정 : 선박의 일부가 훼손되어 수리된 경우 보험자의 보상책임에 관하여 상법은 영국해상보험법 제69조와 같이 "① 선박의 일부가 훼손되어 그 훼손된 부분의 전부를 수선한 경우에는 보험자는 수선에 따른 비용을 1회의 사고에 대하여 보험금액을 한도로 보상할 책임을 지고, ② 선박의 일부가 훼손되어 그 훼손된 부분의 일부를 수선한 경우에는 보험자는 수선에 따른 비용과 수선을 하지 아니함으로써 생긴 감가액을 보상할 책임을 진다"(상법 제707조의 2)고 규정하고 있다.

(2) 합리적인 수리비

해상보험법상 선박의 소유자는 합리적인 수리비를 보상받을 권리를 가진다는 것은 확고히 확립되어 있다. 피보험자가 보상받는 것은 합리적인 수리비인데, 무엇이 합리적인 수리비인가는 개개 사안에서 판단하여야 할 사실문제이다.[146]

훼손된 선박이 수리항까지 운항하는데 드는 비용(저하를 채우는 비용, 연료대, 도선료, 항구사용료), 수리도크에의 입거비용과 사용료 그리고 사고의 정도, 수리의 필요정도를 조사하기 위하여 손해사정사 등에게 지급한 비용은 합리적인 수리비에 포함된다.[147] 수리기간 동안의 선원의 급여와 식대는 수리항으로의 이동

146) 추정전손인지 여부의 판단을 위한 수리의 정도와 그 내용, 우리 판례(대법원 2002.6.28. 선고, 2000다21062 판결)에 대하여는 이 책 제4부 제3장 제2절 추정전손에 관한 보상 Ⅱ. 추정전손의 유형 5. 선박의 훼손의 경우 초과비용 (3) 훼손을 수리하는 비용 (나) 완전한 수리의 의미와 수리비의 내용 참조.

147) Helmville Ltd v. Yorkshire Insurance Co., Ltd., 'Medina Princess' [1965] Ll L Rep. 361; 이 사건의 사실관계는 이 책 제4부 제3장 제2절 추정전손에 관한 보상 Ⅱ. 추정전손의 유형 5. 선박의 훼손의 경우 초과비용 (3) 훼손을 수리하는 비용 (바) 연속손해 참조.

을 위한 것이거나 시운전에 필요한 경우 외에는 포함하지 않는다. 피보험자 등이 정보 또는 서류 등을 얻거나 제공하기 위하여 들인 시간과 노력에 대한 대가는 포함하지 아니한다.148) 또한 정기검사에 대비한 수선을 함께 행하는 경우 이 부분은 피보험자 자신의 목적을 위한 것으로서 이 비용은 인정되지 않는다.149)

다음에서는 이에 관한 영국판례를 살펴본다.

(가) 드라이 도킹비용 : 드라이도킹비용은 다액이 들고, 손해의 범위를 결정함에 있어서 이 비용은 수리비용에 합산됨은 확립되어 있다. 이 점은 3% 미만의 분손은 면책으로 하는 보험에 가입한 선박이 악천후로 인하여 심하게 훼손되어 정기적인 유지관리와 부보된 훼손에 대한 수리가 동시에 행하여졌는데 드라이도킹비용이 보험자와 피보험자 사이에 할당되어 수리비가 3%를 초과하여 손해보상이 명하여진 Marine Insurance Co. v. China Transpacific SS Co., 'Vancouver'사건150)에서 다투어진 쟁점이었다. 상원은 드라이 도킹비용은 소유자가 수행한 정기적인 유지관리와 보험자가 보상책임을 지는 수리비용 사이에 할당되어야 한다고 판시하였다.

드라이 도킹비용의 할당의 문제는 선박이 항해 중 보험사고로 인하여 훼손을 입어 드라이 도킹되어 수리작업 외에 다른 작업을 수행한 경우 소유자는 드라이 도킹비용의 할당부분을 부담하여야 한다고 판시된 Ruabon Steamship Co., Ltd. v. London Assurance사건151)에서 다시 제기되었다.

---

148) 1983년 협회선박기간보험약관 제17조; 1983년 협회선박항해보험약관 제15조; 2003년 국제선박보험약관 제19조.

149) 손주찬/상경환/성호열/한창희/정찬형/손수일, 앞의 책, 498~499면.

150) [1886] 11 App Cas 573, HL: 이 사건에서 정기적인 유지관리와 부보된 훼손에 대한 수리가 동시에 행하여진 경우에 드라이도킹비용이 선박소유자와 보험자 사이에 할당되는가 여부가 문제되었다. 이 사건에서 홍콩에서 샌프란시스코까지의 항해에 대하여 증기선인 밴쿠버(Vancouver)호가 악천후를 만나 누수를 포함하는 경미한 훼손을 입었지만, 그 원인이 확인되지 아니하였다. 동 선박은 샌프란시스코에서 선체의 표면을 벗겨내고 도장하기 위하여 드라이 도킹되었고, 드라이 도킹 중에 누수의 원인이 뒤틀린 스턴포스트(stern-post)이라는 것이 발견되었다. 소유자는 전체 드라이도킹비용 또는 그 비용의 할당분의 보상을 청구하였다. 보험계약은 '3% 미만의 분손은 면책'으로 하고 있었기 때문에, 드라이도킹비용의 합산여부는 매우 중요하였다. 상원은 드라이도킹비용은 소유자가 수행한 정기적인 유지관리와 보험자가 보상책임을 지는 수리비용 사이에 할당되어야 한다고 판시하였다. 할당된 드라이도킹비용을 합산하면 수리비가 보험가액의 3%에 해당하기 때문에 보험자는 단독해손보상책임을 진다는 것이 확인되었다.

151) [1900] AC 6, HL: 이 사건에서 상고인이 소유한 선박 루아본(Ruabon)호가 항해 중에 보험자가 보상책임을 지는 훼손을 입었다. 필요한 수리를 행하기 위하여 '루아본'호는 드라이도크에 입거되어 소유자는 보상청구하는 수리비용에 드라이 도킹비용과 사정사의 비용을 추가하였다. 보험자는 드라이 도킹비용은 피보험자와 자신 사이에 할당되어야 한다고 항변하였다. 법원은 수리작업 외에 다른 작업을 수행한 소유자는 드라이 도킹비용의 할당부분을 부담한다고 하였다.

(나) 선저처리 : 표준선박보험약관의 선저처리조항[152]은 선저처리가 수리의 준비로 또는 수리의 결과가 아닌 경우 수리에 대한 보상청구는 선박의 선저의 처리를 일반적으로 담보하지 아니하는 것을 보장하기 위하여 삽입되었다. 이 조항은 보험계약상 담보되는 선저처리의 유형을 "어떠한 경우에도 선저의 부착물청소, 모래분사작업 및/또는 기타 표면처리와 도장에 관한 보상청구는 허용되지 아니한다. 다만, ① 육상에서의 신품 선저 외판의 모래분사작업 및/또는 기타 표면처리와 그에 따른 수리소에서의 기초도료의 공급 및 도장, ② 용접 및/또는 수리도중에 훼손되어 새로 대체되거나 설치된 외판에 바로 근접한 외판부분과 현장이나 육상에서 곡직작업 도중에 훼손된 외판부분의 모래분사작업 및/또는 기타 표면처리, ③ ①과 ②에서 규정된 특정부분에 대한 최초의 기초도료/방식도료의 공급 및 도장은, 부보위험에 의하여 훼손된 선저외판에 대한 합리적인 수리비의 일부로서 허용된다"라고 주의깊게 명시하고 있다.

이 조항은 보험자는 부보위험으로 인한 훼손에 따른 수리비용에 대하여서만 보상책임을 진다는 합리적인 수리비의 전제에 부합한다.

이와 동일한 취지의 판결로 선박충돌 후에 선박소유자가 훼손된 적하를 처리하는데 지출된 비용의 보상을 선박보험자에게 청구한 Field Steamship Co., Ltd. v. Burr사건[153]에서 스미스(AL Smith)판사는 "보험자가 보험계약상 행하여야 하는 모든 것은 보험에 든 선주에게 해상위험으로 인한 선박과 기관상에 발생한 가치하락을 보상하는 것이고 더 이상은 아니다"라고 판시하였다.

(다) 선원의 임금과 식량 : 표준선박보험약관[154]은 "선장, 고급선원, 보통선원 또는 기타 해원의 급여와 유지비에 대한 보상청구는, 공동해손 이외의 경우에는 인정되지 않는다. 다만, 보험자가 담보하는 훼손을 수리하고자 한 항구로부터 다른 항구로 선박을 이동하기 위하여 발생하거나 또는 그 수리를 위한 시운전에서 발생한 것으로 선박이 그 항해도중에 발생한 임금 및 유지비는 그러하지 아니하다"라고 규정하고 있다.

따라서 이 조항에 기하여 부보된 훼손이 수리되는 장소로 선박을 이동한다는 특수한 목적으로 선원의 임금으로 지출된 합리적인 비용에 대하여 보험자가 보상책임을 진다. 판례[155]에 따르면 수리기간동안 선원의 임금이나 식량비용은

---

152) 1983년 협회선박기간보험약관 제15조; 1983년 협회선박항해보험약관 제13조; 2003년 국제선박보험약관 제17조.

153) [1899] 1 QB 579, CA.

154) 1983년 협회선박기간보험약관 제16조; 1983년 협회선박항해보험약관 제14조; 2003년 국제선박보험약관 제18조.

수리비로 보상받지 못한다.

(라) 검정인의 비용 : 사고의 정도, 수리의 필요정도를 조사하기 위하여 검정인 등에게 지급한 비용은 합리적인 경우에는 수리비에 포함된다는 점은 확고히 확립되어 있다.[156] 그러나 보험에 든 선박이 호주에서 사고를 입어 비교적 경미한 수리를 위하여 영국에서 호주로 검정인을 파견하는 비용은 전액보상이 아닌 호주의 검정인에 대한 비용으로 감액되어 보상이 명하여졌다.[157]

---

155) Robertson v. Ewer [1786] 1 Term Rep. 127: 이 사건에서 원고는 선박 덤프레이스(Dumfreis)호에 대하여 런던에서 아프리카 연안으로 그리고 그곳에서 서인도(West Indies)까지의 항해에 대하여 항해보험에 들었다. 보험계약은 '… 여하한 나라의 군주, 왕자 그리고 인민의 억류'로 인한 손해를 담보하였다. '덤프레이스'호는 노예의 적하를 싣고 바바도스(Barbados)에 도착하였지만, 모든 적하에 대한 금수조치로 인하여 잠[이카(Jamaica)로의 항해가 금지되었다. '덤프레이스'호의 선주는 금수조치를 위반하고 항해하다가 추적을 당하여 해군선박 살라마더(Salamader)호의 명령으로 회항하였다. 선원은 하선하고 군함정에 분산수용되었으며, 노예들은 천연두가 발병하였기 때문에 해안에 양륙되었다. 이 모든 이유로 인하여 '덤프레이스'호는 2달동안 바바도스에 억류되었고, 소유자는 선원의 임금과 식량에 대하여 보상을 청구하였다. 법원은 선원의 임금과 식량은 보험담보의 일부가 아니라고 판시하였다. 벌러(Buller)판사는 담보된 훼손을 수리하던 중에 선박이 억류된 경우에 특별히 고찰하였다. 맨스필드판사는 "이 보험에서 피보험자가 그 손해를 보상받는다는 선례가 존재하지 아니하고, 이것은 일상적인 실무에 반한다. 선박보험에서 임금과 식량은 훼손을 결정하는데 허용되지 아니한다. 이 보험은 선박과 속구, 장비에 관한 보험이지 항해 또는 선원에 대한 보험은 아니다"라고 판시하였다. 벌러판사는 "선박보험에서 피보험자가 해원의 임금과 식량에 대하여 보상받을 수 없음은 확고히 확립되어 있다. 이것은 보험의 목적이 아니다. 만일 폭풍 속에서 훼손을 입은 결과 선박이 억류된 경우에, 보험자는 그 훼손에 대하여서는 보상을 하지만, 선박이 수리중인 동안 임금과 식량의 금액은 보상받지 못한다고"라고 판시하였다.

또한 협회선박보험약관을 보험계약의 내용으로 하는 선박보험계약에 가입된 메디나 프린세스(Medina Princess)호가 중대한 엔진의 결함으로 인하여 훼손되어 피보험자가 추정전손 또는 택일적으로 분손보상을 청구한 Helmville Ltd v. Yorkshire Insurance Co., Ltd., 'Medina Princess' [1965] Ll L Rep. 361사건(이 사건의 사실관계는 이 책 제4부 제3장 제2절 추정전손에 관한 보상 Ⅱ. 추정전손의 유형 5. 선박의 훼손의 경우 초과비용 (3) 훼손을 수리하는 비용 (바) 연속손해 참조)에서 로스킬(Roskill)판사는 지도적 판례는 선원의 임금과 식량을 수리비의 일부로 보상하지 아니한다고 판시하였다.

156) Helmville Ltd. v. Yorkshire Insurance Co., Ltd., 'Medina Princess' [1965] Ll L Rep. 361: 이 사건(이 사건의 사실관계는 이 책 제4부 제3장 제2절 추정전손에 관한 보상 Ⅱ. 추정전손의 유형 5. 선박의 훼손의 경우 초과비용 (3) 훼손을 수리하는 비용 (바) 연속손해 참조)에서 엔진이 과실로 인하여 심하게 훼손되었다고 주장하여 선박의 소유자가 분손과 추정전손보상을 청구하였는데, 검정인의 비용은 합리적인 수리비의 일부로 보상이 허용된다고 판시되었다.

157) Agenoria Steamship Co., Ltd. v. Merchants' Marine Insurance Co., Ltd. [1903] 8 Com Cas 212: 이 사건에서 호주에서 뉴질랜드로의 항해 중 엘빌(Elville)호는 심한 악천후와 산호초와 충돌이라는 두 가지 이유로 훼손을 입고, 오크랜드(Auckland)에서 임시수리된 후 항구적인 수리를 위하여 멜버른(Melbourne)으로 이송되었다. 선박소유자는 영국에서 자신들을 대표하기 위하여 검정인을 파견하는 비용을 포함하여 보상을 청구하였다. 보험사는 특히 추가비용이 없어도 동일하게 요율적인 방법으로 수리가 행하여질 수 있었다고 특히 주장하였다. 법원은 소유자는 검정인의 비용을 보상받을 수 있지만, 국내의 검정인이면 이 상황에서 충분하다고 하였다. 따라서 소유자는 영국에서 검정인을 파견하는 비용인 756파운드가 아니라 100파운드만을 보상받을 수 있었다.

(마) 임시수리와 적절한 수리항구로 이송하는데 지출된 비용 : 임시수리와 적절한 수리항구로 이송하는데 지출된 비용이 포함된다.[158)]

(바) 훼손의 결과 또는 그로 인한 비용 : 영국해상보험법과 표준선박보험약관은 결과적 손해에 대하여 아무 규정을 두고 있지 아니하지만, 단독해손훼손으로 인한 추가적 손해 또는 비용이 수리비의 일부로 고찰되는 것이 상당하지 아니하는 한 단독해손으로 인한 손해 또는 비용에 대하여 보험자는 보상책임을 지지 아니하는 것으로 판단된다.[159)]

선박충돌 후에 훼손된 적하를 취급함에 있어서 지출된 비용에 대하여 선박소유자가 보상을 청구하였지만 기각된 Field v. Burr사건[160)]에서 이와 같은 취지로 판결되었다.

그러나 수리비용을 지급하기 위하여 해외은행에 송금하기 위하여 초래된 은행수수료는 합리적인 수리비의 일부로 고찰된다.[161)]

(3) 공 제

(가) 관습적인 공제를 차감함 : 훼손된 선박이 수리되는 경우 피보험자는 합리적인 수리비에서 관습적인 공제를 차감하여 보상받는다(영국해상보험법 제69

---

158) Helmville Ltd v. Yorkshire Insurance Co., Ltd., 'Medina Princess' [1965] Ll L Rep. 361: 이 사건(이 사건의 사실관계는 이 책 제4부 제3장 제2절 추정전손에 관한 보상 Ⅱ. 추정전손의 유형 5. 선박의 훼손의 경우 초과비용 (3) 훼손을 수리하는 비용 (바) 연속손해 참조)에서 법원은 임시수리에 대하여 고찰하여 로스킬(Roskill)판사는 "Irvin v. Hine사건에서 데블린(Devlin)판사는 임시수리비용과 예인비용을 69조 3항의 수리비의 일부로 인용하였다. 데블린판사는 미국판례인 Armar [1954] 2 Lloyd's Rep. 95사건에서 임시수리비와 예인비용을 분손에 포함시켰다. 지부티(Djibouti)에서 카라치(Karachi)로의 예인은 선박의 수리를 위하여 필요하였다"고 판시하였다.

159) Susan Hodges, op. cit., p. 684.

160) [1899] 1 QB 571: 스미스(AL Smith)판사는 "선박이 온전하든, 일부 훼손되었건 또는 부패하였건 적하가 선박밖으로 하역되어야 하는 경우에는 선박소유자에 의하여 도착항에서 적하는 하역되어야 한다. 이에 대하여 선박과 기관의 보험자는 보상책임이 없다. 수하인이 적하를 수령하여야 하는가 여부는 선박과 기관의 보험자에게는 중요하지 않다. 보험자가 계약상 보상하여야 하는 모든 것은 해상위험으로 인한 선박의 선체와 기관에 대하여 발생한 가격하락분을 선박소유자에게 보상하는 것이고, 더 이상은 아니다"고 판시하였다.

161) Agenoria Steamship Co., Ltd. v. Merchants' Marine Insurance Co., Ltd. [1903] 8 Com Cas 212: 이 사건(구체적인 사실관계는 이 책 제4부 제3장 제3절 분손에 관한 보상 Ⅲ. 선박의 분손 3. 훼손이 수리된 경우 (2) 합리적인 수리비 (라) 검정인의 비용 참조)에서 호주에서 뉴질랜드로의 항해중 엘빌(Elville)호는 심한 악천후와 산호초와 충돌이라는 두 가지 이유로 훼손을 입고, 오크랜드(Auckland)에서 임시수리된 후 항구적인 수리를 위하여 멜버른(Melbourne)으로 이송되었다. 케네디(Kennedy)판사는 "뉴질랜드로 송금된 금액에 대한 은행의 수수료 £64 17s 6d를 수리비로 인정하는가가 문제이다. 영국의 관례상 판례상 지급하는데 상당하고 적절히 지출된 외국항구비용과 외국항구로 금전을 송부하는 비용도 훼손의 수리비의 일부로 고찰될 수 있다"라고 판시하였다.

조 제1항). 영국해상보험법은 이 공제가 무엇인가에 대하여 상세히 규정하고 있지 않고, 손해사정사협회실무규칙이나 요크 앤트워프규칙에서 관습이 규정되어 있다.

(나) 신구교환차익공제 : 가장 잘 알려진 관습적 공제는 목재선박의 경우 1/3 신구교환차익공제이다. 선박의 수리에는 새로운 자재를 사용하므로 선박의 가치가 상승하는 것을 이유로 한다. 보험자의 의무는 피보험자의 손해를 보상하는 것이지 이익을 제공하는 것은 아니다. 따라서 분쟁을 피하고 각 경우마다 수리로 인하여 제공되는 추가적인 이익을 조사하는 비용을 절약하기 위하여 관습적으로 1/3 신구교환차익공제를 표준적으로 규정하였다. 이 원칙도 피보험자가 실제로 정당한 보상을 초과하여 어떠한 이익을 수령하지 아니하는 새로 건조된 선박,[162] 철선,[163] 보험자의 과실로 보험금을 지급하지 않아 피보험자가 선박을 사용할 선박을 점유하지 못한 경우,[164] 공동해손희생[165]에는 적용되지 아니한다.[166]

현재의 관습은 손해사정사협회실무규칙[167]에 규정되어 있는데 이는 현대적인 자재로 건조된 선박에 대하여서는 특별한 사항을 규정하고 있다. 즉, 공제는 강철선만이 아니라 목선에도 적용되고, 노임과 재료에 대하여서도 적용되지만, 다수의 예외를 두고 있다. 또한 공제는 최초의 항해나 도크입거비용(graving dock expenses)과 같은 특정한 비용에 대하여서는 적용되지 않고, 특정한 항목은 특수한 처리를 하도록 되어 있다.

그러나 당사자의 합의로 관습은 배제될 수 있다. 표준선박보험약관[168]은 '이 보험상의 보상청구는 신구교환차익에 기초한 공제없이 지급된다'라고 규정하고 있다. 이는 대부분의 경우 피보험자가 얻는 추가이익은 공제를 하거나 적어도 현실적인 공제액을 확정하기에는 불충분하기 때문이다.

(4) 보험금액을 초과할 수 없음

수리비는 보험금액을 한도로 한다. 그러나 부보된 선박이 다른 선박과 충돌

162) Lohre v. Aitchison [1877] 2 QBD 501, 508.
163) Lidgett v. Secretan [1871] LR 6 CP 616, 627.
164) Da Costa v. Newnham [1788] 2 TR 407.
165) Henderson Brothers v. Shankland & Co [1896] 1 QB 525.
166) Robert Merkin, Marine Insurance Legislation, London: LLP, 2000, p. 73.
167) 손해사정사협회실무규칙 r. D7: 요크앤트워프규칙 1974년 r. 13 ; 1994년 r. 13; 2004년 r. 13.
168) 1983년 협회선박기간보험약관 제14조; 1983년 협회선박항해보험약관 제12조; 1995년 협회선박기간보험약관 제14조; 2003년 국제선박보험약관 제16조.

하여 훼손되는 경우 피보험자는 보험금액을 한도로 보상을 받고, 피보험자가 가지는 제3자에 대한 청구권을 보험자가 대위하는 것이지, 피보험자가 원하는 대로 제3자로부터 일부를 배상받고 그 차액을 보험자로부터 보험금액까지 보상받는 것은 아니다.[169]

(5) 수선절차

피보험자는 수선장소나 수선업자, 수선시기를 결정할 수 있고, 보험자는 이 수선이 합리적인 것이면 보상책임을 진다. 그러나 실무상 피보험자는 사고발생시 검정을 실시하기 이전에 보험자에게 그 사실을 통지하고, 보험자는 입거하거나 수선할 항구를 지정할 권한과 수선장소나 수선업자를 거부할 권한을 가지며, 그 수선비용에 대한 입찰을 받고 동의를 할 수 있도록 되어 있다. 피보험자가 이를 위반한 경우 보상금액의 15%를 감액한다.[170]

### 4. 훼손이 수리되지 않은 경우

(1) 개 관

선박이 보험사고로 인하여 훼손되는 경우 선주는 일부만을 수리하거나 훼손을 수리하지 않은 채 매도하지 않고 분손보상을 청구하거나 훼손된 채로 매도하는 것을 선택할 수 있다.

(가) 영국해상보험법의 규정 : 영국해상보험법 제69조 제2항의 전단은 선박이 일부만 수리된 경우에 대하여 규정하고 있고, 후단은 수리되지 아니한 훼손의 부분에 대하여 "… 미수리훼손으로 인하여 가격하락이 있는 경우에는 그

169) Goole and Hull Steam Towing Co., Ltd. v. Ocean Marine Insurance Co., Ltd. [1927] 29 Ll L Rep 242: 이 사건에서 법원은 피보험자는 보험자로부터 선박의 보험금액까지 보상받을 수 있고, 충돌훼손에 의하여 제3자가 부담하는 손해배상책임은 보험자에게 대위된다고 판결하였다. 피보험자는 원하는대로 제3자로부터 손해의 일부를 보상받고 보험자로부터 보험금액과의 차액을 보상받을 수 없었다. 맥킨넌(MacKinnon)판사는 "따라서 영국해상보험법 제69조에 규정한 바대로 피보험자는 1회의 사고에 대하여 보험금액을 초과하지 아니하는 한도에서 합리적인 수리비를 단독해손과 관련하여 보상받을 수 있다. 단독해손손해에 대하여 보험자가 피보험자에게 이 조항상의 합의된 금액을 보상한 경우에는, 보험자는 '피보험자가 입은 단독해손손해의 전부에 대하여 합의된 보상을 한 것이지 그 일부를 보상한 것이 아니다.' 따라서 보험자는 피보험자가 제3자로부터 그 단독해손훼손에 대하여 배상받을 수 있는 전체 금액에 대하여 대위할 수 있다"라고 판시하였다.: 이 사건판결에 대하여는 이 책 제4부 제3장 제3절 분손에 관한 보상 II. 선박의 분손 4. 훼손이 수리되지 않은 경우 (2) 훼손이 수리되지 않고 선박이 매도되지 않은 경우 (나) 합리적인 가격하락분 참조.

170) 1983년 협회선박기간보험약관 제10조; 1983년 협회선박항해보험약관 제8조; 2003년 국제선박보험약관 제44조.

합리적인 가격하락분까지 보상받을 수 있으나, 그 총액은 전부 수리되었을 경우에 위에서와 같은 방식으로 계산된 합리적인 수리비를 초과할 수 없다"라고 특히 규정하고 있다.

따라서 피보험자가 전체 훼손을 수리하는 것을 선택하지 아니하였더라도, 그는 미수리훼손에 대하여 가격하락분을 보상을 받을 수 있으나, 훼손의 수리비용에 추가하여 미수리훼손에 대한 보상은 선박이 전부 수리되었더라면 들었을 비용을 초과할 수 없다. 영국해상보험법 제69조 제3항은 미수리선박이 보험기간 중 매도되지 않은 경우에 관하여 "선박이 수리되지 않고 또 보험기간이 존속하는 동안에 매각되지 않은 경우, 피보험자는 미수리훼손으로 인하여 가격하락이 있는 경우에는 그 합리적인 가격하락분까지 보상받을 수 있으나, 그 총액은 전부 수리되었을 경우에 위에서와 같은 방식으로 계산된 합리적인 수리비를 초과할 수 없다"라고 규정하고 있다.

미수리선박이 매도된 경우에 대하여 규정하고 있지 않지만 판례는 이에 대한 보상을 허용하고 있다.

(나) 우리 상법의 규정 : 우리 상법상 "선박의 일부가 훼손되었으나 이를 수선하지 아니한 경우에는 보험자는 그로 인한 감가액을 보상할 책임이 있다" (상법 제707조의 2 제3항). 영국해상보험법과 달리 미수리인 채로 매각되지 않은 경우로 한정하고 있지 않고 포괄적으로 규정하므로 미수리선박이 매도된 경우에도 이 조항이 적용된다.

(2) 훼손이 수리되지 않고 선박이 매도되지 않은 경우

(가) 서 언 : 영국해상보험법 제69조 제2항과 제69조 제3항, 그리고 우리 상법 상법 707조의 2 제3항에 따르면 선박이 보험사고로 인하여 훼손을 입은 경우 훼손이 수리되지 않고 선박이 매도되지 않은 경우의 보상범위는 ① 피보험자가 전체 훼손을 수리하는 것을 선택하지 아니하고 일부만을 수리하더라도, 그는 미수리훼손에 대하여 가격하락분을 보상받을 수 있으나 훼손의 수리비용에 추가하여 미수리훼손에 대한 보상은 선박이 전부 수리되었더라면 들었을 비용을 초과할 수 없고, ② 선박이 수리되지도 않고 보험기간 동안 매도되지 않은 경우에는, 미수리된 훼손으로 인한 합리적인 가격하락분을 보상받을 수 있으나, 그 가격하락분은 위에서와 같은 방식으로 계산된 합리적인 수리비를 초과할 수 없다.

(나) 합리적인 가격하락분 : 영국해상보험법은 제69조 제2항과 제69조 제3

항에서 합리적인 가격하락분(reasonable depreciation)에 대하여 규정하고, 표준선박보험약관[171]은 "미수리훼손에 대한 보상청구의 한도는 합리적인 수리비를 초과하지 아니하는 한도 안에서 이 보험이 종료할 당시의 미수리훼손으로 인한 선박의 시장가격의 합리적인 하락분이다"라고 하여 어느 정도 이를 명확히 하고 있다.

일반적 원칙으로서 영국해상보험법 제69조 제2항과 제3항에서 규정하고 있는 미수리훼손에 있어서 가격하락분의 개념은 선박 굴(Goole)호가 테임즈(Thames)강에서 선박충돌 후에 훼손된 사건인 Goole and Hull Steam Towing Co., Ltd. v. Ocean Marine Insurance Co., Ltd.사건[172]에서 잘 설명되었다. 맥킨넌(MacKinnon)판사는 "단독해손으로 인한 선박의 분손에 대하여, 합의된 것은 적하의 경우에 가격하락분이 산정되는 것과 같은 방식으로 산정하는 것이 아니다. 왜냐하면 그것은 비실제적이기 때문이다. 이는 수리비의 조건으로 산정하여야 한다. 피보험자가 실제로 수리할 필요는 없고, 수리하지 아니하는 경우에는 그 비용을 산정하는 것이다. 따라서 영국해상보험법 제69조의 규정에 따라 단독해손의 경우에 1회의 사고에 있어서 보험금액을 초과하지 아니하는 한도에서 합리적인 수리비를 보상받을 수 있다"라고 판시하였다.

(다) 보상의 한도가 산정되는 시점 : 훼손된 선박이 수리되지 않은 경우 가격하락분의 산정시점은 보험의 종료시이다.

Helmville Ltd. v. Yorkshire Insurance Co., Ltd., 'Medina Princess'사건[173]에서 보상의 한도가 산출되는 시점이 고찰되었는데, 로스킬(Roskill)판사는 "영국해상보험법 제69조 제3항은 보상의 한도가 결정되고 측정하여지는 시점에 대하여 규정하고 있지 아니하다. 그러나 이 조항의 '선박이 수리되지 아니하고 보험기간중 훼손된 상태로 매도되지 아니한 경우에'라고 규정하는 앞부분에서 도움을 도출할 수 있다. 선박은 사고 후 보험기간 중 어느 때에든 수리될 수 있다. 보험기간 중, 즉 사고시와 기간의 만료 기타의 사유로 인한 보험계약의 종료시 사이에 선박이 수리되지도 않고 매도되지도 않은 경우에는 영국해상보험법 제69조 제3항이 적용된다. 위험이 종료할 때까지 선박이 수리되거나 매도될 수 있

171) 1983년 협회선박기간보험약관 제18조 제1항; 1983년 협회선박항해보험약관 제16조 제1항; 2003년 국제선박보험약관 제20조 제1항.

172) [1927] 29 Ll L Rep. 242.

173) [1965] Ll L Rep. 361; 이 사건의 사실관계는 이 책 제4부 제3장 제2절 추정전손에 관한 보상 Ⅱ. 추정전손의 유형 5. 선박의 훼손의 경우 초과비용 (3) 훼손을 수리하는 비용 (바) 연속손해 참조.

다. 보험기간 중 수리되지도 않고 매도되지도 않은 것이 확실히 예측될 수 있는 것은 보험기간이 종료한 시점이다. 동법 제69조 제3항에 따라 보상이 결정되고 계산되는 시점은 이 시점이다"라고 판시하였다.

이 쟁점은 또한 최근 대형 쌍돛배범선(catamaran)인 카타리바(Catariba)호가 수리되지 아니한 두 번의 단독해손손해를 입은 사건인 Kusel v. Aktin, 'Catariba' 사건174)에서 제기되어 콜먼(Colman)판사는 "가격하락분은 언제 산정되어야 하는가의 문제가 남는다. 이에는 사고발생시와 보험종료시의 두 가지 시점이 가능하다. 그러나 영국해상보험법 제69조의 구조에 다르면 후자의 시점이 도출된다. 동법 제69조 제1항은 보험기간 동안 수리된 훼손에 대한 것이다. 반대로 동법 제69조 제2항과 제69조 제3항은 보험기간 중 미수리된 훼손에 대한 것이다. 따라서 보험이 종료하는 시점에서 지위를 고찰하여 주어진 사건이 어느 조항에 해당하는가를 결정할 수 있다. 이러한 결론은 미수리된 훼손에 대한 보상청구가 뒤에 발생하는 전손에 병합하는 영국해상보험법 제77조 제2항의 적용과 부합한다. 동법 제69조 제3항의 가격하락분의 결정시점에 대하여서는 메디나 프린세스(Medina Princess)호 사건에서 로스킬(Roskill)판사에 의하여 고찰되었다. … 그는 또한 가격하락분의 결정시점은 해석의 문제로 보험의 종료시라고 결론지었다"라고 판시하였다.

(라) 합리적인 가격하락분의 산정

(a) 기평가보험 : 기평가보험의 경우 보상의 한도는 가격하락분, 사고발생 전후의 시장가액 또는 진정한 가액, 선박의 협정보험가액, 그리고 합리적인 수리비에 의하여 결정된다.

현재 일반적으로 사용되는 방법은 첫째, 비율로 가격하락분을 결정하는 것이다. 이 수치는 사고발생 전후의 선박의 시장가액을 비교하여 결정된다. 다음으로, 보상의 한도는 협정보험가액에 가격하락분의 비율을 곱하여 산정된다. 그러나 보험자가 보상책임을 지는 궁극적인 금액은 합리적인 수리비 또는 협정보험가액중 어느 것이 낮은 금액이든 이를 초과하지 못한다.175)

선박의 미수리훼손의 경우 가격하락분을 산정하는 방법에는 두 가지가 있다. 방법①은 협정보험가액-훼손가액이고, 방법②는 보험가액에 대하여 가격하락분(진정한 미훼손가액-진정한 훼손가액)의 비율을 곱한 가액이다. 영국 판결은 Irvin v.

---

174) [1997] 2 Lloyd's Rep. 749: 이 사건의 사실관계는 이 책 제4부 제3장 제3절 분손에 관한 보상 Ⅱ. 선박의 분손 4. 선박이 수리되지 않은 경우 (4) 연속적인 단독해손 손해와 손해의 병합 (가) 연속적인 단독해손 손해 (a) 영국해상보험법의 규정 참조.

175) Susan Hodges, op. cit., p. 688.

Hine사건[176]에서 두 가지 방법을 제시하였지만 우선적 효력이 있는 합리적인 수리비를 초과하였기 때문에 어느 방법을 선택할 것인가를 확정할 필요가 없었다.

비해상보험사건인 Elcock v. Thompson사건[177]에서 법원은 약간 다른 방법이기는 하지만, Irvin v. Hine사건에서의 방법②와 동일한 비율에 따른 가격하락분 산정방법에 근거하여 효과적으로 해결하였다. 이 사건에서 저택이 화재로 인하여 일부 훼손되었고, 법원은 보험자의 보상책임을 산정하는 문제에 직면하였다. 영국해상보험법 제69조 제3항과 제27조 제3항을 상세하게 고찰한 후에, 모리스(Morris)판사는 재산의 가격하락분을 결정하는 가장 적절한 방법은 보험가액 또는 협정보험가액의 실제의 가격하락분을 적용하는 것이라고 결론지었다. 즉, 화재 이전의 저택의 실제가액은 £18,000이고, 화재 이후의 저택의 실제 가액은 £12,600으로 가격이 30% 하락하였다. 저택의 협정보험가액은 £106,850이므로 보험약관상의 다른 조항에 따라 보험자의 보상액은 £106,850의 30%인 £32,055이었다. 이와 같은 결론에 도달함에 있어서 법원은 Irvin v. Hine사건에서와 같이 보험목적의 협정보험가액 또는 보험가액이 보상액의 중요한 산정기준이라고 판시하였다.

Helmville Ltd. v. Yorkshire Insurance Co., Ltd., 'Medina Princess'사건[178]에서 가격하락분의 산정의 문제가 다시 제기되어 Irvin v. Hine사건에서 제안된 방법②를 사용한 미국판결인 아마르(Armar)호 사건에 대한 고찰이었지만, 법원은 상급법원의 판결을 기대한다고 하여 유보적이었다. 이 사건에서 법원은 산정된 수리비용이 선박의 협정보험가액 미만이었으므로 분손보상만을 받을 수 있다고 하였다. 또한 영국해상보험법 제69조 제3항의 가격하락분의 쟁점이 고찰되었다. 로스킬(Roskill)판사는 "메디나 프린세스(Medina Princess)호는 일부도 수리되지 아니하였다. 선박은 매도되지도 않았다. 선박은 수리되지도 않고 매도되지도 않았으므로, 동법 제69조 제3항만이 적절하지만, 동법 제69조 제3항의 보상의 한도는 미수리훼손으로 인한 가격하락분이라고 추정된다. 1954년 미국 뉴욕주 대법원판결인 '아마르'호 사건에서 라빈(Rabin)판사는 Irvin v. Hine사건에

176) [1949] 1 KB 555: 이 사건에 관하여는 이 책 제4부 제3장 제2절 추정전손에 관한 보상 Ⅱ. 추정전손의 유형 3. 선박 또는 적하의 점유박탈 (2) 점유박탈의 기간 (가) 사고발생시부터라는 입장 참조.

177) [1949] 2 All ER 381.

178) [1965] Ll L Rep. 361: 이 사건의 사실관계는 이 책 제4부 제3장 제2절 추정전손에 관한 보상 Ⅱ. 추정전손의 유형 5. 선박의 훼손의 경우 초과비용 (3) 훼손을 수리하는 비용 (바) 연속손해 참조.

서의 방법②를 적용하였다. 그러나 이 문제는 영국에서 판결되지 아니하였다. 그 해결은 판결이 내려져야 하는 상황에 이르는 경우까지 기다려야 할 것이다" 라고 판시하였다.

(b) 미평가보험 : 미평가보험의 경우에는 가격하락분의 산정을 위하여 선박의 진정한 가격 이외에는 보험계약상 아무런 기준이 없다. 이 경우에 보상의 한도는 훼손의 발생 전후의 선박의 보험가액[179]에 선박의 가격하락분의 비율을 곱한 금액 또는 수리비용이고, 그 가운데 낮은 금액이다. Kusel v. Aktin, 'Catariba'사건[180]에서 법원은 영국해상보험법 제69조의 효과를 전체적으로 고찰하고 미수리분손의 경우에 기평가보험과 미평가보험에 적용되는 보상의 한도를 비교하였다. 콜먼(Colman)판사는 "미수리훼손의 경우에 보상의 한도는 훼손을 수리하는 합리적인 비용이다. Castellain v. Preston사건[181]의 보상의 원칙이 적용된다. 분손으로 인하여 선박의 정상가격이 감소되어 피보험자가 가격하락분 미만으로 선박의 가액을 회복하여 그 손해를 경감하지 아니하는 한 피보험자는 가격하락분의 손해를 입은 것이다. 이 경우 진정한 손해는 수리비이지 가격하락분은 아니다. 그러나 선박이 보험증권으로 확정된 경우에는 가격하락분은 정상가액이 아니라 협정보험가액에 의하여 산정되어야 한다. 이는 당사자가 계약에 의하여 추정전손의 경우를 제외하고는 협정보험가액을 보험가액의 손해산정기준으로 처리하기로 하였기 때문이다. 이것이 영국해상보험법 제27조 제3항과 제27조 제4항의 효과이다"라고 판시하였다.

### (3) 선박이 미수리되고 보험기간 중 매도되는 경우

영국해상보험법은 선박이 분손에 해당하는 훼손을 입은 후에 보험기간 중 매도된 경우에 대하여 규정하고 있지 아니하다. 이에 관한 영국법상의 산정방법은 선박이 수리되지 않은 채 매도되는 경우 훼손된 가액은 매도가액으로 확정되고, 가격하락분은 정상가격에서 매도가격을 공제하고 이 비율을 협정보험가액에 곱하여 산정되며, 보상의 한도는 수리비 또는 가격하락분 중에서 낮은 가액이다.[182] 이에 관한 영국법원의 선례는 Pitman v. Universal Marine Insurance Co.사건[183]이다.

---

179) 보험가액은 영국해상보험법 제16조 제1항에 의거하여 결정된다.

180) [1997] 2 Lloyd's Rep. 749; 이 사건의 사실관계는 이 책 제4부 제3장 제1절 분손에 관한 보상 II. 선박의 분손 4. 선박이 수리되지 않은 경우 (4) 연속적인 단독해손 손해와 손해의 병합 (가) 연속적인 단독해손 손해 (a) 영국해상보험법의 규정 참조.

181) [1883] 11 QBD 380.

182) Susan Hodges, op. cit., p. 693.

(4) 연속적인 단독해손 손해와 손해의 병합

(가) 연속적인 단독해손 손해

(a) 영국해상보험법의 규정 : 보험목적은 보험기간 중 둘 이상의 사고 또는 손해를 입는 것이 가능하므로, 이에 대하여 영국해상보험법 제77조 제1항은 "보험계약에서 이와 달리 규정하고 있지 아니하는 한, 그리고 이 법률의 규정에 따르는 것으로 하고, 비록 연속된 손해의 합계액이 보험금액을 초과하는 경우에도, 보험자는 연속된 손해에 대하여 보상책임을 진다"라고 규정하고 있다.

이 조항은 미수리 훼손의 경우에도 적용하는가를 명확히 하지 않으므로 보험자는 미수리훼손으로 인한 상당한 가격하락분을 보상할 책임을 지고, 보상금액은 그 훼손의 상당한 수리비를 초과할 수 없으며 그 상한선은 상당한 수리비와 협정보험가액 중 낮은 금액이라고 규정하는 영국해상보험법 제69조 제3항과의 관계가 문제된다.

두 조항은 저촉되지 않는데, 영국해상보험법 제77조 제1항은 연속적인 손해의 전체 보상의 한도가 보험금액을 초과하는 경우에 대한 규정이다. 반면 동법 제69조 제3항은 연속적인 분손이 초래되고 보험담보 종료시까지 수리되지 않은 경우이다. 어떠한 경우에도 1회의 분손보상은 보험금액을 초과할 수 없지만, 둘 이상의 합계액은 그러할 수 있다. 동법 제77조 제1항은 이와 같은 경우를 가리키는 것이다.[184)]

---

183) [1882] 9 QBD 192: 이 사건(상세한 사실관계는 이 책 제4부 제3장 제3절 분손에 관한 보상 Ⅱ. 선박의 분손 2. 보상의 한도 (1) 보상의 한도 참조)에서 쟁점 중 하나는 선박을 양도하는 경우에 피보험자가 효과적으로 자신의 손해를 확정하였는가 여부이었다. 법원은 선박이 매도되는 경우 훼손된 가액은 매도가액으로 확정되고, 가격하락분은 정상가격에서 매도가격을 공제하고 이 비율을 협정보험가액에 곱하여 산정된다고 보았다. 다른 쟁점은 보상의 한도이었다. 이 판례는 수리비를 고려하지 않는다고 보았지만 영국해상보험법의 도입 이후에는 영국해상보험법 제69조 제3항에 따라 보상의 한도는 수리비 또는 가격하락분 중에서 낮은 가액이다.

184) Kusel v. Aktin, 'Catariba' [1997] 2 Lloyd's Rep. 749사건에서 콜먼(Colman)판사의 판시: 이 사건에서 대형 쌍돛배범선인 카타리바(Catariba)호의 소유자인 원고는 £625,000을 보험가액으로 피고 등의 보험자와 기간보험계약을 체결하였다. 보험계약은 명시적으로 "보험자는 이 보험이 종료하는 시점에서 협정보험가액 이상의 미수리훼손에 대하여 보상책임을 지지 아니한다"라는 조항이 삽입된 협회요트보험약관을 보험계약의 내용으로 하였다. 1995년 8월 '카타리바'호는 브리티시 버진 아일랜드(British Virgin Islands)에서 좌초하였지만(제1사고), 구조업자가 선박을 구조하는데 성공하여 근처 섬에 예인하여 접안하였다. 1995년 10월 '카타리바'호가 접안한 섬에 허리케인이 들이닥쳐 선박은 심하게 훼손되었다(제2사고). 보험증권의 만료시에 제1사고나 제2사고에 대하여 수리가 행하여지지 않았고, 수리비용의 합계는 보험가액을 초과한다고 합의되었다. 법원에서의 쟁점은 특히 (1) 선박은 추정전손 또는 분손인가? (2) 2개의 연속적인 미수리손해에 대한 보상의 한도는 선박의 협정보험가액의 제한을 받는가? (3) 보험증권상의 조항은 연속적인 손해의 보상한도를 보험계약의 종료시의 가액의 가격하락분으로 제한되는가? 이

(b) 악천후조항 : 연속적인 손해의 쟁점을 고찰함에 있어서, 표준선박보험약관[185]의 어떠한 항구에서 다른 항구로의 구간항해 중 악천후로 인한 손해가 발생한 경우 그 손해에 대한 보상청구는 하나의 사고로 인한 것으로 취급된다. 그 악천후가 이 보험에 의하여 담보되지 아니하는 기간까지 계속되는 경우에는, 이 보험계약에서의 보상청구에 적용되는 공제액은 이 보험기간 동안의 악천후의 일수에 대한 비율을 전항의 공제액에 곱한 금액으로 한다. 악천후는 움직이는 얼음과의 접촉을 포함한다"라는 악천후조항이 고찰되어야 한다.

이 조항은 구간항해 중에 입은 연속적인 훼손은 보상청구를 함에 있어서 합산되어 하나의 손해로 취급된다고 규정하고 있다. 따라서 정액공제는 통합된 보상청구에만 적용되고, 보험계약이 구간항해 중 일부만을 담보하는 경우에는 공제금액은 구간항해중의 악천후의 일자에 대한 보험기간의 일자의 비율로 산정된다. 악천후에 대하여 정의를 하고 있지는 않고 있지만, 움직이는 얼음을 포함한다.

(나) 손해의 병합

(a) 영국해상보험법의 규정 : 영국해상보험법 제77조 제2항은 "동일한 보험계약 아래에서 분손이 발생하고 이것이 수리되거나 기타의 방법으로 보상되지 않는 사이에 전손이 발생한 경우, 피보험자는 전손보상만을 받을 수 있다"라고 규정하고 있다.

(b) 미수리 분손은 이후 전손의 경우 보상되지 않음 : 보상청구의 병합의 원리는 동일한 보험계약상 미수리분손에 이어 전손이 발생하는 경우에 적용된다. 이 경우에 보험자는 오직 전손만을 보상받을 수 있다. 따라서 선박이 훼손을 입어 수리되지 않은 채 있다가 장래에 전부 멸실한 경우에는, 두 사고가 동일한 보험계약상의 보험기간안에 발생한 때에는, 피보험자는 전손보상청구권만을 가진다.

이 원칙은 표준선박기간보험약관[186]에서 "보험자는, 미수리훼손이 생긴 이후 이 보험에 의하여 담보되는 기간 안에 또는 그 연장기간 안에 전손이 생긴 때에

---

었다. 법원은 (1) '카타리바'호는 원고가 송부한 서신은 위부의 통지가 아니라 의견의 요청이기 때문에 추정전손이 아니라 분손이다. (2) 영국해상보험법 제69조에 기한 미수리손해에 대한 기평가보험상의 보상의 한도는 보험가액에 대하여 선박의 상당한 가격하락분의 비율을 곱한 금액이다. (3) 연속된 손해의 경우에도 보상의 한도는 보험기간의 종료시의 가액의 가격하락분을 한도로 한다고 판시하였다.

185) 1983년 협회선박기간보험약관 제12조 제2항; 1983년 협회선박항해보험약관 제10조 제2항; 2003년 국제선박보험약관 제15조 제4항.

186) 1983년 협회선박기간보험약관 제18조 제2항; 2003년 국제선박보험약관 제20조 제2항.

는(이 보험계약상 담보되는 것이든 아니든 불문하고), 미수리훼손에 대하여 보상하지 아니한다"라고 다시 규정되어 있다.

미수리훼손 이후 전손이 발생하는 경우에 미수리훼손을 병합하는 이유는 보험담보의 종료시까지 분손은 전손에 의하여 흡수되었고, 분손으로 인한 보상책임은 발생하지 아니하였기 때문이다. 따라서 보상청구의 병합이론은 훼손이 수리된 경우에는 적용되지 않고, 수리되지 않은 경우에만 적용됨을 유념하여야 한다.[187]

손해의 병합의 원리는 미국정부의 몰수를 면책으로 하는 조건으로 뉴욕에서 런던까지의 항해에 항해보험에 든 선박이 금수조치를 위반하고 항해하던 중 얼음에 부딪쳐 훼손되고 미국정부에 의하여 몰수된 1810년의 Livie v. Janson사건[188]에서 오래 전에 고찰되었다. 법원은 이전의 손해는 중요하지 않다고 하여 결국 면책위험으로 인한 전손이 존재하고 피보험자는 전손보상은 물론 이전의 손해에 대한 보상을 받을 수 없다고 판시하였다.

손해의 병합의 원리는 영국해상보험법 제정 이후에 다투어졌는데, 영국정부에 용선된 선박이 수 개월 전에 훼손을 입어 일부 미수리상태이다가 어뢰의 공격을 받아 전손을 입어 영국정부는 80,230파운드를 보상하였지만 수리하였더라면 추가로 받았을 1,770파운드의 보상을 청구하고, 상원은 적은 훼손은 심한 훼손에 병합된다고 하여 이를 기각하였다.[189]

(c) 수리된 분손은 이후 전손이 되어도 보상됨 : 수리된 훼손에 이어 전

---

187) Susan Hodges, op. cit., p. 697.

188) [1810] 12 East 648: 이 사건에서 원고가 소유한 선박 리버티(Liberty)호에 대하여 뉴욕에서 그리고 부터(at and from) 런던까지의 항해에 대하여 미국의 몰수를 면책으로 하는 항해보험에 들었다. 1809년 1월 '리버티'호는 뉴욕에서 미국의 금수조치를 위반하여 항해를 시작하였지만, 출항하던 얼음에 부딪쳐 훼손되었다. 선원은 선박을 위부하고 미국당국은 이를 몰수하였다. 원고는 분손이든 전손이든 손해는 해상위험으로 인하여 발생하였고, 미국당국에 의한 이후의 몰수는 이미 발생한 손해에 대하여 부적절한 것으로 하는 것은 아니라고 주장하였다.

189) British and Foreign Insurance Co., Ltd. v. Wilson Shipping Co., Ltd. [1921] 1 AC 188, HL: 이 사건에서 선박 이스트랜즈(Eastlands)호가 영국해군부에 용선되어 선박은 어뢰에 피격되고 전손이 되었다. 그 수개월 이전에 선박은 약간의 훼손을 입어 그중 일부는 미수리상태이었다. 해군부는 소유자에게 전손으로 ₤80,230을 보상하였지만, 이는 그 당시의 선박의 훼손된 상태의 가액이었다. 소유자는 선박은 실제 수리되었으면 ₤82,000이었을 것이라고 하여 차액 ₤1,770의 보상을 보험자에게 청구하였다. 상원은 보험자는 ₤1,770의 보상책임을 지지 아니한다고 판시하였다. 보험기간 중 발생한 미수리훼손에 이어 전손이 발생하였고, 적은 훼손은 심한 훼손에 병합된다고 하였다. 버큰헤드(Birkenhead)판사는 "해상고유의 위험을 보험담보한 선박이 담보위험의 하나로 인하여 훼손되고 수리이전에 보험기간중에 보험계약상 부보되지 아니하는 위험에 의하여 멸실이 되는 경우, 보험자는 미수리훼손에 대하여 보상책임을 지지 아니한다"라고 판시하였다.

손이 되는 경우에도 보상은 행하여진다는 것은 잘 확립되어 있다. 이는 초기의 판결인 나폴레옹전쟁 기간 중 항해보험에 든 선박이 악천후로 인하여 훼손을 입고 수리된 후 덴마크군함에 의하여 포획되어 나포된 경우 법원은 두 손해 모두의 보상을 명한 Le Cheminant v. Pearson사건[190]에서 설명되었다.

이전에 수리된 훼손은 이후의 전손사고에도 불구하고 보상이 허용되는 것은 British and Foreign Insurance Co., Ltd. v. Wilson Shipping Co., Ltd.사건[191]에서 다시 논의되어 핀리(Finlay)판사는 "해상위험으로 인한 훼손이 수리된 경우 그 비용은 이후의 손해가 발생하였더라고 보험계약상 보상이 허용된다. 그러나 수리가 실행되지 아니하는 경우에, 보험계약상 보험담보가 종료할 때까지 책임은 생기지 아니한다. 그리고 수리가 행하여지기 전에 전손이 존재하면 분손은 전손에 흡수된다"라고 판시하였다.

(d) 추정전손에 이어 현실전손이 된 경우 : 추정전손에 해당하는 이전의 중대한 손해가 이후 현실전손으로 된 경우 보상이 금지되는 것은 아니다. 기간보험에 든 선박이 담보하지 않은 위험으로 좌초한 후 36시간만에 화재로 인하여 멸실한 경우 좌초로 인한 손해는 위부를 하지 않았으므로 분손이고, 화재로 인한 손해는 전손보상을 명한 것이 그 예이다.[192]

190) [1812] 4 Taunt 367: 이 사건에서 나폴레옹전쟁 기간 중에 선박 누이스틸(Nooystilll)호의 소유자는 동선박을 져시(Jersey)에서 그리고 부터(at and from) 노르웨이 항구로 그리고 다시 런던까지의 항해에 대하여 항해보험에 들었다. 보험기간 중 '누이스틸'호은 악천후로 인하여 훼손을 입어 수리되었다. 선박은 덴마크 군함에 의하여 포획물로 나포되었다. 선박소유자는 손해의 수리비용과 전손보상 두 가지를 청구하였다. 법원은 보험자가 두 가지 모두 보상책임을 진다고 판시하였다.

191) [1921] 1 AC 188, HL: 이 사건의 사실관계는 이 책 제4부 제3상 세3절 분손에 관한 보상 II. 선박의 분손 4. 훼손이 수리되지 않은 경우 (4) 연속적인 단독해손 손해와 손해의 병합 (나) 손해의 병합 (b) 미수리 분손은 이후 전손의 경우 보상되지 않음 참조.

192) Woodside v. Globe Marine Insurance Co., Ltd. [1896] 1 QB 105: 이 사건에서 보험자는 현실전손은 이전의 추정전손을 병합하였고 주장하였는데, 법원은 이전의 손해보상이 금지되는 것은 아니라고 판시하였다. 그러나 이 사건에서 이전의 추정전손에 대하여 위부의 통지를 하지 아니하였기 때문에 그 손해는 분손으로 되었다는 것을 유념하여야 한다. 이 사건에서 원고의 선박 본모어(Bawnmore)호에 대하여 화재로 인한 손해 또는 멸실에 대하여 기간보험에 들었다. 보험기간 중 '본모어'호는 오레건(Oregon)의 연안으로 휩쓸려 좌초되어 약 36시간후 선박은 화재로 인하여 완전히 멸실되었다. 보험자는 책임보상을 거부하고 화재시에 '본모어'호는 담보되지 아니하는 위험인 좌초로 인한 추정전손이 성립하였다고 주장하였다. 보험자는 또한 이후의 화재로 인한 현실전손은 이전의 추정전손에 병합된다고 주장하였다. 법원은 원고는 화재로 인한 현실전손보상청구가 허용된다고 판시하였다. 원고는 좌초로 인한 손해에 대하여 위부의 통지를 하지 아니하였기 때문에 보험목적으로 그 손해는 분손이었다. 따라서 이후의 현실전손보상청구는 이전의 분손에 의하여 침해되지 아니하였다. 머듀(Mathcw)판사는 "좌초로 인한 손해에 대하여 위부의 통지를 하였더라면 전손이었을 것이다. 그러나 그리하지 않았으면 손해는 단독해손이고, 단독해손은 아무리 중대하더라도 이후의 피보험자의 전손보상청구를 침해하지 아니하는 것이다"라고 판시하였다.

(e) 동일한 보험계약에서의 손해의 병합

(ㄱ) 개 관 : 손해의 병합이 성립하기 위하여서는 두 손해는 동일한 보험기간 중에 발생하여야 한다. 영국해상보험법 제77조 제2항은 '동일한 보험계약 아래에서…'라고 규정하고, 1983년 협회선박기간보험약관 제18조 제2항[193]는 '이 보험계약에서 담보되는 기간 중 또는 그 연장기간내에 발생하는…'라고 규정하여 그 뜻을 명확히 하고 있다.

따라서 손해의 병합의 원리는 분손에 이어 다른 보험계약상의 전손이 발생하는 경우에는 적용되지 아니한다. 이는 두 손해가 동일한 보험자에게 가입되어 있었지만 다른 보험계약으로 가입되어 있었던 경우에 발생한 사건으로, 런던에서 캘커타로의 출항항해와 귀항항해에 대하여 별개의 보험에 가입된 선박이 출항항해 중 훼손을 입고 수리되던 중 귀항항해를 담보하는 제2의 보험계약이 개시된 후에 화재로 인하여 전손되어 2개의 보상이 청구되어 수리비와 미수리부분의 가격하락분, 그리고 전손보상이 모두 허용된 Lidgett v. Secretan사건[194]이 그 예이다.

(ㄴ) 치명타이론 : 선박이 보험기간 중 훼손을 입고, 보험기간이 만료한 후에 전손으로 되는 경우에, 병합의 원리는 적용되지 아니한다. 이 경우에는 단지 하나의 손해의 원인만이 존재하고, 최초의 훼손이 결국 전손을 야기한 것이다.[195] 치명타이론(death blow theory)이라고 하는 이러한 원리가 적용된 예는

193) 1983년 협회선박항해보험약관 제16조 제2항; 2003년 국제선박보험약관 제20조 제2항.

194) [1871] 1 LR 6 CP 616: 이 사건에서 원고 소유의 선박 샤르마뉴(Charlesmagne)호에 대하여 2개의 보험에 가입되었다. 둘 다 항해보험으로 첫째 보험은 "런던에서 그리고 부터(at and from) 캘커타(Calcutta)까지 그리고 도착후 30일 동안"의 출항항해(outward voyage)를 담보하였고, 둘째 보험은 캘커타에서 그리고 부터(at and from) 런던까지의 귀항항해(homeward voyage)에 대하여서 이었다. 출항항해중 '샤르마뉴'호는 산호초에 얹혀 그곳에서 빠져나오기 위하여 적항의 일부를 투기하여야 하였다. 캘커타에 도착하여 '샤르마뉴'호는 수리를 위하여 드라이도크에 입거되어 수리되던 도중에 선박에 화재가 발생하여 전손되었다. 화재사고 이전에 첫째 보험은 만료되고 둘째 보험이 개시되었다. 원고는 선박이 산호초와 충돌하여 입은 도크비용과 기타를 포함하는 손해의 전체에 대하여 첫째 보험에 대하여 보상을 청구하였다. 피보험자는 또한 둘째 보험에 기하여 화재로 인한 전손보상을 청구하였다. 법원은 원고는 가격하락분은 이미 행하여진 수리를 고려하지 아니한다는 이유로 출항항해중에 입은 훼손으로 인한 위험의 종료시의 가격하락분을 보상받을 수 있다고 판시하였다. 피보험자는 또한 첫째 보험에 기한 보상청구와는 관계없이 둘째 보험에서 보상받을 수 있다고 판시하였다. 이를 요약함에 있어서 윌스(Willes)판사는 병합의 원리와 보상의 한도에 대하여 고찰하였다. 윌스판사는 "병합의 원리는 이와 같은 사건에는 적용되지 아니한다. 이것이 적용되는 것은 동일한 보험계약상의 보험기간동안 분손과 전손이 발생하고, 당사자사이에 보험자가 어느 경우에도 전손 이상에 대하여 보상책임을 지지 아니하는 것으로 합의한 경우에 한한다"라고 판시하였다.

195) Susan Hodges, op. cit., p. 702.

기간보험에 가입한 선박이 산타크루즈(Santa Cruz)에 입항하던 중 좌사하여 훼손을 입고 계속 운항하다가 보험기간 종료 1개월 후 검사결과 훼손이 심각하고 선박수리시설도 없어 소액만 받고 매도한 경우 위부의 통지가 없었기 때문에 분손보상책임을 진다고 판시한 Knight v. Faith사건[196]이다.

## Ⅲ. 적하의 분손

### 1. 개 관

적하는 전손 이외에 ① 적하 일부의 전손, ② 적하의 전부가 부분적으로 훼손되는 경우, ③ 적하의 일부가 부분적으로 훼손되는 경우, ④ 적하가 표지의 삭제로 인하여 식별불능으로 되는 경우와 같은 다양한 방식으로 멸실되거나 훼손될 수 있다. ①의 항목은 적하 전부의 전손과 구별된다는 점에서 이 항목에 포함시킨다.

적하의 분손의 보상범위에 대하여 영국해상보험법은 제71조, 제72조, 제76조에서 상세히 규정하고 있고, 우리 상법은 적하의 분손의 경우 일반적인 보상액의 산정방법에 대하여 "보험의 목적인 적하가 훼손되어 양륙항에 도착한 때에는 보험자는 그 훼손된 상태의 가액과 훼손되지 아니한 상태의 가액과의 비율에 따라 보험가액의 일부에 대한 손해를 보상할 책임이 있다"라고 규정하고(상법 제708조), 항해도중에 불가항력으로 적하를 매각한 경우의 보상방법을 "① 항해도중에 불가항력으로 보험의 목적인 적하를 매각한 때에는 보험자는 그 대금

196) [1850] 15 QB 509: 이 사건에서 선박 푸세이 홀(Pusey Hall)호에 대하여 기간보험에 들었는데, 파타고니아(Patagonia)에 있는 산타크루즈(Santa Cruz)에 입항하던 중 '푸세이 홀'호는 좌사하였지만, 이후 다시 취항하였다. 보험기간이 종료한 후 1달이 지난 시점에 선박을 검사한 결과 선박이 보험기간중 이미 훼손을 입었고 그것이 심각한 결과 선박이 있던 장소에서 소액만을 받고 매도되었음이 확인되었다. 그곳에는 선박을 수리하는 시설도 없었다. 원고는 추정전손과 택일적으로 분손보상을 청구하였다. 보험자는 위부의 통지가 없었다는 이유로 추정전손보상을 거부하고, 분손은 전손에 병합되었다는 이유로 분손보상을 거부하였다. 법원은 위부의 통지가 행하여지지 아니하였기 때문에 전손은 성립하지 아니하였지만, 보험자는 분손에 대한 보상책임을 진다고 판시하였다. 단 하나의 손해만이 존재하였기 때문에 병합의 쟁점은 문제되지 아니하였다. 캠벨(Campbell)판사는 "이 사건에서 '푸세이 홀'호는 산타크루즈 근처에서 좌사하여 훼손을 입었고, 그 이후 피해가 계속되었다. 보험법상 선박의 매도가 악행이 아니한 그로 인하여 손해가 중단된다고 보지 아니하기 때문에, 선박의 매도로 인하여 손해가 중단되지 아니한다. 선장에 의한 선의의 매도는 보험자가 보험담보하기 이전의 훼손으로 인하여 필요하게 된 경우에만 보상에 영향을 미친다. 이 사건에서 손해의 근인은 보험기간중 산타 크루즈 근처에서의 좌사이고, 이로 인한 훼손으로 인하여 선박의 가액이 감소되었다"라고 판시하였다.

에서 운임 기타 필요한 비용을 공제한 금액과 보험가액과의 차액을 보상하여야 한다. ② ①의 경우에 매수인이 대금을 지급하지 아니한 때에는 보험자는 그 금액을 지급하여야 한다. 보험자가 그 금액을 지급한 때에는 피보험자의 매수인에 대한 권리를 취득한다"라고 규정하고 있다(상법 제709조). 아래에서는 영국법을 중심으로 우리 상법의 원칙은 관련부분에서 설명한다.

## 2. 적하 일부의 전손

### (1) 개 관

동일한 종류의 적하가 단일한 평가액으로 부보된 경우, 운송중인 적하의 개별 구성부분은 전체로서 별개로 평가되는 것이 보통이다. 100통의 와인을 1,000만원으로 평가하고, 각 통을 10만원으로 평가하는 경우가 그것이다. 이 경우 한 통의 멸실은 적하의 일부의 전손이 성립할 수 있다. 따라서 적하의 일부의 전손이 발생하기 위하여서는 보험계약상 적하의 각각의 항목 또는 부분이 명백히 식별가능하여야 한다.

같은 원칙이 다른 종류의 적하이지만 단일한 평가액으로 부보된 운송 중인 적하에 대하여서도 적용된다. 이 경우 각 항목은 다른 가액일 수 있고, 전체 가액에 대한 각 항목의 비율이 보험증권에 명시되어야 한다. 즉, 평가액은 분할되어야 하는데, 이는 영국해상보험법 제72조 제1항에 "서로 다른 종류의 재산이 단일한 평가액으로 부보된 경우, 그 평가액은 미평가보험증권의 경우와 같이 산정된 각 재산의 보험가액에 비례하여 서로 다른 종류의 재산에 분할되어야 한다. 같은 종류의 재산의 일부에 대한 협정보험가액은, 이 법의 규정에 따라 산정된 그 일부의 보험가액이 전체 보험가액에 대하여 차지하는 비율을 전체의 협정보험가액에 곱하여 산출한 금액이다"라고 규정되어 있다.

그러나 다른 종류의 적하의 가액이 보험증권에서 분할되어 있지 아니하는 경우, 분할의 방법은 영국해상보험법 제72조 제2항에 "평가액이 분할되어야 하는데, 종류, 품질 또는 명세를 달리하는 각 적하의 원가를 산정할 수 없는 경우에는, 종류, 품질 또는 명세를 달리하는 적하의 도착지에서의 순정상가액을 기준으로 평가액을 분할한다"라고 규정되어 있다.

이와 같이 일부의 전손이 성립하는 것은 분할이 발생하는 경우뿐이다. 분할이 발생하지 아니하는 경우에는 손해는 분손이고, 이 차이는 적하가 '단독해손부담보'인 경우에 확인된다. 이에 관하여 영국해상보험법 제76조 제1항은 "보험목적이 단독해손부담보의 조건으로 부보된 경우, 피보험자는, 보험증권에 포함된 계약이 분할할 수 있지 아니하는 한, 공동해손 희생으로 발생한 손해 이외의 일부의 손해를 보상받을 수 없으나, 만일 계약이 분할할 수 있는 경우에는 분할할 수 있는 부분의 전손에 대하여 보상받을 수 있다"라고 규정하고 있다.

적하가 분할할 수 있다는 것의 중요성은 Duff v. Mackenzie사건[197]에서 명확히 예시되었다. 이 사건에서 전손 이외의 모든 손해를 면책으로 선장의 개인소지품의 손해를 100파운드로 부보되었다. 원고의 선박 라이언(Lion)호가 화재로 인하여 파괴되었고, 선장은 소지품중 약 1/3을 구조하였고, 나머지는 멸실하였다. 선장은 보험자에게 그 보상을 청구하였지만, 보험자는 소지품에 대하여는 전손만이 담보되었다는 이유로 이를 거부하였다. 법원은 개인소지품은 전부 멸실하였기 때문에 보상이 허용된다고 판시하였다. 즉, 소지품은 모두 다른 종류이었고, 따라서 개별적인 전손으로 구분되어 용이하게 분할될 수 있다고 판시하였다.

(2) 적하 일부의 전손의 경우에 보상의 한도

적하 일부의 전손에 대한 보상의 한도는 기평가보험인 경우에는 보상의 한도는 멸실된 적하의 가액의 비율을 협정보험가액에 곱한 금액으로 산출되는데, 이에 대하여 영국해상보험법 제71조 제1항은 "기평가보험증권에 의하여 부보된 적하, 상품 또는 기타 동산의 일부가 전손이 된 경우, 그 보상의 한도는, 미평가보험의 경우와 같이 산출한 멸실된 일부의 보험가액이 전부의 보험가액에 대하여 차지하는 비율을, 보험증권상 확정된 협정보험가액에 곱하여 산출한 금액이다"라고 규정하고 있다.

미평가보험인 경우에는 보상의 한도는 보험가액으로 표시된 멸실한 적하의 가액인데, 영국해상보험법 제71조 제2항은 "미평가보험증권에 의하여 부보된 적하, 상품 또는 기타 동산의 일부가 전손이 된 경우, 그 보상의 한도는 전손의 경우에 있어서와 같이 산출된 멸실된 일부의 보험가액이다"라고 규정하여 이를 확인하고 있다.

## 3. 적하 전부 또는 일부의 훼손

분손이 존재하고 적하의 전부 또는 일부의 훼손이 존재하는 경우에는, 보상의 한도에 대하여는 영국해상보험법 제71조 제3항은 "부보된 적하 또는 동산의

197) [1857] 3 CB (NS) 16.

전부 또는 일부가 훼손된 채로 목적지에서 인도된 경우, 그 보상의 한도는 도착지에서의 정상품으로서의 총가격과 훼손품으로서의 총가격과의 차액이 정상품으로서의 총가격에 대하여 차지하는 비율을, 기평가보험의 경우에는 협정보험가액에, 미평가보험의 경우에는 보험가액에 곱하여 산출한 금액이다"라고 규정하고 있다.

여기서 규정하고 있는 원칙은 '공동해손이나 선박이 좌초되지 아니하는 한 3% 미만의 단독해손에 대하여서는 면책'조건으로 적하보험에 가입한 통에 든 설탕의 적하에 해수가 유입되어 낮은 가액으로 매도되어 보상의 한도가 다투어진 Lewis v. Rucker사건[198]과 적하보험에 가입된 유황의 적하에 운송 중 해수가 유입되어 훼손되어 보상의 한도가 다투어진 Johnson v. Sheddon사건[199]에서 설정되었다.

영국해상보험법 제71조 제4항은 총가격(gross value)의 개념을 "총가격이라 함은 도매가격을 의미하고, 이 가격이 없는 경우에는 추정가격을 의미하며, 어느 경우이든 운임, 양륙비용 및 이미 납부된 세금을 포함한다"라고 정의하고 있다. 이는 Johnson v. Sheddon사건에서의 판시에 근거한 것이다. 총가격을 기준으로 하는데 대한 예외는 적하가 목적항의 보세구역에서 매도되는 경우에 인정되는데, 영국해상보험법 제71조 제4항 단서는 "적하 또는 상품이 관습에 따라 보세구역에서 매도되는 경우에는 보세가격이 총가격으로 본다"라고 규정하고 있다.

---

198) [1761] 2 Burr 1167: 이 사건에서 원고는 자신의 적하에 대하여 서인도(West Indies)에서부터 함부르크(Hamburg)까지의 항해에 대하여 보험에 들었다. 큰 통의 설탕에 대하여 "공동해손이나 선박이 좌초되지 아니하는 한 3% 미만의 단독해손에 대하여서는 면책"으로 되어 있었다. 함부르크에 도착한 후 수통의 설탕은 해수가 유입되어 훼손되었음이 발견되어 미훼손된 가액보다 더 낮은 금액으로 즉시 매도되었다. 함부르크에서 미훼손된 가액은 1통당 £23 7s 8d 이었는데, 훼손된 가액은 £20 8d이었다. 그러나 원고는 설탕이 훼손되지 아니하였더라면 가격이 톤당 £30에 이를 때까지 창고에 보관하였을 것이고 이것이 보상의 한도이라고 주장하였다. 법원은 보상의 한도는 피보험자를 적하가 정품으로 인도된 것과 같은 지위에 놓는 것이고 투기적인 이익은 보상의 일부로 고찰되지 아니한다고 판시하였다. 따라서 보상의 한도는 인도시의 훼손된 적하의 가액과 훼손되지 않은 적하의 가액의 차이의 비율을 보험증권상의 협정보험가액에 곱한 금액이라고 판시하였다.

199) [1802] 2 East 581: 이 사건에서 법원에서의 쟁점은 정품가격과 훼손된 가격과의 차이가 총가격 또는 순가격(net price) 어느 것에 기초하여 산출되어야 하는가 이었다. 총가격이라면 운임과 양육비 등을 포함하고, 순가격이라면 적하의 자체만의 가격을 의미하였다. 이 사건에서 원고는 유황의 적하에 대하여 시칠리(Sicily)에서 함부르크(Hamburg)까지의 항해에 대하여 보험에 들었다. 적하가 함부르크에 도착하여 해수로 훼손되었음이 발견되었고, 원고는 분손을 입었다. 법원에서의 쟁점은 보상의 한도가 각각의 정품가격과 총가격과의 차액인가 아니면 각각의 정품가격과 총가격에 근거하여 산출되어야 하는가 이었다. 법원은 비록 보험자는 도착이후의 비용에 대하여서는 보상책임을 지지 아니하지만, 보상은 각각의 정품가격과 총가격과의 차이에 근거하여야 한다고 판시하였다.

## 4. 적하의 일부가 일부 훼손된 경우

이 유형의 손해는 적하의 분손에 관한 가장 보편적인 것이다. 그 의미는 자명하고 이에 대하여서는 영국해상보험법 제71조와 상법 제708조에서 규정하고 있다.

## 5. 적하가 훼손된 채로 매도된 경우

(1) 서 언

선장의 적하처분권이 인정되는 경우, 즉 선박수선료, 해난구조료 기타 항해의 계속에 필요한 비용의 지급을 위하여 불가항력으로 적하를 매각하여야 하는 경우가 있다(상법 제774조 제1항 3호). 이러한 경우에는 적하이해관계인이 지급할 운임(상법 제810조) 그 밖에 필요한 운송물의 처분비용 등을 그 매각대금에서 공제하도록 할 필요가 있다. 상법은 이와 같은 경우 "① 항해도중에 불가항력으로 보험의 목적인 적하를 매각한 때에는 보험자는 그 대금에서 운임 기타 필요한 비용을 공제한 금액과 보험가액과의 차액을 보상하여야 한다. ② ①의 경우에 매수인이 대금을 지급하지 아니한 때에는 보험자는 그 금액을 지급하여야 한다. 보험자가 그 금액을 지급한 때에는 피보험자의 매수인에 대한 권리를 취득한다"라고 규정하고 있다.

(2) 적하의 매각으로 인한 손해의 보상

항해도중에 불가항력으로 보험의 목적인 적하를 매각한 때에는 보험자는 그 대금에서 운임 기타 필요한 비용을 공제한 금액과 보험가액과의 차액을 보상하여야 한다(상법 제709조 제1항). 이에 따라 적하를 매각한 경우에 보험자는 전부보험의 경우에는 그 차액의 전부를 보상하고, 일부보험의 경우에는 그 차액에 보험금액의 보험가액에 대한 비율을 곱한 금액을 보상하여야 한다(상법 제674조).

(3) 매수인이 대금을 지급하지 아니하는 경우

불가항력으로 항해도중에 적하를 매각하였으나 매수인이 대금을 지급하지 아니한 때에는 보험자는 그 금액을 지급하여야 하고, 보험자가 그 금액을 지급한 때에는 피보험자의 매수인에 대한 권리를 취득한다(상법 제810조 제2항). 대금을 지급받지 못한 피보험자에 대한 보험보호를 꾀하고, 보험자에게 청구권대위를 인정한 것이다(상법 제682조).

## 6. 식별불능의 적하

적하가 본래의 종류의 물건으로 목적지에 도착하였으나, 기호가 지워지는 등의 이유로 동일성을 식별할 수 없어 소유자에게 분배될 수 없는 경우에, 이 손해는 분손보상이 허용된다는 것이 인정되고 있다. 영국해상보험법 제56조 제5항은 "적하가 본래의 종류의 물건으로 목적지에 도착하였으나, 기호가 지워지는 등의 이유로 동일성을 식별할 수 없는 경우에는, 그 손해는 만일 있다면, 분손이지 전손은 아니다"라고 이와 같은 뜻을 규정하고 있다.

이는 적하보험에 가입한 43상자의 목화의 적하를 선적한 선박이 좌초되어 41상자적하의 식별표지가 소거되어 분손이라고 선고된 Spencer and Another v. Union Marine Insurance Co., Ltd.사건[200]에서 확립된 것이다.

## 7. 책임한도의 산정

적하의 분손이 발생하는 경우에, 보상의 한도는 선박의 경우와 같이 입은 가격하락분, 즉, 목적지에서의 총정상가격과 총훼손가액의 차액에 기초한다. 기평가보험증권의 경우에는 보험증권 자체에 대한 보상의 한도를 설정하기 위하여 가격하락비율을 협정보험가액에 곱하여 산정한다.

훼손된 적하의 전체 가액을 확정하는 경우에 정상가액과 훼손가액은 도착지에서의 가액이다. 이것은 적하보험에 가입한 여성용파나마모자의 적하가 도착지에서 곰팡이가 서린 것이 확인되어 보상의 한도를 정함에 있어서 산정시점이 다투어진 Whiting v. New Zealand Insurance Co.사건[201]에서 예시되었다.

문제된 보험증권이 미평가보험증권인 경우에는, 보험증권상 확정된 협정보험가액이 존재하지 아니하므로, 가격하락분은 보험가액과 관련되고, 보험가액에 무엇이 포함되는가를 정하기 위하여서는 "적하나 상품에 관한 보험에 있어서, 그 보험가액은 피보험재산의 원가에다 선적비용 및 이 전체에 대한 보험비용을 가산한 금액이다"라고 규정하고 있는 영국해상보험법 제16조 제3항을 참조하여

---

200) [1868] LR 3 CP 427: 이 사건의 구체적인 사실관계는 제4부 제3장 제1절 현실전손에 관한 보상 Ⅰ. 현실전손의 개념 2. 현실전손의 유형 (3) 성질의 상실 (라) 표지의 소지 참조.

201) [1932] 44 Ll L Rep. 179: 이 사건에서 원고는 고베(Kobe)로부터 런던까지 항해하는 2척의 다른 선박에 선적한 2상자의 여성용 파나마모자가 적하에 대하여 보험에 들었다. 런던에 도착한 후 893다스의 모자가 곰팡이가 낀 것이 발견되었다. 법원에서의 쟁점의 하나는 보상의 한도에 관하여 가격하락분이 산정되는 시점이었다. 법원은 보상의 한도는 도착한 정품의 가액과 도착한 훼손가액의 차액에 기초하여야 한다고 하였다.

야 한다.

이와 같이 미평가보험증권의 경우에는 보험가액은 원고 또는 적하의 송장가격에 선적에 소요된 비용을 더하고 또한 보험비용을 추가한 가액이고 보험가액은 위험이 개시하는 시점을 기준으로 정한다(영국해상보험법 제16조 제4항 참조).[202]

보험가액의 의미는 오래 전의 판결로 미평가적하보험에 가입한 적하가 멸실하여 보상의 한도와 적하의 보험가액을 확정하는데 있어서 다투어진 Usher v. Noble사건[203]에서 설명되었다.

## 7. 잔존물차감방식

적하의 분손의 경우의 보상액은 상법 제708조와 영국해상보험법 제71조에 따라 그 훼손된 상태의 가액과 훼손되지 아니한 상태의 가액과의 비율을 보험가액에 곱하여 산정된다.

잔존물 손해(salvage loss)라 함은 적하의 도착지에서의 훼손상태의 가액과 협정보험가액과의 차이이고, 잔존물차감방식(salvage loss basis)은 협정보험가액에서 잔존물을 차감하여 그 차액을 보상하는 것이다. 피보험자는 분손의 경우에 이 방식으로 보상받기를 선호하지만, 보험자는 이 잔존물차감방식을 따르는 것이 강제되는 것은 아니다. 그러나 사고항구에서 적하를 최종목적항까지 운송하는 비용이 도착지에서의 적하의 가액을 초과한다고 판단되어 추정전손이 성립하여 중간항에서 하역하여 매도되는 경우에는 보험자는 실무상 이 방식으로 보상처리를 하는데 동의하고 있다.[204]

---

202) Susan Hodges, op. cit., p. 710.

203) [1810] 12 East 639: 이 사건에서 적하를 운송하던 선박이 테임즈(Thames)강에서 침몰한 후에 적하가 멸실하였고, 법원에서 쟁점은 미평가보험에서의 보상의 한도와 적하의 보험가액의 확정이었다. 에렌버러(Ellenborough)경은 "피보험자는 손해 이상이 아닌 손해만을 보상받을 권리가 있다. 그러나 보상가액의 기준으로 무엇이 고찰되어야 하는가가 문제이다. 기평가보험증권의 경우에는 보험증권상의 평가가 합의된 기준이다. 미평가보험의 경우에는 보험료를 포함한 선적항에서의 송장가액, 그리고 수수료가 전손이나 분손의 목적을 위하여 이 가액을 확정하기 위한 목적을 위한 산정기준이다"라고 판시하였다.

204) R. H. Brown, Marine insurance Vol. 2-cargo practice, 5th ed., London: Witherby & Co., Ltd., 1998, pp. 504~505.

## Ⅳ. 운임의 분손

### 1. 개 관

운임은 선박의 사용으로 획득하는 금액이다. 운임은 통상적으로는 합의된 목적지로 적하를 운송함으로써 획득하는 금액이지만, 선박을 용선하고 사용대가로 취득하는 금액일 수 있다.

어느 경우에도 획득이 기대되는 운임에 대하여 선주는 보험에 부보할 수 있지만, 위험에 처한 운임만이 부보될 수 있고 선급운임은 개념상 이미 지급되었고 위험에 처하여 있지 아니하기 때문에 제외한다.

운임의 분손은 ① 적하 일부의 전손, ② 적하 전부의 전손이지만, 선박은 대체적하를 운송하여 약간의 운임을 취득할 수 있는 경우, ③ 선박은 전부 멸실하였지만, 구조된 일부 적하를 대체선박으로 운송하여 약간의 운임이 획득되는 경우 등 다양한 유형으로 발생할 수 있다.

### 2. 적하 일부의 전손

영국보통법상 목적지에서 적하의 수량이 부족하거나 적하가 훼손되었는가와 상관없이 운임은 목적지에서 적절한 인도시에 전액 지급된다.[205] 따라서 인도시에 수량이 부족하거나 적하의 일부가 훼손되었어도 운임의 분손은 성립하지 아니한다. 그러나 운송계약의 조건에 따라 보험법상의 지위가 변경될 수 있다. 예컨대 운송계약의 조건상 운임은 훼손되지 아니하는 적하에 대한 비율로 지급하는 것인 경우에는, 일부의 적하가 훼손되는 경우에는, 지급하는 운임이 그만큼 감액되고, 운임에 대하여 보험에 가입된 경우에는 운임의 분손이 성립하는 것이다.[206]

또한 다른 운임의 지급조건에 있어서의 변경의 예는 운송계약에 '적하의 일부만이라도 인도되면 그에 따른 운임이 지급된다'는 이탈리아법이 적용되는 조

205) 영국법과 우리법의 차이에 대하여는 이 책 제2부 제3장 제2절 해상보험의 목적 Ⅱ. 해상보험의 목적 4. 운임 (2) 해상물건운송인의 운임청구권 참조.

206) Griffiths and Others v. Bramley-Moore and Others [1878] 4 QB 70, CA: 이 사건에서 선주는 "적하가 해상에서 훼손되어 인도되는 경우에는 운임은 2/3으로 한다"라고 규정하고, 선주는 이 1/3의 손해에 대하여 보험에 들었는데, 용선계약의 이행중 해상에서 훼손이 발생하여 운임의 1/3이 공제되는 손해가 발생하였는데, 법원은 지급되지 않은 1/3의 전손을 인정하였다.

건이었고, 단독해손부담보조건으로 운임보험계약이 체결되었는데, 목재의 적하를 선적한 선박이 침몰하여 일부만이 구조되어 운임의 일부만이 지급된 경우, 손해는 분손으로 인정되어 보험자로부터 보상을 받지 못한 Price and Another v. Maritime Insurance Co., Ltd.사건[207]을 들 수 있다.

### 3. 용선운임-대체된 적하

선박이 용선되는 경우, 용선계약상 지급되는 운임은 보험에 들 수 있지만, 일반적인 운임과는 달리 용선운임은 항해용선이든 정기용선이든 묻지 않고 전체 항해에 대하여 지급된다.

따라서 의도된 적하가 운송되지 아니하거나 멸실되는 경우에는, 대체적하가 운송될 수 있고, 이 대체된 적하에 대한 운임이 원래 부보된 운임 미만인 경우에는, 피보험자는 분손을 입은 것이다.

### 4. 대체된 선박으로 운송되는 적하

(1) 개 관

영국보통법상 적하에 대한 운임은 인도시에 지급되므로 적하가 대체선박으로 운송되는 경우에 운임을 취득할 수 있다. 즉, 피보험자 자신이 적하를 운송하여 운송계약을 이행할 수 없다면 그는 다른 수단으로 적하를 운송할 것을 선택하여 인도시에 운임을 획득할 수 있다.

Rankin v. Potter사건[208]에서 브랫(Brett)판사는 "…선박이 멸실되는 경우, 적

207) [1901] 2 KB 412, CA; 이 사건에서 운송계약은 영국법이 아닌 이탈리아법이 적용되었고, 운임은 적하의 일부만이라도 인도되면 그에 따라 지급된다는 조건이었는데, 운임의 손해는 분손으로 간주되었다. 이 사건에서 이탈리아 선박 신크(Cinque)호의 선장은 프로리다에 있는 은행으로부터 대부를 받고 선박과 운임을 담보로 제공하였다. 이어서 은행은 '단독해손부담보'로 보험에 들었다. 펜사콜라(Pensacola)에서 사우스햄튼(Southampton)으로의 항해 중에 '신크'호는 악천후를 만나 피난처로 아조레스(Azores)로 입항하려고 하였지만, 해안으로 밀려 추정전손으로 되었다. 목재의 적하의 일부가 구조되어 매수인에게 운송되어 매수인은 이탈리아법상 선장에게 허용되는 £790를 운임으로 지급하였다. 지급된 운임을 조금도 지급받지 못한 은행은 보상을 청구하였지만, 보험자는 운임의 일부가 지급되었기 때문에 보험목적의 전손이 성립하지 아니하였다는 이유로 보상을 거부하였다. 항소법원은 운임의 전손이 아닌 분손만이 성립한다고 판시하였다. 스미스(AL Smith MR)판사는 "선박의 추정전손이 성립하였고, 이탈리아법이 적용되지 않았더라면 운임의 전손이 성립하였을 것이다. 그러나 이탈리아법규정으로 인하여 선박은 £790에 이르는 운임을 획득하였다. 이 경우 운임청구권은 전손되었다고 할 수 없다. 따라서 분손이 성립하였고, 보험은 단지 전손만을 담보하고 있으므로 원고는 패소한다"라고 판시하였다.

208) [1873] LR 6 HL 83, HL; 이 사건의 사실관계는 이 책 제4부 제3장 제1절 현실전손에

하가 선적되어 있고, 이 적하의 전부 또는 일부가 구조되어 운임을 취득하기 위하여 대체선박에 선적된 경우를 제외하고는, 선박의 현실전손은 운임의 현실전손을 야기한다"라고 판시하였다.

(2) 선박을 대체하는 비용은 손해방지비용으로 보상

단독해손을 면책으로 하는 보험계약에서 운임의 분손이 성립하는 경우에도 대체선박을 제공하는 비용은 손해방지비용으로 보상되고, 영국해상보험법 제76조 제2항은 "보험목적이 전부의 또는 일정비율 미만의 단독해손을 담보하지 아니하는 조건으로 부보된 경우라고 하더라도, 보험자는, 구조료와, 부보된 손해를 피하기 위하여 손해방지약관의 규정에 따라 정당하게 지출된 특별비용이나 기타 비용에 대하여 보상책임을 진다"라고 규정하여 이를 확인하고 있다.

또한 영국해상보험법 제78조 제1항은 "보험약관에 손해방지약관이 포함되어 있는 경우, 이 약관상의 합의는 보험계약을 보충하는 것으로 보고, 비록 보험자가 전손에 대하여 지급하였거나 또는 보험목적이 전부 또는 일정 비율 미만의 단독해손은 담보하지 아니한다는 조건으로 부보되었다고 하더라도, 피보험자는 이 약관에 따라 정당하게 지출된 비용을 보험자로부터 보상받을 수 있다"라고 규정하고 있다.

영국해상보험법에 포함된 이와 같은 원칙은 페루에서 영국으로 가노(guano)의 적하를 운송하기 위하여 선박을 용선한 소유자가 이 운임에 대하여 단독해손부담보조건으로 보험에 들었는데, 선박이 악천후로 심하게 훼손되어 리오데자네이로(Rio de Janeiro)에서 추정전손이 성립하여 선주가 다른 선박을 2,467파운드에 임차하고 운송을 완료하고 손해방지비용으로 그 보상을 청구하여 승소한 Kidston and Others v. Empire Marine Insurance Co., Ltd.사건[209]에 의하여 확립된 것이다.

## 5. 보상의 한도

(1) 개 관

운임의 분손에 대한 보상의 한도는 영국해상보험법 제70조에 "보험약관에 명시적 규정이 있는 경우 이에 따르는 것으로 하고, 운임의 분손이 있는 경우, 그

관한 보상 Ⅲ. 운임의 현실전손 2. 선박·적하의 현실전손 또는 추정전손으로 인한 운임의 현실전손 참조.

209) [1866] LR 1 CP 535: 이 사건의 사실관계는 이 책 제3부 제1장 제2절 손해방지비용 Ⅲ. 손해방지의무의 내용 1. 손해의 방지 또는 경감 (가) 손해의 방지와 경감의 의미 참조.

보상한도는, 피보험자가 상실한 운임이 보험계약에서 피보험자가 그 위험을 부담하는 전체 운임에 대하여 차지하는 비율을, 기평가보험증권의 경우에는 보험증권상의 확정가액에, 미평가보험증권의 경우에는 보험가액에 곱하여 산출된 금액이다"라고 규정되어 있다.

따라서 기평가보험증권의 경우에 보상의 한도는 보험증권상의 협정보험가액에 운임의 비율을 곱한 금액이고, 미평가보험증권의 경우에는 보험가액과 비교한 운임의 비율적 손해이다.

운임의 보험가액에 대하여서는 영국해상보험법 제16조 제2항에 "운임에 관한 보험에 있어서는 선금운임이든 아니든, 그 보험가액은 피보험자가 위험을 부담하는 총액에 보험비용을 가산한 금액이다"라고 규정되어 있다.

그러나 1983년 협회운임기간보험약관 제13조 제1항[210]은 "이 보험에서 운임의 상실에 대하여 보상하는 금액은 실제로 상실한 총운임을 초과할 수 없다"라고 규정하고 있다.

이와 같이 운임에 대한 보상은 총운임에 기초한다는 것은 취득할 운임에 대하여 보험에 든 선주가 선박이 전손되어 운임을 취득하지 못하게 되어 손해보상을 청구하여 법원이 손해는 순운임이 아닌 총운임에 기초하여 결정되어야 한다고 판시된 1822년의 Palmer v. Blackburn사건[211]에서 확립되었다.

총운임에 무엇이 포함되고 포함되지 아니하는가의 쟁점이 미국 볼티모어(Baltimore)에서 중앙아메리카까지 석탄을 운송하기 위하여 선박을 용선한 자가 선박을 미국철도회사에 재용선하였고, 이 취득할 운임에 대하여 보험에 들었는데, 목적지에서 석탄을 하역하던 중에 적하가 선박과 함께 멸실하여 운임의 선손이 성립한 United States Shipping v. Express Assurance Corporation사건[212]

---

210) 1983년 협회운임항해보험약관 제11조 제1항.

211) [1822] 1 Bing 61: 이 사건에서 쥴리아나(Juliana)호는 동인도(East Indies)에서 런던으로 항해중에 항해가 종료하기 이전에 전손되어, 그 결과 원고는 운임의 전손을 입었다. 원고가 운임의 전손보상을 청구하지 보험자는 보상책임은 순운임, 즉 선박이 안전하게 도착하였더라면 원고가 통상적으로 지급받았을 총운임에서 비용, 즉 선원의 임금, 도선료, 등대료, 톤당관세 그리고 도크비용 등을 공제한 금액이라고 주장하였다. 법원은 보상은 총운임에 근거하여 결정된다고 판시하였다. 덜러스(Dallas)판사는 "손해의 경우에 피보험자는 손해만을 보상받을 수 있다는 일반적은 보험원칙은 이에 반대로 확립된 상인사이의 관례에 지배될 수 있다. 운임에 대한 포괄적인 보험증권상 운임의 순금액(net amount)이 아니라 총금액(on the gross)에 근거하여 결정된다는 관례는 법률상의 관례이다"라고 판시하였다.

212) [1907] 1 KB 259: 이 사건에서 선박 히어로(Hero)호를 정기용선하였고, 용선한 소유자로서 석탄을 볼티모어(Baltimore)에서 중앙아메리카의 콜론(Colon)까지 운송하기 위하여 선박을 미국철도회사에 재용선하였다. 원고는 용선운임을 포함하여 운임에 대하여 기간보험에 들었다. 재용선기간중 '히어로'호는 콜론에서 하역 중에 선박은 해상고유의

에서 제기되어 총운임은 보험료와 직접적으로 관련된 비용만 포함한다고 판시되었다.

(2) 공제조항

1983년 협회운임기간보험약관 제12조[213]는 "이 보험은 화재, 침몰 또는 다른 선박과의 충돌에 의하여 발생하지 아니하는 한, 공동해손 이외의 분손을 보상하지 아니한다. 만일 피보험자에 의하여 요청된 경우에는 각 부선 그리고/또는 거룻배는 별개의 보험으로 본다"라고 규정하고 있다.

보험자는 비율상의 한도가 초과하여도 보험자는 그 비율은 보상액에서 공제하는 선박보험상의 공제조항과 달리, 운임보험상의 공제조항의 경우에 보험자는 손해가 규정된 한도를 초과하는 경우에는 전액 보상책임을 진다.

---

위험으로 인하여 멸실되었다. 선박에 적재되어 있던 석탄은 또한 멸실되었고, 운임의 전손이 성립하였다. 원고는 보험계약상 운임의 분손보상을 청구하였다. 법원에서의 쟁점은 ① 보험계약상의 보험료 이외에도 원고는 철도회사와 용선계약을 체결하기 위하여 지급한 £16의 수수료를 보상받을 수 있는가? ② '히어로'호가 침몰한 후 용선계약상 아직 남아있던 2일간의 용선료 £54를 보상액에서 공제하여야 하는가?이었다. 법원은 절약된 용선료나 용선계약을 체결하기 위하여 지급한 수수료를 보험계약상 고찰하지 아니한다고 판시하였다.

213) 1983년 협회운임항해보험약관 제9조.

# 제 5 부
# 선주상호보험

# 제1장 선주상호보험의 성격

## 제1절 선주상호보험의 개념

### Ⅰ. 선주상호보험의 의의

선주상호보험이라 함은 선박소유자, 선박임차인, 용선자 기타 선박운항업자(선주)의 선박운항으로 인하여 발생하는 제3자에 대한 손해배상책임 및 비용을 선주들이 설립한 상호조합에서 보상하는 것을 내용으로 하는 보험이다(선주상호보험조합법 제1조). 선주상호보험을 영위하는 보험자가 선주상호보험조합(P&I Club)으로 일반 해상보험자와 성격을 달리 하고, 우리나라에서 2001년에 설립한 한국선주상호보험조합을 비롯하여 국제적인 규모의 상호보험조합은 1997년 현재 약 24개이다.[1)]

### Ⅱ. 선주상호보험조합의 연혁

선주상호보험은 선박의 운항과 관련해서 발생하는 제3자 배상책임을 담보하는 보험이다.

최초의 선주상호보험조합은 19세기 중반 영국에서 처음 결성되었는데 출현동기로는 다음 두 가지가 들어진다.[2)]

첫째, 1836년 De Daux v. Salvador사건[3)]에서 선박이 다른 선박과 충돌하여 다른 선박 또는 적하의 소유자에게 부담하게 된 손해배상책임에 대하여 선박보험자는 보상하지 않는다는 내용의 판결의 결과 선박보험자가 선박의 충돌로 인

1) 박용섭, 해상보험법, 효성출판사, 1999, 680면: 이들 회사의 본사는 노르웨이(2), 영국(10), 일본(1), 네덜란드(1), 버뮤다(6), 룩셈부르크(2), 스웨덴(1)에 두어져 있지만, 이 가운데 버뮤다와 룩셈부르크에 본사를 둔 회사는 주로 런던에서 영업을 한다.

2) 한국선주상호보험조합홈페이지(http://www.kpiclub.or.kr) 참조(홈페이지 자료는 2007. 7.1. 직접 방문하여 검색한 내용임): 심재두, 해상보험법, 길안사, 1995, 458~460면.

3) [1836] 4 Ad&E 420.

한 배상책임을 3/4만 담보하고 나머지 1/4은 선주의 부담으로 하자, 이 나머지 1/4을 담보할 필요가 요청되었다.

둘째, 영국의 1846년 사망사고법(Fatal Accidents Act)의 시행에 따라 선박소유자의 과실에 의하여 사망한 사람의 피부양가족들이 선박소유자에게 제소할 수 있게 되어 인명사고로 인한 배상책임이 대단히 커져 이러한 배상책임을 담보하는 것이 요구되었다.

선주상호보험조합은 1/4충돌배상책임과 사망사고법 및 선원에 대한 배상책임을 담보하였으며 이것을 보호보험(Protection Insurance)이라 하였다. 1870년 'Westonhope'사고로 인한 화물손해에 대해 선주가 책임있음이 판명되자 1874년부터 화물손해에 대한 배상책임도 담보하게 되었는데 이를 보상보험(Indemnity Insurance)이라 하였으며 선주상호보험조합(Protection & Indemnity Club)이라는 말이 사용되게 되었다.

한국선주상호보험조합은 2000년 1월 26일 설립되어 그 동안 해외 조합에만 의존하던 선주상호보험을 우리 실정에 맞게 개발하여 운영하고 있고, 현재 외항선사, 내항선사, 수산업계 등 다양한 조합원을 보유하고 있으며 가입선박은 2006년 2월 현재 458척 185만톤(총톤수 : GT 기준)으로 국내시장 점유율은 3%를 상회하는 수준이다.

## Ⅲ. 선주상호보험조합의 성격

영국해상보험법상 상호보험은 2인 이상의 사람이 상호간에 해상손해를 담보하기로 하는 계약(동법 제85조 제1항)이지만, 선주상호보험조합은 이에 부합하지 않는다. 선주상호보험조합은 그 회원과는 별개의 독립한 법인으로 그 회원인 선주의 제3자에 대한 손해배상책임을 담보하기 때문이다. 그러나 선주상호보험조합은 그 회원인 선주가 손해배상책임을 보상할 자금을 분담하기로 하여 비영리로 운영된다는 점에서 그 실질은 상호보험이다.[4)]

4) 심재두, 앞의 책, 457면.

# 제2절 선주상호보험조합의 운영

## Ⅰ. 선주상호보험조합의 조직

### 1. 선주상호보험조합의 구조

선주상호보험조합은 정관에서 기관을 규정하고 있다. 일반적인 기구로는 조합원 전원으로 구성되는 최상위의 기관으로 총회가 있고, 총회가 선임하는 이사로 구성되는 이사회가 있다. 총회에서는 사업방법, 보험계약규정, 책임준비금 산출 등 경영과 직접 관련되는 전반적인 사항들을 결정하고, 이사회는 보험금지급의 승인, 보험료의 확정 등 운영상의 중요사항을 결정한다. 그 밖의 일상적인 운영사항은 전문적인 관리인에 의하여 행하여진다.

### 2. 선주상호보험조합의 가입

선주상호보험조합은 조합원에 의해 운영되므로 보험계약을 체결하고자 하는 선주는 조합원 자격을 취득하기 위하여 조합원가입신청서를 작성하여 출자금을 납입하여야 한다. 가입할 수 있는 자는 선주로서 선박소유자, 선박임차인, 용선자 기타 선박운항업자가 이에 해당한다.

### 3. 선주상호보험조합의 보험료

보험료는 보통 선급보험료(advance call)와 추가보험료(supplementary call)로 구성된다. 회원은 보험년도가 개시될 당시에 선급보험료를 내고, 보험년도가 종결된 이후에 선급보험료로 부족하였을 때에는 추가보험료를 더 내어야 한다. 선주상호보험은 회원들이 스스로 손해를 담보하는 것이기 때문에 보험료가 정액이 아니고 손해의 발생상황에 따라 조정되는 것이다.[5] 탈퇴보험료(release call)는 선주상호보험조합에서 탈퇴하는 경우 분담금의 확정을 기다리지 않고 각 보험년도의 예상율을 기초로 하여 미결산 보험년도에 있어서 산출한 보험료를 말한다.

5) 심재두, 위의 책, 475면.

## Ⅱ. 선주상호보험조합의 기능

선주상호보험조합의 주된 기능은 위험의 담보와 클레임의 처리 및 관리, 보증의 제공이다. 즉, 선박운항과 관련하여 선주가 부담하게 되는 운송화물의 손해에 대한 책임, 선원 및 여객 등의 사상 또는 질병에 대한 책임, 해양 등의 오염으로 인한 손해에 대한 책임 및 그 제거비용, 선박충돌에 의한 손해에 대한 책임, 부표, 잔교, 해저전선, 어구 기타 시설물의 손해에 대한 책임 및 기타 선박운항으로 인하여 선주 등이 부담하여야 하는 책임과 비용을 담보하며, 그 밖에 부가서비스(재정책임증명서발급,[6] 해사클레임처리방안 조언, 해양수산항만관련 정보제공, 관계법령개정, 제정정보 및 해설, Blue Cert 발급)를 제공하는 것이다.[7] 이 중 중요한 것은 다음과 같다.

### 1. 클레임처리

회원에게 제기된 각종 손해배상청구를 처리하기 위하여 전문가로 구성된 클레임처리부서는 회원을 대리하여 직접 클레임을 처리하는 등의 역할을 담당한다. 이에 손해배상이 청구될 수 있는 사고가 발생하거나 소송이 제기되는 경우에 각 회원은 신속히 이를 통지하여야 한다.

### 2. 연락사무소

선주상호보험조합은 전세계의 모든 항구에 연락사무소를 두고 어느 곳에서든 회원들에게 문제가 발생하였을 때 간급한 도움을 얻을 수 있다. 연락사무소로는 법률사무소, 손해사정회사나 선박대리점 등이 지정된다.

---

6) 재정책임증명서(CoFr: Certificate of Financial Responsibility): 미국은 1990년 8월 18일 미연방해양오염방지법(The Oil Pollution Act of 1990: 이하 OPA 1990이라 칭함)을 입법하였다. 대부분의 선주들은 선박의 오염사고로 인한 제3자 배상책임에 대해 선주상호보험조합으로부터 담보를 제공받고 있지만 그 보상한도로 인하여 현재 미국은 선주상호보험조합가입증서를 재정보증서로 인정하지 않고 있어 선주는 미국수역 입항시 선주상호보험조합가입 외에 추가로 재정보증보험에 가입하여야 한다. 재정보증을 제공하고 있는 보험사는 현재 ARVAK, SHORE LINE, SIGCO 등이 있다. 한국선주상호보험조합은 ARVAK으로부터의 요율구득에서부터 COFR발급을 위한 미국연안수비대와의 연락등 필요업무를 지원 또는 대행해주고 있다(한국선주상호보험조합 홈페이지 참조).

7) 한국선주상호보험조합 홈페이지.

## 3. 보증서

회원소유의 가입 선박은 전세계 어느 항구에서나 채권자에 의하여 압류 등을 당할 수 있다. 이러한 위험이 있는 경우 선주상호보험조합이 발행한 보증서(provision of security)를 제출하면 이를 해제하는 경우가 많다.[8] 이 보증서는 그 재정상태나 성실성에 문제가 없는 한 충분한 담보로 인정되고 있다.

8) 2003년 국제선박보험약관 제47조.

# 제 2 장 선주상호보험의 담보

## 제 1 절 선주상호보험의 담보범위

선주상호보험조합은 현재 크게 네 가지 종류로 구분하여 회원들이 담보를 원하는 위험유형을 선택하도록 한다. 이것은 ① 통상의 선주상호보험조합위험, ② 파업위험, ③ 전쟁위험, ④ 운임, 체선료, 법률비용 위험이 그것이다. 선주상호보험조합이 네 가지 유형 전부를 담보하는 경우에도 각 부분은 서로 독자적으로 운용되는 것으로 예컨대 통상의 선주상호보험조합위험을 담보하는 부분에서 적자가 발생하고 전쟁위험을 담보하는 부분에서 흑자가 발생하였다고 하여 그 흑자를 가지고 전자의 적자를 보전할 수 없다.[1)]

아래에서는 한국선주상호보험조합이 담보하는 위험에 대하여 살펴본다.

### Ⅰ. 통상의 선주상호보험조합위험

#### 1. 선원, 여객 등에 대한 책임 및 비용

(1) 선원의 인명사상에 대한 책임 및 비용

조합은 가입선박의 선원사상에 관한 선원의 인명구조비 및 유해 수색비, 고용계약 등에 의하여 부담한 책임, 장례비, 실업수당, 소지품에 대한 손해배상, 교체선원 파견비용, 이로비용, 송환비용 등을 보상한다.

(2) 여객에 대한 책임 및 비용

조합은 가입선박의 여객에 대하여 조합원이 부담하는 여객의 사상 등에 관한 책임 및 비용, 가입선박의 해난으로 인한 가입선박에 승선한 여객과 관련하여 발생한 책임 및 비용, 여객의 수화물의 손해에 대한 책임 및 비용, 여객의 인명구조비를 보상한다.

---

1) 심재두, 해상보험법, 길안사, 1995, 467~468면.

(3) 선원 및 여객 이외의 사람에 대한 책임 및 비용

조합은 가입선박의 선원 및 여객 이외의 인명에 관하여 조합원이 부담하는 선원 및 여객 이외의 인명의 사상 등에 대한 책임, 가입선박의 선원 및 여객 이외의 인명구조에 대한 이로로 인하여 발생한 추가비용으로 조합이 인정한 금액 등을 보상한다.

(4) 밀항자 또는 난민 등에 대한 비용

조합은 밀항자 또는 난민 등의 감호, 하선 및 송환을 위해 필요한 조합원의 이로 등에 대한 추가 비용을 보상한다.

## 2. 충돌배상책임과 오염 등에 대한 책임

(1) 충돌배상책임

조합은 가입선박이 타선과 충돌한 결과 타선에서 발생한 손해로 조합원이 부담하는 책임 중 선박보험협회약관에서 보상되지 않는 4분의 1(또는 별도로 조합과 합의한 비율이 있는 경우에는 그 비율) 상당액, 책임 및 비용의 총액이 보험가액을 초과한 경우의 초과액을 보상한다. 그러나 조합은 그 가입선박의 선박보험금액, 가입선박과 타선이 쌍방의 과실에 의하여 충돌하고 가입선박의 적하에 손해가 발생한 경우에 그 손해에 대한 책임은 연대책임이며 동시에 '쌍방과실충돌약관'은 무효라는 법원의 판결이 확정됨으로써 조합원이 부담한 책임 등을 보상한다.

(2) 재산 등에 대한 책임 및 비용

조합은 ① 가입선박의 접촉에 의하여 교량, 안벽, 부표, 비이컨 및 케이블 등의 항만설비, 기타의 건조물, 정착물, 가동물, 어구, 양식시설 또는 그 위에 있는 물건 기타의 재물 등에 발생한 손해에 대한 책임, ② 가입선박의 접촉 및 충돌 이외의 원인에 의하여 제3자의 선박, 적하 및 재물에 발생한 손해에 대한 책임 등을 보상한다.

(3) 오염에 대한 책임 및 비용

조합은 적하유, 연료유 및 기타 오염물질의 유출, 배출 또는 그러한 것들의 방지에 대하여 조합원이 부담하는 제3자에게 발생한 손해에 대한 책임, 조합이 사전에 승인한 유류오염책임에 관한 협정의 당사자로서 조합원이 부담하는 책임 및 비용, 정부 또는 관청의 명령이나 지시에 의하여 조합원이 오염을 방지 또는 경감하기 위하여 취한 조치에 소요된 비용, 가입선박의 해난구조에 대해,

1989년 해난구조협약(International Convention on Salvage 1989) 제14조 및 조합이 승인한 구조계약에 근거하여 환경손해를 방지 또는 경감하기 위해 취해진 조치에 따라 조합원이 부담한 특별보상을 보상한다.

(4) 예인계약상의 책임

조합은 가입선박의 예인 또는 가입선박에 의한 다른 선박 등의 피예인물의 예인과 관련하여 조합원이 부담하는 책임 및 비용을 보상한다.

(5) 검역에 대한 비용

조합은 전염병의 발생에 의하여 조합원이 가입선박, 그 적하 또는 선원 등의 소독 및 검역을 위하여 지출한 특별비용을 보상한다.

(6) 화물에 대한 책임 및 비용

조합은 가입선박의 화물의 선적, 취급, 적부, 운송, 보관, 하역에 관하여 운송계약상의 의무위반에 의하여 조합원이 부담하는 화물에 발생한 손해에 대한 책임 등을 보상한다.

### 3. 회수불능의 공동해손분담액, 벌금, 방어비용

(1) 공동해손

조합은 공동해손분담액에 관하여 조합원이 부담하는 회수 불능의 공동해손 적하 등의 분담액, 회수 불능의 공동해손의 선박분담액을 보상한다.

(2) 벌금 및 과태료

조합은 출입국관리소, 검역소 기타 관청 및 세관 등 정부나 공공기관 및 법원이 가입선박과 관련하여 조합원이나 선원에 대하여 출입국관리에 관한 규칙 등의 위반에 대한 벌금 및 과태료를 보상한다.

(3) 책임방어 등을 위한 비용

조합은 보상대상이 되는 손해 및 비용이 발생한 사고와 관련하여 조합원이 그 책임을 방어 또는 경감하기 위해 필요한 변호사, 감정인 등의 비용 및 소송에 대한 제비용 등을 보상한다.

#### 4. 옴니버스 조항

선주상호보험조합의 규정에서 명시하지 않았더라도 이사회에서 보상하여 주기로 결정하면 보상받을 수 있도록 하는 조항이다. 예상하지 않았던 유형의 손해가 발생한 경우 보상하기 위한 것이다.

### Ⅱ. 파업위험

하역회사, 도선사 등의 파업으로 인하여 발생한 지연과 그로 인한 손해를 담보한다.

### Ⅲ. 전쟁위험

표준선박보험약관상의 전쟁위험면책조항, 악의행위면책조항에 열거된 위험을 담보하고, 그 밖의 위험을 담보한다.

### Ⅳ. 운임, 체선료, 법률비용

송하인이나 용선자로부터 받지 못한 운임, 체선료, 다른 선박보험자 등으로부터 보상받을 수 없는 법률비용을 보상한다.

## 제2절 선주상호보험의 한계[2)]

선주상호보험조합은 유류오염의 성격상 담보금액에 제한을 두고 있고, 그밖

2) Simon Poland/Tony Rooth, Gard handbook on P&I Insurance, Gard: Arendal, Norway, 1996, pp. 541~563.

에도 담보에 대한 배제 등을 규정하고 있다.

## Ⅰ. 공제액제도

선주상호보험조합은 사고가 발생하지 않도록 회원으로 하여금 주의를 기울이도록 하기 위하여 일부의 손해 또는 비용을 조합원이 부담하도록 하는 경우가 많다.

## Ⅱ. 회원의 불법행위

선주상호보험조합은 회원의 중대한 과실이나 고의적 불법행위로 인한 책임, 손해 또는 비용은 우연성을 결여하므로 담보범위에서 제외하고 있다.

## Ⅲ. 핵위험

선주상호보험조합은 핵연료, 핵폐기물, 핵연료의 폭발로 인한 방사능오염에 직접 또는 간접적으로 기인하는 책임, 손해, 비용을 보상하지 않는다.

## Ⅳ. 불법적인 거래

선주상호보험조합은 선박이 불법적이고, 부당하게 위험한 항해 또는 거래에 이용되거나 밀수품을 운송하는 선박으로 기인하는 책임, 손해, 비용을 보상하지 않는다.

## Ⅴ. 행정처리비용, 파산 등

선주상호보험조합은 회원의 내부적인 행정처리비용, 회원의 파산으로 인한 책임, 손해, 비용을 보상하지 않는다.

## Ⅵ. 선박보험의 담보위험

선박보험에서 담보되는 손해는 선주상호보험조합은 담보하지 않는다. 이를 위하여 용선자로부터 용선운임을 받지 못하는 위험이나 용선의 취소로 인한 운임손해는 운임보험에서 담보한다.

# 부　　록

# Ⅰ. 국제선박보험약관[1)]

(International Hull Clauses-01/11/03)

## 제1부 주요한 보험조건

제1조 일반

1.1 제1부, 제2부 32조~36조, 제3부는 이 보험에 적용된다. 제2부와 제3부는 이 보험의 개시시점에서 시행되는 것이다. 제2부의 37조-제41조는 보험자가 서면으로 명시적으로 약정한 경우에만 적용된다.

1.2 이 보험은 영국의 법률과 관습이 적용된다.

1.3 이 보험은 달리 약정하지 않는 한 영국의 고등법원의 전속관할로 한다.

1.4 이 보험의 어느 조항이 무효이거나 실행할 수 없는 경우에는 그 무효 또는 실행불가능은 이 보험의 다른 조항에 영향을 미치지 않고, 그 조항은 완전히 유효하게 존속한다.

제2조 위험

2.1 이 보험은 다음에 든 위험으로 인하여 보험의 목적에 생긴 멸실 또는 훼손을 보상한다.

2.1.1 해상, 강, 호수 기타 항해가능한 수면상의 위험

2.1.2 화재, 폭발

2.1.3 선박 외부의 자에 의한 폭력적 강도

2.1.4 투기

2.1.5 해적

2.1.6 육상 운송용구, 도크 또는 항구 장비 또는 시설

2.1.7 지진, 화산폭발 또는 번개

2.1.8 적하, 연료, 저장품 또는 부품의 선적, 하역 또는 이동중의 사고

2.1.9 인공위성, 비행기, 헬리콥터 기타 유사한 물체 또는 이들로부터 추락하는 물체와의 접촉

2.2 이 보험은 다음에 든 위험으로 인하여 보험의 목적에 생긴 멸실 또는 훼손을 보상한다.

2.2.1. 보일러의 파열 또는 샤프트의 파손. 그러나 이 보험은 파열한 보일러 또는 파손한 샤프트를 수리하거나 교체하는 여하한 비용은 보상하지 않는다.

2.2.2. 기관이나 선체의 여하한 숨은 하자. 그러나 이 보험은 숨은 하자를 교정하는 여하한 비용을 보상하지 않는다.

2.2.3 선장, 고급선원, 보통선원 또는 도선사의 과실

2.2.4 수선업자 또는 용선자의 과실. 다만 이 수리업자 또는 용선자가 이 보험상의 피보험자가 아닐 것을 조건으로 한다.

2.2.5 선장, 고급선원, 보통선원의 악행

다만, 이 멸실 또는 훼손이 피보험자, 소유자, 관리자가 상당한 주의를 기울이지 아니하여 발생한 것이 아닐 것을 조건으로 한다.

2.3 제2조 제2항 1호에 따른 보상청구의 경우에 이 보험은 또한 파열한 보일러나 파손한 샤프트의 수리와 그로 인한 멸실 또는 훼손을 수리하는데 드는 공통하는 비용의 반을 보상한다.

2.4 제2조 제2항 2호에 따른 보상청구의 경우에 이 보험은 또한 숨은 하자의 교정과 그로 인한 멸실 또는 훼손을 수리하는데 공통하는 비용의 반을 보상한다.

2.5 선장, 고급선원, 보통선원이 선박에 지분을 가지고 있더라도 제2조 제2항에서 말하는 소유자로 보지 않는다.

1) 이 조항들은 순수하게 예시적이다. 다른 보험증권의 조건을 적용하기로 합의될 수 있다. 이 견양상의 조항은 이해관계자의 청구가 있는 경우 사용될 수 있다. 특히, (a) 면책조항에 대하여, 보험자는 그 손해를 담보하는 보험증권에 합의하거나, 그 사고를 담보하는 조항을 추가할 수 있고, (b) 특정한 위험의 담보에 특정한 조건이 적용되도록 하는 조항에 대하여, 각 보험자는 그 조건을 변경할 수 있다.

제3조 임차된 의장

3.1 피보험자가 소유자가 아닌 의장 또는 장치가 선박에 사용하기 위하여 설치되고 이에 대한 계약상의 책임을 인수한 의장 또는 장치의 멸실 또는 훼손이 이 보험상 담보위험으로 인하여 생긴 경우에는 이 보험은 그 멸실 또는 훼손으로 인한 손해를 보상한다.

3.2 보험자의 책임은 이 의장 또는 장치의 멸실 또는 훼손에 대한 피보험자의 책임 또는 그 합리적인 수리비 또는 그 교체가격 중 낮은 가격을 초과하지 않는다. 이 모든 의장 또는 장치는 선박의 보험가액에 포함된다.

제4조 분리된 부품

4.1 이 보험은 선박에서 분리된 부품의 멸실 또는 훼손이 담보위험으로 인한 경우에는 그 멸실 또는 훼손으로 인한 손해를 보상한다.

4.2 선박에서 분리된 부품을 피보험자가 소유하지 않지만 피보험자가 그 부품에 대한 계약상의 책임을 인수한 경우에는, 이 분리된 부품에 대한 보험자의 책임은 구 부품의 멸실 또는 훼손에 대한 피보험자의 책임 또는 그 합리적인 수리비 또는 그 교체가격 중 낮은 가격을 초과하지 않는다.

4.3 선박에서 분리된 부품의 멸실 또는 훼손시에 그 부품이 다른 보험에 의하여 담보되거나 이 약관 제4조 이외에도 담보되는 경우에는, 이 보험은 다른 보험의 초과부분만을 보상한다.

4.4 선박에서 분리된 부품에 대한 담보는 선박에 있지 않은 동안 중 60일로 제한된다. 60일을 초과하는 기간은 60일 이전에 보험자에게 통지되고 담보조건의 수정과 요구된 추가보험료에 대한 합의가 있는 경우에 한하여 담보가 계속된다.

4.5 어느 경우에도 이 약관 제4조에 따른 보험자의 책임은 선박의 보험가액의 5%를 초과하지 않는다.

제5조 오염손해

이 보험은 이 보험에서 보험자가 책임지는 선박훼손의 직접적인 결과로 발생하는 오염의 위험 또는 환경에 대한 훼손 또는 위험을 방지하거나 경감하기 위하여 권한을 위임받은 정부당국이 취한 행위로 인한 선박의 멸실 또는 훼손을 담보한다. 다만, 피보험자, 선주 및 선박관리자가 오염의 위험이나 위협을 방지 또는 경감하는데 상당한 주의를 결여하고 있었던 결과로 정부당국의 그러한 행위가 발생한 경우에는 담보하지 않는다. 선장, 고급선원, 보통선원 또는 도선사가 선박에 지분을 가지고 있어도 이 약관 제5조의 해석상 소유자로 보지 않는다.

제6조 3/4 충돌책임

6.1 보험자는 부보선박이 다른 선박과 충돌하여 그 결과 피보험자가 다음의 손해에 대하여 법적 배상책임을 지고 손해배상금으로 타인에게 지급한 금액의 3/4을 피보험자에게 보상할 것을 합의한다.

6.1.1 다른 선박과 다른 선박에 적재된 재물의 멸실 또는 훼손

6.1.2 다른 선박과 다른 선박에 적재된 재물의 지연 및 사용이익의 상실

6.1.3 다른 선박과 다른 선박에 적재된 재물에 관한 공동해손, 임의구조 또는 계약구소

6.2 이 약관 제6조에 규정된 보상은 이 보험의 다른 조건에 의하여 규정된 보상에 추가되고 다음의 규정에 따른다.

6.2.1 부보선박이 다른 선박과 충돌하고 쌍방 선박에 과실이 있는 경우 일방 또는 쌍방 선박의 배상책임이 법률에 의하여 제한된 경우를 제외하고, 이 약관 제6조에 의한 보상액은 이 충돌의 결과 피보험자가 지급하여야 할 또는 지급받을 차액이나 금액을 확정하는데 적정하게 승인된 쌍방의 손해비율에 따른 보상액을 당해 선주가 각각 지급하여야 하는 것으로 보아, 교차책임의 원칙에 따라 산출한다.

6.2.2 이 약관 제6조 제1항 및 제8조 제2항 아래에서의 보험자의 총보상책임은 어떠한 경우에도 매 충돌사고당 부보선박 보험금액의 3/4에서 보험자의 비례부분을 초과하지 않는다.

6.3 보험자는 피보험자가 배상책임에 대하

여 다투거나 배상책임제한을 위한 법적 조치를 취하는 경우, 보험자는 또한 피보험자가 지급한 또는 지급하여야 할 법적 비용의 3/4을 지급한다. 다만, 항상 이 비용의 지출에 대한 보험자의 서면동의를 조건으로 하고, 제6조 제3항에 따른 보험자의 전체 책임은 (보험자의 특정한 서면합의가 없는 한), 부보선박의 보험가액의 25%를 초과할 수 없다.

면책조항

6.4 다만, 이 약관 제6조에서는 다음에 정한 사항에 대하여 피보험자가 지급하여야 할 일체의 금액은 어떠한 경우에도 보상하지 않는다.

6.4.1 장애물, 난파물, 적하 그밖의 일체의 물건에 대한 제거 또는 처분

6.4.2 다른 선박 또는 다른 선박에 적재되어 있는 재물 이외의 동산, 그밖의 일체의 물체

6.4.3 부보선박에 적재된 적하 또는 그밖의 재물 및 부보선박의 계약상의 채무

6.4.4 사망, 신체상해 또는 질병

6.4.5 동산, 그밖의 일체의 물체에 대한 오염, 오탁 또는 그 위협(부보선박과 충돌한 다른 선박 또는 그 선박에 적재된 재물은 제외함) 또는 환경에 대한 훼손 또는 위협. 다만 1989년 국제구조협약 제13조 제1항 b호에서 규정된 바와 같이 환경에 대한 훼손을 방지하거나 또는 경감하기 위하여 구조자가 행한 기술이나 노력이 고려되어지는 구조행위에 대한 보상에 대하여 피보험자가 지급하여야 할 금액에 대하여는 이 면책조항은 적용하지 않는다.

제7조 자매선

선박이 전부 또는 일부가 동일선주의 소유이거나 동일 관리하에 있는 다른 선박과 충돌하거나, 또는 그러한 다른 선박으로부터 구조를 받았을 경우에는, 피보험자는 다른 선박이 피보험선박에 전혀 이해관계가 없는 선주의 재산이었다면 피보험자가 의당 가질 수 있는 권리와 동일한 권리를 이 보험상 갖는 것으로 한다. 그러나 그러한 경우에도 충돌에 대한 책임 또는 구조작업에 대해 지급하여야 할 금액은 보험자와 피보험자가 합의하여 선정한 1명의 중재인의 재정에 따라야 한다.

제8조 공동해손 및 구조

8.1 이 보험은 구조, 구조비 및 공동해손의 선박 분담분을 보상하며 일부 보험에 관하여는 감액된 비율로 보상한다. 그러나 선박의 공동해손희생손해의 경우에는 다른 당사자에 대해 공동해손분담 청구권을 행사하기 전에 손해 전액을 보상한다.

8.2 공동해손은 해상운송사업이 종료되는 지역에서 행해지는 법률 및 관례에 따라 행해지는 것으로 한다. 그러나 해상화물운송계약에 요크 앤트워프 규칙에 따른다고 규정되어 있을 경우에는, 그 정산은 동규칙에 의거한다.

8.3 선박이 용선되지 않고 공선으로 출항하는 경우에는 1994년 요크 앤트워프 규칙의 각 규정(제20조 및 제21조 제외)을 적용하는 것으로 하며, 이 목적을 위해서 항해라고 하는 것은 출항항 및 해역으로부터 피난항 및 해역 또는 연료보급을 유일한 목적으로 하는 기항시의 항구 및 해역을 제외한 출항 후 최초로 기항하는 항구 또는 해역에 도착할 때까지 계속되는 것으로 본다. 만약 최초에 기도한 해상운송사업을 위의 중간항 또는 해역에서 중지한다면 항해는 그때부터 중지된 것으로 본다.

8.4 담보위험을 피하기 위하여 또는 담보위험을 피하는 것과 관련하여 발생한 손실이 아닌 경우에는 보험자는 이 약관 제8조에 따라 책임을 지지 않는다.

8.5 보험자는 다음 사항에 대하여 이 약관 제8조에 따라 책임을 지지 않는다.

8.5.1 1989년 국제구조협약의 제 14조 또는 실질적으로 이와 유사한 법령, 규칙, 법규 또는 계약에서의 다른 규정에 의하여 구조자에게 지급하여야 할 특별보상

8.5.2 환경에 대한 손상, 위협 또는 선박으로부터의 오염물질의 유출 또는 방출 또는 그러한 유출 또는 방출의 위협으로부터 발생하는 비용 또는 배상책임

8.6 제8조 제5항은 피보험자가 지급하여야 하는 다음 금액에 대하여는 적용하지 않는다.

8.6.1 1989년 국제구조협약 제13조 제1항 b호에서 규정된 바와 같이 환경에 대한 손상을 방지하거나 또는 경감하기 위하여 구조자가 행한 기술과 노력이 고려되어지는 구조행위에 대한 보상에 대하여 피보험자가 구조자에게 지급하여야 할 금액
8.6.2 1994년 요크 앤트워프 규칙의 제11조 제d항에 따라 허용된 비용. 다만 해상운송계약상 1994년 요크 앤트워프 규칙에 따른다고 규정되어 있을 경우에 한한다.

제9조 피보험자의 의무(손해방지)
9.1 손실 또는 재난이 발생한 경우에 이 보험에서 보상될 손실을 경감하기 위해 합리적인 조치를 취하는 것은 피보험자, 그 사용인 및 대리인의 의무이다.
9.2 아래의 규정 및 약관 제15조에 따라, 보험자는 피보험자, 그 사용인 또는 대리인이 그러한 조치를 취하기 위하여 적절하고도 합리적으로 지급한 비용은 분담한다. 공동해손, 구조비(약관 제9조 제4항 규정된 경우는 제외), 약관 제8조 제5항에서 규정된 특별보상 및 비용과 충돌배상을 방어 또는 청구하는 비용은 이 약관 제9조에서는 보상하지 않는다.
9.3 보험목적을 구조, 보호 또는 회복시키기 위하여 피보험자 또는 보험자가 취한 조치는 위부의 포기나 승낙으로 보지 아니하며 또한 어느 일방의 권리를 침해하지도 아니한다.
9.4 보험자가 선박의 전손금의 보상청구를 승인하였을 경우에는, 이미 선박, 기타의 재산을 구조하기 위해 또는 구조할 것을 기도하기 위해 합리적으로 비용을 지급했으나 잔존가가 없거나 비용이 잔존가를 초과할 때에는 이 보험은 그 비용중 또는 잔존가를 초과하는 비용중 선박에 관해 지급되었다고 합리적으로 인정받는 비율의 비례부분을 약관 제8조 제5항에서 규정된 모든 특별보상 및 비용을 제외하고 부담한다.
9.5 이 약관 제9조에서 보상될 금액은 이 보험에 의해 보상될 다른 손해에 추가된다. 그러나 어떠한 경우에도 이 선박의 보험가액을 초과하지 않는다.

제10조 항해조항
이 약관 제11조에 따라 보험자에 의하여 합의되는 경우에는 그 범위까지 그에 따르고 그러하지 아니하면 다음 사항이 적용된다.
10.1 선박은 적하, 무역, 지역에 관한 이 보험의 여하한 조항을 위반하지 않는다(제32조를 포함하지만 이에 국한되지 않음).
10.2 선박은 도선사의 승선 여부와 관계없이 항해하거나 시운전 항해하거나 재난을 당한 선박 또는 부선을 돕거나 예인하여도 무방하다. 다만, 예인되는 것이 관습이거나(선적 또는 하역과 관련한 관습적인 예인을 포함함) 구조의 필요상 최초의 안전항 또는 장소까지 예인되는 경우를 제외하고는, 이 선박은 예인되서는 안되고, 피보험자, 소유자, 관리자 또는 용선자가 사전 결정한 계약에 따른 예인이나 구조작업을 하지 않는다.
10.3 피보험자는 도선사, 예인선, 예인보우트 또는 그들의 소유자의 책임을 제한하거나 면제하는 약정을 체결하지 않는다. 다만, 피보험자 또는 그의 대리인이 그 지방의 법 또는 관습에 따라 그 계약을 수락하거나 강요되어지는 경우는 그러하지 아니하다.
10.4 선박은 다른 선박으로부터 또는 다른 선박(항구나 연안의 부선은 제외함)으로 적하선적 또는 적하양륙을 초래하는 무역거래에 사용되지 않아야 한다.

제11조 항해조항의 위반
제10조를 위반하는 경우에는, 보험자는 위반기간 중에 생긴 사고로 인한 여하한 멸실, 훼손, 책임 또는 비용에 대하여 책임을 지지 않는다. 다만, 위반의 보고가 수령후 보험자에게 즉시 통지하고 보험자가 요구하는 담보조건의 변경과 추가보험료에 대한 합의가 이루어지는 경우에는 그러하지 아니하다.

제12조 계속
이 보험의 종료시에 선박이 항해 중에 조난 중이거나, 또는 행방불명되었을 경우에는 그 통지가 가능한 한 신속히 행하여질

것을 조건으로 월할 보험료로써 선박이 안전한 상태로 다음 항구에 도착할 때까지 또는 항구에서 조난중인 때에는 선박이 안전하게 될 때까지 계속 담보된다.

제13조 선급과 국제안전관리

13.1 이 보험의 개시시점 또는 보험기간 또는 연장기간 전기간을 통하여

13.1.1 선박은 보험자가 동의하는 선급협회에 입급되어야 하고,

13.1.2 선급협회와의 선급의 변경, 중단, 불계속, 철회 또는 만료가 없어야 한다.

13.1.3 선박의 감항능력 또는 감항능력상태의 유지에 관한 선박의 선급협회가 부과한 여하한 권고, 요청, 또는 제한은 선급협회가 요구한 일자 이내에 충족되어야 한다.

13.1.4 소유자 또는 소유자로부터 선박의 관리책임을 인수한 자는 국제해상인명안전협약 1974의 제9장에서 요구하는 대로 선박에 관한 유효한 이행서류를 소지하여야 한다.

13.1.5 선박은 국제해상인명안전협약 1974와 그 개정협약의 제9장에서 요구하는 유효한 안전관리증서를 보유하여야 한다.

13.2 약관 제13조 제1항의 규정을 위반하는 경우 보험자가 서면으로 달리 동의하지 아니하는 한, 이 보험은 그 위반시점으로부터 자동적으로 종료한다.

13.2.1 다만 선박이 그 일자에 해상에 있는 경우에는, 이 자동종료는 선박이 다음 항구에 도착할 때까지 연기된다.

13.2.2 다만 제13조 제1항의 선급의 변경, 중단, 불계속, 철회 또는 만료가 제2조, 제5조, 제41조 제1항 3호(적용 가능한 경우) 또는 현행 협회선박전쟁과 동맹파업약관이 적용되는 것에 의하여 담보되는 멸실 또는 훼손으로 인한 경우에는, 이 자동종료는 선급협회의 사전 승인 없이 선박이 다음 항구에서 항해를 하는 경우에만 효력을 발생한다.

제14조 관리

14.1 보험자가 서면으로 달리 동의하지 아니하는 한, 이 보험은 다음 시점으로부터 자동적으로 종료한다.

14.1.1 자발적이든 아니든 선박의 소유권 또는 국적의 변경

14.1.2 선박의 관리의 이전

14.1.3 선박의 나용선조건부의 용선

14.1.4 선박의 소유권의 귀속 또는 사용을 목적으로 한 수용

다만, 선박이 화물을 적재하여 이미 선적항에서 출항하였을 경우 또는 공선으로 항해중인 경우에 요청이 있다면 위의 종료는 선박이 예정된 항해를 계속하는 동안, 화물을 적재한 경우에는 최종 양륙항에 도착할 때까지, 공선의 경우에는 목적항에 도착할 때까지 연기된다. 그러나 피보험자의 사전의 서면동의 없이 소유권의 귀속 또는 사용을 목적으로 수용되었을 경우에는 선박이 항해 중이거나 항구에 있거나간에 수용시로부터 15일 후에 자동종료한다.

14.2 보험자가 서면으로 달리 동의하지 아니하는 한, 이 보험은 (적하의 적재 유뮤를 묻지 않고) 해체되거나 해체를 위해 매도될 의도로 선박이 항해하는 시점부터 자동종료한다.

14.3 제14조 제1항 또는 제14조 제2항의 경우 일할 계산한 순보험료를 환급한다. 다만, 담보위험에 대한 것이든 아니든 간에 이 보험 또는 이 보험의 연장기간중에 선박이 전손되지 않을 것을 조건으로 한다.

14.4 이 보험의 개시시점, 보험기간 또는 연장기간의 전기간을 통하여 피보험자, 소유자, 관리자는 다음의 의무를 진다.

14.4.1 선박의 건조, 개조, 상태, 조립, 의장, 운영과 선원의 고용에 대하여 선박의 국적국의 모든 법령상의 요건을 준수할 것.

14.4.2 선박의 사고와 하자에 대하여 선급협회에의 보고에 관한 선박의 선급협회의 모든 요건을 준수할 것.

이 약관 제14조 제4항의 의무를 위반하는 경우에는, 보험자는 그 위반으로 인한 여하한 멸실, 훼손, 책임 또는 비용에 대하여 책임을 지지 않는다.

제15조 공제

15.1 제15조 제2항에 따라, 이 보험에서는 부보위험으로 인하여 발생한 손해는 독립된 1사고로 인하여 발생한 손해액의 합계

(약관 제2조, 제3조, 제4조, 제5조, 제6조(적용 가능한 경우에는 제37조 또는 제38조에 의하여 수정된 제6조를 포함), 제8조, 제9조, 적용 가능한 경우에는 제41조를 포함)가 합의된 공제액을 초과하지 아니하면 보상하지 아니하며, 초과하는 경우에는 이 금액을 공제하여 보상한다. 다만, 좌초후의 선저 검사비용은 특히 그 목적을 위하여 합리적으로 지급된 것이라면 훼손이 발견되지 않았을 경우에도 이를 보상한다.
15.2 또는 기관상의 공간에서 기원한 화재 또는 폭발, 또는 제2조 제2항 1호에서 제2조 제2항 5호, 제41조(적용가능한 경에 기인하는 기관, 샤프트, 전자적 장비 또는 전선, 보일러, 콘덴서 히팅 코일, 또는 관련 파이프에 대한 멸실 또는 훼손에 대한 보상청구는 허용되지 않는다. 다만 각각의 별개의 사고로 인한 모든 보상청구의 합계액이 합의된 추가적 기관 훼손공제액(있다면)을 초과하지 않는 경우에 한하고, 초과하는 경우에는 이 금액을 공제하여 보상한다. 동일한 사고에 대한 다른 보상청구와 함께, 이 공제액을 적용하고 남은 잔액에 대하여서는 제15조 제1항에서 규정하는 공제가 적용된다.
15.3 이 약관 제15조 제1항과 제15조 제2항은 선박의 전손이나 추정 전손보상의 경우에는 적용하지 아니하며 이 경우 동 사고로 인하여 발생된 약관 제9조에 관련된 보상청구에도 적용하지 않는다.
15.4 두 개의 계속적인 항구간에서 편도 항해 중 일어난 황천으로 인한 손해는 1회의 사고로 취급한다. 황천이 이 보험의 담보기간 이상으로 계속되는 경우, 이 보험의 보상금액이 적용되는 공제액은 제15조 제1항의 공제액에 대하여 보험기간과 연장기간중의 황천 일수가 위의 편도 항해 중의 전 황천일수에 정하는 비율로 한다. 이 약관 제15조 제4항에서 '황천'이라는 말은 부빙과의 접촉을 포함한 것이다. 위의 공제액이 적용된 손해의 회수금은 이자를 제외하고는 회수금을 고려하지 않은 보험금의 합계와 위의 공제액과의 차액의 범위내에서 전액 보험자에게 귀속한다.
15.5 해상에 있는 선박으로 또는 그 선박으로부터 각각의 하역작업, 각각의 적하의 적재와 하역작업 중에 발생하는 훼손에 대한 보상청구는 이 보험상 보상받을 수 있는 경우에는 단일한 사고로 취급된다.

제16조 신구교환차익
이 보험상 보상청구액은 신구교환차익의 공제없이 지급된다.

제17조 선저처리
보험자는 선저의 부착물 청소, 모래분사작업 및 기타 표면처리 또는 도장과 관련하여 책임을 지지 않는다. 다만,
17.1 해안에서의 신조 선저 외판의 모래분사작업 및 기타 표면처리와 수리소에서의 그 부분에 대한 준비도장
17.2 모래분사작업 및 다음과 같은 표면처리
17.2.1 용접 및 수리 중에 훼손되어 신환(新換) 또는 재의장(再艤裝)된 외판에 바로 근접한 외판부분
17.2.2 현장 또는 해안에서 철판의 곡직(曲直) 작업 중에 훼손된 외판부분
17.3 이 약관 제15조 제1항과 제15조 제2항에 언급된 특정부분의 최초의 기초도장/빙칭도장
17.4 이 약관 제15조 제1항과 제15조 제2항에 언급된 특정부분의 충돌방지도장
등은 이 보험상 부보위험으로 훼손된 선저 외판과 관련된 합리적인 수리비의 일부로 인정한다.

제18조 급여 및 유지비
보험자는 공동해손 이외에는 선장, 고급선언, 보통선원 또는 기타 해원의 급료와 유지비에 대하여 책임을 지지 않는다. 다만, 선박을 보험자가 보상하는 훼손수리를 위하여 어떤 항구에서 다른 항구로 이동하는 것이 필요하여 오직 이를 위하여 또는 그러한 수리후의 시운전만을 위하여 선박이 그 항해 중에 지급한 급료와 유지비는 인정한다.

제19조 대리점 수수료
이 보험에서는 피보험자에 대한 보수로 정

보 또는 서류를 입수하여 제공하는데 따른 시간 또는 노력에 대한 보상청구는 허용되지 아니하며 그러한 업무를 수행하기 위하여 피보험자가 지정하였거나 피보험자를 대신하는 관리인, 대리인, 관리회사, 대리점 또는 유사한 회사 등의 수수료 또는 비용에 관하여도 일체 보상되지 아니한다.

제20조 미수리 훼손
20.1 미수리 훼손에 대한 보상청구와 관련된 보상액의 산정은 그러한 미수리 훼손으로 인한 이 보험 종료시점에서의 선박시장가액의 합리적인 감가액으로 하되, 합리적인 수리비를 초과할 수 없다.
20.2 이 보험 담보기간 중에 또는 담보연장기간중에 전손된 경우에는(이 보험에서 담보되건 안되건 간에) 미수리 훼손에 대하여는 어떠한 경우에도 책임지지 아니한다.
20.3 보험자는 미수리 훼손에 대하여 이 보험 종료시점에서의 보험금액 이상은 책임을 지지 아니한다.

제21조 추정전손
21.1 선박이 추정 전손인가 아닌가의 여부를 판단함에 있어서는, 선박의 보험금액의 80%를 수리완료 후의 가액으로 보고 선박 또는 난파선의 훼손가액 또는 해체가액은 이를 고려하지 않는다.
21.2 선박의 회복 및 수리비용을 기초로 한 추정전손의 청구는 그 비용이 보험금액의 80%를 초과하지 않으면 보상되지 아니한다. 추정전손의 결정에 있어서는 1회의 사고 또는 동일사고로 인한 연속된 훼손에 관련된 비용만을 고려한다.

제22조 운임포기
선박의 전손 또는 추정전손이 보험자에 의하여 승낙된 경우에는, 위부통지여부를 불문하고, 보험자는 운임을 청구하지 않는다.

제23조 양도
이 보험의 양도 또는 이 보험의 권리취득이나 이 보험에 의거 지급될 수 있는 또는 지급될 모든 금전에 관한 권리취득은 보험자를 구속하는 것도 아니며, 보험자가 이를 승인하는 것도 아니다. 다만, 양도의 경우에는 피보험자가, 재양도의 경우에는 양도인이 서명한 위의 양도나 권리취득일자가 붙은 통보가 이 보험증권에 배서되며, 또한 그 배서가 있는 보험증권이 해당 보험증권에 의한 보험금 또는 환급보험료의 지급 전에 제출된 경우에는 그러하지 아니하다.

제24조 선비담보
24.1 다음 추가보험을 인정한다.
24.1.1 선비, 관리자의 수수료, 이윤 또는 선체 및 기관의 초과액 혹은 증가액: 그 보험금액은 이 보험증권에 기재된 가액의 25%를 초과해서는 아니된다.
24.1.2 기간보험으로 부보된 운임, 용선료 혹은 희망운임: 그 보험금액은 이 보험증권에 기재된 가액의 25%에서 명칭의 여하를 불문하고 약관 제24조 제1항 1호에 의거 부보된 일체의 금액을 공제한 액수를 초과해서는 아니된다.
24.1.3 항해에 대한 운송계약에 의한 운임 혹은 용선료: 그 보험금액은 화물을 적재한 당해 구간항해 및 이어서 계속되는 다음의 화물을 적재한 구간항해(이러한 보험에는 필요시에는 준비를 위한 중간의 공선의 구간항해를 포함)에 대한 총운임 혹은 총용선료에 보험의 비용을 가산한 액수를 초과해서는 아니된다. 기간을 기준으로 용선료가 지급되는 항해용선의 경우 부보금액으로서 인정되는 금액은 위에서 규제한 화물을 적재한 2개의 구간항해의 제한에 따라 항해의 견적기간에 기초를 두고 산출하지 않으면 아니된다. 위 약관 제24조 제1항 2호에 의해 부보된 금액이 있을 경우에는 이를 고려하여 그 초과액만을 부보할 수 있다. 이 초과액은 운임 혹은 용선료가 선급(先給)되거나 또는 취득됨에 따라 선급(先給) 또는 취득된 총액만큼 감액된다.
24.1.4 선박이 공선으로서, 또한 용선되지 않고 출항하는 경우의 희망운임: 그 보험금액은 화물을 적재한 다음의 구간항해에

있어서의 희망운임 총액을 초과해서는 아니된다. 이 보험금액은 보험계약체결시의 운임시가를 기초로 하여 합리적으로 추정된 금액에 보험의 비용을 가산한 것으로 한다. 위 약관 제24조 제1항 1호에 의거 부보된 금액이 있을 경우에는 이를 고려하여 그 초과액만을 부보할 수 있다.

24.1.5 기간 용선료 혹은 연속 수개항해에 대한 용선료: 그 보험금액은 18개월을 초과하지 않은 기간내의 용선계약상 취득할 예정의 용선료 총액의 50%를 초과해서는 아니된다. 위 약관 제24조 제1항 2호에 의거 부보된 금액이 있을 경우에는 이를 고려하여 그 초과액만을 부보할 수 있다. 그 초과액은 용선료가 용선계약상 선급되거나 또는 취득되거나에 따라 선급 또는 취득된 총액의 50%만큼 감액되어가나 그 보험금액은 위 약관 제24조 제1항 2호 및 제24조 제1항 5호에 의거 부보된 금액의 합계액이 용선계약상 추후 취득될 용선료 총액의 50%를 초과하지 않은 동안은 감액할 필요가 없다. 본 호에 의거한 보험은 용선계약에 서명한 때부터 개시할 수 있다.

24.1.6 보험료: 그 보험금액은 12개월을 초과하지 않은 기간에 대해 부보된 모든 이익의 실제 보험료를 초과해서는 안 된다(위의 각호에 의거 부보된 보험료는 공제하나 필요시에는 선주상호보험조합의 보험 혹은 전쟁 등의 위험보험의 보험료 혹은 추정보험료를 포함한다). 이 보험금액은 월할(月割)로 감액(減額)되는 것으로 한다.

24.1.7 환급보험료: 그 보험금액은 모든 보험에서 환급이 인정될 수 있으나 선박이 부보위험 또는 기타 위험으로 전손이 발생될 경우에는 회수할 수 없게 될 실질적인 환급보험료를 초과할 수 없다.

24.1.8 보험금액의 제한이 없는 보험: 아래의 약관 제29조, 제30조, 제31조에서 면책된 위험

24.2 위의 약관 제24조 제1항 1호 내지 제24조 제1항 7호에서 열거한 모든 이익의 보험으로서 위 각호에서 인정된 금액을 초과하는 보험과 '선박의 전손'에 포함한 '보험증권 자체가 피보험이익의 존재를 증명함' '모든 피보험 이익을 승인함' 또는 이와 동종류의 구절의 조건으로 부보하는 기타의 보험이 피보험자, 소유자, 관리자 또는 저당권자에 의해 혹은 이들을 위해 이 보험의 보험기간 중에 효력이 있게끔 부보되어 있지 않을 것과, 장래에도 부보되지 않을 것을 담보한다. 다만, 이 담보의 위반은 그 위반 사실을 알지 못하고 이 보험을 수취한 저당권자에 의한 보험금 청구에 대해 보험자에게 항변권을 부여하는 것은 아니다.

제25조 해지 반환

이 보험이 합의에 의하여 취소되는 경우에, 보험자는 개시하지 아니한 월에 대하여 월할로 순보험료를 지급하여야 한다. 다만, 이 보험상의 담보위험에 의한 것이든 아니든 선박의 전손이 이 보험의 보험기간 중 또는 확장기간 동안 발생하지 않을 것을 항상 조건으로 한다.

제26조 별개 보험

이 보험상 2척 이상의 선박이 부보된 경우, 별개의 보험계약이 각각의 선박에 대하여 체결된 것처럼, 각 부보된 선박은 별개로 부보된 것으로 본다.

제27조 각자 책임

보험자의 의무는 연대적이 아니라 개별적이고, 각자의 인수한 범위로만 오직 제한된다. 보험사는 공동보험자가 자신의 의무의 전부 또는 일부를 충족시킬 수 없는 경우 보험자는 그 부분에 대하여 책임을 지지 않는다.

제28조 관계회사

선박이 피보험자의 관련회사, 모자회사 또는 계열회사에 의하여 용선되고, 이 보험상의 담보위험에 의한 선박의 멸실 또는 훼손의 경우, 용선자가 책임담보에 대하여 이익을 가지는 한도까지를 제외하고는, 보험자는 그 용선자에 대한 대위권을 포기한다.

이 약관 제29조, 제30조, 제31조는 절대적

인 것이고 이 보험에 포함되어 이것과 저촉되는 일체의 규정에 우선한다.

제29조 전쟁면책과 동맹파업 면책
이 보험은 다음에 기인한 멸실, 훼손, 배상책임 또는 비용은 어떠한 경우에도 담보하지 않는다.
29.1 전쟁, 내란, 혁명, 모반, 반란 또는 이로 인하여 발생하는 국내투쟁 또는 교전국에 의하거나 교전국에 대한 적대행위
29.2 포획, 나포, 강류, 억지(약행 및 해정행위 제외) 및 이러한 행위의 결과 또는 이러한 행위를 하려고 기도한 결과
29.3 유기된 기뢰, 어뢰, 폭탄, 또는 기타의 유기된 전쟁무기
29.4 동맹파업자, 직장폐쇄노동자, 또는 노동쟁의, 폭동 또는 소요에 가담한 자

제30조 폭력주의자, 정치적 동기 그리고 악의행위 면책
이 보험은 다음으로 인한 멸실, 훼손, 배상책임 또는 비용은 어떠한 경우에도 담보하지 않는다.
30.1 폭력주의자
30.2 정치적 동기로부터 행동하는 자
30.3 악의적으로 행동하거나, 혹은 정치적 동기로부터 행동하는 자에 의한 여하한 전쟁무기 또는 폭발물의 폭발

제31조 방사능 오염, 화학적, 생물학적, 생화학적 그리고 전자적 무기 면책
이 보험은 어떠한 경우에도 다음사항으로부터 직접 또는 간접적으로 기인하거나 기여된 또는 발생된 손실, 훼손, 배상책임 또는 비용에 대하여 담보하지 않는다.
31.1 여하한 핵연료 및 핵 폐기물 또는 핵연료의 연소로부터 결과되어 방사능에 의한 오염 또는 그 결과로 전리하는 방사물건
31.2 방사능, 독물, 폭발물 또는 여하한 핵설치물, 반응기 또는 핵 폭발물의 조립 또는 핵 성분의 기타 위험 또는 오염된 물질
31.3 원자 및 핵분열과 결합 또는 이와 유사한 반응 및 방사능의 힘 또는 물질을 사용하는 여하한 병기 또는 정치
31.4 방사능, 독물, 폭발물 또는 여하한 핵설치물, 반응기 또는 핵 폭발물의 조립 또는 핵 성분의 기타 위험 또는 오염된 물질. 제31조 제4항의 면책은 동위원소가 상업적, 농업적, 의학적, 과학적 기타 유사한 평화적 목적으로 준비, 운송, 저장, 사용되는 경우, 핵연료 이외의 방사능 동위원소에 확대되지 않는다.
31.5 화학적, 생물학적, 생화학적 그리고 전자적 무기

## 제2부 추가약관(01/11/03)

제32조 항해제한
제33조에 따라 보험자에 의하여 달리 합의되지 아니하는 한, 선박은 어느 시간이나 또는 특정한 기간 사이에(특정일은 포함됨) 아래의 지역으로 진입하거나 항해하거나 머무르지 않는다[항해구역1(북극) - 항해구역12(배링해)는 생략함].

제33조 제한구역항해의 허용
선박이 제32조를 위반하여도 제11조는 적용되지 않는다. 다만, 항상 보험자의 사전의 동의를 얻고, 보험자가 요구하는 담보조건의 변경과 추가보험료가 합의된 것을 조건으로 한다.

제34조 재취역조건
피보험자가 선박을 검사하기로 보험자에 의하여 합의된 선급협회나 손해사정사를 정하고, 선급협회 또는 그 사정사가 권고한 수리 또는 권고를 이행하지 아니하는 한, 계속하여 180일 이상의 기간동안 휴항한 후에 선박은 자체의 동력으로 계류지를 출발하거나 항해하지 않을 것을 보험자의 책임에 대한 조건으로 한다.

제35조 보험료지급
35.1 피보험자는 보험료가 다음과 같이 지급될 것을 약속한다.
35.1.1 이 보험의 개시후 45일 이내(또는 약정한 기간)에 전액을 보험자에게 지급할 것 또는

35.1.2 분납보험료지급방식으로 약정된 경우에는 (a) 최초의 보험료는 이 보험의 개시후 45일(또는 약정한 기간) 이내에 전액을 보험자에게 지급할 것, 그리고 (b) 제2회 이하의 계속보험료는 지급기일까지 납입할 것

35.2 보험료(또는 최초의 분납보험료)가 이 보험의 개시후(2회보험료와 그 이후의 계속보험료의 경우에는 지급기일) 46일(또는 약정한 기간)까지 납입되지 아니하는 경우에는 보험자는 보험중개사를 경유하여 피보험자에게 서면으로 통지하여 이 보험을 취소할 권리가 있다.

35.3 보험자는 보험중개사를 경유하여 피보험자에게 적어도 15일 이전에 통지를 하여야 한다. 이 예고기간이 만료하기 전에 보험료가 보험자에게 전액 지급되는 경우에는 취소의 통지는 자동적으로 철회된다. 그러하지 아니하면 보험은 예고기간의 종료시에 자동적으로 종료한다.

35.4 제35조에 따른 취소의 경우 보험자가 인수한 기간에 비례하여 보험료가 보험자에게 지급되어야 하지만, 이 보험에 따라 멸실, 훼손, 책임 또는 비용의 보상을 청구할 수 있는 사고가 종료 이전에 발생한 경우에는 보험료 전액이 보험자에게 지급되어야 한다.

35.5 다른 약정이 없는 한, 슬립이나 보험증권에 적시된 지도적 보험자는 자신과 모든 보험자를 위하여 제35조에 따른 권리를 행사할 권한이 있다. 그러나 35.5는 공동보험자가 제35조상의 권리를 자기를 위하여 행사하는 것을 제한하는 것은 아니다.

35.6 보험료가 시장부서를 통하여 지급되는 경우에는 보험자에 대한 지급은 당해부서의 수령일에 지급된 것으로 본다.

제36조 1999년 계약(제3당사자의 권리)법

36.1 이 보험에서 명백히 달리 규정되어 있는 경우를 제외하고는 이 보험의 이익은 피보험자 이외의 다른 당사자에게 부여되거나 그에 의하여 실행될 수 없다.

36.2 어떠한 조건의 실행이 명시적으로 제3자에 대한 경우에, 이 보험은 피보험자와 보험자의 합의에 의하여 제3자의 동의 없이 취소되거나 변경될 수 있다.

제37조 고정물과 부유물

보험자가 서면으로 명시적으로 약정한 경우에는, 제6조와 제7조는 다음과 같이 개정된다.

6.1 보험자는 부보선박이 다른 선박과 충돌하여 그 결과 피보험자가 다음의 손해에 대하여 법적 배상책임을 지고 손해배상금으로 타인에게 지급한 금액의 3/4을 피보험자에게 보상할 것을 합의한다.

6.1.1 다른 선박, 고정물, 부유물 또는 이에 적재된 재물의 멸실 또는 훼손

6.1.2 다른 선박, 고정물, 부유물 또는 이에 적재된 재물의 지연 및 사용이익의 상실

6.1.3 다른 선박, 고정물, 부유물 또는 이에 적재된 재물에 관한 공동해손, 임의구조 또는 계약구조

6.2 이 약관 제6조에 규정된 보상은 이 보험의 다른 조건에 의하여 규정된 보상에 추가되고 다음의 규정에 따른다.

6.2.1 부보선박이 다른 선박과 충돌하고 쌍방 선박에 과실이 있는 경우 일방 또는 쌍방 선박의 배상책임이 법률에 의하여 제한된 경우를 제외하고, 이 약관 제6조에 의한 보상액은 이 충돌의 결과 피보험자가 지급하여야 할 또는 지급받을 차액이나 금액을 확정하는데 적정하게 승인된 쌍방의 손해비율에 따른 보상액을 당해 선주가 각각 지급하여야 하는 것으로 보아, 교차책임의 원칙에 따라 산출한다.

6.2.2 이 약관 제6조 제1항 및 제8조 제2항 아래에서의 보험자의 총보상책임은 어떠한 경우에도 매 충돌사고당 부보선박 보험금액의 3/4에서 보험자의 비례부분을 초과하지 않는다.

6.3 보험자는 피보험자가 배상책임에 대하여 다투거나 배상책임제한을 위한 법적 조치를 취하는 경우, 보험자는 또한 피보험자가 지급한 또는 지급하여야 할 법적 비용의 3/4을 지급한다. 다만, 항상 이 비용의 지출에 대한 서면의 서면동의가 있고, 제6조 제3항에 따른 보험자의 선체 책임은 (보험자의 명시적인 서면의 합의가 없는 한), 부보선박의 보험가액의 25%를 초과

할 수 없다.

면책조항

6.4 다만, 이 약관 제6조에서는 다음에 정한 사항에 대하여 피보험자가 지급하여야 할 일체의 금액은 어떠한 경우에도 보상하지 않는다.

6.4.1 장애물, 난파물, 적하 그밖의 일체의 물건에 대한 제거 또는 처분

6.4.2 다른 선박, 다른 선박에 적재되어 있는 재물, 고정물 또는 부유물에 의하여 가격된 다른 선박, 고정물 또는 부유물 이외의 부동산, 동산, 그밖의 일체의 물체

6.4.3 부보선박에 적재된 적하 또는 그밖의 재물 및 부보선박의 계약상의 채무

6.4.4 사망, 신체상해 또는 질병

6.4.5 부동산, 동산, 그밖의 일체의 물체에 대한 오염, 오탁 또는 그 위협(부보선박과 충돌한 다른 선박 또는 그 선박에 적재된 재물은 그러하지 않음) 또는 환경에 대한 훼손 또는 위협. 다만 1989년 국제구조협약 제13조 제1항 b호에서 규정된 바와 같이 환경에 대한 훼손을 방지하거나 또는 경감하기 위하여 구조자가 행한 기술이나 노력이 고려되어지는 구조행위에 대한 보상에 대하여 피보험자가 지급하여야 할 금액에 대하여는 이 면책조항은 적용하지 않는다.

제7조 선박이 전부 또는 일부가 동일선주의 소유이거나 동일 관리하에 있는 다른 선박, 고정물 또는 부유물과 충돌하거나, 또는 그러한 다른 선박으로부터 구조를 받았을 경우에는, 피보험자는 다른 선박, 고정물 또는 부유물이 피보험선박에 전혀 이해관계가 없는 선주의 재산이었다면 피보험자가 의당 가길 수 있는 권리와 동일한 권리를 이 보험상 갖는 것으로 한다. 그러나 그러한 경우에도 충돌에 대한 책임 또는 구조작업에 대해 지급하여야 할 금액은 보험자와 피보험자가 합의하여 선정한 1명의 중재인의 재정에 따라야 한다.

제38조 4/4 충돌책임

보험자가 서면으로 명시적으로 합의한 경우에는 제6조는 '3/4'이란 단어는 제6조에서 규정하는 각각의 경우에 삭제되는 것으로 개정된다.

제39조 휴항환급

39.1 보험자가 서면으로 명시적으로 동의한 경우에, 보험자에 의하여 동의된 비율의 순보험료가 선박이 보험자가 승인하는 항구 또는 휴항구역에서 휴항중이고 수리중이 아닌 30일 연속의 매기간에 대해서 반환된다.

39.2 이 선박은 통상의 자연마모 또는 선박의 선급검사에 따른 권고사항을 이행하기 위하여 수리를 행한 경우 수리중인 경우로 보지 않는다. 그러나 이 보험에서 담보되건 안되건 간에 선박의 멸실 또는 훼손에 따른 또는 선박의 구조변경을 수반하는 여하한 수리는 수리중인 경우로 본다

39.3 다만, 항상 다음을 조건으로 한다.

39.3.1 부보위험 또는 기타 위험에 의해 이 보험의 보험기간 또는 그 연장된 기간 중에 선박이 전손되지 않을 것

39.3.2 선박이 풍랑에 노정되어 있거나, 방파설비가 없는 해역 또는 보험자가 승인하지 않은 휴항구역에서 정박했을 경우는 보험료의 환급은 인정되지 아니한다.

39.3.3 적재 또는 양하작업 또는 선내의 화물의 존재는 보험료의 환급을 방해하는 것은 아니다. 그러나, 선박이 화물의 보관에서 사용되거나 해상하역 작업목적에 사용되는 기간에 대해서는 보험료의 환급은 인정되지 아니한다.

39.3.4 이 약관 제39조에 의한 보험료의 환급이 동일 피보험자를 위해 체결되고 연속된 보험계약에 걸쳐진 30일 연속일수에 해당하는 경우에는 이 보험계약에서 담보되는 기간으로서 환급이 실제 적용되는 기간에 대한 해당일자 비율에 따라 산출되는 금액에 한해 이 보험계약에서 부담한다. 연속된 위의 보험계약의 기간은 피보험자의 재량에 따라 선박이 휴항한 최초의 일자부터 기산하거나, 또는 약관 제39조 제1항에서 규정한 바에 따라 30일 연속기간의 최초의 일자부터 가산한다.

제40조 공동해손 병합

40.1 보험자가 서면으로 명시적으로 동의

한 경우 그리고 제8조가 적용되고, 1994년 요크 앤트워프 규칙 또는 해상운송계약상의 공동해손조항의 규정에 따른 사고의 경우에 다음 사항이 적용된다.

40.2 피보험자는 선박상의 피보험자가 소유하지 않은 적하, 운임, 연료창고, 컨테이너, 기타 재산(아래에서는 재산이익이라고 함)에 대하여 공동해손, 구조료 또는 특별비용으로 보상청구를 하지 않고, 피보험자는 보험자가 명시적으로 합의한 금액까지 공동해손, 구조료, 특별비용 전체를 보상청구할 선택권을 가진다.

40.3 보험자는 제40조 제2항에 따른 지급에 추가하여, 제40조에 따른 보상을 산정하기 위한 손해사정사의 상당한 요금과 비용을 지급하여야 한다.

40.4 피보험자가 제40조에 따른 보상을 청구하는 경우에, 피보험자는 재산이익에 대하여 공동해손, 구조료, 특별비용의 보상을 청구할 수 없다.

40.5 제40조에 따른 보상청구는 1994년 요크 앤트워프 규칙에 따라서 정산되어야 하지만, 수수료와 이익에 관한 제20조와 제21조 제2항은 제외한다.

40.6 제40조에 따른 보상청구는 제15조의 공제조항의 적용없이 지급된다.

40.7 보험자가 이 보험 또는 법률상 가지는 항변을 제한하지 않고, 피보험자가 재산이익에 대하여 공동해손, 구조료, 특별비용의 부상을 청구하였더라면 재산이익에 대하여 이용할 수 있었을 제40조에 따른 지급에 대한 항변권을 보험자는 포기할 수 있다.

40.8 제40조에 따른 지급에 대하여 재산이익에 대한 보험자대위권을 포기할 수 있다. 다만 그 지급의 원인이 된 사고가 재산이익의 관계자측의 과실로 인한 경우에는 그러하지 아니하다.

40.9 제40조에 다른 보상청구는 일부보험에 대하여 감액없이 지급된다.

40.10 제40조의 목적을 위하여 특별비용은 피보험자가 해상운송계약상 책임이 없는 비용으로서, 특수한 항해사업을 위하여 피보험자가 지출한 비용을 의미한다.

제41조 추가위험

41.1 보험자가 서면으로 명시적으로 합의한 경우에는 다음 비용, 멸실 또는 훼손을 담보한다.

41.1.1 보일러의 파열과 샤프트의 파손이 이 약관 제2조 제2항 1호에서 담보하는 보험목적에 대한 멸실 또는 훼손을 야기하는 경우 파열한 보일러와 파손한 샤프트를 수리하거나 교체하는 비용, 그리고 이 약관 제2조 제3항에서 담보되지 아니하는 것으로 인한 멸실 또는 훼손의 수리와 파열한 보일러와 파손된 샤프트의 수리에 공통하는 비용의 절반.

41.1.2 숨은 하자가 이 약관 제2조 제2항 2호에 의하여 담보되는 보험목적의 멸실 또는 훼손을 야기하는 경우에 숨은 하자를 교정하는 비용, 그리고 이 약관 제2조 제4항에 의하여 담보되지 않는 것으로 인한 멸실 또는 훼손의 수리와 숨은 하자의 수리에 공통되는 비용의 절반.

41.1.3 누구든지 그의 과실, 부적격 또는 판단의 착오로 인하거나 사고로 인한 선박의 멸실 또는 훼손.

다만, 이 멸실 또는 훼손이 피보험자, 소유자, 관리자가 상당한 주의를 기울이지 아니하여 발생한 것이 아닐 조건으로 한다.

41.2 선장, 고급선원, 보통선원이 선박에 지분을 가지고 있더라도 제2조 제2항에서 말하는 소유자로 보지 않는다.

## 제3부 보상청구조항(01/11/03)

제42조 지도적 보험자

42.1 이 보험에서 공동보험이 존재하는 경우에 모든 보험자는 슬립이나 보험증권에서 지명된 지도적 보험자가 모든 보험자를 위하여 행위하고 다음의 사항에 대하여(이 약관 35조 제5항을 포함) 각자의 비율에 따라 모든 보험자에게 구속력이 있음에 동의한다.

42.1.1 이 보험에서 보상청구를 야기하는 사항에 관하여 손해사정사, 전문가, 해손정산인 그리고 변호사의 임명

42.1.2 보증서의 제공에 국한하지 않고 보험자가 부담하는 의무와 책임

42.1.3 보상청구절차, (이 약관 제43조 제2항의 합의에 국한하지 않고) 보상청구의 처리 그리고 구상의 수행
42.2.4 임의로 행해진 합의 이외의 이 보험상 피보험자 또는 제3자에 대한 모든 지급 또는 화해
위의 규정에도 불구하고, 지도적 보험자는 공동보험자에게 참고할 사항을 요청할 수 있다.
42.2 공동보험자는 제42조 제1항에서 규정하는 사항에 대하여 지도적 보험자에 의한 모든 책임, 비용에 대하여 각자의 비율대로 보상하고 지도적 보험자에게 손해를 입혀서는 안 된다.
42.3 지도적 보험자가 지도적 보험자에 의하여 지시받은 자에게 보험자를 대신하여 지급하는데 지출된 비용을 청구하는 경우에, 지급받은 금액 또는 지도적 보험자가 선급하기로 한 기타 금액의 5%를 부담하여야 하고, 이 비용은 보험자가 지급한다.
42.4 지도적 보험자와 공동보험자 사이의 제42조의 합의는 영국의 고등법원의 전속관할이고, 영국의 법률과 관습이 적용된다.

제43조 보상청구의 통지
43.1 이 보험상의 멸실, 훼손, 책임 또는 비용에 대하여 보험금의 지급을 청구할 수 있는 사고가 발생한 경우 피보험자, 소유자 또는 관리자가 그 멸실, 훼손, 책임 또는 비용에 대하여 알게 되는 일자부터 가능한 한 신속하게 지도적 보험자에게 통지하여야 한다.
43.2 피보험자, 소유자 또는 관리자가 그 멸실, 훼손, 책임 또는 비용에 대하여 알게 되는 일자부터 180일 이내에 지도적 보험자에게 통지되지 않는 경우에는, 지도적 보험자가 서면으로 다른 합의를 하지 않는 한 멸실, 훼손, 책임 또는 비용에 대하여 이 보험상 보상청구를 할 수 없다.

제44조 입찰조항
44.1 지도적 보험자는 선박이 입거 또는 수리를 하기 위해 항해하여야 할 항구를 결정할 권리가 있고(지도적 보험자의 요구에 부응함으로써 생기는 항해의 추가실비는 피보험자에게 환급함), 수리장소 혹은 수리회사에 관하여 거부권이 있다.
44.2 지도적 보험자는 선박의 수리에 대하여 수개의 입찰에 붙일 수 있으며, 또는 또 다른 수개의 입찰에 붙일 것을 요구할 수 있다. 이러한 입찰이 붙여지고 입찰이 지도적 보험자의 승인을 얻어 낙찰되었을 경우에는 지도적 보험자가 요구한 입찰안내장의 발송시기와 낙찰시기와의 사이에 소요된 시간에 대하여 그 기간이 전적으로 수개의 입찰에 붙여진 결과, 소요된 한도까지 또한 입찰이 보험자의 승인을 얻은 후 지체 없이 낙찰된 것을 전제조건으로 하여 보험금액의 연 30%의 비율로서 보상한다.
44.3 입찰로 인한 시간의 소요에 대하여 보험자가 배상하는 기간 혹은 그 일부에 관하여 공동해손으로서 인정된 금액을 포함하여 연료, 소모품, 선장, 고급선원, 보통선원 및 이들의 일부의 급료와 유지비조로 회수한 금액과 휴항 및(또는) 이윤의 상실 및(또는) 경상비 지출에 대하여 손해배상금조로 제3자로부터 회수한 금액이 있으면 이를 제44조 제2항의 보상금에서 공제한다.
44.4 소정의 공제금액 이외의 훼손수리비의 일부가 보험자로부터 보상되지 않을 경우에는 동일한 비율에 따라 보상금에서 공제한다.
44.5 피보험자가 제44조를 불이행하였을 경우에는 확정된 보상금액에서 15%의 금액을 공제한다.

제45조 피보험자의 의무
45.1 피보험자는 자신의 비용으로 지도적 보험자에 대하여 피보험자가 보험금을 청구하는데 합리적으로 필요한 관련서류와 정보를 제공하여야 한다.
45.2 상당한 요청이 있는 경우에, 피보험자는 보상청구에 대한 조사에서 지도적 보험자 또는 그의 대리인에게 다음 사항을 협조하여야 하지만, 이에 국한되지 않는다.
45.2.1 피보험자의 사용인, 이전의 사용인 또는 대리인과의 면담

45.2.2 지도적 보험자가 보상청구에 관한 사항에 대하여 알고 있다고 고찰하는 제3자와의 면담
45.2.3 보험목적의 검사
45.2.4 선박의 선급 기록의 조사
45.3 피보험자가 소송개시 이전의 여하한 단계에서 악의로 또는 무모하게 다음 사항을 하지 않을 것을 보험자의 책임에 대한 조건으로 한다.
45.3.1 허위인 증거에 의거하여 보상청구 또는 화해를 적절히 고찰하도록 보험자를 오도하거나 이를 기도하는 것
45.3.2 보상청구를 적절히 고찰하거나 이에 대하여 방어하는데 중요한 사항을 보험자에게 묵비하는 것
45.4 제45조 제3항에 따라 영국법상 법률적 권고의 권리 또는 소송상의 권리로 고지하지 않아도 되는 문서 또는 사항을 고지할 것이 요구되는 것은 아니다.

제46조 보상청구와 관련한 보험자의 의무
46.1 보험자는 이 보험상 보상청구를 야기하는 사고로 인한 멸실, 훼손, 책임 또는 비용에 대한 통지시에 독자적인 재량으로 다음 행위를 할 수 있다.
46.1.1 훼손의 원인과 범위, 훼손의 필요한 수리와 그 공정하고 합리적인 비용 기타 지도적 보험자나 검정인이 적절하다고 고찰하는 사항에 대하여 지도적 보험자에게 보고하는 검정인에게 지시하는 것.
46.1.2 보상청구의 준비를 위하여 피보험자를 지원하는 손해사정사의 임명의 확인. 이미 합의되지 않은 경우에는 피보험자는 영국의 손해사정사협회의 회원인 자 또는 피보험자와 지도적 보험자 쌍방에 의하여 수용될 자를 손해사정사로 임명할 것을 제안할 수 있다.
46.2 임명이 되는 경우, 궁극적으로 이 보험상 보상청구가 행하여지는가 여부와 관계없이 보험자는 검정인과 손해사정사에게 상당한 보수를 직접 지급할 책임을 진다. 그러나 보상청구가 이 약관 제15조의 정액공제조항을 초과하지 않을 것이 명백하거나 보험자가 지급하거나 화해하거나 이 보험상의 보상청구를 거부할 의사를 통지하는 시점보다 늦지 않게 임명된 손해사정사의 보수의 보험자의 지급책임은 종료한다.
46.3 이 임명은 보험자가 사고 또는 결과적인 보상청구가 이 보험상 담보되거나 또는 보험자가 이 보험상 가지는 권리 또는 항변의 포기가 아니다.
46.4 지도적 보험자에 의하여 이익의 충돌이 없는 것으로 확인되는 경우 검정인의 보고서는 피보험자와 임명된 손해사정사에게 지체없이 제공되어야 한다.
46.5 지도적 보험자는 어느 단계에서든 임명된 손해사정사에게 상황보고서를 제공할 것을 요청할 권리가 있다.
46.6 지도적 보험자는 손해사정사의 권고에 기하여 또는 임명된 손해사정사가 없는 경우에는 적절한 문서를 갖춘 피보험자의 청구에 의하여 즉시 지급할 것을 고려하여야 한다.
46.7 지도적 보험자는 임명된 손해사정사의 최종 정산의 수령후 또는 임명된 손해사정사가 없는 경우에는 보험자가 보험의 담보와 범위에 대한 책임을 결정하기에 충분한 완전히 문서화된 서류상의 보상청구 후 28일 이내에 보상청구에 대한 결정을 하여야 한다. 지도적 보험자가 결정을 위한 추가 서류 또는 추가정보를 요구하는 경우, 요구된 문서 또는 정보의 수령후 또는 그 문서 또는 정보가 이용가능하지 않은 이유에 대한 충분한 설명의 수령 후 상당한 기간 이내에 결정하여야 한다.

제47조 보증의 제공
피보험자가 억류를 방지하기 위하여 또는 이 보험상 담보되는 것으로 주장될 수 있는 사고로 인하여 선박의 석방을 위하여 제3자에게 보증을 제공할 의무가 있는 경우에, 보험자는 지도적 보험자에 의하여 결정되는 형식으로 피보험자를 위한 보증 또는 역보증을 제공하여 피보험자를 지원하는데 적정한 주의를 기울여야 한다.

제48조 보험금의 지급
양도의 조건에 따르는 것으로 하고, 이 보험상 지급되는 보상청구는 손해의 피지급

인에게, 또는 피지급인이 합의되지 않은 경우에는 피보험자 또는 피보험자가 서면으로 지시하는 자에게 지급한다. 이 지급이 행하여진 때 지급된 금액에 대하여 이 보험상의 보험자의 의무를 완전히 면하는 것으로 한다.

제49조 구상

49.1 보험자가 보험금을 지급하였건 또는 보험계약상의 보험금이나 잠재적으로 보험금을 지급하기로 합의하였건, 피보험자는 다음과 같은 상당한 조치를 취하여야 한다.

49.1.1 이 보험계약상의 보상 또는 잠재적으로 보상을 야기하는 사항에 관하여 제3자에 대한 청구권이 존재하는가를 가능한 한 신속히 검토할 것

49.1.2 필요한 경우에 소송절차를 개시하거나 제3자에 대한 청구권에 대한 담보를 획득하기 위한 적절한 조치를 취하여 제3자에 대한 청구권을 보전할 것

49.1.3 지도적 보험자와 임명된 손해사정사에게 구상의 가능성과 제3자에 대하여 취해진 조치에 대한 정보를 제공할 것

49.1.4 제3자에 대한 청구권의 실행에 필요한 상당한 조치를 취함에 있어서 지도적 보험자에게 협조할 것

49.2 보험자는 부보손해와 미부보손해가 전체에서 차지하는 비율에 따라 제49조에 의거하여 피보험자가 지출한 상당한 비용을 지급하여야 한다.

49.3 피보험자가 제49조 제1항 2호에 따라 상당한 비용을 지급하고, 이 보험상 보상될 수 없는 경우에는, 항상 보험자의 그 비용에 대한 보상의 서면상의 합의가 그 비용의 지출 이전에 행하여질 것을 조건으로, 보상이 이 보험상 청구될 수 없는 경우에도 보험자는 합의된 범위까지 이 비용을 보상하여야 한다.

49.4 이 보험에서 전부 또는 일부의 보험금이 지급된 경우 제3자로부터 받은 구상금에 대하여는 보험자와 피보험자 사이에서 다음과 같이 분배된다.

49.4.1 제3자로부터 구상금을 취득함에 있어서 들인 합리적인 비용은 먼저 공제되어 지급한 당사자에게 반환한다.

49.4.2 부보손해와 미부보손해는 전체 부보손해와 미부보손해에 대하여 차지하는 비율에 따라 잔존금액은 보험자와 피보험자 사이에 분배하고, 제49조 제2항과 제49조 제4항 2호의 목적을 위하여서는 미부보손해는 이 보험에서 보상되는 책임 또는 비용과, 보험목적의 멸실 또는 훼손을 의미하지만, 다만 제15조의 정액공제조항과 이 보험의 보상의 최고한도는 적용하지 않는다.

49.5 이 보험담보가 제6조에 따라 제공되지 않는 경우에는 다음 사항이 적용된다.

49.5.1 부보선박이 다른 선박과 충돌하고 쌍방 선박에 과실이 있는 경우 일방 또는 쌍방 선박의 배상책임이 법률에 의하여 제한된 경우를 제외하고, 이 약관 제6조에 의한 보상액은 이 충돌의 결과 피보험자가 지급하여야 할 또는 지급받을 차액이나 금액을 확정하는데 적정하게 승인된 쌍방의 손해비율에 따른 보상액을 당해 선주가 각각 지급하여야 하는 것으로 보아, 교차책임의 원칙에 따라 산출한다.

제50조 분쟁해결

제1조 제3항이 우선하는 것으로 하고, 피보험자와 보험자의 분쟁은 협상에 의하여 우호적으로 해결되지 않은 경우에는 피보험자 또는 보험자의 청구에 의하여 중재 또는 다른 형태의 대체 분쟁해결 그리고 채택된 절차에 대한 합의가 없는 경우에 그 조정 또는 다른 형태의 대체 분쟁해결은 현행 CDER Solve 모범절차에 따라 행해진다.

# Ⅱ. MARINE HULL INSURANCE POLICY

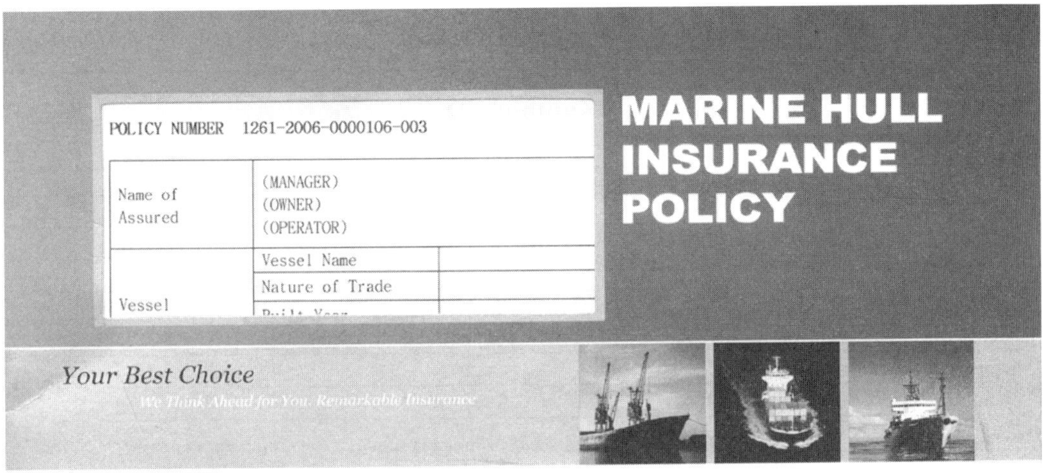

ORIGINAL
DUPLICATE UNPAID

It is hereby agreed that if the premium on this policy or any part thereof unless otherwise agreed upon is not paid, this company shall have the right to cancel this policy at any time, and written notice mailed to the assured, or to the payee named in this policy, shall be deemed a cancellation, and on and after the date when such notice shall be mailed this policy shall be null and void, but such a proportional part of any such premium for any risk, as shall have been earned up to the date of such cancellation, shall thereupon remain and become immediately due and payable.
It is hereby noted and agreed that all clauses annexed hereto or stamped hereon shall control other printed conditions inconsistent with the same

We, The Company(ies), hereby agree, in consideration of the payment to us by or on behalf of the Assured of the premium specified in the Schedule, to insure against loss damage liability or expense in the proportions and manner hereinafter provided.
In Witness whereof the undersigned has subscribed his Name on behalf of DAEHAN FIRE AND MARINE INSURANCE COMPANY, LIMITED.

**DAEHAN FIRE & MARINE INSURANCE CO., LTD.**

51-1 Jung-gu, Namchang-dong, Seoul, 100 - 778
TEL 1588-3344 FAX 02-774-7059 E-mail marine@daeins.co.kr

DAEHAN FIRE & MARINE INSURANCE CO., LTD.

# SCHEDULE (Original)

POLICY NUMBER 1261-2006-0000106-003

Issued on December 12, 2006
IN SEOUL, KOREA

| Name of Assured | (MANAGER)<br>(OWNER)<br>(OPERATOR) | | | |
|---|---|---|---|---|
| Vessel | Vessel Name | | | |
| | Nature of Trade | | | |
| | Built Year | | Class | KR |
| | GRT / DWT | / | Flag | KOREA |
| Subject Matter Insured | | HULL & MACHINERY | | |
| Period of Insurance | | 12:00(KST) DECEMBER/14/2006 ~ 12:00(KST) JUNE/3/2007 | | |
| Agreed Value (if any) | | | | |
| Amount Insured Hereunder | | | | |

* Subject to the following Clauses, Endorsement, Special Conditions and Warranties

| Terms & Conditions | * INSTITUTE TIME CLAUSES (HULLS) 1/3/1983<br>* CLAUSE 12 DEDUCTIBLE IN RESPECT OF ALL CLAIMS OTHER THAN TL/CTL (USD 75,000.00)<br>* INSTITUTE MACHINERY DAMAGE ADDITIONAL DEDUCTIBLE FRANCHISE OF USD 75,000.00<br>* INSTITUTE EXTENDED RADIOACTIVE CONTAMINATION EXCLUSION CLAUSE.<br>* INSTITUTE SPECIAL CLAUSE FOR SETTLEMENT OF CLAIMS OF LOCAL REPAIRS.<br>* INSTITUTE CHEMICAL, BIOLOGICAL, BIO-CHEMICAL, ELECTROMAGNETIC WEAPONS AND CYBER ATTACK EXCLUSIONS CLAUSE.<br>* WARRANTED PROPER DOCUMENTS IN RESPECT OF THE ASSURED' S ISM (DOC/SMC) CODE TO BE SUBMITTED TO AND AGREED BY THE INSURER.<br>* WARRANTED KR CLASSED AND MAINTAINED.<br>* DEFFERED PREMIUM CLAUSE. * PREMIUM PAYMENT DEFERABLE CLAUSE<br>* FULL PREMIUM IF LOST. * WARRANTED NO LOGGING.<br>* CANCELING RETURNS ONLY. * CO-INSURANCE CLAUSE<br>* UNDER INSURANCE ADMITTED (US$ 826,000 INSURED WITH K.S.A.)<br>* TRADING LIMIT : KOREA/FAR EAST ASIA WITHIN INSTITUTE WARRANTIES.<br>* LOSS PAYABLE AND NOTICE OF CANCELLATION CLAUSE AS ATTACHED.<br>* THE MEANING OF TOTAL LOSS IS CONSTRUED AS PER LOAN AGREEMENT AND BBCHP AGREEMENT BETWEEN OWNERS AND CHARTERERS. |
|---|---|

《Co-Insurance》

| DH 47.20% | MI 1.30% | SD 4.00% | GR 20.20% | JI 20.20% |
|---|---|---|---|---|
| HM 1.30% | SS 3.00% | DB 2.80% | | |

DAEHAN FIRE & MARINE INSURANCE CO., LTD.

이 준 호

AUTHORIZED REPRESENTATIVE

◆ No clause printed back hereof and/or attached hereto are applicable, unless the reference to such clauses are specifically made as applicable.
◆ The term `net' , as it is applied here in the premium or rate, shall represent 90% of the premium or rate shown of the schedule of this insurance.

1/10/83

## INSTITUTE TIME CLAUSES
## HULLS

This insurance is subject to English law and practice

**1. NAVIGATION**

1.1. The Vessel is covered subject to the provisions of this insurance at all times and has leave to sail or navigate with or without pilots, to go on trial trips and to assist and tow vessels or craft in distress, but it is warranted that the Vessel shall not be towed, except as is customary or to the first safe port or place when in need of assistance, or undertake towage or salvage services under a contract previously arranged by the Assured and/or Owners and/or Managers and/or Charterers. This Clause 1.1 shall not exclude customary towage in connection with loading and discharging.

1.2. In the event of the Vessel being employed in trading operations which entail cargo loading or discharging sea from or into another vessel (not being a harbour or inshore craft)no claim shall be recoverable under this insurance for loss of or damage to the Vessel or liability to any other vessel arising from such loading or discharging operations, including whilst approaching, lying alongside and leaving, unless previous notice that the Vessel is to be employed in such operations has been given to the Underwriters and any amended terms of cover and any additional premium required by them have been agreed.

1.3. In the event of the Vessel sailing (with or without cargo) with an intention of being (a) broken up, or (b) sold for breaking up, any claim for loss of or damage to the Vessel occurring subsequent to such sailing shall be limited to the market value of the Vessel as scrap at the time when the loss or damage is sustained, unless previous notice has been given to the Underwriters and any amendments to the terms of cover, insured value and premium required by them have been agreed. Nothing in this Clause 1.3 shall affect claims under Clauses 8 and/or 11.

**2. CONTINUATION**

Should the Vessel at the expiration of this insurance be at sea or in distress or at a port of refuge or of call, she shall, provided previous notice be given to the Underwriters, be held covered at a pro rata monthly premium to her port of destination.

**3. BREACH OF WARRANTY**

Held covered in case of any breach of warranty as to cargo, trade, locality, towage, salvage services or date of sailing, provided notice be given to the Underwriters immediately after receipt of advices and any amended terms of cover and any additional premium required by them be agreed.

**4. TERMINATION**

This Clause 4 shall prevail notwithstanding any provision whether written typed or printed in this insurance inconsistent therewith.

4.1. change of the Classification Society of the Vessel, or change, suspension, discontinuance, withdrawal or deferred until arrival at her next port. However where such change, suspension, discontinuance or withdrawal of the Class has resulted from loss or damage covered by Clause 6 of this insurance or which would be covered by an insurance of the Vessel subject.to current Institute War and Strikes Clauses Hulls Time such automatic termination shall only operated should the Vessel sail from her next port without the prior approval of the Classification Society,

4.2. any change, voluntary or otherwise, in the ownership or flag, transfer to new management, or charter on a bareboat basis, or requisition for title or use of the Vessel, provided that, if the Vessel has cargo on board and has already sailed from her loading port or is at sea in ballast, such automatic termination shall if required be deferred, whilst the Vessel continues her planned voyage, until arrival at final port of discharge if with cargo or at port of destination if in ballast. However, in the event of requisition for title or use without the prior execution of a written agreement by the Assured, such automatic termination shall occur fifteen days after such requisition whether the Vessel is at sea or in port A pro rata daily net return of premium shall be made.

**5. ASSIGNMENT**

No assignment of or interest in this insurance or in any moneys which may be or become payable thereunder is to be binding on or recognised by the Underwriters unless a dated notice of such assignment or interest signed by the Assured, and by the assignor in the case of subsequent assignment, is endorsed on the Policy and the Policy with such endorsement is produced before payment of any claim or return of premium thereunder.

**6. PERILS**

6.1. This insurance covers loss of or damage to the subject-matter insured caused by
- 6.1.1 perils of the seas rivers lakes or other navigable waters
- 6.1.2 fire, explosion
- 6.1.3 violent theft by persons from outside the Vessel
- 6.1.4 jettison
- 6.1.5 piracy
- 6.1.6 breakdown of or accident to nuclear installations or reactors
- 6.1.7 contact with aircraft or similar objects, or objects falling therefrom, land conveyance, dock or harbour equipment or installation
- 6.1.8 earthquake volcanic eruption or lightning.

6.2 This insurance covers loss of or damage to the subject-matter insured caused by
- 6.2.1 accidents in loading discharging or shifting cargo or fuel
- 6.2.2 bursting of boilers breakage of shafts or any latent defect in the machinery or hull
- 6.2.3 negligence of Master Officers Crew or Pilots
- 6.2.4 negligence of repairers or charterers provided such repairers or charterers are not an Assured hereunder
- 6.2.5 barratry of Master Officers or Crew.

Provided such loss or damage has not resulted from want of due diligence by the Assured, Owners or Managers.

6.3 Master Officers Crew or Pilots not to be considered Owners within the meaning of this Clause 6 should they hood shares in the Vessel.

**7. POLLUTION HAZARD**

This insurance covers loss of or damage to the Vessel caused by any governmental authority acting under the powers vested in it to prevent or mitigate a pollution hazard, or threat thereof result in directly from damage to the Vessel for which the Underwriters are liable under this insurance, provided such act of governmental authority has not resulted from want of due diligence by the Assured, the Owners, or Managers of the Vessel or any of them to prevent or mitigate such hazard or threat. Master, officers, Crew or Pilots not to be considered Owners within the meaning of this Clause 7 should they hold shares in the Vessel.

**8. 3/4THS COLLISION LIABILITY**

8.1. The Underwriters agree to indemnify the Assured for three-fourths of any sum or sums paid by the Assured to any other person or persons by reason of the Assured becoming legally liable by way of damages for
- 8.1.1 loss of or damage to any other vessel or property on any other vessel
- 8.1.2 delay to or loss of use of nay such other vessel or property thereon
- 8.1.3 general average of, salvage of, or salvage under contract of, any such other vessel or property thereon, where such payment by the Assured is in consequence of the Vessel hereby insured coming into collision with any other vessel.

8.2 The indemnity provided by this Clause 8 shall be in addition to the indemnity provided by the other terms and conditions of this insurance and shall be subject to the following provisions:
- 8.2.1 Where the insured Vessel is in collision with another vessel and both vessels are to blame then, unless the liability of one or both vessels becomes limited by law, the indemnity under this Clause 8 shall be calculated on the principle of cross-liabilities as if the respective Owners had been compelled to pay to each other such proportion of each other's damages as may have been properly allowed in ascertaining the balance or sum payable by or to the Assured in consequence of the collision
- 8.2.2 In no case shall the Underwriters' total liability under Clauses 8.1 and 8.2 exceed their proportionate part of three-fourths of the insured value of the Vessel hereby insured in respect of any one collision.

8.3 The Underwriters will also pay three-fourths of the legal costs incurred by the assured or which the Assured may be compelled to pay in contesting liability or taking proceedings to limit liability, with the prior written consent of the Underwriters.

**EXCLUSIONS**

8.4 Provided always that this Clause 8 shall in no case extend to any sum which the Assured shall pay for or in respect of
- 8.4.1 removal or disposal of obstructions, wrecks, cargoes or any other thing whatsoever
- 8.4.2 any real or personal property or thing whatsoever except other vessels or property on other vessels
- 8.4.3 the cargo or other property on, or the engagements of, the insured Vessel
- 8.4.4 loss of life, personal injury or illness
- 8.4.5 pollution or contamination of any real or personal property or thing whatsoever (except other vessels with which the insured Vessel is in collision or property on such other vessels)

**9. SISTERSHIP**

Should the Vessel hereby insured come into collision with or receive salvage services from another vessel belonging wholly or in part to the same Owners or under the same management, the Assured shall have the same rights under this insurance as they would have were the other vessel entirely the property of owners not interested in the Vessel hereby insured; but in such cases the liability for the collision or the amount payable for the services rendered shall be referred to a sole arbitrator to be agreed upon between the Underwriters and the Assured.

**10. NOTICE OF CLAIM AND TENDERS**

10.1 In the event of accident whereby loss or damage may result in a claim under this insurance, notice shall be given to the Underwriters prior to survey and also, if the Vessel is abroad, to the nearest Lloyd's Agent so that a surveyor may be appointed to represent the Underwriters should they so desire.

10.2 The Underwriters shall be entitle to decide the port to which the Vessel shall proceed for docking or repair (the actual additional expense of the voyage arising from compliance with the Underwriters requirements being refunded to the Assured) and shall have a right of veto concerning a place of repair or a repairing firm.

10.3 The Underwriters may also take tenders or may require further tenders to be taken for the repair of the Vessel. Where such a tender has been taken and a tender is accepted with the approval with the approval of the Underwriters, an allowance shall be made at the rate of 30% per annum on the insured value for time lost between the dispatch of the invitations to tender required by Under writers and the acceptance of a tender to the extent that such time is lost solely as the result of tenders having been taken and provided that the tender is accepted without delay after receipt of the Underwriters approval.

Due credit shall be given against the allowance as above for any amounts recovered in respect of fuel and stores and wages and maintenance of the Master Officers and Crew or any member thereof, including amounts allowed in general average, and for any amounts recovered from third parties in respect of damage for detention and/or loss of profit and/or running expenses, for the period covered by the tender allowance or any part thereof.

Where a part of the cost of the repair of damage other than a fixed deductible is not recoverable from the Underwriters the allowance shall be reduced by a similar proportion.

10.4 In the event of failure to comply with the conditions of this Clause 10 a deduction of 15% shall be made from the amount of the ascertained claim.

**11. GENERAL AVERAGE AND SALVAGE**

11.1 This insurance covers the Vessel's proportion of salvage, salvage charges and/or general average, reduced in respect of any under-insurance, but in case of general average sacrifice of the Vessel the Assured may recover in respect of the whole loss without first enforcing their right of contribution from other parties.

11.2 Adjustment to be according to the law and practice obtaining at the place where the adventure ends, as if the contract of affreightment contained no special terms upon the subject; but where the contract of affreightment so provides the adjustment shall be according to the York-Antwerp Rules.

11.3 When the Vessel sails in ballast, not under charter, the provisions of the York-Antwerp Rules, 1974 (excluding Rules XX and XXI) shall be applicable, and the voyage for this purpose shall be deemed to continue from the port or place of departure until the arrival of the Vessel at the first port or place thereafter other than a port or place of refuge or a port or place of call for bunkering only. If at any such intermediate port or place there is an abandonment of the adventure originally contemplated the voyage shall thereupon be deemed to be terminated.

11.4 No claim under this Clause 11 shall in any case be allowed where the loss was not incurred to avoid or in connection with the avoidance of a peril insured against.

**12 DEDUCTIBLE**

12.1 No claim arising from a peril insured against shall be payable under this insurance unless the aggregate of all such claims arising out of each separate accident or occurrence (including claims under Clauses 8.11 and 13) exceeds ........................in which case this sum shall be deducted. Nevertheless the expense of sighting the bottom after stranding, if reasonably incurred specially for that purpose, shall be paid even if no damage be found. This Clause 12.1 shall not apply to a claim for total or constructive total loss of the Vessel or, in the event of such a claim, to any associated claim under Claus 13 arising from the same accident or occurrence.

12.2 Claims for damage by heavy weather occurring during a single sea passage between two successive ports shall be treated as being due to one accident. In the case of such heavy weather extending over a period not wholly covered by this insurance the deductible to be applied to the claim recoverable hereunder shall be the proportion of the above deductible that the number of days of such heavy weather falling within the period of this insurance bears to the number of days of heavy weather during the single sea passage.
The expression "heave weather" in this Clause 12.2 shall be deemed to include contact with floating ice.

12.3 Excluding any interest comprised therein, recoveries against any claim which is subject to the above deductible shall be credited to the Underwriters in full to the extend of the sum by which the aggregate of the claim unreduced by any recoveries exceeds the above deductible.

12.4 Interest comprised in recoveries shall be apportioned between the Assured and the Underwriters, taking into account the sums paid by the Underwriters and the dates when such payments were made, notwithstanding that by the addition of interest the Underwriters may receive a larger sum than they have paid.

**13. DUTY OF ASSURED (SUE AND LABOUR)**

13.1 In case of any loss or misfortune it is the duty of the Assured and their servants and agents to take such measures as may be reasonable for the purpose of averting or minimising a loss which would be recoverable under this insurance.

13.2 Subject to the provisions below and to Clause 12 the Underwriters will contribute to charges properly and reasonably incurred by the Assured their servants or agents for such measures. General average, salvage charges (except as provided for in Clause 13.5) and collision defense or attack costs are not recoverable under this Clause 13.

13.3 Measures taken by Assured or the Underwriters with the object of saving, protecting or recovering the subject-matter insured shall not be considered as a waiver or acceptance of abandonment or otherwise prejudice the rights of either party.

13.4 When expenses are incurred pursuant to this Clause 13 the liability under this insurance shall not exceed the proportion of such expenses that the amount insured hereunder bears to the value of the Vessel as stated herein, or to the sound value of the Vessel at the time of the occurrence giving rise to the expenditure if the sound value exceeds that value. Where the Under writers have admitted a claim for total loss and property insured by this insurance is saved, the foregoing provisions shall not apply only to the amount of the expenses which is in excess of such value.

13.5 When a claim for total loss of the Vessel is admitted under this insurance and expenses have been reasonably incurred in saving or attempting to save the Vessel and other property and there are no proceeds, or the expenses exceed the proceeds, then this insurance shall bear it pro rata share of such proportion of the expenses, or of the expenses in excess of the proceeds, as the case may be, as may reasonably be regarded as having been incurred in respect of the Vessel; but if the Vessel be insured for less than its sound value at the time of the occurrence giving rise to the expenditure, the amount recoverable under this clause shall be reduce in proportion to the under-insurance.

13.6 The sum recoverable under this Clause 13 shall be in addition to the loss otherwise recoverable under this insurance but shall in no circumstances exceed the amount insured under this insurance in respect of the Vessel.

**14. NEW FOR OLD**

Claims payable without deduction new for old.

**15. BOTTOM TREATMENT**

In no case shall a claim be allowed in respect of scraping gritblasting and/or other surface preparation or painting
of the Vessel's bottom except that

15.1 gritblasting and/or other surface preparation of new bottom plates ashore and supplying and applying
any "shop" primer thereto.

15.2 gritblasting and/or other surface preparation of;
the butts or area of plating immediately adjacent to any renewed or refitted plating damaged during the course of welding and/or repairs,
areas of plating damaged during the course of fairing, either in place or ashore,

15.3 supplying and applying the first coat of primer/anti-corrosive to those particular areas mentioned in 15.1 and 15.2 above. shall be allowed as part of the reasonable cost of repairs in respect of bottom plating damaged by an insured peril.

**16. WAGES AND MAINTENANCE**

No claim shall be allowed, other than in general average, for wages and maintenance of the Master, Officers and Crew, or any member thereof, except when incurred solely for the necessary removal of the Vessel from one port to another for the repair of damage covered by the Underwriter, or for trial trips for such repairs, and then only for such wages and maintenance as are incurred whilst the Vessel is under way.

**17. AGENCY COMMISSION**

In no case shall any sum be allowed under this insurance either by way of remuneration of the Assured for time and trouble taken to obtain and supply company or the like, appointed by or on behalf of the Assured to perform such services.

**18. UNREPAIRED DAMAGE**

18.1 The measure of indemnity in respect of claims for unrepaired damage shall be the reasonable depreciation in the market value of the Vessel at the time this insurance terminates arising from such unrepaired damage, but not exceeding the reasonable cost of repairs.

18.2 In no case shall the Underwriters be liable for unrepaired damage in the event of a subsequent total loss (whether or not covered under this insurance) sustained during the period covered by this insurance or any extension thereof.

18.3 The Under writers shall not be liable in respect of unrepaired damage for more than the insured value at the time this insurance terminates

**19. CONSTRUCTIVE TOTAL LOSS**

19.1 In ascertaining whether the Vessel is a constructive total loss, the insured value shall be taken as the repaired value and nothing in respect of the damaged or break-up value of the Vessel or wreck shall be taken into account.

19.2 No claim for constructive total loss based upon the cost of recovery and/or repair of the Vessel shall be recoverable hereunder unless such cost would exceed the insured value. In making this determination, only the cost relating to a single accident or sequence of damages arising from the same accident shall be taken into account.

**20. FREIGHT WAIVER**

In the event of total or constructive total loss no claim to be made by the Underwriters for freight whether notice of abandonment has been given or not.

**21. DISBURSEMENTS WARRANTY**

21.1 Additional assurances as follows are permitted:

21.1.1 *Disbursement, Managers' Commissions, Profits or Excess or Increased Value of Hull and Machinery.* A sum not exceeding 25% of the value stated herein..

21.1.2 *Freight, Chartered if the or Anticipated Freight, insured for time.* A sum not exceeding 25% of the value as stated herein less any sum insured, however described, under 22.1.1.

21.1.3 *Freight or Hire, under contracts for voyage.* A sum not exceeding the gross freight or hire for the current cargo passage and next succeeding cargo passage (such insurance to include, if required, a preliminary and an intermediate ballast passage) plus the charges of insurance. In the case of a voyage charter where payment is made on a time basis, the sum permitted for insurance shall be calculated on the estimated duration of the voyage, subject ice the limitation of two cargo passages. as laid down herein. Any sum insured under 22. 1.2 to be taken into account and only the excess thereof may be insured, which excess shall be reduced as the freight or hire is advanced or earned by the gross amount so advanced or earned.

21.1.4 *Anticipated Freight if the Vessel sails in ballast and not under Charter.* A sum not exceeding the anticipated gross freight on next cargo passage, such surf to be reasonably estimated on the basis of the current rate or freight at time of insurance plus the charges of insurance. Any sum insured under 22.1.2 to be taken into account and only the excess thereof may be insured.

21.1.5 *Time Charter Hire, or Carter Hire for Series of Voyages.* A sum not exceeding 50% of the gross hire which is to be earned under the charter in a period not exceeding 18 months. Any sum insured under 22.1.2 to be taken into account and only the excess thereof may be insured, which excess shall be reduced as the hire is advanced or earned under the charter by 50% of the cross amount so advanced or earned but the sum insured need not be reduced while the total of the sums insured under 22. 1.2 and 22. 1.5 does not exceed 50% of the gross hire still to be earned under the charter. An insurance under this Section may begin on the signing of the charter.

21.1.6 *Premiums.* A sum not exceeding the actual premiums of all interests insured for a period not exceeding 12 months excluding premiums insured under the foregoing sections but including, if required, the premium or estimated calls on any Club or War etc..Risk insurance) reducing pro rata monthly.

21.1.7 *Returns of Premium.* A sum no (exceeding the actual returns which are allowable under any insurance but which would not be recoverable thereunder in the event of a total loss of the Vessel whether by insured perils or otherwise.

21.1.8 *Insurance irrespective of amount against:*
Any risks excluded by Clauses 24, 25, 26 and 27 below.

21.2 Warranted that no insurance on any interests enumerated in the foregoing 22.1.1 to 22.1.7 in excess of the amounts permitted therein and no other insurance which includes total loss of the Vessel P.P. I., F. I.A., or subject to any other like term, is or shall be effected to operate during the currency of this insurance by or for account of the Assured, Owners, Managers or Mortgagees.. Provided always that a breach of this warranty shall not afford the Underwriters any defence to a claim by a Mortgagee who has accepted this insurance without knowledge of such breach.

**22. RETURNS FOR LAY-UP AND CANCELLATION**

22.1 To return as follows:

22.1.1 Pro rata monthly net for each uncommenced month if this insurance he cancelled by agreement,

22.1.2 for each period of 30 consecutive days the Vessel may be laid up in a port or in a lay-up area, provided such port or lay-up area is approved by the Underwriters

(a) ................................ per cent net, not under repair

(b) ................................ per cent net under repair.

If the vessel is under repair during part only of a period for which a return is claimable, the return shall be calculated pro rata to the number of days under (a) and (b) respectively

22.2 PROVIDED ALWAYS THAT

22.2.1 a total toss of the Vessel. Whether by insured perils or otherwise has not occurred during the period covered by this insurance or any extension thereof

22.2.2 in no case shall a return be allowed when the Vessel is lying in exposed or unprotected waters, or in a port or lay-up arcs not approved by the Underwriters but provided the Underwriters agree that such non-approved lay-up area, days during which the Vessel is laid up on such non-approved lay-up area mat be added to days in the approved port or lay-up area to calculate a period of 30 consecutive days and a return shall be allowed for the proportion of such period during which the Vessel is actually laid up on the approved port or lay-up area

22.2.3 loading or discharging operations or the presence of cargo on board shall not debar returns but no return shall be allowed for any period during which the Vessel is being used for the storage of cargo or for lightening purposes

22.2.4 in the event of any amendment of the annual rate, the above rates of return shall be adjusted accordingly.

22.2.5 in the event of any return recoverable under this Clause 22 being based on 30 consecutive days which fall on successive insurances effected for the same Assured, this insurance shall only be liable for an amount calculated at pro rata of the period rates 22.1.2(a) and/or (b) above for the number of days which come within the period or this insurance and to which a return is actually applicable. Such overlapping period shall run, at the option of the Assured, either from the first day on which the Vessel is laid up or the first day of a period of 30 consecutive days as provided under 22.1.2(a) or (b) 22.2.2. above.

**The following clauses shall be paramount and shall override anything contained in this insurance inconsistent therewith**

**23. WAR EXCLUSION**

In no case shall this insurance cover loss damage liability or expense caused by

23.1 war civil war revolution rebellion insurrection, or civil strife arising therefrom, or any hostile act by or against a belligerent power

23.2 capture seizure arrest restraint or detainment (barratry and piracy excepted), and the consequences thereof or any attempt thereat

23.3 derelict mines torpedoes bombs or other derelict weapons of war.

**24. STRIKES EXCLUSION**

In no case shall chic insurance cover loss damage liability or expense caused by

24.1 strikers, locked-locked-out workmen or persons taking part it labour disturbances,, riots or civil commotions

24.2 any terrorist or any person acting from a political motive.

**25. MALICIOUS ACTS EXCLUSION**

In no case shall this insurance cover loss damage liability or expense arising from

25.1 the detonation of an explosive

25.2 any weapon of war

and caused by any person acting maliciously or from a political motive

**26. NUCLEAR EXCLUSION**

In no case shall this insurance cover loss damage liability or expense arising from any weapon of war employing atomic or nuclear or nuclear fission and/or other like reaction or radioactive force or matter

1/10/83

**INSTITUTE TIME CLAUSES - HULLS DISBURSEMENTS AND INCREASED VALUE (Total Loss only, including Excess Liabilities)**

This insurance is subject to English law and practice

**1. NAVIGATION**

1.1 The subject-matter insures is covered subject to the provisions of this insurance at all times and the Vessel has leave to sailor navigate with or without pilots, to go on trial trips and to assist and tow vessels or craft in distress, but it is warranted that the Vessel shall not be towed, except as is customary or to the first safe port or place when in need of assistance, or undertake sewage or salvage services under a contract previously arranged by the Assured and/or Owners and/or Managers and/or Chatterers. This Clause 1.1 shall not exclude customary sewage in connection with loading and discharging.

1.2 In the event of the Vessel being employed in trading operations which entail cargo Loading or discharging at sea from or into another vessel (not being a harbour or inshore craft) no claim shall be recoverable under this insurance in respect of loss of or damage to the subject-matter insured or for liability to any other vessel arising from such loading or discharging operations including whilst approaching, lying alongside and leaving, unless previous notice that the Vessel is to be employed in such operations has been given to the Underwriters and any amended terms of cover and any additional premium required by them have been agreed.

1.3 In the event of the Vessel sailing (with or without cargo) with an intention of being (a) broken up, or (b) sold for breaking up, no claim shall be recoverable under this insurance in respect of loss or damage to the Vessel occurring subsequent to such sailing unless previous notice has been given to the Underwriters and any amendments to the terms of cover, amount insured and premium required by them have been agreed.

**2. CONTINUATION**

Should the Vessel at the expiration of this insurance be at sea or in distress or at a port of refuge or of call, the subject-matter insured shall, provided previous notice be given to the Underwriters, be held covered at a pro rata monthly premium to her port of destination.

**3. BREACH OF WARRANTY**

Held covered in case of any breach of warranty as to cargo, locality, trade, towage, salvage services or date of sailing, provide notice be given to the Underwriters immediately after receipt of advises and any amended terms of cover and any additional premium required by them be agreed.

**4. TERMINATION**

***This Clause 4 shall prevail notwithstanding any provision whether written typed or printed in this insurance inconsistent therewith.***

Unless the Underwriters agree to the contrary in writing, this insurance shall terminate automatically at the time of

4.1 change of the Classification Society of the Vessel, or change, suspension, discontinuance, withdrawal or expiry of her Class therein, provides that if the Vessel is at sea such automatic termination shall be deferred until arrival at her next port. However where such change, suspension, discontinuance or withdrawal of her Class has resulted from loss or damage which would be covered by an insurance of the Vessel subject to current Institute Time Clauses Kills or Institute War and Strikes Clauses Hulls-Time such automatic termination shall only operate should the Vessel sail from her next port without the prior approval of the Classification Society.

4.2 any charge, voluntary or otherwise, in the ownership or flag, transfer to new management, or charter on a bareboat basis, or requisition for title or use of the Vessel, provided that, if the Vessel has cargo on board and has already sailed from her loading port or is at sea in ballast, such automatic termination shall if required be deferred, whilst the Vessel continues her planned voyage, until arrival at final port of discharge if with cargo or at pert of destination if in ballast. However, in the event of requisition for title or use without the prior execution of a \written agreement by the Assured such automatic termination shall occur fifteen days after such requisition whether the Vessel is at sea or in port.

A pro rata daily net return of premium shall be made.

**5. ASSIGNMENT**

No assignment of or interest in this insurance or in any moneys which may be or become payable thereunder is to be binding on or recognised by the Underwriters unless a dated notice of such assignment or interest signed by the Assured, and by the assignor in the case of subsequent assignment, is endorsed on the Policy and the Policy with such endorsement is produced before payment of an) maim or return of premium thereunder.

**6. PERILS**

6.1 This insurance covers total loss (actual or constructive) of the subject-matter insured caused by

6.1.1 perils of the seas rivers lakes or other navigable waters

6.1.2 fire, explosion

6.1.3 violent theft by persons from outside the Vessel

6.1.4 jettison

6.1.5 piracy

6.1.6 breakdown of or accident to nuclear installations or reactors

6.1.7 contact with aircraft or similar objects, or objects falling therefrom, land conveyance, dock or harbour equipment or installation

6.1.8 earthquake volcanic eruption or lightning.

6.2 This insurance covers total loss (actual or constructive) of the subject-matter insured caused by

6.2.1 accidents in loading discharging or shifting cargo or fuel

6.2.2 bursting of boilers breakage of shafts or any latent defect in the machinery or hull

6.2.3 negligence of Master Officers Crew or Pilots

6.2.4 negligence or repairers or chatterers provided such repairers or chatterers are not an Assured hereunder

6.2.5 barratry of Master Officers or Crew,

provided such loss or damage has not resulted from want of due diligence by the Assured, Owners or Managers.

6.3 Master Officers Crew or Pilots not to be considered Owners within the meaning off the Clause 6 should they hold shares, in the Vessel.

6.4 This insurance covers:

6.4.1 General Average, Salvage and Sabine Charges not recoverable in full under the assurances on hull and machinery by reason of the difference between the insured value of the Vessel as stated therein (or any reduced value arising from the deduction therefrom in process of adjustment of any claim which law or practice or the terms of the assurances covering hut\ and machinery may have required) and the value of the Vessel adopted for the purpose or contribution to general average, salvage or salvage charges, the liability under this insurance being for such proportion of the amount not recoverable as the amount insured hereunder bears to the said difference or to the total sum insured against excess liabilities if it exceed such difference.

6.4.2 Sue said Labour Charges not recoverable in full under the insurances on hull and machinery by reason of the difference between the insured value of the Vessel as stated therein and the value of the Vessel adopted for the purpose of ascertaining the amount recoverable under the assurances on hull and machinery, the liability under this insurance being for such proportion of the amount not recoverable as the amount insured hereunder bears to the said difference or to the total sum inspired against excess liabilities if it exceed such difference.

6.4.3 Collision Liability (three-fourths) not recoverable in full under the Institute 3/4ths Collision Liability and Sistership Clauses in the assurances on hull and machinery by reason of. such three-fourths liability exceeding three-fourths of the insured value of the Vessel at stated therein, in which case the amount recoverable under this insurance shall be such proportion of the difference so arising as the amount insured hereunder bears to the total sum insured against excess liabilities.

6.5 The underwriters' liability under 6.4. 1.6.4.2 and 6.4.3 separately, in respect of any one claim, shall not exceed the amount insured hereunder.

**7. POLLUTION HAZARD**
This insurance covers total loss (actual or constructive) of the Vessel caused by any governmental authority acting under the powers vested in it to prevent or mitigate a pollution hazard, or threat thereof, resulting directly from damage to the Vessel caused by a peril covered by this insurance, provided such act of governmental authority has not resulted from want of due diligence by the Assured, the Owners or Managers of the Vessel or any of them to prevent or mitigate such hazard or threat. Master, Officers, Crew or Pilots not to be considered Owners within the meaning of this Clause 7 should they hold shares in the Vessel.

**8. NOTICE OF CLAIM**
In the event of accident whereby loss or damage may result in a claim under this insurance, notice shall be given to the Underwriters prior to survey and also, if the Vessel is abroad, to the nearest Lloyd's Agent so that a surveyor may be appointed to represent the Underwriters should they so desire.

**9. CONSTRUCTIVE TOTAL LOSS**
9.1 In ascertaining whether the Vessel is a constructive total loss, the insured value in the insurances on hull and machinery shall be taken as the repaired value and nothing in respect of the damaged or break-up value of the Vessel or wreck shall be taken into account.
9.2 No claim for constructive total loss based upon the cost of recovery and/or repair of the Vessel shall be recoverable hereunder unless such cost would exceed the insured value in the assurances on hull and machinery. In making this determination, only the cost relating to a single accident or sequence of damages arising from the same accident shall be taken into account.
9.3 Provided that the Constructive Total Loss Clause in the current Institute Time Clauses Hulls or a clause having a similar effect is contained in the insurances on hull and machinery, the settlement of a claim for constructive total loss thereunder shall be accepted as proof of the constructive total loss of the Vessel.
9.4 Should the Vessel be a constructive total loss but the claim on the insurances on hull and machinery be settled as a claim for partial loss, no payment shall be due under this Clause 9.

**10. COMPROMISED TOTAL LOSS**
In the event of a claim for total loss or constructive total loss being settled on the insurances on hull and machinery as a compromised total loss the amount payable hereunder shall be the same percentage or the amount insured as is paid on the said insurances.

**11. RETURNS FOR LAY-UP AND CANCELLATION**
11.1 To return as follows:
11.1.1 Pro rata monthly net for each recommenced month if this insurance be cancelled by agreement.
11.1.2 For each period of 30 consecutive days the Vessel may be laid up in a port or in a lay-up area
provided such port or lay-up area is approved by the Underwriters (with special liberties as hereinafter allowed)
(a).....................per cent net not under repair
(b).....................per cent net under repair.
If the Vessel is under repair during part only of a period for which a return is claimable, the return shall be calculated pro rata to the number old days under (a) and (b) respectively.
11.2 PROVIDED ALWAYS THAT
11.2.1 a total loss of the Vessel, whether by insured perils or otherwise, has not occurred during the period covered by this insurance or any extension thereof
11.2.2 in no case shall a return be allowed when the Vessel is lying in exposed or unprotected waters, or in a port or lay-up area not approved by the Underwriters but, provided the Underwriters agree that such non-approved lay-up area is deemed to be within the vicinity of the approved port or lay-up area, days during which the Vessel it laid up in such non-approved lay-up area may be added to days in the approved port or lay-up area to calculate a period of 30 consecutive days and a return shall be allowed for the proportion of such period during which the Vessel is actually laid up in the approved port or lay-up area
11.2.3 loading or discharging operations or the presence of cargo on board shall not debar returns but no return shall be allowed for any period during which the Vessel is being used for the storage of cargo or for lightering purposes
11.2.4 in the event of any amendment of the annual rate, the above rates of return shall be adjusted accordingly
11.2.5 in the event of any return recoverable under this Clause 11 being based on 30 consecutive days which fall on successive insurances effected for the same Assured, this insurance shall only be liable for an amount calculated at pro rata of the period rates 11.1.2.(a) and/or (b) above for the number of days which come within the period of this insurance and to which a return is actually applicable. Such overlapping period shall run, at the option of the Assured, either from the first day on which the Vessel is laid up or the first day of a period of 30 consecutive days as provided under 11.1.2. (a) or (b), or 11.2.2 above.

**The following clauses shall be paramount and shall override anything contained in this insurance inconsistent therewith.**

**12. WAR EXCLUSION**
In no case shall this insurance cover loss damage liability or expense caused by
12.1 war civil war revolution rebellion insurrection, or civil strife arising therefrom, or any hostile act by or against a belligerent power
12.2 capture seizure arrest restraint or detainment (barratry and piracy excepted), and the consequences thereof or any attempt thereat
12.3 derelict mines torpedoes bombs or other derelict weapons of war.

**13. STRIKES EXCLUSION**
In no case shall this insurance cover loss damage liability or expense caused by
13.1 strikers, locked-out workmen, or persons taking part in labour disturbances, riots or civil commotions
13.2 any terrorist or any person acting from a political motive.

**14. MALICIOUS ACTS EXCLUSION**
In no case shall this insurance cover loss damage liability or expense arising from
14.1 the detonation of an explosive
14.2 any weapon of war
and caused by any person acting maliciously or from a political motive.

**15. NUCLEAR EXCLUSION**
In no case shall this insurance cover loss damage liability or expense arising from any weapon of war employing atomic or nuclear fission and/or fusion or other like reaction or radioactive force or matter.

1/10/83

**INSTITUTE WAR AND STRIKES CLAUSES**
**Hulls-Time**

This insurance is subject to English law and practice

**1 PERILS**
Subject always to the exclusions hereinafter referred to, this insurance covers loss of or damage to the Vessel caused by
1.1 war civil war revolution rebellion insurrection, or civil strife arising therefrom, or any hostile act by or against a belligerent power
1.2 capture seizure arrest restraint or detainment, and the consequences thereof or any attempt thereat
1.3 derelict mines torpedoes bombs or other derelict weapons of war
1.4 strikers, locked-out workmen, or persons taking part in labour disturbances, riots or civil commotions
1.5 any terrorist or any person acting maliciously or from a political motive
1.6 confiscation or expropriation.

**2 INCORPORATION**
The Institute Time Clauses-Hulls 1/10/83 (including 4/4ths Collision Clause) except Clauses 1.2, 2, 3, 4, 6, 12, 21.1.8, 22, 23, 24, 25 and 26 are deemed to be incorporated in this insurance in so far as they do not conflict with the provisions of these clauses.
Held covered in case of breach of warranty as to towage or salvage services provided notice be given to the Underwriters immediately after receipt of advises and any additional premium required by them be agreed.

**3 DETAINMENT**
In the event that the Vessel shall have been the subject of capture seizure arrest restraint detainment confiscation or expropriation, and the Assured shall thereby have lost the free use and disposal of the Vessel for a continuous period of 12 months then for the purpose of ascertaining whether the Vessel is a constructive total loss the Assured shall be deemed to have been deprived of the possession of the Vessel without any likelihood of recovery.

**4 EXCLUSIONS**
This insurance excludes
4.1 loss damage liability or expense arising from
4.1.1 any detonation of any weapon of war employing atomic or nuclear fission and/or fusion or other like reaction or radioactive force or matter, hereinafter called a nuclear weapon of war
4.1.2 the outbreak of war (whether there be a declaration of war or not) between any of the following countries:
United Kingdom, United States of America, France,
the Union of Soviet Socialist Republics,
the People's Republic of China
4.1.3 requisition or pre-emption
4.1.4 capture seizure arrest restraint detainment confiscation or expropriation by or under the order of the government or any public or local authority of the country in which the Vessel is owned or registered
4.1.5 arrest restraint detainment confiscation or expropriation under quarantine regulations or by reason of infringement or any customs or trading regulations
4.1.6 the operation of ordinary judicial process, failure to provide security or to pay any fine or penalty or any financial cause
4.1.7 piracy (but this exclusion shall not affect cover under Clause 1.4)
4.2 loss damage liability or expense covered by the Institute Time Clauses-Hulls 1/10/83 (including 4/4ths Collision Clause) or which would be recoverable thereunder but for Clause 12 thereof,
4.3 any claim for any sum recoverable under any other insurance on the Vessel or which would be recoverable under such insurance but for the existence of this insurance,
4.4 any claim for expenses arising from delay except such expenses as would be recoverable in principle in English law and practice under the York-Antwerp Rules 1974.

**5 TERMINATION**
5.1 This insurance may be cancelled by either the Underwriters or the Assured giving 7 days notice (such cancellation becoming effective on the expiry of 7 days from midnight of the day on which notice of cancellation is issued by or to the Underwriters). The Underwriters agree however to reinstate this insurance subject to agreement between the Underwriters and the Assured prior to the expiry of such notice of cancellation as to new rate of premium and/or conditions and/or warranties.
5.2 Whether or not such notice of cancellation has been given this insurance shall TERMINATE AUTOMATICALLY
5.2.1 upon the occurrence of any hostile detonation of any nuclear weapon of war as defined in Clause 4.1.1 wheresoever or whensoever such detonation may occur and whether or not the Vessel may be involved
5.2.2 upon the outbreak of war (whether there be a declaration of war or not)

between any of the following countries:
United Kingdom, United States of America, France,
the Union of Soviet Socialist Republics,
the People's Republic of China
5.2.3 in the event of the Vessel being requisitioned, either for title or use.
5.3 In the event either of cancellation by notice or of automatic termination of this insurance by reason of the operation of this Clause 5, or of the sale of the Vessel, pro rata net return of premium shall be payable to the Assured.

---

This insurance shall not become effective if, subsequent its acceptance by the Underwriters and prior to the intended time of its attachment, there has occurred any event which would have automatically terminated this insurance under the provisions of Clause 5 above.

---

1/10/83

**DISBURSEMENT AND INCREASED VALUE
WAR AND STRIKES RISKS INSURANCE**

This insurance is subject to English law and practice

**1 PERILS**
Subject always to the exclusions hereinafter referred to, this insurance covers total loss (actual or constructive) of the subject-matter insured caused by
1.1 war civil war revolution rebellion insurrection, or civil strife arising therefrom, or any hostile act by or against a belligerent power
1.2 capture seizure arrest restraint or detainment, and the consequences thereof or any attempt thereat
1.3 derelict mines torpedoes bombs or other derelict weapons of war
1.4 strikers, locked-out workmen, or persons taking part in labour disturbances, riots or civil commotions
1.5 any terrorist or any person axing maliciously or from a political motive
1.6 confiscation or expropriation.

**2 INCORPORATION**
The Institute Time Clauses-Hulls, Disbursement and Increased Value (Total Loss Only, including Excess Liabilities ) 1/10/83 except Clauses 1.2, 2, 3, 4, 6.1, 6.2, 6.3, 11, 12, 13, 14 and 15 are deemed to be incorporated in this insurance in so far as they do not conflict with the provisions of these Clauses.
Held covered in case of breach of warranty as to towage or salvage services provided notice be given to the Underwriters immediately after receipt of advises and any additional premium required by them be agreed.

**3 DETAINMENT**
In the event that the Vessel shall have been the subject of capture seizure arrest restraint detainment confiscation or expropriation, and the Assured shall thereby have lost the free use and disposal of the Vessel for a continuous period of 12 months then for the purpose of ascertaining whether the Vessel is a constructive total loss the Assured shall be deemed to have been deprived of the possession of the Vessel without any likelihood of recovery.

**4 EXCLUSIONS**
This insurance excludes
4.1 loss damage liability or expense arising from
4.1.1 any detonation of any weapon of war employing atomic or nuclear fission and/or fusion or other like reaction or radioactive force or matter, hereinafter called a nuclear weapon of war
4.1.2 the outbreak of war (whether there be a declaration of war or not) between any of the following countries:
United Kingdom, United States of America, France,
the Union of Soviet Socialist Republics,
the People's Republic of China
4.1.3 requisition or pre-emption
4.1.4 capture seizure arrest restraint detainment confiscation or expropriation by or under the order of the government or any public or local authority of the country in which the Vessel is owned or registered
4.1.5 arrest restraint detainment confiscation or expropriation under quarantine regulations or by reason of infringement or any customs or trading regulations
4.1.6 the operation of ordinary judicial process, failure to provide security or to pay any fine or penalty or any financial cause
4.1.7 piracy (but this exclusion shall not affect cover under Clause 1.4)
4.2 loss damage liability or expense covered by the Institute Time Clauses-Hulls 1/10/83 (including 4/4ths Collision Clause) or which would be recoverable thereunder but for Clause 12 thereof,
4.3 any claim for any sum recoverable under any other insurance on the Vessel or which would be recoverable under such insurance but for the existence of this insurance,
4.4 any claim for expenses arising from delay except such expenses as would be recoverable in principle in English law and practice underthe York-Antwerp Rules 1974.

**5 TERMINATION**
5.1 This insurance may be cancelled by either the Underwriters or the Assured giving 7 days notice (such cancellation becoming effective on the expiry of 7 days from midnight of the day on which notice of cancellation is issued by or to the Underwriters). The Underwriters agree however to reinstate this insurance subject to agreement between the Underwriters and the Assured prior to the expiry of such notice of cancellation as to new rate of premium and/or conditions and/or warranties.
5.2 Whether or not such notice of cancellation has been given this insurance shall TERMINATE AUTOMATICALLY
5.2.1 upon the occurrence of any hostile detonation of any nuclear weapon of war as defined in Clause 4.1.1 wheresoever or whensoever such detonation may occur and whether or not the Vessel may be involved
5.2.2 upon the outbreak of war (whether there be a declaration of war or not) between any of the following countries:
United Kingdom, United States of America, France,
the Union of Soviet Socialist Republics,
the People's Republic of China
5.2.3 in the event of the Vessel being requisitioned, either for title or use.
5.3 In the event either of cancellation by notice or of automatic termination of this insurance by reason of the operation of this Clause 5, or of the sale of the Vessel, pro rata net return of premium shall be payable to the Assured.

---

This insurance shall not become effective if, subsequent its acceptance by the Underwriters and prior to the intended time of its attachment, there has occurred any event which would have automatically terminated this insurance under the provisions of Clause 5 above.

---

**GENERAL AVERAGE ABSORPTION CLAUSE**

It is agreed that where the assured's General Average sacrifice and/or expenditure and/or any other party's General Average sacrifice and/or expenditure and/or salvage are estimated by the average adjuster not to exceed _________ in total in excess of clause 12 deductible in respect of any one accident or occurrence, the assured may elect not to declare General Average nor collect General Average security from other interests, in which event this insurance is to pay the whole of the General Average and/or salvage up to _______ in excess of clause 12 deductible. This clause to be applied at assured's option.

Where cargo is forwarded and when the assured has taken the option outlined above, reimbursement from Hull underwriters may be assessed as if the parties concerned tin the forwarded cargo had signed General Average security including a Non-Separation Agreement.

**FULL PREMIUM IF LOST**

It is understood and agreed that in the event of a claim arising hereunder adjustable on the basis of Total Loss the Full Annual Premium of less the amount of premium already paid, shall become due and payable forthwith.

**PREMIUM PAYMENT DEFERRABLE CLAUSE**

Notwithstanding any provision to the contrary in policy, it is hereby understood and agreed that the premium (or any installment premium) shall be payable, at least, within five (5) days from the due dated specified hereon.

10/11/2003

**INSTITUTE RADIOACTIVE CONTAMINATION, CHEMICAL, BIOLOGICAL, BIO-CHEMICAL AND ELECTROMAGNETIC WEAPONS EXCLUSION CLAUSE**

This clause shall be paramount and shall override anything contained in this insurance inconsistent therewith

1. In no case shall this insurance cover loss damage liability or expense directly or indirectly caused by or contributed to by or arising from

1.1 ionising radiations from or contamination by radioactivity from any nuclear fuel or from any nuclear waste or from the combustion of nuclear fuel

1.2 the radioactive, toxic, explosive or other hazardous or contaminating properties of any nuclear installation, reactor or other nuclear assembly or nuclear component thereof

1.3 any weapon or device employing atomic or nuclear fission and/or fusion or other like reaction or radioactive force or matter

1.4 the radioactive, toxic, explosive or other hazardous or contaminating properties of any radioactive matter. The exclusion in this sub-clause does not extend to radioactive isotopes, other than nuclear fuel, when such isotopes are being prepared, carried, stored, or used for commercial, agricultural, medical, scientific or other similar peaceful purposes

1.5 any chemical, biological, bio-chemical, or electromagnetic weapon.

10/11/03

**INSTITUTE CYBER ATTACK EXCLUSION CLAUSE**

1.1 Subject only to clause 1.2 below, in no case shall this insurance cover loss damage liability or expense directly or indirectly caused by or contributed to by or arising from the use or operation, as a means for inflicting harm, of any computer, computer system, computer software programme, malicious code, computer virus or process or any other electronic system.

1.2 Where this clause is endorsed on policies covering risks of war, civil war, revolution, rebellion, insurrection, or civil strife arising therefrom, or any hostile act by or against a belligerent power, or terrorism or any person acting from a political motive, Clause 1.1 shall not operate to exclude losses (which would otherwise be covered) arising from the use of any computer, computer system or computer software programme or any other electronic system in the launch and/or guidance system and/or firing mechanism of any weapon or missile.

1/11/95

### INSTITUTE NOTICE OF CANCELLATION, AUTOMATIC TERMINATION OF COVER AND WAR AND NUCLEAR EXCLUSIONS CLAUSE-HULLS, ETC.

This clause shall be paramount and shall override anything contained in this insurance inconsistent therewith

**1 Cancellation**

Cover hereunder in respect of the risks of war, etc may be cancelled by either the Underwriters or the Assured giving 7 days notice (such cancellation becoming effective on the expiry of 7 days from midnight of the day on which notice of cancellation is issued by or to the Underwriters). The Underwriters agree however to reinstate cover subject to agreement between the Underwriters and the Assured prior to the expiry of such notice of cancellation as to new rate of premium and/or conditions and/or warranties.

**2 Automatic Termination of Cover**

Whether or not such notice of cancellation has been given cover hereunder in respect of the risks of war, etc, shall TERMINATE AUTOMATICALLY

2.1 upon the outbreak of war (whether there be a declaration of war or not) between any of the following:
United Kingdom, United States of America, France, the Russian Federation, the People's Republic of China;

2.2 in respect of any vessel, in connection with which cover is granted hereunder, in the event of such vessel being requisitioned either for title or use.

**3 Five Powers War and Nuclear Exclusions**

This insurance excludes

3.1 loss damage liability or expense arising from

3.1.1 the outbreak of war (whether there be a declaration of war or not) between any of the following:
United Kingdom, United States of America, France, the Russian Federation, the People's Republic of China;

3.1.2 requisition either for title or use.

3.2 loss damage liability or expense directly or indirectly caused by or arising from

3.2.1 ionising radiations from or contamination by radioactivity from any nuclear fuel or from any nuclear waste or from the combustion of nuclear fuel

3.2.2 the radioactive, toxic, explosive or other hazardous or contaminating properties of any nuclear installation, reactor or other nuclear assembly or nuclear component thereof

3.2.3 any weapon of war employing atomic or nuclear fission and/or fusion or other like reaction or radioactive force or matter.

**4 Law and Practice**

This clause is subject to English law and practice.

Cover in respect of the risks of war, etc shall not become effective if , subsequent to acceptance by the Underwriters and prior to the intended time of attachment of risk, there has occurred any event which would have automatically terminated cover under the provisions of this clause.

### COLLISION LIABILITY & SISTERSHIP CLAUSES

**1. COLLISION LIABILITY**

1.1 The Underwriters agree to indemnify the Assured for..................of any sum or sums paid by the Assured to any other person or persons by reason of the Assured becoming legally liable by way of damages for

1.1.1 loss of or damage to any other vessel or property on any other vessel

1.1.2 delay to or loss of use of any such other vessel or property thereon

1.1.3 general average of, salvage of, or salvage under contract of. any such other vessel or property thereon.

where such payment by the Assured is in consequence of the Vessel hereby insured coming into collision with any other vessel.

1.2 The indemnity provided by this Clause I shall be in addition to the indemnity provided by the other terms and conditions of this insurance and shall be subject to the following provisions.

1.2.1 Where the insured Vessel is in collision with another vessel and both vessels are to blame then, unless the liability of one or both vessels becomes limited by law, the indemnity under this Clause I shall be calculated on the principle of cross-liabilities as if the respective Owners had been compelled to pay to each other such proportion of each other's damages as may have been properly allowed in ascertaining the balance or sum payable by or to the Assured in consequence of the collision.

1.2.2 In no case shall the Underwriters total liability under Clauses 1.1 and 1.2 exceed their proportionate part of ..............................of the insured value of the Vessel hereby insured in respect of any one collision.

1.3 The Underwriters will also pay.....................of the legal costs incurred by the Assured or which the Assured may be compelled to pay in contesting liability or taking proceedings to limit liability, with the prior written consent of the Underwriters.

**EXCLUSIONS**

1.4 Provided always that this Clause I shall in no case extend to any sum which the Assured shall pay for or in respect of

1.4.1 removal or disposal of obstructions, wrecks, cargoes or any other thing whatsoever

1.4.2 any real or personal property or thing whatsoever except other vessels or property on other vessels

1.4.3 the cargo or other property on, or the engagements of, the insured Vessel

1.4.4 loss of life, personal injury or illness

1.4.5 pollution or contamination of any real or personal property or thing whatsoever (except other vessels with which the insured Vessel is in collision or property on such other vessels).

**2. SISTERSHIP**

Should the Vessel hereby insured come into collision with or receive salvage services from another vessel belonging wholly or in part to the same Owners or under the same management, the Assured shall have the same rights under this insurance as they would have were the other vessel entirely the property of Owners not interested in the Vessel hereby insured, but in such cases the liability for the collision or the amount payable for the services rendered shall be referred to a sole arbitrator to be agreed upon between the Underwriters and the Assured.

1/7/76

### INSTITUTE WARRANTIES

1. Warranted no : -
   (a) Atlantic Coast of North America, its rivers or adjacent islands,
   (i) north of 52° 10' N. Lat. and west of 50° W. Long.;
   (ii) south of 52° 10' N. Lat. in the area bounded by lines drawn between Battlo Harbour / Pistolet Bay ; Cape Ray/Cape North; Port Hawkesbury / Port Mulgrave and Baie Comeau/Matane, between 2lst December and 30th April both days inclusive.
   (iii) west of Baie Comeau/Matane(but not west of Montreal)between 1st December and 30th April both days inclusive.
   (b) Great Lakes or St. Lawrence Seaway west of Montreal.
   (c) Greenland Waters.
   (d) Pacific Coast of North America its rivers or adjacent islands north of 54° 30' N. Lat., or west of 130° 50' W. Long.

2. Warranted no Baltic Sea or adjacent waters east of 15° E. Long.
   (a) North of a line between Mo(63° 24'N. Lat.)and Vasa(63° 06'N. Lat.) between10th December and 25th May b.d.i.
   (b) East of a line between Viipuri(Vyborg)(28° 47'E.Long.)and Narva(28° 12'E. Long.)between 15th December and 15th May b.d.i.
   (c) North of a line between Stockholm(50° 20'N. Lat.) and Tallinn(50° 24'N .Lat.) between 8th January and 5th may b.d.i.
   (d) East of 22° E. Long, and south of 50° N. Lat. between 28th December and 5th May b.d.i.

3. Warranted not North of 70° N. lat. other than voyages direct to or from any port or place in Norway or Kola Bay.

4. Warranted no Bering Sea, no East Asian waters north of 46° N. Lat. and not to enter or sail from nay port or place in Siberia except Nakhodka and/or Vladivostock.

5. Warranted not to proceed to Kerguelen and/or Croset Islands or south of 50° S, Lat., except to ports and/or places in Patagonia and/or Chile and/or Falkland Ilsnads, but liberty is given to enter waters south of 50° S. Lat., if en route to or from ports and/or places not excluded by this warranty.

6. Warranted not to sail with Indian Coal as cargo:-
   (a) between 1st March and 30th June, b.d.i.
   (b) between 1st July and 30th September, b.d.i.,except to ports in Asia, not West of Aden or East of or beyond Singapore.

### CO-INSURANCE CLAUSE

It is hereby understood and agreed that this policy is issued, as requested by the assured, by DAEHAN FIRE & MARINE INSURANCE CO., LTD. in its own name, but only on behalf of the following Co-Insurers who each themselves and not one for the other, are severally and independently liable for their respective subscription hereto as specified below:

It is also agreed that DAEHAN FIRE & MARINE INSURANCE CO., LTD. shall assume no liability whatsoever with respect to other Co-Insurer's subscription due to the mere fact that it is signatory to this Policy or otherwise named herein. Should DAEHAN FIRE & MARINE INSURANCE CO., LTD. be one of the Co-Insurer above, its liability shall be limited to the extent subscribed and in no event will its liability exceed each subscription.

It is also agreed that DAEHAN FIRE & MARINE INSURANCE CO., LTD. shall attend to all matters connected with this Co-Insurance including settlement of claims and any agreement or decision which may be made between the Assured and DAEHAN FIRE & MARINE INSURANCE CO., LTD. shall be final and binding upon all other Co Insurers. Any notices which may be given by the Assured to DAEHAN FIRE & MARINE INSURANCE CO., LTD. in writing or otherwise shall be deemed as given to all other Co-Insurers as Well.

Notwithstanding that each of the members independently assumes liability for his subscription as aforementioned, it is understood and agreed that, in the event of any claim payable abroad, the same shall be settled in full by the leader's Agent, on behalf of all the members as if this insurance is accepted solely by the leader.

### SPECIAL CLAUSE FOR SETTLEMENT OF CLAIMS LOCAL REPAIRS

Notwithstanding anything contained herein to the contrary, it is hereby noted and agreed that where the repair of damage to the subject matter insured hereunder has been effected in Korea and the assured has paid or is due to pay the repair costs and incidental expenses in Korean Won currency, this Company shall pay such repair costs and incidental expenses within the limit of sum actually paid or to be paid in Korean Won currency subject to the policy conditions.

### CARGO LOADING OR DISCHARGING OPERATIONS CLAUSE

Notwithstanding the provisions of clause 1.2 of the institute time clauses hulls 1/1/83. It is further agreed that cargo loading or discharging operation within 7 days each operation shall be covered without prior notice subject to existing deductible being doubled during the operation period.

### LEASED EQUIPMENT CLAUSE

This insurance is extended to cover equipment (including bunkers and/or spare bunkers furnished by the Charterers or others)and apparatus not owned by the Assured but installed for use on the insured vessel, whether such equipment or apparatus be in the nature of aids to navigation or communication or otherwise, subject to all terms, and conditions of this policy.

### GENERAL AVERAGE CLAUSE(EHG 150)

In cases where General Average is estimated not to exceed US$ 50,000 the Assured have the option of deciding whether they will claim the whole of the general Average under their hull insurance (subject to any excess or part valuation cover therein) or claim from the Cargo as they think fit. In such cases of charging the whole to the Hull Underwriters, no commission or interest is to be claimed. This agreement is not to apply where the General Average consists mainly of General Average Sacrifices of and/or damage to cargo in which event a Statement should be drawn up. Where Average Adjusters certify that involving cargo interests would be uneconomical from the standpoint of the hull interests, the Assured shall have the same option as outlined above.

1-10-83

### INSTITUTE ADDITIONAL PERILS CLAUSES - HULLS

(For use only with the Institute Time Clauses - Hulls 1/10/83)

1 In consideration of an additional premium this insurance is extended to cover
 1.1 the cost of repairing or replacing
  1.1.1 any boiler which bursts or shaft which breaks
  1.1.2 any defective part which has caused loss or damage to the Vessel covered by clause 6.2.2 of the Institute Time Clauses - Hulls 1/10/83.
 1.2 loss of or damage to the Vessel caused by any accident or by negligence, incompetence or error of judgement of any person whatsoever.

2 Except as provided in 1.1.1 and 1.1.2, nothing in these Additional Perils Clauses shall allow any claim for the cost of repairing or replacing any part found to be defective as a result of a fault or error in design or construction and which has not caused loss of or damage to the Vessel.

3 The cover provided in Clause I is subject to all other terms, conditions and exclusions contained in this insurance and subject to the proviso that the loss or damage has not resulted from want of due diligence by the Assured, Owners or Managers. Master Officers Crew or Pilots not to be considered Owners within the meaning of this Clause should they hold shares in the Vessel.

### WAR RISK PROTECTION AND INDEMNITY CLAUSES

1. This insurance is also to cover such protection and indemnity risks which are excluded from the marine insurance by reason of the operation of The F.C. and S. (and S.R. and C.C. and M.D. etc. where applicable) clause or clauses in the rules of the club covering protection and indemnity risks or in the policy of the insurance covering such risks and current at the time of happening of the accident or occurrence giving rise to the claim. In the event that protection and indemnity risks are not insured against marine perils this insurance shall be construed as if such insurance had been covered by The United Kingdom Mutual Steam Ship Assurance Association Ltd.-protecting and indemnity clubs excluding liability to crew absolutely.

2. Claims for which the underwriters shall be liable under these clauses shall not be subject to any deduction.

3. The liability of underwriters shall be liable under these clauses in respect of any one accident or series of accidents arising out of the same casualty shall be limited to the sum hereby insured.

4. These underwriters agree to accept the same percentage interest under these clauses as accepted on hull war risks.

5. Should the vessel at the natural expiry time of this policy be at sea, and provided the automatic termination clauses in the hull war risk policy have not by that time been brought into operation, this insurance shall be extended, provided previous notice be given to the underwriters, at a premium to be mutually agreed until midnight, GMT of the day on which the vessel is moored at the next port to which she proceeds and 24 hours thereafter.

6. This protection and indemnity insurance shall terminate automatically at the same time as the hull insurance against war risks and upon the terms and conditions provide for in the automatic termination clauses of the hull war risk policy.

1/10/83

### INSTITUTE MACHINERY DAMAGE ADDITIONAL DEDUCTIBLE CLAUSE

(For use only with the Institute Time Clauses - Hulls 1/10/83)

Notwithstanding any provision to the contrary in this insurance a claim for loss of or damage to any machinery, shaft, electrical equipment or wiring, boiler condenser heating coil or associated pipework, arising from any of the perils enumerated in Clauses 6.2.2 to 6.2.5 inclusive of the Institute Time Clauses - Hulls 1/10/83 or from fire or explosion when either has originated in a machinery space, shall be subject to a deductible of ................................
Any balance remaining, after application of this deductible, with any other claim arising from the same accident occurrence, shall then be subject to the deductible in Claus 12.1 of the Institute Time Clauses-Hulls 1/10/83.

The provisions of Clauses 12.3 and 12.4 of the Institute Time Clauses - Hulls 1/10/83 shall apply to recoveries and interest comprised in recoveries against any claim which is subject to this clause.

This Clause shall not apply to a claim for total or constructive total loss of the Vessel.

### Crew War Risks Liabilities

This insurance is to protect the assured in respect of losses, claims or expenses not recoverable under protection and indemnity etc. liability clause attached to the policies covering the full, freight and/or increased value of the vessel against war and strikes etc. risks by reason of the exclusion of crew liabilities contained therein. In the event of any alteration in number or composition of the crew such alteration held covered with daily pro rata adjustment of premium. Subject to automatic termination clause as per Institute War and Strikes Clause 1.10.70. Crew limit of liability any one accident or occurrence US$ ________(-) per G.R.T. or the aggregate amount insured hereunder on the hull and associated interests whichever the greater but not exceeding US$________(-) per capita.

### MARINE HULL ELECTRONIC DATE RECOGNITION ENDORSEMENT

This Endorsement shall prevail notwithstanding any provision whether written typed or printed in this insurance inconsistent therewith.

1 This insurance does not cover any loss, damage, liability or expense directly or indirectly caused by or in any way in consequence of :

a) The failure or anticipated failure or inability of any computer system, software, hardware, integrated circuit, microchip, operating system and/or any other electronic device of component, whether or no belonging to or in possession of the Assured or of any third party, correctly, unambiguously or completely to assign, exchange, interpret, manipulate, process, recognize sequence or transfer any time, year, date, date-like code, data or information ;

b) Any implemented or attempted change of modification or test of any computer system, software, hardware, integrated circuit, microchip, operating system and/or any other electronic device or component, whether or not belonging to or in possession of the Assured or of any third party, in anticipation of or in response to any change of year, date or time, or any advice given or services performed in connection with any such change or modification ;

c) Any non-use or unavailability for use of any property or equipment of any kind whatsoever resulting from any act, failure to act or decision of the Assured or of any third party related to (a) and/or (b) above.

2. Paragraph 1 of this Endorsement shall not however apply to exclude a claim which the Assured can demonstrate

a) Would be recoverable under this insurance in the absence of the exclusion in paragraph 1.
and
b) has not resulted from want of due diligence by the Assured, Owners, Managers or Superintendents or any of their onshore management in respect of any of the matters referred to in paragraph 1.
and
c) is proximately caused by any of the following perils :-

i) perils of the seas rivers lakes or other navigable waters
ii) fire, explosion
iii) violent theft by persons form outside the Vessel
iv) jettison

v) piracy
vi) contact with land conveyance dock or harbor equipment or installation
vii) earthquake volcanic eruption or lightning
viii) accidents in loading, discharging or shifting cargo or fuel
ix) bursting of boilers, breakage of shafts
x) negligence of repairers or charterers provided such repairers or charterers are not an Assured hereunder or Master Officers or Crew.
xi) contact with aircraft, helicopters or similar objects or objects falling therefrom.

3. Notwithstanding paragraph 2 above in no circumstances shall this Endorsement extend to a claims for loss damage liability or expense

a) in respect of any software, programming, operating system, code or data
or
b) arising from in any wary connected, whether directly or indirectly, with any measures taken with the intention of averting or minimizing any of the matters referred to in paragraphs 1(a) or(b) above or any of their possible or anticipated consequences.

4. The cover provided in this Endorsement is subject in all other respects to all other terms, conditions, exclusions and limits contained in this insurance.

5. This endorsement is subject to English law and practice.

**Bering Sea and Sea of Okhotsk Transit Clause**

Insurance hereunder permits the insured vessel(s), when on through voyages to or from the Far East, to used the Bering Sea and Sea of Okhotsk provided that ;

1) The vessels have on board the appropriate hydrographic charts corrected up to date ;
2) In the Bering Sea entry is dame through the Unimak Pass and exit west of Buldir Island or vice versa ;
3) In the Sea of Okhotsk entry is made south of the Kamchatka Peninsular and exit via the soya strait (La Perousa Strait) or vice versa ;
4) Vessels may only navigate the Sea of Okhotsk during the period 15th March to 14th November
5) The vessels are equipped and properly fitted with marine radar, a satellite navigator or loran (but in respect of the Sea of Okhotsk and Loran), sonic depth sounding apparatus, radio direction finder and gyro compass, all fully operational and manned by qualified personnel.

(Alternatively during Bering Sea transit the vessels may enter or leave through the Amchika, Amukta or Attu Passes, but only when equipped and properly fitted with marine radar, Loran, a satellite navigator, sonic depth sounding apparatus, radio direction fignder, gyro compass and a whether facsimile recorder, all fully operational and manned by qualified personnel.)

# Ⅲ. MARINE CARGO INSURANCE POLICY

**DAEHAN FIRE & MARINE INSURANCE CO., LTD.**

HEAD OFFICE : 451-1, NAMCHANG-DONG, CHUNG-KU, SEOUL, KOREA
TEL : 82-2-3455-3114 / FAX : 82-2-774-7059 / E-mail : marine@daeins.co.kr

대한민국정부
인 지 세
1 0 0 원
남대문세무서

## MARINE CARGO INSURANCE POLICY

| Assured(s), etc. | | Ref. No. |
|---|---|---|
| **Policy No.** | | Amount Insured hereunder |
| Claim, if any, payable at<br><br>IN | | |
| Survey should be approved by: | | Conditions<br>Subject to following Clauses as per back hereof. |
| Local Vessel or Conveyance | From(interior port or place of loading) | |
| Ship or Vessel | Sailing on or about | |
| At and from | Transshipped at | |
| Arrived at | Thence to | |

Goods and Merchandises

# SPEC IMEN

Subject to following Clauses as per back hereof.
Institute Radioactive Contamination Exclusion Clause
Institute Classification Clause
On-Deck Clause
Special Replacement Clause(applying to machinery)
Replacement Clause(For second hand machinery)
Excluding the risk of Mortality
Excluded Natural Withering
Computer Millennium Clause(cargo)

Place and Date signed in No. of Policies issued

*For use only with the Old Marine Policy Form*

[illegible]

Be it known that [illegible]

*For use only with the New Marine Policy Form*

[illegible]

We, DAEHAN FIRE & MARINE INSURANCE CO.,LTD. [illegible]

In witness whereof, I the Undersigned of DAEHAN FIRE & MARINE INSURANCE CO.,LTD. [illegible]

※ In the event of loss or damage arising under this Policy, no claims will be admitted unless a survey has been held with the approval of this Company's Office or Agents specified in this Policy.

In case of loss or damage, please follow the "IMPORTANT" clause printed on the back hereof.

For DAEHAN FIRE & MARINE INSURANCE CO., LTD.

AUTHORIZED SIGNATORY

# Ⅳ. INSTITUTE CARGO CLAUSES(A)

1/1/82 (FOR USE ONLY WITH THE NEW MARINE POLICY FORM)

INSTITUTE CARGO CLAUSES (A)

**RISKS COVERED**

1 This insurance covers all risks of loss of or damage to the subject-matter insured except as provided in Clauses 4, 5, 6 and 7 below. Risks Clause

2 This insurance covers general average and salvage charges, adjusted or determined according to the contract of affreightment and/or the governing law and practice, incurred to avoid or in connection with the avoidance of loss from any cause except those excluded in Clauses 4, 5, 6 and 7 or elsewhere in this insurance. General Average Clause

3 This insurance is extended to indemnify the Assured against such proportion of liability under the contract of affreightment "Both to Blame Collision" Clause as is in respect of a loss recoverable hereunder. In the event of any claim by shipowners under the said Clause the Assured agree to notify the Underwriters who shall have the right, at their own cost and expense, to defend the Assured against such claim. "Both to Blame Collision" Clause

**EXCLUSIONS**

4 In no case shall this insurance cover General Exclusions Clause

4.1 loss damage or expense attributable to wilful misconduct of the Assured

4.2 ordinary leakage, ordinary loss in weight or volume, or ordinary wear and tear of the subject-matter insured

4.3 loss damage or expense caused by insufficiency or unsuitability of packing or preparation of the subject-matter insured (for the purpose of this Clause 4.3 "packing" shall be deemed to include stowage in a container or liftvan but only when such stowage is carried out prior to attachment of this insurance or by the Assured or their servants)

4.4 loss damage or expense caused by inherent vice or nature of the subject-matter insured

4.5 loss damage or expense proximately caused by delay, even though the delay be caused by a risk insured against (except expenses payable under Clause 2 above)

4.6 loss damage or expense arising from insolvency or financial default of the owners managers charterers or operators of the vessel

4.7 loss damage or expense arising from the use of any weapon of war employing atomic or nuclear fission and/or fusion or other like reaction or radioactive force or matter.

5 5.1 In no case shall this insurance cover loss damage or expense arising from Unseaworthiness and Unfitness Exclusion Clause

unseaworthiness of vessel or craft,

unfitness of vessel craft conveyance container or liftvan for the safe carriage of the subject-matter insured,

where the Assured or their servants are privy to such unseaworthiness or unfitness, at the time the subject-matter insured is loaded therein.

5.2 The Underwriters waive any breach of the implied warranties of seaworthiness of the ship and fitness of the ship to carry the subject-matter insured to destination, unless the Assured or their servants are privy to such unseaworthiness or unfitness.

6 In no case shall this insurance cover loss damage or expense caused by *War Exclusion Clause*

6.1 war civil war revolution rebellion insurrection, or civil strife arising therefrom, or any hostile act by or against a belligerent power

6.2 capture seizure arrest restraint or detainment (piracy excepted), and the consequences thereof or any attempt thereat

6.3 derelict mines torpedoes bombs or other derelict weapons of war.

7 In no case shall this insurance cover loss damage or expense *Strikes Exclusion Clause*

7.1 caused by strikers, locked-out workmen, or persons taking part in labour disturbances, riots or civil commotions

7.2 resulting from strikes, lock-outs, labour disturbances, riots or civil commotions

7.3 caused by any terrorist or any person acting from a political motive.

## DURATION

**8** 8.1 This insurance attaches from the time the goods leave the warehouse or place of storage at the place named herein for the commencement of the transit, continues during the ordinary course of transit and terminates either *Transit Clause*

8.1.1 on delivery to the Consignees' or other final warehouse or place of storage at the destination named herein,

8.1.2 on delivery to any other warehouse or place of storage, whether prior to or at the destination named herein, which the Assured elect to use either

8.1.2.1 for storage other than in the ordinary course of transit or

8.1.2.2 for allocation or distribution,

or

8.1.3 on the expiry of 60 days after completion of discharge overside of the goods hereby insured from the oversea vessel at the final port of discharge,

whichever shall first occur.

8.2 If, after discharge overside from the oversea vessel at the final port of discharge, but prior to termination of this insurance, the goods are to be forwarded to a destination other than that to which they are insured hereunder, this insurance, whilst remaining subject to termination as provided for above, shall not extend beyond the commencement of transit to such other destination.

8.3 This insurance shall remain in force (subject to termination as provided for above and to the provisions of Clause 9 below) during delay beyond the control of the Assured, any deviation, forced discharge, reshipment or transhipment and during any variation of the adventure arising from the exercise of a liberty granted to shipowners or charterers under the contract of affreightment.

**9** If owing to circumstances beyond the control of the Assured either the contract of carriage is terminated at a port or place other than the destination named therein or the transit is otherwise terminated before delivery of the goods as provided for in Clause 8 above, then this insurance shall also terminate *unless prompt notice is given to the Underwriters and continuation of cover is requested when the insurance shall remain in force, subject to an additional premium if required by the Underwriters*, either *Termination of Contract of Carriage Clause*

9.1 until the goods are sold and delivered at such port or place, or, unless otherwise specially agreed, until the expiry of 60 days after arrival of the goods hereby insured at such port or place, whichever shall first occur,

or

9.2 if the goods are forwarded within the said period of 60 days (or any agreed extension thereof) to the destination named herein or to any other destination, until terminated in accordance with the provisions of Clause 8 above.

10　Where, after attachment of this insurance, the destination is changed by the Assured, *held covered at a premium and on conditions to be arranged subject to prompt notice being given to the Underwriters.* Change of Voyage Clause

## CLAIMS

11　11.1　In order to recover under this insurance the Assured must have an insurable interest in the subject-matter insured at the time of the loss. Insurable Interest Clause

11.2　Subject to 11.1 above, the Assured shall be entitled to recover for insured loss occurring during the period covered by this insurance, notwithstanding that the loss occurred before the contract of insurance was concluded, unless the Assured were aware of this loss and the Underwriters were not.

12　Where, as a result of the operation of a risk covered by this insurance, the insured transit is terminated at a port or place other than that to which the subject-matter is covered under this insurance, the Underwriters will reimburse the Assured for any extra charges properly and reasonably incurred in unloading storing and forwarding the subject-matter to the destination to which it is insured hereunder. Forwarding Charges Clause

This Clause 12, which does not apply to general average or salvage charges, shall be subject to the exclusions contained in Clauses 4, 5, 6 and 7 above, and shall not include charges arising from the fault negligence insolvency or financial default of the Assured or their servants.

13　No claim for Constructive Total Loss shall be recoverable hereunder unless the subject-matter insured is reasonably abandoned either on account of its actual total loss appearing to be unavoidable or because the cost of recovering, reconditioning and forwarding the subject-matter to the destination to which it is insured would exceed its value on arrival. Constructive Total Loss Clause

14　14.1　If any Increased Value insurance is effected by the Assured on the cargo insured herein the agreed value of the cargo shall be deemed to be increased to the total amount insured under this insurance and all Increased Value insurances covering the loss, and liability under this insurance shall be in such proportion as the sum insured herein bears to such total amount insured. Increased Value Clause

In the event of claim the Assured shall provide the Underwriters with evidence of the amounts insured under all other insurances.

14.2　**Where this insurance is on Increased Value the following clause shall apply:**

The agreed value of the cargo shall be deemed to be equal to the total amount insured under the primary insurance and all Increased Value insurances covering the loss and effected on the cargo by the Assured, and liability under this insurance shall be in such proportion as the sum insured herein bears to such total amount insured.

In the event of claim the Assured shall provide the Underwriters with evidence of the amounts insured under all other insurances.

## BENEFIT OF INSURANCE

15　This insurance shall not inure to the benefit of the carrier or other bailee. Not to Inure Clause

## MINIMISING LOSSES

16　It is the duty of the Assured and their servants and agents in respect of loss recoverable hereunder Duty of Assured Clause

16.1 to take such measures as may be reasonable for the purpose of averting or minimising such loss, and

16.2 to ensure that all rights against carriers, bailees or other third parties are properly preserved and exercised

and the Underwriters will, in addition to any loss recoverable hereunder, reimburse the Assured for any charges properly and reasonably incurred in pursuance of these duties.

17 Measures taken by the Assured or the Underwriters with the object of saving, protecting or recovering the subject-matter insured shall not be considered as a waiver or acceptance of abandonment or otherwise prejudice the rights of either party. Waiver Clause

## AVOIDANCE OF DELAY

18 It is a condition of this insurance that the Assured shall act with reasonable despatch in all circumstances within their control. Reasonable Despatch Clause

## LAW AND PRACTICE

19 This insurance is subject to English law and practice. English Law and Practice Clause

---

*NOTE:— It is necessary for the Assured when they become aware of an event which is "held covered" under this insurance to give prompt notice to the Underwriters and the right to such cover is dependent upon compliance with this obligation.*

---

# Ⅴ. INSTITUTE CARGO CLAUSES(B)

1/1/82 (FOR USE ONLY WITH THE NEW MARINE POLICY FORM)

INSTITUTE CARGO CLAUSES (B)

## RISKS COVERED

1 This insurance covers, except as provided in Clauses 4, 5, 6 and 7 below, Risks Clause

1.1 loss of or damage to the subject-matter insured reasonably attributable to

1.1.1 fire or explosion

1.1.2 vessel or craft being stranded grounded sunk or capsized

1.1.3 overturning or derailment of land conveyance

1.1.4 collision or contact of vessel or conveyance with any external object other than water

1.1.5 discharge of cargo at port of distress

1.1.6 earthquake volcanic eruption or lightning,

1.2 loss of or damage to the subject-matter insured caused by

1.2.1 general average sacrifice

1.2.2 jettison or washing overboard

1.2.3 entry of sea lake or river water into vessel craft hold conveyance container liftvan or place of storage,

1.3 total loss of any package lost overboard or dropped whilst loading on to, or unloading from, vessel or craft.

2 This insurance covers general average and salvage charges, adjusted or determined according to the contract of affreightment and/or the governing law and practice, incurred to avoid or in connection with the avoidance of loss from any cause except those excluded in Clauses 4, 5, 6 or 7 or elsewhere in this insurance. General Average Clause

3 This insurance is extended to indemnify the Assured against such proportion of liability under the contract of affreightment "Both to Blame Collision" Clause as is in respect of a loss recoverable hereunder. In the event of any claim by shipowners under the said Clause the Assured agree to notify the Underwriters who shall have the right, at their own cost and expense, to defend the Assured against such claim. "Both to Blame Collision" Clause

## EXCLUSIONS

4 In no case shall this insurance cover General Exclusions Clause

4.1 loss damage or expense attributable to wilful misconduct of the Assured

4.2 ordinary leakage, ordinary loss in weight or volume, or ordinary wear and tear of the subject-matter insured

4.3 loss damage or expense caused by insufficiency or unsuitability of packing or preparation of the subject-matter insured (for the purpose of this Clause 4.3 "packing" shall be deemed to include stowage in a container or liftvan but only when such stowage is carried out prior to attachment of this insurance or by the Assured or their servants)

4.4 loss damage or expense caused by inherent vice or nature of the subject-matter insured

4.5 loss damage or expense proximately caused by delay, even though the delay be caused by a risk insured against (except expenses payable under Clause 2 above)

4.6 loss damage or expense arising from insolvency or financial default of the owners managers charterers or operators of the vessel

4.7 deliberate damage to or deliberate destruction of the subject-matter insured or any part thereof by the wrongful act of any person or persons

4.8 loss damage or expense arising from the use of any weapon of war employing atomic or nuclear fission and/or fusion or other like reaction or radioactive force or matter.

5 5.1 In no case shall this insurance cover loss damage or expense arising from *Unseaworthiness and Unfitness Exclusion Clause*
unseaworthiness of vessel or craft,
unfitness of vessel craft conveyance container or liftvan for the safe carriage of the subject-matter insured,
where the Assured or their servants are privy to such unseaworthiness or unfitness, at the time the subject-matter insured is loaded therein.

5.2 The Underwriters waive any breach of the implied warranties of seaworthiness of the ship and fitness of the ship to carry the subject-matter insured to destination, unless the Assured or their servants are privy to such unseaworthiness or unfitness.

6 In no case shall this insurance cover loss damage or expense caused by *War Exclusion Clause*

6.1 war civil war revolution rebellion insurrection, or civil strife arising therefrom, or any hostile act by or against a belligerent power

6.2 capture seizure arrest restraint or detainment, and the consequences thereof or any attempt thereat

6.3 derelict mines torpedoes bombs or other derelict weapons of war.

7 In no case shall this insurance cover loss damage or expense *Strikes Exclusion Clause*

7.1 caused by strikers, locked-out workmen, or persons taking part in labour disturbances, riots or civil commotions

7.2 resulting from strikes, lock-outs, labour disturbances, riots or civil commotions

7.3 caused by any terrorist or any person acting from a political motive.

## DURATION

8 8.1 This insurance attaches from the time the goods leave the warehouse or place of storage at the place named herein for the commencement of the transit, continues during the ordinary course of transit and terminates either *Transit Clause*

8.1.1 on delivery to the Consignees' or other final warehouse or place of storage at the destination named herein,

8.1.2 on delivery to any other warehouse or place of storage, whether prior to or at the destination named herein, which the Assured elect to use either

8.1.2.1 for storage other than in the ordinary course of transit or

8.1.2.2 for allocation or distribution,

or

8.1.3 on the expiry of 60 days after completion of discharge overside of the goods hereby insured from the oversea vessel at the final port of discharge,

whichever shall first occur.

8.2 If, after discharge overside from the oversea vessel at the final port of discharge, but prior to termination of this insurance, the goods are to be forwarded to a destination other than that to which they are insured hereunder, this insurance, whilst remaining subject to termination as provided for above, shall not extend beyond the commencement of transit to each other destination.

8.3 This insurance shall remain in force (subject to termination as provided for above and to the provisions of Clause 9 below) during delay beyond the control of the Assured, any deviation, forced discharge, reshipment or transhipment and during any variation of the adventure arising from the exercise of a liberty granted to shipowners or charterers under the contract of affreightment.

9 If owing to circumstances beyond the control of the Assured either the contract of carriage is terminated at a port or place other than the destination named therein or the transit is otherwise terminated before delivery of the goods as provided for in Clause 8 above, then this insurance shall also terminate *unless prompt notice is given to the Underwriters and continuation of cover is requested when the insurance shall remain in force, subject to an additional premium if required by the Underwriters*, either — Termination of Contract or Carriage Clause

9.1 until the goods are sold and delivered at such port or place, or, unless otherwise specially agreed, until the expiry of 60 days after arrival of the goods hereby insured at such port or place, whichever shall first occur,

or

9.2 if the goods are forwarded within the said period of 60 days (or any agreed extension thereof) to the destination named herein or to any other destination, until terminated in accordance with the provisions of Clause 8 above.

10 Where, after attachment of this insurance, the destination is changed by the Assured, *held covered at a premium and on conditions to be arranged subject to prompt notice being given to the Underwriters.* — Change of Voyage Clause

## CLAIMS

11 — Insurable Interest Clause

11.1 In order to recover under this insurance the Assured must have an insurable interest in the subject-matter insured at the time of the loss.

11.2 Subject to 11.1 above, the Assured shall be entitled to recover for insured loss occurring during the period covered by this insurance, notwithstanding that the loss occurred before the contract of insurance was concluded, unless the Assured were aware of the loss and the Underwriters were not.

12 Where, as a result of the operation of a risk covered by this insurance, the insured transit is terminated at a port or place other than that to which the subject-matter is covered under this insurance, the Underwriters will reimburse the Assured for any extra charges properly and reasonably incurred in unloading storing and forwarding the subject-matter to the destination to which it is insured hereunder. — Forwarding Charges Clause

This Clause 12, which does not apply to general average or salvage charges, shall be subject to the exclusions contained in Clauses 4, 5, 6 and 7 above, and shall not include charges arising from the fault negligence insolvency or financial default of the Assured or their servants.

13 No claim for Constructive Total Loss shall be recoverable hereunder unless the subject-matter insured is reasonably abandoned either on account of its actual total loss appearing to be unavoidable or because the cost of recovering, reconditioning and forwarding the subject-matter to the destination to which it is insured would exceed its value on arrival. — Constructive Total Loss Clause

14 — Increased Value Clause

14.1 If any Increased Value insurance is effected by the Assured on the cargo insured herein the agreed value of the cargo shall be deemed to be increased to the total amount insured under this insurance and all increased Value insurances covering the loss, and liability under this insurance shall be in such proportion as the sum insured herein bears to such total amount insured.

In the event of claim the Assured shall provide the Underwriters with evidence of the amounts insured under all other insurances.

14.2 **Where this insurance is on Increased Value the following clause shall apply:**

The agreed value of the cargo shall be deemed to be equal to the amount insured under the primary insurance and all Increased Value insurances covering the loss and effected on the cargo by the Assured, and liability under this insurance shall

be in such proportion as the sum insured herein bears to such total amount insured.
In the event of claim the Assured shall provide the Underwriters with evidence of the amounts insured under all other insurances.

**BENEFIT OF INSURANCE**

15 This insurance shall not inure to the benefit of the carrier or other bailee. Not to Inure Clause

**MINIMISING LOSSES**

16 It is the duty of the Assured and their servants and agents in respect of loss recoverable hereunder Duty of Assured Clause

16.1 to take such measures as may be reasonable for the purpose of averting or minimising such loss, and

16.2 to ensure that all rights against carriers, bailees or other third parties are properly preserved and exercised

and the Underwriters will, in addition to any loss recoverable hereunder, reimburse the Assured for any charges properly and reasonably incurred in pursuance of these duties.

17 Measures taken by the Assured or the Underwriters with the object of saving, protecting or recovering the subject-matter insured shall not be considered as a waiver or acceptance of abandonment or otherwise prejudice the rights of either party. Waiver Clause

**AVOIDANCE OF DELAY**

18 It is a condition of this insurance that the Assured shall act with reasonable despatch in all circumstances within their control. Reasonable Despatch Clause

**LAW AND PRACTICE**

19 This insurance is subject to English law and practice. English Law and Practice Clause

---

*NOTE:—It is necessary for the Assured when they become aware of an event which is "held covered" under this insurance to give prompt notice to the Underwriters and the right to such cover is dependent upon compliance with this obligation.*

---

# Ⅵ. INSTITUTE CARGO CLAUSES(C)

1/1/82 (FOR USE ONLY WITH THE NEW MARINE POLICY FORM)

INSTITUTE CARGO CLAUSES (C)

**RISKS COVERED**

1 This insurance covers, except as provided in Clauses 4, 5, 6 and 7 below, Risks Clause
- 1.1 loss of or damage to the subject-matter insured reasonably attributable to
  - 1.1.1 fire or explosion
  - 1.1.2 vessel or craft being stranded grounded sunk or capsized
  - 1.1.3 overturning or derailment of land conveyance
  - 1.1.4 collision or contact of vessel craft or conveyance with any external object other than water
  - 1.1.5 discharge of cargo at a port of distress,
- 1.2 loss of or damage ot the subject-matter insured caused by
  - 1.2.1 general average sacrifice
  - 1.2.2 jettison.

2 This insurance covers general average and salvage charges, adjusted or determined according to the contract of affreightment and/or the governing law and practice, incurred to avoid or in connection with the avoidance of loss from any cause except those excluded in Clauses 4, 5, 6 and 7 or elsewhere in this insurance. General Average Clause

3 This insurance is extended to indemnify the Assured against such proportion of liability under the contract of affreightment "Both to Blame Collision" Clause as is in respect of a loss recoverable hereunder. In the event of any claim by shipowners under the said Clause the Assured agree to notify the Underwriters who shall have the right, at their own cost and expense, to defend the Assured against such claim. "Both to Blame Collision" Clause

**EXCLUSIONS**

4 In no case shall this insurance cover General Exclusions Clause
- 4.1 loss damage or expense attributable to wilful misconduct of the Assured
- 4.2 ordinary leakage, ordinary loss in weight or volume, or ordinary wear and tear of the subject-matter insured
- 4.3 loss damage or expense caused by insufficiency or unsuitability of packing or preparation of the subject-matter insured (for the purpose of this Clause 4.3 "packing" shall be deemed to include stowage in a container or liftvan but only when such stowage is carried out prior to attachment of this insurance or by the Assured or their servants)
- 4.4 loss damage or expense caused by inherent vice or nature of the subject-matter insured
- 4.5 loss damage or expense proximately caused by delay, even though the delay be caused by a risk insured against (except expenses payable under Clause 2 above)
- 4.6 loss damage or expense arising from insolvency or financial default of the owners managers charterers or operators of the vessel
- 4.7 deliberate damage to or deliberate destruction of the subject-matter insured or any part thereof by the wrongful act of any person or persons
- 4.8 loss damage or expense arising from the use of any weapon of war employing atomic or nuclear fission and/or fusion or other like reaction or radioactive force or matter.

5 5.1 In no case shall this insurance cover loss damage or expense arising from — *Unseaworthiness and Unfitness Exclusion Clause*
unseaworthiness of vessel or craft
unfitness of vessel craft conveyance container or liftvan for the safe carriage of the subject-matter insured,
where the Assured or their servants are privy to such unseaworthiness or unfitness, at the time the subject-matter insured is loaded therein.

5.2 The Underwriters waive any breach of the implied warranties of seaworthiness of the ship and fitness of the ship to carry the subject-matter insured to destination, unless the Assured or their servants are privy to such unseaworthiness or unfitness.

6 In no case shall this insurance cover loss damage or expense caused by — *War Exclusion Clause*

6.1 war civil war revolution rebellion insurrection, or civil strike arising therefrom, or any hostile act by or against a belligerent power

6.2 capture seizure arrest restraint or detainment, and the consequences thereof or any attempt thereat

6.3 derelict mines torpedoes bombs or other derelict weapons of war.

7 In no case shall this insurance cover loss damage or expense — *Strikes Exclusion Clause*

7.1 caused by strikers, locked-out workmen, or persons taking part in labour disturbances, riots or civil commotions

7.2 resulting from strikes, lock-outs, labour disturbances, riots or civil commotions

7.3 caused by any terrorist or any person acting from a political motive.

## DURATION

8 8.1 This insurance attaches from the time the goods leave the warehouse or place of storage at the place named herein for the commencement of the transit, continues during the ordinary course of transit and terminates either — *Transit Clause*

8.1.1 on delivery to the Consignees' or other final warehouse or place of storage at the destination named herein,

8.1.2 on delivery to any other warehouse or place of storage, whether prior to or at the destination named herein, which the Assured elect to use either

8.1.2.1 for storage other than in the ordinary course of transit or

8.1.2.2 for allocation or distribution,

or

8.1.3 on the expiry of 60 days after completion of discharge overside of the goods hereby insured from the oversea vessel at the final port of discharge,

whichever shall first occur.

8.2 If, after discharge overside from the oversea vessel at the final port of discharge, but prior to termination of this insurance, the goods are to be forwarded to a destination other than that to which they are insured hereunder, this insurance, whilst remaining subject to termination as provided for above, shall not extend beyond the commencement of transit to such other destination.

8.3 This insurance shall remain in force (subject to termination as provided for above and to the provisions of Clause 9 below) during delay beyond the control of the Assured, any deviation, forced discharge, reshipment or transhipment and during any variation of the adventure arising from the exercise of a liberty granted to shipowners or charterers under the contract of affreightment.

9 If owing to circumstances beyond the control of the Assured either the contract of carriage is terminated at a port or place other than the destination named therein or the transit is otherwise terminated before delivery of the goods as provided for in Clause 8 above, then this insurance shall also terminate *unless prompt notice is given to the* — *Termination of Contract of Carriage Clause*

*Underwriters and continuation of cover is requested when the insurance shall remain in force, subject to an additional premium if required by the Underwriters,* either

9.1 until the goods are sold and delivered at such port or place, or, unless otherwise specially agreed, until the expiry of 60 days after arrival of the goods hereby insured at such port or place, whichever shall first occur,

or

9.2 if the goods are forwarded within the said period of 60 days (or any agreed extension thereof) to the destination named herein or to any other destination, until terminated in accordance with the provisions of Clause 8 above.

**10** Where, after attachment of this insurance, the destination is changed by the Assured, *held covered at a premium and on conditions to the arranged subject to prompt notice being given to the Underwriters.* Change of Voyage Clause

## CLAIMS

**11** 11.1 In order to recover under this insurance the Assured must have an insurable interest in the subject-matter insured at the time of the loss. Insurable Interest Clause

11.2 Subject to 11.1 above, the Assured shall be entitled to recover for insured loss occurring during the period covered by this insurance, notwithstanding that the loss occurred before the contract of insurance was concluded, unless the Assured were aware of the loss and the Underwriters were not.

**12** Where, as a result of the operation of a risk covered by this insurance, the insured transit is terminated at a port or place other than that to which the subject-matter is covered under this insurance, the Underwriters will reimburse the Assured for any extra charges properly and reasonably incurred in unloading storing and forwarding the subject-matter to the destination to which it is insured hereunder.

This Clause 12, which does not apply to general average or salvage charges, shall be subject to the exclusions contained in Clauses 4, 5, 6 and 7 above, and shall not include charges arising from the fault negligence insolvency or financial default of the Assured or their servants.

**13** No claim for Constructive Total Loss shall be recoverable hereunder unless the subject-matter insured is reasonably abandoned either on account of its actual total loss appearing to be unavoidable or because this cost of recovering, reconditioning and forwarding the subject-matter to the destination to which it is insured would exceed its value on arrival. Constructive Total Loss Clause

**14** 14.1 If any Increased Value insurance is effected by the Assured on the cargo insured herein the agreed value of the cargo shall be deemed to be increased to the total amount insured under this insurance and all Increased Value insurances covering the loss, and liability under this insurance shall be in such proportion as the sum insured herein bears to such total amount insured.

In the event of claim the Assured shall provide the Underwriters with evidence of the amounts insured under all other insurances.

14.2 **Where this insurance is on Increased Value the following clause shall apply:**

The agreed value of the cargo shall be deemed to be equal to the total amount insured under the primary insurance and all Increased Value insurances covering the loss and effect on the cargo by the Assured, and liability under this insurance shall be in such proportion as the sum insured herein bears to such total amount insured.

In the event of claim the Assured shall provide the Underwriters with evidence of the amounts insured under all other insurances.

## BENEFIT OF INSURANCE

15 This insurance shall not inure to the benefit of the carrier or other bailee. Not to Inure Clause

## MINIMISING LOSSES

16 It is the duty of the Assured and their servants and agents in respect of loss recoverable hereunder Duty of Assured Clause

16.1 to take such measures as may be reasonable for the purpose of averting or minimising such loss, and

16.2 to ensure that all rights against carriers, bailees or other third parties are properly preserved and exercised

and the Underwriters will, in addition to any loss recoverable hereunder, reimburse the Assured for any charges properly and reasonably incurred in pursuance of these duties.

17 Measures taken by the Assured or the Underwriters with the object of saving, protecting or recovering the subject-matter insured shall not be considered as a waiver or acceptance of abandonment or otherwise prejudice the rights of either party. Waiver Clause

## AVOIDANCE OF DELAY

18 It is a condition of this insurance that this insurance that the Assured shall act with reasonable despatch in all circumstances within their control. Reasonable Despatch Clause

## LAW AND PRACTICE

19 This insurance is subject to English law and practice. English Law and Practice Clause

---

*NOTE:— It is necessary for the Assured when they become aware of an event which is "held covered" under this insurance to give prompt notice to the Underwriters and the right to such cover is dependent upon compliance with this obligation.*

---

# 참고문헌


**[국내저서]**

김성태, 보험법강론, 법문사, 2002.

______, 상법총칙 상행위법강론, 법문사, 2002.

박세민, 영국보험법과 고지의무, 세창출판사, 2004.

서돈각 · 정완용, 상법강의(하), 법문사, 1996.

손주찬/장경환/정호열/한창희/정찬형/손수일, 주석상법(Ⅶ) 보험, 한국사법행정학회, 2001.

심재두, 해상보험법, 길안사, 1995.

양승규, 보험법, 삼지원, 2004.

______, 보험법의 법리, 삼지원, 2000.

______, 보험판례연구, 삼지원, 2000.

양승규/이은섭, 국제무역보험론, 신영사, 2000.

최준선, 국제거래법, 삼영사, 1997.

______, 보험법 · 해상법, 삼영사, 2005.

**[국내논문]**

강대섭, 적하보험종료사유인 통상의 운송과정 중의 의미-대법원 2003.6.13. 선고, 2001다42660 판결, 상사판례연구 제15집, 한국상사판례학회, 2003.

김동진, 선박보험계약의 종료사유로서 '선박의 양도'의 의미-대법원 2004.11.11. 선고, 2003다30807 판결, 2004년 해상보험연구회 발표논문.

김성태, 보험계약에 있어서 영국법준거약관과 불이익변경금지원칙, 보험법연구 1, 삼지원, 1995.

김재헌, 영국해상보험법상의 고지의무위반에 대한 영구판례의 최근동향, 인권과정의 259호(1998.3), 대한변호사협회.

김 현, 해상고유위험과 담보위반, 법률신문 2867호(1998).

______, 해상보험계약상 담보는 엄격하게 해석돼야, 인권과 정의 제259호(1998년), 대한변호사협회.

______, 해상보험에서의 고지의무, 저스티스 33권3호(1998), 한국법학원.

민중기, 영국해상보험법(협회선박기간보험약관/ITCH)에 있어서 해상 고유위험의 의의 및 입증책임과 담보위반의 효과, 대법원판례해설 30호(1998).

박은경, 해상보험계약상 워런티(warranty)위반의 효과, 상사판례연구 10집(1999).

서기석, 영국 해상보험법상의 담보특약(warranty)위반의 효과와 그 포기, 인권과 정의 244호(1996), 대한변호사협회.

서동희, 한국해상보험법에서의 영국법 문제에 대한 처리-대법원 1998.7.14. 선고, 96다39707 판결, 판례연구 15집(상)(2001), 서울지방변호사회.

서헌제, 보험증권상의 최종창고, 상사판례연구Ⅱ, 박영사, 1996.

양승규, 동일사고에서 생기는 일련의 손해와 추정전손, 보험판례연구, 삼지원, 2000.

______, 영국해상보험법상의 담보위반과 보험자의 책임, 보험판례연구, 삼지원, 2000.

______, 추정전손으로서의 선박의 수리비용, 보험법의 법리, 삼지원, 2000.

우성만, 영국 해상보험에 있어서 근인과 선장 등의 악행의 의미 및 입증책임-대법원 2005.11.25. 선고, 2002다59528, 59535 판결, 판례연구 제18집, 부산판례연구회, 2007, 435~470면.

이균성, 타협전손과 선박저당권자의 지위, 민사판례연구 24호, 2002.

장상균, 협회적하보험약관(Institute Cargo Clauses A)상 보험담보의 종료시점-대법원 2003.6.13. 선고, 2001다42660 판결, 대법원판례해설 44호, 법원도서관, 2003.

전우현, 보험중개사의 법적 지위에 관한 연구, 서울대학교 대학원 박사학위논문, 1999.

정경영, 선박보험에서 추정전손과 근저당권자의 지위, 성균관법학 15권 1호(2003)

채동헌, 영국해상보험법상 선박기간보험에 있어 감항능력부재로 인한 보험자의 면책 및 추정전손에의 해당여부에 관한 각종 법리-대법원 2002.6.28. 선고, 2000다21062 판결. 인권과 정의 314호 (2002), 대한변호사협회.

최종현, 영국 해상보험법상 담보특약(warranty)위반에 대한 권리의 포기, 보험법연구 2, 삼지원, 1998.

______, 영국 해상보험법상의 고지의무, 보험법연구 3, 삼지원, 1999.

______ 영국해상보험법상 선박의 불감항으로 인한 보험자의 면책 및 추정전손 법리, 보험법연구 5, 삼지원, 2003.

한창희, 노르웨이 1996년 해상보험계획에 관한 고찰, 보험법연구 5, 삼지원, 2003.

______, 보세창고에의 보관중 송하인의 운송인에 대한 적하의 반송요구와 적하보험의 종료-대법원 2003.6.13. 선고, 2001다42660 판결, 상사판례연구 Ⅳ, 박영사, 2006.

______, 선박기간보험계약에 있어서 선박의 감항능력-대법원 2001.5.15. 선고, 99다26221 판결, 보험학회지 60집(2001), 한국보험학회.

______, 선박보험상의 선적변경의 효과, 보험법률 제36호(2000.12.15), 보험신보사.

______, 영국 해상보험법상의 고지의무·명시적 담보위반의 효과-대법원 1996.3.8. 선고, 95다28779 판결, 보험법연구 2, 삼지원, 1998.

______, 영국 해상보험법상의 고지의무법리의 최근동향, 법조 553호(2002.10), 법조협회.

______, 영국과 미국, 호주의 해상보험법의 비교, 사법연구 제7집, 청헌법률문화재단, 2002.
______, 영국해상보험법상 담보특약(warranty)원칙의 현황과 과제, 보험법연구 4, 삼지원, 2002.
______, 해상적하보험계약에 있어서 영국법 준거조항의 효력, 고지의무, 입증책임, 판례월보 258호(1992).

**[외국저서]**

Arnould, Law of marine insurance and average, 16th ed., London: Sweet & Maxwell, 1981.
______, Law of marine insurance and average, 16th ed., Vol. 3, London: Sweet & Maxwell, 1997.
Baris Soyer, Warranties in marine insurance, London: Cavendish Publishing Limited, 2001.
D.R. Thomas, The Modern Law of Marine Insurance Vol. 2, London: LLP, 2002.
______, Marine insurance: The law in transition, London: Informa, 2006.
F.D. Rose, Marine Insurance: Law and Practice, London: LLP, 2004.
Grant Gilmore/Charles L. Black, The Law of Admiralty, 2nd., New York: Foundation Press, 1975.
Howard N. Bennett, The Law of Marine Insurance, London: Clarendon Press, 1996.
Hudson, N.G. and Allen, J.C., The Institute Clauses, 2nd ed., London: LLP, 1995.
Malcolm Clarke, Policies and perceptions of insurance-A introduction to insurance law, London: Clarendon Press, 1997.
Marc Huybrechts, Marine Insurance at the turn of the Millennium Vol. 1, Antwerpen: Intersentia, 1999.
McGillivray, Insurance Law, 9th ed., London: Sweet & Maxwell, 1997.
Mustill/D.R Thomas, The Modern Law of Marine Insurance Vol. 1, London: LLP, 1996.
N. Geoffrey Hudson, The Institute Clauses, 3rd ed., London: LLP, 1999.
O'May, Marine Insurance: law and policy, London: Sweet and Maxwell, 1993.
R. H. Brown, Marine insurance Vol. 2-cargo practice, 5th ed., London: Witherby & Co., Ltd., 1998.
______, Marine insurance vol. 3-hull practice, London: Witherby and Co., Ltd., 1993.

____________, Marine insurance Volume 2 cargo practice, 5th ed., London: Witherby & Co., Ltd, 1998.

Robert Merkin, Marine Insurance Legislation, London: LLP, 2000.

Simon Poland/Tony Rooth, Gard handbook on P&I Insurance, Gard: Arendal, Norrway, 1996.

Susan Hodges, Cases and Materials on Marine Insurance Law, London: Cavendish Publishing Limited, 1999.

____________, Law of Marine Insurance, London: Cavendish Publishing Ltd, 1996.

Templeman, Marine insurance: Law and Practice, 6th ed., London: Pitman, 1986.

Thomas J. Schoenbaum, Key Differences between English and American Law of Marine Insurance, Centreville, Maryland: Cornell Maritime Press, 1999.

松島 惠, 船舶保険約款研究, 東京: 成文堂, 1995.

### [외국논문]

Christopher Young et al., Marine insurance survey: A Comparison of U.S. law to the Marine Insurance Act of 1906, 20 Tulane University Maritime Lawyer(1995) 5-102.

Goldstein, The Life and Times of Wilburn Boat: A Critical Guide, 28 J. Mar. L. & Com. 395, 410-417(1997).

Haakon Stating Kuund, Comparative lessons derivable from the Norwegian Marine Insurance Plan 1996(R.D. Thomas, Marine Insurance: The Law in Transition, London: Informa, 2006).

Malcolm Clarkc, Wisdom after the event: the duty to mitigate insured loss, [2003] LMCLQ 525.

____________, Trends in the interpretation of marine insurance contracts(R. D. Thomas, Marine insurance: The law in transition, London: Informa, 2006).

Michael F. Sturley, Restating the Law of Marine Insurance: A Workable Solution to the Wilburn Boat Problem, 29 J. Mar. L. & Com(1998) 43.

Robert Grime, Counterclaims by Marine Insurers(R.D. Thomas, The Modern Law of Marine Insurance Vol. 2, London: LLP, 2002).

Sarah C. Derrington, Non-disclosure and misrepresentation in contracts of marine insurance: a comparative overview and some proposals for unification, LMCLQ, 2001.

Sarah Derrington, Australia: Perspectives and Permutations on the Law of

Marine Insurance(R.D. Thomas, The Modern Law of Marine Insurance Vol. 2, London: LLP, 2002).

Trine-Lise Wilhelmsen, The Norwegian Marine Insurance Plan and substandard ships(Marc Huybrechts, Marine Insurance at the turn of the Millennium Vol. 1, Antwerpen: Intersentia, 1999).

UNCTAD, Marine Insurance: legal and documentary aspects of the marine insurance contract(TD/B/C.4/ISL/27: 1978).

# 찾아보기

[ㅇ]

[저자약력]

양 승 규

서울대학교 법과대학 졸업
서울대학교 대학원 수료(법학석사, 법학박사)
Wien대학교 · Southern Methodist대학교에서 수학
서울대학교 교수 · 보험감독위원 역임
현 : 세종대학교 총장, 서울대학교 명예교수

〈저서 · 역서〉
한국법학교육(공역, 서울대학교 법학연구소, 1967)
개정 상사법사례연구(삼영사, 1982)
보험자대위에 관한 연구(삼영사, 1975)
판례교재 보험법 · 해상법(법문사, 1982)
보험법 · 해상법(한국방송통신대학, 1992)
자동차보험과 소비자(콕커렐 · 디킨슨 저 : 감역서 경세원, 1996)
국제항공운송법(마테 저 : 역서, 법문사, 1987)
상법의 논점(삼지원, 2000)
보험법의 법리(삼지원, 2000)
보험판례연구(삼지원, 2000)
보험법(제5판)(삼지원, 2002)

한 창 희

서울대학교 법과대학 졸업
서울대학교 대학원 수료(법학석사, 법학박사)
미국 Austin University of Texas Law School 방문 교수
현 : 한국보험학회 보험법 위원장, 보험학회지 편집위원,
한국보험법학회 보험법연구 편집위원

〈저서〉
주석상법Ⅶ(보험편)(공저, 한국사법행정학회, 2001)
주석금융법Ⅱ(보험업법 1,2)(공저, 한국사법행정학회, 2007)

海上保險法

2007년 7월 30일 초판 인쇄
2007년 8월 10일 초판 발행

저 자 양 승 규 · 한 창 희
발행인 고 덕 환
조 판 대 경 문 화 사

발행처
110-102
서울특별시 종로구 평동 15번지의 4호
도서출판 三 知 院
등록 1978년 6월 2일 제2-254호(윤)
전화 737-1052, 734-8979 FAX. 739-2386


정가 35,000원

ISBN 978-89-7490-004-5-93360